文物實證山西

文｜物｜实｜证｜山｜西

车效梅 主编

陶朱事业

平阳商人印迹

仝建平◎编著

商務印書館
创于1897 The Commercial Press

图书在版编目（CIP）数据

陶朱事业：平阳商人印迹 / 仝建平编著. -- 北京：商务印书馆，2025. --（文物实证山西 / 车效梅主编）.
ISBN 978-7-100-25124-2

Ⅰ. F729

中国国家版本馆 CIP 数据核字第 20254UC000 号

《文物实证山西》为山西省“1331 工程”山西省互联网 + 与旅游产业升级协同创新中心、山西师范大学历史与旅游文化学院系列成果。

本书为山西省晋商文化基金会课题“新见清代民国时期晋南区域商人商业史料辑录与研究”（2024JSKT09）阶段性成果。

总　序

自古以来，山西地区在中华文明的发展进程中都发挥着重要作用。在旧石器时代，山西就是中国原始人类繁衍生息的主要聚居地，也是中华文明的发祥地之一。新石器时代中晚期，在山西地区发现的大量遗存，尤其是襄汾陶寺遗址、绛县周家庄遗址表明当地已经进入了文明社会；而尧都平阳、舜都蒲坂和禹都安邑的传说，更暗示了从尧舜时期到夏朝初年，山西南部都是当时华北地区的政治经济文化重心。夏朝和山西的关系更加密切，先秦文献就经常将今天的山西南部称为“夏”或“夏墟”，考古发现的夏县东下冯文化遗址被认为是二里头文化的一个重要地方分支类型。现在学术界大多把二里头文化当作探索夏文化的主体考古文化。

两周时期，周王朝在山西地区分封了众多诸侯国。除了见于文献的晋、虞、霍、杨、韩、魏、荀、贾、董、黎等外，还有近年来考古发现的倗国与霸国等。晋国在春秋时期建立了一个半世纪的霸业，影响了整个中国古代历史的走向。今天山西简称为“晋”，也正是源自于此。战国时期，晋国分为韩、赵、魏三国，都是当时名列七雄的大国，号称“三晋”。三晋的都城最初都在山西，赵都晋阳在今太原市晋源区，韩都平阳在今

临汾市尧都区，魏都安邑在今运城市夏县北。

秦朝一统天下后的两千年间，山西地区多次在全国扮演着举足轻重的角色。西晋末年，匈奴首领刘渊建立的汉政权就起兵于离石，后迁都于平阳（今临汾地区）。南北朝时期北魏前期定都于平城（今大同地区）。东魏北齐又以晋阳（今太原地区）为重要的政治中心。唐朝的建立缘起于晋阳起兵，因此太原号称“北都”，地位仅次于长安与洛阳。五代十国时期，后唐、后晋、后汉三个朝代都是以太原为根据地夺取黄河流域的大部分而建立的，十国中唯一的北方政权北汉也是以晋阳为都。宋代以后，山西在全国经济文化领域占有重要的地位。金元时期，平阳的印刷业兴盛，山西的戏剧事业也很繁荣。明清两代，山西商业得到了更进一步的发展，对全国的经济发展产生了很大的影响。

深厚的历史底蕴造就了山西独具魅力的文化。而文物是历史的见证者，是文化的活化石。幸运的是，山西的文物资源上至远古下及近现代都极为丰富。在旧石器时代，这里有我国乃至东亚地区首次发现的早更新世初期的人类文化遗存——西侯度遗址，这里有第一个由中国人自己发现、发掘和研究的旧石器时代考古遗址——丁村遗址。在新石器时代，这里有在黄河流域乃至全国同时期的城址中最大的一座龙山时代城址——陶寺古城。这里有迄今发现的西周时期规模最大、陪祀车辆最多的车马坑——晋侯墓地车马坑，其中还有迄今发现西周等级最高的玉器。在这里现存的一千多座大小不等的寺观建筑和地上

遗址中，保存了数以千计的寺观壁画。这里有名列“中国四大古代官衙”的霍州署，以及众多古代的衙署遗址。这里有金元时期北方雕版印刷的中心——平阳，以及珍贵的刻本与版画。这里有明清时期从临汾地区走出，西进陕甘宁，东抵冀鲁豫，南下江淮，北上京城、内蒙古的商人群体——平阳商帮，以及他们留下的商业文物。明清山西民居作为中国传统建筑的瑰宝，布局遵宗法礼制，彰显着晋商财力与儒家文化。作为历史的见证与文化的载体，这些共同构成了山西丰富的文物谱系。

文物是历史文化的根脉，是老祖宗留给我们的宝贵遗产。通过这些珍贵的山西文物讲好中国故事，所有三晋学人责无旁贷。所以我们通过山西省互联网+与旅游产业升级协同创新中心这个平台，召集了山西师范大学历史与旅游文化学院的多名教师，合力编著了这套书，以文物来见证历史，希望能在传承历史文化，维系民族精神上尽我们的绵薄之力。

目　录

前　言

晋商是明清民国时期500多年间山西商人组成的商业团队，是这一时段杰出的地域性商帮，曾与陕西商人合称“西商”，与徽商并称为一北一南实力最为雄厚的商帮。明代以来500多年间，晋商经营国内外商贸，明代晋商盐粮入中实边巩固国防；清代晋中商人开通“万里茶道”从事洲际贸易，清代后期创办的票号集存款、放贷、汇兑于一身，汇通天下，并留下了多处闻名全国的晋商大院，成为山西商人辉煌业绩和雄厚财富的标识。2017年，习近平总书记考察调研山西时，高度评价“晋商精神”，“山西自古就有重商文化传统，形成了诚实守信、开拓进取、和衷共济、务实经营、经世济民的晋商精神”。晋商历史及其文化精神是山西民众宝贵的文化财富，是中华优秀传统文化的重要组成部分。

梳理历史就会发现，在这500多年间，山西省内各地域的商人发展是有明显差异的。大致有明一代，受“开中法”直接影响，最先崛起的是今运城盐池一带的商人，很快辐射到平阳府（今运城、临汾地域），蒲州商人、平阳商人形成，以经营盐、粮为特色；随后形成泽潞商帮（今晋城、长治地域），以经营铁货、丝绸为特色。明代后期，王士性《广志绎》和沈思孝《晋录》均记载“平阳、泽、潞，豪商大贾甲天下，非数十万不称富”。清雍正年间《长芦盐法志》卷二“沿革”条记载“明初，分商之纲领者五：曰浙直之纲、曰宣大之纲、曰泽潞之纲、曰平阳之纲、曰蒲州之纲”。明末清初，晋中地域商人崛起，尤其是今汾阳、介休、太原、平遥、祁县、太谷、灵石、榆次、孝义、交城；后来者居上，祁县、榆次茶商，平遥、祁县、太谷、介休票号商，实力雄厚，独树一帜，规模超过了晋南、晋东南商帮，成为清代晋商的主要代表。与此同时，在全省重商风气的影响下，晋南、晋东南商帮继续发展，忻定商帮（今忻州地域）、大同商帮（今大同、朔州地域）也渐次形成。经商致富在山西全省蔚然成风，成为从业优先选项，就连清朝皇帝也就此感叹。雍正帝朱批谕旨道：“山右大约商贾居首，其次者犹肯力农，再次者谋入营伍，最下者方令读书。朕所悉知，习俗殊可笑。”

“晋商”一词，即指山西商人，最晚在明末崇祯年间的文献中就已出现。崇祯年间倪元璐《倪文贞奏疏》卷十一《屯盐合一疏》载“晋商最多，亦最耐田家之苦”。在以往的晋商研究中，晋中一带如平遥、祁县、太谷商人及票号、茶商研究积累了大批成果，但晋中以外的晋南、晋东南、晋北商人研究较为薄弱，直到最近几年才逐渐展开。伴随着开发旅游业，晋中商人资料的集中、研究的深入、政府推动、影视传播效应，晋中商人尤其是票号商影响深远，不少人误将“晋商”等同于“晋中商人”，这不符合历史实际——晋商就是山西商人，涵盖山西省内各地域。清代时，山西除却晋中以外地域的商人也广有杰出者，比如平阳府亢家，在清代就是巨富。清人徐珂《清稗类钞》记载：“山西富室，多以经商起家。亢氏号称数千万两，实为最巨。”清末宣统二年（1910）《中国经济全书》称：“康（即亢）氏自清迄今，凡二百余年，其家运之隆盛，可谓极矣。”近人邓之诚《骨董琐记全编》卷三“富室”称：“康熙时，平阳亢氏、泰兴季氏，皆富可敌国，享用奢靡，埒于王侯。”现存资料证明，在明清民国时期的北京，平阳地域（临汾、襄陵、曲沃、翼城、浮山）商人开设的会馆数量多且较为有名。清代民国时期，晋中商人就是晋商的代表；时至今日，仍是晋商的杰出代表。进而说“晋中是晋商故里”“晋中是晋商的摇篮”，大概是没问题的；但曾有学者所谓“晋中是晋商的发源地”“晋商即晋中商人”，显然就不符合历史实际了。

在晋商研究、晋商文化传播中，除却重视晋中商人、忽视其余地域商人的倾向长期存在外，还存在忽视民国时期晋商仍在持续发展的历史状况，有明一代晋商史料现存较为稀少的研究现状。这些都是深入推进晋商研究无法回避的问题。

平阳商人、平阳商帮这些概念，理应是今天的人新取的。明朝时，平阳府是山西最大的府，大致包括今临汾、运城两市，直至清雍正六年（1728）蒲州升级设府，形成清代平阳和蒲州两府、数个直隶州并立的局面。鉴于明代史料的缺乏，晋南地域的晋商研究集中在清代民国时期更为合理。清代时，今运城市域的晋商以蒲州、绛州、解州辖县最为有名，可以称之为河东商人、河东商帮；今临汾市域的商人以太平、襄陵、曲沃、翼城、临汾、洪洞、浮山较为集中且有名，可以称之为平阳商人、平阳商帮。临汾、运城同处晋南，清代民国时，两地的商人多有盐商、多在西北经商，共性明显，也可以称之为晋南商人、晋南商帮。

既然清代民国时期的晋商研究最为可行，那么在没有更多明代材料发现的情况下，山西各地的晋商研究理应集中在这一时段发力。清代民国时期平阳商人就是指这一时段平阳府即今天临汾市域商人。现在来看，当时平阳府商人发展也不平衡，主要集中在平川地区、汾河沿岸，以洪洞、临汾、襄陵、太平、曲沃、翼城的经商人数最多，东西两山除了浮山之外，人数少、规模小、影响有限。

曾有学者说，晋南商人历史悠久、实力雄厚，但研究资料缺乏。这道出了实情，但也不全对。关于晋南商人的研究资料长期处于散落状态，但存量还是巨大的，尤其是中小商人商号的，现阶段拍卖网络上经常有新的出现。

清代民国时期平阳商人的遗存，真实再现了平阳商人的历史，成为平阳商人历史研究、文化传承的基本载体，主要包括宅院、会馆、碑刻、书信、账簿、契约、合同、票据、路程、杂抄、名帖、诉状、照片、商业器物等实物。上述遗存的实物，除却会馆、宅院外，均有大宗。

现在省内，尤其是临汾市所辖 17 县（市、区），保存有大量商人商业碑刻，还包括部分拓片，目前已知的在 300 通以上，保守估计存世者至少能翻一番。主要有墓志墓碑、会馆碑、捐资碑、集会碑、禁约碑、桥道交通碑等，时代从明朝中期到民国时期，分布县域以今襄汾、翼城、曲沃、洪洞、侯马、浮山和尧都区为最多，其中三分之一为商人墓志，碑刻所见商人经营以盐、粮、烟叶、油料、棉布、纸张、药材、铁货、杂货、酱菜为主，商人家族有襄汾县南高刘家、丁村丁家，洪洞县苏堡刘家。这批碑刻，有一半以上在以前的晋商研究中未曾利用过，有较高的研究价值。

平阳商人在外经商的书信，现在尚有大批保存，主要集中在多处晋商博物馆、民间收藏者及商人后裔手中，以家信为最多，多是在外地经商的平阳商人寄回家乡问候亲人、汇报在外情况的，笔者目见以襄陵、太平一带商人为最多，涉及经商地点省外有兰州、宁夏府（银川）、西宁、西安、北京、天津、赤峰、镇江等地，省内有太原、碛口、大同等。

路程、脚程，属于行商交通指南，多为经折装，有函套，笔者所见以襄汾商人为最多，如《赴台儿庄商号路程里数折》，记录了从距离太平县永固村 40 里的家中出发至台儿庄，共 1505 里，沿途所经各地名称、里程及“打尖”、“宿店”的情况。

杂抄，多汇账目、货品、指南、里程、歌谣谚语、应酬尺牍等内容于一体，较为多见。如《生意人苦情歌》所谓“劝世人在家中要寻正干，万不可出门来贸易外边”之类的商人诉苦歌谣；“凡寺庙神佛之傍不可居也，显官财主之侧不可居也”

之类的行商指南。

账簿，存量尚有很多，或线装或函套折装，涉及商号、货物品种、收支明细。商人名帖，既有商人的，也有商号的。契约、合同、商标、钱帖、当票、照片、商业器物，存世数量众多。如笔者所知一次成交的晋南地域商号印章（起首章、押数章、落地章、骑缝章、防伪章）就达千枚以上，真实可靠。临汾商人在北京开设的商号“六必居”，盛酱菜的陶瓷罐、竹篓还有不少保存至今。

商人宅院，大商人如襄汾南高刘家、襄汾丁村丁家、洪洞苏堡刘家、赵城马牧许家等，存世已经不多；中小商人如汾西师家沟师家、霍州许村朱家、襄汾古城杨家，尚有上百处存世，亟待深入普查，有选择地加以保护利用。

临汾市域之外，也有上述平阳商人遗存。省内其他市的捐资题名碑，如平遥县市楼；省外的，如北京的会馆遗址、会馆碑刻，河南洛阳山陕会馆“襄陵帮”和朱仙镇的翼城商人捐资题名碑，尤其是西北地区的甘肃兰州，宁夏银川，青海西宁，陕西西安、泾阳、三原，均有一定遗存。大量平阳商人在西北地区除新疆外的四省区从事商贸，参与“一带一路”，尽管多为中小商人，但人数庞大，其商业行为既活跃了西北地域的经济，有利于民生，巩固了西北边疆，也富裕了自身家庭生活，有益于平阳府地域社会发展，其历史贡献是不容小觑的。

遗存的平阳商人碑刻、账簿、合同、契约多保留当时商号名称，尤其是平阳商人、商号为家乡公共建设的捐资名录，更是提供了数量众多的在外经商的平阳商人、商号的信息，如尧都区魏村镇天寿山世尊院残碑载“大清国山西平阳府临洪二邑在京都发财姓名布施开列于后……”、洪洞景村三官庙《四外客商捐施资财补殿宇金妆碑》。

综合现存的平阳商人遗存，加上其余如地方志、谱牒、文集、日记、诉状等书面资料，采访健在的平阳商人后裔的口述资料，可以清晰地看出清代民国时期平阳商人丰富的历史足迹。

太平商人与绛州商人组成“绛太帮”，在兰州、银川、西宁很有名气，以中小商人为主，从事杂货营销；襄陵、太平商人在北京经营油料、纸张、古玩，在镇江经营油漆业。太平商人曾有“四大家”之说法：南高刘家、师庄（赵康）尉家、北柴王家、南赵杨家。刘笃敬是清末民初晋省名气很大、地位很高的人物，即出自南高刘家。襄陵古城人在北京琉璃厂开设古玩店多家，如英古斋、涵雅斋、万义号、渊识斋、晋秀斋、震寰斋。“襄陵帮”有洛阳的捐资题名碑，“太平帮”有布商合同存世。襄陵、太平（汾城）有大量家书存世，比如襄陵古城西王村陈儒林在太原省府附近开设大甡号经营杂货 50 多年，家书至少有 130 封存世。

曲沃商人最显眼的行业是烟草，明末引进种植，为山西省域肇始，因水土适宜，清代渐成规模，并向周边县扩散，烟草加工蔚然成风。烟草还远销蒙古草原、俄罗斯。商人组建了车帮长途运输，有护卫力量。平阳商人开通了中蒙俄“烟草之路”。现存烟坊遗址数处。曲沃高显镇成为商业重镇，客商云集，其中大多为来自河北的布商。晋中平遥、榆次商人在曲沃开设烟坊、票号，烟草从曲沃运输到平遥集散外销，当时票号是少有开设在平阳府地域的。

洪洞赵城商人经商多在山东、北京，多为盐商。如赵城马牧许家在山东济南府经营盐业，现今许家大院遗迹尚见雄厚实力；苏堡刘家、万安刘家、（赵城）城内刘家，均在山东经营盐业。翼城商人主要经营布匹、铁货。民国时翼城商人在北京经营布匹，主要是从县外进货销售，在北京布匹销售业中占有不小份额，翼城商人因而以卖布名噪一时；最大的商号“蔚隆章”经营泽潞铁货，在陕甘宁均有分号，尤其在兰州执铁货行之牛耳。临汾商人经商多在北京，据说清代已有上千人，1949年前夕达2000余人，如京城老字号“六必居”酱菜园、“万全堂”药店、“敬记”纸庄。浮山商人在北京经营饭店和餐饮业较多，一轮[①]《浮山县志》记载说清代中后期在北京开办的商号有59家，京城有名的老字号“都一处”就是浮山人所办。

在研究资料较为分散的状况下，平阳商人研究已有一些成果。论文如李永福、罗影《明清时期“襄汾商人”探究——兼析“晋商即晋中商人”现象》（《太原理工大学学报（社会科学版）》2015年第4期），刘秋根、练燕《〈曲沃行氏诉讼簿〉

---

① 指中华人民共和国成立以来第一次在全国范围内编撰地方志，时间在1990年前后。

与晋南商人家族的捐纳及商业》(《文物天地》2015年第10期)，李琳之《家国往事》第一编《迷离商贾》(中国文联出版社，2015年)，周征松《关于襄汾商帮的历史考察》(《史志学刊》2016年第1期)，常建华《捐纳、乡贤与宗族的兴起及建设——以清代山西洪洞苏堡刘氏为例》(《安徽史学》2017年第2期)，孟伟、杨波《明清时期北京通州晋翼会馆研究——以明清时期的翼城商人和山西布商为重点》(《山西师大学报(社会科学版)》2017年第3期)，杨治平《骄傲的"平阳商人"——兼论与晋中地区"祁、太、平"商人之区别》(《文化临汾》2017年12月24日)，高瑞艳、杜瑶瑶《驰骋西北的平阳商帮》(《西夏研究》2020年第1期)。这些研究成果指出了平阳商人研究的丰富内容、重要意义及目前研究严重不足的问题。资料汇编和编著的书籍，如《襄汾文史资料》第十二辑《晋商专辑》(襄汾县政协内部印行，2005年)，《尧都文史》第十三辑《晋商史料专辑》(尧都区政协内部印行，2005年)，临汾市政协编《晋商史料全览·临汾卷》(山西人民出版社，2006年)，《翼城晋商史料》(翼城县政协内部刊印，2008年)，《话说高显》(山西省曲沃县晋文化研究会内部印行，2010年)，陶富海编著《丁氏家族与丁村》(山西人民出版社，2012年)，赵向阳著《爱国实业家、晋商领袖刘笃敬》(襄汾县景毛乡政府内部印行，2015年)，《师庄尉家传奇》(临汾市作家协会内部印行，2016年)，《襄汾明清富商》(襄汾县三晋文化研究会内部印行，2019年)，山西省晋商文化基金会编《临汾运城商业家族》（三晋出版社，2019年），卫红丽著《通济天下·晋南商业家族及晋商崛起》（商务印书馆，2022年），张焕君主编《平阳商人历史文化研究丛书》（三晋出版社，2022年）包括《周流天下：平阳商人的历史发展》《奕世清芬：平阳商人家族研究》《骏足开先：明清平阳商人中的杰出人物》《碣石可鉴：平阳商人碑刻资料初编》四册，是第一套以“平阳商人”为名的书籍。

本书《陶朱事业：平阳商人印迹》所编内容，主要基于清代民国时期平阳商人遗存，另有极少部分涉及明代和新中国成立初期，依次分为商人宅院、商人商业碑碣、商号、契约合同、账簿、书信、路程规程、其他八大类。商人宅院选取部分遗存，大商家如襄汾丁村丁家和南高刘家、洪洞马牧许家和万安刘家、汾西师家沟师家，中小商家如霍州许村朱家、襄汾古城杨家；遗存较好的是丁村丁家、马牧许家、师家沟师家，其中丁村和师家沟民居较为有名。商人商业碑碣内容主要来自《三晋石刻大全》，选取部分商人墓志铭、商会市场碑、公共设施修建捐资碑，尤其是捐资碑碑阴含有大量商号名称、商人姓名，主要体现在当地及外地经商的平阳籍商人商号，也有部分涉及在平阳地域经商的域外商人商号。商号遗存，选取曲沃数家当铺、烟坊和襄汾古城世昌当，管窥商号样貌一斑。契约、合同的内容选取自《晋商史料集成》，主要有襄汾、曲沃几家小商人合伙经商协商订立的契约、合同。账簿来自临汾收藏家来祥生藏品和《晋商史料集成》，前者是清光绪年间太平县商号顺德堂三年的日账，后者为民国年间德盛合记所立万金账卷首之序言、股份及订立规矩条目。书信选取襄汾、曲沃、临汾商人的书信，他们多为中小商人，在外地经商，书信内容多为家信，选自《晋商史料集成》的信稿，涉及晋中商人开设的商号与平阳府多县多个商号的生意往来。路程、规程分别来自临汾收藏家来祥生藏品和《晋商史料集成》，路程为平阳府太平县到湖北荆州府、太平县到山东台儿庄的行商交通指南，规程为曲沃县商号经营规章制度。其他部分包括货运单、票贴、完税照、烟标、平码底折、杂抄、歌谣《生意人苦情歌》、商人照片，均为现存实物，货运单、票贴选自《晋商史料集成》，其余来自笔者收藏，从多种实物形态反映了清代民国时期（部分延续到新中国成立初期）平阳商人商号遗存的丰富多样。

限于收集利用的缘故，选录内容的县域以太平（汾城）、襄陵、翼城、曲沃、洪洞、赵城为主，内容均为实物遗存。目的是通过这八大类平阳商人遗存展现清代民国时期平阳商人丰富的内涵，引起人们对平阳商人的适当关注，扩大历史文化传承效应，进一步充实晋商历史文化研究。书名“印迹”，即印痕之意，想通过与平阳商人相关的实物照片、拓片及文字叙述钩稽其历史痕迹。

在山西经济转型、大力发展文化旅游业的当下，挖掘平阳商人及其文化具有积极的现实文化意义。需要充分依托高校科研院所力量，加强田野调查工作，尽力收集、寻访省内外公私收藏，同时兼顾省内外平阳商人后代的口述采访，统计汇总大小商号便于现存资料归户，梳理平阳商人五百年间的发展脉络，弥补平阳商帮研究宣传的明显不足。良好的平阳商人研究成果会丰富、完善晋商研究，有助于临汾乃至山西省的晋商文化研究及传承发展创新。

第一章　商人宅院

清代民国时期，平阳府地域商人数量众多，尤其是汾河沿岸的洪洞、临汾、襄陵、太平、曲沃、翼城等县，商人宅院数量定然不少。但随着时间推移，以及自然和社会的原因，现存的商人宅院数量较少，也缺乏相对准确的统计数字，但至少存有 100 处，各县区均存。名气较大的有今襄汾县丁村丁家和南高刘家、洪洞县马牧许家和万安刘家、汾西县师家沟师家，其中丁村和师家沟是山西有名的古建民居，保存较好，马牧许家和霍州许村朱家，保存状态也较好。南高刘家、丁村丁家、大邓陈家、马牧许家、万安刘家、北撖王家、师家沟师家跻身大商人行列，数代经商，时间较长，积累财富，鼎盛于清代中期或后期，商业形成一定规模。霍州朱家、翼城县北丁翟家属于中等商人，襄汾县古城杨家属于小商人，现存中小商人宅院亟待深度普查以便摸清家底，适度保护以求活化利用。南高刘家在清末民初曾是山西实力雄厚的大商家，刘笃敬曾任山西商界的领袖，刘家典型遗存有牌坊两处，较为精美。丁村丁家和师家沟师家民居是现存最有名的平阳商人宅院，丁村民宅在 1988 年被列为第三批全国重点文物保护单位，师家沟民居现为省级重点文物保护单位。

一、太平县南高刘家

太平县（民国时期改名汾城县，1954 年与襄陵县合并，改名襄汾县）刘家发迹于清乾隆后期，鼎盛于清末民初，历经 100 多年，规模庞大，至刘笃敬时，刘家的商业发展规模堪称业界典范。

早在明朝时，刘家先祖便一边做官，一边经营商业。但在当时，刘家人更偏重于在朝为官，虽涉及商业，但家族尚未由此富庶。刘家的发迹始于清乾隆后期刘体正时，《刘体正墓志铭》记载："晋豫齐楚间，市贾不下数十家，伙友无虑数百人，皆能因才器使，各尽所长，以故虑无失计，家道蒸蒸日上。"① 清道光年间，刘体正在古城投资兴建的川心店是一个很大的交易市场，它集住宿、存货、交易于一体；还创办了"世昌当"当铺、"正太合"绸缎铺及京广杂货铺等商号。② 刘体正之子刘向经时，刘家"业余大"③，当时刘家在全国各地的工商字号已发展到 100 多家，涉及当铺、银号、盐业、茶业、地庄、零售业、手工业、煤油公司、洋货店等各个行业，大江南北、黄

① 高建录主编:《三晋石刻大全・临汾市襄汾县卷》，三晋出版社，2016 年，第 1111 页。

② 刘武经、李安义主编:《古城镇志》，黄河水利出版社，2001 年，第 182 页。

③ 高建录主编:《三晋石刻大全・临汾市襄汾县卷》，三晋出版社，2016 年，第 1117 页。

河上下之特产，民众所需、官府所用，皆有经营；同县东曹路村的“福厚聚茶坊”便是最好的见证。[①]

刘家最杰出的人物就是刘笃敬。刘笃敬出生时，家族十分富庶，他从小便接受到良好的教育，耳濡目染，也积累了一些经商的经验，为日后的事业奠定了坚实的基础。刘笃敬曾任职教谕、刑部主事等，在任官职期间结识了许多官员，“光绪帝的老师林天龄称：晋人之宦于都者，咸乐与之交。当时和刘笃敬关系比较好的有光绪帝的老师林天龄、户部尚书阎敬铭、状元梁耀枢、状元曹鸿勋、探花王文在、榜眼黄自元、翰林董文焕。”[②]刘家在各地的经商过程中获得了政府官员的支持，这在一定程度上为以后发展商业创造了良好的条件，为刘家走上亦官亦商的道路奠定了基础。刘笃敬延续了刘家的繁荣兴旺，同时他也是一位极具爱国情怀的热血人士。他利用乙亥举人的声誉、山西商会会长职务，并凭借刘家祖代在晋、陕、甘、豫开设的300多家商号和20000多亩地的资金和利润为后盾，调整商战经营策略，大胆投资现代工业，于清光绪三十四年（1908）兴办山西第一座发电厂，即太原电灯公司；又办起矿业、纺织、盐业以及学校等实体，与洋商展开竞争，以抵制洋商的垄断居奇；为抵制列强资本主义的经济侵略和渗透，发展

---

① 高建录总编:《晋商翘楚——襄汾明清富商十大家》，襄汾县三晋文化研究会内部刊印，2019年，第64页。

② 同上书，第68页。

山西现代民族工商业和交通事业，投入了很多资金、智慧和心血。[①]他还捐资创办近代教育等，对近代山西工业的兴起与发展作出了突出贡献，人们多称刘笃敬为山西民族资产阶级的代表人物。[②]

刘家在南高村修建深宅大院 90 座，房屋 1250 余间，这些建筑多为清朝建筑风格，少数为中西结合模式，十分精致美观，其中“世德南宅”在南门内偏西处，坐北向南，是清末民初新建的中西结合式四合楼房院。[③]此外，刘家的“里仁巷”堪称刘家建筑中的奢侈之作，共有豪宅 7 座，其中 5 座是传统风格的梅花院，剩余 2 座为中西风格结合的建筑，建设所用的楠木、大理石等材料都是从江南等地水运至此，历时三年才得以建成，宅内的摆件亦是十分豪华，无一重复，仅瓷器就从江西的景德镇订购了 3000 多件。[④]刘家修建的花园有 4 处，1 处在北门外，剩余 3 处在村内，其规模大小不等，但布局都十分合理。花园中最大的是北门外的颐园，据说是仿北京的颐和园而建，北高南低，东西较长，占地约 50 亩，园内还有假山、

① 傅璇琮:《中国华北文献丛书》第八辑《晋商文献》，学苑出版社，2012 年，第 14 页。

② 山西省史志研究院:《山西通史・近代卷》，山西人民出版社，2001 年，第 127 页。

③ 山西省政协《晋商史料全览》编辑委员会:《晋商史料全览・宅院卷》，山西人民出版社，2007 年，第 67 页。

④ 高建录总编:《晋商翘楚——襄汾明清富商十大家》，襄汾县三晋文化研究会内部刊印，2019 年，第 73 页。

图 1-1　刘家老宅

图 1-2　刘家花园（颐园）

图 1-3　德行坊

图 1-4　乐善好施坊

图 1-5　圣旨碑

鱼池以及多种奇花异草；园门向南，为砖拱门楼，门拱石碹上镶有“颐园”石匾一方，再上为5个垛口，门内有立体雕刻的松鹤大碑石一方，十分精致。[①]

当时，刘家的宅院建筑绵延数里，十分壮观。北门外有刘家花园的遗址，从中仍能看到鱼池、石狮等痕迹。刘家现在虽只剩家宅院落的遗迹，但仍能从中窥见曾经的辉煌。

二、太平县丁村丁家

太平县丁村丁家由明末至民国，经营商业长达数百年。起初是靠经营土地发家，之后转向商业，并从商业中获取丰厚的利润，其商业足迹遍及河南、山东、陕西、甘肃、宁夏、青海、四川、湖北、广州等地，足见其规模。

元末明初，丁村的始祖丁复夫妻从河南古济阳逃难至太平县丁村，开荒种地，扎根于此。丁家发家于农业，最初通过粮食换取所需物资，积累了些许的资本。随着家族人口的扩充，从土地上获得的收入已然不足支撑家族的生活开销，故丁家转向发展商业。起初是在太平县古城开办了杂货铺、车马店。清代以降，经商主要以丁家的西院和南院两支为最。丁家后人丁比彭在“父殁后，弃村中基业一段，约得四百余金，雍正己

---

① 山西省政协《晋商史料全览》编辑委员会:《晋商史料全览·宅院卷》，山西人民出版社，2007年，第67页。

西（1729）携本赀去中州肆商贾业，习货殖事。”[①]嘉庆后，西院的丁天培在河南经营商业积累了诸多财富；其孙丁耀继承家业，在河南禹州开办“泰逢源”商号，主营中药材，后增办了“泰丰永”（《丁氏家族与丁村》记为“泰丰怡”）商号，专营广州、香港等南部地区的中药材生意，之后又收购广州等地的广货和洋货至内地销售，从中获得了丰厚的利润，长此以往，有了“广货棚”的称号。[②]咸丰、同治年间，南院的丁先登与其弟丁连登主要于西路经商。他们以西路的甘肃宁县和陕西三原、泾阳为中心向外发展商业，大概是沿泾河上至兰州、武威，下至湖南、湖北、广州，东至山东聊城，主营布匹、粮油、典当等行业，在丁村创办“处德堂”为总号，在各地设分号为“大顺诚”商号和“大顺长”商号，宁县的商号由掌柜杨兆鳌等经营；泾阳和三原的商号由掌柜关思恭、赵彩章（《丁氏家族与丁村》一书中赵彩章与丁家来往书信多从宁县发出，而非泾阳与三原）等经营。[③]清末民初，南院丁涵开办“豫益永”商号；丁珍鳌、丁秀鳌兄弟开办“泰丰永”商号；丁振铭开办“义庆源”商号。这些商号的创办与经营多有同乡人参与，如沙女、阎店、伯虞、曲里等邻近村庄的人，他们在河南禹州组成了“太平帮”（以太平县为名），成为当地有名的经商

---

① 陶富海编著：《丁氏家族与丁村》，山西人民出版社，2012年，第27页。

② 山西省晋商文化基金会：《临汾运城商业家族》，三晋出版社，2019年，第33页。

③ 同上书，第34页。

群体，随之亦带动了周边地区的商业发展。①

丁村丁家在经商致富后，开始在村中修建家宅大院，丁家宅院的修建从明至清，大都以四合院为主体格局。明代修建的宅院以单体四合院为主，由正厅、东西厢房、倒座、门楼四部分组成，大门开于院子的东南方向；清代的宅院以二进院为主，由影楼、倒座（明间开大门）、前院、中厅、后院、后楼组成，在前后院的东西两侧还对称地安排了厢房，厢房一般为三间两室。②

除此之外，丁家宅院中所展现的木雕艺术亦具有特色，无论是正厅还是厢房，都有由檐檩、替木、插板、枋子、栏板、雀替组成的“挂搭”，成为每座建筑的正面木构件的外露部分，

图 1-6　丁家十四号院后院北楼

图 1-7　丁家宅院大院正门

① 山西省晋商文化基金会：《临汾运城商业家族》，三晋出版社，2019 年，第 34 页。

② 陶富海编著：《丁氏家族与丁村》，山西人民出版社，2012 年，第 5 页。

展现出匠人的工艺与智慧。[1] 这些木雕的内容更是暗含诸多寓意，有展现忠孝的传统戏剧，如“岳母刺字”“精忠报国”等；有祈求康宁美好生活的“麒麟送子”“喜鹊登梅”等；有清高安逸的“琴棋书画”“渔樵耕读”等内容；还有训诲告诫的内容，如“鹬蚌相争”告诫子孙要团结，不可内斗让他人捡了便宜。[2] 这些内容无时无刻不在提醒丁家的成员，要时刻遵守并践行于日常生活中。丁家的家宅建筑一直保留至今，1998 年被评为全国重点文物单位，这既是丁家富庶生活真实写照的一部分，又为后人研究丁家提供了实物。

三、襄陵县大邓陈家

元末明初，陈家始祖因黄河水灾携全家从河南逃难至襄陵县（1954 年与汾城县合并，改名襄汾县）大邓村，陈家通过自己多年辛勤的努力，在大邓买地建房，家族规模逐渐扩大，成为当地的富户。

陈家在老家河南开封创办了“去来初”商号，主营竹器杂货，还在陕西三原县等地开设了分号，主营竹器杂货、药材、粮食、布匹、麻纸等。据陈家后人陈光强自述：“清初，我九世祖讳周铭回开封经营‘去来初’商号，主营竹器，盈利颇

① 陶富海编著：《丁氏家族与丁村》，山西人民出版社，2012 年，第 11 页。
② 同上书，第 12 页。

丰，有娄氏县竹山一座，田庄百亩。后于陕西泾阳、三原设分号，多种经营，扩大成一条街，至清咸丰年间，声名鹊起，富甲一方。”[①]之后，陈家又开始贩卖牲口，还在村中开办了银楼做银活，兼营染房、油房、铁货铺等。从清道光至同治年间，陈家的生意愈加红火，商业发展至鼎盛。

陈家在经商取得成就后，开始在村中兴建家宅大院。清乾隆年间，陈家聘请名师设计建筑群总体规划图，拆除了旧宅，建起第一座宅院，后又建起第二座，至道光年间，陈家陆续建立起十八座宅院。各院间都有暗门相通，均有地窖、暗室，墙中间填槽都用新瓦，一层一层干摆着，山墙夹层中放一排水缸，水磨砖墙，雕梁画栋。

陈家于清道光二十五年（1845）建立的一座四合大院彰显了陈家当年的辉煌。该院的建造非常讲究，底层用长方形条石构砌而成，选料精细，砌面严密，构筑平整，美观大方，木雕、石雕、砖雕精美逼真，垒砌技术十分高超。大院中的房屋全部以卧龙沟拉回的青石为基，浇铸和房顶铺瓦全部用糯米汁（陈家在斛塚开有砖瓦窑，专供自家建房用砖）。房屋的所有窗户、门框都有砖雕、石雕、木雕的图案装饰。[②]

陈家大院的建筑装饰是清代建筑的典型代表，建构附件

---

① 高建录总编:《晋商翘楚——襄汾明清富商十大家》，襄汾县三晋文化研究会内部刊印，2019 年，第 235 页。

② 同上书，第 239—240 页。

图 1-8　陈家老宅院外墙

图 1-9　陈家老宅照壁

图 1-10　圣母庙屋梁

图 1-11　圣母庙壁画

绚丽精致、雍容典雅。三雕题材丰富，技法娴熟，大量采用象征、隐喻等艺术形式，将花鸟鱼虫、山石水舟、典故传说、戏曲人物，或刻于石，或雕于砖，或镂于木，与传统文化融为一体，体现了清代建筑的装饰风格和特点。

另外，笔者通过查阅资料、实地走访，了解到陈家的房屋建筑在当时占大半个村，规模较大；陈家还兴学育才，盖家庙

（正中挂九霖公画像）、修村庙（圣母庙三宝：量天尺子、化原斗、照妖镜），在里村主事，昌极一时。①

如今，大邓村内仍留有陈家老宅的部分遗迹，从村民口中了解到遗存的照壁已有240余年的历史；陈家修建的圣母庙现虽已残破，但仍能看见庙内墙上的壁画，屋梁椽上亦有壁画，房屋斗拱的木雕等依然十分精美。

四、襄陵县古城杨家

襄陵县古城杨家原籍太平县，因先祖在古城经商，清朝后期迁居古城，居住在东街伯王巷。生意规模不详。现存大院似为民国建筑，有房屋数间，院门狭小但较为特别，砖雕有西式风格，门楣上“陶朱事业”四字足见其商人家族的身份，在当地商

图1-12 杨家宅院大门

① 高建录总编：《晋商翘楚——襄汾明清富商十大家》，襄汾县三晋文化研究会内部刊印，2019年，第234页。

人建筑遗存中较为少见。

图 1-13　杨家宅院门楣砖雕“陶朱事业”

五、翼城县北撖王绍唐宅院

王绍唐宅院位于翼城县隆化镇北撖村。明清时期的北撖商风甚浓，商家颇多。清乾隆四年（1739），在北京的北撖商人成立了两个商业组织，即狮子会和随伞职事会，共有 46 人，其中王家有 21 人加入。北撖王家巷的多座豪宅大院均建于清乾隆、嘉庆年间，足见他们经商颇有成就。据脊板题记，东厢房为清乾隆五十九年（1794）由王绍唐建，西厢房于嘉庆九年（1804）修建，东耳房于嘉庆十七年（1812）创建。

此宅占地 489 平方米，坐南朝北，三合院布局，正房依断崖而建，面阔三间，进深二间，悬山顶，后部为砖券窑洞三孔前插廊，明间置六抹隔扇门，两次间各设一门一窗，窑内原有一条通往村子南沟的暗道；东耳房为窑洞两孔；东西厢房各面阔三间，进深五椽，硬山顶，六檩前廊式，前檐下斗拱七攒，

图 1-14　宅院内景

图 1-15　前廊大门砖雕

廊下两侧各饰有影壁；东西偏房各面阔一间，进深五椽，硬山顶，六檩前廊式，前檐下斗拱三攒；大门面阔一间，进深二椽，悬山顶，正面石刻门额“敦孝友”，后部两柱间悬匾，北为“大恩堂”，南为“严肃俭约”；大门外有拴马桩一对。[①]

六、翼城县北丁翟瑄宅院

翟瑄宅院位于翼城县王庄乡北丁村，明宣德年间翟家的先祖从河南南阳移居于此，至今已延续到第二十世。五世先祖曾任省茶官，十一世时开始经商，一开始在翼城城内开设了一家当铺，由此起家，从十二世时开始向外发展，清咸丰年以后共有五代人在鲁、冀、陕地以及太原等地经商，是一个典型的晚清经商世家。

翟瑄出生于清道光年间，是翟家第十三世后代，20多岁时，他从父亲手中接管了在山东临清的棉花店“世兴号”。“世兴号”创办于咸丰年间，历经翟家四代人。翟瑄后来捐得了“国子监监生”名分，并于清光绪七年（1881）出任吏部“典籍官”。[②]

此宅院为翟瑄在光绪年间扩建的宅院，先后新建了家庙、石院、东院、南院、私塾等建筑，可惜大部分已损毁。宅院占

---

① 政协翼城县委员会编:《翼城古建图鉴》，内部刊印，2010年，第335页。

② 翼城县政协《翼城晋商史料》编辑委员会:《翼城晋商史料》，政协翼城县委员会内部刊印，2008年，第194页。

图 1-16 正房

图 1-17 房梁木雕

地427.86平方米。据正房脊板题记，清光绪九年（1883）翟琯重建。现存正房为砖石台基，面阔三间，进深二椽，硬山顶，三檩无廊式，前檐下斗拱三攒，明间置四扇六抹隔扇门，室内为木板隔扇墙，描金漆画精美；东耳房面阔三间，进深二椽，硬山顶，明间置两扇板门。①

七、洪洞县万安刘家

洪洞县万安刘家始祖刘天增，于清康熙年间由陕西省米脂县迁入洪洞县万安村。刘天增的长子刘富始于山东经商，待积累下一定的财富和经验后，在济南开设“洪茂盐店”，并由康熙皇帝亲题匾额。刘富经营有方，洪茂盐店买卖公平，生意兴隆，到了清康熙四十年（1701），已经拥有店面、库房、住房等50余间，运输车辆10余乘，店员60余人。在清代《河东运商引地目》中，洪洞刘洪茂赫然在列，亦能说明刘家当时盐业经营之盛大。刘家自此逐渐发迹，刘富也因捐输被封赠官衔。刘家第四代刘克昌、刘克敏在山东经营盐务，数十年成巨富，是万安刘家最为鼎盛的时期。在清代康雍乾三朝，刘家几代人均以业盐为生，足迹遍及冀、鲁、浙、闽等地，万安刘家也成为富甲一方的大家族。

刘家发家后不忘回报桑梓，做过许多惠及乡里之事。过

① 政协翼城县委员会编:《翼城古建图鉴》，内部刊印，2010年，第392页。

去万安村的寺庙、塔殿、楼阁众多，在创建和维修过程中，刘家均有捐资，多处有立碑记载。刘家还在万安村建有男女两座学堂，乡里儿童皆可就读。万安村自古为洪洞河西重镇，集市贸易十分繁华，为了使邻村人来往方便，刘家出资在村东面相邻的西梁村北涧河上各建石桥一座，在东北面的辛南村通利渠上建石桥一座，使万安村的交通四通八达。每逢饥馑之年，刘家都会捐银捐粮赈济贫者。刘富之子刘积庆，以农为业，田产丰厚，颇能自给，清乾隆十六年（1751），洪洞饥荒，刘积庆捐产以赈贫者，致家道中落。乾隆三十八年至三十九年（1773—1774），洪洞大旱，刘家第四代刘克昌购米数千石，赈其饥；又捐麦种百余石以济贫者。清嘉庆十年（1805）、嘉庆十一年（1806），洪洞、赵城二县大旱，民不聊生，刘克昌捐银七万两、米一千石，效仿古人以工代赈之举，招募二县饥民，每天发工钱和粮食，筑建万安城墙。在万安娘娘庙有一通嘉庆年间的石碑，此碑已残，名为《济堂刘公修城功德碑记》，记载了刘家自嘉庆九年（1804）至嘉庆十三年（1808）修建万安古城墙的事迹。

发家后的刘家在万安修建起自家的宅院，至清道光十年（1830），是刘家宅院规模最大的时期，刘家宅院几乎全部兴建完成，包括头宅、二宅、三宅和花园等建筑，共计365间房屋，三处住宅院均有书房。历史经久弥远，三处宅院的旧址已无从可考，但刘家二宅的书院至今保存完好，刘家第九代传人——刘丰年夫妇还在书院内居住。

刘家书院是山西现存的极少见的一座保存较为完好的清代书院。书院由书房院和书房后院两进院落组成，建成于清嘉庆十八年（1813）。书房院为二层楼房建筑的四合院，整个院子宽敞平整。主房即北房为明三暗五格局，原为教书先生备课、批改作业以及住宿之所。北房前面为木结构，房门顶檐，窗户宽大，门窗均为素字条格。房屋中间石阶有三级，屋前由四根石柱做支撑，直达二层顶部，柱础为四个雕刻有不同纹饰的圆石鼓，廊下东西有雕花照壁，屋前横木两面雕刻草木花鸟。屋内软门间隔，左右两间与中三间相通，中室供奉有刘家祖先神祇图。

院中东西厢房格局相同，均为三间，屋前石阶两级，窗户为直格，屋内以木质联体软门隔间。南房为三间，石阶两级，通体无隔，类似一厅堂，门窗样式与北房大体相同，原是先生为学生授课的教习之处。

发家之后，刘家也走上了捐输的道路，刘富以下三代中就有八人因捐输被封赠官衔，位于万安村东的“四世崇封”的清

图 1-18　刘家书院北房

图 1-19　刘家书院南房

代牌坊就是最好的证明。该牌坊结构严谨，造型美观大方，雕刻工艺精湛，体现了当时主人显赫的地位与家势。牌坊高约12米，宽7米，四柱三层檐顶，牌坊底座为石砌台基，长4.5米，宽3.3米，两根正柱与两根附柱并列一排，支撑石梁、石匾、顶盖，形成中间大门、两侧对称小门的布局。牌坊上刻有清代皇帝康熙、雍正、乾隆、嘉庆颁发给刘家四代人——刘富、刘积庆、刘积压、刘克昌、刘克敏、刘杰龙、刘汉疆、刘杰凤的圣旨。额枋有浮雕装饰，正柱与附柱各刻有两副楹联。在台基上的正柱和附柱的底部各有一对石狮子，由于年代久远及人为破坏，附柱的狮子已丢失。

【坊阳】

（匾额）四世崇封

诰赠资政大夫前貤赠朝议大夫貤赠昭武都尉刘富

诰赠资政大夫前诰赠朝议大夫貤赠昭武都尉刘积庆

诰授资政大夫前诰封昭武都尉覃恩诰封奉直大夫刑部浙江清吏司员外郎加一级候选盐运司运同议叙知府钦加盐运使司盐运使衔特恩赏加三级刘克昌

诰赠通奉大夫刑部浙江清吏司员外郎兼理福建司事加一级刘杰龙

（正柱楹联）虎节金章门荣棨戟　鸾书玉轴世宠丝纶

（附柱楹联）九天雨露留青简　五色云霞映紫渥

【坊阴】

（匾额）累代恩荣

诰赠资政大夫前貤赠朝议大夫貤赠昭武都尉刘富

诰赠资政大夫又诰赠通奉大夫前诰赠昭武都尉诰赠通议大夫工部营缮清吏司员外郎加五级刘积压

诰赠资政大夫又诰赠通奉大夫前覃恩貤赠奉直大夫刑部浙江清吏司员外郎加一级诰赠通议大夫工部营缮清吏司员外郎加五级候选刘克敏

诰授资政大夫议叙道衔又议叙盐运使司盐运使特恩赏加三级刘汉疆

诰授通议大夫钦加道衔工部营缮清吏司员外郎加五级刘杰凤

图 1-20　刘家清代“四世崇封”牌坊（左为坊阴，右为坊阳）

（正柱楹联）日诏宠临宏恩锡类 云衔光贲大府策勋

（附柱楹联）组绶一堂联凤诰 簪缨奕世荷龙光

八、赵城县马牧许家

马牧许家世居赵城县（1954 年与洪洞县合并为洪赵县，后改名为洪洞县）马牧村，清代民国时期都是赵城的第一家族，富甲一方。许家发家于清乾隆年间，时值第八代许荣学当家。道光《赵城县志》记载："许荣学，过歉岁为粥，以食饿者，月费米百石有奇""询其他乡，他事亦多类是"。许荣学施粥救饿等善行在当地屡见不鲜，从县志的记载不难看出当时的许家已经可以称得上家底殷实了。

许荣学有经纪之才，勤俭持家，除务农外亦在当地经商，开设"长盛居"酿酒坊一座，积累渐厚。许荣学之子许锋、许锜及其后代，更是将许家的事业推向了顶峰。到了嘉庆、道光年间，许家开始经营盐业运销，并迅速发家致富，成为当地巨富。由于财大势大，马牧许家的商业触角开始扩展延伸，经营范围除盐外，逐渐涉及粮、油、布、棉、酒、山货、医药等，甚至开办当铺、钱铺等。商贸足迹遍及山东、河南、陕西、甘肃、北京、天津等地，曾被当地称为"赵城第一富户"。

1. 马牧许家庄园

许家致富后，在家乡大兴土木，建有大庭院七座，市房六所，花园二处，祠堂二座，家庙一座。七座庭院均为四合院，每座庭院都有书院、角院，这些四合院多以北方为主，建有二层，硬山顶，下有走廊，东西厢房也建为二层，木雕精巧华丽。南面多建有大客厅，大门设在东南角。这些院落各自成局，结构紧凑，每个院都有小门分别与其他院贯通；为防匪徒，建有围墙，连接起来使各个院落成为一体，两道主路都有东西门楼，并建有三层高的看家楼，整个许家庭院犹如城堡。

2. 二门院

许家二门院位于许家庄园的北部，原为许金源宅院。许金源（1799—1878），字丽泉，乃许锜长子，敕授儒林郎，例封文林郎，晋封承德郎候选州同。原有瓦房六间，厅房七间，在西南角有高六丈的看家楼一座，绣楼一座，水井一口。看家楼原为三层砖木结构，一层为膳房，房内有暗梯可至二层，二层开北、东两门，与许家整体的防卫通道相接，三层为堞楼，楼墙四周有瞭望孔，可鸟瞰整个村庄。二门院厅房和看家楼都在抗战时期被毁，现只留看家楼楼底房基。

3. 旗杆院（八门院）

旗杆院即许哲宅院。许哲，字少芸，许宝源（1816—1886）孙，乃许家第十二世，同辈排行第八，人称“八老爷”。少时聪明好学，曾取县儒生资格，后考入山西大学西斋法科学习。民国初年被推举为国会参议议员，民国八年（1919）任山西襄垣县知事。抗战前迁居西安。许家旗杆院为四合院布局，大门在东南角，进门有照壁。现北房和东房保存基本完好，北房上

图 1-21　旗杆院大门

图 1-22　旗杆院北房

为楼阁，主房为三孔砖窑，下方雕花穿廊保存完整，北房两侧分别有枕头窑，东房也为三孔砖窑形式。西房与南厅早年拆毁，后南房重建。

4. 许家书院（四门院）

四门院位于旗杆院以南，原为许家第十二世许隽的宅院。许隽，许哲长兄，家族排行第四，人称“四老爷”。清末以诸生纳资，捐得一候补知县，宣统初年分发江苏候补，于辛亥革命后归乡。许隽善书法，在当地小有名气。四门院分小南院、过院、书院、更院四个院子，均以垂花门相通，共有厅廊五间、瓦房五间、填牌房子十六间，小砖窑三孔。后东廊房全拆，更院、外院基本无存。在抗日战争时期曾是八路军总部所在，朱德总司令、彭德怀将军等均曾在此院办公。新中国成立后为马二小学校址。如今，此院是马二村村委会所在地，同时经过对院中古建筑的翻新重建与保护，院中塑造了一座朱德总司令的雕像，此院也成为青少年爱国主义教育实践基地。

图 1-23　许家书院院内

5. 五门院

五门院位于许家书院以东，俗称“十老爷院”。原先亦有前院与后院，前院原有北垫排房三间、西平房三间、南房五

图 1-24　五门院后院的北房

间；后院有北垫排房三间、二孔北枕头窑，东西瓦房各三间。如今前院全部拆除，后院东西房被拆除，仅剩北房雕花二楼保存完好。

6. 老院

老院，有前后两院。前院简陋，有西房三间，北窑四孔。后院结构紧凑，布局合理。此院相传为许家先祖由高池村迁至马牧而建。为典型的北方四合院构建。西房梁脊书有“明万历三年……大吉”字样。北垫排房子三间，南厅三间，室内均为雕花木隔墙。东西客厅的墙壁绘有富贵牡丹之类中堂壁画，院西南角为杂物间和两间厕所。北房上有垂花阁楼，为佛堂所在。大门开于东南，大门墙根各置石鼓一个，门外有青石狮子一对，有丈二见方天井和砖雕照壁。全院青石台阶，青砖墁地。此院的东、西、南房先后拆除，仅留北房建筑。

九、霍州许村朱家

明洪武十一年（1378），明太祖朱元璋第十三子朱桂封于山西大同府，为代简王，亦称代王。代王第八子朱逊煓封怀仁王，天顺五年（1461）改封霍王，即是霍州许村朱家始祖。霍王朱逊煓共十二子，分为十二门，霍州许村朱家多为“朱十门”一系。其十三世孙朱连科，于清嘉庆年间在河南、陕西等地经商，开设当铺，成为当地首富。道光初年，将近暮年的朱连科开始营建许村朱家宅院，工未竣而身逝，其长子秀伦、次子秀珍继承父亲未竟之业，又用五年时间，完成了朱家宅院的修建工程。

朱家宅院依山而建，主体建筑分为上、中、下三层。各层均有大门出入，层与层之间设台阶楼道通连。各层的主体建筑皆为坐西向东靠山砖窑，外设抱厦回廊。抱厦均为四根檐柱，栏额或浮雕花草鸟兽，或悬雕典故人物形象。各院窗棂图案以传统民间喜宴“四盘子一锅子”为主调，却又富于变化，并不雷同。

上院南北两侧为厦房，面阔各三间，外有走廊。南房为小姐绣楼，东端一间向南开一个六角形天窗，位置正在中院大门的顶上。

中院为四合式大院，南北两侧皆为窑洞。南侧东端窑洞，便是中院大门门洞。如果在院内将门洞窑门关闭，实在难以想象此窑便是本院进出之门。中院东部客厅为歇山顶厦房建筑，前后两坡檐，厅内椽檩油漆历时已 170 余年，至今仍熠熠发光，鲜明耀眼。另外，中院主体的中窑内还有暗道。

下院大门为主体大院的出入正门，外有厦棚，气势壮观。门洞拱圈内砖雕五只蝙蝠在花丛中作展翅向门洞飞舞状，意为“五福临门”。

中院、下院又各与垫院、长工院、木铺院、车马院等数院通连。

朱家院的炉灶烟道，设计独具特点。主体大院炉灶 70 余个，统一从最高处冒烟。即使各炉灶同时生火，也互不影响，

图 1-25　朱家中院院门

图 1-26　朱家中院庭院

图 1-27　中院北房浮雕

图 1-28　朱十门（朱家祠堂）

下院的烟雾更不会弥漫至中、上院。

朱家院的门额牌匾有一个显著特点：字体优美圆润、柔中有刚，其中不少字或比通常写法多横多竖，或比常用字少横少点。如上院大门楣框内镌刻“最上乘”三个字，“最”用异体字，却比本字多横；“乘”用异体字，却将下部一撇一捺写成两边各一点。侧院厦房额框内镌刻“高瞻远瞩”四个大字，“瞻”字少一点一横，“瞩”却比繁体字还多两横一竖。

十、汾西县师家沟师家①

距汾西县城东南 6 公里处的师家沟，有一座占地 10 万平方米的清代民居，即师家宅院。师家宅院现为省级重点文物保护单位。整个建筑群以四合院、二重楼四合院、三重楼四合院为主体，有 13 个主院，31 个附院，108 间偏房。

汾西县师家沟，地处临汾盆地北沿丘陵区，原本是一个只有十几户人家的小村庄。师家祖先男耕女织，勤俭持家，过着以农为生的日子，之后稍有盈余便做些小本生意。在清乾隆年间，从师家的第三代开始，师家的生意越做越大，贩卖日用杂货、农副产品，沟通城乡，双向取利，逐渐富裕起来。

师家的视野逐渐开阔后，买卖也从小山沟走向了大世界，

① 山西省政协《晋商史料全览》编辑委员会:《晋商史料全览・宅院卷》，山西人民出版社，2007 年，第 34—36 页。

师家的铺店也越开越多。除本地的店铺、药铺、当铺、盐店，本村的油坊、醋坊、酒坊、染坊、造纸坊等作坊之外，在县城还开设有“四知堂”钱庄、“敦本堂”当铺等，在霍州开设有“师化成”药铺。从现存的地契可以看到，师家购买的土地也延伸到了汾西周围的霍州、灵石、蒲县、隰县等地。另外，还在北京、河南、湖南、陕西等地开设了“顺天堂”“恒泰”等典当字号。

师家靠商业发家后，大力培育子弟读书入仕，出了不少官员。此后官商结合，成为晋南的名门望族。从乾隆年间开始，师家大修宅院，经嘉庆、道光、咸丰三朝，于同治年间建成。

各宅院都有明显的中轴线，分别设有正房、客厅、偏房、过厅、厢房、绣楼、门房以及工仆马厩等用房。院落门前以巷道相连，狭长的巷道又采用传统的月洞门分隔空间。各个院落之间，或走暗道，或出偏门，或在楼上，巧妙相通。整个院落既有水平方向的平面交通，又有垂直方向的空间勾连，把平原地带的多进四合院，巧妙地布置在丘陵沟壑之间，依山就势，窑上登楼，造就了山间民居奇观。整个建筑群与山势浑然一体，村落景观气势宏伟，表现了黄土高原辽阔壮美的阳刚之气。

师家沟大院的建筑集砖、木、石雕为一体，文化内涵非常丰富。宅院的大门、垂花门、窑洞檐廊、门窗隔扇都饰以精致的木雕、砖雕。窗棂隔扇图案有 108 种，门额、门匾及木刻牌匾 150 多处，砖刻牌匾 47 处。牌匾字迹刚劲有力，以文字意蕴烘托空间意境，宅院大门的“东山气”“北海风”“南山寺”“瑞气凝”，垂花门上的“敦本堂”“清白家风”等题额，洋溢着耕读世家的文化品位。

师家宅院周围有约1500米长的石条人行道，构成村落环路。环路以外是各种加工业的小型窑院，有酒房、醋房、染房、豆腐房、油房、造纸房和当铺、盐店、药店、学堂、牌楼、祠堂等附属建筑。师家宅院是一部丰富的山地建筑经典，它依山就势，避风向阳，规模宏大，设计精巧，风格独特，既有平川多进大院的风格，又有山区因地制宜窑上登楼的特征，是我国古建筑研究的宝贵实物资料。同时，它也是师家从乾隆年间经嘉庆、道光、咸丰、同治，直到清末民初由起家、兴盛及至衰落近200年历史的写照。

图1-29　大院外景

图 1-30　大院布局（一）

图 1-31　大院布局（二）

图 1-32　清代石牌坊

第二章　商人商业碑碣

明清民国时期，与平阳商人有关的商人商业碑刻，在省内外，尤其是今临汾市所辖17县（市、区）内，尚存有数百通。本节择选33通与平阳商人相关的碑刻，其内容包括商人捐资碑14通，商人墓志铭碑11通，集会碑、禁约碑、规约碑等5通，会馆碑2通以及嘉奖诰命碑1通，时代从明朝万历四十四年（1616）到民国二十三年（1934），主要聚焦于今襄汾、曲沃、翼城与洪洞县域的商人及商业活动。这些碑刻以其原始直观的特性，展现了明清民国时期平阳商人的商业智慧、家族传承及回馈家乡的善举，为深入探究该时期平阳商人的生活模式、思想观念及社会文化背景提供了珍贵的第一手资料。

一、襄陵县新立会场记

【简介】

清康熙二十一年（1682）勒石，现镶在襄汾县襄陵镇城隍庙大殿北墙。碑青石质，碑高200厘米、宽90厘米。圆首，额篆“襄陵县新立会场碑”八字。段用彝撰文，知县夏绍轼、县丞宋宗文、典史赵炜等立石。碑文中涉及庙会商业繁盛之貌，且在创建新会场时，亦有行商坐贾捐资以成事。

【碑文】

襄陵县新立会场记

贡监吏部候选二尹邑人段用彝撰文

古之贤邑侯，司牧一方，民湛恩汪濊，非惟民食其福也，而神亦蒙其庥焉。尝谓读汉循良传，见龚黄卓鲁诸□□□□□炳，往往令人称颂不衰者，神歆人悦之故尔。吾襄邑旧有城隍庙，多历年所，榱桷几筵间不无摧崩颓废之状。有明成化丙午岁，河南西平张侯来守此邦，重修庙宇，鸠工庀材，焕然一新。于四月末旬创立一大会，越五日乃止。四方商贾云集，孰不歌斯舞斯哉！至弘治五年，虞城李侯自卑能心，张侯□□心，又为之补葺丹雘焉。金碧辉煌，庙貌改观，年年大会相沿，山城生色，前碑详载志之矣。百余年，民之沐其德泽者，非浅鲜也。我盛朝龙兴，辽左定鼎燕京，于五岳四渎、山川社稷之神，罔不禋祀而效灵者盖有年矣。今上，庚申岁三韩夏公素□□□子命驱马而来，百废具举，惠政班班，捐俸修筑者不可殚述。至壬戌冬月朔旦，谒庙行香后，邀绅衿、乡耆诸父老，而□□之曰：“四月一会固云盛矣。以后，而夏、而秋、而冬，民间完婚丧祭之所亟需者，不求之曲沃，则求之郡城，渡汾水而运其物料，未免有附涂曳泥之苦。莫若于十月上浣再加一会，照四月例，亦以五日为则，免其租税，罢其摧征，一以惠乃商、一以便乃民，诸公以为然乎？否耶？”其时在坐诸人，皆其拱揖而谢之曰：“我公爱民，一至于此乎！”夏

公捐捧所费多资，创从来未有之会，招来行商坐贾辈，辐辏而毕集焉。凡山珍海错、遂罗蜀锦之类，络绎不绝而至。揆诸五

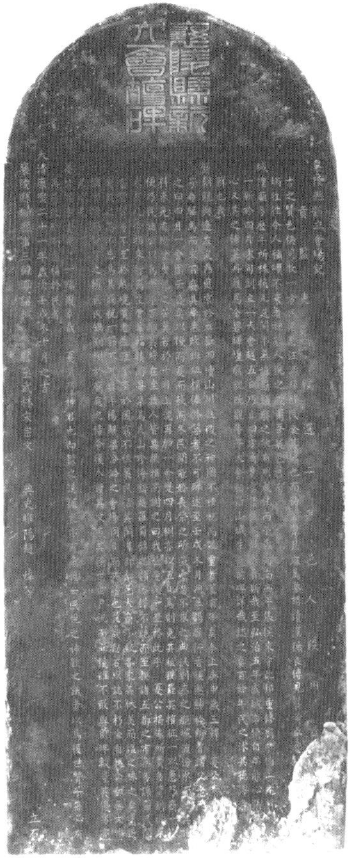

图 2-1 《襄陵县新立会场记》拓片[①]

① 图片摘自高建录主编:《三晋石刻大全・临汾市襄汾县卷》，三晋出版社，2016年，第193页。

都之市无多让尔！民间富者，贸易不至于越境；贫者，生涯不至于困穷。不但襄民沾其润泽，即邻邑大商小贩，各蒙其休美而讴之、咏之矣。远近爱戴之而不忘，为其蠲税一节，不可与平阳、解、梁、汾、潞之会场同日而共语也。兹欲勒石以志不朽，余自愧弇鄙无文，惟据实迹而质言之。赖匠氏镌刻，树于庙庭之傍，令后人读其文感其德，世世户祝而无谖。虽不敢与前碑较量，其优劣亦足以见夏公甘棠遗爱之一端尔。卓哉！夏公乃神君也，即较之汉循良，亦可无愧云。民悦之、神歆之。识者以为后世贤子孙，必有再履此邦而造福于民者。

大清康熙二十一年岁次壬戌冬十月之吉

襄陵县知县事三韩夏绍轼　县丞武林宋宗文　典史睢阳赵炜等立石①

二、皇清敕授登仕郎候选州吏目荣御千叟宴廷宪姜公暨原配范孺人合葬墓志铭

【简介】

清乾隆五十七年（1792）八月勒石。现存于襄汾县邓庄镇小韩村姜家墓茔。正方形，边长 58 厘米。张廷撰文，陈泰泽篆额，梁士敏书丹。姜彬，字廷宪，原为江西南昌县人，后居

① 高建录主编:《三晋石刻大全・临汾市襄汾县卷》，三晋出版社，2016 年，第 192 页。

襄陵县小韩村，幼时便弃儒就商，贸易于京，创制字号，累家资数万。

【志文】

皇清敕授登仕郎候选州吏目荣御千叟宴廷宪姜公暨原配范孺人合葬墓志铭

吏部截取知县前借补大同府山阴县以教谕衔管训导事年家眷晚生张廷顿首拜撰

岁贡生眷晚生陈泰泽顿首拜篆盖

本邑县学生员眷晚生梁士敏顿首拜书丹

公姓姜氏讳彬，廷宪其字也。居襄陵县之小韩村，原籍江西南昌县，代有科名。迨明季曾祖诚斋公者，任平阳府经历，广置庄田，入国朝遂家焉。传伯祖隆宇公、祖伯周公，俱著名太学。父雨苍公候选县丞，冠缨世族，声施攸隆。生公昆仲三：长森字松山，三林夭亡，公居其次。先是有旧业在京师，鼎革后，几至废弛，松山公志图兴复，数至京跟寻无所得，后乃归督家事。时公未弱冠，学业垂成，不得已弃儒就商，至京三十余年未尝旋里，殚精竭虑，补旧增新，创置字号，广延伙友，皆公一人为之管钥。及诸子侄成立，乃与分任其劳，共襄其事。自此，遂资累巨万，视旧业大为恢扩云。公在京日久，名望日著，援例敕授登仕郎候选州吏目。而性谦谨，不尚浮华，经理之暇，尤好翻阅古史，以资闻见。与人言恂恂有儒雅风，心存友爱。时昆弟睽违多载，每遇珍异，必捎寄之，以慰松山公之心，而遂其所好。及捐馆舍，公闻讣驰归，哀痛不自胜。丧葬悉如礼，抚循家人，内外各得其道。乡党间以笃行称之。延名师课诸孙读。修祠堂，叙谱牒，以重源本。设立义学，俾里中子弟咸得知书。他如赈贫周乏，好义乐施，皆人所不能为者，而公忻然为之，方其在京者也。人以公身致富盛，疑必高自矜诩者，及与之觌面，则一片和气，忠信之行，温恭之度，坦然无块礨在胸中。时又有劝公捐资出仕者，公应曰：吾知为商耳，吏事寔非所习，虽先代官迹累著，然所以承之者，在以实不以名也。公既不欲侧身仕途，而素所交游，类多当世显明之士，故令闻昭彰尤见重于公卿大夫间，非寻常商客中所敢望。德愈盛，年愈高，福履亦愈增。乙巳之岁，恭逢皇上五十年国庆，洪开千叟恩宴。公以商耆与其选入乾清宫仰瞻天颜，蒙赐寿诗、寿杖、寿如意、寿帛等不一种，此千载一遇之殊典，非厚德何以克当！呜呼至矣！荣名厚实，裕后光前，至公无以加矣！年八旬余，精力强健，犹倦倦京师，不置无何。于乾隆五十六年三月十九日卯时，以微疾殂于京坻，享年八旬九岁，令嗣扶柩归里，亲友迎祭者，夹道不绝。至乾隆五十七年八月十八日酉时，卜葬于牛眠之吉。公自幼至京，娶范孺人，本京卫千总讳宏钦公女，先公卒。至是亦舁归合葬焉。继娶贾孺人，今在堂。公得嗣晚，取松山公第四子大章为嗣，后又得二子：大成、大业，皆贾孺人出。大章娶亢氏，处士讳希柳公女，继娶安氏，临汾县讳王平公女；大成娶亢氏，临汾县讳朝凤公女，继娶杨氏讳廷谨公女；大业已故，娶贾氏，临汾县讳文宾公女，今孀居。孙男二：德俭，大章子，娶郭氏，武庠生讳抡公女；德敏，大业子，娶史氏，武庠生讳维权公女。孙女三：长受聘乡饮介宾周讳由公第三子；其二俱幼，未字。呜呼！公之嘉言善行，未可殚述而即是亦足以窥其概矣。余忝在乡梓，夙深景慕。庚辰辛巳间，赴礼闱，相得甚欢，而相知亦甚悉。兹以志铭请，自惭昏眊不能文，固辞不可，遂忘其菲陋而为之志。且铭曰：

图 2-2 《皇清敕授登仕郎候选州吏目荣御千叟宴廷宪姜公暨原配范孺人合葬墓志铭》拓片①

① 图片摘自高建录主编:《三晋石刻大全·临汾市襄汾县卷》，三晋出版社，2016年，第 340 页。

炎农之胄，尧都之英，聚为人瑞，散作星精。奠兹幽宅，升彼玉京，惟山高而水翠，永绵亘乎休声。

男大章　大成　大业　孙德俭　德敏稽颡拜

侄孙德温　德恭　德让　德宽　侄曾孙光屏　光翰稽首拜

乾隆五十七年八月乙酉十八日甲申勒石[①]

三、杂货铺行序

【简介】

清道光二十五年（1845）孟冬勒石。现存于襄汾县汾城镇文庙碑林。碑青石质，高130厘米、宽54厘米、厚13厘米。圆首，碑阳额题“永存不朽”四字，碑阴额题“同为是遵”四字。为太平县城关干菜、杂货等铺同仁制定的商贾规约文。

【碑文】

（碑阳）

行序

国朝官长之设，以卫民生商贾之安，以便人用，是以有行家之设。兹我杂货行中虽轮流应行，而实缺着意办事之人，行户将为紊乱。余等不忍坐视，因聚集众翁，公议立财神圣社，每年举会首三家，以办阖行敬神大小祭祀、税银硝黄一切杂项

① 高建录主编:《三晋石刻大全·临汾市襄汾县卷》，三晋出版社，2016年，第339页。

等事理。宜秉公执直，不得循情匿私，倘有私心，神明鉴察，是以序焉。

一议：新设生意之家入捓行银五两，本年不支行，因行已拈，□不可复拈，有不愿者，到官理说。

一议：依原字号另换一字者，入行二两五钱；全换者与新立生意一样，入行银五两，倘有不遵者到官理说。

一议：每年正月生意有不妥者，必须预先达知行中以支行之家，不多尚可自行，如后生意妥当，捓出银三两，□为众家代应行规入行公用。

一议：设有生意不愿做者，必须辞行，以后公中所有利害者，与辞行之家无干。

大清道光二十五年岁次乙巳孟冬月吉日

城关干菜铺仝立

（碑阴）

一议：城关小铺户前因支行参差不齐，每每相争，于道光五年蒙李宪断明堂论，嗣后有小铺户不在外州县买货者，每年只捓行银二两，倘有朦胧暗买者，一经行众查出即支大行，绝不容情。

一议：四乡家户有在村开设杂货小铺，不便在街办公者，旧规每年每家捓出行银二两，近因于道光二十五年间，亦有不捓之家屡讼到官，蒙昌宪断明，俱以应捓出行银二两为断，盖办行公事也，捓行公议也，岂有开设在乡而不捓行之理乎？况

县自立行以来，旧有行规班班可考乎，兹恐四乡仍有不知此规者，合行公议并历年所立行规，谨勒诸石，以垂久远，以免兴

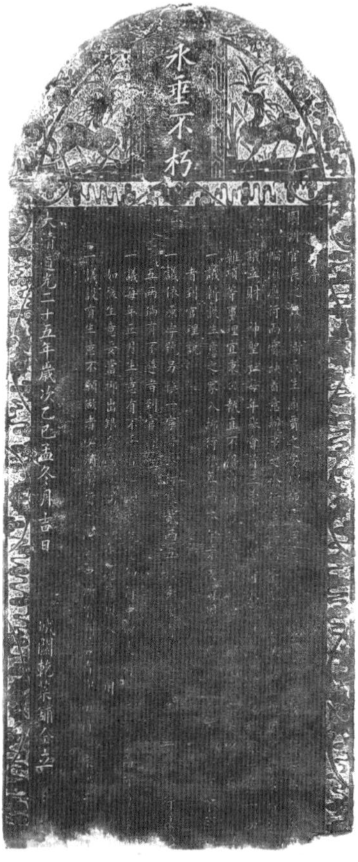

图 2-3 《杂货铺行序》拓片[①]

① 图片摘自高建录主编:《三晋石刻大全・临汾市襄汾县卷》，三晋出版社，2016 年，第 450 页。

讼云尔。

经理人聚泰号　万兴号　协和号　常发号　庆隆号　恒茂号　谨志①

四、襄陵帮捐款碑记

【简介】

清道光二十六年（1846）刊。现存洛阳市东都山陕会馆内。碑额题“为善”两字。碑记襄陵商人捐款之事。

图 2-4　襄陵帮捐款碑

① 高建录主编:《三晋石刻大全·临汾市襄汾县卷》，三晋出版社，2016 年，第 450—451 页。

【碑文】

（碑额）为善

道光二十六年菊月吉旦

襄陵帮捐银三百两整

经手人：元亨利、义成全仝立[①]

五、皇清太学生仲陶丁公洎德配阎孺人墓志铭

【简介】

清咸丰五年（1855）七月勒石。墓主丁钧，其父曾经商于河南，并与同族人合伙创办一家商号，经营数年。此文是丁村丁家的墓志铭资料，对研究丁氏家族的商业发展情况具有一定价值。

【志文】

皇清太学生仲陶丁公洎德配阎孺人墓志铭

太学生丁公讳钧，字仲陶，与予同乡，且与予善。其子心深将以七月初六日未时扶公夫妇柩合葬于村艮郊祖茔焉，予为其父铭。是时也，予与友设论正酣，心深适至，予不得辞，友因叹曰，吾乡之俗，葬者以有墓志铭为荣，而不论果有可志可铭者否，将志其功乎？拟铭以德乎？同乡人孰不知其底里，徒

① 许檀编：《清代河南、山东等省商人会馆碑刻资料选辑》，天津古籍出版社，2013年，第76页。

令人作难耳。予曰，君之论，正论也，然不可泥也。夫当者无愧色，作者有光荣，如蔡邕之铭郭有道者，千百年有几人哉。今之铭者，不过叙其性情，述其形状，不必吹毛求疵，自宜节短而录长。况仲陶公之为人，亦正有可铭者乎？公父母早逝，伯氏继亡，予不知其孝友如何。若与朋友交，化贫富之形迹，

图 2-5 《皇清太学生仲陶丁公洎德配阎孺人墓志铭》拓片[①]

① 图片摘自高建录主编:《三晋石刻大全·临汾市襄汾县卷》，三晋出版社，2016 年，第 479 页。

取心术之端正，尝与予辈当豁饮时，或评论史鉴人物或称扬当代名流，间亦谈及风月，而绝口不言人闺阁事，此其人所以能者。至阿堵中物，世之人成家者，惜之如命，败家者，挥之如土。求一人乎其中，超乎其外，用其物而不为所用者，亦罕觏矣。公父商于河南，与其族同伙，赀本饶裕，称大号焉。公居号中，亦多历年，所尔来去自由，不争父股，不受拘束。时而居奇市中，时而访友于廛，时则财交与义交并接，时则货筹与酒筹迭持。当酬酢交错之际，即或身着鲜衣，偶焉污之，毫不介意，殆有堕甑不顾之风。予亲友邻里有困乏者，即慨然倾囊相助，不以德色向人。故尝叹曰：银钱，身外物也，贫富皆淡事，只要子孙贤，何必金满嬴。公洒脱如此，而谓俗子能之乎？然公之所以得此者，故其性情之自然，要亦赖有贤内助耳。德配阎孺人，赋性温和，持家勤俭，经营一切家务，井井有条。公之无内顾忧，有相得而益彰者。公世居太平汾东丁村柴尉里九甲，祖讳世臣，父监生，讳天荣。公享年五十有四岁，距生于嘉庆五年十一月二十日，卒于咸丰三年八月三十日。孺人阎店阎公国玺长女，生于嘉庆二年五月十七日，卒于咸丰五年三月二十五日。子女各一，心深娶伯虞村毛公海鹤女，女适曲里王公永祥子沂。孙女一，尚幼。志已，敢铭。铭曰：太平汾东，山灵川秀，俗朴风淳，土瘠人淑，富贵者少，雅人则有。摆脱阿堵，好古嗜酒，敦厚传家，世泽长久，孝子慈孙，绵绵于其后。邑庠生员愚侄丁桂峰顿首拜撰书。

愚侄候选儒学训导丁廷桢顿首拜篆孤哀子丁心深泣血瘗石

大清咸丰五年七月初六日未时[1]

六、邓肯堂先生墓志铭

【简介】

中华民国二十三年（1934）四月勒石。现存于襄汾县大邓乡赤邓村。志高39厘米、宽59厘米；志盖高28厘米、宽49厘米。志盖篆书“邓肯堂先生之墓志”八字。墓主邓鸿基，字肯堂，襄陵县赤邓村人。其父邓贵在宁夏经商四十余年。

【志文】

邓肯堂先生墓志铭

猗氏王用宾撰

黔南拓滨书丹并篆盖

先生讳鸿基，字肯堂，世居山西襄陵县赤邓村。为晋尚书右仆射邓伯道族裔。曾祖始迁桥沟里。祖讳仕魁，父讳贵，字和庵，家贫废书，随邑人之宁夏习商业，惨淡经营四十余年，卒以起家。和庵公有子三：先生居长，幼聪颖异常，应童试，列前茅。适其父母相继逝，家务待主持，幸两弟嗜学读书，种子可延续。遂决然以家人生产自任，坐是不克尽其才。然修身齐家，秩然有序，为乡里模楷，并致力地方事业

① 高建录主编:《三晋石刻大全・临汾市襄汾县卷》，三晋出版社，2016年，第478页。

甚勤，轻财急难。远近有纷争，得一言剖解，无不释常。连任村长，村不满四十户，创设国民学校教村童，其尤贫无力就学者，自捐节衣缩食所积数百元助之。吾国人多不识字，使各村得如先生者，国民教育普及已。盖贤人在野，固可辅翊社会补政治不及，而今之士辄去邑并入都会，遂致农村愈衰。视先生贤不肖，为何如其仲弟。鸿业字建侯，现任立法院委员，毕业北京大学，即参建国豫军戎幕，方建国军下赣州，而广州急回兵靖难，旋奉命北伐，以孤军飞渡长江，次于汝颍苦战，备极其艰，建侯无不与焉。其脱然无累，为革命奋斗不

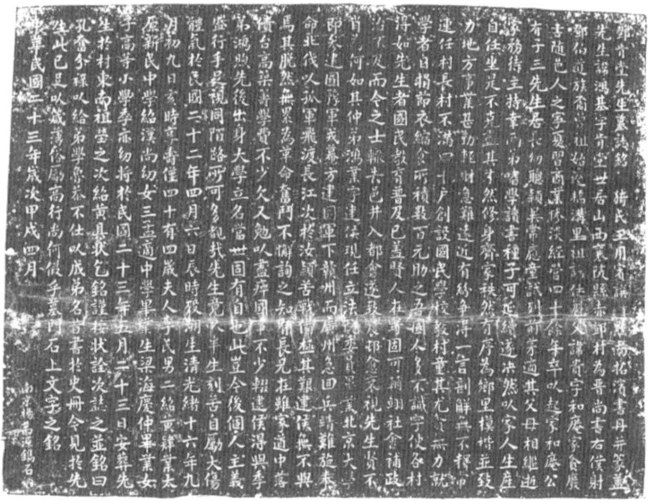

图 2-6 《邓肯堂先生墓志铭》拓片①

① 图片摘自高建录主编:《三晋石刻大全·临汾市襄汾县卷》，三晋出版社，2016年，第 580 页。

懈。询之，知有长兄在，虽家道中落，债台高筑，筹学费不少欠，又勉以尽瘁国事不少辍。建侯得与季弟鸿煦，先后出身大学，立名当世，固有自也。此岂今后个人主义盛行，手足视同陌路，所可多睹哉。先生竟以半生刻苦自励，大伤体气，于民国二十二年四月六日辰时殁。溯生清光绪十六年九月初九日亥时，享寿仅四十有四岁。夫人李氏。男二：绍黄肄业太原新民中学；绍汉尚幼。女三：孟，适中学毕业生梁海庆；仲，毕业女子高等小学；季，亦幼。将于民国二十三年五月二十三日安葬先生于村东南祖茔之次。绍黄具状乞铭，仅按状诠次志之。并铭曰：孔奋分禄，以给弟学。鲁恭不仕，以成弟名。昔书于史册，今见于先生。此已足以箴，薄俗励高行。尚何假乎墓门石上文字之铭。

中华民国二十三年岁次甲戌四月南京杨万源镌石[①]

七、汾城南赵杨如芝墓志铭

【简介】

中华民国二十三年（1934）刊。碑文结合墓志铭拓片和抄本整理校对后录文。墓主杨如芝，南赵杨家被誉为太平富商“四大家”之一。杨氏曾弃儒就商，奔走于秦陇西宁间，创办商

① 高建录主编:《三晋石刻大全·临汾市襄汾县卷》，三晋出版社，2016 年，第 579 页。

号，在青海颇有名誉，还曾远赴甘肃经商，后于绛州另设商业。

【志文】

四等义赈奖章前新绛县政府第一科长兼秘书世愚晚李兰鞠躬撰文

二等大绶嘉禾章前甘肃省长内政部长姻愚侄薛笃弼鞠躬书丹

国民政府内政部长世愚晚杨兆泰鞠躬篆盖

公讳如芝，字庭瑞，世居汾城县属南赵村。汾为春秋时晋国故都，一战霸功，炳耀千古。前人流风余韵与山川孕育，名公巨室踵相接。杨氏自有明迄清为望族，先世积德累仁，代传弗替，其曾祖肃如公，妣赵氏，祖和亭公，妣王氏均以贤孝称乡里。至其先考桂一公，妣段、石氏，经营商业有家法。桂一公生三子，长如玉，次如锦，公居三。幼颖悟，聪明内敛，沉毅寡言，读书过目成诵，塾师以大器视之。弱冠，丁亲丧，雁序分残，家政、商务肩于一身，不克专心向学，遂弃儒就商焉。其间关山跋涉，远走秦陇西宁，岁以为常。遇事毋意必，对伙友无疾言遽色，不以东道自居，咸收指臂之效，获利倍蓰，旋逐渐扩充，各商号竞立门户，蒸蒸日上，隆誉遍青海而遥。非公坚苦卓诣，曷克臻此？清末人心思乱，盗风日炽，村野设备不周，暴客啸聚为闾阎患，公家两被掠扰，因徙家之绛，营产治第，作东雍寓。公时已行年半百，厌倦风尘，甘事倚畀有人。复在绛另设商业，专于实业上用心力，冀箕裘继统，弗坠家声。平日律己以严，与人无忤。治家崇节俭，一以柏庐格言为法。培子弟，延师课读，不少宽假。洎乎生产富饶，兰孙绕膝，公仍以约守盈，从无奢靡衣御，不嗜华美酒食，征逐均谢绝。昔晏婴一狐裘三十年，齐乃称治，公之起家或以斯欤？然公虽持躬以俭，遇戚党中婚葬穷乏者，辄倾囊周济，无德色。地方公益若军差、若灾沴、若公债等款，分认输捐，勉任其难，迭邀褒奖各章，不愿受，受亦无愧。晚年博览医书，精岐黄术，踵门问诊者求即应，书方立愈，活人无算。在公济世之苦衷，犹秘而弗泄。先是公远贸甘肃，元配白孺人、张孺人相继逝世，家庭琐务赖继配乔孺人，荏苒相庄，多所经纪。嗣后调弦顿断，更番谋续，齿发已髗髗衰矣。公追怀故剑，以乔孺人内助之贤，时为乡人道。年来精力日颓，尚能不杖行。今春上元后忽患泄泻，医药罔效。延至二月初，气息奄奄。易箦时，呼其嗣凤鸣曰："吾家先世积德，得有今日，尔等以戒奢敦行为先，勿失家风，吾目瞑矣！"殁之日，闾里为之伤悼。先民有言：譬如农夫，是穮是蓘，虽有饥馑，必有丰年。如公之务俭德，泯焉以终，殆所谓不于其躬、于其子孙者乎？

公生于清咸丰五年十一月三十日吉时，卒于民国二十三年古历二月初三日酉时，享寿八旬。元配白孺人，继配张孺人、乔孺人、王孺人均先公卒。生二子：长世秀，十五岁亡；次凤鸣，前充河北棉花干果统税征收局稽查员，娶大赵村赵氏。女一，早殇。孙四：长作梅，天津南开大学肄业，娶解州薛氏；次作楫，中学毕业，娶桥东段氏；三作桢，肄业北平育英中学，娶焦村董氏；四作栻，甫入初级小学。孙女二，俱肄业女子高级小学，未许字。曾孙女二，俱幼。兹卜吉于本年旧历十月二十二日扶公柩，安厝于邑城外乾郊新茔，先期启乔孺人圹，并迁白孺人、张孺人各椟，与王孺人柩而合祔焉，礼也。凤鸣持状来乞铭，爰综其生平，为之铭曰：谓公履丰兮，守以约。谓公啬己兮，施乃博。汾水兮潺湲，姑射兮林壑。拱此幽藏兮，松楸寥寞。安得百岁归来兮，化作苏耽之鹤。

孤哀子杨凤鸣斋期　孙作梅　楫　桢　栻泣血瘗石

民国二十三年旧历十月二十二日吉旦①

八、平阳府曲沃县安民兴集碑

【简介】

明万历二十八年（1600）刊。现存曲沃县曲村镇下坞村。碑青石质。圆首，碑残，趺佚。高 86 厘米、宽 52 厘米、厚 14 厘米。碑分阴阳两面。碑文楷书。碑阳额题“皇明”，碑阴额题“碑记”。蒯谏立。碑阴记招商恢复集会以便民之事。

【碑文】

（碑阳）

西下坞……西下坞设集……永乐年间已□□后偶□□□□□诘迨……成化二年□立□□□□□□买卖□集□此□是……正德年间□□□□□民申正□邑者为之立碑集……万历二十□年……曲沃……陈□准□□集如，故盖集……敢有不……其

① 墓志铭抄本由襄汾县南赵村村民提供。

间，以致递兴递废也，岂惟……是为记。

万历二十八年□□□□吉旦

赐进士知曲沃县事□□蒯谏立

县丞合肥吴廷海

主簿武林高从诗

图 2-7　平阳府曲沃县安民兴集碑[①]

① 图片摘自雷涛、孙永和主编:《三晋石刻大全・临汾市曲沃县卷》，三晋出版社，2011 年，第 67 页。

典史英德廖思恭

户工吏　许东茹　□忠□

（碑阴）

平阳府曲沃县为重兴集场以安民□事，据西下坞……称本镇古集，因年荒乏市失散，加添国课税引大……场，仍出禁约告示，帖文四外招商，买卖粮差得便……为通商便民，但古集既已乏市失散，缘市棍奸……其或有之，今□告□□并报宪准从，拟合□行……坞老人□□□□□□前□□头立集开市于……立帖者

万历二十八年□月初八日　□□西下坞……

王如公　王如言　王如强　郑国清　……

庙主郑廷□[①]

九、重修三结义祠并魁星楼碑记

【简介】

清道光元年（1821）十二月刊。现存于曲沃县里村镇新城村村民家中。碑青石质。圆首，趺佚。高 137 厘米、宽 59 厘米、厚 15 厘米。碑分阴阳两面。碑文楷书。碑阳额篆“吉祥

---

① 雷涛、孙永和主编：《三晋石刻大全·临汾市曲沃县卷》，三晋出版社，2011 年，第 67 页。

如意”。全文15行，每行43字，共537字。首题“重修三结义祠并魁星楼碑记”，碑阴额篆“万善同归”。许珂鸣撰文，辛谦慎书丹。碑阴载施银商号及人名，其中涉及诸多在外经商的商人与商号。

【碑文】

（碑阳）

重修三结义祠并魁星楼碑记

盖闻古圣人因神道以设教，而后世遂创为观龛寺宇，以妥神灵，以隆昭报。由是或曰禅刹或曰鹫岭，其祷泽而祈福者不可胜纪。要惟纲纪人伦，扶持名教，尤属古圣人垂教之至也。当汉之季也，群雄争起，奸人窃命，天下之人，几不知有君，谁复守臣节者？而人伦于是乎斁，名教于是乎隳矣。昭烈帝以帝世贵胄中大义于天下，而解梁关圣、涿郡张圣，与之同心同力，兴复汉室，当日同休等戚，祸福共之，未尝一日相忘，盖所谓情切骨肉恩若兄弟，而后世之人以结义名者也。蒙城镇新城堡因建为庙而岁祀焉，义昭日月，气作山河，诚哉一方之保障也。庙之建于康熙四十二年，至雍正十一年而一修焉，迄于今风雨飘泊，霜露侵蚀，而木朽壁漫，几有不堪复睹者。首事者聚而谋之，具薄募化，以为重修之举。人之好善谁不如人，有力者输以力，有财者输以财，庀材鸠工，不数月而告蒇事焉。向之朽腐欲折者，今则郁然其崇隆也，向之漫漶不鲜者，今则焕然其俊彩也。庄之人入庙焚香，瞻拜之下，其谁不仰三圣人之英灵而凛然思君臣之大义，忠君爱上之心有不油然而兴者耶？所谓纲纪人伦扶持名教者，其在是乎？庙之外南城楼旧为文昌阁，或谓其象属金，宜在西方，因更为魁星楼携角枕参，光耀中天，亦所以开一方之文运而直射斗牛也。今与三结义庙同为重修，因并志之以勒诸石。

例授文林郎吏部候选知县己卯科举人邑人许珂鸣沐手撰文

例授儒林郎吏部候选州州同知后学辛谦慎沐手敬书

大清道光元年岁次辛巳十二月吉日立

（碑阴）

杨谭守御巩金斗施银十二两　下坞监生谢光宗施银十二两　柴布政司经历加四级柴莒　偃师县悦来当　禹州吏员冯立身　禹州吏员刘逢源　各施银十两　禹州吏员贾治邦施银八两　郏县即用知县冯尔烈施银六两　偃师县当商　禹州城五常义　杨谭生员陈圣符　杨谭监生张丕承　各施银五两　曲村镇玉成钱铺　杨谭员外郎巩双印　杨谭布政司经历巩双元　禹州城统裕当　禹州城隆兴当　各施银四两　浮山县义兴当施银三两六分　禹州城元亨号　郏县永兴当　郏县永济当　监生李万程　吉许监生秦大学　吉许监生刘攀堪　禹州城刘秉文　各施银三两　郏县丰盛号施银二两五分　兴隆广号　亨锦纯号　永和公号　曲村两益绸铺　曲村麟盛号　平阳府兴盛号　翼城双全号　各施银二两　郏县监生刘灿然　郏县郭大兴　郏县恭泰当　郏县允成号　郏县五常号　曲村义源号　禹州孟继忠　禹州朱仲举　禹州连维珠　禹州郭庆云　禹州席道远　禹州允

若号　禹州隆盛号　禹州监生赵玢　禹州同久当　偃师同万源当　偃师仇恒盛当　祁县义昌隆记　祁县丰裕奎记　河南府文

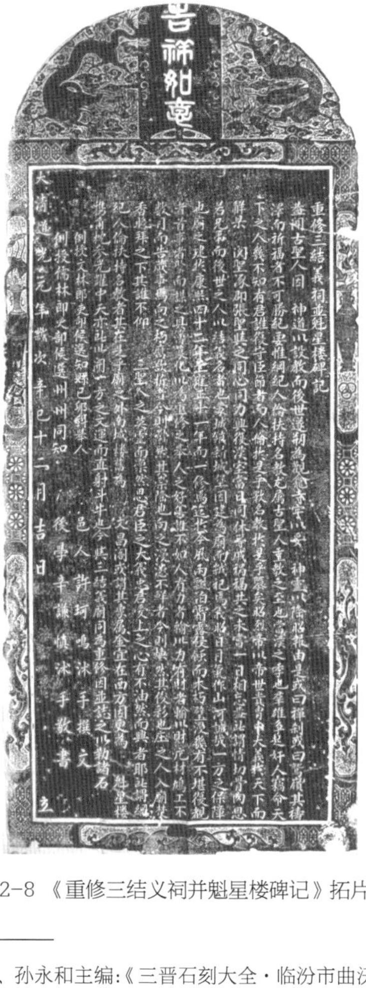

图 2-8 《重修三结义祠并魁星楼碑记》拓片[①]

① 图片摘自雷涛、孙永和主编:《三晋石刻大全 · 临汾市曲沃县卷》，三晋出版社，2011 年，第 202 页。

昌大记　义城村李钟平邑恒泰公记　祁邑崇义公记　平邑协庆义记　太平开泰恒记偃师郑恒泰当　偃师仇恒源当　各施银二两　曲村义和号　禹州协泰号　茨窑王允若　茨窑张云翔　各施银一两五分　绛州惠成号　曲村保生堂　曲村宗义升号　曲村聚兴铁铺　曲村生员靳楷　敬村监生张琈　曲村恒泰和记　白冢生员傅京兆　曲村监生石体恕　听城监生石毓生　曲村有恒号　曲村永兴元号祁县广和永记　平邑协泰裕记　各施银一两二分　曲村靳天申施银一两一分　安定李城科施银一两零二分　禹州陈允先　白沙杨合盛　祁县义和昌　太邑柴元亨　太邑丁德丰　太邑富有大记　太邑泰丰裕记　禹州义兴号　禹州隆顺号　禹州长盛和号　禹州中成号　石永兴天和号　曲沃监生吉安　禹州监生文运　禹州恒茂号　禹州监生詹永盛　许州齐瑞玉　禹州王金玉　祁县广泰元　襄县永育号　绛县万裕号　郏县义昌号　郏县杨鸿盛号　河南府诚义东记　河南府恒丰永记　登邑晋恒顺号　许昌合兴东衣店　偃师翟允若号　曲村靳楹　万户王仙洲　刀户王书观　万户监生王景福　万户张有辉　万户贾播升　万户监生王学海　万户王创基　曲村衡平当　曲村喻义当　曲村义盛当　曲村和盛当　曲村合盛当　曲村魁泰当　曲村务本当　各施银一两　偃师振盛衣店　偃师和恒衣店　各施银八钱五分①

---

① 雷涛、孙永和主编:《三晋石刻大全·临汾市曲沃县卷》，三晋出版社，2011年，第201—202页。

十、本镇铺户花名

【简介】

清道光二十六年（1846）刊。现镶嵌于曲沃县曲村镇曲村大悲院内。碑青石质。分左右两方，均高163厘米、宽98厘米。碑文楷书。全文29行，满行26字，共750字。首题“本镇铺户花名”。记录了较多本镇商号名称，是研究曲沃商业的重要资料。

【碑文】

（右碑）

本镇铺户花名

义昌粟店捐银二十四两　瑞泰兴　恒泰茂捐银十三两　晋升恒　元泰粟店　以上各捐银十二两　永兴顺粟店　复升恒　集成粟店　以上各捐银八两　永兴合材铺　一心石铺　和兴肉案　泰昌公　三义面坊　万育亨　元兴公　祥泰和　陶山号　隆兴粟店捐银十一两　仁兴粟店　富兴泰　以上各捐银九两　泰兴公　三益祥　和盛正　以上各捐银六两　三盛材铺　双盛和　长盛醋坊　任大生　兴盛翕　新昌翕　晋泰元　仁义馆　义集成　恒盛泽　义盛恒　以上各捐银七两　集成浆坊　协盛魁　元兴材铺　以上各捐银五两　日盛昌　万镒馆　萃丰恒　以上各捐银二十两　万育元　日昌恒　聚盛魁　晋昌公　永昌翕　永盛石铺　德昌祥　全盛永　和盛漆坊　亨泰裕捐银四两

五钱　万顺号　四合浆坊　乾育昶　元亨升　通盛材铺　协兴公　兴盛元　晋兴泰　德盛通　长盛馆　王合漆坊　晋隆永　通顺染坊　永泰公　德盛馆　西隆盛　以上各捐银十六两　祥庆乾　以上各捐银十五两　东隆盛　恒丰粟店　新合兴　丹香斋　以上各捐银十两　复泰义　同兴馆　德和公　义盛魁　复兴隆　三盛号　元合盐店　以上各捐银四两

（左碑）

万和楼捐银三两二钱　义兴材铺　济众魁　信成德　麟盛号捐银二两一钱　全兴漆坊　王来　以上各捐银一两六钱　天兴纸铺　双盛菜铺　协源兴　春盛协　恒升漆坊　以上各捐银一两　万盛铁铺捐银三钱　万顺合号捐银三两　贯永泰捐人物脊马四对　协兴油店　兴盛染坊　恒盛肉案　永顺银楼　志新银楼　合盛馆　薛新兴　道生号　以上各捐银一两四钱　茂盛增　文林堂　万昌糖坊　任师　恒丰茂捐银二钱二分　忠兴漆坊　晋胜漆坊　义信银楼　协力成　镜人堂　三合隆　以上捐银二两　同泰祥　志诚斋　义昌店　二合银楼　义盛银楼　三盛铁炉　以上各捐银八钱　天元通捐银二钱　崇义广　魁盛浆坊　恒盛协　天来泰　益兴魁　永昌饭铺捐银一两八钱　复顺馆　王克文　魁盛堂　长盛魁　以上各捐银一两二钱　李殿元　王三义　庆胜油店　泰来恒　义兴和　司工行　以上各捐银二两四钱　诚兴合　范登龙　东盛店　广盛协　二合魁　王朝贵　保生堂　义顺银楼　重逢贵　元泰昌　永发银楼　恒丰泰

捐银二两一钱五分　文兴铁炉　冯登元　陈二合　以上各捐银一两五钱　宗义广　敬修恒　万镒堂　宏胜鞋铺　义城李

图 2-9 《本镇铺户花名》拓片[1]

① 图片摘自雷涛、孙永和主编:《三晋石刻大全·临汾市曲沃县卷》，三晋出版社，2011 年，第 258 页。

怀　以上各捐银五钱[①]

十一、本庄商贾捐资碑

【简介】

清光绪八年（1882）八月刊。原存曲沃县北董乡景明村庙院内，现存景明村龙岩寺。碑青石质。高 176 厘米、宽 71 厘米、厚 16.5 厘米。碑文楷书。全文 21 行。首题“本庄商贾捐资列后”。碑文中列出诸多本地与外地商号的捐资信息，对研究平阳商人的经商地域具有重要价值。

【碑文】

本庄商贾捐资列后

稷山源盛顺磨房施银十二两　六合公磨房施银四两　全兴和磨房施银一两五钱　猗氏大生永磨房施银十二两　猗氏昌盛泰磨房施银四两　长发祥磨房施银一两二钱　交里通盛德磨房施银拾二两　潞安天成公木铺施银三两　长盛德磨房施银一两二钱　听城同心合磨房施银五两　潞安德盛昌木铺施银二两五钱　潞安三顺协木铺施银一两　魁兴公磨房施银五两　猗氏顺天兴磨房施银二两五钱　安邑同顺协磨房施银五钱　智德成磨房施银四两　听城诚意顺磨房施银二两　磨客经手各县捐资姓

① 雷涛、孙永和主编:《三晋石刻大全·临汾市曲沃县卷》，三晋出版社，2011 年，第 258—259 页。

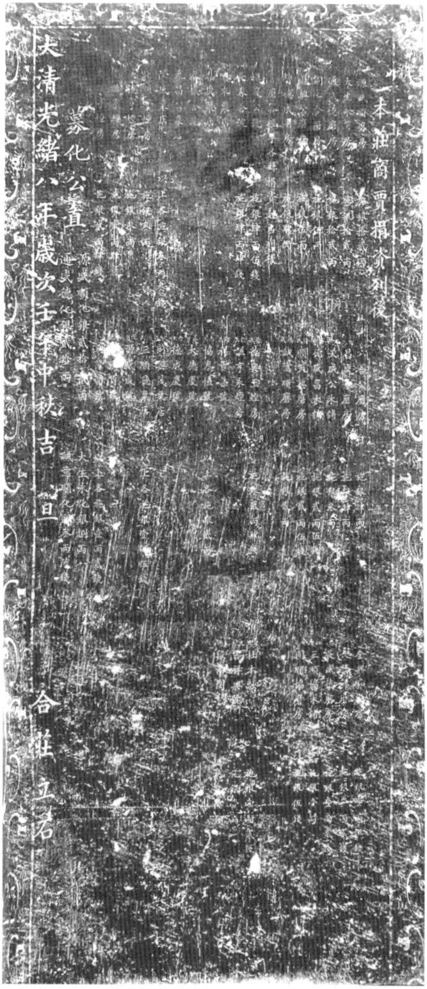

图 2-10 《本庄商贾捐资碑》拓片[①]

① 图片摘自雷涛、孙永和主编:《三晋石刻大全·临汾市曲沃县卷》，三晋出版社，2011 年，第 305 页。

名列后　横水恒庆公号施银四两五钱　榆次德兴玉烟房施银二两四钱　交里杜本融施银一两二钱　横水长春合号施银四两四钱　榆次谦亨永烟房　沃邑吉祥兴号施银一两　绛邑泰来粟店　祁邑祥云集号东明德段希闵施银六钱　绛邑集盛粟店　南樊协泰恒号　以上各施银二两　绛邑泰盛合号□□大德庆号　绛邑元昌公粟店　榆次德成庆号　绛邑隆盛粟店　以上各施银三两三钱　沃邑同兴茂粟店　榆次北谦亨烟房施银三两　沃邑三顺德粟店　以上各施银一两五钱　榆次谦德号烟房施银三两　沃邑源盛成号　榆次南谦亨烟房施银二两四钱　沃邑乾和育号　榆次老谦亨烟房施银二两四钱　兴隆昌号　以上各施银一两二钱

募化公直　源盛顺化银二十二两　大生永化银八两　通盛德化银二十两　诚意顺化银三两六钱

大清光绪八年岁次壬午中秋吉旦合庄立石[①]

十二、曲沃县城镇商界创建商会及商界会馆序

【简介】

中华民国七年（1918）刊。原存曲沃县城内老商会，现存曲沃县北董乡景明村龙岩寺。碑青石质，高 128.5 厘米、宽

① 雷涛、孙永和主编:《三晋石刻大全·临汾市曲沃县卷》，三晋出版社，2011 年，第 305 页。

47 厘米、厚 91 厘米。碑文楷书，全文 11 行，满行 47 字，共 416 字。首题“曲沃县城镇商界创建商会及商界会馆序”。刘衍祜撰文，穆有光书丹，张愉校。此文所记为曲沃县商会初创时概况，从清光绪二十九年（1903）最早的商团局，到民国元年（1912）创建商会，迨至民国七年（1918）新会馆落成，前后数年迁建过程，叙述甚详，是研究曲沃近代商业史的重要资料。

【碑文】

曲沃县城镇商界创建商会及商界会馆序

沃城为晋南名区，金山浍水环而卫之，所以百货流通，商贾云集，风脉使然也。溯厥由来，商会之朕兆，肇于前清光绪二十九年，初名商团局，暂设于东文昌巷，公牍颇简，董其事者四人而已。迨至民国元年，文繁事剧，人数渐增，遂移至梁家巷路南，典王姓之房，经绅商投票，选杜君恒德为斯会之长，七月接任，力图振兴，百废俱举。杜君倡于前，诸君赞于后，谓商会为长久之计，典房非策也。于是一倡百和，集众资，择吉日，买定此房而重修焉。洎民国三年，杜君为商会系办公之所，非品商之处，不足论商情、讲商业以及庆祝称觞之举，众商以为憾事。因之杜君不辞劳瘁，任办其事，众商称善，慨然捐资，遂买定商会西邻房屋一所，于去岁七月兴工，今年正月十五日告竣，美哉轮焉，美哉奂焉！过其地者皆啧啧称赞。此举也，发起者杜君，成之者诸君，慷慨好义，成此盛举，未便没其激公乐施之心，故记之，将捐助姓名及建立花费开列于后，以垂久远云。

前清蓝翎五品衔江苏候补府经厅补缺后以知县用巨野刘衎祜撰

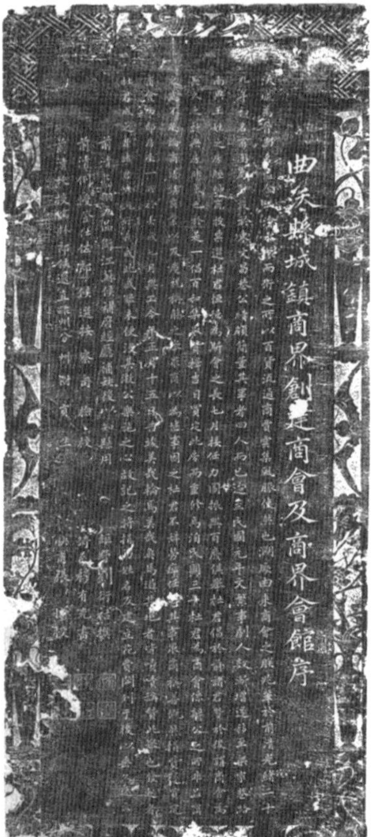

图 2-11 《曲沃县城镇商界创建商会及商界会馆序》拓片[①]

① 图片摘自雷涛、孙永和主编:《三晋石刻大全·临汾市曲沃县卷》，三晋出版社，2011 年，第 324 页。

前清例授登仕佐郎候选按察司检校猗邑穆有光书

前清敕授儒林郎候选直隶州分州附贡生快甫张愉校①

十三、整顿元丝银办法及检查章程记

【简介】

中华民国七年（1918）刊。原存曲沃县城内老商会，现存曲沃县北董乡景明村龙岩寺。碑青石质，高127厘米、宽46厘米、厚9厘米。碑文楷书，全文17行，满行51字，共791字。首题“整顿元丝银办法及检查章程记”。此文前段记述整顿元丝银的原因与具体办法，后段公布检查章程共5条，反映了商会具备裁定、审议非法商业活动的职能，在当地具有重要地位。

【碑文】

整顿元丝银办法及检查章程记

沃邑金融除足纹大洋外，特有元丝银一种，由来已久，商民两便，洵沃邑之宝不能外溢也。近年有私造低铩搀杂行用，遂致鱼目混珠，市面、村乡交易生出种种困难。若不亟为整顿，恐低铩愈出愈多，牵涉市面，诸形棘手。商会有维持商务之责，碍难忽视，于是商请县长并本邑绅士，意旨相同，爰邀集合钱行各货行，历次开会研究入手办法。手续既定，设立

① 雷涛、孙永和主编:《三晋石刻大全·临汾市曲沃县卷》，三晋出版社，2011年，第323页。

公估打印局于商会，一面公布城乡，凡持有元丝银者一律送局认真检验。合格者立打公估字样，通行街市，每两收制钱十二文，其不合格者，愿换高元银，每两贴色银八分，愿换钱者，按照日定市价合算，数月以来一致进行，毫无间言，遂将局中收存劣锞一律改造，以利推行。然犹恐全县各乡容或有存留未经打印元丝发见市面，致生嫌疑，特出广告，任人将元丝银送局检验，合格者打印，不取分文，以免遗漏。此则整顿元丝之大略情形也。但整顿之下或恐再有浅见之辈发生销毁私造等弊，为此，公众酌定“检查奖罚规则”，勒诸贞珉，以资保护。凡我商界同人皆有检查责任，慎勿少徇情私，贻害市面，始不负此次公众协力维持之一番苦衷耳。谨此为序，并列检查章程于左：

一查有本邑钱号或各号在邻县自行私造低锞，或运来大宗低锞者，检查切实，奖给送信人大洋二百元，立将该号送县惩治。

一查有钱号或各号、四乡私自打造公估印以图淆混者，检查属实，奖给送信人大洋一百元，立将该号送县按法惩治。

一钱铺兑换零星元丝，如查有实系私造低色新锞，或系私造假印者，立送商务换给高锞，随由商会向携银人认真追查根底。

一查有销毁打印高元丝银者，查明属实，由商会开全体会议，斟酌情节轻重处罚，以警（儆）效尤而重保存。因维持元丝普通吃亏，望诸公以后各行天良，勿贪小利毁销，则金融流通，全沃商民幸甚矣，君子自重。

一本邑钱行向系三日一报时估，商会调查。“时估”二字

图 2-12 《整顿元丝银办法及检查章程记》拓片①

① 图片摘自雷涛、孙永和主编:《三晋石刻大全·临汾市曲沃县卷》，三晋出版社，2011 年，第 326 页。

系随时估价之意，若三日一报未免有弊。民国政治维新有弊必除，商会特商请公署，改为一日一报时估，以昭公允而免流弊，此系由公署会同商会议定，嗣后永远不得更动。

中华民园七年岁次戊午二月下浣吉日

商会全体　正会长杜恒德仝经理立石①

十四、创立消防会记

【简介】

中华民国七年（1918）刊。原存曲沃县城内老商会，现存曲沃县北董乡景明村龙岩寺。碑青石质，高127厘米、宽45厘米、厚10厘米。碑文楷书，全文17行，满行60字，共808字。首题“创立消防会记”。碑文所记为民国初年曲沃县商界创立消防会始末，还有当时的热心人士在天津定购水龙机器，以及布告试验时“观者如堵，咸谓灵便适用”的记录，是研究山西消防史的重要资料。

【碑文】

创立消防会记

盖闻鸟鸣于社，旋符出出之声；星孛于辰，忽呈炎炎之象。自古回禄肆虐，祝融施威，闻者靡不怖焉。近年通都大邑，罹

① 雷涛、孙永和主编：《三晋石刻大全·临汾市曲沃县卷》，三晋出版社，2011年，第325—326页。

斯灾者，时有所闻，于是设立消防会者有之，创办救护会者有之。有此防微杜渐之举动，自免措手不及之张皇，洵善举也。曲沃亦著名之区，商贾云集，市廛栉比，去年大街锡铺、鞋铺，先后失慎，闻警者嘻嘻不可向迩，虽欲努力扑救，恨无利器，一时焚毁房屋货物，观者无不寒心。盖天下追悔于事后，不若防范于未然，消防救护，有车可鉴也。会长杜君子久，热心任事，慨然以消防之举为己任，每于公暇，婉商各商号执事，所幸异口同声，一致赞成，于是创立消防之举遂定，制簿捐款，未弥月而集金巨数。适源隆公号杜君澄甫在津公干，因函请探询水龙机器价值用法，往返数次，始行定购。至本年夏，杜澄甫带运回沃，择日布告试验，观者如堵，咸谓灵便适用，遂附存商会，特命商巡不时演习，以备不时之需，命名曰消防会。□□有消灾之具，嗣后消灾害于不形；有防患之机，将来泯祸患于不睹。水龙能消防，新田永庆麻嘉，岂非诸善士捐资购机之美德厚意也哉！兹将捐银数额并购置一切花费勒石于墙，以彰盛意，而昭核实。爰为之赞曰：创造于前，具有深意。善持于后，必有达人。后先辉映，各尽乃心。于万斯年，永志弗忘。

源隆公刘焕廷　永裕当田子厚共募捐纹银三十四两三钱

永裕当　源隆公　天成亨　源泉当　以上各捐银三两　德盛昌　乾育昶　福昌公　以上各捐银二两　三顺德捐银一两五钱　大德通　元泰昌　德盛泉　谦益公　自立成　源盛泰　兴盛合　永盛魁　聚元永　元吉昌　元泰贞　德盛瑞　协盛永　世源昌　各捐银一两　源盛顺　林盛公　以上各捐银三

钱　万盛长捐银二钱

源泰涌张怀琮　永兴顺张云□共募捐纹银三十三两六钱

图 2-13 《创立消防会记》拓片①

① 图片摘自雷涛、孙永和主编:《三晋石刻大全·临汾市曲沃县卷》，三晋出版社，2011 年，第 331 页。

永兴顺 源泰涌 永盛盐店 新隆魁 隆兴恒 南谦亨 以上各捐银二两八钱

复立亨捐银二两一钱 兴泰昌 义和成 元泰恒 顺禾成 谦和成 德盛联 晋盛□ 日生义 以上各捐银一两四钱 正兴合 正顺德 日生源 益茂谦 隆顺甡以上各捐银七钱

丰盛协李全仁 德泰永靳蔚廷共募捐纹银一十八两二钱三分

丰盛协 德泰永 隆泰顺 亨利顺 以上各捐银二两一钱 新和厚捐银一两四钱 宏茂生 隆兴裕 日照麟 泉盛魁 同泰永 永和福 福兴茂 以上各捐银七钱 义兴成 晋泰魁 以上各捐银三钱一分五厘 陈奉瑞捐银二钱五分[①]

十五、解庆元乾元连元募化碑

【简介】

清嘉庆十年（1805）冬刊。现存侯马市凤城乡东城村。碑为圆首，首高30厘米，通高145厘米、宽88厘米、厚13厘米。碑额题“皇清万载”四字，楷书。线刻画卷、棋盘、荷花、莲子图案纹饰，其寓意为“乞望募化连年”。碑文为楷书体，四周线刻卷叶纹饰。为清文职从九品（登仕佐郎）解连元

① 雷涛、孙永和主编:《三晋石刻大全・临汾市曲沃县卷》，三晋出版社，2011年，第330—331页。

等三兄弟向商号与个人募化银两的功德碑，碑列捐资商号与个人姓名。

【碑文】

登仕佐郎

解乾元　庆元　连元募化银一百零六两三钱

常景周银八两　义字涌银二两

王大□　乔椿龄　文静轩银四两

曹义盛银二两

贾正和　王明德　常镐银四两

太和行银二两

常公盛　同忝号　董金镕银二两

乾太号　王□德　义顺亨　仁和典银三两

解士文　公盛合　合盛魁　永顺典银三两

常知□　福全号　永隆备　赵益典银三两

杨夫成　李二房　合盛□　义德典银三两

史维城　章义聚　曾龙泉　中和当银二两四钱

仇乐山以上各银两五钱

蔡残琪　广盛号　永昌当　吉冲□　日章号　常晋魁

张翀　严大才　元亨号　杨成章　以上各银一两

□□号　解建邱　新盛成　公盛店银五钱

翟登准　苏秉□　富盛如　张廷相　李甲□　□□号

晋字号　王□号　□□□　王成号　刘贞吉　以上各银两二钱

□□□　元太号　永泰典银一两

新盛春　承裕号　以上各银二两

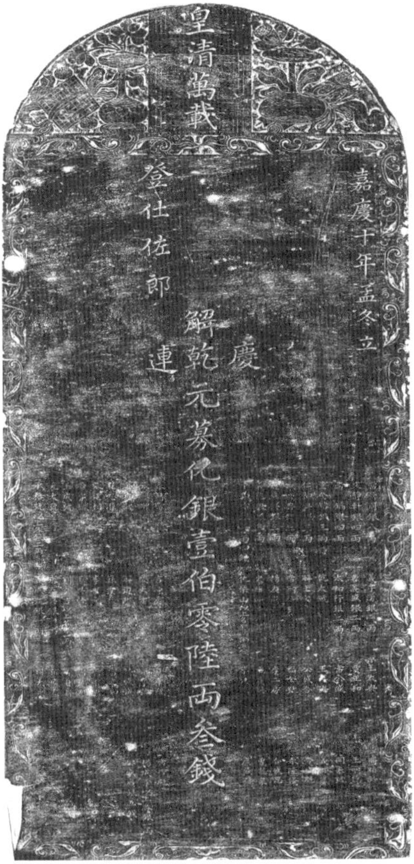

图 2-14 《解庆元乾元连元募化碑》拓片①

① 图片摘自高青山主编:《三晋石刻大全・临汾市侯马市卷》，三晋出版社，2011年，第 120 页。

义成号银一两　同大永

嘉庆十年孟冬立①

十六、设牛马市于官地碑记

【简介】

清嘉庆十一年（1806）刊。现存侯马市晋国古都博物馆。碑高 150 厘米、宽 64 厘米。碑文共 10 行，满行字数为 35 字，字径 3.5 厘米，共约 279 字。该碑原应存放于曲沃县城，碑文记述县城内牛马集市原在民地设立，因地主索钱无厌，根据里长、社首请示，县令唐维锡决定在东关庙后空园官地设立牛马市场。为规范市场，特立碑告示，凡卖骡马牛者，出钱五十文，卖驴者出钱三十五文，以作庙内粮差香资、修补之费，各商贩不得违背。

【碑文】

特调曲沃县正堂加七级、纪录十一次唐，为晓谕事：照得本城牛马集市，向在民地设立，嗣因地主索钱无厌，各里里长并东关公直社首禀请改移东关庙后空园官地，设立为牛马市场。如有卖骡马牛等畜者，出钱五十文，驴畜者出钱三十五文，以作庙内粮差、香资、修补之费。诚恐日久弊生，是以竖

① 高青山主编:《三晋石刻大全・临汾市侯马市卷》，三晋出版社，2011 年，第 120 页。

特調曲沃縣正堂加七級紀錄十一次唐 爲曉諭事照得本城牛馬集市向在民地設立嗣因地主索錢無厭各里里長並東關公直社首禀請改移東關廟後空園官地設立爲牛馬市場如有賣騾馬牛等畜者出錢五十文驢畜者出錢卅五文以作廟内粮差香資償補之費誠恐日久弊生是以竪立碑記茲據公直社首趙國祿 李學文 杜克寬 李來鳳等因有不付錢文禀請示諭前來據此合行給示曉諭爲此示仰合縣居民商販人等知悉嗣後每逢集期如有買牛驢騾馬等畜者交價時務將賣主應出錢文在於原價銀内照數扣留交給司事之人收明各宜凛遵毋違特示 遵

右仰通知

嘉慶十一年九月十九日示

告示 押

實張牛馬市

图 2-15 《设牛马市于官地碑记》①

① 图片摘自高青山主编:《三晋石刻大全·临汾市侯马市卷》，三晋出版社，2011 年，第 121 页。

立碑记。兹据公直社首赵国琛、李学文、杜克宽、李来凤等，因有不付钱文禀请示谕前来，据此合行给示晓谕。为此示，仰合县居民商贩人等知悉。嗣后每逢集期，如有买牛驴骡马等畜者，交易时务将卖主应出钱文，在于原价银内照数扣留交给司事之人收明。各宜禀请，毋违，特示遵。

右仰通知

嘉庆十一年九月十九日示

告示押实张牛马市[①]

十七、西新城重修文星阁碑记

【简介】

清道光十五年（1835）。现存侯马市新田乡西新城村。碑首“永垂不朽”，碑文共18行，满行38字，字径1.5厘米。张如骞撰并书。碑高114.5厘米、宽51厘米、厚14厘米，圆首高21厘米。此为重修文星阁之碑，捐款名单中有九家店铺，可见当时商业的兴盛。

【碑文】

西新城重修文星阁碑记

余堡东南城隅，于国朝雍正四年，昔人建文星神阁于其

① 高青山主编:《三晋石刻大全·临汾市侯马市卷》，三晋出版社，2011年，第121页。

上者，维欲兴人文之蔚起，美风俗之淳厚也。然历年深久，每经风雨飘摇，雾露湿洙，遂不觉甍瓦殒折，椽宇败颓。吾党触目惊心，坐视弗忍，于是鸠工庀材，踊跃趋事，庶几前乎崩塌者已补葺于无隙，毁坏者已彩刻以灿烂。斯时仰庙宇之巍峨，瞻神像之赫奕，有不蒙休于无涯者乎！兹已功成告竣，首事人等嘱余志其颠末，以垂诸永久。爰不辞简陋，撰笔而为之记。

堡人张如骞撰并书

施财姓名胪例于左

徐建德　李生晖二公在山东募化银二十三两四钱六分　王自学在河南募化银十九两三钱五分　二宗营运利银三两零四分

吴起福在河南新蔡募化：

义合典捐钱三千文　公盛店　庆泰店　生发店　天元店　世德昌　各捐钱二千文　德聚店　日昌店　萃生店　兴起福各捐钱一千文　共钱十七千文　在外双合典纹银十一两八钱　到家出平色共元银十二两六钱五分

荆道元捐钱五钱五分半

支费等项书后

石板麦苫绳索支银一两七钱三分

匠工价银三十八两　付南堡银一两九钱二分

彩画神像并开光破土一切神物支银一两八钱二分

曼砖土培芦席棉纸镢把支银三两一钱

推砖并犒赏匠工支银一两

图 2-16 《西新城重修文星阁碑记》拓片[①]

① 图片摘自高青山主编:《三晋石刻大全 · 临汾市侯马市卷》，三晋出版社，2011 年，第 142 页。

修镢扯布　支银三钱　石碑刻字并买笔银一切零碎等项使银二两九钱五分

共总收入银五十九两零五分半　支银五十两零八钱二分

除使净余银八两二钱三分五厘　北门外使用

阖堡首事人仝募化

龙飞道光十五年岁次乙未孟冬上浣勒石①

十八、明寿官小菴卢公墓志铭

【简介】

明崇祯九年（1636）八月十三日刊。现存翼城县博物馆。保存完好。碣质青石。盖高43厘米、宽80厘米、厚10厘米。阴刻“明寿官小菴卢公配祁孺人合葬墓志盖”。碣高43厘米、宽87厘米、厚11厘米。志文楷书。首题“明寿官小庵卢公墓志铭”。正文35行，满行28字，共1088字。赐进士第、中宪大夫、太仆寺少卿、加从三品服俸、前吏部考功清吏司郎中吕维宁撰文，庚午科举人张耿书丹，马永福刻石。卢科，字子登，初入商业跟随北关陈生嗣，后涉足于燕、鲁、吴、越多地，无畏艰险。因射利公平、待客以谦，从商五十载，家资丰饶，财以千万计，为一方富贾。

① 高青山主编:《三晋石刻大全·临汾市侯马市卷》，三晋出版社，2011年，第142—143页。

【志文】

明寿官小菴卢公墓志铭

赐进士第中宪大夫太仆寺少卿加从三品服俸前吏部考功清吏司郎中眷侍生肖山吕维宁撰

庚午科举人眷生弢如张耿书

小菴卢公讳科，字子登，隶籍余翼兴贤坊。祖徙居城东阴庄里，今改为朱庄里北冶村，离城十里许，其脉厚，其地肥。卢公田宅资蓄，美业克盈，素甲一方，里人称为巨室。曾大父钦、大父鹤、父承忠，俱以农起家，有隐德。母乔氏诞公。聪敏沉静，平生服食俭廉。幼而学书，即恂恂斤墨，类儒者。后以家务繁沓，废学就商，与北关陈生嗣斋翁代理贾事，燕鲁吴越之墟，皆其涉历，即寒暑风霜弗避也。卢公射利公平，处客长以谦，待众少以礼，驭仆役以宽，商游五十余载，虽以贾老其身，于贾家所为布帛长短轻重精粗之数，未尝屑屑尺寸，而所获利，始以百计，终以千万计，以故家业弥饶，家赀弥丰，视前人所贻，不啻万倍胜也。殁时，急呼诸子若孙在傍，再三嘱曰：“陈门吾大恩人，吾愧生无以为报，尔等当图衔结，勿忘所自。”闻卢公临诀语，可谓知有源矣。且性伉直，尤慷慨，喜施予，遇亲族贫乏者，辄出多金周恤，邻里有鬻产业者，必倍偿价值，各厌所欲。终卢公之身，无一人谇于门，并无一事讼于官也。卢公未竟读书事，常以不读书为恨，因设馆延师，率诸子弟勤学，令朝夕训解经义，督课甚严。二子一孙，相继补博士弟子员，而诸子若孙有小失，正色面叱不少宽假，至公门出入，尤所不许。卢公自是齿愈高，望愈隆，乡评咸推重焉。县令李公给冠带荣身，扁其门曰“齿德达尊”。卢公寿逾大耋，步啖安强，见诸子若孙侍左右，心志差快，老而益健，卒无病卒也。易箦时，遗嘱从容，神色自若，人皆谓卢公平生耿直，一点正气之验云。生嘉靖三十五年十一月二十一日，卒崇祯九年五月初十日，享年八十有一。孺人祁氏，素甘俭约勤苦，一切内政悉出经理，卢公得专意营商，徼有厚获，大半祁孺人内助之力，先卢公三年而卒，卒之日崇祯六年正月初四，距生嘉靖三十九年八月初五日，享年七十有四。生子三：孟文藻，庠生，娶北关厢袁东潮女；仲文蔚，庠生，娶朱庄里庠生乔光宇女；季文英，武生，娶北关厢李朝聘女，继娶侯氏、李氏、吕氏，又赵氏一儒女。生女二，俱先公卒。孙男七：藻出者，调梅尚幼。蔚出者调鼎，府庠生，娶许氏，继娶南卫燕乐都女；调鼐，聘兴贤坊王运开女；调鼒，尚幼。英出者调羹，聘北常程正学女；调饪，聘唐城坊许靖忠女；调元，尚幼。孙女七：一适柳拱辰，故；一适史克英；一适王德化，故；一字姜翼望，一字席珍，俱藻出；一适乔时芳，一幼未字，皆英出。三子卜是年八月十三日启祁孺人合焉。适会余请告在里，先期向余乞铭。余忆曩昔在官时，正卢公在商时，京邸数十载，知遇最殷且久，谊所不能辞，遂为之铭。铭曰：

凡今之人，熙熙攘攘，争一世以殁，皆始于不能忍与不能公。夫不能忍辱，焉能忍福，我不能公，于何能私？盖人情之好利，谁不如我？而天道之好还，终归有尽。惟我卢公无不忍也，无不公也。神明胙之，祥发后也。

皇明崇祯九年岁次丙子八月十三日

孤哀子卢文藻　卢文蔚　卢文英　孙调鼎　调羹　调鼒　调饪　调梅　调元　调鼐泣血瘗石

玉人马永福刻[1]

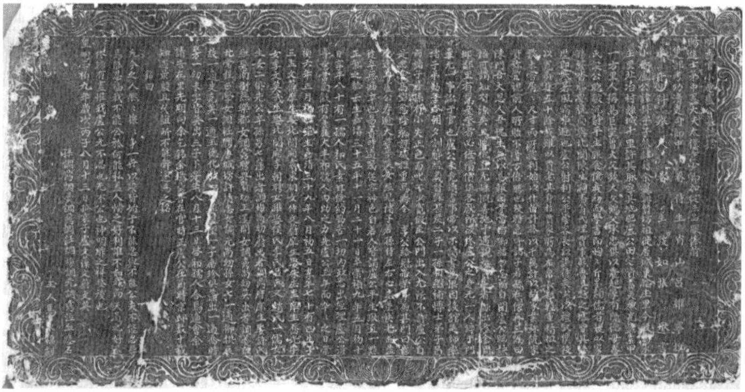

图 2–17 《明寿官小菴卢公墓志铭》拓片[2]

十九、清武生还醇卢公墓志铭

【简介】

清顺治五年（1648）十一月刊。现藏于翼城县博物馆。保

① 李建党主编:《三晋石刻大全·临汾市翼城县卷》，三晋出版社，2024 年，第 139 页。

② 图片摘自李建党主编:《三晋石刻大全·临汾市翼城县卷》，三晋出版社，2024 年，第 140 页。

存完好。碣质青石。通高 40 厘米、宽 90 厘米、厚 15 厘米。志文楷书。首题“清武生还醇卢公墓志铭”。全文 41 行，满行 21 字，共 972 字。秦镜撰文，刘湛篆额，李景华书丹，李美男镌刻。卢文英，字还醇。初业儒，后从武，以武试不中，遂弃武从商，起初跟随北关陈君嗣在吴燕两地经商，后在京城创科记商铺经营，经营有方，大创鸿业，丕震郡东。其父卢科亦从事商业，为一方巨贾。

【志文】

清武生还醇卢公墓志铭

乡进士文林郎授陕西西安府推官眷生非基秦镜顿首拜撰

丙子科乡进士眷生清源刘湛顿首拜篆

邑庠士眷生郁林李景华顿首拜书

戊子仲夏，还醇卢公以疾不禄。既阅月，厥子调羹将营葬事，持状祈志于余。余辱公之爱，知公之深谊，宁容过辞，乃爰序而纪之。公讳文英，字还醇，世居兴贤坊，后渐扩基于邑东北冶村。其祖讳承忠。忠生科，号小菴，即公之考也，才德优长，与北关陈君嗣斋翁总理商政，望重吴燕，有遗赀，立科记房于京畿，用人经营。妣祁氏，又克襄内助，大创鸿业，丕震郡东。生三子，长文藻，次文蔚，公行三。生而英姿骏迈，器宇轩昂，矫矫有大志。少业文未就，遂学武，读韬略，习骑射。天启癸亥岁，试于按台，刘公录入庠，补武生员。公益自奋励，熟谙兵策，必期武围夺标，阃外待命，以竖奇勋。屡应大比，无所遇，公怡然曰：“吾岂可力与命竞哉。”于是绝意荣名，综理家务。公为人沉深有经纬，见理明而虑事远。席先君厚址，每思缔造孔艰，恒谨密节俭，用度弗敢奢。尝曰：“吾父勤于江湖，幸有今日，若侈费以坠先业，不孝孰甚。”以故家赀益丰，田园益广，视前基而更大焉，公盖可谓善守成矣。初公与二兄分异，椿萱俱在堂，及二亲终丧礼毕，其房赀听二兄管摄，退让若懦夫，卒未以货利争。伯氏吹埙，仲氏吹篪，公居季也，克和之，此尤人世所难者。公性刚烈最难犯，刑家有则，举止端静，不苟言咲，门庭之内肃然秩然。其诲诸子也，义方训饬，不使作富贵态，令就傅肄业，时加督课，严威凛然，诸子皆惮之。公若曰：“不如是，其何以传家法于后裔乎。”至于处乡党，则量能容物，温恭乐易，与世坦夷，未尝恃财以骄人，亦弗脂韦以迎合，遇事敢言，不侮矜寡，不畏疆御，人咸服其直，无后议。矧仁以睦其姻戚，厚以恤其邻里，宽以御其童仆，又昭昭在人耳目者也。其所为迥异，类若此。惜乎一疾遽作，而医不奏功，可慨也夫。公生于明万历三十年二月初十日，卒于清顺治五年闰四月十八日，享寿四十有七。初配李氏，先公卒。继配侯氏、李氏、吕氏，其贤淑如李，然亦不护永年，俱先公卒。继配赵氏，绰有懿德，与公实相联匹。生子六：李氏出者调羹，邑庠生，娶北常程正学女；侯氏出者调扆，邑庠生，娶唐城坊许靖忠女；吕氏出者调元，娶史村冯嘉胤女；赵氏出者调铉、调宸、调化，尚幼。女二：一适本村乔时芳，一适吴村庠生张圣功。孙男一：曰璋，调羹生。孙女一：调扆生。诸子将以卒之年十一月十二日，奉公葬于祖茔之次，附四孺人而归于一。洞山隐隐而原膴膴，是曰哲人之藏。因为之铭曰：

于乎卢公，性淳行卓。允敦孝交，箕裘克绍。

诗礼传训，青衿盈门。燕翼贻谋，俭勤是箴。

螽斯绳绳，纯嘏永锡。勒石纪徽，百世之馨。

顺治戊子仲冬日

男调羹　调宸　调元　调铉　调宸　调化　孙璋泣血上石

玉人李美　男世臣仝镌[1]

图 2-18 《清武生还醇卢公墓志铭》拓片[2]

① 李建党主编:《三晋石刻大全·临汾市翼城县卷》，三晋出版社，2024 年，第 148—149 页。

② 图片摘自李建党主编:《三晋石刻大全·临汾市翼城县卷》，三晋出版社，2024 年，第 148—149 页。

二十、待赠庠生还朴卢公暨配孺人乔氏合葬墓志铭

【简介】

清顺治十七年（1660）十二月三日刊。现存于翼城县博物馆。碣质青石。高40厘米、宽103厘米、厚8厘米。志文楷书。首题“待赠庠生还朴卢公暨配孺人乔氏合葬墓志铭”。全文31行，满行22字，共766字。秦镜撰文，乔甲观书丹，段美刻石。墓主卢文蔚，字还朴，号懿斋，从事商业，其父卢科，曾经商于陕西，兄长卢文英亦从商于京城，父兄皆有所成就。

【志文】

待赠庠生还朴卢公暨配孺人乔氏合葬墓志铭

钦授陕西西安府推官眷生非台秦镜顿首拜撰

顺治丁酉科解元眷晚生扶上乔甲观顿首拜书

谨按状：公讳文蔚，字还朴，号懿斋，邑之兴贤坊籍。先世多隐德，不可考，至曾祖河，谱系始著焉。祖讳承忠，□□起家，以外戚徙居北冶村。父讳科，字子登，号小菴，敏通□□，射利公平，立号长安云间，仿佛古陶朱一流，人年□恩赐寿官。母祁氏，擅四德，诞丈夫子三：伯讳文藻，庠生；季讳文英，武生，公其仲也。公生而敦悫回常，器宇凝重，孝友夙授天性。及成童，晓晤文义，耻逐群嬉。寻翔頖，为诸生，不轻言笑，不泛交游，沉静端默，恂恂若处子。小菴公见背，

棠棣萼韡，和拟埙篪，且孺且耽者，历久如一日。公席丰腴，自奉惟珍俭约，居恒无重袭之衣、选味之食，出则策驽携慵，未尝以服乘翩翩，炫耀乡里。公处亲知诚中朴外，虽狎故不敢废礼。拓田数百亩，营构数千椽，必倍其价值，曰："今日创垂，为异日善后良策，奚尚巧纤专小利耶。"齿近六旬，高尚恬退，治家塾，延名师，严课子侄与诸孙，人文卓茂拖青黉宫者，不减高阳才子之数，而公时嬉游艺苑，听书声，抚梅竹，亦甚陶如也。行将射策金马，沐光褒容施焉，胡感白帝司辰，谈笑间修文地下耶！沂公之生于大明万历二十五年十月二十五日，于大清顺治十七年八月初十日，寿六十有四。元配乔氏，庠生光宇女，贞淑娴雅，内助多功，先公卒，享寿四十有六。继配李氏诰女。男五：长调鼎，郡增广生，元配许氏一桂女，继配燕氏乐都女；次调鼐，邑庠生，配吕氏太仆寺卿维宁女；三调梅，郡庠生，嗣伯兄；四调鼒，配王氏庠生之佐女；五调阳，配吕氏承绪女；俱乔氏出。孙男五：曰锡，邑庠生，配祁氏庠生翔集女；曰钰，配席氏庠生琰女；曰铨，定王氏庠生钫女；俱调鼒燕氏出；曰镕，尚幼，调鼐出；曰铎，定周氏文芃女，调鼒出。孙女二：一字丁酉科解元乔甲观男峨，调鼎出；一尚幼，调鼐出。重孙一：曰庆瀛，尚幼，锡出。公将退藏于密，卜吉瘗石，爰志之以勒不朽。铭曰：

士有儒行，不来诟疾。生有美德，论定于殁。公介如石，富不克诎。道岸书山，佳城郁郁。孕灵发祥，昌厥后裔。

时顺治十七年十二月初三日

孤哀子卢调鼎　调鼐　调鼒　调阳　出继子卢调梅　孙锡　钰　铎　铨　镕　镗　重孙庆瀛泣血瘗石

玉工段美刊[①]

图 2-19 《待赠庠生还朴卢公暨配孺人乔氏合葬墓志铭》拓片[②]

二十一、山西平阳府翼城县众商创建牌楼碑记

【简介】

清雍正十一年（1733）刊，现存于河南省朱仙镇大关帝庙内（山陕会馆旧址）。朱仙镇山陕会馆为山陕商户始建于明嘉靖六年（1527），雍正十一年山陕会馆重修时，翼城籍商人捐钱单独出资修建了一座牌楼，捐资信息完整的保存于此碑中，

① 李建党主编:《三晋石刻大全·临汾市翼城县卷》，三晋出版社，2024 年，第 168—169 页。

② 图片摘自李建党主编:《三晋石刻大全·临汾市翼城县卷》，三晋出版社，2024 年，第 168—169 页。

碑中镌刻了当时集资的340余名翼城籍商人的姓名以及他们的捐资数额，共筹银860余两，人均出资2.5两。虽然碑中没有商号信息，也不知其从事何种商业，但也可知晓雍正年间在朱仙镇经商的翼城商人数量已达到一定规模，仅为修建牌楼出资人数已是三百有余，没有出资的以及为其他修建工程捐钱的翼城商人，数量尚未可知。据此推测，当时在朱仙镇经营的翼城商人数量应多于340人。

【碑文】

（碑阳）

雍正十一年四月完工

总理督工人王大章并书梁寅公侯龙章

（碑阴）

李诚庵男乾健　史中□侄□中捐银四十两

田瑞□　张子□　郭斗南银三十两

张启文　石德馨银二十四两五钱　□县知县崔赫银二十三两

刘仰亭男纯一银二十一两　公泉田银二十两

高广宏银一十八两四钱　梁寅公侄仲问一十七两八钱

王霖苍侄王男瑞符一十六两七钱

石复扬含溥侄国瑞银一十四两

胡荣阳　兴臣银一十三两五钱

周玉　程际昌银一十三两一钱

王章玉侄佐壬银一十二两

王封公　玉□银一十一两六钱

□□声　□□银一十一两五钱

□于　□亭银一十一两

□□□　□□□银十两八钱

□□□男鼎□银十两五钱

柳天侯　侯德相银十两　王大章银十两

袁廷文　王伯淳银十两　燕裕□　杨正公银九两九钱

张玺若　碧若银九两四钱　王御　男士义九两二钱

王升公　范圣银八两二钱　欧朝宗银八两

王唐彦　戴佐伍银七两七钱　王廷侯　胡振世银七两六钱

常友竹　袁尔明银七两五钱　李宪文银七两三钱

李京商男德玺七两三钱　郭金声银六两九钱

赵浍泉　吕仁宗银六两八钱　胡珀臣银六两八钱

王渊若银六两二钱　崔子裕银六两

王次淳银六两　李怀年银五两八钱

仲一银五两八钱　柳隆宇　张汉冲五两七钱

吕晰疑五两五钱　薛竟成五两五钱

周裕之男桂如五两　侯诚合男龙章五两

柳良臣　李正公五两　张维直五两

史梦卜　闫法周四两八钱　师大成四两六钱

侯育广　张景轼四两五钱　韩六韩四两四钱

王伯镜　李继容四两四钱　毋纯玉四两三钱

常涵中　王清源四两三钱　王潘与四两三钱

郑国甫　耿君诏四两二钱　史绳侯　李秀臣四两一钱

高捷南　王周四两一钱　史之俊四两

史子廖四两　李环宸四两

陈君诏四两　许朴公　张焯若四两

郭九如　续超巷三两九钱　上清宇男新甫三两九钱

侯暗章　君章三两九钱　尉观臣男育才三两八钱

石健巷三两八钱　常吉公三两八钱

张用之三两七钱　苏子扬三两七钱

孔夫周　史□明三两六钱　李□　许静　王文徽三两五钱

解汪如三两五钱　戴伯元三两五钱

侯佐玉三两四钱　泰轨玉　高元恺三两四钱

王声远　刘圣三两四钱　高云九三两钱

赵世祯　郭俊昌三两□钱　王霖九三两□钱

张仁公　高元魁三两□钱　吕乔年三两□

梁英五三两□　石子玉男君甫三两

袁希圣贤三两　李文畅二两九钱

李玉若二两九钱　祁衍中　侯荆侯二两七钱

郭觉□两七钱　韩祥甫　高海若二两七钱

□钦吉二两六钱　张尔益二两六钱

秦文龙二两六钱　裴宗孔二两六钱

乔丕成二两六钱　李廉侯二两五钱

程宗伯二两五钱　梁笏玉二两五钱

胡理之二两五钱　苏乃成　张润二两四钱

薛心吾二两四钱　孔述贞二两四钱
燕绍先二两三钱五分　周玉六二两三钱五分
马凌霄二两三钱五分　苏荆山二两三钱
常元良二两三钱　陈芯二两三钱
三庆店二两三钱　高维谦　李君甫二两三钱
郝希侯二两二钱　张维世二两二钱
黄上玉　魏次睿二两　谭文升　曹季斌二两
李绍先二两　张起祥二两
范泓男肇中二两　李达尊二两
廉永忠二两　孙秉公一两八钱四分
赵月巷一两八钱　段英一两八钱
郭永固一两七钱五分　王临爱一两七钱
王之臣一两七钱　崔兆生一两七钱
苏子敬一两六钱　李芳　胡兆印一两六钱
谭惟敬一两六钱　朱雍寰一两六钱
王待如一两六钱　范永祀一两五钱
冯绍先一两五钱　侯蔚台一两五钱
李长芝一两五钱　张厚公一两五钱
陈子达一两五钱　聂诚之一两五钱
符华章一两五钱　段桐一两五钱
史天衢一两四钱　陈锡禧一两四钱
李玉梓　逯天哲一两四钱　郭著名　张兴臣一两四钱
石秀含一两四钱　李兰台一两四钱

凡廷秀一两四钱　柳杨春一两四钱

李世昌一两四钱　胡来义一两四钱

李为梅一两三钱　和旬九一两三钱

史绍欧一两三钱　杨在斯一两三钱

史明宇一两二钱五分　张昆山一两二钱五分

姚福禧一两二钱五分　柴经天一两二钱五分

王君宠一两二钱五分　李锡三一两二钱五分

张汉如一两二钱　张起高一两二钱

森太厂一两一钱五分　程定国　袁其圣一两一钱五分

石光前一两一钱五分　戴新章一两一钱

李恂若一两一钱　张霄公一两

李创业一两　王德章　吕遂初一两

安永祯一两　段子　张擎天一两

胡子士一两　张光裕九钱六分

毋好作九钱六分　张子言九钱二分

秦子馥九钱二分　□□□九钱二分

王清远九钱二分　卫绥之九钱

王泓统　李宗程八钱　周文　朱琬八钱

柳书达　谭文兴八钱　薛嗣翠八钱

王秀衡七钱六分　袁杞寿七钱五分

凡朝臣七钱五分　陈凤嵋　关而七钱

兴盛厂七钱　吕□烟铺七钱

史玉七钱　关缄三七钱

史瑞　李□七钱　王仁初　杨天祥七钱

张凌九七钱　常升公七钱

吉庆长七钱　常淑行七钱

杨天相七钱　廉瑞玉七钱

戴丕降七钱　王之玺　王伦七钱

刘方盛七钱　侯钦律七钱

李调声七钱　吕元臣七钱

郭瑞生六钱三分　陈经晨六钱

王建周五钱八分　王士模五钱八分

马昆玉五钱七分　□□□五钱五分

姜际□五钱五分　张林章五钱五分

孔兴盼五钱五分　李相康五钱五分

王□祥五钱五分　崔元五钱三分

李子□五钱　张汉臣五钱

石瑞峰五钱　张祥祉　□思徒五钱

常国□五钱　杜金章五钱

李友龙五钱　王如臣四钱六分

丁伊任四钱六分　陈国玉四钱六分

韩伯昌四钱六分　刘永生四钱六分

丁钰　高起尚四钱六分　张玳四钱六分

张明如四钱六分　张星还四钱六分

刘尚义四钱　凡瑞玉四钱

王玉简三钱六分　常永泉三钱五分

周天升三钱五分　王长□三钱五分

刘绍□三钱五分　李世太三钱五分

薛所理三钱五分　许戍□三钱四分

陈康生三钱　关御书三钱

刘日□三钱　□永成二钱七分

□□□二钱七分　张起□二钱三分

王文季二钱三分　丁承运二钱五分

朱子元二钱三分　马义成二钱三分

王奎还二钱三分　郭冲汉二钱三分

李太和二钱三分　石浩二钱

史寅畏一钱八分　王治一钱四分

刘庆云一钱二分　常□□一钱□分

袁□□一钱　阴祥成一钱

祁全成一钱　毋□祥一钱

张□初一钱

公议兴工首事人侯诚台　刘仰亭　周裕之　柳名臣　石子玉　王□□　苏子扬　李子宣　梁寅公　韩六韩　高广宏　赵浍泉　李贯三　马凌霄　王大章　郭斗南　史子濯　胡兴臣　崔子裕　孙致公　张祥祉　李廷然　张启文　袁希圣　薛所仪　郭　凡　梁笏玉　孔朝柱　范肇中　王伯淳[①]

---

① 翼城县政协《翼城晋商史料》编辑委员会:《翼城晋商史料》，政协翼城县委员会内部刊印，2008 年，第 474—479 页。

图 2-20 《山西平阳府翼城县众商创建牌楼碑记》拓片[①]

二十二、创立狮子叙

【简介】

清乾隆四年（1739）八月刊。现存翼城县隆化镇北撖村村委会院。共四石（分别编次为碣一至四）。保存基本完整，偶

① 图片摘自翼城县政协《翼城晋商史料》编辑委员会:《翼城晋商史料》，政协翼城县委员会内部刊印，2008 年，第 473 页。

有轻度剥落。碣质青石。均高 30 厘米、宽 70 厘米、厚 44 厘米。碣文楷书。碣一首题“创立狮子叙”。正文 18 行，满行 9 字，共 176 字。叙中记载在京从商的二十余位翼城籍商人合资共起一狮子会。后又向同社捐资创立石狮子一对。碣二、碣三则列出在京加入狮子会的翼城籍商人。碣四题“创立狮子尚银姓名开后”专门列出为狮子会出资的翼城籍商人姓名。

【碣文】

（碣一）

创立狮子叙

余尝在北京，闲游神圣之宇，见夫殿阁巍焕，青狮森峙，不禁忽然致思曰，余社庙宇虽大，惜少狮子一对，其何以慰神灵而壮观瞻乎？退而与吾社在京作商者二十余人，共起一狮子会，攒钱二十三千，赢利数年得金三十余两，今春旋里命玉人雕琢焉。又虑有工价而无饭资，难以成厥事，因向社中善人君子募化饭二百余日，庶玉人无艰食之虞矣。兹工告竣，将在京随会姓名并合社尚饭姓名勒石，永垂不朽。

总理人王世炳　王道达　张秀　张汉佑　张爔

大清乾隆四年八月吉日立

（碣二）

在京随会姓名开列于后

（略）

本庙道人韩德华

（碣三）

在京随旗伞职事姓名开列于后

（略）

大清乾隆四年八月吉日

（碣四）

创立狮子尚银姓名开后

张熏及男凤绍　凤来银二钱五分　张燕银一钱　刘泽深银一钱　张熊银五分　天王命银二钱　张天庆银一钱

稷山县玉工张□□　景□□　景□□（仝刊）[1]

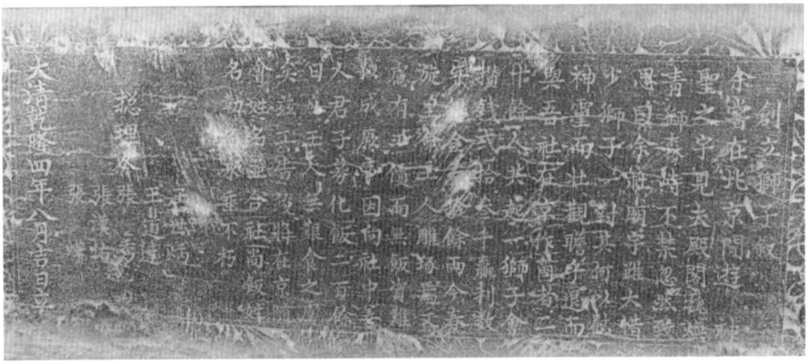

图 2-21 《创立狮子叙》拓片[2]

① 李建党主编:《三晋石刻大全 · 临汾市翼城县卷》，三晋出版社，2024 年，第 308 页。

② 图片摘自李建党主编:《三晋石刻大全 · 临汾市翼城县卷》，三晋出版社，2024 年，第 309 页。

图 2-22 “创立狮子尚银姓名开后”碣

图 2-23 《创立狮子叙》之狮子雕像

二十三、川西梁上涧峡村重修东西门楼序

【简介】

清乾隆五十六年（1791）刊，碑存于翼城县南梁镇涧峡村上涧峡自然村玉皇庙内。此碑共有三部分内容，分别为乡众重修村东西门楼之经过、施财姓名以及修建过程中各项目花费的具体数额。第二部分的施财姓名中涉及大量上涧峡村丁氏家族成员以及翼城本地和外地包含多个商业种类的商号。此外还有通州、河西务、陕西、京都四地商人，多为商铺，尤其是在京的翼城布商。

【碑文】

《系辞下传》有曰："重门击柝，以待暴客，盖取诸豫。"凡大而国都、小而闾里，门之为要，昭昭矣。余村东西二门楼由来已久，创自何年月日，不可考。考诸碣，西门于前明万历二十八年修之，至本朝顺治九年又修之；而东门则修于康熙三十五年也。远者百有余年，近者亦不下八九十年。阅时既多，则颓弊自甚，虽世际清宁，暴客之作无虑，而时值启闭，破败之状堪伤。故一有言及修葺者，输金助力、合村响应，遂不数日间，而东顾西盼，焕然一新焉。盖尝思之，从古来凡大有兴作也，落成之日，莫不俾词人学士叙创造之微意，逞瑰丽之雄辞，炳炳烺烺，著于当时，流于奕世。而后之览者，亦莫不临文叹赏，传为盛举，啧啧称道于弗衰。若兹则区区耳，将

焉用文？第于某上施银若干，物料费银若干，工匠费银若干，刊之于石，以不没其事焉，斯已矣。

丁鹤龄志石

施财姓名开列于后：

丁鹤龄银五两　丁大綍银三两　丁仲常银三两　丁钟灵银三两　丁颖悟银三两　丁珺银二两五钱五分　丁之范银二两五钱　丁以楏银二两五钱　丁缵先银二两二钱　丁纶诏银二两一钱五分　捐□□□　丁苍雯银二两一钱四分　王礼银二两　王俭银二两　恩赐耆老丁超侯银一两五钱一分　丁效宽银一两五钱　闫廷英银一两五钱　丁起贵银一两五钱　从九张我清银一两四钱　丁之义银一两三钱五分　丁法禹银一两二钱　闫廷蕙银一两二钱　梁士达银一两一钱　梁士进银一两五分　丁森林银一两五分　丁飞熊银一两五分　梁生致银一两三分　丁之仁银一两　丁介润银一两　王智银一两　丁苍霆银一两　闫廷栋银一两　丁介浡银一两　李霦征银一两　王恭银八钱　王让银八钱　柳英祠银七钱五分　王谦银七钱四分　丁敏中银六钱八分　丁宠诏银六钱五分　丁敦伦银六钱三分　丁乃福银六钱　监生丁善经银六钱　丁肇立银六钱　丁本立银五钱六分　丁元德银五钱五分　丁钟秀银五钱五分　丁起圣银五钱四分　丁以德银五钱四分　王梦吕银五钱四分　薛国起银五钱三分　丁璨银五钱　丁敦厚银五钱　闫攀桂银五钱　李兰芝银五钱　薛永升银五钱　薛永安银五钱　崔有来银五钱　闫生法银五钱　丁颖强银五钱　丁麟振银五钱　丁耀如银四钱八分　卫禄银四

钱　丁法固银三钱六分　丁正年银三钱　丁杰年银三钱　丁绪固银三钱　丁善修银三钱　丁景圣银三钱　李兰菖银三钱　丁介禠银三钱　张朱银三钱　张文孝银二钱八分　丁帝心银二钱　席文月银二钱　张汉柱银二钱　安天成银二钱　梁生贵银二钱　张乃积银二钱　丁明道银二钱　丁友桐银二钱　柳英春银一钱八分　柳英章银一钱八分　薛国兴银一钱八分　关培福银一钱二分　梁生斌银一钱

共收布施银八十两零四钱二分　余椽栈砖瓦柴卖银一两七钱五分六厘　二宗共银八十二两一钱七分六厘　木料使银十一两四钱　椽栈使银十一两零三分四厘　砖瓦使银十二两一钱三分四厘　灰石钉铁使银四两三钱四分二厘　土坯麦秸使银一两五钱八分九厘　匠工使银十二两五钱四分六厘　土工使银九两七钱四分　牛工使银四两零四分八厘　立木杂项使银三两一钱四分二厘　石字板使银二两一钱九分一厘

以上共使银七十二两一钱六分七厘　除使净余银十两零九厘□□

所余银两谢神使讫无存

大清乾隆五十六年岁次辛亥三月吉旦立石[①]

施财姓名

副府郑长清银二两　指挥马谦银二两

---

① 李建党主编：《三晋石刻大全·临汾市翼城县卷》，三晋出版社，2024年，第460页。

郝彦长银四两　成布铺银四两

乾泰布铺银三两　大兴布铺银三两

永祥泰布铺银三两　天丰成布铺银三两

增盛布铺银三两　大川布铺银三两

玉成布铺银三两　增兴布铺银三两

广和布铺银三两　涌顺布铺银三两

新顺布铺银三两　务本布铺银三两

大丰□记银二两四钱　黄爱银二两

广成德记银二两　协成泰记银二两

广元布铺银二两　武城义信布铺银二两

大成布铺银二两　如意布铺银二两

瑞生烟铺银二两　德泉银局银二两

天佑堆房银二两　裕泰米铺银二两

丰祥染房银二两　成记染房银二两

裕兴染房银二两　晋源口袋铺银二两

泰原王仪记银二两　梁继先银二两

广成布铺银二两　高诩银二两

怡源布铺银一两五钱　九如缸店银一两五钱

悦来当铺银一两二钱　兴隆布铺银一两

隆盛布铺银一两　兴盛布铺银一两

兴泰烟铺银一两　武城协盛号银一两

武城永兴布铺银一两　全兴当银一两

全盛布铺银一两　日生烟铺银一两

广成号银一两　丰盛号银一两

长发布铺银一两　敦厚堂章银一两

同丰布铺银一两　和顺布铺银一两

恒兴布铺银一两　广兴煤铺银一两

协盛杂货铺银一两　太原广货铺银一两

九星银楼银一两　兴成布铺银一两

诚信布铺银一两　益和布铺银一两

天增烟铺银一两　大丰雄记银一两

大丰祥号银一两　双生成号银一两

运通王朝鼎银一两　中卫李曰熏银一两

石桥史继鲁银一两　南史王金凤银一两

陈从舜银一两　吕永□银一两

宏泰烟房银一两　双合号银一两

忆盛号银五钱　王铜银五钱

张兴业银三钱　冯德和银三钱

刘珊银三钱　续联升银三钱

张延祚银三钱　杨从周银三钱

从九陈登甲银一两二钱　郭兴成银一两

李霨征银五两一钱四分　傅永宁银四钱

兴生丁士杰银五两　绢帛梁生斌银三两

丁□德银二两二钱一分　李霱征银二两

丁森林银二两　丁敦攻银五钱

王蔓俊银一两六钱九分　丁敦教银五钱

丁德照银一两二钱九分　韩大忠银二钱

丁德映银一两八钱七分　丁以椿银五钱

丁以枋银一两四钱八分　丁远望银五钱

丁继道银五钱六分　丁介禌银五钱

丁岱望银五钱　丁德皓银五钱

梁生耀银五钱　闫生溥银五钱

李攀龙银五钱　丁敦典银四钱九分

丁德广银三钱八分　丁颖强银三钱五分

丁如桐银三钱　梁长有银三钱

王俭银二钱一分　丁德暲银二钱

丁凤仪银二钱　丁凤□银二钱

丁际泰银二钱　丁金耀银二钱

丁克勤银一钱四分　丁如松银一钱四分

丁名道银七分

收李霭征　李霦征通州化布施银六十二两

收丁滋楷河西务化布施银四十八两五钱

收丁森林陕西化布施银八两六钱

收丁侠年京都化布施银五两九钱

入外村并本村布施银四十三两四钱二分

会中积银七百两零零四钱六分

建楼剩物卖银三十二两二钱九分

以上七宗共入银九百零一两一钱七分

赎地使银十三两二钱

木料栈椽挖树工钱使银一百四十九两二钱一分

砖瓦脊兽使银一百四十三两二钱四分

各匠工钱使银一百六十五两一钱八分

各色窨石使银九十九两八钱六分

梓匠并土工工钱使银一百零七两七钱二分

铁器等物并铁匠工钱使银二十五两一钱三分

书匠工钱以及颜料麻使银二十五两

灰钱脚钱被褥猫须使银六十二两一钱二分

塑神并杂费粮钱使银八十九两九钱五分

图 2-24 《川西梁上涧峡村重修东西门楼序》拓片①

① 图片摘自李建党主编:《三晋石刻大全 · 临汾市翼城县卷》，三晋出版社，2024年，第 461 页。

谢土光开并碑钱使银二十两零五钱六分

以上十一宗共使银九百零一两一钱七分

使讫无存

会中人：丁森林　丁滋楷　丁华望　丁高望　丁土超　丁德望　丁闻望　丁心一　丁择三　丁玉玮　丁灼玮　丁连捷　丁际泰　丁敦明[①]

二十四、东续村创建南门外白衣堂碑记

【简介】

清嘉庆十年（1805）刊。碑存翼城县里砦镇东续村。白衣堂，初建于嘉庆四年（1799），后因资金短缺，暂停修建。嘉庆六年（1801），爰谋众人，再次开工。工竣之后，列施财者姓名于后，捐资不等的商号有二百余家。

【碑文】

此堂募化于乾隆癸卯岁，兴工于嘉庆己未春。彼时资财不继，工半即止，而承资人□□灾，于辛酉夏忽然物故。是年秋，厥子天寿以冲幼未谙，遂将乃父所经庙工账簿，□众积等，推任于愚，愚不能辞，爰谋众公，协力而成。工竣之后，谨举当年施财、施地并募化督工诸公以及募化之原疏，均刊于

① 翼城县政协《翼城晋商史料》编辑委员会:《翼城晋商史料》，政协翼城县委员会内部刊印，2008年，第82—85页。

石，以永其传。至愚勷事之疏，愿诸君曲为宥焉，是序。

原疏

白衣大士者，世所传送子观音是也。夫《周南》一篇，螽斯衍庆，麟趾呈祥，说诗者悉推本于文王后妃之德，未闻以周室子姓之蕃昌。□□大士之赋畀也，而世传顾有送子观音之说，此何以称焉？意者，天命有德，克昌厥后。大士实掌钟毓籍曰孕子簿，故云然欤？果尔，则其说亦近似有理。余庄自有明初草创，村舍迁今四百有余年矣。而室差逾十户不满百。往来堪舆家佥以为，南门外当建白衣神祠，以培补其风尚，则生齿之繁，可计日而待也。乃村小人贫，独力难成，用是恭疏短引，遍告四方，伏愿仁人义士，共破悭囊，勷成义举。异日者，土木工竣，竖碑镌名，颂扬功德，是则诸君子之福寿无疆，而余庄人之受赐多之矣。

恩赐进士吏部候选儒学正堂宪南翁梁炎撰文

募化善缘

监生梁汉儒化银一十九两二钱八分

梁汉士化银二十一两零四分

梁耀祖化银一十五两六钱三分

闫仑化银一十一两二钱二分

闫崑化银八两一钱五分　冯泉化银一十八两三钱五分

冯进化银六两五钱五分　梁生浩化银八两二钱五分

梁生瀚化银七两三钱五分　梁沄□化银一十一两八钱一分

梁汉魁化银九两六钱五分　梁生濬化银五两二钱

梁文化银九两八钱五分　梁武化银九两八钱五分

承首督工人恩贡　梁炎　梁生泳　贾三仁　梁汉士　冯进梁炳　闫巍　梁汉魁　梁梓

举□募化人　梁玫　梁生津

本村施主梁凤玺□世后裔　瑞林　云祖　□□　祈仁　鸿娃　金唯

神祖　□烕施出老四门官地一块

施主梁斌施出庙基南北四尺三寸尽南

各省施财姓名开列于左

元兴泰尚银二两四钱　万兴铺尚银一两五钱

东来旺　集义生　勃廷相　宸太和　靳应诏　常秦魁　柴尧享　□天魁　以上各尚银一两二钱

解必纶　同兴号　晋兴布店　鼎盛号　兴隆号　□□号　三益号　长泰号　兴盛铺　公德店　义生号　刘兴贵　以上各尚银一两

东生号　万盛铺　□兴号　李正凭　以上各尚银八钱

长盛铺　大成铺　以上各银六钱五分

长盛仪　泉通源　永发恒　同兴章　义兴公　□□号　王玉煊　隆盛铺　同义铺　太原馆　永顺号　复盛当　张兰玉　以上各尚银六钱

复兴铺尚银五钱五分　兰敦仁尚银五钱

□盛号尚银五钱

恒兴号　祥魁号　义兴号　隆兴号　永兴号　广兴号　广

盛号　同兴号　元顺店　□盛店　永宁店　元亨店　建隆元店　建隆长店　万全贞店　永茂店　建隆祥店　义盛号　九如号　怡兴号　永太号　和顺号　金兰号　万盛号　以上各尚银五钱

□泰号　广顺号　新义号　马世贵　兴隆铺　石艾　武抱绍　毛学尧　毛学孟　万益斋　刘自孝　万盛帽铺　王存廷　刘□　刘宝仁　刘宝贵　万顺号　南隆昌　魁兴号　三益号　北隆昌　义盛号　太平店　三义号　以上各尚银五钱

赵文耀　永成号　□盛号　兴盛号　恒兴号　兴隆号　单宗　复兴号　天存号　三义号　全盛号　茂盛号　同盛号　恒升号　晋隆号　□□店　乐天赐　永盛号　兴隆号　义盛号　永兴号　天成号　三合号　祥兴号　各尚银五钱

益隆号　大成号　正兴号　祈盛号　豆之兰　闫国柱　义和当　田生香　广积当　统积当　恒盛合　兴盛合　以上各尚银五钱

通泰永　恒□和　各尚银四钱

万盛号　益昌号　双协号　茂盛号　王□　正兴号　衡玉号　义兴号　德盛号　以上各尚银四钱

吴寿和　天锡成　三泰聚　永和当　兰兴当　毛陈典　永丰当　日隆当　天顺当　元振当　悦来当　广顺当　周兴当　周急当　魁盛当　顺兴当　德盛当　永聚当　三同和　天立当　李大本　万盛当　协魁当　协和当　舒和当　恒生当　以上各尚银三钱六分

新顺号尚银三钱五分

永盛号　志远号　各尚钱三钱

同记号　元盛号　三盛号　聚成号　魁盛号　天顺号　全盛号　聚魁当　三益号　万盛号　白文成　李才德　王世铣　董士俊　协兴号　合盛号　晋太号　隆盛号　双成号　资盛号　兴隆店　元吉店　公盛店　长盛店　和义号　恒盛号　隆盛号　三盛号　义兴号　永盛号　以上各尚银三钱

隆盛号　德盛号　刘玘亨　刘玘贞　钟魁元　钟三元　刘有义　高迢文　高荣　锦兴号　玉全号　顺兴号　聚盛号　永立号　兴盛号　复来号　和合号　益兴号　泰顺号　永源号　大盛店　张应联　义和店　□□□　东升店　隆兴号　天盛号　广顺号　张友成　何伦善　以上各尚银三钱

通顺号　袁士薰　永盛号　全盛号　永发号　和合号　以上各尚银三钱

南大有号　张凤　公盛号　昌太号　义同号　义盛号　义成号　富盛号　通瑞号　永恭当　协成号　广顺号　刘巍然　李如晋　以上各尚银二钱五分

永德顺　张棚林　同兴泰　道生园　合裕馆　张兴　魏佐相　毛景元　各尚银二钱四分

双玉合尚钱二钱四分

永诚号　隆兴号　合诚号　魁生号　合义号　聚生号　恒泰号　万成店　钦成号　复奉号　长盛号　协和号　聚盛号　泰来号　义盛号　许　利　双盛号　大兴店　永隆店　万合店　公义店　昌盛店　长盛店　公盛店　顺昌号　永兴号　崔庄

集成号　丰隆号　各尚银二钱

王化诚　永盛号　天宝斋　盛隆号　功兴号　中和号　永兴号　西盛号　公和斋　贤义号　□照号　刘□□　韩振初以上各尚银一钱五分

复兴隆　马国泰　张维汉　任吉良　张廷柱　德盛铺　恒盛铺　天顺铺　张浩　韩吉德　恒济当　张疆龄　李德　张孟堂　太宁堂　张楠龄　广丰铺　以上各尚银一钱二分

马良骥　邱生立　李其　翟世安　曹梅　李企泌　兴盛号双成号　日生号　元和号　各尚银一钱二分

聚源号　张会林　毛书笃　王世德　卫大统　各尚银一钱

元盛德记　复成广记　永隆鸿记　合成丰记　李唐全　各尚银一钱

王恒晏　广盛号　三合号　四和号　王江　各尚银一钱

隆泰号　范灿章　三益号　以上各尚银一钱

毕尧尚钱八分　魁泰油房尚银六分

本处鄰庄施财花名计开

闫明远尚银一两　监生张忠国尚银一两

生员续文模尚银六钱五分　李秉钧尚银五钱六分

吴缵继　监生王思恭　张宁朴　王之纲　常凤起　王益吾李忱尚银五钱

生员王请诰　武生傅联升　南唐城公中　靳而毅　监生张森　以上各尚银五钱

赵文科尚钱三钱六分

李峤　李世瑞　郑树林　周瓒　傅廷柱　各尚银三钱

举人王丕融　苏天选　源聚铁铺　监生绩日彩　王太儒　刘秉仁　张远　各尚银三钱

监生张学孔　关一乾　吴缵绪　监生巨继先　各尚银二钱四分

靳廷英　史云风　张松柏　监生张曰宗　王攀桂　监生赵继功　协成号　靳友直　各尚银二钱四分

李再懿　樊糙　支日贵　各尚银二钱二分

马映　王祥楼　绩日通　绩国治　各尚银二钱

支日康　樊池　刘天瑞　各尚银一钱五分

贡生王体豫　杨应玉　杜邦茂　柴永贞　各尚银一钱二分

王玉瓒　田椁　吴继祖　靳天显　樊育麟　监生闫庆瑞　以上各尚银一钱

女善人闫梁氏尚银二钱

支马氏尚银一钱二分

张梁氏　张张氏尚银三分

梁许氏尚银三分

本庄施财花名计开

恩贡梁炎尚银十三两六钱二分　梁汉士尚银六两

梁生泳尚银四两五钱二分　梁炳尚银四两

梁炘尚银卷两二钱　冯玺尚银三两

闫大范尚银二两八钱　生员梁汉章尚银二两六钱

梁汉辅尚银二两一钱六分　梁大昌尚银一两五钱

冯玉镜尚银一两五钱　贾三杰尚银一两卷钱七分

梁大兴尚银一两卷钱　闫天林尚银一两二钱四分

冯凌霞尚银一两零六分　梁汉照尚银一两

冯凌霞尚银一两　闫仓尚银七钱二分

贾三全尚银六钱八分

梁武　梁汉高　梁大德　冯凌云　梁桓　住持曹茂林　梁文　各尚银五钱

张富尚银四钱八分　梁调元尚银四钱六分

梁生然尚银三钱九分　贾三杰尚银三钱六分

梁炤尚银三钱五分　梁生渏尚银三钱

梁又灏　闫发贵　李大成　各尚银三钱

梁瑞林尚银二钱四分

冯学诗　张心学　贾金娃　各尚银二钱

梁缵组　冯必斋　梁大正　梁大本　闫起峻　梁恭　各尚银一钱二分

冯凌霄　叶大发　王金全　吴念祖　古朋祥　张明亮　以上各尚银一钱二分

闻喜县丰乐庄玉工张如帝刊

大清嘉庆十年岁次乙丑四月吉日社□梁汉奇序录监立[①]

① 翼城县政协《翼城晋商史料》编辑委员会:《翼城晋商史料》，政协翼城县委员会内部刊印，2008 年，第 498—504 页。

图 2-25 《东续村创建南门外白衣堂碑记》拓片①

① 图片摘自李建党主编:《三晋石刻大全·临汾市翼城县卷》，三晋出版社，2024 年，第 504 页。

二十五、建庙碑记

【简介】

清嘉庆十六年（1811）刊。现存翼城县南梁镇张文村关帝庙。碑中记载村众筹资重修关帝庙之事。碑阴部分涉及平阳重要商人及商号信息，在施财姓名中，在兰州的商号35家，在广东的商号11家，在湖广的商号4家，在朝邑（今陕西省大荔县朝邑镇）的商号5家，其余还有在四川，如蜀邑（今四川成都）；陕西，如咸阳、大荔、同州（今陕西省大荔县）、富邑（今陕西省富平县）、同川（今陕西省铜川市）、韩邑（今陕西省韩城市）；甘肃，如靖远、平凉府（今甘肃省平凉市）；江宁（今江苏省南京市江宁区）；福州；今武安（湖北省襄樊市武安镇）等外省的商号。还有在山西省的绛州（今新绛县）、太平（今襄汾县）、河津、侯马、晋潞、闻邑（今闻喜县）、绛邑（今绛县）、夏邑（今夏县）、晋介（今介休市）等地的商号。

【碑文】

岁贡生候选训导晓山李旭东撰文

拔贡生候选教谕麃然王绵祚参阅

候选税课司大使里人张之进书丹

五礼攸重，惟祀记曰："有功于民则祀之。"凡以明报也。邑东南十五里许，有庄曰张湾，东依翔峰，南临滦水，地虽蕞尔，亦名区也。圣朝定鼎以来，百数十年，土饶俗醇，较昔尤盛。曩余馆斯土，乡之人每思建庙，久有志焉，而未建也。嘉庆初年，联集成会，兼之按地捐银，又村中两会醵金以为兴作计，复募诸外省外邑外村，共得若干金，乃克鸠工庀材以成厥事。岁在甲子，公议度地于庄之干隅，某也施地，某也效力，三五人倡之，什百人和之，咸踊跃争先，乐输恐后，于是乎殿宇廊庑次第观成矣。正殿关圣帝君主之，乃左则圣母宫，乃右则财神祠。入斯庙也，厥殿巍然，厥舞翼然，赫濯声灵，实式凭之，又岂仅仅报功云尔哉！是役也，创始于甲子春，告竣于己巳夏，凡阶级、台砌、墙垣以及丹垩涂雘，靡不厘然具备云。董其事者，则张公奇珩、之进、名扬也。村众监工诸公及捐资姓名，例得并书。余窃叹数君子能经以始之，村人士能相与成之，乐观其美而垂诸勿替。爰勒石以为之记。

总理正九品张奇珩　从九品张之进张名扬

督工九品张仰颜九品张继凤　张思谦　张继贤　张永登　王元辅　张之述　张存恒　张善杨　张耀前　张友骞　张曰俞　张治邦　张日新

时大清嘉庆十六年岁次重光协洽律应休钟谷旦

（碑阴）

四外省府州县并邻村施财姓名

张凤鸣银一十四两　生员张步瀛银八两

傅元惠银六两六钱　傅天保银六两五钱六分

从九陈登甲银六两二钱

当商　孝廉方正薛凤鸣　各银六两

吕卜文　监生张德明　各银五两六钱

傅天佐银五两五钱　兰州年兴成号银五两四钱

公俭号　王天标　绛州姚大德　各银五两

高瓒银四两六钱　丁德照银四两三钱半分

仁义合号银四两二钱　本庄张道远银四两六分

监生崔广仁　土侨南社丁胡杨吕王五姓　正泰号　梁自盛　孙大用　丁鹤龄　郭子惠　各银四两

监生丁士杰　张正瑞　兰州桐昌号　郑日茂　各银三两六钱

王天□银三两五钱四分

周登科　丁闻望　李载中　各银三两五钱

张进□古银三两四钱五分

高天林　薛进圣　各银三两四钱

冷泉合社银三两三钱三分

乔成宁　乔成泰银三两二钱

王宋银三两一钱　本庄张宏毅银三两四分

黄木地凸　丁滋楷　吴洽　义和永号　监生王峻　郭双成　刘仪九　任明德　绛州周大明　聂学礼　刘冲安　九丰行　郑日盛　贾克成　各银三两

王天栋银二两九钱三分

广东松花号　同州恒庆正号　常国章　贡生李于滋　太平

许长贵　各银二两八钱八分

王太银二两八钱　马正王银二两七钱六分

郭江仓银二两七钱

王天楷　王尚义　各银二两六钱五分

郭兴成银二两六钱三分半

丁克勤　李廷柱　李廷梅　吕廷璋　崔进道　各银二两六钱

崔大德　张进财　赵师普　杨时宝　赵廷普　仝尚银十三两四钱三分

袁德盛　监生贾树本　王贵　李资实　牛大有　张登魁　河津新顺号　各银二两五钱

兰州同生彩号　兰州监生陈恒顺　咸阳瑾兴号　兰州义合号　兰州年兴玉号　张满贵　张国标　各银二两四钱

霍台德银二两三钱

广东泰盛号　浮泽洪太乾号　侯马文通禄号　晋潞成就行　富邑川至号　闻邑李际盛　太平兴隆如号　太平万顺李号　各银二两一钱六分

广东瑞章号银二两一钱六分　吕登甲银二两一钱五分

赵安邦银二两一钱　张奋冈银二两四分

监生赵万年　监生韩连　监生李鸟鸟　武生张鹏龄　从九常元桂　南高家合村　卫禄　常法圣　郭君宁　郭江灏　郭君孝　监生崔承先　薛善承　郭江洁　梁生斌　谭万福　丁德映　梁擢元　梁生焕　梁家坡梁户　生员杨镃　□崇德　双庙合社

陈帝勋　乔学朱　张鄜鹤　涧峡师氏　九如恒记　各银二两

丁钟灵　姚致亮　生员周命燮　各银二两

高鸿照银一两八钱　郭□银一两七钱九分

孔大珍　孔大瑛　各银一两七钱

本庄张任重银一两六钱八分

王天桂银一两六钱二分

李泰　丁岱望　本庄常谭氏　丁森林　周登第　张国年　平凉府姜字号爽　兰州年兴协号　各银一两六分

张乃积银一两五钱二分

长盛号　绛州郝彦长　司盛号　张永宁　呈祥号　张述诗　崔清佐　高建台　仁义号　梁国芳　马駉蟲　冯喜奇　张发财　赵□　各银一两五钱

徐本国银一两五钱

广东泰源号　同州万顺号　侯马新兴协记　闻邑张定邦　□□张载　□邑刘玉和　高邑马中騮　四川日升魁号　朝邑广顺号　太平同兴公号　□□协成□号　闻邑玉成义号　各银一两四钱四分

□□恒原恕号　闻邑义庆公号　闻邑义成隆号　闻邑天福李号　绛邑泰和生号　绛邑永源正号　绛邑复生西号　绛邑魁盛益号　夏邑义兴丰号　大荔兴隆清号　□□田源顺号　大荔大顺心号　大荔玉泉生号　大荔泗聚雷号　大荔天佑福号　同州三益合号　江宁周致忠　广东李松珍号　同川永成祥号　各银一两四钱四分

蜀邑义隆昌号　广东潘万昌号　广东广盛号　广东同昌号　韩邑乾元通号　闻邑万顺公号　各银一两四钱四分

郭自贵银一两四钱一分半　段得贞银一两四钱

王怀宝　王怀金　各银一两三钱二分半

吕登魁银一两二钱八分　王济银一两二钱五分

岁贡李旭东　兰州三益兴号　吕登成　平□任廷禄　兰州敬成玉号　兰州张大吉　兰州高相成　兰州丰隆统铺　兰州高相才　兰州玉盛协铺　兰州全盛协铺　兰州孔秉珍　兰州众成号　兰州合成吉号　兰州彭乃秀　兰州常顺合铺　兰州宝源协号　兰州年兴和号　兰州永裕兴号　靖远公顺号　兰州崔国柱　各银一两二钱

兰州张绪　兰州肇兴丰号　兰州同生俊号　兰州大昌统号　兰州吉太敬记　兰州震亨铺　兰州大顺成号　兰州兴和正号　兰州正兴隆号　兰州晋协宁号郭自仁　聂思齐　陈金荣　宋文适　吴攀凤　郭君植　各银一两二钱

王俭银一两一钱七分

张我清银一两一钱六分

闫发昌银一两一钱五分

高灵阁　侯永禄　各银一两一钱一分

任容国　牛培尧　陈金玉　安发贵　各银一两一钱

傅天佑银一两六分

段永昌　刘钟泰　各银一两五分

侯之造银一两三分　郭江泳银一两一分

张国度　鹤年堂　各银一两

韩定帮银一两

常发荣　朝邑广顺成号　朝邑兴盛王记　朝邑兴顺公记　常嘉南　蔡作梅　吕定国故城东圣母会　丁磊林　生员孙梦槐　牛本直　胡盛顺　胡全顺　王正公　牛培才　牛联登　陈从舜　陈传舜　崔华　高甲林　解树本　解树德　刘秉涵　郑国侨　郭自极　郭江演　赵南　王伟业　平生德　张国师　王国楫　董振宗　各银一两

李其蔚银一两

陈缉舜　丁元德　王命诗　从九崔瑞诰　黄国玺　郭嗣昌　闫廷楝　史员高修爵　张永康　崔志陆　符枚□　生员常增玉　王超先　张永德　王生法　玉成号　续学易　侯之道　监生尉渊　吕家采　刘天成　宁世灏　协成号　廉克梅　□合兴号　郭林　公盛估衣铺　丰盛号　丁诸左　续成家　绛州姚步义　各银一两

吕思温　王盛张号银一两

朱义成号　信成源记　集义昌记　义隆号　万源行　聚兴行　集义号　久中布号　南辉宗　王生发　杨周义　周士仁　监生常明道　崔□　行尚志　张世禧　李兴官张祖燕　曲沃张达　广太行　广太祥记　张国柱　各银一两

王梦俊　王治　各银九钱六分

高枢银九钱三分　冯喜延银九钱　张君玉银八钱七分

王孝禄　丁延年　牟有才　王梦侣　各银八钱

大交尤克成　假得禄　冯朝桐　□思适　□崇龙　兰州协成公号　兰州义盛号　兰州长发号　兰州绍兴隆号　王太定　兰州和合义号　兰州宇兴太号　万顺缎店　尚义号　侯怀琛　各银八钱

丁德晰银七钱八分　王秉道银七钱五分　郭江诰银七钱四分

高邑新兴盛号　武安双盛肇号　高邑含德□号　晋潞盛昌号　晋潞正盛永号　高邑永丰茂号　闻邑柴世钟　太平仪九思　侯马合盛公号　晋介五福公号　晋绛永隆备号　夏邑长茂祥号　广东梁太号　广东宝成号　广东广华号　各银七钱二分

朝邑信太号银七钱二分　王天梃银七钱一分

王二合号　王起福　王天梧　庆恒号　各银七钱

王让银六钱九分　崔可智银六钱二分

祥盛号　崔有来　解来年　董维熊　董浩　高兴魁　监生秦作师　卫华国　吕冈　九品张大钰　张大鑚　张友灏　张友淇　张天贵　王天梁　张全孝　张会元　和合号　张国楷　廉发财　王大用　兰州源盛祥号　兰州魁兴玉号　兰州正顺合号　各银六钱

张有年　张定杨　各银六钱

张汉俭　张恒年　各银六钱

郭狼娃银五钱七分半　张君金银五钱六分

侯丕著银五钱三分半　王春霭　王春雨银五钱三分

冯朝柱银五钱四分　高祥光银五钱二分

孙发科　李霭征　侯宁国　各银五钱一分

义成和号　和顺公号　连兴福号　王化鹏　郝春宸原泰增盛全号　贾辅帝　贾述思　王起发　王业珠　毋天保　李福林　崔维祉　胡保顺　监生丁善修　丁如松　监生侯为围　侯容国　本寺定国冯来瑞　董茂林　师公寿　各银五钱

高进　高攀　张世勋　吕铜　郭立业　从九崔祥镐　解捷元　解长年　薛太和　牛联孝　高建德　高建绪　牛德玉　李进宝　王汉桂　吕廷拭　张述颜　王元将　侯德玖　崔昱　解抡元　聂永和　崔明　崔长春　崔全瑀　丁德浩　王公　梁生顺　郭达　郭自贞　丁明道　柳英桐　生员杨淮安　张九叙各银五钱

高大力　张杨元　李肇垣　张天爵　周兴　乔英俊　吕登玉　拔贡王锦祚　张瑞　李霖征　师汉杰　张兆燕　吕德新吕九如　王其桂　丁明德　崔立德　侯进祥　程孝基　张肯获张发金　聂玉宝　监生许嵩龄　合兴号　万昌号　四翕公号魁泰号　复盛肉店　益兴号　恒太号　魁盛号　霍台瑞　隆顺德记　兴盛茂记　各银五钱

高向奎银五钱

王学杰　永兴号　永发号　祥和号　德盛号　日兴号　合义号　梁广聚　公盛号义太号　天成号　和义号　郝友明　上官□　日生卫记　乾太升记　合义永号　各银五钱

张国乡银四钱五分

张述尧　韩城姬绳谱　福州张天禄　各银四钱

丁林堂银三钱六分　赵创业银三钱五分　卫缵周银三钱三分

王天桐　董伟魁　各银三钱二分

师扩基　宠怀德　卫道经　卫功臣　柴更年　陈帝兰　丁继宗　各银三钱

吴崇阳　张友川　陈荣舜　郑日智　闫廷英　郭君杨　张国栋　生员王锡三　侯为臣　廉克金　侯钦臣　监生吕德全　杨受华　高人权　李兆姓　高赐　薛学禹　牛仁奇　崔维诗　薛学尧　孙又武　崔有名　张浴淇　生员丁行健　恒顺号　孔大书　鼎顺正号　太和合号　牛培正　薛进孝　尧都张国权　牛培佐　监生周造　常保国　各银三分

吕天才　吴元　樊存仁　崔万　戴世荣　绛邑许遐　解庆年　李福章　吴可兰　崔学颜　吕登发　吴岱　崔全旺　监生张覲□　牛大功　张述舜　常福虎　牛本毅　牛荣奇　赵国治　王创统　任长年　贾述汤　崔祺　崔福禄　生员高若明　各银三钱

衡宗周　丁德嶂　周树政　各银二钱二分

孙进财　张玉成　徐大龙　武生冯上达　薛学周　各银二钱

吕久汉　王秉公　梁学健　冯顺适　周进　柴贵年　吴日增　崔廷桂　李大望　吴珩　常成家　卫天爵　解琢　廉廷枢　陈遐年　廉九柱　恒兴号　宁容　吕烈　常浮海　各银二钱

崔维禄银一钱八分

图 2-26 《建庙碑记》拓片①

① 图片摘自李建党主编:《三晋石刻大全・临汾市翼城县卷》，三晋出版社，2024 年，第 525 页。

陈作海　王树臣　陈帝传　陈帝协　陈帝选　李林山　各银一钱五分

郭发银一钱二分　张晚小银一钱一分

郭江远　张友海　冯顺理　各银一钱

募化人

张之瑛　湖广　银三十二两五钱

张友直　广东　银一百一十五两

张日都　张日恭　兰州　银七十一两二钱

张友文　朝邑　银一十八两[①]

二十六、重建三圣殿碑记

【简介】

清道光元年（1821）刊。现存于翼城县续家庄三圣庙内。续家庄原有白衣大士神殿，为张、李二户私产。后有术士云若为了藏风聚脉，扩修此殿。村众遂出资募化，于嘉庆八年（1803）起工，重修此殿。此碑碑阴部分列出资商号七十多家，均未指明商号所在地，但应该是周围县镇，大部分商号经营行业不可知，但涉及布店、缎店、油店、花店、漆店、盐店、肉店、粮店、当铺等，捐银少则二钱，多达四两。

① 翼城县政协《翼城晋商史料》编辑委员会:《翼城晋商史料》，政协翼城县委员会内部刊印，2008年，第489—497页。

【碑文】

（碑阳）

从来兴废之理自天定之，而兴废之权自人操之，此古今之至情，人事之当然也。是庄震地，旧有白衣大士神殿一间，创建雍正年间，原系张、李二户己殿，于村众无涉。嗣缘风鉴观看，云此殿再能广阔，始足以藏风聚脉，于村中大益。幸会中有海魁李公，意欲挥复斯举，乃会中自存银三十余金，大工难成。海翁与社众商议，重建宽大，并言及藏风聚脉之语，社众无不欢欣鼓舞也。众遂举翁为总理之，复议村中公直十余人，同心协力。奈为地基所限，怅何如之！赖有法议张公，慨施地基，以为开广。于是众好义者，在外募化，本庄按分捐资，并前会中所存，遂积银三十两。于嘉庆八年起工，建殿宇三间，卷棚三间，殿内中供白衣大士，左奉天齐，右奉财神。将见拮据，兴其土木，金碧焕其光采，则神灵得以妥侑者，则献享亦得以输其诚敬矣。是为序。

总理吏员李生英　乡饮续述闵　吏员梁学闵

督工续绩　李谟　续述谨　张法信　续述孟　张大典　张永太　续秉端　李生宁　续秉镇　张永祚　梁登弟　续述明　续秉乾　续述宰　吉羲生　李尧　续秉秀　李禹　李仁全

后学炳斗蔡思敏沐手撰文

吏员凤章李诰校正

社人全丘张法信篆额

吏员仰川李禹填姓

社人绍绪续述先沐手书丹

龙飞大清道光元年岁次辛巳桂月仲秋吉日谷旦

（碑阴）

续述□　续述□募化银四十五两衡水永太号银四两

广顺布店　德隆号　德顺油店　兴盛号　九和号　□丰号　三和号　隆顺号　中和号　兴和号　长顺号　朱生义　连镇忆茂号　义盛号　协生号　各银二两

大有号银一两五钱

兴顺号　晋元号　同安号　镇生号　裕昌号　各银一两

日新号　兴盛号　公盛号　广顺号　西魁号　兴盛号　西兴居　王延□　义和号　各银五钱

续述统　述宰　任秉和募化银五十八两五钱

营运利银三十二两二钱　聚兴店银五两　三益号银四两

万顺店银二两五钱　公兴号　九如当　和成当　各银二两

常国太银一两五钱

永盛号　新盛号　新盛协记　西兴盛　义顺号　永太油□　各银一两

广和号银七钱五分

义盛号　如意号　兴盛号　西万顺　永茂缎店　和盛号　太盛号　义兴号　吉昌号　义合号　兴盛号　太兴号　公兴号　黄清运　东盛号　庆□□□　各银一两

利员号　广兴号　万顺号　兴隆号　陈希汉　和顺号　泰

和号　万盛号　义盛号　各银一两

同顺漆店　中和号　长盛号　各银五钱

复源号银二钱五分　三益号银五两

续秉端化银十六两六钱

天存号　新成号　朱生义　天议号　天兴号　西兴盛　和顺号　三益号　各银一两

义盛号　新盛号　新盛□□　义□号　长盛号　如意号　天顺号　兴源号　各银五钱

德庆号　日新号　和合号　永顺号　三合号　义兴号　兴盛号　小盐店　各银五钱

复兴店　登元店　各银二钱　三盛店　□沟店　各银一钱

张大□　张大□化银十四两五钱

元盛号银四两　亨通号银二两

合和号　义盛号　元贞号　各银一两

同心号　通盛号　兴隆号　六合号　万和号　东万全号　义德号　王万里　张廷佐　各银五钱

张大　王森银一两

张法信　李汤化银十一两三钱

和合号银一两五钱　卫武里银二钱

毕九峰银一两

张廷琏　定悟　毕汝申　程希哲　王宗贤　各银五钱

长盛肉店　张作霖　生生堂　李明　钱兴法　玉盛增号　福盛花店　益兴号　各银三钱

兴盛酒店　张怀进　三成号　忠诚号　大顺号　合兴酒店　文华齐　三合号　丰裕号　各银二钱

张伯恒银一钱

李谟化银九两　永盛缎店银一两

同德店　恒盛号　和盛号　公兴号　义合号　兴盛号　太兴号　兴隆号　永盛号　新盛号　太和号　恒兴号　九如号　三合号　义德号　四合号　各银五钱

张大典化银六两四钱

万盛号银一两

俊兴号　德隆号　李德昌　三和号　同盛号　新盛粮店　喷云齐　德盛号　协盛号　恒盛号　福盛号　西兴号　兴盛号　各银五钱

魁盛号　洪太号　各银二钱五分

李生喜化银四两□　本号银二两

左连　赵士信　李可来　李生喜　各银五钱

乔念祚　王廷彦　刻字匠　各银一两五钱

宋浩银二两　恒太花店银五两一钱　和合号银一两

关孟俭银一两　席玉善银三两　崔国瑛　崔国璜银五钱

杨士冉银五两　张继经银二两　李生英银十五两

续秉镇银五两　续秉乾银五两　续述邦银五两

头甲

张法义　张法信三分半　施地基一块作　施银二十两

李谟三分　摊银十两六钱　张廷佐二分半　银九两

张廷仕二分　银六两四钱　张廷莫一分　银三两二钱

张永登一分半　银五两八钱　张大同二分　银七两四钱

张大明一分　银三两二钱　张永祥半分　银一两六钱

张永昌半分　银一两六钱　梁学颜一分　银三两二钱

张永畏半分　银一两六钱　李仁恕半分　银一两六钱

张永喜一分　银三两二钱　张永贞半分　银一两六钱

张永杰一分　银四两二钱　张大有半分　银一两六钱

张大本半分　银一两六钱　张大恺一分　银三两二钱

郭廷梅一分半　银四两八钱　刘生继半分　银一两六钱

张永诚半分　银一两六钱　梁登弟半分　银一两六钱

张大典　张大莫一分半　银四两八钱　梁学思半分　银一两六钱

张大训一分　银三两二钱　张大考半分　银一两六钱

张永议半分　银一两六钱　续述由半分　银一两六钱

续述邦一分　银四两二钱　周法半分

梁元半分　银一两六钱

二甲

续述亮三分　摊银十两六钱　续述宰四分半　银十五两四钱

续秉乾二分　银七两四钱　续秉坤一分　银三两二钱

续秉秀一分　银四两二钱　续秉瑞一分　银三两二钱

续秉星半分　银二两六钱　续秉钦二分　银六两四钱

续秉镇二分　银六两四钱　梁述贡二分　银七两四钱

续秉□二分　银七两四钱　续镜川一分　银四两二钱

续登照半分　银一两六钱　续秉铎半分　银一两六钱

续述斌半分　银一两六钱　续秉纲半分　银二两六钱

续秉茂一分　银三两二钱　续登煦半分　银一两六钱

续述冉半分　银一两六钱　续述先半分　银二两六钱

续述谦半分　银二两六钱　续织一分　银四两二钱

续绅一分　银四两二钱　续述昌一分　银四两二钱

杨守仁一分　周立半分

三甲

李生英四分半　摊银十五两四钱　吉辉生一分半　银五两八钱

吉义生二分　银七两四钱　吉学书二分　银七两四钱

张大秀一分　银四两二钱　张大经半分　银一两六钱

张大纶半分　银一两六钱　梁登诰半分　银一两六钱

李仁忠一分半　银五两八钱　李仁孝一分　银三两二钱

李生宁半分　银一两六钱　李生福一分　银三两二钱

张大元三分　银九两六钱　续秉端三分　银九两六钱

李言娃一分　银三两二钱　梁登虎半分　银一两六钱

李梁氏半分　银一两六钱　李言娃半分　银一两六钱

李仁德一分　银三两二钱　续秉芳一分　银三两二钱

续述伯一分　银四两二钱　张永祚一分　银四两二钱

续秉发一分　银四两二钱　续述魁半分　银一两六钱

张朱氏半分　银一两六钱　续述库半分　银一两六钱

续秉枝半分　银一两六钱　李仁瑞半分　银一两六钱[1]

图 2-27 《重建三圣殿碑记》拓片[2]

① 翼城县政协《翼城晋商史料》编辑委员会:《翼城晋商史料》，政协翼城县委员会内部刊印，2008 年，第 380—384 页。

② 图片摘自李建党主编:《三晋石刻大全·临汾市翼城县卷》，三晋出版社，2024 年，第 563 页。

二十七、重修东岳庙碑记

【简介】

清光绪二十九年（1903）刊，碑存翼城县南梁镇中贺水村。碑文记贺水村村民捐修东岳庙之事，碑阴涉及平阳商人及商号。

【碑文】

（碑阳）

古者惟诸侯得祭封内山川，故季孙泰山之旅，仲尼犹非之。盖山川之祀，□宝藏所兴，非若浮屠家，隆其栋，焕其宇，徒邀福于冥冥不可知之中也。唐宋以还，世俗皆以泰山神能福人祸人，乡僻之地亦多立庙祀之。相沿既久，无足深怪。夫必因获福而始知劝，因惧祸而始知惩。明道之君子，当不若是。然世之知道者，得有几人？而中人以下，必使知劝惩而后能为善去恶。至并劝惩之不知，则其人之心术不可问矣。此立庙之初，未始非神道设教之微意也。余村坎方旧有东岳神庙一座。详考碑记，创于元初，自嘉庆中叶修葺，迄今百余年，不无风雨颓圮。每逢朔望，入庙者无不目观心伤。有王公腾鳌，族叔光熷、王公森，屡欲兴工，连遭饥馑，奈资无出，遗工数载。至光绪辛丑孟冬，有洪福院僧人惠寺去世，遗囊银一百数十两，此银无处归积，有族叔光熷、堂弟埕志欲修理东岳大庙，遂集众议。众咸曰：此盛举也，但工程浩大，僧人遗银若干，难胜其任。由是总理族叔光熷偕同总理诸公，遂邀村众捐银四百余两，又向四外募化银五百余两，幸财稍足，工成有望。今而后，族叔光熷、堂弟埠志，身任大责，经营提调，不辞其劳，经理钱项，移前颠后，弗言其艰。又有族叔光熹，经理账目，非饮食私室弗入。更有王公腾鳌，族叔光燎，李公守福，王公森，李公渭川、俊升，王公世太，劳神者有之，效力者有之，兼夫督工，诸公无不努力前往，均不辞劳。自大殿卷棚以及各耳殿、东西两廊、山门，无不焕然一新。其大可观者，更有舞楼三间，前则狭隘，今则恢宏。又有戏房、茶房，向旧有者，兹改建之。其工经始于壬寅孟春，告成于癸卯仲夏，诸公属余为文，余虽无才，谨即其实事以叙之。

邑庠儒学武生明轩李堧沐手撰文

例授登仕郎恩赐正八品凌云王腾鳌沐手参阅

例授宣德郎奎文阁典籍郎齐李光熹沐手校正

例授修职佐郎侯选儒学司训例贡生宗吕李渭川沐手书丹

总理公直正八品王腾鳌　典籍李光熷　典籍李光熹

例贡生李光燎　李渭川　李守福

从九王森　李俊升　李埠志　王世太

督工人王春鳌　李富鳌　张登科　王源喜　李长茂　王世春　李元吉　郑兆魁　郭有望

正八品李立朝　王揄　王登高　李履泰　王银业　王源温

大清光绪二十九年岁次癸卯仲秋上旬谷旦合村同立石

（碑阴）

南樊德裕当捐银六两九钱

□村候补县丞郑九经捐银六两

生员王德润捐银五两七钱

大交瑞昌当捐银五两□钱

绛邑义和当捐银五两五钱

南樊从九王慎徽捐银五两正

兴盛协捐银四两正　大交德聚公捐银三两六钱

南樊同盛魁捐银三两六钱　曲沃永春昌捐银三两正

南樊德盛和捐银三两正　德顺协捐银三两正

翼邑庆泰号捐银三两正　曲沃兴泰昌捐银二两八钱八分

□□例贡生石鸿凤捐银二两五钱

□□畅茂兴捐银二两四钱

□邑世兴诚捐银二两三钱二分

沁邑南河遇顺合捐银二两三钱二分

南□德顺合捐银二两三钱二分

绛州中盛和捐银二两二钱

曲沃三协公捐银二两二钱

□补正司典□磨刘家华捐银二两二分

□候补□□□□□徐则宣捐银二两二钱

曲沃吏员王致祥捐银二两正

户部主事高祚昌捐银二两正

候选县丞高琨捐银二两正　张马德顺东捐银二两正

□□李开锦捐银二两正　姚文明捐银二两正

南樊德聚同捐银二两正　张马德聚东捐银二两正

中窑庄同顺园捐银二两正

绛邑磨里德和兴捐银一两七钱四分

□□泰顺公捐银一两□钱四分

曲沃久化楼捐款一两六钱五分

程世从九靳栋柱捐银一两五钱

曲沃永兴成捐银一两五钱

南樊□□□　贾联喜捐银一两五钱

□□监生范肯宇捐银一两五钱

□沃永顺元捐银一两五钱

平梁范晨钟捐银一两五钱

南樊玉德隆捐银一两五钱

曲沃德盛魁捐银一两五钱

沁邑和盛魁捐银一两三钱九分

磨里聚顺和捐银一两三钱九分

张马万盛魁捐银一两三钱九分

□□范轩卿捐银一两二钱

范培□捐银一两二钱

孔昭俭捐银一两二钱

平梁李天蝦捐银一两二钱

□□监生牛廷相捐银一两二钱

□□范麟阁捐银一两二钱　范毓芬捐银一两二钱

范捷元捐银一两二钱　郑三元捐银一两二钱

□□瑞发昶捐银一两二钱

□□生员王琏捐银一两一钱五分

曲沃宏茂生捐银一两一钱

绛邑□□贡生花萝龙捐银一两一钱

横水友芝栈捐银一两一钱　□□王元春捐银一两一钱

□□□□柴提纲捐银一两正　曲沃□□段怀亮捐银一两正

□□□□高天朝捐银一两正　□□杨知宗捐银一两正

□□官税局捐银一两正　□□王喜才捐银一两正

□□□员曹仰华捐银一两正　郇王德聚中捐银一两

平梁范兰堂捐银一两　范竹亭捐银一两

范芳亭捐银一两　范敦叙捐银一两

孔宪道捐银一两　绛邑监生王本深捐银一两

绛邑吏员赵连元捐银一两　翼邑保合斋捐银一两

绛邑吏元常振声捐银一两　绛邑从九乔瀛海捐银一两

绛邑吏员王应良捐银一两　绛邑吏员郭丕显捐银一两

绛邑泰来正捐银一两　绛邑生员范炳坤捐银一两

绛邑生员李敕五捐银一两　绛邑范天遇捐银一两

绛邑从九王衔芳捐银一两　绛邑高齐顺捐银一两

总理公直例贡生李渭川募化银一百六十四两二钱四分

东贺水监生张天成　捐银三两

通和瑞　典籍姚富贵　孙尚志　孙九田　梁家俊　典籍梁邦彦　孙海清　姚金榜　典籍孙凤清　崔文炳　梁福林　史天

丰　史金章　各捐银一两

张登魁　张登科　王顺龙　李吉庆　各捐银一两

张毓英捐银七钱　李国南捐银六钱

福兴德　典籍张有德　姚凤翔　姚天德　姚金声　张有志　孙九海　张四海　刘海炼　各捐银五钱

梁桂林　梁学诗　王清泰　张凌霄　张思聪　张天申　张庆□　梁鸣珂　梁家乐　梁邦英　李吉祥　梁邦秀　梁邦俊　张长春　武池泰敦记　各捐银五钱

北清□姚文煌　南梁樊成武　各捐银五钱

梁□管　姚福海　各捐银三钱

杨村周之冕　□生张□锦　生员杨朝□　各捐银一两五钱

张云锦捐银一两二钱

生员谭聘　从九杨荣尊　张兴业　生员张黼卿　马名骥　生员谭杰　各捐银一两

从九杨作朴　马天保各捐银一两

谭长捐银六两

张□锦　张制锦　杨如陵　杨兆瑞　谭日福　张承业　郭凌汉　马奋志　谭公　王思诏　郭高成　关守国　各捐银五钱

张居□　张洪诏　张洪谟　谭荫桂　谭荫桐　谭豫安　范国海　各捐银五钱

郭凌霄捐银三钱

西贺水李元芳　程梦德　各捐银二两

卫连璧　郭宗孔　梁顺源　郭永祥　郭宗禹　各捐银一两

卫善登　程有贞　李炳　卫元忠　王怀德　李元吉　各捐银一两

王怀亮　朱德炎　刘登高　卫德昌　张发仁　各捐银五钱

卫书声　吴怀松　郭元九　李元盛　各捐银三钱

关维函　关上述　各捐银三钱

西彭庄洪福寺捐银五钱　□□盖怀林捐银三钱

从九彭恩照捐银一两五钱　监生彭永成捐银一两

从九彭恩荐　彭如山　彭全刚　彭学书　真发祥　王铎　王□　各捐银五两

东尹李鸿吉捐银一两

梅村堡从九王春荣捐银一两

王兴介　卢乾泰　卢光照　从九赵九宫　从九王春发　典籍高佑良　卢吉考　从九高三晋　柴柱　从九高永陞　刘丕显　各捐银五钱

卢吉科　谭五德　各捐银三钱

王登魁捐银三钱

张村典籍王凤起　王吉祥　王云山　王登科　王立德　礼生王秉贞　任秉贞　各捐银五钱

总理公直正八品王腾鳌　典籍李光熹募化银一百两零七钱

祥裕号捐银六两一钱

祥和号捐银二两　祥发号捐银二两　恒通号捐银二两

德昌号捐银二两　茂盛号捐银二两　大兴泰捐银二两

晋太号捐银二两　三益当捐银二两　三聚号捐银一两

例授登仕佐郎总理公直李俊升募化京都银二十三两一钱

下柏村谭继新　附贡生原对山　各捐银二两

下柏寺通成　阎余庆　邵安康　高永泰　原木香　从九王义兴　王福三　武生邵德成　恩进士谭立斗　王士元　王国□　翟全喜　翟全信　各捐银一两

王松林捐银六钱

谭连顺　监生高连科　武生王善元　各捐银五钱

廪生王德鸿　闫日金　闫有德　谭廷模　谭廷梅　陈加增　侯夺元　侯夺标　谭宝玉　王建国　王际金　王如亮　王维藩　邵文焕　王永寿　王清　生员王中行　王景堂　谭增　王景佑　各捐银五钱

王福元　许立功　王全让　各捐银五钱

王槐林　谭结新　邵维杨　各捐银五钱

冯史村樊守基　薛嘉梅　薛志仁　张捧斗　薛嘉榛　薛安业　薛鹿鸣　薛长荣　张茂盛　苏长福　各捐银一两

苏登捷　朱统绪　杨殿元　各捐银五钱

薛万法　薛五侨　郭长荣　薛步冶　刘克让　张永和　景嵩山　李士海　王力顺　樊文元　马天利　生员薛浦　薛鸿　各捐银五钱

薛海　薛嘉楹　薛金川　薛永业　张百星　薛国顺　薛潘　各捐银三钱

生员薛□　薛奎元　王永福　各捐银三钱

仓丰村□贡赵映黎　从九赵立绪　各捐银二两

吏员周善祯　从九赵启东　各捐银一两

从九吴寿康　赵永寿　赵树德　赵丕基　赵作栋　吏员赵永安　赵恒吉　□员赵兰芳　赵荣东　生员赵凝瑞　武生续位南　各捐银五钱

周承祯　赵立功　吏员赵维旗　赵立基　周上遇　周士林　各捐银五钱

陈景村梁友德　冯曰彦　各捐银一两五钱

梁锦　冯登武　冯长发　冯连玺　冯九成　各捐银一两

梁镛　李春英　冯长福　冯富贵　泌村邑村尉中林　李栋梅　各捐银五钱

十字河涣广连捐银三钱

清流南坡村聂汝润　聂汝桐　聂根里　聂连甲　聂克尚　聂森树　各捐银一两

聂汝德　聂森桐　聂成章　乔正祥　聂成功　各捐银五钱

从九续凤着　聂成大　聂克亮　聂敏臣　聂从俭　王登堂　各捐银三钱

□□□张春华捐银三钱

东郑村门户　聂履荣　各捐银一两　□□冯九和捐银七钱

聂森捐银六钱

李林兴　监生聂德进　李修文　聂祯　聂日强　各捐银五钱

马金声　武生聂士俊　聂德兴　王福海　聂春荣　王夺元　李照　张赐禄　李鸿恩　李希圣　各捐银三钱

王荣　王元文　李修士　聂文元　马珠年　马士达　李志士　聂履豫　各捐银三钱

南庙村武生董凤□　董永贵各捐银三两

董景昌　捐银一两　李公祯　董如德　董如海　各捐银三钱

中窑庄□生张履顺　张履浦　典籍张履清　王常珍　张普云　各捐银五钱

张肇基捐银五钱

王封相　王希俊　王献珍　张庆云　各捐银三钱

张履祥　张履豫　王廷珍　各捐银二钱

南常村张庆捐银五钱　梅村王日增捐银一两

总理公直武生李捷□　典籍李光熷　李守福

募化银一百一十二两三钱

西张村监□任邦俊捐银一两三钱

□□　侯朝松捐银一两二钱

□生任黄元　生员任凤飞　武生王月新　各捐银一两

任银华　任书本　从九王煊　任凤炎　侯立廷　王兆祥　任凤会　侯立桂　王煌　王长湖　侯立德　魏家锁　马太庆　魏希孟　各捐银五钱

翼邑兴盛合捐银一两

翟复威　□□□正□　各捐银五两

典籍侯立极　侯全德　任凤恒　崔复有　魏希颜　尚全温　尚全成　王长海　任其柄　任其观　各捐银三钱

安峪村从九张政远捐银一两二钱　李清莲捐银一两

生员刘鹏飞捐银八钱 杨逢庚 李金捷 各捐银七钱

范金钟捐银六钱 王廷侯 范永茂 各捐银六钱

范朝华 范鹏起 范吉庆 范呈璧 杨昌 杨学易 杨清元 刘长林 王家骧 高学温 各捐银五钱

杨存礼 杨玉林 各捐银四钱

陈惠 高观国 杨永旺 李呈祥 张承光 各捐银三钱

西晋裕陈联第 吏员陈立本 各捐银一两

涧峡梅花寺捐银一两 庄里村生员杨松龄捐银一两

□□丁建三 捐银八钱 王金城 捐银七钱

丁晋三 胡继奖 贡生郝梦□ 胡元勋 丁绍德

从九吴立庆 监生杨丙彦 王金玺 侯汁祯 各捐银五钱

胡太鑫捐银四钱

典籍胡太昌 典籍吴立喜 廉加增 各捐银三钱

孙恩隆 刘立文 各捐银二钱

大交镇监生王英魁捐银二两

杨吉云 张居义 杨凝瑞 监生杨广肆 各捐银一两

杨占鳌 协盛和 生员杨得位 杨□龄 王恩赐 各捐银五钱

下白马监生王魁元 崔捷三 从九王千湖 孙化龙 各捐银一两

监生王板元 王兰苔 崔成国 各捐银五钱

王继武捐银三钱

崔成美 王继望 吕登秩 柏多福 王家宾 吕瀛 孔庆

余　各捐银三钱

上白马张鸿儒　尉板凤　各捐银一两　尉福捐银六钱

尉殿彦　张兴旺　梁德刚　孙乐善　尉安洛　各捐银五钱

柴得祥　张廷格　梁必旺　尉荣　各捐银三钱

石□　张鸿□　郭法孔　各捐银三钱

马册村典籍王毓奇　典籍王际成　赵毓集　王百成　王际昌　张士茂　王兆林　崔秋寿　各捐银五钱

王子刚　王宝桂　典籍崔之杰　崔耿来　赵金元　赵李刚张登德　赵仰□　各捐银三钱

崔升楼捐银三钱

丁村典籍苏盛□　苏治国　杨长春　苏章　苏清仁　薛文元　各捐银五钱

刘长盛　苏连升　苏国清　苏治文　各捐银三钱

苏同成捐银二钱　大郡合村捐银五两

李九州捐银五钱　杨廷癸捐银五钱

范壁村王江捐银一两

武生原凤飞捐银五钱

王天柱　李花林　原槐林　原镇清　王德香　各捐银五钱

武池村正八品徐傅统　李汝江　各捐银五钱

庞希圣　典籍李遇科　介宾张存义　典籍秦及第　刘□中各捐银三钱

典籍董怀仁　乔国英　李安民　冯广德　王丹桂　高廷献王正武　各捐银二钱

图 2-28 《重修东岳庙碑记》拓片[①]

① 图片摘自李建党主编:《三晋石刻大全·临汾市翼城县卷》，三晋出版社，2024年，第 746 页。

葛□德　秦光玉　张同德　李际荣　吉朝俭　李三元　吏员庞二庆　李得壬　李殿龙　李及松　秦敦伦　刘致和　秦文焕　各捐银二钱

程公村崔实　崔联文　崔梅岭　各捐银五钱

生员崔联芳　武生崔鸿山　高承业　各捐银三钱

崔达政　崔容　各捐银三钱

崔柏岭　崔怀宝　崔秀峰　崔殿杰　崔□湖　崔宝山　高守业　李富祯　各捐银二钱　崔长府　捐银二钱

曲村同心合捐银一两

总理公直王森　李光炳募化银一百两整[①]

二十八、重修东岳庙序

【简介】

中华民国十年（1921）刊，现存翼城县中卫乡赵庄村东岳庙。碑中提及村人在县城服贾者筹募善资，在施财姓名中涉及翼城境内及曲沃县众多商号。

【碑文】

窃以庙有碑犹国之有史也。国有史，则一国之制作布在方策，庙有碑则合社之建修勒诸贞珉。兹者，余村旧有东岳大

---

① 翼城县政协《翼城晋商史料》编辑委员会:《翼城晋商史料》，政协翼城县委员会内部刊印，2008 年，第 505—515 页。

帝行宫，创自前朝，岁聿云远，修于先辈，年历已多。代远年湮不无栋残宇摧之颠，星移物换势有土裂瓦鲜之危。村人每遇入庙祀神，举目心伤，累年想要修葺。然村小力微，不易经举。幸有村人在关厢服贾诸公等，募化囊资，因而颇乐兴工料理。庙内正殿、东西陪殿、前陪殿前小卷棚、正殿前大卷棚、正殿等工，踊跃向前，争先恐后，经之营之，不日而成。基址坚矣，瓦缶显矣，而庙宇辉煌，无不焕然而改观矣。兹神工告竣，宜勒贞珉，村众嘱序与予。予愚陋不文，勉拈毛锥，乐合社有成之志，而喜为经营之道也。彼后之览者，亦竟有感于斯。

前清附生并民国师范毕业乾卿张元贞虔诚撰文

前清邑庠优行增广生员景山贾履高沐手书丹

中华民国十年岁次辛酉六月二十日合村立石谷旦

本村大关帝会人元寿堂　贾学慎　贾学道　贾学琴　语德堂　性德堂　贾治邦　施钱五十千文

清例授登仕佐郎贾学智施钱五十千文

募化人贾履官共化钱一百千文

募化人贾履宦　贾学智　贾学瀛　贾履愠共化钱二百千文

施财姓名开列于左

曲沃德丰店　泰和顺　以上各施大洋四元

孝廉方正安国栋　北关德兴泰　曲沃福昌公　北唐上官成　北关亨兴和　以上各施大洋三元

北关庆泰号　高文林　绛州意诚明　问店　泰昌东　协昌

裕　尧村和合昌　永立成　南庙董如海　杨发财　上高村段景福　西关刘成海　东唐胡文耀　南唐李清川　范村柴涵　官庄史光文　史光明　城内义盛元　北关二合公　水清泰兴园　德兴园　北关复盛泰　诚信合　天福永　德盛亨　复盛和　亨兴永　祁正国　辛庄杨兴保　以上各施大洋两元

绛州晋顺合　吴寨福兴号　中唐泰合园　浮山武殿鹏　马进魁　城内聚义涌　源泰永　北关德隆公　华兴公　德盛和　裕和兴　万顺魁　万盛店　德□公　三盛和　德顺泰　公兴大同兴协　海利公　西关德长和　上高村赵方正　段景禄　亓培章　王鸿翔　王天有　营里村王天桂　姚文年　辛安村毕金榜　□□村马攀国　河南侯清化　南唐李学易　曹家坡姚文和　翟家桥两义合　北张村张有格　续家庄梁发元　续维□　张玉耀　赵殿　小沟塄　郭永财　李士温　赵连元　山头腰高文蔚　高文焕　本社八品买履亨　北□镇元盛魁　南朱村朱祥亨　南撖村燕吉祥　言村曹步云　上吴村吉星合　姚村同心源　曲沃忠信仪　南撖苏芝式　北唐杜聚盛　下石门村马存善　北关永兴利　信义合　以上各施大洋一元

下高村张纾端　龙女村张祥文　范村李森　郭文连　北关聚盛店　德顺和　郑庄王凝壁　以上各大洋六角

买学俊施钱五千文　范村社施钱三千文　小河窠施钱五千文　王朝山施钱五千文　王立岗施钱五千文

郑庄田华山　买德　生员陈祥凤　马开泉　卫廷泉　左凤岗　曹家坡张成德　李作楫　马德禄　三盛永　鄗里村李正方

刘步台　刘步梯　李□昌　裴宗义　裴登梅　裴创仁　卫九成　裴洛　李朝柱　刘生堂　龙女村李继祥　李继成　周发盛　席登科　杨发荣　周凤鸣　续温　上高村秦兴仁　王天兴　北岳庄郭人杰　生员张振声　裴仰山　张学书　陈履太　张锦璋　临邑李逢仁　辛庄村史统化　尚永瑛　□联义　南河下姚全仁　东寿城李逢仁　南范村苏鳌　北闫村曹升墉　曲沃林双成　城内德茂通　协顺德　天盛永　三盛楼　协成泉　王壁村乔日运　北丁村翟捷元　辛安村杨林　吴寨村常升永　中唐吉都元　北关长顺德　小沟堺郭永盛　安发全　下撖村董文汉　北降村韩乐明　上吴村张发孔　两河阪李仰仁　以上施钱一千文

龙女村李春华　李魁元　徐茂成　曹家坡马德顺　马德财　李作顺　李作兴　张学忠　陈金禄　姚金榜　鄗里村刘步文　史村高其元　北关协盛店　东兴隆　同义合　河南陈明新　张临　张荣先　龙唐盖吉祥　上吴村王国祯　北闫村曹治贵　曹邦雄　曹九登　鄗里村裴长泰　中唐候仰化　史家庄董仲海　岳庄村张鸿勋章　以上各施钱五百文

总理督工人八品寿官贾学慎

经理账目督工人后学生贾履信　贾履宰

督工人后学生贾君智　贾学道　贾履亨　贾学杰　贾学琴　杨得盛　贾学选　贾学雍　贾履昌　贾履湖

本村捐钱姓名开列于右

贾履经捐钱二十千文　贾学选捐钱十五千文

贾履海捐钱十三千文　贾学进捐钱十二千五百文

贾学勤捐钱十二千文　贾学思捐钱十千文

贾安邦捐钱十千文　贾学琴捐钱十千文

贾履官捐钱八千文　贾学慎捐钱八千文

贾履仁捐钱八千文　贾学刚捐钱八千文

杨万智捐钱八千文　贾履强捐钱七千文

贾履相捐钱七千文　杨得禄捐钱七千文

贾致福捐钱六千文　贾学道捐钱六千文

贾履成捐钱六千文　贾学杰捐钱六千文

贾履朝捐钱六千文　贾学乐捐钱六千文

贾学雍捐钱五千文　贾学韶捐钱五千文

贾君智捐钱五千文　贾文邦捐钱五千文

贾学通捐钱五千文　贾履江捐钱五千文

贾正邦捐钱五千文　杨万年捐钱五千文

杨得盛捐钱四千文五百文　贾学瀛捐钱四千文

贾武邦捐钱四千文　贾学俊捐钱四千文

贾堆邦捐钱四千文　贾履湖捐钱四千文

贾君旺捐钱四千文　贾致邦捐钱四千文

贾履广捐钱四千文　贾学经捐钱三千五百文

增生贾履高捐钱三千文　贾履瀛捐钱三千文

贾履升捐钱三千文　贾通邦捐钱三千文

贾学生捐钱三千文　贾君贤捐钱三千文

贾履伯捐钱三千文　贾履山捐钱二千五百文

贾履云捐钱二千五百文　贾学龙捐钱二千二百文

贾履集捐钱二千文　贾履川捐钱二千文

贾学忠捐钱二千文　贾履恭捐钱二千文

贾宝邦捐钱二千文　贾学公捐钱一千五百文

贾履昌捐钱一千五百文　贾履天捐钱一千六百文

贾履弘捐钱一千五百文　贾学书捐钱一千七百文

贾救邦捐钱一千七百文

共募化银元钱三百千文

共施钱一百二十千文

本村共捐钱三百二十千文

上三宗共钱七百四十千文

使钱八十一千二百六十九文买砖瓦用

使钱六十三千九百六十文买石灰用

使钱一百零九千六百五十五文梓匠工钱

使钱七十五千三百二十文小工子钱

使钱五十八千五百一十文立碑石用

使钱五十三千八百零八文钉子铁器

使钱九千四百五十文□□堙墨□绳用

使钱四十千文油木料用

使钱三千六百文买红土子黑瓦用

使钱八千五百八十一文买麦木皆用

使钱八十三千文油匠工钱

使钱四十三千四百七十文杂费零用

使钱十千文谢土费用

使钱六十千文酬客费用

使钱七十千文演戏祀神

使净无存

麒麟□柳树一株合村系官

泥水匠王得盛　玉匠刘道兴　石占魁　油匠姜登雷

时中华民国十年岁次辛酉六月二十日合村立石谷旦[①]

图 2-29　重修东岳庙序碑

① 翼城县政协《翼城晋商史料》编辑委员会:《翼城晋商史料》，政协翼城县委员会内部刊印，2008 年，第 321—326 页。

二十九、清议叙军功六品衔显考府君讳恒泰之墓

【简介】

中华民国十八年（1929）九月刊。现存翼城县唐兴镇北关东北回族居民墓地。碑质青石。高 155 厘米、宽 62 厘米、厚 15 厘米。碑文楷书。正文 8 行，满行 52 字，共 460 字。蒋恒泰弃官从商，初以倒卖古玩入行，后在上海、汉口、北京等地以经营洋货为主，获利颇丰。

【碑文】

清议叙军功六品衔显考府君讳恒泰之墓

洛阳蒋子安先生，讳恒泰，号清和。于清宣统末年因河南本籍地方骚动，随父益元公携眷来翼。初寄居北关厢，后迁宅兴贤坊。与余居同城，尝相往来，予因是得以知其家世甚详。先生状貌魁伟，才识超众，壮岁授效军营，保奖六品职衔，民国复膺湖北督署差遣。所向有功以干员称，嗣缘家境艰迫，改图商业。生平最爱古玩，尝在本处收买前代名人字画及器皿，遂至上海、汉口、北京各大埠出售洋商，获大利益。其家以富，由是驰名远近，闻者识与不识争愿为之交。且为人和厚，疏财仗义出自本性，不特个人家庭老少男妇咸赖其力而享其福，即里党戚友之贫而无告者，但有所求，亦莫不解囊以相助。为故自其家迁居到翼，迄今十数年左右，邻居无一不称道先生之善且贤者。人言如此，其家可知已。先生生于同治十二

年六月初六日，没于民国十八年八月十一日，享寿五旬有七。其二弟恒顺公遵先生遗命，卜葬于清真寺之公共茔地，拟竖碑

图 2-30　蒋恒泰墓表拓片[①]

① 图片摘自李建党主编:《三晋石刻大全·临汾市翼城县卷》，三晋出版社，2024 年，第 841 页。

墓旁，求余序。余知先生为人，事亲孝，待弟恭，交友信，一生行事足有可传者，因叙其梗概以告先生之子孙。盖欲后之子孙承先生之志，克勤克俭，有以守家业于万万世焉，是则余之所厚望也夫。

五等金质单鹤章山西循良第一历官太谷平定盂县知事孝廉方正世愚弟吉廷彦鞠躬撰文

清加五品衔赏戴花翎特奖中书科中书山西省即补分县优附贡生世愚弟张慎修鞠躬参阅

五等银质义账奖章财务局局长前充县立女高小校教授清优庠生世愚弟赵堃鞠躬书丹

中华民国十八年岁次己巳重阳月谷旦

孝男蒋学义蒋学智仝立石①

三十、明故藩司知印近渠范公暨配王氏孙氏李氏合葬墓志铭

【简介】

明万历三十三年（1605）刊。现存洪洞县曲亭镇师村。志文记述其生平事迹及家世。志盖、志石青石质。志盖高 58 厘米、宽 52 厘米，篆书“明故藩司知印近渠范公暨配王氏孙氏李氏合葬墓志铭”，四周线刻蔓枝纹。志石高 55 厘米、宽 55

---

① 李建党主编:《三晋石刻大全·临汾市翼城县卷》，三晋出版社，2024 年，第 841 页。

厘米。志文楷书。全文31行，满行33字，共946字。首题“明故藩司知印近渠范公暨配王氏孙氏李氏合葬墓志铭”。赐进士第中宪大夫河南布政司辽海道右参政龚丘浩宇张登云撰文并书丹。范廷鸾（1526—1567），洪洞师村人，援例被授予“藩司知印”的虚衔，一生以贩盐为业。

【志文】

明故藩司知印近渠范公暨配王氏孙氏李氏合葬墓志铭

赐进士第中宪大夫河南布政司辽海道右参政龚丘浩宇张登云拜撰并书

余卧葛石，款延四方士，而西晋范耀昆伯仲，抵龚丘，相与叙家世，知范为洪洞腴宗。今年春，二君使使持状来，曰：昔先父君弃，孤兄弟也业在襁褓，嗣犹未离母腹，三娣未笄。母孙孺人孀居抚孤，迄今四十载，而母亦宾天。兹卜吉二月，启先府君圹合葬，敢以不朽请。余识荆，伯仲又以千里重托，故不获辞。按状，公讳廷鸾，字德瑞，别号近渠，世为师旷里人。大王父景廉，起家农贾。景廉生和，和生耆英、仲益。仲益生文魁，即公考也。修隐德而振旧绪，赀准于东南乡。会邑筑城，助金，抚台奖其义，荣以冠服。近渠公生，而母苗孺人梦五色鸟翔庭，觉而诞公，遂名焉。少受学于宪副对霍李公，即解大义，更工临池，因兄对渠公捐馆，遂弃铅椠而执家柄。宪副公怜其业不竟志，援例授藩司执印，俾异日得少展尺寸也。公恒煮海青、齐、潍、扬，虑二尊人在堂，无雁次、致甘滑，举赀授亲，识归而为中盐郇瑕之墟，便于定省。每值二尊人诞辰，荐肴膳芗必购，缙绅鸿章侈大之。且性好施，予宗戚厄艰者矜纾，里闬颠疲者恤赍。絜寒脯馁，卒难一语索其尝。里实际寺颓，增建数十楹。元配王氏，庄惠婉淑，闲家有则，举一女，先公十五年卒。继孙孺人，十六归近渠公。时公年近四旬，无子，乃翁令纳簉同社李氏为副室。二母协力筹家，肃雝无间言，以故子女各胤一焉。迨隆庆改元，丁卯九月初十日而逝，距生嘉靖五年丙戌十月念九日也，得年四十二。孺人偕李，矢心自誓，锢迹秘阃，慎终以送尊婵，熊丸以诲二难。自近渠殁四十年，而家声无颓落，芝兰竞蓊郁，所谓“顺妇而代孝子，慈母而署严君”者欤！先是，孺人属纩二旬，前句吴督学使周公弟艺郡城，而弘嗣冠诸茂才，例当受饩符，缘孺人病剧，不欲离左右。孺人曰：若能声问蔚起，食饩县官，即光而先吾，幸徙去，勿忧。弘嗣遂获廪于庠，其慈爱不别己出也。距生嘉靖二十一年辛丑四月念三日，卒万历三十三年乙巳十月十三日，春秋六十有四。李孺人生嘉靖二十三年甲辰十一月十四日，卒万历十八年庚寅十二月初八日，春秋四十有七。子男二：长弘业，国学生，待用有期，娶燕氏，孙孺人出；次弘嗣，邑廪生，即耀昆君，贤而文者，娶杨氏，李孺人出。女三：长适李宪副孙敬承；次适庠生郇有恒；次适商朝芳。三母各出一也。孙男八：曰兰茂，娶李氏；曰菽茂，聘王邦太女，弘业出；曰芝茂，娶董氏；曰菖茂，娶石氏；曰荷茂，聘李尚迁女；曰菊茂、曰芍茂、曰芸茂，俱幼，弘嗣出。曾孙男二：寿延、寿灵，芝茂出。曾孙女一：寿贞，菖茂出。弘业等祔孺人于近渠之藏之右，礼也。因铭曰：

于惟范氏，师岗华胄。笃生哲人，光启前后。

克配淑媛，足偕伉俪。抚孤劳瘁，冰蘖自誓。

琼桂瑶蕊，貤封立垄。千百年斯，永妥幽宫。①

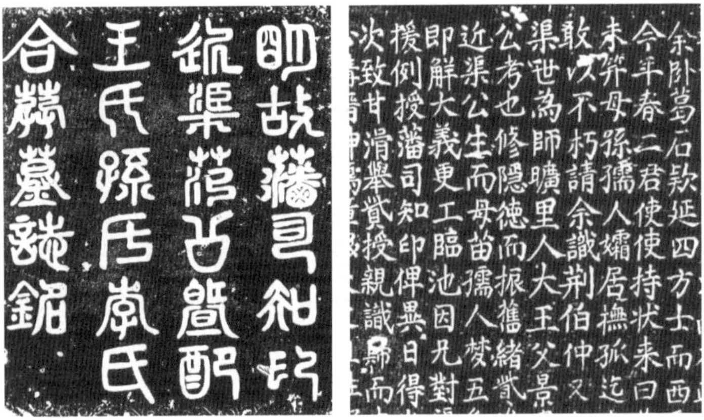

图 2-31 《明故藩司知印近渠范公暨配王氏孙氏李氏合葬墓志铭》拓片②

三十一、皇明故敕赠文林郎河南卢氏县知县松山杨公墓志铭

【简介】

明万历四十四年（1616）刊。2008 年出土于洪洞县大槐

① 汪学文主编:《三晋石刻大全·临汾市洪洞县卷》，三晋出版社，2009 年，第 196—197 页。

② 图片摘自汪学文主编:《三晋石刻大全·临汾市洪洞县卷》，三晋出版社，2009 年，第 196—197 页。

树镇西冯堡村西，现藏于洪洞县博物馆。志盖佚。志石青石质，高 64 厘米、宽 64 厘米、厚 21 厘米，右下角残。志文楷书。残文 36 行，满行 41 字，共 1239 字（含其中阙字）。首题“皇明故敕赠文林郎河南卢氏县知县松山杨公墓志铭”。魏养蒙撰文，李炳书丹，卢梦麟篆额。杨应元（1533—1605），字子魁，洪洞县人，一生以贩盐为业。因其子官卢氏县知县，死后被朝廷追赠为“文林郎、河南卢氏县知县”。

【志文】

皇明故敕赠文林郎河南卢氏县知县松山杨公墓志铭

赐进士第资善大夫资治尹兵部左侍郎前巡抚山西地方都察院右副都御史邻治生魏养蒙撰文

赐进士第嘉议大夫资治尹南京大理寺卿前巡抚辽东地方都察院右佥都御史治生李炳书丹

赐进士第中宪大夫分守河西道督理盐法屯田驿传陕西按察司副使兼右参议眷生卢梦麟篆额

岁丙辰，西陲方有事于套虏，军饷旁午，需才贤甚急。会卢氏□□□军政称最，且桃林之乱，浃旬底定，悉出公方略，朝野属目，即擢二延安守司，饷靖边新城。同寅诸大夫业以临岐赠君属余，而公又以状示曰：“惟余小子先君之无禄，兹焉一纪矣，尚寄寓于窆之浅土，墓□栖风霜□寒暑。不孝孤几□无生也，痛焉如割，所犹视息人间者，冀徼一命，以光泉壤，庶襄葬事。是用罔爱发肤尽瘁字□此羸者卢也。”□□□□□□使者上之所□，蒙上许可，锡以恩纶。今窀穸之事且有日矣，惟大君子之尝惠□我命者也，□□□□□幽光可阐，敢□所为不□□地□者。余既习公廉能状而亟重之，又本其所负生以□□□□□□□。按状，赠君讳应元，字子魁，别号松山。自周晋封杨侯，以采邑为姓，至金时有工部侍郎□者，实为始祖。世有隐德，故隶籍称儒。父守约，母□□。□□□祖母□氏，曾祖昱，曾祖母李氏。赠君幼而颖甚，读书解大义，以父少懦，不能治生业，赠君遂废□以治生业，事祖父母、父母。身负米，资仲弟学。一旦，与仲对食，怪其归蚤，询知师尚在书舍，大□□□□□。仲恐惧，力学□□□□。赠君乃谓之曰："而姑善视堂上养，一切吾资给□。吾将游齐鲁，一试计□□□□□□广虑弗□□。"遂□治鹾海上，多居于兖，岁时一归省。又携叔弟、季弟偕。亡何，曾□母相继□□□□□□礼。为仲、叔、季各娶有室。叔、季不良于贾，每折阅或以供酒家费，辄复予之，不□□□竟以□□□□。父殁，哀毁逾礼。置垣屋一区，与仲等四分居之。益孝养母，岁时问遗有加。母卒，赠□□□代赠君□□□甚则□，而赠君每以不得诀为恨，言辄与泪俱也。盖赠君之言曰："谚有之：一子□□□□，三子之母忍□彼独□□哉！"故于两世尊人生事、死葬，不以毫发责诸弟也。平生于书无所不读，五□诸史朝典故皆习知大略。各旁通九流，尤精于医。每为人一投剂，危病无不立起，又绝弗受□。□奉甚俭，乃周人之□□人之浅土之骼，义形于色，不计费也。诸商中不乏豪有力者，顾独推赠君为□□□□酒，即部使者有所顾问，□□□，非赠君□敢置对。性刚正，好直言，乡里有所争取，质赠君辄消，且□□有望门而回者。邻王氏兄弟二青衿，当父并争产累日，将构讼，各来诉。赠君为面陈于道，兄道弟□，声色俱厉，二子叩头谢，服罪，各心悔，迄不复有后言，其为人敬服如此。甲午，令公捷书至，即为手教千言，训以“居官忠君爱民，勿□□为吾家清白羞”。甲辰，令公以四上春官不偶，将乞一青毡为菽水计。赠君亟遣使以书论召之曰：“乃父犹能自食，且而弟已廪于庠，两幼亦各能事奔走矣。儿抱负不凡，其勿屈□□□小□。”令公在京邸心动，亦亟归。与所遣召使竟相失。时四月也，赠君病良愈，至七月再病滞下，遂不起，岁在□□□□□□□虚也夫。距生于嘉靖十二年十月二十六日，卒

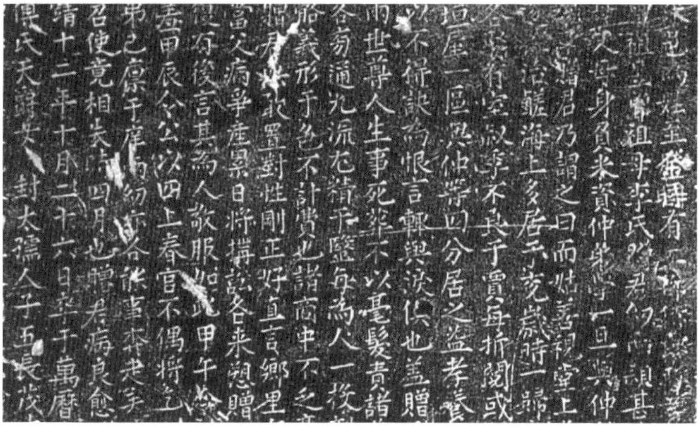

图 2-32 《皇明故敕赠文林郎河南卢氏县知县松山杨公墓志铭》拓片[①]

① 图片摘自汪学文主编:《三晋石刻大全·临汾市洪洞县卷》，三晋出版社，2009年，第200页。

于万历三十三年九月初十日，□□□□□□□□□□廷宪女，先卒，继配傅氏天爵女，封太孺人。子五，长茂才，娶韩氏□□□□□□□□□□□□□□□人，任河南卢氏县知县，有惠政，邑人为立生祠。□□□□□□□□□□□□□□□□□□□□□□府同知，娶胡氏邦周女，卒，赠孺人，继配□□□□□□□□□□□□□□□□□□□□□□□□光女；四茂笔，娶刘氏克俭女（阙文）①

三十二、龙锡石公墓志铭

【简介】

清顺治七年（1650）刊。2008 年出土于洪洞县大槐树镇西冯堡村西，现藏于洪洞县博物馆。碑记其为家乡所做的种种善事。志盖佚。志石青石质，高 57 厘米、宽 61 厘米、厚 23 厘米。志文楷书。全文 22 行，满行 42 字，共 667 字。首题“龙锡石公墓志铭”。王公弼撰文，书丹者不详。石承元（1580—1649），字天一，别号龙溪，洪洞县人。一生奔走于河北长芦盐场，为盐商，并以此致富。

【志文】

龙锡石公墓志铭

① 汪学文主编:《三晋石刻大全 · 临汾市洪洞县卷》，三晋出版社，2009 年，第 200—201 页。

赐进士第嘉议大夫户部左侍郎□都察院右佥都御史通家眷生王公弼撰

余按，龙锡石公，坚持洁白，遵循矩镬，仗义轻财，洵人杰也，因而绾结心交，欢若同胞。忆间，忽□来报石公即世，辄抚襟嗟叹，泪洒双□。兹灵榇还梓，公孙茂才石琎，蔡期庚寅姑洗首四，泣送归窀。公兰友戴给谏，捧状谒余，恳构志铭，余纵樗枥，难谢期期。余阅状，公家世宦儒，河东望族，明兴，高祖司马先达，功勋浩大，彪炳旗常，王父京兆别驾，声着清廉，一尘不染。□至父隐德弗耀，家业式微。公为嫡长元孙，丰神奇异，才智迈伦。于是奋然崛起，有四方之志，奔驰长芦，殚力生涯。首完国课，尚义急公，商贾推为赤帜。且与缙绅把臂，燕云驰声。未及数载，营赀万贯。首孝双亲，生死如礼；次及两弟，财不私己。即同堂昆仲，助图婚娶，救屏冤狱。且□浃母族，延及妻党。凡属三族，咸沾嘉惠。时有□科名儒，拘系缧绁，公不惜金以救之。至修建庙宇，首倡施舍，间有负资不偿者，尽焚其券，如此阴德，正世所罕觏，尤世所景慕者也。斯时邻闾颂为翘楚，亲友钦作司南。种种善端，难以枚举。抚按亟欲□□，特擢大宾，班附老吏。正宜逍遥林壑，颐养天年，不意忽遭竖，竟尔殒身。时于大清己丑二月初九日也，距生大明庚辰十一月十三日，享寿七十岁。公讳承元，字天一，别号其□□也。援例京卫经历，清京营守备。元配李氏，谨恪端重，女中白眉。侧室张氏。子一，生员石奎璧，娶儒□□有时女，先卒。女一，嫁邑庠廪生董鹤鸣。俱李氏出。孙一，生员石珽，娶生员卢鸿珠女，继处士李兴□女。孙女一，嫁生员商臣。俱柳氏出。例当备书。噫嘻！公树令德于生前，垂芳名于后世，可谓一代人杰，千秋不朽矣。余知公最稔，志公□□□□未悉，仍俟慎雅君子。今葬于城北之新阡，从吉兆也。宜系以铭。铭曰：

卓彼石氏，世灿晋中。龙溪发迹，持正秉公。

松枝柏榦，玉洁冰清。箕□□□，丕振家声。

安置夜室，旺气□蒸。绵延瓜瓞，百代永兴。

录公生前，□□□□。皇天眷佑无穷。[①]

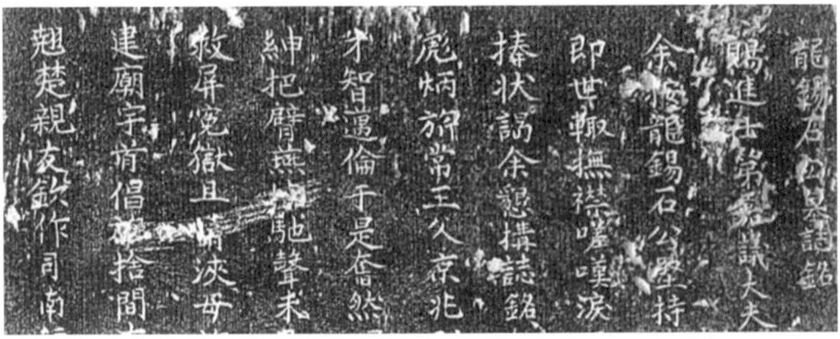

图 2-33 《龙锡石公墓志铭》拓片[②]

① 汪学文主编:《三晋石刻大全·临汾市洪洞县卷》，三晋出版社，2009 年，第 237 页。

② 图片摘自汪学文主编:《三晋石刻大全·临汾市洪洞县卷》，三晋出版社，2009 年，第 237 页。

三十三、嘉庆皇帝诰命碑

【简介】

清嘉庆十六年（1811）刊，碑存洪洞县万安刘家书院后院内，碑身已断为三块。此石碑高 230 厘米，宽 90 厘米，厚 20 厘米。碑阳大字，碑阴楷书，正文 12 行，满行 41 字，共 275 字。原在村东刘氏牌坊前，碑楼拆除后石碑也不知去向，几年前刘家人发现这块石碑后就将其放置在后院。该石碑一面为“光前裕后”四个大字，另一面为一道嘉庆十六年的诰命圣旨，内容是关于刘家第五代传人刘杰凤的父亲刘克敏，以及刘杰凤的母亲杜氏封赠的圣旨。刘克敏，字惠公，年轻时与其兄克昌均在山东经营盐务，后积资甚厚，均被封赠，民国《洪洞县志》有传。

【碑文】

（碑阳）

光前裕后

（碑阴）

奉天承运

皇帝制曰：谊笃靖共，入官必资于敬；功归诲迪，能仕而教子忠。爰沛国恩，用扬庭训。尔刘克敏，乃现任工部营缮司行走员外郎加五级刘杰凤之父。躬修士行，代启儒风。抱璞自珍，克毓珪璋之秀；析薪能荷，弥彰杞梓之良。兹以尔子克襄王事，赠尔为通议大夫。锡之诰命。于戏。昭令闻于经纛，义方久着，佩徽章于策府，礼秩加优。茂典丕承，湛恩允荷。

图 2-34 《嘉庆皇帝诰命碑》拓片①

① 图片摘自汪学文主编：《三晋石刻大全·临汾市洪洞县卷》，三晋出版社，2009 年，第 441 页。

制曰：以孝作忠，懋简劳臣之绩；推恩锡类，式扬贤母之名。载贲荣纶，用宣懿范。尔杜氏，乃现任工部营缮司行走员外郎刘杰凤之母，早娴典则，夙着规型。敬以从夫，宜室聿征其顺德；勤于训子，备官一本于慈祥。兹以尔子克襄王事，赠尔为□人。于戏。荷彩翟之天章，徽音益畅；披彤毫之仙藻，惠问常流。祗服宠光，式绥福曜。

诰命之宝

嘉庆十六年十二月十三日[①]

① 汪学文主编:《三晋石刻大全·临汾市洪洞县卷》，三晋出版社，2009年，第441页。

第三章　商号

商号，是商人在商业经营过程中所使用的店铺名称。商号的择名，往往能传达出商人的经营期望及信誉承诺，有的带有地域特征。本章选取了曲沃县目前尚有遗存的几家当铺、烟坊以及襄汾县古城刘家世昌当，通过这些商业遗存管窥平阳地区商人商号样貌一斑。

一、曲沃县西南街村当铺旧址

西南街村当铺旧址位于曲沃县乐昌镇西南街村大同智巷 3 号院内，创建年代不详，依现存建筑形制看应为清代遗构，东西长 24.3 米，南北宽 25.99 米，占地面积约 631.6 平方米。坐北朝南，中轴线上现存南房、北房，两侧为东西厢房，院内过厅已拆毁，遗迹不存；北房面宽三间，进深两椽，四檩前廊式构架，单檐灰瓦悬山顶，明间置格扇门，次间开大方格窗；东西厢房各面宽三间，进深两椽，单檐硬山顶；北房西侧拱门内亦有北房三间砖瓦房，属后建；南房（当铺）亦面宽三间，进深两椽，单檐硬山顶。大门位于院落的东南角，门前东西两侧各有一青石质镂雕石狮，门内正对东厢房的南墙上有龟背纹照壁。这是一处典型的清代民居建筑，为研究晋南清式建筑提供了实物资料。2000年列为县级文物保护单位。[①]

图3-1　大门

① 曲沃县晋文化研究会、曲沃县文物旅游管理中心:《曲沃文物建筑》，内部刊印，2018年，第149页。

二、曲沃县听城当铺院旧址

听城当铺院旧址位于曲沃县史村镇听城村中部常景剧院内。东西宽 11.35 米，南北长 20.42 米，占地 232 平方米。据现居住人介绍，该旧址创建于清道光年间，原为一进院落布局，现仅存院内北角楼和东楼。北角楼砖砌二层，坐北朝南，

图 3-2 听城当铺院外景

图 3-3　听城当铺院东楼

图 3-4　听城当铺院北角楼

面宽三间，进深两椽，单檐灰瓦硬山顶，室内有砖砌楼梯，底层前设插廊；东楼亦为二层砖砌小楼，坐东朝西，面宽三间，进深两椽，单檐灰瓦硬山顶，北山墙外砌楼梯，前檐柱头饰简单耍头，底层明间砖券拱门，门楣上题“芝秀”二字，次间设方窗，二层设立柱作栏杆，西侧砖砌花墙作栏板。听城当铺院是研究清代晋南商铺建筑结构的一处实物资料。[①]

三、曲沃县席村魁盛盖烟坊旧址

席村魁盛盖烟坊旧址位于曲沃县乐昌镇席村北街西部路南，东西长 57 米，南北宽 30 米，占地 1710 平方米。创建于民国初年，现存的十间北房、六间西房及一座大门，均为砖砌瓦房。魁盛盖烟坊生产魁盛皮烟、云生烟，销往洪洞、赵城

图 3-5　魁盛盖烟坊内景

① 曲沃县晋文化研究会、曲沃县文物旅游管理中心：《曲沃文物建筑》，内部刊印，2018 年，第 403 页。

图 3-6　魁盛盖烟坊大门

及介休等地，在当地形成了不小规模。1956 年 2 月，曲沃县烟草行业实行公私合营，新烟厂和魁盛盖等 20 家烟坊组成公私合营的曲沃制烟厂。公私合营后魁盛盖烟坊作为烟厂家属院使用。[①]

四、曲沃县席村祥云集烟坊旧址

席村祥云集烟坊旧址位于曲沃县乐昌镇席村北街西部西北两侧，由南北两院组成，总占地 2540 平方米。北院现有瓦房 33 间及门楼一座，南院仅存 8 间瓦房及门楼一座，门楣上题有“祥云集栈”四个字。创建于清康熙五十九年（1720），停业于 1954 年，历时 234 年。东家为祁县何姓，总柜在祁县，

① 曲沃县晋文化研究会、曲沃县文物旅游管理中心：《曲沃文物建筑》，内部刊印，2018 年，第 546 页。

图 3-7　祥云集烟坊北院外景

图 3-8　祥云集烟坊南院大门牌匾

烟坊设在曲沃席村，所产旱烟全部运至祁县，由总柜分销省内外。清道光二十三年（1843），安装大榨三副，扩大生产规模，产品有祥生烟、祥生定、杂拌烟。日军占领时，年产量大幅度减少，民国三十二年（1943）生产停顿。新中国成立后，恢复生产，但规模远小于之前。[①]

五、曲沃县席村原和公烟坊旧址

席村原和公烟坊旧址位于曲沃县乐昌镇席村南部安泰巷内南侧，东西长 40.8 米，南北宽 26.7 米，占地 1089 平方米。据

图 3-9　原和公烟坊大门

① 曲沃县晋文化研究会、曲沃县文物旅游管理中心:《曲沃文物建筑》，内部刊印，2018 年，第 547 页。

村内知情人介绍创建于民国时期。由十二间北房、五间西房及一座门楼组成，门楣上题有“乐观西成”四个字，均为砖砌瓦房，初期规模较小，原和公烟坊生产的旱烟仅限本地销售。1956 年 2 月，曲沃县烟草行业实行公私合营，新烟厂和原和公等 20 家烟坊组成公私合营的曲沃制烟厂。[①]

六、曲沃县高显村恒益烟房旧址

高显恒益烟房旧址位于曲沃县高显镇高显村原东城门内徐流院内。东西长 22.82 米，南北宽 21.86 米，占地约 617 平方米。创建年代不详，依建筑形制看应为清代所建。现仅存门

图 3-10　恒益烟坊外景

① 曲沃县晋文化研究会、曲沃县文物旅游管理中心:《曲沃文物建筑》，内部刊印，2018 年，第 549 页。

楼上的砖雕匾额“恒益烟房”及烟房的北墙，门楼西侧北墙上有一“泰山石敢当”的青石质石刻，石刻上部有一太极八卦图（不太清晰）。烟房门楼坐南朝北，残存北墙位于门楼两侧。高显村恒益烟房旧址为研究本地商业的发展提供了依据。①

七、曲沃县高显村陶公业商行旧址

陶公业商行旧址位于曲沃县高显镇高显村老街的东侧张丰有院内，东西宽 6.85 米，南北长 7.08 米，占地 48.5 平方米。陶公业原属本村商号，创建年代不详，依建筑形制看应为中华民国年间所建。旧址坐东朝西，面宽三间，进深三椽，单檐

图 3-11　陶公业商行旧址正面

① 曲沃县晋文化研究会、曲沃县文物旅游管理中心:《曲沃文物建筑》，内部刊印，2018 年，第 565 页。

图 3-12　匾额“陶公业”

灰瓦硬山顶（后经维修），四檩后廊式构架。旧址门楣上题有“陶公业”三字，南北两侧墙面上遗留有“文化大革命”期间书写的“共产党万岁”“毛泽东万岁”等标语。陶公业商号旧址是当时本地商业繁荣的历史见证。新中国成立初期，店铺一度作为高显镇税务所使用。①

八、襄陵县古城刘家世昌当旧址②

清代民国时，襄陵县古城是商贸繁荣之地，商人众多，多

① 曲沃县晋文化研究会、曲沃县文物旅游管理中心:《曲沃文物建筑》，内部刊印，2018 年，第 566 页。

② 刘武经、李安义:《古城镇志》，黄河水利出版社，2001 年，第 182—183 页。

有成批经商西北者，也有在北京经营古董店的，当然也有当地商人，更有大批南县（今临猗、万荣、新绛）商人在此经商。当地流传着“河南人的手艺，南县的生意，古城的伙计”的说法。清朝中期道光十六年（1836），南高刘家的刘体正在古城投资新建“川心店”——一个很大的交易市场，集住宿、存货、交易于一体，在古城名气很大。新中国成立以来曾作为镇政府办公大院。旧址主体在前几年才拆除，尚存部分遗迹。配合生意买卖，刘体正同时开设世昌当，与川心店连在一起，大院至今尚存。

图 3-13　世昌当大门

图 3-14　世昌当院内

图 3-15　刘体正题“川心店”门匾①

① 图片摘自刘武经、李安义主编:《古城镇志》，黄河水利出版社，2001 年，第 183 页。

图 3-16　古城老街一号当铺遗址

第四章　合同

合同（抑或契约、合约、字据）在商人经商过程中的作用十分重要。为了保证合同的有效性，在订立合同时需当事人双方提前沟通协商，协商妥当后当事人双方签名，还需有公证人或担保人，以免一方反悔违约让另一方利益受损。此外，合同的出现还标志着合伙制的规范化。商人在一起合作经商，商业规模有所扩充，为规避一些矛盾纠纷，需要对某些经商的细节流程提前规定约束，以便商人可以明确自己的职责和义务。故而，合同的作用至关重要，它既是特定历史环境下商业活动、商业行为的真实记录和反映，又可以对商人的行为起到制约作用，对维护市场商业秩序起到至关重要的作用。本章选取太平县、襄陵县、曲沃县、临汾县商人的几份合约、合同。

一、太平县毛绪元和安邑县杨保吉经营花布合约

□□合伙文券人太平县伯皇村□□□□[①]邑县北相镇杨保吉，窃因□意相合，义气相投，两家情愿在□[②]相镇

① 疑为“毛绪元安”四字。

② 疑为“北”字。

经营花布行生意。同中言明，毛入本银一千二百两，入人一股半；杨入本银一百两，入人三股，所获利息银六人四，账目一年一清。毛得银分不使，仍作资本，以三年为度，杨得银分任从自便，人分全使，不许长支。自合伙已后苦乐均占，如有积私肥己，神灵鉴察。恐后无凭，故立

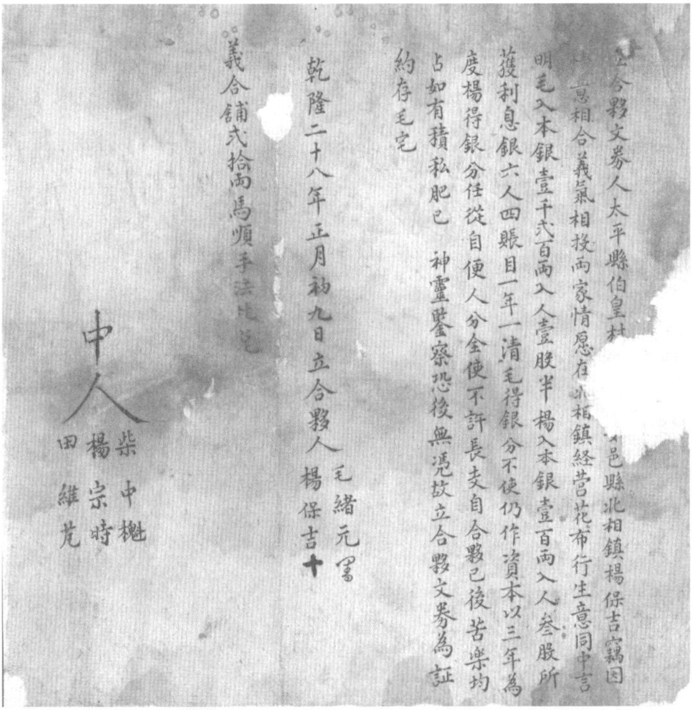
立合夥文券人太平縣伯皇村[illegible]邑縣北相鎮楊保吉竊因
[illegible]意相合義氣相投兩家情愿在[illegible]柏鎮経营花布行生意同中言
明毛入本銀壹千弍百兩入人壹股半楊入本銀壹百兩入人叁股所
獲利息銀六人四賬目一年一清毛得銀分不使仍作資本以三年為
度楊得銀分任從自便人分全使不許長支自合夥已後苦樂均
占如有積私肥己　神靈鑒察恐後無凴故立合夥文券為証
約存毛宅
乾隆二十八年正月初九日立合夥人　毛緒元　畫
楊保吉　十
義合舖弍拾兩馬順手法比宅
中人　柴中樾　楊宗時　田維芃

图 4-1　太平县毛绪元和安邑县杨保吉经营花布合约[①]

① 图片摘自刘建民:《晋商史料集成》第 1 册《合约（合同）及相关契约》，商务印书馆，2018 年，第 8 页。

合伙文券为证，约存毛宅。

乾隆二十八年正月初九日立合伙人毛绪元杨保吉

义合铺二十两马顺手法比兑

中人柴中樾　杨宗时　田维芃[①]

由合约内容可知，毛绪元（太平县人）与杨保吉（安邑人）协商后，在安邑北相镇共同开办义和铺，经营花布生意，合约还提及了二人的入股情况。

二、襄陵县北许村梁作明承领仁义堂本银开设铜炉领约

主写领约人梁作明今领到仁义堂本银二百两整，顶银股一分三，在北许村开设铜炉，□立字号，其余分股另有银本账注明，空口无凭，立领约为证。

光绪三十四年十月日立□领约人梁作明

同人刘梅先　王玉功[②]

由合约可知，梁作明在北许村开设了铜炉字号，经营小本生意。

① 刘建民:《晋商史料集成》第 1 册《合约（合同）及相关契约》，商务印书馆，2018 年，第 8 页。

② 同上书，第 134 页。

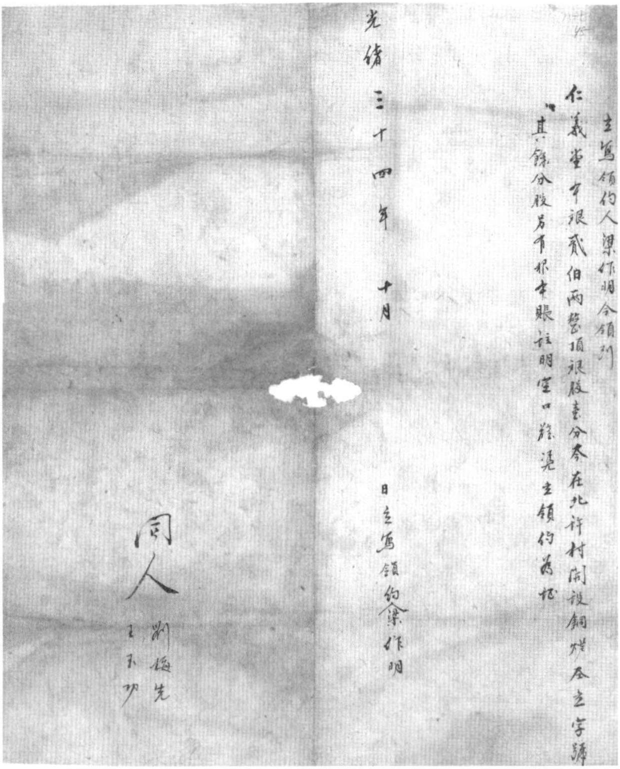
立寫領約人梁作明今領到
仁義堂本銀貳伯兩整，頂銀股壹分，今在北許村開設銅爐，今立字號
其餘分股另有[illegible]本賬註明，空口難憑，立領約為證
光緒三十四年十月　日　立寫領約　梁作明
同人　劉德先　王玉功

图 4-2　襄陵县北许村梁作明承领仁义堂本银开设铜炉领约[①]

三、太平县伯虞村任玉金立写字据

立写干净字据人任玉金，情因以前在伯虞村开设木

---

① 图片摘自刘建民:《晋商史料集成》第 1 册《合约（合同）及相关契约》，商务印书馆，2018 年，第 134 页。

匠铺自糊其口。不忆二十七年，日本来寇，铺中器俱席卷损失而空，所典之地无力耕种，原地退归其主，军事争斗漂零一身无有着落。世局紊乱，东门外军伍连络不断，老少东奔西窜，人心惶惶，惟西头稍微避静，每天跪回再西头毛喜昌之家暂为糊口。俟后，稍觉平定双方情愿互相耕

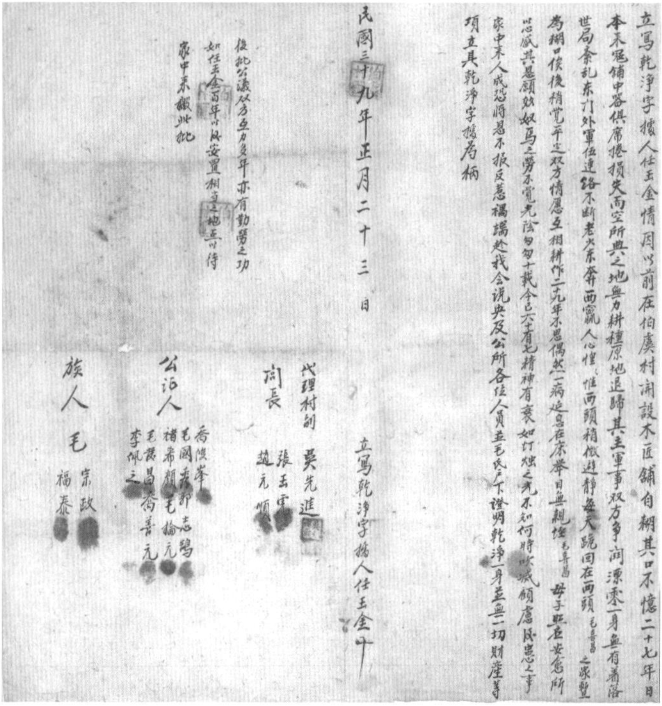
立寫乾淨字據人任玉金情因以前在伯虞村開設木匠鋪自糊其口不憶二十七年日
本來寇鋪中器俱席捲損失而空所典之地無力耕種原地退歸其主軍事双方爭鬪漂零一身無有着落
世局紊亂東門外軍伍連絡不斷老少東奔西竄人心惶惶惟西頭稍微避靜每天跪回在西頭毛喜昌之家暫
為糊口俟後稍覺平定双方情愿互相耕作二十九年不思偶然一病延息在床举目無親惟毛喜昌母子照应安慰所
忠感其恩顧奴奴馬之勞不覺光陰匆匆十載今已六十有七精神有衰如灯烛之光不知何時吹滅顧慮後患之事
家中未人成恐將恩不报反惹禍端趁我合說央及公所各位人員並毛氏户下證明乾淨一身並無一切財產等
項立具乾淨字據為柄

民國三十九年正月二十三日

後批公議双方至多年亦有勤勞之功
如任玉金百年以後安置相當之地至以侍
家中未敢此批

立寫乾淨字據人任玉金

代理村副 吳先進
閭長 張玉雲 趙元順
公证人 喬慎峯 毛國秀 郭志鴞 褚希顏 毛倫元 毛喜昌 喬善元 李佩之
族人 毛宗政 毛福泰

图 4-3 任玉金立写字据[①]

① 图片摘自刘建民:《晋商史料集成》第 1 册《合约（合同）及相关契约》，商务印书馆，2018 年，第 351 页。

作。二十九年，不思偶然一病延息在床，举目无亲，经毛喜昌母子照应安愈，所以心感其恩，愿效奴马之劳。不觉光阴匆匆十载，今已六十有七，精神有衰如灯烛之光不知何时吹灭，顾虑后患之事，家中来人成恐将恩不报反惹祸端。趁我会说，央及公所各位人员并毛氏户下证明，干净一身并无一切财产等项，立具干净字据为柄。

民国三十九年正月二十三日

立写干净字据任玉金

代理村副　吴先进

闾长张玉宪　赵元顺

公证人乔俊峰　毛国秀　郭志鹄　褚希颜　毛抡元毛严昌　乔善元　李佩之

族人毛宗政　毛福泰

后批，公议双方，互力多年，亦有勤劳之功，如任玉金百年以后安置相当之地点，以待家中来搬此批。[①]

从合约中可以看出，任玉金开设木匠铺本为养家糊口，但却因敌寇入侵，世局混乱，导致商铺无法正常运转，最终亏损严重。时经社会动荡，任玉金还需躲避战乱，无法归家，直至年迈。一般情况下，大家普遍认为商人大多富庶，但像任玉金

① 刘建民:《晋商史料集成》第1册《合约（合同）及相关契约》，商务印书馆，2018年，第351页。

这样规模的小商小铺，在社会环境等多种因素影响下是难以生存延续的。足见当时商人经商并非都是一帆风顺，赚得盆满钵满的，商人经商大多也有艰辛不易的情况。

四、曲沃县义顺正记合同

道光十八年七月十三日立曲沃县义顺正记合同

立合同人吉层喜　张秉士　狄正己　孙继宽

经理人吉层喜　张秉士　孙继宽

因为投合共监日升月恒之象，爰深金堆玉积之谋，在曲沃县城内开设府纸香料杂货生意一座，公立字号曰义顺正记。夫义者，宜也，得其宜则顺，顺则裕。卜云：其吉，

图 4-4　义顺正记合同（一）[①]

① 图片摘自刘建民:《晋商史料集成》第 1 册《合约、万金账、股票 · 万金账》，商务印书馆，2018 年，第 356—357 页。

得其宜则正，正其宜，利有攸往，普美利于无言，有如斯与。其本金，狄正己入二千五百两正，张秉士入一千七百两正，吉层喜入五百两正，孙继宽入四百两正。唯我同人循规蹈矩，法立如山，同心协力，土亦变金。迨生意拟窗前之草，财源媲雨后之花，获利多寡，终始以本六人四为规，而伙友身资则均出于公中焉。并无异说，恐口无凭，故立合同四张入本人收执存照，所有铺规、入股并载明万金簿。

同人张开元　常永安

于咸丰八年，东伙因账目不明，即至分散，同亲友说

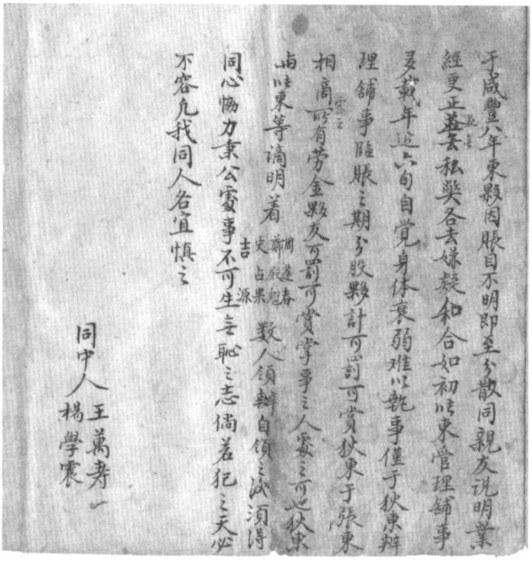
于咸豐八年東夥因賬目不明即至分散同親友說明業
經更正蓋去私弊各去嫌疑和合如初唯東管理鋪事
多載年近六旬自覺身体衰弱难以執事僅于狄東辦
理鋪事臨賬之期分股夥計可罰可賞狄東于張東
相商所有勞金夥友可罰可賞學事之人處之可也狄東
由此東等論明着周逢春 鄭鳳魁 史占果 吉源數人領辭自領之後須得
同心協力秉公處事不可生妄恥之志倘若犯之天必
不容凡我同人各宜慎之
同中人 王萬壽 楊學震

图 4–5　义顺正记合同（二）①

① 图片摘自刘建民:《晋商史料集成》第 1 册《合约、万金账、股票·万金账》，商务印书馆，2018 年，第 358 页。

明业经更正并丢私弊，各去嫌疑，和合如初。张东管理铺事多载，年近六旬，自觉身体衰弱，难以执事，仅于狄东辨理铺事。临账之期，分股伙计可罚可赏。狄东于张东相商，处之有劳金，伙友可罚可赏，掌事之人处之可也。狄东与张东等谪明着周逢春、郑殿魁、史占果、吉源数人领办，自领之后，须得同心协力，秉公处事，不可生气，耻之志，倘若犯之，天必不容。凡我同人各宜慎之。

同中人王万寿　杨学震[①]

合同的出现标志着合伙制的规范化。吉层喜、张秉士、狄正己、孙继宽四人因为投合，在曲沃县城内开设府纸香料杂货生意一座，公立字号曰义顺正记。其中狄正己入本金二千五百两，张秉士入本金一千七百两，吉层喜入本金五百两，孙继宽入本金四百两，恐口说无凭，所以立合同四张，收执存照，并将各投资人的入股、分红、铺规记录在册，即万金簿（万金账）中。第二部分所记为商号的一次危机处理，咸丰八年，因账目不明发生分歧，后经说明，并且改正经营弊端，才去除嫌疑，和合如初。后附一些赏罚条例，并告诫经营管理者要同心协力，秉公处事，谨慎经营。

① 刘建民:《晋商史料集成》第1册《合约、万金账、股票·万金账》，商务印书馆，2018年，第356—358页。

五、合伙典地合同

立写典地合同人曲沃吉居安、临汾赵之相、太平张标，今在浮山县梁村庄伙典张宅地三百零七亩，共交典价本元系银一千两整。同中说合按三股均摊，每股摊元系银三百三十三两三钱三分。张宅典约系写典价元银一千五百两，伙立三盛字号，每年除纳正粮外，净得租钱，按三股均分。所有一切红契并佃户租约尽存时利和京货铺经手。异日张宅赎地应得典价按股均分，彼此并无异说。写立合同三张，各执一张为证。

中人吉天荣

道光十二年五月二十日仝立[①]

该合同记录了曲沃县吉居安、临汾县赵之相、太平县张标三人合伙在浮山县典张宅地三百零七亩，共交典银一千两整。合同中约定三人共分三股，每股均摊三百三十三两三钱三分。另三人伙立三盛字号，将每年张宅地出租所得租钱除纳税外，其余按股分红。等到张宅赎地时，应得典价按股均分。三人对约定没有异议，故立合同为证，这也使得合伙经营更加规范化。

① 刘建民:《晋商史料集成》第 17 册《簿记・借约》，商务印书馆，2018 年，第 757 页。

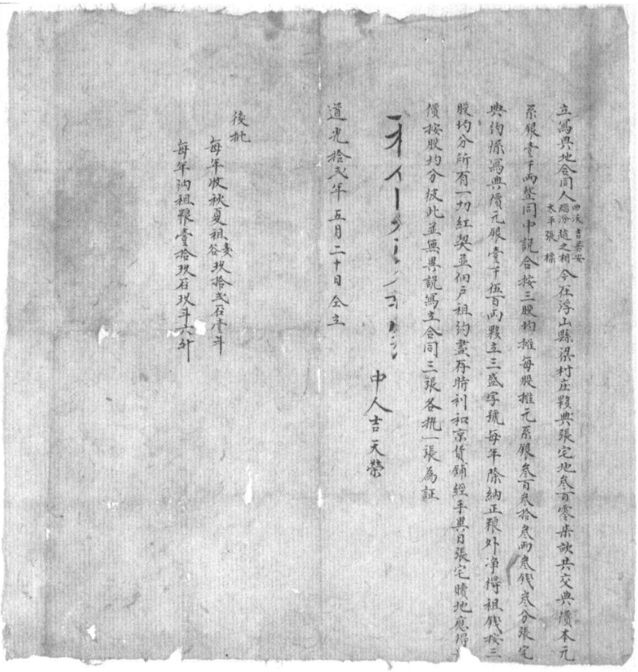
立寫典地合同人曲沃吉善安 臨汾趙之楨 太平張　標今在浮山縣梁村庄夥典張宅地叁百零柒畝共交典價本元
系銀壹千兩整同中說合按三股均攤每股攤元系銀叁百叁拾叁兩叁錢叁分張宅
典約係寫典價元銀壹千伍百兩夥立三盛字號每年除納正糧外淨得租錢按三
股均分所有一切紅契並佃戶租約盡存腈利和京貨舖經手與日張宅贖地應得
價按股均分彼此並無異說寫立合同三張各執一張為証
中人吉天榮
道光拾弍年五月二十日　仝立
後批
每年收秋夏租麦谷玖拾弍石壹斗
每年納租糧壹拾玖石玖斗六升

图 4-6　合伙典地合同[①]

六、临汾县吴村协顺公粟店合同

立合同字据人温福善堂，情因意念相同，愿在吴村镇中街设立协顺公粟店一座，同中议定，每股出资本钱三百千文整，公议温星照为领事人员。今领到福善堂

① 图片摘自刘建民:《晋商史料集成》第 17 册《簿记 · 借约》，商务印书馆，2018 年，第 757 页。

本钱三百千文整，杨吉庆本钱一百千文整，朱逢林本钱一百一十六千六百六十六文，陈生俭本钱一百一十六千六百六十六文，温魁俊本钱五十千文。日后生意财业万金，按股均分，亏则按股均摊。嗣后人心若有变更者，同中公议，不得异说。立合同字据一样五张，各执一张存证。

中华民国三年五月二十六日

同中人高兴国　田璧足　李长庚

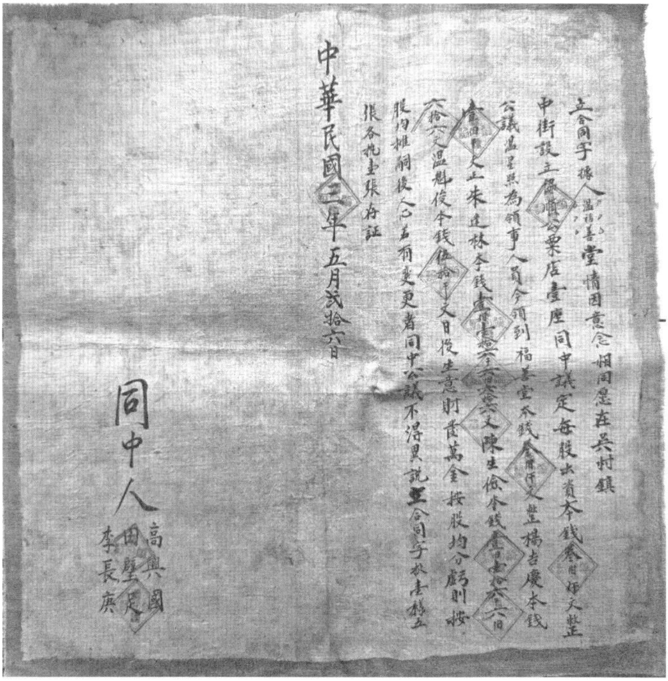

图 4-7　临汾县吴村协顺公粟店合同

温福善堂众人因志趣相投，共同在吴村镇中街设立一家名为“协顺公”的粟店。经过共同商议，决定每股出资铜钱三百千文整。又经公议决定，任命温星照为领事人员，负责店铺的日常运营和管理，未来店铺经营所得利润，无论数额大小，均按各股东出资比例均分。若经营不善导致亏损，亦按照各股东出资比例均摊损失。

第五章　账簿

账簿，俗称账本，是商人经营过程的重要记录凭证，一般清晰记录商业活动的具体货物进出、经营收支、交易双方、数量金额等内容，便于商人汇总整体收支、盈亏情况，分析市场需求，制定合理营商策略。账簿在一定程度上还具有法律效力。譬如，当事双方发生争执纠纷时，账簿可以很好地为商人提供证明。故而，账簿在商业中扮演十分重要的角色。本章选取太平县商号顺德堂账本和洪洞县德胜合记万金本账来展示平阳商人的日常生活开支和商号合作协议情况。

一、太平县商号顺德堂账本

太平县商号顺德堂光绪十八年至二十年（1892—1894）的账本，里面详细记录了该商号每月的生活开支情况，具体内容如下：

1. 光绪十八年新月吉日立

新正月原存钱一千四百文

十一日出称菜油使钱一百五十文　出买金铂黄纸使钱四十

文　出买墨使钱十六文

十四日出称盐二斤使钱五十六文

十七日出买绵布使钱三十文

廿三日出□草工钱一百文

廿九日出称麻油一斤使钱一百一十文　出买绵□廿□使钱廿四文　出买黑碗二个使钱十二文

二月初五日出买毛□使钱十五文

初八日出付书房摊钱五十文

十一日出于染布钱四十四文　出买白葡罗钱十三文

廿九日出买白绵□使一百九十文　入收铜罐卖钱五百四十文　出买金铂使钱三十文　出称藕菜使钱十四文　出买熋灯一合使钱十四文　入收卖鸡蛋六十六文　出称盐二斤使钱五十六文

三月初五日出买白绵布木铁钱七十七文　出买豆腐渣使钱十文　入收卖麦秸钱五百五十文　出到醋一斤使钱十二文　出于赵天保奶奶乐户钱四百文

初十日出于驴丁□钱五十五文　出称苏木□□使钱廿一文

十三日出驴取炭使钱一百廿文

十四日出买草鸡一个使钱六十五文　出买豆腐渣使钱九文

十五日出驴取炭使钱一百二十文

十七日出买萝葡菠菜钱廿二文　出买犁铧一个使钱六十五文　入收和祥小铺钱一千文

十九日出到醋半斤使钱五文　出驴取炭使钱一百二十

文　出买豆腐渣使钱九文

廿二日出驴取炭使钱一百廿文

廿三日出称盐二斤使钱五十六文　入收王良仁麦米豆钱一千□六十八文　出称萝葡一十五斤使钱三十文

廿四日出付弹花使钱廿二文

廿七日出于赵天保奶奶材钱一千文

四月初二日出买粽子使钱二十文

初八日出赶会使钱三十文　入收卖草鸡钱七十文　出买《上孟子》使钱五十文

十一日出称韭菜一斤使钱七文

十六日出到醋半斤使钱六文

十七日出称水烟半斤使钱二十五文　出秤火布半斤使钱三十文　出秤麻油一斤使钱□百一十二文　出买烌灯一合使钱十四文　出买铁杈一杆使钱八十五文

廿三日出称盐一斤使钱二十八文

廿三日出籴糯米□□使钱三十文　出走伯王巷赶集使钱卅五文

廿五日出拉栢树脚钱四百文　出秤韭菜半斤使钱四文

廿九日出买铁耙一个使钱三百文　入收钱铺钱五百文　出买豆腐渣使钱十二文

五月初五日出买棉花子使钱六十文　出秤盐一斤使钱二十八文

初七日出到醋一斤使钱十二文　出买洋线使钱二十文　出

买豆腐渣使钱廿文

初十日出买糖葱使钱十二文

十三日出买水萝葡葱使钱十四文　出买豆腐渣使钱十二文

十七日出买粽子五个使钱十五文

廿日出买杏□蓬菜使钱十二文　出买豆腐渣使钱十二文

廿六日出秤盐一斤使钱二十八文　出称红白糖使钱七文

廿八日出到醋买□使钱十八文

廿九日出称盐一斤使钱二十八文　入收李氏还钱二千六百文　出买香二把使钱十三文

六月初五日出籴小麦□半斗使钱三千九百一十五文　入收钱铺钱二千文　出买水萝葡二斤使钱五文

初七日出买烧灯一合使钱十五文　入收高氏粮钱一千文　出到醋半斤使钱六文

初十日出买糯米糖钱二十文

十三日出买甜瓜药醋使钱廿四文　出高氏粮钱一千文　出买白黑糖使钱二十五文

十六日出埋小女使钱五十文

十七日出买锡酒壶一个钱一百四十文　出买黑瓷罐一个使钱二十文　出买蒜使钱二十二文　出买墨笔酒使钱二十四文　出买甜瓜使钱二十三文

廿一日出买北瓜韭菜使钱十三文

廿三日出买冰糖豆子使钱廿二文　入收李氏工钱二百文　出买黄瓜葱使钱六文

廿九日出买糖醋使钱卅六文

又六月初五日出买酱醋使□二十一文 入收钱铺钱五百文 出秤盐二斤使钱五十六文 出买炭口袋二条使钱三百七十文 出弹花使钱二十文

初七日出秤豆角一斤使钱六文 入收粜油菜子一斗□□钱七百八十四文 出秤菜油三斤使钱七百八十四文

初八日出秤葱一斤使钱六文

十三日出秤韭菜葱使八文

十四日出买甜瓜北瓜使钱十六文

十七日出买苏木白糖桃使钱五十六文

十八日出付焊香同使钱三十文

廿日出买茄子弹花使钱卅四文

廿二日出买葱北瓜使钱十三文

廿三日出籴黍子一斗使钱三百八十文 出买蒜木红□使二十二文 出买纺线铁使钱七文

廿八日出秤北瓜□斤使钱九文

廿九日出秤水烟□□使钱十三文 出秤盐一斤使钱二十八文

七月初五日出付染钱一百二十五文

初九日出弹花使钱四十二文 出秤苏木使钱六十文

十二日出买茄子葱醋十四文

十四日出买柿子果子使钱十二文 入收钱铺钱一千三百七十九文 出秤盐二斤使钱五十六文 出付王玉贵桶钱一百

五十文

十五日出付本户粮银二两整　入收钱铺文银四两整　出于王户粮银二两整

廿二日出买熋灯一合使钱十四文　出秤葱一斤使钱六文

八月初三日出秤盐二斤使钱五十六文　出到酒□□使六十文　出于驴钉撑使钱五十文

初五日出付王玉贵桶钱一百文

十一日出买□肉□□使三十二文　出买黄表红糖使钱四十文　出秤月饼半斤使钱三十九文　出买柿子茄子使钱十二文　出秤萝葡使钱五文

十二日出于王户粮钱一百四十文

十三日出学房里摊钱一百文　入收钱铺银一两整　出黎一斤使钱八文　出秤葱一斤使钱六文

十五日出买沙果豆腐醋使钱二十文

十九日出秤地□使钱八文

二十二日出弹花□□□□□使钱二十七文　出扶条帚七把使钱三十五文

二十五日出买鞭炮大炮使钱十五文

九月初一日出秤葱一斤使钱六文

初五日出于李仁荣粮银四钱零五厘

初九日出称盐一斤使钱二十八文　出买柿子使钱八文　出京安看戏使钱十六文

初十日出于影戏钱一百二十文　出买茄子使钱八文

十七日出买萝葡白菜使十六文　出割羊肉一斤使钱六十文　出买豆腐一斤使钱十四文　出到酒半斤使钱三十八文　出买红萝葡使钱九文

廿日出称盐一斤使钱廿八文　入收换□油七斤半合钱□□　出买红萝葡使钱九文　出换芝麻□□合钱六百卅文

廿五日出取炭使钱一百廿文　入收卖炭钱二百五十二文　出到醋半斤使钱六文　出割豆腐一斤使钱十四文　出买鞭炮大炮使钱十五文　出买萝葡白菜钱七文

十月初二日出买红萝葡豆腐钱十文　出取炭使钱一百廿文

初五日出取炭使钱一百二十文　入收卖炭钱二百五十二文　出买红萝葡卅斤使钱七十文　入收王玉贵桶钱一百文　出弹花割豆腐钱二十二文

初十日出取炭使钱一百廿文　入收卖炭钱二百五十二文　出付王玉贵桶钱二百文　出醋豆腐使钱十三文

十三日出书房摊钱一百文

十七日出豆腐酱钱二十八文　入收干草钱一千六百卅四文　出买水烟半斤使钱二十六文　出买草□一□使钱二十七文

十七日出称盐二斤使钱五十六文

十九日出取炭使钱一百廿文　入收卖炭钱二百六十六文　出弹花使钱六十文

廿七日出于染钱四十二文　入收卖炭钱二百卅六文　出称挂面一斤使钱卅八文　出驴取炭使钱一百二十文

廿八日出驴取炭使钱一百廿文　出弹花买铁钱四十三文

卅日出驴取炭使钱一百廿文

十一月初三日出买豆腐使钱七文　出学房摊钱一百文

初五日出称盐一斤使钱二十八文

初九日出驴取炭使钱一百廿文　出弹花使钱三十七文

廿三日出买木红□使钱七文　入收钱铺银二两整　出割羊肉□□使钱十五文　出到酒一斤使钱七十四文　出学房炭钱五十文

廿四日出弹花一斤使钱十四文

廿六日出本户粮银七钱整　出白菜□斤使钱十文

廿九日出买焌灯一合使钱十四文　出称花椒□□使钱三十文

卅日出弹花使钱廿一文

十二月初六日出买画使钱三千文　出盘费使钱五十六文

初十日出买白菜使钱六文　出于赵先生学课钱一千文　出书房笔墨钱七十文　入收卖银钱二千□百□十五文兑　出卖□□□合钱二千二百七十五文

十三日出买黑碗四个使钱二十文　出称萝葡□斤使钱廿三文

十四日出香五把使钱卅五文

十七日出称葱一斤使钱十四文　入收卖画钱四百八十文出称盐二斤使钱五十六文

十八日出买棉□□□使钱廿四文　入收卖画钱四百九十文出于弹花使钱八十二文

廿一日出割羊肉斤半使钱九十文　出买盘香使钱十文

廿三日出买神门廉使钱十二文　入收卖画钱九百三十文　出买盘□□使钱十四文

廿四日出称葱一斤使钱十五文　入收卖画钱四百五十文　出到醋藕使钱九文　出于先生学课使钱五百文

廿五日出买黄表二合使钱九十文　入收卖画钱六百三十文　出买对子□使钱廿二文　出买海带半斤使钱五十四文

廿六日出到烧酒半斤使钱卅六文　入收卖画钱一千一百八十文　出院□里地□钱一千文

廿七日出守城门钱一百廿二文　出付请乡约钱廿文　入收卖画钱八百文　出院□里地□钱三百一十二文　出买柿饼一□使钱五十八文　出买唐瓜半斤使钱廿八文

廿八日出买绦子使钱十文

廿九日出买白菜使钱八文

入收粜麦二斗□□钱一千四百八十文

出到醋一斤使钱十文

出称绵麻一斤使钱九十文

出割豆腐斤半使钱廿六文

出买□二个使□一百廿文

出买柿饼一□使钱五十六文

出称盐一斤使钱廿八文

出买鲜姜大□使钱廿四文

出买□□一□使钱六文

出领用钱二百四十四文

连存并入钱二十陆千五百一十四文

除出钱二十三千八百一十四文

寔存钱二千七百文

共入银七两整出银七两整

2. 光绪十九年新正月吉日立□事如意

廿日出□草工钱二百文

廿九日出买金箔一个使钱一百卅文　入收当铺钱二千文出到烧酒半斤使钱卅六文　出称盐二斤使钱五十六文

二月十一日出买棉纸一刀使钱一百廿五文　出秤藕□□□□使钱十二文

十五日出买豆腐半斤使钱八文

廿三日出买大碗一个使钱十文　出买麻□二根使钱十二文

廿七日出买豆腐醋使钱十一文

廿八日出秤菠菜豆腐钱十文

廿九日出于驴钉□使钱五十文　出籴高粮一斗使钱二百一十文

三月初一日出弹花使钱五十六文

初五日出秤水烟半斤使钱廿五文　入收粜小米□四百二十文　出到烧酒一斤使钱七十文　出秤盐二斤使钱五十六文

初六日出驴取炭使钱一百廿文　入收王良仁黑豆钱一千零四十文　出走南高看戏使钱十二文

初九日出买烡灯一合使钱十三文

初十日出驴取炭使钱一百廿文　入收卖干草钱一百四十六文　出买菠菜葱使钱十文

十七日出秤棉花使钱三百一十文

廿三日出买白锡罐一个使钱四百五十文　入收卖小米钱八十五文　出弹花四斤使钱六十文　出驴取炭使钱一百廿文

廿八日出驴取炭使钱一百廿文

四月初二日出京安看戏使钱二十文

初三日出秤韭菜葱使钱七文

初六日出于弹花一斤使钱十五文

初八日出秤盐二斤使钱五十六文

初十日出买木杴一个使钱九十文　出买扫帚一□使钱一百文　出买草帽一个使钱六十五文

十一日出买铁桃牌一个使钱六文　出买蒲扇二□使钱十二文

十三日出秤葱一斤使钱五文

十四日出秤韭菜半斤使钱五文　出于缠□二□使钱九十二文　出弹花□斤使钱七十五文

十八日出弹花一斤五两使钱二十文

廿日出称韭菜葱使钱七文　出于挑□使钱五十九文

廿三日出买水萝葡使钱四文　入收卖小米一升钱四十五文　出称苏木二□使钱十八文　入收卖鸡蛋五个钱二十五文出买糯米三合使钱廿四文　出买□香一□使钱七文　出买粽子

使钱九文

廿四日出称韭菜使钱五文

廿六日出秤葱一斤使钱四文　入收卖蚕丝钱四百八十文　出买黄瓜萝葡使钱十六文

五月初五日出买红糖□四使钱卅文　出买黄酒半斤使钱二十文　出到醋一斤使钱十二文　入收粜小米五升钱二百廿五文　出秤韭菜葱使钱十四文

初八日出称葱一斤使钱五文

初十日出于王户粮钱二千文　出买杏黄瓜钱十二文

十一日出买黄瓜使钱五文

十二日出买台菜使钱三文　出到醋一斤使钱十二文

十四日出称盐一斤使钱二十八文

十六日出秤葱黄瓜使钱十四文　入收粜黑豆一斗钱五百一十文　出秤韭菜萝葡使钱十文

十九日出秤葱北瓜使钱十六文

廿五日出买黄瓜葱使钱十文　入收粜麦六斗五□合钱三千四百卅二文　出付染钱八十四文　出称盐二斤使钱五十六文　出称棉花二斤使钱四百文　出于顾工钱九百三十文

廿七日出到醋杏使钱十一文　出于看麦的小麦一斗半

廿九日出于李仁荣粮银□□□□□合钱七零九文　入收粜黍子谷子钱一百文　出买黄瓜使钱三文　出买木红□二□使钱七文　出买蒜一偏使钱二十七文　出买甜瓜使钱五文

六月初二日出买地椒面黄瓜钱十四文　入收粜麦五斗□□

合□□钱三千文　出王户粮钱二千一百一十二文　出于本户粮钱□□□□合银□□

初六日出称葱一斤使钱五文

初八日出买黄瓜葱醋使钱十四文　出买脚袋一盘使钱廿二文

十一日出买烧灯一合使钱十五文　出买桃狗娃看戏钱十二文

十二日出称葱韭菜北瓜钱十三文

十五日出买黄瓜葱使钱七文

廿日出买韭菜葱使钱六文　入收卖小米二升钱九十六文　出秤地椒一斤使钱六文

廿一日出□二细罗底使钱八十二文

廿三日出称葱一斤使钱三文　出买香二把使钱十三文　出称盐二斤使钱五十六文　出买桃使钱六文

廿七日出称北瓜葱使钱十二文

七月初一日出秤葱豆角使钱七文

初四日出秤葱三斤使钱八文

初六日出买茄子四个使钱八文

初七日出买甜瓜使钱五文

十一日出秤水烟□□使钱十六文　入收卖小米□□钱一百九十二文　出称葱二斤使钱五文

十四日出到醋半斤使钱六文　出买沙果梨桃使钱十五文

十七日出称盐二斤使钱五十六文　出买桃十个使钱五文

出秤乌叶二斤使钱廿六文　出秤苏木九□使钱六十三文　出买甜瓜秤花使钱八文

十八日出买葱茄子使钱八文

廿日出称葱二斤使钱五文　入收卖小米二升钱九十六文　出于弹花一斤使钱十五文

廿六日出称葱二斤使钱五文

八月初四日出称葱二斤使钱五文　入收卖小米□□□一百六十文　出到醋半斤使钱六文　出古城看戏使钱一十二文

初五日出秤地椒五斤使钱五十文

初七日出秤葱三斤使钱六文

初八日出买茄子八个使十一文

初九日出于驴丁撑使钱五十文　入收卖小米一升钱五十六文　出秤盐二斤使钱五十六文　出割羊肉十□使钱卅五文

十一日出于弹花钱二十四文　出买月饼半斤使钱卅六文　出买柿子沙果使钱十八文　出买红糖木红□使钱廿三文

十七日出买葱醋使钱十二文

十九日出买罗蒲使钱八文

廿三日出称地椒葱使钱十四文

九月初二日出称葱茄子使钱十二文

初五日出称葱二斤使钱五文

初七日出秤盐一斤使钱廿八文

初十日出秤葱二斤使钱五文　出称萝葡二斤使钱六文

十三日出于弹花使钱二十二文

十五日出于狗娃看戏钱十文

十六日出称萝葡四斤使钱八文　出胡萝葡二斤使钱六文出称葱二斤使钱五文　出称盐一斤使钱二十八文　出买酱四□使钱十一文　出到烧酒半斤使钱卅八文

十七日出买白菜二苗使钱十二文　出秤山药半斤使钱十文出到醋一斤使钱十二文

十九日出买镰□把使钱廿八文

廿二日出买青布帽佃一个使钱四十文　出焊白铁罐使钱十文　入收卖小米二升钱一百卅文　出买煖灯一合使钱十五文

廿七日出秤葱二斤使钱七文

廿八日出秤红白萝葡十斤使钱廿文　出买白菜二苗使钱六文

廿九日出秤盐一斤使钱廿八文　入收卖小米一升钱六十文出秤红萝葡三斤使钱六文

十月初二日出于弹花一斤使钱十五文

初九日出买芥菜卅斤使钱五十三文　入收卖小米二升钱一百廿文　出秤萝葡葱使钱二十五文

十一日出秤盐二斤使钱五十六文　入收卖干草钱一千二百廿七文　出于弹花二斤半使钱卅七文　出买豆腐渣使钱六文出到醋半斤使钱六文

十六日出买白菜萝葡使钱十文　出芝麻二斤半换油一斤十□　出油菜子五斤换菜油三斤□□

十七日出割豆腐半斤使钱八文　出秤水烟半斤使钱廿五

文　入收卖小米一升钱六十文　出黑芝麻二斤换油一斤半

廿二日出买桶锢一个使钱卅文

廿三日出秤萝蔔七斤使钱十四文　入收卖小米一升钱六十文　出驴取炭使钱一百廿文

廿六日出于秤棉花钱一百文

廿八日出买粉浆使钱五文　入收卖小米一升钱六十文　出秤盐一斤使钱廿八文　出驴取炭使钱一百廿文

十一月初三日出买红白萝蔔使钱六十八文　出驴取炭使钱一百廿文

初四日出买黑碗二个使钱十二文

初五日出驴取炭使钱一百廿文　入收卖小米三升钱一百六十五文　出买黑□萝蔔使钱十六文　入收卖小米一斗一升钱六百五十文　出□笤帚二□使钱十文

初八日出买洋线使钱十七文

初九日出秤萝蔔一十三斤使钱廿六文　入收卖小麦三斗钱一千九百五十文　出买豆腐渣使钱五文　入收当铺钱二千文出古城贾甲寅为礼钱五百文

十三日出付文玉粮钱二千文　入收卖小米七升钱四百六十五文　出买系□粉浆使钱七文

十四日出于弹花一斤使钱十五文

十七日出买火纸四□使钱十八文

十九日出秤盐一斤使钱二十八文

廿一日出买白菜使钱十一文

廿八日出买粉浆使钱十文

十二月初一日出买画尔使钱二千五百文　入收卖小米二升钱一百零八文　出秤棉花使钱六百廿文

初五日出称盐二斤使钱五十六文　入收卖小米二升钱一百零八文　出买丝便使钱八文　入收卖画钱五百一十文　出买火香一把使钱七文　入收卖画尔钱一千六百五十文　出买粉浆豆腐渣钱十文

十一日出买香六把使钱四十二文　出买沿纸洋□使钱十五文

十七日出买对子纸使钱四十四文　入收卖画尔钱一千三百六十文　出于染房使钱一百五十六文　入收卖小米二升钱一百一十文　出到烧酒一斤半使钱一百零五文

廿一日出买黑洋布使钱五十文　出买柿饼一□使钱七十文

廿三日出买白菜使钱六文　入收卖画尔钱二千六百文　出于弹花钱二十四文　出买红萝葡使钱廿文　出买黄表三合使钱一百五十文　出于神钱一千文

廿四日出买盘香使钱三十六文　入收卖画尔钱三百四十文出买鞭炮红烛□□钱卅五文

廿五日出秤盐二斤使钱五十六文　入收卖画尔钱五百二十文　出赎当使钱一千零廿文　出买棉布纸七张使钱廿一文　出秤酱半斤使钱廿二文　出买大炮五个使钱五文　出割羊肉一斤半使钱九十六文　出买豆腐五斤使钱六十文　出于文玉粮钱三百四十五文　出秤盐一斤使钱廿八文

廿六日出到醋二斤使钱二十文　入收卖画钱四百一十文　出买香四把使钱二十六文　出秤藕一斤使钱十四文　出秤糖瓜半斤使钱卅二文

廿七日出买烗灯一合使钱十六文　入收卖画尔钱四百廿文　出秤藕三斤使钱十文　出赎当使钱一千文

廿八文出秤山药使钱廿二文　入收卖画尔钱一千三百四十文　出买鲜艾使钱五文

廿九日出买锡卜使钱十五文

入收卖小米二升钱一百一十文

出于神钱三百一十六文

出付守城门钱一百廿文

出于请乡约钱二十文

出王庚酉借钱一百一十文

出领用钱一千四百九十文

连存并入钱三十一千三百四十一文

除出钱二十七千三百四十一文

实存钱四千文

3. 光绪二十年新正月吉日立

新正月吉日原存钱四千文

十一日出买黑碗二个使钱十三文　出秤菜油六斤使钱五百廿五文　入收卖小米一升钱五十六文　出买花火使钱六文

十四日出焊白铁罐使钱二十五文

十七日出付拘铁一根使钱七文　入收卖小米一升钱六十文　出称盐一斤使钱二十八文　入收卖小米二升一百二十文　出买黑碗三个使钱十□□

二月初二日出称盐一斤使钱二十八文　入收卖小米□□□六十文　出买草鸡使钱四十五文

三月初一日出称菠菜粉浆使钱□□

初二日出付驴取炭使钱一□□文

初三日出秤菠菜粉浆使钱□□文

初五日出付修水桶使钱□□□文

初八日出称菠菜粉浆豆□□□十文

十一日出称盐二斤使□五□□□文

十七日出称菠菜葱钱□□□□

廿二日出买粉浆韭菜□□□□

廿九日出秤盐一斤使钱廿八文　出买糯米三合使钱廿七文　出买白草鸡一个使钱一百廿五文　出秤韭菜葱使钱七文

四月初九日出于染房染钱八十四文　入收卖麦六升钱四百卅四文　出买韭菜豆腐渣钱二十文　出古城看戏使钱二十八文

初十日出称盐二斤使钱五十文

十一日出古城看戏使钱二十文

十七日出买菜豆腐渣使钱二十文

廿一日出到醋半斤使钱六文

廿三日出于驴丁撑使钱五十文　出秤葱半斤使钱六文

六月初三日出买篦子一把使钱十五文

初四日出买黄瓜粉浆使钱七文

初五日出于王户粮银□□又付银□□合□□

初六日出到醋粉浆使钱八文

初八日出买甜瓜使钱五文

初九日出于里□饭钱五十文　出买黄瓜葱使钱八文　入收卖秸麦草钱一千文　出于李仁荣粮银□□合□□

十二日出买葱黄瓜使钱十二文

十八日出菜子□□□换油二斤　入收王金虎神钱一百文出买黄瓜粉浆使钱十二文

十九日出于王良仁粮银五□分□合□

廿日出买葱粉浆使钱六文　出称盐二斤使钱五十六文　出买烧灯一合使钱十七文

廿四日出买桃五个使钱八文

廿五日出走太平县盘费使钱八十文

七月初一日出到醋半斤使钱六文　出南庙理敬神钱□十文

初五日出买葱醋粉浆使钱十文　入收卖青草钱一百文　出买桃使钱十二文

十二日出买茄子葱使钱十五文　出到醋半斤使钱六文　出买桃十个使钱十文

十三日出称盐一斤使钱廿八文

十五日出买沙果葱使钱十四文

十八日出买茄子使钱六文

廿一日出秤葱一斤使钱八文

廿三日出王丙午粮□□□合钱□□　出称盐一斤使钱廿八文　出买苏木黑白矾钱九十文

廿五日出买西瓜使钱十文

廿九日出买茄子粉浆使钱十三文　出买西瓜五个使钱十五文

八月初一日出称盐一斤使钱二十八文　出秤葱韭花使钱二十四文

初三日出秤北瓜一十五斤使钱二十六文　出到醋粉浆葱使钱十四文

十一日出买北瓜葱使钱十五文　入收卖麦秸钱二百八十文　出买柿子沙果使钱十六文　出秤盐二斤使钱五十六文　出秤水烟半斤使钱廿六文　出到烧酒半斤使钱卅五文　出绿豆三升换粉条二斤六□

十四日出割羊肉半斤使钱卅五文　出买茄子韭菜使钱十二文　出到醋半斤使钱六文

廿一日出称地椒二斤使钱十八文　出于弹花一斤使钱十五文

廿三日出称地椒二斤使钱十四文　出买高粮二斗使钱六百文

廿五日出买边炮大炮使钱廿八文　出买韭菜柿子使钱八文

九月初三日出买菜粉浆使钱十六文

初五日出买柿子萝葡使钱九文　出秤盐二斤使钱五十六文　出到酒□□使钱五十五文

十一日出买蒸馍柿子使钱十文　出于驴丁□使钱五十文

十三日出买粉浆渣使钱十二文　出称萝葡十斤使钱卅一文　出芝麻一□升换油一斤半

十五日出买麻头柿子使钱十五文

十七日出割豆腐一斤使钱十六文　出到醋半斤使钱六文

廿三日出买焌灯一合使钱十五文　出付弹花使钱十九文　出称盐一斤使钱廿八文

廿九日出买白菜红萝葡使钱九文　出买萝葡豆腐使钱十五文　出到醋称盐一斤使钱卅四文　出买棒子二斗三升使钱六百八十五文

十月初三日出买小鑺一把使钱七十文　出买豆腐渣粉浆使钱十二文

初十日出付顾工钱七十文　入收李姓钱二千文　出买豆腐渣使钱十五文

十一日出称盐一斤使钱廿八文

十三日出驴取炭使钱一百廿文

十六日出买白菜芥菜使钱七十四文　出驴取炭使钱一百廿文

十七日出买豆腐醋红萝葡使钱十八文　出买高粮三斗五升使钱七百廿文　出买糯米一升使钱七十文　出秤萝葡八斤使钱二十文　出买豆腐渣使钱二十三文

廿三日出称盐一斤使钱廿八文　出买棒子九五升使钱三百文　出买火香一把使钱七文

十一月初三日出割羊肉一斤使钱六十文　出买烧酒二□使钱十文

十一日出称盐一斤使钱廿八文　出买豆腐渣钱二十文

十五日出于粮钱三千六百四十三文　入收李姓钱三千文　出姚邓氏步钱一千二百卅八文

十七日出买洋红使钱十五文

廿日出弹花半斤使钱八文　入收当铺钱一千三百廿文　出称盐一斤使钱廿八文　出到烧酒一斤使钱七十文　出买黑豆一三升使钱一百十七文

廿三日出买棒子三斗使钱一千文

廿五日出买谷子小豆五升使钱四百六十文　出买豆腐渣使钱廿四文　出买红白萝葡卅斤使钱六十文

廿九日出买火烧蒸馍使钱十五文　出付染钱二百六十文

十二月初三日出买画尔使钱二千六百文　入收当铺钱二千文　出买□尔使钱十六文　出买豆腐渣使钱十八文

初五日出秤盐二斤使钱五十六文　入收当铺钱三千文　出到醋半斤使钱六文　出秤葱四斤使钱廿七文

十八日出买豆腐渣使钱卅六文　入收卖画尔钱二百文　出买香七把使钱四十九文

廿日出买边炮大炮使钱廿五文　出付花钱二百文

廿三日出买柿饼一百使钱五十五文　入收卖画尔钱三百文　出买对子纸使钱四十四文　出买黄表二合使钱一百零六文　出买纺线铁使钱七文

廿四日出买核桃一百使钱六十文

廿五日出买盘香使钱卅四文　入收卖画尔钱五百七十文出买红烛□□使钱廿四文

廿六日出割羊肉一斤使钱六十六文　入收卖画尔钱五百文出买糖瓜鲜姜钱廿五文　出买白菜二苗使钱十六文　出称油一斤半使钱一百六十五文　出秤盐二斤使钱五十六文

廿七文出到醋一斤半使钱十五文　入收卖画尔钱七百二十文　出买白菜二苗使钱十□文　出到烧酒半斤使钱卅五文

廿九日出买柿并一百使钱四十五文　入收卖画尔钱一千六百廿文　出秤水烟□□使钱十三文　出买香炉□人使钱七文出割猪肉□□使钱三十文　出买金卜一个使钱十文　出割豆腐□斤使钱四十八文

连存并入钱二十二千九百四十六文

共出钱二十千零六百二十九文

除出实存□二千三百一十七文

廿三日出称红白萝葡十斤使钱廿五文

廿六日出买豆腐渣使钱十一文

三月初一日出买棉纸一刀使钱一百五十文　入收脚钱七十五文　出买金卜五□使钱七十五文　出买小棉纸卅十张使钱卅文　出付换桶底使钱五十文

初五日出称火纸四□使钱二十文　入收当铺小一千文　出买火香一把使钱七文　出买黍子三斗使钱一千文

初七日出买豆腐菠菜使钱十六文

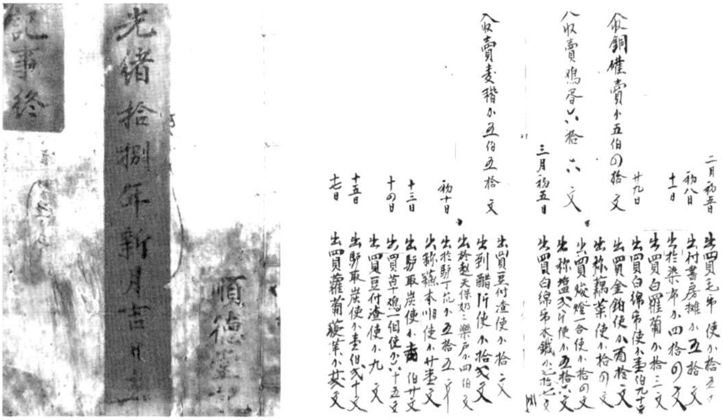

图 5-1　光绪十八年太平县顺德堂账本①

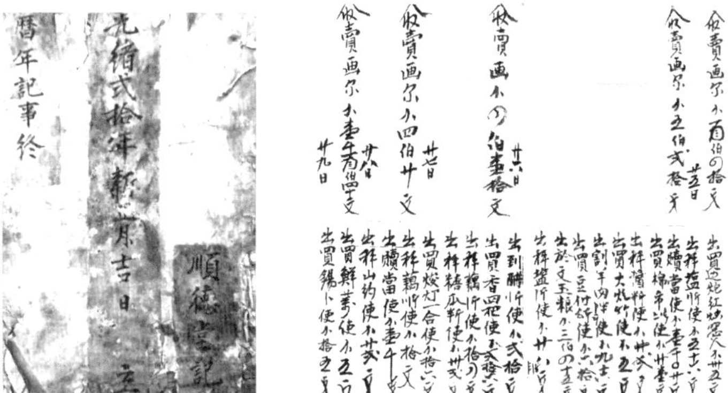

图 5-2　光绪二十年太平县顺德堂账本②

① 临汾来祥生先生收藏。

② 临汾来祥生先生收藏。

十一日出驴取炭使钱二百文　入收面馍钱三百卅六文　出买豆腐渣使钱十五文

十六日出称盐二斤使钱五十六文

十七日出买棒子一斗使钱三百廿文

从账本中可以发现，该商号收入来自卖画、卖青草、卖麦秸、卖小米、卖鸡蛋、粜麦、卖蚕丝、卖干草、卖面馍等，经营的商品种类较多，且多是日常生活所需之物，实用性较强，大致是一个杂货铺。收入中提及钱铺与当铺，还提及一个和祥小铺，应该与钱铺、当铺有业务往来，或有关联。商号的支出主要是购买日常生活用品，数量较多，基本从正月至腊月都有支出，总的来看，支出次数较多，收入次数少，其中，光绪十九年（1893）三月份的开支记录是从初一直至二十九，基本每天都有支出。由此可以看出，该商号可能雇用了伙计或是家庭人数较多，每月支出中所购果蔬、食盐、醋等生活必需品的支出就占了绝大多数。

该商号所售之物，包括小米、鸡蛋、干草、蚕丝、面馍、画等。每月所购之物，除了葱、桃、沙果、萝葡等果蔬之外，还有水烟、烧酒、苏木、乌叶、白铁罐、青布帽、洋线、边炮等，较为丰富。由此可以看出，当时当地市场上的商品供应较为丰富。

该商号在支出中还涉及："出京安看戏使钱二十文""出古城看戏使钱一十二文""出南庙理敬神钱□十文""出于狗娃看

戏钱十文”“出于影戏钱一百二十文”等信息，可以看出商号主人有敬神、看戏的爱好，日常精神生活是较为丰富的。由该商号每月的日常开支可以看出，该号商人的物质生活是较为富足的。账本中还提及：“出付书房摊钱五十文”“出学房摊钱一百文”“出书房笔墨钱七十文”“出于赵先生学课钱一千文”等，可见该商号主人重视子女教育，参与开办了学堂，并请先生来教自己的子女。

二、洪洞县立德盛合记万金资本账

德盛合记

民国十九年六月二十一日吉立

万金资本账

设立生意序

尝思事不谨之于始，每至贻悔于终，况生意间合异姓而同居，借人力以求财，使非规矩是孰能免，历久无弊乎。昔管鲍曾遗风，陶朱骏事业，大众竭力经管，无分彼兴，秉心正直，忘却公私，皆勤力于生也。凡我同人，协力共济，绵绵延延，亿美斯年。今积善堂、积庆堂、永盛堂三家意气相合，情愿在洪邑设立生意一座，起字号曰：

德盛合，共集资本大洋一千五百元整，而积庆堂入资本大洋五百元，顶银股一分，积善堂入资本大洋五百元，顶银股一分，永盛堂入资本大洋五百元，顶银股一分。东伙公议，情愿将梁永中经理号事，二年清算大账一次。天赐红利，银人按股均分，人力每年每分应支大洋五十元，不得过支。惟赖协力同心，务期久远，庶几丽水生金，昆山座玉，以期宏业历代千秋于昌盛也，何难之有？今将银人股分规矩条款并列于后：

一议二年一账，可得鸿利，银人按股均分，不得异说；

一议每逢期外欠借贷准银账，内外欠来往银钱，一概不算；

一议伙友倘有朦胧私弊，出号分股时按正月清单不得清底算账；

一议人分如有事故，号中将股分渐次减退，承协三账；

一议詸伙支使银钱，必须禀明经理知晓，不准私自用钱记账；

一议詸伙在外，不准指字号名目转借银钱、赊取货物；

一议号中勿伦大小人等，不得赌博吸吃鸦片，违此出号；

一议詸伙出外及回家，须声明经理知晓，不得随便而行；

一议号中詸伙人股以一分二厘为满，不得过限；

一议号内詸伙不得以字号图章与人作保；

一议号内詸伙每年支使应归支使账，不得在暂账水牌上指名借欠，违此出号；

一议勿伦东伙亲戚朋友，不准在号内久住，亦不准转借银钱，各宜谨守以免从中砖难；

一议号内訛伙不得贩卖违禁等物及私做生意，违此出号。

一以上十三条各宜谨守，依规而行，倘有不遵此立刻出号。

伙证人：解璘

代笔人：宁汉三

积善堂入资本大洋五百元作银股一分

永盛堂入资本大洋五百元作银股一分

积庆堂入资本大洋五百元作银股一分

梁永中顶人股一分每年应支大洋五十元

冯万荣顶人股伍厘每年应支大洋二十五元二十一年同人出号①

“万金账”是山西商人在数百年经营实践中创造和发展的一种极具特色的账簿，取“一本万利”之意，是晋商商号最重要的账簿，也是最核心的商业秘密。洪洞县德盛合记万金资本账记载了德盛合记的股东、资本金、号规、银股和身股明细等内容。积善堂、积庆堂、永盛堂三家意气相合，成立德盛合

① 刘建民:《晋商史料集成》第 1 册《合约、万金账、股票·万金账》，商务印书馆，2018 年，第 645—653 页。

记，各出资五百元，分别作银股一分；梁永中、冯万荣分别顶人股一分、五厘。账本中还列出13条规矩条款，对于银钱支使、利润分配、经营规矩等进行说明。此账对于研究民国时期洪洞商号有一定参考价值。

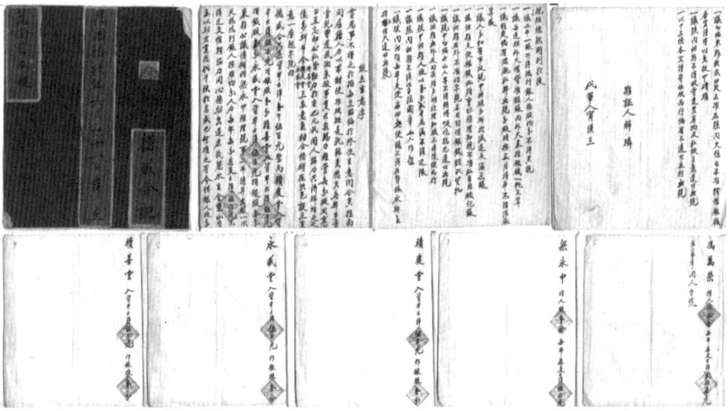

图5-3　洪洞县民国十九年立德盛合记万金资本账[①]

① 图片摘自《晋商史料集成》第1册《合约、万金账、股票·万金账》，商务印书馆，2018年，第645—653页。

第六章　书信

商人常年经商在外，在通讯不方便的古代社会，书信就成为联系的重要渠道。东掌之间、伙友之间、商号之间、商人与家人亲友之间，在清末光绪年间邮局开设之前，除了大宗生意有特殊信息渠道外，捎信是最主要的方式，尤其是晋商在省内外经营，多雇用同乡之人，返乡的乡人捎信捎物成为常态。书信是研究晋商文化的一种重要资料。本节选取襄陵县西王村陈儒林家藏的家书及与合作伙伴的书信、太平县北太柴刘家家信、太平县商人高自起家信、王维贤家信稿、汾城县西中黄村张万福家信、临汾田树琪家信以及民国二十三年某货栈四路信稿账。家信多是交流家庭事务、汇报在外平安，与伙友讲生意情况及时局社会，商号间书信是讲生意，商号信稿是商号生意往来的信件合订，作为一种凭证，便于查对，具有原始档案的性质，价值弥足珍贵。

一、襄陵县西王村陈儒林信件

襄陵县西王村陈儒林的信件，现由西王村本家陈秋生先生收藏。[①] 据信件内容可知：陈儒林，字翰臣，襄陵县西王村人，清末曾在太原北司街开设大甡号，经营日杂。

1. 陈儒林寄母亲家信

封面：

敬烦台福便寄至西王村祈交弟

母亲老大人安收

勿误为感　愚弟陈儒林拜托

封底：

壬午腊月初九日自晋省谨禀

正文：

胞弟儒渊，近日安好。兹者昨前来信，所刘左村刘兄捐之椅垫等物未知收到否？可向关临池兄说知，此人与伊多在古城遇面，可以谈及。前又托太平张师捎回对联，约已收矣。咱处当行现已到省，还是桃史当铺与兄相好之臧大哥，到省解税。俟伊还有捎带之物，今因张师田师及班上宋头回里。专此达知。

① 襄汾县西王村陈秋生先生提供书信原件。

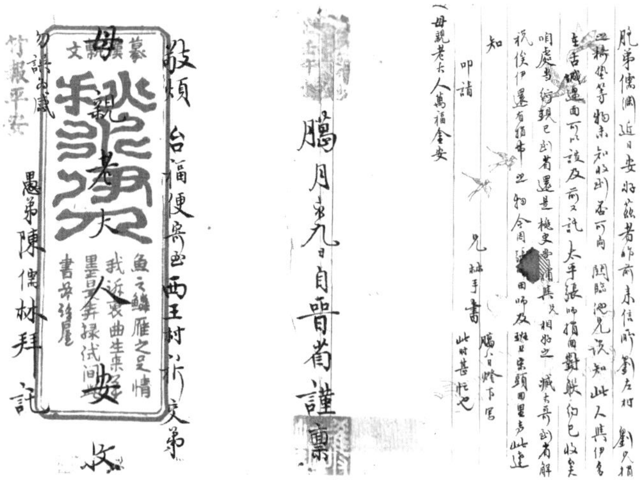

图 6-1　壬午腊月初九日陈儒林写给母亲的信

叩请

兄林手书

腊八日灯下写，此时甚忙也。

母亲老大人万福金安

2. 陈儒林寄妻家信

封面：

敬烦顺至古城　祈交

泰和堂台收　再祈交西王村陈廷贞手收

翰臣自省寄

封底：

吉　丙午十月十二日自省

正文：

关氏近日安好。以及合家大小均吉。

我于廿六日由县起身，因初二日下雪七八寸，多走两日，于初九日一路平顺到省。省城目下实为热闹，各街均垫石头铺平，行走东洋车，以及马车。将来铁路到省，不知如何之华美也。再告单吴两家，提学使还未到省，不知何日才能开考了。京安高已定出洋，大约十一

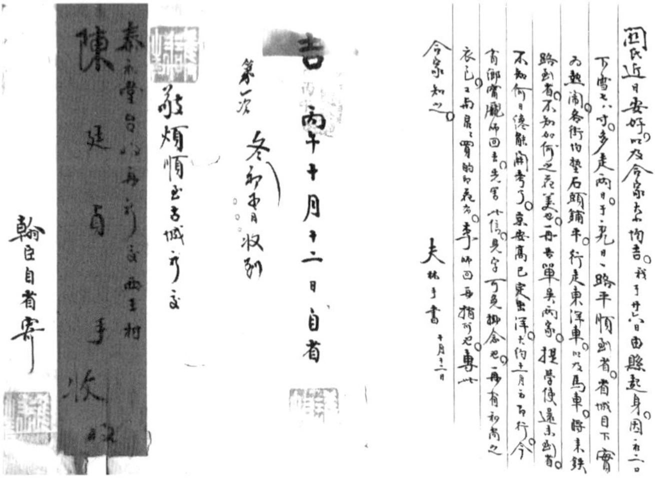
吉 丙午十月十二日自省

图 6-2　丙午十月十二日陈儒林写给妻子的信

月初即行。今有乡宁庞师回去。先写此信，具字可免挂念也。再有和尚之衣包。又与泉泉买的印花布，李师回再捎可也。

专此

合家知之

夫林手书十月十二日

3. 王大政寄陈儒林

封面：

内要函　外铜盆两个　祈

驾寄至古城镇北头路西交泰和堂诸爷收下祈转至西王村确交

陈先生儒林印文启

王大政拜托

封底：

廿六年六月初五日收到福日

正文：

翰臣仁兄大人阁下：日前苏兄晋省带来兄函，籍悉去之。切辰惟侍祺万福。潭祉千祥定如所颂。自兄走后，铺中照常顺适，惟是亢旱日久，人心惶恐。

各宪祈祷再三，一有雨势大风撤散。近日不惟无雨，连云亦概不见，业已致粮价暴涨，白面每斤七十六文，小米每斗一千七百文，黑豆一千二百三十文、茭子一千一百五十文、大米两千文以上。新抚毓方伯李盼雨甚殷，极力普救。委员买粮尚未运到，现由大盈仓开设平粜局，每人准粜小米两升半，多则不付，每斗定价乙串，兼之直隶保府一带，义和拳因入洋教民素年以来仗鬼子之势欺负大教百姓，为此与洋人教民为难，其势甚盛，人皆乐为帮，杀也是天从人愿，该起此事。三四月间已由河间府左近见至一阵，所伤教民不少。于是派兵强压，不料带兵官杨福同（记名提督）办理不差，被拳民杀毙。又将保府以北之铁路电杆大为烧毁（四月二十九日事也），其势甚大！难以遣散，并有竖立保清灭洋旗号，省城洋人已走大半，或者洋人恶惯该满云此。神人收灭尚未可知，我辈只好听之，凡事总有一定也。今乘太平当行苏梁二位并陈合林兄四里寄上。铜铺昨日送来铜盆两个。至祈香收为荷。南路一带缓征者不少，襄陵钱粮未悉何如也。专泐奉带，敬祁大安，恭叩伯母老大人金安。

渊哥大嫂诸侄均吉不另

弟政顿五月廿二曰泐

图 6-3　庚子五月二十二日王大政写给陈儒林的信

4. 王化南寄陈儒林

封面：

内函外月饼一匣祈寄古城镇交

泰和堂药铺爷台收下转寄西王村付陈先生翰臣甫□文启

王化南自省城北司前拜托

封底：

廿七年九月二十五日吉祥

正文：

翰臣仁哥大人如面：月前曾托稷山黄师带上月饼

一匣、信一函，计该早邀青及念念。李丰泰兄、田老四于初四日解粮进省，询及未见哥面。究不知姑娘曾否出嫁？

老奶奶当该强健，咱处麦不能种，诚恐又是年荒，令人寝食难安。太平门政黄文明大爷所欠之款，其言与兄说明前后皆清。未悉当日是否此话。至祈面其斟酌，以便下账。省城街面安靖，人心无他。惟是银钞短缺，各行不好周行，若能早晚得有甘霖，或者不致饥馑：铺中照常顺适，同人皆属强状。唱戏告示又出（以前不准唱，上宪体恤，诚恐多化银钞。现有衙役借此讹诈，下文因此又准唱），各书院改学堂名目，常呼八月调省察看，月底即可回省，又是不了之局。总说拨云有日，谁料又遭苦境！挨近友人无不叹惜命也何如。今逢六三四里之便道，将玩月大饼及分子月饼共装一匣。祈查收。余容再布。敬祈秋

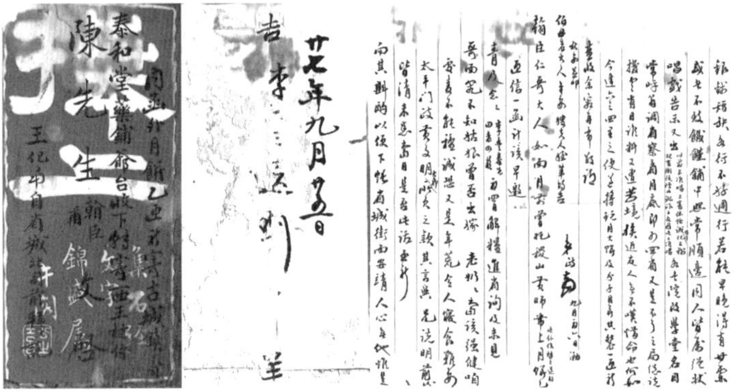

图 6-4　辛丑九月二十五日王化南写给陈儒林的信

安，并叩伯母老大人金安、嫂夫人侄辈均吉。

弟政顿九月初六日泐

5. 王大政寄陈儒林

封面：

内要函祈

驾寄至襄陵西王村交陈先生儒林印升启

弟王大政拜托

封底：

钤印，如意（货物市价一组）

正文：

翰臣仁哥大人手足：弟于七月别后，八月初七日到甫。一切铺事人□均称安吉。祈哥勿念。中秋一日，曾托冯师捎去月饼匣子（另有一匣系有虎的，并他破棉袍未知收到否），想该早已收到，念念。

刻下柜上出货照常，不难售卖，足见年光转遇，渐有起色之象矣。晋报云及日本与俄国在瀛口争地，已经开仗，郑老六（李汝梅培元堂亦在问）大学堂事情发作，有

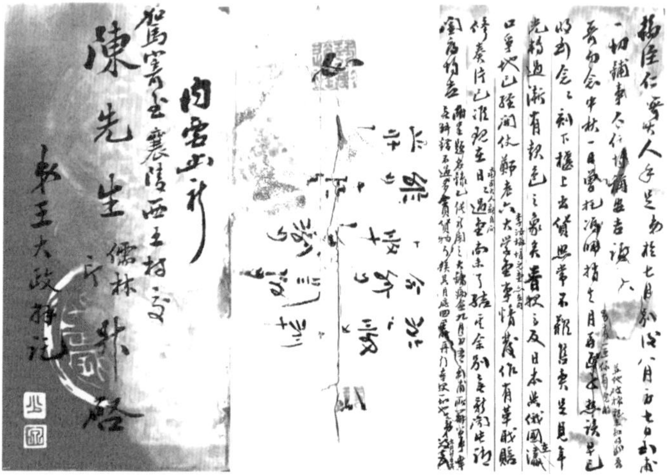

图 6-5　辛丑九月二十日王大政写给陈儒林的信

革职赔修奏片已准。现在日日（南司大人亲自问）过堂，尚未了结。其余别无新闻。此祈合府均吉。

弟政顿九月二十日早

陈儒林经营的大甡号为合伙经营，王大政经常打理铺中事务，与陈儒林汇报交流铺中事务，王大政很可能是商号的合伙人。此外，还提及“前又托太平张师捎回对联”“月前曾托稷山黄师带上月饼一匣”“曾托冯师捎去月饼匣子”，其中太平张师、冯师、黄师以及信中的庞师等人可能是铺中的伙计。大甡号的商业活动包含：汇兑、义债、到天津办货、当铺等。所涉商号有大甡号、恒记、厚记、悦丰厚；此外书信中另涉有泰和堂药铺、泰和堂宝号、干菜海味宝局、桃史当铺、铜铺等商号信息。书信中提及了“咱处当行现已到省，还是桃史当铺与兄相好之臧大哥，到省解税”“铜铺昨日送来铜盆两个”，其中的桃史当铺、铜铺很可能是在省城的其他商铺，大牲号与之有商业上的往来。

除此之外，陈儒林家信中涉及的商业信息还有：陈儒林写给其弟儒渊的信中提及“闻知咱处彼河南贩粮，以致诸粮大涨，又闻河东道派兵拦堵，各粮不教出境，后首许不至再涨”；仝良弼写给竹君的信中提及“兹因兑到悦丰厚白银四十两……兄出省时于弟留下当票数张，请弟看有到期否？如有月数太多恐致死当，请弟与令尊商议，先代兄赎一票，随后兄即将银子兑到，并还大牲号义债，如不到足月时可作罢论”；王大政写给陈儒林的信中提及“兄赴天津办货，咱号现汇八百，恒记、厚记通共两千余两，到津看事办事”，“自兄走后，铺中照常顺适”，“一切铺事、人事均告安吉。……刻下柜上出货照常，不难售卖，足见年光转遇，渐有起色之象矣”等。

从来往书信中还可以看出：大部分书信并未直接寄至西王村，而是由省先寄至西王村附近的商铺，再转交至西王村，如“祈寄古城镇，交泰和堂药铺，台收下转寄西王村付”。可见，当时寄信并不容易，不能直接到达，这些附近的商铺充当了一个邮递中转站的作用，可能铺中有陈儒林家人或邻居于此营干，便于转交，或是与大牲号在生意上有密切来往的商铺。

在与家中来往的书信中，陈儒林多次提及托人捎回钱、市布、椅垫、粗洋布、白洋布、印花布、白毡、冒盒、年对、木匣、茶面、藕粉、果丹皮、月饼、学生课文等，如“八月二十间曾交绛州冯师捎去月饼一盒”“又与泉泉买的印花布，李师回再捎可也”“前于正月间托绛州王大兄捎去足银七两、锡卜一块。想谅收讫。又于二月间托捎去藕粉一包”等。可见，商人在外经商，回家不太容易，尽力给家里人捎回一些好物件、美食等。此外，王大政寄来的书信中还涉及义和团在太原杀洋人和教民；八国联军入侵北京时，慈禧太后等逃经太原等事件。可见陈儒林亦较为关注当时的时事。

由此可知，陈氏家族当时的家庭情况虽比不上南高刘家等大家族，但还算富庶，属于中小商人。陈儒林在省经营大甡号是比较成功的。从书信内容来看，陈儒林亦是较为关心国事，还积极参与捐赈、查阅京报等，具有家国情怀。

二、太平县北太柴刘家家信

太平县北太柴刘家现存部分书信[①]资料显示：刘家的四兄弟刘洪墉、刘洪城、刘洪基、刘洪恒，除刘洪恒外，其余三人都在外地学习做生意。

刘洪墉给家中的书信中提及：刘洪墉的平安家报中有“蕪埠镇起程，沿路平安，于本月初六日到蚌埠车站，刻下火车通

① 由临汾市宁波先生提供。

兖州府，今日坐特快火车赴兖州府，不日就可到济南省，今在安徽省蚌埠镇，在邮政局与咱汇回大洋三十元”，“在近处习学生意甚好”。刘洪墉给祖母老大人的信中提及“今春，号中着孙在安徽六安州麻埠镇山内採（采）办鲜茶，在昌于三月初九日同德生□段迎春□□同伴起程当日到济南……孙在济南三月十二日搭火车南下沿路平安，廿四到麻埠镇住鼎盛茶行，南地雨水不缺，年光平和将茶办齐，孙四月底□四月初□即速回济南，昨接东昌号信”，“一月生意一时难覆元气，银钱难以周转，无法办理正事，……东昌刻下大□驻扎，市面平安”。刘洪墉自济南寄回的书信有“孙荐举商埠二大马路永聚代当此事，咱处南高村刘品三经理，刻下未有定点，随后定妥即与，大人奉信禀知……刻下济省市面平稳”。刘洪墉写给其父亲的信中有“情因铭三在济南□能抵昌，因此不能同伴”。刘洪墉自东昌府寄给其父的信中有“昨接铭三由济南来信云伊不日回家，着男赴安徽茶山办茶，男一二日即要动身，至五月间就可回号”，“铭三于腊月初二日来到东昌号（信封上注名为广泰号）于伊面谈，伊云三五日将账目结清，即为返里”。

刘洪墉经商主要来往于安徽和山东济南两地，从事茶叶采办工作。在给家人的信中可以看出，刘洪墉在外经商实属不易，需要时常往来奔波是其一；因路途遥远，回家不便是其二；有时生意难做，办茶等事情会比较困难是其三。

刘洪基主要于河东解池经商，在给伯父大人的信中提及：“今日南高李伙友回家，托伊捎上大洋十元，木胜习字本三本，

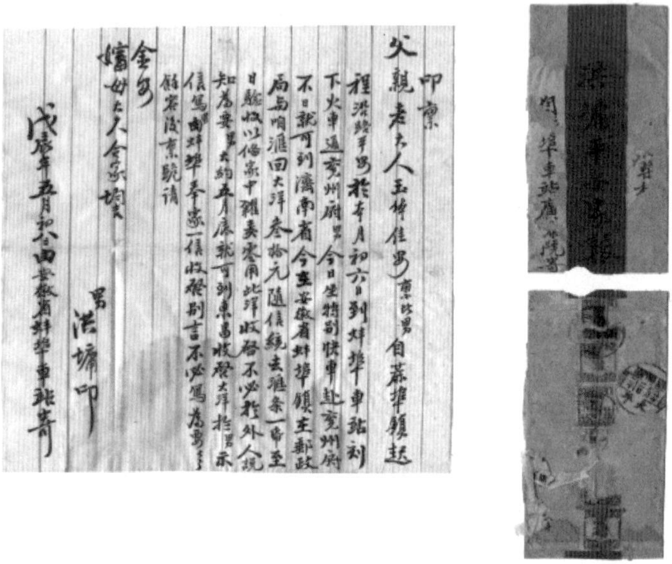
印稟
父親老大人 玉坤侄男 稟 昨男 自蒲坪鎮起
程 洪墉等男於本月初六日到蚌埠車站 剎
下火車 過兗州府 男今日坐特別快車赴兗州府
不日就可到濟南省 今至安徽省蚌埠鎮 至郵政
局與咱滙回大洋叁拾元 隨信統去滙条一帋 至
日驗收 以備家中雜要零用 此洋收啓不必於外人說
知為要 男大約五月底就可到東昌收發大洋於男 示
信寫由蚌埠奉家一信收發別言不必寫 為要
餘容後稟 聽請
金安
孀母大人金安 均安
男 洪墉 叩
戊辰年五月初六日由安徽省蚌埠車站寄

图 6-6 刘洪墉平安家报

嘱其送至咱家”，“侄由家起身至县□至十点半钟，曹子明始为来到，因伙计误于咱交代早饭后动身，临晚只歇绛州二日，至闻喜适□王恒盛回头轿车一路跟至池内勿挂念，惟咱棉花再卖些能将小账亲：廿元还清，以去侄母亲之心，□不然如有余饷，可籴棒子几斗”，“将此老骡于咱捎上，如至家说是号内牲口，暂且借用着，伊带上地椒面两包□斤、柿饼□斤检收……木胜在家亦不必多停，此月内即可前来，伊号内修理房屋亦忙，再今年侄想多种棉花”，“侄今冬不欲回去，缘号中人少又兼路途不好行走”，又“侄大约正月内不能回去，因池下正是上工人之时，万一不能者，总可跟清明到家，木胜停之乔宥号内”，刘洪基写给其父的信中有“今托张宗祺先生捎上白米糖一斤半”。

由上可知，刘洪基主要在河东解池经商，因商号内事多不能经常回家，于是常托人捎回银钱或其他物件，信中还提及家中所欠一些债务，待棉花卖后才能还账。可见，商人在外经商，并没有太多的收入，无法给家里过多的补贴。

刘洪城主要在河南经商，自河南恒昌号寄回的平安家报中有“男在外平安，见信不必挂念……大约号内只留七八人守门看户，□理手续□下河南……男在外手中空虚，号内生意歇业，今年自□半年，身工分文不准支用，有长支者非还不可，男在外困苦不堪令人焦心”。

由信中内容可知，刘洪城主要在河南的恒昌号做学徒，给家人的书信中提及在外手中空虚，商号内生意不好，亦无银钱可支用。可见，在外做学徒起初是没有什么工资的，还需遵守商号内的规定。可见，刘洪城的学徒生活过得很艰难。

从北太柴刘家三兄弟寄给家里的书信中，可以看出：刘家的三兄弟都是在外做学徒，刘洪墉做学徒的时间较长，已经可以出去采办茶叶，而刘洪基与刘洪城则可能是在外做学徒的时间较短，前期比较困难，无法更多地补贴家里。刘家的三兄弟都在外经商，长年归家不易，诸多事情只能通过书信来传递，可见商人经商的艰辛。

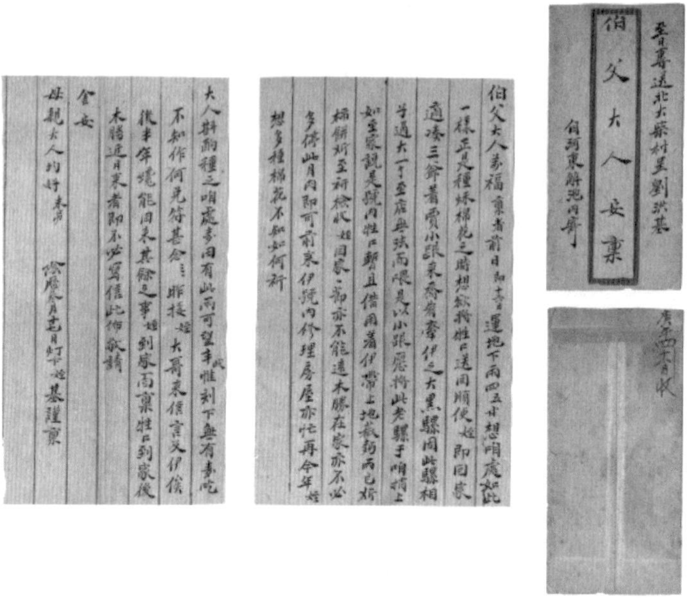

至吉喜送北大蘇村里劉洪基
伯父大人安禀
自河東解池內寄

伯父大人萬福禀者前日初十二日運地下雨四五寸想咱處諒此
一樣平是種棉棉花之期想叔擬姪等送回順便姪即回家
適湊三爺着買小騾來喬有奮伊之大黑騾同此騾相
等通大一寸並府無法而限是以小騾應將此老騾子咱補上
如至家説是姪內姓等暫且借用著伊帶上地截錢兩已將
棉餅斯至祈檢收姪回家之節亦不能遠木勝在家亦不必
多候此月內即可前來伊說內修理房屋亦忙再今年姪
想多種棉花不知如何祈

大人斟酌種之咱處李因有此雨可望丰收惟剩下無有麥吃
不知作何先符甚念念 昨接姪 大哥來信言及伊欲
依本年幾能回來其餘之事姪到家面禀姪等到家後
木踏進月來者即不必寫信此佈敬請
全安
母親大人均好來京
除應八月廿三日燈下姪 基謹禀

图 6-7　刘洪基家信

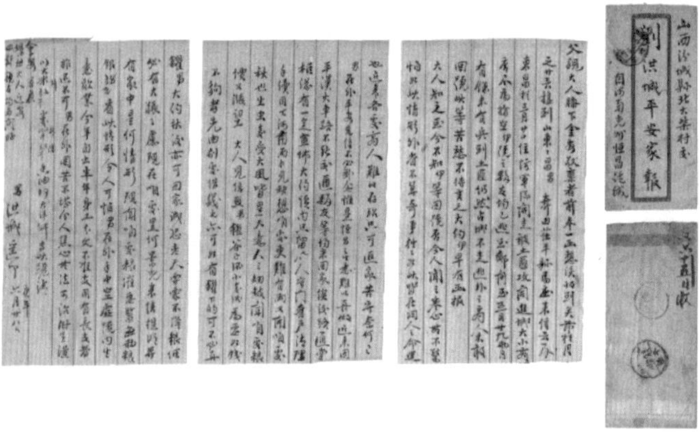

图 6-8　刘洪城平安家报

三、太平县商人高自起家信

信封：

至日面付
吾儿高水泉　安折
内详

正文：

字示吾儿高水泉，见字知悉。你与你母想该平安，我在外就算安好，见字不必远念。所有前次绛州店内捎的银两想该早为收启。再有南毛庄李小黑捎的洋银一十元、大豆一包，腊月卅日由兰起身，大约腊月廿九日就能到家。又托西庄村曹连生的车上捎去大豆一包，亦无照点，此物不取，亦捎至清盛和宝号。所有过日子的事情，可以经就而已。后我一头半年我归家，再好面说而已。再有房子的事务，可将安顺父亲看的办了而已。再无别叙，专此达明。所有做亲亲的事，将海生将境捎上，咱院内千万不可梨人。再问表姐大人近日身体安好，不一。

父示

民国五年仝月　初九日由兰信义和号寄

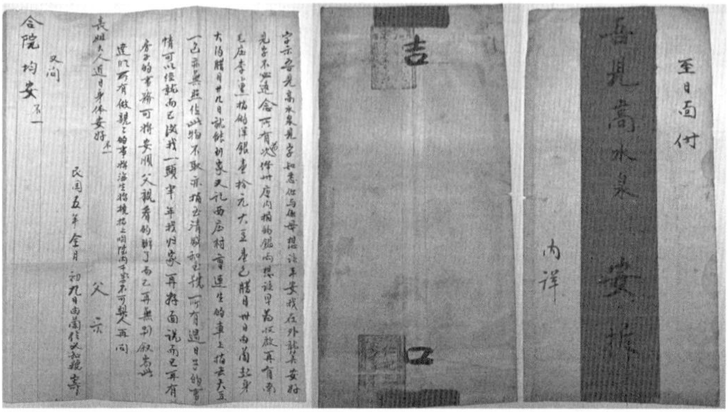

图 6-9　太平县商人高自起家信

又问

合院均安　不一

太平县商人高自起在兰州经商，这批信件有十余封，时间都在民国前期。包括高自起从兰州寄给在家乡高庄村的儿子高喜儿、妻子侯氏的家信；高喜儿后来也去兰州经商，他从兰州寄给母亲及妻子程氏的家信。内容主体是捎物及询问家事，属于小商人家信的常态，也涉及绛州及兰州部分商号。高氏父子属于在兰州经商的“绛太帮”商人，从家信内容看出，涉及钱物数额较小，高家属于小商人。

四、太平县商人王维贤家信稿

民国五年至民国七年（1916—1918）王维贤的家信稿，

信稿内容提及有丁村、史村、新城、襄陵县下梁村（托下梁村人梁洪生捎物到家）、太平等地名，可以推测出王维贤很有可能为太平县人。关于王维贤经商之地，信稿中有："行至三原县生泰店，将此□□交赵掌柜之手"[1]，"你姐丈到陕地东家处"[2]，"兄八月廿九日在家动身平安到宁"[3]，"咱号二□□子赴原，如若咱号□子粜过将□□数汇与义盛昌，再□三原走货……再□天津各家来电洋货……改批正号来报宁夏府兰省客家买□货"[4]，"咱店在宁接买列号之布五十余卷"[5]。由此可知，

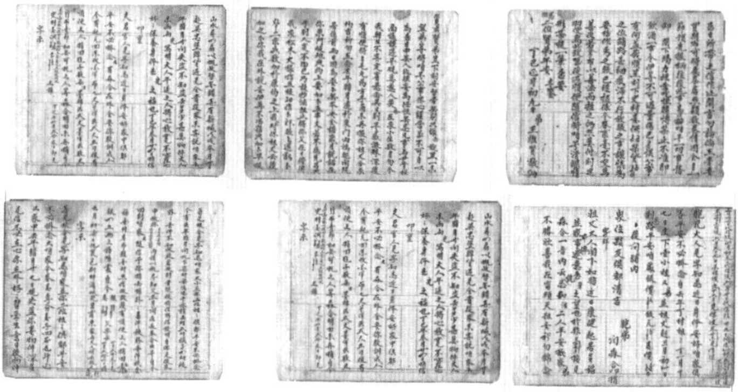

图 6-10　王维贤家信稿[1]

① 刘建民:《晋商史料集成》第 15 册《信函、信稿 · 商人亲友信函、信稿》，商务印书馆，2018 年，第 170 页。

② 同上书，第 173 页。

③ 同上书，第 186 页。

④ 同上书，第 229 页。

⑤ 同上书，第 236 页。

⑥ 同上书，第 162、163、167、172、173 页。

王维贤主要在陕西、甘肃、宁夏等地做生意。

五、汾城县西中黄村张万福家信

信封：

邮至山西汾城县西中黄村交师家巷口付
张万福平安家信
自古北口外赤峰泰合昌缄

正文：

赵氏见字知悉，于本月念间收接二信，内云尽知家中平安。我前寄去两信，来信收到一封，头一信道途失遗，内无要事，不必远念。来信所云咱处秋田甚受虫伤，天赐民灾，不收秋田，总然多少收些，均为有独食之腹，内均可伤身，家中所分谷子三斗之谱，不乏用者，见信可托尉村亲戚，如有山里下来所粜之谷，可买数斗，勿买受虫地之粮，再云税契，用大洋一节，今由外汇妥，古城世昌当董桐华限十月十五日交咱村永诚当，我名下大洋一十五元整。各依各信，见信至期，如数收用，来信提明。家中度日，自宜俭省，勿可过费。所有家中麦子认其如何，勿出粜。家中日费不足，随后着镖局捎家大洋卅元，万勿粜卖所有毡子，老曹赴外即可捎回。我在外身体安好，诸事顺遂，口外安静，不可远念此佈。

并侯

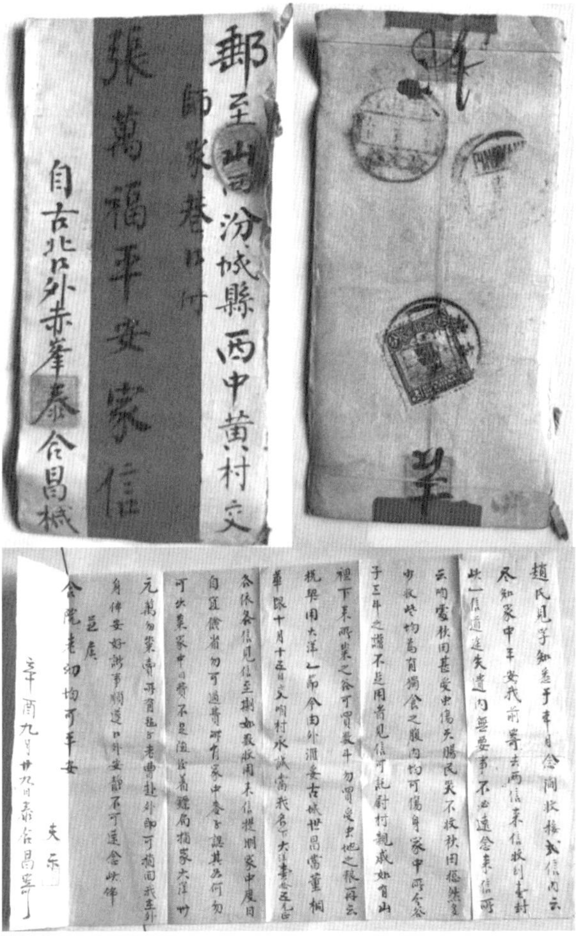

图 6-11　张万福家信

合院老幼均可平安

夫示

辛酉九月廿九日泰合昌寄

六、临汾县田树琪家信

信封：

内要函敬烦携至平阳府城内确交

春长庆盐店台收祈转翟村交晚

母亲老大人　安禀

勿遗是幸　自省田树琪拜托

正文：

字示

贤妻赵氏得知启者，于初八日着周老二旋里，带回骡马并零星物件，想该早到收见分送否，兹托与娃儿车带去尖犁镜子四个，至日查收见字交。张掌柜、成章兄问询京纸行情多寡，再交同周佃户商酌，如伊等欲喟买牛两头（或□头亦可）价值十吊上下，总要能喟好容易出售，是嘱应如何办理，有妥人赴京，由什贴转来一音。如棉花籽儿皮合宜，可以买些。再与张掌柜商议。如伊欲喟，可买

猪数口。至日以并酌夺办理。余不及叙，特此示知

夫字具　十月十五日早渤

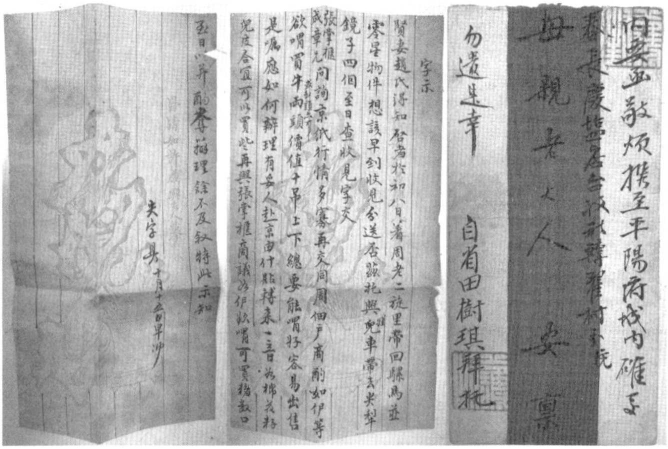

图 6-12　临汾县田树琪家信

临汾县田树琪家信，目前所见有 8 封，家在平阳府翟村，他在省城经商，这些寄给妻子的家信中询问京城纸张行情。清代民国时期，临汾、襄陵商人在京城经营纸张者有多人。

七、某货栈四路信稿账

信稿也称信底，是商号与商号、总号与分号业务往来、信息传递的信件合订，稍大规模的商号有专人负责誊抄寄发信件，存档备查，是一种原始凭证。

1. 寄曲沃县诸商号

民国二十三年（1934）某货栈四路信稿账，所抄录的往来信件涉及今临汾市域的商号，有平阳府德泰魁、天顺永、森盛恒，洪洞县裕泰兴、裕升德、裕生德、鼎新盛、增益永、义兴公、裕和庆、德裕永、永和店，襄陵县（今襄汾县）邓庄镇合盛德、天顺永、义洪泰，临汾县（今尧都区）祥义合、忠兴成、万顺茂、义合元、德庆隆，曲沃县土货商店、东兴义、南谦亨永、亨昌裕、太和酒店、上关通、侯马镇德丰恒，安泽县双和公、广和永、义隆号、和盛长、双和公、东来庆、四裕德、德裕永，霍县（今霍州）德兴隆、裕全成。该商号业务涉及县域较多，但基本都在山西省内，经营较为广泛，规模定然不小。

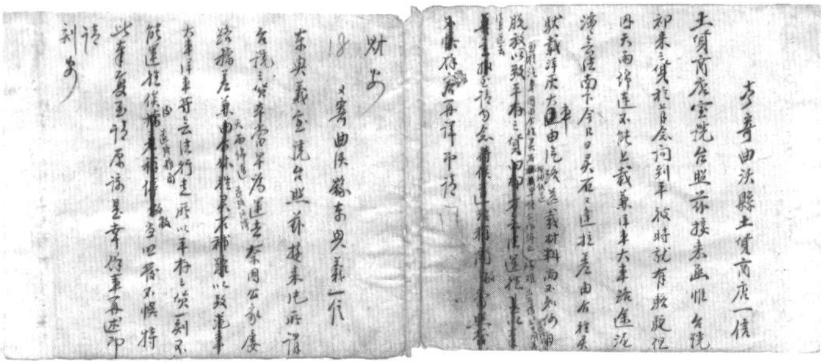

图 6-13　寄曲沃土货商店一信及又寄曲沃县东兴义一信①

① 图片摘自刘建民:《晋商史料集成》第 13 册《信函、信稿 · 商号信函、信稿》，商务印书馆，2018 年，第 402—403 页。

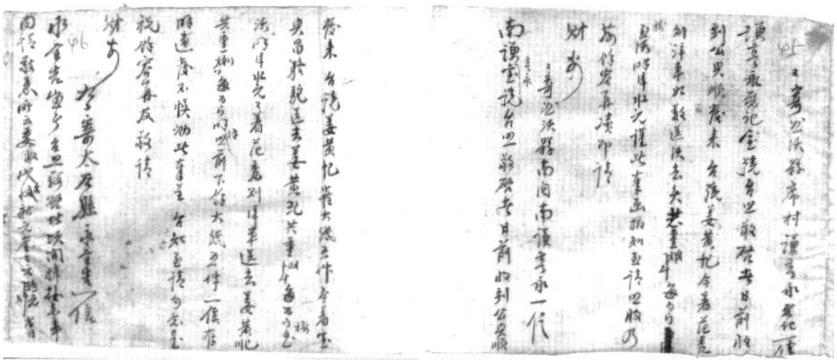

图 6-14　又寄曲沃县席村谦亨永晋记及又寄曲沃县南关南谦亨永一信①

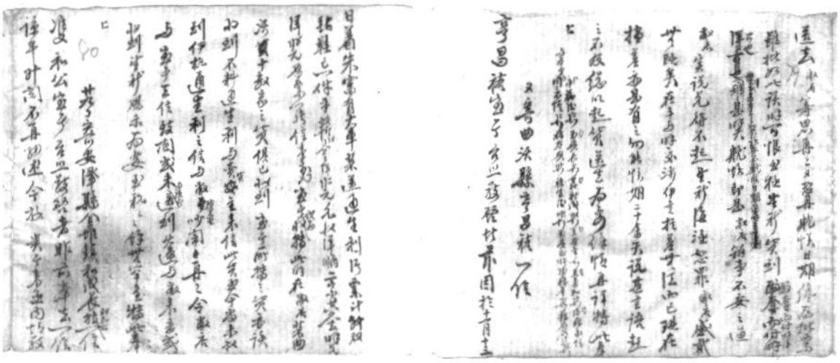

图 6-15　又寄曲沃县亨昌裕一信②

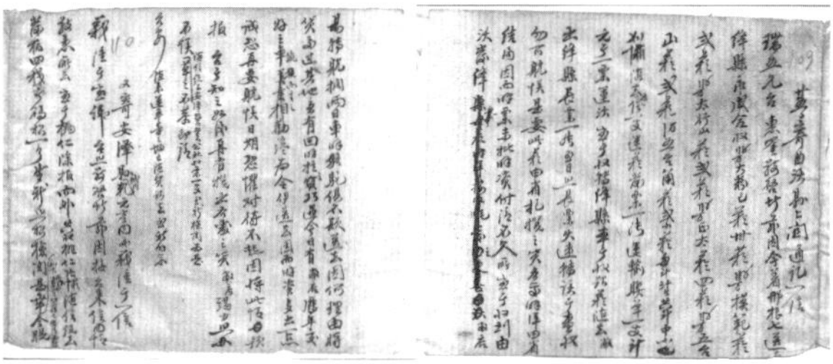

图 6-16　寄曲沃县上关通记一信③

---

① 图片摘自刘建民:《晋商史料集成》第 13 册《信函、信稿·商号信函、信稿》，商务印书馆，2018 年，第 430—431 页。

② 同上书，第 464—465 页。

③ 同上书，第 494—495 页。

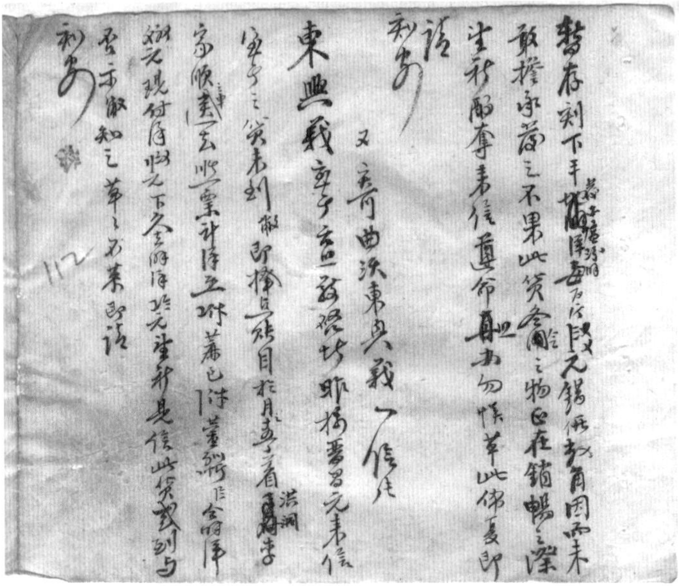

图 6-17　又寄曲沃县东兴义一信[①]

2. 寄洪洞县裕生德

裕生德宝号台前敬启者，日前接台电话，据言□票仍未收到，敝实会言可对。于前几日着敝伙翟欧儿赴灵石催促，绝不再有耽误，□请原谅，尚希海涵。是幸至于典义隆之□子，敝已向误□前误，云刻会□货，候一二日货便，敝当送发不误，惟台□前存镜架□，因内有光骆驼、

① 图片摘自刘建民:《晋商史料集成》第 13 册《信函、信稿·商号信函、信稿》，商务印书馆，2018 年，第 497 页。

大车不便运发，敝拟找雇洋车，又遇汽路不通洋车，阻碍南下，敝想如此不如□装烟内，以便运发，是草之日请即酌夺，或如何递函示□，敝好前办安也，余容再及祗请。

财安[1]

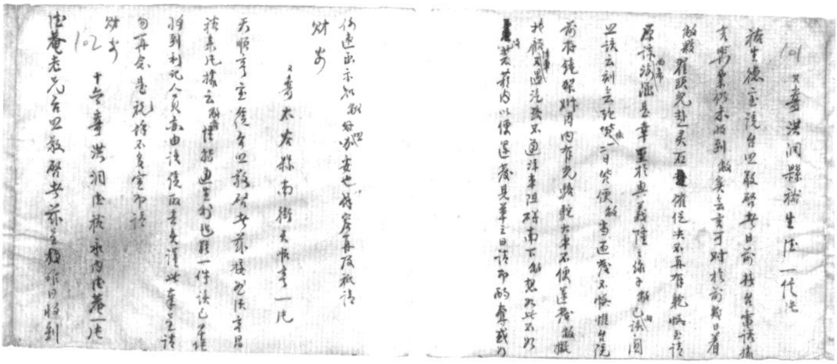

图 6-18　又寄洪洞县裕生德一信[2]

① 刘建民:《晋商史料集成》第 13 册《信函、信稿·商人亲友信函、信稿》，商务印书馆，2018 年，第 486—487 页。

② 图片摘自刘建民:《晋商史料集成》第 13 册《信函、信稿·商人亲友信函、信稿》，商务印书馆，2018 年，第 486—487 页。

第七章　路程、规程

路程、规程所记大多为商人在经营过程中的行商路线、行路指南，以及规章制度。本章所述太平县至荆州府路程、太平县至台儿庄路程、曲沃县商号的经营制度、路程规划。其作者所记之目的，一为之后的商人途经此处提供行程参考，二为商业的顺利经营提供制度保证。

一、太平县至荆州府路程

《晋商史料集成》中的《规程·行路规程》收录了清代贾来顺记录的平阳府太平县至荆州府的路程，具体如下：

山西平阳府太平西毛村

西毛村至马村八里

马村至北才十里

北才至诗庄十二里

诗庄至降（绛）州廿五里

降（绛）州至山（三）家店十五里

三家店至歇店庙廿五里

歇店庙闻喜县卅里

不进城，西关有大店。西大路看不见埌台，出了关，外城门侧往壁墙望东，要南走。此地要问路。

闻喜县至胡张镇廿里

胡张镇至尉果村十五里

尉果村至下（夏）县十五里

不进城，西关有数家大店。

下县至王峪口廿里［上山无好处，此树（处）要小心］

王峪口至张店元廿里，山路。

张店源至太关廿里（小店，此地有三家小店）

太关至巴镇十里（有三家店）

有小路不走车路

巴镇至河头街廿里

河头街至会兴镇五里

会兴镇至磁钟十五里

磁钟至张茅廿五里

张茅至硖石驲（驿）廿里

硖石驲（驿）至观音堂廿五里

观音堂至白埠廿里

白埠至李村十五里

过小河

李村至河底廿五里

河底至石村驲（驿）十五里（小地方）

石村驲（驿）至韩城廿五里

韩城至连庄十五里

过河小心匪人。

连庄至西赵保廿五里

西赵保至东赵保十里

小心。

东赵保至白阳树卅里

又要小心。

白阳树至宋店廿里

宋店至大辛店十里

过河两次，难过。

大辛店至菜子街十里（此儿大匪人，多口小心）

走无尽山川

菜子街至小辛店廿里

小辛店至内埠十二里

［小辛］

内埠至林（临）汝十八里［此树（处）有温泉］

林（临）汝至汤锅十八里

汤锅至杨家楼十八里

杨家楼至郑铁楼十里［此树（处）走虎狼狍，半札完］

郑铁楼至十字楼十里

十字楼至马川十里

［十字］

马川至半札十五里

半札至大荣廿五里

大荣至捞饭店十五里

此三四树（处）有河，半而有石可过。

捞饭店至蓝店十里

蓝店至段店十二里

段店至鲁山县十八里

鲁山县至染河十五里

染河至交口廿五里

交口至四十里铺十里

走乌鸦路，如金（今）修好了。

四十里铺铁牛庙十五里

铁牛庙至新店十里

新店至南召县拾里

南召县至草店廿里

草店至朱砂铺五里

朱砂铺至兴隆店五里

兴隆店至曹家店十里

过。

曹家店至抬头十二里

过河此白沙

抬头至黄家楼十里

黄楼店至石桥驲（驿）十八里

石桥驲（驿）至蒲山店十二里

蒲山店至槐树湾十三里

槐树湾至赵河卅里

赵河至博望卅里

博望至新店卅里

新店至南阳府卅里

走出成（城）十五里，有反（饭）店一间知。

南阳府至卅里屯卅里

一间观音堂庙分路间，新店。

瓦店至卅里屯十八里

瓦店至桐树店十二里

桐树店至罗庄卅里

罗店至新野县卅里

新野县至新店铺四十里

新店铺至吕阳驲（驿）四十里

吕阳驲（驿）至桐树店廿里

桐树店至樊成廿里

樊成至襄阳府过河

襄阳府至欧家庙五十里

欧家庙至宜成（城）县四十里

宜成（城）县至辛店四十五里

辛店至丽驲（阳）四十里

丽阳至乐乡关四十里

乐乡关至小南桥四十里

小南桥至荆门州四十里

荆门州至团林铺四十里

团林铺至建阳驲（驿）四十里

建阳驲（驿）至四方铺四十里

图 7-1 清代贾来顺记平阳府太平县至荆州府路程[①]

① 图片摘自刘建民:《晋商史料集成》第 70 册《规程·行路规程》，第 666—695 页。

四方铺至龙墨桥廿里
龙墨桥至安家人十五里
安家人至荆州府十里
山西平阳府太平县南中村贾来顺记
共路记一千七百四十八里[①]

贾来顺因生意来往于山西平阳府太平县至湖北荆州府，此段路程总共一千七百四十八里，其中详细记录了路过每个地点的具体里程数以及路过时在哪些地方有店、哪些地方需小心、哪些地方的路不好走等，这为之后经商之人提供了行程参考。

二、太平县商人赴台儿庄商号路程里数折

十二日从家动身到
永固村四十里打尖
高显镇二十里宿店
曲村镇三十里打尖
翼城县三十里宿店
隆化四十里打尖

① 刘建民:《晋商史料集成》第70册《规程·行路规程》，第666—695页。何慕辑校:《清代民国时期山西商人路程书整理辑校》，河北大学出版社，2023年，第69—74页。

王寨四十里宿店

沁水县三十里路过

富店十五里打尖

黄野五十里宿店

八甲口三十里打尖

周村三十里宿店

至此三百八十里

犁川村五十里打尖

拦车三十里宿店

长平村四十里打尖

清化四十里宿店

南石店廿五里打尖

木兰店四十里宿店

王村八十里打尖

原武县串城过十五里

官厂寨廿五里宿店

赵口沙廿里过渡

东张寨二十里宿店

汴省城八角里二十五日到

郑州五十里住鼓楼街

陈留县四十五里打尖

杞县六十里宿店

睢州七十里打尖

宁陵县五十里宿店

归德府六十里打尖

马牧集四十里宿店

洋集六十里打尖

砀山县三十里宿店

红口六十里打尖

河寨六十里宿店

徐州府四十里宿店

清水泉六十里打尖

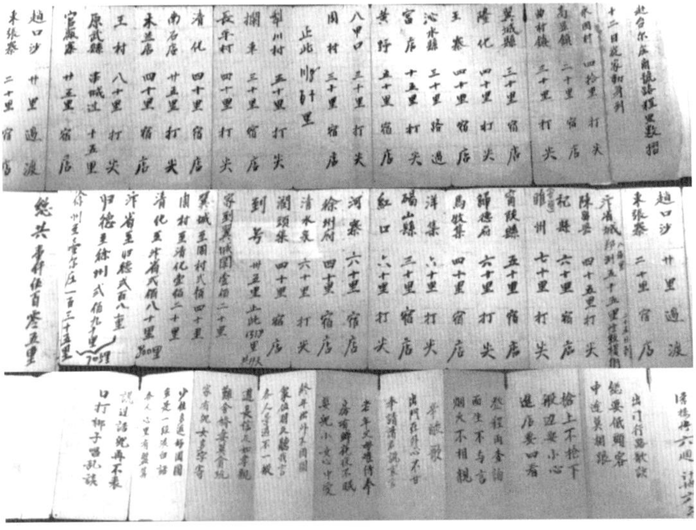

图 7-2　赴台尔庄商号路程里数折[①]

① 临汾来祥生先生收藏。

润头集四十里宿店

到号卅五里

止此 1318 里共□天

家到翼城关一百二十里

翼城至周村二百四十里

周村至清化一百二十里

清化至汴省二百八十里（800 里）

汴省至归德二百八十里

归德至徐州二百九十里

徐州至台尔庄一百三十五里（共 705 里）

总共一千五百零五里

此行程折记录了商人从太平县家中出发至台儿庄的路程，总路程共一千五百零五里，还具体记载了路过每个地点的里程数、打尖休息和住宿情况，为之后商人途经此处提供了具体的行程参考。

此外，里数折后还有当时商人编的两首歌谣《出门行路歌谈》和《辛酸歌》，前者提醒商人行商路途中的注意事项，避免出现不必要的麻烦，可以看出商人外出路途艰辛、经商不易；后者主要体现商人外出行商的无奈与辛酸苦楚，无法与家人团聚。编成歌谣便于之后行商人记忆，也便于商人在路途中传唱抒发心中的苦闷与辛酸。

三、曲沃县《杂货规程》

曲沃县往赊旗镇西大路程共计一千零廿五里

尧都六州三十县　曲沃十门并九关　天生八景驰名迹

书民于后万古传　绛山晚照头一景　神陂落雁在沙滩

晋城春色常常在　照殿水崖四季观　乔山影翠难描画

井溪梅月万古传　海头温泉长流水　景明飞流自浇田

乡庄二百四十处　人杰地灵赛金川　士农工商各有定

商为利名心不□　昼夜思量为商好　人人只为利名牵

想往苏杭去贸易　借门行商路程单　平川路径乘骡马

江湖河海坐舟船　搬鞍上马扬鞭走　三十侯马在眼前

二十南山隘口过　三十东镇早宿店　三十闻喜城外走

三十胡张要打尖　三十夏县南关歇　四十上山张店元

二十八政街过河　三十河头早宿店　明早要过黄河渡

会兴头在黄河南　十五往东磁钟过　三十五里张茅山

二十硖石山坡大　二十观音堂宿店　二十前往白伏街

十五李村打过尖　二十五里河底镇　四十韩城古迹显

四十东西两赵保　四十白杨树宿店　四十前望寨子街

三十内隼主人贤　二十临汝街里过　东南路往赊旗店

二十五里走庙下　三十五歇汝州关　九十宝丰东关歇

三十汝阳要打尖　四十任店街里过　三十昆阳早宿店

三十保安驿里过　三十独屠要打尖　十五光武搬倒井

三十裕州歇东关　二十五里圈桥过　二十五到赊旗店
遇载主人办事好　□船装送东津湾　完契水脚该多寡
打叠行李送上船[①]

《杂货规程》是指在经营杂货生意时需要遵守的规章流程，以及需要注意的事项。《曲沃县往赊旗镇西大路程共计一千零廿五里》是曲沃县前往河南赊旗镇的路程规划，共计一千零二十五里，语言通俗，朗朗上口，生动具体地将路上所经过的每一个地点以及地点间的距离描述了出来，并且将每个地点的显著标志、行路过程都做了详细的记录，是商人从曲沃前往赊旗镇的行走指南。该规程的书写，表明当时从曲沃到河

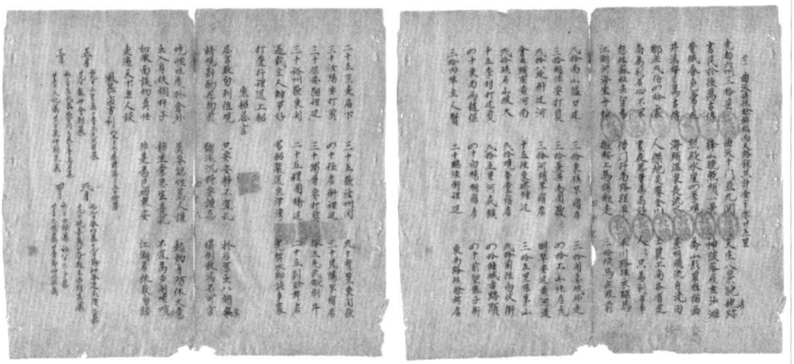

图 7-3 《杂货规程》[②]

---

① 刘建民:《晋商史料集成》第 68 册《规程・办杂货规程》，商务印书馆，2018 年，第 605—607 页。

② 同上。

南经商的人很多，他们大多会经由此商道从曲沃到河南。因为经过的商人多了，所以便创造此规程，作为行路指南。行路规程对研究明清乃至民国时期的商人经商的商路以及商业道路网络具有很重要的意义。

四、曲沃县《沃邑烟行规序》

《沃邑烟行规序》是曲沃烟草行业经营的规章制度，通过对此规程的解读，进而了解曲沃烟业的发展情况。共 13 面，是清朝时期曲沃县经营烟草生意的商人制定的经营制度。

《沃邑烟行规序》的内容大致由两个部分组成：第一部分主要阐述曲沃烟业税务的由来、烟草的传入以及烟行成立的缘由；第二部分为烟行规序的具体内容，丰富详尽，涉及商业经营的各个方面。

《沃邑烟行规序》第一部分内容如下：

> 沃邑烟税之设由来久矣，自元明之季，沃邑即有烟税，而本地并不出烟，惟是南烟北行，收其税稞而已，故充办者人恒苦之。及明末时，因无人充办，曾烟税额散于□内，□轮间或累邑令填赔。
>
> 迨我朝顺治二年，周邑令见粮内散税亦非良法，乃为申司达部乞请办税妥方，后蒙部文移司，着该县招募殷实之家充帖轮税。是时沃邑始有烟行，然本地烟货犹未

有也。又数年，沃人靳姓在闽中带来烟种，教人种烟，做成刷皮烟货发于北路，此沃邑烟庄所由始也。嗣后烟货日多，马头渐盛，各路客商发运者往来云集，猗欤盛哉上充。

国帑下利民用烟行所关良非浅鲜，所以迄今一百六十余年，其税额帖务以及行事规矩，前人但有定例，载诸简篇，转行行内。但历年久远，谱籍残阙，我等念烟行系马头所关，何可令条规泯灭。甲子秋七月，纠集阖行重新订册，各照旧规抄录，传簿以为永远之计，因将税务由来以及行事根底并序簿首，以志不忘。[①]

据《沃邑烟行规序》载："自元明之季，沃邑即有烟税，而本地并不出烟，惟是南烟北行，收其税稞而已。"[②]曲沃本地并没有种烟的历史，但是有南方的烟运输到北方进行售卖，并且收取烟税，所以经办烟草的人深受其害，到了明末时就无人经办这一事项了，致使烟税处于混乱之中，直到顺治二年（1645），为了解决这一问题，该县开始"招募殷实之家充帖轮税"[③]，此时，曲沃县才有了烟行，但是本地并没有烟货，依然是从南方输入。文中记载，顺治二年（1645）之后的数年，

① 刘建民:《晋商史料集成》第71册《规程·商铺规程》，商务印书馆，2018年，第84页。

② 同上。

③ 同上。

“沃人靳姓在闽中带来烟种，教人种烟，做成刷皮烟货发于北路，此沃邑烟庄所由始也。”[①]这与《曲沃县志》中的记载有所不同。据康熙《曲沃县志》卷十三《方产》记载：“沃省无此种，乡民张士英自闽中带来，明季兵灾踵至，民穷财尽，赖此颇有起色。”[②]由此可知烟草传入曲沃的基本情况，以及传入后所带来的影响，虽然没有明确记载烟草传入曲沃的时间，但是从中也可以看出，明末时，曲沃县就已经种植烟草了。另外《明清山西商人研究》中记载：“曲沃最早的烟坊，是产生于明天启年间的永兴和，创始人郑世宽。开设在曲村镇下坞村。”[③]这充分说明，在明天启年间，曲沃烟业就有了初步发展。虽然《沃邑烟行规序》中所记与如今较为普遍的说法存在差异，但两者之间也有共同之处，即烟草在明末清初由闽中传入曲沃，并开始大规模种植。

《沃邑烟行规序》的第二部分内容主要是烟行的经营制度和条例行规。随着曲沃烟草行业的不断发展，烟业逐渐成为曲沃的经济命脉，它的快速发展自然也带动了其他行业的繁荣，如典当、杂货、车马店、油店等。为了使烟行能够继续向好的方向发展，前人就对其税额帖务以及行事规矩制有定例，并在行内流传。但因年代久远，谱籍残缺，烟商不忍其条例行规泯

① 刘建民：《晋商史料集成》第71册《规程·商铺规程》，商务印书馆，2018年，第84页。

② （康熙）《曲沃县志》卷十三《方产》，中国数字方志库。

③ 黄鉴晖：《明清山西商人研究》，山西经济出版社，2020年，第234页。

灭，故“将其照旧规抄录，代代相传，以志不忘”。[①]

条例行规列于该文书的后面，内容丰富详尽，涉及烟行经营的方方面面，比如烟草如何计数、多少包装一车、如何定价、如何运输，以及纳税的相关事宜，等等，同时还列有处罚条例。具体可分为如下几类。

第一，有关烟草计数、装车、定价：

烟数一千零八十包为一车子，以五百四十包为一担，两担为一车子，先言□脚并无骡马大车，俱是手把小车，一车子推烟两担，每一担装烟□席包，一席包装烟二百七十包，故两包为一担，两担为一车子，此一千零八十包为一车子，亘古之定数也。每一车子烟房加吃烟三包，一包存于店，二包存于客人，□脚吃烟客人所出，以规之定规也。

定价之期自古以来以每年十月初一日为准定价之日，客人、烟房、行家三面计议以定一年之价。

第二，有关处罚条例：

烟用以车子论，每一车子用银或钱，永无增减，如有

① 刘建民:《晋商史料集成》第71册《规程·商铺规程》，商务印书馆，2018年，第84页。

私为增减者，一经查出，罚戏三天。

烟叶用以银数而论，每月用银二分，永无增减，如有私为增减者，照增减烟用条规同罚。

□脚每担货，车户出定钱一文，本店出钱二文，行头每月查收不得徇情隐漏，倘有徇情舞弊隐漏，每一担货罚银□□，行头赔罚。

第三，有关纳税事宜：

逢纳税之期，同到一处攒银，交于行头去纳，行头不得推辞。

纳税有正税，有帖税二项，各店均摊，如有买卖停止者，预先说知，本年行头举帖辞行，以后只纳其帖税，税一概行事不应。

第四，有关经营制度：

每年举行头二位，办理行事，稽查私买私卖。

□发本地杂货每担店出店，用银五分，本店收。

每车子烟客人出定价银一分，烟房出定价银一分。

起烟叶包朝邑每包银三分，襄邑每包银二分，清化每包银一分，俱系起主所出。

因每一车子烟，客人、烟房各出定价银一分者以备三九月。

敬神演戏费用三天，敬神三九月演戏三天定价，敬神每年十月演戏三天。

以前所□厘头定钱，除使下余银两公中存放，以备异日备□会馆费用。[1]

虽说《沃邑烟行规序》的内容不多，形式简单，但它却是曲沃烟商留存下来的最原始的有关于烟草贸易的文献资料，是烟草行业的经营规则，它的制定是曲沃烟草贸易取得成功的必不可少的制度保障之一。

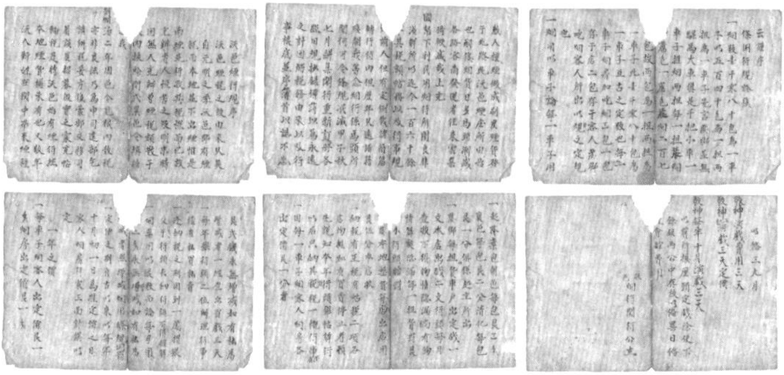

图 7-4 《沃邑烟行规序》[2]

① 刘建民:《晋商史料集成》第 71 册《规程 · 商铺规程》，商务印书馆，2018 年，第 85—86 页。

② 同上书，第 84—86 页。

五、曲沃县《客商提要》

《客商提要》创作于清代，所写内容为曲沃烟商外出经商时所要遵循的一些要求和规定。其内容大致可分为四类，具体如下。

第一，关于外出前：

> 凡出外先以文凭为据，则关津渡口不敢阻挡，报税毫不隐瞒，则官府无所搜寻，此为谨慎守正法一也。
>
> 凡出外，店房门户常要关锁，不得出入无忌，被褥衣□不可花丽，恐惹外人□□，此为谨慎忠厚二也。

第二，关于外出后：

> 凡出外绞楼歌管之家，月底不可潜行，遇人酌酒适杯，不可夜饮过度，此为少年老诚三也。
>
> 凡行船只宜早，湾泊岸口，黑夜勿行，陆路须早宿店，睡卧不解衣，此为防避不测四也。
>
> 凡遇人博弈赌，要可远而不可近，有人携妓作乐，可避而不可随，此为真正君子十也。

第三，关于待人：

凡待人必须和颜悦色，不可暴怒奢骄，老幼俱要尊敬，不得恭此慢彼，此为和顺无怨五也。

凡同行之人必要详查明白，不可冒昧令伴，路逢须察言观色，不可糊涂接交，此为远避匪类六也。

凡交接乡里，须要恭敬，不可酒后喧哗，出言要先观前后，不得胡说乱谈，此为谨言不苟九也。

第四，关于经营：

凡讨账全要脚勤口勤，不得懒惰，忽略收支，随手记账，不致失记差错，此为的确小心七也。

凡事体必要与人计议，不可率意妄行，买卖见景生情，不可执滞胶柱，此为因事用时八也。[①]

最后一小节是商人总结的经营之道。上文所提到的十条注意事项，虽然通俗，但却真实地反映了经商过程很艰难，需要注意很多问题。在日常的经营过程中，商人也要准确地把握经营原则：

人生作事先要克己无私，为客经营勿以贪小而失大，

① 刘建民:《晋商史料集成》第76册《著述·生意论述》，商务印书馆，2018年，第609—612页。

买卖虽投，经纪主意实出乎自己。货有旺，价无定例，要看当时光景，迟中有快，快中有迟，要防四方行情。朋友之间不无借备，但要明经纪为衿袖。船家暗贼时常往来，必要介意防提。侍仆随身，但可小用而不可重任，而重托伙计作事全要合意万美，莫相猜而相疑。货有精要看眼色之有力，货价要轻重要看秤之高底，贸易之道无穷尽，真有难穷之奥妙，人心之内有几中藏之，百变和谋财何损身，只为贪私而致害，求财终养皆因公头以成。[1]

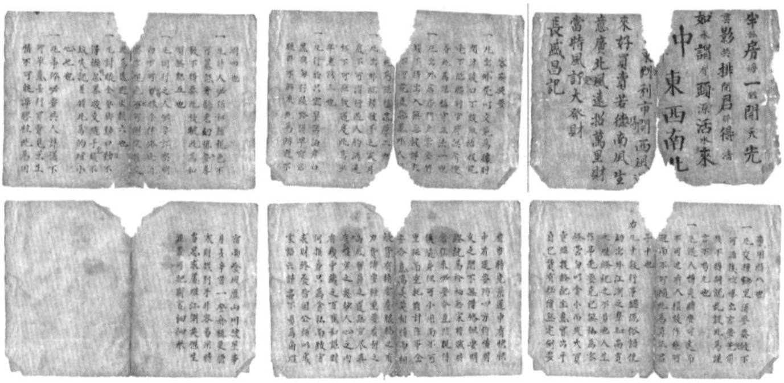

图 7-5 《客商提要》[2]

商人在外出经商的过程中会遇到许多的艰难险阻，很是不易，这些条例都是前人在经商的过程中积累的经验教训，涉及多方面内容，商人把这些规章制度明文造册，目的是为了提点

① 刘建民:《晋商史料集成》第 76 册《著述 · 生意论述》，商务印书馆，2018 年，第 612—613 页。

② 同上书，第 609—614 页。

自己，也为了警示后人，可谓“读书不易为商难，宿雨食风历山川，披星带月多辛苦，一登舟楫更胆寒，财钱到手非容易，用时当思求取难，江湖英杰生涯辈，可把斯言细细参。”[①]

六、曲沃县义顺正记铺规

该铺规于清道光十八年（1838）七月十三日立，记录了义顺正成立时合伙人所设立的铺规。共为铺规五条，主要内容为伙友分红的规则，以及经营过程中的注意事项，以免发生猜疑。

铺规开后

一生意定为二年一账银分，人分按本六人四分，认银分三，账内不得支使银两，人分六年内，每年每百许支银六两，不得过支，过支议罚至伙友身资在银，人股内公除。

一凡伙友不得私用铺字号票子，在外揭取银钱，亦不得私自屯痴买快以肥己囊，违者以赃论。

一银股如有不愿作生意，欲抽本金者，其本账算账□有货账，仍照前账扣折清算，不得混行，清底至其欲抽本金按三年内缴完人分，有出号者照□。

---

① 刘建民:《晋商史料集成》第76册《著述·生意论述》，商务印书馆，2018年，第613—614页。

一凡股分伙友如有功，生理年迈，谢世者，除本账外，许抬顶生意二账，亦不许清座，二账外利害于伊无干。

一凡出外伙友，往来行李不许私自包捆，以致均生疑猜，花费银钱亦不许捏总上账。①

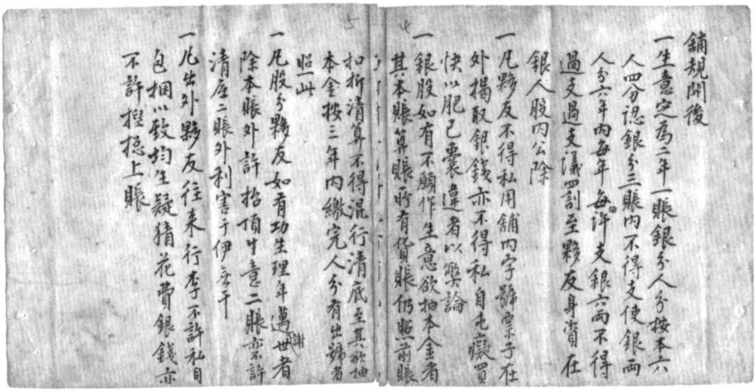
鋪規開後
一生意定為二年一賬銀分人分按本六
人四分認銀分三賬內不得支使銀兩
人分六年內每年每許支銀六兩不得
過支過支議罰至夥友身資在
銀人股內公除
一凡夥友不得私用鋪內字號票子在
外揭取銀錢亦不得私自屯積買
快以肥己囊違者以槩論
一銀股如有不願作生意欲抽本金者
其本賬算賬所有貨賬仍照前賬
扣折清算不得混行清底至其欲抽
本金按三年內繳完人分有出錦者
照此
一凡股分夥友如有功生理年邁謝世者
除本賬外許抬頂生意二賬亦不許
清座二賬外利害于伊無干
一凡出外夥友往來行李不許私自
包捆以致均生疑猜花費銀錢亦
不許揑總上賬

图 7-6　义顺正记铺规②

---

① 刘建民:《晋商史料集成》第 1 册《合约、万金账、股票・万金账》，商务印书馆，2018 年，第 359—360 页。

② 同上。

第八章　其他

平阳商人商业遗存，除前文所述七类外，实物还有多种类型，存量尚有一定规模。本章选取曲沃县货运单、票贴、烟坊天盛号商标、烟坊庆泰裕货物税完税照及介绍信存根、四路平码底折、浍茂油店商人照片及量器（斗），襄陵县商人陈儒林尺牍联语抄本及印章，晋南流行的《生意人苦情歌》抄本，时段集中在清代后期、民国时期及新中国成立初期，展示清代及以后平阳商人商业历史、商人文化生活点滴，挂一漏万，同时反证出平阳商人遗存的丰富性。

一、曲沃县货运单

两张货运单内容分别为曲沃县天裕老店，委托成玉店给永茂合宝号名下三担货物送至绛州顶河；曲沃县公利车行，委托车户南炳耀给茂盛魁名下七担烟货送至灵石县。货运单不仅记录了货运业务的委托方、受委托方、客商以及货运目的地，还记录了货物名称、数量、包装形式以及脚价多少、交付方式等。

曲沃
天裕老店
告攬脚夫人成玉店係本鎮人今攬到
永茂合寶號名下貨叁担
送至絳州項河交卸言明每担脚價
錢陸百文其貨倘有路途遺損壞短少
向脚户照時價賠補恐口無憑立脚契
為証 第 號 隨書壹封
連兑共合脚錢陸千五百文
本號查收
八月廿五日
天裕老店 發

图 8-1 曲沃县天裕老店给永茂合开的货运单[①]

---

① 图片摘自刘建民:《晋商史料集成》第 66 册《簿记·票据》，商务印书馆，2018 年，第 433 页。

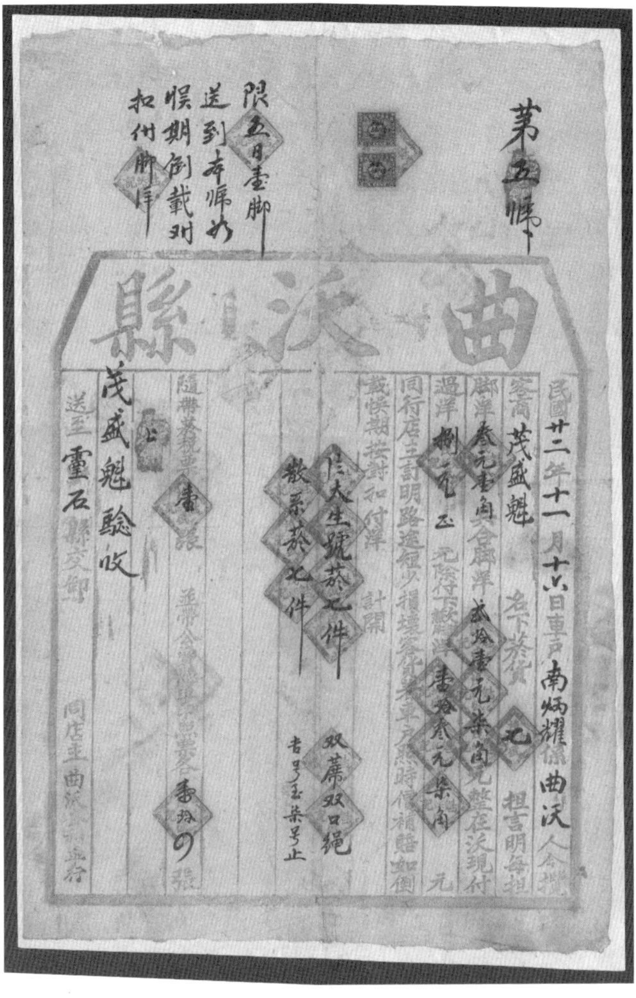
第五帰
曲沃縣
民國廿二年十一月十六日車戶南炳耀係曲沃人今攬
客商茂盛魁名下菸貨　九　担言明每担
脚洋叁元壹角共合脚洋
過洋捌元
同行店主言明路途短少損壞客貨
載悞期按對和付洋　計開
茂盛魁驗收
送至靈石縣交卸
限五日壹脚送到本帰如悞期倒載扣付脚洋

图 8-2　曲沃县公利车行给茂盛魁开的货运单[①]

① 图片摘自刘建民:《晋商史料集成》第 66 册《簿记・票据》，商务印书馆，2018 年，第 461 页。

二、曲沃县票贴

票贴是一种交易凭证，记录了商号与钱庄之间的票钱交易，由商号批贴，按时存取。下面三张票贴票面规范，上有多枚印章，内容完整，交易数额不等，由此可以管窥商业活动之商号名称、经营地域、经营品种及业务金额。

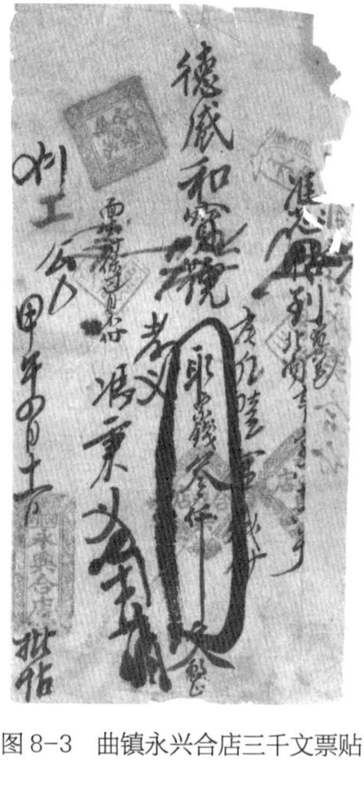

图 8-3　曲镇永兴合店三千文票贴

① 图片摘自刘建民:《晋商史料集成》第 88 册《其他相关资料 · 票贴、兑换券》，商务印书馆，2018 年，第 301 页。

图 8-4　曲沃县葵泰烟店给三馀庆号的兑银条[①]

① 图片摘自刘建民:《晋商史料集成》第 66 册《簿记 · 票据》，商务印书馆，2018 年，第 753 页。

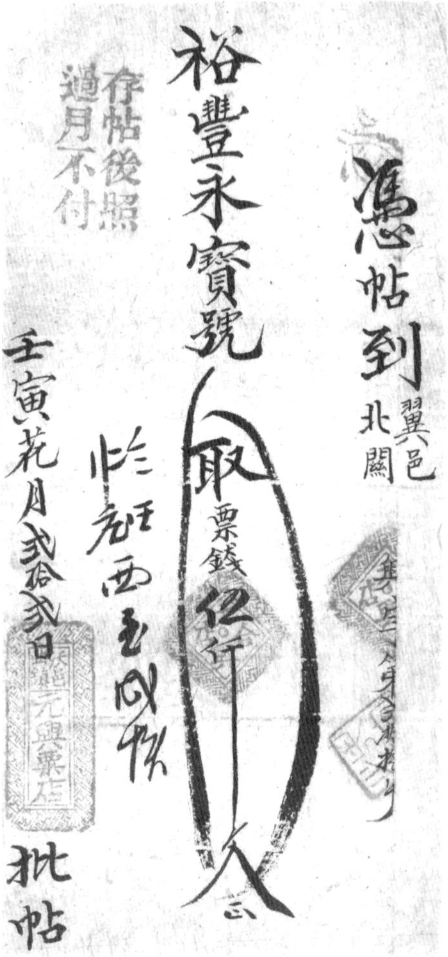

图 8-5　沃邑曲镇元兴粟店五千文票贴[①]

① 图片摘自刘建民:《晋商史料集成》第 88 册《其他相关资料 · 票贴、兑换券》，商务印书馆，2018 年，第 329 页。

三、曲沃县天盛号商标

曲沃县烟坊天盛号商标四种，印有“晋省天盛号”“天盛号记”“府门口”“沃邑天盛张造”“昌”“曲沃天来亨记”“三元皮烟”“净丝青烟”“本号今在曲沃东宁村拣选顶高级绿叶加工细造欺悮赐顾者须认本号图书为记天盛张记”等文字，包括商号名称、货品名称、销售地域、货品特性及信誉承诺、防伪标识，便于顾客选购识别。

图 8-6　曲沃县天盛号烟标

四、曲沃县庆泰裕货物税完税照及介绍信存根

庆泰裕是在曲沃县曲村镇开设的一家小型烟坊，东家主体是晋中榆次、平遥人，经营一直存续到公私合营时期，现在遗存有一批商业文书，包括信稿、合同、票据，时间跨度为民国时期到新中国成立初期。山西现存的烟草史料不算丰富，因此这批小烟坊资料亦较为珍贵。

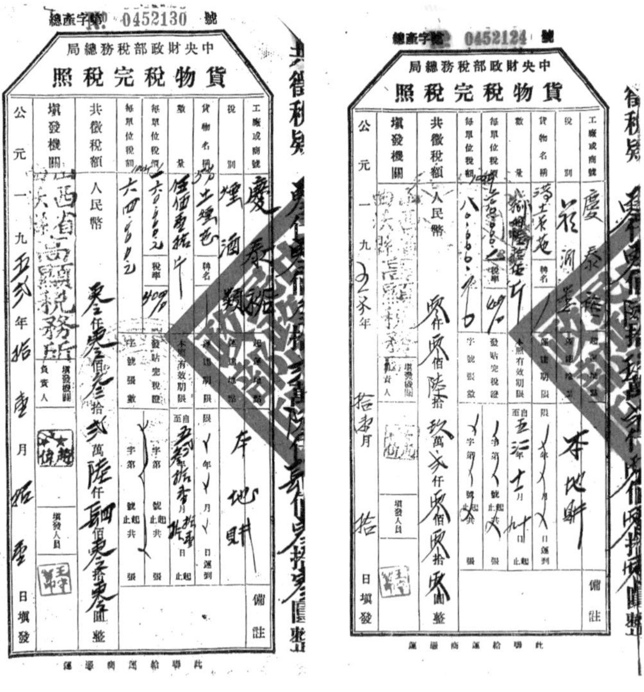

图 8-7　曲沃县庆泰裕货物（烟）税完税照

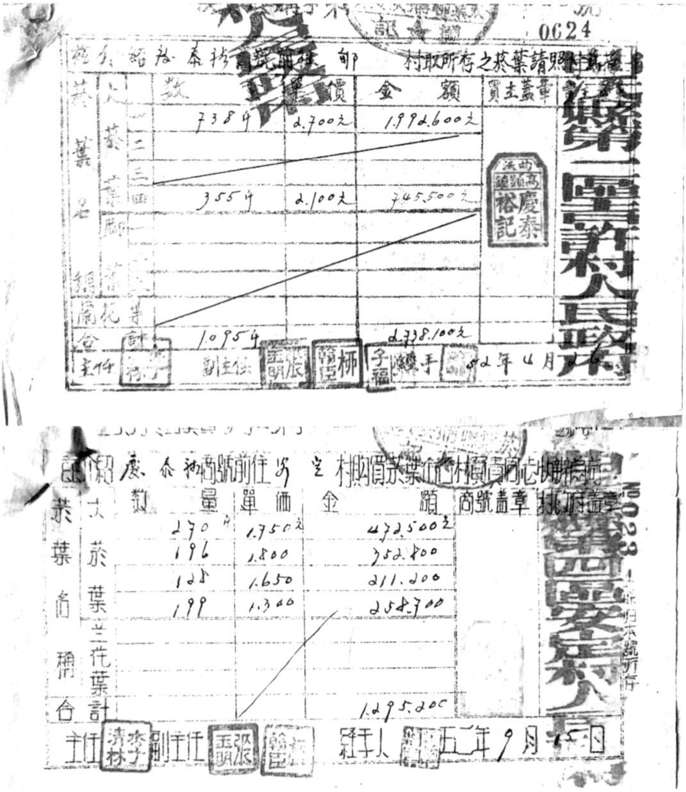

图 8-8　曲沃县庆泰裕介绍信存根

五、曲沃县四路平码底折

曲沃四路平码底折是曲沃县与省内太原、介休、交城、忻州及省外成都、沈阳等商业重地的天平换算比率，由于清代民国时期各地称量银子的天平不一致，为公平起见，计算出各地天平换算比率，有助于商业交易。

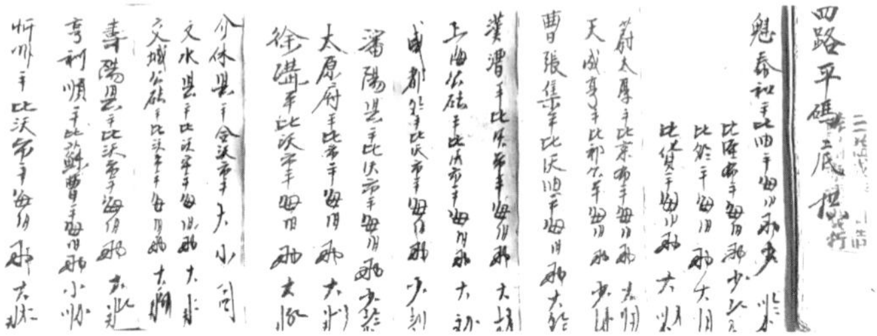

图 8-9　四路平码底折

六、曲沃县浍茂油店商人照片

民国十五年（1926）正月，曲沃县浍茂油店同仁摄于商号门外。

图 8-10　曲沃浍茂油店商人照片

曲沃县商号浍茂油店使用的量器——斗，外侧四边依次写有墨色大字“澮”“茂”“油”“店”四字，品相较好。

图 8-11　曲沃浍茂油店量器（斗）

七、襄陵县商人陈儒林尺牍联语抄本及印章

襄陵县西王村商人陈儒林，在太原大甡号当掌柜，有关的存世抄本至少有三本，包括尺牍、联语及杂抄。

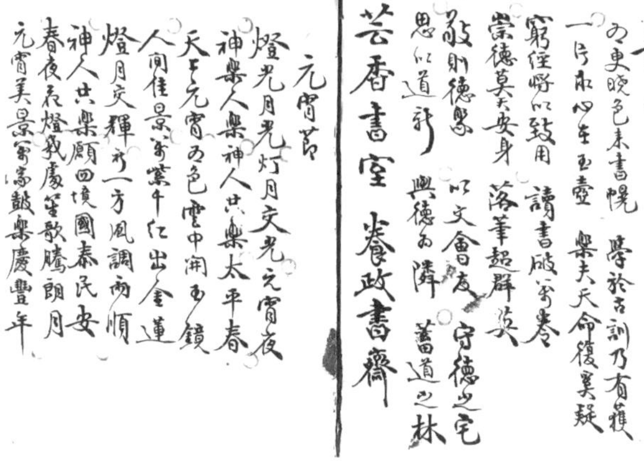

書室
雨更晚色來書幌　學於古訓乃有獲
一片冰心在玉壺　樂夫天命復奚疑
窮經將以致用　讀書破萬卷
崇德莫大安身　落筆超群英
敬則德聚　以文會友　守德之宅
思以道新　興德而隣　蓄道之林
芸香書室　養政書齋

元宵節
燈光月光灯月交光元宵夜
神樂人樂神人共樂太平春
天上元宵五色雲中開玉鏡
人間佳景萬紫千紅出金蓮
燈月交輝於一方風調雨順
神人共樂願四境國泰民安
春夜花燈載慶笙歌騰朗月
元宵美景萬象鼓樂慶豐年

图 8-12　陈儒林联语抄本

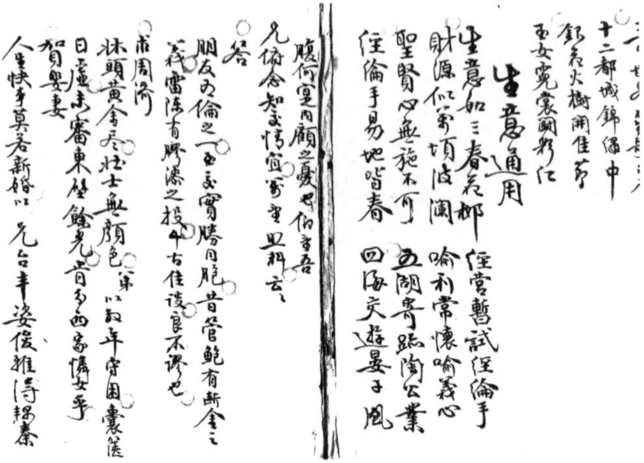

图 8-13　陈儒林尺牍抄本

图 8-14　陈儒林印章

抄本所抄内容多为联语、应酬文字，还有部分诗句及格言警语，书法刚劲有力，足见陈儒林具备一定文化修养及务实的人生理念。

八、《生意人苦情歌》

清末民初流传于山西南部的民歌《生意人苦情歌》，全文共3700字左右，描述了熬相公的辛酸经历，现有几十种抄本传世。

《生意人苦情歌》各个抄本之间均有字数不等的改动，大致有原编本和续补本两种版本。原编本较为生动地讲述了17岁的男性主人公离家前惜别—离家到暂停某店铺—估衣店熬相公的大致经历。三年熬相公在铺中早起晚睡、烧火造饭、站立迎客、扫院闭门、学打算盘，还要伺候掌柜提壶倒尿、点火端水，腊月外出要账，甚为艰辛，三年期满方可正式成为商号员工。从文本信息来看，主人公的家乡当在平阳府太平县附近。《生意人苦情歌》编成于晚清，虚实结合，通俗易懂，较为真实地描述了晋商熬相公的三年经历和心路历程，对于研究商业文化具有珍贵的资料价值。

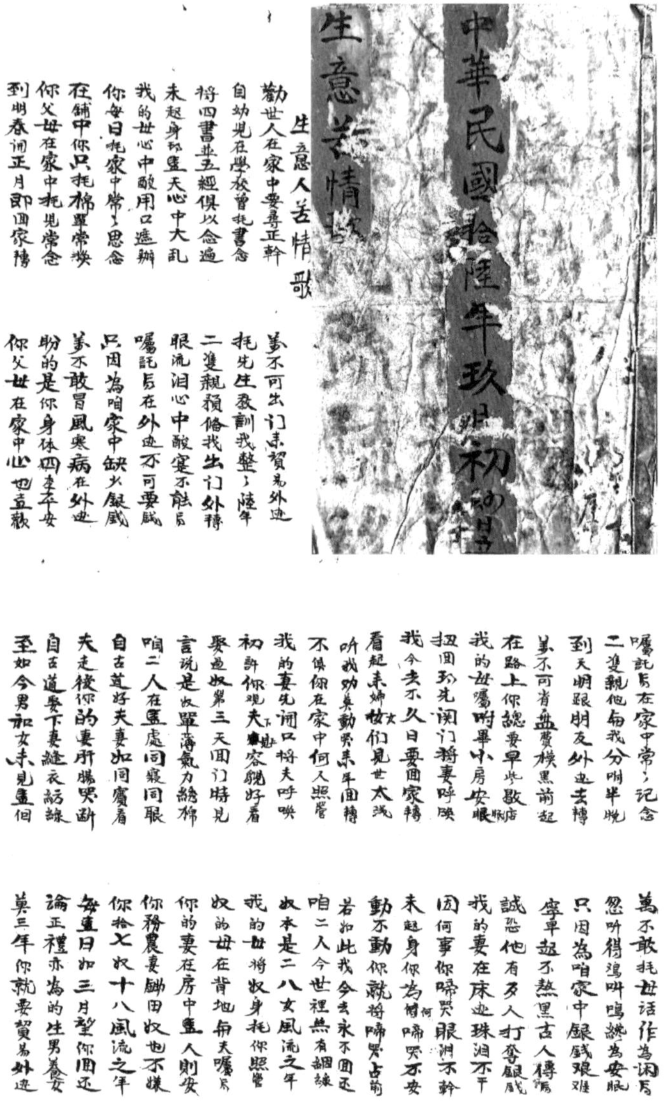

中華民國拾陸年玖月初日

生意苦情歌

生意人苦情歌

勸世人在家中要尋正幹
自幼兒在學校曾把書念
將四書並五經俱以念遍
未起身我盡天心中大乱
我的世心中酸用口遮瞞
你每日想家中常々思念
在鋪中你只把棉羅常撚
你父母在家中把兒常念
到明春调正月即回家轉

莫不可出门求貿易外迯
托先生教訓我整了陸年
二雙親預備我出门外轉
眼流泪心中酸寔不能言
嘱託言在外迯不可要戲
只因為咱家中缺少銀錢
莫不敢冒風寒病在外迯
盼的是你身体四季平安
你父母在家中心也喜歡

嘱託言在家中常々記念
二雙親他命我分咐半晚
到天明跟朋友外迯去轉
莫不可肯盡費模黑前起
在路上你總要早些歇店
我的母嘱咐畢小房安眠
扭回頭先開门將妻呼喚
我今去不久日要回家轉
看起来姊妹们見世太淺
听我劝莫勸男来年回轉
不僟你在家中何人照管
我的妻先開口將夫呼喚
初許你覌夫下容貌好看
娶過奴第三天回门時見
言說是奴羅薄氣力綉棉
咱二人在一處同寢同眠
自古道好夫妻如同寶看
夫走後你的妻肝腸哭斷
自古道娶下妻縫衣紡線
至如今男和女未見盡但

萬不敢托母話作為閑言
忽听得鴉叫鳴總為安眠
只因為咱家中银錢艰难
寧早起不熬黑古人傳言
誠恐他有歹人打奪銀錢
我的妻在床上珠泪不干
因何事你啼哭眼泪不幹
未起身你為何啼哭不安
動不動你就將啼哭占前
若如此我今去永不回还
咱二人今世裡無有緣線
奴本是二八女風流之年
我的母將奴身托你照管
奴的母在背地命夫嘱言
你的妻在房中一人則安
你務農妻励田奴也不嫌
你拾七奴十八風流之年
每逢日如三月望你回还
論正禮亦為的生男養女
莫三年你就要貿易外迯

图 8-15 《生意人苦情歌》

参考文献

曲沃县晋文化研究会、曲沃县文物旅游管理中心:《曲沃文物建筑》，内部刊印，2018 年。

傅璇琮:《中国华北文献丛书》第八辑《晋商文献》，学苑出版社，2012 年。

高建录主编:《三晋石刻大全·临汾市襄汾县卷》，三晋出版社，2016 年。

高建录总编:《晋商翘楚——襄汾明清富商十大家》，襄汾县三晋文化研究会内部刊印，2019 年。

高青山主编:《三晋石刻大全·临汾市侯马市卷》，三晋出版社，2011 年。

黄鉴晖:《明清山西商人研究》，山西经济出版社，2002 年。

何慕辑校:《清代民国时期山西商人路程书整理辑校》，河北大学出版社，2023 年。

李建党主编:《三晋石刻大全·临汾市翼城县卷》，三晋出版社，2024 年。

刘建民:《晋商史料集成》，商务印书馆，2018 年。

刘如意:《小码头北关》，翼城县史志办公室内部刊印，2009 年。

刘武经、李安义:《古城镇志》，黄河水利出版社，2001 年。

山西省晋商文化基金会:《临汾运城商业家族》，三晋出版社，2019 年。

山西省史志研究院:《山西通史·近代卷》，山西人民出版社，2001 年。

山西省政协《晋商史料全览》编辑委员会:《晋商史料全览·临汾卷》，山西人民出版社，2006 年。

山西省政协《晋商史料全览》编辑委员会:《晋商史料全览·宅院卷》，山西人民出版社，2007年。

孙永和、雷涛主编:《三晋石刻大全·临汾市曲沃县卷》，三晋出版社，2011年。

陶富海:《丁氏家族与丁村》，山西人民出版社，2012年。

汪学文主编:《三晋石刻大全·临汾市洪洞县卷》，三晋出版社，2009年。

翼城县政协《翼城晋商史料》编委会:《翼城晋商史料》，政协翼城县委员会内部刊印，2008年。

杨晓红:《临汾古民居》，三晋出版社，2021年。

政协翼城县委员会编:《翼城古建图鉴》，内部刊印，2010年。

后　记

2020年九十月间，山西师范大学历史与旅游文化学院设立的省级1331工程研究基地——山西省互联网+与旅游产业升级协同创新中心，牵头筹划与临汾市文物旅游局合作，编撰一套反映临汾文物的大众读物《文物见证山西》，约我承担丛书的其中一本，当时设定每本10万文字、100幅图片，主要面向大众读者。后来和市文旅局的合作没有推进，我们就只好单干了。我本是学习历史文献学的，对文物考古纯属外行，由于最近几年关注平阳商人研究，承担完成了山西省晋商文化基金会的一个课题，指导了3篇相关的硕士论文，自己也买过一点儿以晋南商人为主的晋商文书，原计划编一本题目为《平阳商人文物文书》的书。2021年我的工作单位——山西师范大学整体从临汾搬迁到省城太原，全年忙于准备、搬迁、适应，加上2022年春夏疫情防控比2021年更为紧张，使得原来设定的田野调查无法正常开展，文物图片无法正常获取，于是只得更改题目为《陶朱事业：平阳商人印迹》，正标题“陶朱事业”来源于2020年在襄汾县古城镇伯王巷无意中发现的商人杨家大院门楣上的砖雕文字。

这本书的部分内容来自我的三位研究生的三篇硕士论文：

杜瑶瑶《清代民国襄陵、太平商人研究》(2021年)、张慧《清代民国翼城商人研究》(2022年)、刘文芳《清代民国曲沃商人研究》(2022年)。使用的图片资料多幅来自已故著名晋商史料收藏家刘建民先生所编《晋商史料集成》，临汾市晋商文书收藏者来祥生先生，襄汾县古玩收藏家陈秋生先生，《三晋石刻大全》(襄汾、洪洞、曲沃、侯马、翼城卷）等书籍，以及我个人的一些晋商文书收藏。曲沃县文旅局张庆奎先生提供了一些曲沃古建照片，襄汾南高刘家后裔刘伟律师提供了南高村刘家的几张照片。特向上述收藏家、书籍编撰者、出版社、文旅局工作人员、商人后代深表感谢。

不像晋中商人那样，平阳商人现存资料长期处于散落状态，收集利用有一定难度，加上编撰时间短，田野调查不够，我们对平阳商人的了解也很有限。本书的内容未能全面展示现存的丰富的平阳商人遗存，也没有实现今临汾市域17县（区、市）全覆盖，同时也不具备精选后的代表性，多少有些遗憾。本书呈现平阳商人历史足迹的材料只是平阳商人遗存的很小一部分，但也足以证明清代民国时期平阳商人内涵丰富，是晋商中一支优秀的商人团队，值得大力研究挖掘、学习宣传。

书稿编写过程中，杜瑶瑶、张慧、刘文芳、聂宇洁付出了辛劳；付梓前夕，高瑞艳、张泽园、李彦良、石泽蕊也参与文字校对，最后由高瑞艳、张泽园协助我做了统稿改定工作。感谢山西省互联网+与旅游产业升级协同创新中心提供出版经费，感谢商务印书馆工作人员为本书付梓付出的辛劳。

山西 實證 文物

文 | 物 | 实 | 证 | 山 | 西

车效梅 主编

走出蒙昧

文物见证史前时代的山西

雷鹄宇◎编著

商务印书馆
创于1897 The Commercial Press

图书在版编目（CIP）数据

走出蒙昧：文物见证史前时代的山西 / 雷鹄宇编著．北京：商务印书馆，2025. --（文物实证山西 / 车效梅主编）. -- ISBN 978-7-100-25124-2

Ⅰ. K872.25

中国国家版本馆 CIP 数据核字第 2025SH4856 号

《文物实证山西》为山西省“1331 工程”山西省互联网+与旅游产业升级协同创新中心、山西师范大学历史与旅游文化学院系列成果。

本书为山西省互联网+与旅游产业升级协同创新中心项目“山西地区石器时代重要文物调查与研究”（HLWLY2020003）成果。

总　序

自古以来，山西地区在中华文明的发展进程中都发挥着重要作用。在旧石器时代，山西就是中国原始人类繁衍生息的主要聚居地，也是中华文明的发祥地之一。新石器时代中晚期，在山西地区发现的大量遗存，尤其是襄汾陶寺遗址、绛县周家庄遗址表明当地已经进入了文明社会；而尧都平阳、舜都蒲坂和禹都安邑的传说，更暗示了从尧舜时期到夏朝初年，山西南部都是当时华北地区的政治经济文化重心。夏朝和山西的关系更加密切，先秦文献就经常将今天的山西南部称为“夏”或“夏墟”，考古发现的夏县东下冯文化遗址被认为是二里头文化的一个重要地方分支类型。现在学术界大多把二里头文化当作探索夏文化的主体考古文化。

两周时期，周王朝在山西地区分封了众多诸侯国。除了见于文献的晋、虞、霍、杨、韩、魏、荀、贾、董、黎等外，还有近年来考古发现的倗国与霸国等。晋国在春秋时期建立了一个半世纪的霸业，影响了整个中国古代历史的走向。今天山西简称为“晋”，也正是源自于此。战国时期，晋国分为韩、赵、魏三国，都是当时名列七雄的大国，号称“三晋”。三晋的都城最初都在山西，赵都晋阳在今太原市晋源区，韩都平阳在今

临汾市尧都区，魏都安邑在今运城市夏县北。

秦朝一统天下后的两千年间，山西地区多次在全国扮演着举足轻重的角色。西晋末年，匈奴首领刘渊建立的汉政权就起兵于离石，后迁都于平阳（今临汾地区）。南北朝时期北魏前期定都于平城（今大同地区）。东魏北齐又以晋阳（今太原地区）为重要的政治中心。唐朝的建立缘起于晋阳起兵，因此太原号称“北都”，地位仅次于长安与洛阳。五代十国时期，后唐、后晋、后汉三个朝代都是以太原为根据地夺取黄河流域的大部分而建立的，十国中唯一的北方政权北汉也是以晋阳为都。宋代以后，山西在全国经济文化领域占有重要的地位。金元时期，平阳的印刷业兴盛，山西的戏剧事业也很繁荣。明清两代，山西商业得到了更进一步的发展，对全国的经济发展产生了很大的影响。

深厚的历史底蕴造就了山西独具魅力的文化。而文物是历史的见证者，是文化的活化石。幸运的是，山西的文物资源上至远古下及近现代都极为丰富。在旧石器时代，这里有我国乃至东亚地区首次发现的早更新世初期的人类文化遗存——西侯度遗址，这里有第一个由中国人自己发现、发掘和研究的旧石器时代考古遗址——丁村遗址。在新石器时代，这里有在黄河流域乃至全国同时期的城址中最大的一座龙山时代城址——陶寺古城。这里有迄今发现的西周时期规模最大、陪祀车辆最多的车马坑——晋侯墓地车马坑，其中还有迄今发现西周等级最高的玉器。在这里现存的一千多座大小不等的寺观建筑和地上

遗址中，保存了数以千计的寺观壁画。这里有名列“中国四大古代官衙”的霍州署，以及众多古代的衙署遗址。这里有金元时期北方雕版印刷的中心——平阳，以及珍贵的刻本与版画。这里有明清时期从临汾地区走出，西进陕甘宁，东抵冀鲁豫，南下江淮，北上京城、内蒙古的商人群体——平阳商帮，以及他们留下的商业文物。明清山西民居作为中国传统建筑的瑰宝，布局遵宗法礼制，彰显着晋商财力与儒家文化。作为历史的见证与文化的载体，这些共同构成了山西丰富的文物谱系。

文物是历史文化的根脉，是老祖宗留给我们的宝贵遗产。通过这些珍贵的山西文物讲好中国故事，所有三晋学人责无旁贷。所以我们通过山西省互联网＋与旅游产业升级协同创新中心这个平台，召集了山西师范大学历史与旅游文化学院的多名教师，合力编著了这套书，以文物来见证历史，希望能在传承历史文化，维系民族精神上尽我们的绵薄之力。

目 录

前　言

著名历史地理学家谭其骧说过，历史好比剧本，地理则好比舞台。剧本的发展无疑会受到舞台的限制，山西从上古时代发展到今天，受自身地理环境的影响也是很大的。从地势上看，山西省位于黄土高原的东部，一般被称为“山西高原”。与其他省份相比，山西的地理形势有着相当的封闭性。打开地图，我们就会发现，今天的山西省与相邻省区之间有非常清楚的自然分界线：其北与内蒙古以外的长城为界，其西、其南分别与陕西、河南以黄河为界，其东则是与河北以太行山为界。这种山环水绕的地理环境被世人称为“表里山河”——东有太行山，西有吕梁山，北有恒山、五台山，南有中条山，中有太岳山，其间的河流分为汾河、海河两大水系。这种山环水绕的地理环境对历史上山西地区的政治经济产生重要影响，“表里山河”内的资源非常丰富，独特的地理环境诞育了独特的考古学文化，所以地处黄河中游的山西地区是中华民族文明的重要发祥地，也是研究人类起源、发展、演化的重要地区。到目前为止，考古工作者在该地区发现了大量史前时代遗址及重要文物。

现在大多数学者认为中国史前时代的范围，是古人类开始在中国出现到公元前 21 世纪夏朝建立之前的时期。山西，这片承载着厚重历史的土地，在史前时期就是人类活动的重要舞台。从旧石器时代早期开始，山西的古老大地上就留下了人类祖先的足迹，包括以芮城西侯度及匼河遗址为代表的旧石器时代早期文化，以襄汾丁村遗址群、大同许家窑遗址为代表的旧石器中期文化，以朔州峙峪遗址、吉县柿子滩遗址、沁水下川遗址为代表的旧石器时代晚期文化。考古工作者发现的各类文物就是连接我们与古人类的情感纽带，让我们得以窥探他们为了生存而不懈奋斗的身影，感受他们在漫长岁月中对自然环境的逐步适应与改造。当历史的车轮缓缓驶入新石器时代，山西大地焕发出更加绚烂的文明光彩，也包括从翼城枣园文化开始山西地区丰富的新石器时代文化，直至襄汾陶寺遗址进入文明时期，仰韶文化和龙山文化在这里蓬勃发展，交相辉映。这些遗址及出土的文物不仅揭示了人类早期在三晋大地上不同发展阶段的完整演化历程，也对探寻中华文明的起源与形成有重要作用。这些文物也让我们看到了史前先民在满足物质需求的基础上，对精神文化领域的勇敢探索与创造，见证了人类从原始的平等社会逐渐向等级分化社会的过渡。

广义的历史是指一切人类活动过的经历，从最初人类在数百万年前出现开始算起，超过 99% 的人类历史是没有留下任何文字记录的，所以只能依赖远古先民们有幸留下来的一点点蛛丝马迹来窥得一斑。琳琅满目的山西史前文物，是一部部无言的史书，它们穿越数百万年的时光，向今人诉说着人类在这片土地上的起源、发展与演进。我们编这本小册子就是试着把一些有代表性的遗址和文物筛选出来介绍给读者，以图说史，以图证史。希望能给读者呈现一个纸上的史前山西博物馆，通过文物来见证在山西从蒙昧走向文明的进程。

第一章　旧石器时代的山西古人类与环境

根据旧石器时代物质遗存的发展演变情况，可将整个的旧石器时代划分为早、中、晚三个时期，分别与古人类的三个发展阶段——直立人、早期智人和晚期智人相对应。地质史上，旧石器时代与新生代第四纪的更新世相始终。更新世又可分为早、中、晚三期，与旧石器时代分期的对应关系大致为：距今300万—100万年左右的早更新世，相当于旧石器时代早期前段；距今100万—5万年左右的中更新世，相当于旧石器时代早期后段；距今5万—1.2万或1万年之间的晚更新世，相当于旧石器时代的中、晚期。在中国则又以距今4万—5万年作为旧石器时代中、晚期的分界。

山西地区是中国旧石器时代遗存最为丰富的地区之一。到现在为止，考古工作者在山西境内先后共发现700余处旧石器时代文化遗存。贾兰坡先生在为《山西旧石器时代考古文集》所写的序言中就说过："山西省境内的旧石器时代遗物之丰富，条件之良好，在国内来说是首屈一指的。"通过这些旧石器遗存我们可以看到人类在三晋大地上繁衍生息、不断演化。

第一节　山西地区的古人类化石

据古人类学家的研究，人类的祖先与当今还在世界上生存的近亲物种黑猩猩、大猩猩是在距今六百万年前分离，走上了独立的演化道路。最初我们的祖先应当也是一种猿。大概距今 400 万年前，进入南方古猿阶段的人类还过着跟今天的黑猩猩相近的生活。根据南方古猿的膝关节化石，可以看出那时人类的祖先已经开始直立行走。虽然他们可能直立行走也还不是很稳当，但与大猩猩和黑猩猩只是偶尔直立行走、平常四肢齐用相比，已经是很大的进步了。直立行走让人类的双手解放出来，双手制作并使用工具为人类历史揭开了新的一页。南方古猿的化石材料主要发现在非洲，且多集中在非洲的东部和南部两大区域。

到了距今 300 万年前，人类家族演化为两个支系，一个是头骨粗壮、颊骨很大的南方古猿粗壮种，一个是头骨纤细一点、牙齿较小一点的南方古猿纤细种。后者演化出来脑容量较大的“能人”，能人也被称为“巧手人”。能人是人类迈向社会成为大自然主人的第一步。这一阶段的人类具有人的基本特点，已经能够制造粗糙的石器，脑容量也较大，但仍带有许多原始性质。

大约在距今 170 万年前，能人继续演化，他们体型变大，脑容量也变得更大。古人类学家给他们起了一个新的物种名——直立人。直立人是介于能人与早期智人之间的一个演化阶段或等级。这一阶段的人类脑容量继续增大，已能接近于现代人，完全用两足直立行走，也能够制造较进步的石器，并已开始用火。直立人已经走出了非洲大陆，其化石在亚洲、非洲及欧洲都有分布，比如著名的直立人有在印度尼西亚发现的爪哇人，在中国发现的北京人、蓝田人、元谋人，在非洲发现的图尔卡纳湖人，在德国发现的海德堡人等。

之后直立人继续演化，脑容量增加，头骨越来越圆。古人类学家认为他们已经与我们十分相似，称之为“早期智人”。早期智人是继直立人之后，人类历史发展的一个非常重要的阶段。这一阶段的人类已具有与现代人更接近的特征，但仍带有一定的原始性质，如眉脊发达、前额低斜、鼻部扁宽、颌部前突等。他们所创造的文化比直立人有了很大的进步，生存手段更加多样，制作石器的工艺有了很大提高，石制品的类型与数量也相应增加，其功能也有了进一步分化。早期智人文化在时代上属于旧石器时代中期，相当于地质时代的晚更新世早一阶段，距今大约二三十万年至五万年前。主要分布在亚洲、欧洲和非洲。比较著名的有在非洲发现的博多人，在希腊发现的佩特拉洛纳人，在印度尼西亚发现的梭罗人，在欧洲发现的尼安德特人。在我国，属于这一阶段的古人类文化遗存，有丰富的发现，时代较早的大荔人和时代较晚的马坝人是我国早期智人的典型代表。

晚期智人阶段大约从距今5万年开始，至距今1万年结束，这一阶段人类体质的发展进入现代人行列。晚期智人的足迹已经遍布世界各地，较著名的有非洲发现的弗洛里斯巴人，欧洲发现的克罗马农人、姆拉德克人，在澳大利亚发现的梦戈湖人，以及中国的柳江人、山顶洞人等。这一阶段人类体质的原始性状已基本消失，其外貌与现代人没有多大区别。按地质时代划分，这一阶段属于晚更新世中晚期；按考古学划分，这一阶段属于旧石器时代晚期。

旧石器时代人类的演化大致分为几个阶段：南方古猿、能人、直立人、早期智人和晚期智人。但是关于人类起源问题迄今还有很大的争议，主要的三种观点是多地区进化假说，单一地区起源的假说即所谓“夏娃假说”，以及“同化假说”。多地区进化假说认为现代人的起源地包括了整个旧大陆，凡有直立人化石或遗迹出土的地方都有可能是人类的起源地。也就是说，多地区进化假说认为无论是欧洲、亚洲还是非洲，现代人是由本地的直立人经早期智人进化到晚期智人的。单一地区起源假说是根据在撒哈拉以南的非洲发现的最早的晚期智人化石，认为人类起源于非洲，然后迁徙到其他地方。这个单一地区起源假说根据人类线粒体的证据，认为所有的现代人都源于一个大约生活在距今14万年的女性远祖，这位人类先祖母本生活在南非，她的后裔逐渐扩散到全世界。因此这个假说又被称为“夏娃假说”。由于使用了最先进的分子生物学与基因理论，所以“夏娃假说”一度风靡全世界。“夏娃假说”认为来自南非的晚期智人移民“完全取代”其他大陆原住民，也不认为后来迁居到世界各地的人类祖先与早已在这些地方的古老型人类有通婚的可能。此外还有一种“同化假说”，认为来自南非的晚期智人移民在主体上取代了当地原住古老型人类，但当地古老型人类的部分基因也附带着进入了当地的现代人类。

按照“夏娃假说”，北京直立人并非我们的祖先，只能算我们祖先的堂叔祖。多地区进化假说和同化假说都认为包括北京直立人在内的许多远古人类化石是我们中国人的祖先，只不过后者认为包括北京直立人在内的许多远古人类化石只是中国现代人祖先中的一小部分①。

“能人”阶段的人类化石在山西省还没有发现。但在晋南西侯度遗址发现的石器，可以看作这一阶段的人类文化遗存。西侯度遗址是我国首次发现的早更新世初期的人类文化遗存，1988 年被国务院公布为全国重点文物保护单位。西侯度人类文化遗址位于芮城县风陵渡镇西侯度村背后的“人疙瘩”北坡。这里位于中条山南边向黄河倾斜的黄土丘陵地带，南距风陵渡 10 公里，西距黄河 3 公里。旧石器时代的文化遗物和动物化石是在“人疙瘩”北坡的砂砾层中，距离“人疙瘩”顶部 50 米。原来根据古地磁测年，砂砾层属于更新世早期，年代

① 更多人类起源的讨论可参考吴新智、徐欣:《探秘远古人类》，外语教学与研究出版社，2015 年;〔美〕贾雷德・戴蒙德:《第三种黑猩猩：人类的身世与未来》，王道还译，上海译文出版社，2012 年。

距今约 180 万年。2009 年开始，由南京师范大学沈冠军教授主持，山西省考古所王益人研究员、美国普渡大学达里尔·格兰杰教授、南非金山大学凯瑟琳·库曼教授共同组成的研究团队，对西侯度遗址进行测年研究。研究团队在法国学术期刊 *L'Anthropolie*（《人类学》杂志）2020 年第 11 期发表了山西省芮城县西侯度遗址最新测年数据及相关研究成果，通过对西侯度两个旧石器时代遗址点采集的样品进行铝铍同位素（26Al/10Be）比值埋藏测年分析，得出该遗址同位素年龄为距今约 243 万年（2.43 ± 0.06Ma），测年结果大大超出原来 180 万年的古地磁年龄[①]。按照目前的人类学研究，西侯度的远古居民与欧亚大陆西侧的能人年代相近。

山西地区的直立人化石目前也没有发现。这一阶段的文化遗存却发现不少，其中以匼河遗址群最为典型，在山西北部的大同青瓷窑旧石器文化遗址也属于这一阶段。匼河遗址在西侯度遗址的西南方向 3.5 公里处，但时代比西侯度遗址晚一百多万年。匼河遗址的时代距今约 60 万—80 万年，与周口店北京人遗址相当或稍早，与公王岭的蓝田人遗址同时或稍晚。

早期智人阶段的文化遗存在山西地区的原平、古交、交城、霍州等地都有发现。而在丁村遗址和许家窑遗址则是发现了古人类化石。

① 王益人：《行走在地质年代里——寻找东亚远古人类的最早足迹》，收于山西省考古研究院编著《发现山西：考古的温度》，山西人民出版社，2021 年。

丁村遗址群分布在临汾盆地南端的襄汾县丁村一带的汾河两岸。最初发现于1953年，修建临汾机场的工人在襄汾县城南5公里的丁村取砂时发现了旧石器时代遗址。1954年，贾兰坡先生带队中国科学院古脊椎动物研究所和山西省文物管理委员会等单位共同组成发掘队，开始了正式发掘。1954年，首次发掘就发现了3枚人类牙齿化石，这是我国首次发现的早期智人化石，在当时可以说是弥补了我国古人类化石在直立人和晚期智人之间的缺环。这3枚牙齿长1.1—2厘米，全是口腔右侧牙齿，分别是上内侧门齿、上外侧门齿、下第二臼齿。人类学家吴汝康先生根据三颗牙齿大小、形状、颜色及石化程度都保持着一致性，且出土部位又相近，认为三颗牙齿出自同一个个体——一个十二三岁儿童，并称之为“丁村人”。“丁村人”门齿齿根粗壮，齿面较宽，内侧两边有棱，因像铲子所以称为“铲形门齿”。中国境内发现的古人类门齿化石，几乎都是铲形的。即使是现代中国人的门齿也有百分之八十几是铲形的，而欧洲现在的白种人绝大多数都没有铲形门齿。“丁村人”的下第二臼齿咬合面呈椭圆形，有较复杂的纹理，各齿尖之间的沟是“十”字形。据吴汝康先生的研究，下第二臼齿为“十”字形的以中国人为最多，占世界人口的81%。1976年，在丁村遗址还发现了一个幼儿右顶骨后部骨片。这片顶骨化石里面是浅棕色，外面是深棕色，里外都有局部的黄色，形状像梯形。顶骨骨壁的厚度，较北京直立人的幼儿的顶骨的骨壁薄。幼儿顶骨有缺失，保存部分的颅内矢状窦沟和颅内大脑轭都很清楚。由于这片顶骨的人字缘和矢状缘不是直角，而是以钝角相交，而且这两个缘的锯齿状接茬处都很清楚，明确说明这块顶骨的上缘缺一块三角形的骨片，所以说这个幼儿的头骨应该有一块顶枕间骨。顶枕间骨位于顶骨与枕骨之间的人字点附近，因首先发现于南美洲印加人中，也称印加骨。顶枕间骨在蒙古人种及黄种人中出现频率较高。2012 年在丁村遗址南端的石沟村又采集到两块可以完全粘接在一起的人骨残片，属于同一枕骨个体，经专家确定为有一定石化程度的人类枕骨，属于一个年龄大约 26 岁的青年人。这块枕骨片，保留枕鳞的大部分，缺失枕骨基底部和侧部，枕平面大部保留，左右两侧有部分缺损。这片枕骨内侧，有明显的矢状沟，右侧大脑窝保

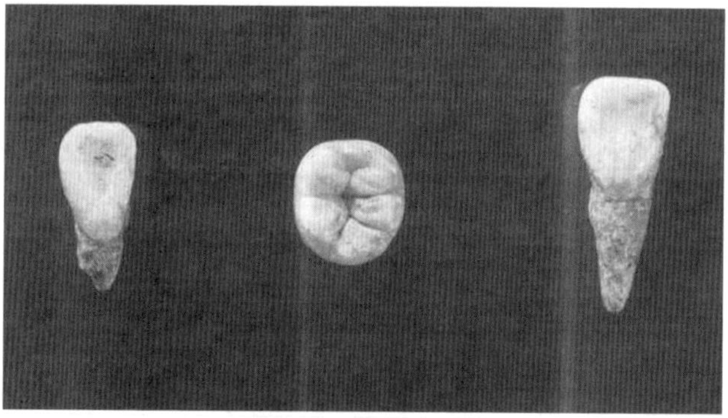

图 1–1　丁村人牙齿化石[①]

① 中国科学院古脊椎动物与古人类研究所、《中国古人类画集》编制组编著:《中国古人类画集》，科学出版社，1980 年，第 70 页。

留，根据对枕骨形态的观察，枕鳞上有一条5厘米的骨缝，人字缝镶嵌缝间骨，表明这个人也存在着顶枕间骨。尽管在丁村遗址只发现了三件人类化石，但从牙齿、顶骨、枕骨化石的铲形特征到顶枕间骨等特征看，都与现代蒙古人种较为接近。丁村人生活的时代大约在距今10万年前[①]。

许家窑遗址位于河北省阳原县侯家窑村与山西省阳高县许家窑村之间的梨益沟西岸，是一处旧石器时代中期人类文化遗址。经测量，出土的人类化石年代距今约10万年，后被称为“许家窑人”。许家窑—侯家窑遗址是旧石器文化的标尺性地点，可以把它看作旧石器时代早期“北京人”旧石器文化与旧石器时代晚期“峙峪人”旧石器文化之间的一种过渡类型文化，对于研究中国古人类的迁徙、进化具有重要意义。

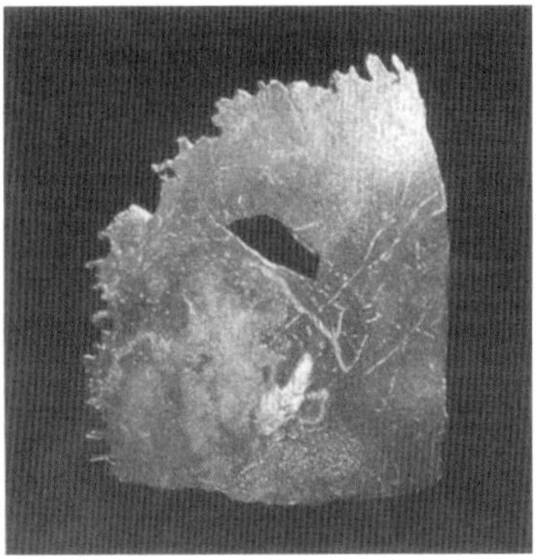

图1-2　丁村人顶骨化石[②]

许家窑遗址出土的人类化石较为丰富。发现于许家

① 陶富海、田建文:《彼汾一方：临汾史前文化研究》，商务印书馆，2021年，第38页。

② 中国科学院古脊椎动物与古人类研究所、《中国古人类画集》编制组编著:《中国古人类画集》，科学出版社，1980年，第70页。

窑的晚更新世早期人类化石共有 20 件，包括顶骨 12 件、颞骨 1 件、枕骨 2 件、上颌骨 1 件、下颌骨残段 1 件、单个牙齿 3 枚。分别属于十多个不同的个体。许家窑人的头骨骨壁较厚，顶骨弯曲度在横向上没有北京直立人弯曲，但比现代人弯曲；枕骨圆枕位置较高，枕骨曲度角大于北京直立人；大脑窝比小脑窝大，但又没有北京直立人明显；上颌骨粗壮，外壁不平，前鼻棘清楚，上颌骨吻部前倾的程度也是中等程度；上内侧门齿也呈铲形，下颌枝低而宽。许家窑人的总体特征介于北京直立人与现代人之间，因此被归入早期智人。近年来，国际专业期刊 *Journal of Human Evolution*（《人类进化杂志》）在线发表了中国科学院古脊椎动物与古人类研究所吴秀杰研究员、邢松研究员和刘武研究员与国外合作者对中更新世晚期许家窑人头骨化石的最新研究成果。利用 CT 技术和镜像原理，研究人员首次复原出许家窑人较为完整的头盖骨，为观测许家窑人整体的形态特征提供了重要标本材料。结合颅内模和公式法，推算出许家窑人的脑容量约为 1700 毫升，而现代人的脑容量约为 1400 毫升，正常变异范围为 1100—1700 毫升。可以说，许家窑人是迄今为止发现的中更新世脑容量最大的早期智人[①]。

① 吴秀杰:《中更新世晚期许家窑人化石的研究进展》,《人类学学报》, 2024 年第 1 期。

图 1-3　许家窑人头顶枕骨化石（颅外观）①

旧石器时代晚期大约距今 5 万—1 万年，这一时期的人类处于晚期智人阶段。从总体特征上看，晚期智人在形态上已经基本上与现代人没多少差别，所以也常被称为形态学上或解剖学上的现代人类。假如给晚期智人穿上今天的衣服，也根本不会引起我们的注目。按照当今流行的夏娃理论，晚期智人作为一个物种，在距今 14 万年左右开始出现，但到了距今四五万年时，在行为上发生了某些神奇的变化。在四五万年之前漫长的几百万年，人类文化的发展速度是极为缓慢的。之后人类在体质上的变化微不足道，但文化的演进幅度却是比之前的几百万年前大太多了，从此人类逐步走出了蒙昧时代。晚期智人阶段的人类化石在我国有不少发现，较著名的有广西的柳江

① 中国科学院古脊椎动物与古人类研究所、《中国古人类画集》编制组编著:《中国古人类画集》，科学出版社，1980 年，第 120 页。

人、四川的资阳人、北京周口店的山顶洞人、内蒙古的河套人等。晚期智人阶段的文化遗存在山西地区的襄汾、平陆、霍州、阳高、吉县、蒲县、榆次等市县多有发现。人类化石在这一阶段发现的也不少，朔州峙峪发现的人类枕骨、陵川塔水河发现的幼年个体颅骨化石碎片、襄汾南贾镇上鲁村石沟砂场发现的一件人类枕骨化石以及和顺当城洞穴中发现的两块人类顶骨化石都同属于这一阶段。

峙峪遗址位于山西省朔州市朔城区西北峙峪村附近，地处桑干河上游黑驼山东麓峙峪河与水泉沟交汇处的一个小土丘上。1963 年，中国科学院古脊椎动物与古人类研究所在这里发现大量文化遗物及动物化石，并进行了为期 50 天的发掘。

图 1–4　峙峪人枕骨化石[①]

① 中国科学院古脊椎动物与古人类研究所、《中国古人类画集》编制组编著：《中国古人类画集》，科学出版社，1980 年，第 123 页。

据放射性碳素测定，其年代距今 2.8 万年，地质年代应属更新世晚期。人类学家根据枕骨化石的特征分析，峙峪人早于山顶洞人，晚于丁村人。

陵川塔水河岩厦遗址位于太行山东南的陵川县夺火乡塔水河上游的玛朗山山脚一个叫“葫芦坝”的地方，1985 年被发现。1986 年，山西省考古研究所在对塔水河遗址文化层进行的试掘中，发现了一个弥足珍贵的古人类头盖骨化石。经中国科学院古脊椎动物与古人类研究所鉴定，该化石头骨系幼年个体，年龄在三岁左右，属于距今约 2.6 万年的晚期智人。同时出土的还有厚厚的灰烬层，以及大量的哺乳动物化石、石制品、烧骨、破碎骨片等。

和顺当城旧石器时代洞穴遗址群地处太行山腹地，位于山西省和顺县东南 35 公里的土岭乡当城村附近。根据动物化石及 ^{14}C 同位素年代测定，该遗址群时代为晚更新世或旧石器时代晚期。在其中一个洞穴剖面的第四层与石器等一起发现的有人类顶骨化石两块，面积分别为 2×4 厘米和 2.2×2.9 厘米，厚约 0.6 厘米，石化程度较高，呈红褐色。从形态特征上看，应该属于晚期智人。

2012 年，山西襄汾县南贾镇上鲁村石沟砂场发现一件人类枕骨化石。该化石埋藏在汾河西岸阶地的砂砾层，地质时代可能是中更新世晚期。襄汾石沟砂场新发现的人类枕骨枕鳞左侧有较明显的最上项线，而枕鳞右侧未见直立人的典型特征枕骨圆枕存在的痕迹。目前体质人类学认为，在现代人中，枕骨上项线与最上项线是位于枕骨中部呈条状的骨质隆起。直立人和早期智人的枕骨圆枕发育程度较高，最上项线和上项线未发育。因此新发现的石沟枕骨化石的形态特征与直立人和早期智人之间存在明显差异，更接近于现代人。

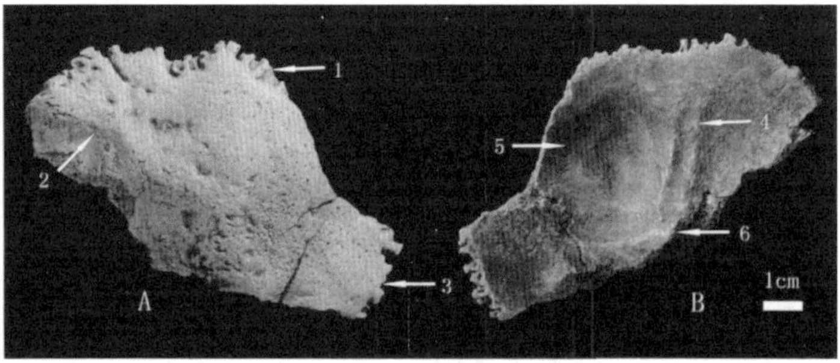

图 1-5 石沟人类枕骨化石（左图为颅外观，右图为颅内观）①

“人从何处来”是人类永恒的命题，在漫长的人类历史长河中，随着科学的进步，人们的认识也在不断变化。人类的起源和进化远比我们过去所认为的复杂得多。远古留下来的人类文化遗存都是我们探秘这个问题的珍贵材料。期待更多的古人类化石被发现以及科学研究的进一步推进，让我们对人类早期发展演化进程有更多的了解。

① 杜抱朴、周易、孙金慧等:《山西襄汾石沟砂场发现人类枕骨化石》,《人类学学报》, 2014 年第 4 期。

第二节　旧石器时代山西古人类的生存环境

旧石器时代遗址除了发现不少古人类化石外，还有很多动物化石值得我们关注。通过动物化石，可以了解到当时的自然环境情况，比如了解该地区当时是森林还是草原，了解该地区当时气候的变化，从而了解当时的人类生计模式。有些动物化石的特殊形态如烧骨，以及涂朱现象、吸骨髓的人类行为痕迹的出现也反映了人类生活的某些特点。

西侯度遗址就发现了属于更新世早期的烧骨、带切痕的鹿角和动物化石。所谓的烧骨大多是哺乳动物的肋骨、鹿角及马的牙齿，颜色有黑、灰和灰绿几种。通过化验结果得知其是被火烧过的。烧骨说明西侯度的远古居民已经食用熟的食物。熟食可以减轻胃肠消化食物时的负担，促进人类体质的增强和身体健康。不过也有考古学家认为这里发现的“烧骨”有可能是人类主动用火的证据，并且这个火来自于自然天火的可能性很大，比如森林野火烧死的动物遗骸[①]。西侯度遗址发现的带切痕鹿角化石，在靠近角节主枝的后外侧，有一个与主枝斜交的

① 王益人:《远古遗踪——芮城县西侯度遗址发现始末》，收于山西博物院、山西省考古研究所编著《发现山西：考古人手记》，山西人民出版社，2007年，第15页。

沟槽，横断面呈“V”形，考古工作者推测是人工用器物切割或砍斫出来的。

西侯度遗址发现的动物化石数量不少，而且种类很多，保存极好。动物化石除了鲤、鳖和鸵鸟外，还包括刺猬、巨河狸、兔、鬣狗、剑齿象、平额象、纳玛象、李氏野猪、鹿、布氏真梳鹿、粗面轴鹿、山西轴鹿、晋南麋鹿、双叉麋鹿、步氏羚羊、古中国野牛、粗壮丽牛、山西披毛犀、古板齿犀、中华长鼻三趾马、三门马等 22 种哺乳动物，是华北地区最早的更新世早期动物群之一。生物学上把生物分为界、门、纲、目、科、属、种。比如老虎属于动物界、脊索动物门、哺乳纲、食肉目、猫科、豹属、虎种。按照“属”一级的分类系统来看，西侯度遗址发现的动物化石的属已有 47% 绝灭。从分类系统的最基本单位“种”来看，西侯度遗址所发现动物化石的物种现已全部灭绝，没有一种能延续下来。西侯度遗址出土有鱼和河狸，根据鲤鳃盖骨判断，这里的鲤超过半米长，说明这里有又广又深的稳定水域。现在西侯度距黄河直线有十多里，黄河低于该处几十米。而在 200 万年前后，黄河比现在高出许多，西侯度则是在黄河岸边或与黄河有关的湖泊边上。西侯度遗址出土的这些哺乳动物化石，其中绝大多数的动物是生活在暖温带以北。比如剑齿象、平额象、纳玛象等象类，以及李氏野猪、古中国野牛、粗壮丽牛等，是适于丛林和森林生活的动物；鸵鸟、鬣狗、长鼻三趾马、三门马、披毛犀、板齿犀、布氏真梳鹿、轴鹿、麋鹿、步氏羚羊等，都是适于草原生活的动物。因此可以推测当时西侯度一带的自然环境应该是有山、有水、有平原，山上有森林，平原上有草，气候可能比现在还要偏凉一些。西侯度的远古先民面对这样的生活环境，被动物群包围，靠着艰苦奋斗的精神艰难地生活着。

图 1-6　西侯度遗址发现的烧骨[①]

匼河遗址出土的哺乳动物化石也很多，有披毛犀、野猪、肿骨鹿、斑鹿、德氏水牛、师氏剑齿象、东方剑齿象、纳玛象、三趾马等 13 种。所谓三趾马，顾名思义是马蹄三趾，而现代马的第三趾发育，侧趾逐渐退化。三趾马是现代马的祖先，是第三纪上新世的典型动物，很少见有中更新世地层中发

① 王益人：《远古遗踪——芮城县西侯度遗址发现始末》，收于山西博物院、山西省考古研究所编著《发现山西：考古人手记》，山西人民出版社，2007 年，第 11 页。

现的记录。其他动物多为中更新世的典型动物，如扁角鹿、肿骨鹿、德氏水牛、东方剑齿象等。

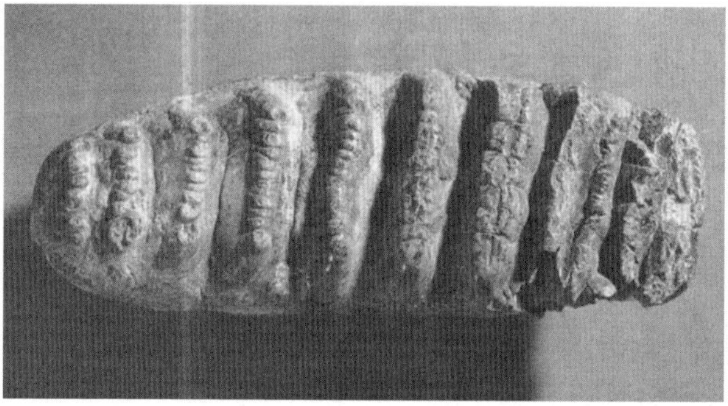
图 1-7　匼河遗址出土的剑齿象臼齿[①]

1958 年，考古学家在山西垣曲南海峪发掘了一处旧石器时代早期的洞穴遗址，这处遗址的地质时代属于中更新世，是山西省旧石器早期唯一的一处洞穴遗址。在此处发现了用火遗迹，出土的动物化石也主要是犀牛、鹿、豪猪、猕猴等哺乳动物。从这些动物的生活习性来说，有喜暖的动物，如剑齿象多发现在长江以南，水牛也喜暖多水，而野牛和披毛犀则喜欢比较凉爽的气候。哺乳动物的这些特征，不仅反映出当时这一带的自然环境有森林、有草原、有水域，而且还反映出这一时期有过寒冷和温暖的变迁。

位于山西北部的大同青瓷窑旧石器文化遗址，其文化遗

① 中国科学院古脊椎动物与古人类研究所、《中国古人类画集》编制组编著:《中国古人类画集》，科学出版社，1980 年，第 29 页。

物埋藏在十里河左岸的二级阶地后缘含角砾的灰黄色和灰绿色粉砂层中。在此处发现石制品千余件，还发现大量哺乳动物化石，如狼、古菱齿象、披毛犀等。从化石动物群与地层的情况来看，该遗址的时代属于中更新世较晚阶段。

丁村遗址出土的28种动物化石，构成了中国北方晚更新世早期的动物群，其中有56%是现今世界已经灭绝了的物种。这28种动物化石包括食肉类动物狼、貉、狐、熊、獾、鬣狗等，食虫类动物鼹鼠，奇蹄目动物野驴、野马、披毛犀、梅氏犀，偶蹄目动物野猪、赤鹿、葛氏斑鹿、大角鹿、河套大角鹿、羚羊、转角羚羊、水牛、原始牛，长鼻目动物德永古菱齿象、纳玛象、印度象，啮齿目动物河狸、鼠、鼠兔，此外还有爬行类的龟鳖和鸟类平胸目的鸵鸟等。这样庞大的动物群，被学界称为“丁村晚更新世动物群”。这些动物中有适于森林生活的野猪和熊，有喜欢在森林和草原过渡地带生活的赤鹿、河套大角鹿和野牛，有奔驰草原的野马、野驴，还有经常活动在水边的水牛等，代表着一种温暖湿润的自然景观。周昆叔先生根据丁村遗址地层中的孢子花粉，认为当时的汾河两岸是禾草草原，前期可能热些，是森林草原景观，后期温冷。也许是因为气候变化，在较暖和的前期生活的象类，到后期由于气候变凉便消亡了，而随之是披毛犀的出现。霍山的一个支脉伸向丁村以东，其间有广阔的平原，丁村人上山可以采野果，到平原可以狩猎，下汾河可以捕捞鱼蚌。当时的汾河面比现在要宽阔，水量也比现在大，动物们常来河边或河湾处喝水。河两边都是砂和砾石，人类也常过来捕捞和饮水。丁村与东侧黄土平原之间的陡坎比较平缓，便于古人来往，给丁村人的生活提供了非常便利的条件。根据调查，在曲沃、古交、交城等地都发现了与丁村文化相近的遗存。

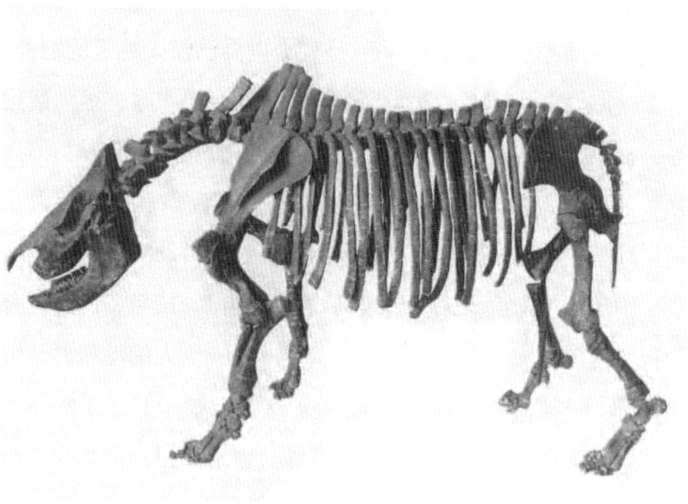

图 1-8　丁村人遗址出土的披毛犀骨架[①]

① 中国科学院古脊椎动物与古人类研究所、《中国古人类画集》编制组编著:《中国古人类画集》，科学出版社，1980 年，第 76 页。

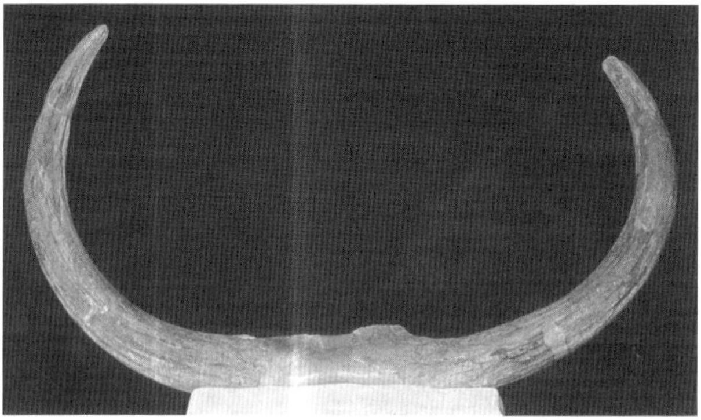

图 1-9　丁村人遗址出土的原始牛角[①]

许家窑遗址中与人类化石共存的哺乳动物化石有中华鼢鼠、似步氏田鼠、诺氏古象、野马、披毛犀、赤鹿、河套大角鹿、普氏羚羊、扭角羚羊、原始牛等约 20 种。全部动物骨骸化石数以吨计，但未见一具完整的个体，甚至连一个完整的头骨也没有发现，基本上都是人们食肉后又砸碎的抛弃物。其中又以野马、披毛犀和羚羊为最多，它们是被猎的主要对象。仅按马牙统计，就有 360 多个个体。说明那时狩猎业的发达程度，并且开始出现专业化倾向。另从动物群的性质分析，当时晋北地区为比较干冷的大陆性气候。还发现遗址内有用火烧过的兽骨，说明许家窑人已经懂得用火，并且食用火烤过的熟食。但没有见到类似北京人遗址中那样厚的灰烬层，说明许家

① 中国科学院古脊椎动物与古人类研究所、《中国古人类画集》编制组编著:《中国古人类画集》，科学出版社，1980 年，第 78 页。

窑人已经懂得人工取火，而不再像北京人那样用不断燃烧的方法保存火种。在许家窑人生活的时期，现在的大同盆地是一个面积达 9000 平方公里的大湖。其范围涉及现在的大同市以及怀仁、山阴、应县、朔州、浑源、阳高、广灵等 8 个市县和河北的阳原、蔚县的大部分或一部分，被称之为“大同湖”。它形成于中新世（距今约 2500 万—1200 万年）喜马拉雅造山运动时期。二三百万年前，当人类在地球上还处于孕育时期时，大同盆地是一片烟波浩渺的内陆湖。湖边山区是一片繁茂的森林，森林间隙有着不太丰茂的草地。在 10 多万年前，许家窑人来到这里安家落户，成为这里的主人。许家窑人在这样的环境里制造石器，也制造骨器，用石球狩猎，可以想见他们获得猎物的欣喜，也可以想到他们受到虎、狼一类猛兽侵扰的困惑。日子虽比直立人时代好了许多，但生活的不安宁也给他们带来了担忧和焦虑。

图 1-10 许家窑遗址出土的羊角器[①]

峙峪遗址的动物化石中，

① 中国科学院古脊椎动物与古人类研究所、《中国古人类画集》编制组编著：《中国古人类画集》，科学出版社，1980 年，第 122 页。

仅完整牙齿化石就有5000余枚，有蹄类所占比例最大，种类上占70%，数量上占95%以上，包括典型的草原动物普氏野马、野驴、普氏原羚等。其中以马类材料最多，完整的马、驴化石牙齿就有4000多枚，连同破碎的牙齿计算在内，至少有6000枚。倘若我们以完整的马右上第三臼齿计算，总数至少有120匹野马的个体，若按完整的驴右上第一臼齿统计，野驴的数目至少也有88个个体。因此，峙峪人被誉为“黑驼山下的猎马人”。根据哺乳动物群所反映的自然环境，可以看出峙峪一带冬夏两季温差较大，年平均气温较现在低。因为马与驴等身材高大的动物只适合在大草原地带生存。所以推测峙峪人所生活的黑驼山下桑干河畔是一片辽阔的草原地带，有的地方还夹杂着灌木丛。这里除了野马和野驴外，还有虎、鬣狗一类的猛兽，还有躯体高大的动物如王氏水牛、披毛犀，以及性情最温顺的普氏小羚羊出没。峙峪先民们大概是从平坦地带捕获野马和野驴，然后再拖回山区去烧熟食用。

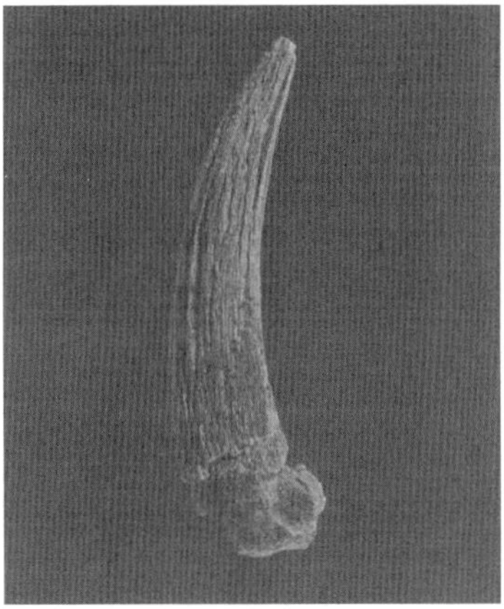

图1–11　峙峪遗址出土的普氏羚羊角[1]

① 中国科学院古脊椎动物与古人类研究所、《中国古人类画集》编制组编著:《中国古人类画集》，科学出版社，1980年，第126页。

第二章　旧石器时代山西古人类的生产工具

人类学家认为，人与动物的区别不仅仅是体质上的不同，而是人有复杂的文化。文化在广义上包括人类实践中一切物质与精神上的创造物。人类可以制造并使用工具是人类拥有复杂文化的开始，也是人类迈向社会成为大自然主人的第一步。恩格斯在《劳动在从猿到人的转变过程中的作用》也认为，人通过具体的劳动，来改变自然存在形式，使得更好地为自己的目的来服务，这是一切动物活动都不具备的本质性区别。劳动的本质特征之一就是必须创造并使用一定的物质手段，主要是劳动工具。当然，对旧石器时代人类来说，一器多用是非常普遍的。

人类最初制造的工具主要是石器。当时也许还制造了木器，树枝取材也很方便，也容易改制成工具。但木质物品容易腐烂很难保存，我们今天不知道远古人类手中的木器是什么样子。而石器因为大多保存完好，让我们得以一窥远古人类是如何发挥人类特有的自觉能动性，来改变自然存在形式。

第一节　旧石器时代早期的工具

在山西这片古老的土地，远在地质时代的更新世早期，就开始有人类活动。我国首次发现的早更新世初期的人类文化遗存就是西侯度遗址。1959 年，中国科学院的一支考古调查队在这一带调查时首先发现了这个遗址。1961 年和 1962 年，山西省文物工作委员会的王建、陈哲英等考古工作者在这里发现了一批人工打制的石器和珍贵的动物化石。2005 年，山西省考古研究所的王益人先生率队在西侯度遗址进行了 50 余天的发掘，又获得石制品和动物化石标本数百件。

西侯度遗址发现的石制品包括石核、石片、砍斫器、刮削器、三棱大尖状器等。这些石制品主要是以石英岩为原料，用锤击和砸击法为主打制的简单粗制的器物组合。在加工石器过程中，以向器身单面加工为主，属于石片技术传统，同欧洲石核技术传统存在着根本差异。通俗地讲，这时所谓的石器工具其实就是从一块大石头上面打下一块适于手握的石头片，有的可能在石头片的基础上稍加修理。那块被打击的大石头叫作石核，石核即产生石片的母体。西侯度遗址发现的最大的一件石片石核重 8.3 千克，最小的一件漏斗状石核仅 33 克。

打下来的石头片叫作石片。刮削器和砍斫器就是留下来有刃的部分。这些工具虽然看起来粗糙简陋，但是相对于黑猩猩用来砸坚果的石头有了质的飞越。刮削器可分为直刃、圆刃和凹刃三类，用刮削器可以刮削附在动物毛皮上的肉。其中一件用紫色石英岩石片修制的边刃刮削器十分典型。砍斫器可以分为单面砍斫器和双面砍斫器，也可按单边和多边来分，有的砍斫器还有使用痕迹。砍斫器可以用来砍砸刮削器所不能刮下来的食物。其中有一件多边砍斫器用大石片制成，周边 4 个刃口是正反两个方向交替打制的。

西侯度遗址出土的三棱大尖状器只有一件，器尖对称，呈三棱状。它是把一块三棱状砾石经过简单打制加工，修理成石片三边相交成尖的器物，使用部分主要在尖端，其功能是挖掘或剔除。三棱大尖状器在黄河中下游晋、陕、豫三省交界的三角地带旧石器时代遗址中都有发现，西侯度遗址的三棱大尖状器年代最早。

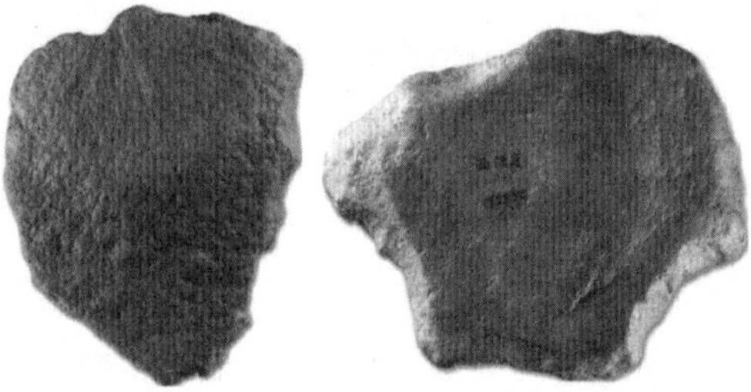

图 2-1　西侯度遗址出土的砍斫器[①]

① 王益人：《远古遗踪——芮城县西侯度遗址发现始末》，收于山西博物院、山西省考古研究所编著《发现山西：考古人手记》，山西人民出版社，2007 年，第 13 页。

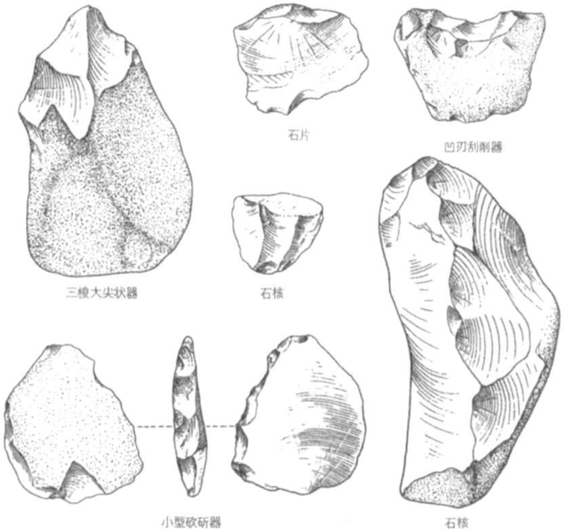

图 2-2　西侯度遗址 1960—1961 年出土的石制品①

图 2-3　西侯度遗址 2005 年出土的石制品②

① 王益人:《远古遗踪——芮城县西侯度遗址发现始末》，收于山西博物院、山西省考古研究所编著《发现山西：考古人手记》，山西人民出版社，2007 年，第 10 页。

② 同上书，第 23 页。

此外，西侯度遗址出土的动物化石中，有一个残破的鹿头盖，头骨上保存两段鹿角，其中一段鹿角上具有明显的人工切割或砍斫的痕迹，另一段上也有刮削的痕迹。具有类似的人工刮削痕迹的鹿头盖骨还有一件。这两件标本说明，当时人们可能已开始制作骨器。

到了地质时代的更新世中期，三晋大地上这一阶段的文化遗存不少，如垣曲、永济、襄汾、古交、大同等市县均有发现。其中位于山西省芮城县的匼河遗址最为典型。

匼河遗址群的发现缘于1957年中国科学院古脊椎动物与古人类研究所为配合三门峡水库建设在库区进行的调查。当时在北至永济市独头村北涧，南至芮城县涧口南沟的黄河左岸一带，发现了十多处旧石器地点和大量哺乳动物化石。1959—1960年，中国科学院古脊椎动物与古人类研究所的贾兰坡、王择义、顾玉珉等先生与山西省文物管理工作委员会王建先生在匼河一带再次深入调查发掘，确认了11个中更新世早一阶段的石器地点。后来在1963年、1978年、1980年又分别进行了几次考古发掘。

匼河遗址出土物以石片石器为主，主要以石英岩为原料，种类有三棱大尖状器、砍斫器、刮削器、石球、石核等，共160余件。从石核和石片的特征上判断，主要是采用锤击法生产石片，也有的石片打击点不集中，石片角度大，可能是采用碰砧法产生的。三棱大尖状器具有三面和三缘，横断面呈不等边三角形，其三个边缘上均有打制痕迹，三个面上也布满疤痕。石片疤大且深。可以看出经过了100多万年时间的经验积累，匼河遗址的石器比西侯度遗址的石器很明显要进步得多。匼河遗址的先民有了初步的分类概念，懂得不同形状或不同类型的石器有着不同的用途，加工石器的目的性更加明确了。

图2-4　匼河遗址出土的石器①

匼河遗址除了发现与西侯度遗址相似的石器之外，还发现了小尖状器和石球。小尖状器是一种将石片两边加工修理相交成尖的器物，使用部分主要在尖端，其功能是挖掘或剔除。石球是人们专门制造的一种投掷狩猎的武器。匼河遗址发现的石球呈多面体，不太圆，直径在9—10厘米，重1100克左右。石球的投掷方法或许跟我们现在投掷铅球差不多，但不讲究什么姿势，只要能投远，能猎获动物就算达到了目的。

1958年，考古学家在山西垣曲南海峪发掘了一处旧石器时代早期的洞穴遗址，发现了19件石器。石器的原料主要是脉石英和燧石。8件石片系直接打制，未见修理；4件尖状器修理精致，沿边刃向上加工出正锐尖和正钝尖；7件刮削器均

① 中国科学院古脊椎动物与古人类研究所、《中国古人类画集》编制组编著：《中国古人类画集》，科学出版社，1980年，第28页。

为单刃刮削器，但有单直刃和单凸刃之分，都是在石片的边缘向一面或两面加工而成。总的来讲，南海峪洞穴遗址石器的打片方法、石片形状、石器大小和修理方式与北京直立人晚期文化相类似。

图 2-5　垣曲南海峪出土的石器[①]

第二节　旧石器时代中期的工具

旧石器时代中期，相当于地质时代的晚更新世早一阶段，距今大约二三十万年至五万年。这一阶段的文化遗存在山西地区的原平、古交、交城、霍州等地都有发现。其中以晋南的丁村文化与晋北的许家窑文化最为著名。

① 中国科学院古脊椎动物与古人类研究所、《中国古人类画集》编制组编著:《中国古人类画集》，科学出版社，1980 年，第 31 页。

丁村遗址群位于山西省襄汾县丁村一带的汾河两岸，是第一个由中国人自己发现、发掘和研究的旧石器时代考古遗址，也是我国少数几个几乎没有间断、持续探索的旧石器考古遗址之一。其存在时间为距今20万—5万年。在中国旧石器时代中期文化中，丁村出土的石制品是最有典型意义的。丁村遗址群的10个地点中，共获得了石制品2000多件，95%的原料是就地取材的黑色角页岩。丁村遗址群的石器类型分为石核石器和石片石器两类。石核石器中含单边形器、多边形器、三棱厚尖状器、鹤嘴形厚尖状器、厚尖状器、小型尖状器和刮削器。石片石器有砍砸器、厚尖状器、小型尖状器和刮削器多种。其中厚尖状器是用大石片制作的，主要加工在石片两侧边缘和所夹的尖端。最富有特色、最具典型的代表性器物是三棱大尖状器，被称之为“丁村尖状器”——用巨厚石片制成，从平坦的一面向背面加工，使背部成棱脊或高背状。其器身下端手握部分宽厚，尖端锐利，两侧对称，断面呈三角形，背面边缘有连续的石片疤，正面有一条纵脊从器的尖部直通末端，破裂面则较平整，不见石片疤。三棱尖与今天的镐头相似，功能以刨、掘为主。与这种尖状器相似的器形在陕西蓝田、山西匼河、豫西三门峡等地区一些旧石器时代初期的遗址中也有发现，但在修整技术上没有丁村文化进步。鹤嘴形尖状器也是一种大尖状器，器体厚重而长，尖端较扁，扁尖两侧较薄有刃，呈鹤嘴状；不仅可以刨掘，还可以砍割。丁村文化大尖状器应该是一种

图 2-6 丁村遗址出土的尖状器[①]

"多功能工具"，它除了挖掘和砍斫外，还可以砸、刮削、穿刺等，用它的后部砸干果乃至当石锤砸石片。砍砸器是用交互打击法制成，粗大厚重，刃缘曲折呈锯齿状。有一种多边砍砸器，几个边缘都经加工，是一种具有较大效用的砍砸工具。砍砸器可用于砍伐树木，截断动物肢体。石球也是丁村石器中较具特色的器物。石球多为灰岩或闪长岩制成，球体上布满细碎的石片疤，加工较细致，已大致定型，通体为圆球形，不像是打过石片后的石核。专家们一致地将之归为石球类。丁村文化发现的石球数量也较多。石球第一次延长了人类的手臂，能在远距离击中猎物。中国军事博物馆开馆时来丁村征集展品，就征集了两颗石球，进行陈列，并命名为

① 中国科学院古脊椎动物与古人类研究所、《中国古人类画集》编制组编著:《中国古人类画集》，科学出版社，1980 年，第 72 页。

"最早的炮弹"。丁村文化的特点是生产大量的粗大石器，以碰砧法为主要打石片的方法，兼以投击法和锤击法；在工具组合中，砍砸器、大三棱尖状器等大型工具居显著地位。就石器粗大化这一点来讲，丁村文化可能与匼河文化有一定的渊源，但在打片、修理技术和器类上，丁村文化又远比匼河文化复杂和进步。

图 2-7　丁村遗址出土的大尖状器[①]

① 中国科学院古脊椎动物与古人类研究所、《中国古人类画集》编制组编著：《中国古人类画集》，科学出版社，1980 年，第 72 页。

图 2-8　丁村遗址出土的砍砸器[①]

图 2-9　丁村遗址出土的石球[②]

图 2-10　丁村遗址出土的石片及刮削器[③]

属旧石器时代中期的许家窑遗址从 1973 年被发现以来，先后进行了 5 次发掘，共发现 3 万余件石制品。许家窑遗址石

① 中国科学院古脊椎动物与古人类研究所、《中国古人类画集》编制组编著:《中国古人类画集》，科学出版社，1980 年，第 74 页。

② 同上书，第 75 页。

③ 同上。

制品多以脉石英为原料，均是就地取材，除石球之外粗大的石器非常少见，几乎都是加工精致的细小石器，反映出当时的石器技术已相当进步。许家窑遗址发现的石器种类有刮削器、尖状器、石锥、雕刻器、砍砸器和石球。刮削器数量最多，占工具总数的一半多，用片状毛坯制成，器体较小，亦较轻，修理细致，刃口较锐，有单凸凹刃、双凸凹刃、复刃、端刃几种。尖状器用小石片制成，最大的也不过重 13 克，最小的仅重 1 克，修理工作很细致，刃缘比较匀称，有正尖形和角尖形两种。石锥也用小石片制成，长度在 2 厘米左右，短尖，有双肩，刃缘匀称，形制规整。雕刻器较小，长度在 1.9—3 厘米，系用小石片制成，前端有凿形口，一侧边修理成凸刃或直刃，可分为笛嘴形雕刻器、角雕刻器和平刃雕刻器。砍砸器用砾石和石核制成，加工较粗糙，刃口厚钝，刃缘曲折。石球是许家窑文化最有特色的石器。许家窑遗址出土了上千件石球，这些石球大小不一，大的重量超过 1500 克，直径超过 10 厘米；小的则不足 100 克，直径不到 5 厘米。许家窑遗址的石球远比丁村遗址的石球要精致，许家窑遗址的石球呈滚圆形，周身布满小石片疤。在发掘中发现有的地方石球成堆放置。熟练的投掷者能够把一公斤重的石球扔到二三十米开外。相比而言，投掷同等重量的天然砾石不仅距离短，而且由于砾石的形状不一，很难控制落点。鉴于许家窑遗址存在大量的石球，有的学者甚至把许家窑文化称之为“石球制造者的文化”。在许家窑遗址中出土了大量的鹿类、羚羊类、野驴、野马的化石，其中仅野马的化石就有360多个个体，因此有的考古学家把许家窑人誉为“猎马人”。不过由于石球的打击力量其实很有限，为了获得更大的打击力度，就需要再缩短距离。考古学家推测许家窑人把加工好的石球储存在泉水或盐碱场等猎物经常出没的地方，等动物群过来的时候，埋伏好的猎人拿起石球群起而攻击动物的腿部或头部。由于野马奔跑迅速，能够给猎人多次打击的机会不多，许家窑人不大可能一次捕猎多头动物。所以说许家窑遗址可能是当时反复利用的猎杀地点。至于那些细小的刮削器、尖状器、小型砍斫器、雕刻器等则被许家窑人用来处理兽皮、切割肉类、挖掘植物等。此外许家窑遗址中发现的工具还有骨角器。

图2-11 许家窑遗址出土的尖状器[①]

① 中国科学院古脊椎动物与古人类研究所、《中国古人类画集》编制组编著：《中国古人类画集》，科学出版社，1980年，第122页。

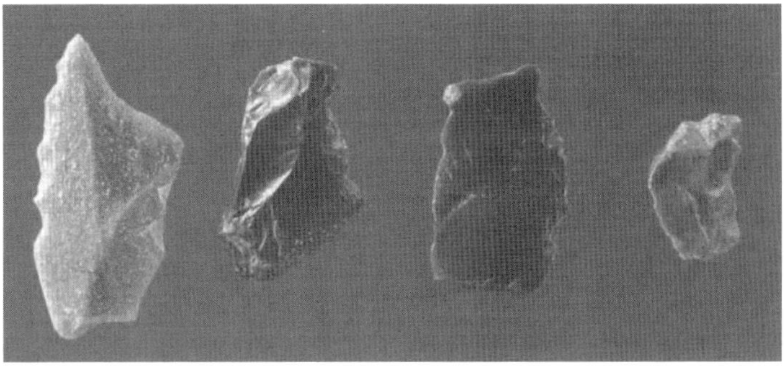

图 2-12 许家窑遗址出土的刮削器[①]

除了晋南与晋北，旧石器时代中期的吕梁山脉中的众多河流两岸，或多或少都有人类活动遗留下来的文化遗存。1957年，王择义在旧石器时代中期遗址交城范家庄石器地点群——南北长约20公里、东西宽约10公里的范围内——发现45个地点。采集石制品1000余件，原料主要有角页岩、燧石、石英石。石制品以石片最多，其他有刮削器、砍砸器、尖状器及石核，刮削器数量较多。交城范家庄石器地点群分布面积广泛，各地点之间的地层堆积有一定差异，应该不仅限于旧石器时代中期，很可能达到旧石器时代早期晚段。

① 中国科学院古脊椎动物与古人类研究所、《中国古人类画集》编制组编著：《中国古人类画集》，科学出版社，1980年，第122页。

图 2-13　交城出土的尖状器与刮削器[①]

图 2-14　交城出土的砍砸器[②]

① 中国科学院古脊椎动物与古人类研究所、《中国古人类画集》编制组编著:《中国古人类画集》，科学出版社，1980 年，第 79 页。

② 同上书，第 80 页。

此外，位于太原市以西 40 公里的古交盆地，也发现一个大型旧石器时代遗址群——古交遗址群，发现旧石器时代地点 160 余处，是汾河流域除丁村遗址的又一个大型旧石器时代遗址群。遗址群既有以三棱大尖状器为代表的旧石器时代中期文化遗存，也有以大型砍砸器为主的旧石器时代早期遗存，还发现了旧石器时代晚期石器制造场。

第三节　旧石器时代晚期的工具

距今约 4 万—1 万年间的人类文化处于旧石器时代晚期，相当于地质时代的晚更新世晚期，大体上相当于人类体质进化的晚期智人阶段。此时人类的生产技术、艺术创作、意识形态和社会生活出现革命性的变化。在山西地区发现的旧石器晚期遗址覆盖范围更广。

旧石器时代晚期文化遗址中的下川遗址群就是人类最早踏足太行山区域的证据。以沁水县下川村为核心的下川遗址群，分布在中条山东端的垣曲、沁水、阳城三县毗连的纵横各二三十公里的范围内，包括水井背、棠梨树圪梁、小白桦圪梁、富益河圪梁、牛路圪梁和黑龙池等地点。下川遗址群共发现 16 处细石器地点，获得 1800 余件石制品，包括细石器和粗大石器两大类。细石器是下川文化的主体，它是一种以特殊的工艺技术生产的细石核、细石叶和用细石叶加工成的石器，代表着下川文化的性质。下川遗址的细石器以黑色燧石原料为主，类型达 40 余种，有锥状、半锥状、柱状、楔状等各种形制的细石核、细石叶、尖状器、雕刻器、琢背小刀、石镞、石锯、锥钻、石核式石器以及各种式样的刮削器等。下川文化的粗大石器以砂岩、石英岩等为原料，有砍斫器、锛状器、石锤、研磨盘等。以细石器为主要特征的下川旧石器时代晚期文化遗存，是中国乃至东亚地区时代最早的细石器工业之一。下川遗址中发现的细石器无论在数量上，还是在类型上，都是中国细石器工业较早阶段最丰富、最典型的。从其各个类型石器的打制技术来看，下川遗址中的细石器技术有许多都是中国乃至东亚细石器技术中带有原创色彩的类型和技术。下川文化的工具大多十分细小，修理方法多为压制修理，多数类别的工具留有压制修理的痕迹。下川文化中存在不少将长石叶两端截去的细长石片，这种长石片实际上是镶嵌在骨刀梗长刃槽内的石刃，说明当时已使用复合工具——骨梗石刃刀。下川文化的工具主要有刮削器、尖状器、雕刻器等，均细小，修理精制。在下川文化中还发现石箭头、琢背小刀、石锯等器物。石箭头是用压制法制出锐尖和周边，有圆底形和平底形两种。琢背小刀是下川文化的典型器物，加工方法是在石片一边轻敲细琢，使其变钝变厚，成为刀背，另一边缘则保留原石片锋利的边刃。琢背小刀可能是嵌入柄内使用的一种中型刀刃。石锯是在一侧或两侧修出几个锯齿，有的还带短把儿，用于锯割。最新研究成果表明，分布于太行、太岳、中条三大山系衔接处的下川文化可以分为距今4.1万年—3.9万年、距今3.9万年—2.9万年、距今2.9万年—2.6万年以及距今1万多年四个发展阶段。下川文化对于我国乃至整个东北亚细石器的起源、时代特征以及技术体系演变等方面的研究起到很重要的作用。其中的细石核、细石叶，反映了石器制造技术和使用方法的特殊性，反映了生产劳动上的特殊要求，它们和粗大石器中的磨盘、锛状器一样闪烁出时代的火花。它们的出现，标志着一种革命性的生产力提高，历史又向前迈了一大步。

图2-15　下川遗址小白桦圪梁地点出土的雕刻器①

图2-16　下川遗址小白桦圪梁地点出土的锯齿刃器②

旧石器时代晚期的文化遗存峙峪遗址，于1963

① 杜水生、王晶、王益人、单月英:《山西沁水下川遗址小白桦圪梁地点2015年发掘报告》,《考古学报》2019年第3期。

② 同上。

年考古发掘时，出土了15000余件石制品，据^{14}C测年距今28945±1370年。峙峪遗址的石制品材质为当地砂砾层中的硅质灰岩、燧石、石英岩、脉石英等，以燧石为主。峙峪遗址的石制品通常较小且制作规整，以尖状器、雕刻器和形式多样的刮削器为主，砍砸工具少见。刮削器长度多在2—3厘米，绝大多数是向背面加工，修理较好，有单刃、两刃、复刃多种，其类型有圆头刮削器、盘状刮削器、端刃刮削器、双边刮削器等，以圆头刮削器最为常见。尖状器一般不超过3厘米，用小而薄的石片制成，以背面加工为主，修理精制，有凿形、菱形尖状器。雕刻器用石片制成，器型很小，有笛嘴形雕刻器和凿形雕刻器。峙峪遗址发现的小石刀、石镞和穿孔石墨装饰品，均体现出极高的加工技术，制作的都十分精致。峙峪遗址出土的一件燧石石镞，用石片制成，尖端周正，肩部两侧变窄呈铤状。由此可知，旧石器时代晚期，中国境内的晚期智人已会使用弓箭，这彰显着当时的峙峪人在狩猎技术已获得长足发展。恩格斯在《家庭、私有制与国家起源》中说："弓箭对于蒙昧时代，正如铁剑对于野蛮时代。"弓箭具有瞄得准、射程远、杀伤力强的特点，是狩猎技术得到进一步发展的标志。运用这些工具，人类可以在数十米到百米开外射杀动物。远程工具使猎人既可以避免被动物发现，又可以避免遭到受伤动物的反扑，降低了狩猎的风险。峙峪遗址还发现一件钺形小石刀，用半透明的水晶制成，弧形刃口，宽3厘米，两平肩之间有短柄状凸出，当为镶嵌在骨、木柄内使用的复合工具。峙峪遗址还发现一件装饰品——穿孔石珠，用石墨制成，一面钻孔，经过磨制。峙峪文化相较同样位于大同盆地的许家窑文化有很大发展，如不再使用石球和砍砸器，工具进一步变小变精，使用了弓箭等等。

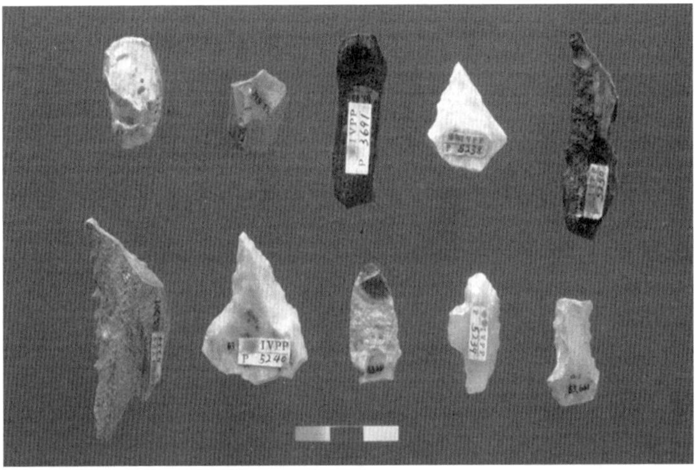

图 2-17　峙峪遗址石制品①

位于吕梁山脉的吉县柿子滩遗址群是一处重要的旧石器时代晚期遗址。柿子滩位于吉县城关西南 30 公里的清水河畔，西距黄河 2 公里。柿子滩遗址发现于 1980 年，2000 年山西省考古研究所（今山西省考古研究院）、山西大学考古系和吉县文管所组成柿子滩考古队，重新对清水河下游进行了大规模考

① 王益人:《峙峪遗址 50 年祭——中国旧石器考古方法之检讨》,《化石》2015 年第 2 期。

古调查，新发现旧石器地点 25 处。到现在柿子滩遗址群出土石制品、动物化石、装饰品等遗物近 10 万件，发现火塘等遗迹 300 余个。柿子滩遗址人群活动于距今 2 万—1 万年间，代表了旧石器时代晚期之末广泛分布于黄土高原和黄河中游一种独特的区域文化。这里展示了距今 2 万年—1 万年前，人类在这一地区生产加工细石器，制作原始装饰品，使用石磨盘、石磨棒，熟练用火等生产生活场景，反映了旧石器时代晚期狩猎采集生活方式向新石器农耕文明过渡阶段的文化面貌。近年来，有关柿子滩遗址群的考古研究成果为研究细石器的起源及相关工艺的发展、华北地区粟作农业的起源等问题的研究提供了重要资料。

在柿子滩遗址 S9 地点共发现了两件的石磨盘，位于第四层。磨盘均为板状砂岩周边经打制而成，其中一件的形制较规整，平面大体呈椭圆形，正面沿长径两边稍向中心凹入，高差约 0.5 厘米。磨盘长 27.4 厘米，宽 18.3 厘米，平均厚度 3 厘米左右。另外一件形制不似前者那么规整，长 26.4 厘米，宽 18.5 厘米，最厚处 5.7 厘米。两件磨盘面上均分布有直径约 0.5 厘米不等的圆形小窝。以石磨盘为中心两米范围内还出土了两件石磨棒，也均为砂岩制作，包括一件完整的石磨棒和一件残的石磨棒。完整的石磨棒长 20.6 厘米，截面最大径 6.1 厘米，棒体两端细而圆钝，中间截面呈圆角三角形。另一件不完整的石磨棒残长 7.1 厘米，断面也接近三角形，残留断面最大径 5.2 厘米。

图 2-18　柿子滩遗址 S9 地点出土的石磨盘[①]

① 石金鸣、宋艳花:《山西吉县柿子滩遗址第九地点发掘简报》,《考古》2010 年第 10 期。

第三章　新石器时代山西的农业

大约到了距今1万年前，地质时代进入全新世，考古学上称“人类从旧石器时代进入了新石器时代”。旧石器时代与新石器时代最根本的区别还不是生产工具从打制石器改为了磨制石器。事实上，新石器时代的最初阶段打制石器并没有退出历史舞台。新、旧石器时代最根本的区别是生产方式的不同，从旧石器时代狩猎采集经济转变为新石器时代的农业生产方式。而磨制石器不过是农业生产方式出现后的副产品之一。从狩猎采集经济到农业生产，人类社会随之发生了巨大变化，比如生产方式、社会组织、居住形态乃至信仰结构等。而这些因素又互相强化，种植与畜养牲畜的生活方式迫使人们不能有太大的流动性，定居下来之后人口数量则爆发式增长，人口的增长使得社会组织日益复杂。更复杂的社会结构要求更多的生产剩余，也就是更大规模地种植作物、饲养牲畜，这又使得社会对于劳动力有更强劲的需求，需要更多的人口。因此有人称这是人类社会的第一次产业革命，也称为“新石器时代革命”或“农业革命”。

山西地区发现了中国最为丰富的旧石器时代遗存，但新石器时代早期的遗存却几乎没有发现。所以学者推测是因为早期的农业生产者没有选择在黄土高原上进行农业革命。也许是因为新石器时代的早期山西地区不适合或者不需要原始农业。山西地区步入新石器时代的步伐要比除了西北的周边地区慢一些。目前为止，山西境内发现的最早的新石器文化遗物是1984年考古工作者调查漳河上游的浊漳河流域时，在武乡县石门乡牛鼻子湾收集到的距今7000年的石磨盘和石磨棒。石磨盘和石磨棒均用粗红砂石制成，磨盘为圆角长方形，底部置横圆柱状的盘足，形制特征与河北省武安磁山遗址出土的同类器相似。此后虽然附近展开了多次实地调查，但都没有发现相关遗址。因此到目前为止，山西发现年代最早使用陶器的新石器时代文化遗存是距今约7000—6400年的“枣园文化”，也应该是周边地区传入的。

第一节　粮食遗存

进入新石器时代后，人类根据不同地区的自然环境，选择了不同植物加以驯化。约1万年以前，西亚、中美洲和东亚地区几乎同时出现各自的农业。西亚的两河流域被认为是小麦、大麦、燕麦等作物的起源中心；中美洲则是玉米、马铃薯和花生等农作物的诞生地；中国拥有两套独立的原始农业系统，分别是起源于长江中下游地区的稻作农业和黄河中游地区的粟-黍旱作农业，这两套原始农业系统孕育了中华农耕文明。到目前为止，我们所知最早的黍的标本是距今 1 万年前河北武安磁山遗址出土的大量炭化黍，最早粟的标本出土于距今 8000 年的兴隆沟第一地点。在距今六七千年前后，粟已经成为山西地区的主要粮食作物，稍晚时候稻谷和大豆也传到山西地区。

早在 20 世纪 30 年代，山西地区就发现了新石器时代的粮食[①]。1931 年，由董光忠主持发掘的山西万荣荆村新石器时代遗址，出土了“黍稷之壳皮”。毕晓普认为有黍和高粱两种。1943 年，日本人和岛诚一报告了荆村遗址出土的谷类炭化物，经理学士高桥基生鉴定为粟和高粱的炭化物。陈星灿先生在《中国史前考古学史研究（1895—1949）》中说：“经过发掘的是荆村瓦渣斜新石器时代遗址，发现粟（*Stetaria italica*）和可能是高粱（*Andropogon Sorghum var. vulgaris*）的壳皮，尽管关于高粱的真假问题尚有争论，但无疑这里是仰韶村之外另一处新石器时代栽培作物遗迹的重要遗址。”[②] 除了万荣荆村遗址，夏县西阴村遗址也发现了炭化的粟，年代都是距今 6000—5000 年。粟是新石器时代山西地区的主要农作物，主要原因是粟能够适应黄土地带的生态环境。粟的耐旱性特别强，由于它的叶面蒸发量小，所需水量比其他作物要少得多。山西居于黄土地带，是在干旱条件下形成的，其气候特点很适于粟类生

---

① 田建文：《70 年前的山西考古》，《晋学研究（第一辑）》，商务印书馆，2021 年，第 32 页。

② 陈星灿：《中国史前考古学史研究（1895—1949）》，生活·读书·新知三联书店，1997 年，第 105 页。

存。“荆村出土高粱”之所以有争议，是因为高粱又名蜀黍或蜀秫、秫秫、稻黍、木稷、荻粱、芦穄、芦粟、茭子等，以前研究者认为，高粱原产于非洲，后来从埃及传到印度，再到中国。我国学者安志敏先生就对此持怀疑态度：“由于标本已不存在，而报道又只限于鉴定的结论，难以进行复核。”又说：“至于是不是高粱，也只好存疑。”黄其煦先生也对荆村遗址出土的高粱炭化物持怀疑态度。

1989 年，侯马乔山底遗址发现两座圆形袋状粮仓，在年代上属于庙底沟二期文化早期，距今 4500 年以上。乔山底两座粮仓的地面破坏严重，早非原来的地表，未发现柱洞，顶部有无建筑，在田野考古中未发现。这两座粮仓都是口小底大的圆形袋状坑，相隔约 6 米，大体上南北向排列，1 号粮仓在南偏西，2 号粮仓在北偏东。1 号粮仓口部接近正圆形，底部近椭圆形，原本是规整的口小底大的竖穴袋状，后因塌落，周壁向外凹扩，形成不规整的弧壁，不过近底部高 1 米处的周壁保存完整，壁面光滑，留有一层厚约 2 厘米的黄泥，没有经过草拌。塌落的壁上也发现有厚约 2 厘米的黄泥，应当是使用时期四壁塌落后为修补加固周壁涂抹上去的。1 号粮仓口的南北直径 5.5 米、东西直径 5.6 米，底部的东西直径 5.6 米、南北直径 5.75 米，总面积约 25 平方米，坑底距口深 3.35—4 米。2 号粮仓原来应该也是规整的竖穴袋状，但东北部坍塌向外扩出约 1 米，因而口部极不规整。原来规整的竖袋状后因反复塌落，周壁多次向外凹扩。尤其以北半部壁上最为明显，自上而下可分为五个断面，每个断面一般高 0.7 米、向外扩深 0.15 米，有的断面上还不同程度地形成圆形小龛，很不规整。2 号粮仓近底部高约 1 米的周壁保存完整，这个平面的上直径 6 米，周壁留有拍打痕迹，但未发现明显的抹泥痕迹。发现时 2 号粮仓口部近圆形，南北直径 6.5 米、东西直径 6.7 米，原来口部应当更小；底部直径 6.3 米，总面积 30 余平方米，口至底最深为 4.75 米。这两座粮仓中，底部还有大量的炭化谷粒，

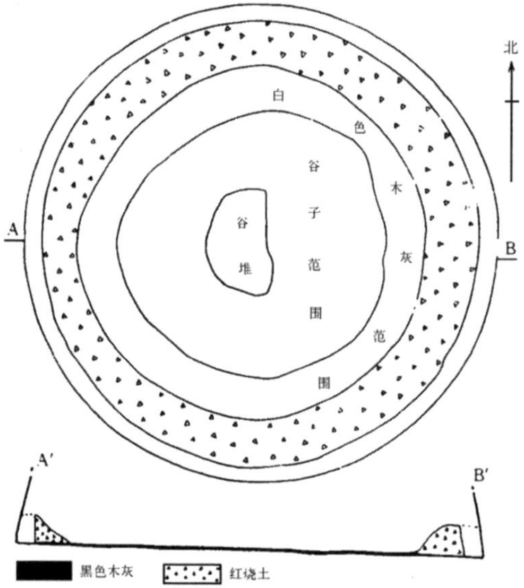

图 3–1　侯马乔山底遗址粮仓 F2 底部平剖面图[①]

---

① 山西省考古研究所侯马工作站:《山西侯马乔山底遗址 1989 年Ⅱ区发掘报告》,《文物季刊》1996 年第 2 期。

这些谷粒虽然在发现时已经是黑色，但均颗颗饱满，肉眼尚可看出是粟，也就是俗称的谷子。这些谷子发现时外壳已脱落，但同时也发现不少谷壳，可能粮仓里储存的是尚未脱壳的谷子。考古工作者依据两座粮仓的容积推测，最少可容粮食体积分别为 25 立方米与 40 立方米。若按 1 立方米新鲜谷子为 1286 斤，则这两座粮仓存满分别可储存 3 万斤与 5 万斤粮。粮仓本身充分说明在庙底沟二期文化时期，当地人群已经有了大规模的农业生产，所以才能收获如此多的粮食可供储存。

进入龙山时代，山西襄汾陶寺遗址也发现了大量炭化谷物。在 2002 年度的考古发掘中，考古工作者运用现代科技手段浮选法获取和分析植物遗存，结果显示陶寺遗址植物中有粟和黍、稻谷、大麦、黍亚科植物种子、豆科种子，还有数量很少的野大豆、茄科作物、苍耳等。浮选出的炭化植物种子，总计多达 13000 余粒，经鉴定其中绝大多数属于栽培作物遗存，包括有粟、黍和稻谷三种谷物的籽粒，合计 9796 粒，约占所有出土植物种子总数的 75%。在出土的三种谷物中，粟粒的数量占绝对优势，共计 9160 粒，在出土谷物总数中所占比例高达 93.5%。这些炭化粟粒均呈圆球状，大多数的直径为 1.5 毫米左右。

相对粟而言，陶寺遗址出土的炭化黍粒的数量较少，共计 606 粒，占出土谷物总数的 6.2%。这些炭化黍粒也呈圆球状，但个体较大，直径均在 2 毫米以上，与现代黍粒雷同。

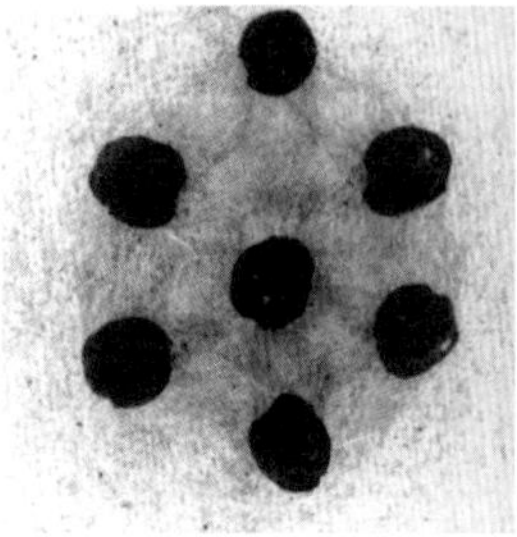

图 3-2　陶寺遗址炭化粟粒[①]

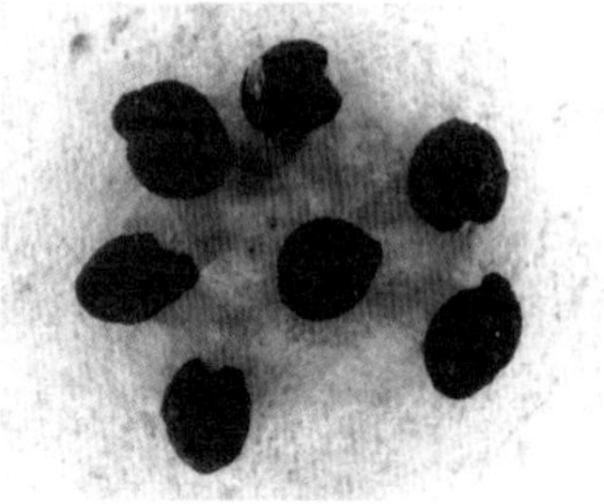

图 3-3　陶寺遗址炭化黍粒[②]

在谷物中，稻谷出土的数量最少，仅发现 30 粒炭化稻米，占出土谷物总数的 0.3%，其中完整的有 13 粒。经测量，这 13 粒完整稻米的粒长平均值是 5.03 毫米，粒宽 2.92 毫米，长宽比值是 1.72。根据这些稻米的长宽比值等形态，考古工作者推测陶寺出土的稻米应该属于粳稻。在黄河中下游地区尤其是黄淮之间，龙山时代稻作农业已相当普及。山西襄汾陶寺所在的汾河谷地是黄土高原地区农业综合条件最好的地区之一，虽然不具有稻谷生产的最有利条件，难以规模性种植。但是，浮选出的稻米样品是采自下层贵族居住区的，全部属于陶寺早期；更多陶寺晚期的样品则采自普通居住区，仍反映了稻谷的种植与时俱增。

① 赵志军、何驽:《陶寺城址 2002 年度浮选结果及分析》,《考古》2006 年第 5 期。

② 同上。

图 3-4　陶寺遗址炭化稻谷[①]

在山西襄汾陶寺遗址中也发现 10 余粒形似大麦的植物种子，这些种子籽粒呈梭形，两端略尖，背部圆鼓，腹部扁平，但未见麦类作物所特有的腹沟。这些种子的体积较大，经测量，粒长的平均值是 4.7 毫米，粒宽 2.6 毫米，接近现代生大麦粒的尺寸。通过在显微镜下的观察发现，这 13 粒炭化植物种子的体内有因烧烤而造成的大小不等的空洞，表面也有凹陷，说明种子的质地在炭化前十分松软，含有水分。这些种子的时代属于陶寺晚期，约当公元前 2000 年。一般认为麦起源于西亚，4000 年前传入我国，最早出现在甘青地区。

图 3-5　陶寺遗址疑似炭化大麦[②]

① 赵志军、何驽:《陶寺城址 2002 年度浮选结果及分析》,《考古》2006 年第 5 期。

② 同上。

山西襄汾陶寺遗址还发现了一些豆科种子，虽然数量不算太多，但出土率高。2022年浮选出的豆科植物种子的数量共计444粒，占出土植物种子总数的3.4%。这些豆粒个体都很小，粒长1—2毫米，粒宽0.5毫米左右，考古工作者估计其属于豆科中的草本类植物种子。此外在浮选样品中还发现了3粒尺寸较大的豆科种子，形状为长椭圆形，背部圆鼓，腹部微凹，豆脐呈窄长形，位于腹部偏上部，从形态特征上看，应是大豆属的一种。其中有1粒完整，经过测量，长和宽分别为4.56毫米和3.31毫米，与现生野大豆的尺寸基本一致。这些豆科种子是农作物，究竟属于杂草还是牧草不得而知。

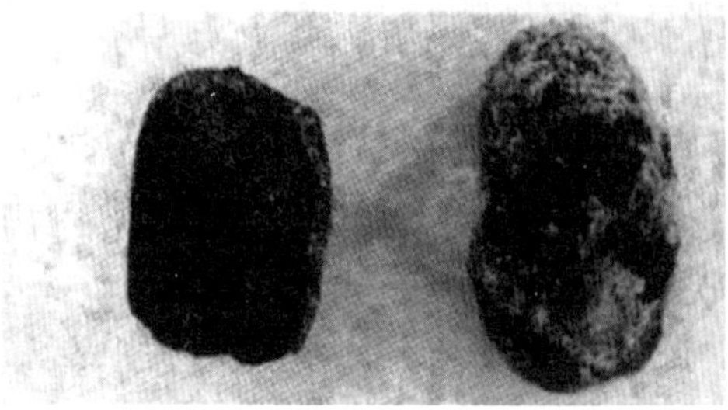

图3-6　陶寺遗址炭化野大豆[①]

① 赵志军、何驽:《陶寺城址2002年度浮选结果及分析》,《考古》2006年第5期。

第二节　农业生产工具

新石器时代的先民们使用着较为简单的农业生产工具。原始农业最初是采用所谓“刀耕火种”的方式进行的。这种原始的刀耕农业又称“生荒耕作制”农业，是先用石斧、石锛之类的工具砍伐地面上的灌木或大树的枝条，等草木晒干后用火焚烧。经过火烧的土地变得松软易垦，地表火烧后产生的草木灰又成了肥料，然后再在地里播种。这样垦殖几年后肥力不足时再换一个地方如法炮制。

石斧在旧石器时代就有发现，最初本来是用作打击野兽和伐木取暖的。到了新石器时代，石斧成为砍伐林木、开辟和清理耕地的主要工具，是最有代表性、用途相当广泛的砍伐农具。石斧的形状有方形、长方形、梯形。石斧的横剖面可分为椭圆形和长方形。斧刃可分为正刃和斜刃、直刃和弧刃，还可分为有孔石斧和有肩石斧。在山西很多地方都曾出土过新石器时代用于耕作的石斧。从石斧的形制和使用痕迹观察可知，除少数手斧外，绝大多数都安装有柄。石斧的木质把柄极易腐朽，一般很难保存至今。

离石德岗遗址的石斧是仰韶时代中期山西先民使用的，由灰色砂岩制作而成，一面磨光，一面磨平但粗糙。石斧形状正面看接近梯形，上窄下宽，侧面看呈弧凸状，长 13.9 厘米，宽

4.4—8厘米，厚3.7厘米。石斧顶部呈弧形，有双面弧刃。

图3-7　离石德岗遗址石斧①

有的石斧上有穿孔，便于安柄。垣曲古城东关遗址就出土的一把石斧，属于庙底沟二期文化早期。石斧由玄武岩制成，基本磨光，器形较规整，长11.8厘米，宽4.7厘米，厚2.2厘米。石斧两端均呈弧形，中部钻一孔。

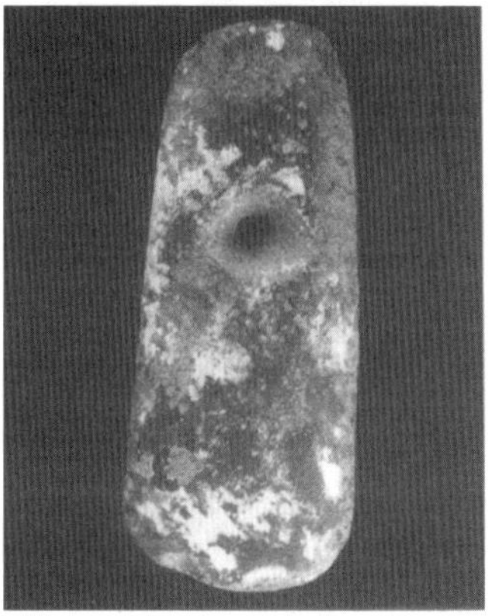

图3-8　垣曲古城东关遗址石斧②

新石器时代的石锛主要是砍斫木材的手工工具。石斧和石锛在尺寸上没有明显区别，不过石斧大都是双面刃，即两面形状是一样的；而石锛大都为单面刃，即一面是平面，一面是平面加坡面。一些大型的有段石锛可以用来砍伐树木或砍斫树根，

① 张光辉、王晓毅、刘吉祥：《山西离石德岗遗址仰韶中期房址》，《文物世界》2021年第2期。

② 中国历史博物馆考古部、山西省考古研究所、垣曲县博物馆：《垣曲古城东关》，科学出版社，2001年，图版四七。

有些还可以用来掘土挖坑，所以也可视为原始农业的农具之一。石锛的形状主要有梯形、梭形、长条形，其横剖面可分为拱形，即一面鼓起的长方形和长方形、偏长方形。按刃部不同，石锛又可分为直刃、斜刃和弧刃。不过，石锛有孔者很少。和石斧一样，石锛也经常装柄使用，这大大地提高了生产效率，表明原始社会农业生产水平的提高。

垣曲古城东关遗址出土的一件石锛，其时代属于庙底沟二期文化早期。这件石锛体长且扁平，制作较规整，整体形状接近长方形，体形较小且略薄，顶部略呈弧形，平刃。石锛长5.6厘米，宽2.4厘米，厚0.8厘米，长宽之比在2∶1以上。

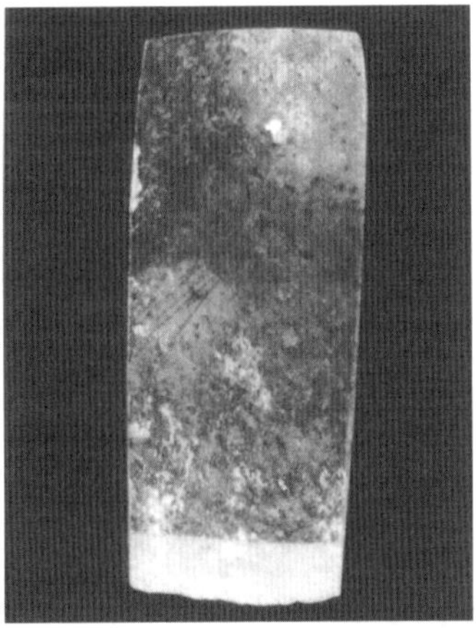

图3-9　垣曲古城东关遗址石锛[①]

在刀耕农业阶段，石斧是最有代表性的农具，进入锄耕农业阶段后，石斧就丧失了在农业中的主导地位。锄耕农业又称耜耕农业或“熟荒耕作制”农业，包括垦土整地、中耕除草、收获等多个程序的耕作劳动，先用石锛、石斧伐木（包括烧

① 中国历史博物馆考古部、山西省考古研究所、垣曲县博物馆编著:《垣曲古城东关》，科学出版社，2001年，图版四八。

薪）后，再用石铲或石耜垦地、下种。这一时期起主导地位的农具是耒、耜、锄、铲等新兴的翻地农具。

耒、耜这两种农具在古代向来并称，是最古老的挖土工具。《孟子》说："士之仕也，犹农夫之耕也，农夫岂为出疆舍其耒、耜哉？"可见耒、耜直到战国时期仍非常重要。耒是从采集经济时期挖掘植物的尖木棍发展而来，下端是尖锥式。早期的耒就是一根尖木棍，以后在下端安一横木以方便于脚踏时容易入土。后来耒的下端单尖演变为双尖，成为双齿耒。有的单尖木耒的刃部发展成为扁平的板状刃，就成为木耜。木耜的下端是平叶式，翻土的功效比耒大，但制作也比耒复杂一些。早期的耒、耜都是木质的，所以不易保存。后来发明了用动物的肩胛骨或石头磨制的刃绑在木柄上制成的耜，刃部比木耜更加坚硬耐磨。另外还有一种石铲，也是直插式的破土和整地工具，它与石耜并无太明确的区别。有的学者为了区分把器身较宽、刃部平直的称为石铲，而把器身较长、刃部尖突的称为石耜。山西境内的芮城、闻喜、平陆、忻州、翼城、长治、襄汾、垣曲、侯马、夏县、太原、五台、定襄等地都出土过石耜或石铲。

图 3–10 的石耜出土于夏县辕村遗址，时代为仰韶文化中期。石耜由石灰岩制成，薄板状已残，平面呈三角形，正面较平，背面略鼓，两侧弧边，尖部圆钝。刃部有深浅不一的磨痕。残长 21 厘米，残宽 21 厘米，厚 2 厘米。这件石耜通体磨制光滑，上部宽扁，下部尖突，以利于入土。

图 3-10　夏县辕村遗址石耜[①]

图 3-11　垣曲古城东关遗址石耜[②]

垣曲古城东关遗址出土的一件石耜，时代上属于庙底沟二期文化晚期。石耜是石英砂岩材质打制成的长石，工艺较粗糙，形体较大而沉重，形状略宽扁，有一个钝尖，边刃不齐。石耜基本完整，长 18.8 厘米，宽 7 厘米，厚 1.5 厘米。

① 王月前、洪梅、戴向明:《山西夏县辕村遗址发掘简报》,《考古》2009 年第 11 期。

② 中国历史博物馆考古部、山西省考古研究所、垣曲县博物馆编著:《垣曲古城东关》，科学出版社，2001 年，图版八三。

翼城南石遗址还出土了一件有肩石铲，平面形状近凸字形，整体扁薄，弧形双面刃，刃宽 9 厘米，残长 7.5 厘米，最厚处 0.8 厘米。

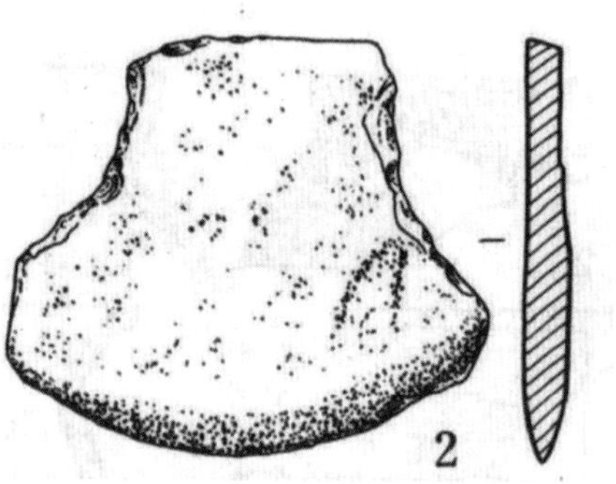

图 3-12　翼城南石遗址石铲平剖面[①]

到了新石器时代晚期，先民们开始制造和使用石犁进行耕地。石犁与石铲、石耜一样是翻土农具，可装在木柄上使用，最初应是用人力牵引。石犁已具备动力、传动、工作三要素，远比其他的原始农具复杂，在农具史上具有重要的地位。不过，在新石器时代石犁还没有被普遍使用。

新石器时代的先民们在长期农业生产实践中逐渐了解到杂草对农作物生长有害，必须去除。后世的《左传》就说："为国家者，见恶如农夫之务去草焉。"最初的除草方法应该就是用手拔草。后来先民认为庄稼还需要松土、间苗。对于单株农

① 山西省考古研究所:《山西翼城南石遗址调查、试掘报告》,《三晋考古（第二辑）》，山西人民出版社，2006 年，第 256 页。

作物还需培土壅根，帮助其根系发育，于是就有了锄的发明。新石器时代旱地的除草农具主要应是鹤嘴锄，但木质锄难以保存下来，考古多见的鹿角鹤嘴锄，在山西的寿阳、夏县等地都有出土。

在原始农业的初期，人们是用双手来收获谷物，后来才逐渐使用石片、蚌壳等锐利器物来割取谷物穗茎。再往后逐渐将这些石片、蚌壳加工成有固定形状的石刀和蚌刀，这就是最早的收获农具。这类工具早在旧石器时代晚期人类就已经用来割取东西。旧石器时代晚期的峙峪遗址中曾出土一些打制的小石刀，距现在 2.8 万年。当原始农业出现之后，石刀也就成为最早的收获农具。早期的石刀只是一块稍加打制的小石片，后来才逐渐加以磨制，并在两边打成缺口或在器身上钻孔，以便穿绳套在手指上使用。早期的蚌刀也是利用天然蚌壳，后来才加工成一定形状，并在器身钻孔，以便穿绳使用。当陶器发明之后，人们也将一些火候较高的硬陶片加工成陶刀。原始刀具虽然质料和形式各异，一般都需要拴绳索使用。如仰韶文化的石刀和陶刀，两侧打出缺口，再在两个缺口之间拴一根绳索，使用时将大拇指插入套内，刀刃朝下，以拇指和刃部将粟穗割下来。至于有孔的石刀和蚌刀，无论是长方形还是半月形，都是通过孔眼拴一绳套，以便于使用和携带。这些石刀就是后世文献中提到的“铚”的前身。《诗经·周颂·臣工》：“庤乃钱镈，奄观铚艾。”《说文解字》：“铚，获禾短镰也。”《释名·释用器》：“铚，获禾铁也。铚铚，断禾穗声也。”

芮城西王村遗址出土的石刀，时代属于仰韶晚期。石刀出土时已残，是磨制的长方形石刀，中间穿孔；宽 4.5 厘米，残长约 5 厘米，全长估计约 10 厘米。芮城西王村遗址仰韶晚期遗存还出土了两件蚌刀。其中完整的一件，斜背平刃，中部近刃处穿两孔，长 11 厘米。西王村遗址仰韶晚期遗存出土了陶刀 100 多件，都是陶片改制而成，以带篮纹和线纹的尖底瓶残片占绝大多数。

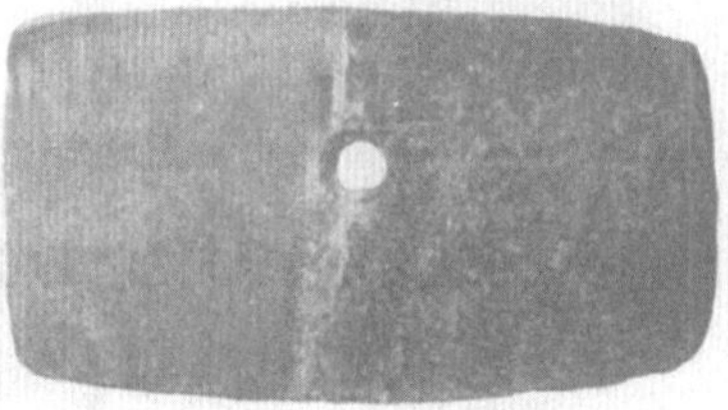

图 3-13　芮城西王村遗址石刀①

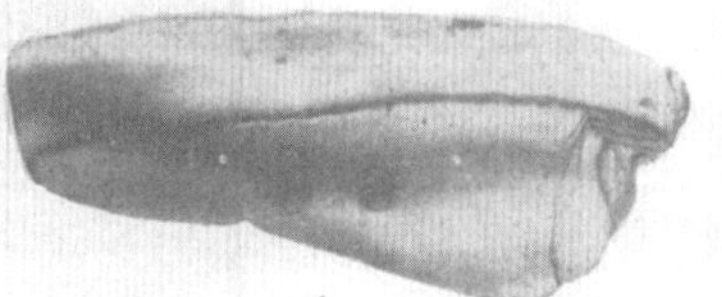

图 3-14　芮城西王村遗址蚌刀②

① 中国科学院考古研究所山西工作队：《山西芮城东庄村和西王村遗址的发掘》，《考古学报》1973 年第 1 期。

② 同上。

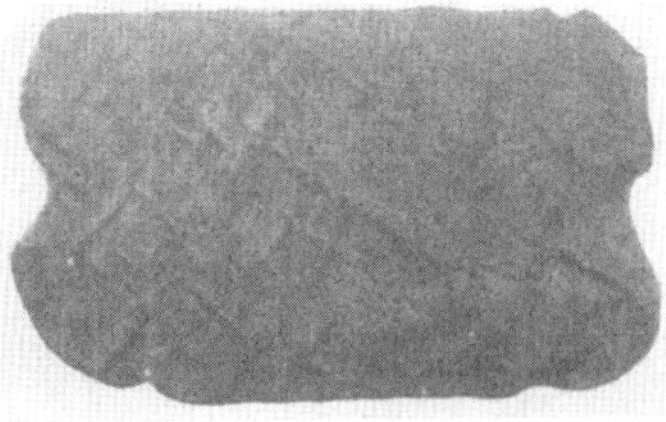

图 3-15　芮城西王村遗址陶刀[①]

垣曲古城东关遗址的庙底沟二期文化早期遗存出土过一些特殊形制的石刀。比如有一把石刀是黑色玄武岩制成，形状比较特殊。通体磨光，体扁平，两侧凹口较小，刀背略内凹，直刃。这把石刀两面均刻有梭形槽，槽中部对钻椭圆形孔，完整。长 3.5 厘米，宽 11 厘米，厚 0.8 厘米。古城东关遗址还出土了一把石刀，其平面呈半圆形，双面刃，磨光，时代也属于庙底沟二期文化早期。

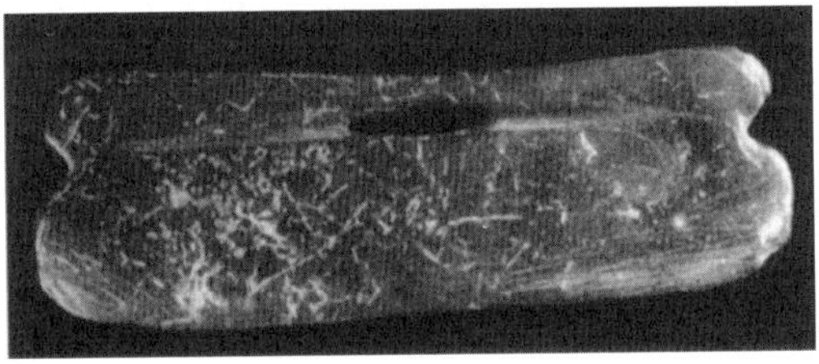

图 3-16　垣曲古城东关遗址梭形槽石刀[②]

---

① 中国科学院考古研究所山西工作队：《山西芮城东庄村和西王村遗址的发掘》，《考古学报》1973 年第 1 期。

② 中国历史博物馆考古部、山西省考古研究所、垣曲县博物馆编著：《垣曲古城东关》，科学出版社，2001 年，图版四九。

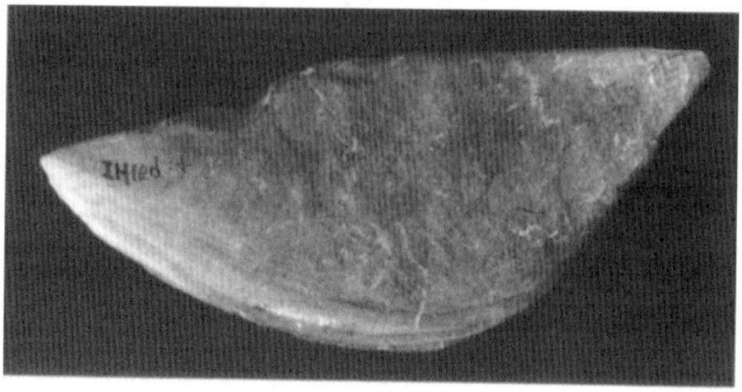

图 3-17　垣曲古城东关遗址半圆形石刀[①]

属于龙山时代晚期的绛县周家庄遗址也发现了不少石刀。这些石刀大都通体磨光，器身近似长方形，器身钻孔，多为弧刃。其中有一件穿孔位置近于刃部，长 9.5 厘米，最宽处 4.1 厘米，厚 0.5 厘米，孔径 0.5 厘米。

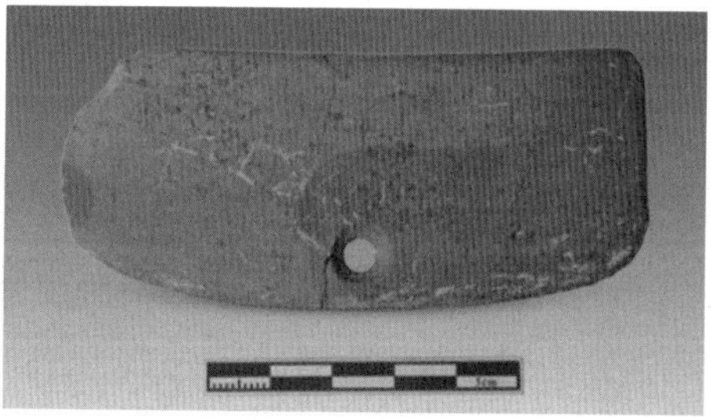

图 3-18　绛县周家庄遗址石刀[②]

① 中国历史博物馆考古部、山西省考古研究所、垣曲县博物馆编著:《垣曲古城东关》，科学出版社，2001 年，图版四九。

② 戴向明、田伟、张闻捷等:《山西绛县周家庄遗址 2015 年春季发掘简报》,《中国国家博物馆馆刊》2021 年第 8 期。

比石刀、蚌刀稍晚出现的是石镰和蚌镰。镰是一种安在木柄上的刀，在古代称“艾”，《诗经・周颂・臣工》中铚、艾并称，陆德明《经典释文》解释说：“艾，音刈。”《国语・齐语》：“挟其枪、刈、耨、镈。”韦昭注说：“刈，镰也。”石镰的形制，基本上可分为凹刃的弯条形和直刃的长条形两种。其中弯条形的形成，除了少数是故意制成的，绝大多数是由于长期不断磨锐损耗所致。有的石镰和蚌镰刃部加工成锯齿状，从而大大增强了收割功能，提高了生产效率。

垣曲古城东关遗址的龙山文化早期遗存出土的一把石镰，保存较为完整，通体磨制光滑，尾端钻孔没有钻透。石镰形状为弧背弧刃，长 3.7 厘米，宽 13.6 厘米，厚 1.1 厘米。

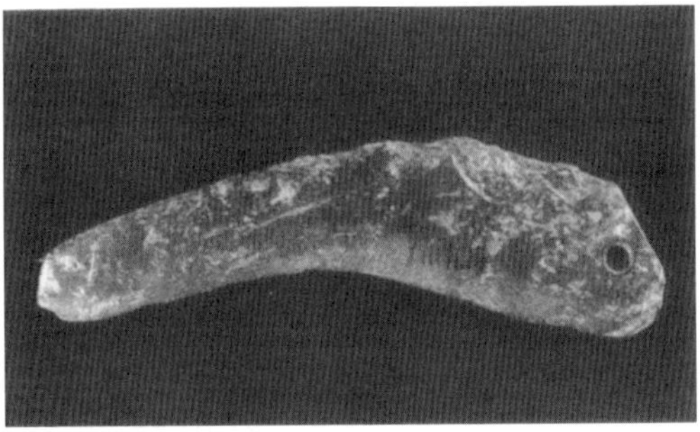

图 3-19　垣曲古城东关遗址石镰[①]

① 中国科学院考古研究所山西工作队：《山西芮城东庄村和西王村遗址的发掘》，《考古学报》1973 年第 1 期。

第三节 粮食加工工具

粮食加工的第一步是脱粒。新石器时代农业的脱粒工具是磨盘。最初的石磨盘应该就是两块天然石块，后来人们逐渐将下面的石块加工成扁平状，将碾磨用的石块加工成圆柱形的磨棒。早在旧石器时代晚期山西地区就已经出现了石磨盘，当时人们用它来加工采集来的野生谷物。目前已发现的最古老的石磨盘发现于山西沁水下川文化遗址，距现在17000年，这也是我国目前已发现的最古老的（野生）谷物加工工具。旧石器时代晚期的柿子滩遗址也发现了石磨盘和石磨棒。

进入新石器时代，山西地区也有石磨盘与石磨棒的发现。

图3-20 芮城西王村遗址石磨盘与石磨棒[①]

① 中国科学院考古研究所山西工作队：《山西芮城东庄村和西王村遗址的发掘》，《考古学报》1973年第1期。

芮城西王村遗址的仰韶晚期遗存就出土了石磨盘与石磨棒。其中磨盘发现时已残，平面现略呈长方形，两面中部微凹，两侧各有一凹槽，均只剩纵剖面的一半；残长 23.3 厘米，宽 14 厘米，两端厚约 6 厘米，中部厚约 3 厘米。磨棒横断面呈椭圆形，直径 1.5—2.9 厘米，残长 4.7 厘米。

新石器时代还有一套重要的粮食加工工具是杵臼。最早的杵臼可能就是用一根粗木棍舂打放在地上所挖圆形坑里的谷物。《周易·系辞传》说："神农氏没，黄帝、尧、舜氏作……断木为杵，掘地为臼。"但《说文解字》："古者雍父初作舂。"《世本·作篇》："雍父作臼杵，舂也。"宋衷解释说雍父是黄帝的大臣。这些都是关于杵臼的传说。最早的臼可能就是地臼，在地上挖个坑，铺上兽皮或麻布。稍后发展为木臼，在大树桩上挖个圆坑，或用砍下的一段树干制成可以移动的木臼。有的新石器时代考古遗址中只发现了杵，但没有发现臼，可能当时使用的是地臼，或者是木臼，但因不易保存今天看不到了。

图 3-21　芮城东王庄遗址石杵[①]

① 中国科学院考古研究所山西工作队：《山西芮城东庄村和西王村遗址的发掘》，《考古学报》1973 年第 1 期。

芮城东王庄遗址仰韶文化遗存就出土了两件石杵，但没有发现石臼。石杵的材质都是砂岩制成，形状为圆柱形。其中一件的直径约4厘米，长9厘米。

垣曲古城东关遗址的庙底沟二期文化中期遗存也发现了一件石杵，也没有发现石臼。这件石杵的形状为圆柱体，颜色是紫红色，保存较完整。石杵一端磨平光滑，另一端琢磨修制；长12.6厘米，最大径5.3厘米。

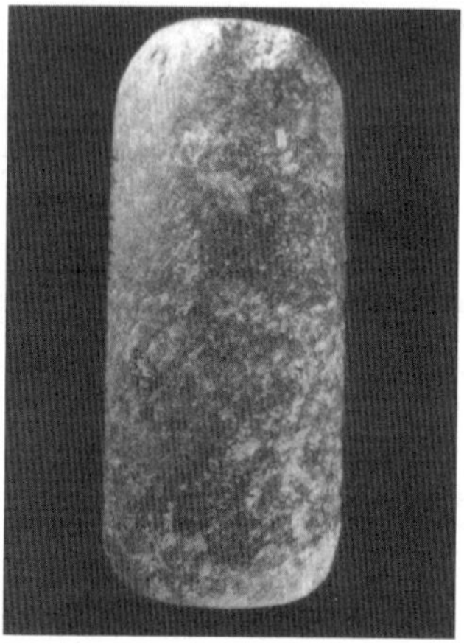

图3-22　垣曲古城东关遗址石杵[①]

第四节　农业的补充——畜养与狩猎

畜养牲畜的发明和种植业发明一样，也是人类文明史上的一项重大的革命，人们可以有选择地从事食物的生产活动，大大地提高了人类自身的生存能力，有了相对稳定的食物来源和相对可靠的生活保障。通过考古遗址出土的一些动物遗骸，可

① 中国历史博物馆考古部、山西省考古研究所、垣曲县博物馆编著:《垣曲古城东关》，科学出版社，2001年，图版六四。

以窥得史前山西畜养牲畜和狩猎活动的一斑。

垣曲古城东关一期遗存的房址内出土了少量家猪等动物骨骼，还在多个灰坑及大型灰沟中出土了家猪的遗骨，还有部分灰坑出土了鹿等其他家畜的骨骼以及野生动物的骨骼。垣曲古城东关二期遗存内的一个筒状灰坑不仅出土了家猪的骨骼，还出土了家犬等其他动物的骨骼。垣曲古城东关三期的一个灰坑出土了整架鹿角，一叉光滑，另一叉略残。

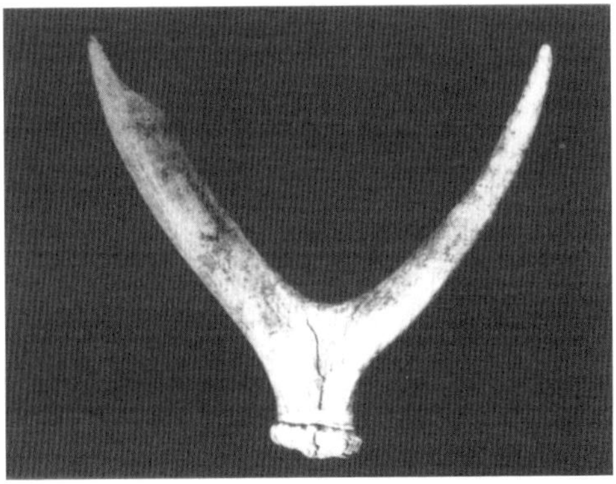

图 3-23 垣曲古城东关三期灰坑整架鹿角[①]

垣曲古城东关三期遗存的一个袋状灰坑坑底西北部出土了一个较为完整的动物骨架，可能是畜养的家畜。坑内堆积为红褐色土，含有木炭及红烧土颗粒，同时还出土了尖底瓶、瓮、深腹罐、折沿盆、敛口盆、砺石等器物及少量陶片。垣曲古城

① 中国历史博物馆考古部、山西省考古研究所、垣曲县博物馆编著:《垣曲古城东关》，科学出版社，2001 年，图版二〇。

东关遗址四期灰坑出土了牛掌骨远端，垣曲古城东关遗址庙底沟二期文化早期灰坑出土了马掌骨远端，垣曲古城东关遗址龙山文化早期遗存出土了鸡右肱骨和羊角。

图 3-24　垣曲古城东关三期遗存动物骨架[①]

我国史前先民除了蓄养一些哺乳动物外，还有一类特殊的养殖——养蚕。蚕属于昆虫类动物，其正常生活周期必须经过卵—幼虫—蛹—蛾的变态过程。人类利用蚕，需要的是幼虫阶段的后期，用丝腺分泌的丝线结成的茧，用作织物的原料。世界上最早驯化家蚕起源于中国。

距今 5600 年的夏县西阴村遗址中，发现了有经人工截断的蚕蛹和一个纺坠。蚕茧的残长约 1.3 厘米，最宽处为 0.71 厘米，1928 年经美国由 Smith—Sonion 学院鉴定，认为是蚕的

① 中国历史博物馆考古部、山西省考古研究所、垣曲县博物馆编著:《垣曲古城东关》，科学出版社，2001 年，图版四。

蛹。又据日本人布目于1968年用丝片仿制复原，得知完整的茧长1.52厘米，茧幅0.71厘米，割去的部分占17%。这样可以初步判断出当时的西阴村人已经开始利用蚕丝作原料制作衣物了。

夏县师村遗址先后出土了6枚仰韶早期的石雕蚕蛹和陶制蚕蛹。这几枚石雕蚕蛹是我国目前发现的年代最早的石雕蚕蛹形象。比如石雕蚕蛹（图3–25左上），采用中条山地常见的绿帘花岗岩制成，形态逼真、造型精美、工艺成熟，引人瞩目。该石雕蚕蛹长约3厘米，宽约1.3厘米，石雕整体呈黄褐色带有天然黑褐色斑点。石雕通体刻有螺旋状的横向弦纹，使用简洁的刻画纹勾勒出蚕蛹的头和尾部，形态酷似现代的家桑蚕

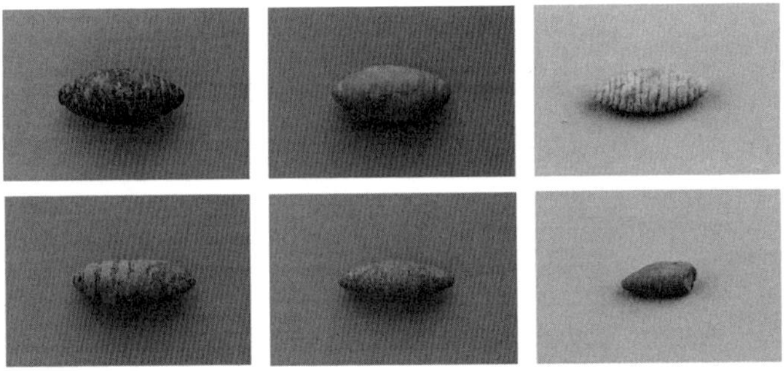

图3-25　山西夏县师村遗址石制与陶制蚕蛹[①]

① 安太成、杜利梅、吴秀峰:《山西运城百年考古发现的古代蚕业实物例证》,《中国蚕业》2023年第2期。

蛹，但较小。此外运城闻喜县上郭遗址也出土了 1 枚仰韶时期石雕蚕蛹，此枚石雕蚕蛹长 2.8 厘米，最大腹径 1.2 厘米，距今至少 5200 年。如果再算上 1960 年中国科学院考古研究所在芮城县西王村发现的距今 5000 多年、仰韶晚期的“蛹形陶饰”，表明早在仰韶早期，晋南地区就已经有了养蚕业。

第四章　新石器时代山西先民的居宅与聚落

新石器时代与旧石器时代最大的区别就是农业的出现。而农业生产方式又让人们从采集狩猎而四处迁徙的生活方式逐渐转变为定居生活。定居生活后，自然而然地就要建造相对稳定的房舍居宅。居宅不仅帮助人类有效对抗了自然界的寒暑风雨和鸟兽蛇虫，保障了人类的生存安全；同时，定居生活为女性提供了安定的育儿期，人口也因此开始激增。人口的暴涨又让社会组织也较狩猎采集时代更为复杂。不得不说，居宅房屋建筑的发明对人类社会有重要意义。所以先秦时期广泛流传着“有巢氏王天下”的传说。

考古发现为我们了解史前时代的建筑方式与水平提供了很多实证。新石器时代房屋不仅发现数量多，且结构形式多种多样，当时中华大地上的居宅有地穴式、半地穴式、地面式、台基式、干栏式、窑洞式等几种形式，不同的居住方式与建筑技术跟自然地理环境有关。在山西地区，新石器时代的主要居宅形式是半地穴式、地面式和窑洞式，以下摘取代表性的居宅作一介绍。

第一节　地穴式与半地穴式居宅

地穴式是较早出现的建筑形式，在中国北方新石器时代的遗址中常见。通常是挖地为穴，穴壁上挖有供人上下的脚坑或阶梯，穴口盖有遮蔽风雨的棚盖。

地穴式居宅深度一般大于成人高度，平面多为圆形或椭圆形，形状为筒状或袋状竖穴，面积一般较小。比如时代属于仰韶早期的山西芮城东庄村遗址发现的两座房址，都是地穴式居宅。其中房址 F204 形状为一个大口小底的竖穴，残高 1.8 米，南北最大径 5.4 米，东西最大径 5.5 米。居住面呈椭圆形，较为平坦，直径在 3.8—4.8 米之间，面积差不多 20 平方米。居住面上有比较坚硬的路土面，厚约 2 厘米，当是由于人们践踏而成的。地穴的周壁不甚平整，绝大部分由上而下向内倾斜，壁面也没有涂抹其他东西。地穴东南有斜坡的出入口，斜坡上宽约 0.8 米，下宽约 0.4 米，上面也有因人践踏而成的路土。在穴内东北边，有保存很好的袋状窖穴一个。窖穴口小底大，上部是椭圆形的筒状颈，高约 0.5 米，口径约为 0.8 米。窖穴下部是壁呈弧形外张的大平底圆坑，深 0.86 米，底径约 2 米。房子内未发现柱洞、草泥土和灶坑等痕迹。由于地穴壁的高度与人的高度相当，且居住面有踩踏过的路土，再加上地穴内还有一个窖穴，所以这是一个兼具居住和贮藏功能的地穴式住房建筑。

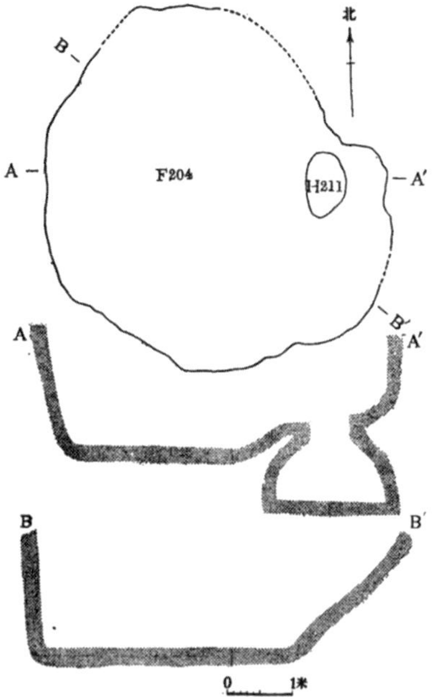

图 4-1　芮城东庄村仰韶文化遗址 F204 平、剖面图[①]

半地穴式房屋是各地普遍存在的早期建筑形式，尤其是黄河流域及以北地区新石器时代房屋建筑的主流。半地穴式居宅是先在地上挖一竖穴土坑作为居住空间，坑壁作为房屋部分的墙壁，坑壁上还挖有供人上下的脚坑或阶梯，再在坑口加盖房

① 中国科学院考古研究所山西工作队:《山西芮城东庄村和西王村遗址的发掘》,《考古学报》1973 年第 1 期。

顶用来遮蔽风雨，这样房屋就一半在地下一半在地上。这种房屋的优点是保暖性较好，缺点是易受潮且通风不佳。

从考古资料上看，仰韶文化的遗址中有大量这类房屋。仰韶文化是山西新石器时代考古的重要内容，在山西地区也发现了大量仰韶时期的半地穴式居宅。

目前山西地区发现属于新石器时代最早的有居宅的文化遗存是以翼城枣园遗址为代表的文化遗存，学术界或将之命名为“枣园文化”。因其时代距今5000—4500年之间，早于以半坡类型为代表的仰韶文化早期遗存，也有学者将之命名为“前仰韶文化”或“仰韶文化初期”。这类遗存主要分布在晋南地区，以翼城枣园遗址和垣曲古城东关一期遗存最为典型，侯马褚村遗址、宁家坡遗址、阳城大宁遗址也包含有部分该类遗存。这一类遗存发现的房址主要是圆形半地穴式。

垣曲古城东关一期遗存共发现八座房址，除一座因发掘部分太少无法确定外，其余七座均为圆形半地穴式房屋，直径均在5米以下。在现存遗迹中，有的房屋既有柱洞又有红烧土面或灶坑，有的房屋仅有柱洞或仅有红烧土面。比如IVF3号房址的穴口是圆形，底部比较平，剖面像袋子一样。房址的开口处比底部稍微窄一点，穴口离地面1.25米，开口直径2.65米，底部直径2.75米，深度1.6米。半地穴里的土很杂乱，有灰色、深灰色、浅灰色、黑灰色、青灰色、红褐色、红烧渣土、灰土、烧土层、黑土等。除了烧土层，其他的土质地都不硬。在穴口北边，发现了3个从南向北并排的柱洞，里面的土都是灰色。第一个柱洞直径 0.24 米，深 0.33 米，底部有灰白色的石块；第二个柱洞直径 0.28 米，深 0.32 米；第三个柱洞直径 0.14 米，深 0.3 米。房址里挖出了陶鼎、陶盆等陶器，还有石锛、石刀等干活用的工具，这些都表明曾经有人在这里生活过。

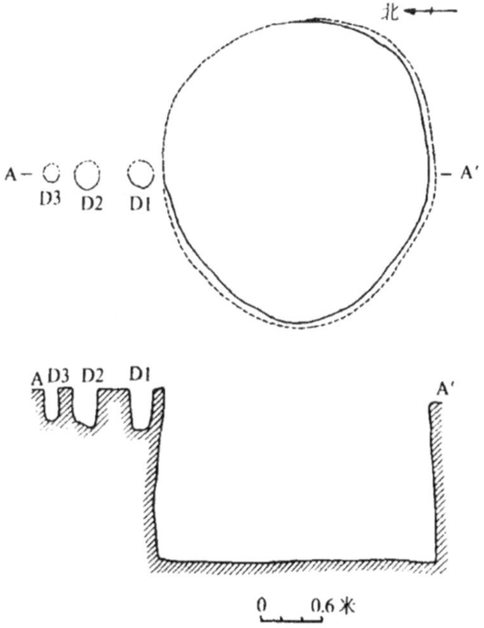

图 4-2　垣曲古城东关一期半地穴式房址 IVF3 平、剖面图[①]

① 中国历史博物馆考古部、山西省考古研究所、垣曲县博物馆编著:《垣曲古城东关》，科学出版社，2001 年，第 25 页。

时代属于仰韶早期的翼城北撖遗址二期房址 F2，就是典型的圆角方形半地穴式房子。这座房子室内边长约 5.9 米，实际面积将近 34 平方米，由居住面、四壁、火塘、门道以及柱洞几部分构成。居住面很平整、光滑，是在 4—27 厘米厚的灰褐色垫土上抹草拌泥做成的，靠近四壁的草拌泥厚 3 厘米多，中间部分则是 1.5—2 厘米厚。火塘是椭圆形的，表面抹了 1 厘米厚的草拌泥，内壁是 1 厘米厚的青灰色烧结面，再往外就是红烧土。火塘在房子中南部，和门道相连，底面比居住面低 0.3 米，周边高起来，面积差不多 1 平方米。房子东边底部和门道相接的地方，有个直径 0.15 米的圆洞，长度和火塘厚度一样，可能是用来鼓风的。门道在房子东南面，是斜坡状，两侧墙壁也涂了 1 厘米厚的草拌泥，有些已经掉了，在门道中部两侧墙壁还各有一个接近半圆形的空间向外扩出来。门道底部铺了 18 厘米厚的灰褐色土，上面又铺了 2—3 厘米的黄色土，和房子外面的路连着。从门道进入房内通向火塘的地面，比房子居住面低 0.16—0.24 米。这座房子总共发现 13 个柱洞，其中 4 个均匀分布在房子中间，另外 9 个在穴壁外面。从这些柱洞来看，这个房址应该可以复原成平顶或者攒尖四面坡式的方屋。房子穴壁内的填土里有很多木炭屑和木炭块，在房子东南角还发现了两个能复原的夹砂陶罐。

图 4-3 翼城北撖遗址 F2 房址[①]

距离垣曲古城东关遗址不远处的垣曲上亳遗址也发现了一座圆形半地穴式房址，时代为仰韶文化中期。这座房址的平面是圆形的，属于浅半地穴式结构，可惜其东部一角被一个墓葬破坏了。房址最大直径达 2.6 米，最小直径为 2.5 米。室内中间位置有两个并排的南北向柱洞。柱洞 D1 像浅袋状的坑，底部大、开口小，口径 0.18 米，底径 0.23 米，深度 0.17 米。柱洞 D2 稍大些，直径大概 0.28 米，深 0.2 米。墙壁有一部分被烧结成黑色，厚度约 3 厘米。室内底部除了有部分烧结的地方，其余都是硬面，中间还夹杂着小料姜石，质地坚硬。门和

① 山西省考古研究所:《山西翼城北橄遗址发掘报告》,《文物季刊》1999 年第 4 期。

门道被墓葬M1破坏了，具体的情形不太清楚。房内堆积了许多红烧土块，还混着部分褐黄色的土，质地比较硬，出土的东西只有几块泥质红陶片。

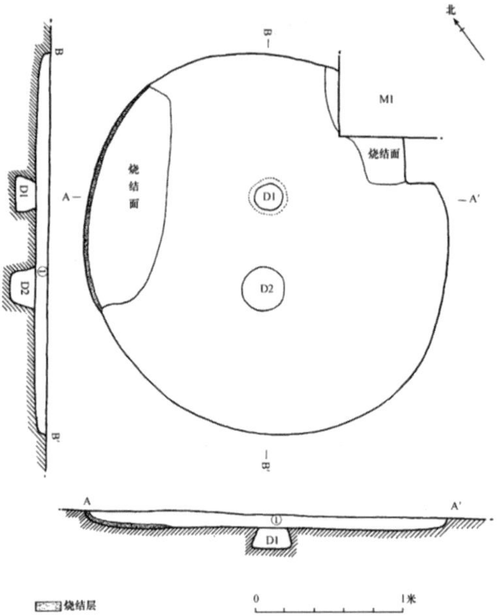

图4-4　垣曲上亳遗址仰韶中期房址[①]

半地穴式居宅在不同阶段、不同地域也还存在区别，黄河流域地区新石器时代中期早段的半地穴式居宅以圆形为主，后段出现方形或圆角方形半地穴式建筑。

① 王晓毅、王小娟主编，山西省考古研究所编著:《垣曲上亳》，科学出版社，2010年，第18页。

在垣曲古城东关遗址的庙底沟二期文化早期遗存中发现了房址六座，面积都不太大，大多在 3—5.3 平方米左右。有一座Ⅲ F2 是半地穴式房屋，平面呈圆角方形，坑壁有点像袋状，底部较为平整，还发现了完整的灶。其穴口离地表 0.6 米，穴口南北长 2.01 米，东西宽 1.92 米，底部南北长 2.14 米，东西宽 2.06 米，深度 0.6 米，面积大概 4.4 平方米。房址周边有 8 个圆形或近似圆形的柱洞，这些柱洞间距不一，大致在 0.4—1.14 米之间。每个柱洞的大小和深浅也各有差异，其中最大的柱洞平面接近圆角方形，直径 0.27 米，深 0.2 米，其余柱洞直径大多在 0.14—0.16 米，深度约 0.12 米。房屋内有一层深灰

图 4-5　垣曲古城东关庙底沟二期文化早期房址Ⅲ F2[①]

① 中国历史博物馆考古部、山西省考古研究所、垣曲县博物馆编著:《垣曲古城东关》，科学出版社，2001 年，图版二七。

色堆积物，土质松软，里面含有少量炭粒。该房址出土了陶斝、陶罐、陶盆等生活用具，见证了曾经的生活场景。

到了龙山时期，半地穴式居宅依然是山西地区非常普遍的房屋样式。

在陶寺文化晚期，半地穴式房屋也还是主要建筑形式。1999 年，发掘陶寺文化晚期遗址所揭露的房址遗迹有 10 座，除一座为地面起墙的建筑外，其余皆为半地穴式建筑。这些房子的居住面积都不大，最小者约 7.7 平方米，最大者为 16.7 平方米，平均面积为 12.7 平方米。最大的 99 Ⅱ F2 号房子，面阔大概 4.5 米，进深约 3.7 米，面积约 16.7 平方米，平面呈圆角方形。门道朝向西南，接近半圆形，长 0.8 米，宽 2.1 米。

图 4-6　陶寺遗址 99 Ⅱ F2 房址[①]

① 中国社会科学院考古研究所山西队、山西临汾行署文化局:《山西襄汾县陶寺遗址Ⅱ区居住址 1999—2000 年发掘简报》,《考古》2000 年第 3 期。

居住面很平整，是在夯实的地面上涂抹了约 0.7 厘米厚的草拌白灰面。墙残存的高度约 0.36 米，墙脚处有 4—8 厘米高的白灰皮墙裙，墙裙和居住面连接的地方呈“L”形。居住面中间有个方形火塘，长约 0.8 米，宽 0.78 米，深约 0.1 米。火塘内侧四面墙壁都贴着白灰面，底部是夹杂料姜石颗粒的红烧土面。火塘四周还有一圈方框形的绳纹印痕，火塘边上的白灰面有的已经被烤成青黑色。房内的填土是黄褐土，土质较硬，里面有少量石器以及单耳杯、鬲等陶器的碎片，这些出土物为研究当时的生活状况提供了线索。

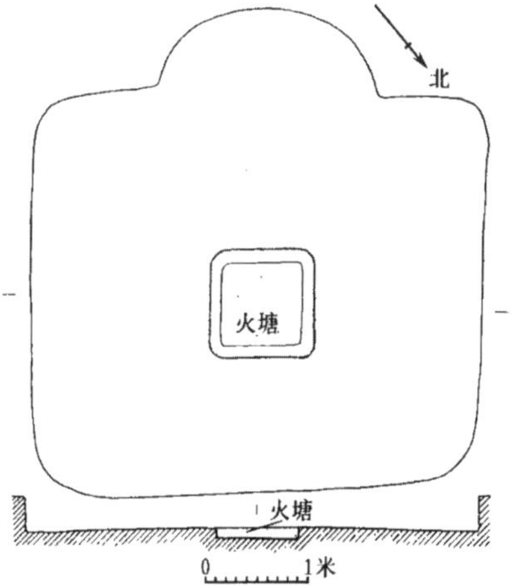

图 4-7　陶寺遗址 99 Ⅱ F2 房址平、剖面图[①]

① 中国社会科学院考古研究所山西队、山西临汾行署文化局:《山西襄汾县陶寺遗址Ⅱ区居住址 1999—2000 年发掘简报》,《考古》2000 年第 3 期。

半地穴式房屋的平面形状，除常见的圆形与方形外，还有独特的五边形。在临汾尧都区桃园遗址，就发掘出几座仰韶中期的五边形大房子，其中最大的一座面积可达90平方米，地面呈五边形。这座半地穴式房屋，留存有较为完整的地面、部分墙体、柱洞以及火塘等结构。地面坚硬且平整，上面留有多次修整的痕迹，见证了古人在此生活起居的漫长岁月。现存墙体的最高位置距离房址地面约50厘米，推测墙体为木骨泥墙，

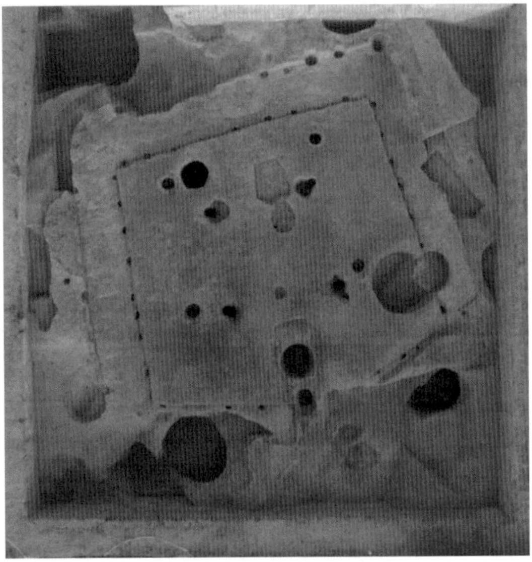

图4-8　桃园遗址五边形大房子[①]

① 陶富海、田建文:《彼汾一方：临汾史前文化研究》，商务印书馆，2021年，第121页。

从墙基处成排的柱洞可以看出其建造工艺。内侧墙壁涂抹草拌泥后，经过灼烧和修整，显得较为平整。房址内南部设有一处圆形竖穴状的火塘，口径接近 1.1 米，这是古人取暖、照明以及炊事的重要场所，它承载着古人日常生活的烟火气息。在房址中央分布着 4 个中心柱洞，部分柱洞还清晰地保留着房屋中心柱灼烧炭化后的痕迹。

仰韶中期的离石德岗遗址，同样出土了几座五边形房址，不过规模不及桃园遗址那座 90 平方米的大房子。德岗遗址处于东川河南岸半山腰的阶地生土之上。这里有两座房址，墙体壁面光滑，还向上倾斜收顶。房址居住面设置的柱洞，据后期窑洞复原研究推测，可能是用于支撑屋顶的。以房址 F3 为例，基本坐南朝北，面积有 28 平方米，由居住面、墙体、门道、火塘、通风口及操作间、柱洞等构成。居住面是五边形，由 1 厘米厚的黏土涂抹并经火烤成青灰色硬面，质地坚硬，其下 5 厘米的垫土表面也因火烤形成了红烧土层。这座房子墙面较光滑，表面有 1 厘米厚的青灰色烧结面，外侧是红烧土层，墙边长在 3.2—3.9 米之间，原始墙面从下往上弧收。长条形的门道在房址北侧中部，对着火塘，南侧与火塘操作间相连。门道呈斜坡状，比上层居住面低 0.3 米，是土路面，也没有踩踏面。火塘正对着门道，在房址北部，是开口圆形的竖穴式浅坑，口内外有青灰色烧结面，内部是一圈红烧土，近底部壁面抹细泥烤成青灰色硬面，外侧是红烧土层。火塘北侧对门道处有弧形矮坎凸出，坎下火塘壁上有个通向门道的弧顶暗道，这是通风口，呈圆角长方形。通风口近门道处是梯形操作间，火塘四周及操作间两端有较多青灰色烧结面。房子中部偏西位置还有个保存较好的圆形柱洞。

图 4-9　德岗遗址 F3 房址[①]

桃园遗址与德岗遗址的五边形的大房子里没有休息睡觉的设施，却有较大的火塘，所以学者推测这不是日常居住用的房子，而应当是当时民众举行议事等公共活动的地方。

半地穴式房屋主要流行于新石器时代，但二里头、二里

① 张光辉、王晓毅、刘吉祥:《山西离石德岗遗址仰韶中期房址》,《文物世界》2021 年第 2 期。

岗、殷墟文化和西周时期的遗址都还是发现了半地穴式房屋，这说明在青铜时代半地穴式房屋至少在平民阶层中还在广泛使用。

第二节 窑洞式居宅

窑洞式房屋是中国新石器时代较具特色的建筑形式，是在生土上人工横向开凿的居穴，挖成凸字形穹隆顶的洞穴建筑。窑洞式房址的建筑技术要求较高，不光需要挖取大量的土方，而且需要对直立黄土的性能有充分的了解。在山西地区，窑洞式建筑的起源可能很早。

枣园遗址的房址主要是以半地穴式为主，但很可能已经出现窑洞式房址的雏形。枣园遗址一期遗存中有一座房址，平面形状由两个并列相连的椭圆形地穴式坑组成，中间有生黄土筑成的隔墙。房址初建时先挖成一个地穴式建筑，使用一段时间后又在其东北部扩建，扩建部分与原有部分构成内、外两室，且扩建的房址已占主要地位。现存地穴深度达 1.4 米左右，少见柱洞，扩建的房址壁面上半部稍微向外扩张，中部则变为较为缓和的弧形，而下半部分略带倾斜度并向内收，因此其顶部很可能呈拱形。学者推测，这里可能是我国最早的窑洞式建筑的雏形。

图 4-10 翼城枣园遗址 F1 房址[①]

到了龙山时代，山西发现的窑洞式房屋多了起来。晋中的白燕遗址，晋南地区的东下冯遗址、陶寺遗址、丁村曲舌头遗址等，晋西北的石楼岔沟遗址、岢岚县乔家湾遗址、偏关楼沟遗址、河曲坪头遗址等都发现了窑洞式房屋。陶寺Ⅲ区共发掘出庙底沟一期和龙山早晚期的房屋 26 座，基本上也都是窑洞式。不过这些窑洞的形制与现代窑洞不同，多有斜坡门道且门道高于地面，门道下有半地穴室，室内多有一两个柱洞。这可能与当时天气寒冷和门的建造技术低下有关，门道可用来保证室内温度和增加安全性，而下挖半地穴室可

① 陶富海、田建文:《彼汾一方：临汾史前文化研究》，商务印书馆，2021 年，第 102 页。

能是几千年来形成的半地穴建筑的传统，柱洞的设置可能是用来支撑窑顶的。

1983 年下半年，山西省考古研究所为配合南同蒲铁路复线工程，沿铁路进行了考古调查和钻探，发现了丁村南面的新石器时代文化遗址，时代属于龙山时期。遗址内发现的房址 F3 就是一座窑洞式居宅。F3 房址坐落在南向的山坡之上，其居住面是原生土，看上去平整光滑，形状大体上呈圆形，直径有 2 米左右。在这座房址内，还出土了一些碎陶片。房门开在房子的西南方向，门道长 1.6 米，宽 0.8 米，南半段相对平坦，北半段则是向下倾斜的坡面。室内的地坪要比室外入口处低大约 1.5 米，通过凹堑以及斜坡门道来实现上下的通行。在门道南端的东、西两侧，各有一个柱洞，直径约 0.2 米，深度为 0.24 米，这些柱洞大概率是为了支撑其上方的顶棚而设置的。再看室壁，呈现向内收的弧形，由此可以推测，原来的屋顶应该是穹隆形圆顶。考古工作者依据室壁保存的高度以及弧壁这一情况来判断，认为这是一座横穿式窑洞房。也就是先利用自然断面或者土丘的坡面，进行一定的修整，朝着斜下方凿出门道，然后再往里面掏出呈穹隆顶状的洞室。

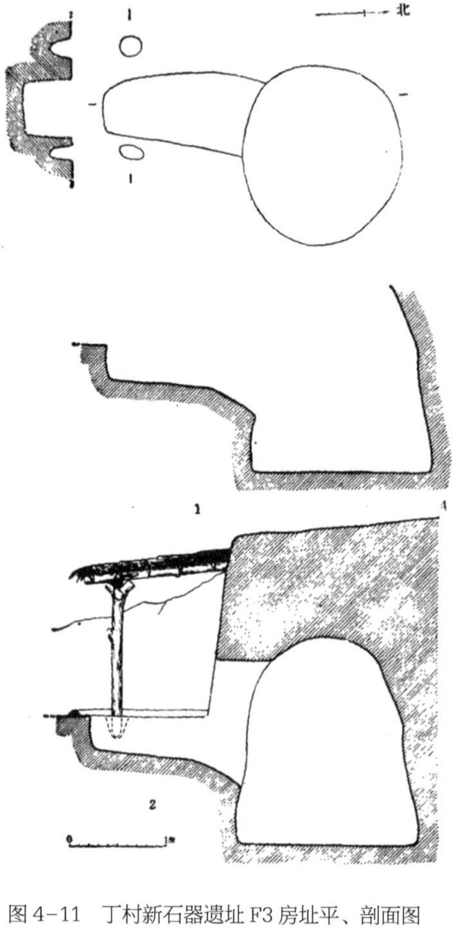

图 4-11　丁村新石器遗址 F3 房址平、剖面图

图 4-12　丁村新石器遗址 F3 房址复原图[①]

在石楼岔沟发现的龙山文化遗址中，也发现了 19 座窑洞式房址。这些房屋大部分是建在半山腰上，平面呈凸字形，房址内的居住面都用白灰涂抹而成，非常光滑、平整，室内的灶为方形或圆形，灶面略高出地面。以保存比较完整的石楼岔沟房址 F5 为例，F5 坐落在海拔 1080 米的山坡上，东、南面临断崖，向西不到十米和 F6、F7 两座房屋东西向排成一列。F5 的房址居住面呈圆角长方形，现存居室上口收成半圆形，口小底大。居住上口东西长 4.4 米，南北宽 3.3 米，居住面向四周扩出，东西长 5.25 米，南北宽 4.3 米。居住面用白灰涂抹再压磨而成，有的地方已残破。居住面有两层，大概是下一层居住

① 学晋:《丁村新石器时代遗存与陶寺类型龙山文化的关系》,《考古》1993 年第 1 期。

面损坏后，又在上面另抹一层。在靠近墙根的居住面上，有一圈宽约 0.6 厘米的红线，是用红颜料画在白灰面上的。这种情况在其他一些房址中也有发现。门道略偏东，门道的南端被断崖所毁。门道东壁较直，西壁斜向东南，门道的两壁有白灰墙皮。现存墙壁西南角最低为 1.3 米，东北部最高为 2.2 米。墙壁上下略呈弧形，上窄下宽。墙壁距居住面高 0.85 米以下抹白灰墙皮，在壁上涂一层草泥土，再抹一层白灰面，白灰墙皮大部已剥落。墙壁的其余部分是生土壁面，未经加工。居室中央有一烧灶，从残留的痕迹看，形状为方形圆角，东西 1.15 米，南北 1.25 米，灶面为红烧土，低于居住面 3—5 厘米。灶

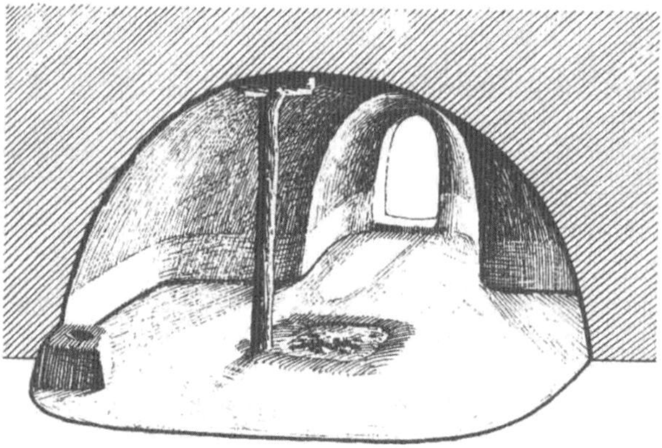

图 4-13　石楼岔沟遗址 F5 复原图[①]

① 张长寿、郑文兰、张孝光:《山西石楼岔沟原始文化遗存》,《考古学报》1985 年第 2 期。

的西南角放一块石头，经火烧过。在居室的东北角，有一个用黄土砌成的锅台，形状为截顶方锥形，锅台中央有圆形灶口。灶门外壁上有因烧烤而成的红烧土面。在烧灶东北的居住面上，有一个圆形柱洞，口径 0.32 米，深 0.42 米。房子内出土陶片一百片，仅复原陶杯一件。

2009 年在河曲坪头遗址发现 5 座龙山时期的白灰面房址，也都是在黄土台塬上的掏挖圆角“凸”字形窑洞式房址，尤其珍贵的是这 5 座窑洞还都保存较好。其中 4 座为同一时期，另一座在相对年代上略早。同时期的这 4 座房址呈东南—西北方向一字排开，间距约 3.5—5 米，面积大致相同，都在 11—12 平方米左右。有两座庭院南部相通。它们可能代表着至少 4 个家庭组成的一个血缘大家庭或一个家族。其中 F1 房屋由居室、门道、墙体、灶面等组成，房址坐北朝南，南侧与庭院相连。居室呈圆角长方形，长 3.2 米，宽 2.64 米，南侧有凸出的圆角梯形门道，东西长 1.2—2.2 米，南北长 1.43 米，总面积 11.6 平方米。墙壁向上弧形内收，残高约 1 米。居住面大部和墙壁下部残存白灰面，墙壁下部白灰面处有扁平的片石或略厚的块石，应当是土石混筑。门道处还发现 1 块门砧石，中间有凹窝。门砧石表面由于中心轴转动而形成的痕迹非常明显，门道口装有门。门道和居室的白灰面上发现散落的一层石块，应为门道口砌石坍塌的遗留。在居住面中部处有圆形灶面，周围压印摆放陶器而形成的绳纹。房址南侧连接穴状庭院。庭院北宽南窄，西壁中部向内收缩呈弧形，其余壁较直。庭院从 F1 门道向西南延伸，地势逐渐降低，底部坚硬平整，有明显的踩踏痕迹。庭院西侧南段边缘处发现较窄的排水沟设施。

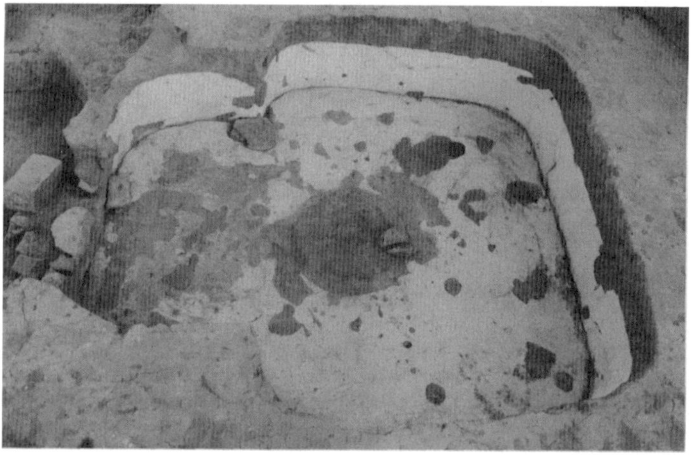

图 4-14 河曲坪头遗址 F1（东南—西北）①

第三节 地上式居宅与台基式建筑

在地面建筑房屋的地上式居宅，比半地穴式居宅晚不了多久。地上式居宅的发展不但在建筑工艺上与半地穴式居宅有前后相承关系，而且二者始终是远古时代两种主要的住宅形式，并一直互相影响着。

① 赵杰、王继平:《山西河曲县坪头遗址新石器时代房址发掘简报》,《考古》2014 年第 10 期。

山西地区目前发现的最早的地上式居宅是在仰韶文化早期的芮城东庄遗址。东庄遗址发现两座仰韶时期的房址，一座为半地穴式，一座为地上式。其中地上式房址 F201 平面略呈圆形，东西长约 1.9 米，南北宽约 1.7 米，是居住面与当时地面基本平齐的小型房基。居住面是在一个底部凹凸不平的浅圆坑内用灰白色的细泥填平而成的，当时在灰白色细泥上可能还涂有一层薄薄“白灰”的。居住面坚实且基本平坦，只中部柱子洞的周围加高 2—8 厘米。在居住面南偏东的边缘上，有略呈椭圆形的小烧坑一个，口径 0.15—0.2 米、深 0.15 米。从小烧坑内及附近地面都被火烧成红色来看，应当是保存火种及炊爨的地方。房基上共发现柱洞 22 个。其中大柱洞 1 个，位于居住面的中央偏北；小柱洞 21 个，位于居住面周围的边缘上。周围的小柱洞都是向屋外地表外倾约 60°。结合较小的柱洞直径来看，这些应是穹庐式构架遗迹。这种构架较为特殊——外倾栽埋枝干，再向心集中扎结，这样便于争取内部空间。这间房子的另一个特点是火塘设在门口，应是出于排烟的考虑，但客观上正利于内部加热空气的对流，采暖效果较好。火塘位置说明围护结构上部无通风口。还有一个引人注意的地方：围护结构南部内凹，于西南隅形成一个适于卧寝的较为隐蔽的空间。这样处理正显示居寝功能的特征。

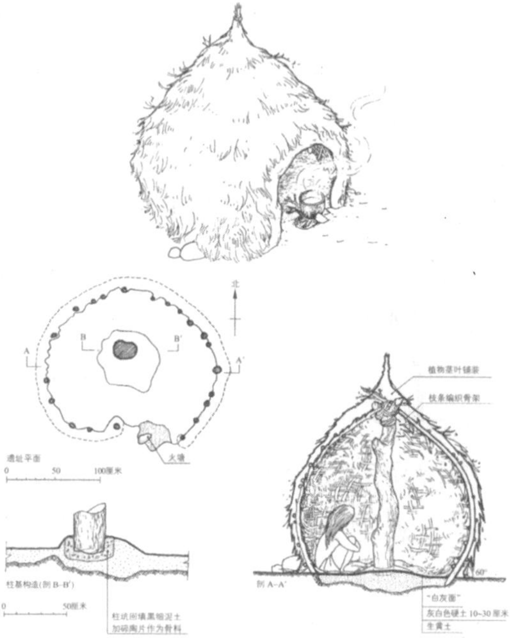

图 4-15　芮城东庄遗址 F201 复原图[①]

时代属于仰韶早期的翼城北撖遗址经过科学发掘共清理房址 7 座，其中 6 座为平地起建的地面建筑，仅 1 座为半地穴房屋（见上文）。比如北撖一期遗址的房址 F4 就是地上式小型房址，平面形状近正方形，室内边长约 2.6 米，总面积 6.6 平方米。房子地面经过加工，十分平整且比较坚实。居住面四周下挖宽约 0.3 米、深约 0.5 米的基槽，在基槽中栽柱填实，然后

① 杨鸿勋：《仰韶文化居住建筑发展问题的探讨》，收于《杨鸿勋建筑考古论文集》（增订版），清华大学出版社，2008 年，第 33 页。

在立柱上捆绑横木并搭制顶部，最后涂抹草拌泥而形成木骨泥墙，可能还经过火烤。房址发现有柱洞 50 个，所有柱洞都和地面垂直。其中房内中心有 1 个柱洞，房屋内还有 4 个柱洞是房屋地面后期形成的，其余 45 个柱洞均匀地分布于四壁基槽中。门道的位置可能在房子的北面。据柱洞分布及其中烧土块推测，该房子平面为正方形，房顶为中心支顶的四面坡式。在 F4 和另外两座北撖一期小型方屋中都没有发现灶坑，但在它们之间却有先后叠压的灶坑。这些小房屋均为单间，应当是习惯于集中设置灶坑。

图 4-16　翼城北撖遗址 F4[①]

① 山西省考古研究所:《山西翼城北橄遗址发掘报告》,《文物季刊》1999 年第 4 期。

北撖遗址三期房子 F7 则是一座平地起建的中型圆形房屋，时代属于仰韶中期。F7 房址室内直径约 5.6 米，面积约 25 平方米，建筑方法与北撖一期的小型房屋相同。居住面是在平整坚硬的黄色垫土之上涂抹一层厚约 1 厘米的草拌泥。F7 房址起建时在居住面之外挖下一圈基槽，基槽宽约 0.5 米，深约 0.3 米。基槽中有内、外两圈柱洞，其中内圈共发现柱洞 35 个，外圈则发现 23 个，此外在圈外的北部、东北部也各发现一个柱洞。这些柱洞的形状为圆形或椭圆形，皆与地面垂直。F7 房址中心柱洞后来被破坏，现已不存。F7 内的灶坑位于室

图 4-17　翼城北撖遗址 F7[①]

① 山西省考古研究所:《山西翼城北橄遗址发掘报告》,《文物季刊》1999 年第 4 期。

内中心偏南部，平面形状为圆角方形，边长 1.1 米，深 0.18 米，灶坑底及壁面是涂上草拌泥后烧烤而成的青灰色硬面，光滑平整。F7 未发现有明显的门道迹象，但房外东部和东北部有大量的路土，所以学者由此推测其门道应在东部。

到了新石器时代末期，地面式建筑的技术更加进步。陶寺遗址晚期 99 Ⅱ F10 房址很有特点，它是一座在地面起建且带有夯土墙的房址。这座房子由夯土墙围起来，长度大约 5.9 米，宽度约为 5.4 米，面积差不多有 31.86 平方米。夯土墙在部分地段特别结实、质地致密，墙的宽度大概在 0.8—1.1 米之间，不过残高只有 0.2—0.3 米。房子的居住面呈圆角方形，宽是 3.6 米，进深约 4.1 米，面积大概 14.8 平方米。门道处于前墙的中部位置，宽度约 0.6 米，还设有台阶，方便人们进出房屋。和这座房子相关的柱洞一共有 9 个。除了在居住面上分布着的 4 个柱洞之外，在门道南侧、东墙东北角外的附属建筑上、居住面西部靠近墙的地方、东墙中部以及南墙中部，各有 1 个柱洞。居住面的北部有一个平面呈圆角长方形的坑，坑底很平整，而且经过了烘烤处理。坑壁的西、北两面紧紧贴着夯土墙的内壁。在靠近坑的中部位置，还有一个灶坑，里面的填土是灰黄土，从中出土了单把鬲、折肩罐、豆等陶器的残片。

图 4-18　陶寺遗址 99 Ⅱ F10 房址[①]

第四节　聚落与古城

聚落是人群曾经居住过，并且有一定范围的空间和持续了一定时间的文化单位。新石器时代的聚落是史前先民聚族而居的地方，与人类早期聚居而形成的社会组织形态伴随产生，是当时社会发展的需要和人口繁衍增殖的结果。聚落形态发展到一定阶段就会出现一种特殊的聚落——城址。城址可以说是新

① 中国社会科学院考古研究所山西队、山西临汾行署文化局:《山西襄汾县陶寺遗址Ⅱ区居住址 1999—2000 年发掘简报》,《考古》2000 年第 3 期。

石器时代建筑的最高成就。城址的出现一方面表明出现了围绕聚落修筑而成的城墙建筑；另一方面显示一定地域内出现了政治实体的统治中心或经济文化中心，反映了聚落群内部社会的等级和功能。山西地区发现了不少新石器时代重要的聚落及城址遗址，本节以摘取几个有代表性的加以介绍，从中一窥史前山西的社会发展情况。

山西发现了早在新石器时代中期的带有夯土的聚落遗址——夏县师村遗址。师村遗址发掘揭示出的仰韶早期夯土遗存，是黄河流域目前发现年代最早的夯土，对研究我国夯土版筑工艺的起源与发展具有重要价值。

师村遗址位于山西省运城市夏县裴介镇师村西北约 1 公里处，位于夏县县城西南 15 公里处，地处青龙河故道河曲地带，是内涵非常丰富的仰韶早期聚落遗址。师村仰韶早期聚落遗址的面积大约有 3.5 万平方米，四周被夯土围墙环绕着，围墙外侧还配备有台基等附属设施。在师村遗址发现的两座夯土围墙墙基，全都环绕在聚落区域的东南方向，它们的形制很规整，是通过人工挖槽然后填筑起来的。这两座墙基的大部分仅仅留存着基槽，剖面呈现出倒梯形的样子。还发现了三个聚落入口，每个入口的形态都不太一样，揭示出了连接这些入口的踩踏面，从中仿佛能看到当年人们进进出出的热闹场景。在聚落内部，有两处作为地面式房屋基础的夯土台基。其中一处夯土台基现存的面积大概是 557 平方米，平面形状大致是长方形，不过南部向外延伸出了一部分，整体呈现北部宽、南部窄的特点，最宽的地方约有 16 米，长度大约为 32 米。据推测在这个台基上很可能建有多座地面式房址。另外一座台基现存面积约为 18 平方米，形状不太规则，还残存着数个柱洞，有着多层垫土，应该是人工先填平了低洼之处，然后才在上面修建房屋的。围墙和台基的外围还有环壕，目前已经发掘出的部分，宽度大约是 4 米，深度约为 3.5 米。环壕的东段和墙体的走向基本是平行的，并且与墙体保持着大概 5 米的距离，西段则是朝着西南方向延伸出去的。在围墙里面有房址以及陶窑，围墙的内外还发现了不少墓葬和大量的灰坑。值得一提的是，师村遗址在西南方向距离盐池大概 7 公里，是到目前为止经过大规模发掘的、距离盐池最近的仰韶早期聚落遗址。

图 4-19　师村遗址一、二号墙基鸟瞰[①]

① 段天璟、方启、钟龙刚等:《山西夏县师村新石器时代遗址 2019—2020 发掘收获》,《文物世界》2021 年第 2 期。

山西南部则是出现了新石器时代晚期的大型城址——陶寺古城。陶寺古城遗址是陶寺文化最主要的考古遗址，位于山西省襄汾县城东北约 7.5 公里崇山（俗称塔儿山）西麓。古城遗址东西宽约 2000 米，南北长约 1500 米，总面积约 300 万平方米，由早期小城、中期大城和中期小城三部分组成，其中作为都邑的陶寺遗址主要指的是其早期和中期。早期小城南部分布着贵族居址、墓地及大墓、大型仓储区。中期大城面积达到 280 万平方米，在黄河流域乃至全国是同时期最大的城址之一。城地内还发现了台基式建筑，应当是聚落中的主体建筑，或是城址中的宫殿。这座龙山时代中期的大型夯土台基式建筑规模巨大，位于早期小城的东南部即中期大城的东北部。大型夯土基址基坑大致呈正方形，边长约 100 米，总面积 1 万多平方米。其上不止一个殿堂建筑单元，也许应有成组的建筑。其中有一个大型圆体夯土建筑总面积约 1400 平方米，其建筑形状奇特，原为三层台基，结构复杂，附属建筑设施多，规模宏大，是迄今发现陶寺文化遗存中最大的单体建筑。

在陶寺城址内，经过发掘清理发现了若干座陶窑。其中有一座属于陶寺文化早期的陶窑 IY3，是由火膛、火道、窑室、窑箆、窑口几个部分组成的。火膛的口是圆形的，壁呈弧形，底部是半圜形，经过复原后，其口径能达到 0.3 米，底径在 0.4—0.64 米之间，深度为 1 米。火膛还有两条主火道通向窑室，这两条主火道长度达到 1.2 米，宽度是 0.14 米，深度在 0.12—0.16 米之间，并且它们分别朝着窑箆垂直分出了

6条分火道。再看窑室，大致呈现圆袋形，周围的壁面十分光滑整齐，底部就是窑箅。窑室残高0.6米，底径在0.96—1.06米这个范围。窑箅呈网格状，是间隔覆盖在火道之上的，间隔的距离大概在6—10厘米之间，方形火孔的孔径则是4—10厘米。通过对这座陶窑各部分详细的了解，我们仿佛能想象出当时烧制陶器时，火焰在其中穿梭，陶器在窑室里慢慢成型的场景。

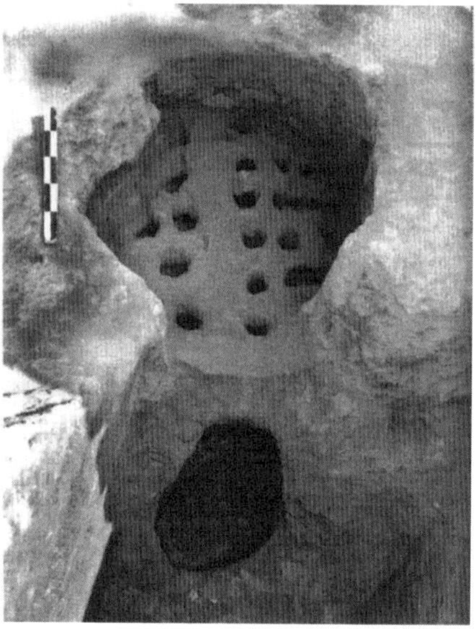

图4-20 陶寺城址内陶窑[①]

① 中国社会科学院考古研究所山西工作队、山西省考古研究所、临汾文物局：《山西襄汾陶寺城址2002年发掘报告》，《考古学报》2005年第3期。

陶寺文化遗存除陶寺古城遗址外，还形成了多层级的聚落群。根据考古学调查，以陶寺都邑为中心，在1750平方公里的范围内有五十多个规模大小不等的陶寺文化聚落遗址。这些遗址从空间关系上看，基本上围绕陶寺遗址分布，形成陶寺组聚落。从分布可以看出，陶寺遗址群宏观聚落形态反映出具有五级聚落、四层等级化的社会组织：都城下辖南北两个亚中心——县底和南柴；亚中心邑下辖二至三片区的中型聚落群，部分中型聚落下辖一至三个小型遗址；还有多数微型聚落由大中型聚落直接分出。这显示出陶寺古城是有一个统治范围的政治实体。放眼在黄河、长江流域，目前发现史前城址有六七十座，其中恐怕就有相当多的类似于陶寺古城一样也是早期国家的都城，从而构成了邦国林立的格局。考古发现，距今5000—4000年前的龙山时代邦国林立现象与史称尧舜时代为“天下万国”正好可以对应起来。而陶寺都城所达到早期文明和早期国家的高度，也使得陶寺的邦君足以担当族邦联合体的盟主。因此，陶寺国家文明所达到的高度与帝尧文化也是吻合的。在联合体内部，陶唐氏作为宗主国凌驾于众多部落国之上，首领尧作为天下共主主宰着联合体的重大事务，享有支配其他部落国的某些特殊权力。尽管联合体中的宗主国还缺乏稳定性，但一个高高在上的政治权力中心无疑是始终存在的。

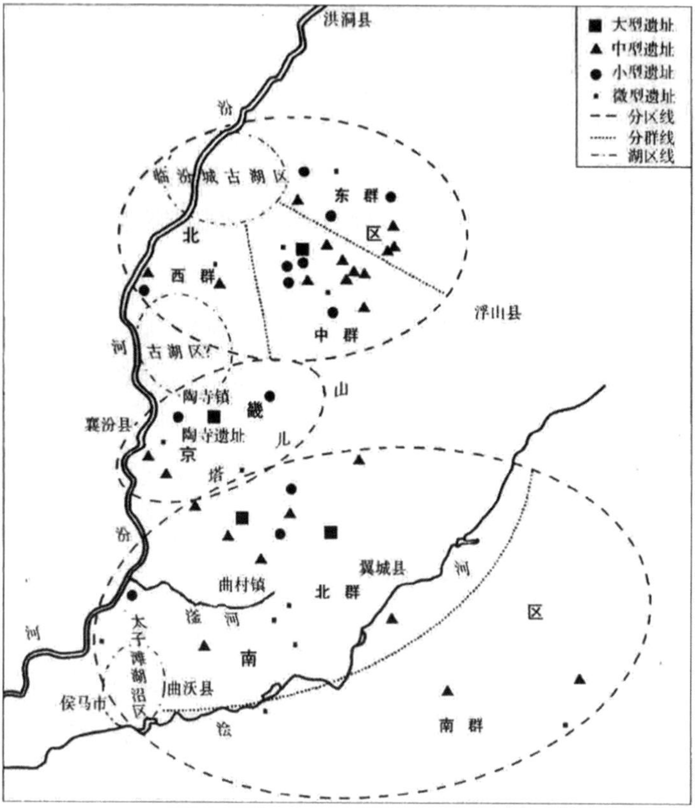

图 4-21　陶寺聚落群的遗址分布（2009—2010 年调查）①

山西地区除了晋南发现新石器时代古城遗址外，在晋西地区也有发现。不同的是晋西发现的古城遗址并非夯土城址，而是石城。晋西地区目前发现的石城，以兴县白崖沟和碧村为代

① 何驽:《2010 年陶寺遗址群聚落形态考古实践与理论收获》,《中国社会科学院古代文明研究中心通讯》2011 年总第 21 期。

表，两者都是规模巨大的龙山时期聚落。在城址的构筑方面，也有各自的特色。碧村遗址位于吕梁市兴县高家村镇碧村村北，地处黄河与蔚汾河的交汇处。碧村城址与石峁遗址相距仅50余公里，主体年代基本一致，形成了隔黄河呼应的格局。两个遗址在建筑传统和聚落布局上基本相同，均以石构为特色，构筑了中心护坡台地的高等级殿堂式院落、多重城垣防御体系和反复迂回城门系统。碧村遗址包括寨梁上、小玉梁、殿乐梁和城墙圪垛四座山峁，总面积约75万平方米，是一处具有内外双重城墙的石城聚落，借助遗址的天险，在其东部、中

图4-22　小玉梁北面断崖上暴露的石墙[①]

① 张光辉:《晋西龙山石城》,《大众考古》2017年总第48期。

部各修筑一道纵贯南北，连接两端河沟的城墙，并设置大型城门，以控制出入口。地处碧村遗址中心的小玉梁，遗存分布最为密集，发现有大型石砌排房，排房背后为生活垃圾区，出土卜骨和玉器等高等级遗物，台地边缘发现有石筑墙体。墙体修筑时先在生土中下挖基槽，紧贴基槽，呈一直线向前延伸，墙体外部整齐，内部较为杂乱。从上述迹象来看，小玉梁应为该遗址的一个权力中心。

第五章　史前时代山西先民的饮食器具

《礼记·礼运》说："夫礼之初，始诸饮食。"在漫长的史前时代，由于获取食物相对困难，口腹之欲是人们最重要的需求。人类饮食行为同时也是许多创造发明的出发点与驱动力。饮食文化可以说是史前文化中最重要的一部分。了解史前饮食生活，也是理解史前社会不可或缺的核心环节。由于没有史前时期的文献资料，想了解相关问题只能依赖考古文物。

第一节　烹饪工具

在原始人类没有学会用火的漫长时间里，饮食方式可能是连毛带血的生吃禽兽之肉与草木之实。处于《礼记·礼运》所谓"未有火化，食草木之实，鸟兽之肉，饮其血，茹其毛"的时代。《淮南子·修务训》所谓："古者，民茹草饮水，采树木之实，食蠃蛖之肉，时多疾病毒伤之害。"正是讲这个时期。这种茹毛饮血的饮食方式，当然是没有什么饮食文化可言的。直到学会用火，人类可以把生食变为熟食，才让饮食文化有了质的飞跃。我国古代典籍也将火的使用视为跨时代的进步。

《韩非子·五蠹》说：“民食果蓏蚌蛤，腥臊恶臭而伤害腹胃，民多疾病，有圣人作，钻燧取火以化腥臊，而民说之，使王天下，号之曰燧人氏。”也是认为圣人燧人氏之所以“王天下”是发明了火让民众吃上熟食才“王天下”的。不过有些典籍把火的使用归功于黄帝。《世本·作篇》：“黄帝作火食。”最初的烹饪方式可能是直接在篝火上烧烤，后来有了火塘内熟食。

山西吉县柿子滩遗址 S9 和 S14 地点发现保存完好的火塘及灰烬、动物化石、石制品等。火塘遗迹保存完好，灰烬烧结成块状集中分布，同时发现丰富的烧石、烧骨、碳屑、石制鼻、蚌片等，反映古人类在此处长期活动并存在用火行为。

用陶器烹饪是远古先民烹饪方式一个跨时代的进步。考古发现的新石器时代陶器很多都与饮食有关，其中有不少是用于炊事方面的器具，除了常见的釜、鼎、甑、鬲、甗等之外，还有一些支架、炉灶等炊具，这些器类在原始人的饮食生活中都曾发挥过重要作用。

一、陶灶

与直接在篝火中和火塘内熟食相比，陶灶更加省火省时。也可以说，陶灶的发明和使用，是我国史前烹饪饮食技术的一个重要进步。从目前各新石器时代遗存的出土情况来看，陶灶这种炊具还没有像鬲、鼎、斝、甗等那样普及，不过它出现的时代还是比较早的。以下介绍几个史前山西的陶灶。

1. 垣曲古城东关遗址庙底沟二期晚期陶灶

这件陶灶是在垣曲古城东关遗址的一处灰坑被发现的，时间上属于庙底沟二期文化的晚期阶段。刚出土时陶灶还算完整。它是用灰陶制成的，灶口边缘是方圆唇，唇上有一圈凹槽，沿内有好几周同心圆的纹路。釜壁处有两个相互对称的舌形鋬手，不过釜底有缺失。陶灶有个椭圆形的烟孔，灶门是拱形的，门边侧面没有额外添加泥条，外面装饰着排列比较整齐、纹理细密的竖斜篮纹。这个陶灶的口径为 26.4 厘米，高度是 42.6 厘米。

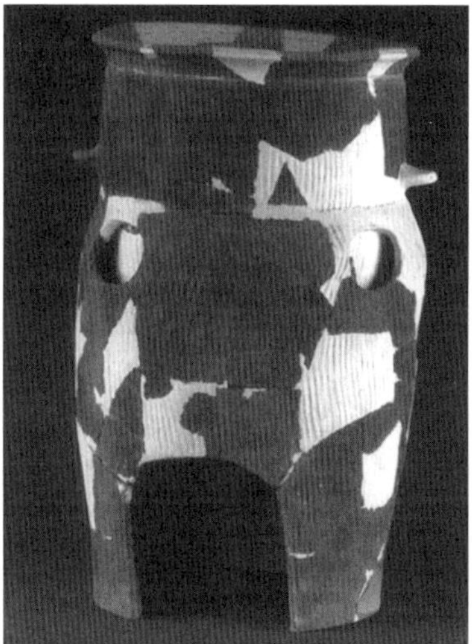

图 5-1　垣曲古城东关遗址庙底沟二期晚期陶灶[①]

① 中国历史博物馆考古部、山西省考古研究所、垣曲县博物馆编著:《垣曲古城东关》，科学出版社，2001 年，彩版四。

2. 垣曲上亳庙底沟二期釜灶

这件釜灶是从垣曲上亳遗址的一个灰坑挖掘出来的，其时代为庙底沟二期文化时期。它由夹砂灰陶制成，灶口是敞开的，有着折沿和方唇的特征。在釜与灶的交接位置，附着鸡冠形状的鋬手。灶壁向外呈弧形，釜壁则微微弧状斜着收缩。器物表面装饰有竖篮纹，在口沿下方还施加了三周的附加堆纹，内壁能够看到修抹留下的痕迹。其口径为 24.8 厘米，残余的高度是 21 厘米。

图 5-2 垣曲上亳庙底沟二期釜灶[①]

① 王晓毅、王小娟主编，山西省考古研究所编著:《垣曲上亳》，科学出版社，2011 年，图版一九。

3. 陶寺遗址陶灶

在陶寺墓葬 M2172 出土了一件陶灶，它来自龙山时代晚期。这件陶灶的筒壁都是向外张开的，箅架处于筒腔中间偏下的位置，而且没有设置出烟孔。陶灶的外表是灰褐色，内里的胎是红褐色，上口和底缘都做加厚处理了。箅架在中腰以下，燃烧室的高度比起上腹来相对要小。陶灶的器表全都压印着绳纹，还附有箍状堆纹，腰部有四周，上下口的外面各有五周，这些堆纹上也压印了绳纹。沿着灶门有两道半圆形的堆纹。灶门上方有一个圆饼形的装饰，和灶门上缘平行的一周有四个稍微小一点儿的圆饼形装饰，这些圆泥饼上同样压印着绳纹，中腰以上还有对称的弯角状把手。陶灶上口的直径是 23 厘米，下口直径 22 厘米，高度为 29 厘米。这件陶灶出土的时候，灶上放着 1 件尊形斝。由于这种灶没有烟孔，如果放置罐类器具就没办法排烟。

图 5-3　陶寺遗址陶灶[①]

① 中国社科院考古研究所、临汾市旅游发展委员会:《中国陶寺遗址出土文物集萃》，天津出版社，2018 年，第 141 页。

二、陶鼎

与陶灶相比，陶鼎在史前先民的饮食生活中起到更重要的作用。陶鼎出现的时间早，沿用的时间长，在新石器时代的许多遗址中，都有出土。早在新石器时代早期，南方地区河姆渡文化人群和华北地区裴李岗文化人群就开始用陶鼎，并在之后很长一段时期内这种炊具代代相传，经久不衰。下面介绍几件史前时代的山西陶鼎。

1. 垣曲古城东关一期陶鼎

这件陶鼎是在垣曲东关古城一期遗址的一个灰坑中被发现的，其年代为仰韶早期。它由夹砂灰黑陶制成，形状上微微侈口，有着斜沿尖唇的特征，腹部下垂且为圜底，只是圆锥足在出土时就已经残缺不全了。陶胎里面含有碎

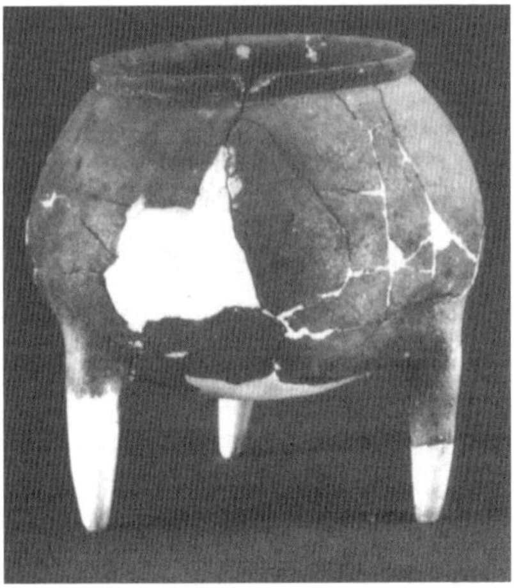

图 5-4　垣曲古城东关一期陶鼎[①]

① 中国历史博物馆考古部、山西省考古研究所、垣曲县博物馆编著:《垣曲古城东关》，科学出版社，2001 年，图版五。

云母片，陶鼎内部呈现黑色，而器物表面经过磨光处理。其口径为 15.6 厘米，残存的高度是 17.5 厘米。

2. 垣曲上亳遗址仰韶晚期陶鼎

这件陶鼎是从垣曲上亳遗址的一个灰坑中出土的，时代为仰韶晚期。该陶鼎的材质是夹砂灰陶，整体的器形较小，有着侈口的设计，口沿是折起来的，沿边还有一圈凹槽。腹部微微鼓起，足部是扁的，腹部拍印有篮纹，中间附着一周堆纹，还带有鸡冠形的鋬手，足面附着一道竖堆纹。其口径为 16.5 厘米，高度是 14.8 厘米。

图 5-5　垣曲上亳遗址仰韶晚期陶鼎[①]

① 王晓毅、王小娟主编，山西省考古研究所编著:《垣曲上亳》，科学出版社，2011 年，图版一五。

三、陶鬲

鬲，在新石器时代晚期开始出现和使用。它的形状是上半部像罐，下有三个袋状足。这种炊具既能增加容量，又能使火的接触面积达到最大。因此，用它来煮、炖一些流质食物，是十分合适的。鬲一直到青铜时代，还是平民阶层常用的炊具。

1. 汾阳杏花村遗址陶鬲

这件陶鬲是在汾阳杏花村遗址第四期遗存的一个灰坑中发现的，属于直领薄唇双鋬鬲，其年代和客省庄文化时期相近。它的领下连接着三个十分肥硕发达的袋足，鬲的容积基本都在这三个袋足内。此鬲的袋足间距较为宽阔，在两足之间的鬲上身中腹处微微鼓起，从外壁能够清晰地看到袋足和鬲身的结合线。基于这些特征，学者们推测这件鬲是由三个模制的偏口袋足，以及带着三个窟窿、类似三角裤衩形状

图 5-6　汾阳杏花村遗址陶鬲[1]

① 国家文物局等:《晋中考古》，文物出版社，1999 年，图版二九。

的上身组合而成的。该陶鬲的口径为 15 厘米，腹部最大直径达到 23.4 厘米，裆高 7.6 厘米，通高 21.6 厘米。

2. 辛章遗址双鋬陶鬲

这件陶鬲是在山西原平市辛章遗址的一个灰沟被发掘出来的，其年代为龙山时期。它由夹细砂深灰陶制成，形状为敞口、圆唇且束颈，在口沿外面有一圈凸起部分。袋足十分肥大，是连裆的样式，不过足根有残缺。陶鬲从颈部以下装饰着斜向的绳纹，下部的绳纹相互交错，而袋足连接处是没有纹饰的素面。该陶鬲有两个鋬，其中一个鋬在一侧的袋足上，另一个鋬位于两个袋足的连接处。其口径为 11.6 厘米，残存的高度为 15.6 厘米。

图 5-7　辛章遗址双鋬陶鬲[①]

① 赵杰、王炜:《山西原平市辛章遗址 2012 年发掘简报》,《考古》2014 年第 5 期。

3. 岢岚县乔家湾侧装双鋬鬲

这件陶鬲是在岢岚县乔家湾龙山文化晚期遗址的一座房址遗存里出土的。它是褐陶材质，器形上有着矮领的设计，在领下贴着对称的鸡冠形双鋬，其中一个在袋足侧面，另一个在袋足正面。口部是侈口，还带有花边状口沿，从口沿往下通体都装饰着绳纹。裆部比较窄且尖，在袋足两侧从裆部到接近领底的位置有斜向条带状的抹泥痕迹，应该是加固袋足与鬲身连接的工序留下来的，领部和袋足相接的地方经过了修抹处理。其口径为 24.5 厘米，高度为 40 厘米。

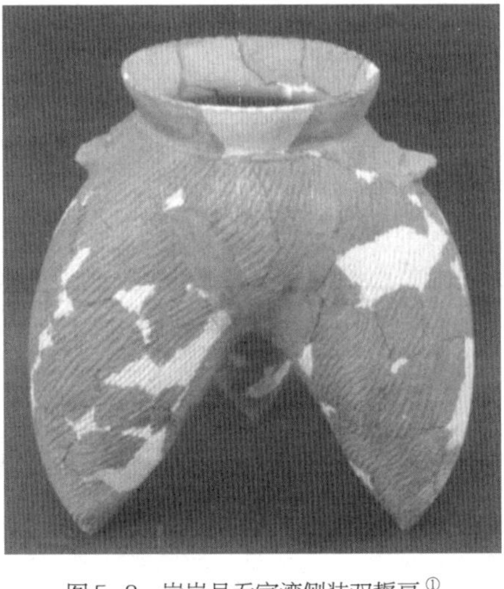

图 5–8　岢岚县乔家湾侧装双鋬鬲[①]

① 王晓毅:《山西岢岚县乔家湾龙山文化晚期遗址》,《考古》2011 年第 9 期。

4. 绛县周家庄遗址陶单把鬲

这件单把鬲出土于绛县周家庄遗址，时间为龙山文化晚期。它的口部是侈口，口沿为圆唇，在口部以及腹上部有一个宽扁的桥形把手。口沿外侧原本的绳纹被抹掉了，在口沿下方有一道弦纹，而把手以及腹部都装饰着中绳纹。这件单把鬲的口径为 15 厘米，高度为 26.6 厘米。

图 5-9　绛县周家庄遗址陶单把鬲[①]

四、陶斝

史前时代陶斝也是一种重要炊具。斝下附三个袋足，形

① 田伟、戴向明:《山西绛县周家庄遗址 2013 年发掘简报》,《考古》2018 年第 1 期。

制与鬲近似。从器物的上部看，有深腹、浅腹、折腹之分，并有无耳、单耳、双耳之别。该器物多为夹砂陶制成，用它作炊器，既能增加容量，又可使火的接触面达到最大。史前先民约从新石器时代中期以后才发明了这种炊具，在我国南北方都有使用。

1. 垣曲上亳遗址庙底沟二期陶斝

这件陶斝是在垣曲上亳遗址出土的，属于庙底沟二期的文物。它是用夹砂灰陶制成的，胎是褐色的。口部微微侈开，有着较高的领，领的形状近乎笔直，沿是窄平沿，折腹的特征很明显，腹部相对比较浅，袋足很大。上腹经过了抹光处理，下腹以及袋足上拍印着比较稀疏、浅显的篮纹，内壁还附有水垢。其口径为 17.3 厘米，高度达到了 23.6 厘米。

图 5-10　垣曲上亳遗址庙底沟二期陶斝[①]

2. 陶寺遗址椭圆形大陶斝

陶寺遗址出土的这件椭圆形大斝颇具特色。斝胎呈红褐

① 王晓毅、王小娟主编，山西省考古研究所编著:《垣曲上亳》，科学出版社，2010 年，图版一九。

色，器表为褐色间有黑色。从俯视角度看，斝腹呈椭圆形，口部稍敛，唇外缘以泥片加厚，腹部微外鼓，底部为圜底，足高超过腹深，且有较高实足尖。这件斝通体先施绳纹，口下附堆纹一周，腹周用多道“U”字形泥条组成重帐纹。其腹、底相接方式独特，是以底周厚泥片套接在腹壁外并按压成箍状堆纹样，底部绳纹上还有多道不规则堆纹，而三个足表面的绳纹大多被抹消。此外，上腹长轴两端设有横向盲桥耳一对。出土时局部器表有烟炱，表明其曾被使用过。这件斝口部长径为 39 厘米，短径为 32.5 厘米，腹深 18.5 厘米，高 35.6 厘米。这件大斝为研究陶寺遗址的文化、生活等方面提供了重要实物资料。

图 5-11　陶寺遗址椭圆形大陶斝[①]

① 中国社会科学院考古研究所、山西省临汾市文物局:《襄汾陶寺——1978～1985 年考古发掘报告》，文物出版社，2015 年，彩版三三。

3. 忻州游邀遗址单把式陶斝

这件单把陶斝是在忻州游邀遗址出土的，其所处时代大约为龙山晚期。它呈现出釜形的模样，口沿是尖圆唇且为敞口，有着较高的领，领向外倾斜，折腹比较浅，底部是圜底。单把从领口一直连接到一个空足的外侧，这样就形成了两腿朝前、一腿在后的使用方式。三个空足是相互分离的，连接在釜形器的折腹下方。器物的表面是素面，并且经过磨光处理，整体颜色呈深灰色。这件单把陶斝的口径为10.5厘米，裆高1.6厘米，通高8厘米。

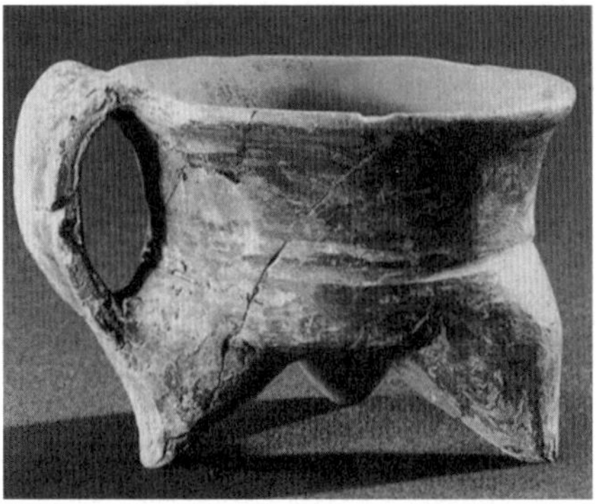

图5-12 忻州游邀遗址单把式陶斝[①]

五、陶甑

除了鼎、鬲、斝这些煮食器，史前先民还在烹饪过程中发

① 忻州考古队编著:《忻州游邀考古》，科学出版社，2004年，图版二五。

明了蒸食器具，其功能类似于今天的蒸笼。甑的原理是利用水蒸气的热力使食物加热变熟，堪称史前时期的一大发明。《逸周书》的逸文说黄帝时才开始“蒸谷为饭”，把这项发明也归功于黄帝了。陶甑的出现，不仅让我们祖先在使用陶鼎、陶鬲等三足器进行炖、煮，还可以选择蒸食，同时还解决了烧水时就不能煮饭，煮饭时又不能烧水的问题。甑的形状与盆、钵近似，在底部有数目较多的圆孔，如同我们现在蒸笼里的箅子，使用时，甑上有器盖，把甑放在釜和罐上，为上下复合形器物。下部器物内，还可以用来炖、煮食物，而蒸气直接供给上面的甑，把食物蒸熟。利用这样的蒸食器具，既缩短了烹饪时间、节省燃料，又增加了熟食的品种，丰富了人们的饮食。

1. 忻州游邀遗址双鋬甑

这件出土于忻州游邀遗址的双鋬甑，形状有着敞口的特点，口沿是尖圆唇，腹壁斜直向下，底部是平的，整体看上去就像盆一样。在腹部的中间位置贴附着两个鋬手，而且鋬手是倒置着的。整个器物通体都装饰着篮纹，这些篮纹的痕迹又细又长，

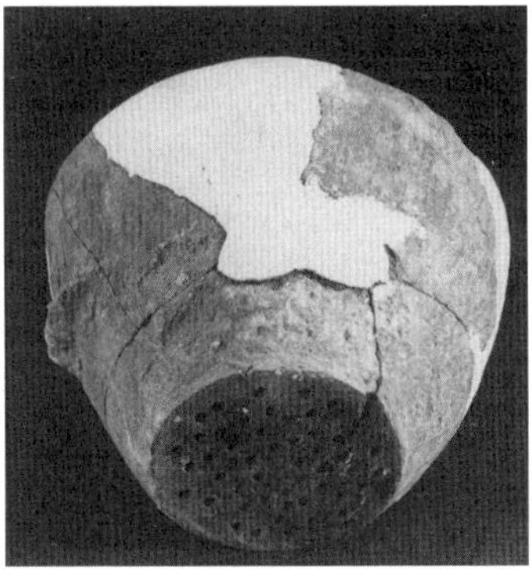

图 5-13　忻州游邀遗址双鋬甑[①]

① 忻州考古队编著:《忻州游邀考古》，科学出版社，2004 年，图版二四。

器物表面呈现出灰色。甑底的甑孔排列得很密集。这件双鋬甑的口径为 24 厘米，底径为 13 厘米，高度达到了 17 厘米。

2. 陶寺遗址陶甑

陶寺遗址也出土了一些陶甑。这件罐形甑是从一个灰坑中被发掘出来的。它的形制和折沿深腹罐相似，整体颜色是灰色中夹杂着橙色，是通过轮制的工艺制作而成的。它的口沿先是斜着折过来，然后又变成了平折的样子，底部比较小，并且是向内凹陷的。在下腹接近底部的地方，周壁以及罐底都穿有甑孔，靠近底周壁的地方有八个孔，罐底则有四个孔。罐的腹部比较瘦，最大腹径处在中腹的位置，中腹偏下的地方有两道凹弦纹，凹弦纹之下装饰的是斜篮纹。这件罐形甑的口径为 22.3

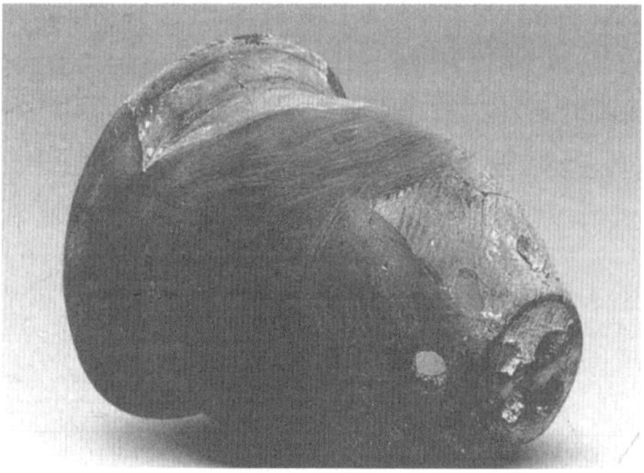

图 5-14　陶寺遗址陶甑[①]

① 中国社会科学院考古研究所、山西省临汾市文物局:《襄汾陶寺——1978～1985 年考古发掘报告》，文物出版社，2015 年，图版八二。

厘米，底径为 8.1 厘米，孔径在 1.8—2 厘米，器物的高度为 23.5 厘米。

六、陶甗

陶甗也是史前时代的先民在烹饪活动中发明的一件新型器具。由上部甑和下部鬲组成。它的形状一般较高，三足，中间束腰，也是一种蒸煮器具。由于这种炊器具有蒸煮多种用途，所以它在古代人类的烹饪过程中的优越性也是不言而喻的。从其起源和功能角度来看，陶甗应是在陶甑的基础上发展起来的。最新的考古资料显示，最早的陶甗出现于长江下游的马家浜文化，距今 6500 年前，新石器时代晚期在长江流域至黄河流域和广大北方地区都有发现。

1. 汾阳杏花村遗址陶甗残存

这件陶甗出土于汾阳杏花村遗址，出土时上部残缺，只剩下了下部，而这下部呈现的是口部带有腰隔的鬲的形态。整个器物通体都布满了绳纹，在腰隔处的外壁，有一条附加堆泥带。腰下的三个袋足之间，每一处都安置了鋬手，鋬手的存在方便人们对其进行拿取、挪动等操作。从裆部一直到器物下方，还能看到抹泥条带。另外，袋足下面还带有柱状矮实足跟，让整个陶甗放置起来更加稳固。它的腰径为 19.9 厘米，其腹部最大的直径处在裆部位置，大小达到了 28.6 厘米，裆高有 11.8 厘米，而残存通高则是 29.6 厘米。

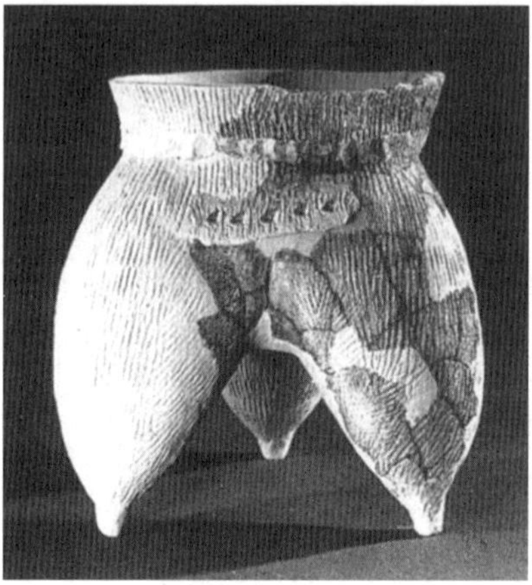

图 5-15　汾阳杏花村遗址陶甗残存[①]

2. 陶寺遗址陶甗

这件陶甗出土于陶寺遗址的一个灰坑中。从整体结构来看，它的上部呈现出敛口侈领深腹罐形，腹壁向外鼓出，这样的造型设计使得其上部具备了一定的容量空间。在腰部稍上的内壁位置，有环形箅架一周；而腰部以下连接着三袋足，袋足的形态也颇有讲究。这件陶甗是直领、鼓腹的样式，腹部比较深，袋足显得肥硕且相对较矮。袋足高度大约占整个器物高度的三分之一还多一点儿，由于袋足位置的特点，使得箅架以及器表的双鋬也相应地下移了。陶甗通宽达到了 30.5 厘米，高度为 54.7 厘米。

① 国家文物局、山西省考古研究所、吉林大学考古学系:《晋中考古》，文物出版社，1999 年，图版三四。

图 5-16　陶寺遗址陶甗[①]

七、尖底瓶

以上介绍的烹饪工具都是蒸煮器。还有一种器物虽然不是烹饪工具，也放在这里介绍。这种器物就是小口尖底瓶。小口尖底瓶是流行于我国新石器时代仰韶文化中的一种陶器。这种陶器一般为小口细颈、斜肩鼓腹、瘦长体尖底、腹部有对称双耳。过去长期以来都认为这种器物是符合力学原理的汲水器，并编进中学教材，但是有学者在进行实验后证明使用尖底瓶汲水并不十分实用。根据最新的研究成果，这类器物包括各种平底瓶和小型陶罐，应该都是与酿酒有关，器形尖底有利于酿酒

① 中国社会科学院考古研究所、临汾市旅游发展委员会:《中国陶寺遗址出土文物集萃》，天津古籍出版社，2020 年，第 199 页。

时液体中的杂质沉淀聚集在尖底中而不易漂浮，酒液会更久地保持澄清度，瓶口小，易于密封和保存。史前山西地区也很早就发现了类似器物。比如垣曲古城东关一期遗址的这件环状小口尖底瓶出土于一个灰坑中，材质为泥质红陶，经过素面磨光的处理。器口是圆唇环状口，好似一个陶环稳稳地扣在了瓶颈之上。在内沿下与瓶体相接处还有一周凹槽，或许是在制作时为了让口部和瓶体衔接得更牢固，又或者是在使用过程中能起到一些辅助作用，像便于倾倒瓶内的东西之类的。它的器体呈现出枣核状，这种形状让瓶子看上去十分修长且线条流畅自然。口径略大于底径，底部为小平底。器耳对称地置于下腹部，这些环状耳既起到了很好的装饰效果，人们又可以通过绳索穿过这些环状耳，方便提携瓶子，或者把它悬挂起来存放。这个尖底瓶的口径为 7 厘米，底径为 6 厘米，通高达到了 59.3 厘米。

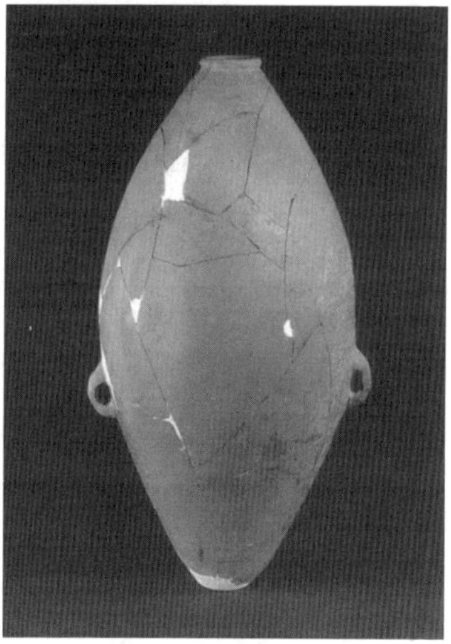

图 5-17 垣曲古城东关遗址一期环状小口尖底瓶[①]

① 中国历史博物馆考古部、山西省考古研究所、垣曲县博物馆编著：《垣曲古城东关》，科学出版社，2001 年，彩版二。

第二节　厨具与餐具

《老子》说:“治大国如烹小鲜。”传说中商朝的开国元老伊尹就是一位厨师。在更早的原始社会，庖厨在社会上的地位可能会更加重要。史前先民使用过的厨具，给我们留下的只是一些没有朽坏的石器、骨器和蚌器，而最常见的厨具是刀形器。

陶寺遗址出土了多件木俎，这些木俎的台面是长方形厚木板，有榫眼下接板状足，一般长 50—75 厘米，宽 30—40 厘米，高 25 厘米，俎上通常放有“V”字形或其他形制的石厨刀、猪排、猪蹄或猪腿。在陶寺遗址大墓 M2168 出土的这件木俎，出土时位于墓圹右侧偏下。木俎台面为长方形板式，下设四条紧立的长方体木足，整体造型规整。木俎台面上存在双肩闭合透榫的卯眼痕迹，这一细节体现了当时的木工工艺。木俎台板长 44.2 厘米，宽 31.2 厘米，厚 4.3 厘米，卯眼长 6.5 厘米，宽 4.3 厘米，足宽 10—10.5 厘米，厚 4.3 厘米，高 7.3 厘米，通高 11.6 厘米。台面上有猪的肩胛骨，石刀斜插于肩胛骨上，俎旁还有猪蹄骨，这一场景生动地展现了当时肉食处理的场景，表明木俎是作为肉食处理的陈设来使用的。这件木俎对于了解当时的饮食文化和生活方式具有重要意义，也为研究史前人类的生活习性和社会文化提供了珍贵的实物资料。

图 5-18 陶寺遗址木俎及俎上的猪骨与厨刀[①]

陶寺遗址也出土了不少石制厨刀。石刀多用青灰色石灰岩磨制，形体近似侧置之“V”字形。厨刀上端为柄，稍加琢磨以便把握，可见有装置木柄的痕迹。厨刀刀身宽于柄部，下缘磨成弧状双面刃。在大型墓中经常在木俎附近出土，长短不等。比如陶寺遗址墓葬 M3015 木俎上斜立两把石

图 5-19 陶寺遗址厨刀[②]

① 中国社会科学院考古研究所、山西省临汾市文物局:《襄汾陶寺——1978～1985年考古发掘报告》，文物出版社，2015年，彩版三七。

② 同上书，彩版三八。

刀，分别长 60 厘米和 28.5 厘米，一侧还有猪蹄骨，另外还有一把石刀掉落在木俎旁。

讲完厨具后我们再谈谈餐具。在史前时代，人类最初的进食工具肯定是自己的双手，手指抓饭的现象肯定在全世界都存在过。经过了漫长岁月，我国先民最初使用的进食器具是匕和勺。比如垣曲古城东关一期遗存就发现了泥质红陶的陶勺，勺柄呈柱状，勺斗略呈椭圆形，长约 9.9 厘米。最初的匕主要是骨匕，它以兽骨为主要材料，经过劈、磨等加工程序，做出扁状长条形，类似柳叶，有的在末端做成较薄的边口，以作进食器。比如 M3015 就出土了七件骨匕。其中一件骨匕用猪的肋骨磨成，通体薄片形，制作较精细。上端较宽厚，末端磨成钝刃，并在近顶部对钻出一圆孔，中、下部呈弯曲状，打磨出十分光滑的表面。通长 25.5 厘米，通宽 2.7 厘米，厚 0.9 厘米。

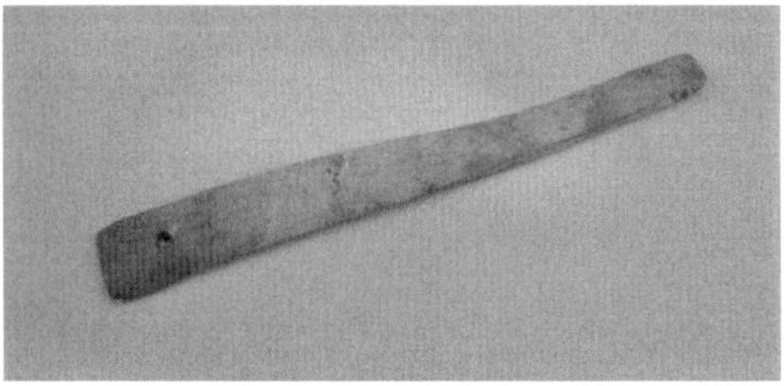

图 5-20　陶寺遗址骨匕[①]

① 中国社会科学院考古研究所、临汾市旅游发展委员会：《中国陶寺遗址出土文物集萃》，天津古籍出版社，2020 年，第 228 页。

史前先民在吃饭时，主要以骨匕、陶勺、蚌勺和蚌匙等为进餐用具，饭做好后先民大致使用的盛食器皿是钵、碗、盘、杯、豆等。钵，是一种盛食器具，形状大体为半球形。钵的造型，除圜底较多外，也有少部分为小平底，最常见的为圆唇、敞口，也有敛口，腹微鼓，器形较为简单。在我们今天的餐具中几乎绝迹，也许因为它大多圜底无座，放在桌上稳定性差而没有沿用下来；即便是个别平底的，也因为没有底座盛热饭容易烫手。但在原始居民的生活中，却具有非常重要的作用。比如这件陶钵出土于垣曲古城东关遗址二期遗存，材质为泥质红陶，大口微敛，尖唇，圆腹凸圜底，底部粗涩。口沿一端有一对穿孔。饰黑彩顶，多有脱落，宽约 4.4 厘米，器口内壁也有残余的黑彩。口径为 28 厘米，底径为 9.5 厘米，通高 14.7 厘米。

图 5-21 垣曲古城东关二期大口圜底钵[①]

① 中国历史博物馆考古部、山西省考古研究所、垣曲县博物馆编著：《垣曲古城东关》，科学出版社，2001 年，彩版三。

史前先民也使用了碗这种盛食器具。碗是古今人们饮食生活中最普通最常见的一种餐具。它的形状是敞口、斜腹，后来有了圈足。自它出现以来，形态基本上没有太大改变。比如这件陶碗出土于汾阳杏花村遗址三期遗存，敞口，尖唇，折腹，平底，素面，口径为 15.6 厘米，底径为 8.6 厘米，通高 7.4 厘米。

图 5-22　汾阳杏花村遗址碗[①]

豆是史前先民使用的一种主要的盛食器具。所谓豆，其形状为上边呈钵形、盘形或盆形，有的加盖，中间有一较细的柄把，下边有一个喇叭口形底座。我们今天汉字的“豆”字，就是古代的象形文字演变而来的。作为盛食器的豆出现的年代要晚于钵和碗，不过豆盛放食品具有很多优点，如端起来方

① 国家文物局、山西省考古研究所、吉林大学考古学系:《晋中考古》，文物出版社，1999 年，图版二六。

便，放下稳当，高矮适中，并且可以根据所盛的不同食物制作出不同的豆形器，所以受到史前人类的青睐。甚至直到青铜时代，豆还被广泛使用，以至成为上古时期筵席间必不可少的餐具。并且，在豆中所放的食品还有严格的规定。《论语·泰伯》所谓“笾豆之事，则有司存”是也。这件陶豆出土于垣曲上亳遗址的一个仰韶晚期灰坑中，材质为泥质灰陶，器形为侈口盆形豆盘，有个折沿，沿面稍微凹下去一点儿，折沿上面是圆唇，弧形的豆腹较深，下边接个小圈足。整个器物表面的没什么装饰，内部的底部有几道褶皱。它的口径为 12.9 厘米，底径为 5.8 厘米，高 10.5 厘米。

图 5-23 垣曲上亳遗址陶豆[①]

① 王晓毅、王小娟主编，山西省考古研究所编著:《垣曲上亳》，科学出版社，2011 年，图版一八。

比如这件出土于陶寺遗址 M2001 大墓的陶豆。它的豆座是喇叭形状的，器物表面是灰褐色。沿面、盘面以及圈足外壁都涂上了黑陶衣并打磨得很光滑。嘴唇、沿面和圈足底缘都抹上了红彩，盘背有绳纹，沿下贴了一圈波浪形的堆纹，做工精细，表面光亮。盘的直径为 21.6 厘米，盘深 3 厘米，豆座最小的地方直径为 4 厘米，豆座底径为 10.5 厘米，从顶到底总共高 14.4 厘米。

图 5-24　陶寺遗址陶豆[①]

盛食器具除了碗、钵和豆，还有盘。盘的口径与碗、钵差不多，只是腹很浅，类似于今天的菜盘。史前时代山西地区最著名的盘，无疑是陶寺遗址出土的龙盘。在盛食器具之外，古人也发明了盛食饮料的器物。杯是现代人的生活中不可或缺的

① 中国社会科学院考古研究所、山西省临汾市文物局:《襄汾陶寺——1978～1985 年考古发掘报告》，文物出版社，2015 年，图版二七五。

器物，而史前时代的山西先民也有陶杯可用，而且根据杯的不同形状可分为不同类型，如筒形杯、单耳杯等，不同类型的杯当时已有了不同的用途。筒形杯是一种最普通的器形，它的形状非常接近于现在的玻璃杯，大部分口大底小，多以素面为主，与我们的玻璃杯大小差不多。由于它的造型简单，因此，出现的时间早，沿用的时间长。这件筒形杯出土于垣曲上亳遗址庙底沟二期文化遗存的一个灰坑中，材质为泥质灰陶，体形修长，敞口圆唇，腹壁内弧，平底微凹，器表磨光，近底部外壁及外底各有一周凹槽，内壁可见修抹痕。口径为 9.5 厘米，底径为 8.2 厘米，高 15.5 厘米。

图 5-25　垣曲上亳遗址筒形杯[①]

① 王晓毅、王小娟主编，山西省考古研究所编著:《垣曲上亳》，科学出版社，2011 年，图版二七。

单把杯，一般器壁微曲，有的杯口略大，把手多呈环状。这种单把杯有的是平底，有的有圈足。比如这件单把陶杯出土于垣曲古城东关遗址庙底沟二期文化晚期遗存的一个灰坑中，材质为灰褐陶，器形为圆唇，折腹看着比较明显，底部是小小的平底，杯耳宽扁。它的杯口直径有 8 厘米，底部直径 5 厘米，高度是 10.5 厘米。

图 5-26　垣曲古城东关遗址陶杯[①]

陶杯主要应用于盛饮料，是一种饮器。史前时代山西地区先民喝水饮酒除了用杯外，还用一种形制特殊的饮器——觚。陶寺遗址墓葬的随葬品中朱绘木觚较多，另外还发现了 3 件陶觚。比如这件出土于墓葬 M2063 的陶觚材质为泥质灰陶，手工制成，胎很薄，器表是素面。杯口敞开，有着圆唇沿。觚腹

① 中国历史博物馆考古部、山西省考古研究所、垣曲县博物馆编著:《垣曲古城东关》，科学出版社，2001 年，图版八〇。

中间向内弯曲，底部是平底，还裹着一层灰褐色的陶衣。杯口直径 8.3 厘米，底部直径 6.2 厘米，高度 13.4 厘米。依形体特征看，这属于“细体觚”的早期模样。

图 5-27 陶寺遗址陶觚[①]

① 中国社会科学院考古研究所、山西省临汾市文物局:《襄汾陶寺——1978～1985 年考古发掘报告》，文物出版社，2015 年，图版二七八。

第六章　新石器时代山西的玉器

玉器是中国史前文化中十分重要的一类社会上层文化遗存，它在中国古代文明的起源和发展过程中具有独特的价值和意义。在传统观念中，广义上的“玉”可泛指一切温润有光泽的美石。所以《说文解字》中说：“玉，石之美者。”《红楼梦》中以衔玉而生的贾宝玉为男主人公，所以又名《石头记》。新石器时代的玉器是从石器分化而来的。新石器时代对石器的磨制、钻孔、抛光等制作工艺有了较大发展，华夏先民有意识地选择颜色、韧性、硬度俱佳的美石加工，制作出了早期玉器形态。《越绝书》中记载战国时期一位铸剑大师描述远古以来兵器发展史时说，轩辕、神农、赫胥之时是“以石为兵”，黄帝之时是“以玉为兵”，大禹之时是“以铜为兵”，风胡子所处的时代是“以铁为兵”，把中国的上古时代划分为石、玉、铜、铁四个发展时期。与近代西方考古学者将史前时代分为旧石器时代、新石器时代、铜器、铁器四个时期有异曲同工之妙，以至有的学者提出了中国上古时期存在一个玉器时代的观点。《越绝书》中所载，黄帝时的玉“亦神物也”，“以玉为兵”时代的玉当然不能简单地被视为装饰品或工具，它实际上是当时的一种崇拜灵物。华夏先民对美玉、美石的喜爱和使用，自新石器时代起就在中国各地普遍存在。从现有材料看，山西史前玉器集中发现于晋南地区和晋西地区的新石器时代晚期的遗址或墓地中，主要集中于庙底沟二期文化晚期到龙山文化时期。主要的遗址（墓地）有：芮城县坡头—清凉寺遗址（墓地）、临汾下靳墓地、襄汾县陶寺遗址（墓地）以及兴县碧村遗址，另外在大宁、垣曲、侯马、柳林、黎城等地也有零星出土。

第一节　祭祀用玉

“礼”字的甲骨文字形像器中盛玉之形，可以看出上古时期以玉献祭的祭祀场景。《说文解字》解释“礼”字说：“履也，所以事神致福也。”这都反映出玉器是原始祭祀的物质载体。从广义上讲，所有玉器都具有一定的礼仪功能，而早期礼制观念又多源于祭祀仪式。不过有些玉器在今天看来只有纯粹的祭祀功能，有些玉器虽然没有实用性但能看出是由工具演变而来，有些玉器还具有装饰功能。而在山西新石器时代遗存发现的纯祭祀用玉有玉圭和玉琮。

一、玉圭

《说文解字》说：“剡上为圭。”玉圭大约是钺的一种变体，形制变得极为窄长，前端有刃，偏锋，后端或有孔。在陶寺墓地发现了新石器时代玉石圭，皆出土于高等级的墓葬。据说兴县碧村遗址也发现了玉圭，但相关资料未见公布。以下介绍陶寺遗址中两件玉圭。

1. 陶寺遗址单孔玉圭

这件玉圭出土于陶寺遗址墓葬M3032，是一座位于大墓附近的二次葬墓。玉圭被放在死者头骨的右侧，墓里还陪葬着一件大型陶鼓。这件玉圭的质地是阳起石软玉，颜色主体是黑褐色，不过还有一些豆青色的纹理，边缘部分是半透明的，表面打磨得很光亮。玉圭的顶端有点残缺，大致是三角形，比底端稍微宽一点。它的两翼以及两侧的长边，都磨出了比较锋利的单面刃，两腰呈现出弧线三角形的样子，下端被磨得平平的，在中部偏下的位置，单面钻了一个孔。经过测量，这件玉圭长15.8厘米，顶端宽5厘米，柄端宽4.6

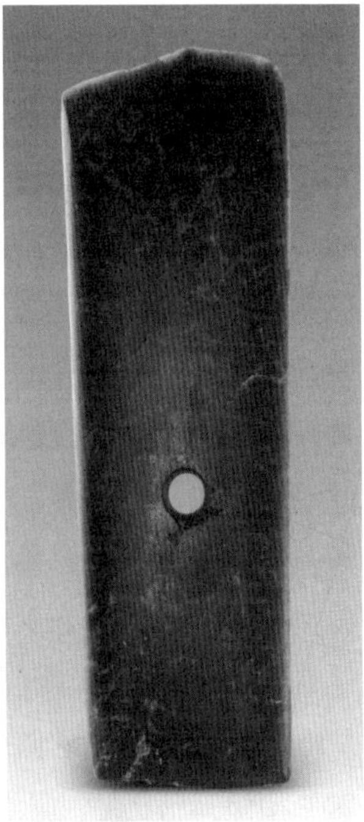

图6-1　陶寺遗址单孔玉圭[①]

① 中国社会科学院考古研究所、山西省临汾市文物局:《襄汾陶寺——1978～1985年考古发掘报告》，文物出版社，2015年，彩版四三。

厘米，厚度为 0.4 厘米。因为它是从陶寺文化早期的墓里出土的，所以可能是尖首圭最初的形态。

2. 陶寺遗址无孔玉圭

这件尖首玉圭出土于陶寺遗址晚期墓葬 M1700，出土时平置于尸骨胸腹部，尖端朝向足端。这件玉圭的质地是乳白色软玉，圭体呈现上宽下窄的形状，顶端为等腰三角形，比柄端稍宽一点。圭的两翼被打磨成钝刃的样子，两侧长边是斜着收窄的，还带有一点弧度，底边则是平直的，并且上面没有钻孔。经测量，玉圭长 17 厘米，顶端宽 4.9 厘米，底端宽 3.7 厘米，厚度达到 1 厘米。值得注意的是，在墓内死者的胸腹之间，还发现了一件玉琮。在当时，玉琮和玉圭都是比较珍贵的器物，它们一同出现在墓葬中，表明墓主人的地位应该是比较高的。

图 6-2 陶寺遗址无孔玉圭[1]

① 中国社会科学院考古研究所、山西省临汾市文物局:《襄汾陶寺——1978～1985 年考古发掘报告》，文物出版社，2015 年，彩版四三。

二、玉琮

关于玉琮的形制，典籍中有简单描述。《说文解字》说："琮：瑞玉，大八寸，似车釭。从玉，宗声。"《白虎通义·文质》说"周中牙身玄外曰琮"，并将其寓意描述为"内圆象阳，外直为阴"。现在一般认为，规整的玉琮呈矮方形或柱体，外部多为方形或近方形，四角为直角或钝角，中部上下贯通一圆孔。琮体四面多有凹槽分割，以琮角为中线左右对称雕刻纹饰，繁简不一。有的琮体横向有凹槽分节，节数不等，有的琮体还有上下突出部分，称为"射"。最早的玉琮见于安徽潜山薛家岗第三期文化，距今约 5100 年，到了新石器中晚期以良渚文化的玉琮最发达。山西地区发现的史前时代的琮数量不多，目前只有山西兴县碧村遗址、襄汾陶寺遗址、芮城清凉寺出土有玉琮。陶寺墓地共发掘玉琮 13 件，芮城清凉寺新石器时代墓地发现玉琮 1 件，兴县碧村遗址发现玉琮 2 件。出土墓葬的墓主以男性居多。琮的出土位置以平置于臂上最为常见，也有套在右臂或平置胸腹间的。

1. 陶寺遗址扁矮玉琮

这件玉琮出土于陶寺遗址墓葬 M1271，出土时置于男性墓主右臂肘下。玉琮的材质为白云母，这种材质并不常见，颜色呈现出绿色中杂有白色晶体的模样。从外形来看，琮体呈现外方内圆的形状，这是玉琮典型的造型特点。它相对比较矮，仅有上端有射，而且孔径较大。琮的四角呈直角，看上去规整而硬朗，彰显出一种简洁大气的风格。四面还都有竖向上下的浅槽，这些浅槽虽然不深，却为玉琮增添了几分层次感和立体感。经过实际测量，这件玉琮高 1.4 厘米，射高 0.5 厘米，边长 6.1 厘米，孔径在 6.1—6.2 厘米之间。

图 6-3 陶寺遗址扁矮玉琮[①]

2. 陶寺遗址八角形玉琮

这件玉琮出土于陶寺墓葬 M1267，出土时玉琮套在墓主右肱骨上。玉琮的材质为软玉，颜色为豆青色间白色。其整体形状如同筒状臂环一般，当我们俯视它时，会发现它接近圆环状，而且这件玉琮没有射。值得一提的是这件玉琮的装饰细

① 中国社会科学院考古研究所、山西省临汾市文物局:《襄汾陶寺——1978～1985 年考古发掘报告》，文物出版社，2015 年，彩版四八。

节：外周以四道竖槽将其分割成对称但距离不等的八角形，较宽的四段外圆弧面又各饰三道横槽。从尺寸方面来看，它的外径在 7.2—7.5 厘米之间，高 2.6 厘米，孔径处于 5.8—6.2 厘米的范围。

图 6-4　陶寺遗址八角形玉琮[①]

3. 陶寺遗址直角方形玉琮

这件玉琮出土于陶寺墓葬 M3168，出土时平置于墓主手部。这件玉琮的材质为滑石，这在玉琮中相对比较特别，颜色呈现出黄褐间黑褐色的模样，并且有着半透明的质感。从外形来看，这件玉琮遵循着典型的外方内圆的造型，而且上下出射，射高 0.3 厘米，通高 3.2 厘米，虽然射的高度不算高，但也为玉琮整体增添了几分层次感和立体感。四边中部有着竖向带状浅槽，四角两侧各磨出横向窄槽三道，这些浅槽犹如一道

① 中国社会科学院考古研究所、山西省临汾市文物局:《襄汾陶寺——1978～1985 年考古发掘报告》，文物出版社，2015 年，彩版四八。

道灵动的线条，让它从外观上显得更为精致细腻。这件玉琮的中线长 7.1 厘米，中孔直径 6.3 厘米。

图 6-5 陶寺遗址直角方形玉琮[①]

4. 清凉寺墓地直角方形玉琮

这件玉琮出土于芮城清凉寺新石器时代墓 M52 中。M52 墓葬规模较大，被盗扰，随葬品散乱，玉琮被发现时套在墓主人左手。玉琮材质为乳白色玉质，其间还夹杂着灰蓝色和浅褐色。从外形来看，琮体呈现矮方形，给人一种敦实古朴的感觉。琮角是标准的直角，看上去规整硬朗。上下两端有着短射，射口呈圆形，为玉琮增添了立体层次感。琮孔是上下对钻而成的，并且孔壁光滑。四个侧面平整无纹饰，而每面中部又有两道竖向凹槽，呈现出一种简洁质朴的美感。经过测量，玉

① 中国社会科学院考古研究所、山西省临汾市文物局:《襄汾陶寺——1978 ~ 1985 年考古发掘报告》，文物出版社，2015 年，彩版四八。

琮高 4.2 厘米，孔径在 6.2—7.5 厘米之间。

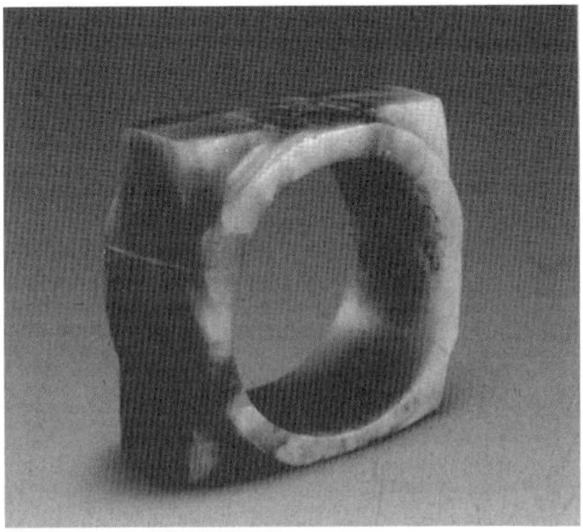

图 6-6　清凉寺墓地直角方形玉琮①

5. 碧村遗址圆角方形玉琮

这件玉琮出土于碧村遗址的新石器时代遗存。琮体略呈内圆外方，但琮角却是弧形，不同于常见的直角琮角。较大的孔径也是它的一个显著特点。玉琮上节两端有短射，四面中部有浅槽分

图 6-7　碧村遗址圆角方形玉琮②

① 薛新明主编，山西省考古研究所、运城市文物工作站、芮城县旅游文物局编著:《清凉寺史前墓地》，文物出版社，2016 年，彩版 6-2-5。

② 王晓毅:《山西吕梁兴县碧村遗址出土玉器管窥》，《故宫博物院院刊》2018 年第 3 期。

割，在分割后的面上还饰有瓦棱纹。玉琮的颜色为墨玉泛青色，高 4.6 厘米，外缘边长在 7.5—7.9 厘米之间，孔径为 6.3 厘米。

6. 碧村遗址直角方形玉琮

碧村遗址的新石器时代遗存还出土了一件玉琮，琮体呈外方内圆形，较矮，琮角呈直角，上下两端有射，孔径也较大。玉琮的材质为青白色玉质，素面无纹那清新淡雅的色泽，给人一种温润柔和的感觉。这件方形玉琮高 3.5 厘米，长宽均为 7 厘米，这也反映出制作这件玉琮时对于尺寸把控的精准。

图 6-8 碧村遗址直角方形玉琮[①]

① 王晓毅：《山西吕梁兴县碧村遗址出土玉器管窥》，《故宫博物院院刊》2018 年第 3 期。

第二节　工具演变类玉器

山西地区发现了一些新石器时代的玉石钺、带孔玉石刀，它们延续了新石器时代实用工具的造型特征。比如玉石钺保留石钺的扁薄梯形刃部，带孔玉石刀继承石刀的长条穿孔设计。但它们的材质与工艺的革新使其脱离实用功能，甚至有些刃部都没有使用痕迹，表明这类玉器只是权力符号化表达的载体。

一、玉石钺

钺，是与斧同属一类的器物，最早当源于石器时代的石斧、石锛，主要当作劈砍的生产工具，后来变成了兵器。按照《说文解字》的说法“大者称钺，小者称斧”，钺和斧虽同属一类器物，但在形制、大小方面是有所区别的。商周甲骨文、金文中的“钺”字均为象形字，根据字形推测，它是一种安装长柄、首部具有弧刃的劈砍类兵器。商周时期，钺可能是统治者的军事指挥权的象征。《尚书·牧誓》说周武王在牧野之战前“左杖黄钺”，《逸周书·世俘》说周武王灭商后先后“秉黄钺语治庶国”、“秉黄钺正国伯”、“秉黄钺正邦君”。汉魏以来，外出统兵的大将一般也会得到一个“假黄钺”的头衔，意思是暂时从皇帝那里借用象征军事指挥权的钺。从大量考古发现表明，史前时代使用最多且演化为武器的当属石斧、石钺和弓矢。钺在后世之所以有特殊含义，可能与石器时代的钺是较早从工具转为武器有关。

山西地区发现的玉石钺主要集中在晋南和晋西。晋南地区的襄汾陶寺墓地共发现玉石钺 99 件，临汾下靳墓地出土玉石钺 48 件，芮城清凉寺墓地出土玉石钺 9 件，坡头出土玉石钺 1 件，侯马西王呈遗址在陶寺文化晚期房址中也出土了玉钺 1 件。晋西地区的兴县碧村遗址曾有大量玉器被盗，考工作作者仍发现一些玉钺。在陶寺墓地的一类甲型墓、二类甲型墓、二类乙型墓和三类墓中均有发现。每座墓葬的随葬钺数量不等，12 座墓葬随葬了 2—5 件钺，其余大部分墓葬中仅有 1 件出土。这些钺绝大部分属于男性墓主，极少数钺出土于女性墓主。陶寺墓地中玉石钺大多数在墓主股骨、髌骨外侧，或有放在两腿之间、胸腹部及压在背下的，个别在尸敛上方的填土中。下靳墓地出土玉石钺 48 件，其中大部分出土时置于墓主腿部，少数玉钺横放于墓主胸腹部或左臂旁侧。钺虽然具有军权和王权的象征意义，但观察陶寺墓地中的大中小型墓都有随葬玉石钺的现象，陶寺文化中的钺似乎并不具有明显的权杖之类身份、地位的象征意义。陶寺遗址出土的钺大多有使用痕迹，可见并不是为了随葬而专门定制的。下靳墓地发现的墓葬没有王者身份的大墓，而出玉石钺的墓既有中型墓，也有小型墓，说明墓主至多也就是生前略有地位和稍微富裕些而已，并不能确指其拥有某一级别的权力。不过在清凉寺墓地中，钺多见于等级较高的墓葬中，可能是墓主人身份的象征。

1. 陶寺遗址宽短形石钺

在陶寺遗址的 M3073 墓葬中，出土了一件石钺。墓主为男性，该玉石钺出土时纵向放置在墓主头端墓壁下方。这件石钺材质是灰岩，整体呈灰色且伴有白色晕染，表面极为光洁，乍一看与玉钺无异。刃端经过打磨变薄，但尚未形成明显的刃口。钺的单面钻有两个孔，靠近顶端的孔稍小，中部偏上的孔较大，两个孔内都留有红色彩绘痕迹，这应该是涂彩木柄留下的印记。从孔至顶缘之间也能看到红彩痕迹，一面呈三角形，另一面呈条带状，从孔的周边一直延伸到两侧边缘。这件石钺长 14.7 厘米，背部宽 10.5 厘米，刃部宽 11.6 厘米，厚度为 0.7 厘米。

图 6-9　陶寺遗址宽短形石钺[①]

2. 陶寺遗址镶玉片玉钺

这件镶嵌圆形玉片的玉钺出土于陶寺遗址墓葬 M3168，

① 中国社会科学院考古研究所、山西省临汾市文物局:《襄汾陶寺——1978～1985 年考古发掘报告》，文物出版社，2015 年，彩版三九。

墓主人为男性。玉钺出土时呈横向平放在墓主的双膝之上。这件玉钺的质地是带有黑色纹理的灰色透闪石软玉，其加工工艺极其精湛，器表光亮可鉴。从形状上看，玉钺平面近似长方形，刃部呈弧形，两侧是刃状边。玉钺上共有四个孔，用于穿系的主孔位于接近顶端的中部，是通过单面程钻方式制成。另外在顶端边缘有一孔，器身中部有两个相互套合的孔，这两个相套的孔是先后分两次钻成。出土时，在这三个孔内均镶嵌着墨绿色或黑色的玉片，而且三孔中所嵌入的玉片与孔周围钺体的颜色相近，其中相套的两个孔中的玉片是连接在一起的，并且合缝十分严密。值得注意的是，这些嵌片并非从原孔中切割下来，但能够确定是取自同一块或者相近的玉料。经测量这件玉钺长 16.8 厘米，背部宽 7.8 厘米，刃端宽 9 厘米，厚度为 0.34 厘米。

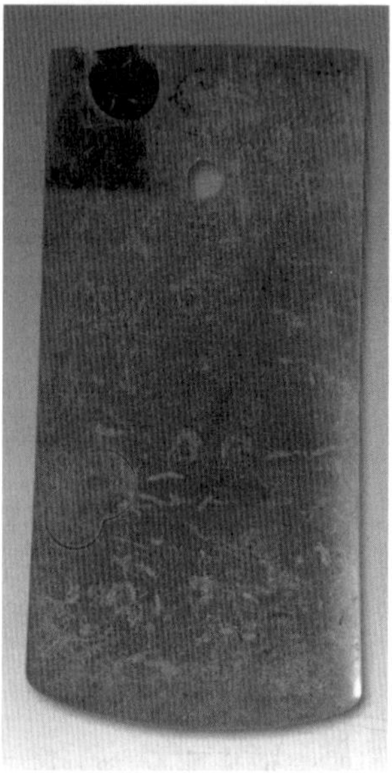

图 6-10　陶寺遗址镶玉片玉钺[①]

① 中国社会科学院考古研究所、山西省临汾市文物局:《襄汾陶寺——1978～1985 年考古发掘报告》，文物出版社，2015 年，彩版四一。

3. 清凉寺墓地二期双孔石钺

这件石钺出土于清凉寺墓地二期墓葬 M79 中，同墓还出土单孔钺一件。这件石钺的材质是大理岩，整体形状呈现为近梯形的斜长方形。它的两面相对比较平整，四条边都经过打磨变得薄了一些，不过四边是凹凸不平的。顶端略微呈弧形，刃部则是较宽的斜边弧形。石钺上的两个孔都是采用单面管钻孔的方式制成的，孔的内壁带有螺旋纹，而且还留存着朱红色的痕迹。这两个孔呈双横排排列，处在接近背部一端的位置，彼此之间基本是对称分布的。石钺呈现深灰色，上面分布着许多不规则形状的白色斑痕。出土时其中一面基本还保留着原本的颜色，而另一面的受沁情况比较严重，已经变成了灰黑色，并

图 6-11　清凉寺墓地二期双孔石钺[①]

① 薛新明主编，山西省考古研究所、运城市文物工作站、芮城县旅游文物局编著:《清凉寺史前墓地》，文物出版社，2016 年，彩版 5-2-42。

且剥蚀的痕迹非常明显，周边呈现出灰白色，整体看上去黑白斑杂。经过测量，这件石钺的长度在 23—26.5 厘米之间，宽度处于 18.5—22.5 厘米这个范围，最厚的地方有 0.8 厘米，小孔的孔径则在 1.7—2.2 厘米之间。

4. 清凉寺墓地二期浅凹槽钺

这件钺出土于清凉寺墓地二期墓葬 M200。它原本的颜色应当是青灰色，大部分地方受到了沁色影响都变成了浅白色，在前端分布着一些不规则形状的褐色钙质斑块。整体形状上，这件钺呈现为长方形，背部是斜直的状态，两侧边微微向外弧出，而转角处近乎弧形。其器表经过了比较精细的磨制加工，呈现出中间厚、边缘略薄的特点，这一细节之处也体现出了当时制作工艺的讲究。值得注意的是，在它的一侧边特意打磨

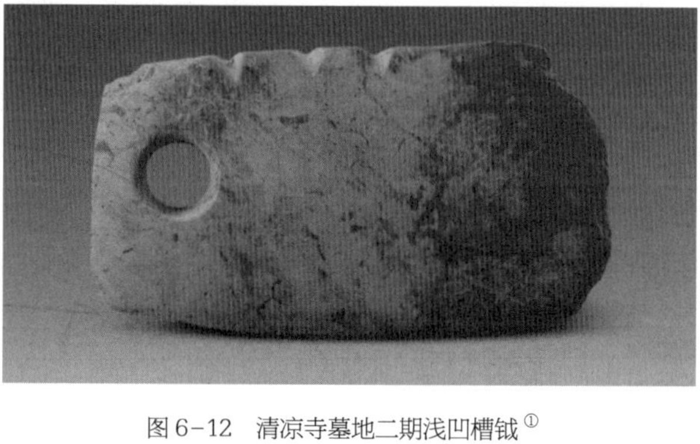

图 6-12　清凉寺墓地二期浅凹槽钺[①]

① 薛新明主编，山西省考古研究所、运城市文物工作站、芮城县旅游文物局编著:《清凉寺史前墓地》，文物出版社，2016 年，彩版 5-2-95。

出了三个带有渐浅式凹槽的豁口，从其形态和位置推测，这些豁口很有可能是用来绑系东西的。另外，在接近顶端的正中部平面位置，有一个单面管钻孔，钻孔的工艺特征清晰可辨。而刃部呈现出双面弧形，虽然历经岁月，但依然能想象出它原本该有的锋利模样。可惜的是这件钺顶端的一个角以及刃端的两角都出现了崩损的痕迹。经过实际测量，这件钺的长度为 13.6 厘米，宽度处于 5.8—7.3 厘米这个区间范围之内，厚度大概在 0.3—1.0 厘米之间，孔径则是在 1.8—2.1 厘米这个范围内。

5. 碧村遗址宽短形玉钺

这件玉钺发现于碧村遗址，它的材质选用的是墨玉，看上去质地温润又透着独特的质感。从形制方面来讲，它呈现出宽短型梯形的模样，造型十分规整。在尾端的中部以及末端边缘的位置，各有一个穿孔，可能是方便穿系或者固定。这件玉钺的刃部，是下端双面开刃的设计，刃宽达到了 7.5 厘米，尾端宽为 6.7 厘米，整体长度则是 11.3 厘

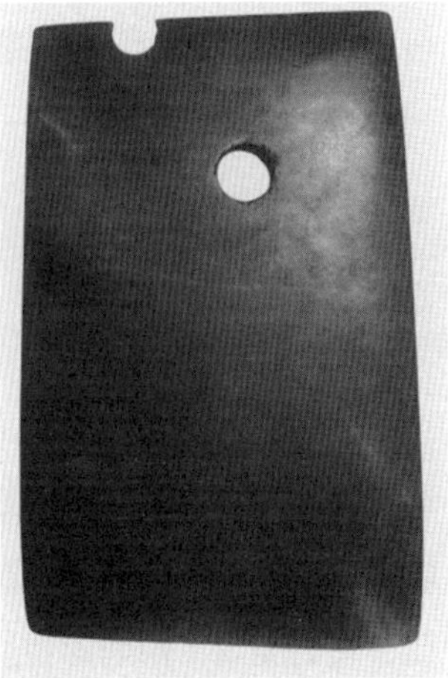

图 6-13　碧村遗址宽短形玉钺[①]

① 王晓毅:《山西吕梁兴县碧村遗址出土玉器管窥》,《故宫博物院院刊》2018 年第 3 期。

米，长宽比在 1 ∶ 1.5 以下。

6. 碧村遗址窄长形单孔玉钺

这件玉钺出土于兴县碧村遗址，材质为青玉。玉钺整体形状显得颇为修长，采用的是单向穿孔的设计。而刃部呈现出弧刃的形态，弧度自然流畅。经过细致测量，这件玉钺的长度达到了 29.7 厘米，宽度则是 8 厘米，器身的厚度在 0.3—0.4 厘米之间，刃部相对更薄一些，厚度仅有 0.1 厘米。尤为值得一提的是，它的长度超过了宽度的两倍。

图 6-14 碧村遗址窄长形单孔玉钺[①]

二、带孔玉石刀

山西地区出土玉刀的形制以近似长方形的双孔者为主，也有多孔刀存在。带孔石刀是从日常使用的工具而来，但大多数山西出土的带孔石刀都没有使用痕迹，可见也已经不是实用器，它们脱离了初期的功能，作为身份的象征，具有了礼器的性质。从在墓中的位置看，除极少数平置头端外，绝大多数都

① 王晓毅：《山西吕梁兴县碧村遗址出土玉器管窥》，《故宫博物院院刊》2018 年第 3 期。

纵向平置下肢旁，与玉石钺的放置方式是一致的，墓主人死后带其贴身随葬，象征着主人的权威与财富。陶寺墓地和下靳墓地出土的带孔石刀都是双孔石刀。陶寺墓地所出的7件双孔石刀，均出自男性墓中，从时代来看既有早期墓也有晚期墓。下靳墓地共出土7件双孔石刀。清凉寺墓地出土了5件多孔石刀和1件双孔石刀，多孔石刀孔数为奇数，3、5、7、9不等。碧村遗址发现的玉刀也是有多孔和双孔两类。

1. 陶寺遗址双孔石刀

这件双孔石刀出土于陶寺遗址M3168墓葬，墓主为男性，出土时玉刀纵向平置于墓主右侧膝关节处。这把石刀的材质是软玉，颜色呈现出豆青色，其间夹杂着黑色的斑纹。石刀整体形状大致像一个长条状的不规则梯形，左右两端不对称，一端较宽，另一端略窄。石刀的背部是平直的，在靠近背部的地方钻了两个孔。刀背长度为19.2厘米，刀刃长度为20.2厘米，

图6-15　陶寺遗址双孔石刀[①]

① 中国社会科学院考古研究所、山西省临汾市文物局:《襄汾陶寺——1978～1985年考古发掘报告》，文物出版社，2015年，彩版五〇。

宽度在 4.48—4.9 厘米之间，厚度约 0.5 厘米，孔径在 0.65—0.8 厘米的范围。钻孔方式是当时比较常见的单面桯钻。石刀的下缘是钝刃，其表面还留有朱砂以及布纹的痕迹。

2. 清凉寺墓地二期五孔石刀

这件五孔石刀出土于清凉寺墓地二期墓葬 M112，材质为硅质岩，颜色为灰色，有红色条带。这把石刀的形状为横长方形，两边并不完全对称，一侧稍宽，另一侧略窄，四边都是略带弧度的直边，角部呈弧形。石刀的两侧以及前端都是双面刃，不过刃口比较钝，不那么锋利。器体的中间部分相对较厚，周边则稍薄一些。在接近背部的平面上，分布着五个不等距的单面管钻孔，其中中间的三孔距离较近。在石刀较宽一侧

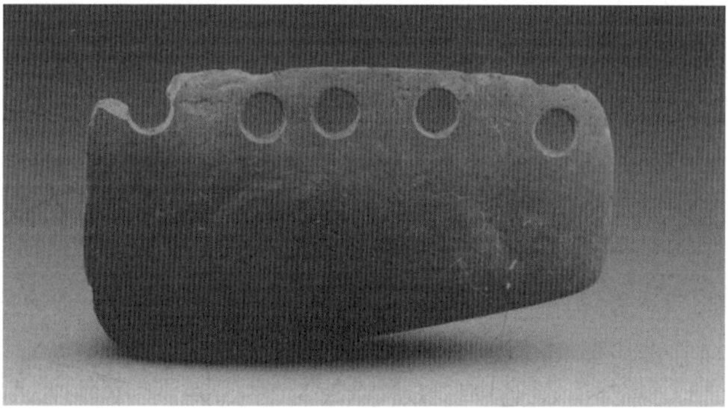

图 6-16　清凉寺墓地二期五孔石刀[①]

① 薛新明主编，山西省考古研究所、运城市文物工作站、芮城县旅游文物局编著:《清凉寺史前墓地》，文物出版社，2016 年，彩版 5-2-63。

的一个孔出现了残损情况。这些孔的内侧都留有朱红痕迹，也许是曾经穿系过物品留下的印记，也为石刀增添了几分神秘色彩。经测量，五孔刀长 27.5 厘米，宽度在 9—14.5 厘米之间，最厚处达到 1.8 厘米，孔径则在 2.2—2.5 厘米的范围。

3. 清凉寺墓地二期九孔石刀

这件九孔石刀出土于清凉寺二期墓葬 M145，出土时已经断为两段。这把石刀的材质是大理岩，颜色呈土黄色，还夹杂着部分浅褐色，不过因为沁蚀得厉害，所以绝大部分都已经白化了。石刀的刀身造型很有特点，除了背部相对较直外，两侧边都是向外凸出的弧边，而且所有的转角都是圆弧角，看起来十分圆润。石刀的刃部是斜长弧刃，不过刃口比较钝。石刀的中部较厚，呈现微微凸起的弧面，边缘则稍薄一些。在接近背部的一侧平面上，是用双面管钻的方法钻出了九个基本等距的孔，之后还做了简单的修整。这九个孔排列得不是特别整齐，大小也有细微的差别，总体来看，中部的孔大一些，两侧的孔就逐渐变小了。而且两个平面上的孔径也有大小之分，在个别孔的周围还能看到钻孔时留下来的弧形平台，这些细节都体现了当时的工艺特征。经测量，九孔刀长 36.2 厘米，宽度在 10.6 —15.4 厘米之间，厚度在 0.5—1.4 厘米，较大一面的孔径在 2.1—2.6 厘米，较小一面的孔径在 2.1 厘米左右。

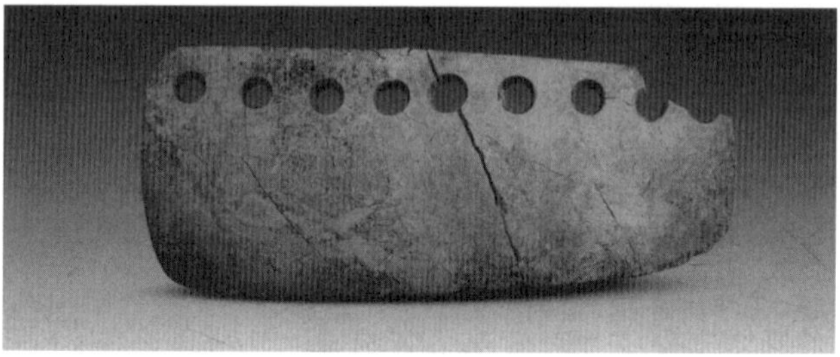

图 6-17　清凉寺墓地二期九孔石刀①

4. 碧村遗址三孔玉刀

这件玉刀发现于碧村遗址，编号为 B006。玉刀是用青白玉制成的，刀身部分相对略宽一些，而柄端则稍显窄小。玉刀上面有三个穿孔，其中在靠近背部的位置设有两个孔，另外一个孔处在尾端的中部区域。碧村发现的其他玉刀大多呈现出长条形的外观，刃部呈弧形，看上去线条流畅优美。经测量，其长度为 26.6 厘米，宽度在 4—4.8 厘米之间。

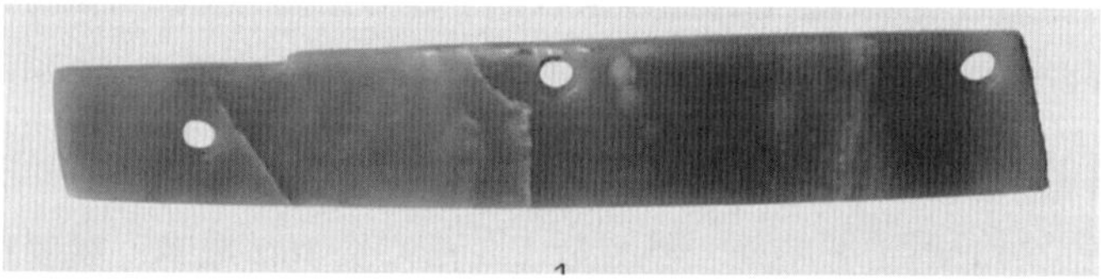

图 6-18　碧村遗址三孔玉刀②

---

① 薛新明主编，山西省考古研究所、运城市文物工作站、芮城县旅游文物局编著:《清凉寺史前墓地》，文物出版社，2016 年，彩版 5-2-78。

② 王晓毅:《山西吕梁兴县碧村遗址出土玉器管窥》,《故宫博物院院刊》2018 年第 3 期。

第三节　装饰类玉器

早在旧石器时代晚期，智人就开始佩戴饰物。人类的基本生存需求得到满足后，对美的追求便蓬勃兴起。新石器时代山西的装饰类玉器，以其优美的造型和细腻的质地，成为人们装点自身、彰显身份的重要物品。这些玉器展现出当时的艺术风格，反映了社会交往与文化传播的多元景象。

一、玉璧环

所谓璧环，是指形状扁平，外周为圆形或接近圆形，中央有一圆孔的玉石器物。古人把这类玉器的边宽称为"肉"，孔径称为"好"。《尔雅·释器》说："肉倍好，谓之璧；好倍肉，谓之瑗；肉好若一，谓之环。"有的考古学者将这类玉石器统称为"璧环类玉器"。另外有些璧外周并不很圆，接近方形或六边形，中部有大孔，有的璧还有领，学者也将其归在璧环类。此外还有两类特殊的璧环类玉器——联璜璧和牙璧。联璜璧是由几件不同的小块玉石料分别制作璜形器，然后缀合起来，形成一个完整的璧。普通型璧环中也有一些在加工或使用过程中破裂或损坏的，存在钻孔缀合的现象，与联璜璧不同。牙璧造型特殊，特点是周缘做出齿牙，有三牙和四牙之分。过去不少人称其为“璇玑”或“璿玑”。夏鼐先生将其定名为牙璧。

陶寺遗址中出土的璧环类玉石器数量很多，总数近百件，这些玉璧环平置在墓主手臂上的约占半数，还有少数玉璧环平置在墓主的胸腹上或压在臂下或套在臂部和腕部，个别握在墓主的手中。下靳墓地发现的20多件璧环类玉器，23件均套于墓主右手腕或右小臂上或置于右臂上，只有1件套在左臂上，1件的一半在右脚下，另一半在右肩处。坡头遗址发现璧环类玉器70余件。清凉寺墓地出土的璧环类玉器多数套在手臂上，也有放在腕部或臂旁，仅少数置于胸腹部。汉代儒生将璧赋予了很多象征意义。《白虎通义・文质》说：“璧者，方中圆外，象地。”方中圆外的璧是后世才出现的，史前时代并没有，所以也不会有大地的寓意。《周礼・大宗伯》又说“以苍璧礼天”。从山西出土的璧环类玉石器的形制来看，这些璧环主要作佩戴之用。但这么厚重的玉石璧环平时套在手臂之上，或者挂在身上也很不方便，所以也很可能只有祭祀时才会佩戴。

1. 陶寺遗址大孔璧

这件玉璧出土自陶寺遗址墓葬M1364，出土时平放在墓主的右腹部，还叠压在另一件灰岩石璧的下方。这件玉璧由透闪石软玉制成，颜色清新淡雅，淡绿色中夹杂着黄白色，呈现出半透明的质感，表面经过精心抛光，显得光滑细腻。其外径在12.2—12.6厘米之间，内径为6.4—6.5厘米。玉璧的肉缘断面近似长条形，内缘和外缘都是直边，内缘厚度为0.6厘米，外缘则厚0.8厘米。

图 6-19　陶寺遗址大孔璧[①]

2. 陶寺遗址玉环

这件陶寺玉环出土于 M1369 墓葬，材质属于软玉，颜色很是特别，一半呈现出碧绿的色泽，另一半则是墨绿色，两种颜色相互映衬别具一番韵味。玉环的肉即中间的环状部分，两面都是弧形的，内缘是圆润的边，外缘则是刃状边，看上去十分精致。从尺寸方面来看，它的外周直径在 8.9—9.3 厘米之间。好径即中间圆孔的直径在 6.4—6.6 厘米范围，最大厚度为 0.5 厘米。整体而言，这枚玉环形体比较大，外周直径差不多在 9 厘米，而且它的好径大于外周直径的三分之二，使得肉显得很窄，呈现出条状的模样。值得一提的是，它出土的时候是套在女性死者的右小臂上的。有不少学者推测，它的功用和

① 中国社会科学院考古研究所、山西省临汾市文物局:《襄汾陶寺——1978～1985 年考古发掘报告》，文物出版社，2015 年，彩版四四。

玉璧、复合璧是类似的，或许在当时象征身份地位，或者在祭祀等特殊场合发挥着重要作用。

图 6-20　陶寺遗址玉环[①]

2. 陶寺遗址不规则连璜璧

这件连璜璧出土于陶寺墓葬 M3021，被发现时套置在男性墓主右肱骨靠近肘部的位置。它是由三节璜组合而成的。其中有两节璜相对较大，各自占据了接近半周的长度，另外还有一节璜比较小。这件连璜璧的材质是透闪石软玉，颜色很有特点，绿色与褐色相互交织，呈现出半透明的质感，而且表面经过了抛光处理，看起来光滑又亮泽。在钻孔方面，除了有一节璜的一端钻出了两个孔之外，其余的璜都是只有一个孔，并且

① 中国社会科学院考古研究所、山西省临汾市文物局:《襄汾陶寺——1978～1985 年考古发掘报告》，文物出版社，2015 年，彩版四五。

这些孔都是通过单面钻的方式制成的。值得注意的是，那两节大璜原本是由一片比较厚的璜剖分开的，所以在它们表面对应的部位，各自留有一道直线切割的痕迹。从整体来看，这件器物的中孔接近圆形，而外周呈现出不规则椭圆形的形状。经过测量，其内径是 6.4 厘米，外径在 13.2—14.8 厘米之间，厚度则处于 0.33—0.38 厘米的范围。

图 6-21　陶寺遗址不规则连璜璧[①]

3. 陶寺遗址连璜璧

这件连璜璧来自陶寺墓葬 M3033，墓主人是女性，出土时这件器物被套在女性墓主的肘部位置。它是由五节璜形器拼接缀合在一起，从而构成了一个完整的璧的模样。连璜璧的材

① 中国社会科学院考古研究所、山西省临汾市文物局:《襄汾陶寺——1978～1985 考古发掘报告》，文物出版社，2015 年，彩版四六。

质为软玉，颜色是黄褐色中夹杂着蓝色。整体呈现出半透明的状态，而且表面经过了抛光处理，看上去光滑细腻，质感十足。每节璜的两端都各有一个孔，其中有三节在中部或者边缘又额外钻了一个孔。当把这些璜形器对合起来后，会发现中孔以及外周的形状都近乎椭圆形。璜的两端大多经过了磨修处理，不过在两节璜的对合处，内外缘常常会出现一些缺口，应当是器物在制作工艺或者长期保存过程中留下的一些痕迹了。连璜璧的内缘是直边，外缘则是圆边。经过测量得知，这件连璜璧的外径在 10.9—12 厘米之间，内径处于 7—7.75 厘米的范围，厚度是 0.25 厘米。

图 6-22 陶寺遗址连璜璧[①]

① 中国社会科学院考古研究所、山西省临汾市文物局:《襄汾陶寺——1978～1985 年考古发掘报告》，文物出版社，2015 年，彩版四六。

4. 清凉寺墓地二期石璧

这件石璧环是在清凉寺墓地二期的 M4 墓葬中出土的。它的材质是蛇纹石岩，原本呈现出象牙白色，新鲜的表面看上去十分细腻。不过，由于受沁情况比较严重，所以大部分都已经白化了，只隐隐留存着当初的一些色泽特征。从器形方面来看，它非常规整，内外圈都很圆。内缘相对较厚，而外缘则很薄，这种厚度上的差异也让石璧环更具层次感。有意思的是，这件石璧环在入葬之前就已经断成三段了，当时的人们为了将其重新缀连起来，采用了在断裂处两两相对的方式钻小孔，而且这些缀孔都采取双面桯钻工艺。遗憾的是，发现器物时，其中一片又断成了两部分。石璧环的器表经过了精细的打

图 6-23　清凉寺墓地二期石璧[①]

① 薛新明主编，山西省考古研究所、运城市文物工作站、芮城县旅游文物局编著:《清凉寺史前墓地》，文物出版社，2016 年，彩版 5-2-5。

磨，光滑平整，其中一面还留有五道斜向切割痕。另外，在缀孔的边缘还能看到线绳磨损的痕迹，由此可以推测，在使用线绳对其进行缀连之后，它应该是被频繁挪动或者使用过，所以才会留下这样明显的磨损印记。经过测量，这件石璧环的外径在 15.5—15.6 厘米之间，内径为 7.0 厘米，最厚的地方有 0.5 厘米。

5. 清凉寺墓地三期连璜玉璧

这件连璜玉璧出土于清凉寺墓地三期墓葬 M162，其材质为透闪石玉，整体呈现出清新的绿色，不过在连接处出现了白化现象，而且表面还散布着一些白色斑点。这件连璜玉璧由

图 6-24　清凉寺墓地三期连璜玉璧[①]

① 薛新明主编，山西省考古研究所、运城市文物工作站、芮城县旅游文物局编著:《清凉寺史前墓地》，文物出版社，2016 年，彩版 6-2-48。

三段璜形玉片缀连在一起组合而成，玉璧整体的厚薄并不均匀，外圈相对稍薄，其断面呈现为窄长的梯形。在两璜连接的地方，是以一对一或者一对二的双面桯钻孔的方式相互连接的。其中有两段璜的两端都能看到残孔的痕迹，甚至有的孔还没完全钻透。值得注意的是，连接处明显经过了磨平处理，在那平整的平面上还残存着部分切痕，这些痕迹透露出它曾经经历过的制作工序。经过实际测量，这件连璜玉璧的外径在 13.6—13.8 厘米之间，内径处于 6.2—6.5 厘米的范围，厚度则在 0.2—0.4 厘米之间。

6. 清凉寺墓地三期方形璧

这件方形璧是在清凉寺墓地三期的 M150 墓葬中出土的，它的材质是蛇纹石化大理岩。整体呈现出灰白色，还略微泛着青色调，白色的部分由于受到沁色影响已经发黄了，而且上面还分布着一些不规则形状的绿色斑块。从平面外形来看，它接近方形，不过一侧会略宽一点儿，整体形状显得较为规整。方形璧的中心是一个圆形的双面管钻孔，钻孔留下的痕迹并不平整。方形璧的厚度上呈现出中间略厚，而边缘处薄得近乎锐尖的状态，这种厚度变化也使得它从侧面看上去更有层次感。

另外，在接近方形璧的一角处，还有一个单面桯钻而成的小孔。可惜的是另有一角出现了略破损的情况。经过测量得知，这件方形璧长 11.7 厘米，宽 10.2 厘米，中间的孔径为 6.1 厘米，内缘的厚度是 0.4 厘米，那个单面桯钻的小孔孔径在 0.6—0.8 厘米之间。

图 6-25　清凉寺墓地三期方形璧[①]

7. 清凉寺墓地三期玉牙璧

这件玉牙璧是在清凉寺墓地三期的 M100 墓葬中出土的，其材质为透闪石玉，整体呈现出清新的青绿色。它经过了较好的抛光处理，当时表面应当显得光滑亮泽。不过因为年代久远周边出现了钙化现象，而且部分区域受沁白化了。玉牙璧的制作十分规整，中孔是通过两面管钻的工艺打造而成的，工艺痕迹清晰可辨。它的平面外轮廓呈现为方形，造型独特且规整。四周的牙边刃非常明显。从厚度方面来看，这件玉牙璧中间厚，由中心孔朝着边缘的方向逐渐变薄，其断面呈现出楔形。玉牙璧的两面都经过了细致的修整，所以表面显得温润又细腻。仔细观察还能发现，上面有着不太清晰的线拉切痕迹，

① 薛新明主编，山西省考古研究所、运城市文物工作站、芮城县旅游文物局编著:《清凉寺史前墓地》，文物出版社，2016 年，彩版 6-2-44。

应当是当初制作时留下来的痕迹。而牙沟处摩擦划痕也依稀可辨，可能是在使用或者保存过程中留下的印记。经过测量，这件玉牙璧外轮廓的宽度在 11.9—12.7 厘米之间，中孔径处于 6—6.2 厘米的范围，中心最厚的地方达到了 0.6 厘米。

图 6-26　清凉寺墓地三期玉牙璧[①]

8. 清凉寺墓地四期镶绿松石玉环

这件玉环出土于清凉寺墓地四期墓葬 M275，材质选用的是透闪石玉，从器表来看，呈现出黄白色，不过，有部分区域的颜色会略深一些。玉环的器形相对比较规整，彰显出当时制作工艺的讲究。它的中孔是通过双面管钻的方式打造而成的，钻孔工艺的痕迹留存至今。让人惋惜的是，这件玉环被发现的

① 薛新明主编，山西省考古研究所、运城市文物工作站、芮城县旅游文物局编著:《清凉寺史前墓地》，文物出版社，2016 年，彩版 6-2-27。

时候已经断成三段了，好在断茬儿都能够准确对接。引人注目的是，玉环其中一段从内圈至外圈纵向镶嵌着绿色的条状孔雀石，与黄白色的玉质相互映衬，让整个玉环变得格外别致。再看玉环的厚度特点，其外圈略薄，断面接近长条形，整体的形态看上去简洁又大方。经过实际测量，这件玉环的外径在10.7—11.1 厘米之间，中孔径处于 5.8—6.9 厘米的范围，厚度则在 0.3—0.4 厘米之间。

图 6-27　清凉寺墓地四期镶绿松石玉环[①]

9. 清凉寺墓地四期连璜璧

这件璜玉石璧出土于清凉寺墓地四期的 M201 墓葬，是由三个璜片组合而成的。比较独特的是其中两段采用的是透闪石

① 薛新明主编，山西省考古研究所、运城市文物工作站、芮城县旅游文物局编著:《清凉寺史前墓地》，文物出版社，2016 年，彩版 7-2-8。

玉材质，还有一段则是蛇纹石大理岩，三段质地都比较细腻。两段透闪石玉本来的颜色应当是清新的绿色，只是因为岁月久远，现在上面带有大片的云团状或者不规则状的土黄沁色。而蛇纹石大理岩这一段，上面是灰黑和白色斑点相互混杂的。三段璜的断面都是中部略厚的长方形形状，不过每一段的厚度又并不相同。在透闪石玉璜的平面上，还能清晰地看到明显的片切痕以及线切割痕。所有的璜片上都有单面程钻的小孔，并且不同部位的小孔形状还不一样。每一片璜的两端各有一孔，其作用是和其他璜片相互连缀，组合在一起。除此之外，在其中一块透闪石玉璜、大理石璜接近一端的外侧边缘处各自钻有一个小孔，另一块透闪石玉璜的外侧边缘更是钻出了两个小孔，

图 6-28　清凉寺墓地四期连璜璧[①]

① 薛新明主编，山西省考古研究所、运城市文物工作站、芮城县旅游文物局编著:《清凉寺史前墓地》，文物出版社，2016 年，彩版 7-2-1。

从这些小孔所处的位置和特点来推测，它们应该是用于悬挂或者佩戴的，这也就意味着这几个璜有着多样的使用方式，既可以相互连缀在一起，形成一个整体，又能够分开单独使用。再看璜的细节之处，其内外缘和两端都有着不同程度的磨圆处理，不过也正因如此，联璜环的内外圈都不是标准的圆形，而且连接处也没办法做到严丝合缝。经过实际测量，这件璜玉石璧的外径在 13.6—14.2 厘米之间，内径处于 6.5—7.5 厘米的范围，厚度为 0.4—0.7 厘米，缀孔的孔径则在 0.3—0.7 厘米之间。

10. 碧村遗址小孔璧

这件小孔玉璧是在碧村遗址的 A025 区域被发现的，其材质为墨玉，整体透着一种深邃而内敛的气质。它的直径达到了

图 6-29　碧村遗址小孔璧[①]

① 王晓毅：《山西吕梁兴县碧村遗址出土玉器管窥》，《故宫博物院院刊》2018 年第 3 期。

12.7 厘米，在同类玉璧中算是有着一定的尺寸规模了。中间的好径，也就是圆孔的直径为 5.5 厘米，由此形成的肉宽是 3.6 厘米，这样的比例关系让玉璧的整体形态显得很协调。而且，玉璧的厚度在 0.1—0.2 厘米之间，十分轻薄，拿在手中会给人一种轻巧精致的感觉。

11. 碧村遗址连璜璧

这件连璜璧出土于碧村遗址，其材质为青玉，温润的青色中带有褐色斑块。它是由两个玉璜组合而成的，构思十分巧妙。在这两个玉璜之间，有着对应的一组穿孔，是当时为了将两个玉璜连接固定在一起特意设置的。从尺寸方面来看，它的外缘直径为 9.1 厘米，中间的好径即圆孔的直径是 6.1 厘米，

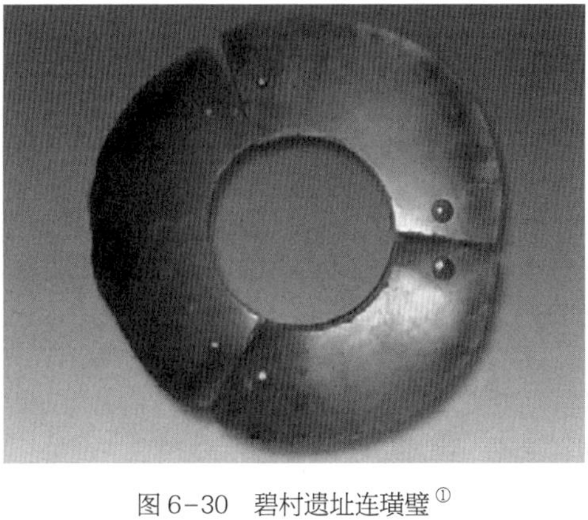

图 6-30　碧村遗址连璜璧[①]

① 王晓毅:《山西吕梁兴县碧村遗址出土玉器管窥》,《故宫博物院院刊》2018 年第 3 期。

肉宽约为 1.5 厘米，整体比例协调，形态规整。而其厚度在 0.5—0.6 厘米之间，有着一定的厚度，拿在手上会让人感觉到它的扎实与分量。

12. 碧村遗址牙璧

这件牙璧出土于兴县碧村遗址，选用的材质是青玉。这件牙璧的制作相当规整，整体器表十分光滑，用手触摸上去质感细腻。牙璧上有着四组扉牙，不过并没有齿饰。在扉牙的牙根处，还留存着线绳拉锯的割痕，应当是当初制作时留下的痕迹。从尺寸来看，其外缘直径达到了 12.5 厘米，有着一定的规模，中间的好径，也就是圆孔的直径 6.3 厘米，肉宽为 3.1 厘米，整体比例协调合理，形态美观大方。厚度则在 0.2—0.3 厘米之间，较为轻薄，更凸显出它的精致细腻之感。

图 6-31 碧村遗址牙璧[①]

① 王晓毅：《山西吕梁兴县碧村遗址出土玉器管窥》，《故宫博物院院刊》2018 年第 3 期。

二、玉璜

璜是一种弧形的玉器。《白虎通义·文质》说："璜者，半璧。"绝大多数璜不到璧的一半，多数只是璧的三分之一，甚至只是四分之一。山西地区多地发现史前时代的玉璜。垣曲古城东关遗址就出土了庙底沟二期文化早期的玉璜，襄汾陶寺遗址、襄汾丁村曲舌头遗址、芮城清凉寺墓地以及兴县碧村遗址都出土了龙山时期的玉璜。

1. 垣曲古城东关遗址石璜

这件石璜出土于垣曲古城东关遗址，时代属于庙底沟二期文化的早期。石璜的材质是灰绿色的大理岩，保存得比较完整。从器形上看，它呈现出宽扁的形态，并且有着内厚外薄的特点。整个璜经过了精心的磨光处理。在两端的位置，各有一个通过单钻方式制成的孔。它的宽度大约为 1.5 厘米，厚度则

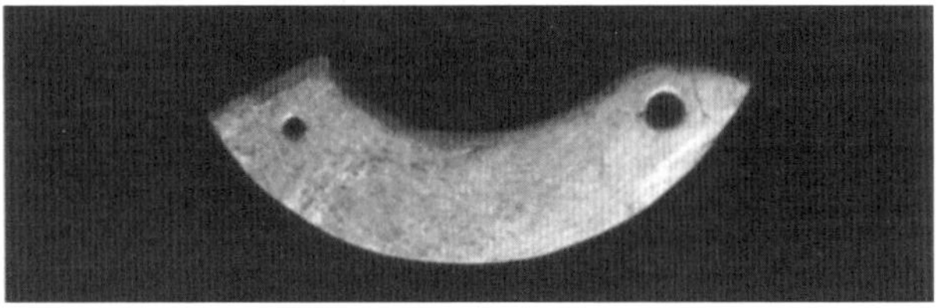

图 6-32　垣曲古城东关遗址石璜①

① 中国历史博物馆考古部、山西省考古研究所、垣曲县博物馆编著:《垣曲古城东关》，科学出版社，2001 年，图版四九。

处于 0.3—0.6 厘米之间。

2. 陶寺遗址（M3160）玉璜

这件玉璜出土于陶寺遗址墓地 M3160，为二次葬。墓主人为女性，其头骨以及长骨都集中在墓底的中部位置，而这件玉璜则是在墓坑的一端被发现的，单从出土部位来看，确实很难确定它到底是作为佩饰存在，还是属于复合璧的组合件。这件玉璜的材质是软玉，颜色为浅绿色，有着较高的透明度。玉璜的外缘是圆弧形状但并不是特别规整，呈现出钝刃状边，内缘却是直边。这件玉璜的一端钻了一个孔，另一端则有两个孔。从尺寸来看，肉长达到了 5.5 厘米，宽度在 1.5—1.6 厘米之间，内缘厚 3.5 厘米，

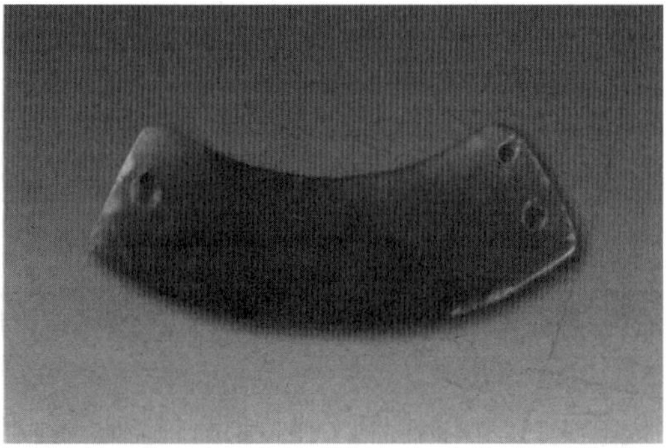

图 6-33 陶寺遗址（M3160）玉璜[①]

① 中国社会科学院考古研究所、山西省临汾市文物局:《襄汾陶寺——1978～1985 年考古发掘报告》，文物出版社，2015 年，彩版四七。

3. 陶寺遗址（M2025）玉璜

这件玉璜出土于陶寺遗址的 M2025 墓葬，并且是出自填土之中，这样特殊的出土位置也让学者难以断定它是佩饰，还是复合璧的组合件。玉璜的材质为软玉，颜色浅绿色，呈现出半透明体的状态。从形制方面来看，这件玉璜较为规整，形状近乎半圆形，整体看上去十分流畅自然。内缘是圆润的边，外缘则呈现出刃状边。不过比较遗憾的是，玉璜的两端已经残缺了，好在残断处略经磨修，这也从侧面反映出当时人们对它或许还是比较珍视的，即便出现了残损情况，也会进行一定的处理。在近残断处，各对钻了一个孔。它的肉宽为 1.1 厘米，厚度仅有 0.2 厘米，整体显得颇为小巧精致。

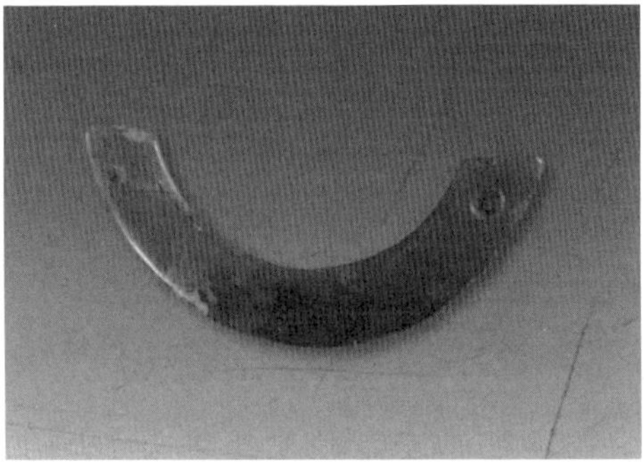

图 6-34　陶寺遗址（M2025）玉璜[①]

① 中国社会科学院考古研究所、山西省临汾市文物局:《襄汾陶寺——1978～1985 年考古发掘报告》，文物出版社，2015 年，彩版四七。

4. 清凉寺墓地三期玉璜

这件玉璜出土于清凉寺墓地三期的 M241 墓葬，墓主人为男性。只是可惜的是，这座墓室遭到了极为严重的盗扰，原本的面貌被破坏得厉害。而这件残断的玉璜形器，是被弃置在墓室内中部偏西南处堆放的骨骼旁边。玉璜的材质是透闪石玉，呈现出灰白色，上面还带有黑色斑纹。玉璜的整体形状较为规整，内外圈都比较圆，给人一种精致之感，而且整体的厚度较为均匀，并没有明显的薄厚差异。在玉璜两端的位置，各有一个通过桯钻方式制成的小孔。从尺寸来看，璜体的宽度大约为 2.5 厘米，厚度约为 0.4 厘米，小孔的孔径在 0.6—2 厘米之间。

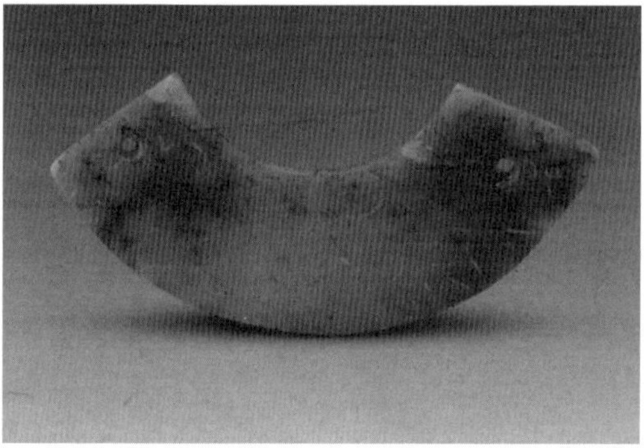

图 6-35　清凉寺墓地三期玉璜[①]

① 薛新明主编，山西省考古研究所、运城市文物工作站、芮城县旅游文物局编著:《清凉寺史前墓地》，文物出版社，2016 年，彩版 6-2-57。

5. 碧村遗址环形玉璜

这件出土于兴县碧村遗址的环形玉璜着实别具一格。其材质选用的是青玉，素面的设计，展现出一种简约之美。这件玉璜的特别之处是其两端均呈现出鸟首状，为器物增添了几分生动与活泼的气息，也体现出当时工匠们非凡的想象力和精湛的造型技艺。在这两端的鸟首部位，各有一穿孔，这些穿孔大概率有着穿系等实用功能。但不穿系绳子时，这两个孔看上去有点像两只鸟的眼睛。这件玉璜的最大径达到了 11.6 厘米，有着一定的规模，宽度为 2 厘米，器身厚 0.3 厘米，整体比例协调合理。

图 6-36　碧村遗址环形玉璜[①]

① 王晓毅:《山西吕梁兴县碧村遗址出土玉器管窥》,《故宫博物院院刊》2018 年第 3 期。

6. 碧村遗址折角玉璜

兴县碧村遗址还出土了一件折角玉璜，颜色为乳白色，也是素面没有雕琢纷繁复杂的纹饰。玉璜的两端首呈现出虎形，在两端虎形的部位各有一对穿孔。玉璜两端的间距长达 14.5 厘米，展现出了一定的长度规模，宽度在 1.8—4 厘米之间，器身厚 0.5 厘米，整体的比例搭配协调合理。

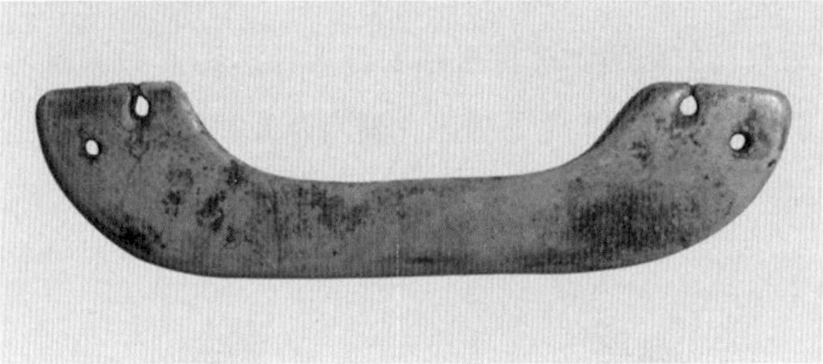

图 6-37 碧村遗址折角玉璜[①]

三、其他玉石器

1. 陶寺遗址筒形玉臂环

这件筒形玉臂环是在陶寺墓葬 M1449 出土的，由透闪石软玉制成，颜色是浅豆绿，有些地方呈现出或深或浅的褐色，还有青白色、藕白色。玉的质地非常好，表面光滑润泽，呈半

① 王晓毅:《山西吕梁兴县碧村遗址出土玉器管窥》,《故宫博物院院刊》2018 年第 3 期。

透明状。筒形玉臂环整体是圆形，筒壁比较高，四周的壁内外侧都有弧形的凸起。外壁中间的直径是6.5厘米，内壁中间直径在5.3—5.4厘米之间，上下口的厚度为0.2—0.3厘米，中间部分厚0.5—0.55厘米，高度在3.6—3.8厘米之间。

图6-38　陶寺遗址筒形玉臂环[①]

2. 陶寺遗址镯形玉臂环

这件镯形玉臂环是从陶寺墓葬M2384出土的，由软玉制成，表面经过了抛光处理。玉臂环颜色主要呈象牙黄，有些地方夹杂着青色和白色。其横剖面看起来接近圆角方形，四壁的中部有一段直直的边。从纵剖面看，周壁的内、外侧都稍微有弧形的鼓凸。外壁中间的直径是7.15厘米，内壁中间直径在

① 中国社会科学院考古研究所、山西省临汾市文物局:《襄汾陶寺——1978～1985年考古发掘报告》，文物出版社，2015年，彩版五三。

6.15—6.2 厘米之间，上下口的厚度为 0.3 厘米，中间部分厚 0.5—0.6 厘米，高度在 1.8—1.9 厘米的范围。

图 6-39 陶寺遗址镯形玉臂环[①]

3. 清凉寺墓地三期六边形凸沿筒状石器

这件筒状器是在清凉寺墓地三期墓葬 M146 出土的，由大理岩制成，白化现象很明显，器物表面是黄白色，还有黑褐色颗粒状的斑点。它的形状很独特，和凸沿环相近，中间部分是薄壁的圆筒状，上下都是平沿，中心有管钻穿孔，壁的厚度均匀。圆筒之外的中部向外形成不等边的六边形薄凸沿，其中有三个边接近平直，另外三个边稍微向内弯曲，直边和弧边相互间隔。中心圆筒的孔径是 6.3 厘米，器物高度为 3.8 厘米。

① 中国社会科学院考古研究所、山西省临汾市文物局:《襄汾陶寺——1978～1985 年考古发掘报告》，文物出版社，2015 年，彩版五三。

图 6-40　清凉寺墓地三期六边形凸沿筒状石器[①]

4. 陶寺遗址玉梳

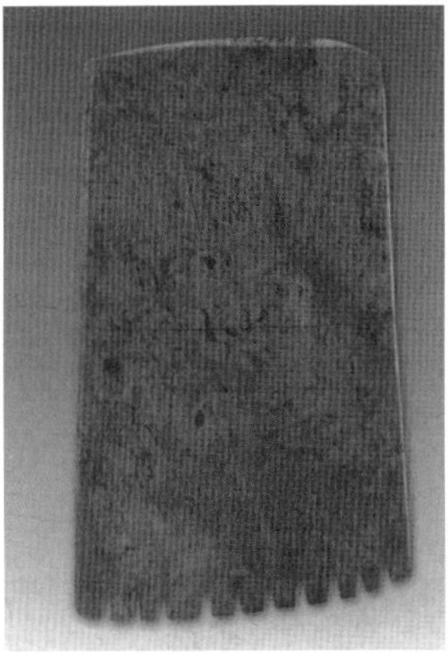

图 6-41　陶寺遗址玉梳[②]

在陶寺墓地总共发现了七件玉、石梳，分别出自七座墓里，这里介绍的是其中一件，它是从 M1267 墓出土的。玉梳的材质是透闪石软玉，颜色呈灰绿色，夹杂着浅褐色，还有绿色斑点。这把梳是扁平形状，经过了精心打磨，表面很光滑。下缘呈现弧形，下端从正反两面切割出十条

① 薛新明主编，山西省考古研究所、运城市文物工作站、芮城县旅游文物局编著:《清凉寺史前墓地》，文物出版社，2016 年，彩版 6-2-38。

② 中国社会科学院考古研究所、山西省临汾市文物局:《襄汾陶寺——1978 ～ 1985 年考古发掘报告》，文物出版社，2015 年，彩版五一。

竖向槽，也就形成了 11 枚梳齿。它的高度是 10.2 厘米，顶部宽 5.75 厘米，下缘宽 6.5 厘米，厚度为 0.4 厘米。出土的时候，是横向平放在墓主头顶位置的。

5. 清凉寺墓地三期玉梳形器

这件玉梳形器是从清凉寺墓地三期墓葬 M146 出土的，其材质为透闪石玉，颜色是黄白色，微微透着灰色。从平面看，形状接近长方形，四条边都略微向外弯曲，中间部分厚，从中间往边缘逐渐变薄。其中一条长边近乎笔直，另一条长边被磨出三个豁口，豁口里面各有一个朝着器体方向逐渐变窄变浅的凹槽。凹槽两侧各有一个较大的管钻孔，其中一个孔由于靠近长边而变成了一个缺口。两条短边的长度稍有不同，在靠近较窄一端的平面中央，有一个管钻小孔，较直的长边接近较窄

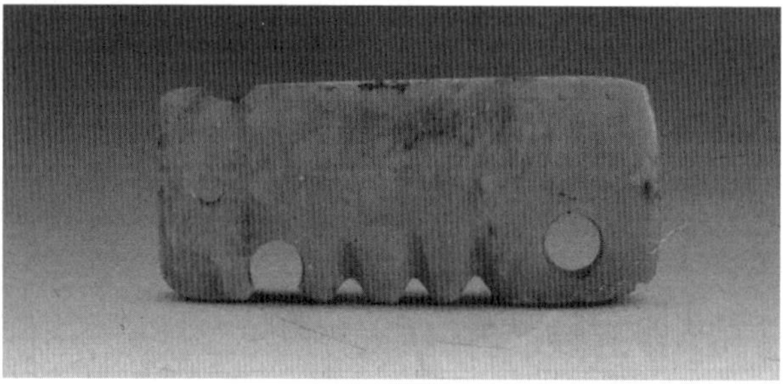

图 6-42　清凉寺墓地三期玉梳形器[①]

① 薛新明主编，山西省考古研究所、运城市文物工作站、芮城县旅游文物局编著:《清凉寺史前墓地》，文物出版社，2016 年，彩版 6-2-37。

一端的地方有弧形的缺损。这件玉梳形器长 10.1 厘米，宽在 4.3—4.5 厘米之间，最厚的地方为 0.4 厘米，两个较大的孔直径在 1—1.1 厘米，小的孔径在 0.5—0.7 厘米。

6. 陶寺遗址头饰组件

陶寺遗址头饰组件包含 1 件骨笄、3 件玉饰以及 60 多枚绿松石嵌片。骨笄的一面是弯弯的弧面，另一面能看出一点骨头原本的凹槽模样，现在残存的长度是 18.6 厘米，宽度有 1.1 厘米，厚度 0.6 厘米。还有一片半圆形的穿孔玉片，是用白色的透闪石软玉做的，有一侧是直边，长度为 4.9 厘米，弧形那边最大的半径是 3 厘米，厚度 0.55 厘米，孔的直径在 0.9—1.8 厘米之间。另外还有一片"L"形的穿孔玉片，同样是透闪石软玉材质，不过颜色是浅黄色，高度 3.3 厘米，宽度在 1—1.2 厘米的范围，厚度 0.2 厘米。再有一件坠饰，是浅黄色蛇纹石做的，整个形状是长长的条儿状，

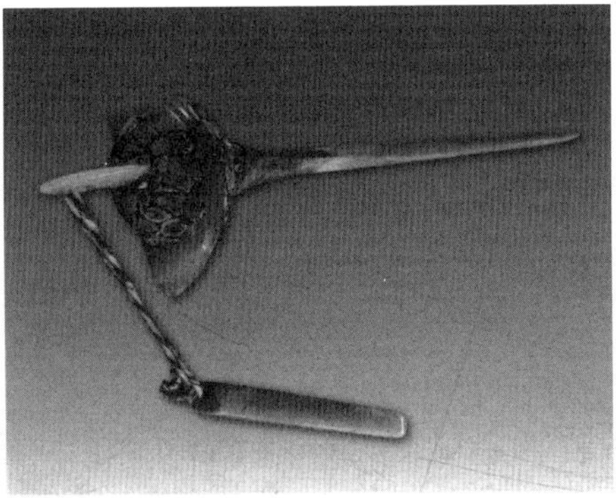

图 6-43　陶寺遗址头饰组件复原图[①]

① 中国社会科学院考古研究所、山西省临汾市文物局:《襄汾陶寺——1978～1985 年考古发掘报告》，文物出版社，2015 年，彩版五一。

高度 7.9 厘米，宽度 0.7—0.8 厘米，最上头那端厚度 0.1 厘米，中间靠下的部分厚度 0.2—0.3 厘米，孔的直径 0.28—0.4 厘米。出土时骨笄、半圆形玉片与“L”形玉片仍然连接在一起，横向放置在颅顶上方，笄尖斜向左下。在组件的交接部位，也就是半圆形玉片的上下两面以及圆孔中，能看到较厚的黑色胶状物堆积，胶状物表面残留着二三十枚绿松石饰片。坠饰则横向落在颅顶，有孔一端刚好在“L”形饰件下方，另外还有数十枚绿松石，多数底面沾有黑色胶状物，散落在颞骨即太阳穴下面那块骨头下方。

陶寺遗址还出土了两件玉鹰冠饰，又被称为玉兽面。这两件玉鹰冠饰实际是一组两件，出土于陶寺文化中期偏晚阶段的大墓 M22，出土时两件兽面背背相贴，冠颌相反。玉鹰冠饰高度仅有 3.5 厘米，宽度为 6.5 厘米，厚度仅 0.3 厘米，为片状透雕，玉质润泽晶莹。冠饰整体呈倒三角形，顶部为蝙蝠状

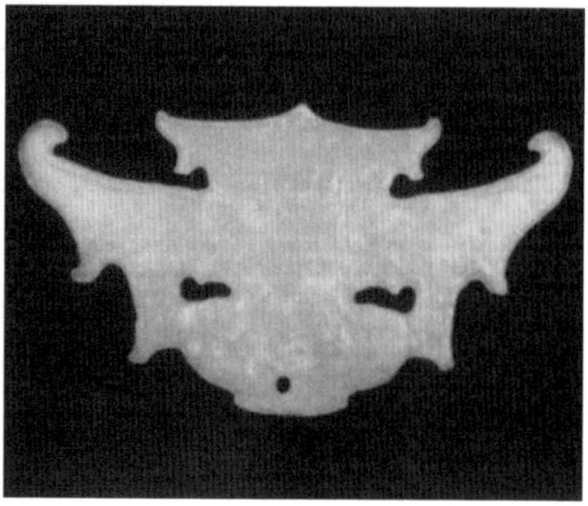

图 6-44　陶寺遗址玉兽面[①]

① 中国社会科学院考古研究所、临汾市旅游发展委员会:《中国陶寺遗址出土文物集萃》，天津古籍出版社，2020 年，第 73 页。

大冠，下部两翼张开，如同飞鸟的样子。冠饰中心部分是镂空的两只眼睛，微微合拢，下部有一个圆形穿孔，仿佛一张嘴正在发出神秘音节。陶寺遗址出土的玉鹰冠饰与长江中游的肖家屋脊文化关系密切。有学者认为玉鹰冠饰代表着神权，所以也被称为玉神面。

第七章　新石器时代山西先民的墓葬

在远古时代，人们通过墓葬来让逝者的灵魂有所归宿。故而死者的葬式也带有特殊含义，往往体现了生者对想象中另一个世界的规划，一定程度上可以说是现实世界的翻版。在新石器时代，各地存在的各种形态的墓葬形式，反映了现实世界中不同地区人们观念上的差异。不同时代墓葬形式的变化体现了时代的变迁。例如，在一些仰韶文化前期遗址中，墓地及墓葬的规模与原始聚落及居宅的规模基本相呼应。到了社会出现阶等分化的时期，氏族贵族或身份特殊者的葬具、随葬品已与一般氏族成员有所不同，但仍葬在氏族墓地中，氏族墓地依旧是一个整体。另外，一些成年男性或成年女性的同性合葬墓以及儿童特殊葬俗，反映了远古时期的特殊婚俗和年龄等级制度。成年男女合葬墓的出现，无疑表明婚姻、家庭、社会制度发生了重大变化。

第一节　墓葬形制

山西地区的新石器时代墓葬形制有单人竖穴土坑墓、多人同性合葬墓、异性合葬墓，以及安葬早夭儿童的瓮棺墓等。

在山西地区，目前发现的较早的新石器时代墓葬大都是单人竖穴土坑墓。就拿仰韶文化初期的垣曲古城东关遗址一期遗存来说，总共发现了 7 座墓葬。这些墓葬和遗址区之间没有特别明显的分界线，有些还和早期遗迹存在打破关系。这 7 座墓

图 7-1　垣曲古城东关遗址一期仰身直肢葬竖穴土坑墓 M9①

① 中国历史博物馆考古部、山西省考古研究所、垣曲县博物馆编著:《垣曲古城东关》，科学出版社，2001 年，图版四。

葬的排列是有一定规律的，所以很有可能这 7 座墓葬属于一个家庭。这 7 座墓都是土坑竖穴的形式，墓坑又窄又浅，不太规则，也只够放下一个人。墓的朝向大致是向西或者西北方向。埋葬的方式全都是仰身直肢的一次性埋葬。除了 M9 号墓随葬了一个小型的黑陶蒜头壶之外，其他的墓葬都没有随葬品。就算是有随葬品的 M9 号墓，它的形制规模和其他墓葬相比也没有太大的差别。比如 M8 号墓，墓口距离地表 0.95 米，墓坑长 1.2 米，宽 0.4 米，深度是 0.25 米，填土是灰色的，头朝向 262 度，墓主人是男性，采用仰身直肢的埋葬方式，头稍微向南侧偏一点。M9 号墓的墓口距地表 1.12 米，墓坑长 1.75 米、宽 0.55 米，深 0.4 米，填土也是灰色的，头朝向 258°，墓主人同样是男性，仰身直肢葬，双手放在骨盆上面，在左侧肘关节的位置随葬了一个小型黑陶蒜头壶。从这些小型墓葬以及随葬品极少甚至没有随葬品的情况来看，这反映出垣曲古城东关一期的人群在身份上的差异并不大。

一直到龙山时代，单人竖穴土坑墓依然是非常常见的墓葬形式。比如 2013 年发掘绛县周家庄遗址龙山时期遗存时，当时一共找到了 17 座墓葬，这里面有 1 座中型墓和 16 座小型墓。这些墓大多是西南—东北方向，只有个别是西北—东南方向。它们很少有互相叠压或者打破的情况，而且是分组排列的，应该是事先规划好的布局。这些墓都是长方形竖穴土坑墓，里面没有随葬品，埋葬方式大多是仰身直肢。2012 年发掘山西原平市辛章遗址的龙山时期遗存时，发掘出的两座墓，也都是竖穴土坑墓，没发现葬具和随葬品。其中一座墓距离地表 0.15—0.2 米，是圆角长方形竖穴土坑墓，墓口长 1.75 米，宽 0.65 米，深 0.3 米。墓主人是成年女性，人骨保存得比较完整，是单人侧身屈肢葬，头向 202 度，脸朝西，双手握在左腹部，下肢屈膝弯向身体左侧。

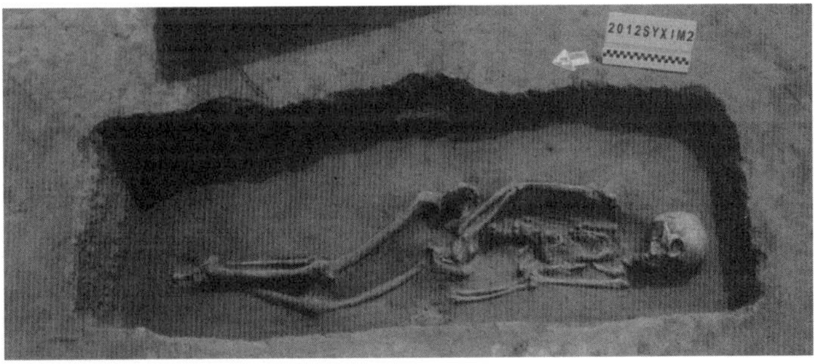

图 7-2　辛章遗址屈肢葬竖穴土坑墓[①]

山西地区也有史前时代多人合葬墓。比如处于仰韶文化早期的翼城北撖遗址第二期墓葬总共发现了四座墓。其中有三座分别是成人一人二次葬、成人二人二次葬以及成人一人一次葬。另外还有一座是多人合葬墓。

这座多人合葬墓呈长方形竖穴土坑状，方向是北偏西 75 度。墓口长度有 2.22 米，宽度为 1.3 米，在距离墓口大概 0.6 米的地方出现了熟土二层台，二层台西端宽 0.35 米，东端宽

---

① 赵杰、王炜:《山西原平市辛章遗址 2012 年发掘简报》,《考古》2014 年第 5 期。

0.3 米，南侧宽差不多 0.2 米，北侧宽约 0.27 米。墓底长 1.74 米，宽 0.65 米，深度为 0.8 米。墓里面一共埋了 8 个人，全都是二次葬，头朝着西北方向，肢骨摆放得很杂乱。其中 1 到 6 号人骨比较完整，7 号和 8 号就只有部分头骨碎片。根据现场初步的鉴定，1、2、3、5、6 号是成年男性，4 号是成年女性，7 号、8 号分别是 3—4 岁和 1 岁左右的婴儿。而且这座墓里没有任何随葬品。

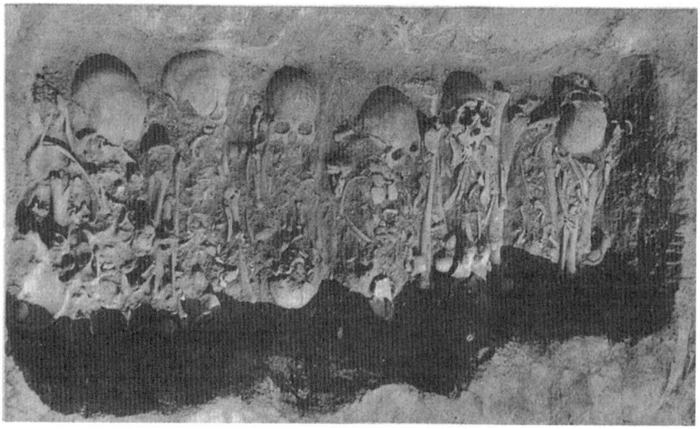

图 7-3　翼城北撖遗址第二期多人合葬墓①

在芮城东庄遗址有个挺有意思的发现，这里找到了一座双人葬土坑墓和一座多人葬土坑墓，而且它们还都是二次葬的合葬墓。从墓口层位以及在遗址内被发现的情况来判断，它们属

① 山西省考古研究所:《山西翼城北橄遗址发掘报告》,《文物季刊》1993 年第 4 期。

于该遗址仰韶居民的墓葬，这一点是确定无疑的。这个遗址的仰韶层面积大概有 5 万平方米，就是一个规模较小的村落，估计住的人也不会太多。这里先介绍一下多人合葬墓，它的墓圹是挖在生土上的，形状有点像梯形，要是以墓的北壁为准，方向是 305°。墓圹的北端比较宽，边线直直的，南端就窄一些，边线呈弧形。长度有 1.86 米，北边宽 1.06 米，南边宽约 0.8 米，深度是 0.5 米。墓葬里面一共放了九具人骨架，头骨全都是朝着西北方向，身体的骨头就分散放在各自头骨的东南边。经过对这些人骨的鉴定，在这座合葬墓里，有两个是成年男性，三个是接近中年的女性，还有两个是接近中年的男性，另外有两个人因为骨骼腐朽破碎了，年龄和性别不清楚。这些人架在墓葬里被分成了两排摆放，西排有四具，从北到南的顺序是：接近中年女性、

图 7-4　芮城东庄遗址多人合葬墓[①]

① 中国科学院考古研究所山西工作队：《山西芮城东庄村和西王村遗址的发掘》，《考古学报》1973 年第 1 期。

成年男性、接近中年女性、成年男性。东排也是四具，从北到南依次是：接近中年女性、接近中年男性、接近中年男性、年龄性别不明。在东西两排中间靠南侧还有一具，年龄性别也不清楚。在这座墓里，既没有发现葬具，也没有任何随葬品。

芮城东庄遗址还发现一座双人合葬墓。这座墓的墓口在第四层下面，墓圹是椭圆形圜底的土坑模样，坑的深度有 0.4 米，东西径为 0.93 米，南北径为 0.77 米。墓葬里面有两具人骨架，头骨都朝着北边，身体的骨头叠放在各自头骨的南边。这两具骨架的摆放差不多是平行的，头向大概是 2°。经过鉴定，靠东边的那具是中年男性，靠西边的那具是接近中年的男性。在这座墓中，没有发现葬具，也没有任何随葬品。

图 7-5　芮城东庄遗址双人合葬墓[①]

时代为仰韶早期的夏县师村遗址发现的墓葬，清一色都是土坑竖穴墓，有多人合葬的，也有单人葬的。举个例子，有一座多人合葬墓是个东西长、南北窄的长方形土坑，长边是东西

① 中国科学院考古研究所山西工作队：《山西芮城东庄村和西王村遗址的发掘》，《考古学报》1973 年第 1 期。

走向。在墓葬中从西向东排放着五具人骨，全是仰身叠肢二次葬。最西边的那具人骨的头朝西，颅骨损坏得厉害；剩下的四具人骨，头都朝北，脸朝南，埋在西边那具人骨的东边，这四具人骨的头从西向东依次平行排列在墓坑的中部和东部。

图 7-6　夏县师村遗址多人二次合葬墓[①]

新石器时代也发现了一些儿童墓葬，其中多为竖穴土坑墓。不过，在芮城清凉寺墓地，却有着一些特别的儿童墓葬，也就是瓮棺墓。在芮城清凉寺墓地的东部和中部，总共找到了七座这样的瓮棺墓，其所处时代被划分到清凉寺史前墓地第一期，差不多是从枣园文化中后期一直到庙底沟文化早期这个阶段。这些瓮棺墓的入葬方法都是一样的，在下面竖着放置一个夹砂罐，然后在上面倒扣一个钵。瓮棺里面埋葬的都是婴儿，

① 段天璟、方启、钟龙刚等:《山西夏县师村新石器时代遗址 2019—2020 发掘收获》,《文物世界》2021 年第 2 期。

当被发现的时候，虽然能够看到里面有零碎的人骨，可由于这些骨头都已经腐朽得像酥土一般，所以根本没办法弄清楚当时把婴儿放进瓮棺时究竟是怎样的情形。

比如在清凉寺墓地南部发掘区东部发现的瓮棺墓 W4，时代处于仰韶早期。在发现时，扣在上面的直口圆底钵体已经破碎了，夹砂罐的罐口也有一部分残缺破损，罐体更是裂成了好多碎片。再看罐里面，所发现的婴儿骨骼早就腐朽得不成样子了，根本没办法分辨出身体的各个部位，也无从知晓下葬时的具体方式了。这个瓮棺的主体是敛口绳纹陶罐，它的材质是夹砂红褐陶。可能是当时烧制的时候火候没掌握好，导致陶罐的颜色不太纯正。内壁大多是褐色，外表绝大部分是红褐色，但颜色的深浅并不均匀，下半部分还呈现出土黄色。这个陶罐的方唇有加厚处理，沿比较窄，沿面微微向内凹陷，是敛口的样式，上腹部稍微有点鼓起来，从罐腹中部开始就变成微弧腹然后斜着向内收。罐底部是平的。在罐口外面以及下腹部的地方，表面比较粗糙，没有纹饰，但是上腹部拍印着密集的浅细斜绳纹。罐的口径是 28.8 厘米，最大腹径能达到 32.2 厘米，底径为 12.2 厘米，高度是 33 厘米。还有一个直口深腹陶钵扣在陶罐上面，陶钵材质属于泥质红陶。这个陶钵圆唇直口，沿向外边略微鼓起，从上腹部开始往下呈现出微弧形斜收，最后收成圜底，在底部的外面有一圈凹槽，在正中心还被敲出了一个不太规则的圆形小孔。陶钵的表面都是素面的，绝大部分地方呈现出红色，只有底部凹槽里面是灰色的，摸起来比较粗涩。陶钵的口径是 32 厘米，高度是 16 厘米。

图 7-7　清凉寺墓地瓮棺葬 W4[①]

山西地区还发现新石器时代有一种特殊的处理死者尸体的遗存——灰坑葬，是用灰坑作为安置死者或处理人骨的一类遗迹。山西夏县东下冯遗址的墓葬 M313 就是一座灰坑葬。这座墓葬里所埋葬的死者身上的骨头有人为创伤的

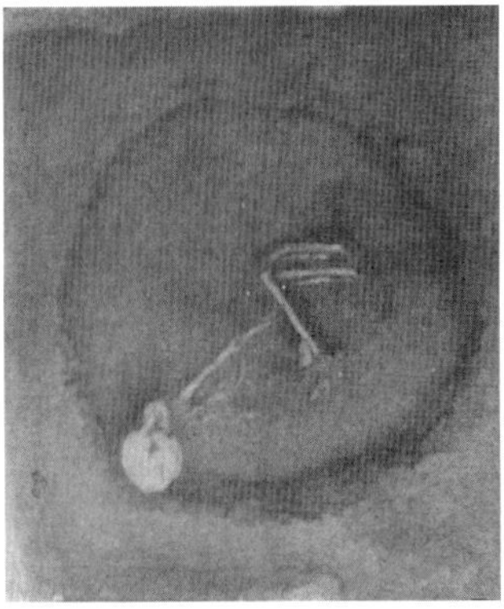

图 7-8　夏县东下冯遗址灰坑葬 M313[②]

① 薛新明主编，山西省考古研究所、运城市文物工作站、芮城县旅游文物局编著:《清凉寺史前墓地》，文物出版社，2016 年，图版 4-3-3。

② 中国社会科学院考古研究所、中国历史博物馆、山西省文物工作委员会东下冯考古队:《山西夏县东下冯龙山文化遗址》，《考古学报》1983 年第 1 期。

痕迹。M313是个圆形竖穴平底坑，和普通的灰坑相邻。它的坑口距离地表有1.55米深，最大的直径能达到1.08米，剩余的深度是0.6米，而且里面没有任何随葬品。在这个坑里面发现了一具人骨架，这人骨整体呈现出蹲跪的姿势，上身朝着前面俯倾，脸是朝着东边的，下肢的脚骨有一部分缺失了，断的地方很平齐。考古工作者根据这个情况推测，那些脚骨应该是被人砍断的。由此可见，这位死者当时是一种非正常的死亡状态。

还有一种灰坑葬埋葬的人骨缺失并且散乱不堪。比如山西襄汾县丁村曲舌头遗址的灰坑H10，处在灰坑比较集中的区域，在它附近还有八个灰坑。H10是个椭圆形圜底的灰坑，在其北部边缘大概0.8米的地方，发现了两具人骨架。人骨的脊椎骨扭曲，散乱地排列在左上肢那个位置，下肢虽是伸直的，不过呈现出一种挣扎的模样，四肢

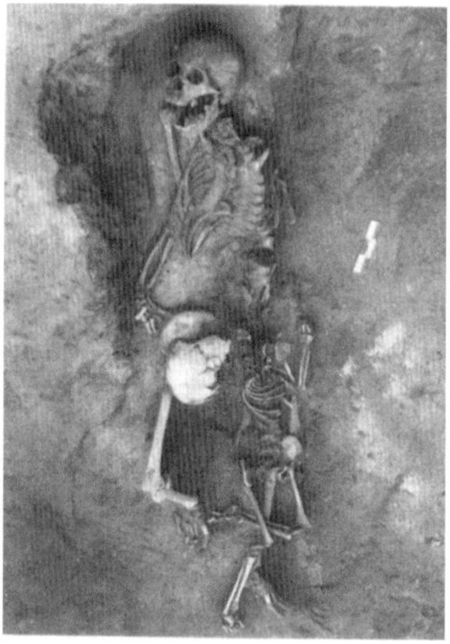

图7-9 丁村曲舌头遗址灰坑葬H10[①]

① 胡建：《山西襄汾县丁村曲舌头新石器时代遗址发掘简报》，《考古》2002年第4期。

的骨架也都乱糟糟，没有一点儿规整的样子。因为在这个灰坑里面，人骨全都残缺不全，又散乱严重，没有固定的姿势，而且还没有任何和它们共存的遗物。所以考古学者们就推测，这些人骨像是被随意扔到这个灰坑里面的。很有可能这个灰坑就是用来随意丢弃那些地位比较低下的人，或者是在战争中抓到的俘虏。

第二节　氏族墓地与社会结构

新石器时代山西地区还发现了一些有序的氏族墓地，并延续了很长时间。到了龙山时代出现了大、中、小型墓的葬具、随葬器物非常悬殊的情况，而且分区埋葬。到了最后极个别成为“社会主人”的家族将自己家族的墓葬独立出来，这些都反映出社会阶层分化的过程。

比如位于山西芮城县东北部中条山南麓的清凉寺史前墓，墓地的总面积近 5000 平方米，共清理发掘墓葬 355 座，根据墓葬的分布规律和部分墓葬之间的打破关系，可分为四期。通过墓葬可以看到当地史前社会发展历程的一个缩影。

清凉寺史前墓地第一期大致相当于仰韶文化早期到中期，枣园文化中后期到庙底沟文化早期这一阶段。从墓地的布局来看，第一期只有 15 座墓。这些墓整体是从西北往西南部呈弧形分布的，分布得比较散，南北跨度接近 40 米。不过它们都遵循着统一的形制和方向，有比较固定的范围和规则。这些墓全都是小型的长方形土坑竖穴墓，墓室都是直接在生黄土上挖出来的。墓的规模很小，只够放下一个人，墓坑长度大概是 2 米，宽度只有 0.3—0.5 米。墓的方向都是东北—西南向，墓主人采用的都是一次葬，头朝着西北的山梁，埋葬的方式全是仰身直肢，这与之后三个时期存在较大区别。而且墓里面没有任何随葬品，这说明当时并不流行厚葬，社会阶层分化并不严重，当时社会还处于平等的部落阶段。

清凉寺史前墓地第二期墓葬共 189 座，均为长方形土坑竖穴。墓主人为一次葬，男女数量接近，仰身直肢，墓葬方向虽略有差别，除个别头向东外，余者皆头向西，也就是说大致为东西向。所以说二期墓地可能是坡头遗址居民的公共墓地，墓葬的排列不规则，可能有意分为几个区域，根据墓主的社会地位、财富以及性别差异来划分墓区，虽然墓区相互之间的界线不清晰。其中，北区可能为低等级男性平民墓区，东南区为低等级平民墓区，东北区可能为儿童和低等级女性平民的墓区，中区为低等级平民和妇女的墓区，西区为上层统治者、富裕的民众和平民的综合墓区。该地贫富、阶级分化加剧，文明初现端倪。大部分墓葬长约 2 米，宽 0.5—0.8 米，面积为 1—1.2 平方米，墓室仅可容身，入葬规格相同或相近，未发现葬具的痕迹，不能确认是否用了棺木。少数墓葬的规模略大，现存深 0.5—0.8 米，面积约 2 平方米。多数骨骼上留有朱红色，不能确定这些红色是撒进墓底还是撒在死者身上的。少数墓葬超出了一般墓葬的规范，发现有一个或多个非正常入葬的成年死者，说明已经出现了显著的不平等现象。

清凉寺墓地二期墓葬中的 M79 墓，就属于规模比较大的一座墓葬。墓内总共葬有四人。墓主人是一位年龄处于 30—35 岁之间的男性，呈仰身葬的姿势，其头部朝着西南方且略有倾斜放置。靠近东南部墓壁的死者，是一位年龄大概在 18—20 岁的女子，她的手腕位置与墓主人的脚部处于同一水平线上。而在东北部斜躺着的死者，则是一位年龄约为 18—19 岁的女子，她的脚部向内扣在一个陶罐之上，并且在这位死者腿部以下的位置，还叠压着一个整体呈侧卧状态、年龄在 11 岁左右的儿童。不难看出，除了墓主人之外，其余这些死者头部朝向各不相同，姿态也是各有差异，很明显这并非正常的丧葬形式。值得一提的是，M79 是整个清凉寺史前墓地之中，所发现的随葬品数量最多的一

图 7-10　清凉寺墓地二期墓葬 M79[①]

① 薛新明主编，山西省考古研究所、运城市文物工作站、芮城县旅游文物局编著:《清凉寺史前墓地》，文物出版社，2016 年，图版 5-2-40。

座。其中有 15 件玉石器，还有 2 件陶器以及 10 片鳄鱼骨板。在墓主人的头部、颈部下方压着 1 件三孔石刀，10 件璧、环大部分被放置在墓主人的下腹部与左臂之间，并且有 2 件环是相互叠套在左臂靠近腕部的位置；在墓主人的膝部，放置着 1 件双孔石钺以及 1 件长方形双孔石器，这两件器物是配套使用的，双孔石器位于南侧，石钺的刃部则朝着北侧；在东北侧的儿童身下，还横着放置了 1 件单孔石钺。除此之外，在墓内还发现了陶罐和陶盆各 1 件，它们分别被放置在位于北、南两侧的两个女子的两腿之间。其中，陶罐被北侧女子的双脚呈环抱状叠压着，而陶盆则是被南侧女子用双膝挟持着，并且在陶盆里面还放置着 1 片鳄鱼骨板。综合上述种种迹象，足以表明墓主人在当时拥有着十分显赫的社会地位。

清凉寺史前墓地第三期有 105 座墓葬，排列较为规范，呈行分布，在西高东低的地势上均匀分布着 10 排，像精心规划过一样整齐有序。这一时期男女的数量差距很大，女性不到男性的四分之一。墓地坡地中间是墓葬核心区，有几座大墓，面积近 6 平方米，现存深度约 2.5 米，个别能到 4 米左右。多数墓底部四周有长条形熟土二层台，二层台内侧是放棺材的地方，熟土二层台是棺外填土形成的。墓主人葬式大部分难辨，少数没怎么被扰乱的墓能看出是仰身直肢，骨骼上有朱红色，有的墓底都是红色，应当是当时有意撒的，所以推测“尚红”是那时的代表性葬俗。殉人现象在这一时期很重要，约一半墓葬能确定有殉人，如果墓葬没被扰乱，有殉人的比例会更高。

从地域看，西部和中部墓葬殉人较普遍，东部有部分墓没有，可见殉人现象曾盛行，后逐渐减少至消失。殉葬人数一般为1人，少数墓2—3人，极个别有4人殉葬。殉人年龄多是10岁左右或更小的孩子，还有比较少的青少年和成年人。殉人放置位置不固定，墓室东、南、北、东南角、东北角都有，墓主人头部的西部和墓室中部没有。殉人入葬姿态多样，有蹲踞式、俯身式、垂首下跪式，还有叠放儿童骨骼的，极少数不规则随意放的，反映了当时复杂的社会现象。大部分墓原本应有随葬品，主要是玉石器，还有少数陶器、猪犬齿等。

清凉寺墓地西南部的M146墓葬，离地表差不多0.7米深，长约2.7米，宽约1.7米，现在的深度将近0.95米。墓室周边有熟土二层台，不过这些二层台比较低浅，里面长约2米、宽约0.8米，保存的高度只有0.05米左右。墓主人是成年男性，仰卧着下葬。这座墓有4个殉人，

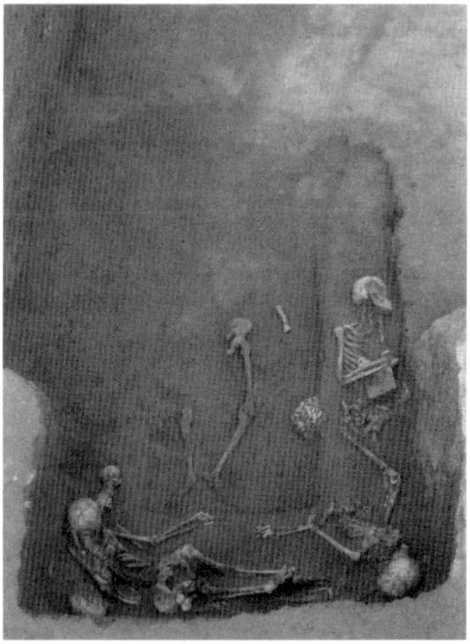

图7-11　清凉寺墓地三期墓葬M146[①]

① 薛新明主编，山西省考古研究所、运城市文物工作站、芮城县旅游文物局编著：《清凉寺史前墓地》，文物出版社，2016年，图版6-2-33。

是整个墓地殉人最多的。墓室北侧二层台上，有个 20—25 岁左右侧身屈肢的女子，怀里紧紧抱着两件玉石器，不过她的脚被东北角的另一个殉人压着。东北部二层台上是个 14—17 岁趴卧的男子。墓葬东边有两个死者叠压着，上面趴卧的是个 11—12 岁的小孩，看不出性别，小孩下面是个年龄约 27—28 岁之间仰身横卧的女子。墓圹里填的是黄褐色花土。在墓里不同的地方一共发现 13 件（组）各式各样的随葬品。北侧二层台的殉人怀里抱着一宽一窄两把钺。挨着这个死者的墓室里，有一堆猪犬齿，中间放着 1 件刀状石器残片，西边还摆着 1 件玉梳形器。墓葬东部二层台的殉人身下，放着些特别的器物，发现时和殉人骨头混在一起。东南部有 3 件花纹不同的彩绘陶瓶、1 件六边形凸沿筒状石器、1 个小饰品和一些鳄鱼骨板；东北部有 1 件长方形双孔石刀和零散的少量鳄鱼骨板。

清凉寺史前墓地第四期有 44 座墓葬。墓地东边靠近冲沟，有一排墓葬塌了一半。除了中间两排墓葬往南有大块空地，其他地方的墓葬大小都差不多，南北墓挨得近，东西四排墓行距也近，看着比第三期更规整。这些墓在开口位置、形状和大小上跟第三期很像。只有少数墓有二层台，多数没有。墓主人都是仰身直肢，骨头还有朱红色，跟前边一样。这一期墓葬里陪葬品很少，只有个别墓有不太精美的玉石器，大多是璧或环，摆放位置和之前差不多。总体来说，这一期就是第三期的延续。但也有个别墓打破了第三期的墓，埋葬上也有点变化。整体上看，这一期下葬的墓主人地位、财力不如第三期，也能看出来他们生前所在的群体已经不再兴盛了。

比如清凉寺墓地南区东部的M276墓葬，就是四期墓葬少数有随葬品的墓葬。这座墓墓圹边界清晰，壁面规整。其平面西部略窄，东部稍宽，底面平坦。墓长大概2.5米，宽在0.85—1.05米之间，墓室周边设有熟土二层台。墓内像是有过轻度的扰乱，不过没清理出明显盗洞。从墓内状况推测，盗洞或许在西部，盗贼进入墓室后挪动了墓主人的头和颈部。墓主人为51—60岁男性，采用仰身葬，其左臂靠近手腕处仅套着一件断裂成四块的石环。

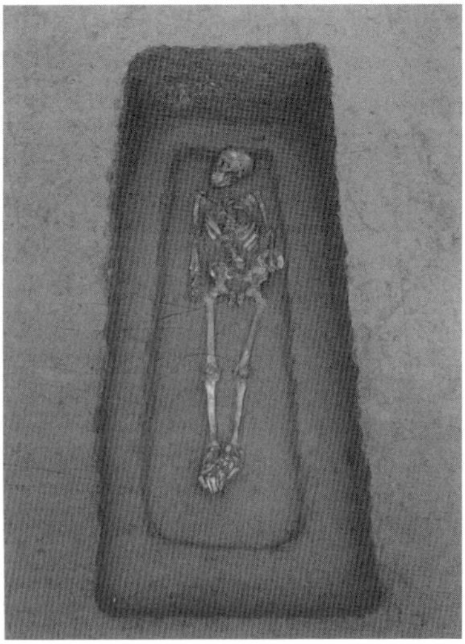

图7-12　清凉寺墓地四期墓葬M276[①]

距离清凉寺墓地不太远的陶寺墓地也能让我们了解该地区当时的社会组织状况。在陶寺遗址居住址东南，有一片约4万平方米的墓葬群，共1300多座墓，且划分成不同茔域。同一茔域内的墓葬大多成排分布，排列整齐。

① 薛新明主编，山西省考古研究所、运城市文物工作站、芮城县旅游文物局编著:《清凉寺史前墓地》，文物出版社，2016年，图版7-2-9。

陶寺早期墓葬可明确分为大、中、小三种类型。大型墓数量极少，仅有 6 座，不到墓葬总数的 1%；中型墓约占 10%；小型墓约占 90%，占绝大多数。大型墓很可能属于高等级统治者甚至王。它们一般长 3.2 米左右、宽 2.5 米左右，有木棺，棺底铺朱砂，随葬品丰富精致，多达上一二百件，包含成套的彩绘漆木器、陶器、玉石器以及整猪等，与多数无葬具和随葬品的小型墓形成鲜明对比。不过，这几座大墓虽规格高，却未脱离“氏族”公共墓地单独埋葬，而是和可能有血缘关系的其他死者葬于同一墓地。大型墓位于核心区域，周围环绕中型墓和小型墓。大型墓的朝向和排列具有规则和统一性，中型墓和小型墓则相对随意。这里展现出王权凸显、神权式微，尊者朴实无华，尊者与卑者既有区别又存在紧密联系。大型墓随葬品虽多，但像红山、良渚大墓中常见的带有神秘宗教色彩的玉器却很少出土。

比如 M2001 这座墓，虽说里头没有鼓和特磬这类特别重要的礼乐器具，可墓室的大小在陶寺墓葬里是顶尖的，而且没被破坏过，为我们了解陶寺墓地大型墓的整体情况提供了个特好的例子。M2001 的墓室是长方形，长差不多 2.9 米，宽超过 2.5 米。用的是长方形木棺，棺下面有两根垫木，棺和垫木都漆成了朱红色，棺里头铺满了朱砂。死者是朝左侧的仰身直肢葬，不过人骨头已经烂掉了。从随葬品的搭配来看，很可能是个女的。M2001 总共出土了 77 件（组）各种各样的随葬品。在棺里头有墓主的装饰品，像脑袋旁边用玉环、骨器、绿松石片凑成的1组头饰和1件玉笄，右臂上戴的1组绿松石腕饰，还有中指上套的2件蚌指环等等。棺外头也放了好多东西，像彩绘木案，案中间摆着折腹斝，有木胎仓形器，每个仓形器上平放着骨匕，还有高柄木豆、高柄陶豆、彩绘双耳木豆、朱绘磨光黑陶豆、高颈陶壶、陶尊、陶盂、大口陶罐、单耳夹砂小罐、小口高领折肩罐、彩绘陶瓶、大木盆、蟠龙纹陶盘、大型圆木案，木案上放着石厨刀、1枚骨镞、木俎以及俎上放的石

图7-13　陶寺遗址大型墓M2001[①]

① 中国社会科学院考古研究所、山西省临汾市文物局:《襄汾陶寺——1978～1985年考古发掘报告》，文物出版社，2015年，彩版一一。

图 7-14 陶寺遗址小型墓 M3313①

厨刀、陶灶、单耳夹砂小罐。另外，还有不少因为炭化或者烂掉了，无法辨明是什么器物。墓底还发现了猪头、猪脊椎、肋排、腿、蹄以及尾椎骨这些动物的骨头。这座大墓虽说没有鼓和特磬，但随葬品数量多得少见，而且彩绘木器和陶器上的图案都特别精美。可在陶寺遗址能分类的墓葬里，差不多占四成的最低等级墓葬就不一样了。这些墓不但规模小，没有一点木质葬具，连尸体都没有拿麻纤维或者麻编的东西包，更遑论随葬品了。就像 M3313，墓长 2.05 米，宽 0.6 米，墓底是斜坡的样子，墓主是个 22—24 岁的年轻男性，仰身直肢葬，什么随葬品都没有。

陶寺中期墓葬，仍然存在较为严格的等级分化，从墓葬规

① 中国社会科学院考古研究所、山西省临汾市文物局:《襄汾陶寺——1978 ～ 1985 年考古发掘报告》，文物出版社，2015 年，图版二二一。

模、葬具和随葬品等方面可以看出不同等级的差异。虽然目前发现的中期大型墓在规模和随葬品丰富程度上总体不及早期大墓，但仍体现出较高的社会地位。到了陶寺晚期墓地，整体上的社会分化程度可能有所变化，大型墓数量减少，随葬品质量和数量下降，反映出社会等级结构和经济状况的变化，可能意味着社会上层的权力和财富有所削弱，社会秩序和稳定性受到一定影响。

第八章　史前时代山西先民的艺术成就

史前时代的山西先民们在不断创造物质文化的同时，也在创造着日益丰富的精神文化。考古发现的遗物主要体现出了山西先民音乐、绘画和造型艺术的成就。

第一节　乐器

乐器是音乐文化的载体，从中可以研究出很多的音乐文化信息。中国传统文化中，音乐承担着非常重要的社会功能，故而向来“礼”“乐”并称。而事实上，古代对音乐的规范也是礼制的一部分。《礼记·乐记》中说：“乐者，通伦理者也。”山西地区发现了史前时代的乐器，这些发现在中国音乐史上都具有重要的意义。尤其像陶寺遗址中出土了成套的乐器，无论是数量，还是种类都是我国新石器时代遗址中发现乐器实例最丰富、规模和规格最高的。通过这些乐器，我们可以了解源远流长的山西音乐文化形成和发展的历史。通过这些乐器，可以了解中国音乐在从无到有、从单薄到丰富的形成过程中，山西音乐在其中所起到的重要的作用。通过这些乐器，也可以了解最初中国礼乐文明在这里初步形成的概况。

一、陶鼓与鼍鼓

从世界范围看，鼓是人类最早发明的打击乐器。所谓陶鼓就是用陶土烧制成土框，再蒙上动物的皮做成的鼓，也被称为“土鼓”。《礼记·礼运》说：“夫礼之初……蒉桴而土鼓。”《礼记·明堂位》说：“土鼓……伊耆氏之乐也。”按照郑玄的解释，伊耆氏有可能就是帝尧的别号。但典籍中将陶鼓和伊耆氏联系在一起，一定程度反映了尧的陶鼓特色鲜明，给人留下深刻印象。全国范围内，早在仰韶文化、马家窑文化、北辛文化中就已经发现陶鼓。但山西地区只在龙山文化时期的陶寺遗址中发现了陶鼓。陶寺遗址出土陶鼓共 6 件，完整者有 4 件。

陶寺遗址中除了出土陶鼓外，还出土了鼍鼓，这应当是陶寺文化中最引人注目的乐器了。遗址内共出土鼍鼓 8 件，分别出自陶寺文化早期的五座大墓。各鼓形制大体相似，鼓腔呈竖立筒状，高约 1 米，直径 0.5—0.9 米，由天然树干掏空内腔、刮去树皮、烘干而成，外壁再通体施以彩绘。出土时，在鼓腔内部或周围发现有扬子鳄骨，证明当时鼓面应蒙以鳄鱼皮。另外，还发现当时用于黏合的黑褐色小圆锥体共存。据推测，这些鼍鼓原本应是一面冒革的单面鼓。

《尚书·尧典》中记载尧舜时期就有夔担任专门负责音乐

的官员“典乐”。在上古文献中，夔经常与音乐联系在一起。《山海经·大荒东经》:“东海中有流波山，入海七千里。其上有兽，状如牛，苍身而无角，一足，出入水则必风雨，其光如日月，其声如雷，其名曰夔。黄帝得之，以其皮为鼓，橛以雷兽之骨，声闻五百里，以威天下。”这里所言之“夔”，可以自由出入于水陆之间，学界多认为其原型即为两栖动物“鳄”。这则颇有神话色彩的记载还是给我们提供了一些历史信息的。最初取夔皮作鼓，后来就把“夔”作为乐官的名字。而这个乐官最重要的乐器无疑也是夔皮之鼓即鼍鼓。透过《山海经》颇具神话色彩的描述，我们可以看到鼍鼓最初可能是因为鼓声洪亮，传播极远，所以在战场作为战鼓鼓舞士气。而上古时期的战争经常为统帅所控制。直到春秋时期依然经常看见两军交战时，国君亲自擂鼓的场面。所以鼓便成为象征身份的礼器。到了后世，鼓和钟变成了典礼时最重要的乐器。《诗经·大雅·灵台》中记载:“鼍鼓逢逢，蒙瞍奏公。”是描述周王时，乐师击鼓作乐的场面。我们经常可以看到文献中“钟鼓”并称。《论语·阳货》中孔子说:“乐云乐云，钟鼓云乎哉？”孔子之言虽然是反对没有精神内涵的礼乐形式，但反过来我们也可以看到鼓在礼乐仪式中所扮演的重要角色。

1. 陶寺遗址短粗陶鼓

这件陶鼓出土于陶寺墓葬M3072，材质为泥质灰陶，烧制时火候较高。颈矮粗，形似葫芦，圆鼓腹近卵形，颈腹间没有明显界限。颈口周围用泥片加厚，还贴了一圈共十一个饼状的圆钮。颈部器表被抹得很光滑，上面有好多道弧线形的刻画纹和压印凹点纹，组合起来就像蛇身蜷曲、长着鳞片的样子。器腹部上到处都是绳纹，上面还用好多交叉的泥条弄出了菱格形或者接近三角形的图案，泥条上也滚压出了绳纹。整个陶鼓高 80.4 厘米，上面口子的直径是 25.6 厘米，腹部最粗的地方直径有 41 厘米。

图 8-1　陶寺遗址短粗陶鼓[①]

2. 陶寺遗址细长形陶鼓

这件陶鼓是从陶寺遗址的 M3002 号墓葬里发掘出来的，材质是泥质陶，表面是深褐色，里面的胎是红褐色，烧制的时候火候不太够。刚出土的时候已经碎了，后来经过拼接修复才还原成现在的样子。它的颈

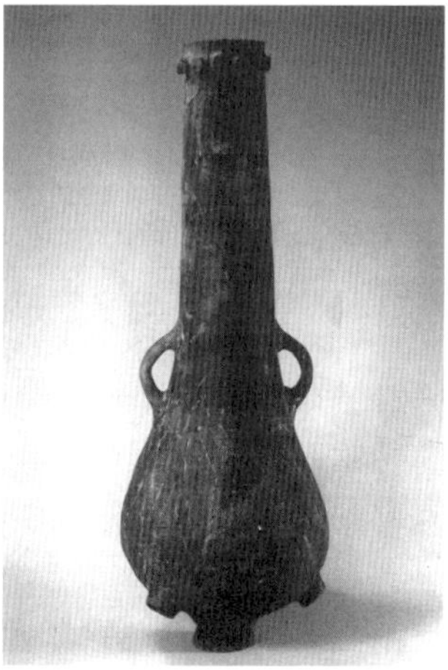

图 8-2　陶寺遗址细长形陶鼓[②]

① 《中国音乐文物大系》总编辑部：《中国音乐文物大系·山西卷》，大象出版社，2000 年，第 295 页。

② 中国社会科学院考古研究所、山西省临汾市文物局：《襄汾陶寺——1978～1985 年考古发掘报告》，文物出版社，2015 年，第 296 页。

部又细又高，颈部的表面打磨得很光滑，只是有些地方还留着没磨掉的绳纹印。它的腹部圆鼓鼓的，底部往外凸还向外撇着，在脖子和肚子之间有两个耳朵，整体像个长颈葫芦。陶鼓口沿下面有十二个弯弯朝下的泥丁，下腹部有三个管状的小孔。腹部的表面以绳纹为底，上面贴着泥条，组成了不太规则的连续三角形和菱形图案。整个陶鼓高 82.1 厘米，上面开口的直径是 11.4 厘米，肚子最粗的地方直径是 34.4 厘米。

3. 陶寺遗址（M3015）鼍鼓

这件鼍鼓是在陶寺遗址的 M3015 号墓葬里出土的。鼓略向一侧倾斜，上头开口已经被挤得变成不规则的椭圆形了，底下的口大致还是圆形。现存部分垂直高度有 110 厘米，上头开口长直径 47 厘米，短的那边直径 38 厘米，要是复原的话直径差不多有 43 厘米，底下口的直径是 56 厘米，鼓腔的壁厚大概是 2 厘米。鼓腔外面一圈都涂满了红色，中间偏上那一段是赭红色，其他地方是淡红

图 8-3 陶寺遗址（M3015）鼍鼓鼓腔

① 中国社会科学院考古研究所、山西省临汾市文物局:《襄汾陶寺——1978～1985 年考古发掘报告》，文物出版社，2015 年，彩版二一。

色。在这红色上面有一组彩绘图案：第一组在中、上部的赭红色区域，高度约 4.5 厘米；第二组在靠近底部的淡红色区域，高度约 9 厘米。这两组图案都是用白、蓝两种颜色画出条带状的边框，边框里面用白色或者黄色画出像几何勾连纹、云纹、迴纹这些图案，不过现在已经有点模糊不清了。在鼓腔里面还找到了 3 块鳄鱼的骨板，在鼓周围的墓底又发现了 8 块骨板。

4. 陶寺遗址（M3002）鼍鼓

这件鼍鼓是在陶寺遗址的 M3002 墓葬里发现的。刚出土的时候，它已经被压得有点倾斜了。鼍鼓的横截面不是规则的圆形，而是椭圆形。它的一边还剩下 28 厘米高，另一边剩下 34 厘米高。现在鼍鼓上口的直径在 47—52 厘米，底口直径在 47.5—54 厘米之间。鼍鼓的外壁涂满了淡红色的颜料，仔细看的话，还能隐隐约约看到上面有一些白色图案的残留痕迹。在鼓腔里面，发现了一些细碎的鳄鱼骨板残块，还找到了 16 枚

图 8-4　陶寺遗址（M3002）鼍鼓鼓腔[①]

① 中国社会科学院考古研究所、山西省临汾市文物局：《襄汾陶寺——1978～1985 年考古发掘报告》，文物出版社，2015 年，彩版二三。

黑褐色的圆锥状调音物。

二、石磬

有关石磬的起源，文献中有不同说法，其中较有影响的一种说法是“毋句氏作磬”。《说文解字·石部》：“磬，乐石也。从石，殸象悬虡之形。殳，击之也。古者毋句氏作磬。”《世本》（王谟本）引宋衷注：“毋句，尧臣也”。典籍所记载的传说说明磬在帝尧之时扮演很重要的角色。甲骨文中“磬”字的写法像手持槌以击悬石，可以看出“磬”是一种起源于石器时代的打击乐器。山西南部与北部都有新石器时代的石磬出土，五台阳白遗址出土了1件，夏县西下冯遗址出土1件，闻喜南宋村出土1件，中阳县谷罗沟出土1件，襄汾大崮堆山出土2件石磬坯，襄汾陶寺遗址出土了4件石磬，襄汾还有1件石磬是采集所得。这些石磬皆为特磬。所谓特磬，就是单枚使用的大型石质打击乐器。以陶寺出土特磬为例，出土特磬的四座甲种大型墓随葬品多达一二百件，与众多随葬品贫乏的中、小型墓形成鲜明对比。这表明在陶寺早期，贫富分化和阶级对立已经出现。拥有特磬的墓主应当是部落显贵或首领级的人物，而特磬则成为权力与地位的象征，具有礼器的性质。“磬”还被用作礼器，是等级地位的象征。这都表明石磬是一种礼器，表现出墓主人至高无上的政治地位与宗教权力。

《吕氏春秋·古乐》中说尧任命的乐官质“乃拊石击石，

以象上帝玉磬之音”，“拊石击石”是上古击打磬的标准动作，就是轻击和重击交错进行。所谓“象上帝玉磬之音”，即模仿天帝的玉磬声音，显然是为了增加磬的神秘性。《尧典》中说舜的乐官夔“予击石拊石，百兽率舞”也是同样的原因。到了后世磬也是礼乐场合下非常重要的乐器。《诗经·商颂·那》中说：“鞉鼓渊渊，嘒嘒管声，既和且平，依我磬声。”在音乐演奏过程中，鼓和管需以磬音相依配，可见磬在礼乐制度中的作用。

1. 阳白遗址特磬

这件磬出土于五台县阳白村西墩台梁之上的一处考古发掘遗址的灰坑中，年代大致相当于龙山文化早中期。出土时覆盖在灰坑南端的一个约8岁小孩骨骼的下腹和股骨之间。这件特磬利用浅灰色板岩制成，平面近于不等边梯形，表面较平整。与同时期其他地点所出特磬相比较，器型略小且薄，而且是从股部向鼓部逐渐加厚

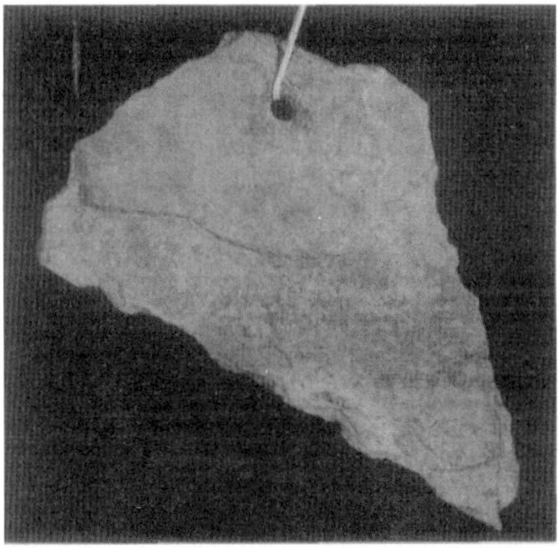

图 8-5　阳白遗址特磬①

① 胡建、贾志强：《山西五台县阳白遗址发掘简报》，《考古》1997年第4期。

的。通长 41.5 厘米，高 24.5 厘米，厚 0.8—2 厘米，整个形制较规整。特磬的鼓、股分明，股部窄，鼓部宽。顶部有悬孔，且偏于股部一侧，悬起后底边与水平面能形成较大的倾角（约 45°），已具备后世石磬的一部分主要构成因素。敲击声音清脆，余音较短。学者推测特磬覆盖之下的小孩即是该氏族内专门负责击磬的“司磬者”。

2. 闻喜南宋村特磬

这件特磬来自闻喜县郭家庄乡南宋村的龙山文化遗址区，是村民在进行农田基建时偶然发现的，其所处时代为龙山文化晚期。这件特磬由质地坚硬细腻的青石制成，形状不规则，是通过打制工艺而成。其上部有悬孔，不过边缘稍有残缺。该磬

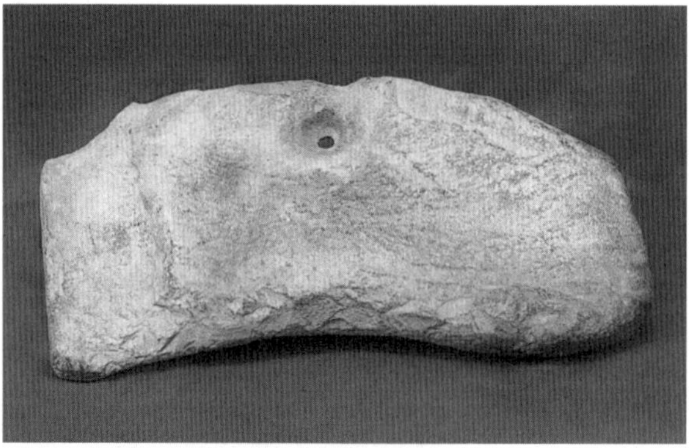

图 8-6　闻喜南宋村特磬[①]

① 《中国音乐文物大系》总编辑部:《中国音乐文物大系·山西卷》，大象出版社，2000 年，第 4 页。

体没有明显的倨句，显得较为厚重，鼓部和股部清晰可辨，悬挂起来会呈现 40° 的倾角。悬孔呈圆形，孔内有着清晰的磨痕。其通长达到 83.3 厘米，高度为 33.3 厘米，重量为 41.5 千克，作为龙山文化晚期的珍贵遗物，具有颇高的考古研究价值，为我们探究当时的文化风貌和音乐发展提供了重要线索。

3. 襄汾大崮堆山石磬坯

这件石磬坯发现于山西省襄汾县大固堆山史前石器制造场遗址，是被弃置的坯材还未经琢磨和钻孔。经学者对其音与型的测定，确认系磬坯无疑，并和陶寺龙山文化早期的石磬存在一定的联系。这件石磬坯是用黑色角页岩的巨大石片，通过两面通体剥片修制而成的。它长 49.8 厘米，宽 19.4 厘米，边棱

图 8-7　襄汾大崮堆山石磬坯[①]

① 《中国音乐文物大系》总编辑部:《中国音乐文物大系 · 山西卷》，大象出版社，2000 年，第 16 页。

厚度在 1.85—2.72 厘米之间，中心厚度为 5.27 厘米，重量接近 9 千克。它和在大崮堆石料场发现的另一件石磬坯，为证明陶寺先民在此采石制器提供了实实在在的资料，也为探讨早期石磬制作工艺给出了例证，让我们能更好地了解那个时代石磬制作的情况，对于研究古代文化有着重要的意义。

4. 陶寺遗址青灰色石磬

这件石磬来自陶寺遗址的 M3002 墓葬，是用青灰色角页岩打制后又琢修出来的。它的表面不光滑，有不少麻点和裂痕。从正面看，磬体是不规则多边形，已经有了倨句的初步样子。鼓部和股部区分明显，股部短而宽，鼓部窄且长，顶部是折的，底部平，股和鼓的底边大致在一条直线上。前鼓部比较长还向前伸着，后股部短而宽，已经能看出后世石磬形制比

图 8–8 陶寺遗址青灰色石磬[①]

① 中国社会科学院考古研究所、山西省临汾市文物局:《襄汾陶寺——1978～1985 年考古发掘报告》，文物出版社，2015 年，图版二四。

例，这意味着当时的人们已经在尝试寻找最佳敲击点了。磬的两面，一面有点儿鼓，另一面稍凹，厚度也不均匀，总体来说靠近顶部厚些，底部薄些，股部厚，鼓部薄。在靠近顶部的地方有一个对钻的圆孔，上面的磨痕清晰可见。磬体挺沉的，悬挂起来呈 50° 倾角时比较稳。它全长 95 厘米，通高 32 厘米，厚度在 2—6.2 厘米之间，作为一件出土文物，为研究古代石磬的发展演变提供了重要线索。

5. 陶寺遗址灰色石磬

这件石磬是从陶寺墓葬 M3015 里出土的，它用灰色角页岩先是打制，然后又经过琢、磨等工序制作而成的。不过石磬表面不够平整光滑，而且厚薄也不一样，四周边缘还有当初打制时留下来的瘢痕。石磬的整体形状是个不规则的五边形，顶

图 8-9　陶寺遗址灰色石磬[①]

① 中国社会科学院考古研究所、山西省临汾市文物局:《襄汾陶寺——1978～1985 年考古发掘报告》，文物出版社，2015 年，图版二四。

部和底部都差不多是平的，没有明显的倨句，但是大致也能分辨出鼓部和股部来。靠近股部的顶缘稍微带点弧度，而在靠近鼓部的那一端，磬的底部是缓缓往上收的。股部和鼓部的宽窄其实挺相近的，股部比较短，不过相对厚一些，鼓部则长一点，稍微薄一点。在靠近股部且接近顶端的地方，有一个椭圆形的孔，是通过两面对钻弄出来的。整个石磬较为厚重，把它悬挂起来的时候，会呈现出 60° 的倾角。石磬全长是 79 厘米，高度为 32 厘米，中部最厚能达到 5.5 厘米，底缘厚 1 厘米，重量有 31.75 千克，作为一件出土于陶寺墓葬的文物，它承载着那个时代独特的文化信息。

三、陶铃与铜铃

目前可见我国最早的陶铃出现在仰韶时代早期，地域上分布在甘肃、河南以及山东地区。有人认为陶铃可能起源于小型的平底容器或者脱胎于摇响器。也就是说陶铃很可能从日常生活器具中脱胎而来。陶寺遗址出土的陶铃共计 6 件，器形各异，有的横截面为合瓦形，有的呈菱形，有的为椭圆形，还有的作马蹄形。这基本涵盖了龙山时代陶铃的全部形制，这在目前所见的陶铃中是前所未有的。在山西襄汾陶寺墓地出土的铜铃是目前我国发现时代最早的铜铃。通过对比，可以发现这件铜铃与陶铃形制基本上是一致的，不同的仅仅是材质的变化，于是我们就可以得出这样的结论：铃的发展是一脉相承的。

钟类乐器更原始的形态很可能源于远古的陶铃，所以说把远古的铃看作是钟类乐器的先祖，应该是可信的。现存古钟亦不乏以“铃”自铭的例子，如河南淅川下寺墓出土的钮钟即铭有“自作咏铃”的铭文；更多的钟则把“铃”与“钟”结合起来，自铭“铃钟”。《广雅·释器》谓：“镯、铎、钮、铙、钟，铃也。”这一系列钟类乐器都脱胎于铃。在礼制中钟、鼓并称为最重要的乐器，但钟在鼓前，显示其更加重要。所有礼器中又以钟、鼎为尊。钟在礼乐文化中的地位是毋庸置疑的。而铃和钟的承袭关系，也可以让我们看到陶寺陶铃与铜铃在礼制史中的地位。

1. 定襄青石遗址陶铃

这件陶铃是用夹砂褐陶做成的，整体形状是筒形，从横截面来看呈扁圆形，模样还挺别致的。它的顶部有两个孔，在一侧有着划纹，看着简简单单却别有一番韵味，而另一侧，刻画有图案，虽然历经了漫长的岁月，可依然能让人感受到当

图 8-10　定襄青石遗址陶铃[①]

① 山西省考古研究所、忻州市文物管理处编：《忻阜高速公路考古发掘报告》，上海古籍出版社，2012 年，图版八。

时制作的用心。它的尺寸不大，长度为 5 厘米，宽度为 1.7 厘米，高度为 2.7 厘米。器形虽小，却对探究龙山文化时期山西北部手工业以及文化风貌，有着重要的意义。

2. 陶寺遗址陶铃

陶寺遗址到目前为止共发现 6 件陶铃，分别出土于陶寺文化早中晚期文化层、水井或灰坑中。其中一件陶铃是陶寺遗址居住址第 IV 发掘区的采集品。发现时附近小范围内有陶寺文化堆积，故应属陶寺文化遗物，只是具体属于哪个时间段就不太好确定。这件陶铃是用泥质灰陶制作而成的，采用的是手制的工艺。顶部是平的，从上面看，顶部平面呈现出菱形的样子，沿着长对角线的方向穿了一对竖向的透孔。铃壁到了中部会微微向外弧起，靠近开口的地方又稍稍向内收敛，铃腔下部的横截面接近核形，下口很齐整。铃周壁的表面装饰着五道并列的横向划纹，还有若干道斜向弧线划纹，让整个陶铃看起来更有韵味。出土时陶

图 8-11 陶寺遗址陶铃[①]

① 中国社会科学院考古研究所、临汾市旅游发展委员会：《中国陶寺遗址出土文物集萃》，天津古籍出版社，2018 年，第 187 页。

铃只剩下大半的铃体了，后来经过复原，量得它顶部长对角线的长度为 8.6 厘米，短对角线 5 厘米，下口长径为 9.9 厘米，短径为 3.8 厘米，整个陶铃的通高为 5.4 厘米。

3. 陶寺遗址铜铃

陶寺遗址还出土了一件铜铃。这件铜铃出土于陶寺遗址墓葬 M3296，出土时在男性墓主人骨架左侧股骨与耻骨联合之间。出土时铜铃外面有着十分清晰的布纹痕迹，由此推测在埋葬时它很可能被丝麻织物包裹着。铜铃出土的位置是在墓主的腰间，而且铜铃器表还粘有布纹痕迹，证明这件铜铃生前极有可能是戴在墓主腰间的，死后作为随葬品一同被埋入。墓葬 M3296 位于陶寺遗址的东南隅，是陶寺遗址的四个等级墓葬中的最低等级墓葬，并没有显赫的地位。所以有学者推测陶

图 8-12　陶寺遗址铜铃[①]

① 中国社会科学院考古研究所、临汾市旅游发展委员会：《中国陶寺遗址出土文物集萃》，天津古籍出版社，2018 年，第 30 页。

寺遗址出土的铜铃很有可能与社会的分工有关，墓主可能属于一个专门制造这种器物的阶层。铜铃是由近 98% 的纯铜铸成，纯铜呈红色，也就是我们一般所说的红铜，和铜、锡合金的青铜相比，质软性脆，比较原始。这件铜铃器型也很小，长五六厘米，宽两厘米多。器表素面，器体横截面近似菱形，口部较大，另两角呈圆弧形，顶部略小，顶部中间有一圆形小孔，位置略偏一侧。整个器物的做工也比较原始，表面有铸造的缺陷和气孔。尽管这么不起眼，但这是迄今所知年代最早的完整的复合范铜器。

四、陶埙

文献载关于埙的起源有两种说法，一是 2000 多年前战国史官所撰的《世本》云：“埙，暴辛公所造。”据说暴辛为殷商时期人。吕思勉先生认为是传说中如暴辛公善埙而生出暴辛公作埙的说法。另一个说法是《拾遗记》上说：“庖牺氏易土为埙。”考古发现最早的埙可以追溯到河姆渡文化时期。山西地区发现了不少埙，皆为陶埙，其中出土侯马乔村遗址 1 件，垣曲丰村遗址 1 件，垣曲古城东关遗址 1 件，垣曲口头村遗址 1 件，万荣荆村遗址 4 件，太原义井遗址 1 件，襄汾丁村新石器遗址 1 件，襄汾陶寺遗址 1 件。

关于埙的特点，典籍中也有描述。《乐书》：“埙以水火相和而后成器，亦以水火相和而后成声。故大者声合黄钟大吕，小者声合太簇夹钟，要皆中声之和而已。”埙到了后世，结构趋于简单，能吹出的音节也更少，加上人头、鬼脸和各种动物的造型特征，更多地被当作儿童的玩具。我们现在所听埙的音色多被人们用幽深、悲凄等形容，它所表现的音乐情绪多是哀婉、悲伤的，这当与其音量有限与音色的浑圆有很大关系。但在先秦时期埙是非常重要的一件乐器，在礼制中承担很重要的作用。《周礼·小师》中介绍国家乐官小师所执掌的乐器就有埙。《吕氏春秋·仲夏纪》描述在仲夏之月，即夏历五月国家乐师要调试“竽、笙、埙、篪”四种乐器。《诗·小雅·何人斯》中描述过这样的场面：“伯氏吹埙，仲氏吹篪。”哥哥吹着埙，弟弟吹着篪，以相和应。埙在礼乐文化中虽然没有钟、鼓、磬重要，但亦属于上古礼乐文化的一个组成部分。

1. 万荣荆村陶埙

这件陶埙是1931年出土于万泉县（今万荣县）荆村遗址，同出还有两件陶埙。荆村遗址仰韶庙底沟类型和庙底沟二期文化并存的遗址，陶埙的时代也当在这个范围内。这件

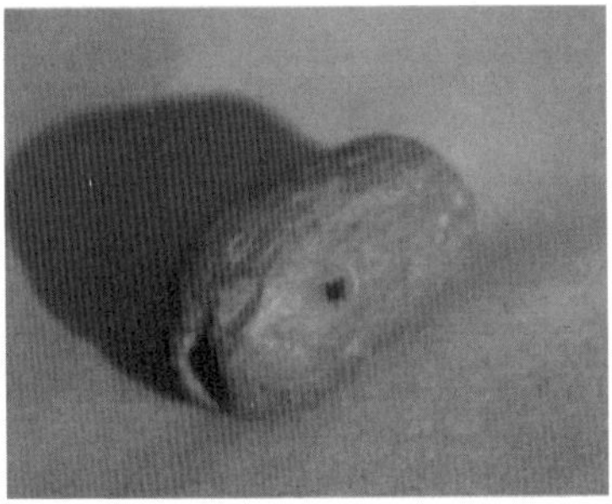

图8-13 万荣荆村陶埙[①]

① 《中国音乐文物大系》总编辑部：《中国音乐文物大系·山西卷》，大象出版社，2000年，第114页。

陶埙的形状大致看上去有点像平底卵形，腹部是那种粗粗圆圆的样子。它的音孔是圆形的指孔，就位于一侧的腰部位置。它的尺寸不大，腹径约为3.2厘米，高度为5.4厘米，底部的直径为2.7厘米。经过专业的测音后发现，它能够发出小三度的两个音，这足以说明在当时那个年代，先民在乐器制作以及音律探索方面就已经有了相当的造诣。

2. 垣曲古城东关遗址陶埙

这件陶埙出土于垣曲古城东关遗址的一个灰坑，时代属于庙底沟二期文化的早期，同出器物有陶鼎、陶罐、陶杯、陶刀、陶环、陶纺轮、石刀、石镞、骨笄、骨针等。陶埙材质为素面的夹砂灰陶，形状像倒置的梨形，内部为空心。底部为圆形小平底，顶部外弧，小平底和壁略厚。顶部正中有一吹孔，旁侧有一音孔。陶埙直径2.1—3.8厘米，厚约0.6厘米，高47厘米。

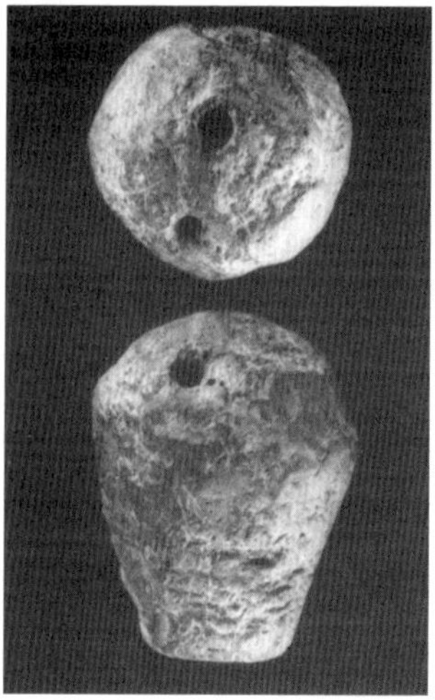

图8-14 垣曲古城东关遗址陶埙[①]

① 《中国音乐文物大系》总编辑部:《中国音乐文物大系·山西卷》，大象出版社，2000年，第115页。

3. 陶寺遗址陶埙

这件陶埙为陶寺居住址内的采集品。陶寺陶埙属于两音孔埙，是用泥质陶制作而成的，它的器表呈现出深褐色，看着就有一种古朴的韵味。它的埙体形状是接近卵形的橄榄形，底部是小小的平底，中腰的横截面是不规则的圆形。在陶埙的顶部开着一个吹孔，而在埙体一侧中部偏上的位置，又开了两个按音孔。从理论上来说，通过不同的开孔方式，也就是音孔全开、音孔全闭、仅开左音孔或者仅开右音孔这几种情况，这件陶埙能够吹奏出四个乐音。陶埙尺寸不大，最大腹径为 3.1 厘米，整个陶埙的通高为 4.4 厘米。

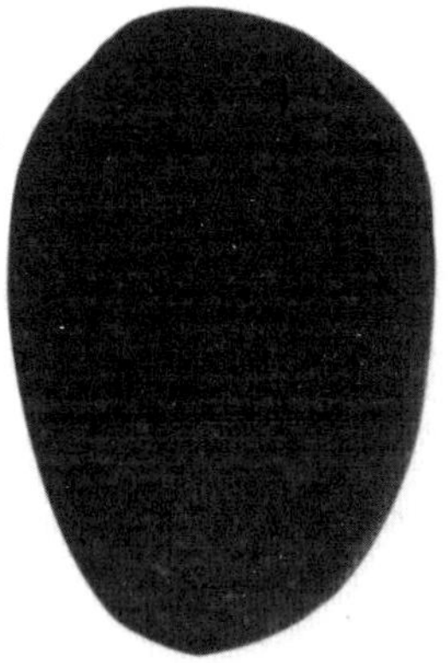

图 8-15　陶寺遗址陶埙[①]

五、骨簧

簧也是先秦时期非常重要的一种乐器。《诗经·小雅》曰："吹笙鼓簧，承筐是将。"簧是与笙并列乐器。《礼记·月令》："是月也，命乐师修鼗、鞞、鼓，均琴、瑟、管、箫……调

---

① 《中国音乐文物大系》总编辑部:《中国音乐文物大系·山西卷》，大象出版社，2000 年，第 300 页。

竽、笙、笆、簧，饬钟、磬、柷、敔。”簧也列于重乐器之中。《说文解字》言：“簧，笙中簧也。从竹黄声。古者女娲作簧。”把簧认为笙中的簧片，恐怕与上古实际情况不符。簧非笙之簧，古今多有学者辨析。说簧是女娲发明，恐怕也是附会。今天簧又被称为口弦、口弦琴、响篾，或口簧。

古之簧多以骨、竹为材质制成，通过穿绳拉振，横于口中，呼吸成音，其上圆孔穿绳之用，中间舌状长条为簧片或簧舌。陶寺遗址目前仅发现1件骨簧，是在陶寺遗址第Ⅳ发掘区的水井中出土。这件骨簧颜色为棕黄色，是极薄的骨片，窄长方形，长8.3厘米，宽1.3厘米，厚0.1厘米。骨器两端有外凸端头，一端中部穿一圆孔。器体的中部，被精心剔出了一条宽0.2—0.3厘米的舌状长条，这条长条较宽的部分和带孔的那一端是相连的，窄头的部分则和另一端分离了，这样一来它就可以上下拨动了，虽然简单却别具趣味。

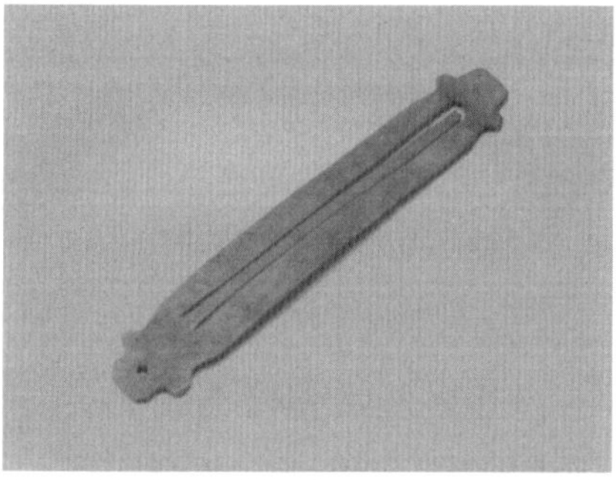

图8-16 陶寺遗址骨簧[①]

① 中国社会科学院考古研究所、临汾市旅游发展委员会：《中国陶寺遗址出土文物集萃》，天津古籍出版社，2018年，第232页。

第二节　绘画与造型艺术

山西最早的绘画踪迹是在旧石器时代的柿子滩遗址的岩画中发现的。进入新石器时代，绘画更多地留存于彩陶之上。显示了在漫长的艺术实践历程中，人们逐渐把握了图案构成规律，绘制技巧也越发精湛娴熟。此外，还有一些造型艺术或许与宗教活动存在千丝万缕的联系，它们共同勾勒出山西史前艺术的早期轮廓，为研究该地区的艺术起源与发展提供了珍贵线索。

远古人类所创作的壁画、岩画、雕塑、彩陶等原始艺术是兼具艺术性与实用性特征的。甚至可以说原始艺术实用先于审美，功能先于形式。

一、岩画

吉县柿子滩文化代表了旧石器时代向新石器时代过渡时期广泛分布在黄河中游的一种独具特色的区域考古学文化。遗址中发现的两处表现当时人的精神生活与信仰崇拜的岩画直观反映了当时人们的原始崇拜和审美情趣。柿子滩遗址发现的两幅岩画遗存位于遗址西北侧石崖南端“岩棚”下，距现坡地地面高 1.2 米，用赤铁矿石的赭红色绘制，因年久日深，风化严重。第一幅岩画高 20 厘米，宽 17 厘米。绘一正面裸体女性人物，头圆形，顶扎双髻，两耳突出，双臂平举屈肘向上，右手似举一物。躯干丰满，袋状乳房向两侧下垂，下腹部与两腿连接处留一圆孔未涂色，象征女性生殖器。各部皆用赤铁矿粉涂抹，唯两腿肥胖作分立状用红色线条绘出。头部上方有 7 个呈弧形分布的红色圆点，两腿周围有 6 个圆点。第二幅岩画高 27 厘米，宽 44 厘米，位于第一幅左侧 0.5 米处。整个画面以红色绘出，线条纵横交错，较为繁冗，好像人群或舞或猎，内容难以辨认。考古学者从整个构图推测可能有两种意思：一种可能为狩猎格斗图，即左侧为鹿类动物，右侧为戴鹿头饰伪装的猎手，似乎正在与野兽格斗；一种可能为舞蹈图，左侧两人其中一个戴头鹿形头饰，另一无饰，两人的左右手合持一物。右侧二人，一戴鹿形头饰，一无饰，位于中间的一人与两侧者

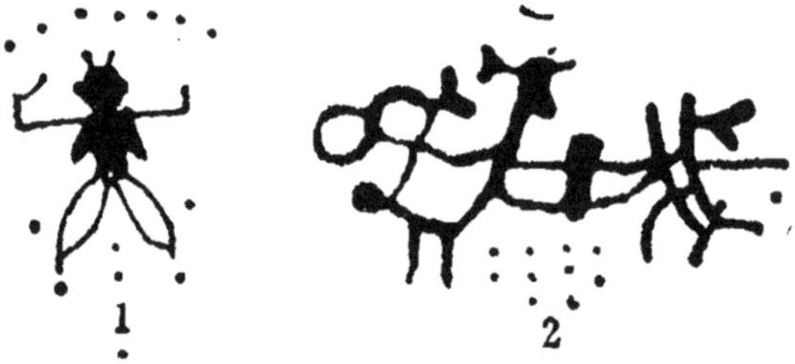

图 8-17 吉县柿子滩岩画摹本[①]

① 解希恭、阎金铸、陶富海：《山西吉县柿子滩中石器文化遗址》，《考古学报》1989 年第 3 期。

手手相牵，腾起作跳跃状。下部涂十个圆点，按二、三、三、二的序列竖排。整个画面富有动态。有人认为岩画绘制的时间要晚于石器文化，但因和石器一起出土的磨盘和磨锤残留的赤铁矿粉为由，研究者还是将它们归到了一体。

二、陶器

进入新石器时代，绘画更多地保留在彩陶上。最早的山西陶器表面多为素面，到了枣园文化的晚期，钵类器物的口沿部开始出现或宽或窄，不甚规则的一圈红色彩带。进入仰韶文化时期，山西彩陶最令人瞩目的纹饰就是花卉纹饰了。苏秉琦先生在《晋文化问题——在“晋文化研究会”上的发言（要点）》阐述说：“仰韶文化的主要文化特征是两种小口尖底瓶（壶罐口、双唇口）、两种花卉图案彩陶（玫瑰花、菊花）、两种动物图案彩（鱼、鸟），共两类六种。其中生命力最强的是双唇口尖底瓶和玫瑰花图案的彩陶。”苏先生认为仰韶文化玫瑰花的完整图案是包括花、蕾、叶俱全的“一枝花”，其传播范围非常广：“向东去，洛阳郑州间仰韶文化中的玫瑰花是‘一朵花’，而不是‘一枝花’；向东北方向，经过山西省境，到达河北省西北部张家口地区蔚县西合营一带（属仰韶文化传布范围）的玫瑰花则是‘一枝花’。”这类陶器上的这种花卉纹一般都是以圆点、弧边三角、勾叶为主要纹饰母题，以交错、连续构图表现花冠、茎蔓、花叶。花纹大多使用等分圆分割法，花瓣呈轮花形；有的则采用横向平行切割法，把花朵上下平行分割成几部分。应用最广泛的是由直线与曲线组成的曲边三角纹。不同的三角纹组合构成的整体纹饰，或相对或相背，或单体或连续，图案既高度抽象概括，又不失灵活多变的效果，动感强烈，韵律明显，勾连回旋，出神入化，变化无穷。比如这件垣曲下马遗址出土的花卉纹彩陶盆上，红、黑两色对比鲜明，视觉冲击强烈，布局主次分明，表现出高超的绘制技法。

图 8-18　垣曲下马遗址花卉纹陶盆[①]

山西出土的仰韶时代的彩陶中，还出现了一些的几何纹彩陶。比如出土于垣曲上亳遗址仰韶中期的陶钵，上腹绘褐彩网格纹，绘画不甚规整，彩带伸出边外；还有一件仰韶中期陶钵，腹部以黑彩绘有弧边三角形、斜线、横线组成的图案。

① 杨国柱：《晋宝藏：山西省馆藏文物精华》，山西人民出版社，2016 年，第 52 页。

图 8-19　垣曲上亳遗址网格纹陶钵[①]

图 8-20　垣曲上亳遗址弧边三角纹陶钵[②]

① 王晓毅、王小娟主编，山西省考古研究所编著:《垣曲上亳》，科学出版社，2010 年，图版三。

② 同上。

2003年，在吕梁山南段、西距黄河约200米的吉县沟堡遗址，山坡上一处面积仅37.5平方米的范围内，分布着两座残存一半的半地穴式房子，在编号为F1的房址内，保存着可以复原的钵、圆腹瓮、盆形瓮、釜形罐等器物，时代属于庙底沟文化的晚期。在F1东北角出土了一件人面形器物，材质为泥质灰褐陶，陶质疏松，无底，底边呈喇叭口状，出土时顶部盖一石板，人面眼、口镂空，分别用泥块贴塑出眉毛、眼眶、鼻子、颧骨、嘴唇的形状。嘴部及一侧眉部、眼眶处泥塑已脱落，鼻梁挺直，高颧骨及嘴巴下贴塑有泥条，似为身体上的装饰。面部左右两侧大致和眼睛同一高度处分别有一个相同大小的镂空圆孔，两个圆孔之间又有一镂空的弧形。很明显这是一件富含着宗教寓意用来祭祀的器物，有学者推测这件人面形陶器就是远古时期的“灶君”形象。

图8-21 吉县沟堡遗址人面形陶器[①]

---

① 山西博物院、山西省考古研究院编：《发现山西——考古人手记》，山西人民出版社，2007年，第50页。

在万荣荆村遗址，曾经出土过一件陶祖，时代属于仰韶文化庙底沟期，长约 6 厘米。在侯马乔山底遗址也发现过一件陶祖，时代为仰韶晚期，颜色为灰褐色，形状为中空的圆形柱状，后半部残断。直径 3 厘米，残长近 8 厘米。这两件陶祖可能与男性生殖崇拜有关。

进入龙山时代，山西出土的陶器大多色彩较为单一，大部分为灰陶器，少量红陶，极少使用彩陶器物。唯一的例外，是在晋南地区的陶寺遗址、下靳墓地和清凉寺墓地中，发现了一些彩绘陶器。这些彩绘陶器是在烧制完成的陶器表面用彩色矿物颜料绘制图案纹饰，其与彩陶最大的区别是胎体烧成后绘彩，因而彩绘容易脱落。因此，这种彩绘陶器应当是一种用于礼仪活动的祭器而非实用器。其中陶寺遗址的几座大墓中出土了颇引人注目的彩绘蟠龙纹陶盘（有个别大墓因被盗不明）。比如这件陶盘质地为泥质褐陶，着褐色陶衣，盘壁斜收成平底，外壁饰隐浅绳纹，唇、沿面及内壁上缘涂红，内壁磨光，以黑色陶衣为地，用朱红彩绘出一条呈旋式盘卧于盘底的蟠龙，以底色表现龙的圆目；以红色与底色相间布置来表现龙躯的鳞片，尾部及盘心的圆形红彩已磨蚀不清。盘径 40.7 厘米，底径 15 厘米，腹深 7.8 厘米，盘高 9 厘米。图案中的龙蜷曲在盘中，龙头近盘口边缘，尾部位于盘中央，方头蛇身，身上有鳞甲，张巨口，口中伸出如同麦穗的长信子。龙身体饱满而外张，沉稳而强健，威严而神秘。从它长长的蜷曲的身子以及信子来看，陶寺龙的样子似乎来源于蛇；但从它方头、巨口、裸露的牙齿看，又好像是鳄鱼。考古学家推断，陶寺龙应该是来源于两种以上动物的复合体。陶寺龙盘中的彩绘蟠龙，口含麦穗，是陶寺先民祈愿丰收朴素心理的反映。

图 8-22　陶寺龙盘[①]

陶寺遗址除了出土精美的彩绘陶盘，还发现了疑似有文字的陶器。目前汉字真正有据可查的历史，只能上溯到距今3000多年前殷商时期的甲骨文。但是从甲骨文字体的数量和结构方式来看，它已经是一种成熟的文字，所以在甲骨文之前文字应该有一段漫长的发展过程。但汉字究竟起源于何时，是中国古文字学的一道难题。战国时代有不少仓颉作书的传说，在汉代"仓颉造字"说最流行。《说文解字·叙》、《淮南子》、

① 中国社会科学院考古研究所、山西省临汾市文物局:《襄汾陶寺——1978～1985年考古发掘报告》，文物出版社，2015年，彩版一七。

《吕氏春秋》都载有这个传说。文字不可能是一个人创造的，异体字的大量存在就是在一定程度上反映了这一点。另外文字是社会约定俗成的符号系统，是人们在生产生活中不断创造积累的。所以《荀子·解蔽篇》说："故好书者众矣，而仓颉独传者，一也。"在荀子看来，仓颉只是众多专一于文字，做出了很大成绩的一个代表，并非汉字的唯一的创造者。另外还有汉字起源于八卦、起源于结绳等说法，也都是臆测的成分大。

汉字最有可能的两个来源，是契刻和图画。汉字起源于二者的先后次序在学术界还有争议。我国在新石器中晚期遗址中普遍发现了陶器刻画符号，很可能说明汉字的萌芽与此正相一致。比如已发现的仰韶文化半坡类型符号，绝大部分都刻在同一种陶器的同一个部位上，规律性很强。有的符号不但重复出现在很多器物上，而且还出现在不同的遗址里。这种符号，至少是其中的一部分，很可能已经比较固定地用来表示某些意义了。中国人在陶器上刻画了大量的符号，成为我们探索汉字起源的重要资料。就世界范围来看，很多文明是在新石器时代晚期出现文字萌芽的。这是因为社会组织日益复杂促使社会交际更加频繁，文字成了社会的必需物，于是萌芽于此时。

陶寺遗址发现的最有名的疑似文字，是一件陶寺文化晚期陶扁壶上面的两个字。其中一个是"文"字，学者没有异议。对第二字的识读有着不同的看法，有人释为"易"，也有人释为"尧"，或释为"唐""邑""命"等。陶寺遗址发现的这两个字的字形与结构，比大汶口文化中的图像文字更进了一步。

所以很多学者都推测这是中国最早的汉字。陶扁壶朱书“文”字所指与《尚书·尧典》“昔在帝尧，聪明文思，光宅天下”不谋而合。这两个文字之外一件朱书扁壶残片上也有文字，这可以共同说明陶寺遗址使用朱书文字，绝非孤例。

图 8-23 陶寺遗址出土扁壶上的朱书文字[①]

三、铜器

陶寺遗址还发现了几件铜器。除了前文介绍过的那件铜铃外，还发现了铜齿轮、铜蛙等。

在陶寺遗址发现的铜齿轮形器，是我国目前已知最早的砷青铜物件之一。它外径约为 11.4 厘米，内径 7.8 厘米，厚度在 0.2—0.3 厘米之间，外面边缘有 29 个像牙齿一样发散排列

① 中国社会科学院考古研究所、山西省临汾市文物局:《襄汾陶寺——1978～1985 年考古发掘报告》，文物出版社，2015 年，彩版九、一〇。

的凸起，大小和构造跟现代工业齿轮有点像，但又能看出是远古时期纯手工做出来的。这铜齿轮形器里有砷元素，说明当时的铸造技术已经非常成熟。铸造过程困难重重，成品却很精致，足以见得那时的工艺水平有多高超。大多数学者觉得，这个铜齿轮形器不是日常用的东西，而是在祭祀活动中使用的礼器，可能会戴在墓主人的手臂上，和玉璧叠放在一起，代表着某种宗教含义或者仪式上的特殊意义。还有些学者提出，这个齿轮也许和朔望月的轮回有关联，甚至有可能是用来设置阴阳合历的朔望月小轮的，这一猜测是从齿轮的齿数以及可能蕴含的天文意义出发的，但还得有更多的证据来证明。陶寺遗址出土的铜齿轮形器，意味着陶寺文化的青铜文明开始出现，也显示出那个时期社会的生产力以及复杂程度都有了很大的进步和提高。

图 8-24　陶寺遗址铜齿轮形器[①]

① 中国社会科学院考古研究所、临汾市旅游发展委员会：《中国陶寺遗址出土文物集萃》，天津古籍出版社，2018 年，第 26 页。

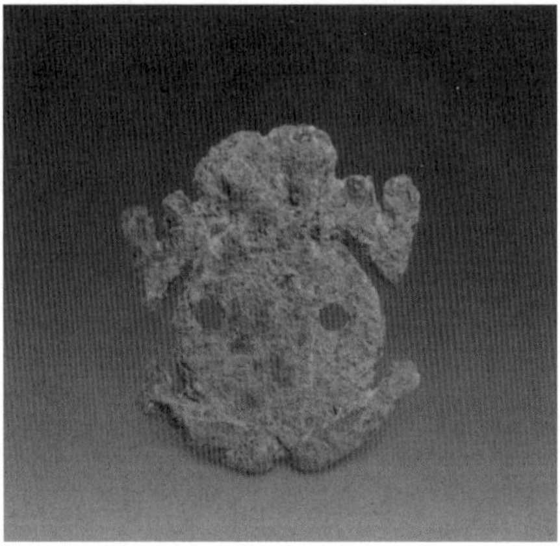

图 8-25 陶寺遗址铜蛙[①]

陶寺遗址出土的铜蛙，又称铜蟾蜍，整体呈扁平蛙形，四肢弯曲，蛙身中间有两个圆孔。铜蛙长度 5.5 厘米，宽度 4 厘米。这件铜蛙由红铜制成，尽管铸造工艺较为粗糙，但其姿态显得质朴而生动。青蛙在古代文化中常被视为多子多福及长生不老的象征。其形象频繁出现在新石器时代的彩陶等器物上，反映了史前人类对生命繁衍和长寿的向往。陶寺遗址出土的这件铜蛙，表明该地区在 4000 多年前已经掌握了冶金技术，不仅是社会生产力发展的见证，也反映了当时先民的精神文化。

① 中国社会科学院考古研究所、临汾市旅游发展委员会：《中国陶寺遗址出土文物集萃》，天津古籍出版社，2018 年，第 27 页。

参考文献

专著

陈胜前:《人之追问：来自史前考古学的思考》，生活·读书·新知三联书店，2018 年。

国家文物局、山西省考古研究所、吉林大学考古学系:《晋中考古》，文物出版社，1999 年。

国家文物局主编:《中国文物地图集·山西分册》，中国地图出版社，2006 年。

苏秉琦主编，张忠培、严文明撰:《中国远古时代》，上海人民出版社，2010 年。

山西省考古研究所编:《山西考古四十年》，山西人民出版社，1994 年。

山西省考古研究所编著:《翼城枣园》，科学技术文献出版社，2004 年。

山西博物院、山西省考古研究院编:《发现山西——考古人手记》，山西人民出版社，2007 年。

山西省考古研究所、忻州市文物管理处编:《忻阜高速公路考古发掘报告》，上海古籍出版社，2012 年。

陶富海、田建文:《彼汾一方——临汾史前文化》，商务印书馆，2021 年。

王冠英主编:《中国文化通史·先秦卷》，北京师范大学出版社，2009 年。

王仁湘主编:《中国史前饮食史》，青岛出版社，1997 年。
王晓毅、王小娟主编，山西省考古研究所编著:《垣曲上亳》，科学出版社，2010 年。
薛新明主编，山西省考古研究所、运城市文物工作站、芮城县旅游文物局编著:《清凉寺史前墓地》，文物出版社，2016 年。
忻州考古队编著:《忻州游邀考古》，科学出版社，2004 年。
杨鸿勋:《杨鸿勋建筑考古论文集》（增订版），清华大学出版社，2008 年。
杨茂林:《山西文明史》，商务印书馆，2015 年。
游修龄主编:《中国农业通史：原始社会卷》，中国农业出版社，2008 年。
中国科学院古脊椎动物与古人类研究所、《中国古人类画集》编制组编著:《中国古人类画集》，科学出版社，1980 年。
《中国音乐文物大系》总编辑部:《中国音乐文物大系 · 山西卷》，大象出版社，2000 年。
中国历史博物馆考古部、山西省考古研究所、垣曲县博物馆编著:《垣曲古城东关》，科学出版社，2001 年。
中国国家博物馆编:《文物史前史》，中华书局，2009 年。
中国社会科学院考古研究所、山西省临汾市文物局:《襄汾陶寺——1978 ～ 1985 年考古发掘报告》，文物出版社，2015 年。
中国社会科学院考古研究所，山西省考古研究所编:《下川——旧石器时代晚期文化遗址发掘报告》，科学出版社，2016 年。
赵忠格:《史前时代的桑干河流域》，商务印书馆，2016 年。
张星德、戴成萍:《中国古代物质文化史 · 史前》，开明出版社，2015 年。
张政烺主编，罗琨编著:《中国古代历史图谱 · 原始社会卷》，湖南人民出版社，2016 年。

论文

畅红霞、梁子明、海金乐:《山西翼城南石遗址调查、试掘报告》,《三晋考古》第二辑，山西人民出版社 2006 年。

陈哲英:《山西旧石器时代综述》，收于《山西旧石器时代考古文集》，山西经济出版社，1993 年。

杜水生、张婷、任海云:《山西沁水下川遗址小白桦圪梁地点 2015 年发掘报告》,《考古学报》2019 年第 3 期。

段天璟、方启、钟龙刚等:《山西夏县师村新石器时代遗址 2019—2020 发掘收获》,《文物世界》2021 年第 2 期。

解希恭、阎金铸、陶富海:《山西吉县柿子滩中石器文化遗址》,《考古学报》1989 年第 3 期。

山西省考古研究所:《山西翼城北橄遗址发掘报告》,《文物季刊》1999 年第 4 期。

石金鸣、宋艳花:《山西吉县柿子滩遗址第九地点发掘简报》,《考古》2010 年第 10 期。

宋艳花、石金鸣、刘莉:《从柿子滩遗址 S9 地点石磨盘的功能看华北粟作农业的起源》,《中国农史》2013 年第 3 期。

田伟、戴向明:《山西绛县周家庄遗址 2013 年发掘简报》,《考古》2018 年第 1 期。

王晓毅:《山西岢岚县乔家湾龙山文化晚期遗址》,《考古》2011 年第 9 期

王晓毅:《山西吕梁兴县碧村遗址出土玉器管窥》,《故宫博物院院刊》2018 年第 3 期。

王益人、王健:《山西旧石器考古的发现与研究》，收于《山西省考古学会论文集（三）》，山西古籍出版社，2000 年。

王益人:《峙峪遗址 50 年祭——中国旧石器考古方法之检讨》,《化石》2015 年第 2 期。

学晋:《丁村新石器时代遗存与陶寺类型龙山文化的关系》,《考古》

1993 年第 1 期。
张光辉、王晓毅、刘吉祥:《山西离石德岗遗址仰韶中期房址》,《文物世界》2021 年第 2 期
张光辉:《晋西龙山石城》,《大众考古》总第 48 期，2017 年。
张长寿、郑文兰、张孝光:《山西石楼岔沟原始文化遗存》,《考古学报》1985 年第 2 期
赵杰、王继平:《山西河曲县坪头遗址新石器时代房址发掘简报》,《考古》2014 年第 10 期。
赵杰、王炜:《山西原平市辛章遗址 2012 年发掘简报》,《考古》2014 年第 5 期。
赵志军、何努:《陶寺城址 2002 年度浮选结果及分析》,《考古》2006 年第 5 期。
中国科学院考古研究所山西工作队:《山西芮城东庄村和西王村遗址的发掘》,《考古学报》1973 年第 1 期。
中国社会科学院考古研究所山西队、山西临汾行署文化局:《山西襄汾县陶寺遗址Ⅱ区居住址 1999—2000 年发掘简报》,《考古》2000 年第 3 期。
中国社会科学院考古研究所山西工作队、山西省考古研究所、临汾文物局:《山西襄汾陶寺城址 2002 年发掘报告》,《考古学报》2005 年第 3 期。

文物实证山西

文｜物｜实｜证｜山｜西

车效梅 主编

廨宇留痕

文物见证山西署衙文化

任艳艳◎编著

商务印书馆
创于1897 The Commercial Press

图书在版编目（CIP）数据

廨宇留痕：文物见证山西署衙文化 / 任艳艳编著. 北京：商务印书馆，2025. --（文物实证山西 / 车效梅主编）. -- ISBN 978-7-100-25124-2

Ⅰ. D691.2；K872.25

中国国家版本馆 CIP 数据核字第 202589ML60 号

《文物实证山西》为山西省“1331 工程”山西省互联网 + 与旅游产业升级协同创新中心、山西师范大学历史与旅游文化学院系列成果。

本书为山西省互联网 + 与旅游产业升级协同创新中心项目“山西署衙文物整理与研究”（HLWLY2020005）成果。

总　序

自古以来，山西地区在中华文明的发展进程中都发挥着重要作用。在旧石器时代，山西就是中国原始人类繁衍生息的主要聚居地，也是中华文明的发祥地之一。新石器时代中晚期，在山西地区发现的大量遗存，尤其是襄汾陶寺遗址、绛县周家庄遗址表明当地已经进入了文明社会；而尧都平阳、舜都蒲坂和禹都安邑的传说，更暗示了从尧舜时期到夏朝初年，山西南部都是当时华北地区的政治经济文化重心。夏朝和山西的关系更加密切，先秦文献就经常将今天的山西南部称为“夏”或“夏墟”，考古发现的夏县东下冯文化遗址被认为是二里头文化的一个重要地方分支类型。现在学术界大多把二里头文化当作探索夏文化的主体考古文化。

两周时期，周王朝在山西地区分封了众多诸侯国。除了见于文献的晋、虞、霍、杨、韩、魏、荀、贾、董、黎等外，还有近年来考古发现的倗国与霸国等。晋国在春秋时期建立了一个半世纪的霸业，影响了整个中国古代历史的走向。今天山西简称为“晋”，也正是源自于此。战国时期，晋国分为韩、赵、魏三国，都是当时名列七雄的大国，号称“三晋”。三晋的都城最初都在山西，赵都晋阳在今太原市晋源区，韩都平阳在今

临汾市尧都区，魏都安邑在今运城市夏县北。

秦朝一统天下后的两千年间，山西地区多次在全国扮演着举足轻重的角色。西晋末年，匈奴首领刘渊建立的汉政权就起兵于离石，后迁都于平阳（今临汾地区）。南北朝时期北魏前期定都于平城（今大同地区）。东魏北齐又以晋阳（今太原地区）为重要的政治中心。唐朝的建立缘起于晋阳起兵，因此太原号称“北都”，地位仅次于长安与洛阳。五代十国时期，后唐、后晋、后汉三个朝代都是以太原为根据地夺取黄河流域的大部分而建立的，十国中唯一的北方政权北汉也是以晋阳为都。宋代以后，山西在全国经济文化领域占有重要的地位。金元时期，平阳的印刷业兴盛，山西的戏剧事业也很繁荣。明清两代，山西商业得到了更进一步的发展，对全国的经济发展产生了很大的影响。

深厚的历史底蕴造就了山西独具魅力的文化。而文物是历史的见证者，是文化的活化石。幸运的是，山西的文物资源上至远古下及近现代都极为丰富。在旧石器时代，这里有我国乃至东亚地区首次发现的早更新世初期的人类文化遗存——西侯度遗址，这里有第一个由中国人自己发现、发掘和研究的旧石器时代考古遗址——丁村遗址。在新石器时代，这里有在黄河流域乃至全国同时期的城址中最大的一座龙山时代城址——陶寺古城。这里有迄今发现的西周时期规模最大、陪祀车辆最多的车马坑——晋侯墓地车马坑，其中还有迄今发现西周等级最高的玉器。在这里现存的一千多座大小不等的寺观建筑和地上

遗址中，保存了数以千计的寺观壁画。这里有名列“中国四大古代官衙”的霍州署，以及众多古代的衙署遗址。这里有金元时期北方雕版印刷的中心——平阳，以及珍贵的刻本与版画。这里有明清时期从临汾地区走出，西进陕甘宁，东抵冀鲁豫，南下江淮，北上京城、内蒙古的商人群体——平阳商帮，以及他们留下的商业文物。明清山西民居作为中国传统建筑的瑰宝，布局遵宗法礼制，彰显着晋商财力与儒家文化。作为历史的见证与文化的载体，这些共同构成了山西丰富的文物谱系。

文物是历史文化的根脉，是老祖宗留给我们的宝贵遗产。通过这些珍贵的山西文物讲好中国故事，所有三晋学人责无旁贷。所以我们通过山西省互联网＋与旅游产业升级协同创新中心这个平台，召集了山西师范大学历史与旅游文化学院的多名教师，合力编著了这套书，以文物来见证历史，希望能在传承历史文化，维系民族精神上尽我们的绵薄之力。

目　录

绪　言

中国古代流传一句俗语："衙门八字朝南开，有理无钱莫进来。"衙门似乎成为古代中国官与民之间隔阂的场所，没钱的老百姓最好避而远之。然而，衙门实则乃一方父母官为国家治地方，为百姓安天命之所在。古人云"天下之事无不始于州县，无不终于州县"。州县官员的办公衙门就成为记载官府历史、官民交往的一处遗迹。

山西省境内现存的州县衙门大多为明清遗构。据《清史稿·地理志》统计，清代山西省衙门主要分省、道、府（州）、县四级，其中在今山西省境内的省级衙门 1 处；道级衙门 3 处，[①] 分别是冀宁道、河东道和雁平道衙门；府（直隶州）级衙门 19 处，分别是 9 府：太原府、汾州府、平阳府、潞安府、泽州府、蒲州府、宁武府、大同府和朔平府衙门，10 直隶州：辽州直隶州、沁州直隶州、平定直隶州、解州直隶州、隰州直隶州、霍州直隶州、忻州直隶州、绛州直隶州、代州直隶州

---

① 清代山西省下辖 4 道，其中冀宁道、河东道、雁平道的治所置于今山西省境内，而归绥道的治所驻绥远，在今内蒙古呼和浩特市，故统计时不把归绥道列于内。

和保德直隶州衙门；县（厅、州）级衙门103处，其中厅12，州6，县85。然因诸多因素，大部分的州县衙门今已破坏，有的成为学校、医院、民居或者行政机关的一部分，有的甚至被拆除或无迹可寻。目前山西省境内保存较为完好或经重建后较为完整的衙门共有7处，分别是督军府旧址、霍州署衙、平遥县衙、太谷县衙、临晋县衙、榆次县衙和浑州署衙。此外，还有一些衙门仅存部分中轴线建筑，如潞安府衙现存大门、钟鼓二楼、二堂等建筑，代州署衙仅存二堂和三堂，绛州署衙仅存大堂、二堂和绛守居园池，太平县县衙仅存大堂，等等。这些遗留下来的署衙建筑成为我们了解过往历史中山西衙门的建置、规模结构、廉政文化、地方官与百姓关系等诸多内容的实物载体和依托。

中国古代有句民谚"官不修衙"。宋真宗景德元年（1004）明令各地官署不得擅自广修廨宇，如果必须修缮，需要上奏裁决。后来，还增发诏令，各级官署若要维修廨宇，就需要写明廨宇毁坏与添盖的间数，是否配民，否则就会受到弹劾、贬黜。这样一来，地方官员大多也就不去修缮官廨。到了明清时期，这一情形尤为盛行。"官不修衙"的原因一方面是地方政府财政经费有限，另一方面则体现了官府体恤民力，不愿劳民伤财，是官府为民做主，爱民恤民的一种优秀执政理念。然而官廨年久失修，特别是在大地震等不可抗拒的自然力破坏后，重修衙门之事也是势在必行的。霍州署就保存了两块重修大堂的碑文。一块是元大德九年（1305）《霍州创建公宇记》碑碣，碑文详细记载了元大德七年（1303）霍州大地震后，监州失剌不花、知州李伯渊、同知石思仁等重修霍州署之事。另一块是清光绪二十年（1894）的《重修霍州大堂记》，碑文记载道霍州署年久失修，坍塌损毁严重，尤其是官府办理政事的大堂，屋顶椽子、瓦片皆已掉落，成为危房，于是筹资修葺大堂。大堂前的月台、甬道、仪门谯楼、东西两边的科房、大堂后的办公处所也一并修缮。然为了节省开支、体恤民力，其余地方等待日后再行修葺。这样的衙门工事不但不让人觉得是耗费民资民力，反而体现了地方政府的办事风格是与民一体，是为政为民的。也正是经历了这一次次难得的修缮，才为我们今天瞻仰古代署衙文化留下了宝贵的实物。

本书以山西现存的署衙文物为切入点，通过署衙结构布局讲述现存署衙的基本情况、署衙建置以及功能布局；通过遗存碑刻讲述署衙的历史与地方社会的关系，揭示官府办案的规矩与制度；通过戒石碑、大堂科房等处悬挂的楹联展示衙门的职守所在以及衙门官箴文化；通过署衙展览的文物阐释古代中国与官署相关的历史文化。让山西署衙遗存的一砖一瓦、一碑一碣、一花一木不再只讲述岁月沧桑，而是动情地陈述时代的过往以及对后世官员清廉为政、执政爱民的谆谆教诲与劝诫。

第一章　山西现存署衙的结构布局

在中国古代等级制的社会中，不同等级的人享有不同规格的待遇，因此衙门的结构布局、规制大小也就有了些许不同。然中国古代的各级地方衙门尽管占地面积、建筑规模不同，但中轴线上的规制都是一样的，皆为坐北朝南，中轴线对称、左文右武、前朝后寝的格局，中轴线以外的建筑则比较灵活。《清会典》明确记载道："各省文武官皆设衙署。其制，治事之所为大堂、二堂，外为大门、仪门，大门之外为辕门，宴息之所为内室、为群室，吏攒办事之所为科房。官大者规制具备，官小者依次而减，佐贰官复视正印为减。"①也就说，衙门中轴线上从进大门起，经仪门、大堂、二堂、三堂，后为内室。级别高的衙门在内室之后还有后花园，供官员休闲娱乐。沿着中轴线两侧，从南到北依次设置各种职能部门。如在大堂左右设科房，文职在左，武职在右。整个衙门布局围绕着中轴线建筑展开，整齐划一，等级森严，相较周边低矮的民房更凸显出了官府衙门的庄严肃穆，体现了"筑城以卫君，造郭以守民"的建造理念。

---

① 《清会典》卷58《工部·尚书侍郎职掌》。

此外，房屋的间架结构和配饰也有严格的规制限定。《明会典》记载："公侯，前厅七间或五间，两厦九架造，中堂七间九架，后堂七间七架，门屋三间五架。门用金漆及兽面摆锡环。家庙三间五架。俱用黑板瓦盖……一品二品，厅堂五间九架，屋脊许用瓦兽。梁栋斗栱檐桷用青碧绘饰。门房三间五架，门用绿油及兽面摆锡环。三品至五品，庙堂五间七架，屋脊用瓦兽。梁栋檐桷用青碧绘饰。正门三间三架。门用黑油、摆锡环。六品至九品，厅堂三间七架，梁栋止用土黄刷饰。正门一间三架。黑门、铁环。"[①]清朝一二品官员的厅堂规格较明代扩大，据《大清律例》规定，一二品厅堂从五间九架扩大为七间九架，其他品秩的厅堂规制与明代一样。这里的间架指的是房屋的大小。"间"指的是梁与梁之间的距离，是房子的宽度；"架"是桁与桁之间的距离，是房子的进深。官员品秩越高，办公场所的间数越多，进深越深，这是等级社会中尊卑高下在建筑等级上的一种体现。

山西现存的七座署衙建筑中，督军府旧址为清代巡抚衙门，霍州署衙和浑州署衙为州级衙门，平遥县衙、太谷县衙、临晋县衙和榆次县衙为县级衙门。由于官员等级不同，衙门建置的规格也有明显的区别。一般而言，衙门建筑的等级区别主要表现在两个方面。第一，建筑规模不同，尤其是大堂的开间限制。明清以后，省级大堂最多为七开间，府、州级为五开间，县级

① 《明会典》卷 62《房屋器用等第》。

的一般为三开间，最多可扩至五开间。这种等级规制一般不可逾越，比如绛州大堂曾建为七开间，明显有违州级衙门的署衙大堂规制，故又把两间改为暗间，从外观上看也是五开间。第二，建筑物的用色不同。虽然不同朝代对用色的规定会有变化，但省级衙门大多为暗红色，府州级衙门一般为褐红色，县级衙门一般为黑色。署衙级别越低，颜色一般也越偏冷色系。不同层级的用色规制也是封建社会等级的一种直观体现。

第一节　省级衙门之督军府

民国时期山西省督军府位于今山西省太原市杏花岭区府东街 101 号。早在宋朝以前，这里是晋文公重耳庙。北宋太平兴国四年（979），宋太宗灭北汉一统北方，三年后这里成为北宋大将潘美的帅府衙门。辽为西京道衙门，金为河东、西京两路衙门，元为冀宁路衙门。明初置行中书省，后改为承宣布政使司，永乐十九年（1421）这里就成了山西省巡抚衙门，直至清朝。1911 年辛亥革命后成立山西军政府，以阎锡山为都督，温寿泉为副都督，巡抚衙门遂成为山西督军府的办公地。抗战初期为第二战区长官司令部。太原沦陷后成为日伪山西省行政公署。日本投降后，这里再度成为阎锡山督军府。1949 年太原解放，这里成为山西省人民政府驻地，2017 年山西省人民政府搬迁，这里开始筹建晋商博物院。2020 年晋商博物院正式对外开放。

山西省督军府旧址的整体建筑坐北朝南，平面呈长方形，分东、中、西三个区，东西区为花园，中区由大门、仪门、渊谊堂、2 号楼、3 号楼、内署院、5 号楼、自省堂和梅山钟楼组成，形成北高南低的一条中轴线。1986 年这里被确定为省级重点文物保护单位，是中国保存下来较为完整的省级衙署之一，具有非常重要的历史文物价值。

督军府大门位于府东街，坐北朝南，原为清代山西巡抚衙门的大门，民国时期将单层悬山顶改建为重檐歇山顶二层门楼，红门红柱，绿瓦灰墙，雕梁画栋，雄伟壮观。清康熙十三年（1674）重修山西巡抚衙门。据清雍正《山西通志》记载，当时衙署前临街有大照壁及三座牌坊，“署前照壁一座，石狮雄峙，左右辕门对列，东‘抚绥全晋’坊，西‘提督三关’坊，中‘保厘重任’坊”。“保厘重任”坊对正门，“抚绥全晋”坊对东辕门，“提督三关”坊对西辕门，两座石狮分峙左右。今大门正对面仅剩“抚绥全晋”坊一座。“抚绥”即安抚、安定之意。《尚书 · 太甲上》有“天监厥德，用集大命，抚绥万方”[①]。这里取“抚绥全晋”，意即希望整个山西政局稳定、人民安居乐业。1933 年山西省督军府改建时仅留下了东辕门外的“抚绥全晋”坊。

仪门为清代山西巡抚衙门二门，是举行典礼、庆贺等活动

① 《尚书正义》卷 8《太甲上》。

的重要场所。原为三开间硬山顶建筑，民国时期改建为异形歇山顶，并增筑西式石拱券。两侧立有两尊清咸丰五年（1855）的石狮，上悬一匾额，上书“鉴往惕来”。昭昭前事，惕惕后人，以古为鉴，可以知得失兴替。二门两旁各有便门，为一般官吏出入之处。大门与二门的西隅为关帝庙与酂侯祠，东面为书吏房和经历司。1945 年日本投降后，阎锡山拆除了督军府里的关帝庙、酂侯祠，修建西花园及伙房、膳堂、库房等，同时在东花园建中和斋。

进了仪门正对面的建筑即渊谊堂，明清时为山西巡抚衙门大堂，民国时称一楼。中华人民共和国成立后，因该楼顶部漏水严重，1951 年揭顶翻修，由平顶改为可防水的“人”字木架结构，称省政府 1 号楼。1985 年改为贵宾接待厅，对其内部结构予以改造，1992 年再度改造，1996 年又对原有的西式建筑外形做仿古设计改造。今为晋商博物院的第一处展厅。主体建筑平面呈凹字形，前设卷棚式抱厦三间，主楼分上下两层，一楼面宽三间 13.6 米，进深三间 13.2 米。

2 号楼和 3 号楼是由两个回廊连接的平面布局相同的楼，原为巡抚衙门的穿堂和二堂，两楼南北排列，均为二层砖混结构建筑。

内署院原为巡抚内宅，民国时拆除内署，改建为二层木楼，晋商博物院重建时又据文献记载复建。

5 号楼为 1953 年的建筑，主体建筑为当时流行的苏式风格，门窗则采用中国传统样式。

自省堂是阎锡山于 1918 至 1919 年修建，原为督军府礼堂，1952 年改称梅山会议厅，主体建筑为西洋式砖石结构，建于石基之上，平面呈“工”字形。会议厅面宽九间，进深八间，上、下层中间七间前檐设廊，四面设拱形门窗。堂顶为中式卷棚歇山式，两侧山墙上下为对称的欧式狭长窗户。四角各建一座三层高的四角攒尖式角楼，角楼入口处为西洋式倚门，可谓合中西建筑艺术之长。

自省堂东西两侧各有一月门，上书“梅山”二字，穿过月门进入后花园，曲径通幽，外界喧嚣顿时悄然无声。梅山是督军府旧址中最靠北的一处景致。它在明朝时是山西巡抚衙门堆煤的地方，因此最初叫“煤山”。清光绪七年（1881）张之洞出任山西巡抚，他从风水学的角度对山西巡抚衙门进行了考量和修正，为实现北高南低有靠山的风水格局，专门差派劳役堆土造山，筑起高九丈、东西宽九丈、南北长二十七丈的假山，建成了当时太原城内的地标性建筑，以求官运亨通。1919 年阎锡山对煤山进行扩建，在左、右、后三面积土叠石，扩容加高，建成东西有山的山景花园，改名“进山”。进山之名取自《论语·子罕》：“子曰：‘譬如为山，未成一篑，止，吾止也；譬如平地，虽覆一篑，进，吾往也。’”[①] 孔子用堆土成山说明功亏一篑和进退成败均在自己的所作所为，借以激励世人要努力奋进。扩建后的进山东西宽约 35 米，南北长 100 余米，山

① 杨伯峻译注：《论语译注》，中华书局，2009 年，第 92 页。

体高约40米，占地面积六亩多。阎锡山还命人在山顶修建哥特式风格的钟楼，上置西洋自鸣钟，每逢正点便会响起洪亮的钟鸣。进山钟楼还被印在民国时期发行的明信片上，邮寄到全国各地；被制成山西省银行发行的民国十七年5元券的中心图案；著名的长达两年四个月的进山会议在此召开……进山成为一个时代的标志。

中华人民共和国成立后，山西省人民政府对煤山进行改造，名称也借用“煤”与“梅”的谐音而改称“梅山”。重修后的梅山以梅山钟楼为中心。钟楼建于梅山之巅，根基厚重，外形峭丽，朱红色与银白色相间的色彩明丽，略有几分俄式古典宫殿的韵味。梅山钟楼的楼基底部由形状各异的山石堆砌而成，正中镌刻“万物熙春”。“熙春”意指明媚的春天。东西两侧砖石拱门正上方分别刻“发华”与“清歌”四字，出自竹林七贤之一嵇康的《兄秀才公穆入军赠诗十九首》：“虽有好音，谁与清歌？虽有姝颜，谁与发华？”[①]当年张之洞将四字刻在这里或许也寄托了寻觅志同道合之人的美好愿望。楼基下层平台左右两边分别对称开辟六边形与圆形假窗，中间辟圆形拱门，拱门上方刻当年张之洞所题“当仁洞”三字，相传洞内顶端石壁上原有清嘉庆年间镌刻的“虎”字大碑，洞壁上也曾嵌有乾隆二十二年（1757）御临的五言《兰亭诗五首》，然而历经百余年

① （三国魏）嵇康著，戴明扬校注：《嵇康集校注》卷第一《兄秀才公穆入军赠诗十九首》，中华书局，2014年，第19页。

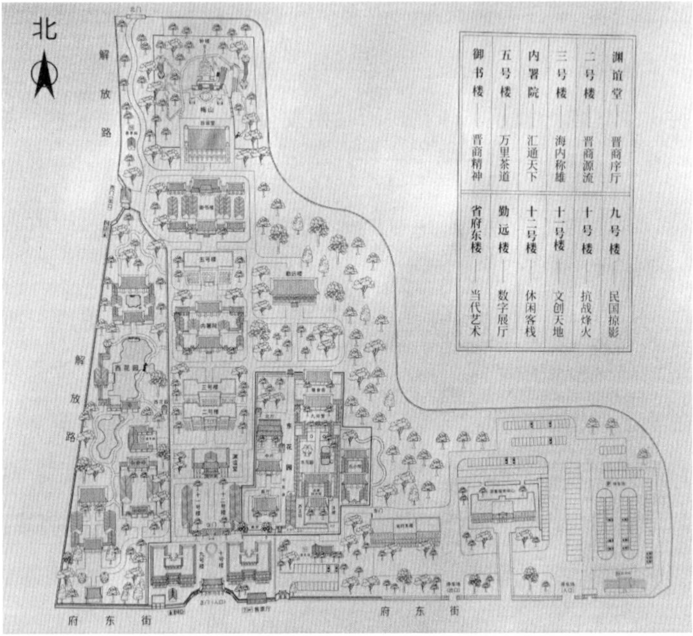

图 1-1　晋商博物院（原山西省督军府）平面图

的风风雨雨，这些皆踪影全无。20 米高的钟楼耸立于坚固的楼基之上，楼顶为直耸云霄的棱锥，上托红色五角星，楼基一层至楼顶五角星通高 40 余米，较民国进山钟楼更加高大壮观。

钟楼楼基东面底部原为会议室，张之洞题名为“邃密深沉馆”。“邃密深沉”取自朱熹《鹅湖寺和陆子寿》中“旧学商量加邃密，新知培养转深沉”[①] 一句，意思是做学问无论知识

① （宋）朱熹撰:《朱子全书》（修订本）第 20 册，朱杰人、严佐之、刘永翔主编，上海古籍出版社、安徽教育出版社，2010 年，第 365 页。

新旧，都不能浅尝辄止，必须深入钻研。侵华日军攻占太原城时，曾重炮将其摧毁，重修时改砌为三眼石窟窑洞。窑洞上方建中式廊亭，砖墙拱门上方刻有“启明”二字，取自《诗经·小雅·大东》“东有启明，西有长庚”①。启明、长庚，均是星宿名称，且都指金星。黎明见于东方叫启明，意为迎朝；黄昏见于西方叫长庚，意为迎夕。邃密深沉馆对面建有碑亭，内置石碑四通，其中两通为清乾隆皇帝的御笔题诗，一通为《御制山西巡抚农起，奏报得雪诗为志慰》碑；一通为乾隆《赐山西巡抚鄂弼书》，书曰：“旬宣此初任，嘉尔副予望。出政宜除细，移风在嘉良。公为众官表，俭是晋民长。保障休轻视，家声勖继芳。”鄂弼于乾隆二十四年至二十七年（1759—1762）任山西巡抚，乾隆赐诗盖是希望他办理公务时坚持朴实、公正、清廉之风，凡事勤奋俭约，做下属官吏表率，不要辜负朝廷厚望。

如今这里已化身为晋商博物院，成为一处集文物古建、晋商文化展览与园林景观于一体的人文历史性博物馆。

第二节 州级署衙之霍州署

霍州署位于山西省中南部霍州市东大街北侧，历史悠久。

① 程俊英、蒋见元:《诗经注析》，中华书局，2017年，第485页。

其始建年代可追溯至隋朝，但当时并不是官署衙门，而是隋军守将宋老生的军中幕府。当时霍山郡的治所尚在今霍州市白龙镇陈村一带。唐武德元年（618）改霍山郡为吕州，吕州的州署衙门遂从陈村一带移到了幕府所在地，当时为唐初名将尉迟恭的帅府行辕。后罢吕州，霍邑改属晋州。霍州署大堂前现存的石虎即唐代遗存，历经千年风雨侵蚀，依然守候在那里，看人来人往，世间百态。金贞祐三年（1215）置霍州。其后兵荒马乱，战火连年，县庭不守。元成宗元贞三年（1297）复建霍州，重修霍州城池，大兴土木，营建公廨。然原建筑于元大德七年（1303）八月六日的大地震中倾圮，坍塌无几。大德八年（1304）监州失剌不花同知州李伯渊主持重建州署，次年四月竣工。元至正十八年（1358）扫地王王士元兵临霍州，焚毁霍州州署，仅大堂幸存。明洪武四年（1371）知州吕稷重修州署。成化初年知州张玘、鲍克恭相继增修。嘉靖二十一年（1542）知州荡克宽于仪门前修建大门一座，上盖谯楼，改大门为“承流宣化”坊。嘉靖三十六年（1557）知州褚相改路建坊，在东、西、南三个方向筑起围墙，立左右廊坊各三楹于大门外，改“承流宣化”坊为“古霍名郡”坊，保存至今。清顺治年间，霍州知州王国梁、黄登孝、阎承儒等相继对州署进行修复。乾隆三十九年（1774）知州范树礼再次进行维修，乾隆四十四年（1779）知州单焘又一次进行修葺。光绪十七年（1891）知州铁岭德生再度维修州署，光绪十九年（1893）完工，二十年（1894）铁岭德生撰写《重修霍州署大堂记》刻碑

图 1-2　“古霍名郡”坊

记事，这是清朝最后一次维修州署。霍州州署经明清两代增补修葺，日臻完善，占地面积有 3.85 万平方米，规模宏大，形制壮观。现存州署面积约 1.87 万平方米，多为元、明、清遗构，比鼎盛时少了一半。

霍州署的建筑格局总体上呈现三路并进、左文右武、前衙后邸的设计思想。从州署前的三处牌坊起，沿中轴线和左右辅线展开，构成了一个完整的官衙遗存，规模浩大、雄伟壮观。中轴线为行政区，西辅线为军事区，东辅线为驿站或休闲区。

“古霍名郡”坊，俗称“州前”坊。牌坊底座由四根粗大的支柱构建成三个门，今天在支柱两侧辅以八根木柱。中间门楣顶部南面题名“古霍名郡”，不仅说明霍州历史悠久，为“古霍”之地，而且说明霍州地理位置险要，乃中州重镇，英才辈出，是为有名之郡。

霍州之名，始于西周初年分封诸王。周武王将其弟叔处分封于霍，因境内有霍太山得名，称为霍国。春秋时期，诸侯争霸，晋献公率军灭霍，霍地由是归晋，称为霍邑。西汉高祖元年设彘县。王莽建国四年（12）改彘县为黄城县。东汉改黄城县为永安县。北魏太平真君七年（446）省入禽昌县，正始二年（505）复置。隋开皇十六年（596）以县置汾州，十八年（598）因春秋晋国吕甥的封邑在此，更名为吕州，同年永安县更名霍邑县，大业二年（606）废吕州，霍邑改属晋州。隋开皇十八年又改为霍邑县。隋大业末年群雄并起，各路诸侯纷纷拥兵反隋。大业十三年（617）李渊从太原起兵的消息传入长安，留守长安的代王杨侑火速派虎牙郎将宋老生率精兵 2 万屯守霍邑，阻击李渊叛军。霍邑地形险要，易守难攻，“西北抗汾水，东拒霍太山，守险之冲，是为襟带”[①]。李渊佯装攻城不下，率军败走，宋老生派兵追击，落入李世民、李建成的埋伏，霍邑失守。李渊大军大举南下，顺利攻下长安，立代王杨侑为隋恭帝，遥尊隋炀帝杨广为太上皇。次年隋炀帝在江都被杀，李渊遂废掉隋恭帝，改隋建唐。唐贞观十七年（643）吕州废，改属晋州。宋属平阳府。靖康之难后，霍邑为金朝统治

① （唐）温大雅:《大唐创业起居注》，上海古籍出版社，1983 年，第 22 页。

区域。金贞祐三年（1215）于县置霍州。兴定四年（1220）正月，移霍州治好义堡。丁酉，元军进攻好义堡，霍州刺史阿里合力战不能敌，兵败被执。诱使降，阿里合曰："吾有死无贰"[①]，展现了大丈夫宁死不屈的豪迈气质。宝昌军节度副使孔祖汤与刺史移剌阿里合守好义堡，元军破堡，被俘杀。金代霍州二壮士取义成仁，美名传后世。明代霍州学正曹端，首倡为政要公廉，凭借极高的理学造诣被后世誉为明初理学之冠。明嘉靖年间霍州知州褚相重教育尚风化，创建霍山正学书院，重修州署大衙，兴建唐尧古祠，并亲自主持编修《霍州志》，为后人留下了一部价值连城的宝贵文献。清代霍州知州黄复生进一步修订《霍州志》，成书《鼎修霍州志十卷》。黄复生为官清廉，秉持兼听则明的原则，成为后世楷模。在今霍州署大堂东耳房议事厅中就有清代知州黄复生与幕僚研究案件的蜡像场景。清乾隆十一年（1746）陈钧任霍州知州，以振兴文教、培育人才为己任，甫一上任，即捐俸修缮霍山书院，延师课士。乾隆十二年（1747）清政府为平息大小金川地区土司间相互争斗，发动了第一次金川之战。征用兵马粮草均从霍州就近取给。金川之战进行了一年多，用兵达七万余人，地方物资征收殆尽，然监督征收粮草的官员仍催逼不止。陈钧用生命诤谏，留书"忠孝难两全，微躯莫自保。惟求大宪恩，念我

---

① 《金史》卷 122《移剌阿里合传》。

双亲老”[1]，然后饮刃自尽。霍州百姓立其牌位于忠爱祠，春秋祭祀。霍州署先后200多名州官，大多为廉吏清官，形成了清廉从政、教化生民的优良传统。民国元年（1912）霍州改置霍县，1990年撤县建市。霍州依中镇霍山为名，成为中州重镇；历代霍州官吏勤政爱民，铸就了廉政文化名传后世。“古霍名郡”四个字，见证了霍州悠久的历史，彰显着历代先贤的丰功伟绩，也昭告着后辈开拓奋进！

牌坊两边有侧门，东侧门上端题“平理”二字。“平理”出自《后汉书·刘祐传》：“祐到，黜其权强，平理冤结，政为三河表。”[2]平理意为评断是非曲直，秉公办事。西侧门上端题“保厘”二字。“保厘”出自《尚书·毕命》：“越三日壬申，王朝步自宗周，至于丰，以成周之众，命毕公保厘东郊。”[3]保厘之意为治理百姓有方，保护扶持，使一方百姓平安稳定。两侧门额题名寄予了执政利民、守护霍土一方的美好寓意。

牌坊北面中门上题“保障三城”四字。清代乾隆三十七年（1772）霍州升为直隶州，统辖霍州、赵城、灵石三城之地。“保障三城”四字时时提醒着出入霍州署的官吏们要为霍州百姓谋福利，为三城百姓保平安，这既是对百姓的承诺，也是对霍州官吏的告诫。

---

① 道光《直隶霍州志》卷20《宦绩》。

② 《后汉书》卷67《党锢列传·刘祐传》。

③ 《尚书正义》卷18《毕命》。

“古霍名郡”坊往北35米即谯楼。谯楼是古代霍州州署的正门，也是州署治安巡防的瞭望台，是古代州署张贴公告的地方。谯楼东西宽15米，中间门洞跨径5米，南北进深11米，门洞上方匾额题名“拱辰”二字。“拱辰”出自《论语·为政》：“为政以德，譬如北辰，居其所，而众星共之。”[①]比喻执政者施行德政，则四裔归附，百姓降服。谯楼上方悬挂一口大钟，与霍州城内的鼓楼遥相呼应。这座谯楼又被称为钟楼。谯楼原为明嘉靖二十一年（1542）知州荡克宽所建，但因年久失修，1985年坍塌，1990年山西省文物局和霍州市政府出资重修，1991年11月竣工。现谯楼楼阁之上的铁钟为2000年重铸，重约1.5吨。

走进谯楼为丹墀广场，东西宽35米，南北长60米，总面积2100平方米。原为古代官吏朝拜君主和公侯之所，后来用作知州迎接圣旨、达官贵人，或举行重大典礼仪式的场所，也是重大节日知州与百姓观赏社火的地方。丹墀广场东面依次有快班、捕署和土地庙三个院落，但实物已不存，今仅有三处仿建的大门。古代州署中有三班六房的说法。三班即皂班、壮班和快班。其中皂班原在丹墀的西南角，负责看管罪犯，符合了古代监狱设在大堂西南仪门之外的规制。按照周易卦象，这个位置属于坤位，是阴之极，故又称为南监。壮班负责侍卫警戒；快班负责缉捕事宜。捕署相当于今天的公安局，负责辖区

---

① 杨伯峻译注：《论语译注》，中华书局，2009年，第14页。

治安的管理机构。土地庙除了祭祀土地神之外，明朝时还兼具监察官员的职能。明代对于有嫌疑的官员，在没有查清问题之前，就先将这些官员控制在土地庙内，让其对着土地神自我反省。丹墀广场西边为司狱司和狱神庙。司狱司即牢房。牢房之北为狱神庙，供奉狱神皋陶。

丹墀往北是仪门，是明清官署大门内的第一座门。取义于“有威可畏，有仪可象”[①]。《明会典》规定：“新官到任之日，本衙门合备仪仗皂隶。前期一日出城伺候，至日清晨、首领官率领各房吏典并合属生员人等迎接入城。先诣神庙祭祀毕，引至本衙门仪门前下马，具公服，从中道入。”[②]仪门平时关闭，只有新官上任或者迎接高官来访时才打开。新官上任第一天要举行拜仪门仪式。衙门里举行重大庆典或有重大案件审理时，也会打开仪门让百姓进入观看。仪门为高台建筑，基座与地面垂直高度为 2.5 米，东西宽 15 米，南北进深 10 米，面阔 3 间。四梁八柱，五檩四椽，大额枋上七组斗拱。门厅内脊檩下砌一堵横墙，将仪门分为前后两部分。壁中间支撑两柱，柱子直顶厦脊檩。西边柱础为唐代遗物。仪门两侧门厅内各有一尊门神，东侧安放一面鸣冤鼓，古代老百姓可以击鼓申冤。仪门前有宽 4.5 米的 18 级台阶，下接丹墀广场。台阶下立着一对

---

① 《尚书正义》卷 18《顾命》。《尚书·周书·顾命》：“思夫人自乱于威仪，尔无以钊冒贡于非几！”孔安国传：“群臣皆宜思夫人。夫人自治正于威仪，有威可畏，有仪可象，然后足以率人。”

② 《明会典》卷 59《官员礼》。

石狮，为元代雕刻，守护着石门。东边的石狮龇牙咧嘴，西边的石狮抿嘴沉思。东西两座石狮形态逼真，威风凛凛，增添了几分仪门的威仪。仪门东西两侧各有一个小门，地基略高于丹墀。东边的门称为喜门，也叫人门，供平时行人和车马出入。西边的门称为绝门，也叫鬼门，平时紧闭，一般不开，只有被判为死刑的犯人才会从此门推出前往刑场问斩。

进入仪门，仪门右侧有一处缮状房，是旧时专门帮助百姓写状子的地方。古代，不少老百姓不会写字，或者不能以规范的格式写好状子，于是就需要请专门的先生帮忙写出自己的冤屈。

仪门正对面即大堂，连接仪门与大堂之间的通道称为甬道。甬道宽 6 米，长 62 米，高出州署大院地面约 1 米，是霍州署州官迎送上级以及其他宾客的专门通道。仪门北 20 米处的甬道中间立着一座牌坊，名“戒石亭”，专门为展示训诫官员的戒石而建。甬道北有一长方形平台，称月台，东西宽 21 米，南北长 12 米，总面积 252 平方米。月台比甬道高 0.2 米，用方砖墁地，条石围边。月台不仅稳固了大堂的地基，而且增强了大堂庄重威严的视觉感。此外也为民众观看官员审案、举行大型庆典等活动提供了观赏平台。为大堂配置月台的建筑格局在全国各地的署衙中也是比较罕见的。月台之北为抱厦。抱厦也叫卷棚，雕梁画栋，富丽堂皇，为明代建筑。抱厦整体为三大间悬山顶过亭，东西宽 11.3 米，南北进深 7.5 米，四梁八柱，五檩四椽，脊檩距地面 7 米。抱厦之后是州署大堂。

霍州署大堂为元大德八年（1304）建造，坐北朝南，面阔进深各 5 间，悬山式屋顶，东西宽 22 米，南北进深 15 米，占地 330 平方米，脊顶距地面 10 米，整体建筑看起来高大巍峨。内部朴实无华，既没有雕梁画栋，也没有彩绘墙面，体现了元代粗犷豪放的建筑风格。大堂是历代知州举行重大仪式、盛典或处理重大案件的办公场所。从唐至清，州县衙门一般只在单日坐堂断案，双日则不坐堂。除了一些特别重大的或特别紧急的案子才会直接在大堂公审，一般在大堂上审理的案件都是之前已经在二堂进行过调解或预审的案件。大堂正前方悬挂三块匾，中间是一蓝匾，上书“正大光明”金色大字，两边分别悬

图 1-3　霍州署大堂

挂小一些的绿匾，西侧为“执法如山”，东侧为“克己奉公”。大堂之内设有“暖阁”。暖阁下有底座，底座上设书案，书案后摆有座椅。暖阁三面有栅栏，阁后有门。知州升堂时，从后门入暖阁登底座，坐靠椅，左手扶书案，右手持惊堂木拍击案头，衙役们分立两侧待命行事。

大堂东西两侧各有一座面阔三间的带廊耳房。东耳房是“议事厅”，为州署官员讨论重大事务或举行大典时休息的场所，现有州官办公场景蜡像展出。西耳房是“刑厅”，旧时是盛放刑具以及州官断案时对犯人行刑的地方。现在西耳房陈设霍州署的缩略图，墙上张贴“知州要事定制”，即古代官员从到任到离任的各项规章制度。

大堂前面州署大院的东西两侧为六部科房。室外有明柱，东西相对。六部房之名源于中国古代的三省六部制。隋朝的中央官制始设三省六部制，各部分工明确，职责清晰。明清时期各省巡抚衙门，府、州、县衙，都按六部形式设置对应的办事机构，即六部房，从而使政府职能明细化，也进一步提高了地方行政的办事效率。六部科房的设置按照左文右武，东侧为吏、礼、户三科，西侧为刑、兵、工三科。

大堂后有两间门房，即客座，也叫门役房、门子房，是看守内宅的门役值班的地方。过去内宅的门大多时候都是关闭的，内宅门上内装有瞭望眼和转筒，当有宾客敲门后，门役就从瞭望眼中查明情况，询问来访的原因，如果要拜见知州，门役就需要先进去通报，等知州同意接见后，方可开门进入；若是传递公文，则将公文放置在转筒上，旋转转筒，门役即可从里面在不开门的情况下收到公文。过去老百姓如果有事要请官员帮忙，有时就需要花钱买通看守门子房的门役，门役才帮忙传递信息，这就是“走门子”“走后门”的由来。门役除了通报访客信息、传递公文外，还要传梆打点。过去衙门里官员的日常起居时间都是由内宅门役用敲梆打点的方式安排的。

穿过门子房，正对面即是鉴心堂，明代叫退厅，取退思补过之意，清朝改称二堂。二堂是知州初审民事、刑事案件，处理日常政务，或审理一些不便公开审理案件的办公场所。

二堂所在的小院东房是鸣琴轩，也叫师爷房，是旧时师爷居住的地方。清朝流传一句谚语“无幕不成衙”。幕，即幕友，俗称师爷。师爷是知州聘请的佐治人员，相当于幕僚、参谋。衙门里的各种繁要杂事大多需要师爷来处理。他的俸禄是由知州从自己的俸禄中拿出一部分来发放的，因此师爷与知州的关系就是宾与主的关系。师爷分为刑名、钱谷、挂号、书启、征收五大类。刑名即审理裁决民刑案件，刑名师爷实际上就是专门的法律工作者。钱谷为征收钱粮赋税，钱谷师爷也就是专门的财会、统计审核人员。挂号为开支各项费用；书启为往来文件，谱写公私函件；征收为考核征收田租等。师爷在学通某一项专门技能后，就以其专业知识服务于地方政府，在官场上起到了代官出治的作用。由于师爷在地方政务中职责重要、贡献突出，又与上级幕友之间关系复杂，朝廷也会在仕宦队伍中给师爷开通一条晋升之路。但在清朝初年师爷进入仕宦队伍的主要途径还是参加科举考试，但到了咸丰、同治年间以后，由幕做官就变得多了起来，甚至相当一部分已经向官的身份转变，与幕主变成了上下级官员的关系。

西房是典册房，即保存衙署公文和历朝历代法典的地方。

二堂之后为内宅，中间是知州衙，知州是州署的最高行政长官，为五品或从五品官，主要职责包括教化百姓，劝课农桑，旌别孝悌，奉行法令，考察属员，赈济灾伤，以及赋役、钱谷、狱讼等事。由一间正房两间厢房组成。北边的正房是知州和夫人居住的地方，名“宵旰堂”，褒扬知州废寝忘食、勤政为民的形象。知州衙内东为卧室，中间是客厅，西边是书房。东厢房是公子房，是知州的儿子学习生活的地方；西厢房是小姐房，是知州的女儿学习生活的地方。内宅往东是静怡轩，也叫同知衙，是同知和其家眷居住的地方。同知为知州的佐官，是州署第二把手，分掌督粮、缉捕、水利等事。同知住正房，他的儿子住东厢房，女儿住东厢房前面的东夹房。东夹房再往前的东厢房是同知聘请的钱粮师爷房。现在静怡轩被设置进行古代署衙职官珍品展。

后宅西侧是马王庙。传说是李世民登基后，感念白马济水之恩，敕命霍州署修建马王庙，四季祭祀，以示感恩。

中轴线上的建筑以大堂为最高点，前后都较大堂偏低。从州牌坊到仪门，和从仪门到后宅的路线并不在一条直线上，而是折线相连，这种建筑规制，可以增强署衙内大堂和内宅的安全性，保护州署官员的人身安全。

第三节　县级衙门之榆次县衙、平遥县衙

一、榆次县衙的结构布局

榆次县衙位于榆次老城内，有“晋藩首辅”之名，始建于北宋。建筑风格是中轴对称，六进六出，左文右武，前堂后寝，主要建筑有三门五堂六房十二院，共计有二十六个院落。三门分别是大门、仪门和内宅门，五堂分别是大堂、二堂、三堂、四堂和五堂，六房即礼房、吏房、户房、兵房、刑房和工房，十二院是寅宾馆院、巡捕厅院、县丞院、东小院、西小院、钱税院、主簿院、典史院、三班院、牢房院、大膳房院和小膳房院。从大门、仪门到五堂为中轴线建筑，是县衙的主体建筑，东路为土地祠、思风楼、衙神庙、寅宾馆、采亭、侯祠、巡捕厅、县丞院；西路为膳房院、牢狱、牢神庙、三班房、钱税院、主簿院、西花园、马王庙。整个榆次县衙占地面积二万一千平方米，房舍有四百余间。

历史上县衙的规制一般是四径三堂，而榆次县衙却有六径五堂，规制明显超出了县衙的规制，这是什么原因呢？

要厘清这个问题，需要溯源至宋太平兴国四年（979）。北宋是继后周而建立的一个北方政权，当时天下政权林立，宋太

祖、太宗用了将近二十年的时间才结束了五代十国的分裂局面。其中建都太原的北汉政权是最后一个被征服的十国政权。从唐晋阳起兵开始，历经后唐、后晋、后汉、北汉，这几个政权都是从太原起兵，因此宋太宗认为太原屡出真命天子，有王者之气，为保江山永固，必须毁掉晋阳龙脉，故下令火烧晋阳城，再用汾河水灌之，并改街道为丁字街，将太原府改称并州，移治榆次县，于是榆次署衙遂升为州府衙门的规制，此后一直沿用至今。

榆次县衙前是县衙广场，正对着县衙大门的是一石牌坊。牌坊由主牌坊和两个配坊组成，中间主坊为四柱三间式，四根大石柱的柱身有云纹雕饰，柱前后有抱柱石、石鼓和石狮；主坊两侧各有一个两柱一门式配坊，坊顶柱头之上均有一只向南张望的石狮。牌坊阳面正门额题“民具尔瞻”四字，出自《诗经·小雅·节南山》：“赫赫师尹，民具尔瞻。”[①] 意为治下之民皆需要你瞻顾，即地方官为任一方就要爱一方子民，造福一方。换个角度看，也意味着官员的一举一动都要受到百姓的监督。左右四个门楣上面分别题“正风”“敦仁”“崇礼”和“尚俭”。牌坊阴面正中门楣上题“恪慎天鉴”四字。“恪慎”出自《尚书·微子之命》：“恪慎克孝，肃恭神人。”[②] 劝诫官员办事待人都要恭敬谨慎。在相信鬼神的年代，人们认为举头三尺有神

① 程俊英、蒋见元：《诗经注析》，中华书局，2017 年，第 425 页。

② 《尚书正义》卷 12《微子之命》。

明，虽然在地方上衙门长官就是一地最大的官员，但是他的言行举止也会受到上天的审查，切不可妄自尊大。左右两边的门楣上分别题“举直”“厚俗”“庄敬”和“牧爱”，皆是为官之道。

牌坊北面即为县衙大门，悬山顶，面阔三间，进深二间，居中一间留门，两侧为砖石墙，门楣上悬挂匾额“榆次县衙”，门外间两侧山墙上镶嵌着门神神荼郁垒的石雕。门内有前廊，右侧摆放一面登闻鼓。

进入县衙大门后，第二道门即仪门，仪门一共有左中右三道门，共六扇，这就是“六扇门”的由来。仪门东西两侧各有一座耳门，即俗称的“人门”和“鬼门”。仪门阳面上悬挂

图 1-4　榆次县衙前的石牌坊

“晋藩首辅”的匾额，突出其在三晋地区的重要地位。进入仪门，仪门阴面同样悬挂一幅匾额，上书“古并州治”。这两幅匾额很好地解释了榆次县衙作为一个县级署衙却具备州府级别规制的原因。仪门到衙门之间的院落为县衙的第一进院落。从这里也开始了东中西三条线路，东线、西线为支线，中线为中轴线。东侧赋役房后是寅宾馆院，这是榆次县衙中唯一一座坐东朝西的院落，为接待各级官员下榻之处。县衙东线的起点是社神祠，供奉土地爷和土地奶奶，社神祠对面为衙神庙，这两个神祠在一个院落里。西侧属于牢房区域，有牢神堂、男牢房、女牢房和死囚牢房。

穿过仪门，来到第二进庭院。仪门正对的宏大建筑即县衙

图 1–5　榆次县衙大堂

大堂。在仪门到大堂之间的甬道上立有一通戒石坊，石牌坊在前，戒石碑在后。大堂，又称“牧爱堂”，面阔一开五间，带三间抱厦，是整个县衙的核心建筑，也是榆次县衙建筑群中形体规模最大的单体建筑。大堂上悬“正大光明”匾额，下面暖阁之上的屏风很有特色，上面绘制的图案叫“麒麟逐日”。

各地县衙屏风的图案并不统一，以海上朝日最多，此外，还有海水江崖云雁图、仙鹤衔日等。麒麟，是传说中的一种瑞兽，主太平，麒麟逐日寓意为太平盛世，正大光明。此外，麟趾还常被喻为人中俊杰。大堂屏风画麒麟，也可喻为贤明臣子辅佐君王的象征。有人说大堂画的是獬豸，而不是麒麟。的确，据文献记载，獬豸是传说中能够辨别是非曲直的神兽，象征着正大光明，公正凛然，很早就成为了衙门中常见的装饰品，而且它的外形和麒麟也很相似。但是二者又有明显的不同。獬豸形似羊，黑毛，四足，头上有独角，见人争斗即以角触不直者，因而也称“直辨兽”。而图片中的神兽通体金黄，并不是黑色，头部长有两只角，而不是独角兽，故肯定不是獬豸。麒麟则是集狮头、鹿角、虎眼、麋身、龙鳞、牛尾于一体，与屏风中的神兽形象更为吻合。

庭院的东西两侧为科房所在地，即吏户礼兵刑工六个办事机构所在地，文职科房在左，武职科房在右。房间体量不大，今天左右两侧的科房被打通，常设“宦海沧桑”为主题的“清代官制文化展”，六房西展厅为科举选官和清代官制两个单元展览，东展厅为官场百态、清官楷模和榆次县令三个单元。

东侧科房背后为酂侯祠和戏台，酂侯祠是祭祀西汉开国丞相萧何的专祠，兼祀曹参和周勃。西侧科房背后是三班院。三班即皂班、壮班和快班，是衙门里的衙役。皂班是皂隶一班人的总称，也就是衙门中的黑色差役，负责站堂、行刑等。快班也称捕快，负责破案、解囚、抓捕人犯等。壮班是出行仪仗，多由知县、户房差遣下乡、催粮等。

大堂之后为二堂，是旧时知县接待来访官员、与下属议事或者调解审理民事纠纷的地方。现在榆次县衙二堂用蜡像呈现出了山西巡抚张之洞和理财专家阎敬铭商谈的场景。

阎敬铭（1817—1892），字丹初，陕西大荔人，道光二十五年（1845）进士，曾任军机大臣、总理各国事务衙门大臣、晋协办大学士、户部主事等，历官至山东巡抚，为官清廉耿介，以理财闻名，有“救时宰相”之称。清光绪八年（1882），阎敬铭在山西解州书院赋闲期间，朝廷给山西巡抚衙门下发一道谕旨，户部尚书着阎敬铭补授，并命山西巡抚张之洞督促阎敬铭速来京履任。山西财政拮据，张之洞任山西巡抚

图 1-6　榆次县衙二堂张之洞和阎敬铭蜡像

后，发现山西藩库三十多年没有清过账，为整顿财政，清查藩库，派桑治平说服阎敬铭取道太原进京，并亲自赶赴榆次迎接理财专家阎敬铭。张之洞求教当时山西社会存在的弊病以及清查藩库的方针等相关事宜，两人进行了深入探讨，为后来张之洞厘清库款、清除积弊等做出了重大贡献。二堂蜡像模拟的即此番情景。

二堂之后是三堂，是知县日常办公的场所。在没有案件审理的时候，知县一般在三堂批阅各种公文、签字用印，因此三堂又被称为签押房。三堂两旁还有几处小院子，东侧有典史院、县丞院，西侧为主簿院、钱粮院。

四堂、五堂都是知县日常生活起居的地方。四堂面阔五间，一般用来接待宾客。现在正厅的蜡像为康熙皇帝，纪念康熙四十二年（1703）康熙皇帝巡晋，到访榆次县衙之事。四堂东边为膳房院，西侧为西花园。五堂是一座二层楼房。一楼“冰雪堂”是知县日常生活起居之所，二楼“槐月轩”是供奉知县官印、朝珠、狐仙的场所。五堂东西两侧各有一处小院。

五堂旁西小院的西侧，也就是榆次县衙建筑群的西北角院落是马王庙，面阔五间，进深两间。正中供奉的是马王爷塑像，左右配牛王、水草，东为桥神，西为路神。这里除了祭祀马王爷外，还是旧时办理马证的机构所在地。马证相当于今天的通行证，因此马王庙不仅有民间信仰的职能，还兼具了交通管理的部分职能。

榆次县衙东南角有一座二层三重檐十字歇山顶建筑，高

17 米，名曰思凤楼，是宋代榆次县令文彦博为缅怀西晋榆次知县荀貌，激励自己而修建。思凤楼建在 1 米多高的方形台明之上，台明四周设石围栏，南北两侧设石踏步，供游客出入。思凤楼一层和二层的建筑平面呈正方形，一层面阔五间，后人在此塑文彦博坐像，二层面阔三间，内塑荀貌像。思凤楼三叠八角，共 24 个飞檐全部向上翘起，从各角度望去檐角都似展翅欲飞的凤凰。据统计，思凤楼内石雕、砖雕和木雕的凤凰共计 103 只。楼前楹联“民思善政，凤栖梧桐，两朝百代一杆秤；官重廉明，龙卧青云，一楼千古两贤吏”，称颂的即是榆次县衙历史上的两位圣贤荀貌和文彦博。思凤楼体现的不仅是缅怀先贤，更饱含了激励后人善政勤政的文化内涵。

荀貌，字公然，西晋咸宁年间（275—279）出任榆次县令，为政以德，推行耕读之治，深得百姓爱戴。相传咸宁二年（276）六月，成群的凤凰在榆次上空盘旋，荀貌弹琴谢凤凰。大家都认为此乃荀貌善政带来的瑞兆。晋武帝听闻此事后下诏褒美荀貌。从此荀貌善政名声远扬，而榆次也被人们称为“凤城”。荀貌去世后，吏民为之树碑，序曰：“就之如日月，敬之如神明，爱之如父母，乐之如时雨。”[①]

七百多年后，宋仁宗天圣八年（1030）山西介休人文彦博出任榆次县令。文彦博后来成为宋朝名相，历仕仁宗、英宗、

① （唐）虞世南编纂:《北堂书钞》卷 78《县令》，学苑出版社，1998 年，第 581 页。

神宗和哲宗四朝，荐跻二府，出将入相五十年。文彦博任榆次县令期间清正廉明，社会政通人和，物阜民丰。西晋榆次县令荀藐的贤声远播，也让他越发景仰前贤，于是在县衙东侧修建思风楼来寄托对贤能之士的敬仰和爱慕，也希冀后世官吏睹物思人，继续推行善政廉政。

榆次县衙经过历代修葺，成为我国现存县级署衙中规模最大、功能齐全的县级署衙，被誉为“三晋第一衙”。

二、平遥县衙的结构布局

平遥县，汉为平陶县，北魏太武帝时将平陶县迁至今平遥，不久因避太武帝拓跋焘之讳改为平遥县。然早期县衙旧址因历史久远已无处觅踪，现平遥县城西南隅的县衙为参照明清时期平遥县衙布局复原。

据明成化《山西通志》记载：“平遥县治在城内西南宣化坊，元至正六年建，国朝洪武三年主簿孙在明重建。”[①]元大德七年（1303）八月平遥县发生大地震，房屋倒塌20000余间，大部分县衙建筑在地震中倒塌。明洪武三年（1370）署理平遥县事主簿孙在明主持重建平遥县衙，为现存署衙中最早的建筑部分。此后大规模的增建维修共有十一次，分别是明万历十九年（1591）知县何其智将大门改修为砖砌门洞，于门洞上增

① 成化《山西通志》卷4《公署官宇附》。

修谯楼，并在县衙内东侧新修寅宾馆。万历二十五年（1597）知县周之度在县衙大门外东侧增修观风楼。万历四十七年（1619）知县杨廷谟重修大门、仪门、角门、大堂、内宅等，新修土地祠、观政亭、六科房、公廨房、县仓等。万历四十八年（1620）将牢狱围墙改为砖石结构，在仪门外修赋役房，衙门外东侧新修彰瘅亭、阴阳学、医学，西侧添修申明亭。衙署对面路西修筑管支马户、轿夫房、总补司房等。清顺治十二年（1655）知县汪丽日在衙署内东侧增修钟楼。乾隆十九年（1754）在县衙内东侧空地修建酂侯庙。乾隆五十六年（1791）扩建县衙内东侧的关帝、观音、火神合祀祠，祠西侧增修壮班正班房。嘉庆六年（1801）在壮班房前增修影壁一座，在关帝、观音、火神祠前重修乐楼三间。道光七年（1827）重修关帝、观音、火神祠内院东西配房，外院增修壮班西班房。光绪五年（1879）知县恩端整修县衙东花厅。光绪七年（1881）知县锡良整修二堂、耳房及东西门子房，同时整修宅门东西耳房及花厅院南房、东房等。[①]民国元年（1912），平遥县衙改称县公署。今天对外开放的平遥县衙博物馆是以明清县衙为基础复原的建筑。

平遥县衙坐北朝南，呈中轴线对称布局，南北轴线长 200 余米，东西宽 100 余米，占地 26000 余平方米。平遥县衙的建制严格遵循封建礼制，呈左文右武、前朝后寝的格局。县

① 参见光绪《平遥县志》卷 2《县治》。

衙大门对面有一处照壁，取风水中“吉气曲，煞气直”的说法，修照壁来避免煞气相冲，让祥瑞之气婉转而入，具有挡风驱煞的寓意。中轴线上一共有六进院落，从南到北依次为大门、仪门、大堂（又名“亲民堂”）、宅门、二堂（又名“忠爱堂”）、内宅（又名“勤慎堂”）和大仙楼。根据县志记载，东侧线从北到南依次为花厅、粮厅、酇侯庙、土地祠、观风楼、钟楼、彰瘅亭等；西侧线从南到北依次是牢狱、公廨房、十王庙、洪善驿、督捕厅和马王庙。目前中轴线和东侧线建筑已基本复原。

仪门外之东西两侧各七间窑洞为赋役房，是收取赋役钱粮的场所。东西赋役房以北还各有一间小房间，东侧是厨灶，西侧是碳房，供衙役们日常煮饭烧水。仪门是进入县衙的第二道门，也是整个县衙中最为雄伟壮观的一道门，是一座强化封建礼制的建筑物，建于明万历四十七年。古代社会进入仪门的规制分明，平时中门保持关闭状态，只有在平遥县令出巡或迎接重要宾客，以及重大节日庆典的时候才开放，平时开放的是东门和西门。平时县衙里办公的人员就从东门出入。西门离监禁犯人的监狱很近，因此在提审犯人或押解犯人时一般从西门出入。这种出入规制体现了东尊西卑的封建礼制。

大堂前东西厢为吏、户、礼、兵、刑、工六部科房，总称“六部房”，同样按照左文右武的原则，东边为吏、户、礼房，一般由县丞分管；西边是兵、刑、工房，由典史分管。清代中期以后，县级六房不再单设机构，但吏员对六房之事仍各有专司，衙署中的各种档案、账簿、器物等仍按六房分类分别存放保管。

大堂为五楹厅堂，中间三楹为公堂，正中后方屏风上面绘制着山水朝阳图，赋予山正水清、青天白日、正大光明的寓意。屏风前为暖阁台，县令办理大案要案就端坐在暖阁之上。大堂内东西两侧分别为钱粮库和武备库。大堂外东侧是赞政亭，知县常在这里接待各里坊耆老、乡绅等地方上有名望的人和告老还乡的官员等，以示体恤民情，实则往往成为官吏与地方势力结盟之所。大堂外西侧是銮驾库。明洪武年间“迎接诏赦仪”规定：“凡遣使开读诏赦，本处官具龙亭、仪仗、鼓乐，出郭迎。”[①]因此各级地方政府都要准备迎接和导引“圣诏”的龙亭和仪仗，一般仿制皇宫之銮驾，平时不用，存放于銮驾库。迎接诏赦仪清代仍沿用。

大堂背后为二堂，是一处四合院落，同后面内宅相通，所以二堂院门也称宅门。知县除每日上午辰时升大堂署理公务外，其余时间主要在二堂办公，包括处理日常公务、召见下属、询问案情、会见来客等。二堂内东西耳房分别为简房和招房。简房为县丞的办公处所。县丞即县衙的二把手，为辅佐之官，主管文书档案、仓库、粮马、征税等等。招房为主簿房，主管户籍、缉捕文书等。清代不设主簿，这里成为典史的办公场所。明清时期典史无官品，即未入流。虽然典史职品低，但

① 《明史》卷32《礼志十》。

一般都由地方上有声望的人来充任，俗称衙门中的四爷。有时知县外出或在封印期间就由典史代行职权，使典史的权力更加膨胀。

穿过二堂即为内宅，内宅是明清时期知县的生活区，正房五楹，中间三楹为客厅，两侧套间各一楹，为书斋及卧室。据《清稗类钞》记载，明清两代知县一律易地为官，不得携带家眷，至清乾隆年间，皇帝才诏令此规可破。内宅的正房为知县的书斋和卧室。东、西房为客房，有上级莅临或同窗、同科、同年等来访，可做暂时留宿之所。但上级送公文的信使，只能送至二堂，不得步入内宅，他们只能在寅宾馆或公馆食宿，这也是封建等级制度的体现。

平遥县衙中轴线上的最后一座建筑是大仙楼，上面供奉着守印大仙——狐仙。大仙楼是平遥县衙中仅存的一座元代建筑物，原名观云楼，据说是知县观察天气云晴之所。清代改称大仙楼，供奉传说中的守印大仙——狐仙，希冀其能制服其他妖魔鬼怪，保佑仕途平安。

第二章　山西署衙碑刻

刻石记言、记事、记功是中国古代石碑的主要功能，把文字镌刻于青石之上相较于纸张也更容易保存。山西署衙文化就有很大一部分以碑为载体保存了下来。

第一节　修建署衙碑铭与古代官署的建置

古代署衙的修建秉着“顺乎天而应乎人”[①]的理念，要请堪舆家相地，选好吉地后，再选择吉日动土。历史上署衙的修建一般是在府、州、县等行政区初建之时，此后增建则不常见。署衙的修葺则大多为大规模战乱或大地震之后，或者是在百余年未经修葺，破败不堪、损毁严重的情况下进行。古代不常维修署衙可能与修衙门会靡费钱粮，轻则有损清官名声，重则造成府库亏空有关。这样一来，署衙里面遗存下来的或文献典籍中保存的有关署衙重修的记载就显得弥足珍贵。

---

① 黄寿祺、张善文撰:《周易译注（新修订本）》，上海古籍出版社，2018 年，第 542 页。

一、宋《潜心堂记》与绛州衙门的修葺

《潜心堂记》碑，北宋宣和三年（1121）九月一日立于绛州州衙仪门。碑身高 202 厘米，宽 92 厘米。碑文由当时绛州知州李皓撰写，记载了他在河东转运使魏伯文的支持下修葺绛州州衙的经过。今碑已佚，碑文收录于《山右石刻丛编》卷十八。兹将碑文抄录如下。

潜心堂记

绛守园池以樊记闻天下。间有能者，增损润色，以饰所好。用是数百年间，遗迹具存，抑亦文人才士摛绘章句，称道不绝之力。独守居室荒秽不治，正寝倾颓，仰见星斗。余宣和三年春来视郡事，急其所先，曾未暇及。夏五月，修撰魏侯伯文以漕计按属部，馆于郡斋之新亭。一夕，雨甚，至雷电走屋中，起而曰：“嘻！孰谓二千石之居乎燕处超然，殊异所闻。”乃捐金四十八万，曰：“凡系于公者，以次葺之。”于是，先其所甚，支倾剔蠹，而旧寝以完，民初弗知也。寝旧名黄堂，再构于天圣辛未，逮是九十一载，或者曰：“斯堂之葺名嫌，盍去诸？”余曰：“然堂之东偏，侧室也，前守咸处其妻孥。兹正寝也，为斋居燕适之所，陈书籍图查，以训其子系，余无改焉。谓之黄堂者，是欲招致贤客，图回政事，意则美矣。余当以潜心榜之。”

或者曰:“请问其目。岂公以诗书临郡事，退食之裕，砥砺不忘，必欲如子云所谓乎?岂公正身率下勋僚，属训子弟，欲不负其初乎?岂公不以台池楼观为乐，而笃意民事乎?岂公志远趋高，日夺以事，向道有未致乎?不然，何命名之旨若老生之常谈者?”余曰:“客之言美矣。非所敢当且少而学焉，亦非所敢避为郡之乐。虽有闻于古人朝则听察，昼则访问，夕则决事，夜则安身，未有己怠而人勤，己枉而人正者。不治其心，其如身何?有酒在樽，有景在辰，有音在耳，有乐在宾。放猿讵收，逸马讵驯，潜惟伏矣。本在守身，过此以往，盖未暇论客之所云，诚非所敢当且少而学焉，亦诚非所敢避。”客曰:“唯，敢请以记。”

宣和三年辛丑九月一日

朝请郎知军州事李皓云

男文中奉命书

朝请郎通判军州事张旗题额

胡子渊刻

古绛州治所在今运城市新绛县。绛州州衙始建于唐代，其考古遗址总面积约 6300 平方米，分南、北两区域，有唐、宋、金、元、明、清六个历史时期的建筑基址遗存。现存绛州州衙建筑群由大堂、二堂、绛州三楼和绛守居园池组成。其中大堂的现存建筑为元代重建遗构，是全国目前保存最完整的三座州衙大堂之一。大堂面阔七间，进深八椽，单檐歇山顶，为了扩大堂内的面积，大堂使用了减柱法。全国州衙正堂规制通常为五间，而绛州大堂却是七间，说明当时绛州的地位极为重要。大堂内北墙壁嵌有一块宋真宗赵恒御制石碑——“文臣七条”碑，碑身高约 120 厘米，宽约 73 厘米，是宋朝著名的廉政戒律。大堂左右各有一排厢房，明清时期称为六科房，现在为文化展厅，主要展示唐代州府的吏治文化。大堂后面是过厅，古代衙役听差、宿卫主管、传达讯息的场所。过厅之后是二堂，是州署内官员日常接待、临时休息以及幕僚议政的地方。绛州三楼指钟楼、鼓楼和乐楼，位于绛州大堂东南侧。一般衙署只有钟、鼓楼，绛州独有三楼，也是比较罕见的。钟楼始建于北宋乾德元年（963），元明清三代均有重修。台基高耸，楼身四面券拱门洞，十字歇山顶，内悬一口金天德三年（1151）铸造的万斤重铁钟。乐楼位于钟楼东北，明洪武年间重修，台基高约 2.5 米，上下两层皆可演戏。楼前有一条长长的依地势而建的石板坡道，是当年通往州衙的必经之道，因此俗称衙坡，坡上镶嵌七颗圆形的石头，故又称七星坡。衙坡顶端即鼓楼。鼓楼创建于元至正年间，明清两代皆有重修。楼身三层，底层宽五间，四周有围廊，二、三层均为三间，歇山顶式建筑。绛守居园池位于古绛州州署后面，始建于隋代开皇十六年（596），是古代供绛郡太守（或绛州刺史）、家眷及其他官员休憩游玩的地方，是我国现存唯一的隋代官方园林，也是我国北方较早的、保护完好的园囿建筑之一。绛守居园池东西长 174.9 米，南北宽 95.45 米，总面积为 16594.21 平方米。唐宋时期不断对其进行增修完善，许多文人墨客到此吟诗作赋。《潜心堂记》碑中所言“绛守园池以樊记闻天下。间有能者，增损润色，以饰所好。用是数百年间，遗迹具存，抑亦文人才士摘绘章句，称道不绝之力”即为明证。

据碑文所载，北宋宣和三年（1121）朝请郎知军州事李皓到任绛州后，看到虽然绛守居园池屡屡有人修缮，但是绛郡太守居住的地方却是破败不堪，“独守居室荒秽不治，正寝倾颓，仰见星斗”。由于忙于公务，后寝修建之事无暇顾及，就暂时搁置下来。五月，河东转运使魏伯文由于漕运之事来绛州，住宿在郡斋之新亭，有一天傍晚恰逢大雨，“雨甚，至雷电走屋中”。见此情景，魏伯文捐金四十八万让依次修葺官廨。后寝原名黄堂，北宋仁宗天圣九年（1031）重建，宣和三年修葺完工后，李皓认为“黄堂者，是欲招致贤客，图回政事，意则美矣。余当以潜心榜之”，故将其更名为潜心堂。

另据清康熙版《绛州志》卷一《廨宇》、中华民国十八年（1929）版《新绛县志》卷八《营建考·官署》和《三晋石刻大全·运城市新绛县卷》补充宋以后至明清时期绛州州衙的修葺经过：金大定二十三年（1183）绛阳军节度使韩锡重建绛州州衙南门。明洪武九年（1376）知州顾登修缮官治。明成化六年（1470）知州言芳修缮堂后次公楼、楼北知州宅、宅北花萼堂。正德十六年（1521）知州李文洁建清观楼。万历五年（1577）知州屈大升建南厩、牧马神祠，正东为鼓楼门。明万历十八年（1590）知州白壁建仪门外东寅宾馆、富公祠、土地祠，西有狱、酂侯祠、狱神祠、大门外牧爱坊。清康熙七年（1668）知州刘显第重修坤正堂，堂前卷棚，东西库厅及吏舍三十间、仪门甬道、寅宾馆南塞门牌坊、富公祠、土地祠俱焕然一新。雍正十二年（1734）知州童绂在大堂甬道中间建敬畏坊，在二堂西建课花厅。乾隆十八年（1753）秋因雨久半圮，知州张成德重修署衙，次年在二堂西建清漪堂。光绪四年（1878）知州陈世伦以工代赈重修大堂。光绪二十五年（1899）知州李寿芝于绛守居园池遗址周边修垣，重加建筑亭榭渠塘一如旧制。同治六年（1867）知州沈钟修东书房院、课花厅、清漪堂。

二、元《程荣碑》与霍州署的修建

霍州署大堂北墙东侧镶嵌着一块元太宗九年（1237）的碑，青石质，长方形，高 70 厘米，宽 90 厘米。碑文记载了当时宣差提控平阳太原两路桥道霍州长官程荣的事迹，与霍州州署的营建有关。现将碑文抄录如下。

> 长生天之力中，皇帝福荫里，拔独大王令旨：扎鲁火赤那延塔剌忽歹劄付，行中书省胡丞相、宣差平阳路都达鲁花赤薛阇官人，一同商量了呵交程荣充霍州长官，复立城池，起盖公廨，通管霍邑、赵城、灵石、汾西、岳阳五县署事勾当依奉外。

窃以霍山屏峙，造父之封存；彘水环流，吕生之邑在。当魏曰永安郡，迨隋为吕州，藩镇传今，历年也远，胸襟复古，何代无人？有长官程公者，平阳灵瑞安生里人也，讳荣，字显之。少娴武略，交结雄豪。本县介于汾霍之间，两路喉襟，虽当平世，犹多艰阻。贞祐已后，兵革连年，择木之鸟无归，弄兵之盗孔炽，县庭不守，驿路难通。庚寅冬十月，车驾南征，经过鲁班缠一带，御揽得最系河东冲要关隘，命公为元帅，掌领太原路军兵，监修桥道，复立本县，防送往来使客，只应大军，交通商旅。以数载守御无虞，朝廷嘉美，宣降金牌，赐名纥缠国勾当。又甲午秋七月，重受皇宣，特委提控平阳太原两路桥道。丁酉春正月，奉前件扎鲁火赤那延劄付，复立霍州。当是时也，仓无见粮，市无片瓦，公授任而后，即以已之饩牵馆谷使客，外顾命水工伐运材木，经始公廨。又能悦以使民，人无遗力，亲劝良匠，木无废材，以至于市肆屋宇焕焉一新，其庶乎不日成之功也。意者使百世之下，见其城市廨宇者，佥曰程公所建，英声茂实，垂芳于不朽。勉依实录，姑记其大略而已。至于财用之资，椽间之数，有司所存，此乃略而不书。

丁酉年十月二十一日立石

宣差提控平阳太原两路桥道霍州长官程荣

丁酉年，即元太宗九年，公元1237年，南宋嘉熙元年。

元政府任命程荣为霍州长官，重建霍州城池，营建霍州公廨。据碑文可知，元初霍州辖霍邑、赵城、灵石、汾西、岳阳五县。到了《元史》卷58《地理志》中霍州下仅领霍邑、赵城和灵石三县。汾西、岳阳二县已改属平阳路。

金贞祐南迁以来，兵火连天，霍州署失守。庚寅年冬，即元太宗二年（1230），太宗木亦坚汗车驾南征，以程荣为元帅，掌领太原路军兵，监修桥梁道路，方便往来大军和商旅使团。程荣因功还被赐名。甲午秋，即公元1234年，元宋联军灭金，程荣任提控平阳太原两路桥道。提控，元代官员的尊称。程荣负责掌管平阳路、太原路的桥梁道路。丁酉春，即太宗九年重置霍州，于是程荣负责主持营建霍州州署。现在霍州署遗存下来的元代建筑大多是程荣主持营建霍州公廨时的留存。

三、元《霍州创建公宇记》

霍州署大堂西墙上镶嵌着元大德九年王士祯撰写的《霍州创建公宇记》碑碣。碑青石质，长方形，高63厘米，宽70厘米。碑文记载了元大德七年霍州大地震后，监州失刺不花、知州李伯渊、同知石思仁等重修霍州署之事。兹将碑文抄录如下。

霍州创建公宇记

本州道判裴道常书

圣元一天下，虽荒陬远郡，往古之不能臣者，莫非政令之所及，故命宗室之近者，王重地以宁远人，岁终朝觐往还，而霍郡适当其冲，于是以郡廨蹑为行邸。且虑其隘陋，不足以容，散入闾井，以为民病，故为广其堂室，多其廊庑以居之。迄大德七年秋仲六日，值地道失宁，民居官舍，震撼摧压，荡然无遗。越明年秋，监州失剌不花、知州李伯渊、同知石思仁、州判赵拜要相为谋曰："天变之后，民未宁处。虽吾辈之居，仅足以容膝，但免于露，亦已多矣。惟是廨舍为理民之所，且宗室之过者寓焉，营建之务，孰及于此？"是故俾所隶三邑，分集其事，正堂五楹，灵石治之；挟堂为舍各三楹，赵城治之；霍邑治其两庑，旧各十楹，今辍其五，俟其稔岁议之。命主灵石薄孟祐兼量其役，基构甫兴，今监州失剌不花至郡，憾始谋之不及，莅其事益勤，落成于大德九年夏四月，俾予记之。予忝居学职，不敢以拙陋辞，故为书其始末如此，使后之来者得以览焉。知经构之所自。是年岁在乙巳，夏孟既望。州学正河内王士贞记。

大元大德九祀清和晦日立石

据这通碑文可知元大德九年重建霍州署的缘由。霍郡地处冲要，是大元边地宗室重臣朝觐中央的行邸所在。这里不仅是霍郡公廨，是理民之所，也是宗室过者之寓所。从大德七年"民居官舍，震撼摧压，荡然无遗"的大地震后，当时在任官员监州、知州、同知、州判等共同商讨重建官署事宜，并责令灵石、赵城、霍邑三处负责共建。由于经费有限，两庑只修五处，其余坍塌损毁的五处等岁收丰盈之后再行商议。到大德九年公廨营建完毕，立碑记其事。元大德九年的《霍州创建公宇记》为我们了解元代霍州署的地位、宗室朝觐制度、地方官职、自然灾害史等，提供了重要的实物资料。

四、元《重修廨宇碑文》与孝义县衙的修缮

元代孝义曾大修公廨，并在公廨修缮完备后立碑记其修缮始末，然可惜的是此碑不知何时已亡佚，幸其碑文见存于清乾隆三十五年（1770）《孝义县志》。兹将碑文抄录如下。

重修廨宇碑文

元　王元弼

夫廨署之建，原自古以迄今。虽兴废有时，稽其历谱，则可见矣。粤自周武王伐纣，封大臣高于毕，以是为姓。其后裔毕万，事晋献，乃赐万为魏大夫，即今西河属郡也。万世孙文侯斯，列国于魏。当时天下有七雄，魏居一焉。迨乎曹魏立西河国，分此城名中阳县。后又元魏孝静帝武定元年，烽燧有警，大城不保，移筑子城西北隅，迄今七百五十余岁矣。当时卜地建宇，即今之重修者也。历唐贞观元年，邑人郑兴以孝闻于朝廷，因改中阳为孝义。以其世代旋更，岁月绵远，至于戊寅，皇朝开创，天

兵拔县，廨宇悉为灰烬。己丑岁，宣差完颜忙荅、李大荅木来抚是邦，建住宅于廨之旧址，于今六十余岁。其间继是任者多矣。睹兹遗迹，或知而不问者有之，问而不谋者有之，谋而不为者有之。及乎至元丙戌，新迁达鲁花赤阿散，县尹王恕、簿尉周备等，下车以来，侨居民舍，或听政于驿馆，或决狱于神祠，莫不肃然而叹。因谋同僚，各割己俸，不足，仍醵众庶。明年二月，乃成南北堂，东西二厅，计一十六间。又创牍房、门楼、狴犴。俾旧者新之，卑者崇之，阙者完之，少者增之，乃卜吉日，移司于内。遂使政有居，退有寝，庶民有观瞻之肃，簿书得扃钥之严。四望旷远，灿然一新，岂不快哉！邑人之士，忻然相谓曰："先后迁官不可胜数，苟延日月，秩满而去，未有一言及此者。公来能复兴之功，不诚伟与！"高嵩辈丐余为记，固辞不已，勉以俚语纪其实政如此。

碑文第一部分介绍了孝义县的历史概况。周武王推行分封制，把大臣高分封到毕，高之后人即以其封地毕为姓。春秋时期，晋献公赐毕万为魏大夫。曹魏时期，在此置中阳县。不过碑文中也有错讹之处，曹魏并没有设立封国，这里不应为西河国，而应改为西河郡。西晋建立后，为了强化诸侯王的实力，推行郡国并行制，才以西河郡置西河国，治离石县。西晋永嘉元年（307）中阳县省入隰县。北魏太和十七年（493）置永安县。东魏孝静帝武定元年（543）县治迁于今址。

唐贞观元年（627）永安县更名为孝义县。碑文记为将中阳县改为孝义县，记载有误。

碑文第二部分记载了元朝修建孝义县公廨的原因和经过。“至于戊寅，皇朝开创，天兵拔县，廨宇悉为灰烬。”1271年，忽必烈取《周易》中“大哉乾元；万物资始，乃统天”之意[①]，改国号为元。元朝建立以后的首个戊寅年，应为1278年。1278年，元军攻陷孝义县城，公廨尽毁。“己丑岁，宣差完颜忙苔、李大苔木来抚是邦，建住宅于廨之旧址。”“己丑岁”是1289年。时隔11年之后，完颜忙苔、李大苔木任职山西才在孝义县衙门的原址上重建住宅。此后六十多年，并未有任何营建举措。“睹兹遗迹，或知而不问者有之，问而不谋者有之，谋而不为者有之。”衙门破败不堪，一直持续了六十多年。直到元丙戌年，即1346年，在达鲁花赤阿散、孝义县县尹王恕、簿尉周备等人上任后才得以重建公廨厅堂。重修廨宇的经费来自于官吏俸禄和百姓的募捐。到1347年，建成南北堂、东西二厅、牍房、门楼和监狱。“俾旧者新之，卑者崇之，阙者完之，少者增之”，公廨为之焕然一新。

碑文第三部分记载了重修孝义县廨宇的意义，也即撰写此碑的原因。公廨营建完毕，占卜得吉日，迁到新址办公。新的衙门建置采纳了传统的前朝后寝格局，于是“遂使政有居，退有寝”。衙门是地方官僚机构的办公场所，修葺一新的衙门对

---

① 《周易译注》卷1《乾卦》。

于地方政府而言也算是一种体面和尊严。正如碑文所载："庶民有观瞻之肃，簿书得扃钥之严。四望旷远，灿然一新，岂不快哉！"从元至元十五年（1278）元军攻下孝义县到元至正七年（1347），将近七十的时间，此间除了完颜忙苔、李大荅木在1289年重建住宅外，将近六十年的时间里铁打的衙门流水的官，无人愿意捐资重修破旧的公廨。这可能与经费紧缺有很大关系。到达鲁花赤阿散等人访民情，在驿馆听政后，才做出捐资重修衙门的举措。建成之后，邑人之士，忻然相谓曰："先后迁官不可胜数，苟延日月，秩满而去，未有一言及此者。公来能复兴之功，不诚伟与！"中国古代的地方官一般不愿意营修公廨，大多担心的就是任期短暂，而维修耗资巨大，任内项目未能完成还欠下很多债务，实为下下之举，这也就成了很多地方衙门破败的原因。元至正七年孝义县《重修廨宇碑文》则从另外一个角度说明了公廨衙门在地方官吏和百姓心目中的地位，衙门文化也值得我们再思考。

五、明《创建潞州黎城县公廨记》

《创建黎城县公廨记》镌刻于明洪武六年（1373），原立于黎城县县衙大堂，现存黎城县文博馆。碑额上书"创建黎城县公廨记"，双勾线刻。碑身高192厘米，宽61厘米。兹将碑文抄录如下。

创建潞州黎城县公廨记

将仕佐郎潞州黎城县主簿临川严杞撰文

将仕郎潞州黎城县丞萧山□友南题额

潞州黎城县主簿青田林彦铭书丹

黎城县治古有之，元至正戊戌之变，僭窃分土者侵欲而不顾法，县遂疮痍，井邑丘墟，生民殆无存者。天厌丧乱，我国家削平海内，建极于中。洪武元年泽、潞、平，诏设官隶之。明年己酉春正月，以项城崔凤为黎城令，杞自通许改授于黎。至邑之日，瓦砾苍莽，百姓逃散，凶强啸聚，大军进讨，天创草昧之时也。于是营度经费，以躬率之。远近效顺，欢承争趋，旬日之间，寨破兵捷。乃宣明皇帝德化，大新其典，凡事有约，从宜致治。流亡既来，忧危渐泰。复置版籍，收集丁口，赋税毕具，田野安宁，雨旸顺调，岁益有秋，民有余力，始建官治公厅曰“悦来”之堂，外门曰“抚治”之门。厅之左曰“清简”，官属之所燕息；右曰“莲幕”，长司之所隶事。东西廊房各十间，吏、胥、簿、书之案也。厅之后为堂三间，房二间，左右屋六间，以待宾使也。仪门三间，以通往来，旁屋六间，以贮什物。门之东，土地祠三间。正东建立按察分司衙一区，为室一十六间。公廨之后，知县宅为屋七，西偏主簿宅为屋五，典史宅为屋三，吏为屋各一。以楹数之得一百七十二。鼓楼则因其旧，钟楼则起而未完也。规模措置，悉遵朝命，按图而为之。至若顶帐仪仗之设，椅案帷座之奉，厨庖井湢之所，亦皆备具。是岁九月至明年三月而毕。夫以小邑归顺之初，生民安居之始，聿兴废土，气象宏敞，黝垩鲜明，视旧加伟。梁栋壮丽，而不知材木之所出；工徒扰弱，而不见徒役之所及。盖因废缺而移置之，劝其有余而补助之，此所以事不劳而民不扰，作有日而功有期也。斯言也，非夸美也，姑偖其实也。若夫行抚绥之政以安民，且有营造之令出焉，赋役之□□□，取之不中，民则相与诽且笑，而为政者恬不知之，则吏得以乘其奸而民重词矣。方且侈兴作之工以为美谈，虽不自怍于人，其于心得无愧乎？可不惧哉！余之才谫德薄，无所补益，得贤令尹主张而维持之，今既得代黎之民与邑士掾吏，咸请志其本末，以纪诸石，俾后之来者庶知开创所自也。噫，余然后知其无愧于黎矣。于是乎书。六年癸丑闰十一月望日记。

洪武六年闰月吉日　将仕郎潞州黎城县知县崔凤　吾儿峪巡检邓德等立石

时监工吏张如　□滋　杨直　韩进　范□　王通　杜荣　苏舟　东维纲　张文诚　王复□

石工　王进　赵伯祥刊

碑文内容可以分为三部分。第一部分介绍碑名、撰文、题额和书丹者的官职及姓名；第二部分为碑文主体，记载了明洪武六年修建公廨的背景、营建工程内容和纪事称颂铭文；第三部分为立碑时间、立碑者、监工和石工的姓名。第一部分和第三部分官职里有将仕佐郎和将侍郎，这些都是文散官的官名，明朝时将侍佐郎为从九品初授之阶，将侍郎为正九品初授之阶。

黎城县自元末大乱以来，满目疮痍，井邑丘墟，生民殆无存者。明洪武二年（1369）正月，朝廷任命河南项城人崔凤为黎城县令，严杞为黎城县主簿，率军征讨，旬日间攻下城池。崔知县在废墟之上重建黎城成为当务之急。一方面宣扬明朝皇帝德化，大新其典，凡事有约，从宜致治。从制度和舆论方面做好新政权的宣传和治理工作；另一方面招抚流亡之人，安抚子民，复置版籍，收集丁口，既稳定了社会秩序，又保障了国家赋税之源，从此田野安宁，忧危渐泰。秋收以后，民有余力而官有余财，于是创建黎城县公廨。黎城县衙布局严谨，结构完整，历时七个月完工。中心建筑为办公厅悦来堂，即大堂，左右各有一间厅作为官吏休息和议事之处，东西廊房各十间为科房，厅之后为堂三间，房二间，左右屋六间，以待宾使。仪门三间，以通往来，旁屋六间，以贮什物。仪门东侧为土地祠三间，正东建立按察分司衙一区，为室一十六间。公廨之后，知县宅为屋七，西偏主簿宅为屋五，典史宅为屋三，吏为屋各一。此外还修建了厨庖井湢等生活必备之所，一切布局结构都是按照县衙规制而来。整个县衙营建“事不劳而民不扰，作有日而功有期”，受到了黎城县官吏百姓的称赞。“黎之民与邑士掾吏，咸请志其本末，以纪诸石，俾后之来者庶知开创所自也。”于是立碑记其事。清康熙版《黎城县志》卷3《名宦》条，崔凤因任内创修颓废邑，渐以治而升直隶大名府同知。

六、明《重修太原府公署记》

明万历《太原府志》卷23《艺文》收录了明《重修太原府公署记》，原碑早已不存，兹将碑文抄录如下。

> 自逾太行迤北抵云□，恒岳盘其东，大河堑其西，环地数千里，介乎周秦燕赵之间者，晋之故疆，而今天子以封诸王所谓山西者也。属府州邑百余计。观其山川之雄邃，风气之绵厚，城郭之坚完，原隰之沃衍，有因高节夷、固外宅中之势。盖太原为第一郡，故国都所建，藩省所治，武卫风纪所司，咸于是乎在，宜不与他郡等。朝廷往往择所守，率难其人。洪武五年秋，山西省以守臣阙，伏闻诏以朝列大夫、同知平阳府事、淮西胡公继进阶中顺大夫，知是府。
>
> 始公之至，以清谨端正为治。轨吏民于大法，剔蠹搜弊，离纷决壅，处以笑谈。不数月政以和，上官莫不嘉之。公惟府治之废也久，荷托署他所，地偏屋卑，不即为图以新厥观，于我国治谓何。乃讽于众，曰：“宜。”遂营于省治之西百步许，辨方正位，面通衢，背崇墉，拓基聚财，百工偕作，始于是月之某年，明年某月告成。听政有

堂，退思有室，推谳有厅，宾属有幕；庑分六曹，门设重扃，与夫廨地、仓库典狱之所，一如制式。气象聿新，过者竦然若啧啧不舍去。五月某日，公移署新治，而僚佐、宾属及郡有司、邦人士凡执事者交贺毕，合乐以享于庭。公若曰："噫，来汝众。予承天子命，牧此邦三州十九县之人，人之利害休戚悬于予。予敢不祗慎乃心，以荷天宠，以敷宣圣天子德化，而与若等事事乎！予誓：'自今凡我在位君子洎若等，入斯门，行斯廷，以登斯堂者，其尚洗厥心，新乂厥德，毋忘天汦，毋替天职，毋苟天而下辱斯地乎！'"众唯唯而退，皆相励自慎。且愿立石，以着公绩，示永久，爰属记从事。某窃惟皇帝既新厥命，以礼乐教化附陶天民，守令于民为最亲，故新民之效责守令。此宜公于创新治宇之初，谆谆然诫于众：是将去旧以即新，新其德以新教化，新教化以新民俗。岂若务新耳目之睹听、气体之居养者而然哉。民俗既新，斯无负圣天子责任之重矣。山西诸郡，抑不有闻风而兴都欤？吁，今之为牧伯得如公，落落百数辈，参错天下，皆用若是，何愧夫古良二千石乎！故予不辞而为之记。

虽然碑文末尾没有具明立碑时间，但据碑文可知，此碑立碑时间可能为明洪武六年。碑文记载明洪武五年（1372）秋，山西省以守臣阙，诏以朝列大夫、同知平阳府事、淮西胡公继进阶中顺大夫，知是府。又据清乾隆版《太原府志》记载：

"署在阳曲县东。明洪武五年知府胡继建叶砥记，嘉靖四十年知府于惟一,万历三十七年知府关廷坊重修。"[1] 按胡继于洪武五年上任，由于元末明初大乱，太原公署年久废弛，"托署他所，地偏屋卑"，于是知府与各位官吏共同议定营建官署，"百工偕作，始于是月之某年，明年某月告成"，说明太原公署于洪武六年建成，并于五月某日移署新治。营建一新的太原公署规制严谨，布局完整:"听政有堂，退思有室，推谳有厅，宾属有幕；庑分六曹，门设重扃，与夫廨地、仓库典狱之所，一如制式。"《明史》载:"太原府元冀宁路，属河东山西道宣慰司。洪武元年十二月改为太原府，领州五，县二十。"[2] 然据此碑文，胡公言"予承天子命，牧此邦三州十九县之人"。可知，太原府的行政区划在明代不同历史时期也是有过调整的。

七、明《重修布政司公署记》

山西布政司，全称为山西承宣布政使司，是明清时期一级行政区，辖今山西省全境和河北省部分地区，其衙门驻地太原府。山西布政使司在明代有过重修，明人镌刻《重修布政司公署记》，惜原碑已佚，碑文见载于明万历《太原府志》卷 23《记序》。兹将碑文抄录如下。

---

① 乾隆《太原府志》卷 12《公署》太原府条。

② 《明史》卷 17《地理志二》。

山西古冀州地。若太原，则唐虞之甸服也，汉唐以来，皆为巨镇。国朝宗亲之府，藩臬之司，军卫之帅，皆于是乎设。而布政之署在府治东，洪武初即元行中书省尔改建。岁月之久，荐至倾圮，官守继承，虽屡缮修，然亦补罅饰隙而已。弘治丁巳，益都陈君清为布政使，天台潘君祺为参政，节用积财，调食鸠工，兴大建之谋。然后堂、仪门、外门及一二廨舍仅立，而陈君陟都御史去，且连值兵荒，遂尔停寝。

逮岁壬戌，潘君迁左辖，边警靖谧，而时亦丰稔，于是复举前议。既请允于巡抚魏公、巡按蓝公，又审诸参政任君弘、杜君忠、毕君孝，参议王君纬，斟酌事宜，规画制度役用。诸在公不以妨农费取诸帑藏，不以病民拓其堂基、开其庑地，不威而人从，不迫而事集，不半岁而完美。堂之为楹若干，庑之为间若干，隍阶严正而廉隅整饬，栋宇峻起而檐阿华彩。信所谓如竹之苞，如松之茂，如鸟革而翚飞也已。工始夏四月，讫秋九月。方落之际，而右布政使吴君度、参政曹君凤，各捧除书来莅，嘉潘君之能事，而嘉兹署之有成。于是相帅谒予为文，以勒赠石示永。予辞不获，为之，言曰："昔人有记政事之堂云'斯堂能易人非，能易人位。'夫堂，木石之为也。胡能非人、罪人哉？顾位乎此者，或汩于道，有愧斯堂，自为清议所不归耳。诚使登斯堂以发其政，必正其身，必忠其事，必执国是，不以所畏所欲而渝，于上有辅，于下有惠，如吾潘君之今日，则于斯堂为光，声开以彰显，庸自不能外之，堂胡能荣辱人哉！昔召公布文王之政，尝芾甘棠下。后人不忘其德，因爱甘棠而不忍剪伐，况所事之堂乎。然则他日君应召去，睹兹堂庑，仰慕君德，不有如《甘棠诗》人之不忘乎？故记之以俟讫工。”

据碑文可知，明代山西布政司衙门位于太原府府治之东，洪武初年在元行中书省基础上改建而成。弘治丁巳，即明孝宗弘治十年（1497），距离明朝初建已经有一百多年，山西布政使司衙门的很多建筑年久失修，已然倾颓。时布政使陈清与参政潘祺共谋节省开支积蓄资财修建公署，然由于资金有限，仅部分建筑如后堂、仪门、外门及一二廨舍得以营建。之后随着山西布政使陈清官职迁转，加上明代边境鞑靼连年袭扰，兵荒马乱，衙门的营修事宜也停滞下来。壬戌年，即弘治十五年（1502）边境战事告一段落。边警靖谧，物阜年丰，于是在潘祺倡议下再次商议营修衙署之事。如碑文所言：“请允于巡抚魏公、巡按蓝公，又审诸参政任君弘、杜君忠、毕君孝，参议王君纬，斟酌事宜，规画制度役用。”魏公即魏绅，字廷佩，兖州府曲阜人，弘治十一年（1498）二月己卯至弘治十六年（1503）七月壬戌任山西巡抚。巡按蓝公即蓝章，字文绣，号大劳山翁，山东即墨人，弘治十四年（1501）至弘治十六年巡按山西。工程从弘治十五年四月开始，九月竣工，历时五个月。完工后，右布政使吴度、参政曹凤等请勒石纪事，遂有此碑。碑文最后指出，政事堂、大堂等建筑皆为木石之作，并不能让人为非作歹，使人作奸犯科。能够端坐朝堂之上的官员“必正其身，必忠其事，必执国是，不以所畏所欲而渝，于上有辅，于下有惠”。此言正是为官之道。山西布政使司公署得以重修，潘祺功不可没，因此碑文末尾盛赞潘公功德“睹兹堂庑，仰慕君德”。这篇碑文中，不仅概述了明代山西布政使司公署的兴建史，而且涉及弘治年间的边患问题，阐释了署衙长官的为官之道。篇幅不长，但内涵丰富。虽然原碑已佚，但通过解读碑文对明代山西布政司公署的历史以及明代的吏治文化有了更加鲜活的认识和了解。

八、清重修解州公署碑记

运城市盐湖区原解州公署旧址有两通清朝增修解州官署的碑，一通是清康熙元年（1662）的《重修解州公署记》，碑文记载了解州公署年久失修，损坏严重，在知事吕兆璜主持下进行了重修，使公署面貌大为改观；一通是清康熙六十年（1721）刊刻的《鼎建州署合郡颂德碑记》，记载了知州陈时重修官署的始末。兹将康熙元年《重修解州公署记》碑文抄录如下。

重修解州公署记

解州之设也，自隋大业以来，废兴不可得考。至明而刺史洪公范、张公钺、程公观、赵公忠辈，次弟开拓，而厅事幕宇始宏敞。公度其最后更新之者，则王公惟宁，盖嘉靖丙辰岁也，迄今一百有七年矣。其间兵火频仍，吏民疲竭，莅兹土者，目为传舍，秩满则去。罔事修葺，风雨之所飘摇，鸟鼠虫豸之所蠹蚀，日就隳坏。余自顺治辛丑十月奉命，来典是邦。入其门而见，偃然以欹，登其堂而见，隤然以圮。下溃上裂，日光穿漏，由兹出入者危之。不禁慨然曰："此守土者之责也。"夫天之生斯民也，使司牧之，固将绥民以安，非曰劳民自逸，然事有一劳而永逸者，君子必举焉。迄今不为，恐后虽更倍其劳，而势有所不可及也。传曰："雨毕而除道，水涸而成梁，清风至而修城郭宫室。"况乎公庭者政令之所自出，官吏之所自跻。钱谷图籍之所自寄，而乌容因循，玩愒寻至废弛哉。里老进曰："往例修者合五邑之力，以供事故，事易举焉。"自五邑罔克赴工，而州之人不能独任署，是以废今议。修缮请征之余曰："嘻！毋庸也。刺史初至地方，不能勤宣德致，以镇抚民人，而远征工作是重，劳百姓而开罪于我疆土也。吾闻因时变通者，□远近□□，惟当设法以修葺耳。"乃于庶政厘举之后，发谷米集予民，庀材鸠工。因旧增饰，毋费毋滥，其椽楹榱桷之朽腐摧折者易之；栋吻瓦甓之残缺者补之；廓庑之颓败，门缭之崩塌者兴筑之。十六里民各任一事，而董厥成。始于康熙元年新正之旬有八日，盖阅月而告竣焉。余乃率其僚属登堂环视，则向之偃然者，隤然者，莫不坚朴完固，焕乎改观。又不禁恻然曰："是役之成，民亦劳矣。"虽然欧阳公有云："事不患其不成，而患其易废。"故使前此而间修之，可以无坏；使继此而时修之，则亦不至于再坏。我愿后之登斯堂者，念民力之普存，惜前功之难废，毋伤财以厉民，毋玩时而弃事。俾我二三庶老，时和年丰既富且谷，偕其子弟而熙熙然长介于此堂也。则余所自勖，而并欲与诸君子共勖之。于是为记。

康熙元年岁次□寅春二月吉日

奉直大夫知解州事东垣吕兆璜撰

吏目杜浇臣□□　□□俞文龙　盐池□巡检章应□

官工乡耆　儒学学正张鸣阳　君后学刘曰宴书

碑文载："解州之设也，自隋大业以来，废兴不可得考。"其实解州设州并非始于隋大业年间。隋代没有设解州，当时称虞乡县。《隋书·地理志》河东郡条："后魏曰安定，西魏改曰南解，又改曰绥化，又曰虞乡。"[①]《旧唐书·地理志》河中府解县条："隋虞乡县。武德元年，改为解县，属虞州。"[②]《旧五代史·郡县志》河东道："汉乾祐元年九月，升解县为州，割河中府闻喜、安邑、解三县为属邑。"[③]据此，虞乡县在唐武德元

① 《隋书》卷 30《地理志》。

② 《旧唐书》卷 39《地理志》。

③ 《旧五代史》卷 150《郡县志》。

年改为解县，五代后汉时解县改为解州。解州之设最早始于五代后汉乾祐元年（948）。笔者根据宋、金、元、明、清各代正史地理志记载将解州的兴废梳理如下：宋代解州仍属河中府，领解、闻喜、安邑三县。金初置解梁郡军，后废为刺郡。贞祐三年（1215）复升为节镇，名宝昌军。兴定四年（1220）徙治平陆县，领解、平陆、芮城、夏、安邑、闻喜六县。元朝解州属晋宁路，州治所复移治解县。（后）至元四年（1338）并司候司入解县。明朝洪武初年，省解县入解州，领安邑、夏、闻喜、平陆、芮城五县。清雍正二年（1724）升解州直隶州，割闻喜易其垣曲，寻并隶绛，领安邑、夏、平陆、芮城四县。

碑文作者是奉直大夫知解州事东垣吕兆璜。奉直大夫是清朝从五品文散官。据清光绪《解州志》：“吕兆璜，河南新安县拔贡，顺治十八年任。”①碑文作者自称是东垣人。按东垣县乃晋孝武帝太元九年（384）分新安县置，位于新安县东。北魏孝文帝太和十二年（488）新安郡领东垣、西东垣两县。唐武德四年（621）东垣县省入新安县。故东垣为河南新安县之故称。

关于解州公署的营建，碑文记载：“至明而刺史洪公范、张公钺、程公观、赵公忠辈，次弟开拓，而厅事幕宇始宏敞。公度其最后更新之者，则王公惟宁，盖嘉靖丙辰岁也，迄今一百有七年矣。”说明解州公署至少从明嘉靖丙辰岁（1556）

① 光绪《解州志》卷5《职官》知州条。

王惟宁修缮以后，至清康熙元年（1662）未有营建，日就隳坏。因此吕兆璜上任后营修公署也成为迫在眉睫之必要之举。关于解州公署的营建史《解州志》记载比较详细，其中解州署的地理位置“在城镇山坊字民街北，南面”，又云“隋大业九年自解梁城移此，五代汉始置解州。治于解县之旧治，迁解县于州北，后废修不常，无考”。战国时有解邑，属晋邑，城址在解梁城，即今山西省临猗县西南城东、城西村之间。隋大业九年（613）将治所移至今址，置虞乡县，五代后汉改为解州。恰与前文解州沿革相照应。《解州志》还详细记载了公署营建情况：“元至正三年重修，学正郭从周记。明洪武四年知州洪范，八年知州鲁执中陆续增修，成化间知州张宁重修，成化末知州张钺始建后堂，弘治九年知州李溥匾曰梅花堂，十年建仪门三楹，十一年知州程观重建治厅五楹、仪门幕宇、吏舍皆拓其址，蒲州杨莹记。十五年知州赵忠重修改六房吏舍在仪门内东西分列。国朝康熙元年知州吕兆璜重修自为记，又于署中建楼五楹，学士乔廷桂记。五十六年知州陈时重建钟鼓楼、文明门、保厘坊，有记。乾隆二十年知州张镇重修衙署，建东槐树亭三间，又以后宅低洼培土筑基高二丈，缭以崇垣，改建后堂五楹。署后形势始振。乾隆二十六年知州言如泗合署内外更加修治，大门外环以木栅启二门，东曰六城保障，西曰两海屏藩，增筑坊基，重建保厘坊，往来车马皆从坊外经行，又修建文明门，署前规模益壮。统计衙署前后正屋凡七层，两廊吏舍凡十六楹，东为萧曹庙，庙左为官厅，州库在大堂西，监狱在仪门内，署东为来鹤轩，前后三层，共计九楹，又东为槐树亭三楹，署西为幕宇，凡三层，共计九楹，又西为蔬圃，即潺湲亭，旧址中为马王庙，厨房在川堂之东，转左即为后圃，有土地庙。”①这段记载除了补充康熙元年之后的解州署的营建事宜以外，即使康熙元年以前的事宜也可与碑文内容相互比堪，丰盈史实，为我们了解解州署的规模、布局提供了珍贵的资料。

此外，值得一提的是，很多明清时期的官员不愿意维修公署，但是吕兆璜上任看到颓废不堪的解州署，却指出修缮之事是“守土者之责也”，“迄今不为，恐后虽更倍其劳，而势有所不可及也”。在他的主持下，发放谷米征集百姓维修署衙，秉着“毋费毋滥”的原则，“其椽楹榱桷之朽腐摧折者易之；栋吻瓦甃之残缺者补之；廓庑之颓败，门缭之崩塌者兴筑之”。仅仅数月的时间就将署衙修葺一新，塑造出了一位不辞简陋、虽劳不怨、亲民勤政的好官形象。

解州署的另外一通碑《鼎建州署合郡颂德碑记》内容正好与《解州志》中“五十六年知州陈时重建钟鼓楼、文明门、保厘坊，有记”相互补充。然在光绪《解州志》卷十五《艺文》将此碑题目记作《重建州署碑记》，并载作者为介孝璇。介孝璇，字衡玉，山西直隶解州人，康熙三十五年（1696）举人。康熙版《解州全志》即当时解州知州陈时修，介孝璇纂。兹将

① 参见光绪《解州志》卷3《公署》。

碑文内容抄录如下。

鼎建州署合郡颂德碑记

盖不朽之功，有待而成，岂偶然哉！非积数十百年之久，则不一遇。幸遇矣，然非有人我一体之怀，家国一理之视。则不能引众人为一身，体国事如家事。而非仁心为质，引义慷慨。则亦不能轸恤民财，民力之艰，而独运乎经营况瘁之事。解之州署，在退思堂之后少西面，由来旧矣。有明孝宗时，州太守赵移西向，取便一时，然而非其正矣。经今二百余年，□□□□□□□漫不省兴革事，即奉檄文修葺。辄张皇文，具扰动里闬，因仍成规，快于袭功于身，而遗艰于后人者，数数然也。前岁己亥秋，恭遇州太守粤西陈公履任之六年，政成民安，百废俱兴，慨然曰："以一州为五县之表，而宅偏倾颓，不蔽风雨，可奈何？"爰按旧址构栋宇，相其形势，权其大小，以丽以坚，虽周饬家事不啻也。所费不赀，然而不费民一钱，不役民一力，木石区画，悉属公神明默运，前后左右为堂、为屋、为庭、为亭，大小九十余间。又修建仓库、廨舍等处，盖未几而轮换重光，告厥功成。噫！伟矣！诚不朽之盛事也哉。而且公之智达经权，才兼文武。于庚子仲春，奉文调赴西宁军前运粮进藏，克襄底定平逆将军等。……山西抚都院内开原领分内粮石，越历艰难，勤劳效力，全……道饬，知该员所领粮石，运磅□藏，支给官兵，有裨军务……嘉公劳绩，移檄褒奖。而且天助瑞雪，挽旱歉为丰享，非公之孚诚感召，而能若是乎？州人共戴公恩，颂公德，故因记建署之功，而并志焉。先是，公构“宜园”，继潺湲，均惠遗，意在旧宅之前数武，今拟旧宅为官厅，“宜园”为考院，尤见其区画美备云。公讳时，字逊修，广西临桂举人。

时康熙六十年岁次辛丑仲冬记。

陈时，字逊修，广西临桂县举人，康熙五十三年任解州知州。碑文云：“己亥秋，恭遇州太守粤西陈公履任之六年。”康熙己亥年，是康熙五十八年（1719），介孝璇与解州知州陈时相见。陈知州在解州政成民安，百废俱兴，慨然曰：“以一州为五县之表，而宅偏倾颓，不蔽风雨，可奈何？”恰如范仲淹在《岳阳楼记》中所言：“庆历四年春，滕子京谪守巴陵郡。越明年，政通人和，百废俱兴，乃重修岳阳楼。”陈时也是在相似的境遇下重修解州公署。重修规模不小，为堂、为屋、为庭、为亭，大小九十余间，又修建仓库、廨舍等处，但整个工程并没有劳民伤财，“不费民一钱，不役民一力”。光绪《解州志》公署条仅记载了康熙五十六年知州陈时重建钟鼓楼、文明门、保厘坊事，并未记载康熙五十八年重修公署事，当以碑记内容补之。

解州州署的地理位置，位于退思堂之后少西面。这里提到了一处建筑退思堂。退思堂一般为官员平时思考问题、休息、待客的场所。不仅解州州署有退思堂，其实很多州县衙门里都会有这样的场所，只不过名称不一而已[①]。山西运城市新绛县在古代为绛州，绛州州衙的仪门之上就有北宋崇宁二年（1103）绛州知州时恪撰写的《思堂之记》，可惜绛州州衙已被破坏，碑也早已佚，碑文见录于《山右石刻丛编》和《三晋石刻大全·运城市新绛县卷》。在《思堂之记》中，时恪提及思堂之名的由来以及为官者应该反省的事项："听讼之余，必默坐焉，名之曰思堂……凡见于事，皆不可以不思也。思古之人，则有若陆凯、韦世康、卢元辅、李宪，或以课最闻，或以理行称，吾则思有以望其绝尘之纵而蹑其后也。思今之人，则凡守之善恶能否，郡之士民往往多能言之，吾则思有以防如川之口而弭其谤也。于是，治身则思廉，临民则思惠，奉法则思公，莅事则思勤，待同僚则思诚，待属僚则思恭，虽寝食之顷不敢忘也。"[②]

碑文中还记载了康熙庚子年，即康熙五十九年（1720）春，陈时奉命运粮进藏事。这是清朝历史上第二次用兵西藏，经过周密的军事调遣和部署，前后历时九个月，清军终于驱逐了准噶尔割据势力，进一步加强了对西藏的管理。陈时从内地的解州知州也被征调前线输送军粮，说明了当时清政府是举全国之力平定准噶尔。战事胜利后，陈时也因运粮入藏，支给官兵，

① 有的县衙叫退思堂，有的叫思堂，有的叫思补堂，等等。

② 《山右石刻丛编》卷 16《宋》。

有裨军务之功受到“移檄褒奖”。

九、清长子县《重建大堂碑》

清康熙版《长子县志》记载：“大堂五楹，年久颓坏。清康熙四十四年（1705）知县徐飏廷重建。有碑记。见艺文。”[①]长子县的《重建大堂碑》早已亡佚，今据《长子县志》重构清长子县衙大堂营建的历史。兹将碑文抄录如下。

重建大堂碑记

划百里而为县，古诸侯封国之规也。县之中有堂，县令日跻焉以出政、施令、断狱、催科，而百里中父老子弟莫不于斯奔走而观瞻，是顾可以听其朽坏倾颓而不为之所哉？余尝论世之为令者，其上有挥霍之才，足以理繁剸剧，千转万变而不穷；其次有详慎之心，规为次第，求可求成，不欲苟且涂饰也。余自维谫劣无才，安敢希其上？勉于其次而已矣！自癸未春，余受命莅兹土，每登斯堂，岌岌乎有栋折榱崩之惧。考诸邑乘，堂肇建在明洪武三年，重修于成化十八年，洎于今已一百六十余载矣。植者朽，茨者腐，缭者圮浸，假以苟且之心处之，补苴涂塓，或又可稍延一二稔。而余以谓是可苟也，凡吾经理于

① 康熙《长子县志》卷3《公署》。

堂上，展布于堂之下者，无之而不可苟也。于是谋于僚佐，咨于邑之人士，图发作而鼎新之。佥曰可。乃捐俸金若干，并藉一二好义之家，乐输佽助，鸠工庀材。一切梁粢瓦石，用其旧者十之三，购以新者十之七。以旧制卑鄙也，又崇之，增数尺。凡工役之趋事者，悉予以雇值，未尝劳一民之力，费一民之财也。经始于三月壬子，落成于五月辛未。邑人之观者，咸额手贺曰巍乎！焕乎！斯十世之计也。余谂之曰：余不惟堂之谓，余将以斯堂之鼎新者，策余不敢苟且之心。吾释吾民之疾苦，求如斯堂之奠安而后已；吾谋吾民之干止，求如斯堂之观固而后已；吾发吾民之冤覆，求如斯堂之高明爽垲而后已。是余重建斯堂之意也。

夫或有以官廨如传舍而讥余之多事者。昔叔孙婼使于诸侯，每至其馆，虽一日必葺其墙屋。郭有道过逆旅，必洒扫修洁，明日他人至，则曰此必郭林宗宿处也。余岂不知其为传舍哉！余有慕乎二君子之居心也。是为记。

徐飏廷，江南武进人，贡监，清康熙四十二年（1703）任长子县令。长子县县衙肇建于明洪武三年，成化十八年（1482）重修，距康熙四十二年已有221年的历史，碑文曰“洎于今已一百六十余载矣”，少算了一个甲子。大堂年久失修，故徐飏廷“每登斯堂，岌岌乎有栋折榱崩之惧”。由于县官任期一般是三到四年，而修葺公廨耗费颇多，财政审批程序相当烦琐，再加上制度风纪等种种限制，所以自古以来就流传着“官不修衙，客不修店”的说法。徐飏廷也考虑过如果苟且使用，对裂缝修修补补，也可再用个一两年，但终究不是长久之计。春秋时鲁国人叔孙婼出使各诸侯国，即使只住一晚，也要修葺馆舍的墙屋。东汉时期郭泰经过一家酒店，一定会把酒店打扫干净。虽然有人说“官廨如传舍”，讥笑修葺公廨的人，但徐飏廷思虑再三，谋于僚佐，咨于邑人，都认为可以修葺公署，于是自捐俸金，筹集好义之家的捐助，等资金到位后，拆下的物资能用的利用，不能用的重新购置，然后雇用人力开始维修大堂，并扩建增高。两个月后，巍巍大堂焕然一新。整个工程没有劳一民之力，没有费一民之财。长子县衙大堂在两百多年后重修，既说明了明清时期大多数官员到任后不愿修葺官廨，即使官廨颓败，屋宇倾斜，好多任职官员或因财政匮乏，或因报修程序太过复杂，而选择了小修小补，或因循支撑，苟延岁月；也表明了徐飏廷敢为人先、敢作敢为。正如碑文中所言：“余不惟堂之谓，余将以斯堂之鼎新者，策余不敢苟且之心。吾释吾民之疾苦，求如斯堂之奠安而后已；吾谋吾民之干止，求如斯堂之观固而后已；吾发吾民之冤覆，求如斯堂之高明爽垲而后已。是余重建斯堂之意也。”

十、清平遥县《酂侯庙碑记》

酂侯庙一般位于县衙东南，供奉的主神位是西汉开国元勋萧何。汉高祖刘邦封萧何为酂侯，酂侯遂成为后世地方官居官效法的榜样。

平遥县衙存一通清乾隆十年（1754）篆刻的《创建酂侯庙记》，通高 152 厘米，碑高 113 厘米，宽 46 厘米，厚 18.5 厘米。兹将碑文移录如下。

创建酂侯庙记

《礼记》曰："凡有功德于民者则祀之。"故郡邑中之载在祀典者，岁时致祭惟谨。至如西汉之萧酂侯，未闻有功德于民，而遍天下之郡邑俱有酂侯庙。守土之吏，朔、望行香，与在祀典者等，何欤？或谓酂侯当暴秦时法令烦苛，以刀笔吏随高祖入关，独先入收律令图书藏之，因且知百姓所疾苦。而汉王首有约法三章之诏，其后以丞相守关中，定法令，立约束，辄以便宜施行。及其卒也，曹参代之，一一遵其法，无所变更。百姓为作画一之歌，是以汉世治尚清静，内而于定国张释之，外龚黄如杜辈，俱能持乎明允，天下不致有冤滥者，安知非阴受酂侯之功也。我平遥尚无酂侯庙，其神像于土地祠中，非惟地方窄小，且于体制未协，无以肃瞻观展诚敬也。余于前年首夏既已允书吏之请，择衙左隙地创建专祠。捐俸倡始，邑之士庶亦无不欢输乐助。辇石陶甓，庀材鸠工，为殿前三楹，正殿三楹。其南为戏台，高明爽垲，不奢不陋。经始于壬申之仲夏，落成于是年之季秋。而丹雘涂塈，门庭窗牍，于甲戌之春始毕功焉。书吏等请余文为记，以垂永久。余惟酂侯之功，固足以祠祀，然郡邑中祀典所载，坛□有所，城隍有庙，八蜡土谷有祠。凡先民往哲御灾捍患者，各以时致祭，罔敢废焉。惟酂侯则祀典所未戴，乃未载而遍天下之郡邑俱祠之，且祠之而必在衙署之左右者，余盖有知其所以然矣。于是进书吏而告之曰：昔酂侯未遇时，以文无害，为沛吏掾，所谓文者晓习法令也，无害者不舞文乱法也。吏掾犹今之经承，乃奉公守法。生则通显千秋，百世后尚得庙祀血食焉。今尔等能晓习法令乎？能不舞文乱法乎？余愿尔等瞻仰酂侯，触目警心，刻刻以奉公守法为晨钟暮鼓。将来循吏考职，亦得以叨朝廷一命之荣。弗仅以修饰酂侯之庙貌为能事也，实有厚望焉。为纪其起讫之由，并书其所以祀之之故，如此而刻诸石，凡奔走董事之人及输助姓名，亦例得列之碑阴。

时维大清乾隆拾玖年岁次甲戌季春之月

敕授文林郎知汾州府平遥县事加三级又军功加一级纪录一十二次记功二次吴兴钱廷镛谨记捐俸银贰佰肆拾两

督捕厅陈楫捐俸银捌两

国学生冀君佐施戏楼后滴水檐三尺

根据碑文，清乾隆十九年（1754）以前平遥县衙内并没有单独的酂侯庙，而是将酂侯泥塑像神主借祀在县衙的土地祠内。“非惟地方窄小，且于体制未协，无以肃瞻观展诚敬也。”

乾隆十四年（1749）钱廷镛任平遥知县后才在县衙左侧空闲的一块土地上创建专门供奉酂侯的祠庙。

平遥县衙酂侯庙设有酂侯殿、献亭和风雅台。酂侯殿内供奉三位神主，居中者为酂侯萧何，酂侯左侧是留侯张良，右侧是淮阴侯韩信。风雅台是清道光二十七年（1847）平遥知县修复戏台时所建。

十一、清《重修赵城县县衙署记》

赵城县，隋义宁元年（617）割霍邑县地置，属霍山郡，治所在今洪洞县赵城镇东北三里，唐麟德初年徙治今赵城镇。宋熙宁五年（1072）并赵城县入洪洞县，元丰三年（1080）复置，政和三年（1113）升为庆祚军。金复为赵城县。1954 年赵城县与洪洞县合并，改为洪赵县，县治在洪洞县城。1958 年，洪赵县与霍汾县合并，改为洪洞县。清代赵城县衙在今洪洞县赵城镇。赵城县衙有一通清乾隆六十年（1795）《重修赵城县县衙署记》碑，青石质，圆首，碑高 110 厘米，宽 50 厘米。兹将碑文抄录如下。

重修赵城县县衙署记

余以某掾，于乾隆五十八年十二月之望，来权尉事。颓垣败室，四顾萧然。祈极升堂，□焉思返。盖不禁为之太息。次年夏秋□雨，兼自沟渠摊客，水溢于□风，掾某原则而之所□颓垣败室者，且坍塌无遗。掾自不济□□，□六十年春，自行捐资，修造□内□外□宇二十有六。计上房偏左北房四楹，南房一楹，上房之背库房二楹，西厢之背□房二楹，二堂三□，颜曰位思不□□□□想也。二堂背后接构三楹，体势无上房，东西厢旧无联络，院落四正，形同棋局。水由东南出，绕东厨而下焉。二堂之右□□小室一，收贮簿书，取其迩也。二堂之左迤南，构客厅。院中翠篠三丛，篱笆一曲，时雨□然泠□可聪，额曰听竹山房。室四垣，横三纵一，形若矩然，又篆小额曰廛巨，一隅之见，别有会心也。听竹山房之南□门房三。由门房再南十□寻，在大门外□马棚三。因人及物，仆马之所□也。于是仍其□更行之者，计舍三十有二楹。位思堂前为门楼、为过棚，相接为大堂三，左右耳房各一。堂之东西皂役房，□前有牌楼一尊，不高其基址，易其柱石益以元碑，崇以墉垣，顺厥水道，正厥体势。地不加扩，而工作倍徙前人。肇始于乙卯□月二十有四日，蒇事于是年七月□□□□。来日，与城内善士□君子豪持矩与绳□，抵赤日之下，风雨之中，□□亦云。至□□工竣之十一日，余即奉檄冲途□走五越月。甫经差毕，呈移太谷主簿。磋嗟经营数十旬，未尝一日□。劳者自劳，逸者自逸，继余而官此土者，其劳逸为何如耶！抑余闻，郭林宗每至邮亭旅馆，虽一夕留，必洒扫拂拭，而后就道。后有来者，望而知为林宗昨宿处也。宋米岳、元倪云林好洁喜净，志大人是而□□忠厚之意。余鄙陋，万不敢希踪有道。顾颠与迂其或有一□之似耶！是役也，计费制钱七十八万有奇，出自绅士乡人所乐□，□□之一，余则余所竭□而□之者也。出力与财，襄我斯役，其人其志，不可无述，勒石以志姓氏云。

乾隆六十年岁次乙卯冬十一月朔后二日。楚北王循记于太谷县簿曹传舍。寄镌于赵城县署位思堂之东。

据碑文可知，《重修赵城县县衙署记》是乾隆六十年太谷县簿曹王循撰写后寄付赵城县衙，并派人镌刻于石，立于县衙思堂之东。王循于乾隆五十八年（1793）十二月十五“来权尉事”，担任赵城县尉，然据清道光《赵城县志》典史条：“王循，顺天大兴人，乾隆五十八年任。”[①] 县尉，是县令的佐官，掌治安捕盗之事，明朝废。典史，也为县令的佐官，元代始设，典文仪出纳，明清以后成为掌管缉捕、监狱的属官。故清乾隆五十八年王循担任的官职应该为赵城县典史，而不是县尉。

关于赵城县衙的修葺，据道光《赵城县志》记载，最早是唐麟德二年（665）建，此后县衙倾圮，直至明代以前均无相关修葺记载。明代先后六次维修官署，分别是明洪武二年（1369），县丞沈煦重建；宣德四年（1429）复圮于水，八年

① 道光《赵城县志》卷 20《职官志》典史条。

（1433）知县杨瓒徙建今治；正统十四年（1449）知县何子聪以筑城之役并缮葺之；弘治中知县向明、正德中知县倪继志、嘉靖中知县刑伦古儒相继增修。清代也多次修葺县衙，分别是顺治八年（1651）知县卞世贵，康熙十五年（1676）知县吕维榦、五十五年（1716）知县罗兴义，乾隆十六年（1751）知县李超伦、二十二年（1757）知县赵鸿儒先后改修大堂、库、萧曹祠、月台、科房、民壮舍、皂隶舍、监狱、仪门、土地祠、捕快舍、前大门等建筑。乾隆三十年（1765）典史韩岱在仪门内东偏捐修典史署，五十七年（1792）典史陈文汉、五十八年（1793）典史王循，道光二年（1822）典史章际清先后增修。

县志中只记载了王循修葺典史署，并未提到乾隆六十年春开始的重修赵城县衙其他建筑之事，这通立于乾隆六十年的《重修赵城县县衙署记》碑恰可以补充县志之缺。据碑记所载，在王循的主持下，自行捐资并募集绅士乡人的资金，从乾隆六十年春开始维修公廨，包括“上房偏左北房四楹，南房一楹，上房之背库房二楹，西厢之背□房二楹，二堂三□”，“二堂背后接拘三楹”，“二堂之右□□小室一”，“二堂之左迤南修拘客厅”，“听竹山房之南建门房三，由门房再南十□寻，在大门外□马棚三”，“位思堂前为门楼，为过棚，相接为大堂三，左右耳房各一。堂之东西皂役房，□前有牌楼一尊，不高其基址，易其柱石益以元碑，崇以墉垣”，等等。虽然维修赵城县衙从春天开始，到七月竣工，但是王循在工期尚未完工之前已经调任太谷主簿，因此他感叹道：“磋嗟经营数十旬，未尝一日□。劳者自劳，逸者自逸，继余而官此土者，其劳逸为何如耶！”只好自比东汉大儒郭林宗、宋人米岳、元人倪云林了。

十二、清《重修霍州大堂记》

霍州署大堂北墙嵌有一通清光绪二十年（1894)《重修霍州大堂记》碑，高 67 厘米，宽 95 厘米。兹将碑文抄录如下。

> 光绪乙酉夏，余奉檄来牧斯土，下车后周视署内外，规模宏壮，俱以年久失修，多就坍塌，而治事之大堂尤圮甚，椽瓦飞落，星日不蔽，令过往者视同岩墙之下咸有戒心。余方有志议修，旋以调权归化去，己丑秋回任，明年再调归化，此议竟未行。适辛卯春，中丞刘公南阅过境，州人士暨五都里总等，咸以筹修大堂请于行辕，蒙批允行。余是年夏四月亦回任，旋奉饬集议筹款估工，禀准从地丁内，岁按两忙，每银一两，随征钱二伯作工需，限以二年停止。鸠工庀材，择绅耆之贤而能者董其事，毫不假吏胥手。计自辛卯夏经始，至癸巳秋完工，两阅春秋，糜钱捌仟柒佰伍拾余缗。大堂欣就完整，堂之前如月台，如甬道，如仪门、谯楼，以次修葺，惟其称也。东西两房科，为储文卷所關，亦并及之。堂之后有系办公处所，破不蔽风雨者葺之，余悉从缓计。节民财也。《国语》云：“署者位之表，所以朝夕虔君命者也。”余未可苛吾民以

事侈糜，又安能如周舍之以荻为障，坏而不营耶！工竣，撮始末以告来者，俾知是役也，即所以虔君命也，徒壮观瞻云尔哉！

花翎运同衔前翰林院庶吉士知霍州直隶州事铁岭德生撰记

例授征仕郎候选直隶州分州即补教谕乙酉科拔刘裕斌书丹

监工霍州直隶州吏目王希灏

督工贡生刘兆林……

光绪二十年岁在甲午桃月之吉勒石

据碑文所载，霍州署大堂《重修霍州大堂记》是清光绪二十年知霍州直隶州事铁岭德生所写。他于光绪乙酉年，即光绪十一年（1885）来到霍州，看到当时的霍州署年久失修，坍塌损毁严重，尤其是官府办理政事的大堂，屋顶椽子、瓦片皆已掉落，成为危房，本打算商议维修，但不久被调走，因此维修之事被搁置。己丑年秋复任，即光绪十五年（1889）重新上任霍州，第二年又被调任归化。辛卯春，即光绪十七年（1991）中丞刘公南过境，霍州乡里士人共同筹议维修大堂，获批。同年铁岭德生亦回任，于是开始奉旨筹款估工。从辛卯夏到癸巳秋，历时两年大堂修葺完工。大堂前的月台、甬道、仪门谯楼、东西两边的科房、大堂后的办公处所一并修缮。然为了节省民力、节省开支，其余地方等待日后再行修葺。

十三、清关帝庙、观音庙、火德真君祠等碑记

关公信仰、观音信仰以及火德真君信仰是民间颇为盛行的大众信仰，寄托了一方百姓对公平正义、功德福祉、福乐安康的美好期许。有的地方单独修建关帝庙、观音庙或者火德真君祠来供奉关圣帝君、观音菩萨和火德真君，但山西平遥县县衙内却在一个庙堂之内合祀这三位神灵。平遥县衙《重修庙祠碑记》就详细记载了清代先后三次重修、扩建祠庙的时间、规模等内容。

《重修庙祠碑记》撰写于清道光七年（1827），碑青石质，圆首方趺。通高 214 厘米，碑高 180 厘米，宽 77 厘米，厚 17 厘米，碑额篆书“百世流芳”。兹将碑文抄录如下。

邑署大堂之东偏，旧有关圣帝君、观音大士、火德真君祠，创建多年，取义无所考证。窃维神道设教，正直为最，功德次之，威福又次之，曰祀典。而食报人间，要皆能降祥降殃，令人兴善念、息恶荫，长托庇荫，以垂诸不朽。帝君、大士、星君之所以合祀，而我陶壮班之香火至今不绝也。原址正殿三楹，当乾隆五十六年益为五间，前面过□□院内东西配房各二间，悉经重修祠之，西添修正班房亭三间，工终费广已资，众善人增其式廓。迨嘉庆六

年，又增修照壁，□□重修外院乐楼三间，其殿宇、亭舍暨神像俱踵事增华，黝垩而金碧之。先后未及十载，而庙貌之整饬一而足□，□□众财而成巨观，乌可以弗志。嗣后阅二十余春，规模虽具而栋宇寝摧，丹青渐蚀不无缺陷之处，则待于补葺者又急矣。道光丙戌岁，壮头姚有义、李国忠、成廷泰、杨兴顺、冀廷财等，克缵前徽，因而募资输财，协力兴作。自本年六月二十一日发轫，迄□月初旬而工始告竣，约费金陆百余两有奇。计重修内院西配房二间，二门外西班房亭三间，新修小厨房一间。其余调缝补葺，彩画金妆。俾内外焕然改观，望之有雾结烟霏之致，于以妥神灵而昭诚恪，岂不懿哉？且神所凭依不惟其文，而惟其灵，倘由是而怵目惊心，仰帝君之正直，怀大士之功德，惕星君之威福，虔奉典章，罔敢陨越将外焉？惩于享祀即内焉。□□神明，庶锡徒免灾不难，托庇荫于无穷也。是所望于任斯责者。

乙酉科举人吏部候铨知县冀兆桂撰

署平遥县医学训科任受三书丹并篆额

时道光七年岁次强围大渊献鸣蜩月蓂生十有三吉立

经理人　□生马加敬　吏员范尔端　典史董嗣增　耆老李盛萧

总纠首　成廷泰　李国忠　闫正廉　姚有义　杨兴顺　冀廷财

据碑文记载一庙合祀三神，可以在供奉时“仰帝君之正直，怀大士之功德，惕星君之威福”，希望关圣帝君、观音大士和火德星君“降祥降殃，令人兴善念、息恶荫，长托庇荫，以垂诸不朽”。

庙祠先后经过三次重修。第一次在乾隆五十六年（1791），正殿从三间扩大为五间，东西配房两间，西添修正班房亭三间。也就是说关帝、观音、火神三神祠的配房西侧为壮班所在。壮班俗称州县的卫兵，负责差遣捕盗、保护仓库、救助水火天灾、保障州县安全及社会治安防范等事。壮班都选自于民，经由州县衙门专人负责训练后遇警调用，故又称为“民壮”，事毕仍复为民。民壮来源于百姓，又负责维护百姓日常生活环境的治安，因此壮班就成为衙门之中和百姓联系最为直接、最为密切的一个群体。第二次重修是十年后的嘉庆六年（1801），这一次增修照壁，并重修外院乐楼，殿宇、亭舍暨神像也都重修增色，修葺一新。第三次重修即本碑所记的道光七年。经过二十多年的风雨侵蚀，“规模虽具而栋宇寝摧，丹青渐蚀不无缺陷之处”，因此从道光丙戌岁（1826），壮班的壮头姚有义、李国忠、成廷泰、杨兴顺、冀廷财等就开始募资输财，先后筹集到六百余两白银作为修缮经费。到道光七年六月开始重修“内院西配房二间，二门外西班房亭三间，新修小厨房一间。其余调缝补葺，彩画金妆。俾内外焕然改观”。

清代的州县衙门一般不增修，不扩建，但平遥县壮班却在三十多年里先后修整三次祠庙，实属罕见。我们发现，这些重建扩建维修的经费都是来自于壮头的筹集，而这些民壮的身份本就与衙门的捕快、皂吏等不一样，他们依旧是编户齐民，是普通百姓的一员。这样一来筹建之举就成为民众自发的行为。而关圣帝君的正直忠诚、观音菩萨的功德轮回、火德真君的威孚庇佑，成为一方百姓的信仰。壮班供奉这些神灵，香火不绝，绵延不断，希望得到他们的荫庇保佑。他们希冀关圣帝君助他们一臂之力，观音大士护佑他们，火德真君保佑不发生火灾。从这通碑文看到的不仅是民众信仰的民俗现象，不仅是关圣帝君、观音大士、火德真君合祀的个案，不仅是祠庙在清代的不断修缮，还有民壮这个群体在衙门和百姓中间的特殊地位和独特贡献。很多人愿意出资捐修祠庙，不仅说明了民间信仰的传播，也说明了壮班这个群体在当地的社会地位和影响力。

此外，在霍州署衙仪门西侧原也有一块与火星庙有关的《火星庙育生会公立地亩碑记》。然霍州的火星庙并不在署衙之内，而是坐落于霍州城内鼓楼北街。碑身阳面刻《火星庙育生会公立地亩碑记》，阴面为地亩钱数。兹将碑身阳面碑文摘录如下。

火星庙育生会公立地亩碑记

从来开创者固难，而守成者亦不易。霍郡城内火星庙正殿两翼，供有痘疹圣母、子孙圣母，盖所以配离□而体坤生也。灵扫疥痍，恩普生成，郡人被福由来久矣。□□殊深，报赛宜隆，因约集同志，公联一会，颜其名曰育生，诚以圣母之养育一如天地之化育，圣母之保生一如天地之笃生，果尔感应之机神妙不爽，将见长育之恩流行无滞。太生之理弥纶无□。由是生意日增，生息月盛，不□年，积有水田贰拾来亩，祀事庶可永造。特恐日久有失，莫若镌石志定，以夫显前人□创造，□□□足见后人守成之任□也哉。是为序。

计开

一宗，置到刘恒奇李诠庄堰圪垛水地壹段伍亩，南北畛……

《火星庙育生会公立地亩碑记》刊刻于清宣统三年（1911）。碑文记载："霍郡城内火星庙正殿两翼，供有痘疹圣母、子孙圣母，盖所以配离□而体坤生也。"今火星庙大殿共分三个神龛，中间供奉的为火星圣母，东面俗称送子娘娘，即碑文所称"子孙圣母"，西面俗称痘疹娘娘，即碑文中的"痘疹圣母"。相传子孙圣母和痘疹圣母是火星圣母的两个姐姐，子孙圣母保佑人间生儿育女，传宗接代；痘疹圣母保佑人间祛病消灾，强身健体；火星圣母是火星庙的主神，她能替天行道，安定天下，造福百姓，使他们安居乐业。

传说火星圣母原型为霍州城东李诠庄一名荀氏女子，家中有姊妹三人，她年龄最小。明朝成化年间，火星圣母十五岁那年，李诠庄的一打麦场着火，几个调皮小儿被困在火中。火星圣母闻讯后奋不顾身地冲进火场，相继救出了这几位被困的小孩，但她自己却被熊熊烈火吞没身亡。火星圣母的事迹，感动了整个霍州及周边区县，明成化三年（1467）霍州知府崔明为纪念这位女中豪杰，主持在县城北大街坤字处，修建起一座火星圣母庙。火星圣母的精神感染了广大民众，从此她也成为当地百姓心中非常尊贵的神灵。直到今天，每年的正月二十七，霍州都会举办火星庙会，庆祝火星圣母的生辰。届时锣鼓、秧歌、抬搁、狮子、龙灯、旱船等社火表演相继上街助兴，火星圣母的銮驾则随队而行。驾楼由四人抬着，火星圣母的神像在驾楼中间，驾楼四周是手执金爪、钺斧、朝天登和手举黄罗伞的仪仗队，场面威严，銮驾后跟着一匹全副披挂的神马。銮驾所过之处，人们纷纷祈福。

火星庙的祭祀活动已绵绵不断地举办了500多年。火星圣母诞辰庆典的开支由公众选出的十二个香首承担。香首被视为火星圣母的义子，人们也以此为荣。十二个香首中还要选出二人担任总管，负责具体事务。每年在总管和十二香首的操办下，整个庆典活动井然有序、热闹非凡。这一活动的持续也彰显出了华夏儿女的民族精神，促进了霍州民间文化的传承。《火星庙育生会公立地亩碑记》证明了霍州当地百姓信奉火星圣母、痘疹圣母和子孙圣母，并认为圣母能够保佑霍州百姓。霍州百姓自愿成立育生会，并将十九亩六分水地作为公田专项专用，作为以后火星庙育生会开支来源。碑阴刻的是五宗地亩的数量和四至以及育生会名下的粮银数。这些碑刻铭文为我们研究霍州民俗文化提供了重要的参考资料。

有的县衙内有重修关帝庙的碑，比如运城市临猗县临晋镇临晋县衙三龙碑背面就有清乾隆四十八年（1783）《重修关帝庙并创建影壁石桥碑记》和清嘉庆二十三年（1818）《重修关帝庙观止楼记》。其中《重修关帝庙并创建影壁石桥碑记》详细记述了清乾隆年间临晋关帝庙修复的始末。兹将碑文抄录如下。

重修关帝庙并创建影壁石桥碑记

惟神扶正讨逆，以春秋大义炳于季。汉迄□□五百余岁，而英灵昭烁于乾坤，相摩□□蒿凄怆。若或见之，使人心向慕而不能忘，敬畏而不敢忽，而庙祀遂□天下焉。我朝定鼎以来，加号追崇，敕封忠义神武大帝。命有司春秋享祀，著为令典，而以表忠扶义杨烈报功也。而吾城之庙□坐落学宫之东，自宋开宝以来规模已备，而添修改葺不知凡几。岁月既久，风雨飘摇，兼以巨池左绕，每当□□池满水溢，漫滤通衢，行人病涉，浸润既久而庙□影壁亦陷没于沟中矣。往者乾隆丁亥，邑侯华亭廖公□意兴修，捐俸倡首，焚修道人胡德盛会同乡老协比经营，议将影壁南移数尺，中间横插石桥以敝水患，并将庙址沿池十余丈，悉砌以砖，以极久远之计。维时乡老王居禄、王居恭、王追骀、王才朗、陈全、王勤明、王第祥、王追侯、王思朝沿门持钵，共勷厥事。又以其□□□不足也，庠生蔡成茂、王单元，偕同道官荆正引远迹秦中，覆得好善乐施者凡若千金。群聚而谋曰，聚沙磨杵，成功终非易易也，盖暂权子母之利以充裕之，又令道人杨正强同里老经其出纳。越今岁癸卯，共计本利银二佰八拾金。于是，备物庀材者，王第祥、王追侯、王勤玉也。董事劝工者，陈全、王才朗、王勤明、王思朝也。自寝宫、享殿以及廊庑、三门，敝者更之，朽者易之，欹者整之，缺者补之，黯淡者缘饰之。金碧炳耀，丹彩辉煌。猗欤？那欤？庙貌视前焕然一新矣。且以其羡余□□武灵侯、武烈侯祠内，添修暖阁二座，妥神灵也。又于享殿左偏隙地，构室两间，以为乡老经收会计之所，便人事也。功既竣，欲砻石以记其事，而征言于余，余乐其事之有成而并嘉其谋之克协也。因将前后牵连书之，以识其实，供百世而下有所考据矣。

吏部侯铨直隶州佥判丙子科副举人王追湛薰沐稽首撰文

吏部侯铨儒学训导岁贡生王雍薰沐稽首书丹

授文林郎知临晋县事桐城方中　巡检刘仰殿

儒学教谕盂县王锡文　典史姚扬

城守营正□太原刘洪元

乾隆四十八年□□□□

关公信仰在中国民间，尤其晋南河东地区非常普遍。宋朝开始，关公的社会地位扶摇直上，这与宋朝帝王推崇关羽有很大关系。宋哲宗封关羽为显烈王，宋徽宗封关羽为义勇武安王，此后元明清都有加封。元文宗封关羽为显灵义勇开安英济王。明神宗先封关羽为协天护国忠义帝，后又加封为三界伏魔大帝神威远震天尊关圣帝君。清顺治皇帝封关公为忠义神武关圣大帝。雍正皇帝追封关公曾祖父为光昭公，祖父为裕昌公，父亲为成忠公。光绪皇帝封关公为忠义神武灵佑仁勇威显护国保民精诚绥靖翊赞宣德关圣大帝。咸丰皇帝追封关羽远祖为光昭王，祖父为裕昌王，父亲为成忠王。自关羽以上四世，三王一帝，地位显赫。关公不仅是民间信仰对象，而且也成为官方祭祀的主要神祇之一。由于关羽集忠、孝、义于一身，儒释道三教都有关羽一席之地，于是关公也成为传说中的万能神。

据碑文可知，临晋县关帝庙在北宋开宝年间已初具规模，清乾隆年间关帝庙年久失修，左侧的水池经常水漫道路，浸湿关帝庙的墙壁，而庙前的影壁也早陷入水沟之中，不但行人通行不便，而且也不利于关帝庙的维护。于是乾隆三十五年（1770）时任临晋县知县的廖华亭首次提出捐俸修建关帝庙，会同乡绅等共同商议维修方案，决定将庙前影壁南移数尺，中间横插石桥以避水患，庙址沿池十余丈都用砖石修砌。然由于资金不足，未能及时修建。后来各方筹募资金，直到乾隆四十八年共计筹措白银二百八十两，开始重修关帝庙寝宫、享殿、廊庑、三门，添修暖阁，又于享殿左侧空地盖屋两间等。关帝庙的庙貌焕然一新。临晋县关帝庙的重修与地方经济恢复有关，也说明了清朝关公信仰在地方上的盛行情况。

十四、清《汾州府经历司重修碑记》

汾阳市博物馆现存一通清道光十六年（1836）《汾州府经历司重修碑记》残碑，碑身上半部分已缺。经历司是明清时期中央官署和地方布政使司、按察使司、府等官署中的办事机构，掌理往来文移之事，设经历一人办理司务。兹将碑文抄录如下。

……记

……间，至乾隆三十年，南兰毛参军重修，系由别驾署大

……署大门，无大堂，仅二堂三间，东西屋各二间，三堂三

……署土地祠及班房，遮蔽署前，窒碍湫隘，气象不舒，官

……道光十五年冬，予补是官莅任，慨然言于林颖菴太

……拓，合郡官僚绅士，助金而赞成之。于是移建土地祠于

……首，地基拓而四角平矣。外立牌房额曰：经历司。照壁西

……参军，左右房各一间。照壁北向，照壁后为马

棚。东开一

……东衙神屋一间，班房三间。创造大堂，设立暖阁。二堂以

……葺而补苴之。十六年二月十日工兴，九月二十七日工

……无善状，然簿书无悞，家室粗完，无复前居此者，促迫憔

……无益也。予幸八阅月而工成，不欲自没其劳，而尤愿

……之踵，时事而增新，历久长而弗圮也。是为记。

……吉日汾州府经历山左张景春立

明万历二十三年（1595）汾州改州为府，直到民国元年（1912）废。清乾隆《汾州府志》记载："府治在南城少东，前明万历二十三年设府，以旧守备署改为府署，自堂及廨舍如制。住宅颇促。三十年知府崔士棨建后楼五间，阅今百六十余年，未经大修。堂东西两庑则余莅任后捐俸缮葺，而崔守所建后楼亦久废圮，求其完整可居，尚有待云。"[①]可知，汾州府从万历三十年知府崔士棨增修五间后楼后，一直到清乾隆年间均未有过大的修缮。《汾州府志》还详细记载了乾隆年间增修官署的情况："乾隆十六年，经历毛麟捐俸建住宅三间、东庑四

① 乾隆《汾州府志》卷5《官署》。

间、西一间，二十五年、三十年渐次修整二堂及东西余房。”这与《汾州府经历司重修碑记》中“至乾隆三十年，南兰毛参军重修”的记载正好相互印证。乾隆《汾州府志》又记载了经历司的地理位置，“经历司，在管粮厅之南”，通过碑文可知，清道光十五年（1835）冬张景春担任经历后，由于衙署建筑布局不合理，“遮蔽署前，窒碍湫隘，气象不舒”，征求了多方意见，获得合郡官僚绅士的资助，对署衙进行了重新布局，有的迁建，有的新建，有的重修。历经八个月，署衙的营修工程完工。残碑中特别提到了经历司，而张景春也是在经历司任经历，故当时经历司大概不仅负责往来文移之事，而且还要负责府衙的各项工程营建等内部事务。

十五、清《重建寿阳县公署记》

清道光二十五年（1845）仲秋寿阳县衙修缮完工，立《重建寿阳县公署记》以记其事。碑高 44 厘米，宽 114 厘米，厚 15 厘米，现存于县政府。兹将碑文抄录如下。

> 寿阳衙署建自前明，历今三百余年，从未修葺。其大堂以外，各处砖石俱已剌朽，至宅门以内，率皆土筑，间有砖房，亦系官估，以故不能持□。近则历年坍塌，历年补修，征夫购料，邑人苦之，而无如何！岁癸卯，邑侯东海福岩王老父台奉调来寿，时以城工未竟，禀请州尊，济

宁秋畹王老公祖，各捐廉俸，以为之倡。邑民翕应。共续收线一万余千。于城工告竣之后，余剩物料、银钱约计三千余千。邑绅耆父老，咸谓衙署不可复支，趁此余项兴修，木植尚堪检用，若更迟十数年，势必无可居止。遂于甲辰年，禀明□邑侯，择吉开工。存项不敷，继以劝捐，劝捐不敷，又蒙福岩老父台捐廉慨助。越乙巳而大工以成。一切工料概用民价，予等输流在工，管司帐簿。举凡筹画规模、经营工料，皆经邑侯亲为指定。专务坚实，不事华丽。共用钱八千九百余千。工固价廉，有目共睹。予等乐观其成，用志之，以垂不朽。

计修：重建内宅并偏院，共房二十间，屏门一座；新建三堂院，共房十八间；重建二堂并宅门及东西门房，共二十二间；新建二堂西偏正房三间，南房三间；重建厨房十间，把门房东西各二间；重建大堂三间，周围石基，内外俱系砖甃；重建户房前后六间，库房前后五间；补修戒石坊一座，重建站班房东西共六间；重建二门三间，内外砖甃，东西门道房各二间；重建砖券石基大门洞一座，补修鼓楼五间；补修牌坊一座，添修砖墙六丈四尺；重建石基碑甃照壁一座。

道光二十五年岁次乙巳仲秋之吉邑人公志

碑文开篇即云“寿阳衙署建自前明，历今三百余年，从未修葺”，所言不完全属实。寿阳县县衙的确始建于明朝洪武初年，是由当时寿阳县知县吴原庸所建，但并非此后一直到清道光年间从未修葺过。据清光绪《寿阳县志》记载，明正德年间知县于镗、嘉靖年间知县白檀、万历五年（1577）知县王养贤皆曾重修大堂；清顺治十年（1653）知县邓起琳除主簿废宅，重建喜雨亭，在花厅南北向。乾隆七年（1742）知县金门诏创建銮驾库在大堂左，赞政亭在大堂右，寅宾馆在仪门外东北隅，收税房在大门内。乾隆三十二年（1767）知县龚导江新增内宅在二堂西北，房东西厢花厅。之后寿阳县衙再次重修即本碑所记载重修事。

本碑详细记载了道光二十五年（1845）知县王晋介重修寿阳县衙的经费来源，重修标准，新建、重建、补修署衙各建筑名目、规模等内容。据碑文所载，营修署衙的经费主要来源于三部分：第一部分是大修城垣告竣后所剩余的物料、银钱计三千余千；第二部分是存项不敷后，继以劝捐的一部分；第三部分来自知县王晋介的捐廉慨助。王晋介，山东福山小沙埠人，嘉庆二十三年举人。道光二十三年（1843）任寿阳县知县。上任后，见城垣颓废，遂筹募资金大修城垣，有《重修寿阳县城碑记》载其修葺始末。城垣完工后，寿阳县绅耆父老建议趁此余项兴修署衙，于是有了道光二十五年重修公廨之事。重建署衙的规模、经营工料等，皆经邑侯王晋介亲为指定，一切不图华丽，而以坚实耐用为标准。

第二节　从戒石碑看古代官箴文化

一、霍州署戒石碑

戒石碑即镌刻中国古代戒饬官吏箴言的碑刻。一般府衙的戒石碑铭内容为“尔俸尔禄，民膏民脂，下民易虐，上天难欺”十六字官箴。

霍州署仪门以北 20 米的甬道中间，立着一座牌坊式建筑，即戒石亭。四柱三厦，中间门稍宽，两侧门窄小，两侧门下还各立一块石碑。

戒石亭中间楣头横额上题“天下为公”四字。“天下为公”出自《礼记·礼运》：“大道之行也，天下为公。”[①] 天下是全天下人共有的天下，后世将天下为公演化成一种为民理政的社会政治理想，告诫官员要廉洁奉公，勤政为民，勤勤恳恳为民办事，兢兢业业为国尽忠。“天下为公”四字成为历代官员的官箴。山西衙署中，除了霍州署戒石亭横额有此四字，在民国时期山西省督军府渊谊堂的中门上方也镌刻着“天下为公”的四字石匾，为孙中山先生手书。

戒石亭中间楣头背面题有“清慎勤”三字，出自《官

---

① 《礼记正义》卷 29《礼运》。

图 2-1　霍州署戒石亭（正面）

图 2-2　霍州署戒石亭（背面）

图 2-3　督军府渊谊堂中门上方“天下为公”石匾额

箴》[1]。清，即清白、清介、清平、清明、清廉。古人以此字作为官箴，意在强调为官为政须有清白的操守、清介的修养、清平的思路、清明的头脑和清廉的作风。慎，即谨慎、慎重。古人常以慎言、慎行、慎独、慎微、慎始、慎终六词作为修身做事的至高标准，将此字作为官箴，意在强调为官为政须言行谨慎，在缺乏监督的情况下仍能自警自束，在微小的事情上能够做到不随意，并且善始善终。勤，即勤谨、勤勉、勤恁、勤恤。古人以此字作为官箴，意在强调为官为政须尽心尽力，殷勤恭谨，勤勉奋进，勤政事，勤思考，忧虑体恤民生疾苦。

东侧门下立有一通石碑，南面书"公生明"三字，北面题黄庭坚书写的"下民易虐，上天难欺"。"公生明"出自《荀子·不苟》："公生明，偏生暗。"[2] 比喻为官要公正，处事公正就能够明辨是非、明察事理，能够做到秉公办事，就能够获取群众的信任。西侧门下石碑南面书"廉生威"三字，北面题"尔俸尔禄，民脂民膏"八字。"廉生威"出自《春秋繁露·五行相生》："至廉而威"[3]，意思是为官廉洁就能够形成威力，能够让人心服，从而得到百姓的厚爱。

---

① （宋）吕本中撰，韩酉山辑校：《吕本中全集》第三册《官箴》，中华书局，2019 年，第 1059 页。

② 《荀子集解》卷 19《大略》。

③ （汉）董仲舒著，张世亮、钟肇鹏、周桂钿译注：《春秋繁露》，中华书局，2012 年，第 492 页。

戒石铭的起源较早，早在商周时期人们就将官刑刻于石碑之上，警诫执法之人要秉公执法，不能徇私舞弊，这成为后世戒石铭文化的滥觞。五代时期，后蜀国主孟昶为了励官安民，撰写《令箴》，原文见宋人张唐英的《蜀寿机》和洪迈的《容斋续笔》，共24句，全文为“朕念赤子，旰食宵衣。言之令长，抚养惠绥。政存三异，道在七丝。驱鸡为理，留犊为规。宽猛得所，风俗可移。无令侵削，无使疮痍。下民易虐，上天难欺。赋舆是切，军国是资。朕之赏罚，固不逾时。尔俸尔禄，民膏民脂。为民父母，莫不仁慈。勉尔为戒，体朕深思”[①]。主旨即劝诫天下官吏要爱民如子、廉洁奉公。宋朝立国后，推行崇文国策，文官不仅地位高，而且体系庞大，宋太祖认为加强文官的管理非常必要，于是删繁就简，摘取《令箴》中“尔俸尔禄，民膏民脂，下民易虐，上天难欺”四句颁行州县，令勘刻于石，立于衙署大堂前，以此为戒。州刺史、县令等坐堂理事之时抬头便可见这十六字，以警诫其秉公办事，从政为民，故又称《御制戒石铭》。宋哲宗时还曾御书《戒石铭》赐于郡县。到了南宋绍兴二年（1132），宋高宗命书法家黄庭坚书《戒石铭》，并下令将黄庭坚书《戒石铭》的戒石碑遍布全国各州县，立于甬道之上，成为官场箴规。明太祖朱元璋进一步明令建戒石亭。清代后期，戒石碑改成

① 《容斋续笔》卷一《戒石铭》，见（南宋）洪迈撰，穆公校点:《容斋随笔》，上海古籍出版社，2015年，第120页。

了牌坊形式。

戒石铭作为我国历史上的一条重要律令，是古代官场箴言，是劝诫官吏奉公守法、勤政廉洁的一种有效形式和手段，提倡的是官员的道德规范和自我约束，在中国古代吏治文化建设中发挥了一定的积极作用。这十六字的戒石铭也成为中华传统文化中廉政文化的象征，成为传承廉政教育的有效形式。

二、榆次县衙戒石坊

图 2-4　榆次县衙戒石坊

榆次县衙的戒石坊立于仪门至大堂的甬道之上，为当代仿建。阳面上方匾额题“廉生威”三字，左右立柱合题一副楹联：“大其牖天光入，公其心万善出。”背面额题“公生明”三字。

“廉生威”“公生明”在前文霍州署戒石碑处已做解读，此处不赘。楹联“大其牖天光入，公其心万善出”出自明朝大儒方孝孺《杂铭·牖》，意思是把窗户打开，阳光就会照进来；秉持公心办事，就会做出许许多多的善事。为政者秉持公心，打开知人善任、公平公正待人处事的窗户，自然而然就会像明媚的阳光普照，正大光明地处事断案，进而万善出，好官成，提醒为政者要广开言路，兼听则明，秉公执事，为民谋福祉。

牌坊后两侧，各立有一块“戒石”碑，也是当代仿制。左侧碑阳面题字“吏不畏吾严，而畏吾廉。民不服吾能，而服吾公。廉则吏不敢慢，公则民不敢欺。公生明，廉生威”。有人说这段碑文出自明朝山东巡抚年富之手，也有人说出自明无极县知县郭允礼。此外，还有一种说法，这段话出自山西霍州学正曹端。明永乐二十二年（1424）知府郭晟问曹端如何处理政事，他直言：“其公廉乎？公则民不敢谩，廉则吏不敢欺。”[①]后来被总结为“公生明，廉生威”六字。这六字箴言也成为明清时期官吏们引以自戒的座右铭。

左侧碑阴面碑文是“为官者，当清、当慎、当勤，何患不治乎”。这与霍州戒石坊上阴面匾额“清慎勤”如出一辙，亦在提醒为政者为官之道。

右侧碑阳面碑文为“尔俸尔禄，民膏民脂，下民易虐，上天难欺”。阴面碑文为后蜀国主孟昶撰写的《令箴》全文，又称“御制戒谕辞”。前文霍州署戒石碑中也有相关碑铭，此处不再赘述。

---

① 《明史》卷 282《曹端传》。

三、新绛县《文臣七条》碑

新绛县绛州州衙大堂北侧墙上嵌一块北宋《文臣七条》碑。《文臣七条》由宋真宗赵恒于大中祥符二年（1009）御制。

宋真宗即位后立志要肃贪倡廉、整顿吏治，不仅利用法律的手段惩治贪腐，而且敕“文臣七条”从道德层面劝勉树立廉政理念。绛州州衙大堂的《文臣七条》碑，青石质，高 120 厘米，宽 73 厘米，系知绛州军州时恪于宋徽宗建中靖国元年（1101）立石。兹将碑文内容抄录如下。

真宗皇帝大中祥符二年作《文臣七条》，彝伦攸叙，敷锡庶官，恭刻坚珉，昭示万世，仰遵圣训焉。其文曰：

一曰清心。谓平心待物，不为喜怒爱憎之所迁，则庶事自正。

二曰奉公。谓公直洁己，则民自畏服。

三曰修德。谓以德化人，不必专尚威猛。

四曰责实。谓专求实效，勿竞虚誉。

五曰明察。谓勤察民情，勿使赋役不均，刑罚不中。

六曰劝课。谓劝谕下民，勤于孝悌之行、农桑之务。

七曰革弊。谓求民疾苦而厘革之。

建中靖国元年正月二十日

朝散大夫知绛州军州兼管内劝农事骁骑尉借紫臣时

恪立石

《文臣七条》从清心、奉公、修德、责实、明察、劝课、革弊七个方面，言简意赅地阐明了宋代文臣应该秉持的职业操守和基本的为官职责，可以视作宋真宗训诫官员的廉政条例。其中前四条“清心、奉公、修德、责实”属于为官者应该具备的行为操守：要平心待物，不感情用事；为人处事要公道正直、洁身自好；要以德服人；要凡事求实效，不争虚名。后三项“明察、劝课、革弊”属于基本职责：要勤于考察民情，不使百姓赋役不均、刑罚不公；要劝谕民风，教导百姓发扬孝道美德，勤于农桑之事；要求官员革除弊政，深入了解民间疾苦，为百姓谋福祉。

绛州知州时恪将其泐石，要为官者自律，既警示自己，也督促同僚，利于百姓监督。这不仅仅是墙壁上的廉政戒律，而且也具有重要的实践指导意义。碑文所载各项与各级官员的任职考核，以及将来的升迁、罢黜等都息息相关。宋朝以“七事”考核监司，以“四善”“三最”考核郡守、县令。七事为“一曰举官当否，二曰劝课农桑、增垦田畴，三曰户口增损，四曰兴利除害，五曰事失案察，六曰较正刑狱，七曰盗贼多寡”；四善为“德义有闻、清谨明著、公平可称、恪勤匪懈”；三最为“狱讼无冤、催科不扰为治事之最；农桑垦殖、水利兴修为劝课之最；屏除奸盗、人获安处、振恤困穷、不致流移为抚养之最”[①]。这些考核内容与“文官七条”的主旨大体也是一致的。

“文臣七条”是古训，是经验总结，是中华优秀廉政文化的体现，在今天提倡廉政文化建设的过程中依然有着重要的警示意义。

四、黎城县《莅官总要》碑

黎城县文博馆历代藏碑中有一通明万历四十六年（1618）黎城县知县王永福所立的《莅官总要》碑。碑高 135 厘米，宽 66 厘米。这是一通为官者自立的座右铭。兹将碑文抄录如下：

> 莅官总要
>
> 廉洁以守自己，谦和以待士夫，
>
> 忠厚以待寮友，慈祥以抚百姓，
>
> 勤慎以事上司，严限以销未完，
>
> 清谨以临仓库，明慎以审狱囚，
>
> 缜密以防奸诈，节用以备不虞。
>
> 万历戊午秋吉知县王永福立

王永福，孝廉，醴泉人。[②]明万历四十六年任黎城知县。

---

① 《宋史》卷 116《职官志》。

② 康熙《黎城县志》卷 2《职官》。

图 2-5　黎城县《莅官总要》碑

《莅官总要》碑是陕西孝廉王永福上任黎城知县后，为了做好地方父母官而制订的为官要领。

“莅官总要”即居官章程，指做官应该遵守的基本纲领和行为规范，但“莅官总要”原文并非王永福自创，乃出自明人蒋廷璧的《璞山蒋公政训》。疑当时《璞山蒋公政训》已经被世人作为做官箴言在士大夫和为官者之间流传。《璞山蒋公政训》的开篇即“莅官总要”，内容与黎城县《莅官总要》碑一致，不过在个别句子的排序上略有不同。如“严限以销未完”一句，《璞山蒋公政训》中将之放在“明慎以审狱囚”之后，而黎城县碑文中将之前移，放在了“勤慎以事上司”之后。这篇《莅官总要》从为官者廉洁从政、待人接物、官民关系、勤俭用度、明慎办案等方面提出了全面的要求。王永福将之勒于石上，以这些为官要领诫勉自己，要做一方好官。

从《莅官总要》内容来看，阐述的是为官者如何做一名好官的问题。第一，要以廉洁为首。为官清廉是做官的第一准则，保持自身清廉是做好官的底线。第二，在洁身自好的前提下，处理好各种关系。如“谦和以待士夫，忠厚以待寮友”，对待同僚、士大夫应该秉持谦虚忠实的态度；“慈祥以抚百姓，勤慎以事上司”，下对百姓要仁慈，上事上司要勤慎。为官一方，要谦和、忠厚、慈祥、勤慎地处理好、解决好与同僚、士大夫、上下级之间的各种关系。解决好人际关系，才能为自己营建一个良好的人际氛围。第三，办事的标准。“严限以销未完”，凡事都要有严格的时间限定，今日事今日毕，不能蹉跎待明日。具体怎样操作呢？“清谨以临仓库，明慎以审狱囚，缜密以防奸诈，节用以备不虞。”从赋税收入、审理案件、财政用度、应急预案几个方面说明了办事规则。要对赋税收入等财政收支了然于胸，诉讼断案明察秋毫，缜密细致不受干扰，应急防备做好预案。古代县令任期内最要紧的考核内容不外乎赋税收入、刑狱诉讼和其他突发事件的处置几个方面。《莅官总要》针对这几个方面，撰写了详细的为官要领，督促、劝勉世人更好地为官一任，造福一方。

万历戊午年，即万历四十六年，当时万历皇帝不理朝政，内阁首辅方从哲独擅政务，朝中政事日渐荒疏，地方连年灾荒，地方官吏守阙严重，乱象频发，东北地区清军正式起兵反明……王永福就是在这样的背景下上任黎城知县。身处乱世的王永福见贤思齐，刻碑立石阐明心志，既是对自己的勉励，也是对后继者的劝诫。

五、黎城县、临晋县《直指按晋训廉谨刑约言》

长治市黎城县、运城市临猗县今都有明万历四十二年

（1614）镌刻的《直指按晋训廉谨刑约言》碑。临猗县在明代为临晋县，石碑立在临晋县衙（今山西临猗县临晋镇），后来这两个县的县衙被毁，黎城县《直指按晋训廉谨刑约言》碑今藏于黎城县文博馆，临晋县《直指按晋训廉谨刑约言》碑现存临猗县博物馆。

两块石碑外形稍有差异，黎城县《直指按晋训廉谨刑约言》碑额题篆书“按晋约言”四字，周边有莲花纹饰，碑高192厘米，宽98厘米；临猗县《直指按晋训廉谨刑约言》碑为横长方形，宽95厘米，高71厘米。碑文末尾均刻碑文撰写者和立碑者官职姓名以及立碑时间。碑文是由时任巡按山西监察御史的李若星撰文，黎城县碑由当时黎城县知县毛学鲁勒石，临猗县碑由当时临晋县知县杨名显勒石，立碑时间均为万历四十二年正月吉旦。疑当时巡按山西监察御史李若星撰写《直指按晋训廉谨刑约言》后，即下令转发各州县，各州县长官遂将之刊刻于石。兹将碑文正文除落款外的内容抄录如下。

直指按晋训廉谨刑约言

今朝廷辖束有司，贪酷有禁，载在总约，字字斧钺，宜人知涤虑而毖后矣。乃今各州县掌印官，志趋清荣，心地慈祥者，固自有人。乃有朘剥民膏，草菅民命，政以贿成，贪以酷济者，往往可屈指数也。岂知民之一丝一缕皆民之命也。为民牧者，奈何通暮夜之金，重科罚之条，既滥准词状以明攘之，又批发衙官以阴攫之。百般巧取，一味渔猎，令茕茕小民家室破碎。无论污蔑名节，玷辱官常，清夜扪思，於心忍乎？无论机关败露，身名俱丧，捆载而归，宁常享乎？恐鬼神忌盈，亦阴瞰其室矣！兴言及此，热肠冰冷，欲念全消矣。凡按属有司，宜猛然思，憬然悟矣。又刑者不得已而加之民者也，用以明国法。杀一人正所以惧千万人，杀之实所以生之也。犹且体天地好生之德，广皇上钦恤之仁，不忍尽法以掩恩。况用以逞威渔利，则敲骨吸髓总是私意。上干天地之和，下造子孙之孽，端由於此矣！独不思死者不可复生，绝者不可复续，人谁不爱其性命，又谁不爱其肢体发肤。吾为民父母，奈何淫刑以逞乎？今后各有司，非人命盗情捱刑不吐者，不得一概滥用夹拶，致伤民命，违者定以酷论。其佐贰首领尤不许轻用夹拶，重大事情应夹拶者，呈堂官亲问。如有私置擅用，掌印官之不能钤制佐领，可概见矣，定以罢软论。以上言贪言酷，总是常谭，本院窃思，天理良心总不外此，愿有司其深思之。牌行司道转行该府，刊成一帙，转发各州县，置于座右，触目惊心，未必非相成之一助也。若贤有司则固真清真慈，追综前哲，无庸本院啧啧矣。

两县碑文部分稍有不同，其中黎城县“按晋约言碑”碑文比临猗县碑文多了铭文的最后两句，即“牌行司道转行该府，刊成一帙，转发各州县，置于座右，触目惊心，未必非相成之一助也。若贤有司则固真清真慈，追综前哲，无庸本院啧啧矣”。从这段记载可知，巡按山西监察御史李若星撰写完《直指按晋训廉谨刑约言》后，即下令抄写转发布政使司，布政使司依样转发各州县，并令各州县牧首将之作为座右铭，如此，便有了各地于万历四十二年正月择吉日立碑的故事。

李若星，字紫垣，河南息县人。《明史》有传。万历三十二年（1604）进士，历任枣强知县、真定知县、御史、山西巡按、尚宝少卿、大理寺右少卿、右佥都御史等职。天启年间，因揭发魏忠贤的恶行，被魏党打击报复，流放到廉州。崇祯元年（1628）重获启用，晚年曾总督西南军务，兼贵州巡抚，于明朝末年战争中身亡。《直指按晋训廉谨刑约言》是李若星上任巡按山西监察御史后，考察了山西各地吏治情况，根据朝廷旨意，亲自撰文并下发各州县的约言。碑文内容与李若星的官职职责有很大关系。“直指”即朝廷派到各地的巡视官员，称直指使者。“按晋”即巡按山西。明代设监察御史，隶都察院，掌分察百僚，巡抚郡县，纠视刑狱，肃整朝仪的职能，巡按山西监察御史即该监察御史专门负责巡察山西各府州县，行使纠察权，考察各地官员吏治、刑狱处置与百姓疾苦等问题，对其举劾，职权很重。“约言”即约定之言，可知此碑是由山西巡按御使撰写后下发要求所属官员共同遵照执行的一个共同约定。

碑文要旨正如标题指出，围绕着“训廉”和“谨刑”两个要素展开，即训示各级官员为官要清正廉洁，洁身自好，切勿贪赃枉法，切莫贪墨索贿，玷污官声和名节；办理刑狱案件要谨慎断案、秉公执法，切勿滥施酷刑，伤民害命。简而言之，切记不能成为贪官酷吏。碑文开篇即开宗明义地指出“贪酷有禁，载在总约，字字斧钺，宜人知涤虑而毖后矣”。惩治贪官酷吏的禁令在国家最高的行政法典中有明确记载，字字斧钺，每个人都应该引以为戒，不忘初心，涤荡心灵，戒奢戒贪，慎用刑罚，达到惩前毖后的效果。“贪官”是相对于清正廉洁的做官操守而言，“酷吏”是善用严刑酷法来维持统治秩序的官员，这二者均为监察御史纠察弹劾的主要对象。因此这个约言一出，即表明了新任山西巡案对山西各地官员的期望和要求。作为一方百姓父母官，要体天地好生之德，广皇上钦恤之仁，清正廉洁、秉公执法，不做贪官，不为酷吏。对下属也要严加训诫，如有违者，掌印官之不能钤制佐领，可概见矣，定以罢软论。各地官员将之勒石立于署衙，睹其文字，审乎内心，做到廉洁与谨刑，将其传达至每位执法者并按约执行，都成为地方官吏的办事准则。《直指按晋训廉谨刑约言》通篇主旨明确，阐述条例清晰，既痛斥了贪官酷吏的违法行径，又语重心长地劝诫地方各级官吏要从政务廉、谨慎执法，体现出监察官员要求各地父母官要秉持以民为本、爱民恤民、肃清政坛风气的崇高品德和高尚情操，可谓句句箴言。“按晋约言”不仅成为明代山西各地官员为政处事的基本准则，也成为明代山西官场勤政爱民的文化标杆。

山西巡案李若星的清廉爱民之举受到了当地百姓以及其他

御史的肯定和赞扬。明熹宗天启年间，时任南京都察院右都御史的乔应甲在《再起奏章》中称赞："李若星曾巡按山西，臣山西人也，真见终其任，所有纸赎赃罚，一分一厘留在地方，人心甚服。"明万历年间李若星撰写的《直指按晋训廉谨刑约言》不仅在明代中后期为人称道，对于当今反腐倡廉仍有着非常可贵的现实意义。

第三节　署衙题名记

各级各类的署衙里留存了很多题名记，属于刊刻于官府衙门的杂记文。内容有的是记录历任官员的德行功绩，达到宣扬前任功德，劝诫勉励后任官员的效果；有的记载衙门主要长官的职责，然后著录历任官员名录。题名记在中国历史悠久，早在秦始皇封禅泰山时就刻石记功，唐代题名记更是盛行一时，明人林俊认为"古公署，崇阶末秩皆有纪，以表年系名，连迁代而极。于厅事曰厅壁记，石曰题名记"①。山西署衙里留存的题名记大多为明清时期，至晚为民国时期的碑刻。这些题名记不仅可以丰富对古代署衙职能的认识，也有利于增加对古代官吏廉政文化的了解。

---

① 《见素续集》卷九《科续题名记》。

一、中华民国九年（1920）督军府《山西巡抚兼提督题名记》

督军府里有一通中华民国九年镌刻的题名记碑，全称为《山西巡抚兼提督题名记》。碑身阳面记录了镌刻题名记的原因以及从巡抚到督军的官职演变过程，碑身阴面记录历任山西巡抚兼提督名录。兹将碑阳面碑文抄录如下。

山西巡抚兼提督题名记

官署之有题名由来旧矣，韩文公《蓝田丞署厅壁记》、司马温公《谏院题名记》其最著者也。

《山西抚署题名碑》镌于清乾隆末，嘉兴冯公所列历任姓名，自顺治元年辽阳马公起，至乾隆五十六年冯公止，其续立之碑刻至光绪十五年满洲豫公止而近三十年，广昕职者犹未及备载。考山西巡抚自雍正十二年奉命兼提督军务，遂成定制，民国后遂为都督，今称督军，同时又特设民政长专任民政，继则改称巡按使，今称省长，而督军权责与昔日抚部兼任之提督固相承也。余承乏督署九年，自兼任省长又及三年，倡阅《题名碑》见其所载未备，且叙次间有讹误，因证以《会典》《通志》为之分别□正，从新勒石，自清初至今姓名具备。其省长题名当别立焉。昔温公记谏院题名谓将办贤否而□劝戒，余不敏，窃亦有取于斯。

民国九年十一月五台阎锡山识

图 2-6　督军府
《山西巡抚兼提督题名记》碑

据碑文可知，这个题名碑是阎锡山于民国九年所立。1911 年 10 月 29 日中国同盟会起义军发动起义，攻陷太原城，杀死山西巡抚陆钟琦，成立军政府，阎锡山被起义军推举为山西都督。11 月 15 日，清政府改派张锡銮为山西巡抚，并派兵进攻山西。阎锡山分兵南北，与清政府军展开战斗。12 月初，南北议和开始。阎锡山一面请求孙中山给予支持，一面派人向袁世凯表示诚意。1912 年，北洋政府建立后，以阎锡山为山西都督。1914 年 6 月各省都督改为将军，阎锡山任“同武将军”，督理山西军务。1916 年 7 月阎锡山改任山西省督军，倡行用民政治、村本政治。这通《山西巡抚兼提督题名记》即阎锡山在山西督军任上镌刻的题名碑。其所记的内容可分三部分：第一部分为官署题名的历史悠久；第二部分为阎锡山镌刻此碑的历史背景，说明巡抚兼衔提督由来已久，前所立碑为巡抚题名，但有的巡抚没有提督之衔。明清之际巡抚须兼衔提督，方能参与军务。阎锡山任督军后，参照《会典》

《通志》等文献史料对冯光熊镌刻的《山西抚署题名碑》勘定正误，重新镌刻巡抚兼提督题名碑。第三部分为碑阴，载清至民国九年的山西巡抚兼提督名录。这通碑碑阴共题名 59 人，除阎锡山外，其余都历任清朝山西巡抚。

二、明嘉靖年间《阳曲县题名记》

阳曲县旧有题名记，为明朝尚书乔宇撰文，原碑已佚，碑文见载于清道光《阳曲县志》卷十五《文征下》。兹将碑文抄录如下。

阳曲县题名记

明尚书乐平乔宇撰

阳曲为山西省第一县，令于此者，朝夕经画，勤惕罔敢懈。加以呼召迎送之繁，徭役供亿之费，旁午杂沓，殆无虚日，厥惟艰哉。必明断以莅政，廉慎以持己，斯克举其任矣。汝宁张侯景以进士知县事，精敏刚洁，下车首问民疾苦，抑豪纵，搜蠹慝，声价赫然。期年政化大行，乃告于僚佐曰：内外诸司官署例有题名，匪特识岁月纪姓氏而已，盖善善恶恶咸寓于斯。自洪武、永乐以来，前令凡若干人悉漫漶无考，非缺典欤。爰稽故牒载名氏及里居分年汇次而刻之于石，以为来者劝。于是都御史陈君邦瑞寄书于予，愿惠一言以记其颠末。予因叹朝廷设县令曰“亲民之官”，实以导扬风化、抚字黎氓之寄，责成之，厥职重矣。其中治迹彰开、贤声茂著者类各不同，大率以培士气、兴民行为首务。是故书姓名、录籍址、详其履历之由，俾观者循名而指其人曰：某与某也贤，某与某也否，以贤为最，以否为惩，瞻视对越之间有不感动而兴起者，张侯此举其有裨于官箴仕范也大矣。侯屡膺荐剡，将有显擢。他日嗣侯而至者，其必体侯之心，行侯之政，慎修乃职，务以第一流人物自期，待以垂誉于无穷，则题名之举庶几为无负也，岂但克堪繁剧，踵前人之芳躅而已哉！

乔宇（1464—1531），字希大，号白岩山人，明太原府乐平县（今山西昔阳）人。成化二十年（1484）进士，历任礼部仪制司主事、吏部文选司主事、吏部考功司员外郎、吏部文选司郎中、太常少卿、光禄卿、户部右侍郎、户部左侍郎、南京礼部尚书、兵部尚书、吏部尚书等职。其中，乔宇于正德十年（1515）任兵部尚书，正德十六年（1521）世宗即位后，任吏部尚书，嘉靖三年（1524）致仕。题名记中作者官职只写尚书，疑为其致仕以后所题。

由于明朝太原府府治阳曲县，故碑文开篇即指出“阳曲为山西省第一县”。这篇题名记的缘起与当时知县张景有关。据碑文可知，“汝宁张侯景以进士知县事，精敏刚洁，下车首问民疾苦，抑豪纵，搜蠹慝，声价赫然。期年政化大行……张侯此举其有裨于官箴仕范也大矣”。题名记赞颂弘扬的是当时知县张景。张景，《明史》无传，清道光《阳曲县志》有记载，“（张景）河南汝宁进士，升山东道御史”[①]，“知县张景，河南汝宁人，嘉靖四年以进士任，精敏刚洁，甫下车，问民疾苦，抑豪纵，搜蠹慝，声价赫然。期年政化大行，创阳曲县题名碑。自洪武起汇次刻石。乐平尚书乔宇记。旧志皆缺，今据记补入”[②]。张景是嘉靖四年到嘉靖六年（1525—1527）任阳曲知县，故在其主持下的阳曲县题名记应是镌刻于嘉靖四年到六年之间。镌刻内容包括明洪武以来历任阳曲知县的姓名、籍贯和履历等。撰写题名记的目的盖是要后人观瞻题名记时指摘得失，希望能导扬风化，真正让县官成为黎氓之寄，亲民之官。

三、明嘉靖年间孝义县《官署题名记》

吕梁孝义市原有一通明嘉靖年间孝义知县刘大观镌刻的《官署题名记》，可惜原碑已佚，碑文录于清乾隆《孝义县志》。兹将碑文抄录如下。

官署题名记

明嘉靖二十九年任　刘大观　邑令

孝义旧无题名碑。予自嘉靖庚戌受命吏兹土，即历访

① 道光《阳曲县志》卷 4《职官表》知县条。

② 道光《阳曲县志》卷 12《政略》。

前吏姓名，欲砻石为司马公韦弦计。乃询故老，稽往牒，得某人而下若干人，上焉者莫之可考也。已，遂以不备而辍。迨今甲寅，又阅三载，复惧及今不录，则愈久而愈晦也。后之视今，不犹今之视昔耶？乃即其知者刻之，虚其右以俟来者。呜呼，县治之创，昉于曹魏，元初兵毁地覆，前无可考。宜也乃明兴百八十年，不见有是，焉谓非阙典与？虽鸿人达士，扬烈垂声，如唐令杨仲昌氏，固不假是石为有无，而循名责实，劝善惩恶，为中材计者，又岂可以终无耶？观斯石也其慎之，毋使观者得以指摘而致惩焉。或亦相成之一道也。是为记。

据碑文可知，孝义县在明嘉靖二十九年（1550）之前一直没有题名碑。嘉靖庚戌年，即嘉靖二十九年，刘大观上任孝义知县后访寻故老，稽查典籍，乃成此碑。刘大观，《明史》无传，清乾隆《孝义县志》有载："刘大观，陕西清涧人，癸卯举人。二十九年任。兴学劝农，政平讼简。八年升隆庆州知州。"[①] 嘉靖癸卯年是明世宗嘉靖二十二年（1543），刘大观中举，嘉靖二十九年以举人身份任孝义县知县。任内重视兴办教育，发展农业生产，法平政成，政通人和。立题名记的目的，正如碑文所载，是为"循名责实，劝善惩恶"，"使观者得以指摘而致惩焉"，引导官员以先贤为榜样，为官清廉，谨言慎行。

① 乾隆《孝义县志》卷12《官政》知县条。

四、明万历山西布政使司《布政司题名记》

明山西布政使司有《布政司题名记》，郭子章撰文。郭子章，字相奎，号熙圃，又号青螺，江西泰和人。隆庆五年（1571）进士，历任福建建宁府推官、南京工部虞衡清吏司主事、四川提学佥事、浙江参政等职，万历二十年（1592）迁为山西按察使，后改任湖广右布政使、福建左布政使、都察院右副都御史、太子少保、兵部尚书。原碑已佚，碑文录于清乾隆《太原府志》卷55《艺文志》。兹将碑文抄录如下。

石之有题名也，自汉始。考《金石略》，《蜀文翁礼殿诸学生》《太尉刘宽》《杨震》三碑，碑阴俱题名，顾亦当时属吏门生姓字耳。唐建中二年，京兆府有《同官记碑》，署爵里官方，而协恭之雅始著。及宋司马君实《记谏院题名》，辨中诈直回，而劝戒之义始凛。我明进士释褐天子，命题名太学，自是公府官署，内而殿阁部院，外而司道郡邑，俱得题名于石。而山西布政司自景泰乙亥竖丰碑至于今，凡三易石。万历癸巳，左方伯陆公、右方伯万公、大参白公、宁公，以三吴、秦、赵名贤共莅兹司，示石不胜书，伐石续之，而属记子章。子章谢曰：“职陈臬，义不敢越俎。”迟回久之。陆公迁豫章中丞去，万公迁左辖，而右辖李公自巴蜀且至。诸大夫日趣之曰：“石存劝戒，义昭是非，囿于方者不得言。臬君处是非外，得尽言相绳。惟君之毋让也。”予惟山西古并冀域，唐虞夏之故都也；今之藩司，唐之岳牧也。《书》曰：“咨四岳，辟四门，明四目，达四聪，咨十有二牧。”曰：“食哉惟时，柔远能通，惇德允元，而难任人，四方率服。”则古岳牧职，大抵在广视听以辨元壬，重食时以绥中外，二者而已。今藩司稽一方忠佞，佐两台，岁终有刺，三藏有黜陟。合郡国钱谷货贿，罔不出内于帑而绾毂之。犹然，唐虞之遗山以山西，景、霍以为城，而汾、河、涑、浍以为渊，晋、代藩以为国，上谷、云中以为镇，而雁门、岢岚、宁武以为关。天潢繁伙，引脰待火者无虑十千，外兵环伺，互货荐易，边鄙军兴，日庀糗糈，得如舜所云“食时率服”乎？大同近边，习于悍而不可狎，吏才难。平水、汾、潞之间，渐失韦藩木楗之旧，集四远方贿以纷于市而饵吏，吏守难得如舜所云“咨辟明达德元而匪壬乎”？二者备，即唐虞之岳牧不价于此矣。不若是也，不可以藩。藩不藩在人，而令千万世指其藩不藩而颂刺之也在石。吁可思哉？予又稽晋之故矣，赵文子为室，斫其椽而砻之，因张老之夕令之勿砻也，而日为后世之见之也。其斫者，仁都之为也；其砻者，不仁者之为也。尹铎曰：“委土可以为师保，吾何为不增量培庶，曰可以鉴而鸠赵宗乎？”委土可师，石砻不仁，予愿诸大夫以赵、尹之鉴戒视兹石也。兹石犹晋之委土室砻也。诸大夫瞿然曰：“善哉，子之言晋藩也，不出其畛域，微独某也。以下真之于耳，乃今而后官兹藩也，其谁不日惕惕焉？”于晋之故，以为填也。

碑文内容分三部分。第一部分介绍题名碑记的由来。第二部分说明郭子章撰写《布政司题名记》的原因。景泰乙亥年即明代宗景泰六年（1455），山西布政司立第一块碑，此后三次易石。万历癸巳年即明神宗万历二十一年（1593），左方伯陆公、右方伯万公、大参白公、宁公等人请郭子章作题名记，子章婉拒。时郭子章任山西按察使。按察使“掌一省刑名按劾之事。纠官邪，戢奸暴，平狱讼，雪冤抑，以振扬风纪，而澄清其吏治。大者暨都、布二司会议，告抚、按，以听于部、院。凡朝觐庆吊之礼，具如布政司”[①]。后来陆公、万公升迁离任，李公自巴蜀来任，复请郭子章刻石纪事，才有此碑。第三部分说明山西承宣布政使司的地位，阐明吏守的职责和应该具备的品德，劝诫乃今而后历任官员都要恪尽职守，日慎一日，引以为戒。

五、明万历年间蒲县《知县题名碑记》

蒲县原有一通明万历年间的《知县题名碑记》，今碑已亡

① 《明史》卷75《职官志》。

佚，碑文录于乾隆《蒲县志》卷 10《艺文志》。兹将碑文抄录如下。

知县题名碑记

曹立

国家建官，惟守若令最重，为其奉朝廷德意，以惠黎元、淑风纪也。蒲自置邑迄今，未省无令，而名随去泯，将何以昭法、戒不佞！叨令是邑几五载矣，诸废颇集，每慨兹典尚缺。乃远考谱牒，近询父老，自陈公而下，共得四十余人。咸题其姓名、贯址以镌于珉，竖“忠爱堂”左，以镜永久。或曰：缘名立事者，行恒不实。奈何用名咄嗟，是未知名所从来也。盖名以宾实，德业由兹而立。昔者单父以调琴名，武城以弦歌名，良缘子贱尊贤取友，德洽民心；子游学道，爱人仁乎，民志而实胜也。厥后，时德秀留牍淮南，名在寿春；刘桓公气清峄洛，名在江陵。以至垂帘制锦，种柳栽花，随寓而得名者，孰非实胜所致乎！今继令诸君子咸得题名于石，人得就而目之，得无有指其名，而考其政者乎？其政也善，荣于旗常之铭；其政也不善，严于鼎象之铸，真可惧哉！语曰：“古者今之鉴，前者后之师，愿治君子其尚鉴于斯！”虽然，方今圣化熙隆，人文振起，宇内瑰玮，卓荦之夫踵接肩摩，当必有善政芳猷垂名竹帛，超越今昔万万者，又奚必取诸石，以为鉴哉！

据碑文可知，碑文由曹立撰写。据乾隆《蒲县志》卷6《官师志》知县条，曹立乃陕西人，明万历年间任蒲县知县，并置惠民局。曹立在蒲县县令任上五年有余，他将四十多位蒲县县令的名字、籍贯刻于石上，立在忠爱堂左侧。中国古代县是最基层的地方行政单位，中央对地方的管理主要通过县这一层级来达成，于是县令对于国家治理地方的重要性不言而喻。碑文中提到“乃远考谱牒，近询父老，自陈公而下，共得四十余人”，这里的陈公，乃陈善，陕西人，举人，明英宗正统年间任蒲县知县。[①]将历任知县题名于碑之上，目的是：“人得就而目之，得无有指其名，而考其政者乎？其政也善，荣于旗常之铭；其政也不善，严于鼎象之铸，真可惧哉……当必有善政芳猷垂名竹帛，超越今昔万万者，又奚必取诸石，以为鉴哉！”既可以让善政之人名垂青史，也可为后世所效法借鉴。

第四节　封邑碑

一、霍叔碑——天下霍姓出霍州

霍州署大堂院内东科房往南有一座碑亭，即霍叔碑亭。两

① 乾隆《蒲县志》卷6《官师志》知县条。

边红色的亭柱上悬挂着一副楹联“西周圣祖文王胄，华夏名门霍姓源”。亭子中间立有一通碑，清乾隆三年（1738）霍州知州钟琏为纪念霍姓之源而刻。碑圆首方趺，高 130 厘米，宽 69 厘米，厚 13 厘米。额首题“大清”，碑正中为“霍叔遗口”，右上方题“周武王封弟叔处为霍叔郎”，左下方落款“乾隆三年岁次戊午秋七月日知州西泠钟琏”。

霍叔，生卒年不详，姬姓，名处，世称霍叔处，周文王姬昌第八子，周武王姬发同母弟。周武王姬发建立西周后推行分封制，姬处被封于霍，建立了霍国，姬处被称为霍叔。

周成王即位后，朝政由周公旦辅佐。分封外地的诸侯管叔、蔡叔、霍叔等人素与周公旦不和，所以对周公旦摄政极为不满，于是三人结为一团，唆使商纣王之子武庚发动叛乱，推翻周公旦摄政的周成王政权，即管蔡之乱。周公旦团结召公奭，采取果断措施，亲率大军东征，很快就平息了这场王室内乱。武庚被诛，管叔畏罪自杀，蔡叔被流放到边疆荒野，霍叔被贬为庶民。三年后周成王念霍叔为胁从，赦免了霍叔，恢复了霍叔的封地，但其爵位从侯降为伯。

公元前 661 年，霍国首领霍伯姬求认为，周成王对其先祖霍叔处置不公，遂自称霍公，史称霍哀公，自行更改伯爵为公爵。霍叔此举，使得晋献公大为恼火，立即帅兵征讨，很快消灭了霍国。霍伯逃到齐国避难。同年，晋国大旱，晋献公使人占卜。卜者认为这是因为晋献公灭了霍国，得罪了霍山神，神怒而降罪于晋国。晋献公随即派人到齐国请回霍伯，并恢复了其伯爵的政治身份，并让他专门掌管霍太山的祭祀。霍伯回霍以后，晋国连年风调雨顺、国泰民安。霍伯姬求的后人指国为姓，称霍为氏，遂有百家姓中的霍氏。于是霍叔处被认为是霍姓的始祖，霍州为天下霍姓的根源。古霍国遗址在今霍州市白龙镇陈村，为霍氏祖庭。从霍叔碑到霍姓渊源，体现了中华传统文化中的尊祖敬宗、寻根问祖以及宗族文化，彰显了华夏文明的传承路径。

二、绛侯封邑碑

《绛侯封邑碑》刻于明崇祯十五年（1642），原存绛县署衙，现存绛县文化馆。碑碣圆首，高162厘米，宽72厘米，厚18厘米。碑文右起著录镌刻时间“明崇祯壬午”，即崇祯十五年。是年正月，崇祯皇帝揖拜阁臣，再图振兴，而当时李自成的反明义军已经打到了河南、陕西一带。明朝国势日颓，政权岌岌可危。

碑文正中为“绛侯封邑”四个大字，说明绛县是绛侯的封邑。绛侯，是西汉开国将军周勃的封爵。“绛侯周勃者，沛人也。其先卷人，徙沛……以将军从高帝击反者燕王臧荼，破之易下。所将卒当驰道为多。赐爵列侯，剖符世世勿绝。食绛八千一百八十户，号绛侯。”[①]汉高祖六年（前201），分封周勃

① 《史记》卷57《绛侯周勃世家》。

为绛侯，以绛县八千一百八十户作为他的食邑。汉高祖刘邦对周勃评价极高，认为周勃才是真正能匡扶汉室、安定社稷的能臣：“周勃重厚少文，然安刘氏者必勃也，可令为太尉。”[①]高祖去世后，周勃以列侯身份侍奉汉惠帝。汉惠帝六年（前189），任太尉。吕后去世后，周勃与陈平谋划，削平诸吕，拥立代王刘恒，刘恒即汉文帝。汉文帝即位后，周勃辞去相位，回到封国绛县。“岁余，每河东守尉行县至绛，绛侯勃自畏恐诛，常被甲，令家人持兵以见之。”[②]于是有人上书称周勃想谋反，周勃受陷入狱，其所有的益封受赐皆予薄昭。薄昭替他向薄太后求情，太后直言周勃没有谋反。文帝临朝时，太后说：“绛侯绾皇帝玺，将兵于北军，不以此时反，今居一小县，顾欲反邪！”文帝看过绛侯在狱中的供词，于是赦免了周勃：“吏方验而出之。”[③]周勃有惊无险得以脱身，并且恢复了爵位和封邑。出狱后周勃一直生活在绛县，直到去世，谥号为武侯，他的儿子周亚夫被封为条侯。

司马迁盛赞绛侯匡扶社稷的功勋：“绛侯周勃始为布衣时，鄙朴人也，才能不过凡庸。及从高祖定天下，在将相位，诸吕欲作乱，勃匡国家难，复之乎正。虽伊尹、周公，何以加哉！”[④]西晋时陆机也盛赞其辅政之功：“实惟太尉，刘宗以安。

① 《史记》卷8《高祖本纪》。

② 《史记》卷57《绛侯周勃世家》。

③ 同上。

④ 同上。

挟功震主，自古所难。”[①]从唐德宗开始还为其设庙享奠。绛侯成为中国历史上受遗诏匡扶社稷的名臣之一。

碑文左侧题名“中州范志完题”。范志完，明崇祯四年（1631）进士，崇祯十四年（1641）冬，升右佥都御史、山西巡抚，崇祯十五年（1642）正月，进兵部左侍郎并督师出关，抵御清军。

明崇祯十五年立“绛侯封邑”碑，不难让人联想到明朝末年国势日颓，国内李自成义军声势浩荡，关外清军不断袭扰。范志完希冀通过立碑表达一种亟须贤明有才之士匡扶社稷、拯救山河的意愿。

第五节　从相关制度碑看中国古代的管理、诉讼等制度

一、从《平阳府霍州换印记》看官印的使用

官印是一任官员身份地位和权力的象征，是发号施令的凭证。西汉时期，每授任一官，都会铸造一枚新的官印，从南北朝时期开始换官不换印，新官到任以后才接印绶。后世除新设官职或改易官称外，大多不铸造新印，但是由于官印用时过久

---

① 《陆机集》卷6《汉高祖功臣颂》。

导致印记模糊，也有了更换官印的必要。霍州署大堂东墙上有一块明正德二年（1507）的碑碣，首题“平阳府霍州换印记”。碑青石质，高 55 厘米，宽 120 厘米。现将碑文抄录如下。

平阳府霍州换印记

余维判青四载许，至弘治甲子冬，辱秩厥職奉命来守是郡，慨旧篆棱角亏缺，文刻模糊，盖自洪武纪元时颁也。余愀然于心，以为往往真伪莫分，欲更新之，以慎厥始，且谋诸同寅曰：“印篆天下之通信也，真伪嫌疑混淆于其间，将以引谲诈，而奸弊交作则恶矣，于人心乎得乎？”寅佐鄢城李公、罗山徐公均曰：“可。直美新之，以倡厥民。”盖事关于朝廷，非易易耳。于是走伻赍状，赴阙请，奏状云：“臣鼐等谨奏，为换印事：照得本州洪武三年钦降印信一颗，至今历年久远，篆文残缺、中心磨平，四角擦低，移文不真，纂画难辨。况本州例该奏进，表笺难以钤使，理合预先差人具奏，乞降新印，便益旧印缴报赴部，为此今将换印情由，同官吏保结，具本差人奏闻。”奉圣旨：是着礼部换与他，钦此。钦遵。始得新篆包匭捧归。余敬启视之，廉隅齐肃，文刻分朗，拟诸亏缺模糊者，美恶何如耶？之后文移焕然，无复前日之患矣。佥喜而贺曰：“斯印也，百几余年之旧物。公一旦更新之，利由此而兴，弊由此而革，诚为政者之美事。请勒诸石以志不朽，将使后人相谨于始，而知斯印之有自焉。”余喟然曰："百年之木，破为牺尊，青黄而文之，其与断在沟中者，美恶有间矣。篆之新旧，其美恶亦然，余与诸公，当克慎厥始，以占厥终。"吾恐后日美耶不美耶恶焉亦未可知，故记以纪岁月云。

奉直大夫霍州知州咸阳员鼒撰文

同知李凤　徐有

判官魏恂

吏目范延年

时正德二年岁次丁卯仲夏端阳之吉立石

州民王铎镌

据碑文可知，明正德二年霍州知州员鼒因印信使用年长，篆文刻迹模糊，官印棱角亏损，上奏朝廷更换官印。礼部换印后，得新篆包匦捧归。新的官印到来预示着"利由此而兴，弊由此而革，诚为政者之美事"，故勒诸石以志不朽，告诫为官者"当克慎厥始，以占厥终"。

官印是官员行使权力的信物，也称印信。目前发现的最早的官印是河南安阳殷墟出土的三颗商代铜质印玺。秦始皇统一六国建立了秦朝，从此，从中央官到地方郡守县令的官印，军事机构中军官的官印等都由朝廷统一授予。官员品级的高低决定了其所使用的官印尺寸和质料的差别。一般来说，官职越高，官印越大。皇帝的印又称御玺、御宝，材质为玉，其他官印则都不能用玉。不同历史时期的官印形制不同，印文方式、印文格式也是有区别的。

明代百官印为直纽型，是一种上小下大的椭圆柱状印纽。《明史》卷68《舆服志》记载百官印信的规格。

> 洪武初，铸印局铸中外诸司印信。正一品，银印，三台，方三寸四分，厚一寸。六部、都察院并在外各都司，俱正二品，银印二台，方三寸二分，厚八分。其余正二品、从二品官，银印二台，方三寸一分，厚七分。惟衍圣公以正二品，三台银印，则景泰三年赐也。顺天、应天二府俱正三品，银印，方二寸九分，厚六分五厘。其余正三品、从三品官，俱铜印，方二寸七分，厚六分。惟太仆、光禄寺并在外盐运司，俱从三品，铜印，方减一分，厚减五厘。正四品、从四品，俱铜印，方二寸五分，厚五分。正五品、从五品，俱铜印，方二寸四分，厚四分五厘。惟在外各州从五品，铜印，方减一分，厚减五厘。正六品、从六品，俱铜印，方二寸二分，厚三分五厘。正七品、从七品，铜印，方二寸一分，厚三分。正从八品，俱铜印，方二寸，厚二分五厘。正从九品，俱铜印，方一寸九分，厚二分二厘。未入流者，铜条记，阔一寸三分，长二寸五分，厚二分一厘。以上俱直纽，九叠篆文。初，杂职亦方印，至洪武十三年始改条记。凡百官之印，惟文渊阁银印，直纽，方一寸七分，厚六分，玉箸篆文，诚重之也。武臣受重寄者，征西、镇朔、平蛮诸将军，银印，虎纽，

方三寸三分，厚九分，柳叶篆文。……其他文武大臣，有领敕而权重者，或给以铜关防，直纽，广一寸九分五厘，长二寸九分，厚三分，九叠篆文，虽宰相行边，与部曹无异。

明代霍州知州为从五品官职，故所持官印当为铜印，方二寸四分，厚四分五厘，直纽，九叠篆文。这通碑文为我们了解和研究明代地方州郡官印制作管理、官印文化提供了重要的史料，为复原霍州署官印提供了重要的参考依据。

清代地方主官用方印，故有正印官之称。比如知县的官印为铜质直钮，方二寸一分，厚四分四厘。关防印为长方形，原为半印，拼合在一起比对查验，故称关防。清代还有接印拜阙的规矩。有的前任将印信呈报上司，新官到任时当面领；有的前任得知新官何时上任，预先派家人当堂送印；有的新官大摆仪仗，差家人接印，到行辕时，新官门外跪接，然后在天井向北拜印。

二、《诬告加三等，越诉笞五十》与古代诉讼

中国古代社会是一个重礼治的乡土社会，但古代中国并非无法。在一些州署衙门之中就会立一些有关法制的碑刻，明示后人不得触犯法律，不得诬告，不得越级上诉。

霍州署仪门东西两侧台阶下各立有一块石碑，东边台阶

之下的石碑上书“诬告加三等”，警告来打官司的百姓不得诬告他人，否则罪加三等；西边台阶之下的石碑上书“越诉笞五十”，告诫百姓不能越级上诉，州署也不能越级受理。平遥县衙大门口的西侧也同样立着两块镌刻着“诬告加三等”“越诉笞五十”的碑。

越诉是一个法律名词，在我国古代刑法中一直规定禁止越诉。《唐律疏议》卷 24《斗讼》第 359 条“越诉”规定：“诸越诉及受者，各笞四十。若应合为受，推抑而不受者，笞五十，三条加一等，十条杖九十。疏议曰：凡诸辞诉，皆从下始，从下至上，令有明文。谓应经县，而越向州、府、省之类，其越诉及官司受者，各笞四十。若有司不受，即诉者亦无

图 2-7　霍州署仪门台阶下东西两侧石狮与碑刻

罪。若应合为受，谓非越诉，依令听理者，即为受，推抑而不受者，笞五十。”[①]但是越级上诉也有例外者，如唐律规定“邀车驾及挝登闻鼓若上表述，而主司不及受者，加罪一等。其邀车驾诉而入部伍者，杖六十”[②]。也就是说如果有人半路拦截皇帝御驾，或者敲登闻鼓递交状词上诉，即使越级，衙署也应该立即受理，不及时受理案情者就要罪加一等，拦截车驾告状的人要是进入了仪仗队里，要杖六十。元代刑法也明确规定不得越诉。“诸告人罪者，自下而上，不得越诉。诸府州司县应受理而不受理，虽受理而听断偏屈，或迁延不决者，随轻重而罪罚之。诸诉官吏受赂不法，径赴宪司者，不以越诉论。诸陈诉有理，路府州县不行，诉之省部台院，省部台院不行，经乘舆诉之。未诉省部台院，辄经乘舆诉者，罪之。”[③]明清时期法律亦明确规定禁止越诉。霍州署是州级署衙，百姓不能不经县级衙门直接来州署上诉，否则就要行笞刑五十下。若霍州署违例受理，则衙署和申诉者都要受到处罚。

三、《布政司明文》

《布政司明文》碑刻于明天启三年（1623），原立于黎城县

① 岳纯之点校：《唐律疏议》，上海古籍出版社，2013 年，第 384 页。

② 同上。

③ 《元史》卷 58《刑法志》。

县衙大堂，今藏于黎城县文博馆。碑上部已残，高125厘米，宽58厘米。额题“布政司明文”，碑文内容为潞安府所辖八县的库房管理及其库吏选拔任用等条规。兹将碑文抄录如下。

山西潞安府，申严库役赔累之禁，以肃官箴，以苏民困事。天启三年正月十二日，蒙山西等处承宣布政使同□□本府，申蒙本司信牌前事，仰本府官吏照牌事理，即通行所属各县，将本司节檄清宣里甲，佥编扰费之弊，着实遵行。看库一□尤当彻底裁洗干净，库吏除看守锁钥外，一毫不□□□□□供应，如无库吏即于六房吏选轮看守，无吏即于六房书办内选轮，不许再佥里甲般户以开骗局、设祸井。其六房书办查照全纸□于自理纸牍内支□，工食于州县各役小□扣银内□□□□□□□里书供应顶差种元元之冤业，如有未□事，宜听议妥条陈酌处，毋得坐视民累，深负“父母”二字，以重本司之咎。蒙此遵依，随即备行所属长治等八县查议去□。

今处长治县□□□得本县领解钱粮，□令□手，六房纸□□之□官，原与库役无□而买办供应尤不知为何事矣。本无赔累之苦，何有倾家之患。只因十数年前，寥寥数吏，非其拯贫，则其最狡，当事□□□库不累人，而反累库。于是于审编之日，择敦实忠厚者，每季一人，责以看守，延至今日而人颇相安，则诚去其所以害库役者耳。然陷井之苦虽得免于调停，而佥派之名未免留于里甲。今将前佥派库吏，尽放归于农，随令六房吏轮休看库。

长子县申称，查得本县库内见参典吏贾从翠，周年役满，候缺者接参接管，看守并无编佥般户，其一切纸札等项俱在本县自理，纸赎并各役小建工食内扣银支用，亦无坐派里书供应，备查明白。

屯留县申称，查得本县地瘠民贫，六房并无吏典，安有看库□□倒换，循环造写申文，俱系拘拿书手办事，至于征收钱粮，奉文革士分收头佥银，里长、看柜、设簿报数。如遇开柜钱银，本县当堂亲验明白。钱给银行，买银倾销成锭，比时起解，多则遣官，少则差快手押送，绝不与库支相干。其本县六房，日月纸张并笔墨朱红，俱系自理。纸赎银先行给价，然后送用，并不亏损行户。如赎不支，外动俸资贴给，书办工食别自设处，亦无扣除小建。虽无上司赎银，存留不多，凡动支收解，本县当堂亲验，因□□□□□□□管，虽有二人看库，只在外防护，节年系上手自报，下手必悉实者乃□典守也，并无倾家破产之累，亦无佥报十二名之苦。若各房书办皆系窭人庸书，原无身家，较之长沽长□不啻□□矣，□□不可□虑□本县也，未敢轻任之也。

襄垣县申称，查得本县不持库藏□□□□即□□科□兵房□张大臣一司吏耳。余者尽缺，至经承书办，系户房带写循环文簿，其征解钱粮，系各里排甲，自收自理，与银库并无干，□所□者，不过各上司皆须赎缓。凡征收支解，本县当堂亲收封发，簿籍锁钥皆系县官收堂第官库，干系匪轻，非殷实忠诚者不能司也。故此，前官凡遇审编佥派，每年一名，特借该役在库□巡□□□，全无破资倾家之累，并无佥报每年十二名之弊，无冤查议。

潞城县申称，备查先年前官，因无吏典委的，编审每年佥坐殷实库役十二名，守掌钱粮。今□前因照得库藏之设，所以□□□上司，赃罚一应钱粮，库不设革，库役当革，若无人守掌，则何以分别收支簿籍循环数目？卑县山城小邑，止有吏房一吏苗应升，非长治等县吏典收受可比，合无每年坐委，或县丞或典史管理锁钥，收□□项钱粮，如遇起解百两以上者差省祭，五十两以上者差快手，十两以上者差阴阳生。至于造编簿籍、库书承管，起解银盘费及纸札所费，俱本县自行设处，□将房役彻底洗净，尽放归农讫。至于□□之金费之何处，出之何名，职到任未久，目未经见，不敢自诬。

黎城县申称，查得库藏钱粮旧规，于六房科见参吏典内拣选忠实者，每季更换一名，代办库务一应钱粮，遵行已久。卷查于万历四十八年五月二十九日，奉州府帖文，蒙布政司批处，本府□为乞恩俯从，遵例改参，库吏事案发，库吏部之屏□县参老库吏□，又蒙本司案发，库吏赵文魁、韩复兴，各□换次参为库吏周岁准作一考。止是掌握上司纸赎银两，其夏秋钱粮俱系看柜里长经管，随折随解，并为审编佥坐里甲库役名色，今蒙查议。

壶关县申称，查得本县自万历四十三年审编佥报库子，每季轮拨二人掌管库藏，其供应买办等项，至本县今岁到任以来，杂项使资，尽行除革，六房日用纸张，出自本县俸银，差人赴府易买在堂柜内，日每使用登记，数月出入收放钱粮，库内书手登记簿籍，经官当堂查验。其工食即于在衙各役小建□□量给。今差役□，行即更换。与见役吏李时高等六人轮管库藏锁钥，其拨解钱粮，选差殷实快手解纳，并不佥派里甲库役。今蒙行查。

平顺县申称，查得库藏自万历四十七年以前，俱系六房见参吏掌管。至四十八年，本县掌印□□□，委壶关县知县□□审编本县均徭，六房缺吏，该智知县，比照该县每季佥坐库子二名掌管库藏，其供应杂项使费，自本县知县张鸣，时天启元年二月内莅任以来，悉行痛革。本县与六房日用心红，□□□□县自理纸赎差人赴府易买，公堂贮柜支使。出入经收、钱粮库书、登记簿籍，当堂查验，入柜封锁。工食即于各役小建内扣除量给。今查六房，止有吏四名遵依，即便换见役吏李栖凤等四名，轮管库藏锁钥，一年一□□，解纳钱粮，选差□□有身家快手起解。原佥库子赵稳等尽放归农。

□缘由各具申到府处，此查看得库役之佥报殷实户也。其赔之害，诚有不可言者。今奉明谕，尽行革去，一洗漏规，则小民可无佥报之患，库役亦免赔累之苦矣。等缘由具申照，详蒙视库役一并诸弊可清，是在贤有司设诚而力行之耳。其未尽事宜，仍望明悉条议，以匡不逮。缴蒙此拟合就行申饬□□仰本县官吏照帖备蒙批详内事理，文到该县，勒石备刻原文，竖立堂左，不得□□审编佥坐自身，库役赔累小民，一概洗除，永与遵守。将刻石印帖二张申府，以凭转报施行，毋得迟违，未便须矣□者。

天启三年正月二十九日

布政司，全称承宣布政使司，是明朝直辖地区的省级行政机构，掌一省之政。布政使司主管民政，又设提刑按察使司主管刑狱，都指挥使司主管军政，合称都、布、按三司。黎城县衙《布政司明文》即明天启三年正月十二日山西承宣布政司下发潞安府的关于潞安府各县衙门库房管理以及库吏选任等的条令明文，详细记载了潞安府所辖八县各自申报的库房管理、库吏选任以及吏役等问题。碑文末尾指出“文到该县，勒石备刻原文，竖立堂左”，于是天启三年正月二十九日黎城县衙树碑纪事。

碑文载：“看库一□尤当彻底裁洗干净，库吏除看守锁钥外，一毫不□□□□□供应，如无库吏即于六房吏选轮看守，无吏即于六房书办内选轮，不许再佥里甲殷户以开骗局、设祸井。”布政司明确规定了库房管理以及库吏的选任规则，不得再从民户中差调，如无库吏，则由衙门的六房衙役书办轮值。潞安府所辖各县对库吏的任用更加规范化、人性化。如长治县“今将前佥派库吏，尽放归于农，随令六房吏轮休看库”；壶关县“今差役□，行即更换。与见役吏李时高等六人轮管库藏锁钥，其拨解钱粮，选差殷实快手解纳，并不佥派里甲库役”。布政司明文规定潞安府各州县库吏的任免、吏役差遣等，同各县申报一样具有法律的意义，将之勒石公之于众，不仅以法律手段限制了此后潞安府各县库房管理以及库吏任免等事项，而且还体现了地方政府爱民恤民、不得扰民的精神，是官民关系进一步缓和的标志。

四、《兵巡道禁约》

《兵巡道禁约》刻于明天启七年（1627），原立于黎城县衙大堂，今藏黎城县文博馆。碑首题“兵巡道禁约”，高 162 厘米，宽 65 厘米。兹将碑文抄录如下。

> 山西潞安府黎城县为申明禁约事，蒙本府信牌、蒙钦差整饬潞安兵备分巡冀南道山西布政使司右参议兼按察司佥事韩宪牌前事，仰县官吏照牌备蒙宪票内事理，即将发去单开禁约条款，该县即勒石竖大门外，各摹一张径申本道，仍申本府一张查验。蒙此遵依，本县随即勒石竖大门外遵守施行须至碑者。
>
> 计开：
>
> 一、革去库农民，令库子看库。革去仓老人，令典史经理，并不□纷，更暗行佥派。

一、排甲止许看柜，给串纳户，各自封自投，并无羡耗，其起解倾销等费就于明出，余银照例给发。如令排甲暗赔、里下私摊者，访出坐赃论。

一、排甲轮甲，应当周而复始，就中借一二殷实之家看柜经收，一切起解添赔，并不累及。以为地方劳苦一年而止诸杂役俱豁免。如仍在甲内，希图津贴，借口赔费，科害众人者，访出拏究。

一、马户一名，止当一名。原议本役工食自足支费，屯留有二户贴一之说，不知创自何年，因仍陋规，合郡称属有类此者，通行裁革。衙官快手，并不许擅骑马匹。长差短拨，省以便民，肯循是力行，马户告苦不信也。

一、上司到任安设，原无成议，止为新官体面，饬其帐幔等物，要亦私情，近襄垣指称，粮厅安设摊加粮，在五百七十两以上，况潞城两处供应乎？以后新官到任，量行安设费五十两而止，不得加派，指一科十，借公剩剥。各官升任床卓等项，留为后官之用，不得花费一空，致劳从置。违者并议处。

天启七年六月日

知县　吴从众

兵巡道是明代各省“提刑按察使司”所设的官职名称。按察使司以按察副使、按察佥事等员分察各府、州、县的民政、司法等事，称分巡道，其中兼兵备职者，又称为兵巡道。本碑所言兵巡道是指钦差整饬潞安兵备分巡冀南道山西布政使司右参议兼按察司佥事。韩宪任山西按察司佥事，奉命整饬潞安兵备，由是下发禁约，令各县官吏遵照执行，并勒石于县衙大门。黎城县知县吴从众遂将禁约刊刻于石。据清康熙《黎城县志》卷2《职官》，吴从众，直隶香河人。

禁约内容共五条。第一条，有关库吏的选任。军营兵库、仓库的看守应由库子担任。库子是明代官府科派的经常性差役名目之一，属于百姓承担的均徭范围，从殷实富户中差科。普通农民、年长的老者不再充任库子，官府也不得暗行佥派。

第二条，对赋税征收的限定。排甲是明朝初年的居民基层组织。碑文中的排甲代指基层组织的领导者，他们负责催征租税。在每年征收赋税的时候，排甲只负责看柜，各户自封自投，排甲不能经手纳户们缴纳的银两。耗羡和起解装鞘输解入京等的费用照例每户分摊。赋税征收、耗羡、起解倾销等费都公开征收，排甲不用赔，也不得胡乱摊派给纳户，否则以贪污坐赃罪论处。

第三条，对排甲轮值的限定。排甲轮流当差，应当周而复始。明代里之下设排，排之下又设甲，一甲十人，每岁排甲轮番去供赋役。一切起解添赔，并不累及。明代赋役分为里甲正役、均徭和杂役三种。禁约规定“以为地方劳苦一年而止诸杂役俱豁免”，是政府为减轻百姓赋役负担下发的一条柔性规定，各地可根据情况来执行。事实上，到了明朝后期，政府觉得直接征发排甲参加劳役的效率太低，民间也怨声载道，于是改为徭役折银，类似于输庸代役，政府征收一定数额的银两，自行征召百姓去服役。

第四条，对马户以及用马的限定。马户只能有一户。马户是以养官马作为赋役的民户。禁约明确限定了马户数额，并将屯留县两户贴一视为陋规，通行裁革。衙门捕班快手也不许擅骑马匹。

第五条，对新官上任安置费用的限定。以后新官到任，量行安设费不超过五十两，不得加派，也不得法外敛取、指一科十。官员升迁后，留在衙署的日常生活用具等可以给下任官员继续使用，不必一律购置新品。

这通《兵巡道禁约》铭文不仅仅限于兵备方面的法令，而是从赋税、徭役等民政事项以及官员安设用度、衙役用马限制等方面，较为全面地对所辖范围内的财政、民政事项做出了法令限定，体现了明代按察司在民政、司法管理方面的权责和效力，体现了一条鞭法推行后农民人身依附关系的松弛化，赋税征收方式的简便化，同时这道法令的公布，也说明了明代山西潞安府周边地区一条鞭法推行的并不彻底，各户并不是直接把赋役交给官府，依然需要经由排甲组织。

五、《按院明文》

《按院明文》碑刻于清顺治五年（1648），原立于黎城县衙大堂，现藏于黎城县文博馆。碑方首，上方题“按院明文”，高134厘米，宽65厘米。兹将碑文抄录如下。

山西潞安府黎城县，为洞鉴原情，批示勒石，永为定规，庶除远害。事奉本府帖文，蒙巡按山西监察御史刘批据本府呈，蒙本院批据：

黎城县人贾长用等禀称，痛思本县小邑，地瘠民贫，节遭兵燹，民不堪命。极苦者□□□□□□冯户已经官养走□□□柜头之害犹□病民切，照柜头征收一切钱粮，系十年挨甲，应当义不敢辞，独有分外苦累□□□□□□□□惟小饭草料等项□□□头出。又本县日用、笔墨纸张等项亦取给于柜□。又上司差役提取钱粮，安置使费亦摊□□□□□□□□各衙门添□使换，俱□□赔甸，凡遇轮役，无不倾家荡产、鬻子卖妻。适逢代天老爷按临三晋，兴利除害，诸弊悉革。唯有本县，此害未除，恳□老爷将□列官养，钱粮官解并柜头苦累，一概行县查佥，仍批□勒石垂久，永为画一，阖邑感德。

□□□□□□□□矣等情，具禀院蒙批私派等弊，本院屡有严禁，乃尚有如此苦民之事，是真藐不知有三尺矣！言之切齿，仰□□□□□□作速报院以□法□痛革也。此缴。蒙此遵依，随将该县经承并原禀贾长用等行提到官，□□年赋审看□。

黎居山僻小邑，素称□□□□□□□□之后，茕□承遗正赋尚苦难办，宁堪私派重累，种种苦民有如柜头之四害乎。浚民膏而吸民髓，痛心切齿，莫此为甚，三尺具在□□□□□宽也。然常佥严纪，其弊由来久矣。盖被参张知县以前事也。自宪台入境来，明禁森严，黎之署篆与新令，具已兢兢遵守，曾经剔革茅柜头贾长用等，尚廑远处，以令□□□，恐将来复蹈此辙，民命何堪。及今，宪台按临，诸弊悉除，百务维新。故复将从前积弊，历历敷陈，恳乞永为革绝，勒石以垂不朽耳。

原禀贾长用等并经举胡愿忠等众口一词。如此卑职不敢擅便，谨据实回报。为此，今将前由，同原蒙批词，理合具呈，伏候宪裁定夺施行。等情呈详本院，蒙批柜头四害亟当严革，仰府速为勒石，以垂永久。如敢故违，本院访问后，以违禁殃民，飞章重参，决不姑贷。

此缴蒙此拟合，就行严革，勒石为此。仰县官吏，照帖备蒙宪批事理，即将贾长用等，□禀柜头等□□□严革，勒石以垂永久。如敢故违，或□本院访闻，或本府查知，定以违禁殃民，飞章重参，决不姑贷。文到先具遵依报府，以凭立等转报施行，连□□至帖者。

顺治五年二月一日

知县　彭可利　县丞缺　典史李叔统

教谕　吕伟

阖学生员　王时行……

举人　李甲黄　李元

贡生　乌玮……

乡民　贯长用……

按院是明代巡按御史的别称。碑文中“按院”特指巡按山西监察御史。“按院明文”即巡按山西监察御史的批示。

黎城县位于太行山东翼南段。上党自古被誉为天下之脊，黎城险居其中，四周群山环绕，中部丘陵起伏，山多川少，地形复杂，是太行山中一个小型的山间盆地。由于黎城县自然地理环境中多山少水，多石少土，所以地瘠民贫现象较为普遍。《黎城县志》记载：“故士大夫之家无故不脂屠沽，余民则食糠秕豆菜……黎之人安得而不穷，即安得而不俭？”[①]

明清之际实行的赋税制度都是一条鞭法，把田赋、徭役以及其他杂征总为一条，合并征收银两，按亩折算缴纳。本意是简化税制，方便征收税款，官收官解，各户直接把赋役交给官府，去除里长和粮长重役和徇私舞弊、耗损公粮的弊端，增加财政收入。但是在具体征税环节，实际上还是会出现层层盘剥的现象。明清时期赋税征银已形成了一套较为完善的征收程序，大致包括秤兑、收柜、辨色、倾煎和装鞘五个环节。每个环节在执行过程中均有盘剥作弊的可能。如白银秤兑时，接收库官会在他们掌控的银秤或天平上略施手脚，如对砝码加以改动，使得天平重放轻置，从而巧取暗窃。白银称兑以后就要去投柜。最初，投柜是由柜头负责监管，这样可能出现柜头监守

① 康熙《黎城县志》卷2《政事志》风俗条。

自盗的现象，因此后来明朝政府就下令让纳户自封自投，如前文中明天启七年黎城县《兵巡道禁约》就下令“排甲止许看柜，给串纳户，各自封自投”。这样一来的确就避免了柜头私自盗取白银的可能，但是在收缴白银的成色上却变得无人监管。一般赋税征收的白银要求成色在九五成以上，甚至是十成足色。《大明律》就明确规定：“凡收受诸色课程、变卖货物、起解金银，须要足色。如成色不及分数，提调官吏、人匠，各笞四十，着落均赔还官。”①但由于民间大量的劣质伪银流通，百姓又不具备辨识银色的能力，所以通过自封自投后征收上来的白银也经常达不到成色要求。这样在辨色环节，一些地方政府的胥吏就以次充好，甚至在把碎银子熔化成银锭的时候，即倾煎之时，故意杂以铅藏，和以铜锡，制造劣质银锭以充赋税。为了防止作弊，明代一些地方政府下令在起解的银锭上镌刻年号、重量、银匠姓名以及收头姓名，这样，万一发现有银锭不足色者，可以及时稽查，并及时重新倾煎。由于从碎银子熔化重铸成银锭的过程会有损耗，因此在赋税征收中允许加收火耗，这就给赋税征收者增加了许多渔利百姓的机会和空间。地方政府征收上来的赋税分成两部分，一部分登记造册入库贮存，另外一部分就需要装鞘输解入京。一般银鞘是由地方吏役以及富家大户负责押解，但在具体执行过程中也不乏让当地贫苦百姓押解的案例，虽然号称雇役解运，但雇佣金极少，

---

① 《明会典》卷164《律例五》。

使得穷苦乡民不得不向富户举债，无形中又加重了贫苦百姓的负担。由此可见，一条鞭法推行以后赋税征收以白银为主，并建立了一套与之相行的监督机制来惩处赋税征收中出现的贪赃行为，对中国古代赋税制度改革，财政体制的有效运转都起到了积极作用，但由于各种机制漏洞，在具体执行过程中仍然弊端丛生，产生了诸多负面问题。

这通《按院明文》碑即是在揭示一条鞭法推行过程中，黎城县百姓遭受层层盘剥、民不聊生，“凡遇轮役，无不倾家荡产、鬻子卖妻”。巡按山西监察御史审理案情后给付批文：“具禀院蒙批私派等弊，本院屡有严禁，乃尚有如此苦民之事，是真藐不知有三尺矣！言之切齿，仰□□□□□□作速报院以□法□痛革也。此缴。”说明巡院不允许私派等弊发生已经是三令五申，屡次下发禁令，但是黎城县仍屡禁不止，让巡按御史颇为愤怒，故再次下发明文重申，要痛革弊政。明文称“蒙批柜头四害亟当严革”，这就说明柜头在清初黎城县一条鞭法推行过程中的干预度是很高的。惩处柜头，反映的不仅是惩治赋税征收过程中的不法之人，更是整顿黎城县赋税征收体制的一种手段，同时也体现了一条鞭法在地瘠民贫的黎城推行的并不彻底，明清之际黎城县的赋税征收体系中还是存在着一系列的负面问题。

六、《奉宪饬禁碑》与清雍正年间的反贪行动

《奉宪饬禁碑》刻于清雍正二年（1724），原立于黎城县衙大堂，现存黎城县文博馆。碑额题“奉宪饬禁”，碑高184厘米，宽80厘米，厚20厘米。此碑是当时山西黎城县知县田楫奉山西巡抚之命所立，旨在警示各级官吏，要永远禁止贪官污吏的敲诈行为。兹将碑文抄录如下。

山西潞安府黎城县为叩乞洪恩，恳催审讯事。本年闰四月初一日，蒙潞安府正堂加四级记录四次丘帖文；本年四月二十七日奉布政司札，付本年三月二十九日蒙抚都院诺批，据祁县武举郝培彝、闫人龙，生员郝培壁、张高第，乡民张进彦、康新运、赵希明、程三舍、闫铁等票称，窃惟陋例殃民，祸生衙蠹，民困倒悬。已行饬禁。又奉旨敕令粮户到官完纳，不许巧立名色。唐虞致治，周召贤风。本月初三日其恳天案蒙批本府，即日确查详覆，府复批县，速行查革，奈恶吏神奸巨猾，不遵宪谕，轻视王章，虽云不用里长，仍要各都甲首。甲首与里长何异？是若虽除而实未革，弊暂去而迹犹存。况前呈所开衙蠹，尽系擅权日久之吏。且有既革职而仍然把持县事，远害民间。似此刁强无忌，理法难容。当今东作在即，万民引导而望不得已。开单再恳代天仁慈大老爷照鉴积弊，俯恤民

生，速催审讯，律究衙胥，勒石远垂，永除祸种。不惟德被一时，仰且遗恩千载，文王路不失衣，夜不闭户之风于今再见。

恳蒙批晋省遭数十年贪官污吏，巧立名色，横征私派，日甚一日，有加无减，在上之溪壑难填，而在下之脂膏已尽。本院奉命抚晋，访闻至此，不禁恻然，亟欲尽斩根株，拯民水火。是以将通省州县，彻底调换，从头整顿，牌行各属，令其将一切陋规再行革除，已不啻三令五申，犹恐未能周知，复大张条示，广咨遍访，令具呈有司转详，如有隐匿不行转申者，许民赴辕具呈，以凭批行，勒石永禁。乃不意有祁县蠹吏渠圣书等嘴贪手滑，以弊窦为利，欺朦新县，尚欲留此从前陋习以为克剥民生之计。已据郝培彝等公呈，将玩法书吏人等亲提严审，尽法究惩。但不查明勒石，恐弊绝于一时者，终不能垂于永久。且开书明文禁示：有倘乃妄萌故者，巧肆神奸，而州县各官利令智昏，因循旧弊，如祁县之类者正复不少，使本院徒有为民除害之名，而百姓并未受革除陋规之实，深为未便，仰布政司府查照前批呈词，查明祁县一切陋规，一并勒石永禁。该司仍抄批通行各属，再行严饬，勒石禁革。并将勒石过牌文印刷呈送存查等，因到司蒙此拟合就行，为此仰府官吏查院批事理即使通行各属，再行严饬勒石禁革。并将勒石过牌文印刷呈报抚院并本司查考毋违，奉此拟合就行，为此仰县官吏查照院批事理，文到遵即，勒石禁革，并将勒石过牌文印刷经报院司并本府，查考毋违等因到县蒙此拟合，勒石永禁。为此示仰县属绅衿士庶及书役人等知悉，嗣后俱遵照祁县武举郝培彝等所呈陋规内或系黎邑所有者，即永行革除。如具属陋规内尚有祁县所未闻者，许尔等逐一据实呈禀，以便再行示禁。所有禁革条款开列于后□至示者。

计开：

每季原差催认状银二两

每季民房基银五两

每季收书银五两

每季印红银三两

每季提差银五两

每季倒换兑批银一两

每季总神原差银五钱

每季散批银一两五钱

每季押粮原差银一两五钱

以上每季共费银二十两一都，四季费银八十两二十四都，共费银一千九百余两……

雍正二年七月印

黎城知县田楫立石

据碑文可知，祁县蠹吏渠圣书利用职权之便大肆敲诈勒索百姓，使得民困倒悬，而这种贪官污吏横行的局面在山西已经持续了数十年。这个案件惊动了雍正皇帝，立即派遣巡抚督察院彻查此案，给山西官场换血，“将通省州县，彻底调换”。令牌下发各属，令其将一切陋规再行革除。为了广而告之，巡抚督察院官员还“大张条示，广咨遍访”，将寻访结果上报相关部门，并逐级上报，如有隐匿不行转申者，许民赴辕具呈。如果仍有像祁县蠹吏渠圣书之流，欺瞒长官，欲保留从前陋习以为克剥民生之计，已经根据郝培彝呈上的公文，将玩法书吏人等亲提严审，尽法究惩。立碑明文禁示，永远革除祁县蠹吏渠圣书等贪官污吏的横征暴敛之举，并依此制定了具体的禁令条文。布政司抄写批示，通行全省，各州县严加整顿，刻碑禁革陋习。

《奉宪饬禁碑》的建立，对于整顿山西官场风气，肃清吏治起到了很好的警示作用。

七、《禁革陋弊碑》与清雍正朝反腐倡廉

朔州市应县文保所存清雍正二年《奉巡抚督察院诺大老爷批行禁革陋弊碑》。碑文揭露了康熙年间应州知州章弘横征暴敛，大肆搜刮民脂民膏的滔天恶行。应州百姓在苛捐杂税的残酷压榨下，生活难以为继，被迫联名上书山西巡抚诺敏，状告应州知州章弘。朝廷下令彻查此案，严惩章弘，并立碑警示后人。兹将碑文正文部分摘录如下。

大同府应州为仰遵宪示，备陈从前陋弊，祈天转详，勒石永禁，以苏民困，以垂久远事：据应州合州士民霍元巨、乔自高、贾二奇、王吉相、孟学成、朱尔男、孟文德、豆韩林、张新□、岳泰、王三乐、刘□安、李士彦、刘日聪、王涵、刘乃尧、白进业、高乐攀、栗治、张民、戚杨、赵斌、郭元、郭大经、何赞、李林荣、赵云普、张复兴、豆养德、安尧俊、何逊、袁学儒、秦天成等禀称：切惟任土作贡，天下皆然；□役之徽，皆所不免。然征之奉有明文，完之皆为国务。即使小民罄室输将，亦是分所应尔。无如应处边方，天高法远，自康熙五十四年起至雍正元年以来，正供之外，有带征银两之苦，采买豆价之艰，有除贫征□之异，有重征木石之□，多数脚价之弊，病民蠹国，种种名色，罄竹难书。官多无艺诛求，民切泣天无路。仅存皮骨，谁怜流绘之图；靡有孑遗，孰恤哀鸿之痛。幸抚院老爷，三晋福星，九重重寄，官方凛肃，民隐罔知，天钦明示，咨访陋弊，许以条陈，勒石永禁，以恤残黎。而天台莅任维新，仰体宪德，念切民艰，革除陋弊。此诚上下同心，千载一时，民皆起色，臣等合州残喘。共庆更生之会。第恐弊革名存，犹虑将来覆辙，只得将从前陋弊声明上陈，不敢增一字，溢一言，没人心而昧公道也。伏乞赐转详抚宪饬行，勒石永禁。宪德台恩与嘉□□窿，并垂于永久，而合州群黎万姓，当顶祝于生生世世，奚为此投天下禀等情。□□到州此本州岛，蒙天宪委任兹土，虽才疏德薄，而兴利除害之念，久切于中。缘抵任未几，一时耳目未周。兹奉宪示饬查，正在咨访，明确详情，勒石永禁，以昭宪德。今据尔等具呈请，情词恺切，听候详情，以苏民困。尔等各回安业可也。据此切卑职遵奉宪台委署应州事务，于去年十二月初七日到任，凡一切从前陋弊，尽行出示革除，并奉宪檄谆谆教诫，禁革借贷富户、行户以及都差民色、重加火耗等弊，无不仰体宪德，极力奉行，务必□除从前□习，以苏民困，以副宪台加意元元至意。复蒙宪示，须行咨访，当即遍行晓谕，使愚民百姓咸知德意，仰戴宪恩。兹据各里呈称，犹虑弊革名存，恐将来踵辙，公吁前来，卑职何敢稍避嫌怨，壅于上闻？理合具情详请宪台核夺，俯视批行，勒石永禁，以垂久远。卑将来州牧，不敢复踵前弊。则宪德弘乐利于千秋，而边塞残黎戴恩膏于万祀矣。等缘由详蒙大同府正堂许批，如详勒石。仍候指赛批示。缴蒙山西布政使司分守雁平道参议谢批，仰候抚台批示。缴蒙巡抚山西太原等处地方、提督雁门等关军务兼理云镇、都察院右副都御史随带加一级诺批：仰将一切陋规，条分缕析，逐一勒石，永远禁革，刷印报查等因，批行到州。蒙此，所有从前一切陋规，胪列于左，计开：

一、奏销钱粮等事，递年奏报，派里民银一百三十三两；

一、递年开征点殷里值柜收粮，自雍正二年起永行禁革；

一、直陈东省诡寄钱粮等事，递年派里民钱三两八钱；

一、财□出于田赋等事，递年派里民银三两八钱；

一、严□□□等事，递年派里民银三两八钱；

一、赋□□□递年派里民银一十九两；

一、提取人□□，年派里民银三十六两；

一、五十四年每正银一两，外带征米一斗三升；

一、五十五年每正银一两，外私派带委征银二钱三分；

一、五十六、七、八、九，六十年从里民采买米一万余石，每斗应发银六分，照部价短发；

一、五十五至六十一年，历年民欠以富代贫折钱完纳；

一、五十六年每正银一两，外私派带征银二钱三分，米一斗三升；

一、五十七年每正银一两，外私带征银三钱三分，谷二斗六升；

一、五十九年、六十年、六十一年共采买草九十万束有余，每束短发价银二厘；

一、五十九年、六十年共采买羊毛四万斤，价银五分，未发分厘，亏银二千两；

一、五十九年至六十年谕租不敷粮价，借库项各色加耗银一千余两；

一、六十年每正银一两外私派带征银一钱五分；

一、六十年三月内沿村采买豆共折□银一千一百五十余两，令张敏业同五大行在财神庙收，每银一两折青钱一千文；

一、五十八年每正银一两外私带派征银一钱二分；

一、五十九年每正银一两外私带派征银一钱三分；

一、六十一年每正银一两外私带派征银二钱四分九厘；

一、递年脚价多征银一千余两。

以上外徽私派银米谷石名邑采买短发价值各陋弊，俱尽行革除，勒石永禁。恩流奕世，合州绅士里民，顶祝宪德、亿万斯年。

署大同府应州知州加一级纪录四次萧纲

吏目加一级毛涟

应州学正加一级李文隆

雍正二年八月　日　同奉行立石

碑文并未明言应州知州萧纲的前一任是谁，所刊刻的康熙五十四年至六十一年贪污腐败劣迹的主人公是谁。然从雍正《应州志》知州题名录可知当时的知州应是章弘。从碑文可知，章弘担任应州知州期间先后在正常的赋税征收之外，犯下的陋习陋规有 22 条之多，内容主要可分为三类：一是额外向州里百姓增加摊派，如“五十四年每正银一两，外带征米一斗三升”“五十五年每正银一两，外私派带委征银二钱三分”“五十六年每正银一两，外私派带征银二钱三分，米一斗三升”“五十七年每正银一两，外私带征银三钱三分，谷二斗六升”“五十八年每正银一两外私带派征银一钱二分”“五十九年至六十年谕租不敷粮价，借库项各色加耗银一千余两……递年脚价多征银一千余两”等等。二是以低于市场价值的物价低价收购百姓的米、草等物资。如“五十六、七、八、九，六十年从里民采买米一万余石，每斗应发银六分，照部价短发”“五十九年、六十年、六十一年共采买草九十万束有余，每束短发价银二厘”。三是采买百姓物资，却不付钱，相当于强取豪夺。如“五十九年、六十年共采买羊毛四万斤，价银五分，未发分厘，亏银二千两”等。碑文中形容章弘的贪污劣迹“病民蠹国，种种名色，罄竹难书”。百姓深受其苦，“正供之外，有带征银两之苦，采买豆价之艰，有除贫征□之异，有重征木石之□”。

章弘之所以在应州知州任内大肆搜刮民财，可以说一是个人作风腐败，贪赃枉法所致；二是钻了清朝的赋税征收制度的漏洞。明清时期在正常的赋税征收之外，还有征收火耗的惯例。火耗是指碎银熔化重铸为银锭时的折耗，始于明万历年间。古代地方政府向中央上缴的是银锭，但征收赋税时征收上来的是碎银子，因此需要火化碎银重铸成银元宝的形状。由于在重铸银锭的过程中银两会有损耗，因此，为了填补这些损耗，官府会多征收一点附加税来填补这个漏洞，这些附加税就被称为火耗银。但事实上，征税时加征的火耗往往会大于实际的火耗，差额就归地方政府所有。一般州县的火耗，每两为二三钱，有的翻倍为四五钱。在一些地远偏僻的州县由于赋税较少，征收的火耗甚至可能数倍于正赋。火耗的不断加重引起百姓强烈的反对，不利于政权长治久安。因此政府也会下令禁止，如“谕州县收钱粮有私增火耗者严加治罪”[①]，但“革火耗而火耗愈甚，禁私派而私派愈增”[②]。地方私自征收火耗银的陋规并没有得到根本的改善。康熙年间曾下令禁止州县官吏私征火耗，但由于地方官员的反对和抵制，屡禁不止。雍正元年（1723）雍正到山西巡视，山西巡抚诺敏上书呈火耗问题十分严重，民众怨声载道，提议实行火耗归公和养廉银制度，以革除官员中普遍存在的贪污恶习。此后雍正在全国各省推行火耗归公的改革。此举推行后，原来由地方支配的火耗收入转为中央集中控制和管理，削弱了地方财权，加强了中央对地方的管控能力，也增强了中央集权，增加了中央财政收入；遏制了地方官吏私自滥征加派的歪风习气；减轻了百姓负担，稳定了地方社会秩序；发放养廉银，促使地方官吏大大减少了腐败作为，有利于整顿吏治。因此火耗归公和养廉银也被称为是万世不易之法。

章弘任应州知州的八年期间，从康熙五十四年（1715）起至康熙六十一年（1722）正是清初火耗银征收最为混乱的时期。章弘贪污劣迹昭昭，沉重的赋税负担使百姓朝不保夕，仅存皮骨，靡有孑遗，对章弘是深恶痛绝，于是应州百姓霍元

---

① 《皇朝文献通考》卷 4《田赋考》。

② 《清史稿》卷 54《吴琠传》。

巨、乔自高等33人联名上书山西巡抚诺敏。诺敏明察秋毫，立即派人立案巡查，碑文载:“幸抚院老爷，三晋福星，九重重寄，官方凛肃，民隐罔知，天钦明示，咨访陋弊，许以条陈，勒石永禁，以恤残黎。”不仅惩处了贪官章弘，抚恤了黎民百姓，而且此事也引起了诺敏对清代税费制度的思考，为雍正元年诺敏上书火耗银制度改革和吏治管理方式养廉银制度的问世提供了思路。

雍正元年十二月初七日新任应州知州萧纲到任，奉山西巡抚诺敏指示，凡一切从前的陋弊，尽行革除，遂有此《禁革陋弊碑》的问世。在法律传播手段比较落后的古代，禁令陋规刻石纪事可以在更大范围、更长时间发挥法律保存和传播的功能，起到宣扬政府权威、警示后世官吏的作用。

八、清雍正七年《当铺禁革陋习碑》

寿阳县《当铺禁革陋习碑》刻于清雍正七年（1729)。碑青石质，下端及右边断缺，残高74厘米，宽50厘米，厚15厘米。碑额有上部残缺的“奉勒石”三字，“奉”与“勒”之间有一字的空格。兹将残碑抄录如下。

（阙）玉、赵继业、赵永隆、杜全忠、王佐廷、李艳珍、王作舟、孟辅德、阎玉奇、赵玉魁、冀灿然（阙）业、李有福、陈忠、张弘恺、张虎、席成功、郭之孔、张运阜、张运安、郭延昌、张云路、王廷（阙）永兴、郝玘芳、郭延焆公禀前事，禀称：窃思劝农重本，爱民之首务。通商惠旅为政（阙）者，何能枚举。即如寿邑当铺历久相传，数止一十二家。向例每年岁底，各家定将一岁（阙）之陋例，属当商之苦累已久，幸我天台抵任之秋，即兴剔弊之举。盖以寿邑之当铺（阙）县及镇共计五十七家之多，缓急相通，咸称便易。裕课通商，尤为寿邑从来未有之（阙）之苦累更属无穷矣。诚非竖石无以彰政治之善而免后来之患，为此合词仰恳俯（阙）昔相沿总计城乡仅止十有二座。向例每年冬底，以及新官莅任之初，皆将一岁应（阙）簿规礼。卑职于雍正四年六月内莅任之始，即知寿邑土瘠民贫，缓急相通，实惟当（阙）当商以印薄，而岁岁出此规礼，岂其所愿严行禁革。于今三年，顾各当铺于当税而（阙）以及三五百两不等，而通邑相传，亦已谓为从来未有之盛也。卑职俱经申请（阙）查核在案，兹据当商□尔社等，呈请勒石永禁，合词到职伏念当商印簿规礼（阙）若后之宰斯土者，虽难逆料其贤不肖，而卑识之禁令，亦有何足忌惮而欲使（阙）恤当商钧批勒石，永禁革除，庶足为将来之法，守而遵行，勿替阖邑商民（阙）不朽矣。蒙批仰布政司即饬令如详，勒石永禁，取具碑摹送查至所称从（阙）察出□即□□□等因。批行到司，蒙此拟合就□为此仰州官吏查照。

院宪□详内事理即使饬令寿阳县勒石永禁取具碑摹

院宪□本司查考仍通饬各属，如有似此当簿铃用印信之陋习，即行查禁，如因（阙）

院宪批详内事理即速勒石永禁取具碑摹径送

院宪、藩宪并本州岛各查考，勿得迟违等因蒙此卑职遵照

院宪批详内事理，随即捐备工料，勒石衙前，永远禁革，须至碑者

雍正七年岁次己酉孟冬十月

据碑文末尾落款题名可知寿阳《当铺禁革陋习碑》立石时间为雍正七年十月，立碑地点在衙门前，碑文内容是上宪敕令。那么为什么上宪要下敕令？起因如碑文开篇所云，赵继业、赵永隆等几十名寿阳县邑民联名上书举报，每年年终，寿阳县衙除了正常征税外，还要向当地不止一二十家当铺提取一部分费用以供官吏的额外开支，即陋例。这件事情发生后，当时的寿阳县令立刻展开调查，即兴剔弊之举。碑文并未指出当时县令的姓名。据碑文“卑职于雍正四年六月内莅任之始……于今三年”，又光绪《寿阳县志》载：“胡具体，直隶容城县人，由监生雍正四年知寿阳县。修葺学宫及东关社学。莅政久，有循声。县西太安驿路最峻险，鸠工削平，砌以石四十余丈，行旅便之名胡公坡。”[①]可知当时寿阳县知县是有着良好治

① 光绪《寿阳县志》卷5《官政志·政绩》。

政名声的胡具体。

当铺的产生由来已久。早在东汉末年就有典当，“虞来赍赏，典当胡夷”[①]。当铺一般是按借款人提供抵押品的价值打折扣，贷放现款，定期收回本金和利息的一种剥削方式。清朝经营当铺已十分普遍。据碑文所载，寿阳县县城和各乡镇的当铺最盛时共计有五十七家之多，然由于当铺陋规以及其他因素，很多当铺已经关门歇业，只剩下十二家。知县胡具体认为当铺的经营，对于活跃社会经济，便利百姓生活还是有一定的积极意义的。寿阳土瘠民贫，当铺可以解决缓急相通的问题，“咸称便易”，于是提议严行禁革当铺陋规，不再额外向当铺索要各种经费，并呈请山西省布政司批复允许将禁革当铺陋规之事勒石永禁，以成将来之法。山西省布政司批复，将之勒石永禁，并取具碑摹。寿阳县知县胡具体遂奉布政司之饬令，将禁革当铺陋习之事刊刻于石。《当铺禁革陋习碑》不仅仅是一通碑刻，而且具备法令效力，各级州县官吏都应该守而遵行。

九、告示碑

（一）清沁水县正堂告示碑

沁水县博物馆有一通清光绪十二年（1886）告示碑，碑原存沁水县衙大堂，高 115 厘米，宽 55 厘米，碑文内容为征粮

① 《后汉书》卷 73《刘虞传》。

章程。兹将碑文抄录如下。

钦加同知衔特授沁水县正堂加五级纪录十次秦，为遵饬泐石用垂久远事。照得本县征粮章程，前蒙巡抚部院刚札，查当经前署县曹任查照历办旧章，每正银壹两连耗羡杂费等项，共收市平纹银壹两叁钱，其小户零找数目征收现钱。因县境并无钱行，按照邻封时估悬牌征收。此外并无浮收之事，官民相安，历久遵行，据实禀明在案。旋蒙本府宪周覆查无异，详奉抚宪批准照办，并饬泐石大堂，俾众周知等因奉此曹署任未及举办，旋即卸事。

本县回任接准移交，合行泐石大堂，以垂久远。嗣后柜书人等，如有在定章外多取浮收者，许该花户指名禀究，以凭办理，毋违！特示。

右仰通知

光绪十二年正月日立

告示押

这通告示碑是清光绪十二年在参照旧章基础上，为了防止乱收费而制定的征粮章程，明确规定“每正银壹两连耗羡杂费等项，共收市平纹银壹两叁钱，其小户零找数目征收现钱”。由于沁水县没有钱行，所以征粮时价格参照邻近县的粮食价格悬牌征收。此外，不能随意胡乱收费，如果有人违反规定，“许该花户指名禀究，以凭办理”。清代在正规税粮之外还要征收火耗银以及其他杂费，这个章程就明确限定了征收各项费用的最高限额，并且指出官府办事人员和百姓都可以监督。这个碑文内容具备法律的效力，将告示碑立于县衙大堂，不仅供吏员参照执行，也供百姓监督，对于理顺征粮程序，维护沁水县征粮秩序的稳定，保障官民关系都起到了一定的积极作用，对我们了解清代的赋税征收办法也有重要的史料价值。

（二）清至民国高平市禁事碑

高平市有很多清朝至民国期间镌刻的禁事碑，其中最早的是高平市建宁乡郭庄村玉皇庙的清乾隆五十一年（1786）《高平县正堂告示碑》。这通碑刻虽然没有立在署衙之内，但所载之事为县令破除原有积弊，下令严禁私收贴费，彰显了一方父母官理应为民做主的责任担当，是从署衙到乡里公所都应广而告之的便民爱民之举。兹将碑文抄录如下。

高平县正堂告示碑

特授高平县正堂加三级纪录五次毛，为恳除积弊，以舒民力事。前据崔堪翼等呈称，县属完纳钱粮，除正耗之外，复有柜书私收贴费一项，相沿成弊，甚属□□，吁请革除前来查贴费陋规，有干例禁。本县到任以来，正拟兴利除弊，以靖闾□□积弊，以相沿日久，稍事因循，致滋扰累。当经批示，据呈出示，永远革除在案，合给示晓示。为此，示仰县属军民人等知悉：自示之后，倘有不肖吏胥，仍前需索，尔等即指名控案，以□按律详究。并此示刊刻碑石，立于各该里公所，以垂永远，勿负本县爱民之至意，各宜凛遵毋违。特示。

乾隆五十一年四月二十六日示

里人乡保地□仝立石

据碑文记载，这通《高平县正堂告示碑》立于清乾隆五十一年四月二十六日，内容是县令下令除正耗之外，严禁私自征收贴费，并说明公示以后如果仍有不肖吏胥索取贴费者，百姓均可指名控案，县衙定会按律详究。碑文未载当时县令为何人，据《高平县志》"（乾隆）五十一年除王联凤，镶白旗，笔帖式"[①]可知下发严禁私征贴费、废除陋规的县令即王联凤，镶白旗人，通过考取笔帖式进入仕途。清代的赋税征收，除了正税之外，还要征收一定的正耗，即允许官吏向民户征收漕运过程中损耗的一种附加税。此外，有的地方还要额外征收贴费。"州县既多浮收，则米色难於精择。运军既有贴费，受兑亦不复深求。"[②]贴费即贴补耗费，意味着正税之外百姓还要经历各种名目的层层盘剥。王联凤上任后，兴利除弊，下发正堂告示，要废除贴费陋规，减省百姓负担，体现出了新上任的县令亲民、爱民、为民的气魄和作为。通过这通碑，我们了解到的不仅有清代乾隆年间赋税征收的名目变

① 同治《高平县志》卷5《官司第五》县令条。

② 《清史稿》卷122《食货志三》。

更情况，而且还有高平县令为民做主、爱民如子、不贪不奢的清风正气。

此外，高平市周边还有很多清朝至民国期间的禁事碑，比如高平市永录乡东庄村仓颉庙有清乾隆五十三年（1788）严禁桑地放牧碑；高平市神农镇团东村清化寺有清嘉庆九年（1804）严禁窝娼聚赌、永停桑羊碑；高平市南城街道汤帝庙有清嘉庆二十三年严禁砍伐桑株、牧羊纵放等事碑；高平市河西镇乔村祖师庙有清嘉庆二十五年（1820）严禁赌博、纵羊咬桑告示碑；高平市南城街道上韩庄村玉皇庙有清道光六年（1826）严禁酗酒赌博、纵羊咬桑等事碑；高平市米山镇米西村定林寺有清道光六年保护山林、严禁牧放牛羊牲畜碑；高平市南城街道张庄村轩辕庙有清道光二十年（1840）高平县正堂禁赌碑；高平市南城街道南赵庄村二仙庙有清道光二十一年（1841）严禁窝娼、聚赌、纵羊咬桑以及丐匪滋扰等事碑；高平市北诗镇北诗午村玉皇庙有清道光二十一年严禁赌博、酗酒滋事碑，清道光二十七年（1847）严禁纵羊入地，伤害桑株、践食麦苗碑；高平市石末乡晁山村有民国元年（1912）永禁村中开设打砸油坊碑；等等。这些禁事碑的内容大致可分为两类，第一类是禁止桑地放牧。高平一带桑树属于经济作物，主要有两大用途，一是利用桑皮制作桑皮纸，二是种桑养蚕，纺织潞绸，这两项在明清之际已经形成了大规模的经济产业。桑皮纸，又名“汉皮纸”，被称为纸业的“活化石”，主要特点是经纬分明、渗透性强、拉力大、耐磨损、不褪色。高平桑皮纸是中国古代高平历年进贡的主要贡品。桑皮纸除了普通用途外，还一直用于高档书画、高级装裱，明清至民国时期地方官府典籍书册基本上也是以桑皮纸作为书页。潞绸在明清时期也是高平上贡朝廷的贡品。丝绸史上有一句佳话“南淞江、北潞安，衣天下”，其中北潞安说的就是潞绸。这样一来，保护桑地经济，禁止牛羊牲畜肆意放养，撕咬桑树就成为高平一带独有的政府公示。第二类是禁止赌博、酗酒、窝娼、丐匪滋事等违反社会公序良俗的行为。这类禁石碑的目的就是通过道德教化和法制的手段，惩治不良社会行为，告诫乡里百姓、子孙后代不得参与此类违法犯罪活动，希冀能移风易俗，兴利除害，维护地方社会秩序，塑造良好的社会风尚。

（三）民国告示碑

1912 年辛亥革命以后，中华民国成立，阎锡山任山西都督。1917 年，阎锡山担任山西省省长后，他认为要开创三晋新局面，需要从筹备人民生计做起，提出了六政举措，即兴三利除三弊。兴三利指重点提倡有利于民生的三件要事：水利、蚕桑和植树。除三弊指废除社会上的三种劣习，要禁烟、剪发和禁缠足，禁缠足也称为天足。第二年，又增加了重点发展的三件事，即种棉、造林和畜牧。民国时期山西大多政务都是围绕着“六政三事”展开，奠定了山西在民国时期振兴经济、恢复生产和整顿社会秩序的基调。民国时期很多法令都镌刻于石，昭然于世，警钟长鸣。现在山西各地的旧衙署里还立着民国时期的一些告示碑，大多都包含在“六政三事”的范围之内。

平遥县衙内有一块中华民国十一年（1922）告示碑，上书：“吸烟、缠足、赌博，民生三害，非改了不可。平遥县知事吴洁己敬立。”这里要改变社会上流传的不良习俗，禁大烟、消灭缠足、禁止赌博，其中吸烟、缠足都属于六政的内容，可能因为平遥等地还有聚众赌博的恶习，故而又增加了禁赌的内容。告示碑还将吸烟、缠足和赌博定义为民生三害，高度体现了阎锡山提倡为民生之计的发展主旨。

平遥县衙有一块民国时期“督军兼省长阎示”碑：“贪官污吏劣绅土棍，为人群之大害，依法律的手续，非除了他不可。”这块告示碑也是阎锡山在兴利除弊过程中提出的反对贪污腐化、严惩黑恶势力的指示。

宁武县政府院内有一通民国十三年（1924）告示碑，内容与平遥县衙的“督军兼省长阎示”碑相似，都是阎锡山清除贪官污吏的告示，唯多了立碑时间。碑文内容为：“贪官污吏，为人群之大害，依照法律，非除了他不可。山西都督阎锡山书。民国十三年十月二日立石。”

从这些民国时期的告示碑来看，主旨明确，都是在“六政三事”的基础上具体针对某一方面的内容加以强调，为维护三晋民生，发展山西经济和建立良好的社会秩序立纲立纪，既是一种倡导，也具备法律限制的功能。语言表述简洁明了且通俗易懂，具备在社会层面流传的有效性和可行性。

（四）霍州署缮状房东侧的警示碑

霍州署缮状房东侧墙根下有一通警示碑，原碑年代不详，今所立碑为复制品。

碑文“一字进公门，九牛拉不出”出自宋代高僧普济的《五灯会元》：“问：‘无为无事人，犹是金锁难。未审过在甚么处？’师曰：‘一字入公门，九牛曳不出。’”[①] 意思是不要随随便便告状打官司，只要一张状纸送进了衙门，就必然会有诉讼之累，即使你后悔了，也于事无补，用再大的力量也摆脱不了。将此碑立于缮状房门口就是劝诫那些想打官司的老百姓，在上告之前一定要三思而行，千万不可赌一时之气。中国古代社会运行有两大法则，一是礼，一是法，然而法律维护的并不一定就是公平正义，更多层面维护的是社会保持一定的合理秩序，因此，衙署文化中就有了很多“以礼服人”的礼治之道。

第六节　从水案碑、安置流民碑看官民关系

一、水案碑

中国自古以来就是一个农业大国，以农立国，因此关于农业生产发展的事情就成为官民之间最敏感也是最重要的一件大

---

① 《五灯会元》卷 17《黄龙慧南禅师》。

事。农民种田需要灌溉，因此围绕着水利问题就产生了很多的水案。在山西署衙中有很多水案碑，我们可以通过诸多水案碑铭的记载了解官民关系，了解古代地方民生问题。

目前我们整理出的署衙现存水案碑共有 7 处，玉皇庙水案处置告示碑 1 处。

（一）明嘉靖元年《霍州水利成案记》

霍州署仪门东墙有一块碑，高 76 厘米，宽 153 厘米，内容为百姓在上游私自开发滩地并引水灌溉，造成了下游水地干旱的用水纠纷。这个碑碣是明嘉靖元年（1522）霍州署第三次差人断案后，将案件原委与处理结果勘石，以杜后争。兹将碑文抄录如下。

霍古彘地，以彘水得名。水发源□山□□□□□□□野狐诸泉始大，民导之以资灌溉，□□□□□□□□□赋加于常田焉。盖自上世已然矣。□□□□□□□□□浸广，水用始不均，而争端起矣。民日嚚讼□□□□□遣良有司厘其事，别某地为水籍赋重，某地□□□□轻，定用水之期，于水籍赋重者亦加于常田□□□□然定矣。郡有张泓胪者，老儒也，叹曰："今虽定矣，□□有巨奸赂吏，毁成案，争端何时已乎。盍以条件始末，勒坚珉，置郡壁，虽世远无遗虑矣。"乃率耆老诣余，述其意，许之立石。

本州城东，古有曲尺堰泉水一渠，从贾村、南庄，行流李泉庄□□泉、岳家崖野狐涧等泉，相合一渠。自古至今，着令李泉庄、赵家庄、郭下三处，原额有粮水地，自上而下轮流使水。后二庄人民张谦等开垦无粮滩地，侵夺原额泉水，恃强截流浇灌，致将郭下有粮水地亢旱，不得浇灌，包赔粮草，久屈无伸。

后至正德十三年五月内，郭下地户□任序理、张韶等，不日将情赴巡按史孙处具告，准理。续据赵家庄渠长张文茂等，将情赴院□诉，俱蒙批，仰本州判官张鸾踏勘问报。间有张谦、乔友德等，各恐踏出无粮滩地，有罪不便，构集人众一齐发恶，将张韶等凶器致伤，当将勘官乱石捣打，几致性命。本官备牒，本州转申，合于上司，蒙察院批："此等凶徒，法当重治，仰巡捕官兵设法挨拿，问伊应得罪名，具□缴报。"除将水利地土另行委官勘报外，本州依蒙将张谦等不服问报、□殴勘官等情各拟徒杖，罪名具招、申详发落。

正德十四年六月内，张韶并张文义，各将前情赴巡案御史周处具状，批河东道佥事潘处，转委平阳府推官张纶，又委本州知州宇文湧同赵城县县丞陈璟踏勘明白，连人解番。本府惟恐不的，又委洪洞县知县浦锭吊查文卷黄册里书办，郭下渠长阎正、张深、郭富、阎江，李泉庄渠长乔亮、荀逵，赵家庄渠长张复宪、张文义，前诣出水处所，将水地、沙硷地、无粮滩地，逐一踏勘，数目明白。李泉庄应浇水地三百三十七亩，赵家庄应浇水地五百亩，郭下应浇水地一千八百亩。张谦等壹拾七名不该浇灌无粮滩地一百一十八亩二分，具在上水，各不合挟同邀截使水，并郭下赵给等四十二名原额有粮沙碜田地，不系本渠应浇水地，亦不合侵夺水利等情归一，亲供具招。连人申解平阳府，张推官复审相同，具招。连人转解分巡河东道副使袁处，照地多寡，定立使水日期，除饮水□□，李泉庄使水二日，赵家庄使水三日，郭下使水八日，上下轮流，周而复始，如遇打蓝之时挑担使用。又照出赵家庄张谦等□修无粮滩地，不该使水浇灌，并郭下赵给等有粮沙碜地，原系另渠使水，具招。转呈巡按御史张处详允讫。抄招备行该州改正，以杜后争。将张谦等壹拾七名，各问拟减等，杖七十，照例纳米赎罪；赵给等四十二名，减等杖七十，酌决发落讫。本州定立：每岁自二月初一日为始起番使水，九月终下水淘渠。凡兴工，每地五亩出人一工，仍行印信帖文，给与数处渠长收执，以为永远备照。

后于正德十六年五月内，有本州涧河南有地人户郭文章、张聪，连名状赴分巡河东道佥事乔处，捏词妄告李泉庄、郭下涧、河南四处轮流使水情由，准理。有郭下渠长郭世威、张演、李文江，不日连名，亦将郭文章等涧河南见有雷家峪泉水浇灌等情，具诉在道。具蒙批，仰本州踏勘问报。备查河东道原发卷案内开，止许李泉庄、赵家庄、郭下三处分日轮流使水，与涧河南并无相干。将郭文章等问拟减等杖一百，的决招由，连人解道。据此，复查原案相同，依拟发落□□□□□□与印信帖文，四处渠长收执，以杜后争。奉此，除将卷案收□□□□□□久疏失，难免争端，遂立石以垂永远。是为记。

大明嘉靖元年岁次壬午十一月壬子二十六日戊辰丙辰时

奉训大夫知霍州事乾阳宇文镛钟鸣撰

承务郎霍州同知睢宁刘霈润之书

从仕郎霍州判官阳信张鸾应泰

工房吏张文兴　卫世义　刘文宗

渠长□□□　□□□　□□□　□□□立石

农民主要以农耕为生，引水灌溉农田为农民保收增收的主要办法，因此水利案也成为民事纠纷中的主要案件之一。明正德十三年（1518）郭下村民张韶等去巡按御史孙处告状后，案件被受理。霍州判官张鸾遂去实地走访调查。然私开滩地的张谦、乔友德等人竟然将原告张韶等行凶致伤，并殴打官府勘探走访的吏员，影响极为恶劣。碑文云“蒙察院批”即察院对此案件做出了批示处理。察院，是明代御史出差在外驻节的衙署。就是这件水利案是由巡按御史亲自批示审理的。批文云：“此等凶徒，法当重治，仰巡捕官兵设法挨拿，问伊应得罪名，具□缴报。”正德十四年（1519）张韶又将案情向巡按御史周处上报。巡按御史批给了河东道佥事潘处，转给平阳府推官张伦，再委托霍州知州宇文镛和赵城县县丞陈璟查勘，明确说明了案件办理的层级关系。此次审理后，除了重申各地的用水日期，还明确规定张谦等私修的无粮滩地不得使水灌溉，并依法对张谦等人行使杖刑，但同时规定“照例纳米赎罪”，这是值得一提的地方。

明代赎罪的规定比前朝任何时候都更为详尽。明朝建立后为巩固和加强中央集权统治，朱元璋下令修订律法。洪武三十年（1397）开始颁行《大明律》，此后中外决狱虽一准于此律，但是刑书所载有限，天下之情无穷，明统治者还制定了各种“例”来弥补刑律的不足，同时，明代还制定赎刑制度，“自洪武中年已三下令，准赎及杂犯死罪以下矣”①，也就是说触犯了律或例，只要是死罪以下，各个阶层的人都可以用财物或者服役来赎罪。“律赎无敢损益，而纳赎之例则因时权宜，先后互异，其端实开于太祖。”②明天顺五年（1461）颁布了《会定运砖运灰等项做工则例》，记载了不同刑法下可以有多种赎罪方式。在本案中对张谦、赵给等人施行杖七十的制裁，那么要是按天顺五年的规定，在杖七十的条目下，就可以八种方式赎罪，分别是：石灰 4800 斤；砖 280 块；碎砖 11200 斤；水合炭 820 斤；石 4800 斤；米七担；劳役四月半；钞 1650 贯，折合铜钱 450 文。而在本案中，照例仅剩纳米赎罪了。纳米赎罪最早见于明成祖永乐三年（1405）所定的“纳米赎罪例”。《明会典》载：“杂犯死罪纳米一百一十石，流罪三等八十石，加

① 《明史》卷 69《刑法志》。

② 同上。

役者九十石，徒罪三年六十石，二年半五十石，二年并迁徙者四十五石，一年半三十五石，一年三十石，杖罪九十、一百俱二十五石，六十至八十,二十石，笞罪十石。”[①] 纳米数量是很高的，赎罪纳米也成为明代国库收入的重要组成部分之一。明初峻法重典诛杀了不少人，而用赎罪代替服刑，既填充了国库，也保存了大量的人力，为恢复和稳定明代社会秩序，繁荣经济起到了一定的作用。在以“德礼为政教之本，刑罚为政教之用”的中国古代社会，赎罪之法有了广泛的适用空间。明代赎刑则例适用范围之广，赎罪方式之多，执行过程之规范，充分反映了明朝统治者对于赎刑的高度重视，使得明朝的赎刑不仅对明代政治、经济、文化和社会发展起到了内部促进作用，而且也使其成为我国古代赎罪之法的璀璨之星。

（二）明《小涧柏乐二村水例碑记》《禁革王村创修渠堰帖文》

霍州署仪门西墙有一通明嘉靖十七年（1538）的碑，此碑可分为两部分，从右到左，第一部分首题“小涧柏乐二村水例碑记”，第二部分首题“禁革王村创修渠堰帖文”。这两部分碑文内容都与王村民户私开渠堰，引发了与小涧柏乐二村的用水纠纷有关。据碑文记载，明洪武五年霍州署按旧例判定小涧、柏乐二村使水，王村不得侵夺水利；嘉靖十七年再次申明王村民户不得创修渠堰用水峪口泉水，但桃北、遗水、黑峪三口猛

① 《明会典》卷 176《五刑赎罪》。

水准令王村人户使用。现将碑文抄录如下。

小涧柏乐二村水例碑记

奉诰进阶奉直大夫知霍州事邯郸安如冈

承务郎霍州同知姚仁

从仕郎霍州判官孙仁

将仕郎霍州吏目乔嵩

工房吏曹金玉、孙敏、刘大夏

霍州据靳二里郭刚为陈告小涧村古旧水例永为遵守事，内开小涧村古迹出水李河等沟泉眼九处，系小涧柏乐二村开辟以来，渠道堰池原行使水灌本村地土，并无东西王村分使水例，已经七十年。至洪武三年三月内，有东西王村人户刘文举、王通等倚恃凶恶，将小涧村古旧渠堰欲要强行改拨，借水浇灌东西王村地土。有小涧村郭刚不甘，备情赴上司具告。差委平阳卫指挥张彦零，会同本州吏目秦昭，亲诣告所，踏勘询问。乡耆执称，自省事以来止是小涧村、柏乐村一渠使水，并无别村水分。已经明白，犹恐未的，仍又批牌，令概州二十里老人刘思义等覆查，与前相同。取具各里老人不扶结状一并具申，本府依拟申报，省令本州照依勘明事理，各给帖文与小涧、柏乐二村人户照旧使水；东西王村原无古迹渠道，查无水分，今后毋得将小涧、柏乐二村再行妄争渠道水例，告扰取罪。本州照详得此给帖戒谕，除小涧、柏乐二村使水外，东西王村敢有仍前侵夺水例妄行争告，罚白米五十石，充官使用，已行输服再无异词。为此，拟合就行帖，仰小涧、柏乐二村人户收执帖文，永为遵守施行，毋得违错不便。须至帖者。计开出水泉：

李河沟泉眼、石口儿泉眼、北了池泉眼、南了池泉眼、老牛沟泉眼、到口山泉眼、洪洞谷泉眼、解板沟泉眼、东七平泉眼。

本州踏勘二十里老人

宣化坊四啚老人：刘思义、吴信轻、刘满、朱善

仁义都四啚老人：高子烟、杨质、彭彦文、杨义

新壁都四啚老人：李林、李国贤、刘克让、杨清甫

辛置都四啚老人：杨之义、吴平、张继祖、田孝先

白道都四啚老人：李宗、张文清、杨文、邢钊

右帖下小涧、柏乐二村告人郭刚收执，准此。

洪武五年四月初二日

禁革王村创修渠堰帖文

平阳府霍州为水例事：本州东山古有水峪口出泉水，一渠流往西北小涧、柏乐，二村轮流浇灌地土，已有定例。其西南王村地土自来无水浇灌，今嘉靖十七年八月内，有王村地户靳玉、李廷桂、李得济、张九皋等，因见桃北峪、遗水峪、黑峪口三处屡遇猛水闲流入河，要得修理渠堰，将前三峪猛水截入本村浇灌地土，不曾告官批

示，擅置簿籍，编佥有地人户，点闸齐备，起工创修渠堰。间有小涧、柏乐二村地户樊彪、郭世强，见得创修渠堰与伊水峪泉渠相并，虑恐日后侵伊二村水例，前去将点名簿夺讫，状赴本州告准，靳玉等亦诉准。理通拘干审人证到官，再三拘审，众执水峪口泉水古系小涧、柏乐二村使用，与王村并不相干，其王村自来无水浇灌地土，今靳玉等创修渠堰，欲要截使桃北等峪猛水等情明白，取讫供在官。除将靳玉等各问拟应得罪名发落外，拟合就行。为此除外合行帖，仰水峪口渠长照帖事理。水峪口泉水只照西北行流浇灌小涧、柏乐二村地土，与王村并不相干，倘遇山水大猛冲渠口，王村、小涧、柏乐三村修理。若王村人户擅开偷使此水西流者，许小涧、柏乐告来，问罪罚粮，责治枷号，仍着王村人户独自修筑堤堰。其桃北、遗水、黑峪三口猛水准令王村人户使用，小涧、柏乐二村亦不得侵使，俱毋违错未便。须至帖者。

右帖下小涧、柏乐村成璘、马騄、柏其、米大成、李永昌等准此。

嘉靖十七年八月二十六日

石匠陈库刊

这个碑文实际是由明洪武五年和嘉靖十七年两份霍州署处理小涧、柏乐村与王村间的水利案相关内容构成。这些铭文记载不仅是我们了解明代霍州水案的一手资料，而且有助于我们了解明代民事案件的办案流程、官府的官员职责，以及霍州的自然与人文风情等。通过两次处理三个村落的用水问题，可知明代一般会按照旧例来因循处理村民使水问题。但随着自然条件的变化，一些水源猛水增多，变化的形势也会带来新的处理办法，使水规定也不是一味的因循守旧，“其桃北、遗水、黑峪三口猛水准令王村人户使用，小涧、柏乐二村亦不得侵使，俱毋违错未便”即是明证。

（三）明嘉靖十九年《奉旨水利碑记》

绛县文庙碑廊有一通明嘉靖十九年（1540）《奉旨水利碑记》，原存绛县县衙。碑高 175 厘米，宽 90 厘米，厚 28 厘米，碑额篆书“奉旨水利碑记”。碑文记载了巡案山西监察御史连某、巡抚都御史陈某、巡按御史王某、按察司库使曾某、绛州知州张某等逐级严令惩处陈九汉等人破坏带溪水水利工程一案的司法审判过程。绛县知县蔡椿命人立此碑一方面警诫后人不要为谋一己私利而独占水源，威霸一方，另一方面也彰显了明代各级官吏秉公执法，清正廉明的作风。兹将碑文抄录如下。

太学生王汝猷书

恩并行申勘极完事，抄蒙钦差兼理兵备山西等处提刑按察司分巡河东道佥事高案验，蒙巡案山西监察御史连批该本道呈前事，蒙批：审无异词，各犯俱如拟发落，取实收照，缴。陈得中等提问报，蒙此行间，续蒙钦差提督雁门等关并巡抚山西地方督察院右副都御史陈批该本道亦呈前事，蒙此巡按衙门既有勘合查□□□仰照详施行，缴。蒙此案查已经具招通行呈详及解审去后，今蒙前因拟合发落，为此，仰抄案回府，着落当该官吏，□□事理即将后开发云。犯人陈有贤、陈九汉、张得才、王尚志各告纸银贰钱，陈有贤、张得才、王尚志各又工价银玖两，陈九汉赎罪米壹拾石，折银伍两，俱追完。纸银内除贰分买纸，听取公用捌分，与工价米价银，俱候类解工部，□□工程取实。收壹样贰本，缴。县带溪泉水，行令该县照旧经由地名大乔村、郭家庄、渠头村、谭家庄流来本县街渠、布按贰司、泮池，概县人畜食用。蒙此凝合就行为此合行帖。仰本县官吏照帖事理，即将带溪泉水照旧经由地名大乔村、郭家庄、渠头村、谭家庄流来本县街渠、布按贰司、泮池，概县人畜食用。毋得违错不便，须至帖者。巡抚都御史陈批：据所申，该县带溪水，既先年设有管道，通流入城，众所资藉。陈九汉等安得以一家独专其利？仰县再勘是实，将原设碾磨拆去，毋得利己妨人。敢再执迷无状，申来拏问重治，此缴。巡按御史王批：仰县再查水磨下流之水，能否入城，水磨水田有无加税，通查回报。按察司库使曾批：水利准照先年冯规使用，不许势占。仰将陈九汉戒谕，如不遵依，解司问罪，缴。绛州知州张批：既有碑记志书，又有问结卷案，岂得容奸豪专据！兹诚义举也，依拟行，缴。

文林郎知绛县事辽阳蔡椿

迪功郎县丞东明蔡永安

将仕郎主簿濮州李时

典史临潼张相

儒学教谕凤翔侯冠

训导嵩县杨大兴、迁安赵邦岱

工房吏李维宽、关士聪、刘东阳

□□人王汝谟、张惠、王尚智

石匠张文学、郑树根镌

嘉靖十九年五月十六日

据碑文可知，这通碑记载了五道批文，内容是关于带溪水水利纠纷的惩治问题。开篇记载钦差兼理兵备山西等处提刑按察司分巡河东道佥事高某等人调查取证，巡案山西监察御史连某审理该案的批文，相当于终审判决。内容包括州县怎样执行判决，依法惩治犯人的决议以及带溪泉水今后的使用问题等。第二道批文是巡抚都御史陈某的批文，说明陈九汉等在带溪水上设碾磨利己妨人，下令拆除，如若再犯，当从重处罚。第三道批文是巡按御史王某的批文，下令进一步对水磨下游的水流大小、走向以及水利水田灌溉及征费等问题展开调研。第四道批文是按察司库使曾某的批文，按照旧条例用水，不许私设水磨。如若有人再犯，当问罪。第五道批文是绛州知州张某的批文，将结案公文立碑纪事，惩治奸邪豪强。碑文最后附录绛县知县、县丞、主簿、典史、儒学教谕等人的名录。

水利灌溉问题一直是中国古代农本社会中非常重要的一个问题，从本案中，可以看出陈九汉等人在带溪水上私设水碾、水磨，不仅影响了带溪水周边的灌溉问题，而且影响到了下游的人畜用水，甚至陈有贤、陈九汉、张得才、王尚志等人联手，成为地方恶势力，扰乱社会秩序，凡此种种，都应受到法律的严厉惩治。层层政府批文，不仅体现了明代法令的严密，而且处罚公允，也彰显了官吏秉公执法，爱民如子的清风正气。

（四）明嘉靖三十八年《陶唐谷各村用水碣》

霍州署仪门北墙东侧嵌一通明嘉靖三十八年（1559）碑碣，高 50 厘米，宽 70 厘米，内容是陶唐谷的用水问题。兹将碑文抄录如下。

霍陶唐谷有王泉水利，旧为四分，止许滋人畜，溉田不足。

一偏墙村、张家塆垛、湾里，一成村，一如村、窑子头，一青郎村，每分轮流七日，历有成案，为定规。至嘉靖三十八年六月内，如村民刘廷玉、刘大清等，纠众创开新渠，截流水道，浇灌旱地五十余亩。窑子头地户李润等，具实赴告本州，蒙知州老爷尽心民瘼，问断如律，命典膳官马风梧督工，令窑子头各地户建亭树碑于陶唐谷避暑行居，为永久息争计。于时四乡人民公沐利泽，而我贤父母一体子□之仁，将流入民骨□而无穷矣。仍将轮流水利日期列于后。

一成村每轮使水七日。

一青郎村每轮使水七日。

一如村及窑子头每轮使水七日，每村三日半。

一偏墙村、张家塄垛、湾里三村每轮使水七日。

嘉靖三十八年八月吉日立石

陶唐谷即今陶唐峪自然风景区，位于霍州市区东南20公里霍山南部。山上有王泉水，但由于水量不大，旧时仅供周边七个村子的百姓、牲畜饮用，不用来灌溉农田。明嘉靖三十八年六月，村民刘廷玉等擅自挖掘河渠，引水溉田，引起其他村民的不满。霍州知州按律处理此事，仍令七个村子的百姓轮流使用王泉水，并在陶唐谷刻石铭记，以为后世息争所用。

（五）明嘉靖四十三年《平阳府霍州为乞均水利事碑》

霍州署仪门北墙西侧嵌一通明嘉靖四十三年（1564）《平阳府霍州为乞均水利事碑》，高70厘米，宽100厘米。兹将碑文抄录如下。

平阳府霍州为乞均水利事。蒙巡守河东道佥事杨、左参议谷批。据仁三等里民闫伯千、宋枢等连名告前事，随将渠长王浮等通拘到官，审得本州汾河西白龙村地土，俱系在城、仁二、仁三里三处人民佃种。旧通一渠，接引汾水浇灌。帖差省祭官张邦俊踏勘，得闫伯千、宋福等所告地亩，自此湾至轰轰涧，共地八百亩，涧南至南官路共地五百四亩二分五厘，路南至小沟共地九百八十四亩，三处共地二千二百八十八亩二分，俱在汾河轰轰涧引水浇灌，并无泉源，造册呈缴到州。本州署印吏目李，亲诣本村引水渠堰地亩处所，从公复查，与前相同。在城地土在上截，仁二地土在中截，仁三地土在下截。因渠窄堰底水流不深，上截浇遍，恐下截未周。除省令渠长地户先行修理外，公议分日使水，每书夜可浇地二百亩，以十一夜半为一轮。上截八百亩，分使水四昼夜。中截五百四亩二分，使水三昼二夜。下截九百八十四亩，分使水五昼夜。自上而下轮流浇灌，周而复始。倘遇河水泛涨，冲塌渠堰，各渠长即便督率地户，无分彼此，协同修理，完日仍照前分水日期补灌。庶绝后词，具申照详。蒙分守河东道批：既查分均平准如拟行，仍立石以垂永久，并候巡道详示。缴。又蒙分巡河东道批：据申该州计各田亩分日使水，已得均平，如拟行，令刻石永为遵守。若有势豪强占水利者，许指名申来，以凭拿问重治。此缴。为此刻石，以垂悠久。

霍州知州何思问

工房吏王天仓

渠长闫益　王浮　段经

沟头马璨　严廷珠　李廷早　闫世渭　邢邦奇　聂□福　安邦直

嘉靖四十三年六月二十四日立石

此碑铭文与乡里土地灌溉问题相关。霍州汾河西白龙村的二千二百八十八亩二分土地分给了在城、仁二、仁三三处百姓佃种。按照地势，在城土地在上截，也就是上游，仁二土地在中截，仁三土地在下截。农田要增产增收，就需要引水灌溉，然由于渠窄堰底水流不深，故而除了渠长要率民维修水渠外，三里百姓还得轮流分日使水，使用天数依据土地亩数做了细致的划分，并制订应急方案，即万一汾河水上涨，导致水渠堤堰冲塌，三个渠长就要率领耕种田亩的百姓共同维护，协同修理。水渠修复后，仍按照前面的分水日期进行农田的水利灌溉。这样的土地分水灌溉事宜要经过严格的程序执行。首先由村民奏请浇水事；立案后由负责掌管织造、碾磨、城建、路、桥、陂、堤劳务等事的工房派出吏员复查是否属实；然后知州做出处理意见，上交给分守河东道的长官批示，再奏请分巡河东道的长官批示；最后刊刻于石，以示后人。

（六）清乾隆三十二年《神明李老爷审断永杜水患德政碑记》

清乾隆三十二年（1767）《神明李老爷审断永杜水患德政碑记》藏于平遥县县衙，通高167厘米，碑高130厘米、宽63厘米、厚16厘米，额首题“永杜水患”。兹将碑文移录如下。

神明李老爷审断永杜水患德政碑记

昔谢安以尚书仆射镇广陵，岁若水涨民田，安筑埭蓄泄，民以召伯呼之。范仲淹为兴化令，海水为患，田不可耕，仲淹筑堤断百里，以卫民田，岁享其利，惠爱在人，光昭史册。平邑源祠梁村，有清泉一派，灌溉民田，俗名神池，即《县志》所谓“源池泉涌”是也。先是村人报神功而均水利，砖栏墙，分水二渠，永享惠泽。因有侵害，乾隆十有九年，赵壁村王成已等引他水溉田，不加提防，任水横流，壅塞源池，栏墙倾圮，古迹渐致湮没，民田半为淤泥，两村人莫不痛心，复伸控于府宪。蒙特授汾州府正堂纪录八次记大功一次顾批，平遥县亲勘明白，即饬修筑完固，毋任延累。后又蒙宪牌查催，蒙天委捕宪范台亲诣赵壁村，论王成已等各渠设闸，以免冲没。顾闸虽设立，水无所归，难免泛滥之忧。兼之泉水淤塞，民利未复。我侯李公下车伊始，顺而惜之，论令王成已等各渠公出银两，以为赔修神池之资。又令改挑渠尾，引水归东源祠村，灌溉民田，伊等坐享其利。则后来倘任横水冲没源池，责有攸归。因断令赵壁、东源祠两村人，各具永不冲淹神池甘结，由是利泽以溥，争讼以息，土民欢欣踊跃。谓我侯蓄泄有方，遗我民以无疆之休，直可与谢、范二公比烈焉。因共请勒石于仪门之内，以公德于不朽耳。

邑民赵伏龙际飞氏书

控杜水患人　乔维鼐……

两村士民　王复民……

石工　成现佐　成现禹　刊

皇清乾隆三十二年岁次丁丑蕤宾上浣吉日谷旦

民间流传一句谚语“先有源池梁村，后有平遥县城”。梁村靠着神泉水的灌溉，很早以前就成为北方水城，是物阜民丰的好地方。正如碑文所言“源祠梁村，有清泉一派，灌溉民田，俗名神池”。因为有了神池水的灌溉，梁村、东源祠村等周边农田经济发展良好，村民永享惠泽。清乾隆十九年（1754）赵壁村村民引他水灌溉，任水横流，导致田土流失，水渠被毁，神泉水被淤泥壅堵，大半民田也变为淤泥，引发两地村民纠纷，上报官府。涉及民生问题，平遥县立即派人查勘清楚，并下令“修筑完固，毋任延累”。后来又屡次查催，造访赵壁村查勘修整情况。处置手段主要有三方面，一是在赵壁村的水流上方设闸控水；二是由于水灾是赵壁村私自引水灌溉并不加管理所致，故命赵壁村各渠公出银两，以为赔修神池之资；三是改挑渠尾，引水归东源祠村，灌溉民田。经过调解，水案问题解决，各村的农田均有引水灌溉，神泉亦得修复，“利泽以溥，争讼以息，土民欢欣踊跃”。平遥县侯处理梁村、东源祠村和赵壁村的水案问题快速、合理、有效，不仅解决了水患，也便利了三个村落村民之后的饮水、耕种、灌溉等问题，惠民利民之举赢得了百姓的一致认可和爱戴，故在乾隆三十二年将此事前后经过刊刻于石，立于仪门之内，以飨后人。水案处理的背后是地方官与邑民的关系问题。仪门之内这块水案碑则昭示着乾隆十九年间平遥县侯的善政仁政，是平遥县官民关系和谐，德政获邑民拥戴的实物例证。

（七）清同治十三年《高平县正堂告示碑》

高平市南街街道梨园村玉皇庙有一通清同治十三年（1874）告示碑，碑文记载了瓦窑头和梨园两村村民争挖水道引发水案以及县衙解决争讼的断令。碑首刻双龙戏珠图，碑身基座高27厘米、长83厘米、宽32厘米，碑通高170厘米、长50厘米、厚22厘米。碑身正面左上方有“告示”二字。兹将碑文抄录如下。

钦加运同衔赏戴花翎即补直隶州知州特授高平县正堂加五级纪录十次杨，为晓谕事：照得水火两项，为日用所必需之物，水之所关，尤其紧要。今县属一带，地势高下不等，黎园村庄水势难得，非藉天雨之水蓄积池中，不克以备食用。前瓦窑头、梨园两村争水道兴讼。瓦窑头村袁聚财等呈控黎园村高凌云等争挖水道一案，当饬书差，协同乡地，并委六村社首，逐细查明。瓦窑头村地势虽高，现有水井七眼，食用不缺，其所设池，为洗衣服、饮牲畜之用；而黎园村虽有水井四眼，三眼无水，其一眼水仅二尺，日用不足，不能不藉池水以养民生。公禀前来，当经堂讯查确。民非水火不生活，食用为先，杂用为次。断令：黎园村水池之西，瓦窑头村青龙石碑之后，自北斜东南，所挑挖故水道，永远属黎园村引水正道，水永远归黎园池内，他村不得争狡。除堂谕外，合行出示晓谕。为此。示仰玉井里人等知悉。示之后，再有争狡此水者，许梨园村社首指名禀究。各宜凛遵勿违。特示。遵。

右仰通知

告示押

社首　赵祯祥……敬领仝勒石

大清同治十三年六月二十四日

高平市梨园村地势高下不等，水资源缺乏，梨园村西有一个村庄叫瓦窑头村，两村村民争挖水道而引起了用水纠纷。但是这里的用水纠纷和其他地方的水案有很大不同。其他地方的水案大多围绕着水利灌溉问题产生，这里却是与居民的直接生活用水相关。虽然两村村民挖水道贮水池都是为了积存生活用水，但是县令在调查两村实际用水情况后，得悉梨园村日常用水更为匮乏，于是断令将梨园村水道定为正道，水永远归梨园村的蓄水池。堂审过后，还令勘刻于石，令此后不得再争狡此处用水，并指令由村社的基层组织代表“社首”负责维护以后的用水秩序。这通水案碑一方面说明了高平地势高峻，梨园村一带水资源极为匮乏，另外通过水案的处理，也展现了村社精英代表在清代基层社会治理方面的地位与作用，这些社首成为国家权力机构在地方推行政策的坚实后盾和推手。

二、安置流民碑刻

霍州署仪门内东侧墙上原嵌一块清嘉庆十九年（1814）《霍州城壕教场地碣记》，高 43 厘米，宽 65 厘米。碑文著录了嘉庆十九年八月初五将霍州城壕地、教场地等地原让罪犯耕种的 46 亩土地转租给流民耕作事。兹将碑文抄录如下。

> 嘉庆十九年八月初五日，□霍□为□□□□壕教场地乃交流民耕种□□□□□□□□□署州宪秦大老爷批准，仍交流民耕□□□□□□刊立碑文。成等遵照，谨将宪批抄刊立碑。谨抄于后：
>
> 宪批：查城壕地十八亩，教场地二十八亩，□□□十八年间，经署任□州，判令在配犯人□□耕种，以资养赡，概不起租。嗣迳嘉庆四平人散，仅存流犯胡喇叭克一人，旋□□□□□□租与民人孙有福耕种，收租钱二十千文，□□跟到流犯，每年赏给钱五千六百文，其余租钱十四千四百，帮兵书驿站奏销之费。至嘉庆四年，有流犯朱成等三人呈，恳将地给□，经张署州明晰批示，俟到配军流积至十名之多，□地仍归耕种度日。各在案。今尔等见在二十名之多，既无手艺资财，情然可悯，仍照旧章程理，将城壕教场共官地四十六亩□□年收秋后即着现租人张德昌将地数退还，所有□□仍交该房，除存留办公外，

所给尔等钱五千六百文。其地自嘉庆二十年为始岁，尔等□□耕种，或另行召租，公议保举一人经办租□外，后有续到军流，一体按名均等□派，勿□以□在人数霸种，使后来者不得沾惠。如再遇恩赦，倘内有不准援减人犯，即或流配□一二名，亦准依旧耕种。其若何办理，□处一议，呈明在案。至兵书驲站奏销之费，亦□□□本州每年请领夫马工料银两，庶□□□□□□□以作办公。并着抄批刊立碑石，此□永□□□配军流犯等耕种公业可□。

五都乡长

（流民姓名）

大清嘉庆十九年八月吉立

从这段碑文可知，霍州城壕、校场等地有46亩官地最早是由流配到霍州的犯人耕种，后来流犯仅剩一人，就把这些土地租给了霍州百姓孙有福。清嘉庆四年（1799）流犯朱成等三人呈请耕种土地。当时张署州批示，等配军流犯到了十人以上，形成一定规模了就给予耕地。嘉庆十九年发配到霍州的流民已经有二十多人，这些人又没有其他手艺资财，因此按旧章程办理，命现在的官地租户张德昌把土地尽数退还。从嘉庆二十年（1815）开始，霍州城壕18亩、校场28亩，共46亩官地租给流民耕种。如果以后还有新增军流，亦依此例，一体按名均等摊派。这个办法合理妥善安置了流民，对于维护霍州社会稳定起到了积极作用。

第三章　山西署衙现存匾额楹联

匾额和楹联的历史悠久。楹联源自桃符，早在秦代以前，我国就出现了匾额和桃符，并被广泛地应用在日常生活当中。各级署衙内都保存了大量内涵丰富的匾额和楹联，历代官员们借助楹联，通过工整对仗、和谐的音律词汇表达着自己的为官理想和施政理念，这是中国传统文化的一种独特表现形式。透过一块块匾额、一副副楹联，了解到的不仅是署衙与古代官吏的职能文化，还有这些题词中所蕴含的官吏准则，彰显的教化之功能，可以说无一不具有极高的文化、艺术和历史价值，体现了我国优秀传统文化所独具的厚重魅力。

第一节　天下第一署——霍州署的楹联与匾额

衙门匾额、楹联是衙门文化的重要组成部分。以训诫为主，告诫官员何事可为，何事不可为。

一、“清慎勤”匾额

“清慎勤”匾位于霍州署戒石坊的阳面。“清慎勤”作为为官之道，最早出自司马懿之口。东汉末年曹操手下有一名将李通，李通的孙子李秉富有才华，为时所贵，官至秦州刺史，曾侍坐司马懿。有三位长史临行前一同去参拜司马懿，临别之时，司马懿告诫说:“为官长当清，当慎，当勤，修此三者，何患不治乎？”也就是说作为一地父母官，要想治理好一方，就需要具备清、慎、勤这三种重要的品质。等三位长史告辞后，司马懿问侍坐的诸多贤才:“清慎勤三者中哪一种品质最

图 3-1　霍州署戒石坊“清慎勤”匾额

为重要呢？”有人抢先回答：“清固为本。”司马懿又问李秉的看法，李秉回答：“清慎之道，相须而成，必不得已，慎乃为大。夫清者不必慎，慎者必自清，亦由仁者必有勇，勇者不必有仁，是以《易》称括囊无咎，藉用白茅，皆慎之至也。”司马懿夸赞道：“卿言得之耳。”[①]

“清慎勤”三字成为中国古代一条非常重要的为官戒条。宋人吕本中《官箴》开篇即云：“当官之法，唯有三事，曰清、曰慎、曰勤。知此三者，可以保禄位，可以远耻辱，可以得上之知，可以得下之援。”[②]康熙皇帝曾御书清、慎、勤三大字，刻石赐内外诸臣，然不仅在康乾盛世，事实上几乎整个清朝“清、慎、勤”三字都是非常重要的官箴，直到清朝末年乃至近代社会，依旧是官场奉行的为官准则，是很多官吏的座右铭。梁启超先生在《新民说·论公德》中提到：“近世官箴，最脍炙人口者三个字，曰清、慎、勤。”[③]

二、仪门楹联

追根溯源，本州乃颛顼冀域，因霍岳而名，尧舜畿辅，物丰民殷，诚晋南要隘，河东重镇，无愧华北雄邑，

---

① 参见《三国志》卷18《李通传》。

② （宋）吕本中撰，韩酉山辑校：《吕本中全集》第三册《官箴》，中华书局，2019年，第1059页。

③ 梁启超：《新民说》，商务印书馆，2016年，第22页。

山西古郡，迄今益为寰中毓秀钟灵地；

据典依史，斯署多堂厦廊庑，仗神工以称，圣贤所居，虎跃龙腾，果隋将幕府，唐帅行辕，有幸宋相临驿，元主御巡，迤后曾作清帝察情驻跸宫。

仪门楹联共108字，是霍州署众多楹联中字数最多的一副。上联追溯了霍州的历史渊源。霍州历史悠久，最早可追溯至传说中的五帝之一颛顼统治时期，当时霍州属于冀州境内，因境内有霍岳山而得名。接着评述霍州重要的政治、军事地理位置，尧都平阳、舜都蒲坂，霍州是京师附近的畿辅之地，是物华天宝之地，百姓富实，诚乃晋南要隘、河东重镇、华北雄邑、山西古郡，迄今更是宇内毓秀钟灵的宝地。下联根据文献典籍记载说明霍州署人才辈出。霍州署有很多鬼斧神工的古代建筑，也有很多圣贤在此为官，表明霍州署人杰地灵，乃龙腾虎跃之地。霍州署是隋代名将宋老生的幕府，唐代将帅尉迟恭的行辕，宋代名相曾在此居住，元代王侯曾御巡宝地，清朝康熙皇帝考察民情，慈禧太后、光绪皇帝西行都曾驻跸霍州署。

三、缮状房楹联

有甚屈情，可向此处分诉；

无大冤枉，莫到这里轻来。

楹联意思是说老百姓如果有什么冤屈，可以向衙门起诉，来这里找我们诉说冤情，帮你写好状子；但是如果不是太大的冤情，最好还是不要轻易来衙门上告。这副楹联一方面清楚地说明了缮状房的职能，就是帮老百姓写状子的地方，另一方面也劝诫百姓不要轻易打官司。

四、抱厦匾额与楹联

抱厦额枋上悬挂一牌匾，上书明嘉靖三十六年（1557）知州褚相所题“亲民堂”三字，意为政在亲民，为政要以民为本。

抱厦明柱上镌刻着一副楹联：

> 莫谓民可欺，一二事偶不经心，其怨其咨，议腾众口；
> 漫说官易做，千万户于兹托命，以教以养，责在藐躬。

意思是为官一定要勤勤恳恳，兢兢业业，要为民做主，不要以为百姓是可以轻视欺负的。作为官员，只要有一两件事情没有尽心尽力地做好，就会引起百姓的怨恨，众口铄金，就会毁掉清官良吏的形象。不要轻易地说官员好做，千千万万的百姓把身家性命都寄托在官员身上，官员要负责百姓的教化、治理和养育，这些都是官员义不容辞的责任。

五、大堂楹联

我虽爱民，毕竟见官非好事；
尔如责己，须知恕彼即便宜。

意思是知州虽然是父母官，也很爱护百姓，但毕竟老百姓见官都是为了打官司，并非好事；希望大家有了矛盾，有了纠纷的时候，先从自己身上找原因，须知宽恕别人，其实也是便宜自己。

六、大堂东西耳房楹联

（一）东耳房议事厅楹联

欺人如欺天，毋自欺也；
负民即负国，岂可负之。

这副对联内容为清康熙年间监察御史魏象枢所撰，后来很多县衙将之作为警醒官吏的题联。意思是欺骗别人就如欺诈苍天，最终免不了遭受报应，所以切勿自欺欺人；辜负老百姓就损害了百姓的利益，等于辜负了国家，怎能忍心这样做？楹联内容将欺人与欺天、负民与负国结合起来，体现了“天人合一”的治国理念和做官为民的民本思想。

（二）西耳房刑厅楹联

宽一分，民多受一分赐；
取一文，官不值一文钱。

这副对联内容出自清人张伯行的《禁止馈送檄》。张伯行，康熙二十四年（1685）进士，康熙三十一年（1692）补授内阁中书，康熙四十二年（1703）授山东济宁道，四十五年（1706）为江苏按察使，四十八年（1709）调任江苏巡抚，雍正元年（1723）擢为礼部尚书。《禁止馈送檄》是他在康熙四十八年调任江苏巡抚时所作，原文为“一丝一粒，我之名节；一厘一毫，民之脂膏。宽一分，民受赐不止一分；取一文，我为人不值一文”，意思是当官要宽厚仁慈一点，对百姓宽松一分，老百姓得到的好处就不止一分；放任自己多拿百姓一文钱，为官者其为人就不值一文，体现了官员要心系百姓、廉洁自守的高尚情怀。

七、科房楹联

（一）吏房楹联

选官擢吏贤而举，

考政核绩廉以衡。

州署吏房的职责包括主管官员行政考绩，办理官员的任免、升降、调派等手续，记录本州的进士举人，管理乡绅、丁忧以及本州在外做官者的出身、任职情况等，相当于今天的组织、人事等机构部门。楹联意思是在选举和擢拔官员、吏员的时候要着重提拔贤能之人，在考核官员政绩的时候要以清正廉洁作为权衡的标准。从选人用人和考核官吏两个方面诠释了吏房的职能，并对其执行标准提出了要求，体现了官府选贤任能、廉洁公正的清风正气。

（二）户房楹联

编户方田勤并慎，
征赋敛财公亦平。

户房的职责是分管州辖境内的户口、土地、田赋、财粮、灾荒赈济等事宜，相当于今天的财政、税务、土地等机构部门。楹联对户房的职能和要求进行了精辟总结，意思是编造户籍、丈量田亩数，这些工作都要勤奋踏实且认真谨慎地完成；征收赋税、收敛财物的时候要公正公平。

（三）礼房楹联

倡礼兴学崇孔孟，

制章定典尚萧曹。

礼房职责主要是分管教育、学校、科举、典礼、祭祀、节庆等事，相当于今天的文教部门。楹联大意为提倡礼学、兴办教育，推崇孔孟之道；制定典章规程，以萧规曹随为榜样。

（四）兵房楹联

厉兵秣马备不懈，
枕戈待旦防未然。

兵房职责主要有三：一是厉兵秣马，训练地方团练以及三班衙役等人；二是维护地方治安；三是负责监造兵器和武备库的守卫。相当于今天的人武部门。楹联大意为厉兵秣马，不懈准备；枕戈待旦，防患未然。

（五）刑房楹联

按律量刑昭天理，
依法治罪摒私情。

刑房职责是负责诉讼保甲、破案缉捕、堂审笔录、拟写案牍、管理刑狱等事宜，相当于今天的公检法部门。楹联大意为按照律令规定量刑定罪，让天理昭昭；依据法律惩治罪犯，摒弃私情，公正不阿。

（六）工房楹联

鸠工庀材精营造，
通路开渠细耕耘。

工房职责是主管土木工程营建，兴修水利，铸造银两、枪械等事，相当于今天的城建、水利、交通等部门。楹联大意为召集工匠，选取材料，精心营建，保障高品质工程；铺路开渠要像耕耘土地一般精细负责。

八、客座楹联

议论应从社稷出，
筹谋当为国家计。

客座是知州接见来访官员宾客的场所，在这里要商谈的一般也是国家大事。楹联大意为诸位宾客谈论时务要站在江山社稷的高度，运筹谋划要维护国家的根本利益。

九、二堂楹联

（一）院门楹联

解悬焉为称能，不肯黎庶半冤愤；
理事岂在博誉，但得治下尽升平。

大意为解决了老百姓的难题并不是为了炫耀自己的能耐，而是不肯让老百姓受到一丁点冤屈；处理各种事务并不是为了博取好的声誉，而是为了自己治理的地方能够平稳安定、天下升平。

（二）二堂外柱楹联

法行无亲令行无故，
赏疑唯重罚疑唯轻。

大意为官吏在断案的时候，执行法令应该不分亲疏远近，做到一视同仁；涉及赏罚问题，拿捏不准尺度的时候，赏赐不妨多一些，惩罚则要轻一点。楹联所指在法令面前无亲无故，是说官员不能徇私枉法，不能厚此薄彼，体现了法律公平公正的严肃性；赏罚面前，重赏轻罚，体现了施行仁政、省刑爱民的执政理念。

（三）二堂内柱楹联

为政应公廉，勿尔一私，铸成冤案；

做官循律度，看吾百姓，都是良民。

意思是官员从政要公正廉洁，不要在断案的时候因为一己私欲而铸成冤案；做官要遵循法律法规，办事要把握好尺度，做好老百姓的父母官，若能如此，治内百姓皆良民，天下太平。

十、鸣琴轩（师爷房）楹联

几抹白云随客远，

一围碧玉入心情。

意思是天空中的白云随风飘忽不定，如同师爷们游走各地，过着漂泊的生活；湛蓝色的天空瞬间又让人心情平静，澄澈淡然。体现了师爷们在衙门中的心境，既有流离之遗憾，也有一份工作带来的释然与坦荡。

十一、典册房楹联

书笺警示当朝吏，

竹简传承后世官。

典册房是存放各种典册文书的地方，相当于今天的档案室和机要室。楹联大意为记录各种文案的书笺可以为当朝官吏办案提供参考；记载各项法律法规的竹简传承至今，可以让后世官员处理案件时有所遵循。

十二、内宅院楹联

（一）知州宅大门楹联

事出于公，诸君何妨至室？
吏本非俗，我辈还须慎微。

意思是如果事情是出于公务，诸位也不妨到家里来找我；官吏本来就不是俗人，即使在家里，也应该谨小慎微，慎重办事。可见一般情况下，知州宅作为内宅，并不办公，但如果事出于公，又比较紧急的话，就不需要等，可以直接来家里，知州在私宅一样可以办公。官吏是国家栋梁，是要为国家为百姓谋福祉的，因此并非一般的俗人，既然有责任有使命在身，那么即使回到内宅，也不能松懈，依然要时刻慎言慎行。

（二）知州房楹联

读书贵觉迷真伪实虚，应晓天枢乃本；

治事当依序公私主次，须知国是为尊。

知州房不仅有会客休息的地方，也有一间书房，门口楹联不仅表明了读书应掌握的要领，同样展示了知州办公应该遵循的规矩。楹联大意为读书贵在领悟，能分辨真伪虚实，才能把握要义，才能知晓事物的本质和规律；知州事务繁杂，要分清公私主次、轻重缓急，要有重点地办，须知晓维护国家利益才是最重要的事。

（三）公子房楹联

晓理修身孔子训，

行仁善教诸家学。

楹联内容说明了知州对其子寄予的教育理念，希冀男孩子从小要接受儒家礼学教育，以孔子为榜样，培养修身齐家治国平天下的家国情怀；要怀仁爱之心，行仁义之道，饱读诗书，精通诸子百家之学，提高自身的素养。

（四）小姐房楹联

几卷诗书堪养静，

一庭花竹最怡情。

古代有条件的女子也要接受琴棋书画以及女工的教育。知州的女儿虽然不能闯荡天下，但通过读书可以开阔眼界，要勤读诗书，做到知书达理，修身养性。庭院里的花竹不仅可以陶冶情操，而且寄托了知州希望女儿如兰竹清丽、文静、贤淑。

（五）**静怡轩（同知宅）正房楹联**

州事即国事，处治皆须恭慎；
习俗乃民俗，察循悉当洞微。

静怡轩是同知居住的地方。同知为知府的副职，负责分掌地方盐、粮、捕盗、江防、海疆、河工、水利以及清理军籍、抚绥民夷等事务。楹联大意为同知在处理各项州事的时候，要像处理国家大事一样，每件事情都要谦恭谨慎地处治；地方习俗乃一地百姓长期传承的风俗习惯，应该认真察访，洞察其幽深细微之处，做到真正了解并有序传承。

（六）**静怡轩后院东厢房楹联**

常将耕读凭濡染，
未肯勇仁教不曾。

东厢房是同知的子女居住的地方。楹联大意为常把耕读二字做到耳濡目染，即使从来没有教导过勇猛仁义，也能够做得很好。耕，是耕田，耕种，事稼穑，丰五谷，掌握安身立命的本事。读，是要知诗书，达礼义，培养修身养性的高尚情操。中国古代常以耕读传家。东汉时袁闳“服阕，累征聘举召，皆不应。居处仄陋，以耕学为业”[①]。东晋陶渊明《读山海经·其一》诗：“既耕亦已种，时还读我书。”五代章仔钧《章氏家训》：“传家两字，曰耕与读；兴家两字，曰俭与勤。”[②]清初张履祥《训子语》：“耕与读又不可偏废，读而废耕，饥寒交至；耕而废读，礼义遂亡。”[③]清人曾国藩《曾国藩家书》写道：“将一切规模立定，以耕读二字为本，乃是长久之计。”[④]中国古代文人、政治家等都纷纷提出耕读传家的古训，这也深刻影响了中国人重农重学的文化传统。通过耕读培育良好的行为习惯和高尚的道德情操，不断提升个人生存技能，修养人格品行，实现美美与共，社会和谐，这也体现了耕读传家的现实意义。

---

① 《后汉书》卷45《袁闳传》。

② 转引自卞利主编:《明清以来的绩溪社会》，安徽大学出版社，2017年，第214页。

③ 楼含松主编:《中国历代家训集成》第6册《清代编一》，浙江古籍出版社，2017年，第3664—3665页。

④ 钟叔河整理:《全本曾国藩家书》(下卷)，中央编译出版社，2015年，第563页。

（七）静怡轩过厅南门（前门）楹联

为政不在多言，须息息从省身克己而出；
当官务持大体，思事事皆民生国计所关。

此联原为清嘉庆年间云贵总督赵慎畛在桂林府衙所撰，意思是为官从政并不在于要说多少话，而是要少说空话，多干实事，须时时刻刻反躬自省；当官要有大局观、全局观，处置每一件事情都要想到事事皆关乎国计民生，提醒人们时刻警醒，勿忘报国为民之初心。

（八）静怡轩过厅北门楹联

法合理与情，倘能三字兼收庶无冤狱；
清须勤且慎，莫谓一钱不取便是好官。

意思是官员在审理案件的时候，应该兼顾国法、天理和人情，如果能做到遵法纪，循天理，顺人情，那么天下就不会有冤狱；为官既要清正，也要勤勉、谨慎，不要认为不收取钱财贿赂就是好官，只有做到清正廉洁、勤奋刻苦、慎言慎行才能称得上好官。

（九）静怡轩东厢房钱粮师爷房楹联

四壁诗书收腹内，

万家安乐在胸怀。

意思是房中四壁摆满了各种图书，钱粮师爷饱读诗书，腹内不仅满腹经纶，也经常牵挂着千家万户的安乐太平。

十三、西书房楹联

兴替且萦怀，清风消虑肃纲纪；

清廉宜载道，明月谈心步圣贤。

意思是朝代的兴衰更迭萦绕在心间，让人不禁深思如何才能江山永固，唯有保持清风正气，做到整肃纲纪才能消解忧虑；为官者宜将清正廉明作为执政的根本之道，时常以圣贤为典范督促自己，淡泊明志。

十四、陈公祠楹联

鉴古观今气节一钧堪砥柱，

奉仁举义襟怀千载共思齐。

意思是古往今来，气节堪称国家、民族与社会发展的中流砥柱；奉行忠孝仁义是千百年来不变的效仿的榜样。

十五、马王庙楹联

房驷腾辉，流云顾影；

虔诚不悔，指日成功。

意思是天马奔腾，光影腾辉，飘动的云彩也不禁赞叹；虔诚地尊崇马王，所期盼的事情定能指日成功。

第二节　晋藩首辅——榆次县衙的楹联与匾额

一、榆次县衙大门楹联

榆次县衙正门中间上方悬挂一块“榆次县衙”匾额。

（一）大门楹联

居官当思尽其天职；

为政犹贵合乎民心。

意思是官员在职期间就应该思考如何才能尽职尽责办好每一件事；施政最重要的即顺民意、合民心，体现了我国传统的民本思想。

民本思想是中国廉政思想的基石，是维护中国古代统治秩序的重要法宝之一。《尚书·五子之歌》曰：“民惟邦本，本固邦宁。”[①]人民是政权稳固的基础，只有得到百姓的拥护，统治才能长治久安。春秋时期孔子指出人民是国家富足的基础，“百姓足，君孰与不足？百姓不足，君孰与足？”[②]战国时期孟子进一步提出了“民为贵”的仁政思想，指出了百姓、社稷和君主在维系国家生存发展中的先后次序：“民为贵，社稷次之，君为轻。”[③]荀子也认为君主的权力其实是来自于人民：“天之生民，非为君也；天之立君，以为民也。”[④]除此之外，还有著名的“君与民”乃“舟与水”的关系理论：“君者，舟也；庶人者，水也。水则载舟，水则覆舟。”[⑤]西汉时期推崇儒学的董仲舒进一步把君主与人民的关系比喻为“心”与“体”的关系：“君者，民之心也；民者，君之体也。”[⑥]汉武帝采纳了董仲舒的意见，推行以民为本的政策，使汉朝不断走向强盛。唐初唐太宗和魏征也多次引用君民舟水关系，推行清平开明的政治，创造了被史家艳称的贞观之治。唐宋以后科举考试的盛行，进一步从选官层面扩大了官僚队伍，让民本思想得到了更加深入

---

① 《尚书正义》卷7《五子之歌》。

② 杨伯峻译注：《论语译注》，中华书局，2009年，第125页。

③ 杨伯峻译注：《孟子译注》，中华书局，2020年，第304页。

④ 《荀子集解》卷19《大略》。

⑤ 《荀子集解》卷5《王制》。

⑥ （汉）董仲舒著，张世亮、钟肇鹏、周桂钿译注：《春秋繁露》，中华书局，2012年，第403页。

的贯彻执行。这种思想也深深影响了中国的士大夫阶层，影响了中国历代官员的价值追求。清人黄宗羲指出："我之出而仕也，为天下，非为君也；为万民，非为一姓也。"[①]所谓得人心者得天下，民心之所向，是国家未来发展的根本保证。民本思想是中华优秀传统文化中治国理政方面的理念精髓。要时刻保持与人民群众的密切联系，植根于人民，一切为了人民，一切依靠人民，才能和全国各族人民一起创造更加美好的未来，奔赴更加灿烂的新征程！

（二）正门两侧的八字砖墙上的砖雕联语

> 经纶疆守，为政戒贪，警于黎众，何妨署冷如冰？勿骛声花忘职，事学焉得所近，固奉忠孝，发为文章，左宜右有；
>
> 衣被苍生，养廉唯俭，察其所安，但愿百姓若堵，还从宽大保和，衷爱其能勿劳，应以父兄，止于子弟，上君下民。

意思是地方官治理一方疆域，为政要清廉，切记不得贪婪，要维护黎民百姓的利益。做到了这一点，没人告状，不用升堂，即使署衙冷清那又何妨？不要贪图名声而忘了自己的本职，事学只能接近其本意，并不能了解其真谛，所以坚持奉行

① 季学原、桂兴沅：《〈明夷待访录〉导读》，巴蜀书社，1992年，第90页。

忠孝仁义，渐渐领悟其中的奥义，如此则无所不宜；为政要广施恩惠于百姓，要明白俭朴是保持廉洁的重要保障，要仔细考察百姓处事的动机，但愿百姓生活安居乐业，相安无事，官员要宽以爱民，保持治内和谐，真诚地爱护百姓、教化百姓，对待百姓就像对待父兄、子弟一般，既要上为国家效力，又要下为百姓谋福利。

（三）署衙大门内廊柱楹联

为政不在多言，须息息从省身克己而出；
当官务存大体，思事事皆民生国计所关。

这副楹联原为清嘉庆年间云贵总督赵慎畛在桂林府衙所撰，告诫官员要少说空话大话，要脚踏实地为民办实事、办好事。楹联大意为：为政不在于你说什么，或怎么说，要时刻反省与克制自身；当官要顾全大局，考虑周全，要想到事事都与民生国计相关。蕴含了清廉为官、谨慎从政之意。

二、仪门匾额和楹联

阳面匾额：晋藩首辅
阴面匾额：古并州治
仪门阳面楹联：

好学近智，力行近仁，知耻近勇；

在官惟明，莅事惟平，立身惟清。

"好学近智，力行近仁，知耻近勇"出自《礼记·中庸》，原文为："好学近乎知，力行近乎仁，知耻近乎勇。"[①]意思是一个人好学很重要，好学之人通过不断学习，提升自己，就可以近乎智；其次是强调践行，把所学努力实践就可以接近于仁；最后强调人要有羞耻之心，有羞耻心的人，才能敢于直面自己的错误，改过自新，这才是真正的勇敢。

"在官惟明，莅事惟平，立身惟清"出自汉代马融《忠经·守宰章》[②]。意思是为官应做到明察秋毫，办事要公平公正，立身要清正廉洁，体现了执政为民、公平公正、廉洁从政的优良品质，对今天党风廉政建设依然有重要的借鉴意义。

仪门阴面楹联：

官有典常，任一日则尽一日之心，况兼地广事繁，敢不夙兴夜寐；

民供正课，宽几分则受几分之惠，纵使时丰岁稔，常如怨暑咨寒。

---

① 《礼记正义》卷60《中庸第三十一》。

② （汉）马融撰：《忠经·孝经》，吴茹芝编译，三秦出版社，2008年，第6页。

这副楹联收于清朝乾嘉时期梁章钜编撰的《楹联续话》，据载原为清人孙治在武威任职时所撰。楹联大意为国家有各种法令规范，为官一日，都要严格遵守，任职一日就要尽心一日，何况地域广袤，事务烦琐，怎敢不夙兴夜寐，兢兢业业，勤奋执政；百姓如期缴纳赋税正课，为官者施策应宽严有度，对百姓宽几分，百姓则受惠几分。纵使年景大好，物阜年丰，也要关心百姓冷暖。

三、大堂

抱厦匾额：牧爱堂

（一）抱厦楹联

得一官不荣，失一官不辱，勿说一官无用，地方全靠一官；

吃百姓之饭，穿百姓之衣，莫道百姓可欺，自己也是百姓。

这副楹联原为清康熙十九年（1680）内乡知县高以永撰写，后被各地县衙引用。意思是要淡化为官执念，得到一个官位、一个官职并不是一件荣耀万分的事，失去一个官位也不是什么耻辱之事。官位之得与失虽然不是很重要，但并不是说官不重要，一个地方的经济稳定、社会发展，全靠地方官，可以说地方官责任重大。吃老百姓的粮食，穿老百姓的衣服，地方官的衣食住行皆来自百姓供给，不要以为老百姓可以欺负，其实自己也是老百姓。告诫地方官要摆正位置，体现了执政为民的理念。

（二）**大堂金柱楹联：**

为政戒贪，贪利贪，贪名亦贪，勿务声华忘政本；
养廉惟俭，俭己俭，俭人非俭，还须克己守廉正。

为官为政要戒贪。贪取财物是贪，贪图名声也是贪，不能一心只追求声名的提升而忘记了从政的本心。为政的根本应该是为百姓谋福祉，而不是为自己谋私利。养廉最重要的是节俭，要严于律己，严格要求自己的用度各方面都做到节俭，而不是要求别人节俭来满足自己。所以，为政者还需要克制自己的私欲，坚守廉洁正直的品质。

四、科房楹联

榆次县衙吏房、兵房楹联内容与霍州署吏房楹联内容相同，不赘述，且将其他四个科房楹联略作解读。

（一）**户房楹联：**

造户量田唯勤唯爱，

征赋理财亦谨亦公。

楹联表明了户房的职能主要有造户籍、核查人口、度量土地和征收赋税、料理财务收支等事项。大意是户房在造户籍、度量田亩时要勤奋踏实，秉着爱民之心来完成，不可趁机搜刮百姓、欺压百姓；征赋理财之时要严谨认真，公平公正。

（二）礼房楹联：

兴学崇贤理智教化，
隆礼制典仁义规绳。

礼房的职能与教育文化相关，县衙的礼房主要职责有四。一是主管县学及全县的社学、义学，监督各类学宫的教育教学情况，端正生员礼仪，崇贤良，兴教化。二是组织县试，即组织童生考取秀才的考试，具体是负责县试的命题、阅卷和录取事宜。此外还要联系生员参加更高层级的考试，如州府或省城组织的考试，安排廪生的廪膳，派人为生员家中赶送喜报，组织为参加公车会试的举子送行，等等。三是组织全县的重大庆典，如迎接大宾，组织文庙、武庙、城隍庙、社稷坛等官祭仪式，组织乡饮酒礼等常规礼仪。四是制定乡规民约、张榜斥恶扬善，引导社会风气，弘扬德行善行等。礼房楹联即是对礼房这四大主要职责的精辟总结。

（三）工房楹联：

修路开渠造福乡梓，
鸩宫选料营建明堂。

工房的主要职责为工程营建等，包括修路，开凿或维护水利工程，维修衙署、城池、官祀之庙宇，等等，对于上级指派的重大工程也要积极组织民力修建。此外，还要承办官银元宝浇铸，打造兵器、刑器等事项。楹联内容即是对工房主要职责的概述，表明工房修路开渠是造福百姓，营建工程、选人用料都要精益求精。

（四）刑房楹联：

按律量刑昭示天理，
依法治罪摒绝私情。

榆次县衙刑房楹联与霍州署刑房楹联内容大致一样，唯榆次县衙刑房楹联为八字楹联，而霍州署刑房楹联为七字楹联，具体区别在于榆次刑房楹联中为“昭示天理”和“摒绝私情”，而霍州署刑房楹联中为“昭天理”和“摒私情”，然其意思完全一致，兹不赘述。

五、二堂

匾额：悬鉴涵冰。

“悬鉴涵冰”意思与“明镜高悬”相同。

楹联：

浮躁一分，到处便招尤悔；

因循二字，从来误尽英雄。

这副楹联是对官员如何做好官，为官需要避免的两个坑的告诫。人在官场，最容易犯的两个毛病就是浮躁和因循。其一，心浮气躁，不能沉着冷静地处理政务是官场大忌，人一着急就容易办错事，所以要想为官成功就要沉稳、慎重行事，才能落子无悔。其二，因循守旧不能开拓政坛之新局面。要想在为政期间有所作为，既不能着急，也不能故步自封，因循苟且，而是要在了解当地民情社情的基础上，努力开拓创新。

六、三堂

匾额：恭敬惠养

（一）三堂门上楹联

要办事，莫生事，要任怨，莫敛怨；

可兴利，毋近利，可急功，毋喜功。

此联收于清人梁章钜《楹联续话》，黎世序作上联，孙玉庭对下联。楹联大意为要多干实事，不要惹事，要任劳任怨，不要招人怨恨；可以为民多谋福利，为己切莫贪利，办事可以急于求得成效，但切勿好大喜功。体现了为官要实干、勿浮夸的作风。

（二）康熙御笔楹联

榆次县衙三堂之内还有一副被称为镇衙之宝的对联，这副对联是清康熙四十二年（1703）七月康熙皇帝巡查山西，听取了榆次知县祖良才的汇报后亲笔所题，并赐予祖良才的。对联是“剧暑悲难渡，晴秋喜却回”。这两句话出自南宋理学集大成者朱熹的《次秀野暑中》。康熙皇帝此行的主要目的之一即调查民间反清复明的动向，经调查后得知民间反清复明的活动早大势已去，心中不禁大喜，借古诗词以表达当时的心志。

七、内宅门匾额与楹联

匾额：和雍。

有温和雍容、和谐之意。

（一）内宅门楹联

治赋有常经，勿施小恩忘大体；
驭官无别法，但存公道去私情。

意思是政府征收赋税有常用的通行办法，按照常规办事即可，不要施小恩小惠而忘记全局大体；驾驭官员没有别的方法，只要秉公办事、不去徇私情就可以做好。这里讲的不仅是征收田赋和管理官员的原则，其实在任何场合，都要做到严格遵守法纪、坚持公平正义，不要心存私心杂念而不顾全大局。

（二）内宅门内楹联

清心以尽心，意外升沉皆定数；
办事勿多事，个中界限要分明。

此联原为清道光年间黄州知府李光庭所撰。大意为做人要清心寡欲，不要奢求奢望，做事则要尽心尽力，官场浮沉自有定数；要为民办实事、办好事，但千万不能多事，不能惹事，办事一定要界限分明。

八、县丞院楹联

既然穿吏服，心要忧国忧民；

纵使卖番薯，秤须足斤足两。

县的长官是县令，县丞是长吏，辅佐县令治理地方。楹联大意为，既然穿上吏服，就要思虑国家大事，先天下之忧而忧，后天下之乐而乐；纵然回家卖红薯，也要对得起良心，要足斤足两、公平公正。

九、主簿院楹联

举要理繁，务先大体；
鸿风懿采，瞻彼前修。

明清时期主簿由贡监及吏员拔擢除授，别称“书记”“三尹”等，是知县的佐贰官，主管户籍、缉捕、文书等的办理事宜。楹联大意为衙门里事务繁杂，所以办事应抓住重点、理繁举要；文书的撰写要有雄健的风格、美好的文采，需要不断向前贤学习，不断加以改进。

十、钱税院楹联

开源节流，裕充国课；
量入为出，利达乡黎。

意思是衙门要节省开支、增加收入，以丰盈的财政收入保障国家赋税的征收；根据财政收入的多少决定支出的限度，不给百姓额外摊派，让所有的百姓均能获益。

十一、巡捕厅匾额与楹联

匾额：崇德循礼

楹联：

成于思，毁于随，吾所惕之；
约诸人，周诸己，君其勉之。

“成于思，毁于随”出自唐代韩愈《进学解》，原文为“业精于勤荒于嬉，行成于思毁于随”①。“约诸人，周诸己”出自《论语·卫灵公》：“君子求诸己，小人求诸人。”②楹联大意为凡事只有思虑周详才能取得成功，随性妄为大多只会自取其损而惨遭失败，此乃我警惕之事；小人以自我为中心，一味要求别人，君子则不同，君子一切都求之于己，出现问题只在自己身上找原因，这句话我经常拿来自勉，也希望共勉。

---

① （唐）韩愈撰，马其昶校注，马茂元整理：《韩昌黎文集校注》，上海古籍出版社，1998 年，第 45 页。

② 杨伯峻译注：《论语译注》，中华书局，2009 年，第 164 页。

十二、四堂匾额与楹联

匾额：思补堂

楹联：

人人论功名，功有实功，名有实名，存一点掩耳盗铃之私心，终为无益；

官官称父母，父必真父，母必真母，做几件悬羊卖狗的假事，总不相干。

意思是每个人都在探讨功名是什么，想要成就功名，然功有实功，名有实名，存私心终究没有好处，要想成就功名，还得为老百姓办实事、不图虚名；每个官员都说自己是父母官，父母一定是亲身的，做几件挂羊头卖狗肉的事情，可不是亲身父母能做出来的事。要想真正做好一方父母官，就要了解百姓疾苦，真抓实干，不搞虚假的名头。

十三、五堂匾额与楹联

一楼匾额：冰雪堂

二楼匾额：槐月轩

门柱楹联：

堂上一官称父母，莫言当官易，要广施父母之恩典；
眼前百姓即儿孙，应知为民难，须多照儿孙以福星。

意思是端坐大堂之上的是百姓的父母官，不要以为当官容易，既然身为父母官，就应尽到父母的责任，广施父母之恩情；眼前的百姓就是儿孙，应该知道老百姓生活的不易，多照顾老百姓，充当儿孙的福星。

十四、马王殿楹联

房驷腾辉周风驾，
骅骝献瑞冀空群。

房驷即房宿天驷，是二十八星宿之一。周风驾即周穆王驾上由八匹骏马拉的龙车从洛邑出发向西巡游，最终到达天山南北的西王母之国。骅骝，名马之一。冀空群出自韩愈《送温处士赴河阳军序》:“伯乐一过冀北之野，而马群遂空。”[①]伯乐一过冀北，良马就被挑选殆尽。楹联大意为天马奔腾气势宏，周穆王驾骏马西巡；骅骝献瑞呈吉祥，冀北马群良马尽。

① 《韩昌黎文集校注》卷 4《送温处士赴河阳军序》。

十五、衙神庙楹联

刑而不虐为庙，树万代人理；

造狱决断于衙，立千载神明。

衙神庙供奉的是衙门的守护神。楹联大意为衙门应严格按照刑法来处置罪犯，不滥杀无辜，树立能为后世断案时效法的典范；所有的诉讼都要听凭衙门决断，因此官府要秉公办案，所办之案能为千古传唱。提醒地方官要做好父母官，秉公执法，爱民如子。

十六、狱神堂楹联

触法即欺天，十恶不赦；

悔过是回头，一体宽容。

意思是法律是严肃而神圣不可侵犯的，触犯法律就是欺骗天地神明，罪大恶极，不可饶恕；但万一犯了错，如果能认识到自己的错误，悔过自新，也是可以得到宽恕的。

十七、酇侯祠楹联

策马追贤留佳话，
安邦运智著德馨。

“策马追贤留佳话”的典故出自萧何月夜追韩信。楹联大意为萧何月下追韩信成为千古流传的求贤佳话；贤能之人运用智谋使国家安宁、社会平稳，同时其高尚的德行也名扬天下。

十八、音飞白雪戏台楹联

人情到底好排场，耀武扬威，任尔放开眉眼做；
世事原来多假局，装模作样，惟吾踏实脚跟看。

意思是戏台之上的戏子们看起来动辄就耀武扬威，吹胡子瞪眼，讲好大的排场，但这些都是夸张的演绎；世间事可不是唱戏，戏台上戏子可以装模作样，吾辈做事可要站稳脚跟，脚踏实地为民办事，千万不能让人生如戏。

第三节 平遥县衙的楹联与匾额

一、大门楹联

莫寻仇，莫负气，莫听教唆，到此地费心费力费钱，就胜人终累己。

要酌理，要揆情，要度时世，做这官不勤不清不慎，易造孽难欺天。

县衙于官员而言是一县长官办理政务、为民谋事之所，于百姓而言则大多是解决纠纷、了解政令、缴纳赋税的地方。一切民事纠纷，乡里琐事达不成一致意见时，一般就会先由地方上有名望的乡绅或县衙中的相关官吏进行调解，如果调解不成，或是一些重大的刑事案件，就需要由县令公开审理。但是对于老百姓而言，一旦立案，不仅耗时耗力耗资财，而且即使最终胜诉，整个立案、查案、办案等的过程也让人精疲力竭，且不说影响了自家的其他生计，因此县衙大门楹联的上联大意就是劝诫老百姓要心平气和，有了纠纷最好及时调解，不要负气行事，动不动就想到衙门告上一状，最终即使胜诉，对自家除了名誉上的好处外，损失也是很大的。下联则是劝诫县衙长官办案时要公平公正、合法合规、合人情、合时务，办理政事要勤奋、清廉、慎行。断案要秉公执法，审时度势，公正廉明，为民做主。头上三尺是神明，做好这一方父母官，既要做不愧于百姓，也要行不愧于天地。

二、仪门楹联

门外四时春，和风甘雨；
案内三尺法，烈日严霜。

仪门楹联用鲜明的对比揭示出了衙门内外的天壤之别。门外一年四季和风旭日，自由畅快，进了衙门以后就只能受刑法约束，如同经受烈日严霜之苦，其内涵更多的是劝诫老百姓勿入衙门，尤其那些意图打官司的人最好接受调解，做到无事不登三宝殿。

三、大堂匾额

大堂前的两副楹联和榆次县衙大堂前的楹联内容一样，故不赘述。此处介绍一下匾额。

大堂暖阁上方悬挂一块匾额，上书“明镜高悬”。这四字为中国古代官阁中最为常见的匾额内容。“明镜高悬”首见于汉刘歆撰写的《西京杂记》卷三：“高祖初入咸阳宫，周行库府，金玉珍宝，不可称言。其尤惊异者……有方镜，广四尺，高五尺九寸，表里有明，人直来照之，影则倒见。以手扪心而来，则见肠胃五脏，历然无碍。人有疾病在内，掩心而照之，则知病之所在。又有女子邪心，则胆张心动。秦始皇常以照宫人，胆张心动者则杀之。”[①]后人以“明镜高悬”比喻为官者清正廉明，执法公允，明察秋毫。

四、二堂匾额与楹联

（一）匾额

二堂后墙东侧有一块蓝底金字的匾额，上书“除暴安良”，这是清光绪八年（1882）平遥落邑村村民王希闵为感谢时任平遥知县的锡良为民除害而赠送的匾额。此匾原来藏在二堂顶棚内，后来翻修二堂屋顶时被发现。

锡良，字清弼，蒙古镶蓝旗进士，光绪六年（1880）任平遥县知县，光绪八年调任阳曲县知县，同知衔。后因政绩突出，升职入京。光绪二十六年（1900）由湖南布政使升任山西巡抚。这件村民赠匾之事发生在锡良担任平遥知县期间。光绪七年（1881）冬，平遥落邑村古董商人王希闵在走街串巷收买古董时，买到了一副“铜”象棋，实则是由纯黄金制作而成。消息不胫而走。村中几名地痞无赖听闻后，连夜闯入王

① （汉）刘歆等撰，王根林校点：《西京杂记（外五种）》，上海古籍出版社，2012年，第25—26页。

希闵家中蒙面抢劫，未能得手。于是留下一封匿名信，威胁其交出金象棋，否则将招来杀身之祸。王希闵急奔县衙报警。锡良接到报案后，迅速立案，派人查访案情，反复查证分析，并派人跟踪蹲守，终于擒获歹徒，并审出这些人过去犯下的累累罪行，将他们绳之以法，课以重刑。百姓无不拍手称快。王希闵更是感动不已，于光绪八年正月县衙开印后恭送了这块匾。

（二）楹联

与百姓有缘才来此地，
期寸心无愧不负斯民。

明清时期的知县大多须在距家五百里以外的异地任职，而且上任时还不允许携带家眷，家属也不许来探望，只有在封印期，即每年腊月二十至次年正月二十这一个月的时间知县才可以回家探亲。因此明清时期的知县都是远赴他乡任职，可谓与当地百姓有很深的缘分。楹联大意为与百姓有缘分才来到这里做父母官，因此也希望新任知县能够大展拳脚，施展抱负，既不愧对自己，也不辜负当地的黎民百姓。

内宅楹联与榆次县衙内宅门楹联内容相同，不再赘述。

五、大仙楼楹联

（一）一楼楹联

柴米油盐酱醋茶，除却神仙少不得；
孝悌忠信礼义廉，无有铜钱可做来。

大仙楼一楼为知县吃饭的餐厅，故上联从柴米油盐酱醋茶这些常见的日常生活用品写起，但楹联不仅写生活，而是从日常生活上升到孝悌忠信礼义廉耻等儒家道德规范上来，体现了高深的立意及深远的寓意。这副楹联为清人袁枚所撰。楹联大意为柴米油盐酱醋茶，是除了不食人间烟火的神仙以外，每个人都离不开的生活必需品；孝悌忠信礼义廉，是做人的基本准则，基本的道德要求，这是没有钱也可以办到的。也就是说，一个人无论家里富足还是贫穷，都不能放松对自己的道德要求，都应该做到孝、悌、忠、信、礼、义、廉，这是做人的根本。

（二）二楼楹联

名场似弈无同局，
吏道如诗有别裁。

这副楹联为清人顾奎光所撰。“名场”即名利场、官场。

楹联大意为官场如同棋局，每一盘棋局都不一样，官场之上也是如此，每个人的境遇不同，如何落子、如何布阵也就因时而异；为官之道也和创作诗词一样，诗人写诗需要审题、布局，找切入点、押韵点，上下文讲究起承转合等等，做到了才能写出好诗，才能别出心裁，为官也是如此，方方面面都得考虑周详。

六、花厅中堂楹联

鱼因贪饵遭钩系，
鸟为衔虫被网羁。

意思是鱼儿因为贪吃鱼饵才会上钩，鸟儿因为贪吃虫子才会被鸟网捕捉。告诫为官者要廉洁，不得有贪婪之心。

七、县丞房中堂楹联

事以利人皆德业，
言能益世即文章。

这副楹联是清人魏源所撰。意思是每个人都要做有意义的事情，如何判断这件事情是否有意义呢？只要这件事情符合人们的需要，满足百姓的根本利益需求，那么就是有德行之举，就是有意义的事。语言文字也是如此，只要能有益于世人，那就是好的文章。

八、酂侯庙戏台楹联

酂侯拟律，魏相争谏，拟争系国家天下；
包公升堂，海瑞罢官，升罢念百姓黎民。

酂侯庙戏台楹联通过四个历史人物汉代萧何、唐代魏征、宋代包拯和明代海瑞的历史典故，巧妙地把做官准则与舞台故事融为一体，寓意深远。楹联大意为萧何制定《九章律》，魏征直言进谏，都是心系天下、为国效力的表现；包拯升堂秉公办案，海瑞罢官，都是为了维护百姓的利益，体现了官员忠君报国、以民为本的执政理念。

第四节 寿阳县衙的楹联与匾额

寿阳县县政府化成楼有一块清乾隆四十三年（1778）石匾。匾额原悬于县衙大堂，后衙署倾圮，匾额湮没。乾隆四十三年石帆夫子任寿阳知县，感其善政之名，遂将匾额内容及泐石原因刊刻于石。石匾表面略有泐损，高 52 厘米，宽 76 厘米，厚 16 厘米。匾额内容如下。

宏才优于经济，清操足以仪型。输官盐而裕课，缉私贩以通商。大有贤声，允称良吏。

此河东鹾使嘉前令王公讳朝用语，系书匾额以悬大堂者。奈历年久远，衙署倾圮，匾已就湮矣。

石帆夫子来治斯邦，重加修葺，诸废□举，命盛董其役。窃思人苟有一善之流传，当时被其泽者，未尝不形诸歌咏，第恐其久而就湮也。盛因敬勒诸石，以示不没前人之善云。

时乾隆四十三年中秋之吉

云门郭嗣盛书

根据匾额内容可知，王朝用担任寿阳县知县时因功受到河东盐运使的表彰，被称赞“宏才优于经济，清操足以仪型。输官盐而裕课，缉私贩以通商。大有贤声，允称良吏”，这段褒奖之词被书于匾额之上，悬挂在寿阳县大堂。王朝用，史书无传。清光绪《寿阳县志》卷4《官政志》知县条有载：“王朝用，陕西凤翔府荫生。康熙二十六年到任。廉公有威，全活饥民，有善政。”

盐作为人们日常生活中不可或缺的重要物资，历代政府大多非常重视盐的营销和管理。最早从春秋时期的齐国开始把食盐的生产贩卖列入国家行为。管仲在齐国推行“官山海”政策，规定盐属国家所有，国家对食盐的生产买卖严加管理，开中国盐政之始。战国时期的秦国，设置“盐铁市官”，推行更加严格的贩盐政策。西汉武帝时期产、运、销三项完全官营，推行食盐专卖。东汉光武帝即位后，废除了西汉以来推行的食盐专卖法，任民制盐，自由贩运，主要通过对产盐较多的郡县设置盐官、征收盐税的方式加强对盐业的管理。三国西晋时期各政权都推行食盐专卖，东晋实行盐业征税制。隋朝是中国古代史上唯一的推行盐业无税制的历史时期。唐玄宗开元年间开始恢复征收盐税，唐肃宗时期采纳第五琦建议，推行民制、官收、官运、官销的盐政制度，唐代宗时刘晏进一步改革盐法，推行民制、官收、商运、商销的盐政模式。五代时期后梁盐政因袭唐制，但从后唐开始，实行官商并卖制，并且盐法渐趋严苛，严禁私煮私贩，违者一斤一两皆处极刑，成为中国古代史上盐政最为严酷的历史时期。宋代继续推行官商并卖制，盐业经营方式大多为民制、官收、商运、商销的食盐专卖模式。由于宋代经济的进一步发展，盐钞法、引法也在盐业经济中得到推广。此后，盐农成为世袭身份。元初实行食盐征税制，元世祖采纳宋代的引法，推行民制、官收、商运、商销的食盐专卖制，并针对运销过程中的“卖引、批引、验引、缴引”等均制定了严密的规定程序，盐法更加完备。明代推行开中法，万历四十五年（1617）为疏销积引，采纳盐法道袁世振的建议，政府不再收盐，而是让记录在纲册上的商人直接与盐户交易，推行民制、商收、商运、商销的盐业模式。清初因袭明末纲法，推行官督商销制。这种盐业运营模式下，官商逐渐勾结，因循苟且，官视商为利薮，商视官为护符，虽然清末曾一度想要改革盐政，但是终未能得到有效推行。另外，清朝在河东盐区还开展了畦归商种的尝试。顺治五年（1648）清廷宣布正式废除解池食盐的生产官营制，获得授权制作、贩卖食盐的“专商”成为河东解池的实际主导者。尽管如此，清代依然不乏有私贩食盐者。寿阳知县王朝用在盐政方面取得了良好的成绩，“输官盐而裕课，缉私贩以通商”，这样优秀的政绩获得了河东鹾使的认可，对其进行嘉奖题词。

寿阳县衙因年久失修，衙署坍毁，大堂匾额也被埋没其中。乾隆四十二年（1777）直隶滦州人李廷仪任寿阳县知县。碑文中“石帆夫子”即李廷仪，石帆是其字。乾隆二十七年（1762）中举人，乾隆四十二年任寿阳县知县，共任职四年。李廷仪上任后见署衙倾颓，重修署衙，诸废具举，命县吏郭嗣盛督办这件差事。乾隆四十三年，署衙修葺完备，郭嗣盛认为前贤善政恩泽百姓，不可湮没，于是将康熙年间寿阳县大堂上的匾额题语敬勒诸石，以示不没前人之善，让善名远播。

第四章　山西署衙中的官员日常生活用具

第一节　顶戴和补子

中国古代礼法森严，不同身份的人在服饰的颜色、布料、纹样等方面，都有着非常严格的区分。明清时期，不同品秩的官员不仅在衣服面料颜色上有别，甚至其顶戴以及补服上的补子图案等也因官品高下有别而有严格的规制。在山西的很多署衙里都设有官帽和文武官员补服补子的常年展览，这也表明顶戴、补服补子、公服等不仅是服饰文化的一部分，也是中国古代官文化的重要组成部分。

一、顶戴

顶戴，也叫顶子，是官帽上方的顶珠，这是明清时期区别官员品阶的重要标志之一。清代“顶戴”分两种，一是凉帽，一是暖帽。凉帽为斗笠样，无檐，喇叭式，初期扁而大，后期小而高，用藤、篾席，外裹绫罗，多为白色，也有湖色、黄色，上缀红缨顶珠。暖帽，圆形，有一圈檐边，多用皮、呢、缎、布制成，多黑色，中有红色帽纬，帽子最高处有顶珠。我们常说的顶戴、顶珠即指暖帽上方的顶珠。

顶珠从颜色上分，一二品为红色，三四品为蓝色，五六品是白色，七品及以下为金色。从材质上分，一品为红宝石，二品为珊瑚，三品为蓝宝石，四品是青金石，五品是水晶，六品是砗磲，七品是素金，八品是阴文镂花金，九品为阳文镂花金。虽然七八九品顶戴严格意义上有区分，但有的时候也会简化为金顶。

顶珠必须按品级佩戴，不得僭越。官员升迁以后，顶戴自然也要更换，同样，如果被革职或者降职，那么冠帽上的顶戴同样也需要去掉或更换为相应品级的珠宝。

二、补子

明清时期官员的官服有很多种。补服是清朝的叫法，因为其前胸及后背缀有用金线和彩丝绣成的补子，故称补服，在明代则称为常服。补服穿的时候套在袍子外面，是一种外褂。补子最早可以追溯至唐代。《旧唐书・舆服志》记载了武则天时期不同等级官服纹饰："延载元年五月，则天内出绯、紫单罗铭襟、背衫，赐文武三品以上：左右监门卫将军等饰以对狮子，左右卫饰以麒麟，左右武威卫饰以对虎，左右豹韬卫饰以豹，左右鹰扬卫饰以鹰，左右玉钤卫饰以对鹘，左右金吾卫饰以对豸，诸王饰以盘龙及鹿，宰相饰以凤池，尚书饰以对雁。”[①]后世屡有承袭与变革，直到明代补服样式基本定型，通常文官绣禽，以示文明，武官绣兽，以示威猛，并在服制上有了明确的等级划分。清朝建立后承袭了明朝服制的补子形式，但明清两代补子还是有很大的不同。

明清补子的区别主要体现在以下五个方面。一是补子的大小不同。明代补子一般为 40 厘米见方，清代补子比明代略小，约为 30 厘米见方。二是补子与官服的附着关系不同。明代将补子绣于常服之上，清朝则是将补子缀于补服之上。三是前胸补子的样式不同。明代时绣在常服之上，故前胸图案为完整的，清代则将前胸补子从中间剖开，分成两个半块，用纽扣系上形成一个完整的图案。四是补子上飞禽的数量不同。明代文官补子上都为两只飞禽，而清代文官补子上的飞禽数量只有一只。五是不同品级文武官员补子上的飞禽、走兽种类存在差别。明清两朝文官一品至七品补子上飞禽种类一致，即一品仙鹤，二品锦鸡，三品孔雀，四品云雁，五品白鹇，六品鹭鸶，七品鸂鶒，但八品和九品的补子上飞禽种类则完全不一样。明代八品文官补子上绣的是黄鹂，清代八品文官补子是鹌鹑；明代九品文官补子是鹌鹑，清代九品文官补子为练雀。明代一品武官补子为狮子，清代一品武官补子为麒麟；明代七品武官补子为彪，清代七品武官补子为犀牛。

---

① 《旧唐书》卷 45《舆服志》。

文官补子的寓意：

一品仙鹤：仙鹤在中国古代是仙风道骨和长寿的象征，是仅次于凤凰的一品鸟。《诗经・小雅・鹤鸣》载："鹤鸣九皋，声闻于天。"①一品文官的补子图案为仙鹤，寓意为一品文官奏对天子，为国首辅，同时也有富贵、长寿、生性高雅、地位崇高的含义。

二品锦鸡：锦鸡羽毛色彩华丽，形象健美，威武雄壮，是吉祥之鸟，有富贵吉祥的寓意。

三品孔雀：孔雀翎羽光彩夺目，仪态优雅，被誉为文禽，有九德："一颜貌端正，二声音清澈，三行步翔序，四为知时而行，五为饮食知节，六为常念知足，七为不分散，八为不淫，九为知反复。"②寓意为大贤大德、富贵吉祥、前程似锦。

四品云雁：云雁，空中的飞雁，被誉为禽中之冠，古人认为云雁乃五常俱全之灵物，符合君子的五大特征——仁、义、礼、智、信。云雁飞行时先后有序，隐喻礼节次序，有礼让恭谦之意。

五品白鹇：白鹇翎毛华美，体色洁白，声音啼哑，被称为哑瑞，总是栖于高处，性情耿直。相传南宋少帝赵昺曾饲养一只白鹇，崖山海战失败后，少帝投海殉国，白鹇在笼中悲鸣奋

① 程俊英、蒋见元：《诗经注析》，中华书局，2017年，第407页。

② 沈利华、钱玉莲：《中国吉祥文化》，内蒙古人民出版社，2005年，第314页。

跃不止，终与鸟笼一同坠入海中。寓意行止娴雅、忠贞不渝、正直无私。

六品鹭鸶：鹭鸶浑身洁白，身材修长，头顶、胸、肩、背部皆生长毛如丝，飞行有序，寓意为为官清白，清正廉洁，班次有序。

七品鸂鶒：形大于鸳鸯，多紫色，又称紫鸳鸯，经常雌雄相随，喜欢共宿，也爱同飞并游。寓意为兢兢业业、尽职尽责。

八品黄鹂：身披彩衣，鸣叫声悦耳动听。黄鹂鸟只饮清晨花草上的露珠，所以将黄鹂鸟所饮之水奉为洁净之物，寓意为美好的向往。

鹌鹑：《山海经》云："其名曰鹑鸟，是司帝之百服。"[①] 隐喻百官代表了皇帝的规矩和威仪，寓意为百官要忠诚于君主，在地方上代表国家的形象。此外，鹌鹑的鹌与安同音，寓意事事平安、安居乐业，能让地方安宁。

练雀：又称练鹊、绶带鸟，一种长尾飞禽，毛色洁白，两条尾羽长如飘带。象征着权力和富贵。

明清两朝武官的补子分别为：明代武官一品、二品狮子，三品、四品虎豹，五品熊罴，六品、七品彪，八品犀牛，九品海马。清代武官一品麒麟，二品狮，三品豹，四品虎，五品熊，六品彪，七品、八品犀牛，九品海马。

---

① 方韬译注：《山海经》，中华书局，2011 年，第 52 页。

武官补子的寓意：

麒麟：古代传说中的神兽，羊头，狼蹄，圆顶，身有五彩，高一丈二尺。《宋书·符瑞志》记载："麒麟者，仁兽也。牡曰麒，牝曰麟……含仁而戴义，音中钟吕，步中规矩，不践生虫，不折生草，不食不义，不饮洿池，不入坑阱，不行罗网。"[①]寓意仁厚、道义、太平、长寿。

狮子：古称狻猊，传说中能趋吉避凶的瑞兽，寓意勇猛彪悍。

豹：一般皮毛为黄色，有黑色斑点。《山海经》载："兽多猛豹。"[②]三品武官豹子补取其勇猛之意。

虎：被誉为百兽之王，形象威武勇猛，寓意正义、勇猛、威严。

熊：平时比较温和，但受到威胁或遇到危险时，容易暴怒，打斗起来非常凶猛，常用来形容人气势壮盛。《诗·小雅》记载："维熊维罴，男子之祥。"寓意刚强勇健。

彪：为似虎非虎之物，状小而势猛，寓意威猛、战斗力强。

犀牛：世界上最大的奇蹄目动物，腿短、体肥，笨拙，毛被稀少而硬，头部有实心的独角或双角。其皮可制甲，角可制矛。寓意体格健壮高大、顽强坚毅。

---

① 《宋书》卷28《符瑞志》。

② 《山海经》卷2《西山经》。

海马：传说中的一种水陆两栖神兽。水兽，似马，水陆双行，喻水陆皆可攻杀固守。海马补寓意九品武官在任何场合都能骁勇善战、保家卫国。

补子图案的明显区别，使人见服而能知官，视饰而能知品。明代除了以补子区别官阶外，还沿袭了唐宋的品色衣制度，以官服的颜色、公服上的纹样来区分官员品级。常服颜色主要有红、青、绿三种。文武官员一品至四品穿绯袍，五品至七品穿青袍，八品至九品穿绿袍。明代不同品级的官员公服上的图案纹样也不同。《明史·舆服志》记载："一品，大独科花，径五寸；二品，小独科花，径三寸；三品，散答花，无枝叶，径二寸；四品、五品，小杂花纹，径一寸五分；六品、七品，小杂花，径一寸；八品以下，无纹。"① 清代官服不再有颜色上的区分，统一用石青色，只通过顶戴和补子纹样等进行区分。

明清时期的补子是随着官职而存在的，一般不允许滥用和僭越补服。如清朝雍正和乾隆年间都曾下令文武官员的顶戴和补服不得违例，如有违例，则要罚俸。乾隆年间要求更为严格，规定官员违例错用帽钉补服者，皆罚俸半年，如有情形重大者，革去职衔。

---

① 《明史》卷43《舆服志》。

第二节　大堂器物

一、霍州署镇堂之宝——茹茹木

霍州署大堂有一绝——茹茹木，位于“正大光明”匾之后的大梁正中间。这段茹茹木长度为 2 米，直径约 0.3 米，起到为屋梁缓冲和减震的作用。茹茹木本灌木植物，若能长到碗口大小已属难得，而霍州署大堂顶部的这一段茹茹木直径竟有 0.3 米，实属罕见，因此成为镇堂之宝。将茹茹木作为官座头顶的额枋，也暗含了告诫官员要励精图治之意。也有人说是寄予了国泰民安、心想事成、万事如意的美好寓意。

关于大堂茹茹木，流传着一段美丽的传说。相传元大德六年（1302）霍州监州失剌不花和知州李伯渊监修霍州署大堂，可在上梁过程中发生了意外。上梁是古代营建房屋过程中的一个非常重要的仪式，这是安装建筑物屋顶最高一根中梁的过程。俗语称“房顶有梁，家中有粮；房顶无粮，六畜不旺”。可见上梁仪式在建房过程中的重要性。在上中梁时举行隆重的仪式，寄予了人们美好的期盼。因此中梁安置的顺利与否，不仅关乎房屋往后的坚实牢固与否，仪式本身的象征意义也影响到相关的人、事、物未来的命运。

在霍州大堂上梁仪式举行时，忽然阴云密布，大雨倾盆，很快就要上架的大梁突然滚落下来，砸伤了不少工匠。监州失剌不花和知州李伯渊大惊，立即差人救助伤者，并命同知石思仁和判官赵拜去求神占卜，询问原因。当天晚上，李伯渊一直在琢磨大堂上梁的事情，但百思不得其解。迷迷糊糊中，看到一位白发老者飘然而至，冲着他笑而不语。李伯渊很生气。白发老者从袖中掏出一只大笔，在墙上写下“大堂须有镇堂宝，千年茹茹南坛找”，写毕拂袖而去。李伯渊赶紧请仙人留步，却被人推醒了。原来是一场梦。李伯渊醒来后梦中场景历历在目，他领悟到这肯定是霍山神在指点迷津，于是命人去南坛寻找千年茹茹木。第七日，派出去的人回来禀报，在南坛的一处高垣上发现了一片茹茹木灌木丛。李伯渊立刻带领一众人马前往南坛，登上高垣。又见一条水桶粗的红蟒守在一株粗壮的茹茹树上，不肯离开。李伯渊朝天一拜，暗暗感激道：“神赐宝物与我也！”当即差人搬来香案，献上供品，焚香磕头，诚心敬拜。说话间，狂风呼啸，天昏地暗，忽然听得一声炸雷，只见那条红蟒如同苍龙腾空而起，跃向长空。众人皆神色惊恐，仓皇失措。过了两个时辰，风停云散，红日当空。李伯渊向众人讲述了自己做过的梦，方才使人心安稳下来。之后李伯渊命众人去茹茹灌木丛中寻找红蟒缠绕过的那株粗壮的茹茹木。不久，大家在灌木丛里找到了那株有尺余粗、七尺长的粗壮茹茹木。

茹茹木都是灌木丛，长到胳膊粗就已难得，而这棵茹茹木竟然如此粗壮，实属罕见。茹茹木成了霍州署大堂的镇堂之

图 4-1　霍州署大堂茹茹木

宝，被恭恭敬敬地安置在大堂后檩的正中间，盖上红布，封贴吉祥符，随后大堂起梁上架，一切顺利。大堂的建造工程于元大德九年（1305）竣工。霍州署大堂距今已有七百多年，镇堂之宝茹茹木成为世代相颂的传奇，立于一方，看风云变幻，听民生喜乐。

二、大堂陈设

大堂是本州或本县的长官公开审理案件的场所。审案时，州县长官可以借此时机公开申明人伦大义，向百姓施行教化。但在大堂问案，不仅要求州县长官判案公允，而且要求其熟知刑律典故，是对其才能学识和应变反应能力的考验。被告被带上堂下跪后，主官要拍惊堂木，提醒被告和堂下所有人肃静。三班六房开始堂呼，用手中杖棍敲击地面，口呼“威武”，从而营造一种威严的气氛。

大堂中央置暖阁，暖阁台上设公案，案头放置文房四宝、火签筒和惊堂木，火签筒内有红绿头签，即刑签和捕签，官印盒一般置于右侧。旧时州县长官升堂端坐，正好是升起朝阳的位置，表示日丽中天，王法公允。因此大堂屏风的图案一般也以丽日初升图居多。

现在大多署衙已经对百姓开放，成为宣传廉政文化的教育基地，因此一般署衙也大多会复原大堂常用摆设。除了常见的大堂陈设外，在霍州署大堂内，还保存有两块唐代的方石，分别是旧时原告和被告跪拜的地方，又称为被告石和原告石。原告石上左侧有深深的跪坑，体现了古代原告单膝跪地的传统，也说明了被告更多的时间可能在受刑。

大堂内右侧一般摆放着堂鼓和师爷的座椅，大堂左侧则是仪仗和告牌。

县衙大堂内陈列着七品正堂的部分仪仗，也称“执事”。据《清史稿·舆服志》记载“知县，青旗四，蓝伞一，青扇一，桐棍、皮槊各二，肃静牌二”[①]。知县仪仗中没有“回避”牌，这是因为县衙是最基层的政权机构，知县的职责便是处理各种县邑事务，绝无回避老百姓的理由，故知县应该“与小民

① 《清史稿》卷 105《舆服志》。

图 4-2　霍州署大堂

图 4-3　榆次县衙大堂

图 4-4　平遥县衙大堂

图 4-5　霍州署大堂被告石

图 4-6　霍州署大堂原告石

图 4-7　榆次县衙大堂右侧

图 4-8　榆次县衙大堂左侧

朝夕相处，勿使隔绝不通也”。由于百姓不能越级上诉，故州府长官或省级衙门的官吏，一般不直接受理民事，出巡时才有资格使用“回避”的告牌。

第三节　霍州署陈设的明清木工架子床

霍州署内陈设有三张明清时期的木工架子床，做工都极尽精良，体现了中国古代木工工艺的高超水平。他们是分别放置在二堂西侧房的六柱百龙床、内宅东西两侧的公子房内的拔步床和小姐房内的千金床。

一、六柱百龙床

二堂西侧房内的“六柱百龙床”和“百鸟朝凤多宝阁”为霍州署的镇宅之宝。

六柱百龙床，床身有六根柱子，每根柱子上都有浮雕的飞龙，周身共雕有 100 条龙，故得名六柱百龙床。通体为黑檀木制成，用料豪奢。挂檐及床围子板采用整板镂雕花纹，观感气势宏伟，而且也更加牢固。据说清朝初年六柱百龙床只有皇室王爷才可享用，后来清朝宫禁松弛，一些达官贵族也开始效

图 4-9　六柱百龙床

仿，并逐渐流落于民间富商手中。

百鸟朝凤多宝阁为清晚期作品，由黑檀木雕刻而成，选料上乘，做工精细。多宝阁上缘中间雕有凤凰，百鸟雕在其下，寓意为百鸟朝凤。最奇特的设计在其右上角的扇形阁门，为推拉式设计，工艺冗杂，历经数百年依然开合流畅无异响。其融入了西方不对称、不规则的造型设计，堪称绝世佳品。

霍州署内为何会有明显逾越规制的六柱百龙床和百鸟朝凤阁呢？

相传光绪二十六年（1900）八国联军进攻北京，慈禧太后和光绪皇帝携带众多宫人宗室仓皇西逃。霍州知州李崇洸听闻慈禧太后西行，为讨太后欢心，竭力搜刮民间奇珍异宝。听说霍州境内一位富商之家有一套精美的龙凤呈祥家具，急忙遣差去借用。商人畏惧权势，不得不借。这套设计巧妙、造型华美、做工精良的六柱百龙床和百鸟朝凤多宝阁也成为慈禧太后借宿霍州时的御用之物。

图 4-10　百鸟朝凤多宝阁

六柱百龙床和百鸟朝凤多宝阁，寓意为龙凤呈祥。百鸟朝凤寓意太后乃众望所归，慈禧太后在这样落魄的境遇中遇到，心中很是欢喜，因此不仅没有怪罪李崇洸，反而称其办事得力，对其多加褒赏。

二、拔步床、千金床

内宅东西两侧分别为公子房和小姐房，各摆放着一张明代遗存的架子床，工艺奢繁复杂，制作颇为耗时。公子房中摆放的名为拔步床，小姐房中摆放的名为千金床。

拔步床是中国传统家具中体型最大的一种床，其独特之处在于架子床外又增加了一间小木屋，从外形上看就像把架子

图 4-11　霍州署“拔步床”

床放在了一个四周封闭的木制平台之上，平台四角立柱，用充满雕花工艺的木板围栏围住，顶部也有精美木雕工艺的挂檐和横眉，形成了一个独立的小空间。床上放置一张小型炕桌，用以放置杂物，床后面靠墙的地方在低矮的围栏之上有一个窄而长的平台，可以随手放置读过的书籍或用过的杂物，设计非常贴心。拔步床虽然体型较大，但是这种封闭式的结构给人一种“床中床、房中房”的感受，浑厚中又见灵气，真实记录了明清豪门大户的生活习惯与审美。

拔步床上雕刻的图案内容从童年拜师求艺开始，至功成名就、大富大贵，寓意着主人对子女不同年龄阶段的企盼与祝福。

图 4-12　霍州署“千金床”

霍州署女儿房中摆放的千金床为明代遗存。千金床是古代官宦人家专门为女儿精心打造的，一张床需要耗时三四年才能完工，故又称“千工床”。床上围挡、牙板、上楣板等都是双面镂空雕刻而成，做工精美、清雅别致。雕刻的图案寓意是警示女儿要严守闺训，期盼女儿能够一生生活如意、美好幸福。整个床都用金粉涂饰，表示期盼女儿一生金玉满堂、锦衣玉食。

第四节　署衙展览中的文书

开放后的署衙在文物陈列中会展示一些与署衙官署文化相关的文书，比如诰命圣旨、京报、捷报、护书、堂谕、监照、升官图等等。这些文书不仅体现了古代地方基层衙门在承接指令、传递信息情报等方面的操作方式，而且也反映了中国古代官员日常生活的一个侧面。

一、圣旨

圣旨是中国古代帝王下的命令或封赠有功之臣赐给爵位名号而颁发的旨令文书，是皇帝至高无上权力的展示和象征。圣旨为卷轴装，其轴柄材质依官员品级不同而有着不同的规制：一品为玉轴，二品为黑犀牛角轴，三品为贴金轴，四品和五品为黑牛角轴。

赐封爵位名号时的圣旨分为诰命圣旨和敕命圣旨。诰命圣旨是颁给五品以上官员及其先代妻室的，又称“诰封”，敕命圣旨是授予六品以下官员的，又称“敕封”。圣旨的颜色也有讲究，给五品以上官员的圣旨颜色相对比较丰富，有三色、五色和七色之分，是多彩圣旨，一般颜色为金黄、大红、咖啡、赭石、橘黄等色。颁发给五品以下官员的圣旨颜色则比较单一，为单色圣旨，一般为纯白绫。

明清两代的诰命圣旨和敕命圣旨都是由翰林院撰拟，经由内阁大学士奏定后，再按品级填发。行文精悍，几乎达到了增一字则嫌其累赘，减一字则达意不确的程度。圣旨宽为 33 厘米，长短依据内容而定，一般长度在 300 厘米到 500 厘米之间。

图 4-13　霍州署藏清咸丰二年圣旨

二、京报

京报，明清时期邸报的别称。京报之名始于明代中晚期。明清之际，各省都在京师派驻专司文报的提塘。驻京提塘把通政使司或内阁下发给六科的邸报进行抄发，称为京报。提塘抄得邸报原件后，便让民间抄报人抄写或印刷若干份，由塘兵排日提送。因为邸报的内容有一定的保密性，而抄报人又是民间普通老百姓，于是出现了个别胥吏和商贾向民办报房订阅邸报的事。但由于当时统治者认为阅读邸报是官员专属的政治待遇，胥吏、商贾并没有资格了解官方内部情况，于是这种民办报房售卖京报之事是被法律明令禁止的。民间报房抄录邸报并公开发行销售是清中叶以后的事情。

清乾隆二十一年（1756）下令各省驻京提塘抄报要严谨认真，不得作伪，否则交刑部治罪，并将各省提塘抄报的名称固定为《京报》，内容仍是可以公开的宫门抄、明发谕旨和大臣奏章。乾隆三十八年（1773）又规定凡刊入京报的奏章抄件皆须加盖承办衙门的印信，然后由负责公报房的提塘交付刊行。京报的印刷刊行统一交付民营作坊完成。提塘每十天一次将京报样本和盖有印章的原始抄件一起送兵部验证存档。

由于当时科举考试策论时要涉及时事问题，过期的京报在社会上非常畅销，民间报房也开始抄录、刊印京报。清代民间报房商人抄录的京报封面多用黄纸，故又俗称“黄皮京报”。

各报房出版的京报每天一册，每册七八页。不仅北京有报房，各省也有了当地的翻印机构。由于《京报》只是从政府专设机构中誊抄官方拟向公众传递的资讯，不能视作现代意义上的报纸。清末逐渐被《政治官报》（1907 年发行）及《内阁公报》（1911 年发行）所取代。

三、捷报

捷报是古代科举应试及第后颁发的喜报。

明清时期科举考试共有六个等级，分别是县试、府试、院试、乡试、会试和殿试。前三个等级的考试参加人数众多，考试相对容易，是没有捷报的。从乡试开始，到会试，再到殿试，每个级别的考试都有捷报。只要考试合格被录取，衙门就会派专人送来捷报报喜。

县试合格即可获得童生身份，院试合格后成为秀才。乡试每三年一次，于八月在各省省会城市（以及京城）举行，各省主考官均由皇帝钦派。乡试合格者称为举人，原则上获得了选官入仕的资格，凡中举者均可参加次年在京师贡院举行的会试。会试由礼部主持，在春天举行，故又称为春试或春闱。以往各届会试中未中的举人也可一同应试。通过会试者称为贡士。会试揭榜后，考中者于下月应殿试。殿试由内阁预拟，然后呈请皇帝选定。明清殿试后分为三甲：一甲三名赐进士及第，通称状元、榜眼、探花；二甲赐进士出身；三甲赐同进士出身，二、三甲第一名皆称传胪。

士人通过乡试、会试或殿试后，朝廷张榜公布，同时居住地署衙的礼房会撰写捷报，送至家中报喜。捷报的格式大都比较简单，一般右侧大字楷书“捷报”二字，然后是应试考取功名者的名字、考试名次、府官名称和时间等。

古人收到捷报之后，大多把它张贴在厅堂里最为显眼的位置，一来可以光宗耀祖，二来可以让到访的客人一眼目睹家中喜事。唐宋以后，科举日益成为古代士人最主要的入仕途径，读书中举进入仕宦队伍几乎成了古代读书人的唯一出路，人们都期盼着通过勤奋读书考取功名，进而光耀门楣。

四、护书与公文

护书是清代官员用的文件夹，主要用来装各种札子、谕、批等公文以及拜帖等物。护书上印有帝王忌辰与万寿的日期，随时提醒官员在这些特别的日子要小心行事。忌辰多为先皇驾崩的日期，万寿即太后、皇帝、皇后的生辰。按照清制规定，凡遇忌辰，民间不得奏乐娱乐，官员也只能穿没有补子的素服。万寿日任何等级的衙门均不得审理刑事案件，同时由于古时衙门实行首长负责制，那么在万寿日各地衙门里最高官员要率领其他各级属员穿着大礼朝服到万岁龙牌前跪拜行礼。若稍有不遵便视为对朝廷不忠，轻者也要被罢官革职。如此，护书上书写这些特殊的日子，不仅说明了清代特殊纪念日的法令严格，执行力度大，而且反映了中国古代重视孝亲的儒家伦理文化特征。

一般二品以上官员所持的护书为礼部统一定制，或在宫廷喜庆之日由太后或皇上赏赐，二品以下官员的护书大多据此仿制。护书的规格、颜色和用料均不统一。大多为皮革或漆布做成的多层夹袋。

古代公文大致可分为两类，一类是朝廷公文，包括帝王颁发的诏令和臣子上的奏疏；一类是各级衙门处理公务往来的文书，包括上行公文、平行公文和下行公文三种。上行公文一般称为牒、刺、申、状、呈、揭帖、详文等；平行公文有移、刺、关、咨、平牒、照会等；下行公文有令、告、教、宣、帖、符、牌、照会、案验、揭帖等。这些公文是古代衙门管理公务、临民治事的真实写照。公文在传递时会装进信套里，一是表示庄重，二是对内容保密具有一定的作用。

五、堂谕

堂谕是清朝州县衙门在审断民事案件时当堂提出的处理批示。民事案件的类型主要有三种，一是确立或解除某种法律关系；二是确认某种法律事实的成立；三是要求一方当事人或双方当事人履行民事义务。民事纠纷立案后，一旦查明原委，通过升堂审理，最终下定处理意见，双方纠纷也就解除。堂谕有的是当堂完成，也有当堂宣布退堂后再写好判词的。

堂谕内容包括案件事实经过、裁决理由与裁判结果三部分，写好后会在衙门张榜公示。

一个好的官员在断民事案件时，不仅要参考当朝律令，社会上流传的礼俗、族规、家法以及道德舆论等也有重要的参考价值。官员在升堂断案之前都会根据查明的事实情况先行调解，调解不成再升堂公开审判，这和现在法院诉前调解非常相似。断案不仅仅依靠法律，还有很多礼治的成分，表明中国古代基层社会治理时采用的是礼法并行的治理模式。

六、监照

监照是清代最高教育机构国子监颁发给监生的学历证书。

国子监的学生统称为监生，监生有四种，分别是恩监、荫监、优监和例监。恩监是指出于皇帝特赐，借助上代余荫得入国子监读书者。《清会典》载："临雍听讲圣贤后裔，系武生奉祀生俊秀者，恩赐监生；又八旗官学生、算学生、汉算学生、算学肄业生，每届三年，钦派大臣，考取恩监生一次。"荫监是享受门荫进入国子监读书者，包括恩荫和难荫。清制文京官四品、外任官三品以上、武官二品以上可门荫子一人入监读书，称为恩荫；内外满汉官三品以上，任职三年期满后勤事以死者，荫一子入监，三司首领、州县佐贰官殁于王事，荫其子嗣者，均称为难荫；优监指由品学兼优的附生入监学习者；例监是通过捐纳资财获得监生资格者。

霍州署收藏的这个监照是清道光年间山西平阳府太平县人郑若华捐资后国子监准许其做监生而颁发的监照。该生属于例监。监照内容包括国子监颁发监照的原因，缴费数额，监生姓名、籍贯、外貌特征，曾祖、祖、父亲三代名号，监照给谁收执、颁发时间等。监照上写“右照给郑鸿起收执”，郑鸿起乃郑若华的父亲。监照下方有朱批的大字“实”，表明已收银两。

监照是清朝国子监颁发的学历证，也是士人步入仕途的敲门砖。有了监照，相当于获得了入官的资格。清朝中后期，国库空虚，国子监发各省收捐，并酌情减银，因此用资捐纳的监生也多了起来。

七、升官图

升官图是清代州县衙门的佐杂官员之间流行的一种游戏。

升官图以官阶的升降绘制成图，用六面分别刻上一到六的骰子投掷决定下一步移动的方向和距离，也就是将大小官职全部画在一张布满方格的纸上，然后投骰子，看点数多少决定升降。通行规则是一为赃，二、三、五为功，四为德，六为才，遇一降罚，遇四超迁，二、三、五、六亦升转，但也可以另行约定。第一次掷骰子作为出身记分。比如举人、进士等是科举正途出身，捐资入仕为异途出身，正途和异途出身不同，积分当然也不一样。每个方格各代表升降，如同官场升降一般。

升官图的游戏由来已久。据考古发现，汉代画像砖中已有升官图游戏场景，孔家坡出土的汉简《日书》很可能就是最早的升官图棋盘。唐宋时期称为彩选格或选官图。宋高承《事物纪原·博弈嬉戏部·彩选》载："《彩选序》曰：'唐之衰，任官失序，而廉耻路断。'"[①]宋人陈垓《绝句》云："砚乾笔秃墨糊涂，半夜敲门送省符。掷得么么监岳庙，恰如输了选官图。"清人赵翼《陔余丛考》指出："世俗局戏有升官图，开列大小官位于纸上，以明琼掷之，计点数之多寡，以定升降……今升官图一名百官铎，有明一代官制略备，以明琼掷之定迁擢，有赃则降罚，相传为倪鸿宝所造。"[②]

升官图不仅是一种游戏，也隐含了古代官场的沉浮。通过升官图，不仅可以在游戏中了解朝廷的组织架构，而且通过出身、功德才学与贪赃枉法等了解官员晋升与贬黜的路径，可谓寓教于乐、寓学于乐。

① （宋）高承撰:《事物纪原》，中华书局，1989年，第491页。

② 《陔余丛考》卷33《升官图》。

结　语

山西署衙文物遗存多样，本书透过省府州县各级署衙建筑、宋元明清历代的碑刻、楹联以及官员日常生活用具，见证了中国古代署衙文化的丰富内涵。从结构布局看，山西署衙既遵循了传统官署建筑的规制，又融入了地方特色，彰显着官署文化中的等级与秩序。层层递进的院落，左中右的功能分区，不仅凝聚着古人的智慧与匠心，更见证了古往今来无数政务的处理、案件的审理以及官员的往来。碑刻是山西署衙文化中的点睛之笔，这些古朴苍劲的碑刻或记录着署衙的沿革，或记载官员的德政善绩，或是古代的官箴，或是地方的乡规民约，它们用文字倾诉着过往署衙的兴衰更迭与治政功德。楹联对仗工整、寓意深刻，既表达了对官员施政的劝勉，也反映出古代治政理念与德行规范，让每一位踏进署衙的人都能深刻体会到中华传统的廉政爱民思想，感受到勤政爱民的为官之道。署衙中日常生活文物则从细微之处展现了地方各级官员平日的吃穿用度，体现了署衙中的等级、规制与礼仪。

这些文物承载着丰富的政治文化内涵，共同见证了山西署衙文化的繁荣与发展。如今，当我们凝视这些文物，仿佛穿越时空，能看到古代的官员们穿梭于署衙之中，秉公办案，厉行

“清慎勤”；能听到公堂之上惊堂木的拍响；能看到百姓对清官廉吏的赞赏与颂扬……

山西署衙文化不仅是山西历史文化遗产的重要组成部分，更是中华民族优秀传统文化的生动例证。它将继续在岁月的长河中熠熠生辉，让后人不断从中汲取知识与力量，传承这份珍贵与美好。

参考文献

《明会典》，中华书局，1989 年。
《清会典》，中华书局，1991 年。
成化《山西通志》，中华书局，2012 年。
嘉靖《霍州志》，三晋出版社，2017 年。
万历《太原府志》，三晋出版社，2022 年。
万历《榆次县志》，三晋出版社，2020 年。
康熙《黎城县志》，凤凰出版社，2005 年影印本。
雍正《山西通志》，中华书局，2006 年。
乾隆《汾州府志》，凤凰出版社，2005 年影印本。
乾隆《蒲县志》，凤凰出版社，2005 年影印本。
乾隆《太原府志》，三晋出版社，2017 年。
乾隆《孝义县志》，凤凰出版社，2005 年影印本。
道光《太原县志》，凤凰出版社，2005 年影印本。
道光《阳曲县志》，凤凰出版社，2005 年影印本。
道光《赵城县志》，凤凰出版社，2005 年影印本。
道光《直隶霍州志》，凤凰出版社，2005 年影印本。
同治《高平县志》，凤凰出版社，2005 年影印本。
光绪《解州志》，凤凰出版社，2005 年影印本。
光绪《平遥县志》，凤凰出版社，2005 年影印本。
光绪《山西通志》，中华书局，1990 年。
光绪《寿阳县志》，凤凰出版社，2005 年影印本。
明弘治正德清康熙嘉庆《长子县志》，山西古籍出版社，2007 年。

（汉）董仲舒著，张世亮、钟肇鹏、周桂钿译注:《春秋繁露》，中华书局，2012 年。
（汉）孔安国传，（唐）孔颖达正义，黄怀信整理:《尚书正义》，上海古籍出版社，2007 年。
（汉）刘向等编，秋泉译注:《山海经》，中国文联出版社，2016 年。
（汉）刘歆等撰，王根林校点:《西京杂记（外五种）》，上海古籍出版社，2012 年。
（汉）司马迁:《史记》，中华书局，2006 年。
（汉）郑玄注，（唐）孔颖达正义，吕友仁整理:《礼记正义》，上海古籍出版社，2008 年。
（晋）陈寿撰，（宋）裴松之注:《三国志》，中华书局，1982 年。
（南朝宋）范晔撰，（唐）李贤等注:《后汉书》，中华书局，1965 年。
（梁）沈约撰:《宋书》，中华书局，1974 年。
（唐）魏征等撰:《隋书》，中华书局，1973 年。
（后晋）刘昫等撰:《旧唐书》，中华书局，1975 年。
（宋）欧阳修、宋祁撰:《新唐书》，中华书局，1975 年。
（宋）普济辑:《五灯会元》，西南师范大学出版社，2005 年。
（宋）薛居正等撰:《旧五代史》，中华书局，1976 年。
（元）脱脱等撰:《宋史》，中华书局，1985 年。
（元）脱脱等撰:《金史》，中华书局，1975 年。
（明）林俊撰:《见素续集》卷九《科续题名记》，见吴伯雄编:《明代蒲人文集》，北京燕山出版社，2019 年。
（明）宋濂等撰:《元史》，中华书局，1976 年。
（清）胡聘之撰:《山右石刻丛编》，山西人民出版社，1988 年。
（清）王先谦撰，沈啸寰、王星贤整理:《荀子集解》，中华书局，2012 年。
（清）徐松辑:《宋会要辑稿》，中华书局，1957 年。
（清）张廷玉等撰:《明史》，中华书局，1974 年。

（清）赵翼撰:《陔余丛考》，商务印书馆，1957 年。
徐珂编撰:《清稗类钞》，中华书局，2010 年。
赵尔巽等撰:《清史稿》，中华书局，1998 年。

柴广胜主编:《三晋石刻大全・运城市绛县卷》，三晋出版社，2014 年。
常书铭主编:《三晋石刻大全・晋城市高平市卷》，三晋出版社，2010 年。
陈凌:《宋代州县衙署建筑空间与社会秩序》，中国建筑工业出版社，2022 年。
杜红涛主编:《三晋石刻大全・吕梁市孝义卷》，三晋出版社，2012 年。
段新莲主编:《三晋石刻大全・临汾市霍州市卷》，三晋出版社，2014 年。
郭润生:《榆次老城》，山西古籍出版社，2005 年。
金涛声点校:《陆机集》，中华书局，1982 年。
孔德明:《中国古代服饰・用具・职官》，北京广播学院出版社，1996 年。
李少华:《平遥县衙》，山西经济出版社，2001 年。
林乾:《清代衙门图说》，中华书局，2006 年。
马良主编:《三晋石刻大全・朔州市应县卷》，三晋出版社，2021 年。
沈从文编著:《中国古代服饰研究》，商务印书馆，2011 年。
田涛、郑秦点校:《中华传世法典：大清律例》，法律出版社，1999 年。
王国杰主编:《三晋石刻大全・运城市新绛县卷》，三晋出版社，2015 年。
王琳玉主编:《三晋石刻大全・晋中市榆次区卷》，三晋出版社，2012 年。
王苏陵主编:《三晋石刻大全・长治市黎城县卷》，三晋出版社，2012 年。
王文素、孙翊刚、洪钢注:《十通财经文献注释：皇朝文献通考》（第四册)，中国社会科学出版社，2018 年。
魏民主编:《三晋石刻大全·太原市杏花岭区卷》，三晋出版社，2011 年。
文红武主编:《三晋石刻大全·运城市临猗县卷》，三晋出版社，2016 年。
薛有生编著:《千年古衙霍州署》，北岳文艺出版社，2013 年。
杨伯峻译注:《论语译注》，中华书局，2009 年。
杨伯峻译注:《孟子译注》，中华书局，2020 年。
张明光:《霍州署》，山西经济出版社，1998 年。
张培莲主编:《三晋石刻大全·运城市盐湖区卷》，三晋出版社，2010 年。

山實文
西證物

文|物|实|证|山|西

车效梅 主编

平水留印

现存金元时期平水刻本导读

杨学勇◎编著

商务印书馆
创于1897 The Commercial Press

图书在版编目（CIP）数据

平水留印：现存金元时期平水刻本导读 / 杨学勇编著. -- 北京：商务印书馆，2025. --（文物实证山西 / 车效梅主编）. -- ISBN 978-7-100-25124-2

Ⅰ. G256.22

中国国家版本馆 CIP 数据核字第 2025EY6358 号

编委会

主　　编：车效梅

执行主编：侯慧明　上官定一　史建红

编委会成员：（按姓氏笔画排列）

车效梅　史建红　仝建平　任艳艳

杨学勇　侯慧明　上官定一　谢耀亭　雷鹄宇

《文物实证山西》为山西省“1331 工程”山西省互联网 + 与旅游产业升级协同创新中心、山西师范大学历史与旅游文化学院系列成果。

本书为山西省互联网 + 与旅游产业升级协同创新中心项目“平水留印——山西雕版印刷文物的故事”（HLWLY2020006）成果，山西省哲学社会科学规划课题“《赵城金藏》目录及题记整理与研究”（2024YB048）、山西师范大学产学研合作项目“《赵城金藏》的补雕及补抄研究”（CXY2416）阶段性成果之一。

总　序

自古以来，山西地区在中华文明的发展进程中都发挥着重要作用。在旧石器时代，山西就是中国原始人类繁衍生息的主要聚居地，也是中华文明的发祥地之一。新石器时代中晚期，在山西地区发现的大量遗存，尤其是襄汾陶寺遗址、绛县周家庄遗址表明当地已经进入了文明社会；而尧都平阳、舜都蒲坂和禹都安邑的传说，更暗示了从尧舜时期到夏朝初年，山西南部都是当时华北地区的政治经济文化重心。夏朝和山西的关系更加密切，先秦文献就经常将今天的山西南部称为“夏”或“夏墟”，考古发现的夏县东下冯文化遗址被认为是二里头文化的一个重要地方分支类型。现在学术界大多把二里头文化当作探索夏文化的主体考古文化。

两周时期，周王朝在山西地区分封了众多诸侯国。除了见于文献的晋、虞、霍、杨、韩、魏、荀、贾、董、黎等外，还有近年来考古发现的倗国与霸国等。晋国在春秋时期建立了一个半世纪的霸业，影响了整个中国古代历史的走向。今天山西简称为“晋”，也正是源自于此。战国时期，晋国分为韩、赵、魏三国，都是当时名列七雄的大国，号称“三晋”。三晋的都城最初都在山西，赵都晋阳在今太原市晋源区，韩都平阳在今

临汾市尧都区，魏都安邑在今运城市夏县北。

秦朝一统天下后的两千年间，山西地区多次在全国扮演着举足轻重的角色。西晋末年，匈奴首领刘渊建立的汉政权就起兵于离石，后迁都于平阳（今临汾地区）。南北朝时期北魏前期定都于平城（今大同地区）。东魏北齐又以晋阳（今太原地区）为重要的政治中心。唐朝的建立缘起于晋阳起兵，因此太原号称“北都”，地位仅次于长安与洛阳。五代十国时期，后唐、后晋、后汉三个朝代都是以太原为根据地夺取黄河流域的大部分而建立的，十国中唯一的北方政权北汉也是以晋阳为都。宋代以后，山西在全国经济文化领域占有重要的地位。金元时期，平阳的印刷业兴盛，山西的戏剧事业也很繁荣。明清两代，山西商业得到了更进一步的发展，对全国的经济发展产生了很大的影响。

深厚的历史底蕴造就了山西独具魅力的文化。而文物是历史的见证者，是文化的活化石。幸运的是，山西的文物资源上至远古下及近现代都极为丰富。在旧石器时代，这里有我国乃至东亚地区首次发现的早更新世初期的人类文化遗存——西侯度遗址，这里有第一个由中国人自己发现、发掘和研究的旧石器时代考古遗址——丁村遗址。在新石器时代，这里有在黄河流域乃至全国同时期的城址中最大的一座龙山时代城址——陶寺古城。这里有迄今发现的西周时期规模最大、陪祀车辆最多的车马坑——晋侯墓地车马坑，其中还有迄今发现西周等级最高的玉器。在这里现存的一千多座大小不等的寺观建筑和地上

遗址中，保存了数以千计的寺观壁画。这里有名列“中国四大古代官衙”的霍州署，以及众多古代的衙署遗址。这里有金元时期北方雕版印刷的中心——平阳，以及珍贵的刻本与版画。这里有明清时期从临汾地区走出，西进陕甘宁，东抵冀鲁豫，南下江淮，北上京城、内蒙古的商人群体——平阳商帮，以及他们留下的商业文物。明清山西民居作为中国传统建筑的瑰宝，布局遵宗法礼制，彰显着晋商财力与儒家文化。作为历史的见证与文化的载体，这些共同构成了山西丰富的文物谱系。

文物是历史文化的根脉，是老祖宗留给我们的宝贵遗产。通过这些珍贵的山西文物讲好中国故事，所有三晋学人责无旁贷。所以我们通过山西省互联网+与旅游产业升级协同创新中心这个平台，召集了山西师范大学历史与旅游文化学院的多名教师，合力编著了这套书，以文物来见证历史，希望能在传承历史文化，维系民族精神上尽我们的绵薄之力。

目　录

绪 论

（一）宋辽时期山西的雕版印刷

众所周知，中国是雕版印刷术的诞生地，但关于雕版印刷的产生时间，学者们有不同的观点，目前还没有形成统一的共识。至于山西雕版印刷起源于何时，由于没有具体的文字记载，所以也没有形成统一的观点。

2002 年入藏中国国家图书馆的《观弥勒菩萨上生兜率天经》是卷轴装，卷首残，卷尾全，无轴，全卷存 9 版，每纸 27 行或 28 行，行 17 字，无千字文帙号，卷末有《慈氏真言》《生内院真言》，卷尾镌有“隰州张德雕板”字样。方广锠先生认为此经卷年代不会晚于五代、宋初，甚至就是晚唐五代作品。[①] 若推定的时间无误，则该经应是目前已知与山西人有关的最早雕版印刷品。“隰州张德雕板”很容易给人以此件佛经刊刻于隰州的直观印象。但辛德勇先生从历史地理学的角度认为，隰州（今山西省临汾市隰县）多山少土，地瘠民贫，在历

① 方广锠:《九种早期刻本佛经小记》,《版本目录学研究》2015 年第 6 辑。

史时期，一向不是一块富裕的地方，交通比较闭塞，商贸和人员往来也不够便利。在雕版印刷术刚刚起步不久的晚唐五代时期，在隰州这么一个偏僻、落后的地方刻版，可能性实在太小了。① “隰州”二字应该是标记刻工“张德”的籍贯，即隰州生长的这位张德，离开家乡，到外地去打工，靠给人家雕刻书版谋生。② 在一些相近时代的刻本上，也可以看到类似的标记形式。例如，山西曲沃县东广福院大佛腹中发现的北宋天圣二年（1024）刻本《观弥勒菩萨上生兜率天经疏》（今藏山西省临汾市曲沃县图书馆），在其卷尾镌刻的刻经题记“即将以此雕板印造，功德上报四恩，下资三有，讲听之者，得大总持，施主檀那，获无碍辩。时天圣二年七月十五日，于沧州归化镇彰教院内雕就全部疏钞科文印板记。彰教院主僧法真。东京左街景德寺开化禅院慕缘雕板舍身不执宝沙门法庆。五台山大华严寺般若院助缘雕板当坐沙门文踵。焚修大德文沼管此板。东京秘阁祇候安用雕”③（见图1），明确点明这部佛典是“天圣二年七月十五日，于沧州归化镇彰教院内雕就全部疏钞科文印板”，即刻书的地点在沧州，但镌记的刻书匠人却是“东京秘阁祇候安用”，表明这位刻字工匠“安用”来自北宋的“东京”，这与经卷雕版的地点“沧州”，并不是同一个地方，而且

① 辛德勇：《山西与中国古代的出版印刷》，《普陀学刊》2020 年第 12 辑。

② 同上。

③ 李小强主编，山西省图书馆、山西省古籍保护中心编：《第一批山西省珍贵古籍名录图录》，山西人民出版社，2011 年，第 114 页。

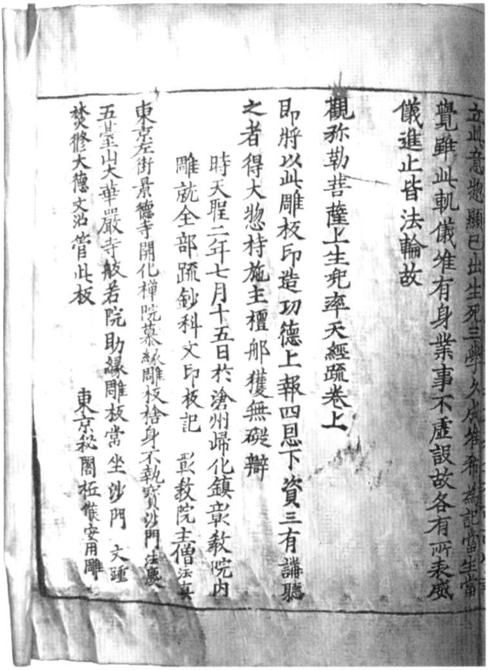

图 1 《观弥勒菩萨上生兜率天经》尾部[①]

两地还距离很远。由此推彼，足见“隰州张德”也可能是标记“张德”其人来自隰州，而不是镌记这位匠人雕刻书版的地点是在隰州。

接下来是据推测刊刻于五代宋初的《妙法莲华经》残卷，现存卷 2、卷 6。[②] 卷 2 是卷轴装，首脱尾全，每纸 27 行，行 16 至 18 字不等，无版框，经文字体取法柳公权，点画挺秀，

① 引自辛德勇：《山西与中国古代的出版印刷》，《普陀学刊》2020 年第 12 辑。

② 方广锠：《九种早期刻本佛经小记》，《版本目录学研究》2015 年第 6 辑。

骨力劲健，结体严谨，刀法稳健。曾于2009年秋在保利拍卖公司的拍卖会上拍卖，被方广锠先生拍下。2017年年底，方广锠先生又拿出它，在五伦拍卖公司的拍卖会上拍卖，现藏缘督室，并入选第三批国家珍贵古籍名录（名录编号：07173）①。（见图2）卷6是山西高平文管所从民间征集的，卷轴装，每纸27至29行，行17字，上下单边，卷尾边框为版刻，尾部尚保存有原轴，卷面有朱笔点注，已收入第一批国家珍贵古籍名录（名录编号：00939），今藏山西省高平市博物馆。（见图3）山西高平文管所从民间征集来的卷轴装，似乎表明这个刻本就来自高平或其附近地区。但高平地理位置相对比较闭塞，经济相对落后。在雕版印刷兴起不久的情况下，在高平这么一个相对比较闭塞的地方进行雕版印刷的可能性还是比较小的。同时，古代雕版印刷品的存放地点，并不一定就是它的刻版地点或印刷地点，例如金元时期的广胜寺本《金藏》最初刻版于绛州（今山西省运城市新绛县）②，后经版运到燕京（今北京），元朝时从大都（今北京）印了一部存放在赵城广胜寺。照理推来，高平文管所从民间征集的经卷并不能证明该经卷就雕版印刷于高平地区。总之，到目前为止，还没有清晰可靠的证据能够直接表明，今山西省境内在晚唐五代时期就已经出现了雕版印刷。

---

① 中国国家图书馆·中国国家古籍保护中心编：《第三批国家珍贵古籍名录图录》（第2册），国家图书馆出版社，2012年，第26页。

② 陈浩东：《〈金藏〉雕造诸问题新考》，《法音》2018年第3期。

图 2 《妙法莲华经》卷 2[①]

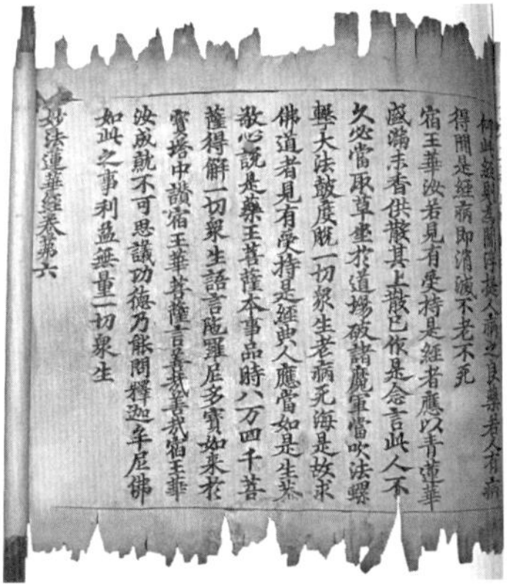

图 3 《妙法莲华经》卷 6[②]

① 引自中国国家图书馆·中国国家古籍保护中心编:《第三批国家珍贵古籍名录图录》(第 2 册),国家图书馆出版社,2012 年,第 26 页。

② 引自李小强主编,山西省图书馆、山西省古籍保护中心编:《第一批山西省珍贵古籍名录图录》,山西人民出版社,2011 年,第 70 页。

进入宋代，山西的雕版印刷品零零星星地出现，虽零碎但已呈延绵不断之势。据现存实物及文献记载，宋代山西雕版印刷品主要有如下几种：其一，山西省图书馆所藏北宋雍熙三年（986）绛州宋守真刻《佛说北㪷（斗）七星经》（1 卷）是迄今所知有明确时间记载的山西最早的刻本印刷品，也是国内为数极少的几件有明确纪年的北宋早期印本。该刻经是卷轴装，每纸 26 至 27 行，行 17 字，上下单边，柳体字兼有魏碑韵味，字体宽博，开版弘朗，笔道宽舒，结构敦厚，墨如点漆，古朴大气，雕印精善。该经卷尾有题记：“雍熙叁年岁次丙戌柒月拾伍日雕印讫。大宋国绛州郭下弟子宋守真，伏为先世不修，少失父母，愿写造此《北㪷七星经》印施与人。愿一切罪障、业障、烦恼等障悉皆消灭，然愿一切有情同增胜利”“雕印人赵寓”[①]，卷尾有朱印六枚。（见图 4）

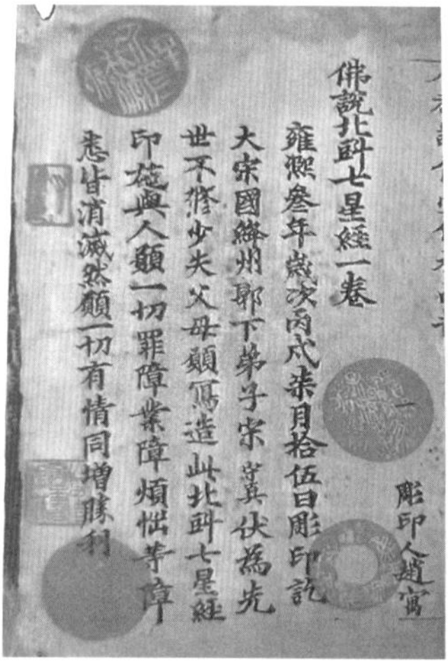
彫印人趙寓
佛說北㪷七星經一卷
雍熙叁年歲次丙戌柒月拾伍日彫印訖
大宋國絳州郭下弟子宋守真伏爲先
世不修少失父母願寫造此北㪷七星經
印施與人願一切罪障業障煩惱等障
悉皆消滅然願一切有情同增勝利

图 4 《佛说北㪷（斗）七星经》[②]

其二，据陈扬炯、冯巧

① 李小强主编，山西省图书馆、山西省古籍保护中心编：《第一批山西省珍贵古籍名录图录》，山西人民出版社，2011 年，第 90 页。

② 同上。

英两位先生基于清代双唐碑馆本及明代天顺本整理的《古清凉传 广清凉传 续清凉传》，可知《广清凉传》前端有宋代郗济川所撰序，云："独有唐兰谷沙门慧祥，作传（即《古清凉传》）二卷，颇成伦理。其余亦有传记，皆文字舛错，辞意乖谬。惜乎！大圣之化迹，高士之遗踪，将湮灭乎？慧祥所谓'时无好事，使芳尘委绝'，信哉！济川慨其若是，乃访得真容院妙济一公，其人纯粹聪敏，博通藏教，讲说记问，靡不精诣。因请公采摭经传，收捃故实，附益祥《传》，推而广之，勒成三卷，首以吉祥降世因地，终以巨（大）宋亲逢化相，名曰《广清凉传》。凡三月而成，授本院主事募工开版，印施四方，俾师心三宝者，睹之益信向尔。时圣宋嘉祐纪号龙集庚子正月望日谨序。"[①]据序可知《广清凉传》初次雕刻于嘉祐庚子五年（1060）。宋哲宗元祐（1086—1094）年间再编《续清凉传》（2卷）。学界据明代天顺本《续清凉传》（卷下）所录宋代钱盖所撰内容及李师圣于崇宁三年（1104）述《题五台真容院》，推测北宋徽宗建中靖国元年（1101）至崇宁三年前后，五台山住寺在嘉祐五年刻《广清凉传》的基础上，修补原版，并增刻张商英所撰《续清凉传》（2卷），合印行世。

其三，宋代公私藏书目录最早确切著录山西刻版印刷史料的是南宋陈振孙编撰的《直斋书录解题》，该书卷8《地理类》

① （唐）慧祥：《古清凉传》、（宋）延一：《广清凉传》、（宋）张商英：《续清凉传》，陈扬炯、冯巧英校注，山西人民出版社，1989年，第35页。

载："《晋阳事迹杂记》十卷，唐河东节度使李璋纂。序言四十卷，《唐志》亦同，今删为十卷。盖治平中太原府所刻本也，从莆田李氏借录。"[①]可见，《晋阳事迹杂记》（10卷）由太原府刻于宋英宗治平年间（1064—1067）。这是已知山西第一部有确切著录的官刻本，也是我国刊刻最早的地方志之一。

其四，已知山西传世最早官刻本应是北宋末宣和（1119—1125）年间解州解县（今山西省运城市解州）刻《本草衍义》20卷。此书历代公私藏目均有著录，（清）孙星衍《平津馆鉴藏记书籍》载："《本草衍义》二十卷。题通直郎添差充收买药材所辨验药材寇宗奭编撰。前有政和六年十二月二十八日付寇宗奭札，后题'宣和元年月本宅镂板印造，侄宣教郎知解州解县丞寇约校勘'。"[②]该书为奉敕刻印，后归皕宋楼陆心源，再后东渡日本入内阁文库。

其五，金末元初著名学者麻革在《重修证类本草序》中说："其书（即《政和经史证类备用本草》）始大备而加察焉。行于中州者，旧有解人庞氏本。兵烟荡析之余，所存无几，故人罕得恣窥。"[③]这段话没有具体指出庞氏刻书的时间，但《政

① （宋）陈振孙撰，徐小蛮、顾美华点校：《直斋书录解题》，上海古籍出版社，2015年，第243页。

② （清）孙星衍撰，焦桂美、沙莎标点：《平津馆鉴藏记书籍》，上海古籍出版社，2008年，第26页。

③ （宋）唐慎微撰，寇宗奭衍义：《重修政和经史证类备用本草》（影印本），北京图书馆出版社，2004年。

和经史证类备用本草》是在宋徽宗政和（1111—1117）年间写成的，所以上限不能超过政和元年，下限不超过靖康之难，因为靖康之后至开雕《重修政和经史证类备用本草》的金泰和甲子年（1204）之间，中原在金人控制下没有战事发生，所谓“兵烟荡析”应指靖康之前的宋金交兵，进而可以判定庞氏是在北宋末年的政和与靖康之间的重和（1118—1119）、宣和年间刻的这部医书，如此则解州庞氏刻本应是已知山西最早的私刻本。

其六，（清）瞿镛《铁琴铜剑楼藏书目录》卷 13 提到一部宋刻本阮逸注《中说》（10 卷），并称此书是王氏取瑟堂所刻。[①]《中说》是隋代著名学者王通所作，王通是河津人，因此《中说注》有可能是王通后裔所作。《中说注》避宋讳玄、朗、恒、征、眘（“慎”的异体字），推测此书约于南宋孝宗赵眘隆兴元年至淳熙十六年（1163—1189）间刻，时当金世宗大定年间。[②]

其七，清末民国时期的叶德辉在《书林清话》卷 3“宋坊刻书之盛”条目中说：“晋中则有汾阳博济堂。庆元乙卯，刻《十便良方》四十卷”[③]，据此南宋庆元元年（1195）汾阳博济堂应刻了《十便良方》（40 卷）。此书未见有存世版本，很可能

---

① （清）瞿镛：《铁琴铜剑楼藏书目录》，中华书局，1990 年，第 195 页下。

② 李晋林：《唐宋时期山西刻版印刷史考述》，《山西师大学报（社会科学版）》1999 年第 1 期。

③ 叶德辉著，漆永祥点校：《书林清话》，北京联合出版社，2018 年，第 119 页。

早已亡佚。虽然目前见不到实物，但多少也留下了一些曾经存世的影子。中国国家图书馆所藏《新编近时十便良方》[①]（40卷，存10卷）就是南宋成都眉山地区万卷堂根据博济堂本翻刻的，卷首还有庆元元年汾阳博济堂序文。〔日本〕丹波元胤所编《中国医籍考》卷49提到一部《备全古今十便良方》（40卷）有宋德之序，称此书是宋代郭坦撰。[②]郭坦，字履道，汾阳人，精通医学，曾患古今诸方部帙繁多，难以遍举，于是集录其要作书，名《十便良方》。

据上而言，山西宋代刻书虽然数量不多，但毫无疑问已经足以证明山西在宋代就有了刻书事业。

（二）平水与平水刻本的得名及外延

金元时期是山西雕版印刷业繁荣兴盛时期。现今见于著录或流传下来的金元刻本主要与平阳或平水有关，故学界多以“平水刻本”称之。

“平水”称谓最早见于（晋）郭璞《山海经》卷3《北山经》所载孟门之山（今陕西延安市宜川县孟门山）“东南

① 引自“中华古籍资源库——数字古籍”网站：http://read.nlc.cn/allSearch/searchDetail?searchType=1002&showType=1&indexName=data_892&fid=412004000814。

② 〔日〕丹波元胤编：《中国医籍考》，人民卫生出版社，1956年，第813页。

三百二十里，曰平山。平水出于其上，潜于其下，是多美玉”。（北魏）郦道元《水经注》卷6载：“汾水南与平水合，水（即平水）出平阳县西壶口山，尚书所谓壶口治梁及岐也。……又东迳平阳城南，东入汾。”（唐）李吉甫《元和郡县志》卷15《河东道二》载：“平山，一名壶口山，今名姑射山，在（临汾）县西八里，平水出焉。”（元）托克托《金史》卷26《地理下》载：“平阳府，上……临汾，天会六年定临汾为次赤……有姑射山、平水、壶口山、汾水。”（乾隆）《临汾县志》卷2《山川》载：“平水，出城西南平山下，东流至城西五里名平湖，为居民上巳游观之所。流至襄陵北门外入汾。”综合这些史料，可知平山即姑射山（位于今临汾市尧都区金殿镇），平水因发源于平山而得名，平阳因居平水之北（山南水北为阳）而得称。（唐）李吉甫《元和郡县志》卷12《河东道一》载：“临汾县，本汉平阳县，属河东郡，在平水之阳，故曰平阳。魏属平阳郡，平阳县属焉。隋开皇元年改平阳县为平河县，三年罢郡，县属晋州，其年又改平河县为临汾县。”可见今临汾名始自隋代，至唐隶属河东道平阳郡，北宋隶属河东路平阳府，金隶属河东南路平阳府，元初隶属平阳路，元大德九年（1305）因为洪洞县地震改名晋宁路，明、清沿袭属平阳府。很明显，临汾自古至今都属平阳，平水出自今姑射山流至今襄汾县襄陵镇而入汾河，一直是临汾独有的区域性水脉，自然也就是平阳的通行郡望，并因此成为临汾的别名，外加“尧都平阳”的影响，所以历史上平阳辖区内尤其是临汾一地人士，多喜以“平阳”“平水”“尧都”称其郡望。这尤其集中在现存或见于著录的金元时期刻本中，刻主在姓名或坊名前多冠以上述字样，例如“平水中和轩王宅”“平水许宅”“平阳府梁宅”“尧都张宅晦明轩”等。因此，后代学者把以平阳府治所临汾为刻版中心地带的金元时期刻本，统称为“平水本”或“平阳刻本”。①

不过需要指出的是在清代之前，史料中没有发现“平水本”“平水刻本”“平阳刻本”之类的称呼。（清）杨绍和《楹书隅录》卷 3“金本《道德宝章》一卷一册”载：“盖即竹汀居士潜研堂跋尾中所谓平水书局本也。平水本各书，元大德反刻者偶或遇之。”②据此可知，钱大昕《潜研堂文集》使用的是“平水书局本”这一称呼，但实际上钱大昕并没有归纳出这一称呼，“平水书局本”可能是杨绍和针对钱大昕《跋平水新刊韵略》的论述归纳出来的。杨绍和应是最早使用“平水本”这一名称的人。（清末民国）叶德辉《书林清话》卷 4《金时平水刻书之盛》首次把“平水刻书”这一称呼提出来，并且从文意看“平水刻书”仅是指金代的刻书。后来，在郑炳纯记录的对著名版本学家赵万里先生的采访中，赵万里说“金本中心地区在平阳府（临汾），[平阳一带，在金代曾设平水县]，故称

① 李晋林：《金元时期平水刻版印刷考述（上）》，《文献》2001 年第 2 期。

② （清）瞿镛：《铁琴铜剑楼藏书目录》、（清）杨绍和：《楹书隅录》、（清）潘祖荫：《滂喜斋藏书记》，中华书局，1990 年，第 496 页。

金刻本为‘平水本’，后世又称金人的文化为‘平水文化’”[①]，进一步使用了“平水本”的称呼，此时也是特指金代刻本，又说“平水文化代表两个时期：金、元”，这样就把“平水本”的时间范围扩大到了金元时期。应是考虑到赵万里先生在版本学研究方面的影响力，学界逐渐广泛使用“平水本”这一称呼，并使之成为使用频率最高的称呼。目前，有的学者习惯使用“平水本”这一称呼，有的学者习惯使用“平水刻书”“平阳刻书”“平阳刻本”之类的称呼，但所指代的意思大同小异，基本都以赵万里先生的观点为核心进行补充或润色。金代河东南路平阳府属区域，除平水外，在洪洞、赵城、汾西等县都有刻经或刻图存世，在河东南路其他区域如解州、泽州当时也有刻本行世。元代情形亦如是。这些地方因同属金河东南路或元平阳路这个较大的行政区域，刻书行业之间相互影响，其版刻风格与平水版相近，如绛州刻广胜寺本《金藏》向来被划入平水版系统本。所以李晋林先生认为“平水本”或“平阳刻本”的定义应有狭义和广义之分，即可分为“平水本”和“平水本系”。[②]简言之，“平水本”指刻于临汾的刻本，“平水本系”则扩大到临近区域。但在实际使用中，“平水本系”刻本也被笼统地称为“平水本”。

---

① 郑炳纯记录:《赵万里谈古籍版本》,《复印报刊资料（图书馆学、信息科学、资料工作）》1994 年第 6 期。

② 李晋林:《金元时期平水刻版印刷考述（上）》,《文献》2001 年第 2 期。

（三）现存金元时期平水刻本

金代山西自金太宗天会六年（1128）拆分宋代河东路为南北两路，河东南路总管府治所在平阳，至金王朝灭亡，金代山西刻书事业在宋代乃至辽代的基础上进一步发展，平阳府治所临汾逐渐代替了北宋汴京（今河南开封）成为黄河以北地区的刻书中心。金代山西刻书存世的不多，这其中多数又是平水刻本。

依据各类目录题跋书的记载乃至相关研究成果，可知的确存在过某些金代平水刻本，但现今已佚失或已找不到存世实物，例如金世宗大定二十九年（1189）平阳李子文刻《重刊增广分门类林杂说》（15 卷）就已不存金刻本。金正大五年（1228）平水中和轩王文郁刻《道德宝章》（1 卷），（清）杨绍和《楹书隅录》卷 3 曾载："金本《道德宝章》一卷一册。来青阁珍藏，在册面。《道德宝章》一卷，昔得诸京师市肆，书高二尺一寸有奇，字径一寸五、六分，作欧虞体，古秀遒劲，镌印极精。卷首尾有木记题'金正大戊子平水中和轩王宅重刊'""此本古香馥郁可珍也……每半叶六行，行十六字。"[①]但现已不知在何处。有些金代刻本发现于平阳地区，但缺少可靠

---

① （清）瞿镛:《铁琴铜剑楼藏书目录》、（清）杨绍和:《楹书隅录》、（清）潘祖荫:《滂喜斋藏书记》，中华书局，1990 年，第 496 页。

的信息证明刻于平阳地区。例如，金皇统八年（1148）刻《妙法莲华经岩前记》，发现于曲沃县东凝广福院大佛腹中，现藏曲沃县图书馆，存5卷（1至3、5、6），卷轴装，每纸28行，行21字，卷尾有寇昌、李守忠、郭守荣、王仁泽等人施版信息。[①]（见图5）

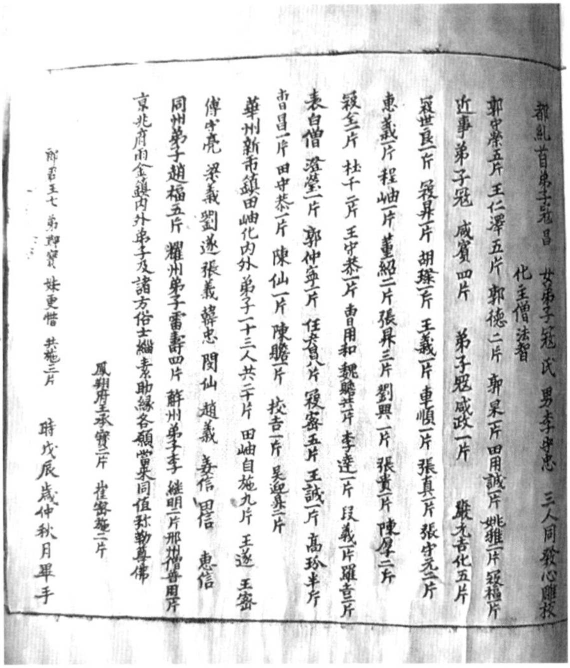
都糺首弟子寇昌　女弟子寇氏　男李守忠　三人同發心雕板
化主僧法智
郭守榮五片　王仁澤五片　郭德二片　郭杲一片　田用誠一片　姚雍一片　寇福一片
近事弟子寇　咸賓四片　弟子寇咸政一片　嚴光吉化五片
寇世良一片　寇昇一片　胡璨一片　王義一片　車順一片　張真一片　張守元二片
惠義一片　程岫一片　董紹二片　張昇三片　劉興一片　張貴一片　陳厚二片
寇全二片　杜千一片　王守恭一片　曹用和　魏聰共片　李達一片　段義一片　羅喜三片
表白僧澄瑩一片　郭仲爭一片　任奉員八片　寇密五片　王誠一片　高珍半片
曹昌一片　田守恭一片　陳仙一片　陳聰一片　捄吉一片　吴迎昇二片
華州新市鎮田岫化内外弟子一十三人共二十片　田岫自施九片　王遂　王密
傅守亮　梁義　劉遂　張義　韓忠　閻仙　趙義　姜信　畢信　惠信
同州弟子趙福五片　耀州弟子雷壽四片　解州弟子李繼明一片　邢州僧普用一片
京兆府雨金鎮内外弟子及諸方俗士緇素助緣各願當來同值彌勒尊佛
鳳翔府王承寶二片　崔密施二片
鄜君王七　弟鄭寶　妹更惜　共施二片
時戊辰歲仲秋月畢手

图5 《妙法莲华经岩前记》局部[②]

① 李小强主编，山西省图书馆、山西省古籍保护中心编:《第一批山西省珍贵古籍名录图录》，山西人民出版社，2011年，第110页。

② 同上书，第122页。

乃至同样发现于曲沃县东凝广福院内的《成唯识论了义灯抄》，现藏曲沃县图书馆，存卷4。（见图6）卷轴装，朱笔点读，每纸28行，行23字，每纸中间有“徐氏一板”“赵氏一板”等施版信息，有“孙仝刁”“溥时刁”等刻工信息。[①]此外，有些刻本有不同的判定意见，但学界主流或权威学者认为不是金代平水刻本，或者曾被认为是金代平水刻本，但最新的学界成果认为不是平水刻本。例如金大安、崇庆间刻元递修本《崇庆新雕改并五音集韵》，《中国印本书籍展览目录》认为此书与《泰和五音新改并类聚四声篇》都是山西平水刻本[②]，但北京图书馆编《中国版刻图录》（第1册）认为此书是河北宁晋洨川荆珍刻本[③]。

据现存实物以及前人著录乃至《中国版刻图录》《金元时期平水刻版印刷考述》[④]《论金元时期平阳刻书的时间特点及原因》[⑤]《金代山西雕版印刷研究》[⑥]等今人成果，现存金代山西平水刻本可列表如下：

---

① 李小强主编，山西省图书馆、山西省古籍保护中心编：《第一批山西省珍贵古籍名录图录》，山西人民出版社，2011年，第122页。

② 北京图书馆编：《中国印本书籍展览目录》，中央人民政府文化部社会文化事业管理局，1952年，第48页。

③ 北京图书馆编：《中国版刻图录》（增订本），文物出版社，1961年，第50页。

④ 李晋林：《金元时期平水刻版印刷考述（上）（下）》，《文献》2001年第2、3期。

⑤ 王娟：《论金元时期平阳刻书的时间特点及原因》，《吕梁学院学报》2014年第5期。

⑥ 田雨：《金代山西雕版印刷研究》，山西大学硕士学位论文，2021年。

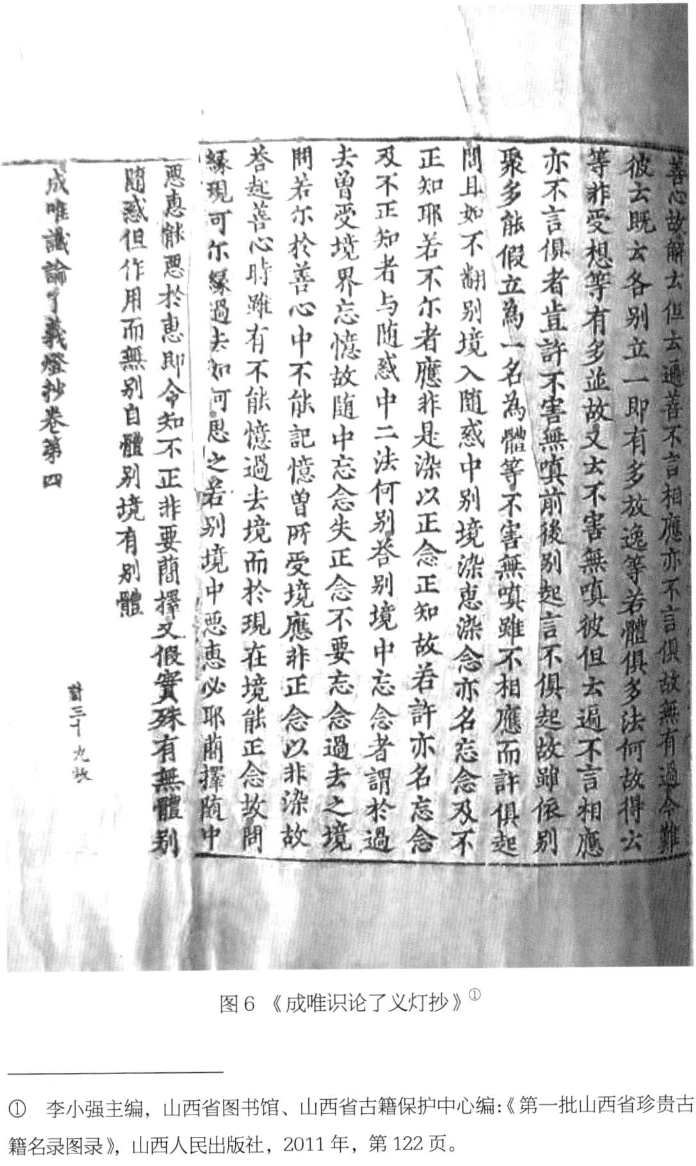

图 6 《成唯识论了义灯抄》①

① 李小强主编，山西省图书馆、山西省古籍保护中心编:《第一批山西省珍贵古籍名录图录》，山西人民出版社，2011 年，第 122 页。

表 1　现存金代山西平水刻本

书名	刻本	时间	判定平水刻本依据
《妙法莲华经》（7卷）	金平阳府洪洞县卫氏经坊刻本	天眷二年（1139）	刻经题记
广胜寺本《金藏》（现存6900余卷）	初雕于平阳地区	皇统九年至世宗大定十八年（1149—1178）	刻经题记
《佛说生天经》（1卷）	平阳府洪洞县长命村刘友、张氏刻本	贞元三年（1155）	刻经题记
《壬辰重改证吕太尉经进庄子全解》（10卷）	平水坊刻本	大定十二年（1172）	《中国版刻图录》（第1册）
《高王观世音经》（10卷）	平阳府洪洞县令耶律承信并妻大氏刻本	大定十三年（1173）	刻经题记
《新刊补注铜人腧穴针灸图经》（5卷）	平阳书轩陈氏刻本	大定二十六年（1186）	刻书牌记、书末刘世珩跋文、《书林清话》卷4
《重校正地理新书》（15卷）	平阳张谦刻本	明昌三年（1192）	书中序文、《书林清话》卷4
《刘知远诸宫调》（12卷）	平水坊刻本	金代	《中国版刻图录》（第1册）

续表

书名	刻本	时间	判定平水刻本依据
《黄帝内经素问》(24卷)	平水坊刻本	金代	《中国版刻图录》(第1册)
《重编补添分门字苑撮要》(卷数不明)	平水坊刻本	金代	《中国版刻图录》(第1册)
《随朝窈窕呈倾国之芳容》(四美人图)	平阳姬家雕印	金代	版画牌记;学界主流观点乃至《中国版刻图录》(第1册)“刘知远诸宫调”条
《义勇武安王》(关羽图)	平阳府徐家印	金代	版画牌记;学界主流观点乃至《中国版刻图录》(第1册)“刘知远诸宫调”条
《妙法莲华经》(7卷)	绛州曲沃县裴长官庄吉贽、吉用刻本	金代	刻经题记;《第二批国家珍贵古籍名录图录》
《周礼》12卷(附《释音》1卷)	平水刻本	金代	《古逸丛书三编》影印《南丰曾子固先生集》,陈杏珍先生在卷前“说明”中判定为平水刻本

续表

书名	刻本	时间	判定平水刻本依据
《观音偈赞》(1册)	平水刻本	金代	《文禄堂访书记》《中国印本书籍展览目录》
《南丰曾子固先生集》(34卷)	平水坊刻本	金中叶	《中国版刻图录》(第1册)、《第一批国家珍贵古籍名录图录》
《新雕云斋广录》(8卷)(附《新添云斋广录后集》1卷)	平水坊刻本	金中叶	《中国版刻图录》(第1册)“南丰曾子固先生集”条
《新修絫音引证群籍玉篇》(30卷)	平水坊刻本	金末	《中国版刻图录》(第1册)
《萧闲老人明秀集注》(6卷)	平水刻本	金末	《中国版刻图录》(第1册)
《栖霞长春子丘神仙磻溪集》(3卷)	平水刻本	金末	刘振中《平阳版刻图说》

蒙古太宗二年（1230）设平阳路，大德九年以地震缘故改称晋宁路，治临汾。蒙元在金代山西刻书的基础上继续发展，从而使临汾成为与大都（今北京）、浙江杭州、福建建阳并列

的全国四大刻书中心之一，所以元代山西刻书仍居黄河流域首位。据《中国版刻图录》《金元时期平水刻版印刷考述》等学术成果统计，现存蒙元时期平水刻本列表如下：

表 2　现存蒙元时期平水刻本

书名	刻本	时间	判定平水刻本依据
《太清风露经》（1卷）	平阳地区刻《玄都宝藏》零本	蒙古太宗九年至乃马真后三年（1237—1244）	《中国版刻图录》（第1册）“云笈七签”条
《云笈七签》（120卷）	平阳地区刻《玄都宝藏》零本	蒙古太宗九年至乃马真后三年（1237—1244）	《文禄堂访书记》卷3、《中国版刻图录》（第1册）
《重修政和经史证类备用本草》（30卷）	平阳府张存惠晦明轩刻本	蒙古定宗四年（1249）	刻书牌记、《中国版刻图录》（第1册）
《尚书注疏》（20卷）	平水刘敏仲刻本	蒙古定宗四年（1249）前后	书中题记、《藏园群书经眼录》《中国版刻图录》（第1册）
《增节标目音注精议资治通鉴》（120卷）	尧都张宅晦明轩刻本	蒙古宪宗三年至五年（1253—1255）	刻书牌记、《中国版刻图录》（第1册）
《史记集解附索隐》（130卷）	平阳道参幕段子成刻本	蒙古世祖中统二年（1261）	书中序文

续表

书名	刻本	时间	判定平水刻本依据
《尔雅郭注》(3卷)	平水曹氏进德斋刻本	大德三年（1299）刻	刻书牌记
《新刊韵略》(5卷)，又名《增注礼部韵略》《平水新刊韵略》	平水中和轩王宅刻本	大德十年（1306）	刻书牌记、《潜研堂文集》卷27
《中州集》(10卷)(附《中州乐府》1卷)	平水曹氏进德斋刻本	至大三年（1310）	刻书牌记、《中国版刻图录》(第1册)
《二妙集》(8卷)	晋宁路绛州稷山段辅刻本	泰定四年（1327）	书中跋文

不管是基于现存金元平水刻本，还是基于所有已知的金元平水刻本，若对刻书种数与刻坊、刻主等做一次综合对比分析，就会发现平水刻书业规模与现知刻书种数差别悬殊。学界统计金代平水刻书业可考刻主、刻坊等共计10家，刻书（图）种数为24种，其中张氏晦明轩仅知刻有6种。[①]元代平水刻书业刻主、刻坊等共计11家，刻书种数为20种。有些书坊虽然跨越金元两个朝代，例如平水中和轩王宅，《书林清话》

① 李晋林：《金元时期平水刻版印刷考述（上）》，《文献》2001年第2期。

卷 4 说中和轩王宅金正大五年刻《道德宝章》、元大德十年刻《新刊韵略》、元元统二年（1334）刻《滏水文集》，刻书事业共延续了 100 余年，但却仅知刻书 3 种。虽然现今所见金元平水刻本种类很少，但从一些旁证上仍能看出金元平水刻书业繁盛，仍可想见当年平水书坊林立、行业兴隆、行销四方的繁荣景象。

其一，据金明昌三年（1192）张谦刻本《重校正地理新书》之《精加校正补完地理新书》所载："仆叨习地理，忝慕阴阳，虽专述二宅，而取则于此书。伏睹古唐、夷门、蒲坂等处，前后印卖新书，未尝有不过目收购者，终莫能见其完本。唯我先师冯公传授亦遗地图一篇。继有平阳毕先生者，留心考覆可无微失而又增加图解……仆今见平阳数家印卖此书，虽有益于世，竟未见完者，恐久坠斯文，莫能从善，不敢欺隐，遂将正文插入，又附以乱谈舛驳之辞，短拙不揆尤甚，辄以俗言纪其事迹。"（见图 7）可知当时古唐（今山西太原）、蒲坂（今山西永济市蒲州镇）、平阳（今山西临汾）等地印卖阴阳地理书的商家非常多，可为平阳雕版印刷业兴盛之一证。

其二，《金藏》卷帙浩繁，初次雕版后即印刷一部送往燕京，今存广胜寺本乃蒙元时期以燕京弘法寺所藏原版印成，后经"赵城县祖代经方庞待诏自造"和"汾西县祖代经方庞家造"装裱成卷。此二坊专营装裱、印刷业务，称祖代经坊，则金时可能已有此老铺。一在汾西一在赵城，二县交界，且据现藏中国国家图书馆的广胜寺本《金藏》之《放光般若经》卷 3

尾题：“赵城县祖代经方庞待诏自造，汾洒（西）县主辈老待诏庞企弟庞实、长男庞和之、次男庞彦铎、孙男庞天益、次孙男庞润僧。”可知庞家经坊本为一族后分两支。广胜寺本《金藏》的刊刻用了晋东南大量刊工，说明晋东南刊印力量雄厚。又蒙古太宗九年至乃马真后三年所刻《玄都宝藏》7800 余卷，据（金）元好问《遗山先生文集》卷 31《通真子墓碣铭》所

精加校正補完地理新書
僕叨習地理忝慕陰陽雖專述二宅而取則於此書伏覩古唐夷門蒲坂等處前後印賣新書未嘗有不過目收購者終莫能見其完本唯我先師馮公傳授亦遺地圖一篇繼有平陽畢先生者留心攷覈可無徵失而又增加圖解等法度眞得其旨趣矣自是更訪求名士家藏善本比對差互甚多今據從來板内遺闕者並以補完元差互者校讎改正一兩疑未詳者乃各存之及其開冩雕錯誤亦以校定其卷首四方定位之法圖解已是詳備竊見營造取正定平製度亦可爲式外五姓聲同而虛實音異者今以纂出地下明鑑立成傍通三鑑六道繼敘輪圖又校正禽交步分及民庶合用塋田參定傳符雜忌等述兼論呂才

图 7　影金抄本《精加校正补完地理新书》[①]

① 此图片为中国国家图书馆藏品，已获授权使用。

载:“通真子讳志安,字彦容,出于陵川秦氏。……去从道士游,河南破,北归,遇披云老师宋公于上党。略数语,即有契,叹曰:‘吾得归宿之所矣!’因执弟子礼事之。受上清大洞紫虚等箓,且求道藏书纵观之。披云为言:‘丧乱之后,图籍散落无几,独管州者仅存。吾欲力绍绝业,锓木宣布,有可成之资第,未有任其责者耳。独善一身曷若与天下共之。’通真子再拜曰:‘受教’。乃立局二十有七,役工五百有奇。通校书平阳玄都以总之。其于三洞四辅万八千余篇,补完订正出于其手者为多。”可知开局多达27,工匠500多人。如果没有相当数量和规模的刻版印刷业坊,是难以完成如此大部头丛书的。

其三,金元两代的藏书情况也能反映出当地刻版印刷业的兴隆盛况。(清)张金吾编纂《金文最》卷28载孔天监《藏书记》云:“河东之列郡十二,而平阳为之帅。平阳之司县十一,而洪洞为之剧。……虽家置书楼,人畜文库,尚虑夫草莱贫乏之士,有志而无书,或未免借观手录之勤,不足于采览,无以尽发后生之才分。吾友承庆先辈,奋为倡首,以购书自任。邑中之豪,从而和之。欢喜施舍,各出金钱。于是得为经之书有若干、史之书有若干、诸子之书有若干,以至类书字学。凡系于文运者,粲然毕备。”①孔天监生平不可知,但据同卷孔氏所撰《襄陵县创修庙学记》末署“泰和九年重午日”,推测《藏书记》写作时间也应在泰和(1201—1208)左右,说明当时

① (清)张金吾编纂:《金文最》,中华书局,1990年,第385页。

洪洞藏书已非常丰富。(光绪)《长治县志》卷4《金石志》载大德七年（1303）立《潞州州学创建斯文碑记》云："……仍创购官书万有一千五百二十卷，备二篇之策，当万物之数，筑楼以贮之泮宫，以资学者肄业之本。"①长治县元代属平阳路潞安府治，贮书达此数量，已相当可观。(万历)《潞安府志》卷16载至正年间（1341—1368）集贤院大学士许有壬《藏书楼记》云："黎城（今长治市黎城县）有学，历数政而苟完，顾学者苦无书。白君谦来尹，叹曰：'市肆则有货也，库廪则有藏也，道宫梵宇各实其书，曾谓明伦之地反不彼若耶？'于是直堂之右，作屋六楹，重霤架空，楼出其上，材良制工，既崇且坚。首出己书以倡。吏民又规金息赢，鬻经史子集共四千二百二十二卷，插架充牣，秩然炳然。"②黎城乃隶属平阳路潞州的一个偏僻小县，能买到大量图书，说明当地或附近有书可买，可旁证书籍印刷之丰富、出版印刷业之规模乃至书籍流通之顺畅。

（四）平水刻本繁荣的原因

宋室南迁，金人政局逐步稳定，经济逐渐恢复发展，大定

---

① （清）陈泽霖监定，杨笃纂修：(光绪)《长治县志》，见《中国方志丛书》(华北地方)，成文出版社，1976年，第860页。

② 王连成主编：《潞安府志》，山西古籍出版社，2006年，第402页。

五年（1165）金世宗与南宋进一步议和修好，南北对峙局面彻底形成。河东南路平阳府逐渐发展为一个有一定政治军事意义的经济大府。平阳（今山西临汾）逐渐代替了汴京（今河南开封）成为黄河以北地区金朝的刻版印刷业中心，蒙元直接继承金朝行业遗风，从而使平阳成为与大都（今北京）、杭州、建阳并列的全国四大重要刻书中心地区之一。为什么临汾会成为金元两朝的刻书中心呢？这肯定是一个多方面因素共同起作用的结果，有些原因可以作为金元时期共同的因素，有些原因则具有特殊性。

第一，（清末民国）叶德辉《书林清话》卷4《金时平水刻书之盛》载："金源分割中原不久，乘以干戈。惟平水不当要冲，故书坊时萃于此。"[①] 这是最早分析平水刻本繁荣的观点。重要的地理位置和安宁的政治环境是平阳雕版印刷业的兴盛基础。山西自古表里山河，是历代兵家必争之所，据（清）毕沅《续资治通鉴》卷96、卷97、卷116、卷123所载内容，可知平阳是宋金角逐的主要战场之一，双方在此交战历数年之久，平阳以南地界直至金天眷（1138—1140）末年尚未完全安定下来。此后，随着宋金缓战缔结和约，社会环境得以安定，各行各业才能安顿下来从事各项活动，平阳雕版印刷业也才能得以安心生产，经过一段时间的聚能发展，得以出现"书坊时萃于此"的繁荣局面。

---

① 叶德辉著、漆永祥点校：《书林清话》，北京联合出版社，2018年，第121页。

第二，随着河东南路平阳府经济的繁荣，统治者重视教育，大力兴办学校，开科取士，为平阳雕版印刷业的兴盛提供了良好的外部环境。（元）托克托《金史》卷51《选举》载大定六年（1166）朝廷规定太学要尊孔读经，“凡经《易》则用王弼、韩康伯注，《书》用孔安国注，《诗》用毛苌注、郑玄笺，《春秋左氏传》用杜预注，《礼记》用孔颖达疏，《周礼》用郑玄注、贾公彦疏，《论语》用何晏集注、邢昺疏，《孟子》用赵岐注、孙奭疏，《孝经》用唐玄宗注……皆自国子监印之，授诸学校”。“章宗大定二十九年，上封事者乞兴学校……上从其议……府学二十有四，学生九百五人。大兴、开封、平阳、真定、东平府各六十人……节镇学三十九，共六百一十五人。绛、定、卫、怀、沧州各三十人”，“凡词赋、经义、进士及律科、经童府试之处，大定间，大兴、大定、大同、开封、东平、京兆凡六处。明昌初增辽阳、平阳、益都为九处。承安四年复增太原为十”，“章宗明昌元年正月……命特添三处，上京、咸平府路则试于辽阳，河东南、北路则试于平阳，山东东路则试于益都”。金代科举考试内容有词赋、经义、律科、策论，外加“医学十科”及“凡司天台学生……其试之制，以《宣明历》试推步，及《婚书》《地理新书》试合婚、安葬，并《易》筮法、六壬课、三命五星之术”。（元）王恽《秋涧集》卷60所载至元二十九年（1292）撰《大元故濛溪先生张君墓碣铭并序》更是总结说：“窃惟亡金百年来平阳号称多士，每岁举子赴选大约数倍诸郡。”这些都直接刺激了科举考试和医药书籍的刊刻与流通，故平水刻本除了佛道典籍外，就是经书、词赋别集、韵书字类、医学地理诸书。

第三，平阳一带优质的雕版木材及纸墨为雕版印刷业的兴盛提供了便利的物质条件。平阳周边很多县盛产雕版所用的枣木、梨木。（西汉）司马迁《史记》卷129《货殖列传》载：“安邑千树枣”，（雍正）《山西通志》卷47载蒲州府“枣：唐常贡，河东郡贡枣八千颗，今出积善村者最佳”，“梨：有青红黄三色，唐常贡河东郡贡凤栖梨三千五百颗，今无”，绛州“梨：唐常贡，绛郡贡梨三千颗，今种”。山西多处产墨，北有太原，南有绛州、潞州。例证繁多，试举几例。（唐）杜佑《通典》卷6《食货六・赋税下》载：“上党郡：贡人参二百小两，墨三梃。今潞州”“绛郡：贡梁谷二十石，墨千四百七十梃，白谷五百匹，梨三千颗。今绛州”。（唐）欧阳询《艺文类聚》卷69载：“（梁）江淹《扇上彩画赋》曰‘……粉则南阳之铅泽，墨则上党（今山西长治市）之松心……’”（北宋）欧阳修《新唐书》卷39《地理志》载：“潞州（今长治、武乡及河北涉县等地）上党郡大都督府，土贡：赀布、人参、石蜜、墨。”（宋）晁贯一《墨经》载：“唐则易州、潞州之松，上党松心尤先见贵。”（宋）乐史《太平寰宇记》卷45载潞州：“土产：石蜜、人参、墨、紫草、麻布。”（元）托克托《金史》卷26《地理下》载：“太原府，上……有造墨场、炼银洞、玛瑙、石药，产松脂、白胶香、五灵脂、大黄、白玉石”“平阳府，上……有书籍，产解盐、隰州绿、卷子布、龙门椒、紫团参、甘草、苍术。”唐宋时期大量史料提到蒲州地区生产纸张，例如（唐）李肇《唐国史补》卷下载：“纸则有越之剡藤、苔笺，蜀之麻面、屑末、滑石、金花、长麻、鱼子、十色笺，扬之六合笺，韶之竹笺，蒲之白薄、重抄，临川之滑薄”；（唐）高彦休《唐阙史》卷上《秦中子得先人书》载：“一日逮夜，有投书于户者。仆执以进。少年启书，则蒲纸加蜡，昧墨斜翰为其先考所遗者”；（宋）赞宁《宋高僧传》卷5《唐京兆华严寺玄逸传》载玄逸“以蒲州、共城二邑纸书”；（宋）乐史《太平寰宇记》卷46载蒲州“土产：有盐铁之饶，竹扉、经纸、毡毯、五味子、天蒸枣、蔺席、麻布、绵绢”；（宋）苏易简《文房四谱》卷4载：“王琰《冥祥记》云‘元嘉八年，蒲坂城中大灾火，里中小屋虽焚，而于煨烬下得金经纸，素如故’。”

第四，1952年10月，北京图书馆举行“中国印本书籍展览”，在所编目录《说明》中说“金代雕版中心区域在平水，即今山西临汾。大概是北宋亡后汴梁刻工们迁徙过去，逐步发展，到十二世纪中叶才形成的”[①]。这种解释是一种影响力比较大的观点，甚至有观点认为宋金易代时刻版、刻工和刻印技术的地域转移对金代山西雕版印刷术的发展可以说是最关键的原因。[②]（南宋）确庵、耐庵《靖康稗史》之六《呻吟语》及之

---

① 北京图书馆编：《中国印本书籍展览目录》，中央人民政府文化部社会文化事业管理局，1952年，第14页。

② 田雨：《金代山西雕版印刷研究》，山西大学硕士学位论文，2021年。

七《宋俘记》都是作者对亲历、亲见之事的记载，为了解靖康祸乱始末提供了第一手资料，不仅记载了宋宫室、宗族北迁和北迁后的情况，也记载了金人对北宋书籍、画作、文物、经版等的掠夺，其中《呻吟语》载靖康二年（1127）五月“十九日……闻贡女三千人，吏役工作三千家、器物二千五十车，是日始至。点验后，半解上京，半充分赏，内侍、内人均归酋长。百工、诸色各自谋生。妇女多卖娼寮。器物收储三库，车辂皆留延寿寺”;《宋俘记》说:“六起贡女三千一百八十人、诸色目三千四百十二人，右监军固新、左监军达赍押解。天会五年四月初一日自青城国相寨起程，五月二十七日抵燕山，实存贡女二千九百人、诸色目一千八百人，分其半至上京”;《燕人尘》补充说:“天会时掠致宋国男、妇不下二十万，能执工艺自食力者颇足自存。富戚子弟降为奴隶，执炊牧马，皆非所长，无日不撄鞭挞。不及五年，十不存一。”（宋）徐梦莘《三朝北盟会编》卷 77 提到金人攻占汴京后，掠走“做腰带帽子、打造金银、系笔和墨、雕刻图画工匠三百余人”“道释经印板”“书印板并馆中图籍”“图籍文书与其镂板”“当时下鸿胪寺取经板一千七百片”。（元）托克托《宋史》卷 23《钦宗本纪》载:“（靖康二年）夏四月庚申朔，大风吹石折木。金人以帝及皇后、皇太子北归。凡法驾、卤簿，皇后以下车辂、卤簿，冠服、礼器、法物，大乐、教坊乐器，祭器、八宝、九鼎、圭璧，浑天仪、铜人、刻漏，古器、景灵宫供器，太清楼秘阁三馆书、天下州府图及官吏、内人、内侍、技艺、工匠、娼优，府库畜积，为之一空。”综合看来，可知上自皇亲国戚，下至工匠、艺人，被驱赶北上者，浩浩荡荡。从上文史料可知部分工匠留在了燕京（今北京）地区，部分押解到了上京（今黑龙江哈尔滨）地区。至于有多少刻版印刷工人流落到了平阳？实际上史料并没有明确记载。据（宋）曹勋《北狩见闻录》所载“先是（靖康二年）三月二十九日，有语分路去，徽庙（即宋徽宗）同二太子由河北路，渊圣（即宋钦宗）同国相由河东路，约会于燕京”以及《靖康稗史》之四《南征录汇》所载“（靖康二年）四月一日，国相退师，分作五起：宝山大王押朱后一起，固新押贡女三千人二起，达赍押工役三千家三起，高庆裔押少主四起，从河东路进发”，可知金人押解宋钦宗等人北上走的是河东路，这其中包括“工役三千家”，从而推测可能有一些书坊刻书工匠留在了平阳地区。为什么这些工匠从金太宗天会五年（即靖康二年，1127 年）即已北迁，一直到天眷年间甚至大定（1161—1189）年间才断断续续、零零散散地重操雕版印刷祖业？学界至今没有拿出让人信服的解释。李晋林先生提供了两条证据，以证明河南外来人士对山西雕版印刷业的贡献。[①] 一者，金明昌三年张谦刻《新刊图解校正地理新书》15 卷，前有大定二十四年（1184）平阳毕履道序，次为张谦自序，末署“时明昌壬子岁古戴鄙夫张谦谨启”。张氏自称祖籍为古戴，与平阳对称。古戴为金时河南考城县别

① 李晋林：《金元时期平水刻版印刷考述（下）》，《文献》2001 年第 3 期。

称，考城古为春秋戴国，金属南京路开封府睢州。明昌壬子即明昌三年，时距金人北迁移民的天会五年已近六十年。从序言语气上看，张谦自称祖籍古戴，或为随金人从汴梁北迁者，或为北迁工匠后裔。二者，金代平水刻本中，有些书据北宋汴梁坊刻本重刻，刀法版式极为相似，甚至保留了北宋的避讳字。例如中国国家图书馆藏金代平水坊刻《南丰曾子固先生集》，风格与南宋绍兴二十二年（1152）临安府荣六郎家据北宋汴梁坊刻本重刻的《抱朴子》（见图8）相类似。这从侧面证实金代平水刻本应该也会受到北宋汴梁坊刻本影响的事实。

图8 《抱朴子》①

虽然金人迁徙汴

---

① 引自中国国家图书馆·中国国家古籍保护中心编：《第一批国家珍贵古籍名录图录》（第4册），国家图书馆出版社，2008年，第217页。

梁书坊、刻书工匠以及经版来到平阳地区，从而使当地雕版印刷业兴盛，但也不能忽视山西自唐宋以来自身的雕版印刷历史。前文已提及山西已雕有北宋雍熙三年《佛说北㪷（斗）七星经》、治平年间太原府官刻本《晋阳事迹杂记》、宣和年间解州解县刻《本草衍义》等书籍，时限上起北宋初雍熙下讫北宋末宣和，刻印地域从北至南依次有五台、太原、绛州、解州等地，版刻种类有官刻、私刻、坊刻、佛寺刻本等，版刻内容包含史志、医籍和佛典等。长期的雕版印刷积累无疑为金元时期平阳雕版印刷业的兴盛提供了技术储备。

第五，蒙元继承金的雕版印刷业并有所发展，尤其是设立经籍所管理书籍出版。可确认的金代平水刻本最晚为金哀宗正大六年（1229）平水中和轩王文郁初刻本《平水新刊韵略》5卷，蒙元平水刻本最早为蒙古太宗九年至乃马真后三年（1237—1244）平阳地区刻《玄都宝藏》，中间相隔不到十年时间。据《金史》《元史》相关内容可知金正大七年（元太宗二年，1230年）元人已平定平阳。金末王文郁于正大五年刻《道德宝章》1卷、正大六年刻《平水新刊韵略》5卷，可见金元交战未曾给平水的手工业造成太大的影响。据（明）宋濂《元史》卷2《太宗本纪》记载，蒙古太宗八年（1236）“夏六月……耶律楚材请立编修所于燕京，经籍所于平阳，编集经史，召儒士梁陟充长官，以王万庆、赵著副之”以及《元史》卷146《耶律楚材传》所载“楚材又请遣人入城，求孔子后，得五十一代孙元楷，奏袭封衍圣公，付以林庙地。命收太常礼乐生，及召名儒梁陟、王万庆、赵著等，使直释九经，进讲东宫。又率大臣子孙，执经解义，俾知圣人之道。置编修所于燕京、经籍所于平阳，由是文治兴焉”，可推想 1236 年设立编修所、经籍所，应是让燕京负责“编集经史”，平阳专管刻印出版，而且之所以让梁陟、王万庆、赵著管理，应是因为他们是名儒，熟知经史，能够有效把握图书编辑出版事项。据（元）程钜夫《雪楼集》卷 21《故平阳路提举学校官陈先生墓碑》及（清末民国）柯劭忞《新元史》卷 234《陈庚传》知蒙古太宗八年或稍晚些时候，陈庚在平阳经籍所“校雠，领所事”“领校雠事”，负责校书、正字等事项。（明）宋濂《元史》卷 6《世祖本纪》载至元三年（1266）“冬十月……丁丑，徙平阳经籍所于京师”、至元四年（1267）“二月……丁卯，改经籍所为弘文院，以马天昭知院事”，可见经籍所到至元三年时已经迁往燕京（今北京），到至元四年已不复存在，其存在时间仅 32 年。（元）王恽《秋涧集》卷 60 所载至元二十九年撰《大元故濛溪先生张君墓碣铭并序》云：“余官晋府者四年，得进修之士一人，曰濛溪张君……君讳著字仲明，姓张氏，世为襄陵县张相里人……君少颖悟，不待勉励，卓然自志于学。国初戊戌岁设科取士，君以词赋中选。既而叹曰：‘士当远大自期，雕虫篆刻将何为哉！’适贻溪麻先生洎前进士兑斋曹丈来主经局，君喜且不寐曰‘今而后吾学有所正矣。’”张君即张著，平阳府襄陵（今山西襄汾县襄陵镇）人，“国初戊戌岁”即蒙古太宗十年（1238）中词赋选，著有《濛溪集》《诗学渊源》。贻溪麻先生为麻革，字信之，虞乡（今山西永济市虞乡镇）人。兑斋曹丈即曹之谦，字益甫，号兑斋，应州（今山西应县）人，著有《兑斋文集》行世。据此可知麻、曹二人乃是蒙古太宗八年立经籍所于平阳后，于太宗十年受命管理平阳经籍所，具体参与编刻之事。(乾隆)《临汾县志》卷 8《人物志·流寓》说曹之谦“金元间寓平阳三十载”，从曹之谦于太宗十年来主经局，三十年后去世，恰好到元世祖至元四年，也正是平阳经籍所终结而改为弘文院之时。其后，据（元）王士点《秘书监志》卷 7 云:“至元十年十一月初七日，太保大司农奏过事内一件，兴文署掌雕印文书，交属秘书监呵。怎生？奉圣旨：那般者。钦此”，则至元十年（1273）之前已废弘文院而立兴文署雕印文书。据（明）宋濂《元史》卷 16《世祖本纪》知至元二十七年（1290）正月“复立兴文署掌经籍板”。接着据（明）宋濂《元史》卷 88《百官志》所载“艺文监，秩从三品。天历二年置，专以国语敷译儒书，及儒书之合校雠者俾兼治之。大监检校书籍事，二员，从三品；少监同检校书籍，二员，从四品；监丞参检校书籍事，二员，从五品……监书博士，秩正五品，天历二年始置，品定书画，择朝臣之博识者为之……艺林库，秩从六品……掌藏贮书籍，天历二年始置。广成局，秩七品，掌传刻经籍及印造之事，天历二年始置”，则艺文监又取代兴文署。

虽然以上解释都可以作为金元平水刻本兴盛的原因之一，但都是猜测，还有一些关键性的疑问得不到很好的解答，例如自金太宗天会四年（1126），金人占领平阳，直到天眷二年

(1139)洪洞县卫氏经坊刻《妙法莲华经》，这10多年的时间，难道其时书坊未萃于此，何以兴起之迟也？更何况平水刻本现存最早出版物多为大定间事，距离金人入主平阳已40年了。不得不承认，学界目前对金元平水刻本兴盛原因的分析，仍一如黄永年先生在《古籍版本学》“金平水本”条中所言：“为什么平阳临汾会成为金的刻书中心而京城中都即今北京不成其为刻书中心，目前尚作不出圆满的解答。《书林清话》认为是由于‘金源分割中原不久，乘以干戈，惟平水不当要冲，故书坊时萃于此’（卷四‘金时平水刻书之盛’条）。也有人认为是由于‘其地盛产纸张，质地坚韧’（《中国版刻图录序》），而且在北宋亡后由汴梁迁去了刻书工匠（《中国印本书籍展览说明》）。但都只是猜测，暂时还找不到坚强的证据。”[①]

（五）平水刻本的特点和影响

学界对平水刻本的特点多有归纳、评价，总体上看评价较高，例如北京图书馆编《中国版刻图录》（第1册）对平水刻本描述说，字画刚劲、纸墨精莹、刀法遒劲，达到当时雕版印刷的高峰。综合北京图书馆编《中国版刻图录》[②]、黄永年《古

① 黄永年：《古籍版本学》，江苏教育出版社，2009年，第83—84页。

② 北京图书馆编：《中国版刻图录》（增订本），文物出版社，1961年。

籍版本学》[1]、张秀民《中国印刷史》[2]、孔庆茂《元刻本及其鉴定》[3]等学界观点，金代平水刻本的特点如下：其一，从时空上看。根据现存版刻史料及流传实物可以看出，金代平水雕版印刷业兴起于天眷，兴盛于大定、明昌年间。金代刻书地区比较广泛，遍布金王朝的11个路44个州县，在这些刻印地中，有3个路11个州县（即西京路大同府，河东北路太原府、榆次县和五台山，河东南路平阳府、赵城、洪洞、曲沃、绛州、蒲州、隰州、泽州、河内和山阳）在今天的山西境内，其中河东南路的雕版印刷主要分布在平水流域，以平阳为中心，平阳逐渐成为黄河以北新的刻书中心。其二，总体的外貌特征：（1）欧、颜等字体并用，书写工整，字体精美、挺拔，行格疏密有序，用纸用墨考究，雕版精致，不亚于宋刻，甚至有的刻本较南宋更佳；（2）白口[4]，鱼尾[5]有单有双，左侧双边或

① 黄永年：《古籍版本学》，江苏教育出版社，2009年。

② 张秀民：《中国印刷史》，上海人民出版社，1989年。

③ 孔庆茂：《元刻本及其鉴定》，《收藏与投资》2018年第6期。

④ 白口是指书叶的版心而言，版心又叫中缝、书口、版口，是印叶版框中间的窄行。一方面用来对折书叶，一方面可在格内刻上书名、卷次、叶码、字数、刻工姓名等信息。有的书在版心处印有竖行的黑色标线，称为黑口。不印标线的称为白口。目前所知金刻本几乎都是白口。

⑤ 鱼尾指的是版心骑中缝线所铭刻的鱼尾形的饰物。鱼尾有单鱼尾、双鱼尾、三鱼尾之分。单鱼尾位置多在版口上方1.5寸左右的地方。双鱼尾又分顺鱼尾、对鱼尾。顺鱼尾指版口上下两个鱼尾，鱼尾都朝下。对鱼尾则是上部的鱼尾朝下，下部的鱼尾朝上，两者相对。

四周双边[①]，行字较密。书名卷次（常用简称）写在上鱼尾下方，叶次记在下鱼尾下面；（3）无刻书序跋与题识，也没有牌记。其三，从雕印内容看：（1）金代皇帝都有女真语的名字以及汉名，汉名受宋人的影响要避讳，但不如宋人严格，女真语的名字译成汉字只是译音，因此金代平水刻本在避讳方面比较复杂，有的避宋讳不避金讳（例如《周礼》），有的避金讳不避宋讳（例如《南丰曾子固先生集》），有的不避金讳也不避宋讳（例如《栖霞长春子丘神仙磻溪集》）[②]；（2）金代编纂形式和版本类型出现了新的变化，出现了“重修”“新刊”“音注”“节要”“图解”一类的书籍，版画由雕绘佛像转为雕绘人物；（3）金代刻书内容多据宋版，大多来自坊间刻印，内容丰富，刻印形式多样，包括经史子集四大部类，其中又以释道医学类书籍刻印最多，既能满足群众需要，又极大地活跃了书籍市场。

元代平水刻本特点如下：其一，从时间上看：元代平水刻本盛于蒙古时期到元中期，衰落于元代后期。其二，从外貌特征方面看：（1）字体为欧、颜相间，比金代平水刻本更接近颜体，但较挺拔，笔力遒劲，与元浙本的优美流畅、建阳本的

---

① 四周双边是边栏设计的一种。边栏指一张印叶四边的围线，以围线的条数划分，有四周单边、左右双边、四周双边等几种。四周单边即一条黑线将叶面中的字框起来。左右双边即左右粗黑竖直栏线的内侧再刻一道较细的墨线，形成一粗一细两道竖直变线，也称文武边。所谓四周双边指的是沿着四周粗黑栏线的内侧，再刻一道较细的墨线，使四周都形成一粗一细的双栏线。

② 崔蒙：《“金刻本”〈素问〉文献学研究》，南京中医药大学硕士学位论文，2019 年。

松软圆活有明显不同，体现出北方刻书刚劲的风格；（2）纸张洁白硬朗，同元浙本，多用皮纸，与建阳本截然不同，版式为白口或细黑口、双黑鱼尾，四周双边，书名、卷次、叶次的位置和金代平水刻本相同，有刻工姓名；（3）有牌记，其中晦明轩牌记不仅形式多样，且记述刊刻源流、雕印年月及版权归属等，说明已有朦胧的版权意识。其三，从雕印内容看：（1）大多数仍是坊刻，在避讳方面也比较复杂，有的避宋讳不避金讳（例如《尚书注疏》），有的不避金讳也不避宋讳（例如《史记集解附索隐》）[①]；（2）无经史大部及诸子善本，医书及帖括经义浅陋之书传刻最多，注释本增多，纂图互注经书和子书、韵书，以及各种经书的新注、史书的节录、科举应试的参考用书等，刻印数量较大；（3）镌印精良，有的元本胜过宋刻，如平阳梁宅本《论语注疏》胜过宋十行本、平水曹氏进德斋本《尔雅郭注》胜过（明）吴元恭所从出之宋本。

与当时南方浙刻、蜀刻等相呼应，平水刻本自然在中国雕版印刷史上占据不可或缺的地位，在刻书规模、种类、价值上，与其他区域相比，平水刻本绝不逊色，自有它独到之处可比肩相抗。《金藏》《玄都宝藏》可证规模之大。现知书坊近30家，可见当时之繁盛。经史子集释道种类齐全。“平水韵”对当时诗歌、韵文的创作起了推动作用。《刘知远诸宫调》证

① 崔蒙：《“金刻本”〈素问〉文献学研究》，南京中医药大学硕士学位论文，2019年。

明金代诸宫调等说唱文学兴盛于平阳一带的事实，并为元杂剧的兴起奠定了基础。《四美图》及晦明轩刻本《重修政和经史证类备用本草》中的《海盐图》《解盐图》是我国现在能见到的最早的刻图，王重民先生更是称赞说："元、明以来戏曲小说所插版画，要当以此为祖，然则版画之兴，亦当由平阳启之"[①]，中国版画艺术的发展实肇始于此。宋代典籍散佚流失，金人继续予以翻刻，使得宋代书籍得以保存流传，对保存古籍做出了重大贡献。

总之，平水雕版印刷业对我国文学、艺术、医学、宗教等均产生过广泛而深远的影响，在文化的保存、流传、发展中功不可没。

参考文献：

（北魏）郦道元著，陈桥驿校证：《水经注校证》，中华书局，2013年。
（唐）李吉甫撰，贺次君点校：《元和郡县图志》，中华书局，1983年。
（宋）确庵、耐庵编，崔文印笺证：《靖康稗史笺证》（增订本），中华书局，2010年。
陈红彦：《元本》，江苏古籍出版社，2002年。
胡传志：《宋金文学的交融与演进》，北京大学出版社，2013年。
王瑛臻、张云岗主编：《临汾佛教史料集》，中国文史出版社，2011年。
阎凤梧主编：《全辽金文》，山西古籍出版社，2002年。

① 王重民：《中国善本书提要》，上海古籍出版社，1983年，第253页。

袁珂校注:《山海经校注》(最终修订版)，北京联合出版公司，2014 年。
周洪才、杨立民编著:《辽夏金元著述总目》，中国书店，2021 年。
崔蒙:《“金刻本”〈素问〉文献学研究》，南京中医药大学硕士学位论文，2019 年。
冯方:《辽金刻书的发达及其原因》,《古籍整理研究学刊》1994 年第 2 期。
侯秀林:《辽金时期山西刻书业繁荣的原因》,《忻州师范学院学报》2010 年第 6 期。
黄金灿:《初创与初传：平水韵起源研究二题》,《山西大同大学学报(社会科学版)》2020 年第 5 期。
黄永年:《宋本（附金本)》,《陕西师大学报（哲学社会科学版)》1980 年第 4 期。
孔庆茂:《辽金刻本及其鉴定》,《收藏与投资》2018 年第 Z2 期。
孔庆茂:《元刻本及其鉴定》,《收藏与投资》2018 年第 6 期。
李际宁:《谈山西地区发现的几件早期雕版印刷弥勒经典》,《新世纪图书馆》2016 年第 11 期。
李晋林:《唐宋时期山西刻版印刷史考述》,《山西师大学报（社会科学版)》1999 年第 1 期。
李晋林:《金元时期平水刻版印刷考述（上)》,《文献》2001 年第 2 期。
李晋林:《金元时期平水刻版印刷考述（下)》,《文献》2001 年第 3 期。
李娟:《山西雕版源流考》，陕西师范大学硕士学位论文，2007 年。
李西亚:《金代刻书地点考》,《北方文物》2010 年第 2 期。
李西亚:《金代出版业发展的经济与文化原因探析》,《北方文物》2014 年第 1 期。
裴成发:《试论平阳刻书盛极一时的原因》,《晋图学刊》1986 年第 1 期。
孙安邦:《山西的雕版印刷宋辽金元时期（下)》,《新闻出版交流》2001 年第 3 期。

王娟:《“平水本”刊刻范围与名称由来考辨》,《中北大学学报（社会科学版)》2015 年第 2 期。

王永胜:《金元平阳刻书的特点及文化影响》，山西大学硕士学位论文，2011 年。

谢惠生:《从〈赵城金藏〉刻本见平水雕版之鼎盛》,《中国印刷》2017 年第 1 期。

辛德勇:《山西与中国古代的出版印刷》,《普陀学刊》2020 年第 12 辑。

杨文:《宋辽金元时期山西的雕版印刷（上)》,《新闻出版交流》2001 年第 2 期。

一　现存金代平水刻本

1.《妙法莲华经》7卷，天眷二年（1139）洪洞县卫氏经坊刻本

金平阳府洪洞县卫氏经坊刻《妙法莲华经》（7卷），（后秦）鸠摩罗什译，上海图书馆藏，存4卷（3、5至7），收入第二批国家珍贵古籍名录，名录编号：02993。卷轴装，匡高20.4厘米，每版23至27行不等，行17字。（见图9）陈清华旧藏。

由于卷5、卷6有“赵城县广胜寺”扉画，所以最初学界认为卫氏经坊刻本《妙法莲华经》属于《金藏》的一部分。后来，何梅先生通过实地调查卷6、卷7，得出卫氏经坊刻本《妙法莲华经》是单刻本佛经，绝非《金藏》本的观点。[①] 此观点应当无误。笔者通过实地调查，发现上海图书馆善本室卡片目录对编号828987—828990《妙法莲华经》做如下说明：“《妙法莲华经》七卷。（后秦）释鸠摩罗什译。金天眷二年平阳府洪洞县卫氏经坊刻本。四卷。存四卷：三、五至七。”经

① 何梅：《〈赵城金藏〉的几个问题》，《中国典籍与文化》2008年第3期。

仔细观察 4 卷《妙法莲华经》，发现前后都有轴、黄纸，都盖有“上海图书馆印章”。《妙法莲华经》卷 3 有天头地脚，每行 17 字，根据天头划线可判断各张印好后又粘连在一起，卷轴装，第 1 张与第 2 张连接处写有“三　一”，而且“三　一”写在第 1 张上；第 2 张与第 3 张连接处写有“三　二”，而且

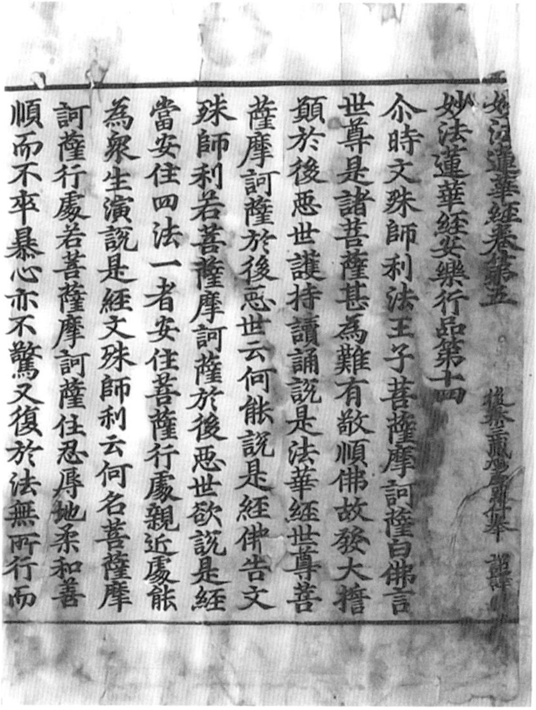
妙法蓮華經卷第五　姚秦三藏鳩摩羅什奉　詔譯
妙法蓮華經安樂行品第十四
尒時文殊師利法王子菩薩摩訶薩白佛言
世尊是諸菩薩甚為難有敬順佛故發大誓
願於後悪世護持讀誦説是法華經世尊菩
薩摩訶薩於後悪世云何能説是經佛告文
殊師利若菩薩摩訶薩於後悪世欲説是經
當安住四法一者安住菩薩行處親近處能
為衆生演説是經文殊師利云何名菩薩摩
訶薩行處若菩薩摩訶薩住忍辱地柔和善
順而不卒暴心亦不驚又復於法無所行而

图 9 《妙法莲华经》卷 5 局部[①]

① 引自中国国家图书馆・中国国家古籍保护中心编:《第二批国家珍贵古籍名录图录》(第 3 册)，国家图书馆出版社，2010 年，第 133 页。

“三　二”写在第二张上，以此类推，共有21张。有水泽痕迹，空白包首，无图版，卷首及尾题为“妙法莲华经卷第三”。卷3包含《授记品》及《化城喻品》。卷5先是空白叶，接下来是版画，上写“□□广胜寺”，版画叶后接正文叶，正文叶第1行为“卷第五，(后秦）三藏鸠摩罗什奉　诏译”。第2张与第3张中间粘缝处在第3张上写有“五　三”，其他以此类推，但第22张后标号却是第13张，号码顺序不对，但内容却是连续的，所以“一十三”应是“二十三”之误。最后单独一张写有题记：“洪洞县东尹村李惠济，伏为母吉氏患安，谨发诚心，纠化多人，印补当县观音院《法华经》欲成壹藏者。闻《法华经》者陈二榷于鹿野苑中谈一实，向灵山会上破凡情，同出于火宅，引诸子共趋于宝所。然冀补经良因，人增福寿，各保遐昌，法界含识，俱登觉岸。天眷贰年己未六月二十七日印毕。印经维那李惠济；知库人吉遇；尹威共母师氏印。施经一部计七卷，北柏村王茂印一卷。”卷6每行17字，每张27行，前有包首，后接版画叶，版画上写有“赵城县广胜寺”，第1张与第2张粘缝处在第2张上写有“六　二”，以此类推，共22张正文，首题及尾题为“妙法莲华经卷第六”，从“世尊灭度”到“药王菩萨本事品第二十三”。卷7有包首，后接正文叶，前11张缺，粘缝处且在第12张上写有“七　十二”，内容为“劝启品第二十八”，倒数第2张共19行，行17字，其他叶是27行，尾题“妙法莲华经卷第七”，尾题下写有“平阳府洪洞县经坊，卫家印造记”。最后一张写有题记：“洪洞县东尹村李惠济，伏为母吉氏患安，谨发诚心，纠化多人，印补当县观音院《法华经》欲成壹藏者。闻《法华经》者陈二榷于鹿野苑中谈一实，向灵山会上破凡情，同出于火宅，引诸子共趋于宝所。然冀补经良因，人增福寿，各保遐昌，法界含识，俱登觉岸。天眷贰年己未六月二十七日印毕。印经维那李惠济；知库人吉遇；尹威共母师氏印。施经一部计七卷，北柏村吉闰印一卷。”

参考文献：

李富华、何梅：《汉文佛教大藏经研究》，宗教文化出版社，2003 年。
何梅：《〈赵城金藏〉的几个问题》，《中国典籍与文化》2008 年第 3 期。

2. 广胜寺本《金藏》，皇统九年至大定十八年（1149—1178）初雕于平阳地区

1933 年，上海“影印宋版藏经会”成员范成法师在搜寻《碛砂藏》的过程中机缘巧合于山西洪洞广胜上寺发现了数千卷经卷，并“分函各处报告”，于是一部“向所未知”的金代刻藏始为世人所知。由于此藏卷首扉画释迦说法图标有“赵城县广胜寺”题记（见图 10），所以一般称之为《赵城

金藏》。

由于《金藏》在传播过程中出现过多个版本，所以一般把《赵城金藏》称为广胜寺本《金藏》。曾记载过募刻《金藏》的史料，大多数内容源于《赵沨碑》，都认为崔法珍是募刻《金藏》的发起者。《雕藏经主重修大阴寺碑》（见图 11）则有所不同，它提供了很多其他史料所不载的细节，如募刻《金藏》的发起人应是实公，崔法珍只是辅弼实公的重要弟子之一，后来之所以说崔法珍雕印经藏，应主要与她“大定十八年，将所雕藏经部帙卷目总录板数，表奏朝廷”有关，而且崔法珍所献藏

图 10 《金藏》扉画（仿真本）[①]

① 摄自临汾市图书馆。

图 11 《雕藏经主重修大阴寺碑》[①]

经可能是实公在世时基本已经雕刻完成的经版。也仅有《雕藏经主重修大阴寺碑》提到雕印《金藏》的缘由，即实公“至于台山恳祷志诚，感文殊菩萨空中显化，得法眼净，见佛摩顶授记曰：汝于晋绛之地大有缘法，雕造大藏经板”，从而才有后来带领门人募刻《金藏》之事。

通过对广胜寺本《金藏》装帧形式、行格字数、避讳、诸经编次等方面的对校，蒋唯心先生认为“崔氏刻藏最为一目了然之特色者，即在覆刻北宋官版大藏经，而不啻为其一肖影也”[②]。北宋官版大藏经即《开宝藏》，是我国刻经史上第一部木刻本佛教大藏经，也是此后一切大藏经雕造的蓝本。此后蒋唯心先生的观点广泛被学界接受，即《金藏》覆刻《开宝藏》。从《金

① 摄自绛县张上村太阴寺。

② 蒋唯心：《金藏雕印始末考》（附经目），《国风》1934 年第 5 卷第 12 号。

藏》“日”字帙《大般若经》卷82尾题及“雁”字帙《大乘智印经》尾题推测，《金藏》最早雕刻于金皇统九年（1149），最迟为金大定十三年（1173），因此蒋唯心先生认为“此经原刻自皇统八九年至大定十余年，前后约三十载”。后来，学界进一步结合《雕藏经主重修大阴寺碑》，认为《金藏》镌刻于金熙宗皇统九年至世宗大定十八年（1149—1178）。依据《雕藏经主重修大阴寺碑》《最初敕赐弘教大师雕藏经板院记》等资料所载“大定十八年，将所雕藏经部帙卷目总录板数，表奏朝廷”“大定十有八年，始印经一藏进于朝”，知1178年《金藏》曾印过一部献于朝廷，即天宁寺本《金藏》，是《金藏》的初雕印本，编辑《中华大藏经》时曾提到7卷。依据《最初敕赐弘教大师雕藏经板院记》所载“仍赐钱千万，洎内帑五百万，起运经板。至二十一年进到京师。其所进经板凡一十六万八千一百一十三，计陆千九百八十为卷。……仍置经板于大昊天寺，遂流通焉”[①]，知《金藏》经版运到了燕京大昊天寺，后来移藏弘法寺。《金藏》经版运到燕京大约半个世纪就出现了损坏情况，故而先后进行了两次补雕。第一次补雕，蒋唯心先生认为发起者是耶律楚材，并依据有明确时间可考的三条《金藏》“恶”帙《瑜伽师地论》题记以及进而可大致推定时间的“雅”帙《显宗论》、“与”帙《摄大乘论释》题

① 李际宁:《〈金藏〉新资料考》，见方广锠主编:《藏外佛教文献》第3辑，宗教文化出版社，1997年，第450页。

记推断“补雕经版当在元初太宗与其后听政时期”，即1229—1246年，雕经地应在燕京弘法寺。第一次补雕现存印本有二，其中之一就是元世祖中统初年（约1261年）所印的广胜寺本《金藏》。

元世祖中统初年所印广胜寺本《金藏》一直保存在广胜寺，直到抗战爆发后，赵城沦陷。1942年，日军扬言要在农历三月十八广胜寺庙会期间登临飞虹塔游览，而此时广胜寺本《金藏》正秘藏在塔内，广胜寺住持力空法师意识到日军是想借登塔之机抢夺广胜寺本《金藏》，就紧急联系驻守在兴旺峪的抗日政府抢救广胜寺本《金藏》。据1942年7月6日《新华日报（华北版）》第4版所载《赵城军民协力卫护佛家珍藏，抢出广胜寺古代经卷》描述当时的情况为：“日寇占领赵城后，觊觎此巨经已久，近且设法盗取，为我当地军政民发觉，遂配合精锐武装，并得该寺和尚之助，于日前将该经全部抢救出来，业已转送边区政府保存。”此后，广胜寺本《金藏》辗转秘藏在山西安泽县（亢驿村）、山西沁源县、山西棉上县、河北涉县等地，直到1949年入藏北平图书馆（今中国国家图书馆）。广胜寺本《金藏》入藏中国国家图书馆可谓历经磨难，这一过程中发生过很多可歌可泣的事情，包括把抢救经卷时散落的零卷捐赠中国国家图书馆，例如冯玉玺、冯玉璋兄弟向中国国家图书馆捐献《金藏》之事。

1981年6月，冯玉玺偶然得知《赵城金藏》的价值后，便写信给哥哥冯玉璋询问家藏两卷《赵城金藏》的保存情况。

在得知两卷佛经仍完好保存在老家后，冯玉玺一面去信嘱托哥哥好好保管，一面与北京图书馆（今中国国家图书馆）取得了联系。1982 年 4 月，冯玉玺给北京图书馆写信，介绍了家藏两卷佛经的基本情况，指出这两卷佛经是抗战时期其父冯俊从田边土埂边捡回来的，并请北京图书馆查看这两卷佛经是否是《赵城金藏》中的两卷。北京图书馆收到信件后，经调查认为冯玉玺所言两卷佛经正是北京图书馆所缺部分，但因具体版刻特征不清楚，所以需等到过目后才能确定是否属于《赵城金藏》。经冯玉玺建议，北京图书馆派薛殿玺和王玉良到洪洞鉴定经卷，确认是《赵城金藏》真本，一卷是《起世因本经》(卷 10)，另一卷是《佛母出生三法藏般若波罗蜜多心经》(卷 2)。根据北京图书馆的情况说明以及相关研究成果，并结合中国国家图书馆“中华古籍资源库——赵城金藏”中的图片，可知冯玉璋捐献的两卷广胜寺本《金藏》均作卷子装，赤轴，纸质薄韧，似黄表纸，刻本，卷高 31 厘米，匡高 22 厘米、宽 48 厘米左右。每纸 23 行，行 14 字，字体古朴，结构布局疏密有致，刻工精细。两纸的夹缝处均印有经名、张数和千字文编号。其中《佛母出生三法藏般若波罗蜜多经》卷 2，微字号，存第 4 张（后 13 行)、第 5 张至第 17 张、第 18 张（残存前半部分），共计 15 张。从叶间中缝看，尤其是第 9、11、17 张中缝，可明显看出该卷是先单张写完，再粘接在一起的，且上一张粘连在下一张之上。《起世因本经》第 10 卷，取字号，存第 17 张至第 27 张，共计 11 张，存尾题:《起世因本经》卷第十。通过这两卷佛经的卷子形态，并与北京图书馆已有的这两卷佛经的其他部分做对比，以及冯玉璋、冯玉玺回忆其父拾得佛经的情况，综合判断可认定冯玉璋、冯玉玺捐献的两卷佛经属于广胜寺本《金藏》。

确认两卷佛经是广胜寺本《金藏》后，薛殿玺、王玉良“要与‘献经者’商讨一番‘报酬’问题，没想到这个问题刚一提出，我哥哥（冯玉璋）便说‘国家的东西，拿走吧！’便不再谈此事了，这使他们感到有点意外”。根据颁发给冯玉璋的奖状及 1982 年 8 月 24 日北京图书馆写给山西省文物局的信函，可知冯玉璋“于 1982 年 8 月 15 日将其珍藏多年的《赵城金藏》两卷捐赠给国家”。那么到底存放在山西省博物馆，还是北京图书馆呢？可以说已不仅仅是冯玉璋、冯玉玺个人的事，而是山西省与北京图书馆的事了。“最后还是由刘舒侠部长与有关方面协商后，决定由北京图书馆收藏”，所以在北京图书馆与山西省文物局就办理冯玉璋捐献两卷广胜寺本《金藏》一事所签协议书上格外写明“此次发现的两卷，冯玉璋同志自愿捐献给北京图书馆。山西省文物局从此经的重要性及完整性考虑，同意这一意见”。此外，山西省文物局和北京图书馆共同商定给予冯玉璋兄弟奖金、奖状，并进行报道宣传乃至复制经卷等。8 月 23 日，两卷广胜寺本《金藏》安全入藏北京图书馆善本组。

中国国家图书馆现存广胜寺本《金藏》4813 件。据《第一批国家珍贵古籍名录图录》介绍，广胜寺本《金藏》为卷轴装，每纸 23 行，行 14 字，上下单边。

参考文献：

介子平:《两帙经卷　一段传奇》,《新闻出版交流》1999 年第 4 期。
靳成功、牛新贵:《老农冯玉璋献出稀世珍品——〈赵城金藏散经卷〉》,《光明日报》1983 年 6 月 28 日。
李勇、徐麟:《新收集的两卷赵城金藏》,《文物》1983 年第 8 期。
王玉良:《两卷〈赵城金藏〉离合记》，见中共洪洞县委党史研究室编，张广祥编著:《洪洞县革命斗争回忆录（太岳一分区赵城县革命史料）》，2000 年。
张献哲、李勇:《冯玉璋捐献两卷金藏》,《山西文物》1983 年第 1 期。

3.《佛说生天经》1 卷，贞元三年（1155）洪洞县刘友刻本

1986 年，美国新奥尔良博物馆藏的一尊观音像内发现两种金代刻印的佛经，其中一种为《佛说生天经》。该经为经折装，半叶 4 行，行 12 字，字体工整，扉首有地藏菩萨像，贞元三年刻于洪洞县长命村，经上刻有“长命村信佛弟子刘友、张氏，奉小少亡父母，乞后世聪明智惠，近十善，不邪见之家

下生。自发肯心刁《生天经》板印造，尽形散施，愿天下人安乐。贞元三年三月　日散施”[①]。

参考文献：

韩琦:《美国发现的金刻本佛经》，见上海新四军历史研究会印刷印钞分会编:《装订源流和补遗》，中国书籍出版社，1993 年。
张秀民:《美国新发现的金刻本佛经（附牌子原文)》,《文献》1987 年第 2 期。

4.《壬辰重改证吕太尉经进庄子全解》10 卷，大定十二年（1172）平水书坊刻本

《壬辰重改证吕太尉经进庄子全解》简称《吕太尉经进庄子全解》，当中的“吕太尉”即书的作者，是北宋政治家吕惠卿。吕惠卿（1032—1111)，字吉甫，泉州晋江（今属福建）人。宋仁宗嘉祐二年（1057）进士，后与王安石引为知交。王安石当政后，事无大小必与之谋，来往亲密，视为心腹。熙宁七年（1074)，王安石罢相后，吕惠卿背叛了王安石。著名

① 张秀民:《美国新发现的金刻本佛经（附牌子原文)》,《文献》1987 年第 2 期。韩琦:《美国发现的金刻本佛经》，见上海新四军历史研究会印刷印钞分会编:《装订源流和补遗》，中国书籍出版社，1993 年，第 212—214 页。

藏书家傅增湘（1872—1949）在《跋宋本吕惠卿庄子义残卷》中对吕惠卿有一段非常精妙的评论，认为“惠卿名列《奸臣传》，憸巧反覆小人，本无足取。第其人博辨有才，见赏于荆公，即温公进对，亦有文学辨慧之言”[①]。简言之，即吕惠卿人品不行，是个反复小人，但能言善辩，很有才能，也有很深的文学造诣。

吕惠卿著有文集、奏议、《县法》《论语义》《道德真经传》《庄子解》等，但大多已散佚。《庄子解》是现存能够见到的为数不多的吕惠卿著作。吕惠卿曾经参与经筵讲经，他注解的《庄子》也是为了向皇帝讲授，所以后人定名吕惠卿注解的《庄子》时加有“经进”二字。据研究，吕惠卿为《庄子》撰写义解是陆续进行的，先将内篇义解进呈给朝廷，又继续撰写其他义解。如此，就有可能形成各种不同的版本，进而导致后世志书所载的书名、卷数也各不相同。傅增湘认为此书“理解深刻，文笔隽快”。

长久以来，人们只能从宋末褚伯秀《南华真经义海纂微》、（明）焦竑《庄子翼》中部分地了解经过压缩的吕惠卿《庄子解》内容，从而严重影响对吕惠卿庄子学思想的全面理解。民国时期，陈任中从褚伯秀《南华真经义海纂微》中辑录出有关吕氏《庄子解》的压缩文字，并校以俄国博物院所赠黑水

① 傅增湘:《跋宋本吕惠卿庄子义残卷》,《国立北平图书馆馆刊》1931 年第 5 卷第 2 号。

城《吕观文进庄子义》(即《宋史·艺文志》所载吕惠卿《庄子解》) 残本胶片（共 51 叶），辑成《宋吕观文进庄子义》10 卷，成为数十年来最通行的吕惠卿《庄子义》读本。之所以称吕惠卿为“吕观文”，是因为吕惠卿于宋哲宗绍圣（1094—1097）年间加“观文殿学士”之故。1908 年至 1909 年间，俄国军官、地理学家科兹洛夫（1863—1935）探险队在内蒙古西部额济纳旗哈喇浩特遗址（即黑水城遗址）发掘所得北宋刊《吕观文进庄子义》残本仅有 110 叶，起自《齐物论》篇“解者，是旦暮遇之也”，终于《天运》篇“今蕲周于鲁，是犹推”，中间还偶有残损，所以并不能反映吕惠卿《庄子义》的大概，更不用说陈任中用来校补的仅是黑水城残本的一半叶数，所以要想借此了解吕惠卿《庄子义》全貌，根本是不可能的事。对于关注吕惠卿《庄子义》的人来说，不睹完本，终究是一块心病，故而不少人曾苦苦寻觅，例如傅增湘曾言：“吕氏所注尚有《老子》四卷，为元丰元年知定州时所进，列入《道藏》‘必’字号，故世多传之。《庄子义》独不见收，元明以来又无传刻，遍检各家书目，惟季氏《延令书目》有宋刊本，题‘吕太尉经筵进庄子全解十卷’，明文彭、吴元恭识尾。此本今藏杨氏海源阁，考其目录所记，行格为半叶十二行，每行大字二十四至二十七，小字二十八、九不等。其结衔及书名与此本迥异。杨绍和跋谓是南宋初刻本，则视此已逊一筹矣。钞本可考者，有明邢氏来禽馆本，见杨绍和《楹书隅录》。又昆山徐健庵藏本，见王莲泾《孝慈堂书目》(凡三百二十五番)，亦不知流转何所。”[①]傅增湘所言“季氏”乃是清初大藏书家季振宜。文彭是书画家文徵明的长子，书法神采风骨兼有唐代书法家孙过庭及其父之长，印学成就比书法更胜一筹，是明代清流派篆刻的开山祖师。吴元恭是明代著名校勘学家、藏书家，潜心六艺百家，工于书法，效法二王之笔，喜藏书，建有“太素馆”。傅增湘所说的“杨氏海源阁”位于山东聊城，是中国历史上最著名的私人藏书楼之一。清道光二十年（1840），进士杨以增所建，历经四代人悉心相守，总计藏书4000余种，22万余卷，其中宋元珍本逾万卷。海源阁与江苏常熟县瞿绍基的“铁琴铜剑楼”、浙江吴兴县陆心源的“皕宋楼”、浙江杭州丁申的“八千卷楼”并称清代四大藏书楼，其中尤以瞿、杨两家所收藏的宋元刻本和抄本书最多，所以又有“南瞿北杨”的美称，深为海内外学者所仰慕。从书中文彭、吴元恭题款及“文寿承氏”“太素馆”“吴之恭氏”“上海潘云献豫园珍藏”“季振宜读书”“御史振宜之印”“乾学”“徐健庵”“杨绍和读过”“杨绍和藏书”“宋存书室”“海源阁藏”“海源残阁”“杨印承训”“遁虚堂印”“聊城杨承训鉴藏书画印”“周暹”等钤印，不难勾勒出此书的递藏轨迹。（见图12）众多钤印进一步丰富了此书的历史价值、文化价值、文物价值与艺术价值。1934年春，古籍收藏家周叔弢收购了该刻本，并于1952年8月无偿捐献给北京图书馆（今中国国家图书馆）。

① 傅增湘撰：《藏园群书题记》，上海古籍出版社，1989年，第517页。

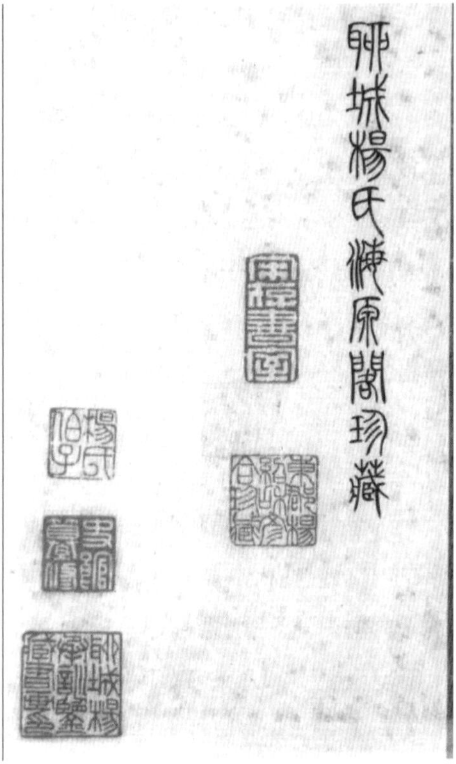

图 12 《壬辰重改证吕太尉经进庄子全解》钤印

中国国家图书馆藏《吕太尉经进庄子全解》即周叔弢捐献本，收入第二批国家珍贵古籍名录，名录编号 03079。（见图 13）在中国国家图书馆“中华古籍资源库”中能看到全文影像，善本书号：08352。该刻本半叶 12 行，行 22 至 26 字不等，小

① 引自周一良主编:《自庄严堪善本书影》，国家图书馆出版社，2010 年，第 926 页。

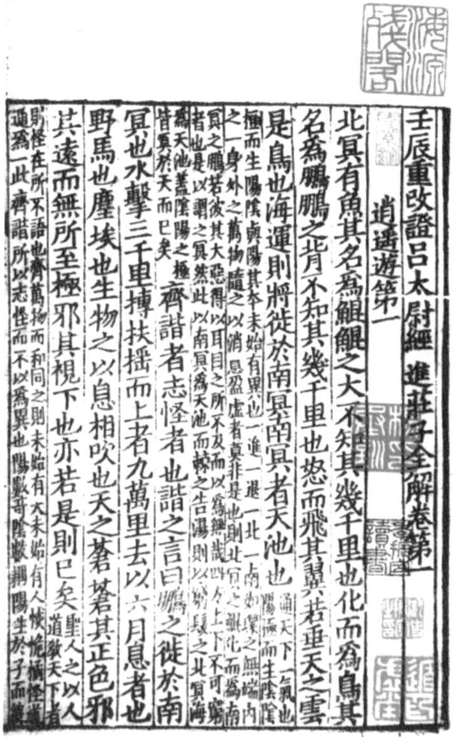

图 13 《壬辰重改证吕太尉经进庄子全解》卷 1

字双行 28 至 31 字不等，白口，左右双边，单鱼尾，末尾有（明）文彭嘉靖三年（1524）题款（见图 14）、（明）吴元恭嘉靖十一年（1532）题款。（见图 15）

杨绍和《楹书隅录》著录为宋本，北京图书馆编《中国

---

① 引自中国国家图书馆・中国国家古籍保护中心编:《第二批国家珍贵古籍名录图录》（第 3 册），国家图书馆出版社，2010 年，第 220 页。

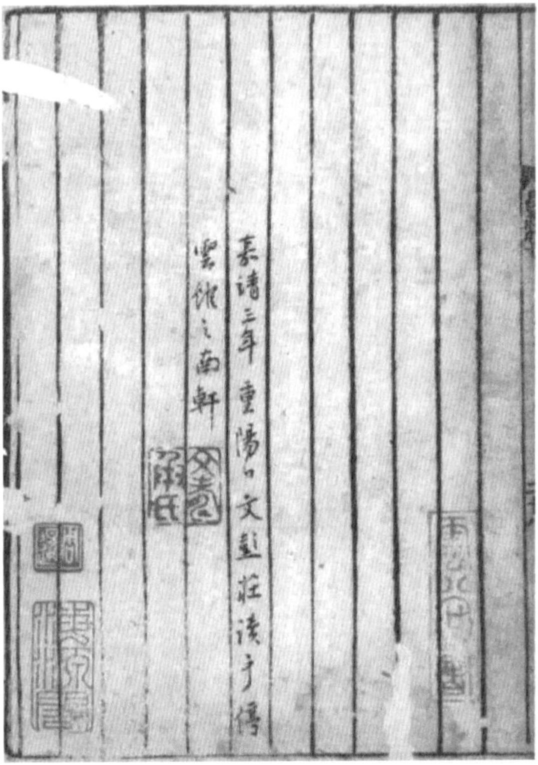

图 14 《壬辰重改证吕太尉经进庄子全解》文彭跋

版刻图录》(第1册）据其版式及纸墨刀法，断为金代刻书中心平水书坊于金世宗大定十二年（壬辰年）重翻北宋刻本。据中国国家图书馆“中华古籍资源库”介绍，可知此国图藏《吕太尉经进庄子全解》是当今所传的最古老最完好的吕惠卿《庄子

① 引自周一良主编:《自庄严堪善本书影》，国家图书馆出版社，2010 年，第 925 页。

壬辰重改證呂太尉經進莊子全解卷第十

图 15 《壬辰重改证吕太尉经进庄子全解》吴元恭跋

义》，十分珍贵，是治庄子学及研究吕惠卿学术思想者一直渴望一睹真容的本子。但作为文物的金刻本始终难以得见，好在中国国家图书馆已出版影印本，这是一件值得称赞的事情。据书中所收吕惠卿《进庄子义表》(见图 16)，可知吕惠卿著此书

① 引自周一良主编:《自庄严堪善本书影》，国家图书馆出版社，2010 年，第 926 页。

的目的是阐述庄子的“内圣外王之道，深根固蒂之理”，以备宋神宗“乙夜之观”。

吕惠卿认为道家强调的“无为而治”，既具有理论高度又具有实际可操作性，可以作为儒家治世的补充。他还想通

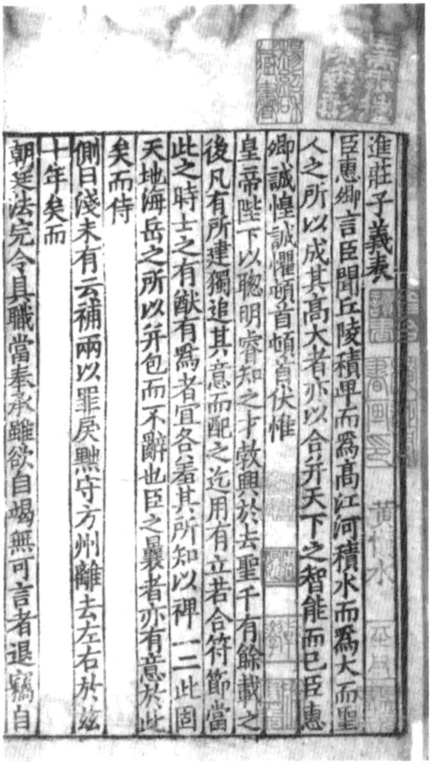
進莊子義表
臣惠卿言臣聞丘陵積卑而爲高江河積水而爲大而聖
人之所以成其高大者亦以合并天下之智能而已臣惠
卿誠惶誠懼頓首頓首伏惟
皇帝陛下以聰明睿知之才敦興於去聖千有餘載之
後凡有所建獨追其意而配之迄用有立若合符節當
此之時古之有猷有爲者宜各盡其所知以裨一二此固
天地海岳之所以并包而不辭也臣之曩者亦有意於此
矣而侍
側目淺未有云補兩以罪戾黜守方州離去左右於茲
十年矣而
朝廷法完令具職當奉承雖欲自竭無可言者退竊自

图 16 《进庄子义表》[①]

① 引自周一良主编:《自庄严堪善本书影》，国家图书馆出版社，2010 年，第 923 页。

过对孔子形象进行道家化的改造，以此作为儒道融合的途径，从而达到“内圣外王”的目的。正是基于上述目的，吕惠卿在其儒道合一思想的支配下展开了对《庄子》的阐发。当他遇到《庄子》中那些诋毁孔子的言论时，往往会对其进行辩解或加以转化。例如，《天运》篇假借“师金”之口，批评“孔子”带着一群弟子死守先王之道，实在无异于东施效颦，所以只能落得一个“伐树于宋，削迹于卫，穷于商周”的可悲下场。对此，吕惠卿阐释说：“夫有教立道而无心者仲尼也，则虽取先王应世之迹，而弦诵讲习，昼夜不息，固岂有所系哉！彼视宋之伐树、卫之削迹、商周之穷、陈蔡之厄，犹观雀蚊虻相过乎前也。道之不行，已知之矣。则奚舟陆之必行，周鲁之必用，而不知无方之传，以至俯仰得罪于人，而不知礼义法度应世而变，与夫颦之所以美哉！盖学孔子而不知孔子之所以为孔子者，则其弊常若此，此庄子所以数言之也。”说明在吕惠卿看来，孔子与老子实质上并无不同，他们的思想是完全可以融通的。但由于儒家后学不知孔子之所以为孔子，也不知道礼仪法度应时而变，不知变通，固守教条，结果只能死守先王糟粕。庄子因看到儒家后学严重偏离了孔子本人的真实思想、精髓内核，所以才“数言之”。吕惠卿的这些说法，实质上与（北宋）苏轼在《东坡全集》卷36《庄子祠堂记》中所说的“庄子，盖助孔子者”有异曲同工之妙。吕惠卿对《庄子》的阐释，受到了后人的普遍好评。例如南宋理学家朱熹说：“旧看郭象解《庄子》，有不可晓处。后得吕吉甫解看，却有说得文义的当者。”[①] 民国初年政治家黄郛《吕惠卿〈庄子义〉序》称吕惠卿《庄子义》“不为肤浅一偏之见，多窥见其治世精义，为其它诸家所不及。”自然，也有对吕惠卿庄子学持怀疑态度的。例如明代文学家谭元春在《阅齐物论第二》中说：“人传吕惠卿读至‘参万岁而一成纯’，遂悟性命之理。昔有悟《法华》者，因‘无所住而生其心’一句，遂尔大悟。吉甫奸人，效颦盗窃之事耳，未必真尔也。”[②]很明显，这是因吕惠卿的人品而否定其庄子学成就，正所谓“憎其人者，恶其余胥”。或许，正是因为吕惠卿的人品使得《庄子义》不传于世。虽说人品、文章不能完全割裂，但因一方而否定另一方也有失公允，吕惠卿虽然人品不佳，但著作文章的确有值得称道之处，不因其人品而否定其著作，正所谓“‘孔雀虽有毒，不能掩文章’也”[③]。

参考文献：

（宋）黎靖德编，王星贤点校：《朱子语类》，中华书局，1986 年。

① （宋）黎靖德编，王星贤点校：《朱子语类》（第 5 册），中华书局，1986 年，第 1986 页。

② （明）谭元春著，陈杏珍标校：《谭元春集》卷 33，上海古籍出版社，1998 年，第 905 页。

③ 傅增湘：《跋宋本吕惠卿庄子义残卷》，《国立北平图书馆馆刊》1931 年第 5 卷第 2 号。

（宋）吕惠卿:《金刻本庄子全解》（上册），国家图书馆出版社，2017年。
方勇总编纂，华东师范大学“子藏”编纂中心编:《子藏·道家部·庄子卷》（第75册），国家图书馆出版社，2011年。
傅增湘:《跋宋本吕惠卿庄子义残卷》,《国立北平图书馆馆刊》1931年第5卷第2号。

5.《高王观世音经》10卷，大定十三年（1173）洪洞县耶律承信刻本

1986年，美国新奥尔良博物馆藏的一尊观音像内发现两种金代刻印的佛经，其中一种是《高王观世音经》（两件）。其中一件《高王观世音经》为经折装，半叶4行，行13字，有水月观音扉画，扉画镌刻细致、线条遒劲，大定十三年刻于洪洞县，经上刻有“洪洞县令耶律承信并妻大氏……谨启诚心印造高王经一十卷，散施僧俗集斯妙利追荐亡灵，伏愿超升天界及见存家眷增延福寿永保安康四恩五友同登彼岸。大定十三年六月　日承信校尉行洪洞县令耶律珪敬施”[①]。另一件《高王观世音经》外层为泥土包裹，内中具体情况不明。

《高王观世音经》（或简称《高王经》）是一部诞生于北朝时期华北地区的佛教疑伪经。它的早期版本只有249个字，并

① 张秀民:《美国新发现的金刻本佛经（附牌子原文）》,《文献》1987年第2期。

且绝大部分内容都摘抄自其他佛经。“高王经”经名的出现，基本上确定在以天平元年到武定五年（534—547）前后为主的东魏时期，“高王”是专指当时的权臣高欢。在高欢利用佛教信仰来巩固自己的地位和权威性的决策和实施中，卢景裕发挥了重要的作用。卢景裕喜好佛教并通其大意，当时天竺沙门智希（即瞿昙般若流支），每译诸经论，都会请卢景裕为之作序。正因为卢景裕的佛教造诣，以及高欢、高澄父子对他的救命乃至知遇之恩，卢景裕参与了通过佛教树立高欢个人权威的活动。《魏书》卷84《卢景裕传》记载有现存正史中有关《高王经》唯一的一条记载：“景裕之败也，系晋阳狱，至心诵经，枷锁自脱。是时又有人负罪当死，梦沙门教讲经，觉时如所梦，默诵千遍，临刑刀折，主者以闻，赦之。此经遂行于世，号曰高王观世音。”随着时代的推移，时至唐代中后期的8至9世纪，《救苦观世音经》《高王观世音经》等观音类经典都各有扩增本问世。中唐以后，当历史逐渐遗忘了《高王经》或《高王观世音经》中的“高王”的原本含义时，开始有人在《高王经》《高王观世音经》前冠以“佛说”，形成了所谓的《佛说高王经》或《佛说高王观世音经》的经名。

参考文献：

池丽梅：《〈高王经〉的起源——从“佛说观世音经”到“佛说高王经”》，《佛学研究》2018年第1期。

6.《新刊补注铜人腧穴针灸图经》5卷，大定二十六年（1186）平阳书轩陈氏刻本

《新刊补注铜人腧穴针灸图经》5卷，（宋）王惟一撰，（金）平水闲邪瞶叟补注，金大定二十六年书轩陈氏刻本，是我国存世针灸图经最古版本，现藏中国台湾“国家图书馆”。中国台湾“国家图书馆”网站“古籍与特藏文献资源”中可进行影像浏览。此书首列目录（见图17），次载天圣四年（1026）夏竦序（见图18）。卷3前部有《针灸避忌太一之图序》（见图19），序后有“时大定丙午岁上元日，平水闲邪聩叟述”（见图20），并刻有“书轩陈氏印行”木记（见图21）。

书末宣统元年（1909）刘世珩跋文曰：“右金大定本《新刊补注铜人腧穴针灸图经》五卷，宋翰林医官、朝散大夫、殿中省尚药奉、御骑都尉、赐紫金鱼袋、臣王惟一奉圣旨编修。首有天圣四年夏竦序；卷三之首，王惟一自序，又有《针灸避忌太一之图序》，序后有‘时大定丙午岁上元日，平水闲邪瞶叟述。书轩陈氏刊行’。是宋时宫书，金时刻本。考《宋史·艺文志》卷六，王惟一《新铸铜人腧穴针灸图经》三卷，即此书止三卷，与《崇文总目》《读书后志》合。明正统石本亦三卷，是宋代原书止三卷。至金大定丙午，加补注拓之为五卷耳。《读书后志》无‘经’字，作王惟德。《通志略》作王惟

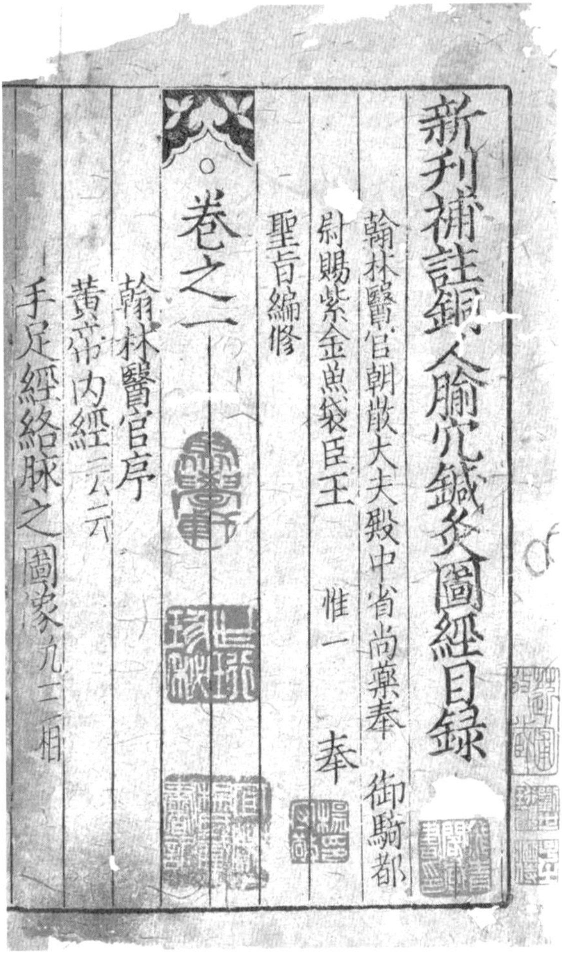
新刊補註銅人腧穴鍼灸圖經目録
翰林醫官朝散大夫殿中省尚藥奉御騎都
尉賜紫金魚袋臣王惟一奉
聖旨編修
卷之一
翰林醫官序
黄帝内經云云
手足經絡脉之圖象九二一相

图 17 《新刊补注铜人腧穴针灸图经》目录[①]

① 引自《新刊补注铜人腧穴针灸图经》5 卷，大定二十六年（1186）平阳书轩陈氏刻本。

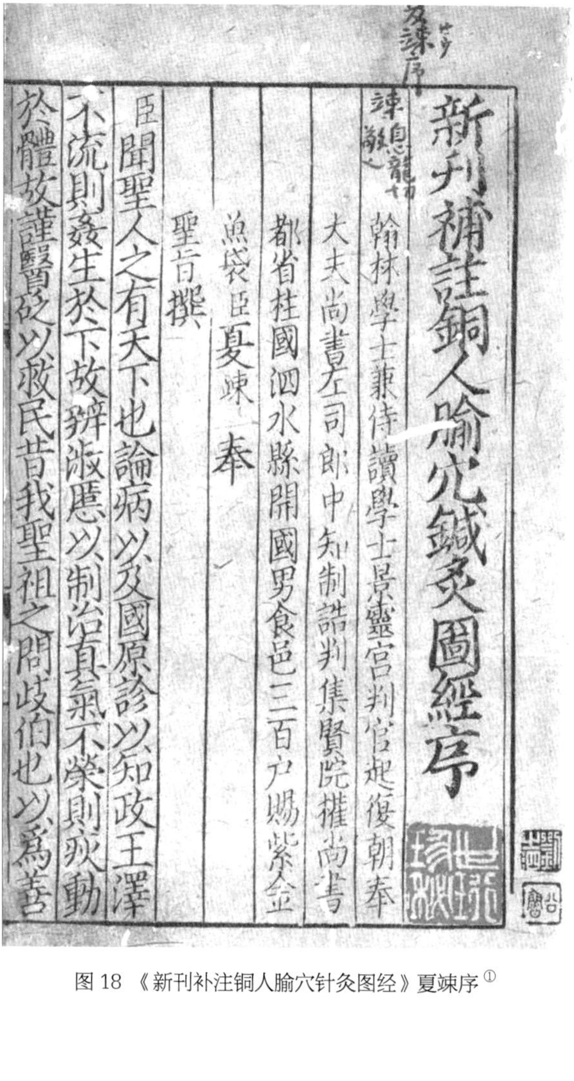
新刊補註銅人腧穴鍼灸圖經序
翰林學士兼侍讀學士景靈宮判官起復朝奉
大夫尚書左司郎中知制誥判集賢院權尚書
都省柱國泗水縣開國男食邑三百户賜紫金
魚袋臣夏竦　奉
聖旨撰
臣聞聖人之有天下也論病以及國原診以知政王澤
不流則姦生於下故辨淑慝以制治真氣不榮則疢動
於體故謹醫砭以救民昔我聖祖之問岐伯也以爲善

图 18 《新刊补注铜人腧穴针灸图经》夏竦序[①]

① 引自《新刊补注铜人腧穴针灸图经》5 卷，大定二十六年平阳书轩陈氏刻本。

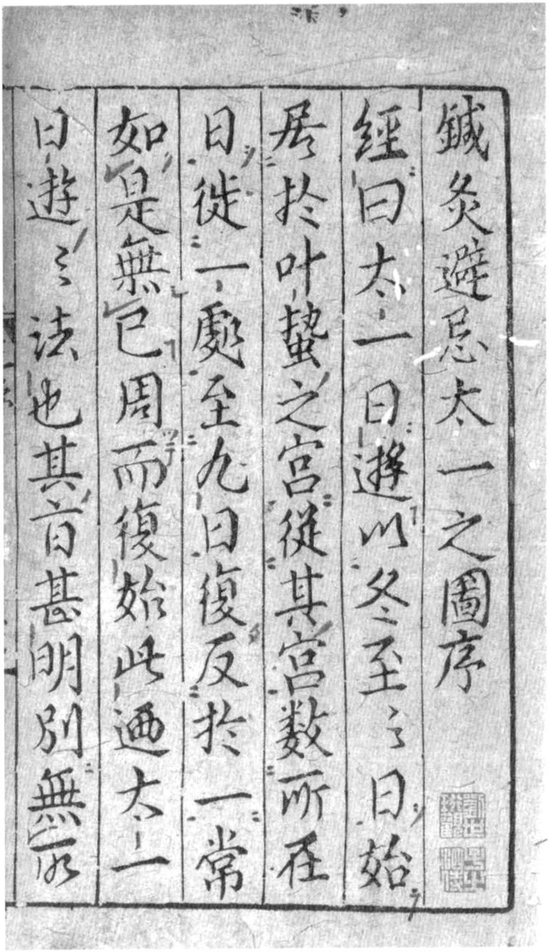

鍼灸避忌太一之圖序
經曰太一日遊以冬至之日始
居於叶蟄之宮從其宮數所在
日從一處至九日復反於一常
如是無已周而復始此迺太一
日遊之法也其旨甚明別無所

图 19 《针灸避忌太一之图序》①

① 引自《新刊补注铜人腧穴针灸图经》5 卷，大定二十六年平阳书轩陈氏刻本。

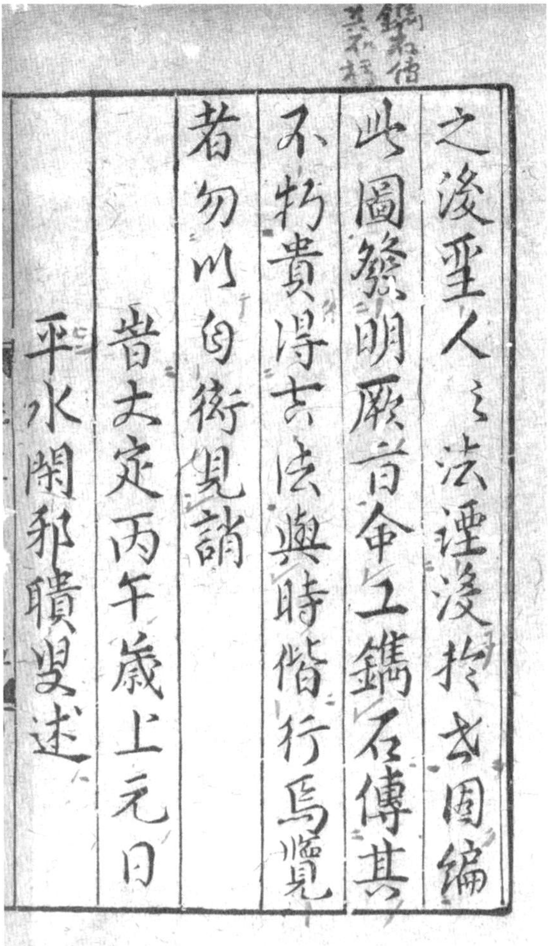
之後聖人之法湮沒於世因編
此圖發明厥旨命工鐫石傳其
不朽貴得古法與時偕行焉覽
者勿以自衒見誚
旹大定丙午歲上元日
平水閑邪瞶叟述

图 20 《针灸避忌太一之图序》后牌记[①]

① 引自《新刊补注铜人腧穴针灸图经》5 卷，大定二十六年平阳书轩陈氏刻本。

图 21 《针灸避忌太一之图序》后牌记[①]

① 引自《新刊补注铜人腧穴针灸图经》5 卷，大定二十六年平阳书轩陈氏刻本。

一。惟德《宋史》有传，惟一无之，或者其为兄弟行耶？补注亦不知成于何人，且又非三卷之旧矣。《经籍访古志》云：聩叟序中称，仆诚非沽名者，以年齿衰朽，恐身殁之后，圣人之法湮没于世，因编此图，发明钦旨，命工镌石，传其不朽。知是聩叟刻此图于石，而陈氏取坿是书，并以板行也。平阳经籍所刻书最鲜传本，金刊世尤难觏。《天禄琳琅》载金本仅有二种，宝贵更可想矣。曩景元贞平阳府梁宅刊《论语注疏》，后又获此金平水原本今并刻之，皆传北方之板本，为艺林所罕见者也。宣统纪元己酉新秋，贵池刘世珩记于天津。"（见图22）。据中国台湾"国家图书馆"整理，书中钤有"□圃收藏"朱文长方印、"刘世珩观"白文方印、"吴之泗侍"白文方印、"飞青阁藏书印"白文方印、"杨印守敬"白文方印、"聚学轩"朱文椭圆印、"世珩珍祕"白文方印、"宜都杨氏藏书记"白文方印、"聚学书藏"白文方印、"刘之泗"白文墨色方印、"公鲁"朱文方印、"贵池文献世家"白文方印、"之泗经眼"墨文方印、"万石曝书记"朱文长方印、"世珩十年精力所聚"白文方印、"玉海堂"朱文长方印、"□盦祕笈"朱文方印、"开元乡南山□刘葱石鉴赏记"白文长方印、"'国立中央图书馆'收藏"朱文长方印。（见图23）此书内有日本室町时代之朱墨训点及注文，又有杨守敬藏印，当为杨氏自日本购得，又传入安徽刘世珩、刘之泗父子手中，后又经李芝唯和张乃熊收藏。1941年10月，张乃熊将此书转让给当时的中央图书馆，后运至中国台湾。日本森立之编《经籍访古志补遗》"医部"说此

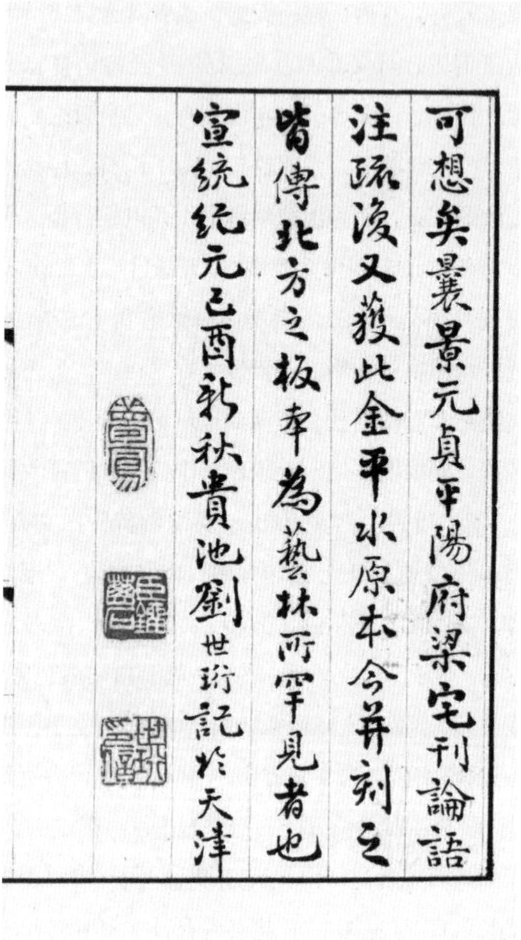

可想矣曩景元貞平陽府梁宅刊論語
注疏後又獲此金平水原本今并刻之
皆傳北方之板本為藝林所罕見者也
宣統紀元己酉新秋貴池劉世珩記於天津

图 22　刘世珩手跋[①]

① 引自《新刊补注铜人腧穴针灸图经》5 卷，大定二十六年平阳书轩陈氏刻本。

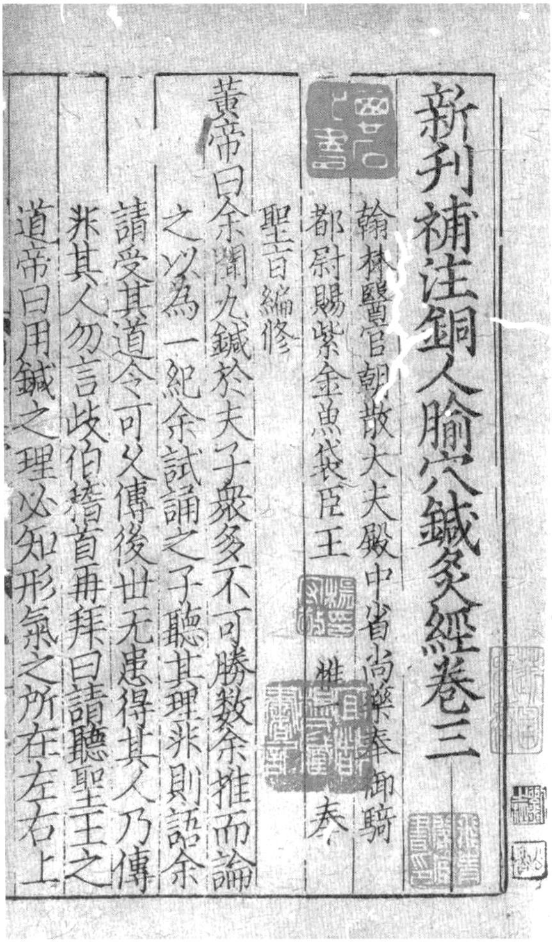

图 23 《新刊补注铜人腧穴针灸图经》卷 3 钤印[①]

① 引自《新刊补注铜人腧穴针灸图经》5 卷，大定二十六年平阳书轩陈氏刻本。

书元代曾翻刻，“每半板十行，行二十字”[①]。

王惟一（987—1067），又称王惟德，北宋著名医家。宋仁宗时为翰林医官、朝散大夫、殿中省尚药奉、御骑都尉，掌管宫廷药政事务，精通古代医学理论，并拥有丰富的实践经验，尤其在针灸学方面造诣很深。宋时针灸学非常盛行，但有关针灸学的古籍脱简、错讹甚多，传述日久，说法不一，以此指导临床，往往使“平民受弊而莫赎，庸医承误而不思”。针对这些弊端，宋仁宗天圣四年，宋廷征集、校订医书，王惟一奉诏考订针灸著作，“竭心奉诏，精意参神；定偃侧于人形，正分寸于腧募；增古今之救验，刊日相之破漏”，参考各家学说，总结前人针灸经验，编成《铜人腧穴针灸图经》（3卷）。虽然此书有图有经，但考虑到“古经训诂至精，学者封执多失，传心岂如会目，著辞不若案形，复令创铸铜人为式”，于是王惟一负责设计，政府组织工匠，于天圣五年（1027）以精铜铸成人体模型两具，世称“天圣铜人”，王氏新撰针灸著作遂名为《新铸铜人腧穴针灸图经》（3卷）颁行全国，与针灸铜人相辅行世。

《新铸铜人腧穴针灸图经》原分上、中、下三卷，于1027年由宋代医官院木板刊行。书中把354个穴位，按十二经脉联系起来，注有穴位名称、穴位间的距离长短、针刺的深浅尺

① 〔日〕涩江全善、森立之等撰，杜泽逊、班龙门点校：《经籍访古志》，上海古籍出版社，2017年，第289页。

度、穴位的主治及功效等内容，并绘制成图，为铜人注解。按照图可查到要找的穴位，按照穴位可查到所治症状，是我国古代针灸典籍中一部很有价值的针灸学专著。郑振铎（1898—1958）在《中国古代木刻画史略》中曾称赞道："一看《铜人腧穴针灸图经》的精确异常的木刻插图，就知道平阳府的木刻画家们技术水准是多么高超了。"[①]具体而言，此书卷上首载正背屈伸人形尺寸图，十二经脉与任、督二脉经穴图等，其次按手、足阴阳十二经及任、督二脉顺序，逐经记述了经脉循行部位、走向、主病及其所属经穴的位置。卷中先列"针灸避忌太乙图"，继而按头、面、肩、颈、膺、腋、股、胁等各部及经穴排列次序，备述每一经穴的部位、主治疾病、针刺深浅、灸疗壮数和针灸禁忌。卷下列十二经气血多少，以及井、荥、俞、经、合五腧穴之名，又按手、足阴阳十二经次序，详述各经脉在四肢的经穴部位、主治和针灸法等。（见图 24）

《新铸铜人腧穴针灸图经》对宋代之前的针灸学成就做了系统总结，对宋代及后世针灸学的发展具有重要的推动作用。金大定二十六年，平水闲邪瞆叟曾将此书略加增补，改编为 5 卷，题为《新刊补注铜人腧穴针灸图经》，其内容在原书基础上，删去骨度法、脏腑图、穴腧都数，补入经脉循行之注文、针灸避忌人神图等，并将经穴图及十四经脉之排列，做了较大修改。此外，在编订《铜人腧穴针灸图经》、铸造天圣铜人时，

① 郑振铎：《中国古代木刻画史略》，上海书店出版社，2011 年，第 21 页。

图 24 《新刊补注铜人腧穴针灸图经》心经图①

① 引自《新刊补注铜人腧穴针灸图经》5 卷，大定二十六年平阳书轩陈氏刻本。

宋仁宗也曾命工匠镌石，把《新铸铜人腧穴针灸图经》刻于石碑上，在汴京相国寺建针灸图石壁堂。1042年，针灸图石壁堂改称仁济殿。石刻镶嵌在仁济殿四壁，每卷一壁，剩余一壁刻王惟一所撰另一部著作《穴腧都数》（1卷）。《穴腧都数》分别记头、面、颈、背、胸、腋、腹、胁等各部的十二经穴，四肢部经穴部位，“修明堂诀式”（周身骨度尺寸）以及“五脏六腑大小尺寸”等，文字简要，具有经穴的索引性质。

天圣铜人铸成后，一身置于医官院，一身置于大相国寺。两身针灸铜人完全依照《铜人腧穴针灸图经》法度，用青铜铸成。铜人外形与成年男子相仿，人形为正立，两手平伸，掌心向前，头部有头发及发冠，上半身裸露，下身着短裤及腰带。铜人体表精细铸刻657个小孔意指腧穴部位，分单双穴标出354个穴位名称于其上，经络腧穴及名称是用镀金镀写的。铜人被浇铸为前后两部分，躯干四肢均可拆卸，并利用特制的榫头组合，胸腹腔中空，内有木雕的五脏六腑和骨骼，脏器的位置、形态、大小比例都与正常成人的相似，所以也可应用于解剖学。正如夏竦在《铜人腧穴针灸图经》的“序”中所言，铜人“内分脏腑，旁注溪谷，井荥所会，孔窍所安，窍而达中，刻题于侧，使观者烂然而有第，疑者涣然而冰释”。天圣铜人的设计和制造，是世界医学史上的创举，是中国传统医学重要的标志和符号，并非是摆放在外面用那些密密麻麻的穴位和经脉吓唬人的摆设，而是起着教学考核的重大作用，是古代中医学子的一张“试卷”，考试时用黄蜡将铜人封住，向铜人内部注入液体，然后让学生针刺穴位，如果取穴准确，则液体流出，开创了针灸学腧穴考试实际操作的先河，在医学史上具有重要意义。北宋靖康之乱时汴京的两身铜人相继流落到民间，其中一身从此即告失踪，另一身则颠沛流离，几经易手。至元元年（1264）“天圣铜人”和石刻被一并移到大都三皇庙。元世祖忽必烈曾命尼泊尔工匠阿尼哥耗时四年修复战争中损坏的铜人。到明正统八年（1443），天圣铜人和碑刻已历四百余年之风霜，据《铜人腧穴针灸图经》“明英宗序”可知此时“石刻漫灭而不完，铜像昏暗而难辨”。明英宗命工匠仿之重铸铜人（正统铜人）并重刻碑石。但仅仅过了两年，明朝开始修筑城垣，竟将宋天圣针灸石刻劈开修筑城墙。所幸，新中国成立后北京市文物管理处在配合拆除明代北京旧城墙的考古工作中，陆续发掘出宋天圣针灸石刻残碑六块，以及石雕碑檐仿木结构斗拱残石一段，至此才得以重见这一历史文物。至于天圣铜人，后来仍是不知所踪。王惟一宋刻原本更是不知何时佚失。正统铜人自铸成后一直藏在明清太医院署的药王庙内。明末李自成起义时，北京的官府民宅都曾遭受洗劫。据说此时存放在太医院中的正统铜人的头部被毁坏，直到清初顺治年间（1644—1661）才重新修好。清光绪二十六年（1900）“庚子之乱”，八国联军攻入北京，明正统铜人和石刻也难逃劫难。经过寻访，中国中医针灸研究所研究员黄龙祥先生得知俄罗斯圣彼得堡国立艾尔米塔什博物馆藏有一身明代铜人，经过考证认定此身铜人即明正统铜人。至于正统石刻，据说被日本抢走。

参考文献：

（北宋）王惟一撰，（金）闲邪聩叟补，朱现民校注：《〈新刊补注铜人腧穴针灸图经〉校注》，河南科学技术出版社，2015 年。

刘纬毅：《山西古代刻书考略》，《山西大学学报（哲学社会科学版）》1979 年第 2 期。

7.《重校正地理新书》15 卷，明昌三年（1192）平阳张谦刻本

《重校正地理新书》15 卷，（宋）王洙等撰，（金）毕履道校补，（金）明昌三年平阳张谦刻本。《地理新书》源自唐贞观（627—649）年间所颁布的《阴阳书》，宋初增辑为《乾坤宝典》。景祐（1034—1038）年间经司天监官员王承用、杨惟德等修正舛误，宋仁宗赐名《地理新书》。皇祐三年（1051）又诏翰林学士王洙等再删修。金世宗大定二十四年平阳术数家毕履道校正，为之图解。章宗明昌三年平阳张谦（号古戴鄙夫）复精校以行。此书是一部官修地理宝典，一经刊行立即成为风水先生必读的实用地理手册，是研究唐至宋金时期墓葬制度的重要文献。此书金刻本存世两部：一部藏于北京大学图书馆，一部藏于中国台湾“国家图书馆”。本书在历代著录中还有多

种异名，如《图解校正地理新书》《精加校正补完地理新书》《监本补完地理新书》等，都是指张谦刻本。

此书卷首载大定甲辰年（1184）平阳毕履道“图解校正地理新书序”，序尾载“时大定岁在阏逢执徐平阳毕履道题”（见图 25）。次载明昌壬子岁（1192）古戴鄗夫张谦“精加校正补完地理新书”序（见图 26），序中谈及刊印原委时说：“仆叨习地理，忝慕阴阳，虽专述二宅，而取则于此书。伏睹古唐（今太原）、夷门（今开封附近）、蒲坂（今永济市蒲州镇）等处，前后印卖新书，未尝有不过目收购者，终莫能见其完本。唯我先师冯公传授亦遗地图一篇。继有平阳毕先生者，留心考覆可无微失而又增加图解……仆今见平阳数家印卖此书，虽有益于世，竟未见完者，恐久坠斯文，莫能从善，不敢欺隐，遂将正文插入，又附以乱谈舛驳之辞，短拙不揆尤甚，辄以俗言纪其事迹。”说明刻坊流通《地理新书》可以获利，因而被广泛印刷，甚至被盗版。此外，古唐、蒲阪、平阳等处印卖此书，可为平阳书业兴盛之一证。又载（宋）王洙“地理新书序”，目录题为“监本补完地理新书目录”，卷 1 标题为“重校正地理新书卷第一”，作双行大字。金刻本大致匡高 19 厘米，宽 13 厘米，半叶 17 行，行 30 字，黑口，四周双边。左栏外上方有耳题记篇目，版心上题“新书几”（例如“新书一”），书中眼目皆黑盖子白文。金版字体刀法，横划起笔刻成近三角状，各式直划大多左横弯切直，与宋刻不同。

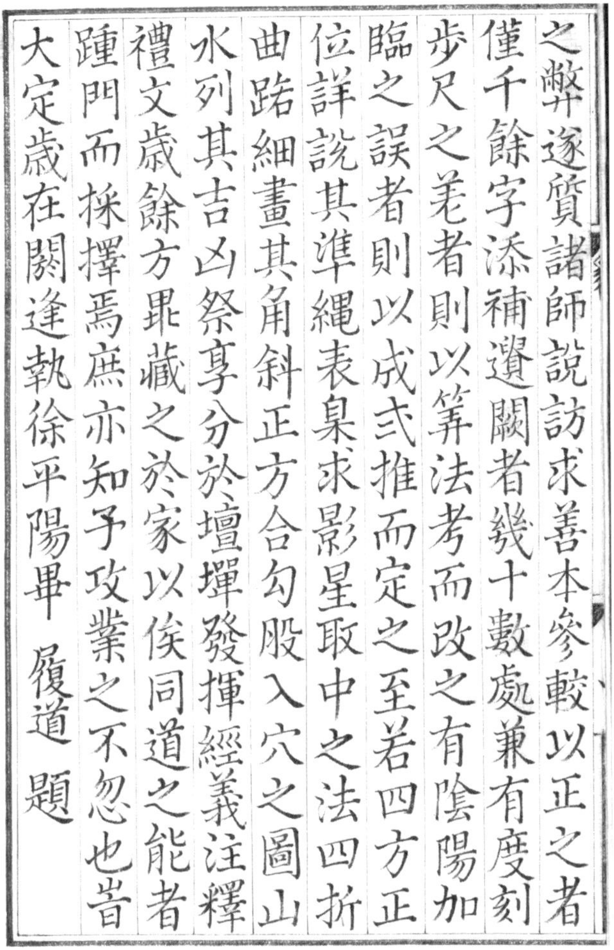
之弊遂質諸師說訪求善本參較以正之者
僅千餘字添補遺闕者幾十數處兼有度刻
步尺之差者則以筭法考而改之有陰陽加
臨之誤者則以成式推而定之至若四方正
位詳說其準繩表臬求影星取中之法四折
曲踏細畫其角斜正方合勾股入穴之圖山
水列其吉凶祭享分於壇墠發揮經義注釋
禮文歲餘方罷藏之於家以俟同道之能者
踵門而採擇焉庶亦知予攻業之不忽也旹
大定歲在閼逢執徐平陽畢　履道　題

图 25　影金抄本《图解校正地理新书序》[①]

① 此图片为中国国家图书馆藏品，已获授权使用。

言宅葬經書之弊各布列本篇之下總二萬餘言以廣異
聞僕恐未能專擅遂誠心修集以俟同道之能者幸改易
焉庶幾我輩易爲遵用審觀此書之興也始自唐代呂才
刪定名以地理至于宋朝注曆數主重復詔下有司始終
幾有百年方以定用須行于世今野俗之流而有專執星
水之法或只習一家偏見之文又有不經隨代進用須行
傍門小說不根之語或與官書相害者執而行之兼又不
能與五姓參用而專排斥五音姓利良可辠哉僕今見平
陽數家印賣此書雖有益於世竟未見完者恐久墜斯文
莫能從善不敢欺隱遂將正文挿入又附以亂談姸駁之
辭短拙不揆尤甚慚以俗言紀其事迹昔明昌壬子歲古
戴鄙夫張謙謹啓

图 26　影金抄本《精加校正补完地理新书》①

北京大学图书馆藏本原为李盛铎（1859—1934）旧藏，卷首钤有“李印盛铎”“木犀轩藏书”藏印。（见图 27）

① 此图片为中国国家图书馆藏品，已获授权使用。

重校正地理新書卷第一

四方定位

將欲營地事必先正四方四方正然後十二位定於邦國則有都鄙於人民則有居處於鬼神則有祠廟宅兆所用雖異其術一也周官土方氏掌土圭之法以致日景[illegible]以土地相宅而建邦國都鄙鄭氏云土地猶度也以知東南西北之深而相其可居者宅居也

自宋元嘉以來歷代常候[illegible]至之影[illegible]而九服之內長短不同在北方則差多於南方則差少非精於算術者則不能知其詳也惟一日之內候其方中得之最知者爲午正午正則十二位從而可知則水地置臬[illegible]是也

又求南徐州從事祖沖之以土圭之測經文闕略先儒所言又無明證別以術數求地中最爲切近今詳錄之

周禮匠人建國水地以垂[illegible]

图 27　北大藏《重校正地理新书》卷 1[①]

① 引自张玉范、沈乃文:《北京大学图书馆藏善本书录》，北京大学出版社，1998年，第 49 页。

李盛铎是近代最负众望的藏书家。他从小就喜欢藏书，既尽收藏书家袁漱六（？—1862）的藏书，又因光绪年间出使日本而结识日本目录学家岛田翰（1879—1915），通过岛田翰的帮助得以尽购国内不常见或久佚之古书以归，其中日本古活字本、古刻本和古抄本，以及朝鲜古刻本尤多。1911 年以后，李盛铎旅居京津，经常到琉璃厂访书，当时著名私家藏书散入厂市者如曲阜孔氏、商丘宋氏、意园盛氏、聊城杨氏，藏书中之精华，多转归李盛铎。李盛铎除所藏版本书闻名当世之外，还曾藏有大批敦煌文献。李盛铎在做学部大臣的时候，遭匈牙利裔英国人斯坦因、法国人伯希和劫掠后的敦煌残余文献正好由敦煌运到北京，负责押运的“解送委员”正是李盛铎的外甥傅宝华。1910 年夏天，傅宝华押送着六大车藏经洞经卷到达北京后，没有直接去学部交差，而是直接将其拉到了李盛铎家中。李盛铎叫上他的亲家刘廷琛（1867—1932）、女婿何震彝（1880—1916）、好友方尔谦（1872—1936），花了三天时间精心盗取了数百个经卷。同时，为了弥补数目的不足，李盛铎等人就将一些长卷撕裂数段充数。据悉李盛铎盗取敦煌文献多达四五百卷，内有《唐律疏议·杂律下》《春秋左氏传·昭公六年》等。李盛铎晚年因为牵涉官司，其藏卷由子女出售，索价 15 万元，如抵押则为 6 万元。1935 年 8 月 6 日，胡适先生主持国立北平图书馆委员会第 20 次会议，议定以抵押款 3 万元收购，然而双方最终在价格上没能达成一致。1935 年 12 月，李盛铎家属在《中央时事周报》刊登《德化李氏出售敦煌写本目录》，后以 8 万日元的价格出售到日本，现存日本大阪杏雨书屋。李盛铎所藏书籍，在其死后曾有传言说有外国人欲重金收买，当时北平图书馆副馆长袁同礼先生曾邀傅增湘、胡适赶赴天津与李家洽谈收购，无果而终。1940 年，李盛铎之子李滂以 40 万元将全部藏书卖给北京大学。赵万里先生等人据此编成《北京大学图书馆藏李氏书目》，而且向达（1900—1966）在“引言”中说这“就是北京大学图书馆所藏李氏书的全部目录。北京大学图书馆所藏李盛铎氏木犀轩藏书九千零八十七种，五万八千三百八十五册，其中名贵的旧刊本和罕见本约占全书三之一强。这批书籍是北京大学藏书中最有学术参考价值的专藏之一”①。其中就包括《重校正地理新书》。李盛铎著、张玉范整理的《木犀轩藏书题记及书录》卷 3 简单说明了北大本《重校正地理新书》的文献信息情况，并说“书中所引地理、占筮等书颇有今不传者，藉此可考古人此术之涯略也”②。北大藏本收入了第一批国家珍贵古籍名录，名录编号：00691，匡高 19.5 厘米，广 13 厘米，半叶 17 行，行 30 字，小字双行同，黑口，四周双边。

中国台湾“国家图书馆”藏本书末有清光绪二十五年（1899）翁同龢（1830—1904）手跋，书中钤有“海虞翁氏陔

① 北京大学图书馆编：《北京大学图书馆藏李氏书目》，北京大学图书馆，1956 年，“引言”第 1 页。

② 李盛铎著，张玉范整理：《木犀轩藏书题记及书录》，北京大学出版社，1985 年，第 180 页。

华馆图书印”朱文长方印、“密均楼”白文方印、“稽瑞楼”白文长方印、“希逸”白文方印、“知止斋”朱文长方印、“‘国立中央图书馆’收藏”朱文长方印、“之善审定”朱文长方印、“善”朱文方印、“韫辉斋”白文方印、“臣印心存”白文方印、“遂菴珍藏”朱文方印、“常熟翁玉甫珍藏”朱文长方印、“翁之缮所收精品图籍”朱文长方印、“龢”朱文方印、“张珩私印”白文方印、“祖诒审定”朱文方印、“鬲盦祕笈”朱文长方印、“常熟翁之善藏本”朱文长方印。

书中左上栏外耳题“宅居地形”是便于查阅用的。从这个耳题及版心处有糨糊粘过的痕迹，可以推知此书是从蝴蝶装改成现在的线装形式。此书原为常熟翁氏家藏。这个家族在清末有“一门两状元，父子两帝师”之称，代表人物是近代著名政治家翁同龢。翁同龢在手跋中记录了收藏该书的经过：“道光丁未先文端公得此于邑陈氏稽瑞楼。”翁同龢的父亲翁心存（1791—1862）与同乡稽瑞楼主人陈揆（1780—1825）交往密切。道光二十七年（1847）陈揆去世，因其无子，翁心存以重金购进大部分藏书，为翁氏藏书奠定了基础。《重校正地理新书》就是此时为翁家所有。书中翁心存的藏印有“臣印心存”“遂菴珍藏”“知止斋”“海虞翁氏陔华馆图书印”。翁同龢钤有“同龢”“龢”藏印。“五兄玉甫”藏印是“常熟翁玉甫珍藏”，玉甫是翁同龢的二哥，“五兄”用的是族内大排行。翁之缮（1874—1918）是翁玉甫的曾孙，藏印有“翁之缮所收精品图籍”“之善审定”“常熟翁之善藏本”“鬲盦秘笈”等。

1904年，翁同龢去世后，翁氏藏书散失殆尽，“今皆无尺牍片纸矣”。后来，此书归浙江吴兴蒋汝藻（1877—1954）的“密均廔”所有。书中蒋汝藻之子蒋祖诒的藏印“祖诒审定”即为明证。再后来由古书画鉴定专家张珩（1915—1963）收藏，钤有“张珩私印”“韫辉斋”“希逸”等印。张珩是著名藏书楼适园张钧衡（1872—1927）的孙子。抗战时期上海沦陷后，时任中央图书馆馆长的蒋复璁（1898—1992）组织人员潜入上海、广州、香港，以“中英庚款董事会”的名义做掩护，用两年时间搜购了一批因战乱散落民间的私家藏书，其中包括《重校正地理新书》在内的适园藏书以70万元卖给中央图书馆，后运至台湾。

此外，丁日昌（1823—1882）可能也曾收藏过一部如今下落不明的金刻本《重校正地理新书》。翁同龢曾称：“粤东丁禹生中丞亦藏一本，与此正同，恐海内遂无第三本，彼本乃士礼居旧物也。”（清）莫友芝《宋元旧本书经眼录》卷2云：“此本殆即谦所刻也。每半叶十七行，行三十字。王洙详注则十三行，行二十六字。每册首有‘曾藏汪阆源家’印，知为汪士钟旧藏，今归丁禹生方伯。丁卯十一月朔日观，首册末有‘田耕堂藏’（朱文）、‘士礼居藏’（白文）二印。”（清）莫友芝《郘亭知见传本书目》卷9载：“四库未收，各家书目亦未著录，亦术数家古笈仅存者。黄丕烈、汪士钟皆经藏，今归丰顺丁氏。金明昌刊本。”可见，此书原为黄丕烈（1763—1825）所有，其藏书在清嘉庆（1796—1820）末开始散出，至清道光（1820—1850）初黄丕烈去世前已丧失殆尽，其中善本多归汪士钟艺芸书舍所有。汪士钟（1786—？），以经营布匹致富，是继黄丕烈之后苏州又一大藏书家。最后由丁日昌收藏，此后下落不知。丁日昌（1823—1882），字禹生，广东丰顺人，曾任江苏、福建巡抚。此本丁日昌《持静斋藏书记要》（卷之上）曾载："《图解校正地理新书》十五卷，宋官撰。金刊本。宋初，因唐吕才《阴阳书》中《地理》八篇，增辑为《乾坤宝典》。景祐初，命修正舛戾，别成三十五篇，赐名《地理新书》。皇祐三年，复诏王洙等勾管删修，勒成三十二篇。事具洙《进书序》。略曰：'自吕才成书，名以《地理》，而专记冢墓，颇淆以室舍，吉凶同条，非著书之法。今首以城邑、营垒、寺署、邮传……则左阴右阳，刑祸福德所相也。辨之以四方，叙之以五行，商之以五姓，宪之以九星，媲之以八卦，参之以八变，为地事，凡二十篇；终以冢穴、埏道、门陌、顷亩，则开三闭九、山垄水泉所相也，任之以八将，齐之以六对，董之以三鉴，傃之以六道，为葬事，凡十篇。若乃冈原利害，则绘之以易民用，为《地图》一篇。种次有汇，则总之以便看读，为《目》一篇。勒成三十二篇。开之以经义，辨凿空也；质之以史传，信休咎也；广之以异闻，求成败也。巫史所传，则存其可据者，不专新见也。辞质而易晓，便于俗也……'文繁，不具录。金世宗大定甲辰，宋淳熙十一年，平阳毕履道校正，为之图解。章宗明昌壬子，当宋绍熙三年，古戴鄗夫张谦更为精校以行。此本即其时刻也。《四库》未收，各家书目亦未著录，亦术数家古笈仅存者矣。汪士钟、黄丕烈皆经藏。半叶十七行，行三十字，其双行细注，皆刻划分明。”

参考文献：

（清）丁日昌著，张燕婴点校：《持静斋书目·持静斋藏书记要》，中华书局，2012 年。
（清）莫友芝撰，梁光华、欧阳大霖点校：《郘亭知见传本书目莫绳孙稿抄本（点校本）》，贵州大学出版社，2017 年。
（清）莫友芝著，张剑点校：《宋元旧本书经眼录　郘亭书画经眼录》，中华书局，2008 年。
林世田、杨学勇、刘波：《敦煌遗珍》，国家图书馆出版社，2014 年。
容坤：《台湾所藏金元时期山西刻本（二）》，《文献》2002 年第 2 期。

8.《刘知远诸宫调》12 卷，金代平水坊本

诸宫调相传是北宋末年山西泽州人孔三传创造的一种流行于宋金时期的民间说唱技艺，它以韵散结合、唱白相间的形式，结合若干不同宫调用以歌咏一个长篇故事。孔三传，泽州（今山西晋城）人，其名不详，“三传”或为其绰号或艺名。《刘知远诸宫调》中刘知远的岳父叫“李三传”，在“知远走慕家庄沙陀村入舍第一”中说“为多知古事、善书、算阴阳，时人美呼‘三传’”，孔三传的称呼或许与此类似。据（宋）王灼

《碧鸡漫志》卷2《各家词短长》载“熙、丰、元祐间，兖州张山人以诙谐独步京师，时出一两解。泽州孔三传者，首创诸宫调古传，士大夫皆能诵之”，可知孔三传主要活动于北宋神宗、哲宗时期的熙宁、元丰、元祐年间（1068—1094）。他从泽州来到东京开封，在瓦肆中进行诸宫调的创作和表演活动，与另一位著名的民间艺人张山人（名寿）各擅其场。孔三传应是一位富有现实主义传统的有经验的作家。他具有诗人的天才和非常丰富的想象力，能够熟练地运用朴素而接地气的大众语言编写动人的民间故事。

宫调包括调式、调名和音域。中国古代称黄钟、大吕、太簇、夹钟、姑洗、仲吕、蕤宾、林钟、夷则、南吕、无射、应钟为十二律；称宫、商、角、变徵、征、羽、变宫为七音。十二律与七音相乘得八十四宫调。每个宫调都以一声为主音（起止音），凡以宫声为主音的调式称为“宫”，共有十二宫；以其他各声为主音的调式为“调”，故有七十二调。《刘知远诸宫调》残本有十四宫调。

诸宫调继承了唐代“变文”、宋代“大曲”“鼓子词”的部分成分，同时又是后来“宝卷”“弹词”“鼓书”的先导。诸宫调具有以下明显的特征：一、以描写传奇故事为主，题材大致可分为三类：历史题材、爱情题材和家庭婚姻题材。二、音乐单位的组合形式有三种：一曲独用、一曲带尾和多曲带尾。伴奏乐器主要是打击乐器，如锣鼓、拍板、方响等。三、由一人从头到尾说唱一个故事，以唱为主。唱的部分是用各个宫调连续歌唱故事，就是用同一宫调的曲子唱完后，再改唱另一个宫调的曲子。四、具有通俗文学的艺术特性，表现为语言的通俗化、思想内容的世俗化和审美趣味的大众化。五、宫调之间一般通过“说”来过渡，即由于每个宫调的调高和音域不相同，不宜于连起来唱，所以表演者在唱完某一宫调的曲子之后，便说一段内容，或者念几句诗，然后再唱另一个宫调的曲子。如《刘知远诸宫调》即是通过说一段内容或念几句诗过渡（见图28）。六、吸收“缠令”的形式。“缠令”是出现于北宋瓦肆中的一种技艺，是曲子词在民间发展而形成的一种新的文艺样

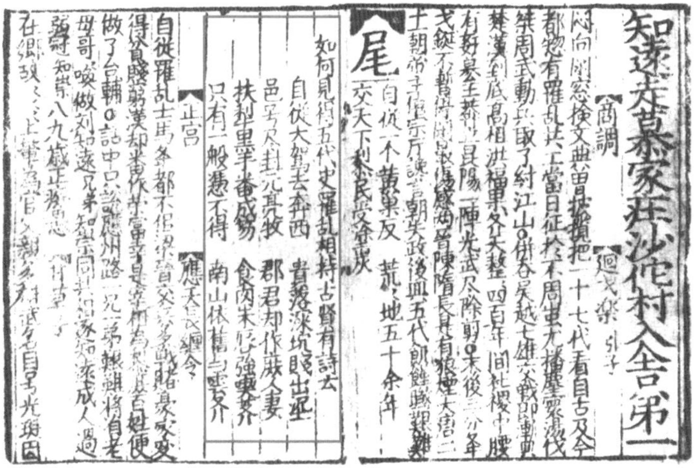

图 28　框起来的部分属于《刘知远诸宫调》过渡内容[①]

① 引自俄罗斯科学院东方研究所圣彼得堡分所、中国社会科学院民族研究所、上海古籍出版社编:《俄藏黑水城文献》（汉文部分）第 6 册，上海古籍出版社，2000 年，第 329 页。

式，它最为明显的形式特点是套曲，将同一宫调的若干词调组合一起，构成一个有“引子”和“尾声”的艺术形式。（见图29）例如图 29 中的内容，反映的是一套“缠令”，“引子”用《应天长》词调，《甘草子》是与《应天长》同属一个宫调（正宫）的过曲。

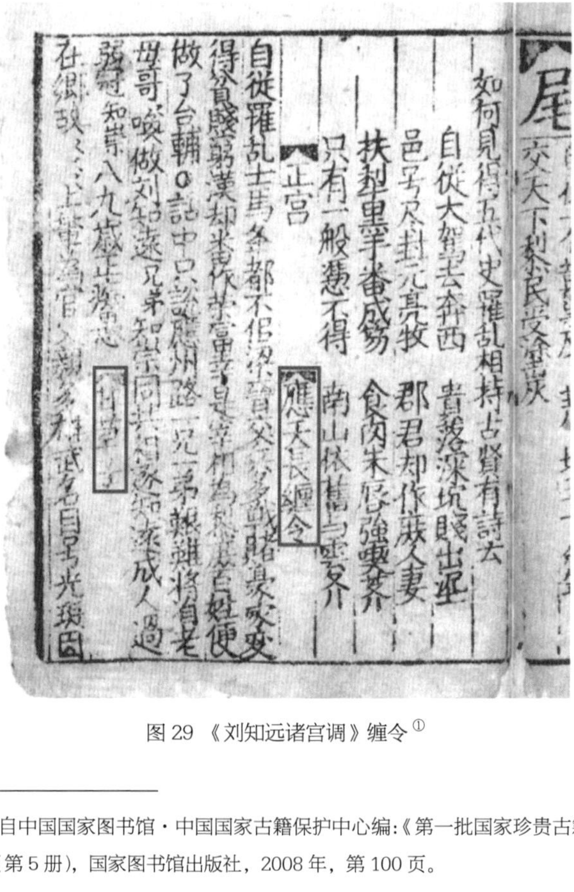
知何見得五代史羅乱相持古賢有詩云
自從大駕去奔西 貴落深坑賤出泥
邑号尽封元亮牧 郡君却作庶人妻
扶犁黑手番成笏 食肉朱唇強喫齏
只有一般憑不得 南山依舊与雲齊
正宮 應天長纏令

图 29 《刘知远诸宫调》缠令[①]

① 引自中国国家图书馆・中国国家古籍保护中心编:《第一批国家珍贵古籍名录图录》（第 5 册），国家图书馆出版社，2008 年，第 100 页。

诸宫调在12至14世纪民间流行的说唱文学中最负盛名，也最能吸引群众。但在元杂剧兴盛后，诸宫调开始衰亡，渐渐为人们所陌生，明清两代人们已不知诸宫调为何物。据研究，目前流传下来的诸宫调只有三种:《刘知远诸宫调》(残篇）是现存最早的一种，是12世纪中叶的作品，稍后（金）董解元作《西厢记诸宫调》，元人王伯成又把唐明皇杨贵妃的故事写成《天宝遗事诸宫调》(残篇辑本)。

据《旧五代史》《资治通鉴》等史书的记载，刘知远（895—948）是五代十国时期后汉的开国皇帝。未发达前曾以牧马为业，上门女婿的身份以及“被僧打”的经历，是他身份低贱的证据。乱世从军是改变人生命运的重要途径。刘知远从军后，两次救后晋高祖石敬瑭于危难，所以石敬瑭在称帝后对其委以重任。开运四年（947）后晋灭亡后，刘知远在太原称帝建立后汉。北宋时期，说话技艺流行，讲史成为专门的行当。在这一背景下，讲说五代十国时期“兴废争战”与“英雄文武”的《五代史平话》走向舞台。后汉高祖刘知远从低贱到尊贵的人生逆袭故事自然是一个充满趣味的、人人喜闻乐道的题材，于是到金代时就在讲史平话的基础上，产生了以说唱讲述刘知远故事的《刘知远诸宫调》。《刘知远诸宫调》写的是五代时期后汉高祖刘知远发迹的故事，从现存的内容和参照《新编五代史平话》、戏文《白兔记》来看，刘知远与其妻子李三娘悲欢离合的情节占有很大比重，但从总体看仍属于“长枪大马”的题材，也可能是采用“双线索”发展的叙事方式。《刘知远诸宫调》的原作者，为了艺人说唱时划分段落方便，把故事分成 12 段，今仅残存 5 段：知远走慕家庄沙陀村入舍第一；知远别三娘太原投事第二；知远充军三娘剪发生少主第三（大部分内容缺失）；知远探三娘与洪义厮打第十一；君臣弟兄子母夫妇团圆第十二。（见图 30）其残存部分的大致内容是：刘知远在其父亲战死沙场后，与弟弟刘知崇随母亲嫁于慕容大郎；其母又生了两个弟弟——彦超、彦进，长大后因兄弟不和睦，刘知远离家出走，流浪到沙陀小李村；李三传见刘知远有异相，便留于家中，并将其招为赘婿；李三传之女三娘曾见刘知远金蛇入窍、红光紫雾罩身，便私许终身；妻兄洪义、洪信不喜欢妹夫刘知远，在李三传夫妇死后，几次设计暗害；刘知远不能在小李村容身，便告别妻子，赶赴太原投军；李三娘已有身孕，不堪生离之痛苦，但又无力维护入赘的丈夫，用斧斫青丝一缕送给刘知远，以表心迹；刘知远至太原，因武艺高强，被司公岳金所赏识，并招为女婿，刘知远不得已而答应；刘知远为九州安抚使，装扮成本破（四品以下官员的随从和差役）探望李三娘，与洪义、洪信厮打；刘知远回到安抚司衙，将前来告状的洪义、洪信拿下，又与护送其母与三娘前来的异父兄弟相聚，其弟刘知崇恰巧也前来相投；在众人的劝谏下，刘知远宽恕洪义兄弟；岳氏夫人贤德，将第一夫人的名位让给了三娘；最后五伦团圆，皆大欢喜。

宋室南渡之际，宋元南戏这种趋于成熟的戏曲形式产生，广为流传的刘知远故事成了其敷衍的题材，《白兔记》应运而生。《白兔记》中的刘知远故事沿袭《刘知远诸宫调》的内容，但《白兔记》中描绘的刘知远投军和他的妻子李三娘在家“汲水推磨，磨坊中产下婴儿，当时痛苦咬儿脐”等情节，在《刘知远诸宫调》中却因为原书缺失了大部分内容，而导致其中有无李三娘“咬儿脐”等情节已不得而知。在《刘知远诸宫调》中，刘知远是一个重情重义、举止令人敬仰、遭遇让人同情的“英雄”形象。在《白兔记》中，刘知远则被塑造成忘恩负义、负心薄情的形象。刘知远的故事经过《刘知远诸宫调》到《白

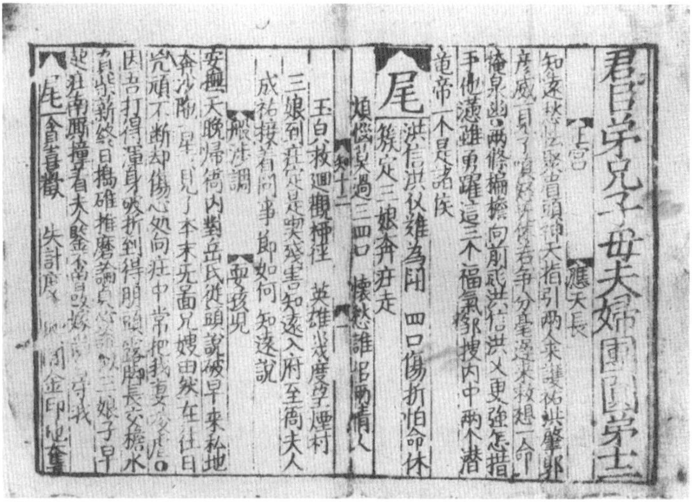
君臣弟兄子母夫婦團圓第十二
正宮　應天長
知遠[illegible]天指引兩人來護祐洪肇郭
彥威[illegible]分毫遲來救想一命
掩泉幽兩條[illegible]向前[illegible]洪信洪义更強怎措
手他[illegible]雖勇躍這三个福氣[illegible]搜內中兩个潛
龍帝一个是諸侯
尾　洪信洪义雖為閑　四口傷折怕命休
殺定三娘奔走
煩惱莫過三四口　懷愁誰似兩情人
知十二
[illegible]救迴[illegible]　英雄[illegible]度[illegible]村
三娘到莊[illegible]知遠入府至高夫人
成[illegible]接着問事即如何　知遠說
般涉調　耍孩兒
安撫天晚歸[illegible]岳氏從頭說破早來私地
奔沙陀[illegible]見了本末[illegible]兄嫂由然在往日
兇頑不斷卻傷心如向莊中常把我[illegible]
因吾打得單身[illegible]到得明[illegible]長交擔水
負柴薪終日搗碓推磨[illegible]三娘子早
起莊南[illegible]夫人[illegible]
尾　貪喜歡　失計度[illegible]金印[illegible]

图 30 《刘知远诸宫调》“君臣弟兄子母夫妇团圆第十二”[①]

① 引自俄罗斯科学院东方研究所圣彼得堡分所、中国社会科学院民族研究所、上海古籍出版社编:《俄藏黑水城文献》(汉文部分）第 6 册，上海古籍出版社，2000 年，第 343 页。

兔记》，不断发展、延伸乃至趋于定型，出现了类型化倾向，诸如《汾河湾》中描述的薛仁贵故事就是其类型化的案例之一。刘知远故事为什么能够类型化，并持续流传演化近千年而不衰呢？那是因为它迎合了观众的心理期待。观众对这类故事的喜爱，折射出故事背后的民间心态，直白地说就是民众对发迹的渴望、对升官发财的向往。刘知远从一个被人瞧不起的赘婿，到贵为皇帝；薛仁贵从农庄百姓，到被封为平辽王。诸多故事或实例给人以希望，哪怕再卑贱之人，只要时来运转，也能一朝荣贵，成为有权有势的人，从此过上以前连想都不敢想的幸福生活，真乃是“翻身农奴把歌唱，逆袭的故事传四方”。刘知远故事类型中的女性悲剧最容易引起观众的共鸣，这是刘知远故事类型经久不衰的一个重要原因。《刘知远诸宫调》中的李三娘，《汾河湾》中的柳迎春，都是前苦后甜式的人物，在丈夫外出谋生、发达之前，独守空房十几年、饱受艰辛与困苦，付出过往事不堪回首的惨痛代价。但这令人揪心的惨痛无疑使剧情更能触动观众，赢得观众毫不吝惜的泪水，给予遭受者深深的同情。这正是表演类作品想要的效果。

中国国家图书馆藏《刘知远诸宫调》原是 1908—1909 年间俄国军官、地理学家科兹洛夫（1863—1935）探险队在发掘内蒙古西部额济纳旗哈喇浩特遗址（即黑水城遗址）时发现的。《俄藏黑水城文献》（汉文部分）第 6 册收有《刘知远诸宫调》全部图版，并附有俄国学者孟列夫（1926—2005）对《刘知远诸宫调》的详细记录，说其为：“金刻本。蝴蝶装，白口，鱼尾下版心题：知一、刘一，知二，知三、刘三，知十一、刘十一，知十二、刘十二；下方再鱼尾出页码。共 42 页。纸幅高 13，宽 18。版框高 11，整页宽 16，天头 1.5，地脚 0.5。每半页 12 行，行 18 至 20 字。上下单边，左右双边，中乌丝栏。宋体，墨色中。卷一首题：‘知远走慕家庄沙佗村入舍第一’，尾题缺。卷二首题：‘知远别三娘太原投事第二’，尾题同。卷三首题：‘知远充军三娘剪发生少主第三’，尾题缺。卷十一首题缺，尾题：‘知远探三娘与洪义厮打第十一’。卷十二首题：‘君臣弟兄子母夫妇团圆第十二’，尾题同。有商调、正宫、仙吕调、南吕宫、般涉调、歇指调、商角、黄钟宫、中吕调、高平调、道宫、双调、大石调、越调等调。又有回戈乐、应天长缠令、六幺令、胜葫芦、瑶台月、墙头花、文序子、枕屏儿、定风波、抛球乐、锦缠道、愿成双、安公子缠令、女冠子、应长天、快活年、玉抱肚、耍孩儿、牧羊关、醉落托、麻婆子、沁园春、贺新郎、解红、木笪绥、哨遍、耍三台、出队子、拂霓裳、永遇乐、乔牌儿、一枝花、绣带儿、恋香衾、相思会、苏幕遮、恋香衾缠令、整花冠、绣裙儿、红罗袄、玉翼蝉、一斛义、踏阵马、整乾坤等词曲牌。黑水城遗物，为科兹洛夫探险队所获。1958 年入藏北京图书馆（今中国国家图书馆）。”[①]

① 俄罗斯科学院东方研究所圣彼得堡分所、中国社会科学院民族研究所、上海古籍出版社编:《俄藏黑水城文献》（汉文部分）第 6 册，上海古籍出版社，2000 年，“附录·叙录”第 66 页。

因为该书的纸质、版式、刊工刀法和字体，与故宫天禄琳琅旧藏的金刻本《曾子固先生集》、潘氏滂喜斋旧藏的金刻本《云斋广录》、内阁大库旧藏的《五音集韵》等书都非常相似。和它同时被发现的还有两幅金代大型版画平阳姬氏刻《四美人图》、平阳徐氏刻《关羽像》，那么《刘知远诸宫调》应也是同时代作品。因此《中国版刻图录》(第 1 册）鉴定此书为“金时平水坊本”[①]。《刘知远诸宫调》被收入第一批国家珍贵古籍名录，名录编号 01258，并简介其：匡高 10.3 厘米，广 7.8 厘米，半叶 12 行，行 20 至 21 字，白口，左右双边，存 5 卷。

科兹洛夫携往俄国的《刘知远诸宫调》回归中国与郑振铎关系密切。郑振铎是著名的俗文学专家，著有《中国俗文学史》，正是由于对俗文学的研究情有独钟，所以特别在意俗文学中的《刘知远诸宫调》。很早以前曾流传着有宋版《刘知远传》被发现的消息，郑振铎也曾托朋友打听过，但一直没有消息。在 1930 年的春天，他从向达那里获得一部手抄本，才知道它是一部“诸宫调”，而非小说或戏曲。同年秋，他在赵万里处见到了其原本照片，“内容和抄本完全相同”，但只有 42 叶，共 4 则多，内容分别为：知远走慕家庄沙陀村入舍第一(残缺)；知远别三娘太原投事第二；知远充军三娘剪发生少主

① 坊刻是指一般书商开设的书坊，专门从事刻印书籍，是以营利为目的，其所刻之书称为坊刻本。

第三（残缺）；知远投三娘与洪义厮打第十一（残缺）；君臣弟兄子母夫妇团圆第十二。其中“第一”缺第4叶，“第三”残存第1、2叶，“第十一”缺前3叶，从“第三”的第3叶起到“第十”止，将近8则未见。因为缺失的并不是首尾，而是中间部分，所以郑振铎怀疑原书完整性，可能是照相的人没有照全。1957年4月中旬，郑振铎率领全国人大、政协视察团赴陕西、甘肃两省考察，到访过西安、兰州、黑水城、敦煌等地。到达敦煌之后的第3天早晨，即5月7日早晨，郑振铎给赵万里写了一封信，其中说“在路上走了五天，才到敦煌千佛洞。那五天的长途跋涉，大为值得。途经黑水国，那是出土《刘知远传》的地方，出土《四美人图》的地方，我下车在沙丘上徘徊了一会。四野茫茫，日色黄昏，被沙漠埋没的古城末运，见之心惨”[①]。此时，郑振铎早已知道《刘知远诸宫调》出土于黑水城，站在黑水城一片荒芜之中，遥想当年国运衰落，文物外流，难免心生悲古之情，发“何时能一睹文物真容”之叹息！“二十多年间，老抱着要看看这部书的原本的愿望，想要一决此疑。”[②]1957年9月初，郑振铎应邀前往东欧访问，途经保加利亚、捷克斯洛伐克和苏联，11月中旬当郑振铎有机会在列宁格勒东方学研究所见到《刘知远诸宫调》时，其喜悦

① 刘波：《赵万里先生年谱长编》，中华书局，2018年，第374页。

② 郑振铎：《刘知远诸宫调跋》，见《郑振铎古典文学论文集》第2版，上海古籍出版社，2009年，第908页。

的心情溢于言表，急迫地想找好友分享。1957 年 11 月 18 日，郑振铎给文学专家唐弢（1913—1992）的信中说“已经发现了两卷《维摩诘经变文》，皆我们所未见者，又看了刘知远《诸宫调》和黑水城发掘出来的古版书《四美人图》等，皆是久欲见之，今始偿愿者”[①]，给赵万里的信中说“所念念不忘的《刘知远诸宫调》和《四美人图》等，均已见到。《四美人图》和《义勇武安王位》，篇幅都很大，足足有长方条桌那末大小。这是始料所不及的”[②]，尤其是给徐森玉（1881—1971）的信中更是写道：“《刘知远诸宫调》的原物，也已见到。此行诚不虚也！”[③]后来，郑振铎在回忆当时的情景时说：“直到 1957 年的冬天，我和艾德林、索洛金二同志到列宁格勒访问时，才在东方研究所见到它。那是多么兴奋的一个时刻啊！我血液急流着，呼吸紧张，脸上表现着无比的喜悦。原书正在装裱。我就在装裱台上，把它翻了又翻，看了又看。的确只有四十二页。中间的将近八则，估计约有八十多页吧，是原来缺佚了的。这个久蓄的疑问算是解决了。但摩挲着这部七百多年前所刻的古本诸宫调，即中国最古的一部刻本的诸宫调，心里是又喜又惆怅。这是一个袖珍本，完全是金代（1115—1234）刻本或稍后的蒙古刻本的式样。……我读了又读，舍不得离

① 郑振铎：《郑振铎全集》第 16 卷，花山文艺出版社，1998 年，第 221 页。

② 刘波：《赵万里先生年谱长编》，中华书局，2018 年，第 379 页。

③ 郑振铎：《郑振铎全集》第 16 卷，花山文艺出版社，1998 年，第 245 页。

开去，不知何时再能读到它。”①

1958 年 4 月，由苏联对外文化联络委员会将金刻本《刘知远诸宫调》42 叶和绘图本《聊斋图说》46 册，送还我驻苏大使馆。同年 7 月由中央人民政府文化部拨交北京图书馆收藏，即现藏中国国家图书馆。这是继 1951 年苏联列宁格勒大学东方学系图书馆送还《永乐大典》11 册和 1955 年苏联列宁图书馆送还《永乐大典》52 册之后，再一次赠送我们的珍贵文物，是崇高的伟大的国际主义精神的具体表现，是当时中苏友谊的具体表现。

参考文献:

（宋）王灼著，岳珍校正:《碧鸡漫志校正》（修订本），人民文学出版社，2015 年。
北京图书馆编:《中国版刻图录》（增订本），文物出版社，1961 年。
俄罗斯科学院东方研究所圣彼得堡分所、中国社会科学院民族研究所、上海古籍出版社编:《俄藏黑水城文献》（汉文部分），上海古籍出版社，2000 年。
廖珣英校注:《刘知远诸宫调校注》，中华书局，1993 年。
刘波:《赵万里先生年谱长编》，中华书局，2018 年。
任继愈主编:《中国国家图书馆古籍珍品图录》，北京图书馆出版社，1999 年。

① 郑振铎:《刘知远诸宫调跋》，见《郑振铎古典文学论文集》第 2 版，上海古籍出版社，2009 年，第 908—909 页。

郑振铎：《郑振铎全集》，花山文艺出版社，1998 年。
郑振铎：《郑振铎古典文学论文集》（第 2 版），上海古籍出版社，2009 年。
中国国家图书馆·中国国家古籍保护中心编：《第一批国家珍贵古籍名录图录》，国家图书馆出版社，2008 年。
慈华：《刘知远故事的类型化及其成因》，《文史知识》2020 年第 5 期。
付燕：《西夏文献之〈刘知远诸宫调〉研究》，四川师范大学硕士学位论文，2013 年。
刘波：《郑振铎先生关于敦煌的两通书信》，《文津学志》2021 年第 15 辑。
刘进宝、王睿颖：《郑振铎与俄藏敦煌文献》，《南京师大学报（社会科学版）》2009 年第 3 期。
龙建国：《诸宫调研究》，河北大学博士学位论文，2001 年。
吕文丽：《〈刘知远诸宫调〉中透露出的信息》，《戏曲研究》2003 年第 2 期。
谢继忠：《浅谈〈刘知远诸宫调〉发现的时间与地点》，《文史知识》2007 年第 4 期。
赵万里：《崇高的友谊——记苏联政府赠送的〈刘知远诸宫调〉和〈聊斋图说〉》，《文物参考资料》1958 年第 7 期。

9.《黄帝内经素问》24 卷（附《亡篇》1 卷），金代平水坊本

《黄帝内经素问》24 卷《亡篇》1 卷，仅存 13 卷（3 至 5、11 至 18、20、亡篇）（见图 31）。《黄帝内经》大约成书于战国

至秦汉间，东汉末年分为《素问》《灵枢》两部分单独发行。《素问》托名黄帝与上古岐伯、雷公诸名医以问答形式阐述中医对病理、药理、诊断、治疗等各方面的见解，强调人体内外统一的整体观念，创立了中国医学理论体系，并一直有

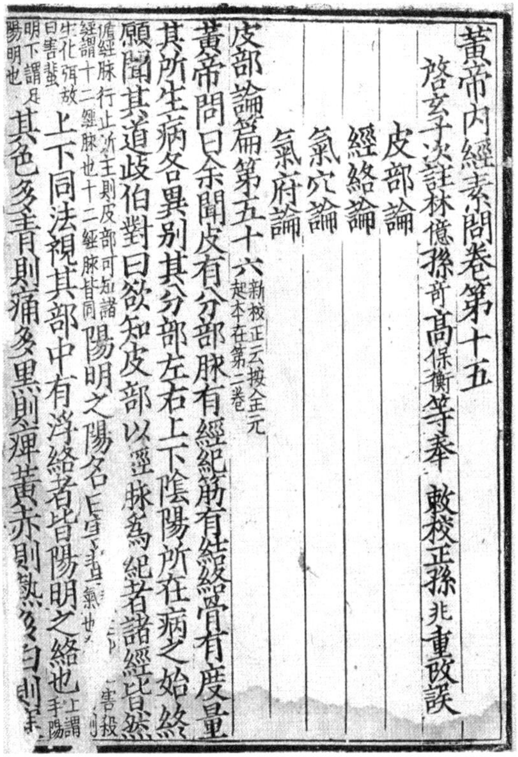

黃帝內經素問卷第十五
啓玄子次註林億孫奇高保衡等奉敕校正孫兆重改誤
皮部論
經絡論
氣穴論
氣府論
皮部論篇第五十六（新校正云按全元起本在第二卷）
黃帝問曰余聞皮有分部脈有經紀筋有結絡骨有度量其所生病各異別其分部左右上下陰陽所在病之始終願聞其道岐伯對曰欲知皮部以經脈為紀者諸經皆然（循經脈行止所主則皮部可知諸經謂十二經脈也十二經脈皆同）陽明之陽名曰害蜚（[illegible]）上下同法視其部中有浮絡者皆陽明之絡也（上謂手陽明下謂足陽明也）其色多青則痛多黑則痺黃赤則熱多白則[illegible]

图 31 《黄帝内经素问》卷 15[①]

① 引自国家图书馆、国家古籍保护中心编:《从典籍中汲取智慧》，国家图书馆出版社，2016 年，第 78 页。

效地指导着中医的发展方向和临床实践。由于《素问》成书较早，又经历代传抄翻刻，以致误脱衍倒，文失其真，故校勘研究者代不乏人，自汉魏、六朝、隋唐各代皆有传本，但都已亡佚。现今传世的版本经由唐代王冰订补已从 9 卷扩编为 24 卷，并定名为《黄帝内经素问》，自此传播日广。嘉祐二年，宋仁宗命令林亿等人重新修订校勘，后又经孙兆改误，纠错六千余字，增注两千余条，为后世诸本所宗，但原本今已不存。

中国国家图书馆藏《黄帝内经素问》残本，（唐）王冰注，（宋）林亿等校正，（宋）孙兆改误，是存世的最古版本。该版本卷 3 首叶“黄帝内经素问卷第三”标题下钤“国立北平图书馆收藏”朱文方印（见图 32），但该书应原为清内阁大库藏本。

清宣统（1909—1912）年间京师图书馆筹建之初，调集国子监南学和内阁大库图书为基本藏书，其中就包括此书。1928 年 5 月，南京国民党政府大学院改京师图书馆为国立北平图书馆，从而才在此书上钤印了“国立北平图书馆收藏”朱文方印。《第一批国家珍贵古籍名录图录》（第 3 册）介绍说：此书为包背装，匡高 17.8 厘米，宽 13.6 厘米，半叶 13 行，行 22 字不等，小字双行 30 字，白口，四周双边。书口双鱼尾，上鱼尾下刻卷数，下鱼尾下刻本卷叶码。此书不见序跋，刊行年月不详，刻印书坊不详。此书封面写有图书馆的鉴定文字：“黄帝内经素问二十四卷、亡篇一卷。存十三卷：三至五、

十一至十八、二十、亡篇。唐王冰注。金刻本，五册。”[①]此外，版心中下栏以上记载了数位刻工姓名，例如丁一、章半、

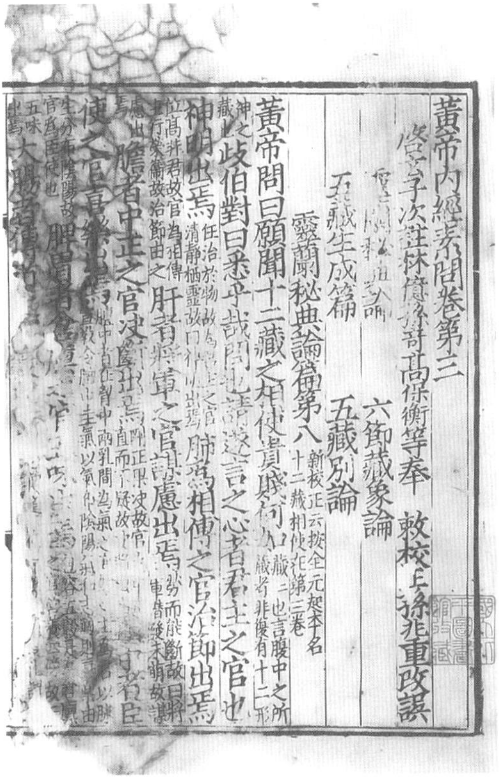
黃帝內經素問卷第三
啓玄子次注林億孫奇高保衡等奉敕校正孫兆重改誤
靈蘭秘典論　六節藏象論
五藏生成篇　五藏別論
靈蘭秘典論篇第八　新校正云按全元起本名十二藏相使在第三卷
黃帝問曰願聞十二藏之相使貴賤何如
岐伯對曰悉乎哉問也請遂言之心者君主之官也神明出焉
肺者相傅之官治節出焉
肝者將軍之官謀慮出焉
膽者中正之官決斷出焉

图 32 《黄帝内经素问》卷 3[②]

① 钱超尘:《现存〈素问〉最早版本金刻本揭秘》,《北京中医药大学学报》2005 年第 5 期。

② 引自中国国家图书馆·中国国家古籍保护中心编:《第一批国家珍贵古籍名录图录》(第 3 册)，国家图书馆出版社，2008 年，第 74 页。

何念一。《藏园订补郘亭知见传本书目》（第 2 册）载：“[补]：黄帝内经素问二十四卷，唐王冰注，宋林亿等校正，孔兆改误。亡篇一卷。金刊本，十三行二十字，注双行三十字，细黑口，四周双阑，字体与平水本《尚书注疏》同。存卷三至五，十一至十四，二十，亡篇一，计九卷”①，指出了此《黄帝内经素问》与平水本的关系。北京图书馆编《中国版刻图录》（第 4 册）图版 258 刊登的即是“黄帝内经素问卷第十二”首叶书影，并根据纸墨刀法，断定为金代刊刻的“平水坊本”②。

金代虽存世 120 年，但《金史》无“艺文志”，致使金代艺文图籍难以得知。历代书目对《素问》金刻本都没有著录，国图藏本虽是残本，且因受潮纸质变霉变黑，字迹也多有晦暗不清晰之处，但因在医药典籍中具有较高的历史文物性、学术研究的重要性，所以被定为善本影印出版，并被收入第一批国家珍贵古籍名录，名录编号 00626，在中国国家图书馆“中华古籍资源库”中能看到全文影像。

参考文献：

钱超尘、钱会南校注考证：《金刻本〈黄帝内经素问〉校注考证》，学苑出版社，2017 年。

---

① （清）莫友芝撰，傅增湘订补，傅熹年整理：《藏园订补郘亭知见传本书目》，中华书局，2009 年，第 552 页。

② 北京图书馆编：《中国版刻图录》（第 1 册），文物出版社，1961 年，第 49 页。

崔蒙:《“金刻本”〈素问〉文献学研究》，南京中医药大学硕士学位论文，2019年。
钱超尘:《现存〈素问〉最早版本金刻本揭秘》,《北京中医药大学学报》2005年第5期。

10.《重编补添分门字苑撮要》，卷数不明，金代平水坊本

《重编补添分门字苑撮要》编撰人和卷数不详，有的书认为是唐代释惠沼撰,《中国版刻图录》(第1册）认为是金刻本，现存10卷。全书分类编次，从各书中摘录历代事实，后附散对，以备科场士子寻章摘句之用，并可进一步供词汇学研究、参考之用。

此书中国国家图书馆仅藏卷6至卷15,《中国版刻图录》(第1册）简介为匡高18.3厘米，宽13厘米，半叶13行，行约20字，注文双行，行约32字，白口，左右双边。《中国版刻图录》(第1册）称:“观纸墨刀法与刻工称谓，知是平水坊本。”①

① 北京图书馆编:《中国版刻图录》(增订本)，文物出版社，1961年，第49页。

11. 版画《随朝窈窕呈倾国之芳容》，金代平阳姬家刻印

现藏俄罗斯圣彼得堡国立艾尔米塔什博物馆，由金代平阳姬家刻印的《随朝窈窕呈倾国之芳容》（俗称《四美图》）和平阳府徐家刻印的《义勇武安王位》（俗称《关公像》）是迄今所见我国最早的两幅木版年画。唐宋时期的版画多为宗教图像，到金代已经出现人物版画的刻印，这标志着中国版画艺术已经开始进入新的阶段，而《四美图》《关公像》正是金代坊刻的代表作，故而著名艺术史家郑振铎给予这两幅版画很高的评价，认定他们是中国版画艺术由佛像到人像的一大转折，开创了我国人像版画的先声。

20 世纪初，俄国军官、地理学家科兹洛夫（1863—1935）探险队在内蒙古西部额济纳旗哈喇浩特遗址（即黑水城遗址）发掘了大量的文献和艺术品，并于清宣统元年运往俄国，这其中就包括《四美图》和《关公像》。黑水城与山西的交流，为《四美图》《关公像》传入黑水城奠定了基础。《中国藏黑水城汉文文献》（第 2 卷）所收《运输黄米文书》提到黑水城地区屯粮中有“河东米粮叁仟石”，说明黑水城与山西地区官方机构甚至民间商贩均有不同程度的商业买卖和交流渠道，为《四美图》《关公像》传至黑水城提供了可能。《西夏纪事本末》之

《西夏地形图》标识由黑水城通往山西平阳第一条路线为：黑水镇燕军司——碧罗山——郢麻龙瓦——阿罗磨娘—井阿罗磨祖——麦阿罗磨——贺兰山——兴庆府——永州——顺化——夏州——绥德州——平阳。第二条路线由黑水镇燕军司——离疽阿啰磨——棱离碧六者——麦块啰娘——碧啰山——郢麻龙瓦——阿罗磨娘——兴州——黑山威福军——东胜州（今托克托县境内）——西京——太原——平阳府。[①] 从地貌上分析，南边地理环境优于北方的戈壁、沙漠，平阳地区与西夏东南部接近，与西夏的交流应更侧重于南方路线。

科兹洛夫的收集品运到圣彼得堡后存放在皇家地理学会。随后他将其中的文献交给俄国科学院亚洲博物馆，即今俄罗斯科学院东方学研究所圣彼得堡分所，这里面就有金刻本《刘知远诸宫调》。艺术品交给了俄罗斯亚历山大三世博物馆，后转交给圣彼得堡艾尔米塔什博物馆，即冬宫。如今，艾尔米塔什博物馆二楼的两个展厅集中陈列着黑水城艺术品，其中最有名的就是《四美图》和《关公像》。

最早将《四美图》公之于众的是日本东京帝国大学的狩野直喜博士。1915 年，他到欧洲考察途经俄国时，在亚历山大三世博物馆见到《四美图》，认为是稀世珍宝。在俄国汉学家伊凤阁协助下，得以摄制图片，携归日本，并发表于《艺文》

---

① 张桐源:《版画〈随朝窈窕呈倾国之芳容〉研究》，西安美术学院博士学位论文，2019 年，第 17 页。

杂志大正五年（1916）三月号上。该杂志编委植田寿藏撰文加以诠释和考订。影响更大的是那波利贞，他在《支那学》杂志昭和四年（1929）第五卷第一号上发表《柯兹洛夫氏发现南宋时代版画美人图考》。20 世纪 30 年代，上海商务印书馆编译所贺昌群将此文翻译成汉文，刊登在《中央军官学校校刊》上，开始引起我国学术界的关注。

《四美图》高 57 厘米，宽 32.5 厘米，是在黄纸上用墨色刻印汉晋时期的四位美人，自左至右依次为班姬、赵飞燕、王昭君、绿珠，故俗称《四美图》。（见图 33）画面整体配置华美，上端正中雕惊燕，一凤一凰于左右两端翩翩起舞，极有动感，四周绘曲折回环蔓草饰纹，与画面下部的蔓草饰纹对应，雕镂简练入微，刚柔相济。每位美人旁有榜题，在小方框内标记姓名。美人均圆润丰盈、黛眉脂口，额贴花形花钿，云髻上满缀饰物，“云鬟三尺绾芙蓉，翠耸巫山雨后峰”，颇有唐风遗韵。从布局看，四位美人似闲庭漫步，在长廊转折处，前面的绿珠回眸顾盼，使前进的“动态感”刹那停顿，取得了整体画面的稳定平衡。四人衣型均为上襦下裙，外披帔帛，大带长垂，宽袖广身式，其中绿珠、班姬是右衽交领，赵飞燕对襟露胸式，王昭君帔帛左衽。趋前排的绿珠、飞燕曳地长裙下，微微露出绵履，飞燕、班姬二人前系蔽膝。绿珠的腰带上有一吉祥结，肘间揽一舞绸，飘飘然。配景布以画栏、太湖石、牡丹，隐显宫廷的富贵气象。画栏杆将四美人连成一个整体，同时以回纹装饰边框，并刻有仿绫裱图案。太湖石的排

图 33 《四美图》[①]

① 引自俄罗斯国立艾米尔塔什博物馆、西北民族大学、上海古籍出版社编纂：《俄藏黑水城艺术品》，上海古籍出版社，2008 年，插图 36。

置，明显带有北宋宣和时期传统绘画的风格和影响。版画较多的保留有前朝的审美习惯，或许说明其母本流传已久。唐代，宫廷民间均以赏牡丹为时俗，其雍容颜色及香味，是唐人审美趣味之所在，牡丹于此衬映，正应了诗句“国色朝酣酒，天香夜染衣”。

《四美图》画面形式接近于宋代的“中国画宣和装”构图形式。[①]宣和装创始于宋徽宗宣和年间，其用料、用色都有具体要求，其装裱语言由上至下分为：天杆、惊燕带、天头、诗塘、上隔水、锦牙、画蕊、下隔水、地头、地杆。《四美图》由上至下与宣和装裱比照可分为：“折叠云纹”对应“惊燕带”；“凤凰图案与牡丹纹”对应“天头”；“随朝窈窕呈倾国之芳容”对应“诗塘”（诗塘是作者题字用以填写对画面的感受或抒发作者心绪的地方）；“万字图案”对应“上隔水”；“阳黑线”对应“锦牙”；“四位美人与风景及刻字”对应“画蕊”；“阳黑线”对应“锦牙”；“回字图案”对应“下隔水”；“牡丹纹”对应“地头”。传统装裱的惊燕带是在天头上缝制或粘贴两条带子，如果有风吹过，带子飘起来，会赶走落在天杆上的燕子。后来装裱过程中将两条带子贴牢，用作画面装饰效果。《四美图》所绘惊燕带在画面顶端向下天头位置的中间，将天头左右两端分开。惊燕带分上下两部分组成：一部

---

① 张桐源：《版画〈随朝窈窕呈倾国之芳容〉研究》，西安美术学院博士学位论文，2019年，第32页。

分为代表“带子折叠方式”的垂直倒立的直角三角形，垂直角的顶点与画面中轴线相吻合；另一部分近似长方形，绘制在三角形等腰两边下方，与三角线边相交并向下斜垂，代表了“飘带惊燕”的两条边。天头由阴刻的梅花缠枝纹及凤凰纹所组成。梅花纹围绕着一对凤凰纹样，通过惊燕带将凤凰纹样左右分开。凤凰左右分开，相互追逐、凝视，向上飞起的凰回头观望赶来的凤。“回”字纹样组成《四美图》上下隔水。隔水起到间隔“天头”“诗塘”与“画蕊”的作用。《四美图》中的每一条回纹首尾相连，延绵不断，民间称其为“富贵不断头”，并赋予回纹连绵不断、吉祥如意的寓意。四位美人背后刻制的是中国传统的园林图像，园林中的假山石图像从整体上审视，每个小型石块之间相互叠压在一起，组成不均等的石材局部组合，每一组局部组合的结构大小不一，但是石头的结构线条走向相近，这样大小不一的局部组合由里及表堆积呈“磊”型结构，而且从远处看石材之间的组合类似阶梯结构，使其边缘变成起伏不定的不规则线条，这类石头造型依据宋代杜绾所著《云林石谱》的记载应该属于永州石结构。通栏标题下在画面中比较突出的位置刊有“平阳姬家雕印”六字牌记，是出版商的署名，即版权标志，向读者明确了该作品生产地域“平阳”与雕印机构“姬家”。这样的标记方式既为该作品的出版地址做了限定，更为生产者“姬家”提供了广告效应，提高了社会知名度，同时也防止他人模仿，守护了刻坊的版权。

宋代罗璧所著《识遗》卷1《成书得书难》载："治平以前，犹禁擅镌，必须申请国子监。熙宁后，方尽弛此禁。"熙宁（1068—1077）年间刻书政策松弛后，私人刻制书籍与商家刻坊迅速发展起来，积极地推动了全国雕版印刷业发展。伴随着雕版印刷业发展，各地刻书坊增多，商业宣传也不可避免地出现。"平阳姬家雕印"牌记就起到了出版与宣传甚至维护版权的作用。购买者先看牌记，再看其他各点是否相合，即可审定该刊刻商品出自何处、何版本。例如，清代丁申《武林藏书录》（卷末）所载南宋杭州沈二郎经坊所刻《妙法莲华经》所作牌记："本铺今将古本《莲经》一一点句，请名师校正重刊，选拣道地山场钞造细白上等纸札，志诚印造。见住杭州大街棚前，南钞库相对，沈二郎经坊新雕印行，望四远主顾寻认本铺牌额请赎，谨白。"这就是典型的书籍广告，是出版印刷业竞争的产物。同时，宋辽金时期也出现了版权保护意识，特别是印刷出版业较为集中的杭州、平阳、建阳、眉山、大都等地。例如，中国国家图书馆藏清代振鹭堂覆刻宋绍熙（1190—1194）年间眉山程舍人宅刊本《东都事略》卷首目录后所覆宋刻牌记"眉山程舍人宅刊行，已申上司，不许覆板"。（见图34）这是宋版书非常典型的版权保护声明。更甚者是（清）杨守敬《日本访书志》卷6所载嘉熙二年（1238）宋代两浙路、福建路转运司应徽州歙县祝穆的请求而发布的保护《新编四六必用方舆胜览》的榜文："据祝太傅宅干人吴吉状：'本宅见刊《方舆胜览》及《四六宝苑》《事文类聚》凡数书，并系本宅贡士私自编辑，积岁辛勤。今来雕版，所费浩瀚。窃恐书市嗜利之徒，辄将上件书版翻开，或改换名目，或以《节略舆地纪胜》等书为名，翻开搀夺，致本宅徒劳心力，枉费钱本，委实切害。照得，雕书合经：使台申明，乞行约束，庶绝翻版之患。乞给榜，下衢、婺州雕书籍处张挂晓示。如有此色，容本

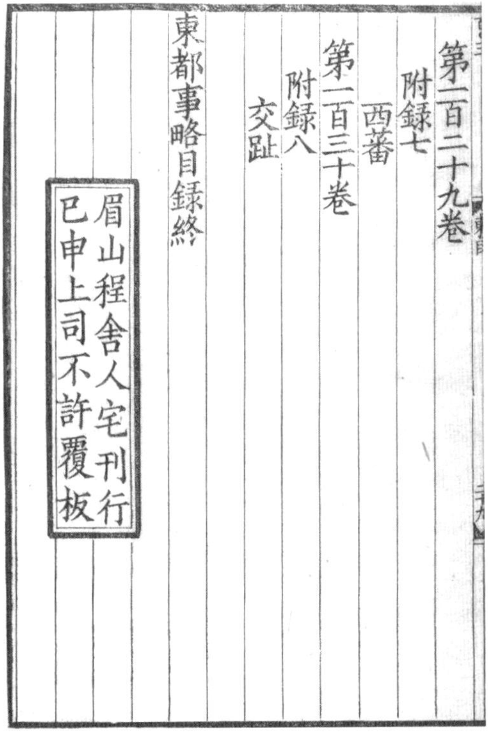
第一百二十九卷
附録七
西蕃
第一百三十卷
附録八
交趾
東都事略目録終
眉山程舍人宅刊行
已申上司不許覆板

图 34 《东都事略》牌记①

① 此图片为中国国家图书馆藏品，已获授权使用。

宅陈告，乞追人毁版，断治施行。奉台判备榜，须至指挥。’右今出榜。衢、婺州雕书籍去处张挂晓示，各令知悉。如有似此之人，仰经所属陈告追究，毁版施行。故榜。嘉熙贰年拾贰月日榜。衢、婺州雕书籍去处张挂。转运副使曾台押。”这是见诸记载的最早的版权保护文件，也是宋代官方发布的较完整的保护私家刻书版权的文件，说明版权真伪问题在雕版印刷业发达集中之地已经不是小范围的事件，而已是社会问题，引起了政府的注意。

《四美图》产生的年代，学界有不同的争论，主要包括南宋说、金代说和元明说之争，相较而言又以金代说为胜。例如，郑振铎等学者把两幅版画和平水金刻本以及科兹洛夫所获西夏文典籍联系起来考察，基本可确定版画是金代的作品。

参考文献：

周心慧主编:《新编中国版画史图录》(第 1 册)，学苑出版社，2000 年。
介子平:《〈四美图〉衣饰考》,《新闻出版交流》1997 年第 2 期。
张桐源:《版画〈随朝窈窕呈倾国之芳容〉研究》，西安美术学院博士学位论文，2019 年。

12. 版画《义勇武安王位》，金代平阳徐家刻印

版画《义勇武安王位》俗称《关公像》，高 60 厘米，宽 31 厘米，通栏横标下右侧刊署“平阳府徐家印”六字牌记。画中关羽端坐中央，头部稍微偏向左方，两手置于腿上，挺胸抬头，给人一种威风凛凛的感觉。关羽周边环卫着五位将士：左边可能是关平，他两手交叉捧在腹前，与其他将士的区别在于手中没有拿任何东西；右边的周仓，双手拄着青龙偃月刀，与关平左右对称；背后的两位将士都手擎大旗，其中左边的旗上书有“关”字，右边不明；对面是手持令旗的小兵，正在听关羽训令。画面背景以松枝穿插，显示出关羽流芳百世如松柏常青的高风亮节。图上方刊“义勇武安王位”楷书图题，构图严谨稳妥，雄浑沉稳，人物刻画动态生动，风格豪放。（见图 35）《义勇武安王位》产生的年代，多数学者认同是金代作品，因关羽的“义勇武安王”称号是北宋大观（1107—1110）年间所赐，到元明时期已经有所更改。

关羽（160—220），字云长，司隶河东解人（今山西省运城市），是三国时蜀汉的重要将领，东汉建安四年（199）受封汉寿亭侯，蜀汉景耀三年（260）追谥壮缪侯。据（西晋）陈寿《三国志·蜀书·关羽传》所引《江表传》记载：“羽好《左氏传》，讽诵略皆上口。”三国时期的关羽以其卓越的军事

图 35 《关公像》[①]

① 引自张桐源:《版画〈隨朝窈窕呈倾国之芳容〉研究》，西安美术学院博士学位论文，2019 年，第 24 页。

才能、能征善战而著称，其形象主要为一名武将，但经过两千余年的发展，关羽早已成为中国人对于忠义、仁勇精神所尊崇的文化价值符号。他最为特殊之处在于备受唐代以后中国历代统治者的推崇以及百姓的尊崇，在官方，自宋代至清代关羽共计 22 次被帝王褒奖，直至敕封为“武圣”，与“文圣”孔子齐名。官方多称其为关圣帝、关帝、关帝爷等并流传至今。在民间，关羽由于忠义勇武的形象，多被民众尊称为关公、关老爷、关二爷等。在道教中，关羽被尊为协天大帝、伏魔大帝，在佛教中被奉为护法神之一。

但实际上，关羽在官方以及民众中间的形象是一步步建立起来的，经历了在历史长河中的漫长构建。对关羽的记载最早见于西晋陈寿《三国志·蜀书·关张马黄赵传第六》。在《三国志》中，关羽形象生动，特点鲜明，他勇武超人、道德高尚，但个性高傲，所以陈寿对关羽的评价带有一定的批评意味。（宋）司马光《资治通鉴》卷 69 载有陈寿对关羽的评价，即“关羽、张飞皆称万人之敌，为世虎臣。羽报效曹公，飞义释严颜，并有国士之风，然羽刚而自矜，飞暴而无恩，以短取败，理数之常也”。同时，《三国志》也记载了当时人对关羽的评价。《三国志·蜀书·关张马黄赵传第六》载曹操评价关羽“事君不忘其本，天下义士也”；张辽说“羽受公恩，必立效报公而后去也”；《三国志·蜀书·先主传第二》载傅干的评价：“刘备宽仁有度，能得人死力。诸葛亮达治知变，正而有谋，而为之相；张飞、关羽勇而有义，皆万人之敌，而为之将。此三人者，皆人杰也。”《三国志·吴书·陆逊传第十三》载陆逊说“羽矜其骁气，陵轹于人。始有大功，意骄志逸，但务北进，未嫌于我，有相闻病，必益无备”。借助时人对关羽的评价，可进一步立体全面地认识关羽这个人，乃至了解关羽历史形象的本源镜像。总之，在关羽死后很长一段时间，人们都把关羽当作勇将来看待，还是一个历史人物，并没有神化。

到了隋代，地处荆州与解州地区的居民有了祭祀关羽的习俗。有的观点认为修建于隋开皇九年（589）、位于今运城市盐湖区解州镇西关的关羽庙是目前已知最早的关羽庙。关羽庙的修建标志着此时关羽已经不再仅仅是一个历史人物，而是一种社会公众信仰和一种文化精神的价值崇拜。随着历史的推移及现实社会的需要，人们对关羽的评价及认可乃至神化程度逐步提高。首先，是中国的三大宗教对关羽态度的转变及认可、神化。第一步，佛门因缘。北宋张商英通过《重建关圣帝庙记》，讲述了陈隋年间的智顗大师和关羽之间发生的传奇故事，指出了关羽同佛教结缘，获得佛教认可的经历。南宋末的《佛祖统纪》一书也记载了关羽与佛门的关系，书中还指出关羽甚至成了佛门的护法神之一，即伽蓝菩萨。关羽因此得到佛门的肯定。第二步，道教跟进。关羽成神之后，得到了道教的承认，被尊为协天大帝、伏魔大帝、翊汉天尊，位列五文昌之一。随着宋朝政府与道教的关系日益紧密，尤其是到了宋真宗、宋徽宗之后，民间祭祀关羽的规模越来越宏大，“郡国州县、乡邑间井皆有”。第三步，儒家的参与。儒家作为封建王朝的官方意识形态代表，对关羽的肯定和推崇也对其被追捧起了关键作用。宋徽宗崇宁元年（1102）追封关羽为忠惠公，崇宁三年（1104）追封关羽为崇宁至道真君，大观二年（1108）追封关羽为武安王，宣和五年（1123）追封关羽为义勇武安王。南宋时期，宋高宗建炎二年（1128）追封关羽为壮缪义勇武安王，孝宗淳熙十四年（1187）追封关羽为壮缪义勇武安英济王。于是，在佛、道、儒的合力推崇下，使得关羽由一般的人，变成了神，被称为“关帝”。其次，关羽被奉为神，持续被神化、推崇，还得益于《三国志平话》之类的平话、小说等文学作品的助推，尤其是明代罗贯中《三国演义》一书在民间的盛传，更是进一步刺激了关羽崇拜的热潮。关羽被人们称为“义绝”，是义气的代表，他的品德特别高尚，遂对其推崇备至，长久不衰。总之，在官方与民间的互动中，在文学艺术的助推下，关羽成了全民族塑造出来的独一无二的神。中华民族一向是崇善崇美的，所以，作为“真善美”代表的关羽，能够受到官方以及民间的无尽推崇和膜拜，是不言而喻的。很多时候，人民都需要一个典范人物作为他们的榜样，来指引自己的前行之路，关羽就是这样的一个人物楷模。

参考文献：

侯慧明、侯雪：《晋南地区关帝壁画调查与研究》，山西人民出版社，2023 年。

周心慧主编:《新编中国版画史图录》(第1册)，学苑出版社，2000年。
王敏、曹巍:《唐宋时期的关羽崇拜与文人笔下的关羽形象》,《齐齐哈尔大学学报（哲学社会科学版)》2019年第1期。

13.《妙法莲华经》7卷，金代曲沃县吉赟刻本

金绛州曲沃县裴长官庄吉赟、吉用刻,（后秦）鸠摩罗什译《妙法莲华经》(7卷）是释迦牟尼佛晚年的说教，主要讲述的是一佛乘思想，即一切众生，无论声闻乘、缘觉乘、菩萨乘等都是假设的方便，最终都归于一佛乘，没有余乘，明示不分贫富贵贱人人皆可成佛。

该刻本上海图书馆存卷4，收入第二批国家珍贵古籍名录，名录编号：02996。卷轴装，高22.5厘米，存23纸，每纸30行，行17字。有题记“绛州曲沃县裴长官庄，吉赟、吉用兄弟二人发愿雕《法华经》印板一部印施。雕□人□海吉玉”[①]。(见图36）陈清华旧藏。

① 中国国家图书馆・中国国家古籍保护中心编:《第二批国家珍贵古籍名录图录》(第3册)，国家图书馆出版社，2010年，第136页。

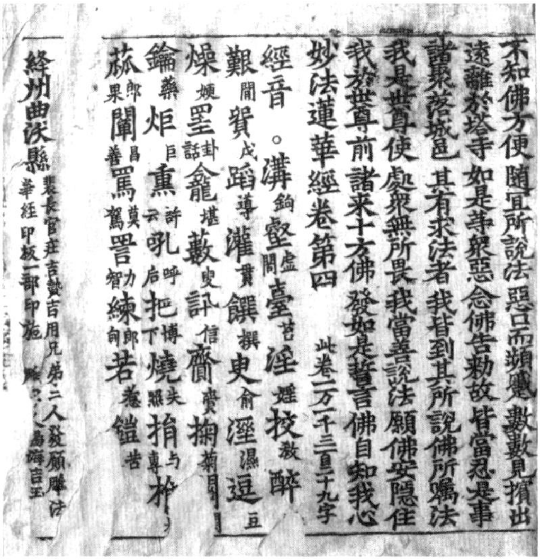
不知佛方便 隨宜所說法 惡口而顰蹙 數數見擯出
遠離於塔寺 如是等衆惡 念佛告勑故 皆當忍是事
諸聚落城邑 其有求法者 我皆到其所 說佛所囑法
我是世尊使 處衆無所畏 我當善說法 願佛安隱住
我於世尊前 諸來十方佛 發如是誓言 佛自知我心
妙法蓮華經卷第四　此卷二万一千三百一十九字
經音。
絳州曲沃縣

图 36 《妙法莲华经》卷 4①

14.《周礼》12 卷（附《释音》1 卷），金代平水刻本

《周礼》原名《周官》，又名《周官经》，是一部古代阐述儒家理想官制的典籍，对中国古代官制的设置产生过深远的影响。我国古代许多典章制度仅见此书，因而尤显珍贵。如此重要的一部著作，长期以来却无法确定是哪朝哪代的典章制度，

① 引自中国国家图书馆·中国国家古籍保护中心编:《第二批国家珍贵古籍名录图录》(第 3 册)，国家图书馆出版社，2010 年，第 136 页。

其作者和成书年代至今无法定论。古代学者多赞同汉代刘歆、郑玄的说法，认为是周公摄政时制定的典章制度。此说影响深远，用于儿童启蒙的《三字经》都说“我周公，作周礼。著六官，存治体”。但郭沫若、胡适等近代学者多认为《周礼》成书时间应偏晚，大约作于战国后期。据研究，此书在秦火之后相当长的时间里不知所踪，西汉武帝时，河间献王刘德从民间征得一批古书，其中一部名为《周官》，作者佚名。刘德将其献于朝廷，不知为何连一些身份极高的儒者都没有见到就被收入秘府，所以时人多不知有《周官》一书。到孝成帝时，刘向、刘歆父子奉诏入秘府校理群书，才发现了此书并将其列入《七略》，公之于世。原书应有天官、地官、春官、夏官、秋官、冬官共6篇，冬官篇已佚失，汉儒取性质与之相似的《考工记》补其缺。西汉王莽篡位称帝后，把《周官》更名《周礼》，并根据部分《周礼》记载的典章制度进行改制。

注释《周礼》最有名的是东汉末年的郑玄（127—200），其经注以古文经学为主，兼采今文经学，自成一家，号为“郑学”。郑玄礼学在中国古代礼制史上具有划时代的意义。姜广辉主编的《中国经学思想史》（第2卷）认为：“由于《周礼》是以官制为框架，讲述社会政治制度的系统，故而郑玄三《礼》之学获得权威地位，标志着中国礼学的巨大的转变，即由专讲典礼仪式及日常礼节的礼学，转化为讲述社会政治制度的礼学。这一转变可说是‘礼’的泛化，也可说是‘礼仪之邦’的性质的改变。由于旧的礼学所重视的典礼仪式多属宗教祭祀之类，故而郑玄礼学的兴盛和《周礼》地位的上升，在一定程度上又标志着古代宗教的淡化，或者说标志着世俗政治生活几乎掩盖了宗教生活。”[①]《周礼》自郑玄注释后，经与注合一，自此流传的刻本，只有经注本，没有单行本。唐代陆德明（约550—630）又为之《释音》。郑注与《释音》一起，是清代之前《周礼》的重要注疏。但《周礼注》后附《释音》最早刊于何时，不得而知。王锷先生在《郑玄〈周礼注〉版本考》一文中认为：“《周礼注》自宋以来的版本，可分为两大类：一为未附陆德明《释文》者，该类可考知者有宋婺州市门巷唐宅刻本、残蜀大字本、明嘉靖徐氏翻宋本、清士礼居刻本等；一为附陆德明《释文》者，该类可考知者有宋岳氏刻本、宋刻本、金刻本、元刻本、明嘉靖刻本、明万历刻本、明刻本及清福礼堂本、《四部丛刊》本等，岳氏刻本系据宋廖群玉之世彩堂本而刻，后者皆其流也。”[②]

中国国家图书馆所藏《周礼》12卷（附《释音》1卷）（见图37）匡高18.5厘米，广13.2厘米，半叶11行，行19至23字，小字双行26至30字，白口，左右双边，刀法剔透，楮墨精良，单鱼尾。（见图38）

---

① 姜广辉主编：《中国经学思想史》（第2卷），中国社会科学出版社，2003年，第230页。

② 王锷：《郑玄〈周礼注〉版本考》，《图书与情报》1996年第2期。

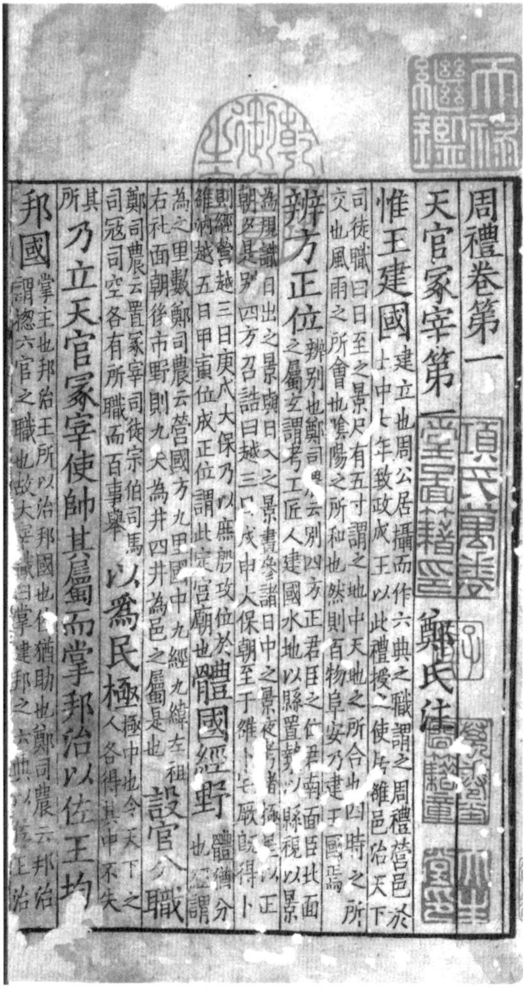
周禮卷第一

天官冢宰第一　鄭氏注

惟王建國建立也周公居攝而作六典之職謂之周禮營邑於土中七年致政成王以此禮授之使居雒邑治天下司徒職曰日至之景尺有五寸謂之地中天地之所合也四時之所交也風雨之所會也陰陽之所和也然則百物阜安乃建王國焉辨方正位辨別也鄭司農云別四方正君臣之位君南面臣北面之屬玄謂考工匠人建國水地以縣置槷以縣視以景為規識日出之景與日入之景晝參諸日中之景夜考之極星以正朝夕是別四方召誥曰越三日戊申太保朝至于雒卜宅厥既得卜則經營越三日庚戌太保乃以庶殷攻位於雒汭越五日甲寅位成正位謂此定宮廟也體國經野體猶分也經謂為之里數鄭司農云營國方九里國中九經九緯左祖右社面朝後市野則九夫為井四井為邑之屬是也設官分職鄭司農云置冢宰司徒宗伯司馬司寇司空各有所職而百事舉以為民極極中也令天下之人各得其中不失其所乃立天官冢宰使帥其屬而掌邦治以佐王均邦國掌主也邦治王所以治邦國也佐猶助也鄭司農云邦治謂總六官之職也故大宰職曰掌建邦之六典以佐王治

图 37 《周礼》卷 1[①]

① 此图片为中国国家图书馆藏品，已获授权使用。

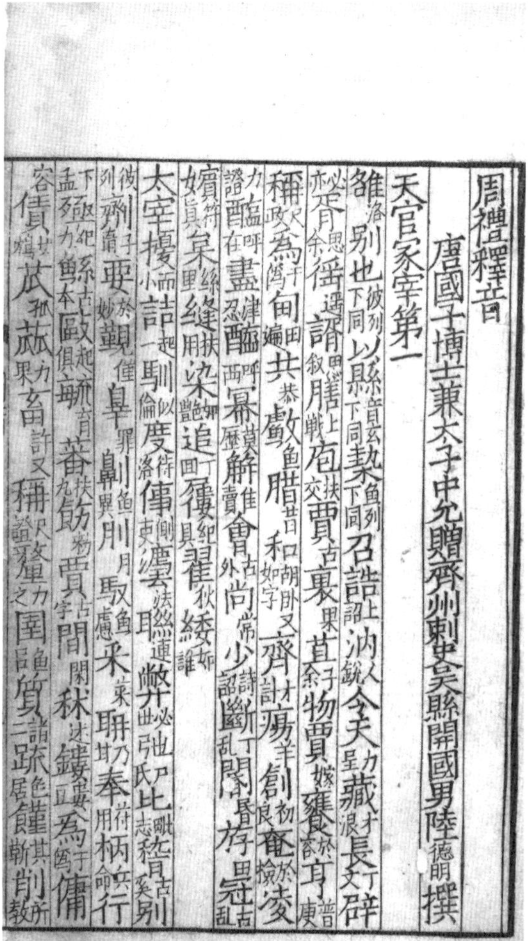

周禮釋音

唐國子博士兼太子中允贈齊州刺史吴縣開國男陸德明撰

天官冢宰第一

图 38 《周礼释音》卷首[①]

① 此图片为中国国家图书馆藏品，已获授权使用。

书中钤有“项氏万卷堂图籍印”“子长”“万卷堂图籍章”“乾隆御览之宝”“天禄琳琅”“天禄继鉴”“五福五代堂宝”“八征耄念之宝”“太上皇帝之宝”“大生堂印”等印，可知此书明代为项笃寿（1521—1586）家藏，清代为大内“天禄琳琅”藏书，流传有序可循。（见图 39）1985 年，中华书局《古逸丛书三编》影印《南丰曾子固先生集》，陈杏珍先生在卷前“说明”中判断：《周礼》与《曾集》版式纸墨刀法绝似，亦为金平阳刊本。第一批国家珍贵古籍名录收录有国图藏《周礼》

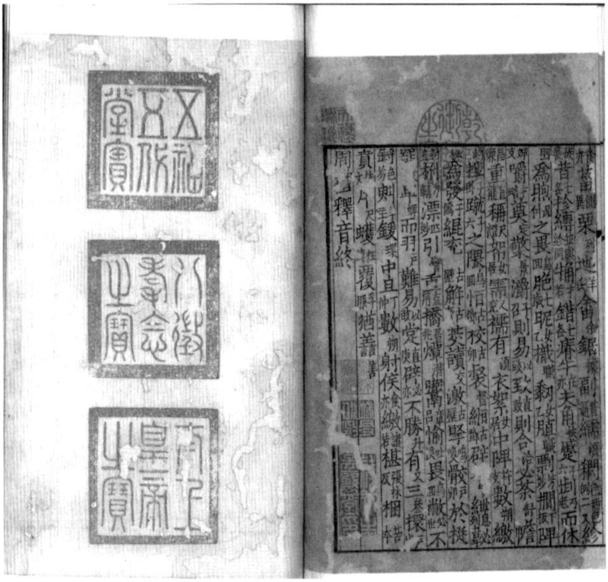

图 39 《周礼释音》卷尾钤印[①]

① 此图片为中国国家图书馆藏品，已获授权使用。

（名录编号：00253），但仅认为是“金刻本”，没有指明与平水刻本的关系，似乎并不认同其是平水刻本。在中国国家图书馆“中华古籍资源库”中能看到全文影像，善本书号：12341，一函六册。

参考文献：

姜广辉主编：《中国经学思想史》（第2卷），中国社会科学出版社，2003年。
王锷：《郑玄〈周礼注〉版本考》，《图书与情报》1996年第2期。

15.《观音偈赞》1册，金代平水刻本

山主和尚作、刘公居士传述的《观音偈赞》是总的书名，实际包括三个部分——《邙山偈》《观音偈》与《菩提偈》。（见图40）《邙山偈》有“序”，接下来内容是“临江仙”4首、“侧吟”26首、“临江仙”8首、“侧吟”15首、“自东吟”4首。

《观音偈》也有“序”，继而内容有“侧吟”4首、“白语”1段、“临江仙”4首、“白语”1段、“侧吟”2首、“白语”1段、“临江仙”4首、“白语”1段、“侧吟”3首、“白语”1段、“临江仙”4首、“白语”1段、“自东吟”1首。《菩提偈》

没有“序”，内容依次为“自东吟”1首、“平吟”1首、“侧吟”15首、“临江仙”24首。“侧吟”每首或是4个七字句，或8个七字句，或2个三字句3个七字句，或2个三字句7个七字句。“平吟”只在《菩提偈》中出现过1次，是一首七律。“自东吟”或是七言绝句，或是七律。“白语”是骈俪对句的散文，长短不一。“侧吟”都是仄声韵，“平吟”是平声韵。“自东吟”指的是从东方向西吟诵，即担任“都讲”一类职务的僧人吟诵。“白语”大约是预备述说，而非不预备吟咏或歌唱的内容。“白”如同“道白”之意。这三篇偈赞，在通俗化

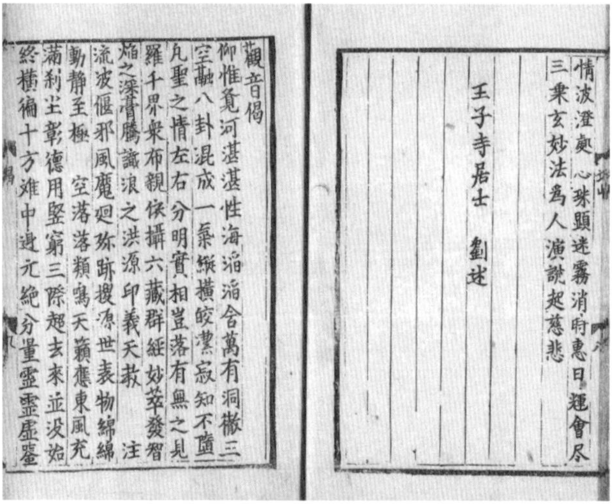
情波澄奥心珠顯迷霧消時惠日運會尽
三乘玄妙法爲人演説起慈悲
王子寺居士 劉述

觀音偈
仰惟覔河湛湛性海滔滔含萬有洞徹三
空融八卦混成一氣縱横皎潔寂知不蔑
凡聖之情左右分明實相豈落有無之見
羅千界衆布親依攝六藏群經妙萃發智
焰之深青騰識浪之洪源印義天敎 注
流波偃邪風魔廻殊踪搜源世表物綿綿
動静至極 空落落類鷄天巔應東風充
滿刹尘彰德用竪窮三際超去來並没始
終横徧十方雖中邊元絶分量靈靈虛鑒

图40 《观音偈赞》局部①

① 引自中国国家图书馆·中国国家古籍保护中心编：《第三批国家珍贵古籍名录图录》（第2册），国家图书馆出版社，2012年，第63页。

与乡土风味中，颇显文学意味，例如《菩提偈》的1首“侧吟”:“假善人，听劝喻！不断凡情求圣路。怕苦实无离苦心，看经岂解依经语？持斋未肯断贪嗔，忏悔何曾除罪污？也待将来作好人，痴心虚望菩提路。”周一良先生认为:“这是一册金元之际佛教通俗文学作品。”[①] 据王清珍先生考证“山主和尚”即（金）庆寿亨禅师（即教亨禅师）。[②] 元代念常《佛祖历代通载》卷20等史籍都有明确记述，内容都大同小异，内容依据全部出自立于嵩山的教亨墓塔碑铭。教亨（1150—1210），字虚明，任城（今山东济宁）王氏。先有汴京（今河南开封）慈济寺僧福安，来任城，山居有年，后斋于邙山村去世，托梦于人说托生王家。教亨幼时就有种种“再来人”的表现，时人出于对福安的尊称称教亨为“安山主”，载入邙山村碑记。教亨7岁落发，13岁受大戒，一生主要在河南嵩山一带传教，曾受诏入主庆寿寺，晚年在嵩山隐退。王文进《文禄堂访书记》卷3《邙山偈一卷》认为是“金平水刻本”[③]。周一良先生在《跋〈观音偈赞〉》中认为:“看版本似乎是金或元初刊刻……看偈赞的体裁，似乎也和元代作品相近。”[④]《中国印本书籍展览目

① 周一良:《跋〈观音偈赞〉》，见周一良:《周一良集》第3卷《佛教史与敦煌学》，辽宁教育出版社，1998年，第257页。

② 王清珍、白化文:《山主与〈观音偈赞〉》,《文献》2007年第4期。

③ 王文进著，柳向春标点:《文禄堂访书记》，上海古籍出版社，2007年，第231页。

④ 周一良:《跋〈观音偈赞〉》，见周一良:《周一良集》第3卷《佛教史与敦煌学》，辽宁教育出版社，1998年，第258页。

录》认为是金代平水刻本。[①]《北京图书馆善本书目·子部·释家类》《中国古籍善本书目·子部·释家类》《第三批国家珍贵古籍名录图录》都认为是金刻本。

王文进《文禄堂访书记》卷3《邙山偈一卷》、周一良《跋〈观音偈赞〉》以及《北京图书馆善本书目·子部·释家类》《中国古籍善本书目·子部·释家类》《第三批国家珍贵古籍名录图录》（名录编号：07200）等都对其版本形态做过介绍，说其"序文二叶，本文二十二叶""匡高19厘米，广12.5厘米。半叶十行，行十六字，白口，四周双边"[②]"序文题作'智德述'……似是专为观音偈而作的序。其中词句颇有费解处。邙山偈后面有'王子寺居士刘述'七个字"。智德所述《观音偈赞·序》部分内容为："刘公居士者，中山人也。始自髫年习儒为业，及其辅冠，辄慕佛乘，礼王子寺山主和尚为师。侍仅十载余，日益玄奥。师资道合，秘要印之，即中山安祖师之法孙，山主和尚之嫡嗣也。师平日常以禅寂为务，久习那伽，入息也；曾蛛网挂于眉间，出息也。内外根尘脱落。或乃参徒请益，逢人即出，出不违人。凡有所训，不无意故。或偈或赞，短颂长篇。述古圣之缘由，咏警世之事迹。词中挺秀，何劳说向知音人；句中陈祥，览者唤回瞌睡汉。……

① 北京图书馆编：《中国印本书籍展览目录》，中央人民政府文化部社会文化事业管理局，1952年，第47页。

② 中国国家图书馆·中国国家古籍保护中心编：《第三批国家珍贵古籍名录图录》（第2册），国家图书馆出版社，2012年，第63页。

因请落迦真赞，更不囊藏。只于笔下露全身，便见南无观自在。……其犹钟扣以腾音，八难普资；有似空谷而传响，无刹不现。号‘普光功德山王’。……爰有门人侯善清，再三求引，不揆摭实而述。如尘陪太华，弗增万仞之危；露入天池，岂益苍溟广润者哉！”（见图 41）

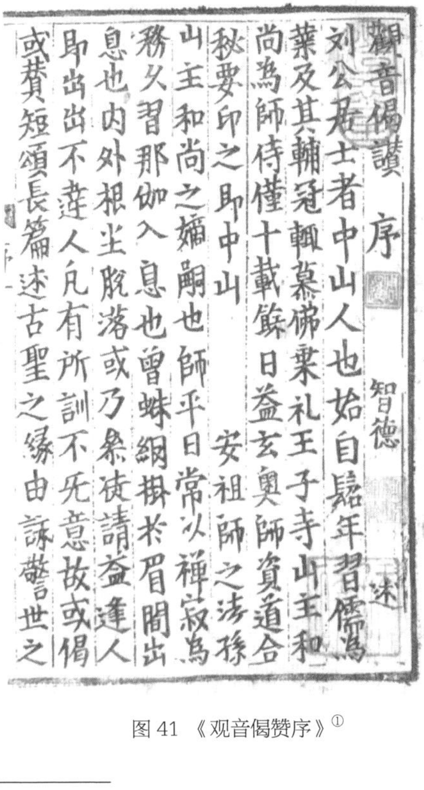
觀音偈讚 序　智德 述
劉公居士者中山人也始自髫年習儒為
業及其輔冠輒慕佛乘礼王子寺山主和
尚為師侍僅十載餘日益玄奧師資道合
秘要印之即中山　安祖師之法孫
山主和尚之嫡嗣也師平日常以禪寂為
務久習那伽入息也曾蛛網掛於眉間出
息也內外根塵脫落或乃衆徒請益逢人
即出出不違人凡有所訓不死意故或偈
或贊短頌長篇述古聖之緣由詠警世之

图 41 《观音偈赞序》①

① 引自周一良主编:《自庄严堪善本书影》，国家图书馆出版社，2010 年，第 870 页。

王文进《文禄堂访书记》卷3曾对《邙山偈》有过介绍。王文进（1894—1960），字晋卿，于1925年在北京开设文禄堂书肆，“平生收售宋元明本及名家抄校本甚伙，《文禄堂访书记》即其经眼图书之纪录。据此书李劭炜跋云：‘晋卿既博于闻见，有所得辄记之，三十年来未尝辍笔，积稿盈尺。今取其中之精确者若干种，勒为五卷，爰以聚珍印行，以代抄胥’”①。据此可知王文进应是具有实践经验，具备较强古籍鉴别能力的从业者，且曾目睹过或收藏过《观音偈赞》，故而他对《观音偈赞》的年代判定应比较具有可信度。据李国庆编著《弢翁藏书年谱》可知周叔弢先生1930年曾给王文进书信说“顷得手书，诵悉一切。《汉官仪》太贵，如不能以元遗山《中州集》二书互易，即请作罢，将原书带回再商可也。《击壤集》《观音偈》二书三百五十元亦不能再加矣。余容面谈。《虚堂习听录》仍请带来一看”②，即议购《观音偈赞》等书。结合北京图书馆编《中国印本书籍展览目录》所注《观音偈赞》为“周叔弢先生捐赠”，可知周叔弢先生从王文进处购买了此书，后来捐赠给了北京图书馆。《观音偈赞》所钤“周暹”藏印可为旁证。另外，冀淑英编《自庄严堪善本书目》“释家类”记有周叔弢先生对《观音偈赞》的注解“内阁大库

① 王文进著，柳向春标点：《文禄堂访书记》，上海古籍出版社，2007年，“前言”第2页。

② 李国庆编著，周景良校：《弢翁藏书年谱》，黄山书社，2000年，第57页。

旧藏”[①]，说明周叔弢先生认为《观音偈赞》原为清代内阁大库旧藏。

参考文献：

北京图书馆编：《中国印本书籍展览目录》，中央人民政府文化部社会文化事业管理局，1952年。
李国庆编著，周景良校：《弢翁藏书年谱》，黄山书社，2000年。
王清珍、白化文：《山主与〈观音偈赞〉》，《文献》2007年第4期。

16.《南丰曾子固先生集》34卷，金中叶平水坊本

《南丰曾子固先生集》是“唐宋八大家”之一的曾巩诗文集。曾巩（1019—1083），字子固，建昌军南丰（今江西南丰）人，世称南丰先生。其生平《宋史》《东都事略》都有记载。曾巩少年时即有文名，文风奔放雄浑，很得欧阳修（1007—1072）赏识。（北宋）王安石《赠曾子固》称：“曾子文章众无有，水之江汉星之斗。”（北宋）苏轼《送曾子固倅越得燕字》也称赞：“醉翁门下士，杂沓难为贤；曾子独超轶，孤芳陋群妍。”（南宋）朱熹《晦庵集》卷83《跋曾南丰帖》则说：“余年二十许时，便喜读南丰先生之文，而窃慕效之，竟以才力浅

① 冀淑英编：《自庄严堪善本书目》，天津古籍出版社，1985年，第63页。

短，不能遂其所愿。”在英才辈出的宋代文坛，曾巩有着不容忽视的地位。他以其文学理论和创作实践上的突出成就，对后世创作产生了重大影响，自宋至清一直享有盛名。

中国国家图书馆藏《南丰曾子固先生集》原是清宫天禄琳琅旧藏，行款版式为左右双边，白口，单鱼尾或无鱼尾，15行26字，笔画刚劲古雅，偏于柳体，小字密行用墨均匀，纸质坚韧，故而赵万里称其："字画刚劲，世无二帙，可称平水本上乘。"[①]版心上端有的地方镌刻千字文编号，但又不按千字文顺序排列。版心中间镌刻所载诗文的文体称呼和卷次（如"诗一"）及叶次。(见图42)

卷首有北宋元丰八年（1085）王震《南丰曾先生文集序》。(见图43）全集共34卷，分诗、杂文、杂说、杂议、论、策问、表、书、启、序、记、行状、墓志、词疏和祭文诸体。现已收入第一批国家珍贵古籍名录，名录编号01086，在中国国家图书馆"中华古籍资源库"中能看到全文影像。《南丰曾子固先生集》世无二帙，未见翻刻本和传抄本传世，宋代以来的公私书目除《天禄琳琅书目后编》外罕见著录。

（清）彭元瑞《天禄琳琅书目后编》卷6著录为南宋"建阳巾箱本"[②]。《中国版刻图录》(第1册）称："此书版式、刀

① 北京图书馆编:《中国版刻图录》(增订本)，文物出版社，1961年，第48页。
② （清）于敏中、彭元瑞等著，徐德明标点:《天禄琳琅书目　天禄琳琅书目后编》，上海古籍出版社，2007年，第532页。

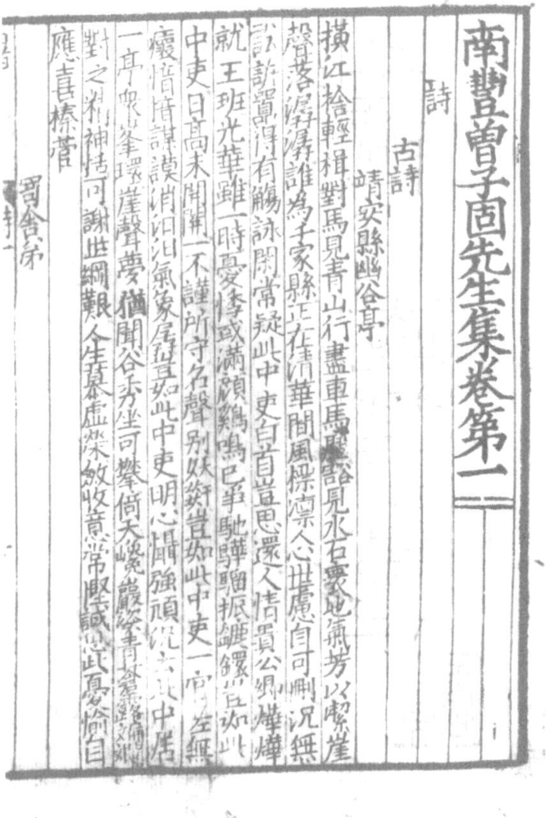

南豐曾子固先生集卷第一

詩

古詩

靖安縣幽谷亭

撗江捨輕楫對馬見青山行盡車馬塵豁見水石寰地氣芳以潔崖
磬落潺潺誰為千家縣正在清華間風標凜人心世慮自可刪況無
訟訴囂得有觴詠閑常疑此中吏白首豈思還人情貴公卿燁燁
就王班光華雖一時憂悴或滿顏雞鳴已爭馳驊騮振鑣鐶豈知此
中吏日高未開關一不謹所守名聲別妖姦豈如此中吏一官[illegible]左綰
癡惛惛謀謨消汩汩氣象屠豈如此中吏明心攝強頑況於此中居
一亭眾峰環崖聲夢猶聞谷秀坐可攀倚天巉巖縈青[illegible]
對之精神恬可謝世網艱人生慕虛榮斂收意常慳試以此慮愉自
應甚榛菅

寄舍弟

图 42 《南丰曾子固先生集》卷 1 ①

---

① 引自中国国家图书馆 · 中国国家古籍保护中心编:《第一批国家珍贵古籍名录图录》(第 4 册), 国家图书馆出版社, 2008 年, 第 313 页。

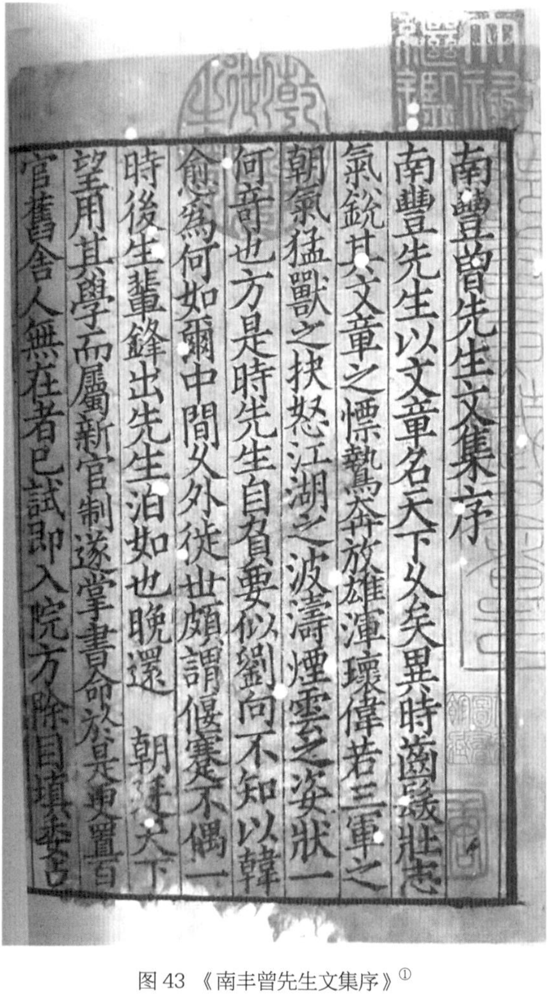

南豐曾先生文集序
南豐先生以文章名天下久矣異時齒髮壯志
氣銳其文章之慓鷙奔放雄渾瓌偉若三軍之
朝氣猛獸之抉怒江湖之波濤煙雲之姿狀一
何奇也方是時先生自負要似劉向不知以韓
愈爲何如爾中間久外徙世頗謂偃蹇不偶一
時後生輩鋒出先生泊如也晚還　朝廷天下
望用其學而屬新官制遂掌書命於是更置百
官舊舍人無在者已試即入院方除目填委吉

图 43 《南丰曾先生文集序》①

① 引自刘明：《中国古书版本笔记》，北京联合出版公司，2020 年，第 357 页。

法、纸墨与潘氏滂喜斋旧藏《云斋广录》如出一辙，盖同为金中叶平水坊本。周密《志雅堂杂抄》称此类书为‘北本’”[①]，并进一步据其版式与南宋绍兴二十二年荣六郎重刻北宋汴梁坊本《抱朴子》相似，称：“此本源出北宋旧椠，可以想见。”《中华再造善本总目提要》（金元编）之“南丰曾子固先生集”条进一步称：“考其祖本所出，则无疑源自宋刻，书中遇‘宋’‘太宗’‘皇帝’‘天子’‘朝廷’等字，皆前空一格可为证。”[②]余嘉锡《四库提要辨证》卷21《元丰类稿五十卷》称《南丰曾子固先生集》收文187篇，见于（元）丁思敬所刻《元丰类稿》者117篇，见于（清）顾崧龄辑曾巩《集外文》者16篇，其余54篇尽取之于《续稿》，为前人所未见。其实也有可能取自《外集》，刘明《中国古书版本笔记》推测，其底本据自北宋亡后在北方流传的北宋旧本《曾巩集》，“检书中‘弦’‘泫’‘惊（驚）’‘警’‘贞’等字缺笔，仍旧保留底本中的讳字，而不涉及南宋帝讳，也印证底本具备‘北宋本’的属性。又版心上端镌刻‘暑’‘地’‘宙’‘天’‘日’‘玄’‘月’‘洪’等千字文编号，同样保留的是底本即北宋旧本《曾巩集》的特征。值得注意的是，这些千字文号只是一小部分，且并不遵循顺序，表明该本的诗文编次并未遵循底本之貌，而是

① 北京图书馆编：《中国版刻图录》（增订本），文物出版社，1961年，第48页。

② 中华再造善本工程编纂出版委员会编著：《中华再造善本总目提要》（金元编），国家图书馆出版社，2013年，第1198页。

选编。《天禄琳琅书目后编》称‘与元大德丁思敬所刻《元丰类稿》序次多寡迥异’，恰可为选编之证。检该本中的‘天’字号是‘论’（如卷第11《唐论》），按道理底本的‘天’字号大致对应卷一的内容，然丁思敬刻本《元丰类稿》（应保留北宋以来《元丰类稿》的旧貌）的卷一是‘诗’，并不一致”[①]。若果真如此，则这54篇为其他书籍中所没有的曾巩佚文，或为失传的《续元丰类稿》和《外集》中的作品。这正是失传的此书的独特价值。

此书在流传过程中，历尽沧桑，极富传奇色彩。明代由江南第一才子唐寅（1470—1524）收藏，书上钤有“唐白虎”和“吴郡唐寅藏书印”。唐寅之前未见其他藏家记载。明末由大藏书家朱之赤收藏，钤有“休宁朱之赤珍藏图书”印鉴。此书清代由纳兰揆叙（1674—1717）家藏，钤有“谦牧堂藏书记”和“谦牧堂书画记”藏印。揆叙是康熙朝武英殿大学士明珠（1635—1708）的次子，是被王国维先生称为“北宋以来，一人而已”的清代词人纳兰性德（1655—1685）的弟弟。揆叙本人也是康熙文才出众的宠臣，曾掌翰林院事。“谦牧堂藏书记”和“谦牧堂书画记”两枚藏印，明珠首用，性德继用，揆叙又沿用。可能是明珠立下的家规，凡纳兰家的藏书只用此印，不用个人名号的藏印。纳兰家族在立储问题上使康熙皇帝震怒，后揆叙被弹劾，流言盛传其遭指责，至雍正二

① 刘明：《中国古书版本笔记》，北京联合出版公司，2020年，第366—367页。

年（1724）揆叙再次被参，身后名分被贬，削谥，抄家，藏书没收内府秘不示人，从而增加了纳兰家族藏书的神秘色彩。书的首叶上端钤有“乾隆御览之宝”朱文椭圆印和“天禄继鉴”白文方印；末叶上端再钤“乾隆御览之宝”和“天禄琳琅”朱印；书前空白衬纸上钤“五福五代堂宝”“八征耄念之宝”“太上皇帝之宝”一式三印。这正是清廷大内藏书印记的固定形式。“天禄继鉴”是嘉庆印记，其他五印正是乾隆藏书“天子五玺”。这六方印记是藏书界视为凤毛麟角的“天禄琳琅”大内秘籍的标志。溥仪（1906—1967）出宫时，盗运出来的古籍奇珍中，就包括此书。抗战胜利后，此书又从伪满洲宫内散出，从“元方藏书”“曾在赵元方家”等印可知被藏书家赵元方所得。目录学家余嘉锡（1884—1955）曾向赵元方借看，并劝赵元方“亟付之影印而不果，恐其久而亡佚，特从元方假其手写目录，载之于此，庶使来者有考焉”①。后来，赵元方把该书捐献给了中国国家图书馆。

参考文献：

北京图书馆编：《中国版刻图录》（增订本），文物出版社，1961年。
刘明：《中国古书版本笔记》，北京联合出版公司，2020年。
余嘉锡著，戴维校点：《四库提要辨证》，湖南教育出版社，2009年。

① 余嘉锡著，戴维校点：《四库提要辨证》，湖南教育出版社，2009年，第1166页。

中华再造善本工程编纂出版委员会编著:《中华再造善本总目提要》（金元编），国家图书馆出版社，2013年。

17.《新雕云斋广录》8卷（附《新添云斋广录后集》1卷），金中叶平水坊本

《新雕云斋广录》8卷《新添云斋广录后集》1卷，是北宋李献民编撰的一部小说集，现藏中国台湾“国家图书馆”。此书卷首有李献民自序，序末题“政和辛卯五月八日，廪延李献民彦文序”。李献民生平事迹不详，根据其自序及（宋）王庭珪《卢溪文集》收录的与之相关的诗篇，可知李献民，字彦文，生卒年不详，开封府酸枣县人，有文采，擅长诗律，靖康（1126—1127）之变后南渡江淮，绍兴（1131—1162）年间定居江西吉州，与王庭珪、向丰有交往。王庭珪《卢溪文集》卷12《和李彦文》曾夸赞：“曾读芸斋编广录，固知天下有奇才。”

中国台湾“国家图书馆”藏《新雕云斋广录》匡高16.1厘米，宽11.5厘米，半叶15行，行25字，《新添云斋广录后集》则半叶14行，行24至26字，白口，单鱼尾，双栏。前后集的字体稍有不同，且字数不同，应不是同时刻成。《新雕云斋广录》避宋代的讳，如玄、敬、殷、贞、树等字缺末笔。《新添云斋广录后集》则避法、泫、镜、树等字，孝宗以下不

避讳，钦高二宗讳字未见。版本学家赵万里先生将本书断定为金刻本，他在《中国版刻图录》（第1册）谈到《南丰曾子固先生集》时说："此书版式刀法纸墨与潘氏滂喜斋旧藏《云斋广录》如出一辙，盖同为金中叶平水坊本。"金刻本避宋朝讳字，是因为覆刻或翻刻宋版的缘故。

据中国台湾"国家图书馆"整理，书中钤有"张珩私印"白文方印、"吴兴张氏图书之记"朱文长方印、"江左"朱文长方印、"希逸"白文方印、"季印振宜"朱文方印、"沧苇"朱文方印、"汉阳叶名沣润臣甫印"白文方印、"'国立中央图书馆'收藏"朱文长方印、"杏花春雨江南"朱文长方印、"玉兰堂"白文墨色方印、"季振宜藏书"白文墨色长方印、"铁研斋"白文方印、"王印履吉"白文方印、"叶名沣"朱白文方印、"张""珩"朱文连珠方印、"潘祖荫藏书记"朱文长方印、"韫辉斋印"白文方印、"暂得于己快然自足"朱文方印、"叔宝"朱文长方印、"张氏葱玉"朱文方印、"吴兴张氏珍藏"朱文长方印、"环氏万卷堂藏书记"朱文长方印、"世为忠义郇氏"朱文长方印。应经历过明代鄞县（今浙江宁波）丰坊（字人翁）、长州（今苏州）文徵明、吴县（今苏州）王宠（字履仁、履吉）旧藏。清代由叶名沣、季振宜、潘祖荫递藏。民国归吴兴张氏适园，"张""珩"的朱文连珠印是最后私人藏印。1941年卖给当时的中央图书馆，新中国成立前夕运至台湾。季振宜（1630—1674），字诜兮，号沧苇，江苏泰兴人，清初诗人和藏书家。季振宜藏书之所以能够富甲东南，与当时的历史机遇密不可分。明清易代之际，社会动乱，各故家所藏图籍大量散失。季振宜恰逢其时，凭借雄厚的财力，苦心收罗，遂集古籍收藏之大成，尤以精藏宋元版本著称。季振宜博学多识，精于版本学，所编的《季沧苇藏书目》，黄丕烈认为“其详载宋元板刻以至抄本，几于无所漏略”①，被后人尊称为“善本目录之泰斗”，成为研究古代藏书的必备工具书和确定宋元版本递藏过程的必要参考。

《云斋广录》的载录最早见于（宋）晁公武《郡斋读书志》卷 13:“《云斋广录》十卷，右皇朝政和中李献民撰。分九门，记一时奇丽杂事，鄙陋无所稽考之言为多。”此时《云斋广录》是 10 卷本，此后一直到清初钱曾《也是园藏书目》亦著录为 10 卷本。但之后 10 卷本亡佚，流传的版本皆为 8 卷本。清乾隆（1736—1795）年间，四库馆臣将《云斋广录》列入小说家存目，卷帙 8 卷，《后集》1 卷。四库馆臣著述的提要与清末潘祖荫《滂喜斋藏书记》载录内容相同，应该属于同一版本系统。民国时，藏书家周越然（1885—1962）不知从何处觅得《云斋广录》，声称为影宋抄本。上海中央书店于 1936 年排印出版，将《后集》编为卷 9。其后，周越然所得影宋抄本亦不知下落。据中央书店排印本与现存中国台湾“国家图书馆”的潘祖荫原藏本对照，两者亦应为同一版本系统。

---

① （清）季振宜:《季沧苇藏书目》，商务印书馆，1935 年，第 83 页。

参考文献：

冯一：《〈云斋广录〉研究》，苏州大学硕士学位论文，2006年。

18.《新修累音引证群籍玉篇》30卷，金末平水刻本

《新修累音引证群籍玉篇》30卷，是金元明时期最完备的一部字典。编撰者邢准，沧州人。本书是邢准于金大定二十八年（1188）据汶阳王太《增广类玉篇海》，并取《切韵》《广韵》《集韵》等书增补删改而成。邢准编撰本书时，除了增收1240个字之外，最主要的是从韵书中大量采集音义，以补以往字典的不足。

我国最早的字典是南朝梁大同九年（543）刊行的《玉篇》。此后不断有人增益重修，其中包括金代的第一部大型字典《增广类玉篇海》。如今《玉篇》只有残卷存于日本，《增广类玉篇海》早已失传，愈发突出了《新修累音引证群籍玉篇》的珍贵。《新修累音引证群籍玉篇》现藏中国国家图书馆（存29卷，缺第21卷），收入第一批国家珍贵古籍名录（名录编号：00355），匡高24厘米，宽16.2厘米，半叶14行，行字不等，注文双行，行38字，白口，四周双边，字体偏方，多

古体。（见图44）钤有“大雅”“松雪斋”“赵氏子昂”“虞集”“句曲外史”“宋濂”“吴宽”“陆深”“墨林秘玩”“天都陈氏承雅堂图籍”“陈书崖读书记”“三十六峰陈昂”“书崖父”“陈昂之印”“陈氏藏书子孙永宝”“潘祖荫藏书记”“孙允□”等印。此书曾为秀水陈昂所得，后归潘祖荫（1830—1890）。此书《中国版刻图录》（第1册）认为：“观纸墨刀法与刻工称谓，纯系金末平水风格。”

此书元明清公私书目鲜为著录，目前发现著录的仅清末潘祖荫《滂喜斋藏书记》。潘祖荫评此书云：“其书体例甚陋，无所取裁，惟诸家书目皆不著录。元代赵承旨、庾道园、张伯雨，明代宋景濂、吴文定、陆文裕、项子京皆有藏印，则亦希世秘笈矣。”[①]对此书体例虽颇为不屑，但也不得不承认它是一部既流传有序，又世所罕见的珍本。

19.《萧闲老人明秀集注》6卷，金末平水刻本

《萧闲老人明秀集注》6卷，（金）蔡松年撰，（金）魏道明注。蔡松年（1107—1159），字伯坚，号萧闲老人，真定（今河北正定）人。北宋末年，随父降金，官至尚书右丞相，封卫

① （清）潘祖荫著，佘彦焱标点：《滂喜斋藏书记》，上海古籍出版社，2007年，第21页。

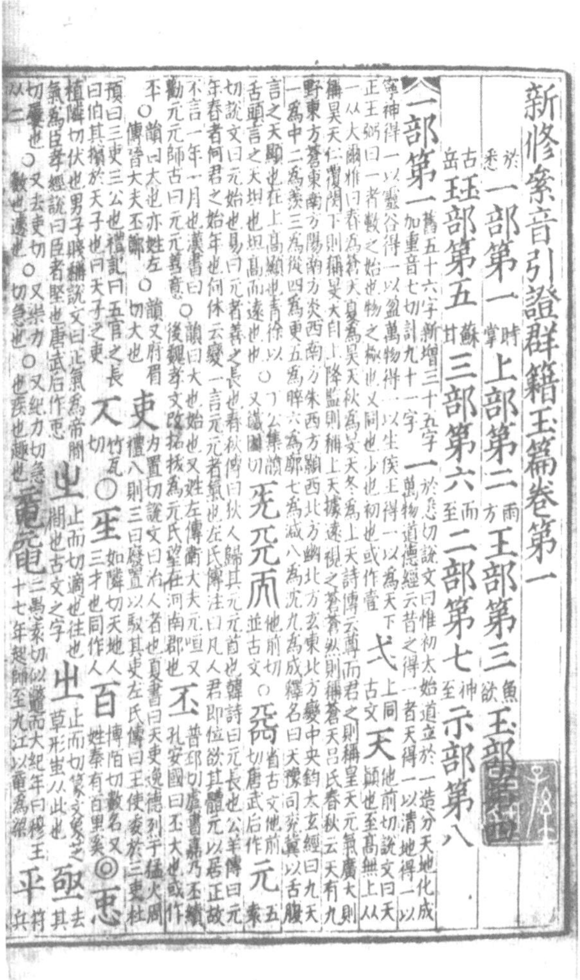
新修絫音引證群籍玉篇卷第一

一部第一 上部第二 王部第三 玉部第四

珏部第五 三部第六 二部第七 示部第八

图 44 《新修絫音引证群籍玉篇》卷 1[①]

① 引自中国国家图书馆·中国国家古籍保护中心编:《第一批国家珍贵古籍名录图录》(第 2 册),国家图书馆出版社,2008 年,第 99 页。

国公，寓汴都，其府第曰“萧闲堂”，因此自号萧闲老人。《金史》卷125有传，史称其“文词清丽，尤工乐府”。蔡松年在诗和词的创作上很有成就，特别是在金代词史上的地位和影响更为重要，词风豪放俊逸，人称得“苏、辛”神韵。他的词作与吴激（1090—1142）齐名，（金）元好问（1190—1257）选其诗入《中州集》，并说“百年以来，乐府推伯坚与吴彦高，号‘吴蔡体’”[①]。两人开启的金词特质，与南宋的“文弱”相比，令人有耳目一新之感。《萧闲老人明秀集注》是金代最早的文学注本。注者魏道明，字符道，自号雷溪子，易州（今河北易县）人，是金中期有影响的诗人，曾有《鼎新诗话》行世，已佚。元好问的《中州集》就是在魏道明《国朝百家诗略》的基础上编纂而成的。

中国国家图书馆藏《萧闲老人明秀集注》现存前3卷，收蔡松年词72首。（见图45）匡高23.3厘米，宽17.7厘米，半叶12行，行23字，注文双行30字，细黑口，左右双边。《中国版刻图录》（第1册）定为金末平水刻本，字体瘦劲，刻印精工，收入第一批国家珍贵古籍名录，名录编号：01253。《铁琴铜剑楼藏书目录》卷24载：“《萧闲老人明秀集注》三卷，金刊残本。金蔡松年撰。题：‘雷溪子魏道明元道注解’。原书六卷，无序跋。今存卷一至三。……松年，字伯坚，翰林学士靖子，官至尚书右丞相。始寓汴都，其第曰‘萧闲堂’，又作

---

① （金）元好问编，张静校注：《中州集校注》，中华书局，2018年，第109页。

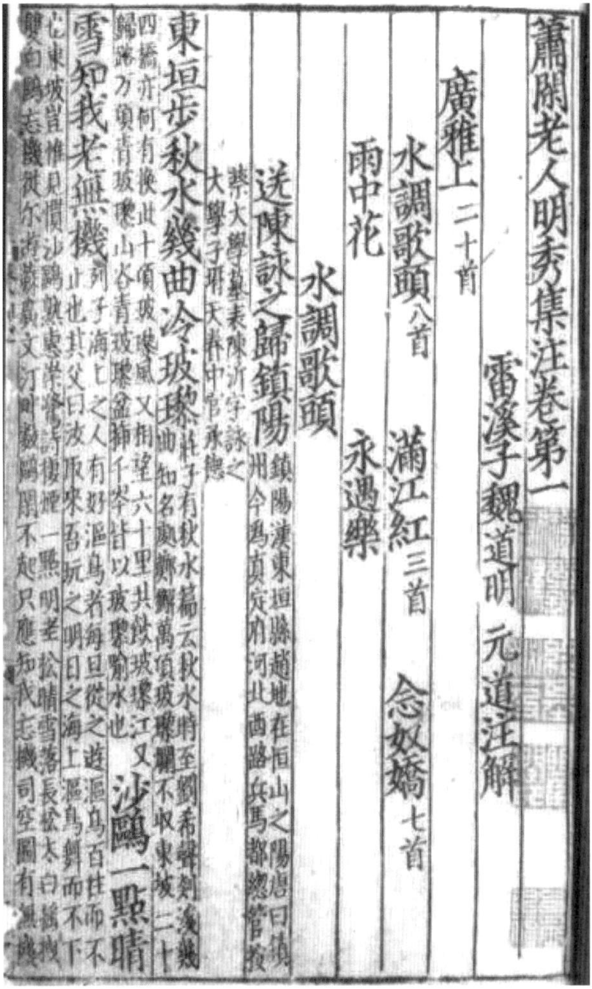
蕭閑老人明秀集注卷第一

雷溪子魏道明 元道注解

廣雅上 二十首

水調歌頭 八首　滿江紅 三首　念奴嬌 七首

雨中花　永遇樂

水調歌頭

送陳詠之歸鎮陽

東垣步秋水幾曲冷玻瓈

沙鷗一點晴

雪知我老無機

图 45 《萧闲老人明秀集注》卷 1[①]

① 引自任继愈主编:《中国国家图书馆古籍珍品图录》，北京图书馆出版社，1999 年，第 118 页。

园于镇阳，曰‘萧闲圃’，故自号‘萧闲老人’。元遗山《中州集》诗传云：百年以来，乐府推伯坚与吴彦高，号‘吴蔡体’。集中《念奴娇》第二首为公最得意作，读之，其平生自处可见已。道明，易州人，官安国军节度使，著有《鼎新诗话》，亦见《中州集》。……是本虽不全，亦罕觏之秘笈矣。每半叶十二行，行廿三字。双行夹注，行三十字。凡‘佚’‘尧’‘乘’字，皆有减笔。”[①]

钤有“稽瑞楼”“绍基秘籍”“铁琴铜剑楼”“瞿润印”“良士眼福”等印。本书原为清代乾嘉时期陈揆“稽瑞楼得诸郡中周氏”，后归常熟“铁琴铜剑楼”收藏。“绍基秘籍”是第一代楼主瞿绍基（1772—1836）的藏印。第二代瞿镛（1794—1846）开始以“铁琴铜剑楼”命名，并以此作藏书印。“良士眼福”是第四代瞿启甲（字良士，1873—1940）的藏印。瞿家藏书自乾隆年间起，历经五代的艰辛积聚，藏书达十余万卷，其中宋元刻本268种。民国十三年（1924）军阀混战，瞿家将全部珍本运往上海收藏。抗战时（1931—1945）又移储于租界。1940年，瞿启甲去世前遗命后辈：“书勿分散，不能守，则归之公。”1950年，瞿启甲之子瞿济苍、瞿旭初、瞿凤起兄弟三人商定将家藏宋、元、明善本书52种1776册，通过文化部文物局捐赠给北京图书馆，将上海“铁琴铜剑楼”藏书2243册捐献给上海市文物管理委员会，后又向北京图书馆捐

① （清）瞿镛：《铁琴铜剑楼藏书目录》，中华书局，1990年，第380页。

赠宋、元、明善本书籍20种。这些书奠定了新中国成立初期北京图书馆善本的基础。本书就是此时入藏北京图书馆的。当时的文化部副部长郑振铎代表中央人民政府曾写信向济苍、旭初、凤起三兄弟致谢，信中说："铁琴铜剑楼藏书，保存五世，历年逾百，实为海内私家藏书最完善的宝库。先生们化私为公，将尊藏宋元明刊本及钞校本……捐献中央人民政府，受领之余，感佩莫名。此项爱护文物、信任政府之热忱，当为世界所共见而共仰。"①中央政府褒奖了瞿氏家族为中华民族文化事业做出的贡献，文化部特颁发奖状予以表彰。

参考文献：

任继愈主编：《中国国家图书馆古籍珍品图录》，北京图书馆出版社，1999年。

20.《栖霞长春子丘神仙磻溪集》3卷，金末平水刻本

《栖霞长春子丘神仙磻溪集》3卷，是金末丘处机的诗词文集，现藏中国国家图书馆。（见图46）丘处机（1148—

① 费愉庆、孙迎庆：《时困犹存劫后书——日本侵华时期苏州私家藏书大劫难》，《文史春秋》2015年第9期。

1227)，字通密，号长春子，山东栖霞县人，19 岁出家学道，拜全真教主王重阳（1112—1170）为师。王重阳死后，丘处机西入磻溪（今宝鸡东南）隐居苦修 6 年，后又赴陇州（今陕西陇县）龙门山隐居苦修 7 年，创立了全真教龙门派，有所谓“天下全真半龙门”之说。丘处机身处乱世，却为金朝和蒙古帝国统治者所敬重。1219 年，元太祖成吉思汗派近臣持诏相

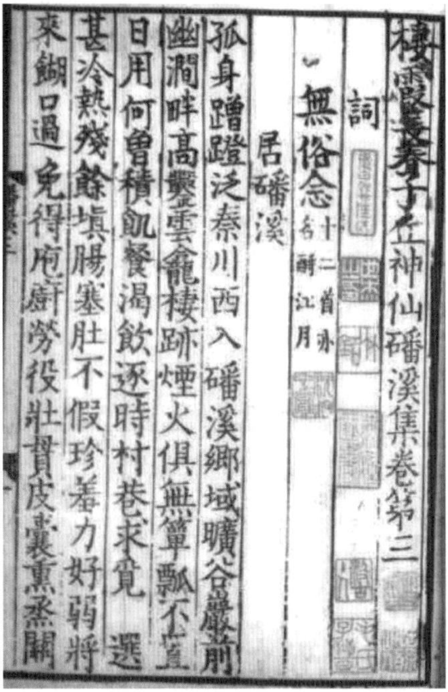
棲霞長春子丘神仙磻溪集卷第二
詞
無俗念 十二首 亦名酹江月
居磻溪
孤身蹭蹬泛秦川西入磻溪鄉域曠谷巖前
幽澗畔高聳雲龕棲跡煙火俱無簞瓢不置
日用何曾積飢餐渴飲逐時村巷求覓 選
甚冷熱殘餘塡腸塞肚不假珍羞力好弱將
來餬口過免得庖廚勞役壯貫皮囊熏烝關

图 46 《栖霞长春子丘神仙磻溪集》[①]

① 引自任继愈主编:《中国国家图书馆古籍珍品图录》，北京图书馆出版社，1999 年，第 118 页。

邀，丘处机遂西行万里，终于在75岁时谒见成吉思汗于大雪山（即兴都库什山，今阿富汗东北）西征行营。成吉思汗对丘处机尊礼备至，不呼姓名，而以“神仙”相称，并接受其“欲一天下者，必在乎不嗜杀人”的忠告。后人评价丘处机有“一言止杀”的济世之功，一时间使全真教达到“古往今来未有如此之盛”的局面。丘处机去世10年后，弟子宋德方承其遗志，在平阳玄都观刊刻《玄都宝藏》凡7800余卷。

《栖霞长春子丘神仙磻溪集》卷首有大定二十六年丙午中条山玉峰老人胡光谦序1篇，载：“丙午春，演义易于条阴之北郊，有三仙者自陇山来谒我祗宫，囊出一编，乃磻溪丘公长春举扬玄谛、开诱迷朋而作也。”但序文没有说明刊刻具体时间。大定二十六年，丘处机当时隐居在陕西龙门山（即胡序中的“陇山”），可能该年已初有《磻溪集》之编。书中所录诗文以大定十四年（1174）七律《磻溪》最早，而以大安己巳（1209）七绝《再游鳌山复留题二十首》最晚。李道谦（1219—1296）编《甘水仙源录》所收陈时可撰《长春真人本行碑》说丘处机“有《磻溪》《鸣道》二集行于世”。此碑撰于金哀宗正大五年，可知当时《磻溪集》已经刊行。这是刊刻时间的下限，所以此书应为金末刻本。中国国家图书馆藏《栖霞长春子丘神仙磻溪集》，有傅增湘跋语《金刊磻溪集跋》，审定为金刻本，依据是书中“语涉金廷，皆提行空格”[①]。例如“进

① 傅增湘撰：《藏园群书经眼录》（第2版），中华书局，2009年，第1081页。

呈世宗皇帝”诗，“进呈”“世宗皇帝”各占 1 行，且其上分别空 3 格。又卷 2《世宗皇帝挽词一首》，也是相近的格式。《第一批国家珍贵古籍名录图录》（名录编号：01162）亦认定其为金刻本。刘明先生则认为《磻溪集》“刻地应该是在山东，刻书风格与习见的金刻不类，而是具有较为明显的南方（南宋）浙刻风貌”[①]。

《栖霞长春子丘神仙磻溪集》所收诗词文集多是丘处机隐居磻溪、龙门时所作，后由其门人结集刊行，内中含有不少全真教史资料，所述内容“可订正《元史》之失，斯尤足贵也”[②]，“是研究丘处机六十岁以前行踪事迹和思想情怀的宝贵资料”[③]，且传世孤罕，绝少见于书目著录，颇具版本及文献价值，同时也为认识金代雕版印刷的“多样性”提供了难得的实物标本。

中国国家图书馆藏《栖霞长春子丘神仙磻溪集》，《第一批国家珍贵古籍名录图录》（名录编号：01162）描述其匡高 21.8 厘米，广 15.2 厘米，半叶 9 行，行 17 字，白口，左右双边。傅增湘《藏园群书经眼录》卷 15“金别集类”载其为“白麻纸，淡墨印”。据图版可知，其为双黑鱼尾，上鱼尾下镌刻“磻溪”和卷次，如“磻溪一”之类，下鱼尾下镌刻叶次。卷

① 刘明：《中国古书版本笔记》，北京联合出版公司，2020 年，第 374 页。

② 傅增湘撰：《藏园群书题记》，上海古籍出版社，1989 年，第 770 页。

③ 王玉良：《丘处机〈磻溪集〉三卷》，见《北京图书馆同人文选》第 2 辑，书目文献出版社，1992 年，第 161 页。

首有《栖霞长春子丘神仙磻溪集总目》，继而是《栖霞长春子丘神仙磻溪集卷第一》。

中国国家图书馆藏《栖霞长春子丘神仙磻溪集》书中钤有“沈与文印”“毛氏子晋”“乾学之印”“东武刘喜海燕庭所藏”“藏园秘笈孤本”等印。可见，此书明代为沈与文旧藏，清初归毛晋，康熙间为徐乾学所有，道光间由山东诸城刘喜海收藏。毛晋（1599—1659），字子晋，号潜在，江苏常熟人，早年曾拜师钱谦益。毛晋通明好古，博闻强记，但屡试不中，遂以书为业，终身不仕。毛晋乃乡绅之家，有良田数千亩，质库若干，为毛晋藏书事业提供了基础。毛晋本人唯书是好，毛氏汲古阁是当时最负盛名的藏书楼之一，收购宋元版本出价极高，书商、私人有宋本者争往售之，故而藏书既多又精。此外，毛晋还精抄善本书籍，《天禄琳琅书目》卷4说：“明之琴川毛晋，藏书富有，所贮宋本最多。其有世所罕见而藏诸他氏不能购得者，则选善手以佳纸墨影抄之，与刊本无异，名曰‘影宋抄’。于是，一时好事家皆争仿效，以资鉴赏，而宋椠之无存者，赖以传之不朽。”毛晋去世后不久，家道中落，后人将所藏善本出售。原想售予潘稼堂，因价格未能谈妥，最后为季振宜所购得。徐乾学（1631—1694），字原一，号健庵，昆山人，是明末清初著名学者顾炎武的外甥，出身书香世家，生性爱书，曾主持监修《明史》《大清会典》《大清一统志》等。明末战乱之后，藏书之家多不能守，及清初社会渐趋安定，各家散出之书始在民间流传，于是徐乾学乘机广为搜购，一时南北藏书家之旧物，如溪流归海，汇聚于徐乾学之手。徐乾学《传是楼宋元本书目》收宋元善本多达450种。傅增湘说“刘氏以后未知流落何所”，但据所钤“长白马佳氏”“世杰长寿”“竹铭”等印，知曾为绍英（1861—1925）之子世杰（或字竹铭）所藏①。1919年，傅增湘发现于北京隆福寺带经堂书坊者，当即自世杰家散出，并“亟属徐君森玉与江西诗派本《东莱诗集》同收得之。翌年庚申携至南中举示寐叟”②，即展示给沈曾植鉴赏，故而书尾附有沈曾植跋文一则。（见图47）

王文进（1894—1960）编撰《文禄堂访书记》卷3“栖霞长春子丘神仙磻溪集三卷”条对沈曾植手跋有录文，即“钱氏《补元艺文志》《道藏》七千四百余卷，披云子刻于平阳府。余尝考披云姓宋，为长春弟子，而其刻在金、元之间，实《明藏》祖本。沅叔云，偶刻《道藏》而得此金本《磻溪集》，为《道藏》未收之本，应时而出，若俾增入《藏》中，仙缘为不浅也。长春曾栖真关、陇，故披云后驻关中，承磻溪之绪。集中又有《进呈世宗皇帝诗》，则在金时已名动九重，可与史畴‘金、宋之季皆尝遣使来召’语相证。钱《志》有《磻溪集》六卷。庚申二月，寐叟借读识”。1919年，傅增湘在北京隆福寺带经堂书坊发现金刻《栖霞长春子丘神仙磻溪集》时，他正倡议修补《正统道藏》，恰获此本欣喜异常，认为是丘处机在

① 刘明:《中国古书版本笔记》，北京联合出版公司，2020年，第378页。

② 傅增湘撰:《藏园群书题记》，上海古籍出版社，1989年，第770页。

冥冥之中鼓励自己完成修补道藏的伟业。傅增湘晚年患脑血栓，不得不出让部分藏书维持生计。当其得知卖出后有些善本流失海外，痛心之余，遂将全部藏书 16000 余卷捐赠给北平图书馆，又将外库藏书 34000 余册捐赠四川。新中国成立之初，陈毅了解到傅增湘病重，“且贫甚”，让相关人员持其亲笔信和周总理批示前往探视，人未到，已长逝。

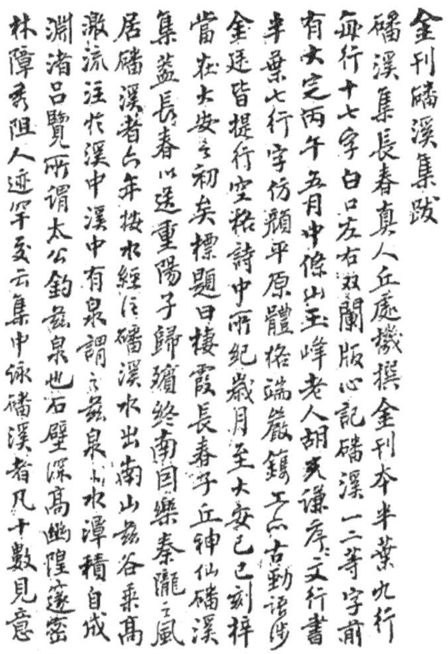
金刊磻溪集跋
磻溪集長春真人丘處機撰金刊本半葉九行每行十七字白口左右双闌版心記磻溪一二等字前有大定丙午五月中條山玉峰老人胡光謙序文行書半葉七行字仿顏平原體格端嚴鐫工亦古勁語涉金廷皆提行空格詩中所紀歲月至大安己巳刻梓當在大安之初矣標題曰棲霞長春子丘神仙磻溪集蓋長春以送重陽子歸殯終南因樂秦隴之風居磻溪者六年按水經注磻溪水出南山茲谷乘高激流注於溪中溪中有泉謂之茲泉泉水潭積自成淵渚呂覽所謂太公釣茲泉也石壁深高幽隍邃密林障秀阻人迹罕交云集中詠磻溪者凡十數見意

图 47 《栖霞长春子丘神仙磻溪集》沈曾植跋文[①]

① 引自（金）丘处机:《栖霞长春子丘神仙磻溪集》(影印本)，北京图书馆出版社，2005 年。

金刻《栖霞长春子丘神仙磻溪集》是3卷本，而（明）黄虞稷编《千顷堂书目》著录为5卷本，明《道藏》本则厘分为6卷。清中期纂修《四库全书》，因《道藏》已收录而未再抄入四库中。金刻本可谓《磻溪集》的祖本。《磻溪集》除金刻3卷本外，还有一种道教6卷本传世。1941年，傅增湘在《金刻磻溪集跋》中曾对比金刻本和道藏本的优劣：“取道藏本校之，于篇章初无增损而字句乃大有差殊，增改多至数百十字。诗句下原附音释或自注，《道藏》本皆芟去。凡词多注原名，如《无俗念》十二首，下注云‘亦名酹江月’，乃悉刊落不存。又诗词题下偶加小序……序中略志年月事实，可以考见生平行事、交游踪迹，《道藏》本或竟删除，或意为节略，均失本真。赖有金时刊本得以校补其缺失，足见右本之可珍矣。最可异者……今《道藏》本于《赞佛》一首独不刊载，似后人不欲为释教颂扬，有意芟剃之，所见抑何隘耶！”[①]金刻本似乎更符合丘处机原意，内容更丰富。不过，《道藏》本也有优于金刻本之处，《道藏》本除胡光谦序外，尚有金大定二十七年（1187）太常博士兼校书郎平阳毛麾序、泰和六年（1206）武定军节度使移剌霖序、泰和八年（1208）翰林学士安东陈大任序。这三序赖《道藏》本保存而有传，是探究《磻溪集》编撰及刊刻等细节性问题的重要资料。

---

① 傅增湘撰：《藏园群书题记》，上海古籍出版社，1989年，第769—770页。

参考文献:

刘明:《中国古书版本笔记》，北京联合出版公司，2020 年。
吴永胜:《季振宜藏书考》，暨南大学硕士学位论文，2007 年。

二　现存蒙元平水刻本

1.《太清风露经》1卷，蒙古太宗九年至乃马真后三年（1237—1244）平阳地区刻《玄都宝藏》零本

无住真人所撰《太清风露经》（1卷）是一部道教养生著作，共15章。无住真人生平事迹不详。“自序章第一”称：“夫长生之法，其门不一……其吸风饮露之道，不离一室，不逾一日，首尾终始，数言便毕。”道出了《太清风露经》命名之义。其余14章以诗歌形式论述行气、通窍、聚气、闭息、咽津、绝谷、洗涤、虚无、治病等养生法要，提倡“吸风饮露之道”。明代《正统道藏》“正一部”之“群”帙所收《道藏缺经目录》卷下著有《太清风露经》，证明此经曾经收入元代刊行的《玄都宝藏》。中国国家图书馆藏《太清风露经》是20世纪50年代中国书店从废纸堆中发现的，后归北京图书馆（今中国国家图书馆）收藏。该经即是蒙古太宗九年至乃马真后三年宋德方等刻《玄都宝藏》零本，为经折装，匡高21.9厘米，宽11.3厘米，半叶6行，行17字，钤有“长春宝藏”等藏印。（见图48）收入第一批国家珍贵古籍名录，名录编号：01005。

包括《太清风露经》《云笈七签》在内的《玄都宝藏》的雕印是金元道教鼎盛发展的具体表现。金代道教主要有三大道派，都是女真入主中原后在异族压迫下创立的新教派：太一教、大道教、全真教。其中全真教是道教发展过程中影响最大的教派之一。三教都主张柔弱、忍耐，这无疑有利于金朝统治秩序的巩固，因而得到金朝统治者的支持。金代山西地区尤为流行全真教，新修或重建了大量道观。作为金元时期全真教繁荣发展的地区，山西保留着大量的全真教文物遗产，其中最著名的是蒙古定宗贵由二年（1247）兴建的永乐宫。永乐宫是元代道教建筑的典型，也是全真教的重要道观之一。

道教发展的一个重大举措就是编纂道家经典，其中之一就是披云真人宋德方主持重刊《道藏》。《道藏》是道教经典

太清風露經　第
自序章第一
夫天地之間唯人最貴人之所貴莫若於長
生夫有所修習真道易變而速成夫長生且
貴況復役使萬靈上昇天庭者哉夫長生之
法其門不一若乃金石草木采鍊有功神形
疲勞法又不貴其吸風飲露之道不離一室
不過一日首尾終始數言便畢學者須除邪
穢但設壇清齋行道盥漱沐浴擊磬焚香啓
虛香氣周流辟除祇氣自有神仙告子玄旨
或自心知或因夢傳神仙之事人豈能言言
亦不信不信而習功豈能全天道不言四時
行焉地德不言萬物生焉玄牝綿綿歸于自
然玄之又玄達於衆妙之門耳
名位章第二
玄牝司呼吸左右法陰陽地戶變吹呵天地
無淺深導達同治水舒暢復巾金動用法天
理無爲諧道心
大通章第三
大洞常通天地風嵐嵓蕩漾三峽通竊候陰
陽寒暑風爲飢爲飽至妙宗初善中善後善
功性通氣通神亦通三景氣添金體功湧達
湧泉爲大道旋機不斡是真宗

图 48 《太清风露经》[①]

① 引自陈红彦:《元本》，江苏古籍出版社，2002 年，第 72 页。

总集，始刻于宋徽宗政和年间（约 1116—1117），因当时藏经处为福州闽县天宁万寿观，因此徽宗赐藏名为《政和万寿道藏》。《万寿道藏》是历史上第一部全藏镂版的道藏，对后世道藏编撰影响深远，后来的《大金玄都宝藏》直接使用《万寿道藏》经版刻补，元代《玄都宝藏》主体翻刻自《大金玄都宝藏》，明代《正统道藏》又在元道藏的基础上撰修，故从《万寿道藏》至《正统道藏》实为一脉相承，从而北宋刻本道藏经典大部分被间接保存于《正统道藏》中。靖康元年（1126），金人攻陷汴京（今河南开封），掳走宋徽宗、钦宗的同时，也将存在汴京的道藏经版掠走。金章宗明昌（1190—1196）年间中都十方大天长观（今北京白云观西）提点孙明道利用宋代道藏残版以及新搜遗经编成《大金玄都宝藏》，较《万寿道藏》增加约千卷，总数达到 6455 卷。泰和二年（1202）天长观遭火焚，《大金玄都宝藏》经版不幸灰飞烟灭，藏于各处的经本也多毁于金末兵燹，只有管州（今山西忻州市静乐县）尚存有一部金代道藏。元未统一全国前，蒙古太宗窝阔台重信道教，披云真人宋德方遵照其师长春真人丘处机的未竟遗志，倡刻《道藏》。（金）元好问《遗山先生文集》卷 31《通真子墓碣铭》载："通真子讳志安，字彦容，出于陵川秦氏。……去从道士游，河南破，北归，遇披云老师宋公于上党。略数语，即有契，叹曰：'吾得归宿之所矣！'因执弟子礼事之。受上清大洞紫虚等箓，且求道藏书纵观之。披云为言：'丧乱之后，图籍散落无几，独管州者仅存。吾欲力绍绝业，锓木宣布，有可成之资第，未有任其责者耳。独善一身曷若与天下共之。’通真子再拜曰：‘受教。’乃立局二十有七，役工五百有奇。通校书平阳玄都以总之。其于三洞四辅万八千余篇，补完订正出于其手者为多。”又据陈垣《道家金石略》所录《玄都至道崇文明化真人道行之碑》载：“真人姓宋氏，讳德方，字广道，披云其号也，世为莱之掖县人。……未几，遂事长春国师于栖霞。……因语真人：‘丧乱以来，道经泯坠，予尝有意于完复。以事体至大，有所未暇，他日汝宜任之。且汝缘当在西南，慎无忘也。’……是时风行汾晋，所至车马填咽。□真人绎念长春之语，道缘其在此乎，慨然以兴复藏室为任。丞相胡公奉白金三十笏为助。乃购求遗经，首于中阳（应为平阳）、晋绛（即绛州，今新绛）置四局以事刊镂。……继于秦中（今陕西关中一带）为九局，太原七、潞泽（潞州和泽州，今晋东南）二、怀洛（怀州，今河南沁阳；洛州，今洛阳）五，总为二十七局。局置通□之士，典其雠校，俾高弟秦志安总督之。役劝者无虑三千人，衣粮日用，皆取给于真人之身，首尾凡六载乃毕。又厘为六局，以为印造之所。真人首制三十藏，藏之名山洞府。……庚子真人乃谒纯阳祠于永乐……盖易祠为宫……真常大宗师命提点潘公司其事，仍以所镂藏经板收之祠下。”可知，宋德方于蒙古太宗九年命弟子秦志安以管州金代道藏为底本于平阳玄都观重新校刻，并于山西、河南、陕西三省交界州县设 27 局具体展开工作。根据（元）李道谦《甘水仙源录》卷 7 所载李国维《颐真冲虚真人毛尊师蜕化铭》:“师讳养素，字寿之，道号纯素子，颐真冲虚真人，其师号也。家世平水……后天兴河南之变，大朝王师南渡，因复姑汾。时官府道俗交状，敦请同法属王叶诸公栖霞党子春住持玄都观……辛丑（元太宗十三年）清和真人（尹志平，时为全真教主）至终南，以师宿德望重，起为栖霞提点，兼领披云玄都宝藏八卦局”;（清）胡聘之《山右石刻丛编》卷27所载（元）杜思问《修建水谷乐全观记》:“观在中条之阳，芮之水谷。……而为披云门下之名区矣。此则乐全兴修之大概也。师何姓，名志渊，字东夫，道号清真子……幼习儒，素科应兼经。值乱北归，遇丁酉岁国家设贡举于平阳，师中甲科，由是免俘，入道为黄冠。师往来汾晋间，适故天师宋公（即披云真人）阐教于彼，因得而师事之。是时方镂云章，遂令师雠校兼领并门（即太原）钧天局，其余七局皆隶焉。授以讲演之职。既而披云仙去。上命萃板于河东永乐之纯阳宫，师遂领本宫提举”；陈垣《道家金石略》所录《三老同宫碑》载:“□□□□□□□□□□讳□简，字简之，□州□□寨人氏。……清和大宗师曾委监斋（下缺）大藏经，授紫虚箓一阶□□缘供给金莲局衣粮，未尝有缺。其时会王屋周尊师门下执事者，炷香请披云师□□□□时大师以随处藏经缘□所夺未遂税驾，师令提点修造，率众尽力而为之，终于有成”“夫澄阳子姓□，讳志□，字□夫，平阳临汾人氏。……次遇披云天师，令化缘金莲局，雕造三洞藏经，板才功毕”，可知道27局中的八卦局、钧天局、金莲局之名，各局主要任务是刻版校雠。此项工程历时 7 年多，至乃马真后三年才完成，共 7800 余卷，世称《玄都宝藏》，也称《宋德方藏》。蒙古定宗（1246—1248）时，平阳永乐镇纯阳万寿宫（即永乐宫）建成，“宫宇宏敞，号为全真教的东祖庭”，遂将《玄都宝藏》经版藏于宫内。元世祖忽必烈崇佛排道，至元十八年（1281）诏令除《道德经》外，其余道藏经文印版尽行焚毁。这一年 10 月，在燕京悯忠寺集百官焚道藏经，并遣使诸路督促遵照执行。这就是历史上发生的“至元毁藏”事件。至此，蒙元刊《玄都宝藏》经版遂被焚尽，而藏经也因此亡佚甚多，元以前所刻几乎绝迹，幸存者寥寥无几。所以平阳所刊的道藏经版只存在了 36 年。北方地区各地的道藏在元末多毁于战火，所以今天想见到当时刻的道藏经本实属不易。万幸的是，《太清风露经》（1 卷）和《云笈七签》残叶仍能见到，并可据此一窥《玄都宝藏》的版刻风格。《玄都宝藏》是继《金藏》之后，平阳雕版印刷业的另一部鸿篇巨制，在道教史上甚至中国文献典籍发展史上均占有重要地位，影响深远。

参考文献：

任继愈主编：《中国国家图书馆古籍珍品图录》，北京图书馆出版社，1999 年。

侯慧明：《元刊〈玄都宝藏〉刻局与玄都观考》，《西南大学学报（社会科学版）》2009 年第 1 期。

2.《云笈七签》120 卷，蒙古太宗九年至乃马真后三年（1237—1244）平阳地区刻《玄都宝藏》零本

《云笈七签》120 卷是北宋张君房编撰的一部道教类书。张君房，字尹才，岳州安陆（今属湖北）人，生卒年不详。大中祥符六年（1013），张君房根据皇室秘阁收藏的道藏主持编撰《大宋天宫宝藏》4565 卷，又从中选取精要万余条刊印了《云笈七签》120 卷。"云笈"是指道家书箱。道教典籍分三洞（洞真、洞玄、洞神）四辅（太玄、太平、太清、正一），总称七部，即"七签"。张君房《序》谓："精究三乘，详观四辅，采摭机要，属类于文。……因兹探讨，遂就编联，掇云笈七部之英，略宝蕴诸子之奥，总为百二十卷。事仅万条，习之可以阶云汉之游，览之可以极天人之际。考核类例，尽着指归。上以酬真宗皇帝委遇之恩，次以备皇帝陛下乙夜之览，下以裨文馆校雠之职，外此而往，少畅玄风耳。"因"掇云笈七部之英"以成书，故名《云笈七签》。《大宋天宫宝藏》早已亡佚，幸赖《云笈七签》得以考见其概貌。《云笈七签》不仅包括了北宋以前道藏的主要内容，而且保存了部分佚失道书的篇章，且具有系统、全面、简明等优点，因而人称"小道藏"，为研究道教的宝贵资料，亦是了解和研究道教的必备工具书。（清）纪昀等人编纂的《四库全书总目提要》总结为："《云笈七签》

一百二十二卷，宋尚书度支员外郎充集贤校理张君房撰。祥符中，君房自御史台谪官宁海。适真宗崇尚道教，诏以秘阁道书付杭州，俾戚纶、陈尧臣校正。纶等同王钦若荐君房主其事。君房乃编次得四千五百六十五卷，进之。复撮其精要，总万余条，以成是书。其称《云笈七签》者，盖道家之言《三洞经》，总成七部。天宝君说洞真为上乘，灵宝君说洞玄为中乘，神宝君说洞神为下乘，又太玄、太平、太清三部为辅经，又正一法文遍陈三乘，别为一部，统称三洞真文。君房以道经总旨不出此，故以名之。《自序》所谓‘掇云笈七部之英，略宝蕴诸子之奥’者是也。诠叙之例，自一卷至二十八卷，总论经教宗旨及仙真位籍之事；二十九卷至八十六卷，则以道家服食炼气、内丹外丹、方药符图、守庚申、尸解诸术，分类缕载；八十七至一百二十二卷，则前人文字及诗歌传记之属，凡有涉于道家者，悉编入焉。大都摘录原文，不加论说。其引用《集仙录》《灵验记》等，亦间有脱遗。然类例既明，指归略备，纲条科格，无不兼该，足为道家总汇，博学之士咸取材焉，诚不可废矣。”

目前所知存世的蒙元《玄都宝藏》本《云笈七签》仅存完整 3 卷外加数张单叶。完整 3 卷为卷 111—113，原为清代内阁大库藏品，现藏台北“故宫博物院”。1933 年，台北“故宫博物院”文献馆编印《重整内阁大库残本书影》影印了卷 113 上之首叶（见图 49）和卷 113 下之末叶（见图 50）。

2010 年，台北“故宫博物院”出版的展览图录《文艺绍兴——南宋艺术与文化·图书卷》公布了卷 113 下之 3 个半叶图（见图 51、图 52、图 53）。1977 年，台北“故宫博物院”编《“国立”故宫博物院宋本图录》和“台北故宫博物院善本古籍资料库”有卷 111 首叶前半部分的图片（见图 54）。

最初《重整内阁大库残本书影》将这 3 卷定为金刻本，后来《“国立”故宫博物院宋本图录》和《“国立”故宫博物院善本旧籍总目》做了修改，其中《“国立”故宫博物院宋本图录》对其版本特征做了详细介绍：“《云笈七签》(存）三卷，

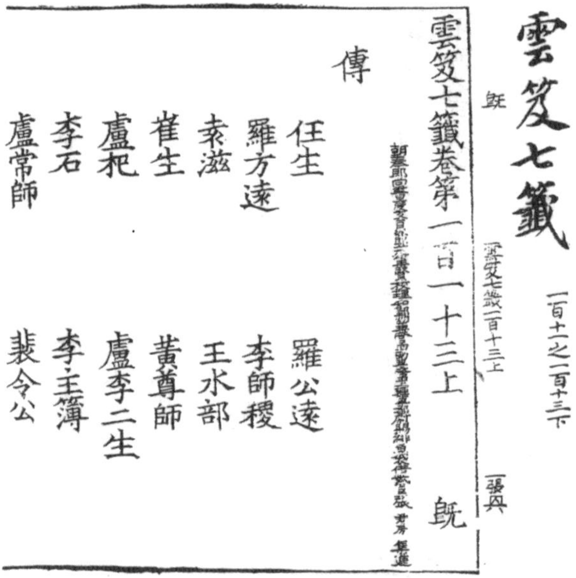
雲笈七籤
一百十一之一百十三下
既
雲笈七籤卷第一百一十三上　既
傳
任生　羅公遠
羅方遠　李師稷
袁滋　王水部
崔生　黃尊師
盧杞　盧李二生
李石　李主簿
盧常師　裴令公

图 49 《云笈七签》卷 113 上①

① 引自故宫博物院编:《故宫善本书影》，北京图书馆出版社，2003 年，第 799 页。

宋张君房撰，蒙古乃马真后三年刻道藏本。每半叶十五行，行十六、七、八字不等。版匡高二一・六公分，宽二十八・二公分。四周单栏，右栏外上书千字文编号，中书云笈七签卷几，下记叶次，再下署刻工姓名：元、天、仇、刘、牛、善、李□、李惠童、弥、李三、力、乔志□、张兴、主、柳、周、

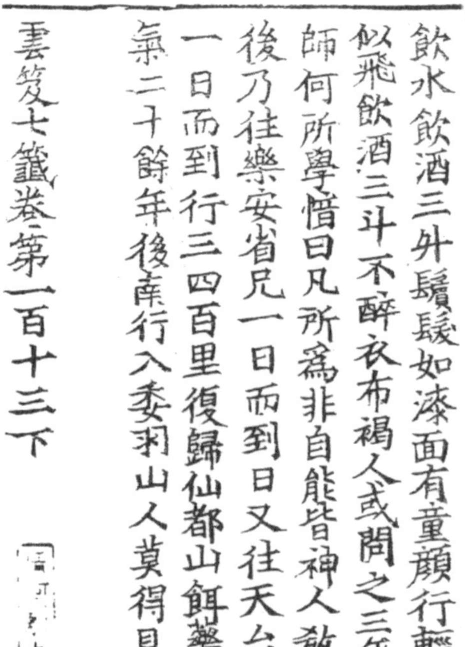
飲水飲酒三外鬚髮如漆面有童顔行輕健
似飛飲酒三斗不醉衣布褐人或問之三年無
師何所學惜曰凡所爲非自能皆神人教之
後乃往樂安省兄一日而到日又往天台亦
一日而到行三四百里復歸仙都山餌藥養
氣二十餘年後辭行入委羽山人莫得見
雲笈七籤卷第一百十三下

图 50 《云笈七签》卷 113 下[1]

---

① 引自故宫博物院编:《故宫善本书影》，北京图书馆出版社，2003 年，第 803 页。

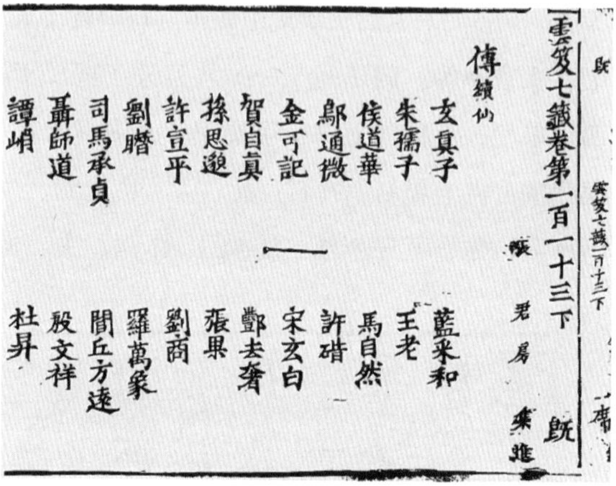
雲笈七籤卷第一百一十三下

張君房集進

傳 續仙

玄真子 藍采和
朱孺子 王老
侯道華 馬自然
鄔通微 許碏
金可記 宋玄白
賀自真 酆去奢
孫思邈 張果
許宣平 劉商
劉曙 羅萬象
司馬承貞 閭丘方遠
聶師道 殷文祥
譚峭 杜昇

图 51 《云笈七签》卷 113 下之一[①]

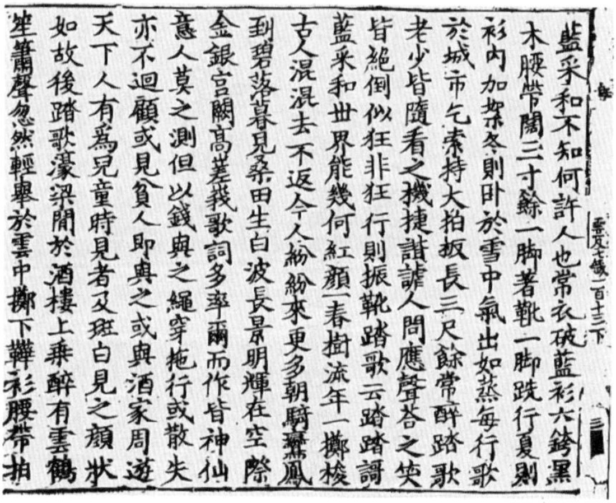
藍采和不知何許人也常衣破藍衫六銙黑
木腰帶闊三寸餘一脚著靴一脚跣行夏則
衫內加絮冬則卧於雪中氣出如蒸每行歌
於城市乞索持大拍板長三尺餘常醉踏歌
老少皆隨看之機捷諧謔人問應聲荅之笑
皆絶倒似狂非狂行則振靴踏歌云踏踏歌
藍采和世界能幾何紅顔一春樹流年一擲梭
古人混混去不返今人紛紛來更多朝騎鸞鳳
到碧落暮見桑田生白波長景明輝在空際
金銀宮闕高嵯峩歌詞多率爾而作皆神仙
意人莫之測但以錢與之縄穿拖行或散失
亦不迴顧或見貧人即與之或與酒家周遊
天下人有爲兒童時見者及班白見之顔狀
如故後踏歌濠梁間於酒樓上乘醉有雲鶴
笙簫聲忽然輕舉於雲中擲下靴衫腰帶拍

图 52 《云笈七签》卷 113 下之二[②]

① 引自韩吉绍:《〈云笈七签〉版本源流考》,《文史》2021 年第 4 辑。

② 同上。

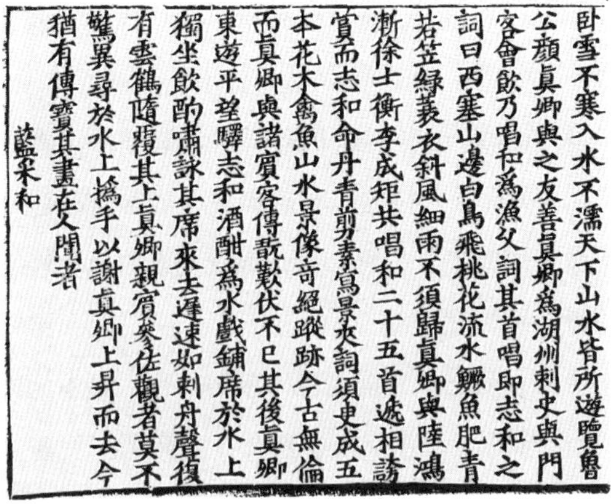

卧雪不寒入水不濡天下山水皆所遊覽魯公顔真卿與之友善真卿爲湖州刺史與門客會飲乃唱和爲漁父詞其首唱即志和之詞曰西塞山邊白鳥飛桃花流水鱖魚肥青若笠緑蓑衣斜風細雨不須歸真卿與陸鴻漸徐士衡李成矩共唱和二十五首遞相誇賞而志和命丹青剪素寫景夾詞須臾成五本花木禽魚山水景像奇絶蹤跡今古無倫而真卿與諸賓客傳翫歎伏不已其後真卿東遊平望驛志和酒酣爲水戲鋪席於水上獨坐飲酌嘯詠其席來去遲速如刺舟聲復有雲鶴隨覆其上真卿親賓參佐觀者莫不驚異尋於水上揖手以謝真卿上昇而去今猶有傳寶其畫在人間者

藍采和

图 53 《云笈七签》卷 113 下之三[①]

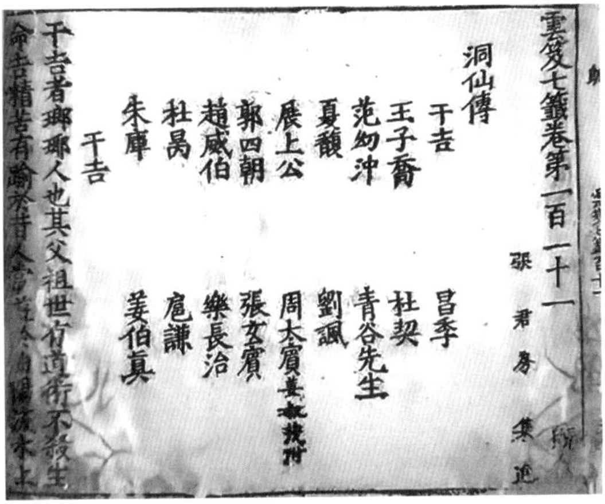

雲笈七籤卷第一百一十一

張君房集進

洞仙傳

于吉　昌季
王子喬　杜契
范幼沖　青谷先生
夏馥　劉諷
展上公　周太賓姜叔茂附
郭四朝　張玄賓
趙威伯　樂長治
杜昺　扈謙
朱庫　姜伯真

于吉

于吉者瑯琊人也其父祖世有道術不殺生

命吉精苦有踰於昔人[illegible]

图 54 《云笈七签》卷 111[②]

---

① 引自韩吉绍:《〈云笈七签〉版本源流考》,《文史》2021 年第 4 辑。

② 引自"国立"故宫博物院编纂:《"国立"故宫博物院宋本图录》，华欣综合印制工业股份有限公司，1977 年，图版 64。

席、田、木、子、进道、天、志修等，书中遇惊字偶缺笔。是书凡一百二十二卷，此帙残存卷一百十一至一百十三共三卷，每卷顶格大题云笈七签，其下记千字文编号，此诸残卷皆属‘既’字号。次行低九格题张君房集进，或加官衔题‘朝奉郎尚书度支员外郎充集贤校理知邦州兼管内劝农事上轻直都尉赐绯鱼袋供紫臣张君房集进’，此见于卷一一三上，尾题则隔行刻，每卷目次，列之正文前，犹宋刻旧式也。是本为内阁大库藏书，《天禄琳琅》未著录，卷末有‘清河郡□’墨文长方形钤记一枚。”①

蒙元《玄都宝藏》本《云笈七签》目前获知 8 个单叶。其一，1954 年，北京图书馆从私人捐赠中，确认了蒙元《玄都宝藏》本《云笈七签》第 95 卷残叶（见图 55)。《中国版刻图录》(第 1 册）进一步指出其乃“宋张君房撰，蒙古乃马真后三年刻道藏本”，并载其每版高 21.3 厘米，广 56.2 厘米，30 行，行 17 字，四周单边。原件书影收录于《中国版刻图录》(第 4 册），据此可见印在白麻纸上、墨色沉厚、字体方硬整肃、刻版清晰，右侧框外刻“承　云笈七签九十五　五　□”。《中国商报》说此孤品因为“文革”中康生借调，致现在下落不明，成为中国国家图书馆“有图无书”的悬案。

其二，韦力《失书记　得书记》记载：“壬午（2002 年）

① 转引自韩吉绍:《〈云笈七签〉版本源流考》,《文史》2021 年第 4 辑。

春，海王村出现一件《云笈七签》，其实只残存一版五个印面，然而即使是个残页，也是极难得一见之物。此页乃是《玄都宝藏》本。……1958 年，赵万里先生主持编纂《中国版刻图录》，书中收有一页《玄都宝藏》，也是《云笈七签》。《中国版刻图录》所收之书，均是中国典籍中具有代表性的珍罕之品，以赵万里先生的高规格眼光，入选之书大多都称得上是优中选优，而此《云笈七签》连个残本都算不上，仅是一张残页，能够入选该书，可见其价值之高。……此《云笈七签》虽残存一页，然该页首尾完整。纸面上虽有许多水渍痕，有些部位已出

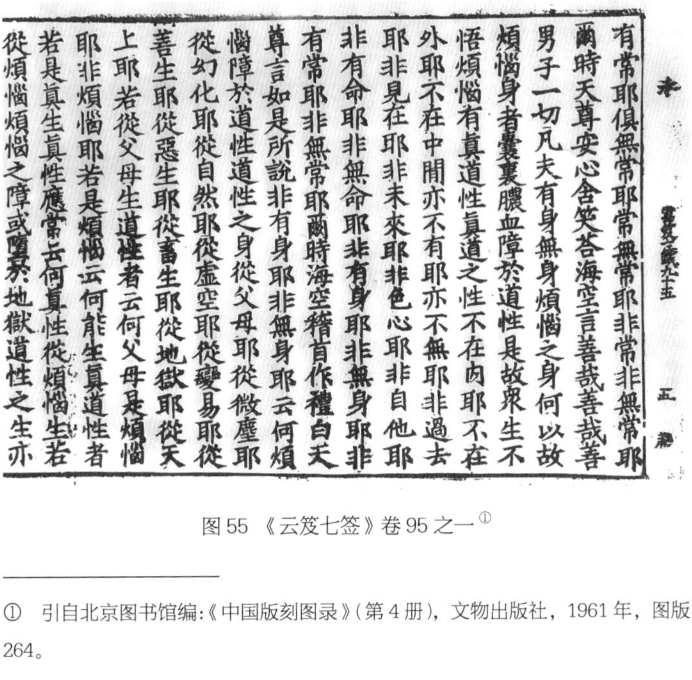
雲笈七籤九十五　五

有常耶俱無常耶常無常耶非常非無常耶
爾時天尊安心含笑荅海空言善哉善哉善
男子一切凡夫有身無身煩惱之身何以故
煩惱身者囊裹膿血障於道性是故衆生不
悟煩惱有眞道性眞道之性不在內耶不在
外耶不在中間亦不有耶亦不無耶非過去
耶非見在耶非未來耶非色心耶非自他耶
非有命耶非無命耶非有身耶非無身耶非
有常耶非無常耶爾時海空稽首作禮白天
尊言如是所說非有身耶非無身耶云何煩
惱障於道性道性之身從父母耶從微塵耶
從幻化耶從自然耶從虛空耶從變易耶從
善生耶從惡生耶從畜生耶從地獄耶從天
上耶若從父母生道性者云何父母是煩惱
耶非煩惱耶若是煩惱云何能生眞道性者
若是眞生眞性應當云何眞性從煩惱生若
從煩惱煩惱之障或墮於地獄道性之生亦

图 55 《云笈七签》卷 95 之一[①]

① 引自北京图书馆编:《中国版刻图录》(第 4 册)，文物出版社，1961 年，图版 264。

现了破损，但上一任藏家在残页的背面用极薄的绵纸局部地托了一层。托裱的手段颇为高明，修书者将残损部分用略大的薄绵纸裁成随形状，并且将这块随形状的薄绵纸外沿部分细细地打成梯形状，然后再裱贴在原书背后，这种修补方式用手摸上去却平整如一，似乎没有高低不平之感，细看这些水痕，已经吃入纸髓，据此猜测，可能是当年被焚烧时，因某位道士用水救火而抢出之物。……”[①]韦力先生收藏的这件《云笈七签》残叶右侧框外印有“承　云笈七签九十五　十二　弥”（见图56）。

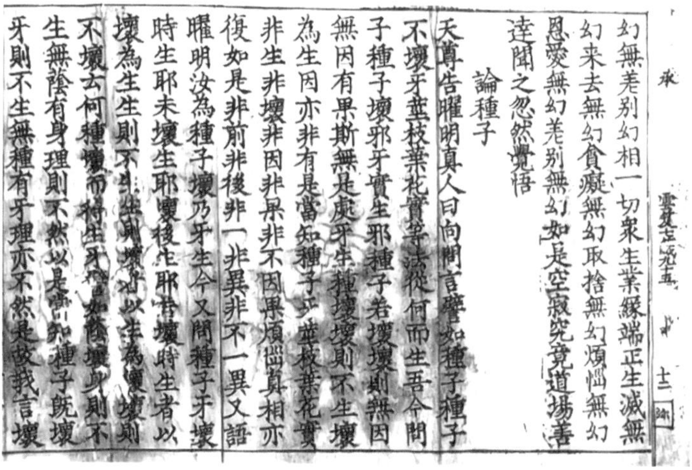
承

幻無差別幻相一切衆生業緣端正生滅無
幻来去無幻貪癡無幻取捨無幻煩惱無幻
恩愛無幻差別無幻如是空寂究竟道場善
達聞之忽然覺悟

論種子

天尊告曜明真人曰向問言譬如種子種子
不壞牙莖枝葉花實等法從何而生吾今問
子種子壞邪牙實生耶種子若壞壞則無因
無因有果斯無是處牙生種壞壞則不生壞
為生因亦非有是當知種子牙莖枝葉花實
非生非壞非因非果非不因果煩惱身相亦
復如是非前非後非一非異非不一異又語
曜明汝為種子壞乃牙生今又問種子未壞
時生耶未壞生耶壞後生耶若壞時生者以
壞為生生則不生生則壞以生為壞壞則
不壞云何種壞而得生牙若未壞身則不
生無陰有身理則不然以是當知種子既壞
牙則不生無種有牙理亦不然是故我言壞

图56 《云笈七签》卷95之二[②]

① 韦力:《失书记·得书记》，广西师范大学出版社，2015年，第30—31页。

② 引自韩吉绍:《〈云笈七签〉版本源流考》,《文史》2021年第4辑。

其三，2003年7月13日，北京海王村拍卖公司曾拍卖一叶与中国国家图书馆所藏属同一卷之散叶《云笈七签》，即中国书店春季拍卖图录第151号，右侧框外印“承　云笈七签九十五　一力”。中国收藏家协会秦杰先生为一位收藏者“掌眼”，以49500元买下了这一叶平水刻本《云笈七签》。据道教研究专家王宗昱先生说，中国国家图书馆和中国道教协会，由于事先申请资金不足，拍场无法应变，最终与这一珍版失之交臂。对于此散叶《云笈七签》，韦力先生也有提及，“此次上拍者，也是《云笈七签》的第九十五卷，而版号则为‘承字号第一’。此页的版框大小跟我上一年拍得的完全相同，然在刊刻水准上，却不如我所得者清爽”。

其四，北京泰和嘉成拍卖公司征集的一叶，右侧框外印“承　云笈七签九十五　十三”，版中央有十余字残毁。

其五，曾经是著名目录版本学家黄裳（1919—2012）的收藏品，书叶右侧框外印“承　云笈七签九十五　九刘”，左侧框边有其跋语:“此为金刻，确是内阁大库物。北京图书馆、上海博物馆皆有残叶，其入《中国版刻图录》之页与此页正相连属，可证皆同一残卷中分散者也。蒙古乃马真后三年刻道藏本。”（见图57）关于此件，韦力也有述及，“一年之后的某天，我因事跟黄裳先生通电话，在聊完正事之后，他问我是否曾买到过一件《玄都宝藏》本的《云笈七签》，我如实相告，老先生并没说什么。过了几个月，我收到上海嘉泰2005年秋

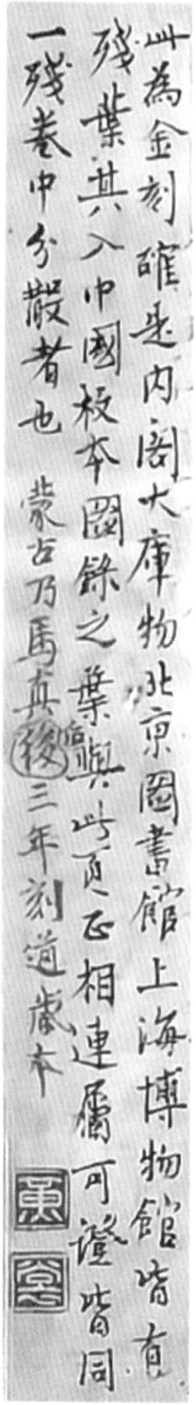

图 57 《云笈七签》卷 95 黄裳跋语[①]

古籍专场图录，封面竟然用的也是一页《玄都宝藏》。细看此书，也是《云笈七签》第九十五卷承字号，版号是‘九、刘’。从上面的水痕看，跟我所得之页也是同样的情形。……拍卖之前，我赶到沪上，提前细看了此页，其背面也同样用着细薄绵纸进行了托裱，托裱方式绝对出自一人之手，这才联想到每一页的版号，我突然觉得这些散页原本是一册，后不知什么原因，前路将其拆散分藏不同之处，这背后一定有一个极为有趣的故事，可惜我不知道向谁去了解这段缘由。……”

其六，2015 年，《册府千华——民间珍贵典籍收藏展图录》收入了一叶民间藏

① 引自韦力:《失书记 · 得书记》，广西师范大学出版社，2015 年，第 32 页。

家成贤斋主人所藏蒙元《玄都宝藏》本《云笈七签》，右侧框外印“承　云笈七签九十五　八刻”（见图 58）。

其七，日本学者仓石武四郎（1897—1975）在 1929 年所编《旧京书影》中保存了 1 张《云笈七签》卷 91 单叶（见图 59），并说是“宋张君房撰，宋刻零叶，旧清内阁书，见藏东京杉村氏”“承九十一之□□　七寸一分　一尺八寸零五”。杉村氏所藏《云笈七签》卷 91 单叶很有可能就是傅增湘（1872—1949）所言金刻《七部名数要记》残叶。傅增湘《藏园群书题记》卷 10《明抄云笈七签跋》记载：“昔年于坊肆买得金刻《道藏》一叶，正是此书，审其字号与明《正统

承　雲笈七籤九十五　八刻

生勿令憂惱觀助衆生行精進道作大醫王
療治衆生一切病根慰喻衆生以疾而卧令
時海空智藏告善種王汝等勿疑我身疾者
而言無疾令我疾者皆前世因妄想顛倒諸
煩惱生無有實法惟之為疾所以者何四大
合故假名為身四大無主身亦無著令我疾
者皆由身身是故於身不應生著善種王既
知病本即除我想及煩惱想當滅法想汝等
大王應作是念但以衆法合成此身我身我
之身唯起滅法此法身者各不相知起時不
言我起汝滅滅時不言我滅汝起我念衆生
亦復如是善種大王汝等當知[illegible]作是念此
法身者亦是顛倒是我身者即是大患汝等
應當厭離此身云何為離我所離我所者即
離二法者不念內外諸法平等云何平等我
等常樂清淨內外無我我亦清淨此二法者
悉皆空空以為空但以名字字字故空如此
二法無決定性得是平等無有餘病唯有空
病空病亦空了空病故是我有病令我病者
元受而受說身無常法相不滅而取證信故
設有身普念衆生發大慈心說一乘藏調伏
我身亦當調伏一切衆生除種種病令我說
病為斷衆生攀緣病諸根若盡是我無病善

图 58 《云笈七签》卷 95 之六[①]

① 引自国家古籍保护中心、中国古籍保护协会编：《册府千华——民间珍贵典籍收藏展图录》，国家图书馆出版社，2015 年，第 193 页。

藏》不同，残叶为《七部名数要记》，明《藏》为‘以字一号’，宋《藏》则‘志字七号’，知宋《藏》与明《藏》编次有异矣。”《七部名数要记》不是独立道经，而是《云笈七签》卷91首题。又据韦力《失书记·得书记》所载：“由此我又想起了国图所藏的那一页，去电赵前先生，请他代为查阅，他告诉我：国图藏的那件《云笈七签》也是第九十五卷，是未字号第五。另外，以前傅增湘先生也藏有一件，原物他没有看到过，但曾出过书影，收在某书之中，具体版号已记不清楚。赵

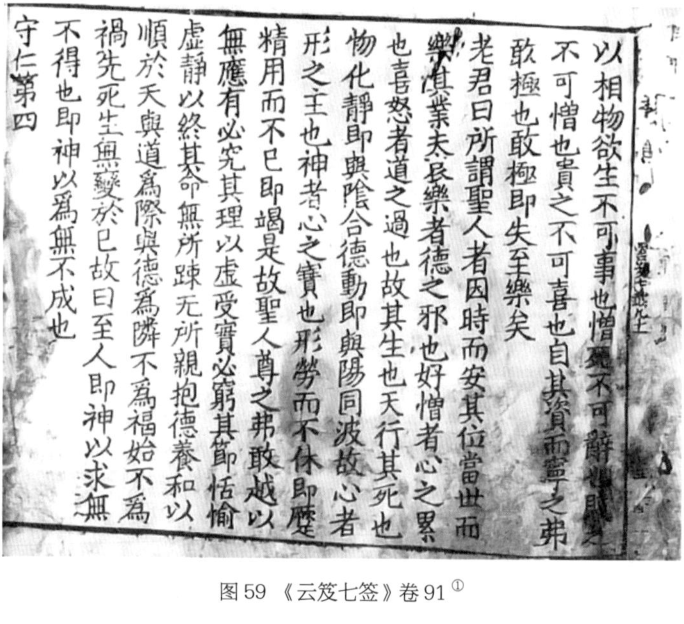
以相物欲生不可事也憎惡不可辭[illegible]
不可憎也貴之不可喜也自其資而寧之弗
敢極也敢極即失至樂矣
老君曰所謂聖人者因時而安其位當世而
樂其業夫哀樂者德之邪也好憎者心之累
也喜怒者道之過也故其生也天行其死也
物化靜即與陰合德動即與陽同波故心者
形之主也神者心之寶也形勞而不休即蹷
精用而不已即竭是故聖人尊之弗敢越以
無應有必究其理以虛受實必窮其節恬愉
虛靜以終其命無所踈无所親抱德養和以
順於天與道爲際與德爲鄰不爲福始不爲
禍先死生無變於已故曰至人即神以求無
不得也即神以爲無不成也
守仁第四

图59 《云笈七签》卷91[①]

① 引自（日）仓石武四郎编拍:《旧京书影》，人民文学出版社，2011年，第564页。

兄的话，更印证了我的判断，很有可能流传至今的《玄都宝藏》本，仅有一册，因为太过稀罕，所以众人把它分拆后，每人分得了一页，以一册经折装的厚度来看，此《云笈七签》第九十五卷，总共也没多少页。如此说来，若能将散失的各页全部买下，恢复为一册，当是很有趣的一件事”。当可推知傅增湘曾收藏的《云笈七签》卷 91 残叶就是《旧京书影》上刊登的《云笈七签》卷 91 书影。此《云笈七签》卷 91 残叶应先归傅增湘，后归杉村氏所有，但现在收藏在何处不清楚。参照现知其他《云笈七签》散叶样貌及特征，可判定此件散叶亦应是蒙元《玄都宝藏》本。

其八，2021 年 11 月 22 日，南京大学博物馆开展的“册府千华・南雍撷珍”古籍大展中首次披露了一页《云笈七签》，继而在 12 月出版的《南京大学学报（哲学・人文科学・社会科学）》上向公众展示了此件书影，匡高 22.2 厘米，广 56.5 厘米，30 行，每行 17 字，字体笔画坚挺硬实，四周单边，右栏外刊有书名和卷数“承　云笈七签九十四　三主”（见图 60），并认为“为蒙古乃马真后三年（1244 年）刻本，曾由金陵大学创始人福开森收藏”。

综上，可看出这些散叶都编在千字文“承”字号，具体有卷 91 某叶，卷 94 第 3 叶，卷 95 第 1、5、8、9、12、13 叶。查看所有存世蒙元《玄都宝藏》本《云笈七签》书影，通过折痕可发现散叶既有每折 6 行的经折装方式，也有从中间对折、每叶 15 行的装帧方式。台北“故宫博物院”本的装帧与中国

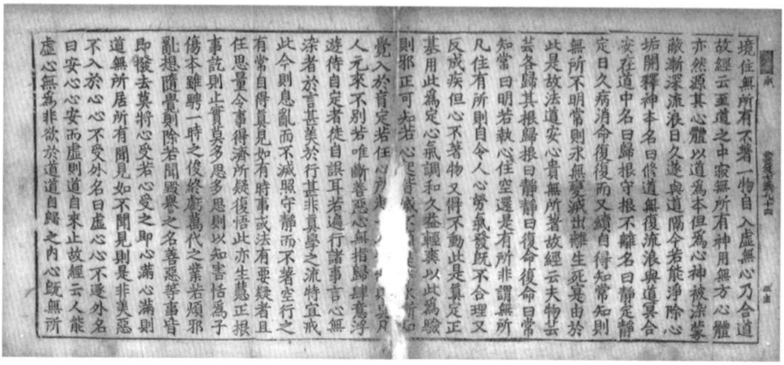
境住無所有不著一物自入虛無心乃合道
故經云至道之中寂無所有神用無方心體
亦然源其心體以道爲本但爲心神被染蒙
蔽漸深流浪日久遂與道隔今若能淨除心
垢開釋神本名曰修道無復流浪與道冥合
安在道中名曰歸根守根不離名曰靜定靜
定日久病消命復復而又續自得知常知則
無所不明常則永無變滅出離生死實由於
此是故法道安心貴無所著故經云夫物芸
芸各歸其根歸根曰靜靜曰復命復命曰常
知常曰明若執心住空還是有所非謂無所
凡住有所則自令人心勞氣發既不合理又
反成疾但心不著物又得不動此是眞定正
基用此爲定心氣調和久益輕爽以此爲驗
則邪正可知若心起皆滅[illegible]
覺入於盲定若任心所[illegible]
人元來不別若唯斷善惡心無指歸肆意浮
遊待自定者徒自誤耳若遍行諸事言心無
染者於言甚美於行甚非眞學之流特宜戒
此今則息亂而不滅照守靜而不著空行之
有常自得眞見如有時事或法有要疑者且
任思量令事得濟所疑復悟此亦生慧正根
事訖則止實莫多思多思則以知害恬爲子
傷本雖騁一時之俊終虧萬代之業若煩邪
亂想隨覺則除若聞毀譽之名善惡等事皆
即撥去莫將心受若心受之即心滿心滿則
道無所居所有聞見如不聞見則是非美惡
不入於心心不受外名曰虛心心不逐外名
曰安心心安而虛則道自來止故經云人能
虛心無爲非欲於道道自歸之內心既無所

图 60 《云笈七签》卷 94 ①

国家图书馆本相似，将所有单叶从中间对折，每叶 15 行，3 卷订为 1 册，韩吉绍先生认为“此样式显非古书正规装帧。经查验，原书确实经过重新装裱，但非线装，也未发现叶面上有明显的经折装痕迹”②。鉴于书籍装帧形式的演变及特征，结合书影，很有可能蒙元《玄都宝藏》本《云笈七签》原为卷轴装，后来改装成蝴蝶装，再后来从韦力先生藏本第 15 行、第 16 行中间明显的折痕可看出又改装成经折装。

此外，罗振常（1875—1942）在《善本书所见录》卷 3《云笈七签》载：“宋梵夹大字本。单框。每板三十行，行十七字。右框有书名及刻工名。”但为什么定为宋本，罗振常没有说明，因无实物核查，所以已经无从考定版本。王文进

① 引自李文：《〈云笈七签〉残叶（传世品）》，《南京大学学报（哲学·人文科学·社会科学）》2021 年第 6 期。

② 韩吉绍：《〈云笈七签〉版本源流考》，《文史》2021 年第 4 辑。

（1894—1960）在《文禄堂访书记》卷3《云笈七签一百二十二卷》载："金平水刻本。存卷二十九。半叶十五行，行十七字。右栏外刊书名、叶数。"从其描述的刻本特征看，此《云笈七签》卷29符合金或元道藏本特征，今已下落不明。民国二十二年（1933）《临汾县志》卷2《教育略》记载，县图书馆藏有《云笈七签》32册，但不知是蒙元刻本，还是明正统翻刻本，已佚。

参考文献：

〔日〕仓石武四郎编拍：《旧京书影》，人民文学出版社，2011年。
国家古籍保护中心、中国古籍保护协会编：《册府千华——民间珍贵典籍收藏展图录》，国家图书馆出版社，2015年。
罗振常撰，汪柏江、方俞明整理：《善本书所见录》，上海古籍出版社，2014年。
韦力：《失书记·得书记》，广西师范大学出版社，2015年。
韩吉绍：《〈云笈七签〉版本源流考》，《文史》2021年第4辑。
李文：《〈云笈七签〉残叶（传世品）》，《南京大学学报（哲学·人文科学·社会科学）》2021年第6期。
晓尧：《中国书店2003年春季书刊资料拍卖会——古籍善本之管窥》，《艺术市场》2003年第Z2期。

3.《重修政和经史证类备用本草》30卷，蒙古定宗四年（1249）平阳张存惠晦明轩刻本

晦明轩是金元时期平阳张存惠的刻书坊，其现存刻书多为金元之际的蒙古时期。张存惠只是历史长河中的一个小人物，正史里面根本不会记载他这号人物，但数千年后我们之所以能够知道他、提及他，全赖刻书留名。张存惠，字魏卿，因刻书之功，所以（成化）《山西通志》卷之九《人物》对他有简略记载："张存惠，临汾人。家富，经商远方，得赀以镂群籍，印遗远近学宫，流传遍秦晋间。其人有仙骨，倏然变化，竟蜕脱而去。今无后"，从而得知张存惠是金元之际临汾地区人，家富经商，以余资刻书，所刻之书远近学校都在使用，遍布今山西、陕西一带。此外，张存惠可能信仰道教，并"精于星历之学"。

中国国家图书馆所藏（宋）唐慎微撰、（宋）寇宗奭衍义《重修政和经史证类备用本草》（30卷）是蒙古定宗四年平阳张存惠晦明轩刻书的代表性作品之一。据《第一批国家珍贵古籍名录图录》（名录编号：00640）可知中国国家图书馆藏刻本匡高17.2厘米，广13.2厘米，半叶11行，行21至22字，白口，双鱼尾，四周双边，纸墨莹洁，刻印精良，属平水本上乘之作。（见图61）

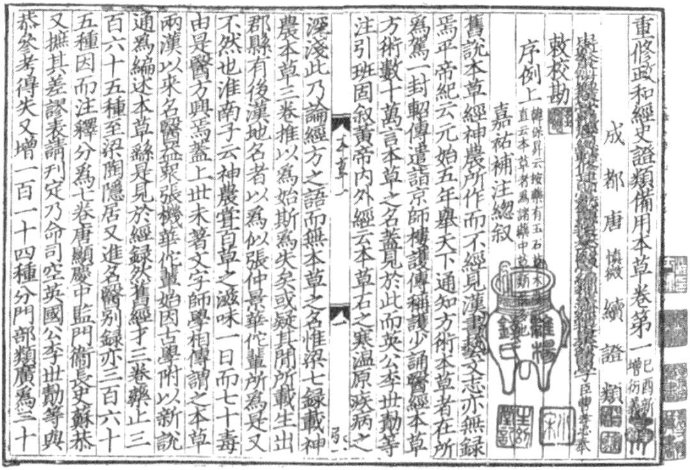
重修政和經史證類備用本草卷第一

成都唐慎微續證類

敕校勘

序例上

嘉祐補注總叙

舊說本草經神農所作而不經見漢書藝文志亦無錄焉平帝紀云元始五年舉天下通知方術本草者在所爲駕一封軺傳遣詣京師樓護傳稱護少誦醫經本草方術數十萬言本草之名蓋見於此而英公李世勣等注引班固叙黃帝內外經云本草石之寒溫原疾病之淺深此乃論經方之語而無本草之名惟梁七錄載神農本草三卷推以爲始斯爲失矣或疑其間所載生出郡縣有後漢地名者以爲似張仲景華佗輩所爲是又不然也淮南子云神農嘗百草之滋味一日而七十毒由是醫方興焉蓋上世未著文字師學相傳謂之本草兩漢以來名醫益衆張機華佗輩始因古學附以新說通爲編述本草繇是見於經錄然舊經才三卷藥止三百六十五種至梁陶隱居又進名醫別錄亦三百六十五種因而注釋分爲七卷唐顯慶中監門衛長史蘇恭又摭其差謬表請刊定乃命司空英國公李世勣等與恭參考得失又增一百一十四種分門部類廣爲二十

图 61 《重修政和经史证类备用本草》卷 1[①]

《重修政和经史证类备用本草》属于中草药医书。中草药医书发端于秦汉时期的《神农本草经》，后经（梁）陶弘景《本草经集注》、（唐）苏敬《新修本草》、（宋）《开宝本草》及《嘉祐本草》《本草图经》（又名《图经本草》）等发展扩充后，宋代药学史上出现了两部重要的由民间医生编撰的综合性本草，即把《嘉祐本草》与《本草图经》原有资料分别合并，并增添自己收集的内容：一是陈承《重广补注神农本草并图经》（23 卷），于宋哲宗元祐七年（1092）刊行；二是唐慎微《经史证类备急本草》。《经史证类备急本草》汇集药物达 1746

① 引自（宋）唐慎微撰，寇宗奭衍义：《重修政和经史证类备用本草》（影印本，第 2 册），北京图书馆出版社，2004 年。

种，附图933幅，因内容丰富、实用性强，备受医家推崇。大观二年，医官艾晟等人进一步加以整理，把陈承《重广补注神农本草并图经》中林希的序言和陈氏的“别说”部分并入唐慎微的《经史证类备急本草》，以《经史证类大观本草》之名刊行。政和六年（1116），医官曹孝忠重新校刊并改名《政和新修证类备用本草》。流传期间，该书出现了多种刻本，相应的也出现了诸如刊刻杂乱、诸本不一、错漏不断等问题。鉴于此种状况，蒙古定宗四年，张存惠在《政和本草》基础上对该书做了大量的增补订正工作，据该书牌记《重修本草之记》所载：“此书世行久矣，诸家因革不同，今取证类本尤善者为窠模，增以寇氏《衍义》，别本中方论多者，悉为补入。又有本经别录，先附分条之类，其数旧多差互，今亦考正。凡药有异名者，取其俗称。注之目录各条下，俾读者易识，如蚤休云紫何车、假苏云荆芥之类是也。图像失真者，据所尝见皆更写之，如竹分淡、苦、堇三种，食盐著古今二法之类是也。字画谬误，殊关利害，如升斗、疸疸、上下、千十、未末之类，无虑千数，或证以别本，质以诸书，悉为厘正，疑者缺之，敬俟来哲，仍广其脊行，以便缀缉，庶历久不坏。其间致力极意，诸所营制，难以具载，不敢一毫苟简。与旧本颇异，故目之曰重修。天下贤士夫以旧鉴新自知矣。”（见图62）可知张存惠非常敬畏生命，认为医药事关生死，马虎大意不得，所以对该书进行了严谨的编校工作，以善本为底本，考证异同，绘制草药图，注明药物民间俗称，并将（宋）寇宗奭《本草衍义》分

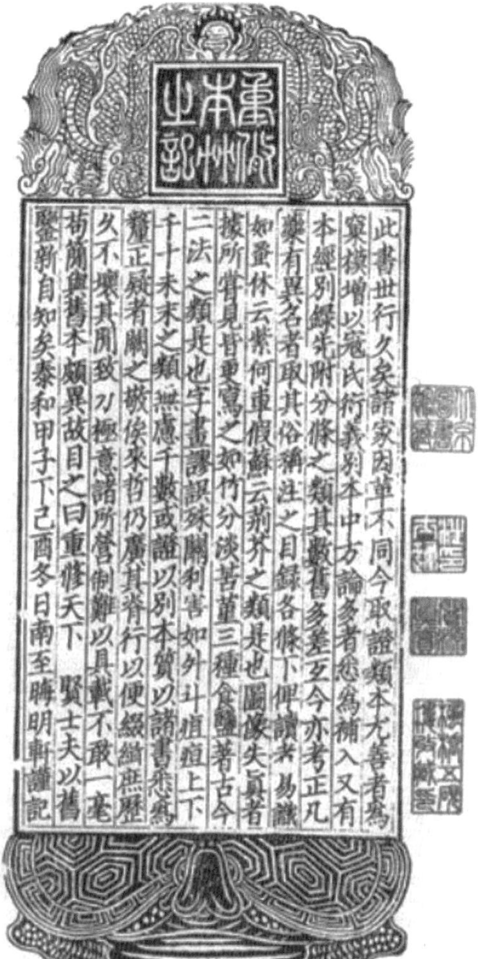

图 62 《重修本草之记》①

① 引自（宋）唐慎微撰，寇宗奭衍义:《重修政和经史证类备用本草》(影印本，第 1 册)，北京图书馆出版社，2004 年。

条注入书中各药名之下，使得该书对药物性味、主治、鉴别等都做了详细说明，并将历代增修补注本草内容集于一书，内容丰富可靠、图文并茂、雕刻精良，备受后世医家推崇，他们纷纷赞不绝口，予以采用，进而后世得以继续刊刻，使之成为传世的不朽之作。

元人麻革评价此书“比之旧本益备而加察焉”。（清）纪昀等人汇编的《四库全书总目提要》子部五《证类本草提要》在评价元大德时期翻刻的大观本与此泰和本（即蒙古定宗四年本）时说“刊刻清整，首末序跋完具，则泰和本为胜”。大观本是元大德十年（1306）平水许宅据晦明轩刻本重刻，（清）丁日昌《持静斋书目》卷3《子部五·医家类》载:“《证类本草》（即《政和本草》）30卷，元刊本。增附寇氏《衍义》，后署‘大德丙午平水许宅印’。”[①]

该书牌记《重修本草之记》载有“泰和甲子下己酉冬日南至晦明轩谨记”及书末所镌张存惠自题“泰和甲子下己酉岁小寒初日辛卯刊毕”（见图63），曾给判定此书的刊刻时代带来了不少困惑并引发了许多推测。“泰和”为金章宗年号，章宗总共在位8年，泰和年号共使用了6年。“甲子”“乙酉”在此处表示的是干支纪年，干支纪年以60年为一甲子轮回。泰和四年（1204）是甲子年，正好是一甲子的开始，“泰和”年号没

① （清）丁日昌著，张燕婴点校:《持静斋书目·持静斋藏书记要》，中华书局，2012年，第222页。

有“己酉”，所以“泰和甲子下己酉岁”应是指以泰和四年为首的这一甲子内的己酉岁，即蒙古海迷失后元年（即后来的定宗四年），但因当时蒙古还没有定年号，所以尚系金朝，而上距1249年最近的甲子年就是泰和四年。照此看来，则此刻本提及“泰和”并没有什么特殊含义，就是单纯的纪年需要。但自明朝遗民钱谦益（1582—1664）提出“遗民”之说后，有不少人予以采纳，认为泰和四年时金朝灭亡已经15年，仍用金朝年号，用意在于表明张存惠作为金朝遗老，不忘故国的态度，从而使这一版本烙上了鲜明的时代印记，使张存惠被赋

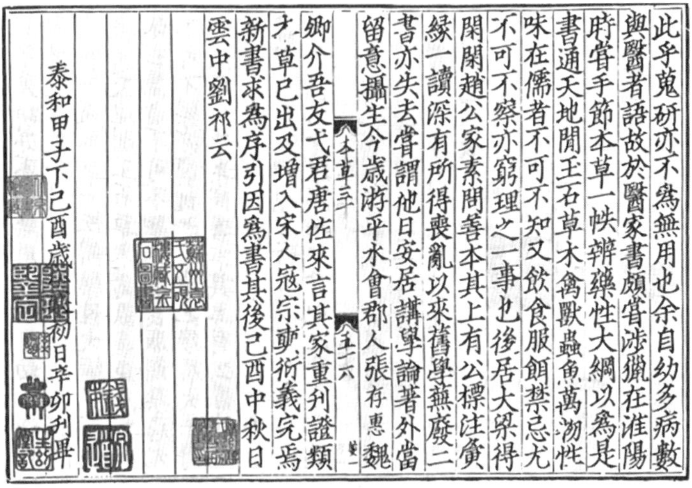
此乎蒐研亦不爲無用也余自幼多病數
與醫者語故於醫家書頗嘗涉獵在淮陽
時嘗手節本草一帙辨藥性大綱以爲是
書通天地間玉石草木禽獸蟲魚萬物性
味在儒者不可不知又飲食服餌禁忌尤
不可不察亦窮理之一事也後居大梁得
閑閑趙公家素問善本其上有公標注貧
緑一讀深有所得喪亂以來舊學蕪廢二
書亦失去嘗謂他日安居講學論著外當
留意攝生今歲游平水會郡人張存惠魏
本草三　五十六
卿介吾友弋君唐佐來言其家重刋證類
本草已出及增入宋人寇宗奭衍義完焉
新書求爲序引因爲書其後己酉中秋日
雲中劉祁云
泰和甲子下己酉歲[illegible]初日辛卯刊畢

图63 张存惠自题[1]

① 引自（宋）唐慎微撰，寇宗奭衍义:《重修政和经史证类备用本草》（影印本，第24册），北京图书馆出版社，2004年。

予了不忘故国的忠贞品格。进一步研究发现，张存惠只是刻书发起人、出资者，实际负责校勘主持的应是其门客弋彀英（1202—1289）。弋彀英，字唐佐，汝阳人，原名彀英，乃取唐太宗“天下英雄入吾彀中”之意，后改名彀。金亡之时，弋彀英任汝州防御副使，河南破，其父弋润投水自尽。弋彀英流离窜伏，乱后游于燕晋间。值蒙古中书令杨惟中（1205—1259）奉旨搜访遗逸，弋彀英遂坐馆于杨惟中家，协助杨惟中刊行《四书》。后出仕元朝，授奉训大夫、太原路提学。“泰和甲子下己酉”这一独特的署年方式，或即出自金朝遗民弋彀英的用心良苦。弋彀英作为前朝统治阶层的一员，对前朝有所怀念也是情理之中的事，但其“怀念”或许仅是限于“想法”而没有付诸行动。（明）宋濂《元史》卷146《杨惟中传》记载：“金亡，其将武仙溃于邓州，余党散入太原、真定间，据大明川，用金开兴年号，众至数万，剽掠数千里。诏会诸道兵讨之，不克。惟中仗节开谕，降其渠帅，余党悉平”，可见金朝灭亡后拥护金朝的余党采用的是金朝末代皇帝金哀宗开兴年号。若张存惠、弋彀英不忘故国，采用金哀宗年号更符合常理，但却采用上距金朝灭亡30多年的金章宗泰和年号，只能说明采用“泰和”是出于泰和四年是甲子纪年开始的缘故，并没有什么特殊内涵。

（清）彭元瑞等著《天禄琳琅书目后编》卷8《金版子部》著录《重修政和经史证类备用本草》载：“前有己酉麻革序……今平阳张存惠，字魏卿，因庞氏本附以寇氏《衍义》，比旧益备云……泰和甲子下己酉冬日南至，晦明轩谨记。盖存惠自记。金章宗泰和四年为甲子，其下己酉则金亡已十五年矣。麻革序但书己酉，存惠记上溯泰和，盖皆金源遗民所为也。革，字信之，号贻溪，临晋人。兵部侍郎秉彝孙。金末在太学有声，与元好问、刘祁齐名，后隐居不仕，见《归潜志》。”依《天禄琳琅书目后编》之意，虽然《证类备用本草》是放在《金版子部》中叙录，但似乎更倾向于认为其是蒙古刻本。傅增湘《藏园群书经眼录》卷7《子部一·医家类》进一步指出《重修政和经史证类备用本草》（30卷）为蒙古定宗四年己酉张存惠晦明轩刊本，并说“此书刊工与平水刊《尚书》相似，历来定为金刊本。书中题金泰和甲子后己酉，平阳张存惠魏卿晦明轩刊，书名下亦标己酉新增衍义，当刊于己酉岁。考泰和甲子后己酉当南宋淳祐九年，蒙古定宗四年，非金刊明矣”，应也是出于此考虑，所以中国国家图书馆把此书版本定为蒙古定宗四年刻本。

中国国家图书馆藏《重修政和经史证类备用本草》现存20卷，卷首有螭首龟座《重修本草之记》书牌，目录后有琴形“平阳府张宅印”和钟形“晦明轩记”牌记。（见图64）从书中所印“华亭朱氏珍藏”“浙右项笃寿子长藏书”“钱印谦益”“东吴毛晋”“海虞毛表奏叔图书记”“徐健庵”“袁印廷梼”“苏州袁氏五砚楼藏金石图书”“红蕙山房”“汪印士钟”“阆源真赏”“季振宜藏书”“沧苇”“蒋印光焴”“寅昉”“盐官蒋氏衍芬草堂三世藏书印”等印章内容，可知国图藏本历经明代朱大韶、项笃寿、钱谦益及清代毛晋、毛表、季振宜、徐乾学、袁廷梼、汪士钟、蒋光煦等多位著名藏书家鉴赏收藏。这些印章是鉴定古书版本及其价值的重要依据，其每一印章背后都有该书辗转递藏的故事，或感人有趣或令人唏嘘。

图 64 《重修政和经史证类备用本草》牌记[①]

① 引自中国国家图书馆·中国国家古籍保护中心编:《第一批国家珍贵古籍名录图录》(第 3 册)，国家图书馆出版社，2008 年，第 82 页。

卷末的钱谦益墨书跋文（见图65），证实国图藏本曾由明末清初钱谦益（1582—1664，号牧斋）收藏，是顺治七年（1650）十月初二日夜钱氏绛云楼火灾后的烬余之物，尤为可贵。钱谦益号为当时文坛领袖，酷爱藏书，明代四大藏书家常

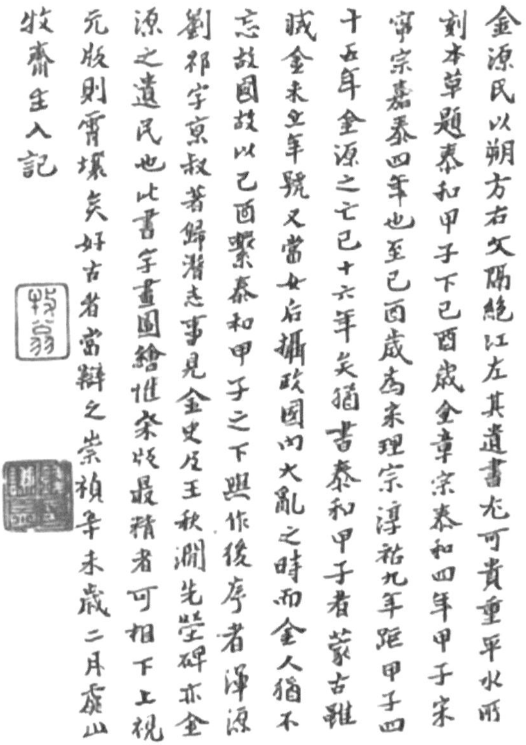
金源氏以朔方右文隔絶江左其遺書尤可貴重平水所刻本草題泰和甲子下己酉歲金章宗泰和四年甲子宋寧宗嘉泰四年也至己酉歲為宋理宗淳祐九年距甲子四十五年金源之亡已十六年矣猶書泰和甲子者蒙古雖滅金未立年號又當女后攝政國內大亂之時而金人猶不忘故國故以己酉繫泰和甲子之下興作後序者渾源劉祁字京叔著歸潛志事見金史及王秋澗先塋碑亦金源之遺民也此書字畫圖繪在宋版最精者可相下上視元版則霄壤矣好古者當辯之崇禎辛未歲二月虞山牧齋老人記

图65　钱谦益跋文①

① 引自（宋）唐慎微撰，寇宗奭衍义：《重修政和经史证类备用本草》（影印本，第24册），北京图书馆出版社，2004年。

熟七桧山房、吴县钱氏悬罄室、长洲刘氏载阁、常熟赵氏脉望馆的精品藏书多归钱谦益，脉望馆藏书更是钱谦益绛云楼收藏的主要部分。脉望馆为明末藏书家赵琦美父子兴建，是常熟地区三大著名藏书楼之一。赵琦美父子皆喜藏书、刻书，以其藏书丰富而“雄视江南”。赵琦美去世后藏书多归钱谦益。钱谦益绛云楼藏书的流散情况，清咸丰六年（1856）状元、常熟人翁同龢在《宋刻婺州九经》跋中说：“绛云楼未火以前，其宋元精本，大半为毛子晋、钱遵王所得。毛钱两家散出，半归徐健庵、季沧苇，徐、季子书，由何义门介绍归于怡府，藏之百年。”钱曾在《判春集·寒食行》诗中自注说：“绛云一烬之后，所存书籍，大半皆赵玄度脉望馆校藏旧本，公悉举以相赠。”[①]由此可知烬余之书后来都赠予族孙钱曾（1629—1701，字遵王）。

中国国家图书馆藏（宋）朱翼中撰《酒经》（名录编号：00738）钤有“钱印谦益”，卷尾有钱谦益题跋一则：“《酒经》一册，乃绛云未焚之书，五车四部，尽为六丁下取，独留此经，天殆纵余终老醉乡，故以此转授遵皇，令勿远求罗浮铁桥下耶？余已得‘修罗采花法’，酿仙家烛夜酒，视此经又如余杭老媪家油囊俗谱耳。辛丑初夏蒙翁戏书。”（见图 66）可见，此册《酒经》也是绛云楼火灾后的烬余之物，且从跋文看，当时钱谦益与钱曾的关系还比较亲密，殊不知 4 年后钱谦益去

① 谢正光笺校，严志雄编订：《钱遵王诗集笺校》，中研院文哲所，2007 年，第 261 页。

世，其爱妾柳如是竟被钱曾等人逼杀。

据《中国印本书籍展览目录》知中国国家图书馆藏本《重修政和经史证类备用本草》是翁之熹（1896—1972）先生捐赠的。书中九百余幅插图，由姜一等名匠刊刻而成，图像写实逼真，为我国现存最早的古代医药和动植物木刻系列图谱，其中尤以“本草四”中的《海盐图》和《解盐图》最为著名。《海盐图》有“平阳府姜一刊”字样（见图 67）；《解盐图》前一幅刻有“姜一刀”，后一幅刻有“平水姜一刀”（见图 68）。

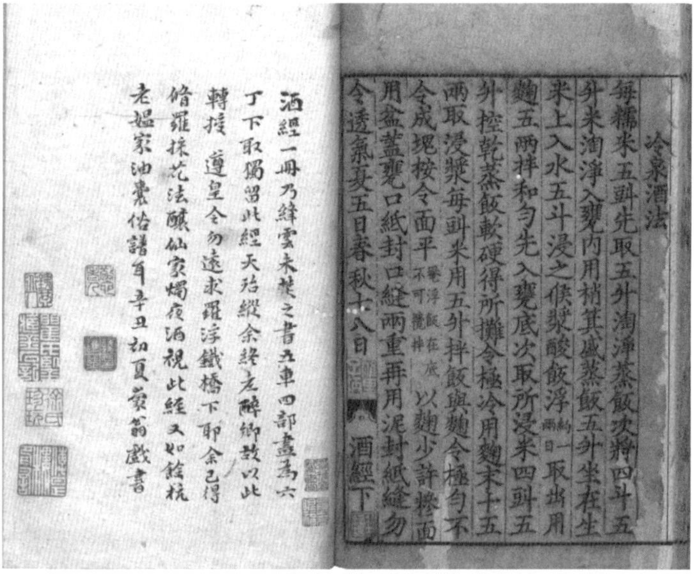
冷泉酒法
每糯米五斗先取五升淘淨蒸飯次將四斗五
升米淘淨入甕內用梢箕盛蒸飯五升坐在生
米上入水五斗浸之候漿酸飯浮約一兩日取出用
麴五兩拌和勻先入甕底次取所浸米四斗五
升控乾蒸飯軟硬得所攤令極冷用麴末十五
兩取浸漿每斗米用五升拌飯與麴令極勻不
令成塊按令面平罨浮飯在底不可攪拌以麴少許糝面
用盆蓋甕口紙封口縫兩重再用泥封紙縫勿
令透氣夏五日春秋七八日
酒經下

酒經一冊乃絳雲未燼之書五車四部盡為六
丁下取獨留此經天殆縱余終老醉鄉故以此
轉授遵王令勿遠求羅浮鐵橋下耶余已得
修羅採花法釀仙家燭夜酒視此經又如餘杭
老媼家油囊俗譜耳辛丑初夏蒙叟戲書

图 66 《酒经》[1]

① 引自尚论聪：《一本古籍中的藏书家小史》，《法人》2018 年第 7 期。

图 67 《海盐图》[①]

图 68 《解盐图》[②]

---

① 引自（宋）唐慎微撰，寇宗奭衍义:《重修政和经史证类备用本草》(影印本，第 5 册)，北京图书馆出版社，2004 年。

② 同上。

这三幅版刻插图，镌刻风格遒劲粗犷，古朴生动，干净利落，是典型的北方插图本。钱谦益在国图本卷末跋文中忍不住赞叹道："此书字画图绘惟宋版最精者可相上下，视元版则霄壤矣。"《中国版刻图录》（第1册）说此书"纸墨莹洁，可称平水本之上乘"。

参考文献：

梁飞、李健、张卫、张瑞贤:《晦明轩本〈重修政和经史证类备用本草〉的刻工》,《中华医史杂志》2012年第6期。
周益新、贺千里:《平水晦明轩刻本〈重修政和经史证类备用本草〉考》,《中医药文化》2009年第2期。

4.《尚书注疏》20卷（书前附《新雕尚书纂图》1卷），蒙古定宗四年（1249）前后平水刘敏仲刻本

《尚书》，"尚"即"上"，即上古之书，分为《虞书》《夏书》《商书》《周书》。战国时期总称《书》，汉代改称《尚书》。因是儒家五经之一，又称《书经》。孔子晚年整理古代典籍，将上古尧舜一直到春秋秦穆公时期的各种重要文献资料汇集在一起，经过认真编选，挑选出100篇，即为《尚书》。秦代颁布《挟书令》，将民间收藏的《诗》《书》及诸子百家的著

作，集中烧毁。汉代重视儒学，由秦博士伏生口授、用汉代通行文字隶书写的《尚书》共28篇，被称为《今文尚书》。汉景帝时，鲁恭王在拆除孔子故宅一段墙壁时，发现了另一部《尚书》，是用先秦六国时的字体书写的，人们称之为《古文尚书》。《古文尚书》经过孔子后人孔安国的整理，篇目比《今文尚书》多16篇。西晋永嘉之乱（311），今、古文《尚书》全都散失。东晋初年，豫章内史梅赜给朝廷献上一部《尚书》。这部《尚书》共有58篇，包括《今文尚书》33篇、《古文尚书》25篇。清初阎若璩著《尚书古文疏证》，用严谨的考据方法，证明梅赜所献《古文尚书》和所附的《孔安国尚书传》为伪造。近些年来，学者们整理研究清华大学藏战国竹简，进一步确证传世两千多年的《古文尚书》是一部伪书。唐玄宗天宝三载（744）曾命学士卫包将《孔安国尚书传》中的隶古字改写为唐代流行的楷书，致使《孔安国尚书传》失传。今日传世的《尚书》就是唐代改定后的《尚书》，而敦煌本《尚书》则属于梅赜所献本，是迄今能见到的时间最早、数量最丰富的隶古定《尚书》，对于研究隶古定《尚书》的原貌，以及校勘今本的脱讹具有重大的意义。

中国国家图书馆藏蒙古平水刘敏仲刻本《尚书注疏》20卷（书前附《新雕尚书纂图》1卷）（见图69），卷3至卷6配清影印蒙古抄本，（汉）孔安国传，（唐）孔颖达疏，（唐）陆德明音义，是《尚书注疏》传世四种最早刻本之一。另外三种是南宋刻单疏本（日本宫内厅藏）、南宋两浙东路茶盐司刻八

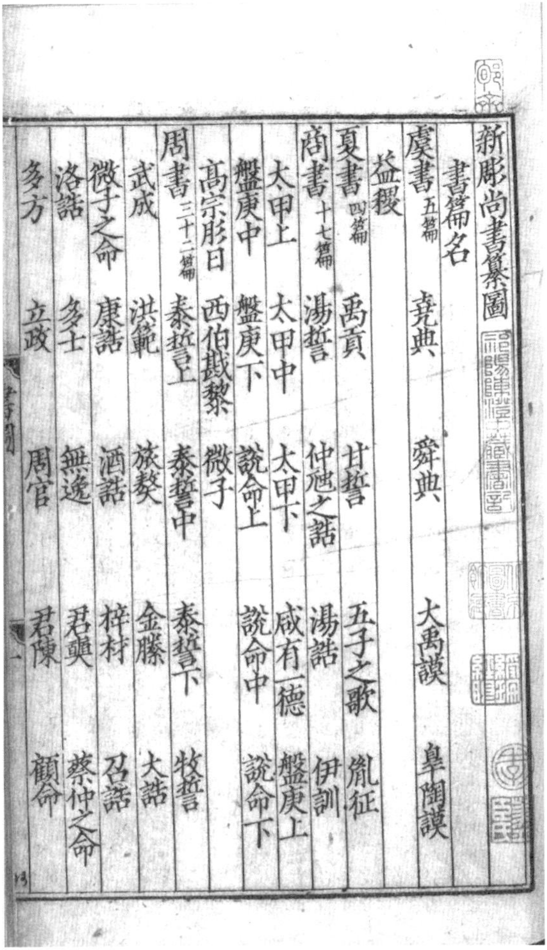
新彫尚書纂圖
書篇名
虞書 五篇　堯典　舜典　大禹謨　皋陶謨
益稷
夏書 四篇　禹貢　甘誓　五子之歌　胤征
商書 十七篇　湯誓　仲虺之誥　湯誥　伊訓
太甲上　太甲中　太甲下　咸有一德　盤庚上
盤庚中　盤庚下　說命上　說命中　說命下
高宗肜日　西伯戡黎　微子
周書 三十二篇　泰誓上　泰誓中　泰誓下　牧誓
武成　洪範　旅獒　金縢　大誥
微子之命　康誥　酒誥　梓材　召誥
洛誥　多士　無逸　君奭　蔡仲之命
多方　立政　周官　君陳　顧命

图 69 《新雕尚书纂图》[①]

① 此图片为中国国家图书馆藏品，已获授权使用。

行本（中国国家图书馆、日本足利学校各藏一部）、南宋福建魏县尉宅刻本（中国台湾“故宫博物院”藏）。蒙古平水刻本《尚书注疏》共8册，收入第三批国家珍贵古籍名录，名录编号：06974。“中华古籍数据库”有全文影像，匡高22.3厘米，宽15.2厘米，白口，双鱼尾，四周双边，半叶13行，行大字26至29，小字双行，行35字。（见图70）正文是经、注、疏合编本，每卷之后附有陆德明《经典释义》。有张一、张二、李成、何川、杨三、邓恩、吉一、赵一、梁、薛等刻工姓名。序后《新雕纂图》19幅，其中《禹贡九州地理图》有“平水刘敏仲编”之款（见图71）。（清）瞿镛《铁琴铜剑楼藏书目录》卷2《经部二·书类》认为：“《地理图》中有款一行曰‘平水刘敏仲编’，盖即校刻之人也。”这种推测被后人普遍接受。但著名文献学家杜泽逊先生认为“平心而论，这个说法难成定论”[①]。杜泽逊先生认为刘敏仲应书坊之邀仅是补绘了1幅《禹贡九州地理图》，其他的18幅图还是沿用的前人成果，由此推断全书都是刘敏仲刻的，就仅在《禹贡九州地理图》上写“平水刘敏仲编”这种署名方式来看，可能性较小。如果全书的校刊功劳都是刘敏仲的，用不着专门在一幅地图上署名，表明他的著作权。可以推测，正因为不是刘敏仲校刻的，刻书方为了尊重刘敏仲的学问和劳动，才特意在绘制的那幅图上署上他的名字。刘敏仲为（金）刘祖谦之子，据（金）元好

① 杜泽逊：《论平水本〈尚书注疏〉》，《中国典籍与文化论丛》2013年第15辑。

尚書注疏卷第一

國子祭酒上護軍曲阜縣開國子臣孔穎達等奉　勅撰

尚書序（疏）正義曰道本冲寂非有名言既形以道生物由名舉則凡諸經史因物立名物有本形形從事著聖賢闡教事顯於言言愜羣心書而示法既書有法因號曰書後人見其久遠自於上世尚者上也言此上代以來之書故曰尚書且言者意之聲書者言之記是故存言以聲意立書以記言故易曰書不盡言言不盡意是言者意之筌蹄書言相生者也書者舒也書緯璿璣鈐云書者如也則書者寫其言如其意情得展舒也又劉熙釋名云書者庶也以記庶物又爲著言事得彰著五經六籍皆是筆書此獨稱書者以彼五經者非是君口出言即書爲法所書之事各有云爲遂以所爲别立其稱稱以事立故不名書至於此書者本書君事事雖有别正是君言言而見書因而立號以此之故名異諸部但諸部之書隨事立名名以事舉要名立之後亦是筆書故百氏六經揔曰書也論識所謂題意别名各自載耳昭二年左傳曰晉韓起適魯觀書於太史氏見易象與魯春秋此揔名書也序者言序述尚書起記存亡註説之由序爲尚書而作故曰尚書序周頌曰繼序思不忘毛傳云序者緒也則緒述其事使理相胤續若繭之抽緒但易有序卦子夏作詩序孔子亦作尚書序故孔君因此作序名也鄭玄謂之贊者以序不分散避其序名故謂之贊贊者明也佐也佐成序義明以注解故也安國以孔子之序分附篇端故已之揔述亦謂之序事不煩重義無所嫌故也

古者伏犧氏之王天下也始畫八卦造書契以代結繩之政由是文籍生焉（疏）古者至生焉　正義曰代結繩者言前世之政用結繩今有書契以代之則伏犧時始有文字以書事故曰由是文籍生焉自今本昔曰古古者以聖德伏物教人取犧牲故曰伏犧字或作宓犧音亦同律曆志曰結作網罟以取犧牲故曰伏犧或曰包犧言取犧而包之顧氏讀包爲庖取其犧牲以供庖廚顧氏又引帝王世紀云伏犧母曰

图 70 《尚书注疏》卷 1 [①]

① 引自中国国家图书馆·中国国家古籍保护中心编:《第三批国家珍贵古籍名录图录》(第 1 册),国家图书馆出版社,2012 年,第 96 页。

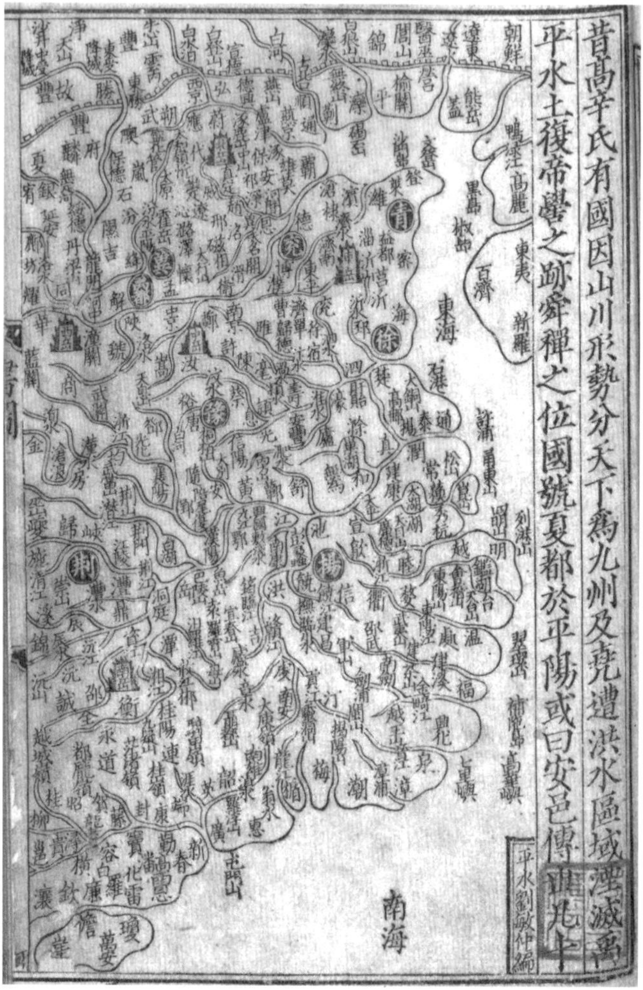

图 71 《禹贡九州地理图》①

① 此图片为中国国家图书馆藏品，已获授权使用。

问《中州集》卷5《刘邓州祖谦》载刘祖谦“子敏仲，今在平阳”。刘祖谦曾任监察御史、翰林修撰等职，可见刘敏仲出身官宦家庭，家多藏书。

中国国家图书馆藏刘敏仲刻《尚书注疏》钤有“扬州季氏”“沧苇”“振宜之印”“季振宜读书”“菰里瞿镛”“恰裕斋镜之氏珍藏”“瞿印启科”“汪印文琛”“汪士钟读书”“绶珊经眼”“祁阳陈澄中藏书记”“陈印清华”等藏书印，可知此书经过季振宜、汪文琛、汪士钟、瞿镛、瞿秉渊、瞿启科、陈清华等人的递藏。其中陈清华（1894—1978）是民国著名藏书家，因以万金购得宋版《荀子》，而被著名藏书家傅增湘建议“可以‘郇’名其斋”，因此陈清华定书斋名为“郇斋”。20世纪三四十年代，陈清华先后收藏韩氏“读有用书斋”、袁氏“后百宋一廛”、瞿氏“铁琴铜剑楼”、傅氏“双鉴楼”等旧藏秘籍，藏书数量迅速增长，宋元善本、明清钞校稿本、碑帖善拓逾500部，其藏书质量之高，数量之多，江南无出其右者。1949年，陈清华夫妇携带部分珍贵藏书定居香港。两年后，传言陈清华将出售藏书并有日本人意欲收购的消息。1951年，周恩来总理指派郑振铎组成香港秘密收购小组，重点对古籍、古书画进行收购。郑振铎通过香港大公报社长费彝民（1908—1988）和收藏家徐伯郊（1913—2002）会同内地的版本目录学专家赵万里（1905—1980）与陈清华洽谈，并特意嘱托徐伯郊“务请能设法购到”陈清华藏书。徐伯郊多次奔走于陈家，经过反复商谈做工作，终于于1955年春天，耗资80万元从“郇斋”购买到126种宋元版古籍，其中刘敏仲刻印的《尚书注疏》就在此次购回的善本中。据说这批善本入藏时，北京图书馆专门调整了善本书库，郇斋藏书编目后，按序排入善本库中心的小书库，作为国家善本书中的善本书予以保存。

刘敏仲刻本《尚书注疏》没有刊刻序跋，故不知具体刊年。（清）瞿镛《铁琴铜剑楼藏书目录》将本书认定为金刻本，而傅增湘《藏园群书经眼录》已指出《重修政和经史证类备用本草》是蒙古定宗四年刊本，并指出“此书刊工与平水刊《尚书》相似”，实已指明刘敏仲刻《尚书注疏》是蒙古刻本。中国国家图书馆、上海图书馆、中国嘉德国际拍卖有限公司合编的《祁阳陈澄中旧藏善本古籍图录》具体指出《尚书注疏》刻工与《重修政和经史证类备用本草》刻工何川、邓恩等相同。杜泽逊先生进一步“比对《中华再造善本》影印《尚书注疏》《重修政和经史证类备用本草》二书，其刻工张一、张二、何川、邓恩、杨三、吉一、赵一、梁、薛等皆同，刻工姓名字体写法亦多相同。又请杨亮君相其刀法，长横收笔、横折、长捺等刀法相近。知二书为同一批刻工所刻，傅氏之见确切无疑”。北京图书馆编《中国版刻图录》（第1册）也借助外观形态认为“观版式纸墨刀法，纯系平水风格”，根据“刻工张一、何川、邓恩、吉一、杨三等，又刻证类备用本草，因推知此书当是蒙古刻本”，定为平水蒙古刻本。综上，鉴于《尚书注疏》所用刻工与晦明轩《重修政和经史证类备用本草》是同一批刻工，且版式刀法纸墨相近，因此推测此书应当是蒙古刻本。再进一步缩小刊刻时间，则可如杜泽逊先生所说的那样，即“平水本《尚书注疏》刊刻地点是平阳府（平水），刊刻时间在蒙古定宗四年前后，已没有大的分歧”。

历来家刻本因以收藏自用为目的，多具有校勘精详，刻印工整的特点。据（清）瞿镛《铁琴铜剑楼藏书目录》卷2《经部二·书类》记载，此本经过了刘敏仲精心校对，是极少讹误的善本，“余与考文所载宋板合者什九，核其文义，多胜他本”，但杜泽逊先生把平水本《尚书注疏》与南宋刊单疏本、南宋刊八行本相较，参照元十行本、明万历北监本，以卷一《尚书序》孔疏为例，发现“总的来看，平水本校勘不精，较之八行本，平水本错误明显较多”。在雕版印刷方面，（清）瞿镛《铁琴铜剑楼藏书目录》卷2《经部二·书类》称此本“蝇头小楷，雕镂极工，虽南宋精椠不能及也”，傅增湘《藏园群书经眼录》卷1《经部一·书类》也说此本“刊印精美绝伦”，但杜泽逊先生则认为“这些称赞都有夸大之嫌。本书刷印较早，版面完整而清朗，密行细字，很少模糊漫漶，应是观感较好的原因”。

参考文献：

郭立暄：《中国古籍原刻翻刻与初印后印研究》，中西书局，2015年。
陈红彦：《郇斋藏书三次‘回收’国图的故事》，《中国文化报》2009年8月2日。

丁瑜:《至臻至美的“郇斋”藏书回归记》,《艺术市场》2004年第11期。
杜泽逊:《论平水本〈尚书注疏〉》,《中国典籍与文化论丛》2013年第15辑。
李西亚:《金代图书出版研究》，吉林大学博士学位论文，2011年。
李致忠:《周恩来与流失海外珍贵古籍的回购》,《纵横》2007年第6期。
林振岳:《蒙古时期平阳张存惠晦明轩刻书考略》,《版本目录学研究》2014年第5辑。
张春岭:《天壤瑰宝藏郇斋》,《东方收藏》2014年第7期。

5.《增节标目音注精议资治通鉴》120卷，蒙古宪宗三至五年（1253—1255）平阳张存惠晦明轩刻本

（宋）吕祖谦（1137—1181），字伯恭，世称东莱先生。吕祖谦在《通鉴详节》的基础上增益编撰了《增节标目音注精议资治通鉴》，或称《通鉴节要》。中国国家图书馆所藏蒙古宪宗三至五年（1253—1255）晦明轩所刻吕祖谦辑《增节标目音注精议资治通鉴》残卷，匡高18.7厘米，广13.3厘米，黑口，双鱼尾，四周双栏，半叶15行，行大小字25，版框分上下栏，上栏有标注，已收入第一批国家珍贵古籍名录，名录编号：00452。(见图72)

《增节标目音注精议资治通鉴》卷端除有补写于泰和甲子

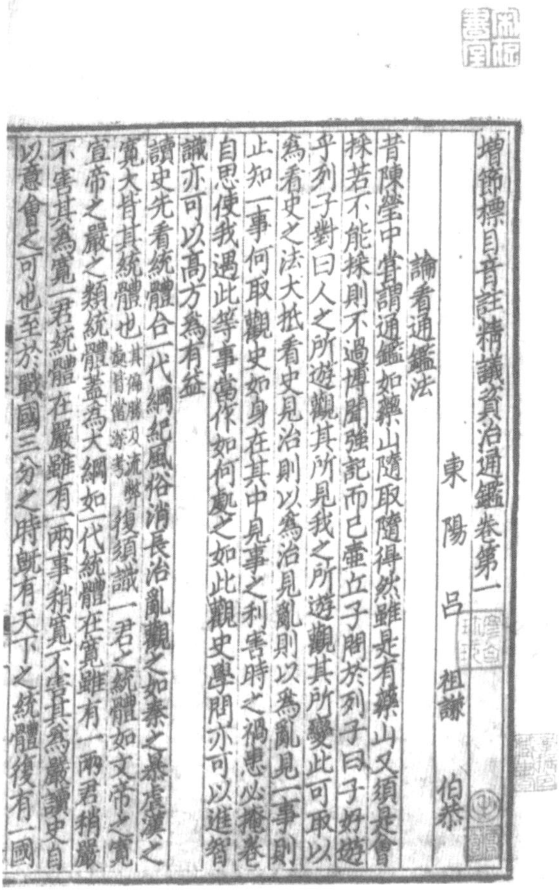
增節標目音註精議資治通鑑卷第一
東陽呂　祖謙　伯恭
論看通鑑法
昔陳瑩中嘗謂通鑑如藥山隨取隨得然雖是有藥山又須是會
採若不能採則不過博聞強記而已壺丘子問於列子曰子好遊
乎列子對曰人之所遊觀其所見我之所遊觀其所變此可取以
為看史之法大抵看史見治則以為治見亂則以為亂見一事則
止知一事何取觀史如身在其中見事之利害時之禍患必掩卷
自思使我遇此等事當作如何處之如此觀史學問亦可以進智
識亦可以高方為有益
讀史先看統體合一代綱紀風俗消長治亂觀之如秦之暴虐漢之
寬大皆其統體也其偏勝及流弊處皆當考復須識一君之統體如文帝之寬
宣帝之嚴之類統體蓋為大綱如一代統體在寬雖有一兩君稍嚴
不害其為寬一君統體在嚴雖有一兩事稍寬不害其為嚴讀史自
以意會之可也至於戰國三分之時既有天下之統體復有一國

图 72 《增节标目音注精议资治通鉴》卷 1[①]

① 引自中国国家图书馆・中国国家古籍保护中心编:《第一批国家珍贵古籍名录图录》(第 2 册),国家图书馆出版社,2008 年,第 180 页。

下癸丑（1253）的（金）元好问序之外，还有鉴序，包括《神宗御制序》《上资治通鉴表》《温公亲节资治通鉴序》等，序后有刻书牌记云：“《通鉴》一书，学者常病卷帙浩繁，未易遍窥，往往采摭切要以便披阅；然或好尚不同，去取各异。惟此本实东莱先生亲节，详而不繁，严而有要，标目音注，各有条理。然其间闻人异事，嘉言善行间有遗脱者，证以监本，悉为补入。又每卷末，各附《温公考异》，随事增以诸儒精议及诸纲目，其《举要历》则见历代之年数，其《君臣事要》，则为事类之领会，又如《纪传要括》《秘承外纪》《问疑》《释例》《世系》《地理图》之类，皆甚精要，比之诸本加数倍矣。纤悉备具，靡有缺遗，不欲私藏，爰攻梓以与天下贤士夫共之。泰和甲子下癸丑岁孟冬朔日，平阳张宅晦明轩记识。”张存惠在刻书牌记中对刻书原委及其特点做了说明。目录后题“乙卯新集增节资治通鉴总目终”，并有“晦明轩记”钟形木记、“平阳府张宅印”琴形木记（见图 73）。全书之末有“时泰和甲子下乙卯岁季秋朔日工毕，尧都张宅晦明轩谨记”木记（见图 74）。《中国版刻图录》（第 1 册）谓此书“纸墨精莹，刀法遒劲，可称平水本上乘”。

中国国家图书馆藏本《增节标目音注精议资治通鉴》钤有“毛凤苞”“子晋氏”“东吴毛表图书”“汲古阁”“季振宜藏书”“海源阁”“宋存书室”“彦合珍玩”“杨印承训”“周暹”等藏印，可知该书经由毛晋、毛表、季振宜、杨绍和、杨承训、周叔弢等人收藏。杨氏海源阁藏书发端于杨兆煜（1768—1838），成形于杨以增、杨绍和。当时，杨以增（1787—1855）

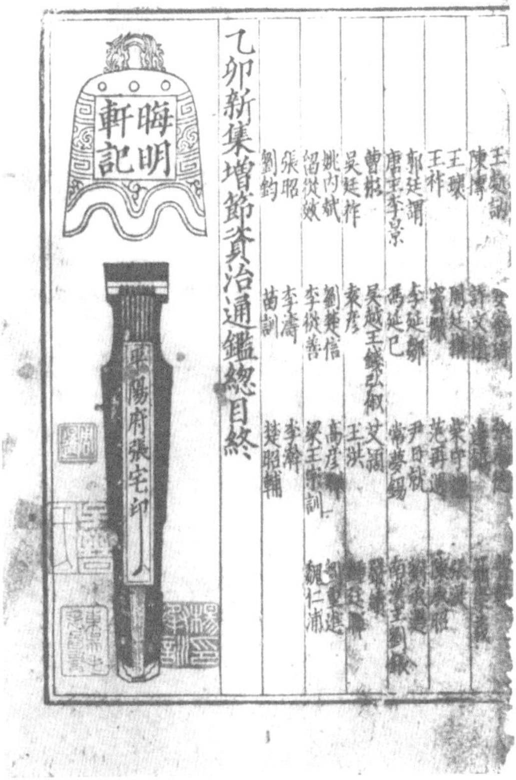

图 73 《增节标目音注精议资治通鉴》木记一[1]

① 引自中国国家图书馆·中国国家古籍保护中心编:《第一批国家珍贵古籍名录图录》(第 2 册),国家图书馆出版社,2008 年,第 181 页。

出任江南河道总督，坐镇淮安，其《楹书隅录》卷1《金本新刊韵略》跋曰“咸丰初扬州始复，南北各军往来淮上，往往携古书珍玩求售。此本为但云湖鹾使所得，云老转贻家简侯丈。简丈以之赠余者也”，说明因太平天国起义影响，多有古书珍玩求售，从而辗转获得一部《金本新刊韵略》。诸如此类古书，杨以增应所获不少，尤其是汪士钟艺芸书社藏书散出时更是被杨以增大量收购。杨以增利用主管河道的便利条件，用运粮船把收购的书籍运到家乡山东东昌（今属聊城），入藏海

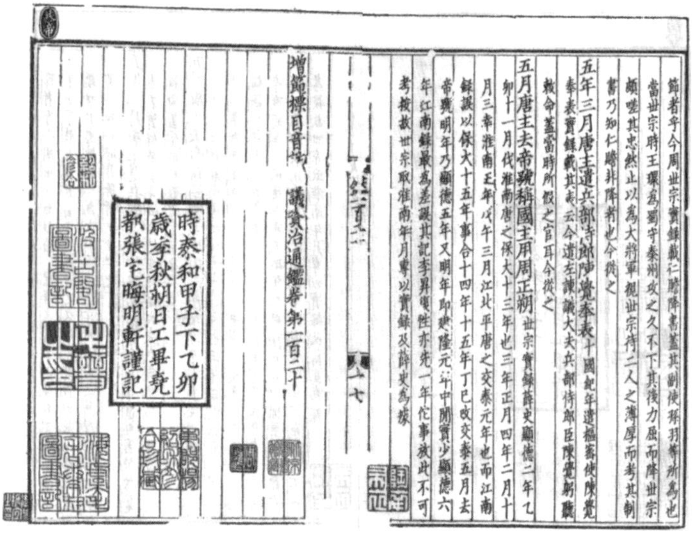
飾者乎今周世宗實錄載仁贍降書蓋其副使孫羽等所為也
當世宗時王環為蜀守秦州攻之久不下其後力屈而降世宗
頗嗟其忠然止以為大將軍觀世宗待二人之薄厚而考其制
書乃知仁贍非降者也今從之
五年三月唐主遣兵部侍郎陳覺奉表十國紀年遣樞密使陳覺
奉表實錄載其表云今遣左諫議大夫兵部侍郎臣陳覺朝聘
敕命蓋當時所假之官耳今從之
五月唐主去帝號稱國主用周正朔世宗實錄薛史顯德二年乙
卯十一月伐淮南唐之保大十三年也三年正月四年二月十
月三幸淮南五年戊午三月江北平唐之交泰元年也而江南
錄誤以保大十五年事合十四年十五年丁巳改交泰五月去
帝號明年乃稱顯德五年又明年即建隆元年中間實少顯德六
年江南錄最為差誤其記李昇竄姓亦先一年佗事放此不可
考據故世宗取淮南年月專以實錄及薛史為據

增節標目音注精議資治通鑑卷第二百二十

時泰和甲子下乙卯
歲季秋朔日工畢堯
都張宅晦明軒謹記

图74 《增节标目音注精议资治通鉴书》木记二[1]

① 引自（宋）吕祖谦:《增节标目音注精议资治通鉴》(影印本)，北京图书馆出版社，2005年。

源阁，使海源阁藏书不仅在数量上猛增，而且在质量上也敢与此前的藏书家一较高下，从而扭转了明清以来藏书偏在江南的格局。杨绍和（1830—1875）是杨以增次子，历任内阁中书、翰林院编修等职。咸丰十一年（1861），慈禧太后杀顾命八大臣，怡亲王载垣（1816—1861）被牵连赐死，原怡府藏书陆续流散。杨绍和当时正在京城，近水楼台先得月，得书甚多，再度丰富了海源阁藏书。晦明轩刻本《增节标目音注精议资治通鉴》没有杨以增的印章，似乎应是杨绍和收购的。宣统二年（1910），海源阁第三代传人杨保彝（1852—1910）去世时，他的过继子杨承训才 10 岁，此后海源阁藏书开始流出。1928 年，西北军十七师马鸿逵部占领聊城，杨承训担心家中藏书难保，同时迫于生计，于是匆忙由天津赶回聊城，将家中藏书装了十几大箱运到天津。就是在这段时间前后，周叔弢（1891—1984）在天津认识了杨承训，此后陆续以重金收购了海源阁许多典籍。王绍曾所辑《楹书隅录补遗》卷 2《增节标目音注精议资治通鉴一百二十卷》认为："此本《隅录》未收，《宋存书室宋元秘本书目》《海源阁宋元秘本书目》均题金本《资治通鉴》卷数册数与此合，当即是本。散出后先归周叔弢，转归北图""弢翁题金本《通鉴节要》，即此书"[①]，从而可知晦明轩刻本《增节标目音注精议资治通鉴》即周叔弢所说的金本

---

① 王绍曾、崔国光等整理订补：《订补海源阁书目五种》（上册），齐鲁书社，2002 年，第 517—518 页。

《通鉴节要》。1938年12月20日，周叔弢记：“两年以来财力极绌，已入不敷出，何能有余钱收书？杨氏书近见金刻《通鉴节本》，纸印精美，可称绝品，望洋兴叹而已，伤哉！”[①]后在《历年收书目录》之《戊寅新收书目》卷末附言说：“今年（1938年）立志不买书，所见之书，以海源阁藏宋本《周易本义》、金晦明轩本节本《通鉴》为最佳。”[②]1939年2月17日，周叔弢记“金本《通鉴节要》与宋监本《毛诗》同归余斋，真大费矣”[③]，其中以1300元收得晦明轩刻本《通鉴节要》。早在1942年，周叔弢就明确表达了将把藏书捐赠给国家的心愿，说：“此编固不足与海内藏家相抗衡，然数十年精力所聚，实天下公物，不欲吾子孙私守之。四海澄清，宇内无事，应举赠国立图书馆，公之世人，是为善继吾志。倘困于衣食，不得不用以易米，则取平值也可。毋售之私家，致作云烟之散，庶不负此书耳。”[④]1950年，周叔弢开始系统整理自己的藏书，为捐赠国家做准备，并说：“我将心爱的藏书贡献给我心爱的国家、人民，使这批古籍珍品永不遭受流失损毁之厄运，使之能发挥作用，由国家收藏，岂不比我个人收藏更好吗！”[⑤]1952年8

① 李国庆编著，周景良校：《弢翁藏书年谱》，黄山书社，2000年，第53页。

② 周叔弢：《周叔弢古书经眼录》，国家图书馆出版社，2009年，第679页。

③ 李国庆编著，周景良校：《弢翁藏书年谱》，黄山书社，2000年，第54页。

④ 周一良主编：《自庄严堪善本书影》，国家图书馆出版社，2010年，“序一”第5页。

⑤ 李致忠：《昔时陶陶室　今日在国图》，《新世纪图书馆》2012年第10期。

月，周叔弢将多年悉心搜集的珍贵古籍善本715种，共2672册捐献给北京图书馆（今中国国家图书馆）。现藏中国国家图书馆的晦明轩刻本《增节标目音注精议资治通鉴》应在此次捐赠之列。时任中央人民政府文化部文物局局长的郑振铎致函周叔弢，对他捐献历代古籍善本之善举表示敬意："敬代人民向先生致极恳挚的谢意！致（至）于将来学者们如何在这个宝藏里汲取资料，则尤在意中。化私为公，造福后人，先生之嘉惠，尤为重要也。"[①]

《增节标目音注精议资治通鉴》在北方地区非常受欢迎，应与开馆举业有关。北宋司马光主编的编年体通史《资治通鉴》卷帙浩繁，士子们通读困难，于是早在宋代便有节注本出现。吕祖谦所辑《增节标目音注精议资治通鉴》采取类书的方法"标目"，把《资治通鉴》中重要的史料重新编排，列出近百个事类，每个事类之下再罗列《资治通鉴》中的相关史事，每件事用一句话式"小标题"加以概括；采取正文下注音的方式对字义作简单训释；将时人名家的"精议"评论随事录入，并增补与《资治通鉴》相关的内容。以致张存惠认为其"详而不繁，严而有要，标目音注，各有条理"，比其他诸本强"数倍矣"。吕祖谦对《资治通鉴》的重新编排方便了童蒙教育乃至后期科举考试的需要。（金）元好问在序中说："承平时明经、词赋取士，主文衡者尚以科目为未广，谓杜氏《通典》与

① 李国庆编著，周景良校定：《弢翁藏书年谱》，黄山书社，2000年，第178页。

司马氏《通鉴》皆可增置学官，为士子专门之业。宰相以为然，而未暇也”，则金朝想以《资治通鉴》置学官，但没有成功。（明）宋濂《元史》卷81《选举志》载至元六年（1269）“以译写《通鉴节要》颁行各路，俾肄习之”、至元八年“选子弟俊秀者入学，然未有员数。以《通鉴节要》用蒙古语言译写教之，俟生员习学成效，出题试问，观其所对，精通者量授官职”，则蒙古已以《资治通鉴》为考试科目。如此看来，张存惠所选刻之书，从根本上来说还是出于书商牟利的考虑，科举需要顺应了市场需求，从而能够“印遗远近学宫，流传遍秦晋间”。

此外，晦明轩还刻有《滏水集》《丹渊集》等，但原刻均已不存。《滏水集》30卷，（金）赵秉文撰，张存惠刻，原刻今已不存。赵秉文（1159—1232），字周臣，据其在《滏水集》卷13《遂初园记》所载“老屋数楹，名其庄曰‘归愚’，闯户而入，名其堂曰‘闲闲’。堂之两翼，为读易思玄之所……其东，丛书数十卷，蓄琴一张，庵曰‘味真’。闲闲老人得而乐之”，知其室名“闲闲堂”，自号“闲闲老人”，所以经祖堂钞本作《闲闲老人滏水集》（今藏中国国家图书馆）。（金）刘祁《归潜志》卷8谓赵秉文“于诗最细贵，含蓄工夫；于文颇粗，止论气象大概”“平日字画工夫最深，诗次之，又其次散文也”。（金）元好问在《中州集》卷3《礼部闲闲赵公秉文》载赵秉文“自幼至老未尝一日废书不观”“大概公之文出于义理之学，故长于辨析，极所欲言而止，不以绳墨自拘。七言长诗笔势纵放，不拘一律，律诗壮丽，小诗精绝，多以近体为之。至五言大诗则沉郁顿挫学阮嗣宗，真淳简澹学陶渊明，以它文较之或不近也。字画则有魏晋以来风调，而草书尤警绝，殆天机所到非学能至。宣徽舜卿使河湟，夏人多问公及王子端内翰起居状，朝廷因以公报聘，其为四方所重如此”。赵秉文前后主文坛近 30 年，成为金朝末期“文士领袖”，晚年逢金朝衰乱，以禅学求慰藉。

笼统而言，晦明轩刻书有如下特点：第一，每刊刻一书都经过严谨的编校工作，例如《重修本草之记》就详细记载了张存惠刊刻《重修政和经史证类备用本草》时严谨的编校态度。第二，一般卷首有“平阳府张宅晦明轩（或晦明轩）谨识（或谨记）”刻书螭首龟座等牌记，目录后有“平阳张宅印”琴形牌记，又有“晦明轩记”钟形等牌记，卷末载“尧都张宅晦明轩谨记”等字样。第三，刊刻纪年多用“年号 + 干支”的方式，例如《丹渊集》卷末所记“金泰和丙寅晦明轩张宅记”之类。第四，自金以降，所刻多为“重修”“新刊”“增节”之类，源自宋代且有市场需求的书籍，所刻内容种类不一，刀法遒劲，字体秀丽，纸墨明洁，刻印极精。

参考文献：

李国庆编著，周景良校：《弢翁藏书年谱》，黄山书社，2000 年。
王绍曾、崔国光等整理订补：《订补海源阁书目五种》（上册），齐鲁书社，2002 年。

晋人:《金代出版家张存惠》,《编辑之友》1986 年第 2 期。
李晋林:《金元时期平水刻版印刷考述（下）》,《文献》2001 年第 3 期。
李西亚:《金代图书出版研究》，吉林大学博士学位论文，2011 年。
李致忠:《昔时陶陶室今日在国图》,《新世纪图书馆》2012 年第 10 期。
梁飞、李健、张卫、张瑞贤:《晦明轩本〈重修政和经史证类备用本草〉的刻工》,《中华医史杂志》2012 年第 6 期。
林振岳:《蒙古时期平阳张存惠晦明轩刻书考略》,《版本目录学研究》2014 年第 5 辑。
瞿大风:《元代山西平阳刻书述略》,《图书馆工作与研究》2005 年第 3 期。
周益新、贺千里:《平水晦明轩刻本〈重修政和经史证类备用本草〉考》,《中医药文化》2009 年第 2 期。

6.《史记集解附索隐》130 卷，蒙古中统二年（1261）平阳段子成刻本

《史记》是我国第一部纪传体通史，记录了从黄帝到汉武帝两千余年间的历史，自东汉开始就有人为之作注，最具影响的有（南朝刘宋）裴骃《集解》、（唐）司马贞《索隐》和（唐）张守义《正义》，北宋时出现刻本，南宋时出现了《集解》《索隐》两家注合刻本，这是《史记》版本史上的一次重大变革，为日后三家注合刻本的产生奠定了基础。蒙古中统二年（1261）平阳段子成刻本就是两家合注本，旧称《史记集解索隐》。虽然段子成刻本在刊刻之时，南宋的蔡梦弼东塾刻

本与张杆桐川郡斋刻本已行世 80 多年，但段子成并没有以现成的这两种刻本为底本，而是另据寻得的“索隐善本”合《集解》本而成，进而段子成刻本独立于南宋两种刻本，这正是段子成刻本存在的独特价值。

平阳段子成刻《史记》存世 10 部，其中入选第一、二批国家珍贵古籍名录的共有 3 部：

其一，入选第一批名录编号 00396 的中国国家图书馆藏《史记》130 卷，其中卷 30 至卷 43 配明刻本，匡高 18.6 厘米，广 12.9 厘米，半叶 14 行，行 25 字，黑口，四周双边。栏外有耳，题篇名。双鱼尾，版心上记大小字数，鱼尾下题“史记几”（如“史记一”），下刻刻工姓氏：张、薛、吉、姚。（见图 75）段子成刻本字体较瘦劲，左上栏外有书耳记篇名，尚有宋版遗风。有“涵芬楼”“寒云秘籍珍藏”等印，袁克文跋文，张元济题款。袁克文（1890—1931）是袁世凯次子，号称民国四大公子之首。他师从李盛铎学习版本目录，藏书多为清内府旧本，其藏印之一为“上第二子”，似乎春风得意，实为免其兄猜忌，钤印以自晦，其藏书楼初名“后百宋一廛”，当宋版书增加到 200 部时，就改称为“皕宋书藏”。

其二，入选第二批名录编号 02629 的上海图书馆藏宋乾道七年（1171）蔡梦弼东塾刻本《史记》130 卷，其中卷 5 至卷 6、卷 18 至卷 20、卷 47 至卷 48、卷 54 至卷 55、卷 76 至卷 86 配蒙古中统二年段子成刻本，匡高 18.9 厘米，广 12.8 厘米，半叶 12 行，行 22 字，小字双行 28 字，白口，左右双边，

五帝本紀第一

史記一

黃帝者

之子

名曰軒轅

生而神靈弱而能言

幼而徇齊

图 75 《史记集解附索隐》一[①]

① 引自中国国家图书馆・中国国家古籍保护中心编:《第一批国家珍贵古籍名录图录》(第 2 册)，国家图书馆出版社，2008 年，第 134 页。

有“华亭朱氏珍藏”“结弌庐藏书印”“徐乃昌读”等印，许初跋。（见图 76）

其三，入选第二批名录编号 02630 的重庆图书馆藏蒙古中统二年段子成刻明修本《史记》130 卷，匡高 18.7 厘米，广 13.3 厘米，半叶 14 行，行 25 字，小字双行同，白口或黑口，四周双边，有“吴兴刘氏嘉业堂藏书印”等印章。（见图 77）刘承干《嘉业堂善本书影》卷 2 所收《史记》书影上也有嘉业堂印章（见图 78），不知与重庆图书馆藏本是否同一本。日本长泽规矩也《中国版本目录学书籍解题》认为嘉业堂所藏“中统刊本《史记》《宋史全文续资治通鉴》或系游明刊本”①。

此外，中国国家图书馆还藏有一部平阳段子成蒙古中统二年《史记》130 卷，其中卷 20 配清抄本、卷 21 至卷 22 配明嘉靖四年（1525）汪谅刻本。郭立暄先生说此本匡高 19.4 厘米，广 12.4 厘米，半叶 14 行，行 25 字，白口，双鱼尾，四周双边，前有中统二年董浦所作序，谓“平阳道参幕段君子成，喜储书，恳求到《索隐》善本，募工刊行”。此部《史记》在中国国家图书馆“中华古籍资源库”中能全文浏览，善本书号：05235。原版字体方整，补版字体较圆活，当刻在明初。每叶有耳（见图 79），便于读者翻检，标题篇名。摹印稍晚，前数卷颇漫漶，此后则较为明晰。版心有刻工名。钤

①〔日〕长泽规矩也编著：《中国版本目录学书籍解题》，梅宪华、郭宝林译，书目文献出版社，1990 年，第 151 页。

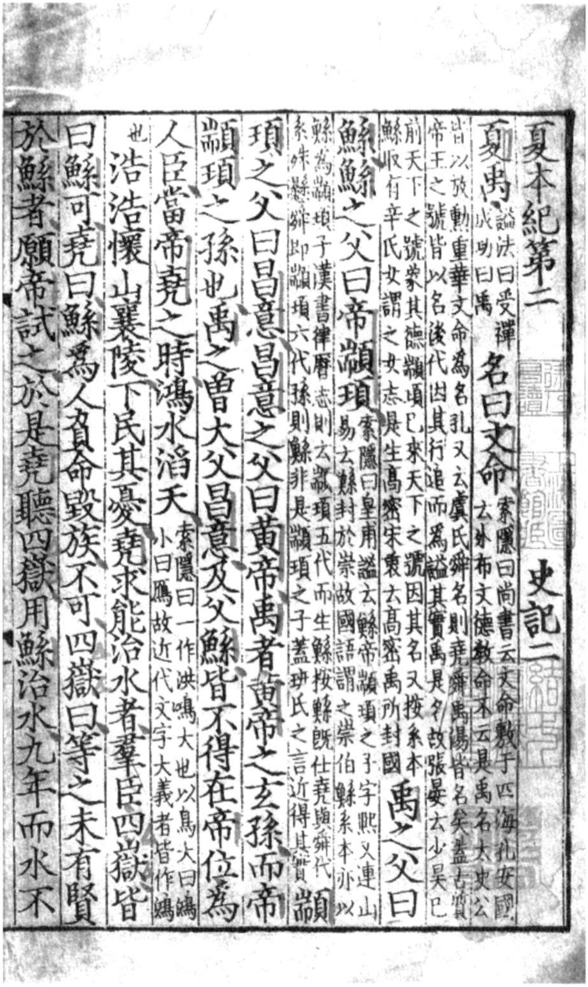

夏本紀第二　史記二

夏禹諡法曰受禪成功曰禹名曰文命索隱曰尚書云文命敷于四海孔安國云外布文德教命不云是禹名太史公皆以放勳重華文命為名孔又云虞氏舜名則堯舜禹湯皆名矣蓋古質帝王之號皆以名後代因其行追而為諡其實禹是名故張晏云少昊已前天下之號象其德顓頊已來天下之號因其名又按系本鯀取有辛氏女謂之女志是生高密宋衷云高密禹所封國禹之父曰鯀鯀之父曰帝顓頊索隱曰皇甫謐云鯀帝顓頊之子字熙又連山易云鯀封於崇故國語謂之崇伯鯀系本亦以鯀為顓頊子漢書律曆志則云顓頊五代而生鯀按鯀既仕堯與舜代系殊懸舜即顓頊六代孫則鯀非是顓頊之子蓋班氏之言近得其實顓頊之父曰昌意昌意之父曰黃帝禹者黃帝之玄孫而帝顓頊之孫也禹之曾大父昌意及父鯀皆不得在帝位為人臣當帝堯之時鴻水滔天索隱曰一作洪鴻大也以鳥大曰鴻小曰鴈故近代文字大義者皆作鴻也浩浩懷山襄陵下民其憂堯求能治水者羣臣四嶽皆曰鯀可堯曰鯀為人負命毀族不可四嶽曰等之未有賢於鯀者願帝試之於是堯聽四嶽用鯀治水九年而水不

图 76 《史记集解附索隐》二①

① 引自中国国家图书馆・中国国家古籍保护中心编:《第二批国家珍贵古籍名录图录》(第 2 册)，国家图书馆出版社，2010 年，第 254 页。

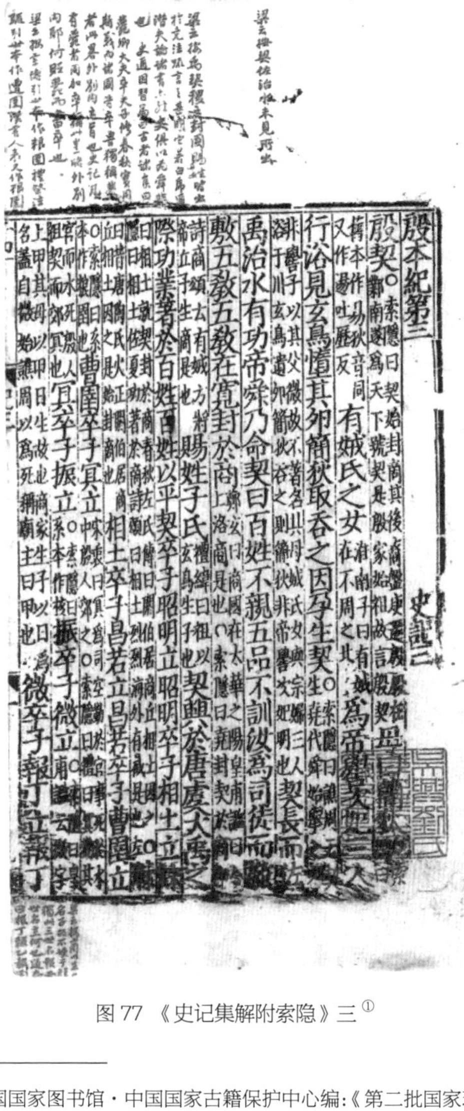

图 77　《史记集解附索隐》三[①]

① 引自中国国家图书馆·中国国家古籍保护中心编:《第二批国家珍贵古籍名录图录》(第 2 册)，国家图书馆出版社，2010 年，第 255 页。

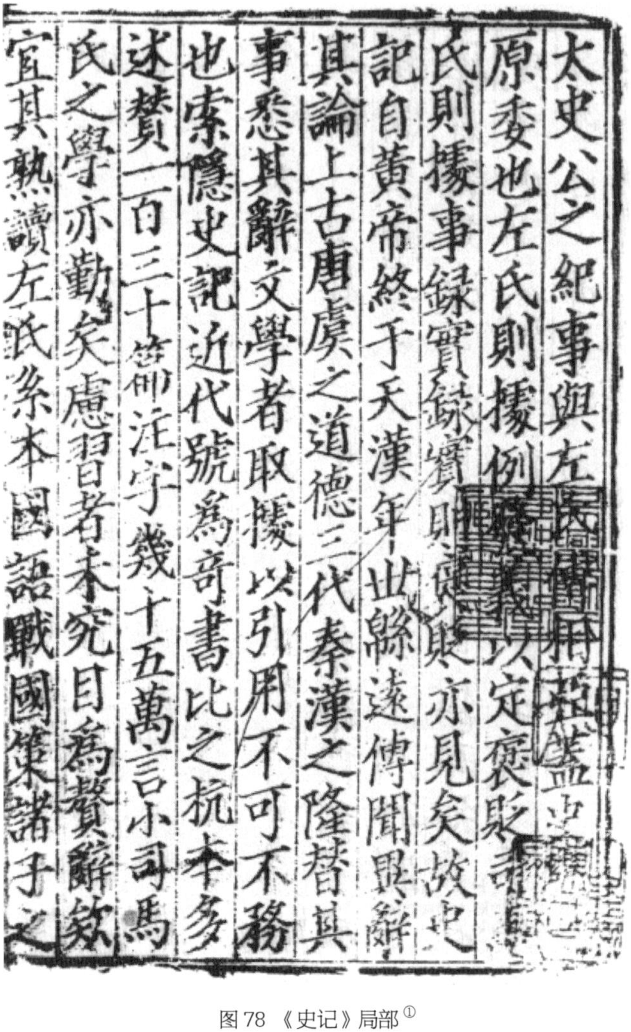
太史公之紀事與左[illegible]蓋[illegible]
原委也左氏則據例[illegible]以定褒貶[illegible]
氏則據事錄實錄實[illegible]貶亦見矣故史
記自黃帝終于天漢年世綿遠傳聞異辭
其論上古唐虞之道德三代秦漢之隆替其
事悉其辭文學者取據以引用不可不務
也索隱史記近代號為奇書比之杭本多
述贊一百三十篇注字幾十五萬言小司馬
氏之學亦勤矣慮習者未究目為贊辭欽
宜其熟讀左氏系本國語戰國策諸子之

图 78 《史记》局部[①]

① 引自刘承干编:《嘉业堂善本书影》，北京图书馆出版社，2003 年，第 163 页。

吳世家

吳太伯世家第一

齊太公世家第二　　史記三十二

太公望呂尚者東海上人其先祖嘗爲四嶽佐禹平水土甚有功虞夏之際封於呂或封於申姓姜氏夏商之時申呂或封枝庶子孫或爲庶人尚其後苗裔也本姓姜氏從其封姓故曰呂尚呂尚蓋嘗窮困年老矣以漁釣奸周西伯西伯將出獵卜之曰所獲非龍非彲非虎非羆所獲霸王之輔於是周西伯獵果遇太公於渭之陽與語大說曰自吾先君太公曰當有聖人適周周以興子眞是邪吾太公望子久矣故號之曰太公望載與俱歸立爲師或曰太公博聞嘗事紂紂無道去之游說諸侯無所遇而卒西歸周西伯或曰呂尚處士隱海濱周西伯拘羑里散宜生閎夭素知而招呂尚呂尚亦曰吾聞西伯賢又善養老盍往焉

图 79　耳题①

① 引自郭立暄：《中国古籍原刻翻刻与初印后印研究》（图版编 · 实例），中西书局，2015 年，第 76 页。右上角中缝处框起来的内容为耳题。

有“澹生堂经籍记”“子孙世珍”“山阴祁氏藏书之章”“春湖书斋”“天目书堂”“欣遇草堂之章”“惠阶校阅”“旷翁手识”“沅叔审定”“双鉴楼珍藏印”等印。吴寿旸《拜经楼藏书题跋记》卷 2《史记》载“先君子记云：‘元中统刻《史记索隐》，有中统二年校理董浦序。按元世祖中统二年为宋理宗景定二年辛酉，然则此书虽署元号年，其实宋刻也。汲古阁专刻《史记索隐》，世称善本，余刻皆芟节不全。此本校毛刻注尤备，卷首有‘史类’‘正史’‘史记’三朱印，盖山阴祁氏淡生堂藏书’”，则（清）吴骞（1733—1813，字槎客）拜经楼所藏《史记索隐》原为祁承㸁（1563—1628）澹生堂之物。（清）莫友芝在《宋元旧本书经眼录》卷 2 提到的元中统本《史记集解附索隐》应指的就是此版本，并说“海宁查氏藏”，说明此时已归查氏所有。傅增湘《藏园群书经眼录》卷 3 载：“余昔年曾收得中统本《史记》全帙，其字体方整，气息朴厚，版式略为狭长，与此大不类，余以为乃真中统本，故其体格尚与宋刊相近。若此本字体散漫，刻工草率，决为明覆本无疑。余别藏有明正统时游明刻本，持与此本相较，其版式刊工正同，则决为游明刻本可知矣。”外加此本钤有“沅叔审定”“双鉴楼珍藏印”，可知此本曾归傅增湘，正是其昔年所购之物。傅增湘又说“辛未三月十日董廉之送阅，旋以一千一百五十元收之”，则此本乃是傅增湘于 1931 年购自董廉之。此外，从傅增湘所言可知中统本《史记》有明代天顺年间游明翻刻本，两者版式相似容易混淆。郭立暄先生认为两者最明显的一个区别是中统本有耳题，而游明本没有。[①]

参考文献：

〔日〕长泽规矩也编著:《中国版本目录学书籍解题》，梅宪华、郭宝林译，书目文献出版社，1990 年。
郭立暄:《中国古籍原刻翻刻与初印后印研究》，中西书局，2015 年。
刘承干编:《嘉业堂善本书影》，北京图书馆出版社，2003 年。
张玉春:《〈史记〉版本研究》，商务印书馆，2001 年。
林振岳:《蒙古时期平阳张存惠晦明轩刻书考略》，《版本目录学研究》2014 年第 5 辑。

7.《尔雅郭注》3 卷（附《音释》3 卷），大德三年（1299）平水曹氏进德斋刻本

《尔雅》之称，汉代刘熙在《释名》中说：“尔，近也；雅，正也。五方之言不同，皆以近正为主也。”就是用雅正之言来解释古词语和方言词，以达到近于规范的目的。《尔雅》是战国末年由齐鲁儒生缀集周秦经典的训诂资料编纂的名物释义汇编，全书 19 篇，内容分两大类：前三篇《释诂》《释言》

---

① 郭立暄:《中国古籍原刻翻刻与初印后印研究》（通论编　实例编），中西书局，2015 年，第 219—220 页。

《释训》是解释普通词语；后十六篇《释亲》《释宫》《释器》《释乐》《释天》《释地》《释丘》《释山》《释水》《释草》《释木》《释虫》《释鱼》《释鸟》《释兽》《释畜》分门别类解释有关亲属、宫室、器物、音乐、天文、地理、动物、植物等名称，共收录词语4300多个，分为2091个条目。《尔雅》是读儒家经典的主要工具书之一，是我国古代第一部训诂学专书，即古人识字的书。《尔雅》虽然不是经，也不是某部经书的附庸，只是一部独立的词典，但在汉代已被视为儒家经典，唐文宗时被正式列为“经”，宋代正式列入“十三经”。（东晋）郭璞（276—324）所作《尔雅注》最为人称道，一直流传至今。

《尔雅郭注》平水曹氏进德斋元大德三年（1299）刻本存世三部：国图藏本、北京大学藏本、中国台湾“国家图书馆”藏本。据《第一批国家珍贵古籍名录图录》（名录编号：00338）记载，中国国家图书馆藏《尔雅》3卷、《音释》3卷（《音释》卷下配清影元抄本），匡高14.6厘米，宽10厘米，半叶8行，行15字，黑口，左右双边，钤有“铁琴铜剑楼”等印。（见图80）据《第一批国家珍贵古籍名录图录》（名录编号：00339）北京大学图书馆藏《尔雅》3卷，匡高14.6厘米，宽10厘米，半叶8行，行15字，黑口，左右双边，首有方形牌记载：“一物不知儒者所耻，闻患乎寡而不患乎多也。《尔雅》之书，汉初尝立博士矣。其所载精粗巨细毕备，是以博物君子有取焉。今得郭景纯集注善本，精加订正，殆无毫发讹舛，用锓诸梓，与四方学者共之。大德己亥平水曹氏进

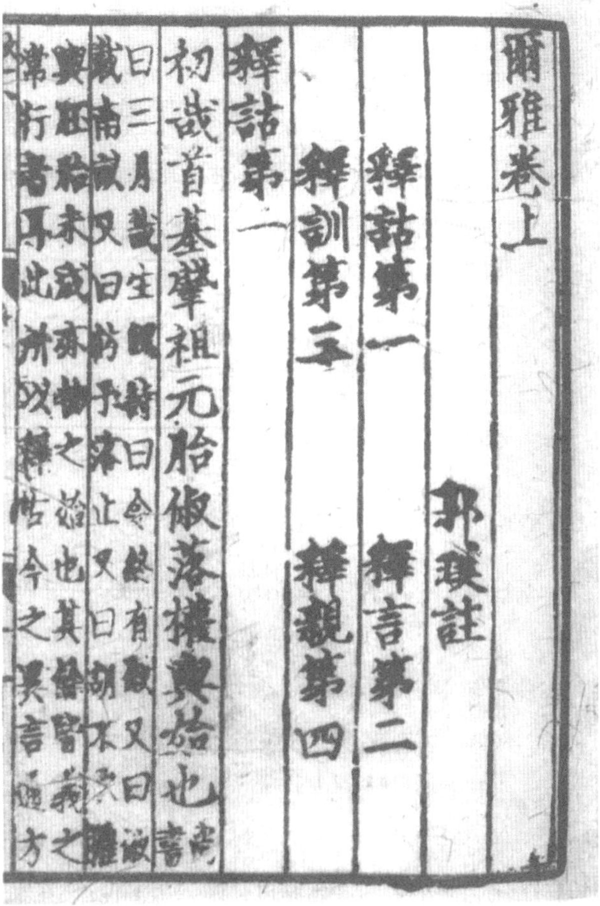
爾雅卷上
郭璞註
釋詁第一　釋言第二
釋訓第三　釋親第四
釋詁第一
初哉首基肇祖元胎俶落權輿始也尚書
曰三月哉生魄詩曰令終有俶又曰俶
載南畝又曰訪予落止又曰胡不承權
輿胚胎未成亦物之始也其餘皆義之
常行者耳此所以釋詁今之異言通方

图 80　《尔雅》卷上[①]

① 引自中国国家图书馆·中国国家古籍保护中心编:《第一批国家珍贵古籍名录图录》(第 2 册)，国家图书馆出版社，2008 年，第 83 页。

德斋谨志。”（见图 81）书中钤有“况印周仪”“稽瑞楼”“李印盛铎”“木斋读过”等印。（见图 82）中国台湾“国家图书馆”藏《尔雅》3 卷（序后半叶佚），巾箱本，匡高 14.8 厘米，宽 10 厘米，半叶 8 行，小字双行，行 15 字，左右双边，小黑口，版心上记每版大小字数，双黑鱼尾，上鱼尾下方记书名卷第，下鱼尾下方则记叶次，避宋讳，恒、桓等字缺末笔。钤有“择是居”朱文椭圆印、“莛圃收藏”朱文长方印、“张印钧衡”白文方印、“石铭收藏”朱文方印、“‘国立中央图书馆’藏书”朱文方印、“石铭祕笈”朱文方印、“吴兴张氏适园收藏图书”朱文长方印。

平水曹氏进德斋本《尔雅郭注》在版本学上属于巾箱本，即类似今天的袖珍本，意谓开本较小可以放在“巾箱”中。同时，也是进德斋“坊刻本”。“坊”指书坊。书坊刊印的书，以营利为目的，一般说来刻印较差，校勘不精。但金元时期的平水坊刻本质量却很高，与官刻本和家塾本不相上下，甚至不逊于宋本。例如（清）瞿镛《铁琴铜剑楼藏书目录》卷 7《尔雅三卷元刊本》以及叶德辉《书林清话》卷 7《元刻书之胜于宋本》称赞平水曹氏进德斋本《尔雅郭注》“与宋本俱同。其中字句异于吴元恭本者亦同，即出自南宋初本也”“元大德平水曹氏进德斋本《尔雅郭璞音注》，胜于明吴元恭所从出之宋本也”。

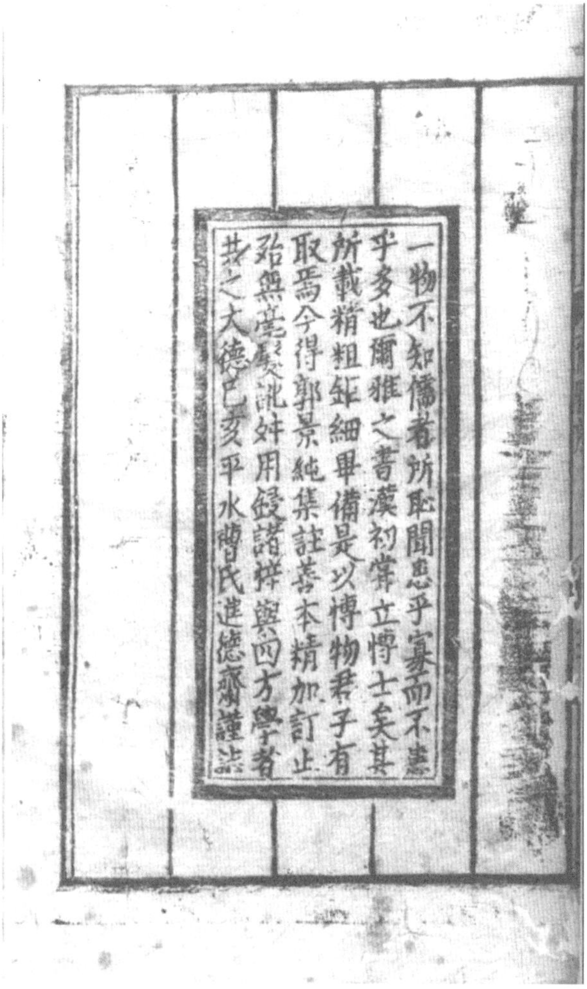
一物不知儒者所恥聞見乎寡而不患
乎多也爾雅之書漢初甞立博士矣其
所載精粗鉅細畢備是以博物君子有
取焉今得郭景純集註善本精加訂正
殆無毫髮訛舛用鋟諸梓與四方學者
共之大德己亥平水曹氏進德齋謹誌

图 81 《尔雅》牌记[①]

① 引自中国国家图书馆·中国国家古籍保护中心编:《第一批国家珍贵古籍名录图录》(第 2 册),国家图书馆出版社,2008 年,第 84 页。

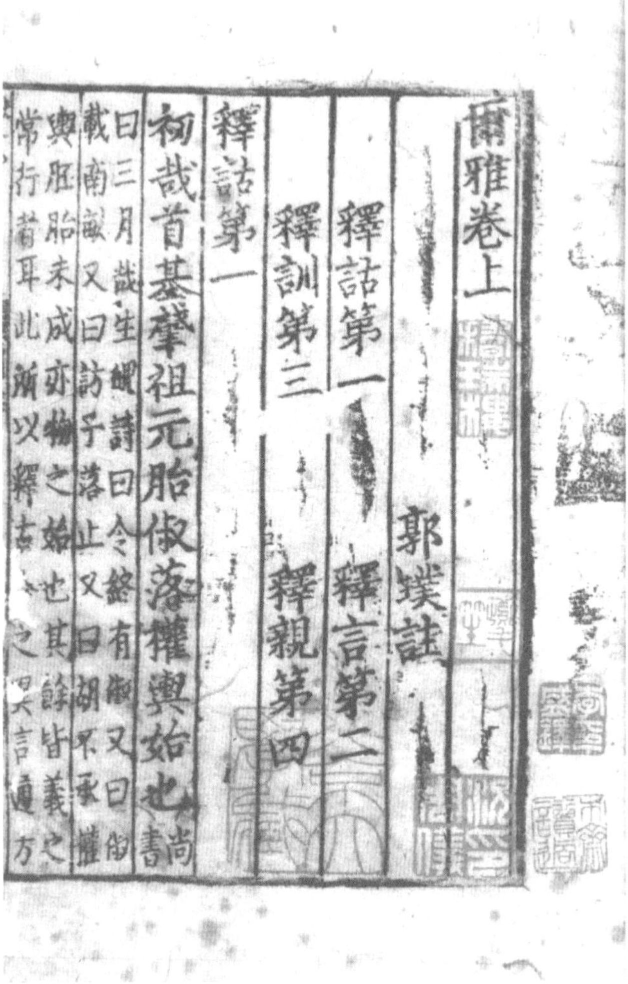
爾雅卷上

郭璞註

釋詁第一　釋言第二

釋訓第三　釋親第四

釋詁第一

初哉首基肇祖元胎俶落權輿始也尚書曰三月哉生魄詩曰令終有俶又曰俶載南畝又曰訪予落止又曰胡不承權輿胚胎未成亦物之始也其餘皆義之常行者耳此所以釋古今之異言通方

图 82 《尔雅》钤印[①]

① 引自中国国家图书馆・中国国家古籍保护中心编:《第一批国家珍贵古籍名录图录》(第 2 册)，国家图书馆出版社，2008 年，第 84 页。

8.《新刊韵略》5卷，大德十年（1306）平水中和轩王宅重刊本

“韵”是构成诗歌音乐美的一个必不可少的因素。古人写诗、填词都离不开它，今天在欣赏和创作旧体诗词时也同样需要掌握有关它的知识。古代科举以诗赋取士，如果考生所操方音各不相同，那么他们写出来的诗赋韵脚当然也各不相同，这无疑给考官阅卷带来了很大的麻烦。为了建立一个全国统一的写诗用韵标准，唐朝以后出现了一系列官方刊定的以“审音”为主要任务的字典，即所谓“官韵”。到了唐代开元二十四年（736），科举的事由礼部管理，所以后来经皇帝批准而由礼部颁行的官韵就叫《礼部韵略》。此后，《礼部韵略》又经过了几次修订，出现了多种名称的韵书，其中就有平水韵系统的《新刊韵略》（亦称《平水新刊礼部韵略》《增注礼部韵略》《平水新刊韵略》）。

平水韵系统的韵书自金至清是多个朝代审定的官韵，沿用至今，但平水韵系统最早的韵书编撰者到底是谁，却没有确切结论。有的认为是金代毛麾，有的认为是南宋刘渊，有的认为是金代王文郁。此处简单介绍一下认为是刘渊首创平水韵的观点。从现有资料看，“平水韵”一名最早见于元代大德元年（1297）熊忠编写的《古今韵会举要》一书。该书《凡

例》中黄公绍说："江南监本免解进士毛氏晃增修礼部韵略、江北平水刘氏渊壬子新刊礼部韵略互有增字，今逐韵随音附入，注云'毛氏韵增''平水韵增'，凡二千一百四十二字，毛氏增一千七百一十字，平水韵增四百三十六字。"又说："旧韵上平下平上去入五声，凡二百六韵。今依平水韵并通用之韵为一百七韵。"据此内容可知，《平水韵》是《壬子新刊礼部韵略》的别称，分为107韵。该书卷1之"平声上"韵目后的一条按语乃至卷15、卷25等处又称作《平水韵略》，应也是别称。这个别称产生的原因，目前主要有两种解释：其一，以《中国大百科全书·语言　文字》为代表，认为之所以称《平水韵》是"因刻书地点在平水（今山西临汾）而得名"[①]。其二，王力《中国语言学史》认为只有刘渊的《壬子新刊礼部韵略》流传最广，"由于刘渊是平水人，所以这部书又叫'平水韵'"[②]。但把"江北平水刘氏渊壬子新刊礼部韵略"中的"平水"理解为籍贯是有问题的，因为"江北"一般指江苏的长江北部一带，而"平水"则在黄河以北山西地区，江北地区没有叫"平水"的地方，所以"江北平水"的称谓使得钱大昕（1728—1804）满脸疑惑地在《潜研堂文集》卷27《跋平水新刊韵略》中说："平阳与江北相距甚远，何以

---

① 中国大百科全书总编辑委员会《语言文字》编辑委员会、中国大百科全书出版社编辑部编：《中国大百科全书·语言　文字》，中国大百科全书出版社，1988年，第308页。

② 王力：《中国语言学史》，中华书局，2013年，第76页。

有‘平水’之称？是又可疑也。”扬琳先生把“江南监本免解进士毛氏晃《增修礼部韵略》”与“江北平水刘氏渊《壬子新刊礼部韵略》”联系起来，对照分析，认为“平水”与“监本”一样，应是指一种版本，而非刘渊的籍贯。[①]“监本”翻印于江南，故称“江南监本”；平水本翻印于江北，故为“江北平水”。金人王文郁的《平水新刊韵略》中的“平水”就是指平水版。因此，平水韵是因最早刊行于平水地区而得名。《壬子新刊礼部韵略》之“壬子”据《四库全书总目》在《古今韵会举要》的“提要”中言“南宋刘渊淳祐《壬子新刊礼部韵略》始合并通用之部分，而韵书又一变”，则为南宋理宗淳祐十二年（1252）。但台湾商务印书馆影印的《文渊阁四库全书》在《古今韵会举要》前的“提要”中却说“南宋刘渊景定《壬子新刊礼部韵略》”。（清）纪昀等人所编《四库全书总目提要》是在《四库全书》编成后才汇集成书的，把“景定”改为“淳祐”显然是重抄时发现景定（1260—1264）年间无壬子，所以才改为淳祐（1241—1252），是否正确就值得进一步考虑了。从《壬子新刊礼部韵略》可知，此书编成于丁度等人奉诏编写的《礼部韵略》（1037年）之后，而在《古今韵会举要》成书的1297年之前，这中间共有4个壬子年，即北宋神宗熙宁五年（1072）、南宋高宗绍兴二年（即金太宗天会十年，1132年）、光宗绍熙三年（即金章宗明昌三年，1192年）、理

① 扬琳：《〈平水韵〉的得名及成书时间考》，《文献》1993年第4期。

宗淳祐十二年（即元宪宗二年，1252 年）。大宋王朝统治区域没人敢合并韵，熊忠在《古今韵会举要·序》中曾直言："《礼部韵》遂如金科玉条，不敢一字轻易出入中更。……或言经作某字，韵无此字，不可用；或言经本某音，监韵此字下无注，押者非，至使人宁背经音，无违韵注。其敝可胜言哉！"《礼部韵略》是国家颁布的韵书，科举取士以此为准，在此情形下只会亦步亦趋，哪敢越雷池一步。但《礼部韵略》对于金王朝来说，则无法令效力，故而金王朝辖区的知识分子出于完善或便利等考虑才会合并韵部，如王文郁的《平水新刊韵略》、张天锡草书的《韵会》、韩道昭的《五音集韵》等。《壬子新刊礼部韵略》与王文郁、张天锡的书属于同一系统，无疑应著成于金王朝统治区。《古今韵会举要》卷 1 韵目后有一条案语"旧韵上平声二十八韵，下平声二十九韵，上声五十五韵，去声六十韵，入声三十四韵。然旧韵所定，不无可议，如支脂之、佳皆、山删、先仙、覃谈，本同一音而误加厘析；如东冬、鱼虞、清青，至隔韵而不相通。近平水刘氏《壬子新刊韵》始并通用之类，以省重复，上平声十五韵，下平声十五韵，上声三十韵，去声三十韵，入声一十七韵，今因之"，则并韵始于刘渊。（清）张金吾《爱日精庐藏书志》卷 7 著录元大德刊本王文郁《新刊韵略》五卷本，下录金代许古序曰："近平水书籍王文郁携新韵见颐庵老人曰：'稔闻先《礼部韵》，或讥其严且简，今私韵岁久，又无善本。文郁累年留意，随方见学士大夫，精加校雠，又少添注语，既详且当，不远数百里敬求韵引。’仆尝披览，贵于旧本远矣。略言之。正大六年己丑季夏中旬，中大夫前行右司谏致仕河间许古道真书于嵩郡隐者之中和轩。”很显然，王文郁只是在流行“岁久”的私韵基础上做了一番“精加校雠，又少添注语”的工作，是在总结前人用韵经验的基础上完成的。并韵的先后次第，按照《礼部韵略》的“同用”规定，206 韵可以并为 108 韵，刘渊在此基础上又将可以“同用”，但所隶之字很少的“证”“嶝”两韵并入“径”韵，成 107 韵。王文郁、张天锡等人又在刘渊的基础上将字少的“拯”“等”两韵（可“同用”）并入“迥”韵，就成了 106 韵。按照并韵的规律，刘渊的书应在王文郁的书（初刻于 1229 年）之前。综上考虑，刘渊《壬子新刊礼部韵略》应刊行在绍熙壬子（1192），即金章宗明昌三年。

藏于中国台湾“国家图书馆”的元大德十年平水中和轩王宅刻王文郁《新刊韵略》（5 卷）是现在所知平水韵系统唯一存世版本。书前“御名庙讳”条载“今上皇帝硕德八剌”，硕德八剌是元英宗的御名，可证此本为至治（1321—1323）间增补本。此书匡高 21.2 厘米，宽 14.1 厘米，半叶 13 行，小字双行，行小字 34 字，白口，四周双边，双鱼尾，上鱼尾下方记卷第，下鱼尾下方记叶次，书前有瑞诰手书题记。卷首附有金正大六年河间许古道真的序文。许古，据《金史》列传第 47 本传及（金）元好问《遗山集》卷 21《平叔墓铭》知其字道真，明昌五年（1194）词赋进士，宣宗朝以直言极谏称，历任监察御史、尚书左司员外郎，右司谏兼御史，正大七年 74

岁卒，上推知其生于正隆元年（1156）。序文中许古自称“颐庵老人”，可知“颐庵”为其号，“中和轩”为其斋名，与王文郁的斋名相同。卷末有“大德丙午重刻新本，平水中和轩王宅印”牌记，可知《新刊韵略》原由王文郁初刻于金正大六年，后由王氏后人于元大德十年重刻。据台湾“国家图书馆”整理，此书钤有“凤伦四十后作谢小韫侍”白文长方印、“瑞诰收藏精椠祕笈记”朱文方印、“择是居”朱文椭圆印、“‘国立中央图书馆’藏书”朱文方印、“安乐堂藏书记”朱文长方印、“史铁□珍藏书画”朱文长方印、“凤伦审定谢小韫侍”朱文方印、“□圃收藏”朱文方印、“张印钧衡”白文方印、“石铭收藏”朱文方印、“南海谢小韫”朱文椭圆印、“西拉木稜瑞诰收藏书籍”朱文方印、“吴兴张氏适园收藏图书”朱文长方印、“允之审定”白文方印、“翰□博尔济吉特氏瓠石宧主人审定金石书画印”朱文方印。从藏书印判断，收藏以“史铁厓”为最早，又为怡亲王“安乐堂”收藏，清同治（1862—1875）年间流入民间，接着被西拉木稜瑞诰收藏。瑞诰，字凤伦，号悔公，清末担任广东盐运使司运同之职。卷首题记“宣统三年七月白露节悔公识于潮州醒廨蕉梦室”，证实这段经历。最后一个藏家是张钧衡、张乃熊父子的适园。民国五年（1916）张钧衡所编《适园藏书志》中没有记录《新刊韵略》，民国三十年（1941）张乃熊《芹圃善本书目》始载此书，说明此书可能是张均衡晚年或经由张乃熊之手才入藏适园的。据苏精《近代藏书三十家》载：“民国三十年（1941），张乃熊以战乱中守藏不易，有意出让，于是编成《芹圃善本书目》六卷，待价而沽，经过几个月与中央图书馆代表人张寿镛、郑振铎等折冲谈判，张乃熊除留下一些清代刊本和吴兴乡贤著述外，全部由该馆在三十年（1941）十月底以七十万元收购。”[①]张氏适园几乎所有藏书都卖给了当时的“中央图书馆”，后运至台湾。

许多藏书家、目录学家都对中和轩刻本《新刊韵略》给予关注乃至发表评论。（清）钱大昕《潜研堂文集》卷27《跋平水新刊韵略》载：“向读昆山顾氏、秀水朱氏、萧山毛氏、毗陵邵氏，论韵谓今韵之并始于平水刘渊，其书名曰《壬子新刊礼部韵略》。访求藏书家邈不可得。未审刘渊为何许人、平水何地。顷吴门黄荛圃孝廉得《平水新刊韵略》元椠本，予假读之。前载正大六年己丑季夏中旬河间许古道真序，其略云：平水书籍王文郁携新韵见颐庵老人曰：‘稔闻先《礼部韵略》，或讥其严且简。今私韵岁久，又无善本，文郁累年留意，随方见学士大夫，精加校雠，又少添注语，不远数百里敬求韵引’。是此韵为文郁所定也。卷末有墨图记二行，其文云‘大德丙午重刊新本，平水中和轩王宅印’。是此书初刻于金正大己丑，重刻于元大德丙午。其云‘中和轩王宅’或即文郁之后耶。其前列《圣朝颁降贡举程式》则延祐设科以后书坊逐渐添入，又《御名庙讳》一条称英宗为今上皇帝，可验此书为至治间印本也。又附《壬子新增分毫点画正误字》三叶，《壬子新雕礼部

① 苏精：《近代藏书三十家》（增订本），中华书局，2009年，第217页。

分毫字样》三叶，此‘壬子’者未知其为淳祐之壬子欤（当元宪宗时/未有年号）？抑皇庆之壬子欤？考正大己丑在淳祐壬子前廿有四年，而其时已并上下平声各为十五、上声廿九、去声三十、入声十七，则不得云并韵始于刘渊。岂渊窃见文郁书而翻刻之耶？又其时南北分裂，王与刘既非一姓，刊板又不同时，何以皆称‘平水’？论者又谓《平水韵》并四声为一百七韵，阴时夫并上声拯韵入迥韵。据此本则迥与拯等之并，《平水韵》已然矣。刘书既不可得见，此书世亦鲜有著录者。姑识所疑，以谂后之言韵者。许序称‘平水书籍王文郁’，初不能解。后读《金史·地理志》，平阳府有书籍，其倚郭平阳有平水。是平水即平阳也。史言有书籍者，盖置局设官于此。元太宗八年用耶律楚材言，立经籍所平阳，当是因金之旧。然则‘平水书籍’者，文郁之官称耳。刘渊亦题‘平水’，而黄公绍《韵会凡例》又称为‘江北刘氏’。平阳与江北相距甚远，何以有平水之称？是又可疑也”，认为“平水书籍”意指当时平水管理出版事业的官职名称，并认为“平水书籍”是沿袭金之旧制。这是关于金设平水书籍官局的最早推测，但在可考的金代史料中，关于“平水书籍”机构的建置没有任何记述。(清)莫友芝《郘亭知见传本书目》卷3《经部十·小学类》提到两部《新刊韵略》：其一为《平水新刊韵略》(五卷)。“金王文郁撰。昭文张氏有此书，系元大德刊本。”其二为《新刊韵略》(五卷)。“金王文郁撰。并旧韵二百六部为一百六部，所并之韵，韵首一字以鱼尾隔之。是书金正大己丑初刊，尚有元大德刊本，其成书先刘渊二十四年，就韵会所引考之，盖袭取文郁书而精增损之。卷末有‘大德丙午重刊新本平水中和轩王宅印’木印。黄荛圃藏，钱竹汀跋，见张氏藏书志。”（清）丁日昌《持静斋藏书记要》卷之上载：“《元新刊礼部韵略》五卷首《贡举条式》一卷，金王文郁撰。并旧韵二百六部为一百六部，即阴氏《群玉》所本，而所并二韵之间，必以鱼尾隔之，使旧部分明可见，则胜于阴《韵》之丛脞。是书初刊于金正大己丑。此本五卷末有‘大德丙午重刊新本’‘平水中和轩王宅印’二行书木记，则元重刊本也。卷首载《贡举三试程序》，一曰‘御名庙讳回避’，二曰‘考试程序’，三曰‘试期’，四曰‘章表回避字样’，可见当时制度，可与史志‘选举科目’条互证。又有‘壬子新增分毫点画正误字’五页，则刊成后六年所增，《四库》未收。”清代著名版本目录学家、藏书家叶昌炽《藏书纪事诗》附录《尹家书籍铺　平水书籍王文郁》载：“三辅黄图五色描，别风柃诣望嶕峣。尹家铺子临安市，平水书林正大朝。”自注云：“钱大昕《跋平水新刊韵略》：‘黄荛圃孝廉得《平水新刊韵略》元椠本，前载正大六年河间许古道真序，卷末有墨图记二行，其文云‘大德丙午重刊新本，平水中和轩王宅印。’或即文郁之后。’”叶昌炽进一步案语：“道真序后署：‘书于嵩郡隐者之中和轩’，则王宅即为文郁之后无可疑者。自正大六年己丑至大德丙午，已七十余年，书林世业，亦北方之余氏矣。”

《新刊韵略》首先依据平、上、去、入四个声调分类，每一声下列若干韵；每一韵下列该韵所属的字，常用的在前，罕用的在后。开头是上平声（平声不分阴阳，“上”是上卷的意思，因为平声字多，所以分为上下卷），包括一东（东是这一韵的代表字，即“韵目”）、二冬、三江到十三元、十四寒、十五删共 15 韵，下平声包括一先、二萧、三肴到十三覃、十四盐、十五咸共 15 韵，总共平声 30 韵。上声包括一董、二肿、三讲到二十七感、二十八俭、二十九豏共 29 韵。去声包括一送、二宋、三绛到二十八勘、二十九艳、三十陷共 30 韵。入声包括一屋、二沃、三觉到十五合、十六叶、十七洽共 17 韵。平声 30 韵，上声 29 韵，去声 30 韵，入声 17 韵，相加是 106 韵。每一个“韵目”下辖数量不等的同“韵”的字，以平声为例：四支包括支、枝、移到蘽、郦、禗，多达 464 个字；十五咸包括咸、函到杴、严，只有 41 个字。写诗填词时一般只许用同一个韵中的字，无论哪个时代的、操哪种方言的人都必须严格地遵守，如果用错了韵就会被笑话。这样一来，《新刊韵略》之类的韵书就成了中国古代知识分子的必读书，从而在历史上产生了极大的影响。例如（清）曹雪芹《红楼梦》第 76 回写林黛玉和史湘云联句，有这样一段对话：“(黛玉：)‘……咱两个都爱五言，就还是五言排律罢。’湘云道：‘限何韵？’黛玉笑道：‘咱们数这个栏杆上的直棍，这头到那头为止，他是第几根，就是第几韵。’湘云笑道：‘这倒别致！’于是二人起身，便从头数至尽头，止得十三根。湘云道：‘偏又是十三元了！……’”可见人们都养成了“押官韵”的自觉性。张中行《诗词读写丛话》“古今音”条说：“昔日的读书人把熟悉《诗韵》看作必修课，不能不勤，于是有不少人，或说绝大多数人，都熟到能背，就是某一韵包括哪些字，都记得。集会联句足以说明这种情况，如《红楼梦》第五十回所描述，用二萧韵作五言排律，不通文墨的凤姐以‘一夜北风紧’开篇，李纨续，是‘开门雪尚飘’。以下香菱、探春等续，韵字是瑶、苗、饶等，一共用了35个，因为二萧韵包括一百八十多个字，所以宝钗对湘云说：‘你有本事，把二萧的韵全用完了，我才服你。’她们没用完，是因为‘虽没作完了韵，腾挪的字若生扭了，倒不好了’，不是不记得。因为读书人有这种本事，所以楼头望月，陌上寻芳，惯于哼几句平平仄仄平，却不必怀揣《诗韵》。”①古人从小就背诵韵书，自然能运用纯熟，但我们今天却往往容易搞错，是时代不同，语音发生了变化的缘故。例如从普通话的角度看，“神”“沉”“盆”三个字的韵母都是 én，按理说应是一个韵，但是它们在韵书中却分属“十一真”“十二侵”“十三元”三个不同的韵，若以这三个字作韵脚来写七绝诗就闹笑话了。再如杜牧《山行》：“远上寒山石径斜，白云深处有人家。停车坐爱枫林晚，霜叶红于二月花。”用“斜”“家”“花”三字押韵，其中“斜”的韵母今读 ié，“家”的韵母今读 iā，“花”的韵母今读 uā，似乎不该押韵，读来也并不上口，但这三个字都在韵书的“麻”目，由

① 张中行：《诗词读写丛话》，中华书局，2009年，第80页。

此推知这首诗古人念来本是和谐的，并非作者有意破坏诗的韵律美。

南北文化交流，记录韵书由北方传入南方的材料当属刘辰翁（1232—1297）《须溪集》卷6《北韵序》："字出于声，声制于气，皆物之自然者。所谓天命，非意之也……世道反古，横行倒置，踦迒亥午。乃有北韵南来，简便同文，又胜昔之《韵略》，函三于一，事省物备。夫文者不以律次，则亦何不可者。东平朱簿刻而布之。"据黄金灿先生研究此"北韵"当是刘渊《壬子新刊礼部韵略》。[①] 收入《俄藏黑水城文献》（第1册）的俄TK5《平水韵》残卷共两叶，缺书题，版心题"上平"，共出现"脂""之""灰""咍""真"五个韵目，其中"脂""之"无序号，分别以鱼尾状标记标出，小字注释"上同"；"灰""咍"共用序号"十"，"灰"字下小字注释"与'咍'通"，"咍"以鱼尾状标记标出；"真"序号为"十一"，"真"字下小字注释"与'谆''臻'同"。（见图83）

万曼璐先生通过收字、注释、注音、版面其他特征等各方面的综合研究，归纳出黑水城《平水韵》的杂糅性和不成熟性，并认为它是属于平水韵系统的、略早于王文郁《新刊韵略》并被后者所取代了的一种金代私韵，产生于《礼部韵略》颁行（1037年）后，金代实施科举考试（1123年）与

① 黄金灿：《初创与初传——平水韵起源研究二题》，《山西大同大学学报（社会科学版）》2020年第5期。

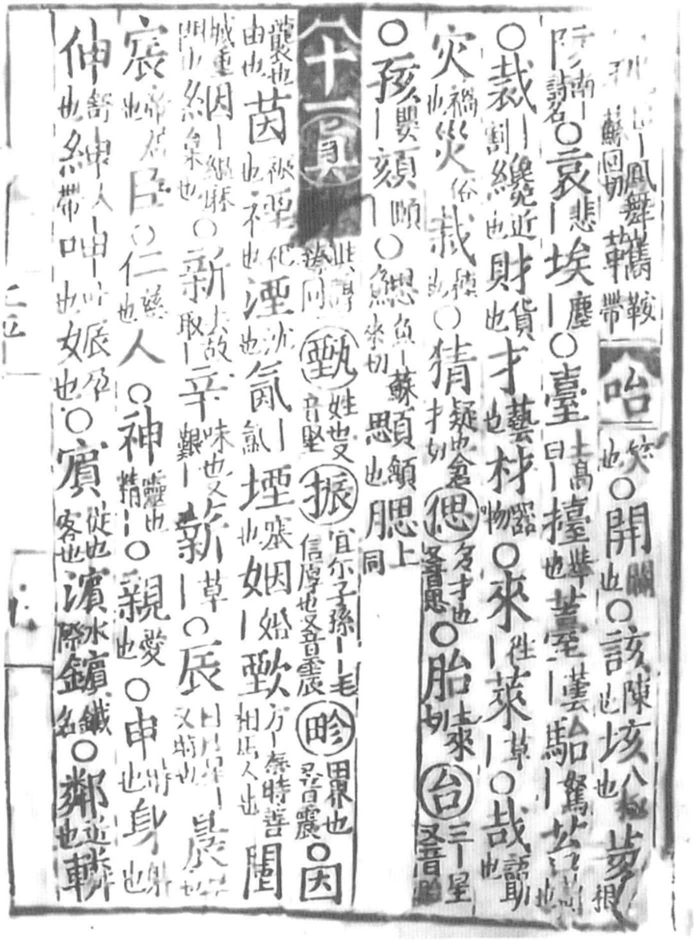

图 83　俄 TK5《平水韵》[①]

① 引自俄罗斯科学院东方研究所圣彼得堡分所、中国社会科学院民族研究所、上海古籍出版社编:《俄藏黑水城文献》(汉文部分)第 1 册,上海古籍出版社,1996 年,第 50 页。

《新刊韵略》问世（1229年）之间，是流传到黑水城地区的金刻本。[①]

中古以来的诗词读写要依照中古音系统，也就是平水韵系统。张中行《诗词读写丛话》“古今音”条说：“有变化而可以用平水韵以一概多，是因为平水韵，对其前而言，有适应力，具体说，唐宋人写诗词，基本上是依照这个系统；对其后而言，有约束力，具体说，金元以来直到现时人写诗词，必须依照这个系统。因此，无论是读还是作，通晓平水韵就可以通行无阻。平水韵有这样的优越性，主要原因是两个方面。一方面是借了时代的光，这包括两种情况：一是中古有韵书，于是上古的模棱（如《诗经》）变为明确；二是由韵书方面看，中古的语音系统变动不大，因而它就能够适应。另一方面是借了科举考试的光，功令要求照韵书押韵。比如到明、清，实际语音早已不同于平水韵，作诗却还要亦步亦趋，因而它就照旧有约束力。”平水韵系统的韵书有这样的优越性，因之对我国的诗歌创作影响深远。

此外，韵书在流传过程中也扩展出了许多其他用处。1870年，电报通讯方法传入中国后，要先将常用汉字转换成四个阿拉伯数字构成的代码即中文电码，再按莫尔斯电码拍发。邮电部预先编好统一的电码本，供全国电报局使用。清政府开通电

---

① 万曼璐:《黑水城出土〈平水韵〉性质试探》,《语言研究集刊》2008年第5辑。

报之初，因为发送电报非常昂贵，按字论价，“字字是金”，所以节约用字就非常重要。为了节约时间和传输费用，也为了避免日期与电码混淆，清代状元洪钧（1839—1893）发明了“韵目代日”这种新的纪日方法。洪钧以平水韵系统的韵目代替日期，从《韵目表》中挑选出来代替日期的韵目，共30个，分别代表30天。理论上讲，平上去入四个声调的韵目都可以代替相对应的日期，但是实际应用的惯例是：一个月的前面15天（1—15日）用上平声的全部韵目，接后十天（16—25日）是韵目上声的十个韵目，最后5天（26—30日）是韵目去声的五个，后来使用公历，又添上最后一个《韵目表》中没有的“世”或“引”，代表31日，这样用31个字分别代表31天。简单说“韵目代日”就是用地支代替月份，用韵目代替日期，如“子东”就是指1月1日，“寅江”就是指3月3日。这种方法成为电报领域通用的记录日期的方法，例如1936年12月12日西安事变张学良通报中共的电报称“文电”，“文”是上平声第12个韵目。“韵目代日”在很多领域都有使用，有些人的日记是以韵目指代日期，历史上一些著名的事件也是以此命名。例如，1927年5月21日晚，国民党反动军官许克祥率叛军袭击湖南省总工会等革命机关、团体，解除工人纠察队和农民自卫军武装，释放所有在押的土豪劣绅，共产党员、国民党左派及工农群众百余人被杀害。事变后，许克祥与国民党右派组织了“中国国民党湖南省救党委员会”，继续疯狂屠杀共产党人和革命群众。因21日的电报，代日韵目是“马”字，故

表 3　韵目日期对照表

日期	韵目（上平声）	日期	韵目（上声）	日期	韵目（去声）	日期	特殊用字
1	东	16	铣	26	宥	31	世或引
2	冬	17	筱	27	沁		
3	江	18	巧	28	勘		
4	支	19	皓	29	艳		
5	微	20	哿	30	陷		
6	鱼	21	马				
7	虞	22	养				
8	齐	23	梗				
9	佳	24	迥				
10	灰	25	有				
11	真						
12	文						
13	元						
14	寒						
15	删						

称这次事变为“马日事变”。这种富有诗意的纪日方法在当时是非常方便的，因为读书人一看就知道哪个字代表哪一天，所以一直沿用到中华人民共和国成立初期，前后使用了 70 余年。但是后来，白话文兴起，诗词失去实用功能，读书人对填词作

诗逐渐失去兴趣，声韵也就不被重视了。以至于过去一般人都会的事情却变成了专业知识，现在一般人都很难弄清楚了。

参考文献：

（清）张金吾著，冯惠民整理：《爱日精庐藏书志》，中华书局，2012 年。
胡传志：《宋金文学的交融与演进》，北京大学出版社，2013 年。
黄金灿：《初创与初传——平水韵起源研究二题》，《山西大同大学学报（社会科学版）》2020 年第 5 期。
聂鸿音：《平水韵》，《文史知识》1982 年第 1 期。
万曼璐：《黑水城出土〈平水韵〉性质试探》，《语言研究集刊》2008 年第 5 辑。
王开扬：《平水韵与马日事变》，《语文建设》2007 年第 12 期。
扬琳：《〈平水韵〉的得名及成书时间考》，《文献》1993 年第 4 期。
张守中：《〈平水韵〉考》，《山西大学学报（哲学社会科学版）》1982 年第 1 期。

9.《中州集》10 卷（附《中州乐府》1 卷），至大三年（1310）平水曹氏进德斋刻本

《中州集》10 卷附《中州乐府》1 卷，是金元之际著名文学家元好问辑录的一部金代诗歌总集。元好问（1190—1257），字裕之，号遗山，山西修容（今忻州）人，先祖是北魏皇室鲜卑族拓跋氏，在孝文帝汉化改革时改姓元。元好问是金代最有

成就的诗人和史学家，是宋金对峙时期北方文学的盟主。元好问以“中州”名集，有缅怀故国之意。“中州”指金朝都城汴梁（今开封）周围地区。古时因其位于九州中心，故有中州之称。金源立国后，这里成为政治、经济和文化中心，时人常以中州人物之盛引以为豪。金亡后，“中州”一词在遗老中渐渐成为一个文化概念，即文化正统观念。平水曹氏刻本卷首元好问自序题曰“中州鼓吹翰苑英华序”以及目录题为“翰苑英华中州集总目”就表达了这种情绪。在我国总集编纂史上，《中州集》首先将选诗、评诗和作者传记相结合，具有开创之功，在学术上的地位和意义是巨大和深远的。后世许多总集都效仿这种编纂体例。清代永瑢等撰《四库全书简明目录》卷 19《集部八・总集类》谓：“以金一代诗，分为十卷。大旨以诗存史，故姓名之下各列小传，往往旁及其佚事，多足以资考证。所录诸诗，亦多格力遒健，在宋末《江湖集》上。”《中州集》的文学价值在选诗，而史学价值在作者小传。此外，书中还记载了金代政治、战争、外交、科举、官制和经济等史料，是研究金史的重要资料。

元刊本卷前元好问说此书编纂始于癸巳，即金哀宗天兴二年（1233）。此时，元好问留滞聊城，闭门不出，为保存一代文献，防止仅存之诗因兵火湮灭无闻，乃记忆前辈及交游诸人之作，随即录之。恰巧，商孟卿携魏道明编、商衡增补的《国朝百家诗略》抄本前来，于是元好问将自己辑录的内容与《国朝百家诗略》合为一编，题为《中州集》，从中可见其借诗存史的编撰目的。卷末有元代张德辉后序："元遗山先生北渡后，网罗遗逸，首以纂集为事，历二十寒暑，仅成卷帙。思欲广为流布，而力有所不足，第束置高阁而已。己酉秋，得真定提学龙山赵侯国宝资籍之，始锓木以传。"可知元好问于蒙古海迷失后元年，借助赵国宝资助刻印。张德辉此序作于刻印后的第二年，即庚戌年（1250），据此可以推断，刻印已大致完成。此版首次刻印本今已不传。现在仍能见到的是此版的重印本，即乙卯新刊本及至大递修本。

首题"乙卯新刊"的《中州集》版本，仅见于日本翻印本。乙卯，蒙古宪宗五年（1255），在初版雕成5年之后。第一种是日本宫内厅书陵部藏本，卷首元好问《中州集引》，次为"乙卯新刊中州集总目"，附《中州乐府》1卷，四周双边，双鱼尾，半叶15行，行28字。第二种是杨守敬《日本访书志》卷13《中州集》所载："日本五山板，永正年间刊。首元好问自序，次张德辉序。目录题'乙卯新刊中州集总目'，卷首题'中州甲集第一'。每卷有总目，总目后低二字分目，有黑盖子，每半叶十五行，行二十八字。据张德辉序，此为《中州集》之初刊本，小字密行，字体有北宋遗意。汲古刊本虽佳，然非其原式也。"第三种是傅增湘藏五山版翻刻本。傅增湘《藏园群书题记》卷19《题元刊本中州集》载："余别藏有日本五山版翻刻本，其首题正为'乙卯新刊'四字，是此书初刻当为'乙卯新刊'，义门所校本亦如是。其后板归坊肆，重印行世，特改题此名，以耸人耳目，冀广流布耳。""日本五山翻元本，十五行，二十八字。目录题‘乙卯新刊中州集’，是此集初行时书名。检余藏曹氏进德斋递修本，其卷首序、总目前书名所冠‘鼓吹翰苑英华’‘翰苑英华’等字，字形微异，行气亦不连贯，显系书经修版时改易所致，原名当作‘乙卯新刊’。乙卯为蒙古宪宗五年，当南宋理宗宝祐三年。”[①] 五山版翻刻本现藏中国国家图书馆。

元至大三年平水曹氏进德斋刻递修本，卷末有“至大庚戌良月平水进德斋刊”牌记。大庚戌良，即至大三年十月，为此本的具体印刷时间。此本所用书板并非进德斋另刻，而是“乙卯新刊”书版归于曹氏，曹氏据以重印行世。其与“乙卯新刊”本的不同在于书的题名。卷首元好问自序，题曰“中州鼓吹翰苑英华序”，目录题曰“翰苑英华中州集总目”。傅增湘《藏园群书题记》卷19《题元刊本中州集》载：“卷首遗山自序，其前题曰‘中州鼓吹翰苑英华序’，此叶通十六行，次为总目，题曰‘翰苑英华中州集总目’。此首叶标题‘鼓吹’六字，次叶‘翰苑英华’四字，字体既异，行气亦不联贯，显为后人所加。”（清）张金吾《爱日精庐藏书志》卷35《中州集十卷》也说：“《中州集》十卷，元至大刊本。金元好问编，总目题‘翰苑英华中州集’，‘翰苑英华’四字似是后来改题，痕迹显然。自序又题‘中州鼓吹翰苑英华’六字亦似刓改，未知原书作何标题，俟续考。”此两题名中“中州鼓吹”与“翰苑

① 张静：《〈中州集〉版本及流传考述》，《江苏大学学报》2013年第6期。

英华”诸字，字体风格与题名中的其他字略有不同，当为后人补刻。（见图 84）

元至大三年平水曹氏进德斋刻本现知存世 4 部。其一，中国国家图书馆藏《中州集》10 卷附《中州乐府》（《中州乐府》配影元抄本）1 卷，收入第一批国家珍贵古籍名录（名录编号：01229），匡高 20.6 厘米，宽 13.3 厘米，半叶 15 行，行 28 字，白口，四周双边，钤有“传是楼”“徐印乾学”“健菴收藏图书”“茂苑香生蒋凤藻秦汉十印斋秘箧图书”等印，有傅增湘跋。（见图 85）据傅增湘《藏园群书题记》卷 19《题元刊本中州集》所载：“此本卷帙特为完具，余得之缪艺风前辈，艺风得之蒋香生凤藻家。世传毛斧季在都下得蒙古刊本，为东海司寇豪夺以去，今验卷中钤印及书箧篆刻，知此本即斧季所收，健庵所夺者也。”可知此本最初是毛晋之子毛扆（1640—1713）从京城求得，但被徐乾学（1631—1694）豪夺而去，后归蒋凤藻（1845—1908），又归缪荃孙（1844—1919），民国时归傅增湘（1872—1949）所有。傅增湘又说：“此本原缺《中州乐府》，余据五山本影摹补入”。

其二，上海图书馆藏本存前 8 卷，收入第二批国家珍贵古籍名录（名录编号：03184），匡高 19.6 厘米，宽 12.5 厘米，半叶 15 行，行 28 字，白口，四周双边，钤有“朱象玄甫”（朱大韶，字象玄）等印，有王起泰跋。（见图 86）

其三，中国国家图书馆藏《中州集》残本 4 卷（卷 3 至卷 6）（见图 87）。北京图书馆编《中国版刻图录》（第 1 册）载此

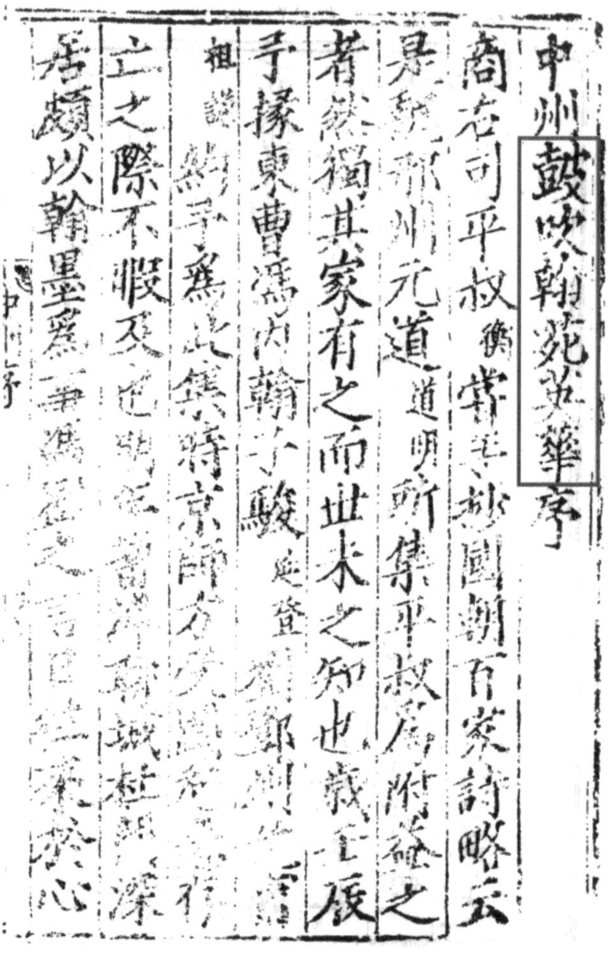
中州鼓吹翰苑英華序
商右司平叔衡嘗手抄國朝百家詩略云
是魏邢州元道道明所集平叔爲附益之
者然獨其家有之而世未之知也歲壬辰
予掾東曹馮内翰子駿延登劉鄧州光甫
祖謙約予爲此集時京師方受圍危急存
亡之際不暇及也明年留滯聊城杜門深
居頗以翰墨爲事馮劉之言日往來於心
中州序

图 84　元至大本《中州集》修改痕迹之一①

① 引自瞿启甲编:《铁琴铜剑楼书影》，北京图书馆出版社，2003 年，第 829 页。

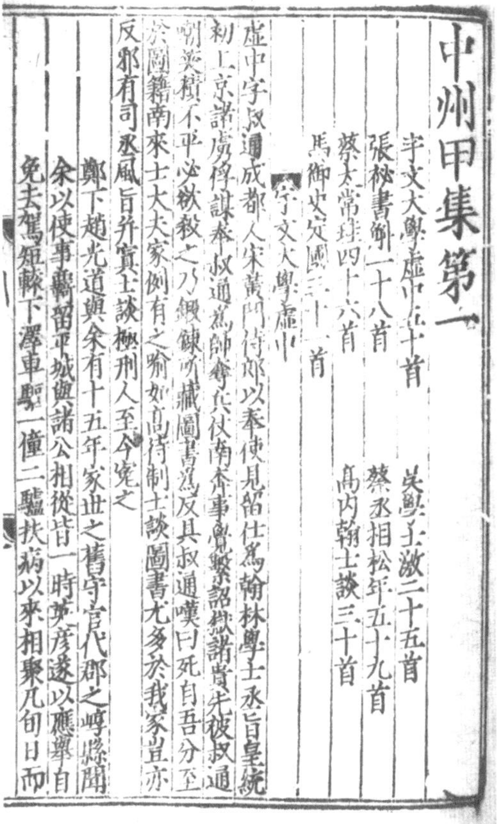
中州甲集第一
宇文大學虛中五十首　吳學士激二十五首
張秘書斛一十八首　蔡丞相松年五十九首
蔡太常珪四十六首　高內翰士談三十首
馬御史定國三十一首
宇文大學虛中
虛中字叔通成都人宋黃門侍郎以奉使見留仕爲翰林學士承旨皇統
初上京諸虜俘謀奉叔通爲帥奪兵仗南奔事覺繫詔獄諸貴先被叔通
制者積不平必欲殺之乃鍛鍊所藏圖書爲反具叔通嘆曰死自吾分至
於圖籍南來士大夫家例有之喻如高待制士談圖書尤多於我家豈亦
反邪有司承風旨并寘士談極刑人至今冤之
鄭下趙光道與余有十五年家世之舊守官代郡之崞縣聞
余以使事羇留平城與諸公相從皆一時英彥遂以應舉自
免去駕短轅下澤車驅一僮二驢扶病以來相聚几旬日而

图 85 《中州甲集》第一[①]

① 引自中国国家图书馆 · 中国国家古籍保护中心编:《第一批国家珍贵古籍名录图录》(第 5 册)，国家图书馆出版社，2008 年，第 68 页。

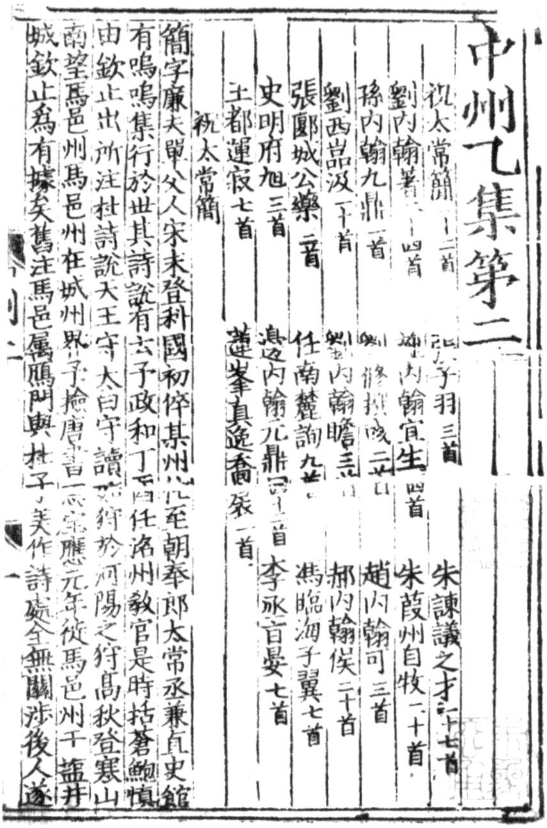

中州乙集第二

祝太常簡 十二首　張[illegible]子羽 三首　朱諫議之才 二十七首
劉内翰著 十四首　施内翰宜生 四首　朱葭州自牧 二十首
孫内翰九鼎 一首　劉修撰[illegible]　趙内翰可 三首
劉西嵓汲 十首　[illegible]内翰瞻 [illegible]　郝内翰俁 二十首
張鄭城公藥 二首　任南麓詢 九首　馮臨海子翼 七首
史明府旭 三首　鄧内翰元鼎 [illegible]首　李承旨晏 七首
王都運寂 七首　蓮峯真逸[illegible] 一首

祝太常簡

簡字廉夫單父人宋末登科國初倅某州以[illegible]至朝奉郎太常丞兼直史館有鳴鳴集行於世其詩說有云予政和丁酉任洛州教官是時括蒼鮑慎由欽止出所注杜詩說天王守太白守讀[illegible]狩於河陽之狩高秋登寒山南望馬邑州馬邑州在城州界予撿唐書[illegible]應元年從馬邑州于[illegible]井城欽止爲有據矣舊注馬邑屬鴈門與杜子美作詩處全無關涉後人遂

图 86 《中州乙集》第二[①]

① 引自中国国家图书馆·中国国家古籍保护中心编:《第二批国家珍贵古籍名录图录》(第 3 册)，国家图书馆出版社，2010 年，第 288 页。

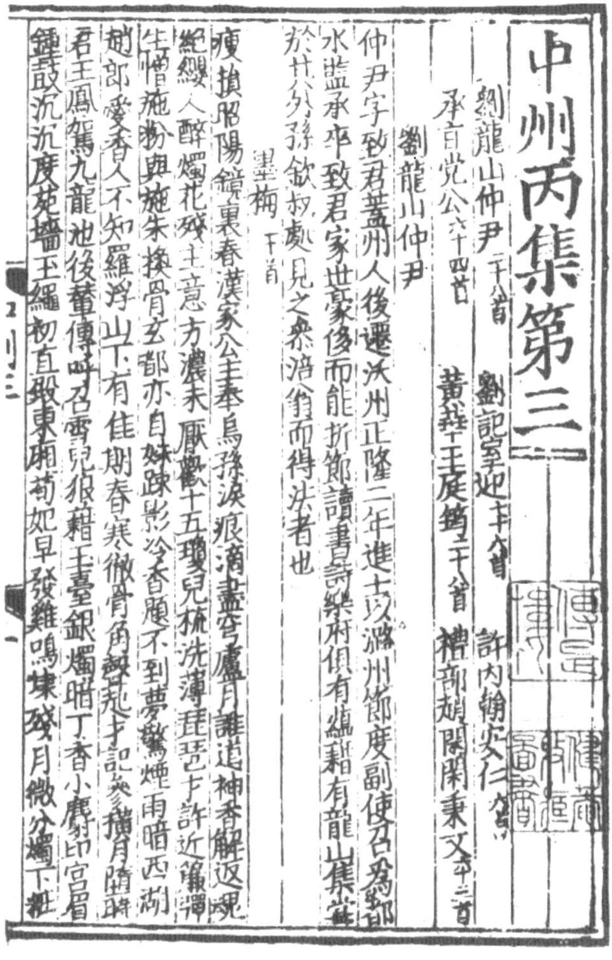

图 87 《中州丙集》第三[①]

① 引自北京图书馆编:《中国版刻图录》(第 4 册),文物出版社,1961 年,图版 270。

本“匡高十九·四厘米，广一二·四厘米。十五行，行二十八字。白口，四周双边。原附中州乐府一卷，此本脱。乐府卷后有至大庚戌良月平水进德斋刊牌记。进德斋曹氏，大德三年刻尔雅注，因知此书当亦曹氏坊刻本。明末毛氏汲古阁校刻列朝诗集、确庵文稿，行款版式悉遵此书。近年董氏诵芬室刻本，即据此本影刻”。由墨图木记“至大庚戌良月平水进德斋刊”，可知具体刊印时间为至大三年十月。在中国国家图书馆“中华古籍资源库”中能看到全文影像，善本书号：A01809。

其四，中国国家图书馆藏《中州集》10卷，有黄丕烈跋，原为瞿镛铁琴铜剑楼藏书。（清）瞿镛《铁琴铜剑楼藏书目录》卷23载：“《中州集》十卷，元刊本。金元好问撰并序。是书初刻有龙山赵国宝本，为至大庚戌武宗三年也。此本为仁宗延祐二年再刻，汲古毛氏所刻《列朝诗集》行款依此式也。卷末有荛圃跋。卷首有云间顾氏君澹阅藏二朱记。”瞿启甲编《铁琴铜剑楼书影》之《集部·元本书影》收有此本《中州集》诸多书影。

有的研究认为元至大三年平水曹氏进德斋刻递修本《中州集》曾经过删削，已非原貌。现存《永乐大典》中引用《中州集》近百条之多，就保存了包括进德斋刻递修本《中州集》在内的现存《中州集》诸版本失载的部分诗人作品，例如《永乐大典》卷2809梅字韵引《中州集》房灏《王鼎玉索赋萼绿梅》：“一株香雪冠溪南，万紫千红总觉渐。只为平生太清绝，白头才得着青衫。”房灏及其诗失载于现存各版本《中州集》。

房灏即房皞，字希白，号白云子，平阳人。贞祐（1213—1217）时，避乱南下宋地，漂泊荆楚，后北归隐于乡，为河汾诸老之一，著有《白云集》。再如，《永乐大典》保存了被《中州集》删去的部分诗作，如卷20354夕字韵引《中州集》朱弁诗《元夕厅设醮》："春容先督府，月色满江城。灯赏无仙梦，斋居绝市声。两年忧旱虐，八郡望秋成。凭藉刚风力，青章达九清。"又《元夕》："立马行歌隘市门，卖薪携子出前村。声翻保界金鳌动，光夺琼楼玉兔昏。守舍呻吟宜老病，通宵奔走付儿孙。潘郎岂是无情思，点检霜髭愧绿尊。"朱弁（1085—1144），字少章，号观如居士，徽州婺源（今属江西）人，奉使金国而羁留16年。现存各版本《中州集》收"朱奉使弁"39首，但没见以上两首。综上所述，包括进德斋刻递修本在内的现存《中州集》诸版本之外，应有一个更为完整的版本存在，为《永乐大典》所引用，应是元好问生前编定刊印的。后来，平水曹氏书商或许鉴于《中州集》选诗不拘一格，芜杂冗长，成为继续刊印流通的障碍，影响其盈利目的，于是一部分诗人被汰除，一部分诗作被删去，甚至漏掉一些不该漏掉的内容，发生张冠李戴之类的问题。新版改编者自以为是，却辜负了元好问以诗存史的良苦用心。

参考文献：

瞿启甲编：《铁琴铜剑楼书影》，北京图书馆出版社，2003年。

薛瑞兆:《〈中州集〉考补》,《文献》2007 年第 2 期。
张静:《〈中州集〉版本及流传考述》,《江苏大学学报》2013 年第 6 期。

10.《二妙集》8 卷，泰定四年（1327）河东段辅刻本

《二妙集》8 卷是金末元初段克己、段成己兄弟诗词合编。段克己（1196—1254），字复之，号遁庵，绛州稷山人，金哀宗正大七年进士，擅长诗词。清代况周颐《蕙风词话》卷 3《宋金词不同》载“金词清劲能树骨，如萧闲、遁庵是”，把段克己的词作为金词的代表。段成己（1199—1279），字诚之，号菊轩，金正大元年（1224）进士，其诗词文皆长。(清）郭元釪《御订全金诗增补中州集》卷 58《菊轩段成己上》载“祭酒周文懿评其文在班、马（即班固、司马迁）之间。河汾遗老之卓然一门，未有如段氏者也”，对段氏兄弟大加赞誉。由于段氏兄弟早负盛名，“心广而识超，气盛而才雄”，故而金代礼部尚书赵秉文誉之为“二妙”，并题赠“双飞”以名其里。金天兴三年（1234），蒙古兵攻陷开封，段氏兄弟一同隐居龙门山（今山西河津黄河边）。元宪宗四年（1254），段克己死后，段成己徙居晋宁北郭（今临汾），元世祖忽必烈诏征为平阳府儒学提举，坚辞不就。

元泰定四年段克己的孙子段辅汇集段克己、段成己的遗

作为《二妙集》，刻之家塾。此书首载翰林学士吴澄序。清代永瑢等撰《四库全书简明目录》卷19《集部八·总集类》说："吴澄序称其有感于兴亡之会，故陶之达、杜之忧，兼而有之，深能得二人之本志。"卷末有吏部侍郎段辅跋。现藏中国台湾"国家图书馆"的《二妙集》就是元泰定四年河东段氏刻本，匡高21厘米，宽14.1厘米，半叶9行，行16字，版心大黑口，双黑鱼尾，四周双边，有段辅跋，钤有"梅华草堂"朱文方印。1961年，中国台湾刊行的《"国立中央图书馆"金元本图录》著录，并影印卷1首叶书影。中国台湾"国家图书馆"网站"古籍与特藏文献资源"中可进行影像浏览。

后　记

在本书即将付梓之际，回望金元时期现存平水刻本，不禁感慨万千。这一承载着中华文明智慧结晶的珍贵文化遗产，不仅见证了古代雕版印刷技术的高峰，更与山西这片文化沃土息息相关。在此，谨以寥寥数语，为本书作结，亦为山西文化的传承与自信添一笔注脚。

众所周知，山西是中华文明的重要发祥地，从尧舜故里到晋商传奇，从云冈石窟到平遥古城，文化遗存灿若星河。现如今分藏各地的金元时期平水刻本，也是山西文化遗存不可分割的重要组成部分。金元时期的平阳（今山西临汾），作为北方雕版印刷的中心，孕育了平水刻本这一文化瑰宝。其精湛的刻工技艺、严谨的校勘体系，不仅是山西文化基因的具象化表达，更奠定了山西在中国印刷史上的重要地位。其刻书家、藏书家，不仅推动了典籍的广泛传播，更是文化生态的构建者、文化命脉的维系者。书写历史，是为了照亮未来。平水刻本的介绍不仅是对过去的追溯，更是对未来的启迪。我们期待，通过本书的出版，以平水刻本为钥匙开启重新审视山西文化贡献的窗口，唤起更多人对山西文化的关注与热爱。让古籍“说话”，让传统“新生”，既是学术使命，亦是时代责任。愿每一位读者都能从中感受到山西文化的厚重与活力，共同守护这份跨越千年的文明之光。

本书的编著除了自己的心得之外，也参考了很多在参考文献中提到乃至没有提到的众多学者的成果，在此谨对各位学者表示感谢！需要说明的一点是，由于版权缘故，诸如内部准印图书、自印无版权图书乃至网络中的图片、文字等内容均不能在书中出现，所以诸如刘振中《平阳版刻图说》之类的书在本书中没有具体引用，但实际上多有参考。

感谢山西省互联网+与旅游产业升级协同创新中心的出版资助，感谢责任编辑冯淑华女士的认真编辑，感谢我的研究生高聪聪的认真校对。

文物
實證
山西

文｜物｜实｜证｜山｜西

车效梅 主编

霸业重现

文物见证晋国

谢耀亭◎编著

商務印書館
创于1897 The Commercial Press

图书在版编目（CIP）数据

霸业重现：文物见证晋国 / 谢耀亭编著. -- 北京：商务印书馆，2025. --（文物实证山西 / 车效梅主编）.

ISBN 978-7-100-25124-2

Ⅰ. K872.25

中国国家版本馆 CIP 数据核字第 2025GR7552 号

文物实证山西·第一辑

（全5册）

车效梅 主编

商 务 印 书 馆 出 版
（北京王府井大街36号 邮政编码100710）
商 务 印 书 馆 发 行
北京顶佳世纪印刷有限公司印刷
ISBN 978-7-100-25124-2

2025年8月第1版　　开本 889×1194 1/32
2025年8月北京第1次印刷　　印张 43 3/8

定价：298.00元

《文物实证山西》为山西省“1331 工程”山西省互联网＋与旅游产业升级协同创新中心、山西师范大学历史与旅游文化学院系列成果。

本书为教育部人文社会科学研究项目“出土文献与晋国史研究”（20YJC770032）成果，山西省互联网＋与旅游产业升级协同创新中心项目“晋国文物调查与研究”（HLWLY2020004）成果。

总　序

自古以来，山西地区在中华文明的发展进程中都发挥着重要作用。在旧石器时代，山西就是中国原始人类繁衍生息的主要聚居地，也是中华文明的发祥地之一。新石器时代中晚期，在山西地区发现的大量遗存，尤其是襄汾陶寺遗址、绛县周家庄遗址表明当地已经进入了文明社会；而尧都平阳、舜都蒲坂和禹都安邑的传说，更暗示了从尧舜时期到夏朝初年，山西南部都是当时华北地区的政治经济文化重心。夏朝和山西的关系更加密切，先秦文献就经常将今天的山西南部称为“夏”或“夏墟”，考古发现的夏县东下冯文化遗址被认为是二里头文化的一个重要地方分支类型。现在学术界大多把二里头文化当作探索夏文化的主体考古文化。

两周时期，周王朝在山西地区分封了众多诸侯国。除了见于文献的晋、虞、霍、杨、韩、魏、荀、贾、董、黎等外，还有近年来考古发现的倗国与霸国等。晋国在春秋时期建立了一个半世纪的霸业，影响了整个中国古代历史的走向。今天山西简称为“晋”，也正是源自于此。战国时期，晋国分为韩、赵、魏三国，都是当时名列七雄的大国，号称“三晋”。三晋的都城最初都在山西，赵都晋阳在今太原市晋源区，韩都平阳在今

临汾市尧都区，魏都安邑在今运城市夏县北。

秦朝一统天下后的两千年间，山西地区多次在全国扮演着举足轻重的角色。西晋末年，匈奴首领刘渊建立的汉政权就起兵于离石，后迁都于平阳（今临汾地区）。南北朝时期北魏前期定都于平城（今大同地区）。东魏北齐又以晋阳（今太原地区）为重要的政治中心。唐朝的建立缘起于晋阳起兵，因此太原号称“北都”，地位仅次于长安与洛阳。五代十国时期，后唐、后晋、后汉三个朝代都是以太原为根据地夺取黄河流域的大部分而建立的，十国中唯一的北方政权北汉也是以晋阳为都。宋代以后，山西在全国经济文化领域占有重要的地位。金元时期，平阳的印刷业兴盛，山西的戏剧事业也很繁荣。明清两代，山西商业得到了更进一步的发展，对全国的经济发展产生了很大的影响。

深厚的历史底蕴造就了山西独具魅力的文化。而文物是历史的见证者，是文化的活化石。幸运的是，山西的文物资源上至远古下及近现代都极为丰富。在旧石器时代，这里有我国乃至东亚地区首次发现的早更新世初期的人类文化遗存——西侯度遗址，这里有第一个由中国人自己发现、发掘和研究的旧石器时代考古遗址——丁村遗址。在新石器时代，这里有在黄河流域乃至全国同时期的城址中最大的一座龙山时代城址——陶寺古城。这里有迄今发现的西周时期规模最大、陪祀车辆最多的车马坑——晋侯墓地车马坑，其中还有迄今发现西周等级最高的玉器。在这里现存的一千多座大小不等的寺观建筑和地上

遗址中，保存了数以千计的寺观壁画。这里有名列“中国四大古代官衙”的霍州署，以及众多古代的衙署遗址。这里有金元时期北方雕版印刷的中心——平阳，以及珍贵的刻本与版画。这里有明清时期从临汾地区走出，西进陕甘宁，东抵冀鲁豫，南下江淮，北上京城、内蒙古的商人群体——平阳商帮，以及他们留下的商业文物。明清山西民居作为中国传统建筑的瑰宝，布局遵宗法礼制，彰显着晋商财力与儒家文化。作为历史的见证与文化的载体，这些共同构成了山西丰富的文物谱系。

文物是历史文化的根脉，是老祖宗留给我们的宝贵遗产。通过这些珍贵的山西文物讲好中国故事，所有三晋学人责无旁贷。所以我们通过山西省互联网 + 与旅游产业升级协同创新中心这个平台，召集了山西师范大学历史与旅游文化学院的多名教师，合力编著了这套书，以文物来见证历史，希望能在传承历史文化，维系民族精神上尽我们的绵薄之力。

目　录

第一章　蓦然回首：寻踪晋都新田

晋国考古，得从侯马说起。侯马东周陶片的发现，拉开了寻找晋都新田的序幕。晋景公迁都新田，史有确载，但新田在何处，历来有不同说法。随着侯马考古工作的开展，晋国最后一个都城新田被确认，这也是目前唯一一个确定确切位置的晋国都城。

第一节　迁都新田

公元前597年，晋楚两国为争夺郑国而爆发的邲之战，最终以晋国的失败而告终。战争的失败，对晋国产生了一系列影响：国外，霸业出现危机；国内，卿族斗争激烈，公室与卿族的矛盾加剧。内忧外患的交集，让时任国君晋景公不断谋求晋国的崛起之路，为此进行了军制改革、联吴抗楚，以及迁都新田等重要措施。

一、因何迁都?

曲沃代翼后，晋献公曾命士蔿主持扩建绛都，《左传·庄公二十六年》："春，晋士蔿为大司空。夏，士蔿城绛，以深其宫。"[1]献公为何要扩建都城？这得从周代都城建制说起。《左传·隐公元年》："先王之制：大都，不过参国之一；中，五之一；小，九之一。"[2]依据礼制，一国之内，都城最大，其他城邑也依制而筑，但皆不得大过国都。曲沃桓叔受封时，"曲沃邑大于翼"，便被时人认为是灾难的开始。在礼制时代，都邑的大小，不仅是等级的外在体现，也是出于政权安全的考虑，更是礼制有序的表现。礼制的混乱，必将引起连锁反应，是以晋国大夫认为桓叔受封曲沃，晋乱开启。也正是基于此，献公即位后，随即扩建绛都，从规制上压制曲沃，同时将曲沃定为宗庙所在之地，不再分封，以此避免"曲沃代翼"的再次发生。

经过扩建的绛都，又历经惠公、文公、襄公、灵公、成公诸君的经营，为何景公生出迁都之心？

首先，晋国在邲之战中的失败，直接导致了霸业危机的出现。大国之间不轻易发动战争，皆因后果不堪承受。晋国的失败，直接导致中原诸侯国对晋国的背离，甚至晋国最忠实的盟友宋国，也脱晋归楚。一直不安于臣服晋国的齐国，趁机心生脱离晋主同盟之念，遂有公元前 589 年鞍之战的爆发。鞍之战最终以晋国的胜利而告终，齐国脱离晋盟的努力也宣告破灭。

---

① 杨伯峻:《春秋左传注》，中华书局，1990 年，第 234 页。

② 同上书，第 11 页。

齐国虽败于晋国，但在同年底的“蜀之盟”中，与楚国结盟，晋国的霸业岌岌可危。

邲之战的失败，使晋国不仅遭遇同盟的背叛，就连平时和睦相处的赤狄也趁火打劫。邲之战中，中军佐先縠刚愎自用，指挥失误，造成晋军大败。归国后的先縠害怕晋君降罪，竟投奔赤狄，鼓动赤狄攻打晋国。公元前596年，赤狄攻晋，但以失败告终。晋景公将姐姐嫁给赤狄的潞氏首领潞子婴儿，潞氏执政大臣酆舒刺伤了潞子的眼睛，杀害了其夫人。公元前594年，晋景公派荀林父兴兵伐潞氏，灭之。

秦国在殽之战中，元气大伤，与晋成为仇雠之国。此后，更实行“联楚抗晋”的外交策略，在战略上牵制晋国，使晋国南下有了后顾之忧，霸业充满了危机。

邲之战的失败，使周天子对晋国的态度也发生了变化。鞍之战胜利后，晋景公派上军大夫巩朔“献齐捷于周”。但周定王不予接见，派王室大臣单襄公说明不接见的理由：其一，不应献捷。对于兄弟甥舅之国间的战争，胜方向周天子“告事而已，不献其功”；其二，使臣级别不够。巩朔仅是大夫身份，非天子任命之卿。二者皆属“非礼”，是以天子不见。周天子敢与晋国讲“礼”，无非就是晋国战败，霸业出现危机。回想城濮之战后，晋国召集“践土之盟”，晋文公召周天子参会，周天子如期赴会。周天子对待晋国的态度前后反差巨大，原因在于战争的胜败。

邲之战的失败，使晋国沉陷霸业危机之中，最忠实的盟友背离，齐、秦强国，伺机而动，一向友好的戎狄，也不断挑衅，就连权威丧失的周天子，竟然也同晋国开始讲“礼”。晋国的外部环境，不容乐观。

其次，在晋国内部，卿族与公室、卿族与卿族的矛盾严重。强宗大族势力的发展，已严重威胁到公室的安全。尤其是赵氏一族，在赵盾执政时期有了长足的发展，让晋君对赵氏有所忌惮。晋灵公刺杀赵盾未果，反被赵穿所弑。这无疑对后继晋君产生了不良的心理影响。

晋景公十二年（前 588），晋军在原有三军的基础上，又增加了新的上、中、下三军，形成六军规制。新三军的六卿：韩厥、赵括、巩朔、韩穿、荀骓、赵旃。增设新六卿的原因，是“赏鞌之功也”。其实从人员来看，韩厥参加了鞌之战，其余多人并未参战。所以增设新六卿，名为赏功，实为对赵、韩、荀诸大族的笼络与让步。卿族与公室的矛盾，由此可见一斑。

卿族之间的矛盾也十分尖锐。晋景公十三年（前 587），赵婴与其侄媳赵庄姬通奸之事被揭发，为了挽回赵氏颜面，赵同、赵括将其弟赵婴放逐齐国。赵婴警告二人：“我在，故栾氏不作。我亡，吾二昆其忧哉！且人各有能、有不能，舍我何害？”[①]但赵氏兄弟并未听从。由赵婴所言可知，在当时能左右晋国政局的赵氏和栾氏，矛盾尖锐，势不两立。晋国卿族之间

---

① 杨伯峻：《春秋左传注》，中华书局，1990 年，第 821 页。

的斗争，愈演愈烈。

再次，发生天灾，梁山崩塌。晋景公十四年（前586），梁山崩，“雍河三日不流”。梁山（今陕西韩城县南），是晋国举行望祭之依托。望，祭名，望而祭之，是古代君王祭祀日月、山川、星辰的祭祀活动。梁山的崩塌，让人不禁想到西周末年的“三川皆震”。《国语·周语上》：“幽王二年，西周三川皆震。”地震本为自然灾害，但在早期先民的认知里，地震不仅仅是自然灾害，更与人世间之事息息相关。大地震发生后，周太史伯阳父便直言：“周将亡矣！”古人认为地震是阴阳失调的表现，“阳伏而不能出，阴迫而不能烝，于是有地震。”[①]阴阳失序，更被古人认为是上天对人世间治理的一种警示和征兆。镐京残破、犬戎侵袭、三川皆震，这样的现实，需要周人进行积极的改变，以顺天时、以固周邦、以得民心。周人的应对改变之一，便是迁都。梁山的崩塌，也让晋人颇感忧心。

晋国君臣面对内忧外患的困境，加之梁山的崩坏，遂决定迁都，以期扭转不利局面。

二、缘何新田？

迁都，以开新局，为晋国君臣的共识。但迁往何处？却有不同的意见，《左传·成公六年》云：

---

① 徐元诰：《国语集解》，中华书局，2002年，第26页。

> 晋人谋去故绛，诸大夫皆曰：“必居郇、瑕氏之地，沃饶而近盬，国利君乐，不可失也。”韩献子将中军，且为仆大夫。公揖而入，献子从。公立于寝庭，谓献子曰：“何如？”对曰：“不可！郇、瑕氏土薄水浅，其恶易觏。易觏则民愁，民愁则垫隘，于是乎有沉溺重膇之疾。不如新田，土厚水深，居之不疾，有汾、浍以流其恶，且民从教，十世之利也。夫山、泽、林、盬，国之宝也。国饶，则民骄佚。近宝，公室乃贫，不可谓乐。”公说，从之。夏四月丁丑，晋迁于新田。[①]

公元前585年，晋国迁都新田，都城名未变，依旧称新田为绛。为与旧都区别，称故都绛为故绛。迁建新都，众大夫都认为，郇、瑕氏之地乃最理想的新都迁建之所。郇，古国名。瑕，故郇国地。两地俱在今山西省临猗县西南、盐池西北。黄河临其左，涑水在其南，土平且可灌溉，又紧临河东盐池。但众大夫的心声，并未得到景公的认同。景公就众大夫迁都意见问时为新中军将兼仆大夫的韩厥，韩厥给出了否定的意见。理由有二：其一，郇、瑕氏之地，水在地下浅，凿数尺辄得泉，即“土薄水浅”之谓。因其水浅，故垢秽易见。目常见垢秽，则心愀然不乐。心常愀然不乐，则气体自然羸惫困顿。目觏而心愁，是以体羸。因此，易患足肿风湿之病。就此而言，不如

① 杨伯峻：《春秋左传注》，中华书局，1990年，第827—829页。

新田。新田处于汾、浍交汇三角地带，土厚水深，因其高燥，故而不易患疾。汾水流经其西北，浍水过其南而注入汾水。汾浍之水，流其垢秽，其地罕见灾患，民俗质朴，质朴则从教。此为“十世之利”。其二，山泽林盐，乃国之宝也。财物易致，民则骄侈。国都近宝，民皆弃本逐末，废农为商。富者愈富，骄侈难治。贫者愈贫，饥寒犯法。贫者无财以供官，富者不可以倍税，赋税少则公室贫。公室贫，君何可乐？

韩厥的理由，深深打动了景公，遂决定放弃郇、瑕氏之地，迁都新田。史料所见，仅此一条材料。从韩厥的理由来

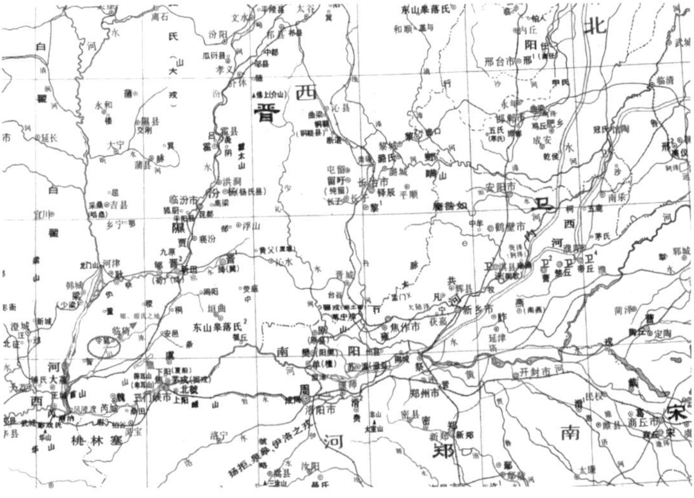

图 1-1　郇、瑕氏之地[①]

① 谭其骧:《中国历史地图集》(第一册)，中国地图出版社，1982 年，第 22—23 页。

看，晋国决定迁都新田，无非是因其“土厚水深”“汾浍流其恶”，但事实果真如此吗？如果结合当时天下格局，以及郇、瑕氏之地与新田的地理位置来看，除上述原因外，恐应有其他深层原因。

决定迁都，以扭转国内外的不利局面，是晋国君臣上下一致的意见。就当时的天下格局而言，晋国在邲之战中失败，直接导致其霸业出现危机——诸侯观望，私交于楚。晋国不仅要面对强楚的随时来犯，更要提防着西秦、东齐的觊觎。要知道，霸主，是春秋每个国君永恒的梦想。齐国，虽表面臣服于晋国的军威之下，但其内心的躁动，从未消停，只要一有机会便伺机崛起，重建霸权。公元前589年齐晋鞍之战的爆发，便是明证。

秦国，早在公元前627年殽之战发生后，便公开与晋国决裂，联楚抗晋。秦晋战争不断，“秦晋之好”不复存在。秦军多次东渡黄河，侵犯晋国，如令狐（今山西省临猗县西）之战、羁马（今山西省永济市南）之战、王官（今山西省闻喜县西南）之战等。

秦军自河曲（蒲津渡）东渡黄河，进入晋国，是常见路线。古本《竹书纪年》载：“（晋惠公）十五年，秦穆公帅师送公子重耳。涉自河曲，围令狐、桑泉（今山西省临猗县西南）、臼衰（今山西省临猗县西南），皆降于秦师。狐毛与先轸御秦，至于庐柳（今山西省临猗县北），乃谓秦穆公使公子絷来与师言，退舍，次于郇（今山西省临猗县西南），盟于军。”[①]《左传·僖公二十四年》也记载了重耳返国的路线：“（重耳等）及河，子犯以璧授公子……公子曰：‘所不与舅氏同心者，有如白水！’投其璧于河。济河，围令狐，入桑泉，取臼衰。二月甲午，晋师军于庐柳。”[②]重耳在外流亡十九年，最后由秦国护送复国，便由此入晋。

由河曲渡河，沿涑水而上，是秦国入侵晋国最主要的线路之一，是以秦晋多次战争，皆发生在涑水河流域。《左传·成公十三年》云：“我是以令狐之役，康犹不悛，入我河曲，伐我涑川（今山西省永济市东北），俘我王官，翦我羁马，我是以有河曲之战。”[③]令狐之战、河曲之役、王官之战，皆是秦人渡过黄河后，沿涑水而上。

秦晋在涑水流域多次交锋，表明涑水流域是战事频发之地，而处于涑水下游的郇、瑕氏之地，更是秦军渡河后与晋交战的前沿之地，这样的地理位置，显然不适合作为国都所在之地。众大夫皆以郇、瑕氏之地近盐池，利于国富，而没有考虑其处于战略前沿之所的危险性，这也是景公没有听从多数人的意见，而是接受了韩厥迁都新田这一建议最根本的原因。

---

① 范祥雍：《古本竹书纪年辑校订补》，上海古籍出版社，2011年，第48页。

② 杨伯峻：《春秋左传注》，中华书局，1990年，第412—413页。

③ 同上书，第863页。

第二节　新田何在

晋景公迁都新田，史有确载。新田在何处？历史上却有不同的说法，主要集中在凤城古城与侯马驿之间。

一、凤城古城

《左传·成公六年》载“不如新田”，杜预注：“今平阳绛邑县是。”[①] 北魏郦道元《水经·浍水注》：“西过其（绛县）县南，《春秋》成公六年，晋景公谋去故绛，欲居郇、瑕。韩献子曰：土薄水浅，不如新田，有汾、浍以流其恶。遂居新田。又谓之绛，即绛阳也，盖在绛、浍之阳……又西南过虒祁宫南，宫在新田，绛县故城西四十里，晋平公之所构也。”[②] 杜预、郦道元所谓之“新田”，皆指今曲沃县西南凤城古城。

杜预为《左传》所作之注，在古代极具影响力与权威性。郦道元的《水经注》为地理方面权威著作。两人的学识及作品，得到历代学人的肯定，影响极广，是以他们的说法，成为古代主流的说法。此后舆地方面的著作，大多秉承其说，如唐

① 杨伯峻：《春秋左传注》，中华书局，1990 年，第 828 页。

② （北魏）郦道元著，陈桥驿、叶光庭、叶扬译注：《水经注全译》，贵州人民出版社，1996 年，第 210—211 页。

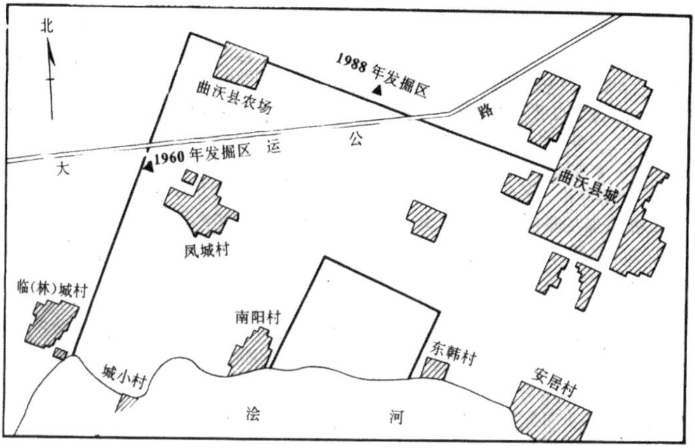

图 1-2　凤城古城平面图

代李泰主编的《括地志》、李吉甫的《元和郡县图志》、宋代乐史的《太平寰宇记》、明末清初顾炎武的《肇域志》等，皆认为凤城古城为晋之新田所在。

《大明一统志》卷二十“平阳府”古迹部“王官城”条云：“在曲沃县西南二里，《左传》晋人谋去故绛，徙居新田，即此。”① 《大明一统志》以凤城古城为晋都新田。

二、侯马驿

新田为凤城古城的说法极具影响，但遭到乾隆年间曲沃县

① （明）李贤、彭时等纂修：《大明一统志》，台联国风出版社，1977 年，第 1305 页。

令张坊的质疑。张坊任曲沃县令期间，征诸史料、踏诸田野，撰写了著名的《新田征》[①]。《左传》云，新田“有汾、浍流其恶”，而曲沃远离汾水，“乌能流其恶耶”。晋都新田，不在凤城古城，“必也其在今侯马驿之间乎！”

张坊列举了八大理由，以证晋都新田在侯马驿之说。理由一：侯马在汾、浍之交，“土厚水深，背汾面浍，交流其恶”。理由二：侯马距虒祁宫十里，“禾黍高低，为故国离宫”。理由三：侯马距汾水故梁十三里，“水柱参差，为游观津梁”。理由四:《左传》载栾盈之乱时，栾盈入于曲沃。齐国出兵，拟助栾盈，上太行，张武军于荧庭，“平公蒸于曲沃，警守而下，会于溴梁，道里适便”。理由五:《水经注》载，浍水西南过虒祁宫。宫在新田，“其宫地面背二水，西则两川之交会也”。汾水“经绛县故城北，又经虒祁宫北，横水有故梁，盖晋平公之故梁也”。理由六:《晋书》载，绛邑县隶属平阳郡，即汉代绛县治。晋初杜预注《左传》:“新田，今平阳绛邑县是。”理由七:《新唐书》载，绛州，有新田府，设折冲都尉，雄兵镇卫。江王孙李希悦曾驻其地。理由八:“况川原平衍，千里大会，连城接雉，宛然故都。表里山河，依稀霸国。”

张坊紧紧围绕晋都新田“有汾、浍流其恶”进行考论。通过曲沃、侯马距汾河、浍河的距离，以及征诸文献，参考齐国入侵晋国的行军道路、虒祁宫之位置、侯马之地理地势等，力

① 光绪《续修曲沃县志》,《中国地方集成·山西府县志辑》第49册，凤凰出版社，2005年，第316—317页。

图 1-3　张坊犁春图

证晋都新田在侯马。张坊在《新田秋色》诗中言道：

土厚水深，文详《左传》。背汾面浍，注悉桑经。不观侯马之墟，谁识新田之旧。过连城重镇，依然霸国雄风。登绛台虒祁，犹见晋时秋色。

春秋左传文章在，晋国新田天下推。

二百年间垂伯地，十三公尽主盟来。

总由汉疏讹闻喜，致使乡人失绛台。

自我指名侯马是，千年秋色似云开！[①]

① 乾隆《新修曲沃县志》，《中国地方集成·山西府县志辑》第 48 册，凤凰出版社，2005 年，第 369 页。

张坊对自己考证的自信，跃然纸上。比对《左传》，张坊的考证不乏精辟之处，且可与文献相互印证。侯马正处于汾浍二水交汇之三角地带的中心，侯马之西正是汾浍二水交汇处，比曲沃西南二里的凤城古城更为适当。然而，张坊的考证，并未得到学界公认。《大清一统志》"绛邑故城"条云：

> 在曲沃县西南，晋新田地。景公迁都于此，亦谓之新绛。汉置绛县，后汉改为绛邑县，后魏改置曲沃县，移治。《左传》成公六年："晋迁于新田。"《水经注》："晋居新田，又谓之绛，即绛阳也，盖在绛、浍之阳。南对绛山，西背二水。"《括地志》："汉绛县，本晋都新田，在绛州曲沃县南二里，因绛山为名。"《元和志》："汉绛县，在曲沃县南。周勃为绛侯，即其地也，今号绛邑故城。旧《志》：'城南对紫金山，有中城有外城，其南面为浍水冲没，东西北遗址尚存。'"《肇域志》云："此城一名晋城，其地至今产枣，比他产者加重，名晋枣。"①

虽然张坊指出晋都新田在侯马，并条列八大理由，以证其实，但此后的官修志书，仍以凤城古城为新田。晋都新田到底在何处？仅凭文献的考辨，似乎无法达成共识，只有考古实物的发

① （清）穆彰阿、潘锡恩等修：《大清一统志》，上海古籍出版社，2008 年，第 523 页。

现，才能使众说归一。

第三节　东周陶片

地不爱宝，中华人民共和国成立后，考古工作也迎来了新时期。杨富斗先生在《侯马考古工作概况》一文中，介绍了侯马晋国遗址的发现情况。[①]1952 年，山西省文物管理委员会（以下称“山西省文管会”）成立，时任文管会主任的崔斗成先生在去新绛视察文物时，途经侯马西白店村一带，捡到许多东周时期的陶片，引起了大家对侯马地区文物考古的注意。

一、普查侯马

1955 年，新兴的侯马市正在筹建，山西省文管会为配合基建，对侯马进行了二十余天的文物普查工作，在白店、宋郭、汾上、西侯马、虒祁村、东西庄、北西庄等地，发现了比较丰富的东周文化层和文化遗物。

在大范围内发现非常丰富的东周文化遗存，使人们意识到：这是东周时期一处重要遗址。如此重要的遗址，在历史上扮演着什么角色呢？这成为萦绕在所有考古工作者心头的

① 杨富斗：《侯马考古工作概况》，《晋文化研究座谈会纪要》，1985 年，侯马。

图 1-4　侯马铸铜遗址出土陶豆

一个问题。

有的考古工作者结合乾隆年间曲沃县令张坊编修的《续修曲沃县志》以及《左传》等传世文献，意识到：侯马可能就是晋国古都“新田”之所在。但出土材料毕竟有限，确定一个春秋时期的诸侯国都城谈何容易！

大量的遗存，势必引起考古工作者的足够重视。1956 年上半年，以顾铁符先生为首的晋南五县文物普查队，再次对侯马东周遗址进行了更为细致的调查，同时再次指出：这里可能是晋都新田所在！顾铁符撰文指出：“晋南是东周晋国的政治、经济、文化中心，尤其曲沃是东周晋国几度建都的地方，所以周代中晚期的遗址在晋南特别丰富，决不是偶然的事。遗址中最重要的，如侯马西遗址，东西广约四公里，南北宽约二公里，在断面里到处可以见到有文化层和灰坑。陶片、石器、兽骨等文化遗物之丰富，是这次发现的任何遗址都望尘莫及的。更从断面里见到随处是夯土及大量的瓦片、半瓦当、方砖等建筑遗物，说明这里是晋国当时极重要的都市，与晋国屡次在曲沃境内建都的历史记载是分不开的。曲沃城南东、西韩村，亦是一个同时代的遗址，东、西、南三面夯土的城基还存在，遗址地面下陶片及建筑遗物非常丰富，看来是另一个重要都市的遗迹。遗迹遗存之丰富，保存之完整，决非相当时期的临淄、邯郸、郢都……等所可以比拟的，所以是中国古代遗留下来有数古城市遗址之一。”① 此后不久，文化部文物局陈滋德处长、中国科学院考古所林守晋先生于6月份到侯马进行了考察。由于当时资料不足，缺少直接性的证据，对侯马东周遗址是否是晋都新田，仍未能遽下定论，但所有专家认为这是一处重要的、不可忽视的东周遗址。

二、侯马考古工作站

基于侯马东周遗址的重要性，山西省文管会于1956年10月在侯马建立考古工作站，配合侯马基本建设的同时，做好文物保护与进一步考古发掘工作。侯马考古工作站的成立，使得侯马遗址的考古发掘工作迅速展开，并得到中国历史博物

① 顾铁符：《晋南——文物的宝库》，《文物参考资料》1956年第10期。

馆、中国科学院考古所、河南省文物工作队等兄弟单位的大力支持。

侯马考古工作站首先选择了汾上村、西侯马村南与村东南、侯马北堡村北四个地点进行试掘，都发现了较丰富的文化遗存，在西侯马东南发现了10余座烧制陶窑的窑群，以及大量陶片、陶坯、陶制工具。同时，为配合基建，在北西庄南发现房子2座，窑穴3个，出土大量陶片和瓦片，考古工作者初步认为此处可能是一处村落遗址。

1957年上半年，考古工作者配合基建在牛村南进行发掘，发现了铸造货币的作坊遗址，发现了“牛村”、“平望”两座古城及其城内的宫殿台基。在南西庄村东发现40余座祭祀坑，正是由于能代表都城因素的宫殿、货币铸造作坊、祭祀遗址的发现，考古工作者首次发表文章，公开提出“侯马东周遗址即是晋都新田”的观点。

图1-5　平望宫殿台基

1959年，在牛村古城南的发掘中，发现了大量骨料和半成品骨器，出土了大量精美的陶范。骨器作坊与铸铜作坊遗址的发现，使侯马遗址的重要性更为突显。

1960年，侯马基建掀起一个新高潮，考古任务异常艰巨。文化部派谢元璐亲临侯马指导工作。4月15日，文化部文物局、山西省文化局、山西省文管会、侯马市委等各级领导同聚侯马，召开侯马考古发掘工作会议，确定侯马遗址为全国重点发掘单位。

侯马考古工作站专业人员少、技术力量薄弱，文化部组织中国历史博物馆的专家支持侯马考古工作。随着1960年下半年侯马基建迅速展开，考古任务繁重，在文化部的直接组织领导下，中国科学院考古研究所、中国历史博物馆、文化部文博研究所、江西省文管会、河南省文物工作队、山东省文管会等兄弟单位的20余位考古专家，以及山西省洪洞、原平、寿阳、

图1-6　牛村宫殿台基

石楼、侯马等县市的 10 余名考古工作者齐聚侯马、支持侯马。在 10 月 10 日召开的侯马考古发掘委员会扩大会议上，成立了由侯马考古发掘委员会副主任委员张颔为队长，科学院考古所山西考古队队长张彦煌、中国历史博物馆黄景略、侯马工作站站长畅文斋为副队长的侯马考古发掘队，具体组织领导侯马地区的考古发掘工作。10 月 15 日，国务院颁发了《关于加强侯马地区古城址的勘探发掘工作的通知》，为侯马考古工作的开展，营造了极为有利的条件。侯马考古发掘队以探索铸铜手工业情况为目标，以牛村城南 2 号地点为主攻方向，开展了侯马考古发掘的第一次大会战。

三、侯马考古发掘会战

侯马考古发掘第一次大会战，从 1960 年 10 月开始，到 1961 年 6 月 5 日召开侯马考古发掘总结大会为止，历时八个月，发现了面积广阔的铸铜遗址，出土了数以万计的铸铜陶范以及大量与铸铜有关的坩埚、矿渣、鼓风管、范坯、雕刻器等，为研究东周时期的铸造技术及铸造工艺，提供了珍贵的实物资料。

同时，在 1961 年 3 月 4 日的《中华人民共和国国务院关于公布第一批全国重点文物保护名单通知》中，侯马晋国遗址赫然在列，成为第一批全国重点文物保护单位，这是对侯马考古工作的极大鼓舞。

图 1-7　侯马遗址出土的凤纹模、蟠螭纹模

1962 年，侯马考古发掘队集中力量对侯马晋国遗址进行大规模的勘探工作，除对已发现的牛村、平望两座古城进行补充钻探外，又发现了白店、台神、马庄、呈王、北坞五座古城。其中平望、牛村、台神三城大小相差不多，长宽均为 1 公里多，相互套接成一“品”字形，上端的平望古城及东侧的牛村古城，中部都有较高大的夯土台，考古工作者认为是当时的宫殿所在。

1962 年冬至 1963 年秋，侯马的基本建设再掀高潮，考古工作又临严峻形势，在文化部文物局的直接组织领导下，中国科学院考古所、中国历史博物馆、上海市博物馆、天津市文物处、陕西省考古所、江西省文管会、广东省文管会、广州市文管会、福建省文管会、甘肃省文物工作队、河南省文物工作队等兄弟单位的数十名考古工作者再聚侯马，在侯马考古发掘队的领导下，开展了第二次考古发掘大会战。

在第二次考古发掘大会战中，发现了面积约一千平方米的铸铜工作场地，出土大批锛镢类工具范及众多与铸铜生产有关的如坩埚、范泥、铅锭、矿渣等工具与原料，又发现了一处以铸造青铜工具为主的铸铜手工业作坊遗址，直观地呈现了晋国手工业的发达。

1963 年，在牛村古城南发现长方形夯土建筑台基一座，长 15 余米，宽约 10 米，东、西、北三边有夯筑围墙，南边发现祭祀坑 50 余个，此建筑遗址位于牛村古城南 750 米处，考古工作者认为与郊祀有关。

1964 年至 1965 年，考古发掘队又配合牛村古城南 20 号地点的基建进行发掘，发现地下室 11 座及 450 平方米的活动硬面，以及通向牛村古城宽约 3 米多的大路一段。出土大量页岩石料与石圭、石片，发现一处专门制作石简的作坊遗址。

1965 年冬，侯马电厂在秦村北建厂过程中，钻探发现了盟誓遗址，总面积 3800 平方米，发现埋有牛、羊、马等的长方形祭坑 400 余座，经发掘的有 326 座，出土盟书 5000 余片，为研究晋国史难得的一手文字资料，异常珍贵！

图 1-8　铸铜遗址发掘现场

第四节　铁板钉钉

侯马考古工作虽然不断取得突破，但侯马晋国遗址的性质还未确定。随着考古资料的丰富，尤其是侯马铸铜遗址、侯马盟书的发现，学界开始将侯马晋国遗址与晋都新田联系起来思考。

一、晋邦之中

侯马晋国遗址发掘十多年后，张颔先生结合几座古城的发掘情况提出："特别是从古城附近牛村南面和东南地区（其他地区还未发掘）密布着铸造铜器、制造货币、陶器、石器等作坊以及窖、兽坑和高大建筑的夯土台等，构成了一幅繁华的城市平面布局。因之，我们认为侯马东周遗址极有可能即晋国晚期都城新田的遗址。"①

在侯马盟誓遗址发掘后，当张颔先生介绍侯马盟书发现情况时指出，"这批重要文物的发现，证明这里正是'晋邦'的宗庙'上宫'所在。'定宫'一词的出现，也进一步证明侯马

① 张颔：《几年来侯马晋国遗址考古工作的情况和收获》，《学术通讯》1963 年第 2 期。

图 1-9　侯马盟书

东周遗址与晋国晚期都城‘新田’有着密切的关系。”[①]随着张颔先生对盟书内容的研究，更加相信侯马晋国遗址即晋都新田。“从盟誓在侯马这个地方举行，而盟书又明言这里是‘晋邦之地’，说明这一带不只是盟誓所涉及的历史事件的中心，而且还应当是晋国的政治军事要地。这种情况只能限于三家分晋以前。……所以盟书中的史实必须和晋国晚期都城‘新田’的地望（即今天的侯马一带）联系起来……当时的新田，即现

① 张颔:《侯马东周遗址发现晋国朱书文字》,《文物》1966 年第 2 期。

在的侯马地区，也正是盟书文中所说的‘晋邦之地’和‘晋邦之中’。”[①] 此后，张颔先生对“晋邦之中”的考释中，进一步指出：“侯马盟书中的‘晋邦之中’也就是晋之‘邦中’，亦即当时晋国主君的都城所在。那么侯马盟誓遗址这个地方正如前考所说恰相当于公元前五八二年以后晋国的中晚期都城绛——新田的地望。这和侯马盟书中所反映的历史事实《左传·定公十三年》：‘赵鞅入于绛，盟于公宫……’以及《左传·定公十四年》：‘知伯从赵孟盟’有关盟誓的记载是如呼若应非常吻合的。”[②] 这样的认识，得到了学界的认可。

侯马地区的考古发现，不断涌现……

二、达成共识

1969 年下半年，在乔村北 502 厂基建工地，发现战国殉葬墓 30 余座，清理发掘了 15 座。墓葬多有奴隶殉葬，其中 2 号墓殉葬奴隶 18 人。

1972 年夏，在秦村北配合省安装二处基建工程，发现排列规矩的“排葬墓”区一处，计有 900 余座墓葬。发掘清理 40 余座，仰身直肢葬，无随葬器物，个别墓主骨架上有铜箭头或铜戈残尖。

---

① 长甘：《“侯马盟书”丛考》，《文物》1975 年第 5 期。

② 张颔：《侯马盟书丛考续》，《古文字研究》（第一辑），中华书局，1979 年，第 86 页。

1973年冬，侯马考古工作站对上马墓地进行普探，探知墓群面积为50万平方米，发现墓葬近2000座，车马坑3个。出土大批青铜器、陶器和其他遗物。

1979年出版的、由北京大学历史系考古教研室商周组编写的考古专业教学参考书《商周考古》，在第四章第二节“山西侯马晋国都城和盟誓遗址”部分写道：“牛村古城的东墙被战国遗址破坏，可以确定牛村古城不能晚于战国。牛村古城东南郊出土的盟书，明言这里是‘晋邦之地’，说明这一带应该是晋国的政治军事要地，很有可能即《水经注·浍水》所说的

图1-10　上马墓地车马坑

‘绛阳’，也就是晋国晚期的都城‘新田’。”[①]

1979 年，在侯马市西南 15 公里的新绛县西柳泉南坡上，发现一处约 15 平方公里的东周墓群。发现成组的大墓 4 组，每组由一大两小构成，大者居中，小者分列两边。墓上保留有大于墓口、高约 2 米的夯土台，应是“享堂”之类的建筑遗址。根据墓制规模，推断其为晋公陵寝。

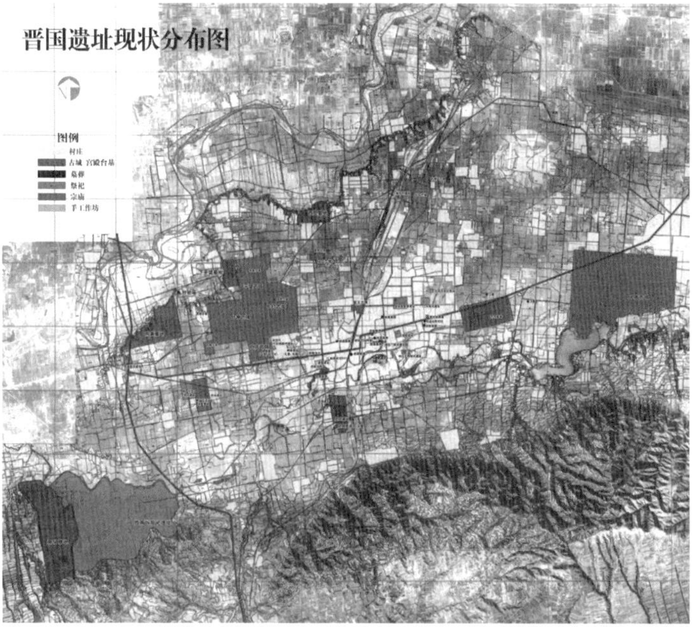

图 1-11　侯马晋国遗址分布图[②]

---

① 北京大学历史系考古教研室商周组编著:《商周考古》，文物出版社，1979 年，第 242—243 页。

② 侯马晋国古都博物馆提供。

晋都新田在侯马，至此，铁板钉钉，再无可疑。晋都新田遗迹众多，“有古城8座：平望、牛村、台神、马庄、北坞、呈王、北郭马、凤城；手工业作坊8处：铸铜、制陶作坊（2处）、制骨（4处）、石圭，还有许多零星的作坊遗迹；祭祀地点11处：北西庄、牛村古城南、秦村西北（侯马盟誓遗址）、煤炭制品厂、省建一公司机运站、呈王路、省地质水文二队、西南张村、虒祁村、晋田热电力公司、西高村；墓地10处：柳泉（新绛西柳泉）、上马、下平望、东高、牛村古城南、乔村、虒祁、秦村、西风景点、南上官。”①

第五节 新田模式

新田在侯马，已被考古实证，遂成为定论。考古调查也发现，新田早在新石器时代便有人类的活动，西阳呈、乔山底、乔村、上马等地皆发现新石器文化遗存。②夏商时期，在汾河左岸的上平望村高台地上发现一处相当于商代早期的二里岗时期遗址。“遗址规模较小，仍然选择近水的高地，这说明，在这个时期，新田大地仍然是隰湿之地，不适合人类居住。商

① 田建文：《晋都新田在侯马》，《山西日报》，2012年6月13日。

② 山西省考古研究所：《襄汾、曲沃、闻喜、侯马三县一市考古调查报告》，《文物季刊》1993年第3期。

代晚期的遗存未曾发现。”[①]“侯马最早的上马墓地，只是可能早到西周中期。就是说侯马从商代晚期到西周中期，400多年间，土地荒芜，绝无人烟。到了距今2900年，晋国人来了，首先要开垦田地。”[②]考古资料显示，晋国迁都新田之前，此处人类活动遗迹较少。

一、何为“新田”

何为“新田”？田建文先生从西周的垦田制度思考，列举《诗经》《毛传》《通释》《说文》等古籍用例，言道：“以上虽有新田为二岁田、三岁田之说，但大多学者认为二岁田说为当。菑田，就是第一年烧杀草木，初始开垦；新田就是去高垫低，平整土地，尽量依地势扩大每块地的面积，成新田后就可耕种；畲田，则是已耕种过的旧田。随着开垦土地的增多，就需要建立新的村落（居民点），它选择地址在一块‘新田’上，依习惯人们用旧称称呼这个新的村落，至少延称到晋迁都时。这便是‘新田’的由来。”[③]

吉琨璋先生也曾对此问题进行过论说：“新田得名之由来，

---

① 吉琨璋:《晋国迁都新田的历史背景和考古学观察》,《文物世界》2005年第1期。

② 田建文:《再看晋都新田》,《炎黄地理》2009年第9期。

③ 田建文:《新田模式——侯马晋国都城遗址研究》,《山西省考古学会论文集》(二),山西人民出版社,1994年,第128页。

在此仅作推测，新田，顾名思义，其意有二,一是新得之田地，二是新开垦之田地。前者多有从疆场上获得之意，而此新田的位置基本处于‘河、汾之东方百里’之腹部，显见非得于疆场，只能归结于第二个含义。那么，又为什么是新开垦的土地呢？或许此地因夹于汾、浍之间，受两河河水泛滥之影响，原本是滩涂之地、隰湿之地。……后因汾、浍之水量下降，渐为高地，成为肥沃荒野，再逐渐开发，成为新田！便以‘新田’名之，是为新田之名的由来。”①

新田缘何得名？田建文、吉琨璋先生的看法值得重视。考古资料表明，商代晚期至西周中期，新田地区人迹罕见，考虑到此地区发现的商代早期遗址，仍处于高台之上，是以新田在商代晚期至西周中期，多为滩涂之地、隰湿之地。东周以来，渐为可开垦土地。因“新田”一词，在周人的垦田制度中已成为专有名词，因此，迁都之“新田”，当于周人垦田制度有关。新田，是二岁田，还是三岁田？历史上也有不同说法，笔者认为三岁田之说法较为允当，此问题段玉裁在《说文解字注》中有详细考辨：

> 畬，二岁治田也。二各本作三，今正。《周易音义》云：“畬，马曰田三岁。《说文》云二岁治田。”此许作二

① 吉琨璋：《晋国迁都新田的历史背景和考古学观察》，《文物世界》2005年第1期。

> 之证。考《释地》曰："一岁曰菑，二岁曰新田，三岁曰畬。"《小雅》《周颂》《毛传》同。马融、孙炎、郭朴皆同。郑注《礼记·坊记》、许造《说文》、虞翻注《易·无妄》，皆云：二岁曰畬。许全书多宗毛公，而意有未安者则不从。此其一也。菑，艸部云："反耕田也。"反耕者，初耕反艸，一岁为然。二岁则用力渐舒矣，畬之言舒也。三岁则为新田。[①]

从菑、畬二字的字义来看，菑，一岁田，初耕烧草木以成田；畬，二岁田，整饬土地，成田之规制；新田，三岁田，田始成，可以种植禾稼。在晋迁新都的讨论中，新田与"郇、瑕氏之地"相对，也可以证明，新田为一地域之名，此地为晋人新开垦之地，且正为开垦三岁之田，是为"新田"。

二、晋都之城

侯马新田遗址被确定为晋国晚期都城后，学界也对都城的布局、功能等问题进行了探讨与研究，其中有代表性的为田建文先生提出的"新田模式"。

田建文先生在《新田模式——侯马晋国都城遗址研究》一文中认为：

① （清）段玉裁：《说文解字注》，国家图书馆出版社，2022 年，第 2793—2794 页。

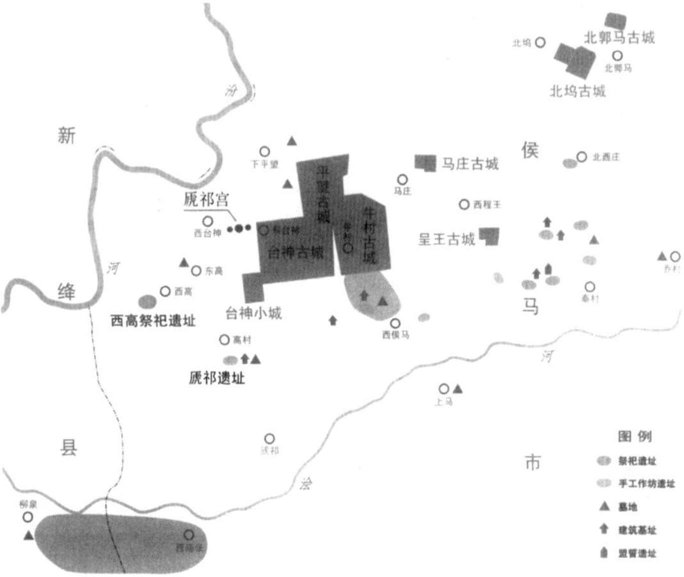

图 1–12　侯马晋国都城遗址

着眼整个侯马晋国都城遗址，特点有六。

1. 无廓城。“品”字形宫城内宫殿台基位居制高点，宫城内为晋公直接管控区；

2. 宫城之东有卿营筑的小城，个别小城内有规模小的高殿台基，小城均由两个更小的城构成；

3. 宫城之南、之东是手工业作坊区，不同性质的手工业作坊分区设置，同一性质的手工业作坊依产品各类有地点之别；

4. 牛村、平望古城东北角不作直角，不是地势所限当为刻意为之，与防御有关；

5. 有多处祭祀场所，除“左祖右社”外，还有祭“台骀”及郊祀一类场所；

6. 宫城之东南、之西发现的“邦墓”规格不高，晋公陵墓位于远离宫城西南的背山面水的墓茔佳地。

以上六点以三点突出，即突出防御、突出手工业作坊、突出祭祀，这是侯马晋国都城遗址的特色。

……

晋都新田已突破了过去方块城市的束缚，把宫城独立出来，品字形宫城结构，小城由二城构成，手工业作坊区、祭祀、墓地都有统一安排，这些在上文我们用了很大篇幅进行了叙述、总结。在这一认识基础上，我们把晋都新田这些特点称为“新田模式”，这一模式对它之后的战国时期列国都城产生了巨大的影响。现在我们知道的就有：河南新郑“郑韩古城”、河北邯郸“赵王城”、河北平山“三汲古城”（中山国）、河北易县“燕下都”、山西夏县“禹王城”（魏）、山东临淄“齐故城”。……这些是受“新田模式”影响的产物，从这点考虑，可视晋都新田为中国城市发展史中的里程碑，它开创了战国一代城市形制的先河。[1]

晋都新田，作为春秋晚期大都市，有着自己的布局特点，

---

① 田建文：《新田模式——侯马晋国都城遗址研究》，《山西省考古学会论文集》（二），山西人民出版社，1994 年，第 141 页。

对于田建文先生提出的侯马晋国都城遗址的特色，我们认为有道理，也符合先秦“国之大事，在祀在戎”的宗旨。城市的防御功能，在先秦大都邑的建筑过程中，表现得较为明显。晋都新田依然在防御上表现突出，尤其是“品”字形宫城中的平望古城与牛村古城，并非传统的正方形或长方形城址——平望古城东北角突出、牛村古城东北角斜折非直角，应是出于军事防御的考虑故意为之。侯马盟誓遗址附近，发现大量祭祀遗址，形成一条祭祀遗址带，表明祭祀活动在整个晋都日常生活中的重要性。晋国作为春秋时期长期的霸主，其都城布局对战国城市的形制产生影响，也在情理之中了。

第二章　盟以约信：侯马盟书的出土

侯马盟书，是中华人民共和国成立以来最为重要的考古发现之一。甫一发现，便轰动了整个学术界。侯马盟书的出土，不仅进一步丰富了侯马晋国遗址的内涵，更进一步确指了侯马晋国遗址乃晋都新田所在地。侯马盟书的内容，为我们揭示了春秋晚期贵族间的斗争，展现了政治生活的诸多方面。侯马盟书高质量的迅速出版，供学界研究，至今为学界称道。

第一节　惊现盟书

侯马晋国遗址，自1956年以来，进行了多次调查和发掘工作。1961年3月4日，侯马晋国遗址被国务院公布为第一批全国重点文物保护单位。因此，在遗址保护范围内的建设用地在动工前都要进行考古勘探。

一、朱书玉片

1965年11月，为配合侯马电厂的建设，考古人员在凛冽的寒风中进行前期考古调查，主要考古人员有侯马工作站的陶正刚、张守中、梁子明等人，帮助发掘的是曲沃县农业中学的师生。

12 月中旬的一天，隐约有红色文字的玉石片在 16 号坑内被发现，怀着好奇心的同学们立刻将石片拿完。正在工地的陶正刚知晓后，立刻察看现场，将分散的石片重新拢聚在一起。去换班的张守中遇到正在值班的陶正刚，张守中清晰地记着："不知是因为天气冷还是因为发现了珍贵文物，陶正刚同志脸色通红，见了我激动得几乎连话也说不出。他从背包中取出几件用手帕包着的石片给我看，但当时我首先注意到的却是他正在颤抖着的手。"①

这些带有文字的玉石片立刻引起了考古人员的重视，乃至大家顾不上过年，以极高的热情投入发掘工作中。盟誓遗址的发掘工作直到 1966 年 5 月结束，遗址内发现长方形竖坑 400 余处，发掘了 326 处。这些坑即古代瘗埋牺牲及盟书的"坎"。竖坑底部一般埋有牺牲，大坑埋羊、牛和马，小坑埋羊和盟书，亦偶有牛、马者。绝大多数竖坑坑底有一小壁龛，置入一件玉币在其中。根据出土情况来看，当年瘗埋时先在小壁龛中置放玉币，后再埋入牺牲。埋盟书的小竖坑没有发现小壁龛和玉币。共出土 5000 多件玉石片以及圭、璧、璋、璜等祭祀礼器。

① 张守中：《侯马盟书的发现和整理侧记》，《文物天地》1988 年第 4 期。

图 2-1　侯马盟书首次发现地

参与发掘工作的陶正刚先生，将发现朱书文字玉石片的消息写信告知国家文物局谢辰生先生。谢辰生收到信后，迅速赶往山西。从北京到侯马，须在太原换车，谢辰生经过太原时，到山西省文物工作委员会张颔主任家小憩。张颔先生刚从原平回太原养病，听到这一消息后，便立即与谢辰生先生一起登上了开往侯马的火车。张颔先生在《祝贺侯马盟书出土四十周年》一文中说："一九六五年冬，在原平'四清'工作队我听说侯马出土了大批带文字的石片，我即向工作队请了七天假，赶赴侯马。在侯马的五天时间，我仔细观察辨认了这批石片标本上的文字，并写出了《侯马东周遗址发现晋国朱书文字》一文，谢辰生同志便把文章带到了北京，我随即返回'四清'工作队。

郭沫若同志看了这篇文章后也撰写文章并确定为‘盟书’文字，和我的文章同时发表在《文物》一九六六年第二期上。”① 郭沫若先生评价道：张颔和其他同志们的努力是大有贡献的。

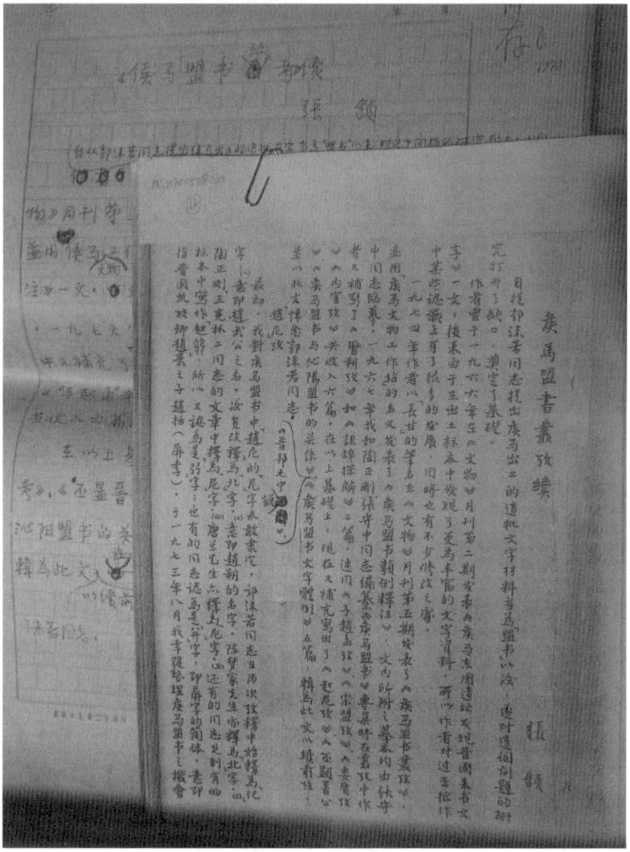

图 2-2 《侯马盟书丛考续》手稿

① 韩石山:《张颔传：一位睿智的学者》，三晋出版社，2010 年，第 270—271 页。

盟书，只在古代文献中被提及，此前未见实物。虽然在侯马盟书出土之前的二十世纪三四十年代，河南沁阳曾出土玉石片，但存世太少，并未引起考古界的关注。侯马盟书的发现，使盟书真正受到了学界的关注。郭沫若先生一锤定音，将侯马出土带字玉石片命名为“侯马晋国盟书”，并撰写《侯马盟书试探》一文。

侯马盟书发现的消息一经公布，立即引起全国轰动，考古学家、历史学家纷纷撰文进行探讨，就盟书时代、主盟人、盟书性质、内容等方面提出自己的观点。侯马盟书的发现，一开始便受到中央和省市部门及领导的重视，这也为侯马盟书的整

图 2-3　侯马盟书

理研究工作，打下了良好的基础。只是，发掘工作还未结束，“文化大革命”便开始，发掘工作一度中断六年。

1973年，在王冶秋先生的大力支持下，成立了张颔、陶正刚、张守中三人整理小组对出土的侯马盟书标本进行整理。整理小组投入了全部的激情，夜以继日地工作了三年多，作为考古报告的《侯马盟书》，其内容已经完全突破了报告本身，而是与研究充分结合在一起。此书甫一出版，便为国内外学界重视，赞扬之声不绝于口，后来更是到了一书难求之境。侯马盟书自1965年发现，1973年8月开始整理，到1976年12月由文物出版社出版，书中临摹了655件盟书。2006年，山西古籍出版社出版了《侯马盟书》增订版；2016年，三晋出版社的“山西文华”丛书，又出版了《侯马盟书》修订版；2024年，上海书画出版社出版了《侯马盟书书法总集》，对近300件盟书进行全息放大，便于更好地观察侯马盟书。一部考古报告，能不断修订出版，在学界尚不多见，同时也说明了侯马盟书拥有极高价值。

二、盟书内容

侯马盟书遗址竖坑叠压打破情况与盟书有关系者共六种，“主要是后三种打破关系值得注意。我们从上述打破关系中可以看到：第一，盟书‘内室类’单独出土，不与它类相混；第二，盟书‘宗盟类’与盟书‘委质类’共同出土；第三，‘宗盟类’四氏五家盟书晚于‘宗盟类’一氏一家盟书；第四，‘宗盟类’四氏五家盟书本身也有先后之分，此乃古代为一事而反复为盟——‘寻盟’的迹象。”[①]盟书的埋藏情况，有助于我们了解盟誓活动的具体操作。

由于盟辞的类别不同、内容不同，篇幅长短也就不同，最少仅10余字，最多达220余字，一般在三五十字到百余字之间。侯马盟书按其内容，大致可以分为六大类。

1. 宗盟类：同宗之人在一起举行的盟誓，宣称效忠其主。

2. 委质类：委质为臣，将自身质押于主人，对主人效忠，永不背叛。

3. 纳室类：学界多谓纳室为夺取别人的财产与人口情况，实则在春秋时期，大夫辞官、去位、出奔时把所受之采邑归之于“公”，文献多称“致其邑”、“纳邑与政”、“委室”等，此种行为代表着断绝与君主的从属关系，意味着对君主的背叛，所以侯马盟书强烈反对会盟之人及其宗族之人的“纳室”行为。

4. 诅咒类：对人与事的诅咒与谴责，以使其受到神明的处罚。

5. 卜筮类：关于卜筮的记录，侯马盟书临摹了三件写在圭或璧形玉片上的黑色卜筮文字。

---

① 山西省文物工作委员会：《“侯马盟书”的发现、发掘与整理情况》，《文物》1975年第5期。

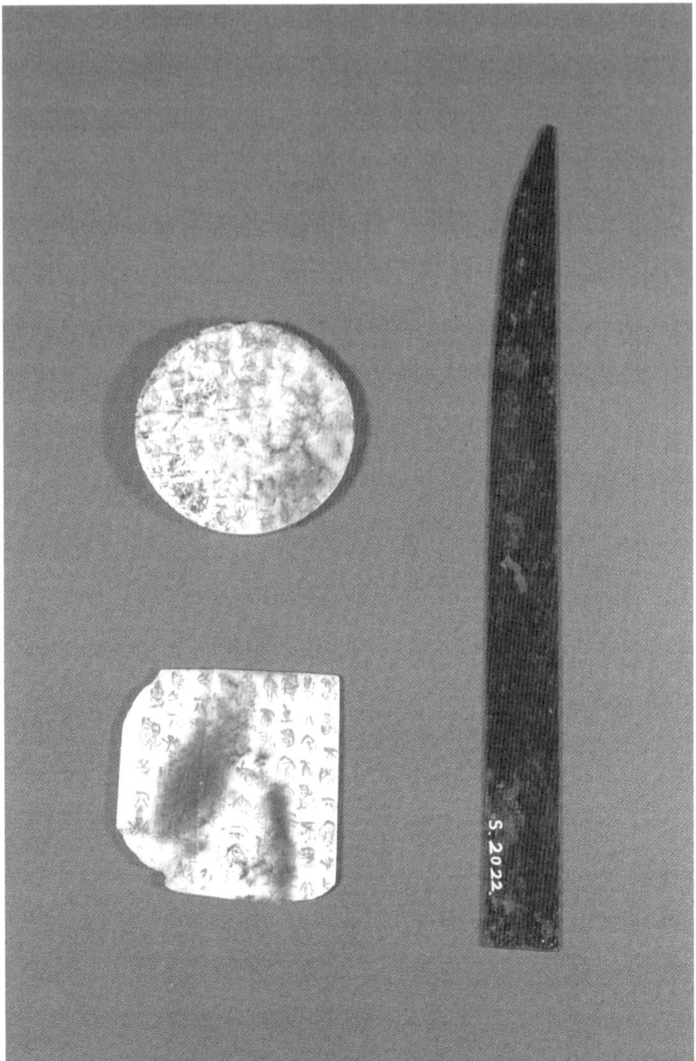

图 2-4 侯马盟书

6. 其他：少数残碎的盟书，内容特殊，但由于辞句支离，无从了解各篇的全貌。

盟书虽然发现了近六十年，但盟书的内容，学界仍时有探讨，其研究的脚步一直未有停止，随着新出土材料的不断发现，对盟书的解读也时有更新。

盟誓用语，多有神明见证、背盟惩罚之辞。《左传·襄公十一年》载晋郑亳之盟："凡我同盟，毋蕴年，毋壅利，毋保奸，毋留慝，救灾患，恤祸乱，同好恶，奖王室。或间兹命，司慎司盟，名山名川，群神群祀，先王先公，七姓十二国之祖，明神殛之，俾失其民，队命亡氏，踣其国家。"[①]盟誓之所以在春秋具有较强的约束力，是时人认为有众多神灵见证，背盟会受到神灵的惩罚。盟誓的最后内容多为誓言，甚至诅咒，如亳之盟"俾失其民，队命亡氏，踣其国家"之辞。公子重耳在回国途中，因狐偃内心的纠结而发誓："所不与舅氏同心者，有如白水。"[②]投其璧于河，打消了狐偃内心的纠结。《左传·襄公十八年》载晋齐平阴之战中，荀偃渡河时，祷曰："荀捷有功，无作神羞，官臣偃无敢复济。唯尔有神裁之！"[③]誓言或诅咒，并非是仪式的需要，而是信仰的表现。

盟誓结束，载书分作两份，一份纳于府库，一份埋于地下或沉于江河，告诸神灵，寻求神灵见证。春秋时期是中国盟誓

① 杨伯峻：《春秋左传注》，中华书局，1990 年，第 989—990 页。

② 同上书，第 413 页。

③ 同上书，第 1036—1037 页。

文化高度发达的时代，及至战国，盟誓不再被人们信从，今日盟誓，明日或可背后攻伐，盟誓被“质子”取代。盟誓在春秋发生着实际作用，是因其有实际约束力，其中非常重要的原因是，人们认为违背盟誓会受到神灵的惩罚。《左传·昭公十三年》载晋大夫叔向言：“明王之制，使诸侯岁聘以志业，间朝以讲礼，再朝而会以示威，再会而盟以显昭明。志业于好，讲礼于等，示威于众，昭明于神。”[①]因此，盟誓也成为宗教信仰的表现方式之一。

第二节　盟主与年代

侯马盟书主盟人身份的确定，对于判断其年代至关重要，或者说这两个问题彼此难分难解。目前学界对盟书的具体年代及主盟人，并未形成统一的认识。

一、谁在主盟？

关于盟主身份，侯马盟书的整理者之一张颔先生认为主盟人为赵简子（赵鞅），盟书内容反映的是赵氏与范氏、中行氏的斗争。郭沫若先生认为其为赵敬侯章，其敌对者为赵武公。

① 杨伯峻：《春秋左传注》，中华书局，1990 年，第 1355 页。

陈梦家先生认为主盟人应是晋国国君晋敬公或晋幽公，时间为公元前5世纪后半期的盟书。唐兰先生认为主盟人是赵桓子（赵嘉），其敌对者为赵献侯（《史记》献侯名浣，唐先生认为盟书中的尼，即是赵献侯之名）。陶正刚、王克林先生认为盟主是晋定公之后的某位晋君。李裕民先生认为，主盟人应该是晋景公，盟书内容为赵氏“下宫之难”后，晋国公室制衡晋卿而举行的盟会。日本学者江村治树认为，主盟人为晋定公，内容与范、中行氏之乱有关。

综观学界对于主盟人的考论，基本分为两大类，一类以主盟人为晋国国君；一类以主盟人为赵氏宗主，其中赵氏宗主中又有赵简子和赵桓子的分歧。多数学者基于对主盟人的判定，也有学者结合遗址考古年代，对侯马盟书的时代，出现多达八种不同的看法。对侯马盟书时代的判断，前后相差200余年。目前，学界基本上倾向于主盟人为赵氏宗主。而“主盟的赵氏宗主是谁？”仍有分歧，产生分歧的主要原因，在于对侯马盟书中“嘉”是否为人名，以及“尼”字的释读与考证上。

侯马盟书“宗盟类”中多有“而敢不尽从嘉之明”的表达，且“委质类”、“纳室类”盟书中，皆有“嘉”出现，学界也肯定“嘉”是主盟人。“嘉”是具体的人名，还是对主盟人的避讳或美称？从而形成了两种极具影响力的观点。张颔先生认为：“当时不但卿、大夫对国君不能直称其名，而且卿大夫的家臣、邑宰对卿大夫也不能直称其名。……即可知盟书中从盟人对主盟人所称的‘嘉’也绝对不会是真正的名字。而如此多的从盟人对主盟人不敢‘指斥其名’，可知主盟人绝不是一般的身份，当是卿大夫以上主君一类的人物。那么‘嘉’字则当是为从盟人对其主君的懿美之称。……可见‘嘉’、‘某’即是对‘子赵孟’的懿美称谓和讳称。”[①]张先生依据盟书所载内容，进而确定盟书中的“赵孟”应为赵鞅，即侯马盟书的盟主。此后赞同侯马盟书盟主为赵鞅的学者，基本上是在同意张先生观点的基础上，进行补充完善。如张世超先生认为：“参盟者为了示尊、避讳，便顺势将主盟者赵鞅称为‘嘉’了。盟书中的‘嘉’可以译为‘受到周天子嘉勉的人’。”[②]另一种与此相反的观点，认为“嘉”是具体的人名。唐兰先生认为，“嘉”是人名，就是赵嘉，即赵桓子。此后，高明、裘锡圭等先生皆力证“嘉”是人名，侯马盟书主盟人即是赵嘉。

盟誓之辞中，是否需要对主盟人进行避讳或美称，是确定侯马盟书中“嘉”是否是人名的关键所在。从侯马盟书“而敢不尽从嘉之明”、“没嘉之身及子孙”等表述来看，如果会盟中不需要为主盟者避讳的话，则“嘉”定为人名无疑。《左传·隐公七年》：“凡诸侯同盟，于是称名，故薨则赴以名。”杜注：“盟以名告神，故薨亦以名告同盟。”[③]告神以名，当是示神以敬。《左传·襄公十八年》载齐晋平阴之战：“晋侯伐齐，

---

① 长甘：《“侯马盟书”丛考》，《文物》1975年第5期。

② 张世超：《侯马载书盟主新考》，《中国文字学报》（第5辑），商务印书馆，2014年，第133页。

③ 杨伯峻：《春秋左传注》，中华书局，1990年，第53—54页。

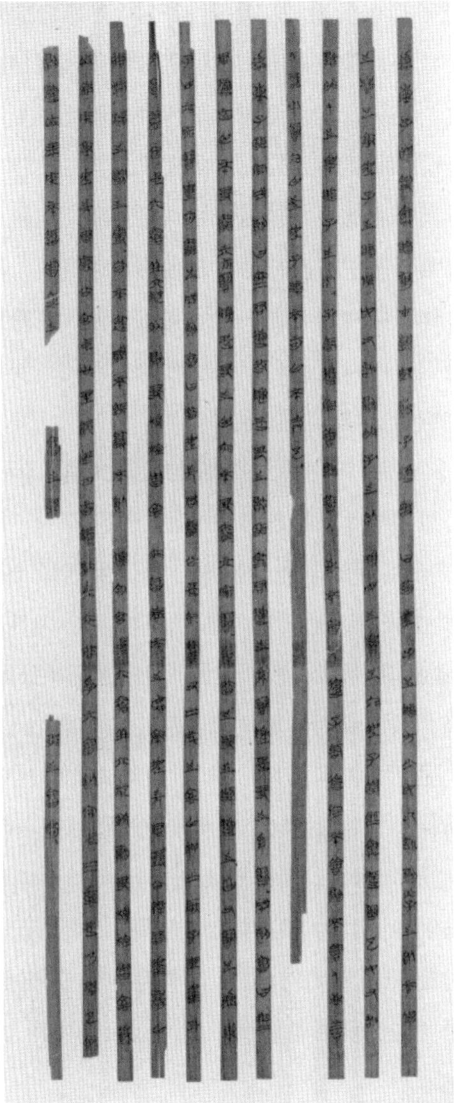

图 2-5　清华简《赵简子》

将济河，献子以朱丝系玉二珏而祷曰：‘齐环怙恃其险，负其众庶，弃好背盟、陵虐神主、曾臣彪将率诸侯以讨焉，其官臣偃实先后之。苟捷有功，无作神羞，官臣偃无敢复济、唯尔有神裁之。’沈玉而济。”① 虽为祈祷之辞，但对象皆为神，似可看为同类，其所载的也是以名告神。温县盟书与侯马盟书时间相近，在温县盟书中有直称盟主之名的大量资料，魏克彬、裘锡圭等先生作了翔实的考证，这一问题应该可以得到解决，即盟书中主盟人，可以直称名，以示敬神。因此，侯马盟书的盟主，便是“赵嘉”，即赵桓子。

，是侯马盟书中所见主盟人的敌对力量。张颔先生在大量排比侯马盟书中此字的各种写法后，最终释为“尼”。此后，学界有释“化”（郭沫若先生提出，后认为应释“北”；高明、冯时等先生主张释“化”）、“北”（陈梦家、郭沫若）、“弧”（李学勤、裘锡圭、郝本性、吴振武）、“侧”（张世超）等意见，尤以释“弧”成为学界主流释法。清华简七《越公其事》篇中，有“伲”字，其形为“”，石小力先生结合战国竹简材料，认为侯马盟书中“”，考释为“尼”是正确的。其结论可信。“赵尼”此名，文献不见。

张颔先生考证其为文献中之“赵稷”，周凤五（释为“赵尼”）、张世超（释为“赵侧”）等先生均认为应是文献中的“赵稷”。唐兰先生认为是赵献子赵浣（唐先生释为“赵化”），

① 杨伯峻：《春秋左传注》，中华书局，1990 年，第 1036—1037 页。

图 2-6　赵卿墓出土的铺首牛头螭纹鼎

此后高明、冯时等先生先后撰文，赞同此说。侯马盟书的盟主应是赵桓子赵嘉，则赵尼对应于文献中的“赵稷”便不能成立。赵尼如果是文献中的赵献子赵浣，也有诸多扞格之处。

在诸多研究之中，戚桂宴先生的看法，值得我们重视。戚先生认为，盟书中的“赵尼”，即是赵襄子无恤，也即是侯马盟书中出现的“无卹”。“《说文》：‘恤，忧也’；《尔雅·释诂》：‘尼，定也’，《广雅·释诂》：‘尼，安也’，‘尼’与‘无恤’近诂。君前臣名，简文中的“尼”只能是名，不可能是字。”①

① 戚桂宴：《侯马石简史探》，《山西大学学报》1982 年第 1 期。

并引用了屈原名平，字原之例来说明。这样的解释，具有很大的合理性。

字与名的意义相同或相近，是古人取字的原则之一。春秋鲁人公伯僚，字子周。僚假作“缭”，缭、周皆有环绕之意。春秋鲁人闵损，字子骞。《诗·小雅·天保》：“不骞不崩。”毛传：“骞，亏也。”[①] 骞与损，皆有亏意。春秋楚人伍员，字子胥。《广雅·释诂三》：“员，众也。”王念孙疏证：“《说文》：员，物数也。春秋楚伍员字子胥。《尔雅·释诂》：‘佥、咸、胥，皆也。’是众之义也。”[②] 如赵襄子名尼，字无恤，则名与字，皆有定安、无忧之意，符合古人的取字原则。且赵氏一族，自春秋赵衰，至战国代王赵嘉，名皆为单字，只有赵无恤名以两字。是以赵襄子名“尼”的可能性非常大，而“无恤”应是其字。

通过上述梳理、考察学界现有研究成果，可以看到，侯马盟书的主盟人应是赵桓子赵嘉，其敌对方则是赵襄子。

二、盟誓背景

检诸史籍，侯马盟书的内容，正合史书所载当时赵氏的发展情况。《史记·赵世家》：“襄子立三十三年卒，浣立，是

---

① （唐）孔颖达：《毛诗正义》，北京大学出版社，2000 年，第 868 页。

② （清）王念孙：《广雅疏证》，上海古籍出版社，2016 年，第 518 页。

为献侯。献侯少即位，治中牟。襄子弟桓子逐献侯，自立于代，一年卒。国人曰桓子立非襄子意。乃共杀其子而复迎立献侯。”[①]据《史记·六国年表》，赵桓子在位仅一年时间，即公元前424年。清华简《系年》第二十章，记载“晋敬公立十又一年，赵桓子会诸侯之大夫。”[②]晋敬公十一年，为公元前441年。由此可见，赵桓子的政治活动时间比较长，这值得我们重新考察赵襄子、赵桓子时期的这段历史。

裘锡圭先生结合清华简《系年》所载赵氏材料，对侯马盟书“变改助及奂俾不守二宫”进行了考证，认为把“奂”讲成赵浣，是没有问题的。助这个人名，“最有可能是赵襄子的嗣子。‘二宫’为他们所‘主’、‘守’，当指祭祀赵襄子的宫和祭祀伯鲁的宫。”对于这句话的理解，裘先生认为：“赵桓子不许赵氏的族人、家臣去改变助及奂的小宗地位，实际上就是不允许他们拥立已经被废的赵献子（即‘奂／助’）或赵襄子的嗣子（即‘助’）为赵氏的宗主（即赵氏的主君），不允许他们推翻自己以及日后继承他的子孙的赵氏宗主地位，就是这样一个目的。”[③]裘先生对“奂”即“浣”的考释及相关问题的思考，很有道理。这与我们上面所分析的，侯马盟书的盟主应是赵桓子赵嘉，赵尼就是赵襄子，不仅没有任何相悖之处，且让整个

① （汉）司马迁：《史记》，中华书局，2014年，2165页。

② 李松儒：《清华简〈系年〉集释》，中西书局，2015年，第275页。

③ 裘锡圭：《说侯马盟书“变改助及奂俾不守二宫”》，《清华简〈系年〉与古史新探》，中西书局，2016年，第15—16页。

线索更加清晰。

图 2-7　赵卿墓出土虎形灶

赵襄子本非嫡子，且因其母亲身份低贱的原因，长期未受到赵简子的重视，《史记·赵世家》载：

异日，姑布子卿见简子，简子遍召诸子相之。子卿曰："无为将军者。"简子曰："赵氏其灭乎？"子卿曰："吾尝见一子于路，殆君之子也。"简子召子毋恤。毋恤至，则子卿起曰："此真将军矣！"简子曰："此其母贱，翟婢也，奚道贵哉？"子卿曰："天所授，虽贱必贵。"自是之后，简子尽召诸子与语，毋恤最贤。简子乃告诸子曰："吾藏宝符于常山上，先得者赏。"诸子驰之常山上，求，无所得。毋恤还，曰："已得符矣。"简子曰："奏之。"毋恤曰："从常山上临代，代可取也。"简子于是知毋恤果贤，乃废太子伯鲁，而以毋恤为太子。[①]

从上引材料可以看出，赵无恤本无丝毫成为太子的可能，但由于姑布子卿的相术介入，最终使赵简子废除了太子伯鲁，立无恤为太子。在当时，对于赵简子而言，赵氏一族的存亡远重于嫡庶继承制度的执行。因此，赵简子立无恤的态度从此以后未动摇过。

《史记·赵世家》："晋出公十一年，知伯伐郑。赵简子疾，使太子毋恤将而围郑。知伯醉，以酒灌击毋恤。毋恤群臣请死之。毋恤曰：'君所以置毋恤，为能忍訽。'然亦愠知伯。知伯归，因谓简子，使废毋恤，简子不听。毋恤由此怨知伯。"[②]赵简子的考虑，未必即是其他诸子的考虑，当最没有可能的儿子，成为太子，这让其他诸子心中颇为不满。赵简子在世时，尚能让这种不满的情绪压制于诸子心中，但当赵简子去世后，这种不满的情绪在适合的时机便会爆发。

《史记·赵世家》载："其后娶空同氏，生五子。襄子为伯

① （汉）司马迁：《史记》，中华书局，2014年，第2157页。

② 同上书，第2161页。

图 2-8　美国弗利尔美术馆藏子乍弄鸟尊

鲁之不立也，不肯立子，且必欲传位与伯鲁子代成君。成君先死，乃取代成君子浣立为太子。”[①] 赵襄子并未立自己的儿子，而是将权力回传给故废太子伯鲁一系，这也更容易激发其他兄弟的不满和觊觎之心。赵桓子要获得赵氏宗主之位，不仅要反对赵襄子拟立的赵浣一支力量，还要提防赵襄子的儿子这一支力量。裘锡圭先生考释“奂”应是赵浣，“助”最有可能是赵襄子的嗣子，确为卓识。这两支力量是赵桓子成为赵氏宗主的最强有力的阻碍，自然便成为打击的对象。通过对侯马盟书主

① （汉）司马迁:《史记》，中华书局，2014 年，第 2165 页。

盟人及主要政敌的分析，盟书反映的内容，便是赵襄子弟弟赵桓子不满心理的现实爆发和对权力的争夺。

通过清华简所载赵桓子活动，以及最终驱逐赵献侯自立的情况来看，赵桓子的力量在赵襄子在世时，便不容小觑。晋出公二十二年（公元前453），三家灭知氏。知氏的骤灭，出乎晋卿意料。本来这是由知氏领导攻灭赵氏的行动，但最后却被赵氏成功逆转，灭掉知氏，三分晋国。晋阳之围，是赵襄子亲自坐阵晋阳指挥。赵襄子居晋阳，这让其弟赵桓子认为是一次反攻的机会，且侯马盟书所载盟会，应在此段时间内所生。从侯马盟书所载"赵尼及其子孙"之语来看，会盟时赵襄子应在世。

赵襄子在位时间及年数，学界有不同看法。《史记·赵世家》："襄子立三十三年卒，浣立，是为献侯。"① 梁玉绳《史记志疑》云："襄子五十一年卒，此与世家作三十三者，误以十八年益简子也。"②依晁福林先生考证，赵襄子即位于鲁哀公十九年（公元前476），卒于周威烈王元年（公元前425），在位52年。结合赵襄子在位的时间，以及此时晋国卿族间的斗争推断，侯马盟书的时代，应在公元前453年到公元前425年之间。

① （汉）司马迁：《史记》，中华书局，2014年，第2165页。

② （清）梁玉绳：《史记志疑》，中华书局，1981年，第397页。

第三章　石破天惊：晋侯墓地的发现

晋国都城在何地，尤其是早期都城在何地的问题，是晋国史研究的重要内容，也是学界长期探索的课题。由于早期史料匮乏，且记有晋国早期都城的史料，又多语焉不详，遂造成晋国始封地、早期都城在何地，众说纷纭，莫衷一是。1950 年开始的晋文化考古，不仅确指了晋国晚期的都城在侯马，更为探讨晋国始封地及早期都城问题提供了许多思考空间。

第一节　晋阳？晋南？

《史记 · 晋世家》载，成王与叔虞游戏，“削桐叶为珪以与叔虞”，言道“以此封若”。史官请择日册封叔虞，但成王说，“吾与之戏耳”。史官认为，“天子无戏言。言则史书之，礼成之，乐歌之。”[①]叔虞因此被封于唐。兄弟游戏，削桐而封，史官以“天子无戏言”，终使游戏成真。这是后世叔虞封唐流传最广的故事，虽不可确信，但却充满了无数的童真与信义。

---

① （汉）司马迁:《史记》，中华书局，2014 年，第 1977—1978 页。

当然，周初分封，是周人为了巩固统治采取的极为重要的措施，如何能以儿戏待之？这与史实不符。唐地极具战略地位，这是古唐国被灭后，周人马上进行分封的原因。叔虞身份尊贵，武功又高，这是能受封就唐的原因。但最根本的原因，是周人分封诸侯，以拱卫王室。叔虞封唐，也是如此。

一、晋阳误说

叔虞所封之唐在何处？两千年来争讼不休，有“河、汾之东”说、“汾、浍之间”说、晋阳说（太原）、鄂地说（临汾乡宁）、安邑说（运城夏县）、永安说（临汾霍州）、翼城说（临汾）等，具体相关支撑文献，学界多有梳理。

清代以前，“晋阳说”最为流行，此当与提倡之人有关。班固《汉书·地理志》“太原郡晋阳”条下自注：“故《诗》唐国，周成王灭唐，封弟叔虞。龙山在西北。有盐官。晋水所出，东入汾。”①郑玄《毛诗谱·唐谱》云：“唐者，帝尧旧都之地，今日太原晋阳，是尧始居此，后乃迁河东平阳。”②班固的《汉书》为史学名著，郑玄乃经学大师，二人的地位及作品，在传统社会有着极强的影响力，故“晋阳说”颇为世人倡导，

① （汉）班固：《汉书》，中华书局，1962年，第1551页。

② （唐）孔颖达：《毛诗正义》，北京大学出版社，2000年，第439页。

但此说值得商榷。

班固、郑玄言叔虞封唐在晋阳，班固《汉书·地理志》“晋阳”条自注：“故《诗》唐国，周成王灭唐，封弟叔虞。”“闻喜”条自注：“故曲沃。晋武公自晋阳徙此。”[①]“绛”条自注：“晋武公自曲沃徙此。”[②]依班固自注，晋始封地在晋阳，晋武公由晋阳迁于曲沃，又由曲沃迁于绛。除此之外，《汉书》再无晋国迁都之记载。班固所言晋武公由晋阳迁于曲沃，明显与《左传》所载桓叔受封曲沃抵牾。王念孙曾详辨之，其在《读书杂志》“晋武公”条言：

> “河东郡闻喜，故曲沃，晋武公自晋阳徙此。”念孙案：“武公”本作“成侯”，此后人妄改之也。《水经·涑水注》云：“左邑县故城，故曲沃也。晋武公自晋阳徙此。”“武公”二字亦后人依误本《汉志》改之。案《诗谱》云：“唐者，帝尧旧都之地，今曰太原晋阳。成王封母弟叔虞于此，曰唐侯，至子燮改为晋侯，至曾孙成侯南徙曲沃。”《正义》引《地理志》云：“河东郡闻喜县，故曲沃也。晋成侯自晋阳徙此。”据此则自晋阳徙曲沃者乃成侯，非武公也。又下文绛县下云“晋武公自曲沃徙此”，是武公自曲沃徙绛，非自晋阳徙曲沃也。且武公之祖桓叔

① （汉）班固：《汉书》，中华书局，1962年，第1550页。
② 同上。

已封于曲沃矣，何得谓武公徙曲沃乎？[①]

王氏辨析言之有理，“武公”二字当应为“成侯”，《汉书》班固自注，应为晋成侯自晋阳迁都于曲沃。

武公由曲沃迁于绛，为曲沃代翼完成之标志，史有确载。班固未提及“绛”都，依其自注，曲沃完成代翼，武公自曲沃徙绛，则绛、翼为一地，显而易见。晋始封于晋阳，成侯时迁徙曲沃，武公时迁都绛，绛、翼为一地。班固的看法，无法解释文献中已知的一些确切记载，如桓叔封于曲沃，意味着此时晋都不可能为曲沃，则成侯迁于曲沃后，晋国必然又有迁都，这样至少在文献上才能形成完整线索。

将文献链条补全的是郑玄，且明显是在班固的基础上进行的。《诗谱·唐谱》云：“至曾孙成侯，南徙曲沃，近平阳焉。”孔颖达《正义》云：“《地理志》云：‘河东郡闻喜县，故曲沃也。晋成侯自晋阳徙此。’是郑所据之文也。”[②]《诗谱·唐谱》又云“穆侯又徙于绛”。此时，至少从文献角度讲，晋国始封晋阳，春秋晋事发生在晋南，且春秋初年有曲沃代翼之事，相应的都城变化可以解释得通。

在古代众多注疏中，不难发现：认同叔虞始封于晋阳者，基本是循班固、郑玄之说，认同成侯迁徙曲沃，穆侯徙绛。如

① （清）王念孙：《读书杂志》，上海古籍出版社，2014 年，第 635 页。

② （唐）孔颖达：《毛诗正义》，北京大学出版社，2000 年，第 439 页。

顾栋高《春秋大事表》晋都“绛”条：“今为山西平阳府之翼城县。成王封叔虞于唐，在河、汾之东，方百里，今太原府之太原县。四世至成侯，南徙曲沃。又五世至穆侯，复迁于绛，亦曰翼。”①杨伯峻《春秋左传注》：“唐叔之子燮父改唐为晋，即今之太原市。（顾炎武《日知录》卷三十一谓唐叔之封在翼，黄汝成集释引全祖望说辨其在太原。）四世至成侯，南徙曲沃，今山西省闻喜县东。又五世至穆侯，复迁于绛，绛即翼。”②之所以如此，是晋阳说者必须要解决两个问题：第一，叔虞始封于晋阳，而春秋文献所见晋事皆在晋南，晋只有在西周时期发生过迁都之举，此种情况才能解释得通，是以有成侯迁曲沃之认同；第二，绛是春秋所见晋国都城名，由于由晋阳迁都晋南，是迁于曲沃，只有再迁于绛，才与文献所载相符，是以有“穆侯徙绛”之认同。

《左传》《国语》等文献对西周晋国史事的记载凤毛麟角，在春秋晋人的回忆中，也仅是提及唐叔虞受封之事，最多延及燮父改晋之事，其他晋侯之事，无从得知。传统注疏中，成侯迁徙曲沃说的出现，完全是出于调和晋阳与晋南矛盾的需要。现有的考古发现可证此说不可信。司马迁写《晋世家》时，对于西周晋侯仅列其世系及名字，直到西周末春秋初，晋国历史的记载才渐显丰富。《史记》对西周时期晋国历史记载简略的

---

① （清）顾栋高：《春秋大事表》，中华书局，1993年，第801—802页。

② 杨伯峻：《春秋左传注》，中华书局，1990年，第44页。

事实，说明汉初所见文献典籍中，载有西周晋国之事的文献确实有限，不知郑玄所言何据？因此孔颖达在《唐谱·正义》中言：“穆侯徙者，盖相传为然。”①

二、唐国释疑

叔虞所封之唐，为商时古国，则甲骨文对其相关记载，也是我们追寻古唐国的一条线索。对此，学界也曾展开讨论，但多认为周人所灭之唐，乃甲骨文中的“唐”国。

孙亚冰先生根据觋公簋、晋公盨铭等材料，认为：“叔虞分封的唐地、成王时灭的唐国应该是卜辞中的‘昜’，而不是卜辞或金文中的‘唐’国。”②细检与叔虞受封之唐有关的新材料，确如孙亚冰先生所言。昜，甲骨文作，金文作、诸形。觋公簋铭文云：“觋公作妻姚簋，遘于王命昜（唐）伯侯于晋，唯王廿又八祀。”“⋈”唐字正作“昜”。北赵晋侯墓地Ⅰ11M31号墓葬出土了一件玉环，灰白色，质地较软。素面，一面刻有昜文字一行12字，李学勤先生称之为“文王玉环”，并释为：“玟王卜曰：我罘唐人弘战贾人。”③铭文唐字作。清

① （唐）孔颖达：《毛诗正义》，北京大学出版社，2000年，第439页。

② 林欢、孙亚冰：《商代地理与方国》，中国社会科学出版社，2010年，第334页。

③ 李学勤：《文王玉环考》，《华学》（第一期），中山大学出版社，1995年，第70页。

代吴荣光《筠清馆金文》著录的晋公盦铭文云：“晋公曰：我皇祖唐公，[膺]受大命，左右武王，敬□百蛮，广司四方，

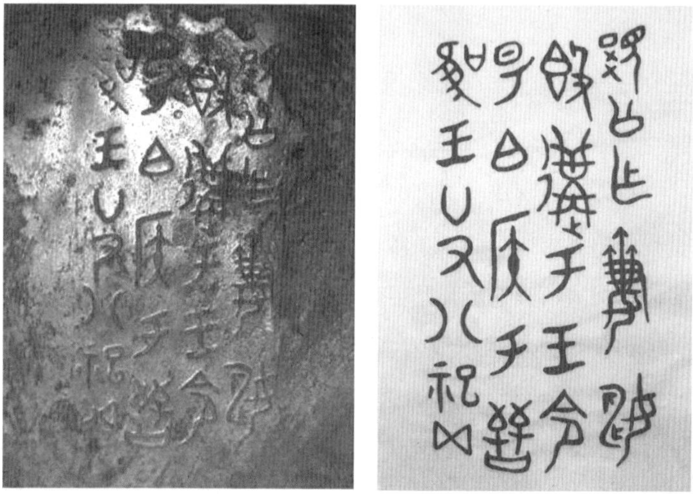

图 3-1 覞公簋铭文及渔父摹本

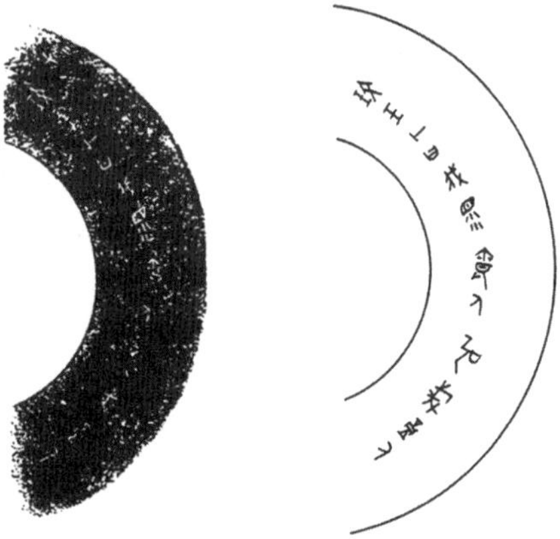

图 3-2 文王玉环铭文

图3-3　晋公簋拓片（局部）

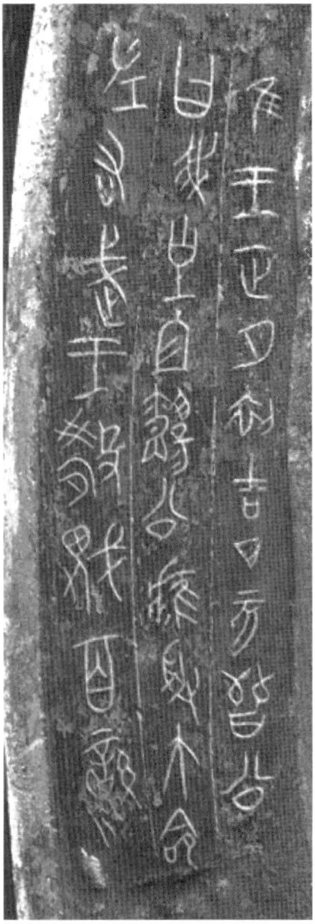
图3-4　晋公盘铭文（局部）

至于大廷，莫不史事公……”铭文唐字作𨛫。近见晋公盘铭文与晋公簋铭文基本相同，其铭云：“唯王正月初吉丁亥，晋公曰：我皇祖唐公膺受大命，左右武王……”铭文唐字作𨛫。由此，可确知叔虞封唐之“唐”，在甲骨、金文中作“昜”。

甲骨文所见方国，有名“唐”者，在殷西。《三代吉金文存》收录两件唐国铜器，唐子且乙觯和唐子且乙爵，铭文皆为

“唐子且（祖）乙”。光绪《山西通志·金石记》也著录了“唐子爵”。两件铜器所见之“唐”，正与甲骨文所见“唐”字写法相同。

商末周初，除叔虞封唐之古唐国外，文献所见，还有二唐国。一为南方之唐国，《国语·郑语》：“当成周者，南有荆蛮、申、吕、应、邓、陈、蔡、随、唐……”韦昭注：“应、蔡、随、唐，皆姬姓也。”①湖北郧县出土唐国铜器铭文中，其唐字写法，皆从“昜”，是以其非甲骨文所见之“唐”国。一为西北戎族之唐国。《穆天子传》注引《竹书纪年》云：周穆王时期，“北唐之君来见，以一骊马是生绿耳。”②《逸周书·王会》：“北唐以闾，闾似隃冠。”孔晁注：“北唐，戎之在西北者。”王应麟云：“《山海经》‘县雍之山，（今在晋阳县西。）其上多玉，其兽多闾’，注：‘闾即羭也。似驴而岐蹄，角如灵羊。一名山驴。’……北唐即晋阳也。”③则北唐在山西太原附近。北唐国正是甲骨文所载之“唐”进入西周后之称谓。

山西境内有二唐国，正是造成后世认为叔虞所封之唐在晋阳的根源所在。两地的历史传说、文化遗存，让后人在论述时也举棋不定。将唐之始封地投向晋南者，有唐代李泰《括地志》，其在“绛州·翼城县”条云：

---

① 徐元诰：《国语集解》，中华书局，2002 年，第 461 页。

② 范祥雍：《古本竹书纪年辑校订补》，上海古籍出版社，2011 年，第 31 页。

③ 黄怀信、张懋镕、田旭东：《逸周书汇校集注》，上海古籍出版社，2007 年，第 850 页。

图 3-5 《合集》5776 反（局部）

图 3-6 《合集》8236

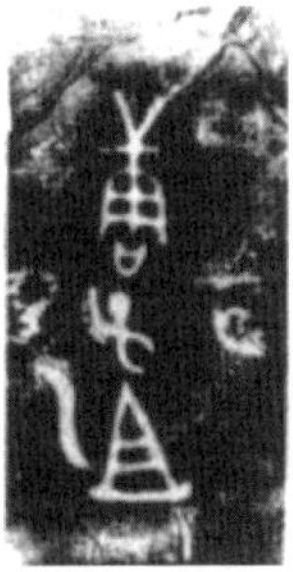

图 3-7　唐子觯铭

图 3-8　唐子爵铭

图 3-9　杨姞壶铭

故唐城在绛州翼城县西二十里，即尧裔子所封。春秋［传］云：“夏孔甲时有尧苗裔刘累者，以豢龙事孔甲，夏后嘉之，赐氏御龙，以更豕韦之后。龙一雌死，潜醢之以食夏后。既而使求之，惧而迁于鲁县。”夏后盖别封刘累之孙于大夏之墟，为［唐］侯。至周成王时，唐人作乱，成王灭之以封大叔，更迁唐人子孙于杜，谓之杜伯，即范匄所云“在周为唐杜氏”。[①]

在《括地志》“并州·晋阳县”条又云：

> 故唐城在并州晋阳县北二里，《城记》云：“尧筑也。”徐才宗《国都城记》云：“唐叔虞之子燮父徙居晋水傍，今并州故唐城。唐者，即燮父所徙之处。其城南半入州城，中削为坊，城墙北半见在。”《毛诗谱》云：“叔虞子燮父以尧墟南有晋水，故曰晋侯。”[②]

同一书中有两个“故唐城”，以致后来有学者误认为《括地志》记载了两个叔虞始封之唐地，一个在晋阳，一个在翼城。细读《括地志》，就其记载而言，并不矛盾。翼城之“故唐城”，乃“唐人作乱，成王灭之以封大叔”，即叔虞始封唐之处；晋阳之“故唐城”，乃“唐叔虞之子燮父徙居晋水傍，今并州故唐城”，即燮父迁晋之处。

既然叔虞封唐在晋南，那么，唐在何处？是否就如顾炎武所言，在翼城县西二十里。䚄公簋、文王玉环、晋公盨、晋公盘铭中“唐”字的写法，让我们认识到：叔虞受封之唐，即

---

① （唐）李泰等著，贺次君辑校：《括地志辑校》，中华书局，1980年，第57—58页。

② 同上书，第74页。

甲骨文中的“昜”国。“昜”、“唐”音近通假，甲骨、金文及传世文献中例证颇多，皆可证明。而南方唐国青铜器铭文中“唐”字的写法，给了我们思考的空间。

湖北郧县肖家河春秋时期墓中出土一批唐国青铜器，其唐字作“犅”。湖北枣阳资川王城出土西周晚期青铜簋铭文中，唐字作“陽”。南方唐国之唐字，皆从“昜”。而同为唐国铜器，又有“犅”“陽”不同之写法，在后世文献记载中皆读为“唐”。此种情况，一是显示出早期文字书写的不规范性，另一方面也昭示着，西周时期，从“昜”之方国，应与甲骨文所载“昜”国关系密切，且在后世文献中多被通假的“唐”代替。这是文字本身给我们传递的一些思考，这也让我们不禁思考山西境内的古杨国是否与唐有关。

1993 年，晋侯墓地 M63 出土一对铜壶，壶盖与口部内壁均有相同铭文，“杨姞作羞醴壶永宝用”。南方唐国之唐，“昜”字加“牛”、“阝”旁，偏旁的不同，并不影响二字皆指一国，俱读为“唐”。那么，“昜”加“木”旁，在相同的历史时期，本指“昜”国，读为“唐”国，并非无稽之谈。

“杨”与“唐”可通假。王辉先生在《古文字通假字典》中指出：“唐，读为杨，叠韵，定喻准旁纽。《货系》二二五六足布面文‘唐是’，应即‘杨氏’，今山西洪洞县东南。《左传·昭公二十八年》：‘僚安为杨氏大夫。’按唐与昜声字通。《战国策·赵策一》：‘秦以三军强弩坐羊唐之上。’《史记·赵世家》'羊唐'作'羊肠'。"[1]从出土材料来看，杨国，即是甲骨文中所载之"昜"国，也即叔虞封唐之"唐"国。

唐在何地？综合目前所见材料而言，位于山西省临汾市洪洞县中部的坊堆—永凝堡遗址是最有可能的唐国所在地。该遗址包含永凝堡遗址、坊堆遗址、南秦遗址和北秦南遗址，是晋南非常重要的一处遗址。遗址于20世纪50年代初发现，此后曾开展过多次考古调查及发掘工作。2015年、2016年，山西省考古研究院联合洪洞县文物旅游局、洪洞县博物馆展开联合调查。《山西洪洞坊堆—永凝堡遗址商至西周遗存调查简报》称，遗址文化遗存相当丰富，时代包括前仰韶、仰韶、仰韶晚期、龙山、夏、商、西周、东周、汉代及以后。而遗址"从商代晚期到周代时间序列完整。周代文化面貌与周文化、晋文化接近，相较于西周早中期，西周晚期开始该地遗物数量激增，并在永凝堡、坊堆、南秦形成几个核心聚落。"[2]遗址完全满足学界寻找唐地的原则。

甲骨文所载之"昜"国，因参与武庚叛乱，为周人所灭，封于叔虞。叔虞受封时，正处于周公东征之时，这样匆忙的分封，昭示着周人对天下局势控制的急迫。叔虞在此情况下受封，只能是承接了"昜"国的都城及势力范围。之后，燮父受

---

① 王辉:《古文字通假字典》，中华书局，2008年，第423页。

② 山西省考古研究院、洪洞县文物旅游管理服务中心、洪洞县博物馆:《山西洪洞坊堆—永凝堡遗址商至西周遗存调查简报》,《中国国家博物馆馆刊》2020年第10期。

王命迁于晋，也即意味着晋人在“昜”的时间并不长久，这也导致坊堆—永凝堡遗址中，西周初年明显带有晋国文化的遗存并不多。从该遗址文化遗存来看，西周早中期文化遗存并未断裂，则极有可能在燮父迁晋后，周人将姞姓之人封于此处，即为姞姓杨国。杨姞壶出土后，学界对作器者身份形成两种意见，一种意见认为杨姞是姞姓杨国之女，另一种意见认为杨姞是某位嫁到杨国的姞姓女子。笔者认同杨姞是姞姓杨国之女。西周四十二年逑鼎铭文曰：“余肇建长父侯于杨”，则姬姓杨国，是周宣王时所封，“侯于杨”，表明来到“杨”为侯，应是取代了原先的姞姓杨国。姞姓杨国，也于春秋前期被晋所灭。目前资料所见，叔虞封唐最为可能之地，即是坊堆—永凝堡遗址。

晋国始封地是在晋阳，还是在晋南？现在看来，晋国始封于晋南，当无疑义。因此，西周时期除燮父迁晋之外，晋国未再迁都，古代占据主流观点的成侯徙曲沃、穆侯迁绛皆不可信。

第二节　顾炎武与邹衡

晋国始封地在晋南，真正被后世学者重视，还得从顾炎武说起。顾炎武晚年曾游历山西，不止一次客居曲沃，且卒于曲沃，归葬故里。

一、顾炎武论晋都

顾炎武对晋国旧事多有考证，其在《日知录》“唐”条云：

按晋之始见《春秋》，其都在翼，《括地志》故唐城在绛州翼城县西二十里，尧裔子所封，成王灭之而封太叔也，北距晋阳七百里，即后世迁都也远不相及，况霍山以北，自悼公以后始开县邑，而前此不见于《传》，又《史记·晋世家》曰：“成王封叔虞于唐，唐在河汾之东，方百里。”翼城正在二水之东，而晋阳在汾水之西，又不相合。窃疑唐叔之封以至缗侯之灭，并在于翼。[①]

“晋都”条中云：

春秋时，晋国本都翼，在今之翼城县。及昭侯封文侯之弟桓叔于曲沃，桓叔之孙武公灭翼，而代为晋侯，都曲沃，在今闻喜县。（《汉志》：“闻喜，故曲沃。”）其子献公城绛居之，在今太平县之南，绛州之北。（今太平县南二十五里，城址尚存。）历惠、怀、文、襄、灵、成六

① （清）顾炎武著，陈垣校注：《日知录校注》，安徽大学出版社，2007 年，第 1789—1790 页。

图 3-10　顾炎武

公，至景公迁于新田，在今曲沃县，（杜氏曰："新田，今平阳绛县是，后魏始名曲沃。"）当汾、浍二水之间。于是命新田为绛，而以其故都之绛为故绛。此晋国前后四都之故迹也。[①]

顾炎武认为晋始封地在晋南，即翼都。顾炎武的结论多被学界认同并征引，虽然唐地的具体地望仍存分歧，但唐在晋南，得到了不少学者的认同。此后，康熙年间翼城人王世家《唐晋

① （清）顾炎武著，陈垣校注：《日知录校注》，安徽大学出版社，2007 年，第 1790—1791 页。

辩》、乾隆年间曲沃县令张坊《唐晋绛翼故绛徵》、晚清名臣徐继畬《晋国初封考》等，皆是循着顾炎武的思路展开讨论。

随着考古学传入中国，通过考古实证历史，已成为学人的殷殷企盼。对于寻找叔虞始封地应坚持的一些原则，学界基本形成了共识。

首先，较早、可信的文献记载，值得重视。《左传·昭公元年》："昔高辛氏有二子，伯曰阏伯，季曰实沈，居于旷林，不相能也。……迁实沈于大夏，主参。唐人是因，以服事夏、商。其季世曰唐叔虞。……及成王灭唐而封大叔焉，故参为晋星。"①《国语·晋语四》亦言："实沈之墟，晋人是居。"②唐处大夏之墟，在春秋人的传承记忆中，是确定无疑的。叔虞受封，正是承接了古唐国之地，连国名也一并承接下来。晋国始封时，周人为叔虞颁布的治国之大法，也证实了唐为夏墟之事实。《左传·定公四年》："昔武王克商，成王定之，选建明德，以藩宗周。……分唐叔以大路、密须之鼓、阙巩、沽洗，怀姓九宗，职官五正。命以《唐诰》，而封于夏墟。启以夏政，疆以戎索。"③为何要"启以夏政"？只因叔虞受封之唐，为大夏之墟。商周时期之人，也是如此认为。晋国始封地，应在大夏之墟，这成为后世学人寻找晋始封地坚持的原则之一。

其次，司马迁对唐地大致范围的论述，应该可信。《史

① 杨伯峻：《春秋左传注》，中华书局，1990年，第1217—1218页。

② 徐元诰：《国语集解》，中华书局，2002年，第344页。

③ 杨伯峻：《春秋左传注》，中华书局，1990年，第1536—1539页。

记·晋世家》言："唐在河、汾之东，方百里。"[①]虽然仅提出一个轮廓范围，并未具体确指唐之地望，但《史记》的可靠性、司马迁的严谨性，都使后世学者对唐处河、汾之东的说法深信不疑。即使有分歧，也是在如何理解司马迁的表述上有争鸣。晋国始封地，应在河、汾之东，这又成为后世学人寻找晋始封地坚持的原则之一。

再次，要结合考古学文化遗存来思考。现存的文献，并不能完全解决晋始封地的问题，考古的发现，成为最后都城实证的关键。既然叔虞受封是承接了古唐国之地，而古唐国相传是从夏商一直延续而来，至少在周初，古唐国参与了武庚叛乱，才导致后来被周人所灭，转封于叔虞。因此，从考古学文化讲，晋始封地至少应有晚商文化遗存。此又成为现代学者寻找晋始封地坚持的原则之一。

因此，唐地的确认，学界多认为应同时满足下列条件：一、属于传世文献一再提及的夏墟范围；二、在黄河、汾河以东；三、此地应有商代（至少是商代晚期）延续到西周初年的文化遗存。

二、邹衡寻晋都

较早对晋国始封地进行考古学思考的，是邹衡先生。邹先

---

① （汉）司马迁：《史记》，中华书局，2014年，第1978页。

生在《我和夏商周考古学》一文中言：

> 晋国的始封地，文献记载比较清楚，东汉的班固和郑玄都说在今天的太原市，东汉以后的学者大都深信不疑。到了清代，顾炎武的《日知录》开始怀疑，认为晋之始封地应在山西南部。可是长期以来，顾说并未成为定论。对此，我早就想在考古学上辩明这个是非。①

从《考古学家邹衡》一书中得知，邹衡先生早在学生时代，便注意到晋都地望存在的分歧，加上工作后教授“商周考古”，此问题自是不能回避。20 世纪 70 年代初，邹衡先生在太原晋祠一带进行过考古调查，未发现西周时期的遗迹，传说中的叔虞墓，发掘的结果是宋以后所建，太原说在考古调查发掘下被否定。

1979 年，由邹衡先生主持的翼城曲沃考古勘察工作，不仅做了大量的考古勘察，更是深入传世文献寻找线索，撰成《翼城曲沃考古勘察记》一文，至今仍有指导意义。邹衡先生一行，结合传世文献，尤其是地方志的记载，在翼城发现了十余处西周遗址，并认为“天马—曲村遗址、苇沟—北寿城遗址、故城村遗址都有可能是早期晋都遗址”“若就地理位置而

① 北京大学考古文博学院:《考古学研究》(五)，科学出版社，2003 年，第 7—8 页。

言，则天马—曲村作为故绛，可能性似乎更大一些。”[①] 尤其是天马—曲村遗址的面积达到了 1000 万平方米以上，是当时全国发现的最大的西周遗址，这引起了邹衡先生的重视，遂将天马—曲村遗址作为北京大学考古专业学生的考古实习基地。

天马—曲村遗址的发现，可追溯到 1963 年秋，北京大学高明先生带考古专业学生来山西实习，他们就在曲沃县三张古城、北赵村、翼城天马村开探沟调查、勘探，初步确定了该地为一处大范围的以西周晚期遗存为主的遗址。1971 年，侯马工作站吴振禄先生清理了曲村一座被破坏的西周铜器墓，这是天马—曲村遗址发掘的第一座西周墓葬。

1980 年始，北京大学考古系师生每隔一年就在天马—曲村遗址进行有计划的定点发掘工作，邹衡先生亲自参加发掘工作。从 1980 年到 1989 年，考古人员连续进行了 6 次大规模发掘，揭露 16506 平方米遗址，其中居住址 3712 平方米、墓地 12794 平方米，发现各时期房址 6 座、灰坑 263 个、陶窑 9 座、灰沟 16 条、墓葬 832 座、祭祀坑 58 个、车马坑 14 座。虽然十年间考古收获颇丰，但相对于整个遗址的发掘而言，只是冰山一角，已发掘的墓地面积只有整个墓地的三十五分之一，该墓地仅西周、春秋时期的墓葬可能就超过 2 万座。

随着发掘工作的深入，这一遗址无论是规模，还是陆续出

---

① 北京大学历史系考古专业山西实习组等:《翼城曲沃考古勘察记》,《考古学研究》(一)，文物出版社，1992 年，第 222 页。

图 3-11　邹衡先生蜡像

土的考古遗存，都昭示着这是一处非常重要的遗址。陆续的考古发现，不断证明着邹衡先生眼光的独到，而且晋侯大墓的发现，彻底证实了这里属于晋国早期都城范围。

第三节　晋侯大墓

曲村—天马遗址的发现，不仅引起了学界的关注，更引发了激烈的讨论。该遗址“包括了仰韶文化、龙山文化、东下冯类型文化和西周—东周共八段（期）晋文化，而以晋文化最为普遍”①，更是发现了西周时期的晋侯墓地，清理出 9 组 19 座

① 邹衡:《晋国早期都城遗址的发现与发掘及其学术意义》,《文物天地》1998 年第 1 期。

图 3-12　曲村—天马遗址鸟瞰照

晋侯及其夫人墓。

一、大墓被盗

位于北赵村南的晋侯墓地因盗掘而浮现于世人面前。1992年春节期间，听闻曲村有大墓被盗，国家文物局不久便批准抢救发掘。组成以北京大学李伯谦教授为队长、山西省考古研究所罗新为副队长的联合考古队，参加发掘的成员有：刘绪、徐天进、孙庆伟、王鑫、张奎、杨满堂、席为民。本次发掘在4月至6月间开展，发掘了晋侯夫妇墓M1、M2和1座小型汉墓。两座大墓皆被盗，M1随葬器物均被盗掘，未扰动器物仅陶鬲1件，其余多为残件，大部分出土于椁内盗洞中。M2随葬器物中未曾盗扰的有4件，为陶鬲、陶大口尊、铜铲形器以

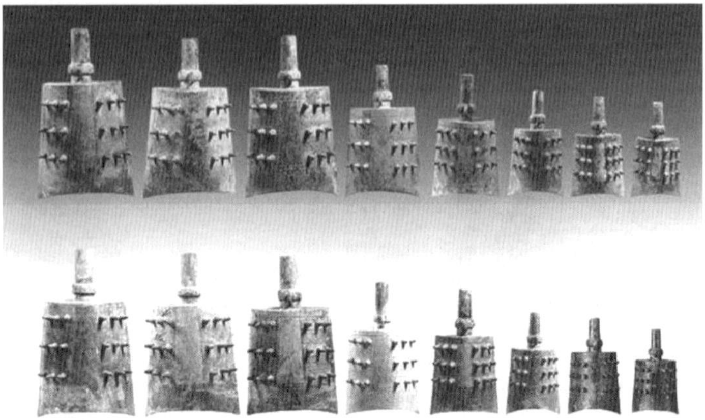

图 3-13 晋侯苏钟

及玉璧各 1 件，其他随葬品均出于盗洞中。发掘者认为两墓为夫妻并穴墓，是晋国诸侯一级的贵族，时代为西周晚期。①

1992 年 8 月 31 日夜晚，盗墓贼盗掘了晋侯稣墓（M8），在盗掘过程中被村民发现，村委会集合民兵，手持铁锹、锄头等农具，边击打边高喊，将盗墓贼吓跑，民兵随即将盗洞回填。同年 10 月，被盗走的部分青铜重器出现在香港古玩市场，上海博物馆购回大部，其中包括著名的 14 枚晋侯稣钟，小部分青铜器流失海外及我国台湾地区。10 月 16 日，考古队对晋侯墓地进行了第二次发掘，此次发掘工作至 1993 年 1 月 11 日结束，由李伯谦先生领队，参加发掘工作的成员有：孙华、雷

① 北京大学考古系、山西省考古研究所：《1992 年春天马—曲村遗址墓葬发掘报告》，《文物》1993 年第 3 期。

兴山、孙庆伟、董新林、刘绪、徐天进、张崇宁、张奎、杨满堂、席为民。本次发掘了晋侯夫妇墓 M6、M7、M8、M9、M13，清理同时期祭祀坑 8 座，小型汉墓 6 座。

M6 为晋侯墓，被盗，残存器物有陶鬲、铜戈、铜銮铃及铜容器残片。

M7 为晋侯夫人墓，被盗，发现陶鬲、玉鹰等随葬器。

M8 虽遭盗掘，但由于被村民及时制止，仍保留下重要的随葬品，出土兔尊 3 件，以及鼎、簋、方壶等 9 件。还出土 2 枚编钟、石磬 8 件以及大量玉器、黄金带饰。

M9 与 M13 为夫妻并穴合葬墓。M9 为晋侯墓，未盗，出土铜器有鼎、簋、斝、编钟诸类。M13 为晋侯夫人墓，未盗，出土铜器有鼎、簋、甗、盨、盘及车马器。①

1993 年上半年，对晋侯墓地进行了第三次发掘，由李伯谦先生领队，参加发掘的工作成员有：张崇宁、张奎、孙庆伟。发掘了晋侯夫人墓 M31、M32 和 3 座陪葬墓。

M31 为晋侯夫人墓，与 1992 年发掘的 M8 是一对平等的并穴夫妻合葬墓，未盗，出土随葬铜器、陶器、玉石器 1000 余件。

M32 被盗，墓内仅残剩铜鼎、簋等器物的碎片。②

---

① 北京大学考古系、山西省考古研究所：《天马—曲村遗址北赵晋侯墓地第二次发掘》，《文物》1994 年第 1 期。

② 北京大学考古系、山西省考古研究所：《天马—曲村遗址北赵晋侯墓地第三次发掘》，《文物》1994 年第 8 期。

1993 年下半年，北京大学考古系 90 级本科生与 92 级研究生在此实习，对晋侯墓地进行了第四次发掘，李伯谦先生任领队，指导老师与工作人员有：刘绪、孙华、王迅、雷兴山、杨哲峰、李海荣、李夏廷、张奎。发掘了晋侯夫妇墓 M64、M62、M63，以及 20 余座陪葬墓和祭祀坑。

M64 的墓主为晋侯邦父，未盗，随葬礼器有 5 件鼎、4 件簋、4 件尊以及壶、盘、匜、簠、爵、甗等，其中两件鼎及簋上有“晋侯邦父”铭文。乐器有楚公逆编钟 1 套 8 件、钲 1 件、石磬 16 件。兵器有戈、剑各 1 件，及若干箭镞。

M62 的墓主为晋侯邦父正夫人，未盗，随葬礼器有 3 件鼎、4 件簋，壶、盘、匜、爵、尊、方彝、鼎形方盒，銮铃 4 件，以及大量玉器。

M63 的墓主为晋侯邦父次夫人，未盗，随葬品有 3 件鼎、2 件簋、2 件壶，爵、觯、方彝、盘、盉、鼎形方盒、筒形器，以及大量玉石器。①

1994 年 5 月至 10 月，对晋侯墓地进行了第五次发掘，由李伯谦先生领队，参加发掘的成员有：徐天进、李夏廷、孟耀虎、张奎。发掘了晋侯夫妇墓 M33、M91、M92、M93、M102，以及 20 余座祭祀坑，1 座汉墓。

M33 为晋侯僰马墓，大多数随葬品被盗，尚存石磬 10 余

① 北京大学考古系、山西省考古研究所:《天马—曲村遗址北赵晋侯墓地第四次发掘》,《文物》1994 年第 8 期。

件，铜方壶 1 件，铜簋 1 件，以及车马器、兵器等。

M91 为晋侯喜父墓，未盗，随葬品有铜器、金器、玉器、石器、骨器、蚌器、陶器等。青铜礼乐器有 7 件鼎、5 件簋，爵、鬲各 2 件，方壶、圆壶、盘、匜、盂、卣、甗、豆各 1 件，编钟 7 枚。兵器有戈 12 件，剑、矛、镈各 1 件，镞 70 枚。

M92 为晋侯喜父夫人墓，未盗，出土铜礼器鼎、盨、壶各 2 件，盘、盉各 1 件。另有 4000 余件玉石器。

M93 或为晋文侯墓，未盗，随葬青铜器，鼎 5 件、簋 6 件、壶 2 件，盘、匜、甗各 1 件。明器组 8 件，鼎、簋、尊、卣、爵、觯、盘、方彝各 1 件。还有大量玉石器。

M102 为晋文侯夫人墓，未盗，随葬青铜器，鼎 3 件、簋 4 件，盘、匜、壶各 1 件，明器组有鼎、簋、盉、爵、觯、方彝各 1 件。还有大量玉石器。

晋侯墓地的第五次发掘，为晋侯墓地的排序提供了丰富的资料，也促使学界对西周晋君世系进行探讨。①

1996 年，在晋侯墓地车马坑上建保护大棚，曲村—天马遗址被公布为国家级重点文物保护单位。1997 年五六月间，在曲村村东居住址进行小规模发掘。是年下半年，对一号车马坑车坑上部与马坑部分进行发掘。

---

① 北京大学考古系、山西省考古研究所:《天马—曲村遗址北赵晋侯墓地第五次发掘》,《文物》1995 年第 7 期。

2000年，曲沃县文物局获悉，有一组晋侯墓盗掘未遂，便立即组织人员进行现场勘探，推断该墓即M114晋侯燮父墓。是年，考古队从2000年10月14日开始，对该墓及晋侯燮父夫人墓进行了发掘，此为晋侯墓地的第六次发掘，直到2001年1月15日结束。此次发掘，由李伯谦先生领队，参加发掘工作的成员有：商彤流、孙庆伟、吕剑峰、雷兴山及曲沃县博物馆的工作人员。

M114，被盗，残留的随葬品中以铜车马器为主，修复的铜器有方鼎、瓦纹簋、鸟尊等。

M113，未盗，出土铜、陶、玉、蚌类器物共114件组。铜器有鼎8件、簋6件、卣2件、甗、猪尊、双耳罐、琮形器等。还出土大量玉器，主要是墓主人佩带的多组饰物。①

至此，晋侯墓地除车马坑和陪葬墓外，晋侯夫妇墓全部发掘完毕。

2001年上半年，对晋侯墓地进行了第七次发掘，参加发掘的成员有：商彤流、王力之、宋玲平、吕剑峰，本次发掘了4座陪葬墓即M109、M110、M111、M112，和一座车马坑。

2001年11月始，对晋侯墓地进行了第八次发掘，参加发掘的成员有：李伯谦、吉琨璋、商彤流、孟耀虎、王力之、梁云、颜孔昭、吕剑峰、刘绪。本次发掘对晋侯墓地的其他所有

---

① 北京大学考古系、山西省考古研究所：《天马—曲村遗址北赵晋侯墓地第六次发掘》，《文物》2001年第8期。

图 3-14　曲村—天马遗址

陪葬墓进行了发掘。

2006 年，对晋侯墓地进行了第九次发掘，队长为吉琨璋，参加发掘的成员有：李伯谦、刘绪、雷兴山、李建斌、乔金荣、吕维学、冯峰、常怀颖、林永昌、朱嵩、马赛等，本次发掘历时两年，直到 2007 年底才结束。对晋侯墓地一号车马坑进行最后阶段的发掘，这是现知西周时期最大的车马坑，有车 48 辆，马至少 105 匹。

关于曲村—天马遗址的性质，存在是否是晋国都城的争论。觋公簋发现后，学界只是排除了其为晋国始封地的观点，但仍存在其是否为晋都的争论。9 组 19 座晋侯及其夫人墓中，年代最早的墓 M114 为燮父之墓，已得到学界公认。年代最晚的墓 M93，墓主身份仍有争议。从其墓葬规模、时间来看，将其定为晋文侯之墓，较为合理。晋侯墓地的发现，表明燮父迁晋后，此处为西周晋国政治中心所在地，但遗址中尚未发现宫殿城址遗存，因此其是否为晋国都城，学界存在着不同的意见。

二、羊舌大墓

羊舌墓地，学界认为其为又一处晋侯墓地，已发掘的 M1、M2 为晋侯及其夫人墓，也得到学界的公认。

从羊舌墓地平面图来看，M2 左边三座“中”字形大墓，应为两组。考古人员在发掘大墓的同时，“还对墓地及周围进行了考古调查、小范围钻探和抢救性发掘，初步搞清了该墓地的分布范围。整个墓地南北长 400 米、东西宽 300 米，面积约 12 万平方米，由大型墓和中小型墓组成。大型墓在墓地北部，沿岭线边缘东西分布，目前已勘探出 5 座‘中’字形大墓和 1 座车马坑，东部的 2 座为一组，西部的 3 座是否为一组尚不清楚，两者之间相距 60 余米，均为带南北墓道的‘中’字形大墓。紧靠大型墓的南面是中小型墓区，并向南延伸，中小型墓区的中型墓多有车马坑。”①

---

① 山西省考古研究所、曲沃县文物局:《山西曲沃羊舌墓地发掘简报》,《文物》2009 年第 1 期。

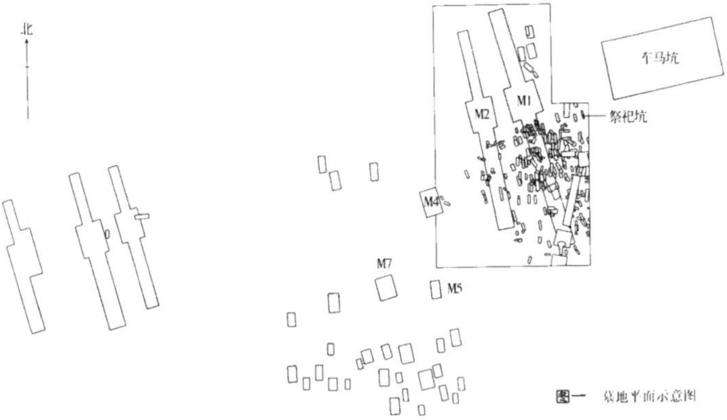

图 3-15　羊舌墓地平面示意图

羊舌墓地在考古学文化上，是北赵晋侯墓地的延续，已得到众多学者的肯定。但在羊舌墓地 M1、M2 墓主的推定上，学界有晋文侯、晋昭侯、昭侯以下之晋侯、曲沃桓叔等不同的观点。从晋文公去世后归葬曲沃来看，曲沃桓叔等应葬于曲沃。且晋之曲沃在闻喜上郭—邱家庄一带，没有任何理由葬于羊舌。羊舌墓地的属性只能从晋之大宗来考虑。

既然羊舌墓地在考古学文化上显示其为北赵晋侯墓地的延续，随之而来的问题是，为何晋侯会另辟墓地？另起墓地，可能的理由：一、迁都。因迁都而另辟墓地，自在情理之中，且北赵晋侯墓地未发现叔虞墓，便是最有力的证据；二、公墓既定兆域用尽，另辟新墓地；三、因礼制的规定，不能入墓地兆域，另辟他处。

晋国历史上，六十七年的曲沃代翼，小宗完胜大宗，晋国完成了自身的蜕变。当曲沃一次次伐翼时，翼有没有迁都的可能与必要？观照彼此的历史，这种可能性几乎没有。文献所见，前期几次的斗争，曲沃虽然用尽种种办法，对晋君明杀暗弑，但终未能入主晋都，其原因在于“国人”不接纳。这也表明，曲沃能否代翼而成，不在城堡的坚固与否等外在军事因素。就史料分析，此时的大宗，没有时间、没有理由进行迁都，翼完全能承担都城的重任。因此，因迁都而另辟墓地的理由，似不大可能。

羊舌墓地的出现，是否是公墓既定兆域用尽而另辟新墓呢？就北赵晋侯墓地九组晋侯墓来看，不管当时是按何种规则来安葬每位晋侯，至少在 M93 之南、M63 之西，仍有可安葬之处。因此，此种理由也不大可能。

周代是礼制时代，虽西周末有“礼崩乐坏”之说，但两周依然是礼制实行的典范时代。《周礼·春官·冢人》言：“凡死于兵者，不入兆域。”[①]因礼制的规定，不能入墓地兆域，另辟他处安葬，至今在山西有的地方仍有遵循。晋昭侯以下几位大宗国君，卷入曲沃代翼斗争中，均未得善终。昭侯被其大夫潘父所弑，继任者孝侯被曲沃庄伯所弑。继任者鄂侯被迫奔随，未知所终。其子哀侯被曲沃俘获，并最终被弑杀。哀侯子小子侯，在位四年即被曲沃武公诱杀。其后哀侯弟被立为国君，为晋缗侯，最终被曲沃所灭，小宗取代大宗。羊舌墓地的出现，

---

① （唐）贾公彦：《周礼注疏》，北京大学出版社，2000 年，第 668 页。

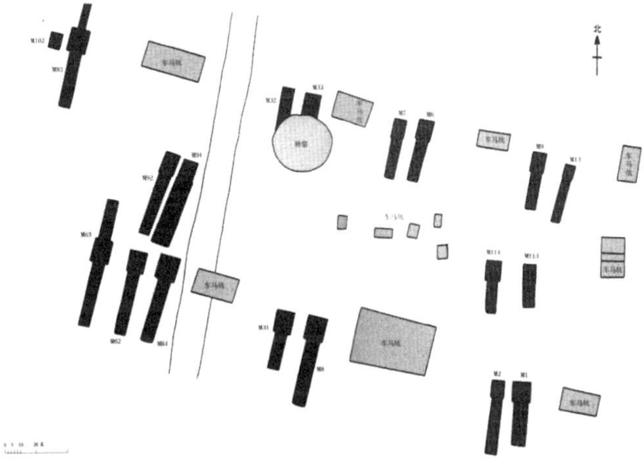

图 3-16　北赵晋侯墓地平面示意图

恐与此段历史有关，羊舌墓地 M1、M2 墓主为晋昭侯，较为合理。其余二组晋侯墓，也应在昭侯以下的大宗晋君当中确指。北赵晋侯墓地与羊舌晋侯墓地，从宏观角度来看，将其视为一整体晋侯墓地，也未尝不可，只是北赵墓地为常态兆域，羊舌墓地为非常态兆域。

三、早期晋都

西周时期，都城与墓地相距不远，已经得到文献和考古的证实。《左传·僖公二十八年》：

晋侯围曹，门焉，多死。曹人尸诸城上，晋侯患之。

> 听舆人之谋，称："舍于墓。"师迁焉，曹人凶惧，为其所得者，棺而出之。因其凶也而攻之。三月丙午，入曹。[①]

晋文公在城濮之战前，战略性地攻打曹国。但最初的攻曹战役失败，曹人将晋国将士尸体悬诸城上，导致晋国军心动荡，丧失斗志。晋文公散布晋军将在曹国祖先墓地安营扎寨的流言，曹人无比恐惧，急忙将晋人尸体装棺送出，晋人趁机攻入曹国。此例可以看到，都城与国君墓地距离并不遥远。

考古发现也证实，西周时期的虢国都城与墓地相距很近。三门峡虢国墓地位于今三门峡市上村岭，由于规模大、等级全、保存好，出土器物多且精美，成为中国考古史上的重大发现之一。虢国墓地东南 2 公里的李家窑遗址，便是虢国都城上阳城，在遗址中发现有城垣、宫城、手工业作坊、居住遗址等。考虑到都城与墓地的关系，晋国都城应在距晋侯墓地不远的范围之内。

晋侯墓地的发现，让我们有充分的理由相信，晋国都城在此附近。此晋都，应是燮父迁晋后之晋都。晋都名称，见于文献者，有唐、鄂、翼、绛、新田（新绛）、曲沃等。学界遂有三都两迁、四都三迁、五都四迁、七都六迁等说，现在看来，燮父迁于绛后，直至景公迁新田，期间晋国未曾迁都。

曲村—天马遗址的考古工作虽已取得了非常卓越的成绩，

---

① 杨伯峻：《春秋左传注》，中华书局，1990 年，452—453 页。

但仍有许多考古工作需要进行，尤其需要扩大范围。参照西周时期，都城与墓地相距不远的例证，晋国都城应距北赵墓地不远，只是现在还未能获得考古工作的支持。当然，翼城县西北1公里的苇沟—北寿城遗址，有西周早期文化遗存，且发现一段西周时期的城墙。只是，苇沟—北寿城遗址的考古工作做得不是很多，有待日后深入开展。

总之，燮父迁晋之都，在北赵晋侯墓地不远处。具体的确指，有待于日后考古工作的开展，尤其是扩大曲村—天马遗址范围，以及对苇沟—北寿城遗址的系统考古工作。

周天子因何命燮父由唐迁晋？学界未多讨论。结合周初形势，燮父迁晋，应与周公东征胜利后，对天下格局的布局、掌控有关，因此将晋国迁到交通要道。古唐国的叛乱，及时被周人镇压，且由于此处战略意义重大，是以立刻进行了分封。此时的周公，尚在东征的途中。武庚叛乱，是继牧野之战后，商周力量的又一次对决，其最初情势，对周人而言并不乐观，这也是灭唐后即刻进行分封的原因。限于当时情况，叔虞就封只能是居于古唐国旧都，接受其势力范围。周公东征胜利后，意味着周人彻底控制了天下的局势，这时“封建亲戚，以藩屏周”的理念得以坚决的落实。燮父之所以由唐迁晋，正是在这样的背景下，配合着完成周人对天下格局的布控。

商代由中原进入晋南，一条是通过平陆走虞坂古道，一条是经由垣曲的轵关陉。当定都于沣镐的周人完全控制天下大势后，对晋南的控制以及控制由晋南进入中原的要道，皆需主要受封之国占据有利战略位置。从地理位置上看，北赵晋侯墓地附近，显然比坊堆—永凝堡遗址处于战略性更佳的地理位置。周人命燮父由唐迁晋，便也显得不仅合理，且有必要。

第四章　古今之争：古曲沃今何在

公元前 746 年，晋文侯去世，子姬伯立，是为昭侯。晋昭侯即位后，便将叔父成师封于曲沃，是为曲沃桓叔，由此拉开了曲沃代翼的序幕。古曲沃在今曲沃，还是在今闻喜？两千年来，争论不止。随着考古工作的推进，古曲沃所在地，也被逐渐确定。

第一节　曲沃代翼

曲沃，晋国大邑，其城大于国都。依周礼，这样的重镇是不能进行分赏的，但晋昭侯却将其封于叔父成师。这直接导致了晋国小宗取代大宗战争的爆发，也促使晋国完成了自身的蜕变。

一、曲沃桓叔

成师是晋文侯之弟，有好德之名，受封于曲沃时已五十八岁。《史记·晋世家》："昭侯元年，封文侯弟成师于曲沃。曲沃邑大于翼。翼，晋君都邑也。成师封曲沃，号为桓叔。靖侯庶孙栾宾相桓叔。桓叔是时年五十八矣，好德，晋国之众皆附焉。君子曰：'晋之乱其在曲沃矣。末大于本而得民心，不乱何待！'"[1]晋昭侯封桓叔于曲沃，派晋靖侯的庶孙栾宾辅佐，时人认为这预示着乱之将生。

天子、诸侯、卿、大夫、士及庶人、工、商，皆有制度，这正是礼制下的有序和谐，且遵循着强本弱末的原则。《左传·桓公二年》载晋大夫师服之言：

> 吾闻国家之立也，本大而末小，是以能固。故天子建国，诸侯立家，卿置侧室，大夫有贰宗，士有隶子弟，庶人、工、商，各有分亲，皆有等衰。是以民服事其上而下无觊觎。今晋，甸侯也，而建国。本既弱矣，其能久乎？[2]

成师受封曲沃，大于晋国都城，这是不符合礼制的。在礼制时代，违礼之事往往昭示着乱将发生。大夫师服的看法，基本上代表了当时晋国卿大夫们的认识。桓叔所谓的"好德"，也是出于政治目的的伪装，是拉拢民心的表演。因其受封后不久便谋求篡位，这非"德"的内涵，更非"好德"之要求。封桓叔

---

① （汉）司马迁:《史记》，中华书局，2014 年，第 1980 页。

② 杨伯峻:《春秋左传注》，中华书局，1990 年，第 94—95 页。

图 4-1 闻喜上郭村出土双鸾鸟纹铜车

于曲沃，晋乱开启！

晋国卿大夫们的担心，并非杞人忧天。《史记·晋世家》载："(昭侯）七年，晋大臣潘父弑其君昭侯而迎曲沃桓叔。桓叔欲入晋，晋人发兵攻桓叔。桓叔败，还归曲沃。晋人共立昭侯子平为君，是为孝侯。诛潘父。"[①]昭侯即位第七年，晋国爆发了内乱。大臣潘父在桓叔的授意下，弑其君昭侯，准备迎接曲沃桓叔执政晋国。桓叔前往翼都，遭到了晋人的强烈抵抗。晋人发兵攻打桓叔，桓叔失败，退回曲沃。晋人立昭侯儿子平为晋君，是为孝侯，诛杀潘父。

曲沃代翼的第一战，以曲沃失败告终。尽管曲沃还未完全

① （汉）司马迁：《史记》，中华书局，2014 年，第 1980—1981 页。

获得晋国民心，也没有足够强大的力量，实现小宗取代大宗，但是这次战争清楚地表明：曲沃小宗的不轨之心，已经严重威胁到国君大宗的地位和安全。

二、曲沃庄伯

公元前732年，曲沃桓叔去世，其子鱓立，是为曲沃庄伯。《史记·晋世家》："孝侯十五年，曲沃庄伯弑其君晋孝侯于翼。晋人攻曲沃庄伯，庄伯复入曲沃。晋人复立孝侯子郄为君，是为鄂侯。"①公元前724年，庄伯弑杀孝侯，晋人攻打庄伯，庄伯逃归曲沃。曲沃的力量已相当强大，晋室大宗根本无法控制，但国人的力量仍不可忽视，此也说明宗法观念在当时仍起着重要的作用。

曲沃庄伯并没有因受阻而放弃代替大宗的念头，不久之后，曲沃庄伯发动了第二次曲沃代翼的战争。《左传·隐公五年》："曲沃庄伯以郑人、邢人伐翼，王使尹氏、武氏助之。翼侯奔随。……曲沃叛王。秋，王命虢公伐曲沃而立哀侯于翼。"②曲沃庄伯联络郑国、邢国共同讨伐晋国，周平王也使尹氏、武氏前来襄助。面对曲沃联军的进攻，晋国无法抵抗，鄂侯出奔于随。

---

① （汉）司马迁：《史记》，中华书局，2014年，第1981页。

② 杨伯峻：《春秋左传注》，中华书局，1990年，第44—45页。

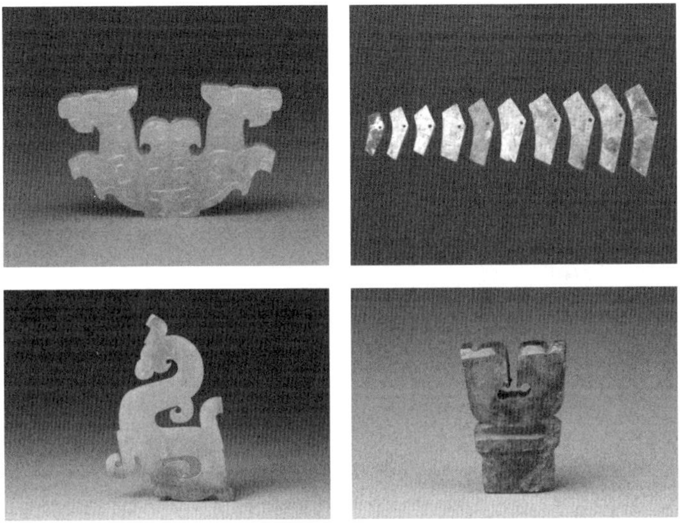

图 4-2　闻喜邱家庄墓出土随葬品

在这次战争中，周王室最初站在曲沃一方，助其攻晋，但在晋鄂侯出奔随地后，周王室与曲沃之间发生了矛盾，史称“曲沃叛王”。周天子反过来命令虢公讨伐曲沃，庄伯败退，第二次曲沃代翼失败。周天子立鄂侯之子光，是为晋哀侯。《左传・隐公六年》：“翼九宗五正顷父之子嘉父逆晋侯于随，纳诸鄂。晋人谓之鄂侯。”[①]战争结束后，由于晋国国君已由哀侯继任，其父鄂侯不便再回到翼都，便被大夫嘉父由随地迎接到鄂地退隐。

曲沃庄伯第二次代翼之战以曲沃失败告终，但从中可以看

① 杨伯峻：《春秋左传注》，中华书局，1990 年，第 49 页。

到曲沃的力量在不断壮大，且在外交上取得了不小的成功。周王室从支持曲沃到攻打曲沃，成为曲沃失败的根本原因。“曲沃叛王”，应是周王室与曲沃瓜分胜利果实的协议未能达成，致使周王室中途变卦，转而支持晋国大宗。从中也可看到，当时的周天子仍有一定的号召力，而晋人仍旧拥戴晋君，宗法观念还有较深的基础。

三、曲沃武公

公元前 716 年，曲沃庄伯带着一腔忧愤离开了人世，其子继任，号称曲沃武公。曲沃武公继承祖父之志，一心要完成小宗代大宗的事业。此时，晋国翼都政权也试图去解决曲沃问题。古本《竹书纪年》载：“翼侯伐曲沃，大捷，武公请成于翼，至桐庭乃返。”[①]晋国攻打曲沃，取得了一定的胜利，却未能对曲沃力量造成毁灭性打击。

晋国君臣并没有继续集中所有力量解决曲沃问题，而且在有的决策方面出现致命的失误。《史记・晋世家》：

> 哀侯八年，晋侵陉廷。陉廷与曲沃武公谋，九年，伐晋于汾旁，虏哀侯。晋人乃立哀侯子小子为君，是为小子侯。小子元年，曲沃武公使韩万杀所虏晋哀侯。曲沃益

① 范祥雍：《古本竹书纪年辑校订补》，上海古籍出版社，2011 年，第 44 页。

强，晋无如之何。[1]

公元前710年，晋国侵伐陉廷，这样的决策，在当时显然是错误的。翼都最大的威胁，来自曲沃，理应排除万般杂事，集中精力、联合一切力量，解决曲沃问题，不应再生出其他事端。晋侵陉廷，未知何因。但从“侵”的用语可知，翼都出师并非正义。从其后“陉廷与曲沃武公谋”判断，翼都的侵略行为，将陉廷推向自己的对立面，直接导致其与曲沃合兵一处，讨伐晋国。第二年，曲沃武公联合陉廷讨伐晋国，韩万为御戎，梁弘为车右，哀侯战车的骖马被树木牵扯，不能前进，晋哀侯被俘。

栾成的父亲栾宾，曾是曲沃桓叔之傅，为曲沃早期政权的

图4-3　无衣（南宋马和之《唐风图卷》）

① （汉）司马迁:《史记》，中华书局，2014年，第1981—1982页。

发展作出过贡献。曲沃武公因此之故，劝栾成投靠曲沃。《国语·晋语一》载武公劝栾共子：“苟无死，吾以子见天子，令子为上卿，制晋国之政。”面对武公的上卿之许，栾成并未心动，而是说出了一段铿锵有力、流芳千古的话：

> 成闻之：“民生于三，事之如一。”父生之，师教之，君食之。非父不生，非食不长，非教不知生之族也，故壹事之。唯其所在，则致死焉。报生以死，报赐以力，人之道也。臣敢以私利废人之道，君何以训矣？且君知成之从也，未知其待于曲沃也。从君而贰，君焉用之？[①]

栾成与其父的政治站位不同，并未因武公的高位相许而改变立场。他认为做人要忠贞如一，食君之禄，要以死报之，春秋道义尽显其身！栾成拒绝了武公的招降，战斗而死。经过这次战争，曲沃更加强大，翼都彻底失去了控制局面的机会和能力。

晋哀侯被俘，晋人立哀侯子为晋君，是为小子侯。小子侯元年（前710），曲沃武公使韩万弑杀晋哀侯。晋小子侯四年（前706），曲沃武公诱召小子侯杀之。周桓王依然支持晋国大宗，派虢仲讨伐曲沃武公。武公走保曲沃，周天子立晋哀侯弟缗为晋侯。

晋缗侯在周天子的支持下，苟延残喘地延续了近三十年。

---

① 徐元诰：《国语集解》，中华书局，2002年，第248页。

图 4-4　闻喜上郭村出土匜形鼎

曲沃在此期间，一心壮大自己的力量，寻找机会。周桓王去世后，曲沃武公终于迎来了机会。晋缗侯二十八年（前 678），曲沃武公一举灭掉晋公室，并尽以所获公室宝器贿赂新继位的周釐王。得到贿赂的周天子，欣然派虢公任命曲沃武公为晋君，尊列诸侯之位，尽得晋国疆域，并获准有一军的兵力。这一年，齐桓公始称霸，成为春秋第一位霸主。

曲沃武公被周天子承认为诸侯时，已即位三十七年，尊为晋侯后，改称晋武公。曲沃自桓叔始封，经历了桓叔、庄伯、武公三代人，耗时六十七年，经过六次夺权的尝试，最终完成了小宗代大宗的进程，晋国完成了自身的蜕变。

曲沃代翼的发生，乃至最终成功，晋国大宗负有不可推

图 4-5　扬之水（南宋马和之《唐风图卷》）

卸的责任。一方面，从最初的成师之封，到曲沃叛乱后公室的决策，皆有失误；另一方面，与曲沃自身的努力分不开，《诗经·唐风·扬之水》云：

> 扬之水，白石凿凿。素衣朱襮，从子于沃。既见君子，云何不乐？扬之水，白石皓皓。素衣朱绣，从子于鹄。既见君子，云何其忧？①

学者多认为是赞扬曲沃小宗有德之诗，至少说明曲沃的治理颇得民心。六十七年的战争，晋国为此付出了巨大的代价，晋国百姓更是饱受战争之苦，但这也为之后晋国的崛起和改革，积累了宝贵的经验。武公列为诸侯的第二年便去世，其子诡诸继位，是为晋献公，晋国进入了一个全新的时代。

① （唐）孔颖达：《毛诗正义》，北京大学出版社，2000 年，第 448—451 页。

第二节　曲沃何在?

古曲沃在今曲沃，还是在今闻喜？历史上就争论不休，如《左传》《国语》《汉书》《后汉书》等经典注疏，多以古曲沃在闻喜，也有一些著作，如《括地志》《通典》《通志》等，认为其在曲沃。《曲沃县志》《闻喜县志》都言古曲沃在自己境域内。古代学者也多有专门著文考辨者，如清乾隆年间曲沃知县张坊的《曲沃征》。近代以来，对古曲沃的地望，仍不时有学者讨论。

一、文献中的闻喜说

班固《汉书·地理志》“晋阳”条自注：“故《诗》唐国，周成王灭唐，封弟叔虞。”[①]“闻喜”条自注：“故曲沃。晋武公自晋阳徙此。”[②]班固首定古曲沃在闻喜的观点，得到了后世学界的广泛肯定：

> 《史记》：“昭侯元年，封文侯弟成师于曲沃。”司马贞

---

① （汉）班固：《汉书》，中华书局，1962 年，第 1551 页。

② 同上书，第 1550 页。

《索隐》:“河东之县名，汉武帝改曰闻喜也。”①

《舆地广记》“闻喜县”条:“本曲沃，晋文侯封其弟成师谓之曲沃桓叔，秦改为左邑，属河东郡，汉武帝元鼎六年，将幸缑氏，至左邑桐乡，闻南越破，以为闻喜县，东汉及晋因之，元魏置正平郡，隋属绛郡，唐属绛州，后属河中府，汉乾祐元年来属。”②

《读史方舆纪要》“闻喜县”条:“春秋时晋之曲沃地，秦改为左邑，属河东郡，汉武帝经此，闻破南越，因置闻喜县，仍属河东郡。”③

《春秋大事表》“晋都”条:“曲沃，晋别都，今为山西绛州之闻喜县。”④

钱穆《史记地名考》“曲沃”条:“今闻喜县也。自桓叔始封，三世至武公并晋。献公都绛，使太子申生居曲沃，亦谓新城，又谓下国，后为栾氏食邑，秦谓之左邑。”⑤

《左传》:“曲沃庄伯以郑人、邢人伐翼”，杨伯峻注:“曲沃在今山西省闻喜县东二十里。曲沃去翼一百余里。”⑥

---

① （汉）司马迁:《史记》，中华书局，2014年，第1980页。

② （宋）欧阳忞:《舆地广记》，四川大学出版社，2003年，第395页。

③ （清）顾祖禹:《读史方舆纪要》，中华书局，2005年，第1908页。

④ （清）顾栋高:《春秋大事表》，中华书局，1993年，第802—803页。

⑤ 钱穆:《史记地名考》，商务印书馆，2001年，第493—494页。

⑥ 杨伯峻:《春秋左传注》，中华书局，1990年，第44页。

上述文献表明，秦时古曲沃改为左邑县，汉武帝行至左邑，闻汉军破南越，而改左邑为闻喜。民国《闻喜县志》卷23“古迹”云：

> 左邑城在县东三十里，晋武公自晋阳徙此，《诗》所谓“从子与鹄”是也。桐乡故县即今县治，汉武帝后，左邑、闻喜并设，东汉移治闻喜，至今仍之。考今城乃隋唐之桐乡县，非秦汉之桐乡县也。隋唐闻喜治东镇，增设桐乡，不得不在西故也。若秦汉之桐乡必在左邑东，左邑因安邑得名，安邑在今城西南九十里，势不能越今城而东，且既隔桐乡，不连安邑，取名左邑甚无谓矣。以今城为古左邑可也，以东镇为古左邑误矣。以东镇为古桐乡可也，以今城为秦汉桐乡误矣。其实今东镇是否桐乡，不敢臆断，若《诗》所谓“从子于鹄”之“鹄”，则必去东镇不远。①

文献对古曲沃在今闻喜的记载，是我们思考古曲沃所在地的依据之一，值得我们重视。此外，我们还可以结合当时的具体的历史和制度，对古曲沃所在地的问题进行思考。

① 民国《闻喜县志》，《中国地方集成·山西府县志辑》第60册，凤凰出版社，2005年，第622页。

二、在闻喜的理由

三代是礼制时代，朝野世事，皆有规制，依礼而行。作为国家的都邑，更是有着严格的规定。《左传·隐公元年》："都，城过百雉，国之害也。先王之制：大都，不过参国之一；中，五之一；小，九之一。"[①]从礼制上来说，国君所在的都邑应最大。国都外最大的城邑，不能超过国都的三分之一，中等的城邑不得超过国都的五分之一，小的城邑不能超过国都的九分之一。这不仅是等级的体现，更是出于政权安全的考虑。《史记·晋世家》："昭侯元年，封文侯弟成师于曲沃。曲沃邑大于翼。翼，晋君都邑也。"[②]桓叔受封曲沃之初，曲沃邑即大于翼。

首先，曲沃大于翼都，说明其本非晋国始封地范围内之城邑。曲沃邑为何会比翼都大？如果曲沃属于晋始封范围内之城邑，依照礼制，不可能城垣比国都大，那么只有一种解释，即曲沃本非晋之早期城邑，极有可能是晋国兼并之地。因在西周初，都城建制皆依礼而行，不可能出现邑大于都的情况，是以曲沃非在晋都附近，此也可佐证曲沃在闻喜。

2013 年，中国国家博物馆、山西省考古研究所、运城市

① 杨伯峻：《春秋左传注》，中华书局，1990 年，第 11 页。

② （汉）司马迁：《史记》，中华书局，2014 年，第 1980 页。

文物保护研究所组成联合考古队，对涑水上游周代遗址进行了调查，“此次调查过程中，我们特意寻找了殷墟商文化，但除在绛县个别遗址有疑似者外，再无相关发现。直至西周早期，这一区域方才有绛县横北周家庄等少量遗址出现，至西周中、晚期，遗址的数量逐渐增多。此次调查涉及的周代遗址之时代多集中在春秋时期，这与晋文化的逐渐扩张密切相关。结合以往的考古工作可知，西周时期晋文化的分布范围主要在今临汾盆地，如曲沃、翼城等地的发现，而运城盆地则相对较少。但据文献记载，当西周晚期，桓叔受封曲沃之时，曲沃已然‘邑大于翼’，说明至迟在西周晚期，晋人已然开始经营位于涑水上游的古曲沃。”[①]考古调查也证实了曲沃本非晋国始封范围内之城邑。

其次，传世文献表明，翼与曲沃之间有段距离。曲沃代翼后，成为宗庙之所在地，以示不再分封。晋文公去世后葬于曲沃的记载，也证实了曲沃为宗庙所在之地。骊姬之乱中，骊姬为了给其子扫清道路，同时培养其子与献公的感情，将太子申生、公子重耳、夷吾皆调离国都，申生居曲沃、重耳居蒲、夷吾居屈。蒲、屈皆在晋国边境，曲沃亦当不在国都附近。

再次，闻喜上郭—邱家庄遗址多年来的考古发掘工作，越来越显示其遗址为古曲沃。上郭古城遗址，时代为东周，面积

① 中国国家博物馆、山西省考古研究所、运城市文物保护研究所：《涑水上游周代遗址调查简报》，《中国国家博物馆馆刊》2014年第11期。

约为7.5万平方米，陆续出土有荀侯匜、贮子匜、“刖人守囿”车等青铜器，以及目前为止山西地区发掘的规模最大的东周墓葬——邱家庄5001号大墓。《国语·晋语八》记载，子犯葬于九原，而子犯编钟传出土于闻喜。城址、大墓、重要青铜器的发现，皆指向上郭—邱家庄遗址，即晋国之曲沃。

第三节　上郭—邱家庄遗址

上郭古城址与邱家庄墓群位于闻喜县东南约3公里的鸣条岗东端。邱家庄距上郭村约2公里，两地均属桐城镇所辖。

一、古城遗存

上郭古城址位于上郭村，城址大部分被压在村庄的底下，在村东10米处发现古城址的北墙，墙残长500米，宽7—8米，高0.5—3.5米，夯层厚为7—15厘米。村南100米处有西墙，暴露部分4—5米，残高3米左右。上郭遗址南北长5000米，东西宽1500米，总面积750万平方米。

山西省文物部门曾于20世纪70年代初，在这一带多次进行考古工作，发现墓葬的时代从西周一直延续到汉代。1974年、1978年和1989年在上郭发掘了一批西周至春秋时期的墓葬，出土有东周青铜器，“刖人守囿”六轮青铜挽车、荀侯匜、

图 4-6　上郭古城址暨邱家庄墓群保护碑

图 4-7　古城城墙遗存

贾子匜、陈信父壶、董矩甗等著名青铜器。上郭村墓地大部分是些中小型墓葬，多数墓没有正式礼器作随葬器物。

1979 年，运城地区文化局和博物馆在邱家庄发掘了 13 座东周墓，其中以 M13 为代表的几座墓当为春秋晚期。M13 的墓圹为传统竖穴土坑墓，长 4 米，宽 2.6 米，葬具为双椁一棺，仰身直肢葬。随葬青铜器有鼎、豆、盘、匜、舟、戈、车马器等，墓葬的主人为士一级的小贵族。[①]

二、邱家庄大墓

2018 年起，山西省考古研究所对邱家庄墓地进行了抢救性的发掘。邱家庄墓地考古勘探共发现 5 组大型墓葬，M5001 为其中一组大型墓葬西侧的一座有墓上建筑的大型竖穴土圹墓，由墓上建筑夯土基址、墓上台阶式遗存和凹槽以及墓室构成。现据发掘简报，简述如下：

墓葬上方原有墓上建筑，现仅存墓上建筑夯土基址。夯土基址超过墓口范围，外围一周由析瓦和筒瓦组成的散水类护坡，其余不存。田建文先生推测其应当为“享堂”一类的建筑，这在山西先秦考古史上是第一次发现。

墓上建筑夯土基址下、墓口上方外围约 1 米的区域发现一

① 山西省考古研究所编:《山西考古四十年》，山西人民出版社，1994 年，第 171 页。

图 4-8　M5001 大墓

图 4-9　散水类建筑遗存

周台阶式遗存，且在台阶上发现多条剖面呈不规则半圆形的凹槽，凹槽口径多为0.4—0.8米，个别超过1.2米，每边各有凹槽9条，共36条。此种情况，也是山西先秦考古史上的首次发现。

台阶式遗存下向内出现墓口，墓口以下为墓室。墓口南北长14.3米、东西宽13.5米，无墓道。墓葬口大底小，墓底距墓口约17.5米，在墓内共发现四级小台阶。第四级小台阶下的墓室出现积炭层，厚约1.5米，四角的积炭保持原位置，保存状况较好，墓室中部积炭垮塌。积炭层以下为椁室，椁室中部塌陷较甚，椁盖板保存较好。椁盖板以下为棺室，棺板散乱，有明显盗扰痕迹。墓室上方可见5个盗洞，另在东、南墓

图4-10 台阶式遗存的半圆形凹槽

壁上各有一盗洞斜穿进入墓室。由于墓葬多次被盗，墓室内人骨散于各处，经鉴定有一女性，约 35 岁。

墓葬遭到严重盗掘，不见完整或可修复的大件青铜礼器及陶礼器，出土器物多为墓室扰土过筛所得，以小件或大件残片为主。共 1703 件（组），包括铜、金、铁、陶、玉、石、骨、贝、料器等。其中铜器 379 件，器形有铃、兽形饰、鸟形饰、铺首、环、盖弓帽、带钩、车马器等。

金器 5 件，均为金箔。铁器 4 件，包括斧 1 件、凿 2 件、饰件 1 件，均锈蚀严重。经拼对的陶器，可辨器形者仅 1 件壶。

图 4-11　椁室中部石板层

图 4-12 铜铃

图 4-13 铜兽形饰

图 4-14 铜铺首

图 4-15 筒环

图 4-16 金箔

图 4-17 陶壶

玉器，119 件，器形包括牌饰、璜、圭、扣、环、璧、龙形饰、兽形饰及玉器残片。石器 13 件（组），器形有牌饰、圭、磬。

骨器 875 件，器形有镳、塞、扣、管、叉、珠。贝器 303 件，均为海贝。料器 4 件，均为料珠。

邱家庄 M5001 的墓葬规模超过了太原赵卿墓、新绛柳泉墓，是目前为止山西地区发掘的规模最大的东周墓葬。其墓上建筑夯土基址及由板瓦、筒瓦组成的散水类护坡，墓上台阶式遗存、剖面呈半圆形的凹槽，墓室内四层小台阶与椁壁中部外侧的石板层，均较为罕见。发掘者认为该墓地为晋公陵园，且埋葬晋国末期晋幽公之后的晋公。

除上郭古城址外，闻喜还发现了大马古城。民国《闻喜县志》“古迹 · 晋城”条：“晋城，在县北三十五里晋原乡，晋献公筑以避暑，又名避暑城。周围九里，东南隅有基址，相传古禹王庙，瓦砾存焉。今其城锄为田矣，望之如邱陇，登眺则城基依然。”[①]20 世纪 60 年代初，陶正刚、张颔等先生曾对闻喜大马古城进行了考察。

大马古城在闻喜县东北约 17.5 公里的大马村、官张村和栗村附近。古城遗址保存较好，城垣的遗迹轮廓基本能辨识清楚。古城平面略近正方形，城垣一般残高 2—5 米，东、南

① 民国《闻喜县志》，《中国地方集成 · 山西府县志辑》第 60 册，凤凰出版社，2005 年，第 622 页。

图 4-18 玉圭

图 4-19　玉璧

图 4-20　石磬

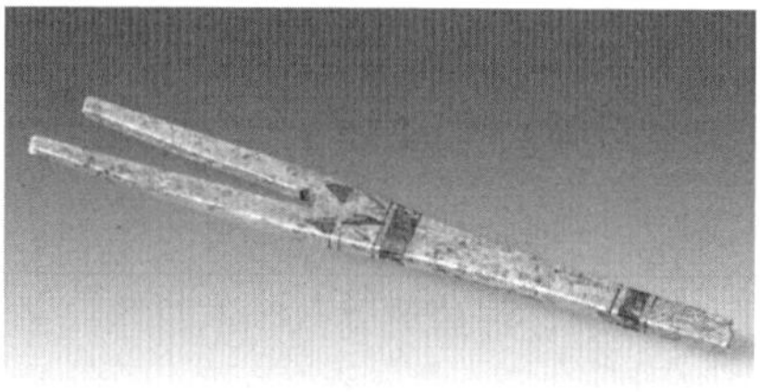

图 4-21 骨叉

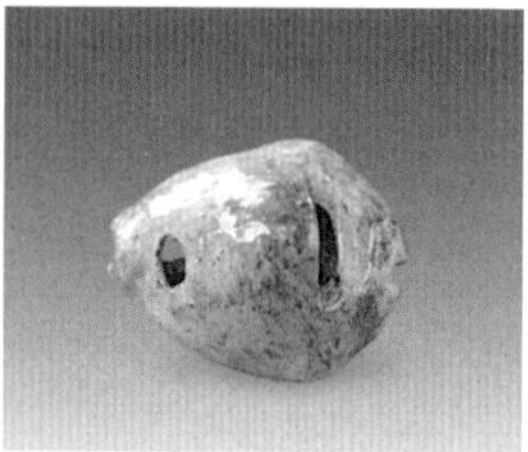

图 4-22　海贝

城墙高达 6 米。古城周长约 3920 米，城基宽度 8—10 米，部分宽度达到 12 米。古城四周有护城河遗迹，尤其在西南城角附近比较明显，距城墙 3—10 米、宽 20—25 米，在耕土下 0.6—0.9 米处有淤土。

在古城内采集到的遗物有龙山文化、东周和汉代等三个时期。龙山文化遗物主要为陶器，有罐、斝、盆、鬲足、甑等。东周时代的遗物也多为陶器，有鬲、盆、瓮、罐、豆等。所出

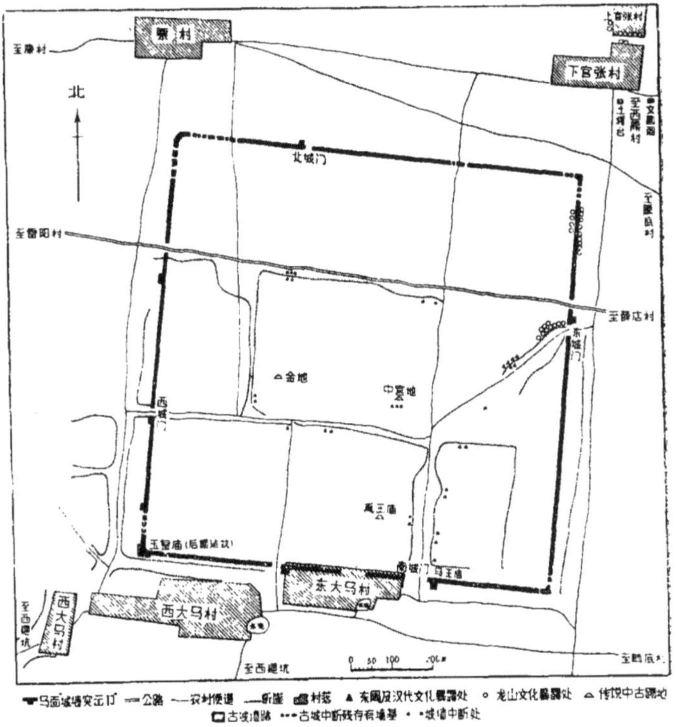

图 4-23　“大马古城”平面图

陶器，与侯马东周时代遗物相比较，大致是相同的。汉代遗物主要为陶器，有瓮、罐、盆和甑。

关于古城的时代，从大马古城的建筑情况来看，与晋南地区其他东周遗址情况相同，且古城内部出土的遗物，又以东周时代为主，因此考古人员推测大马古城创建于东周时代，该城在西汉仍有使用。《水经注》云："汾水又西迳清原城北……故清阳亭也。城北有清原，晋侯搜清原，作五军处也。"[①]大马古城位于闻喜县城东北 17.5 公里的北原上，正与清原城地望相符。考古工作者认为大马古城是东周时期晋的清原城，可能是与军事防御有关的城市。

---

① （北魏）郦道元著，陈桥驿、叶光庭、叶扬译注：《水经注全译》，贵州人民出版社，1996 年，第 208 页。

第五章　走向霸业：并入晋国的诸侯

晋国始封，在河、汾之东，方百里。西周时期，周王室对诸侯国有着强有力的控制，各诸侯国也是在不违背周人天下布局的范围内发展着。进入春秋，天下格局急剧变化，周天子权威日渐丧失，一些诸侯国趁机通过兼并其他诸侯国而崛起。

曲沃代翼的成功，使晋国完成了自身的蜕变。晋献公在处理好内政外交的情况下，开始实施兼并小国、开疆拓土的计划。晋献公采取蚕食邻近小国，步步扩大晋国疆域的方案。《左传·襄公二十九年》:“虞、虢、焦、滑、霍、杨、韩、魏，皆姬姓也，晋是以大。若非侵小，将何所取？武、献以下，兼国多矣。”[①]这些小国大多数灭于晋献公时期，这为之后的晋文公称霸，奠定了强大的基础。

第一节　假虞伐虢

晋国入主中原、谋求霸业，则向南发展势在必行。虞国、

---

① 杨伯峻:《春秋左传注》，中华书局，1990年，第1160页。

图 5-1　三门峡虢国墓地 M2001 出土情况

虢国，是晋国在拓展疆域、南下中原必须打通的要道，两国也成为晋国扩张计划中必须被兼并的对象。

一、借道虞国

晋国讨伐虢国，有着充分的理由。晋献公在诛杀群公子时，有一部分公子逃亡到虢国，虢国不但收留了晋公子，且以此为借口讨伐晋国，只是未能成功，这为晋国讨伐虢国找到了充足的借口。晋国有了讨伐虢国的理由，但讨伐虢国须借道于虞国，所以有了著名的“假虞灭虢”之事。

虞国，姬姓诸侯国。周人建立政权后，感恩于当初太伯、仲雍让位义举，寻其后人，仲雍的后裔虞仲，成为虞国始封之君。晋国借道于虞国，《左传·僖公二年》载，晋国荀息请求献公以屈地出产的宝马和垂棘出产的美玉贿赂虞君，向虞国借道。献公心有不舍，言“是吾宝也”。[①] 荀息进一步开导，认为若能借道于虞，晋国的东西虽在虞国，却犹如在自己宫外之府库，早晚终将属于自己。

晋献公还担心虞国贤大夫宫之奇，会阻止晋国的计谋。荀息进一步劝道：“宫之奇之为人也，懦而不能强谏，且少长于君，君昵之，虽谏，将不听。”宫之奇的性格，以及其与虞君的关系，决定了虞君对宫之奇的建议充耳不闻。于是，晋献公派荀息到虞国借道，奉上宝物，言借道理由：“冀为不道，入自颠軨，伐鄍三门。冀之既病。则亦唯君故。今虢为不道，保于逆旅，以侵敝邑之南鄙。敢请假道，以请罪于虢。”贪婪的虞君，禁不住诱惑，答应借道。

二、伐虢灭虞

宫之奇劝阻，虞公不听。相反，虞国还派兵帮助晋国攻打虢国。晋国的里克、荀息领兵会合虞军，进攻虢国，攻灭下阳。

下阳是虢国在黄河北岸的重镇，地位仅次于国都上阳。虢国在丢掉下阳之后，不仅没有认识到事情的严重性，积极采取

① 杨伯峻：《春秋左传注》，中华书局，1990 年，第 282 页。

图 5-2 三门峡虢国墓地出土虢季列鼎

补救性措施，虢公反而“败戎于桑田”，不断给自己树敌。公元前 655 年，晋献公又借道虞国，讨伐虢国。《左传·僖公五年》载宫之奇劝阻道：

> 虢，虞之表也。虢亡，虞必从之。晋不可启，寇不可玩，一之谓甚，其可再乎？谚所谓“辅车相依，唇亡齿寒”者，其虞、虢之谓也。①

虞公不听，并且言道：“晋，吾宗也，岂害我哉？”宫之奇从宗族血缘角度、晋国新近发生之事劝阻虞公：

> 大伯、虞仲，大王之昭也。大伯不从，是以不嗣。虢仲、虢叔，王季之穆也，为文王卿士，勋在王室，藏于盟府。将虢是灭，何爱于虞？且虞能亲于桓，庄乎，其爱之也，桓、庄之族何罪？而以为戮，不唯逼乎？亲以宠逼，

① 杨伯峻：《春秋左传注》，中华书局，1990 年，第 307 页。

犹尚害之，况以国乎？[①]

虞公认为虞晋同宗，晋国不会伤害虞国，又认为自己祭祀的态度诚恳，祭品丰盛，祖先会保佑自己。宫之奇从宗族血缘关系讲，虢国比起虞国，与晋国的血缘关系更近，晋国都准备灭虢，为什么不会灭虞？宗族血缘的关系不可靠。宫之奇更举出晋国“桓庄之族”被灭之事以图说服，但终未说服虞公，他预感到这一次虞国定会被晋所灭，便带着族人离开虞国。晋国借道于虞，灭掉虢国，虢公丑奔亡京师。西周时期显赫一时的虢国，至此成为历史。

晋国军队还师时，趁在虞国休整的机会，袭击虞国，虞公及其大夫百里奚等人被押赴晋国，虞国灭亡。1980 年征集到西周时期的虞侯政壶，传出于山西潞城县潞河村。该壶通高 41 厘米，口长 17.3 厘米，宽 12.6 厘米；口内铸铭文 4 行 24 字：“唯王二月初吉壬戌，虞侯政作宝壶，其万年子子孙孙永宝用。”潞城是春秋赤狄潞氏所居之地，晋景公的姐姐嫁给赤狄潞氏首领潞子婴儿。学人多认为此壶是晋灭虞后的战利品，被晋景公的姐姐作为陪嫁品，带到了赤狄潞氏的领地。

在晋文侯拓展疆域的基础上，晋献公坚持不懈地对外用兵，晋国疆域大为拓展。《史记·晋世家》载晋献公时：“晋

---

① 杨伯峻：《春秋左传注》，中华书局，1990 年，第 307—309 页。

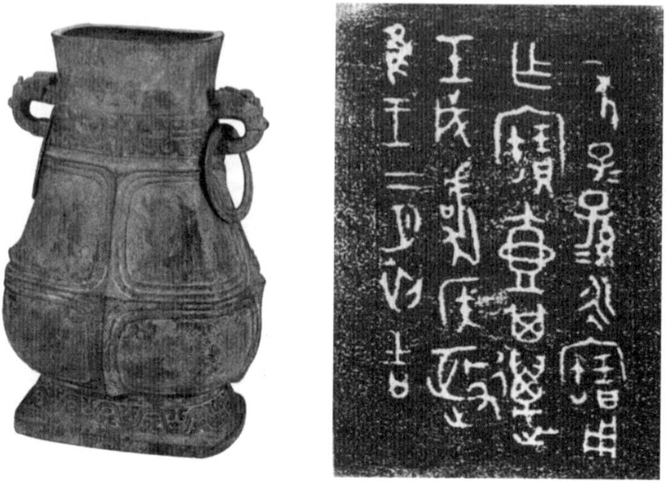

图 5-3　山西博物院藏虞侯政壶及铭文

强，西有河西，与秦接境，北边翟，东至河内。”[①] 晋献公灭虞、虢后，打通南下要道，势力迅速向南发展，跨过黄河到达今河南三门峡一带，形成了一个以晋南临汾为中心，与秦接壤的北方强国，为晋国霸业的到来，奠定了基础。

第二节　发现倗国

横水镇，位于运城市绛县西部，涑水河在其南，绛山在其北。2004 年 4 月，盗墓分子盗掘了横北村多座大、中型墓；7

① （汉）司马迁:《史记》，中华书局，2014 年，第 1991 页。

图 5-4　横水墓地位置示意图

月，运城市文物局文物工作站组织考古钻探。鉴于墓地的重要性，经国家文物局批准，山西省考古研究所、运城市文物工作站、绛县文化局组成联合考古队，对墓地进行了发掘。

一、倗国墓葬

2004 年至 2005 年发掘了 M1、M2、M3 三座大墓，M3 基本被盗掘一空。2005 年进行大面积发掘，一直持续到 2007 年 11 月底结束，基本上将整个墓地全部揭露，共发掘西周墓葬

1299座，发现车马坑33座（仅发掘了其中一座）。

根据出土器物形制及组合，以及荒帷上的凤鸟图案，考古人员推断M1、M2的年代为西周中期，约相当于穆王后期或稍晚。M1墓主为女性，M2墓主为男性。据出土青铜器铭文“倗伯作毕姬尊鼎，其万年宝”“唯廿又三年初吉戊戌，益公蔑倗伯爯历，右告令金车旅，爯拜手稽首，对扬公休，用作朕考尊，爯其万年永宝用亯”，可以断定M2的墓主为倗国国君倗伯（其名为爯），M1为其夫人毕姬墓。

M1葬具为一椁二棺，随葬品主要有车马器、陶器、漆木器、青铜礼器和玉器，其中有25件铜礼器，包括5件鼎、5件簋、2件盉、2件盘，觯、甗、盂各1件，以及5件甬钟。其中有8件器物铸有铭文。

M2葬具为一椁二棺，棺椁之间放置大量随葬品。随葬品中有16件铜礼器，包括3件鼎，簋、尊、觯、盉、爵、卣、

图5-5　M1出土铜鼎

图5-6　M1出土铜甬钟

图 5-7　M1 出土铜簋铭文

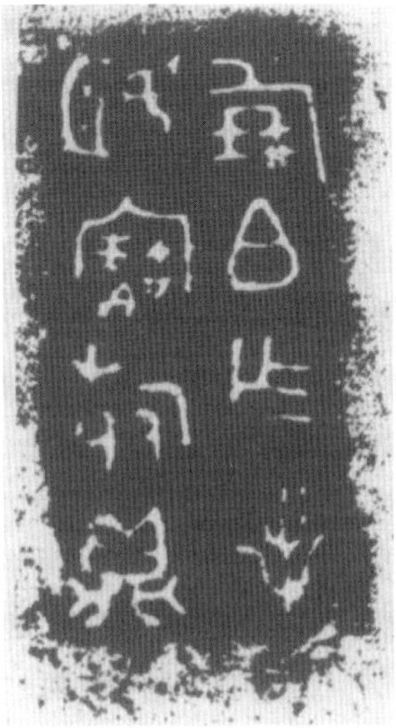

图 5-8　M1 出土鼎铭

甗、盘各 1 件，以及 5 件甬钟。其中有 8 件器物铸有铭文。M1、M2 大体保存完好，根据两座墓葬的形制、随葬器物以及铜器铭文可知，墓主为文献失载的西周中期的倗伯夫妇。

横水墓地发现以前，已有部分与倗国相关的器物被发现，王国维等部分学者推测曾有倗国的存在。与倗国相关的有铭铜器有十余件，如著名的倗生簋，记录了格伯与倗生以土地交易良马之事，受到学界较多关注。倗国相关的青铜器铭文中，有为出嫁女子作器名“毕媿”“成媿”者，则倗国为媿姓诸侯国。媿姓出自赤狄，春秋时期，山西境内赤狄分布众多，如东山皋落氏、潞氏、留吁、甲氏、铎辰、廧咎如等，多数被晋国所灭。从考古发现倗国的青铜器铭文来看，倗国在商代便已存

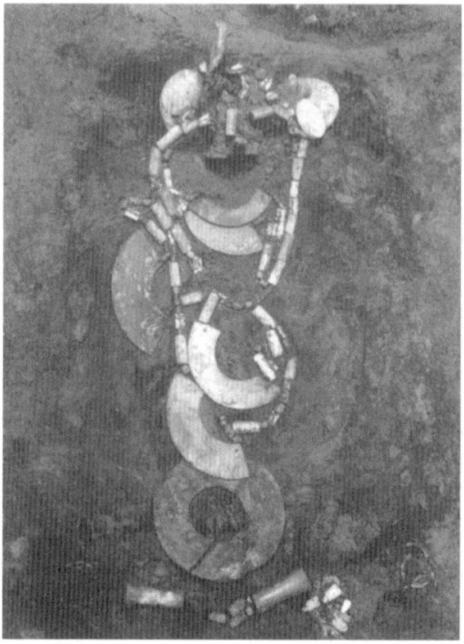

图 5-9　M2 五联璜玉组佩出土情况

图 5-10　M2 铜礼乐器出土情况

在，西周时归服于周人，在西周晚春秋初，被晋国所灭，领地归入晋国版图。从其所处地理位置来看，扼守轵关陉咽喉，是西周时期晋南重要的一个诸侯国。

二、倗国荒帷与棺饰制度

横水墓地发现的荒帷，是重要的发现之一，引起了学界的重视。荒帷是棺饰重要组成部分，随着近些年考古的不断发现，让我们对周代棺饰有了一些新认识。

棺有饰，饰棺的目的，体现着中国人的传统观念与思维方式。

其一，遮掩棺木，以免使人心生厌恶不祥之情。丧事本为不吉，兼有众多忌讳，除逝者亲人外，若直视棺木，难免心有厌恶之感。郑玄注《礼记》云："饰棺者，以华道路及圹中，不欲众恶其亲也。"[①]即是从普通民众的心理去解释饰棺的目的。

其二，中国重视丧祭之礼的传统，体现社会等级、地位之别。《礼记·昏义》："夫礼始于冠，本于昏，重于丧祭，尊于朝聘，和于射乡。此礼之大体也。"[②]中国乃礼仪之邦，在众多的礼仪中，丧祭之礼最为重要。重视丧祭，因为丧礼是孝道

---

① （唐）孔颖达：《礼记正义》，北京大学出版社，2000 年，第 1496 页。

② 同上书，第 1890 页。

的重要体现，正如《中庸》所言，“事死如事生，事亡如事存，孝之至也”。重视丧礼，不仅是要妥善的安置逝去的亲人，更是给活着的人示范伦理纲常、亲疏远近等礼的秩序，更会引领民风，归于淳厚，是以《论语·学而》有云，“慎终追远，民德归厚矣”。[①] 礼书所见，因君臣身份不同而所用饰棺之物不同，虽考古发现与礼书所载不尽相同，但不变的是棺饰用物依身份高低而多寡不同，这是社会等级在礼制中的体现。当不再强调等级时，棺饰依然在一些地区流行，其又反映着死者及其家庭、家族的社会地位与财富，象征的意义一脉相承，正如《吕氏春秋·节丧》所云，“国弥大，家弥富，葬弥厚”。[②]

其三，在中国传统观念中，死亡是另一种方式的重生。“事死如事生，事亡如事存”，死亡并不是全部终结。“在以往几千年的历史中，绝大部分人都不认为死是生命的终结，而把它看成是人生旅程的一种转换，即从‘阳世’转换到了‘阴世’（冥界）。因此，人从死去的这一刻起，也就意味着踏上了新旅途，开始了一种新的生活。从死亡到丧葬的仪礼，即以此种观念为出发点，葬礼被看作是将死者的灵魂送往死者世界必经的手续。”[③] 既然人死之后，会以另一种形式生活，则其家居日用，自然会置办齐全，以供用度。

---

① 杨伯峻:《论语译注》，中华书局，1980 年，第 6 页。

② 许维遹:《吕氏春秋集释》，中华书局，2009 年，第 222 页。

③ 钟敬文主编:《民俗学概论》，上海文艺出版社，1998 年，第 181 页。

饰棺之物，有墙柳、荒帷、池、振容、褚、齐、翣等物，经典文献多有论述：

《仪礼·既夕礼》："商祝饰柩，一池。钮前赪后缁，齐三采，无贝。"郑玄注："饰柩，为设墙柳也……墙有布帷，柳有布荒。"①

《礼记·丧大记》："饰棺，君龙帷，三池，振容，黼荒，火三列，黼三列，素锦褚，加伪荒，纁纽六，齐五采，五贝，黼翣二，黻翣二，画翣二，皆戴圭，鱼跃拂池。君纁戴六，纁披六。大夫画帷，二池，不振容，画荒，火三列，黻三列，素锦褚，纁纽二，玄纽二，齐三采，三贝，黻翣二，画翣二，皆戴绥，鱼跃拂池。大夫戴，前纁后玄，披亦如之。士布帷，布荒，一池，揄绞，纁纽二，缁纽二，齐三采，一贝，画翣二，皆戴绥。士戴，前纁后缁，二披用纁。"②

《仪礼·既夕礼》《礼记·丧大记》上述所载，是学界讨论饰棺之制常用的材料。张长寿先生曾据1983—1986年沣西发掘资料，讨论了墙柳与荒帷的问题，对饰棺的一些名物以及组合使用情况，结合考古资料，作出了很好的探讨，常被学界

① （唐）贾公彦:《仪礼注疏》，北京大学出版社，2000年，第847页。
② （唐）孔颖达:《礼记正义》，北京大学出版社，2000年，第1496页。

称引。[①] 但彼时并未发现墙柳与荒帷的考古实物，其本来面目为何，学界难识。横水墓地荒帷较好地揭露，引起了学界对荒帷的再度讨论，此后韩城梁带村芮国墓地、山西襄汾陶寺北墓地等荒帷的成功提取，使学界对荒帷的探讨越来越深入。荒帷的面目，也逐渐走出礼书，真切显露于世人面前。参考学界研究成果，结合近些年考古所见，分述如下：

1. 棺束。束棺之皮革绳索。棺束的材质，文献所记与目前考古所见，多是细绳，没有木质者。《礼记·檀弓上》:“棺束，缩二衡三，衽每束一。”孔颖达疏:“棺束者，古棺木无钉，故用皮束合之。”[②] 考古发现“棺束”多见于东周墓葬，尤以楚墓发现者居多。棺束以皮革、绳索为之，其作用就是束而合之，以固定棺身。

棺束是在大敛之后束棺。孔希旦《礼记集解》云:“棺束有二：一是大敛加盖后之束，专属于棺者……一是葬时柩车既载之后束，以系棺于柩车者。”在柩车运行时，墙柳、荒帷的固定与棺束有关，礼书中的一些专用词汇，如戴、披等，皆表明棺束在大敛之后举行。

柩车赴圹途中，需人执披相随，以防棺柩倾覆。《周礼》:“作六军之士，执披。”郑玄注:“披，柩车行，所以披持棺者，

---

① 张长寿:《墙柳与荒帷：1983—1986 年沣西发掘资料之五》,《文物》1992 年第 4 期。

② （唐）孔颖达:《礼记正义》，北京大学出版社，2000 年，第 288 页。

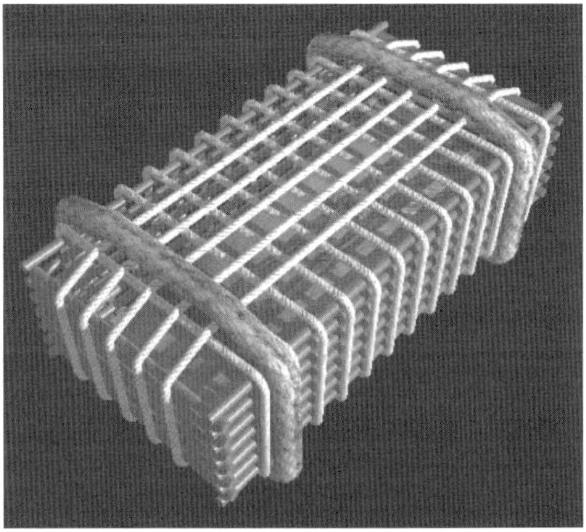

图 5-11　石家墓地 M166 棺束遗存复原①

图 5-12　石家墓地 M171 外棺下棺束遗存②

① 王永安:《甘肃宁县石家墓地出土棺饰遗存相关认识》,《大众考古》2011 年第 11 期。

② 同上。

有纽以结之，谓之戴。郑司农云：‘披者，扶持棺险者也。天子旁十二，诸侯旁八，大夫六，士四。’玄谓结披必当棺束，于束系纽。天子诸侯载柩三束，大夫士二束。《丧大记》曰：‘君纁披六，大夫披四，前纁后玄。士披二，用纁。’人君礼文，欲其数多，围数两旁言六耳，其实旁三。”[①]设披数量，因等级不同而有差别，但其持棺之目的相同。

披如何与棺柩相连，以达到持棺的目的？《礼记·丧大记》：“君纁戴六，纁披六”，郑玄注：“戴之言值也，所以连系棺束与柳材，使相值，因而结前后披也。”孔颖达《礼记正义》：“纁戴，谓用纁帛系棺纽著柳骨也。谓之戴者，戴，值也。使棺坚值，棺束有三，亦每一束两边辄各屈处为纽，三束有六纽。今穿纁戴于纽以系柳骨，故有六戴也。”“纁，谓亦用绛帛为之，以一头系所连柳纁戴之中，而出一头于帷外，人牵之，每戴系之，故亦有六也。谓之披者，若牵车登高，则引前以防轩车；适下则引后以防翻车，欹左则引右，欹右则引左，使车不倾覆也。”[②]披是与柳材相联结，其中还有谓之“戴”的部件。古注皆言“戴，值也”。依据各家所注，戴，应是联结棺束与柳材的绛色帛。棺与柳材相联结，棺便在柩车上趋于固定。所谓“值”者，通俗讲就是使棺在柩车上与柳材的受力均匀，不致来回摇晃移动。如遇车登高适下、欹左欹右，则需要

① （唐）贾公彦：《周礼注疏》，北京大学出版社，2000 年，第 963 页。

② （唐）孔颖达：《礼记正义》，北京大学出版社，2000 年，第 1497—1498 页。

披来牵引、辅助控制。披，即绛帛。绛帛如何联结“戴”来牵引、控制柩车，古注略有不同，主要是一条帛穿“戴”而过，于帷外成为两披；还是一条帛一头结于“戴”，于帷外为一披的区别。

《仪礼·既夕礼》郑玄注：“披辂柳棺上，贯结于戴。人居旁牵之，以备倾亏。”贾公彦《仪礼疏》：“此注云‘披柳棺上，贯结于戴’，以此而言，则戴两头皆结于柳材，又以披在棺上辂过，然后贯穿戴之连系棺束者，结于戴，余披出之于外，使

图 5-13 梁带村 M502 棺束痕迹[①]

① 陕西省考古研究院、渭南市文物保护考古研究所、韩城市景区管理委员会：《梁带村芮国墓地——二〇〇七年度发掘报告》，文物出版社，2010 年，彩版一〇。

人持之。”①

黄以周《礼书通故》：“戴之言值，用帛贯棺束之皮纽，而连系于柳，使相值坚固；披则以帛横络棺上而结于戴，出其余于外。其说有二。据贾疏云：‘披在棺上络过，然后穿戴之连系棺束者，乃结之，余披出之于外。’是用一条而为二披也。据孔疏云：‘一头系柳戴，而出一头于帷外。’则是帛一条止为一披也。”②

结合文献所载天子、诸侯、大夫、士的棺束，以及与之相对应的用披数量，揆以实情，披之用法为一条绛帛贯结于戴、于帷外成为两披，似更合理。棺束在大敛之后，便开始起着实际的作用，尤其是在柩车赴圹途中，所用的“戴”、“披”的设置，皆于棺束相关。

2. 墙柳。张饰荒帷之材，即用木材搭成置于棺外的框架。考古所见多为覆于棺上的框架遗存。

《周礼·天官·缝人》：“丧，缝棺饰焉，衣翣柳之材。”郑玄注：“必先缠衣其材，乃以张饰也。柳之言聚，诸饰之所聚。”③缝人所掌缝制之事，翣衣、柳衣皆其所职掌。“衣翣柳之材”，即是为翣、柳缝制缠饰之衣，则翣、柳必有其形，也必有其材。孙怡让《周礼正义·天官·缝人》：“柳上荒下帷，亦以木为橦，所谓材也……先缠绕衣其内材，而后张其外衣之

① （唐）贾公彦：《仪礼注疏》，北京大学出版社，2000 年，第 849 页。

② （清）黄以周：《礼书通故》，中华书局，2007 年，第 515 页。

③ （唐）贾公彦：《周礼注疏》，北京大学出版社，2000 年，第 963 页。

帷荒。”[①] 胡培翚《仪礼正义·既夕礼》：“柳是缚木为格，覆于棺上，帷荒皆缝合于柳，但荒在柳上，帷则垂于四旁。”[②] 墙柳也可通称为柳。《礼记·檀弓上》：“饰棺墙”，郑玄注：“墙之障柩，犹垣墙障家。墙，柳衣。”[③] 是以，柳可兼墙义，墙可以称柳。墙柳，即是以木制成的格状框架，覆于棺上，再于其上装饰。细言之，上为柳，下为墙。浑言之，则可统称为柳。

郑玄谓“柳之言聚，诸饰之所聚”，则棺上框架名“柳”，乃因其起到聚合诸棺饰的作用而得名。刘熙《释名》云：“舆棺之车曰輀……其盖曰柳。柳，聚也，众饰所聚，亦其形偻也。”[④] 刘熙亦谓柳乃聚义，但又多出“亦其形偻”一解。其形偻，谓之偻车，自然可通。柳、偻古书可通用。《广雅·释器》：“柳，车也。”王念孙疏证：“柳、蒌、缕、偻并通。”[⑤] 是以偻车，也可称为柳车。故训虽可旁通圆满，但未免有隔靴之感。且柳之聚义，多自郑玄始，古文他处少用。柳缘何有聚义？尚不清楚。

棺上框架缘名“柳”，除郑玄、刘熙等人的注解外，古注也有不同的解释。《仪礼义疏》：“案：棺饰曰柳，盖以杞柳为

---

① （清）孙诒让：《周礼正义》，中华书局，1987 年，第 600 页。

② （清）胡培翚：《仪礼正义》（中），商务印书馆，1934 年，第 15 页。

③ （唐）孔颖达：《礼记正义》，北京大学出版社，2000 年，第 245 页。

④ （汉）刘熙撰、（清）毕沅疏证、王先谦补：《释名疏证补》，中华书局，2008 年，第 295 页。

⑤ （清）王念孙：《广雅疏证》，上海古籍出版社，2016 年，第 1215—1218 页。

骨，而外以布衣之。柳者，以其质言。墙者，以其形言也。”[①] 孙希旦《礼记集解》：“愚谓棺外之材，盖以柳木为之，故谓之柳，因又以为柳衣之总名也。以其在棺外，若墙围然，故又谓之墙。”[②]材为柳，所作之器亦以“柳”名呼之。相较而言，这样的解释更显通达。梁带村墓地出土木材曾进行过鉴定，其中有柳木、花曲柳。鉴定样品虽非墙柳之材，但至少说明墓葬用木中有柳木，因而也不排除那些早已朽烂成灰的墙柳之材为柳木。当然，还有另外的可能，即最早作棺上网格状框架，选用柳木做成，因而名之为“柳”，其后也有可能用其他木材。

墙柳之用，相当于生时居住的帷帐。《周礼·缝人》郑玄注：“孝子既启见棺，犹见亲之身，既载饰而以行，遂以葬，若存时居于帷幕而加文绣。”[③]《礼记·丧大记》郑玄注：“柳象宫室”。[④] 当我们了解了古人的观念，认为死亡是另一种方式的重生，则生时居有帷帐，亡后棺外设墙柳，便觉合情合理，自然正常。也有学者对帷帐制度与丧礼中的墙柳与荒帷制度进行过对比。墙柳的遗存，近些年考古屡有发现。

山东长清岗辛战国墓中曾发现一组帷架构件，1 组 12 种 27 件，另有帷钩 37 件，其中就有帐架构件铜具。构成帷幄的

---

① （清）鄂尔泰等：《钦定仪礼义疏》，《四库全书》第 107 册，上海古籍出版社，1987 年，第 106 页。

② （清）孙希旦：《礼记集解》，中华书局，1989 年，第 172 页。

③ （唐）贾公彦：《周礼注疏》，北京大学出版社，2000 年，第 246 页。

④ （唐）孔颖达：《礼记正义》，北京大学出版社，2000 年，第 1496 页。

各部件，未曾安装架设，部件两端的铜构件仍安装在木杆件上，随同木杆一起进入器物坑南部。这应是柩车赴圹途中，墙柳荒帷置于棺外，下葬时移除拆散，但下葬后并未再进行组装，而是将所有构件放置一起埋葬。

由于帷架铜构件多是安装在木杆件上，且未经盗扰，这对于确定帷架的长短、大小提供了比较可靠的数据，帷架的结构特征也为弄清楚其所在部位、结构，提供了帮助。考古工作者进行了复原工作，得出两种方案。[①]

满城汉墓一号墓也曾出土许多铜质构件，应是组装帷帐的零件，不同部件多刻有代表顺序的记号，或数字，或文字，这为复原工作提供了相当重要的线索。[②]这对于我们理解墙柳的构造，大有裨益。

此外，在甘肃宁县春秋时期的石家墓地，棺饰之物也多有发现。M176为单棺墓，木框结构保存较好，由上下两“口”字形结构及立柱组成。四角立柱及东西两侧各两根方形立柱，套接于上下“口”字形结构之上，“口”字形结构之间各榫卯套接两根横木。[③]

2004年发掘的横水倗国墓地，“棺分外棺和内棺，棺木已

① 山东省博物馆、长清县文化馆：《山东长清岗辛战国墓》，《考古》1980年第4期。

② 中国社会科学院考古研究所，河北省文物管理处：《满城汉墓发掘报告》，文物出版社，1980年。

③ 王永安：《甘肃宁县石家墓地出土棺饰遗存相关认识》，《大众考古》2021年第11期。

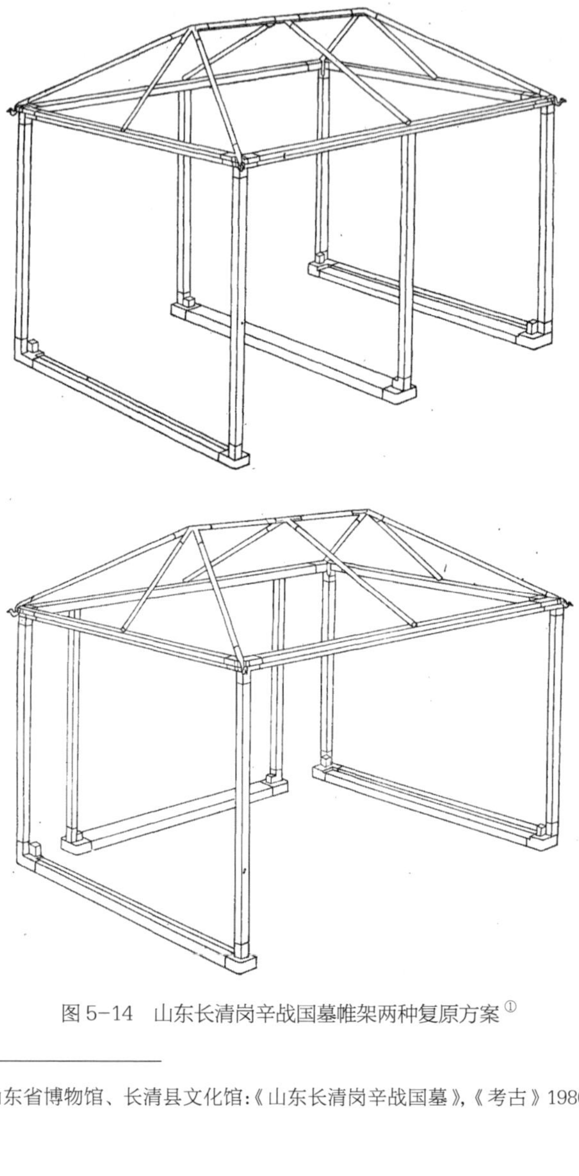

图 5-14　山东长清岗辛战国墓帷架两种复原方案①

① 山东省博物馆、长清县文化馆:《山东长清岗辛战国墓》,《考古》1980 年第 4 期。

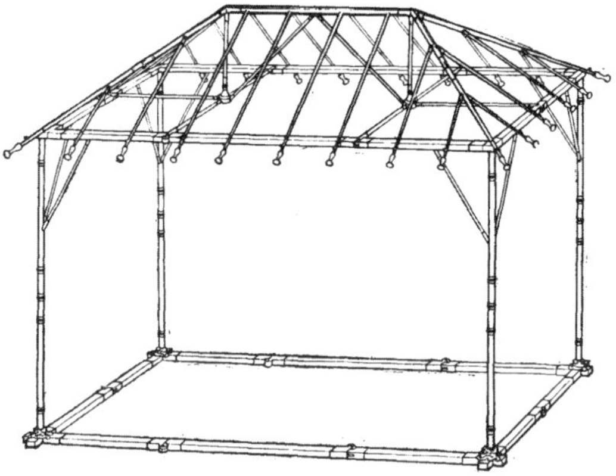

图 5-15　满城汉墓一号墓帐构复原图

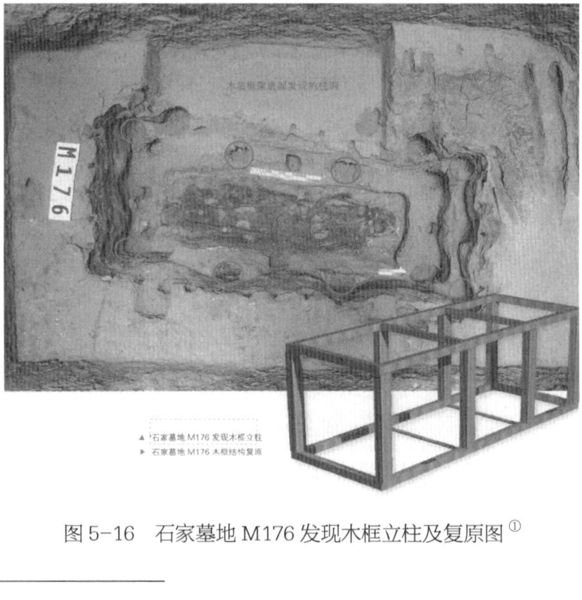

图 5-16　石家墓地 M176 发现木框立柱及复原图[①]

① 王永安:《甘肃宁县石家墓地出土棺饰遗存相关认识》,《大众考古》2021 年第 11 期。

朽烂并且塌落。外棺上发现了小木结构痕迹，以及状似帐架构件的铜具。木结构痕迹是方格状的木架，因已塌落成堆，难以了解其整体结构，我们推测，这可能是墙柳之类的棺饰。外棺之外是荒帷，也就是棺罩，当时应该是套盖在外棺上的。”“围裹外棺四周以及上下的，是方格状棺束。其中，盖上、底下和棺束是木质类，四面是绳子。棺束之外是荒帷，在荒帷之上和外棺之下，是粗麻拧成的绳子，外棺底下的绳子结构是三横两纵，从棺侧四周引上来，将整个外棺兜住。上面绳子的结构不清楚。我们推测，下葬时先在底部平铺木质类方格状东西，将外棺放置其上。在外棺内放置内棺，并盖上外棺盖。然后，在外棺四周放置木质类方格状东西，并用绳子上下相连、束紧，形成棺束。最后，加盖墙柳和荒帷，并用粗麻绳将外棺整体兜住。”[①] 发掘简报将 M1 出土情况进行了简单的描述，让我们知晓其大概情况，但有许多细节，确实从简报中无法得知。

谢尧亭先生曾询问主持发掘的吉琨璋先生一些细节问题，有利于我们还原当时埋葬情况，其言：“从上文表述来看，好像外棺四周及上下木质类方格状东西与墙柳不是一回事，但不清楚简报所说外棺顶小木结构痕迹，即方格状的木架与外棺顶的方格状棺束是不是同一种东西。经向发掘者吉琨璋先生请教，得知外棺顶上的铜具压在荒帷之上，帷荒之下为双层方格木结构架子，这种架子和绳子相连接形成棺束；外棺四周和外

---

① 山西省考古研究所、运城市文物工作站、绛县文化局:《山西绛县横水西周墓地发掘简报》,《文物》2006 年第 8 期。

底下并没有发现方格木结构架子；在外棺底内发现有一层木质方格网，其上下各有两层麻布。这样看来，外棺的四周、顶面和底面有棺束，其外罩帷荒，帷荒顶上有‘状似帐架构件的铜具’，其外有下棺用的粗麻绳。与文献记载不同的并未发现所谓的‘墙柳’，我推测外棺周围的棺束就起了墙柳的扩棺作用，即外棺顶上帷荒之下的方格木结构架子可能就是所谓的‘柳’，棺四周的棺束可能就是所谓的墙。从发现‘状似帐架构件的铜具’来看，外棺顶上可能另有小木作结构的顶子，正如《新定三礼图》复原的那样呈数面斜坡状。但不同的是横水 M1 的帷荒并没有盖在数面斜坡顶子上面，而是压在其下。”[①]

图 5-17　横水墓地 M1 椁室

图 5-18　横水墓地 M1 木质方格

① 谢尧亭：《绛县横水西周墓地考古发现与研究述论》，《倗金集萃——山西绛县横水西周墓地出土青铜器》，上海古籍出版社，2021 年，第 1—2 页。

基于文献对墙柳的记载，结合上述描述，我们大致可以确定，横水 M1 除了荒帷之外，确有墙柳的遗存。简报所言横水 M1 “外棺上发现了小木结构痕迹，以及状似帐架构件的铜具”，据其发现位置，应是荒帷制度中的“齐”。《仪礼·既夕礼》郑玄注：“齐居柳之中央，若今小车盖上蕤矣，以三采缯为之，上朱中白下苍，著以絮。元士以上有贝。”贾公彦疏：“‘齐居柳之中央者’，虽无正文，以其言齐，若人之齐，亦居身之中央也。”[①]《礼记·丧大记》郑玄注：“齐，象车盖蕤，缝合杂采为之，形如瓜分然。缀贝落其上及旁。”孔颖达疏：“‘齐五彩’者，谓鳖甲上当中央，形员如华盖，高三尺，径二尺余。五彩，谓人君以五彩缯衣之列行相次，故云‘五采’者。‘五贝’者，又连贝为五行，交络齐上也。”[②]柳车中央之部件缘何称“齐”？齐通“脐”，古籍常见，脐，古人认为居于人之中央。柳车中央部件称为“齐”，取其所在位置命名，便易理解。

根据简报所述，外棺上下皆发现方格状木格，简报认为是“棺束”的组成部分。而在复原下葬情况时又言“下葬时先在底部平铺木质类方格状东西，将外棺放置其上。在外棺内放置内棺，并盖上外棺盖。然后，在外棺四周放置木质类方格状东西，并用绳子上下相连、束紧，形成棺束。”[③]按此表述，则外

---

① （唐）贾公彦：《仪礼注疏》，北京大学出版社，2000 年，第 847—848 页。

② （唐）孔颖达：《礼记正义》，北京大学出版社，2000 年，第 1497—1498 页。

③ 山西省考古研究所、运城市文物工作站、绛县文化局：《山西绛县横水西周墓地发掘简报》，《文物》2006 年第 8 期。

椁四周也有木质方格状东西，这与简报所言只在外椁上下发现木质方格相矛盾。综合判断，应是只在外椁上下处发现方格状木格。谢尧亭先生言“外椁四周和外底下并没有发现方格木结构架子；在外椁底内发现有一层木质方格网，其上下各有两层麻布”，[①] 这与简报所言下层木质方格相矛盾。根据棺饰制度，此木质方格当在外椁底外。

横水 M1 的木质方格，简报认为其为“棺束”的一部分，且是在下葬时，先铺木质方格，再放外棺，在外棺内放置内棺，盖外棺盖，再用绳子将上下木质类方格镶边、束紧，形成棺束。笔者认为，木质方格不是棺束，而应该墙柳的组成部分，且在外椁两侧应有木材联结上下木质方格，形成一个长方形的木框架。

棺束的材质及束棺的时间，决定了横水 M1 方格木质非棺束。因此横水 M1 发掘简报认为下葬时绳索联结上下木质方格，形成棺束，是不成立的。其次，参考其他墓地出土墙柳之形状，外椁上下木质方格当属墙柳树之属。

3. 荒帷。缠饰墙柳之布帛。荒帷与墙柳相辅相成，棺罩本身如生时之帷幄，就是要遮掩棺身，因布帛的成形，需要架构支撑，是以木质框架便成为墙柳，缠饰其上的布帛便名荒帷。

---

① 谢尧亭：《绛县横水西周墓地考古发现与研究述论》，《倗金集萃——山西绛县横水西周墓地出土青铜器》，上海古籍出版社，2021 年，第 1—2 页。

《仪礼·既夕礼》:“商祝饰柩”，郑玄注:“饰柩，为设墙柳也。巾奠乃墙，谓此也。墙有布帷，柳有布荒。”[①]《礼记·丧大记》:“饰柩”，郑玄注:“荒，蒙也，在旁曰帷，在上曰荒，皆所以衣柳。”[②]墙柳细言，在上曰柳，在下曰墙。相对应覆盖于柳上的布帛称之为荒，蒙在下面四周的称之为帷。

横水 M1 发现的荒帷是横水墓地最重要的发现之一。对荒帷、棺束等饰棺和下棺遗物痕迹的完整清理，并成功地进行了现场保护和整体搬迁，受到了考古学界的充分肯定。“荒帷即是当时的棺罩，从出土的情况看，此墓的荒帷在下葬时套盖在外棺上，质地为带刺绣的丝织品。其中，西、北两面的荒帷保存状况相对较好，现存高 1.6 米，西北角有下坠的现象；南面的荒帷上部已塌落，现存高约 1.2—1.3 米；东面的荒帷保存状况最差，基本上只残存下部底裙的局部，高约 0.1 米多。此荒帷保存下来的总面积有 10 平方米左右，整体是红色的丝织品，由两幅布横拼而成，上、下皆有扉边，每幅布宽约 0.8、总高约 1.8—2 米，在布幅相拼接的地方有明显的接缝。在丝织品的外表面有非常精美的刺绣图案，装饰主题为凤鸟。其中，荒帷北面的画面保存比较完整，至少可以观察到三组大小不同的鸟纹残迹，图案组合较完整。每组图案的中间是一个大凤鸟的侧面形象，昂首，大钩喙，眼圆睁，冠高耸，翅上扬，

① （唐）贾公彦:《仪礼注疏》，北京大学出版社，2000 年，第 847 页。

② （唐）孔颖达:《礼记正义》，北京大学出版社，2000 年，第 1496 页。

尾下卷，并有硕健粗壮的腿和利爪；翅和冠以特别夸张的手法表现为大回旋状，线条流畅，气势磅礴，构成画面的主体。在大凤鸟的前、后两侧分别有上下排列的多只小凤鸟，造型与大凤鸟基本相似，只是构图更加含蓄。在两幅布接缝的地方存在图案错位和颠倒现象，可知当时是先在布上刺绣出图案，然后才拼接成整幅。此荒帷图案中的凤鸟造型，与西周中期青铜器上常见的凤鸟纹饰风格相同。据现有的资料，这是目前我国考古发现的西周时期保存最好、面积最大的荒帷遗迹。”①

横水 M1 荒帷的成功提取，不仅将文献中记载的荒帷直观

图 5-19　横水 M1 出土荒帷

① 山西省考古研究所、运城市文物工作站、绛县文化局:《山西绛县横水西周墓地》,《考古》2006 年第 7 期。

地呈现于世人面前，而且也为后来的荒帷发现及提取，积攒了成功的经验。在其他地方的考古工作中也陆续发现荒帷。梁带村芮国墓地，曾在几座大墓中发现荒帷图案。山西陶寺北墓地

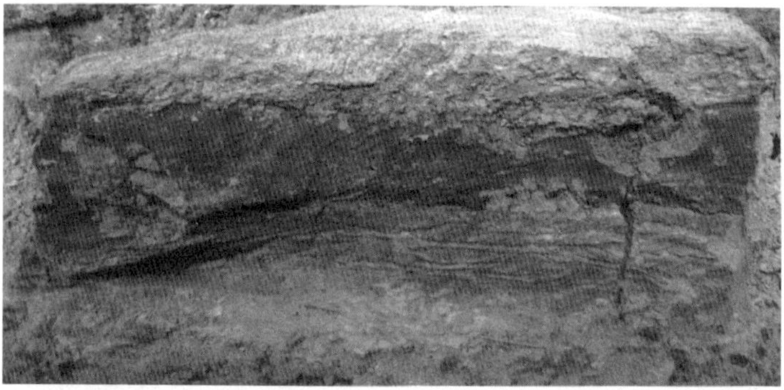

图 5-20　梁带村 M502 北部荒帷

图 5-21　梁带村 M502 西侧荒帷

图 5-22　梁带村 M502 北侧荒帷复原图

图 5-23　梁带村 M27 出土荒帷

也发现荒帷遗迹。

礼书所载，依据等级不同，荒帷上的图案也不相同。天子、诸侯龙帷黼荒，火三列，黼三列；大夫画帷画荒，火三列，黻三列；士布帷布荒。《左传·桓公二年》："火龙黼黻"，

图 5-24 陶寺北 M3014 荒帷遗迹

郑玄注："白与黑谓之黼，形若斧。黑与青谓之黻，两已相戾。"[①] 横水墓地出土荒帷为凤鸟图案，梁带村发现荒帷为几何形纹路，均非文献所载黼黻纹。当然，横水墓地出土荒帷的墓，其墓主为倗国夫人，用凤鸟图案，是与国君龙纹相对应，还是有其他意义？不得而知。梁带村发现的荒帷痕迹不是很多、很全，M502、M27 荒帷痕迹是否是黻文，尚待进一步研究。

4. 悬鱼振容。鱼，棺饰中多见为铜鱼、玉石鱼等。池，似宫室建筑之承霤，本为承接雨水之小槽。棺饰中移于墙柳，竹木为之。振容，是悬于池下的带饰。

① 杨伯峻：《春秋左传注》，中华书局，1990 年，第 88 页。

池，礼书有记载。考古发现的棺饰中，学者也探讨了池的问题。《礼记·丧大记》郑玄注："池，以竹为之，如小车苓，衣以青布，柳象宫室，县池于荒之爪端，若承霤然云。君、大夫以铜为鱼，县于池下。揄，翟也，青质五色，画之于绞缯而垂之，以为振容，象水草之动摇，行则又鱼上拂池。"孔颖达疏："云'县池于荒之爪端，若承霤然云'者，荒之爪，谓荒之材出外，若人之指爪，而县此池于荒之爪端，其池若宫室之承霤然。"[①]依郑玄注、孔颖达疏，则池为附属于墙柳荒帷之属，池悬挂于荒材外出之爪端。柳象宫室，池则若宫室屋檐下承接雨水之承霤。

梁带村芮国墓地发现了较丰富的棺饰遗存，张天恩先生根据出土情况，认为："棺饰的池实际是另处于荒帷上的饰物，应包括池架、架上覆盖的青色布，以及架下悬系铜鱼、珠、贝类串饰。可以肯定，池并非附属于荒帷的一部分，而是与之有关但又相对独立的棺饰，其特征很可能与唐代舍利石函浮雕图案表现的舍利棺饰顶部的华盖相似。"[②]后依据张天恩先生的相关研究对梁带村棺束进行了复原。

在梁带村棺饰复原图中，其"池"的复原，与文献截然不合，笔者以为其复原方案不妥，这样的复原，不仅与文献所载"池"的形状、位置不同，也难以呈现礼书所载"鱼跃拂池"

① （唐）孔颖达：《礼记正义》，北京大学出版社，2000年，第1496—1497页。

② 张天恩：《周代棺饰与铜翣浅识》，《考古学研究》（八），科学出版社，2011年，第293—304页。

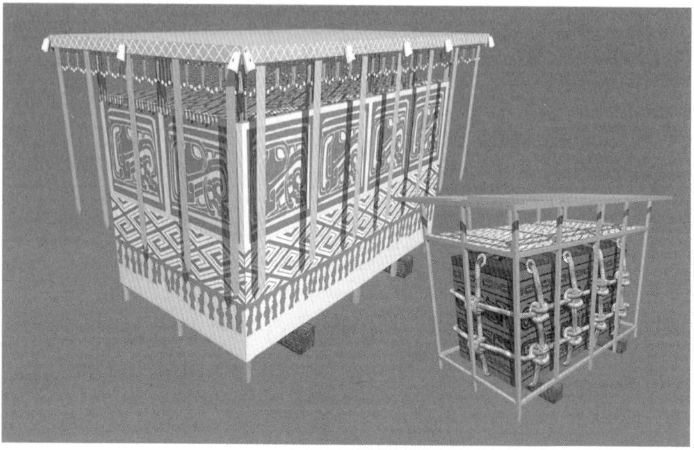

图 5-25 梁带村棺饰复原图[1]

的场景。

《礼记 · 檀弓上》:"池视承霤"，郑玄注："如堂之有承霤也。承霤以木为之，用行水，亦宫之饰也。……宫中有承霤云，以铜为之。"[2]《汉书 · 宣帝纪》神爵元年，"金芝九茎产于函德殿铜池中"。颜师古注："铜池，承霤是也，以铜为之。"[3]"承霤"在先秦宫室中的性质，便是承接雨水，其当为槽状。从"《尔雅》释宫中建筑术语复原模型图"来看，其 36 号部件便是承霤，也是悬于屋檐下的承接雨水之槽状部件。

柳象宫室，柳之池亦应位于荒之外出爪端。从满城汉墓

① 秦潼:《饰棺之仪——对陕西韩城梁带村芮国墓地考古所见葬仪资料的复原》,《上海文博论丛》2012 年第 2 期。

② （唐）孔颖达:《礼记正义》，北京大学出版社，2000 年，第 282 页。

③ （汉）班固:《汉书》，中华书局，1962 年，第 259—260 页。

一号墓帐构复原图，可以看到，确有荒之爪端外出的形状，形成类似屋檐的造型，池应悬于此。古人绘制礼图中，也有绘出“池”者。

宫室之承霤用来承接雨水，则柳之池亦有水之意象。池下悬鱼，郑玄谓振容象水草动摇。则池、鱼、振容之寓意便逐渐明朗。名为池，则其中有水之意境已生，悬鱼、振容皆在池下，柳车行走途中，随着车身晃动，悬鱼与振容皆动，在行动

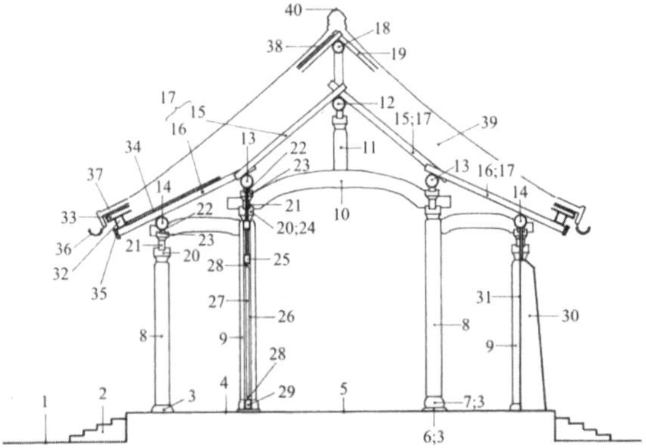

1 堂涂·陳	9 柱*	17 桷·榱·椽	25 楣·梁	33 雀頭*
2 階*	10 宲廇·梁	18 棼*	26 棖·楔	34 笢
3 質*	11 棁	19 橑*	27 扉：扇*	35 瑠*·題*
4 落時·扆	12 棟·桴：櫘*	20 櫨*	28 枢·椳	36 承霤*
5 地·黝	13 楣*	21 欒*	29 柣·閾	37 瓦
6 石材*	14 脧*	22 栱*	30 牆	38 笮*
7 石承*	15 交	23 栭·楶：欂*	31 墍	39 複屋*
8 楹*	16 閲	24 閞·栿	32 樀：梠*·旅*	40 危*

图 5-26 《尔雅》释宫中建筑术语复原模型图①

① 田中淡著、黄兰翔译:《中国建筑史之研究》，南天书局，2011 年，第 49 页。

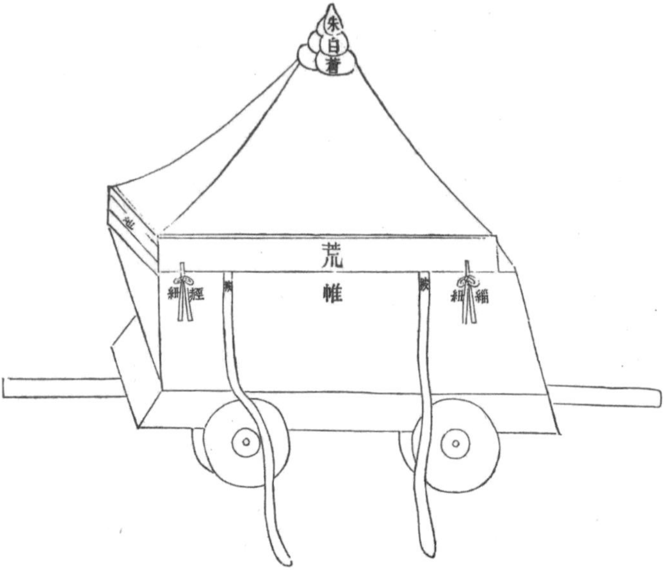

图 5-27　张惠言《仪礼图》的“池”

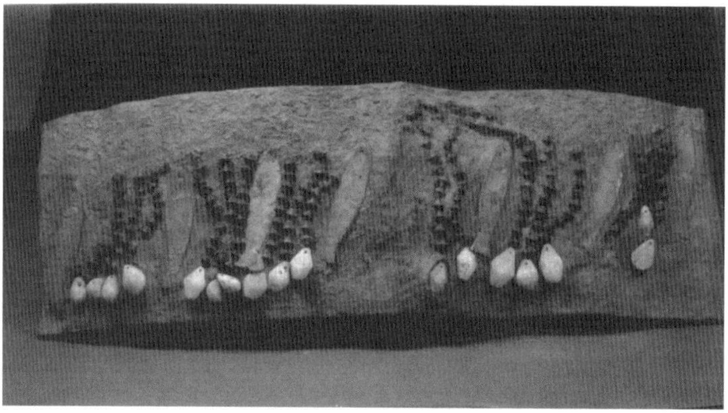

图 5-28　梁带村 M19 陶珠、玛瑙珠、海贝、青铜鱼组合串饰池

图 5-29 梁带村 M2 附着于铜鱼下的棺顶织物及色彩痕迹

中，带状的振容飘动，像水草动摇。悬鱼晃动幅度较大时，跃达池之位置，则有“鱼跃拂池”之景象。

周人饰棺把铜鱼和象征水草的振容一起垂于“池”下，应是仿照当时宫室建筑的做法，这一点，学界也多有谈及。孙华先生指出，许多五代以来的古建筑实例中，悬鱼都是与一种名为“惹草”的饰件一起钉挂在屋山搏风板下，这与周人饰棺的悬鱼与振容同悬于檐边池下的情况十分类似。这既说明周人棺饰中悬鱼、振容与后世建筑上的悬鱼、惹草有着渊源关系，也进一步暗示周人棺饰中的悬鱼、振容与当时宫室建筑上饰件的密切联系。且正是由于振容形象似水草，与铜鱼挂在一起如同鱼在水草间嬉戏，后世才将振容径直称作“惹草”。至于为何是悬鱼和振容，孙华先生认为中国古代建筑以木结构构架式建筑为其基本特点，这种建筑最怕失火。古人为了防火，把水中生物搬到了房屋之上，希望水能克火，与后世在屋顶脊上施鸱尾的寓意完全相同。[①]孙华先生对悬鱼与振容的功用溯源是合理的，在中国古代，古人通过意象之境希冀起到现实之功用，事例不胜枚举，尤其是在建筑上的体现更是常见。周代棺饰中的悬鱼与振容仿自宫室建筑，希望能在宫室建筑中起到防火的作用。

5. 翣。形状与扇相似，用于遮障棺柩的饰品。柩车行，人执翣两旁从之，下葬时，翣进入墓葬。文献记载，翣的材料可用羽毛、竹、木为之，考古所见，多为铜翣，装以木柄。

《周礼·夏官·御仆》载："大丧，持翣。"郑玄注："汉

图 5-30　梁带村 M28 棺顶串项、铜翣出土情况

① 孙华：《悬鱼与振容》，《中国典籍与文化》2000 年第 1 期。

礼，翣以木为筐，广三尺，高二尺四寸，方，两角高片，以白布画云气，其余各其象。柄长五尺，车行使人持而从，即窆树于圹中。《檀弓》曰周人置翣是也。”①用翣数量，依身份不同，天子八翣，诸侯六翣，大夫四翣，士二翣。

考古所见铜翣，最早发现于河南三门峡上村岭虢国墓地，限于当时的认识水平，铜翣被误称为铜质椁饰。后来在河北平山县中山王墓、河南平顶山应国墓地、陕西陇县边家庄秦墓、山西天马—曲村北赵晋侯墓地均有出土。1966 年，林巳奈夫在他的《中国先秦时代の旗》一文中，征诸文献“诸侯六翣，皆戴圭”，论证三门峡上村岭虢国墓地出土的“山”字形薄铜片与《礼记》文及郑玄注中所述之翣极为相像，判断其即为先秦文献所载之翣。②只是这种观点并未引起学界的重视，随着 20 世纪 90 年代虢国墓地的第二次大规模发掘，“山”字形铜

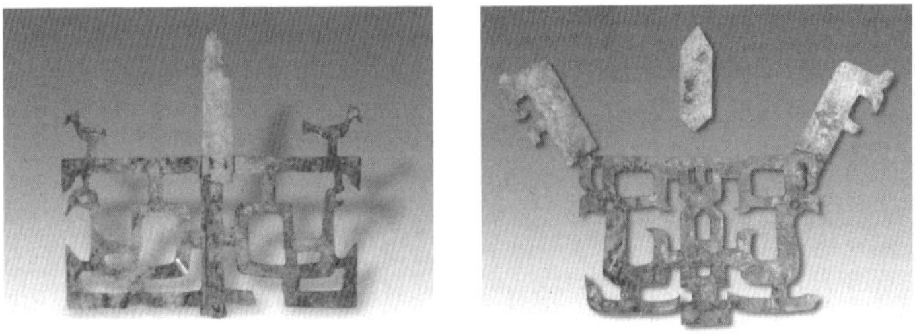

图 5-31　梁带村 M17、M18 出土铜翣

① （唐）贾公彦：《周礼注疏》，北京大学出版社，2000 年，第 980 页。

② 〔日〕林巳奈夫：《中国先秦时代の旗》，《史林》1966 年第 2 期。

片才引起考古学者的重视，认为是礼书所载之翣，相关学者也对其进行了梳理和探讨。

从目前考古所见，周人的棺饰制度是逐渐形成并完善的，如棺束、池与翣的数量也并非与礼书所载完全一致，这在考古发掘中常见，也让我们不断思考礼制的完善问题，以及古书的形成问题。但我们可以肯定的是，礼书所载的仪式与考古发现的器物所要表达的古人思想是一致的，即前文所言棺饰的三个目的。整体来看，周代棺饰仿人世间居所设置而成。棺用绳索捆绑，形成棺束。木质的框架结成墙柳，架于棺外。荒帷覆盖墙柳之上与四周，如平时起居之帷幄。整个柳车如宫室，在柳之外出部分设池，正如宫室屋檐下之承霤。鱼与振容悬于池下，如鱼在水草中游弋，行走中因晃动而产生“鱼跃拂池”之状，车行使时人执翣而从。活着的人将死者隆重地送至另一个世界，而逝者也开启了另外一个世界的生活。

第三节　发现霸国

大河口霸国墓地，位于翼城县东约 6 公里处，墓地西北部、西侧与台地相连，其余皆为沟壑，浍河流经墓地西、南两侧。2007 年 5 月，翼城大河口墓地被盗，同年 9 月起考古工作者对该墓地进行了勘探和试掘。2009 年 5 月进行大规模抢救性发掘，考古工作断续进行到 2016 年底。发现新石器时代、

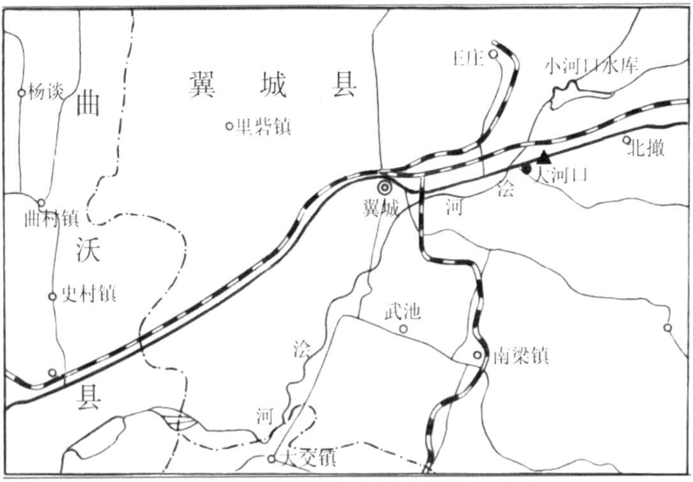

图 5-32　大河口墓地位置示意图

西周、东周、汉代等不同时期遗址，共发掘西周墓葬 2200 余座。

一、一号大墓

2008 年发掘的 M1，在墓口平面四角外发现 4 个通向墓壁的斜洞，在墓室二层台上四壁发现 11 个壁龛，其中北壁 3 个、西壁 2 个、南壁 3 个、东壁 3 个。壁龛内放置漆木器、原始瓷器、陶器等。漆木器有俎、罍、豆、壶、杯、牺尊、座屏等，原始瓷器有尊、瓿等，陶器有鬲、鼎、杯等。东部二层台上发现 2 个漆木俑，双足站立于漆木龟上，双手做持物状。在两俑前面的中间及侧面均放置有漆木器。其他几面二层台上还发现带木柄的铜兵器和漆木盾牌等。葬具为一椁一棺，椁底有腰坑。在墓室内棺椁之间或棺盖上发现大量青铜器、原始瓷器、陶器、玉石器、骨器等，共有 3400 余件（组）。其中青铜器数

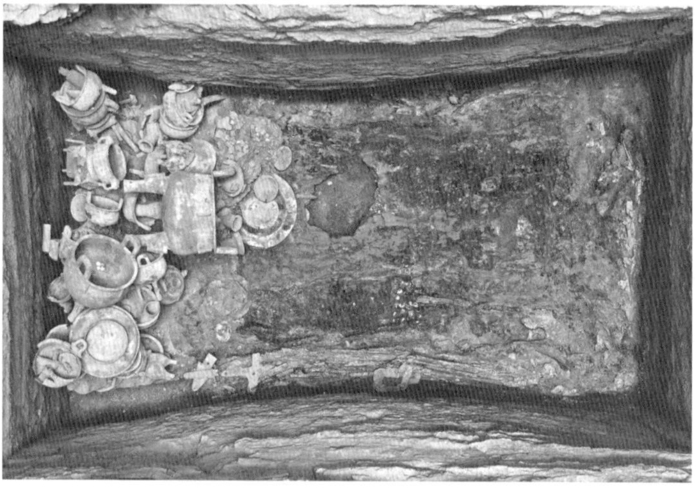

图 5-33　M1 椁室

图 5-34　M1 出土方座簋

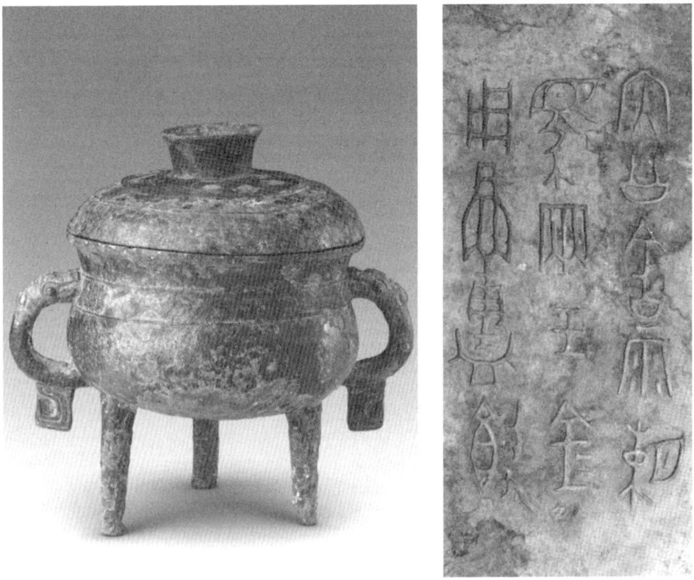

图 5-35　M1 出土簋及铭文

图 5-36　M1 出土青铜卣及器内器物

图 5-37　M1 出土青铜卣及器内器物

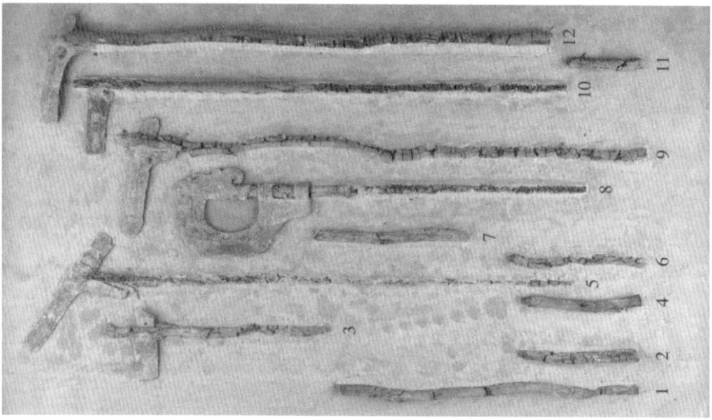

图 5-38　M1 出土兵器

量最多，包括礼器、乐器、兵器、工具、车马器等。礼器 71 件，鼎 24 件，包括方鼎 2 件、圆鼎 22 件。簋 9 件、鬲 7 件、觯 8 件、爵 6 件、卣 4 件、尊 2 件，及甗、盘、盉、觚、罍、

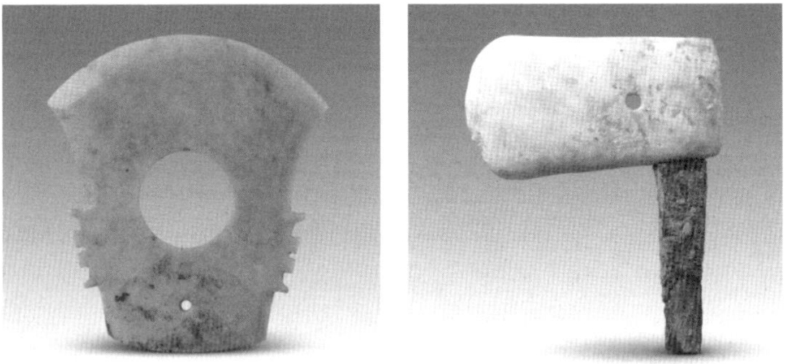

图 5-39　M1 出土玉钺

单耳罐、斗各 1 件。墓主人骨架腐朽成粉末，根据随葬品推断为男性。[①]

二、1017 号大墓

M1017 发现大量青铜器、玉石器、锡器等。青铜器种类有食器、酒器、水器、乐器、兵器、工具、车马器等。著名的霸伯盂即出自该墓。铜盂敞口、方唇、深直腹，三外卷象鼻足，双附耳；上腹饰三组兽面纹，底三足间有“Y”形阳线纹；内壁铸铭文 10 行 100 余字，基中有“霸伯拜、稽首，对扬王休，用作宝盂”等字。[②] 该墓为一代霸国国君霸伯之墓，由霸

① 山西省考古研究院等:《山西翼城大河口西周墓地一号墓发掘》,《考古学报》2020 年第 2 期。

② 山西省考古研究院等:《山西翼城大河口西周墓地 1017 号墓发掘》,《考古学报》2018 年第 1 期。

图 5-40　M1017 椁室

图 5-41　M1017 出土霸伯盂及铭文

伯盂得知，M1017 墓主霸伯名尚。

三、2002 号大墓

M2002，葬具为一棺一椁，随葬铜鼎 3 件、簋 3 件、鬲 2 件、甗 1 件、盘 1 件、鸟形盉 1 件，以及大量的青铜兵器、车马器和工具。大多数青铜器上有“霸仲”“格仲”作器，墓主为35—39岁男性，M2002墓主是M1017墓主霸国国君之弟霸（格）仲。[1]

该墓出土铜鸟形盉，翘首，扁平尾，背有盖，以链接于背后近尾处；腹前翘起一平口流，鸟足粗壮，后腹下接一外卷象鼻足；颈腹部有羽纹，流、翅、尾、足有云纹或云雷纹。盖内铸铭文8行50余字。

传世文献记载中，并没有发现“霸国”的踪迹，虽在传世

图5-42　M2002墓室

① 山西省考古研究院等:《山西翼城大河口西周墓地2002号墓发掘》,《考古学报》2018年第2期。

或出土青铜器中偶见“霸”字铭文，但绝大多数人没有料到会有一个诸侯国级别的墓地横空出世。从墓地的面积和墓葬埋葬数量来看，当时大河口人群规模不大，考古工作者推测其所居城邑和所辖区域也不会很大，从墓葬习俗来看，其商、周文化因素都很明显，墓葬横贯西周，晚期进入春秋初期，最终也是被晋国所灭。

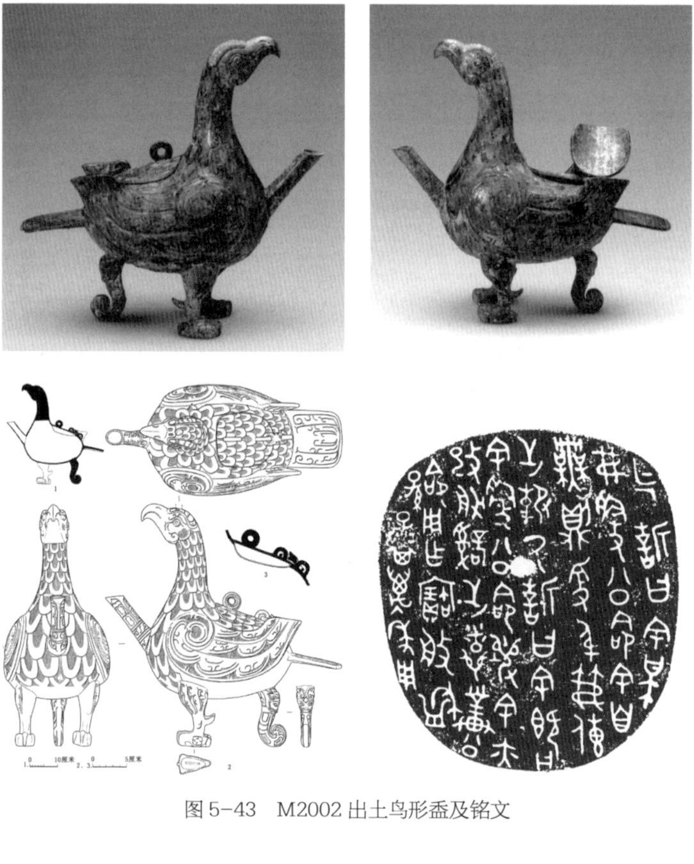

图 5-43　M2002 出土鸟形盉及铭文

第六章　谁与争锋：诸侯之伯的自信

春秋是争霸的时代，主要表现在南北势力的霸权争夺上。南方以楚为大，北方要形成与楚相抗衡的集团，谁来领导，谁即为中原霸主。如果中原无有力之诸侯，楚国控制北方成功，则楚国成为霸主。所谓春秋霸主，仍以能领导中原诸侯国，且得到周天子的承认为判断标准。

城濮之战前，楚国经过楚武王和楚文王的发展，到楚成王时，楚国的势力急速发展，“汉阳诸姬，楚实尽之”。黄河流域的鲁、宋、郑、陈、蔡、许、曹、卫等国都先后与楚结盟，受其控制。晋国自献公以后，内乱外患不止，削弱了力量。晋文公经过长期流亡，回国掌权后，励精图治，加强军力，由弱转强。晋文公要建立霸业，势必与楚交锋。城濮之战，便是在这样的形势下，展开的一次南北力量的对决。城濮之战，不仅是晋楚两国间的第一次大规模的正面交锋，也是南北力量的第一次对决，此次战役，揭开了晋楚之间八十余年争霸战争的序幕。

第一节　表里山河

齐桓公首开春秋霸业先河，当年也曾同楚有过抗衡，即管仲责问楚王“包茅之不入”。但齐楚并未发生正面的直接冲突，这是因为大国之间的战争，连锁反应剧烈，谁都无法承担失败的后果。因此南北集团之间的大战，举足轻重，彼此都十分谨慎小心。但随着齐桓公的去世，齐国霸业戛然而止。有着“仁义之师”美誉的宋襄公，遂滋生了继齐求霸之心，想与楚国一争高下，成为中原霸主。怎奈，终因实力不济，在泓之战国败身伤，霸主梦想随之泡汤。如果形势继续，则楚国北上，饮马黄河，问鼎天下，称霸中原，乃至一统全国，并非完全不可能之事。

一、伐曹救宋

城濮之战的导火索是楚入侵宋。楚国联合郑、蔡、陈、许四国之师攻宋，宋求救于晋，南北两大集团进入了战斗状态。狐偃建议不与楚正面交锋，晋国军队可以通过攻打楚的属国曹、卫，逼迫楚国北上救援。这样，既可解除宋国的危难，又可使楚国主动来伐晋国，而非晋国主动攻楚，避免晋国落下“恩将仇报”的恶名。

曹、卫虽遭晋国攻伐，但由于子玉的坚持，宋国之围并未解除。宋国派门尹般到晋军求救。晋文公对于宋国的求救，颇感纠结，宋人告急，救宋是报恩，但如果因救宋与楚国开战，自己后方有齐、秦之忧。

对于晋文公的忧虑，先轸给出了解决方案：让宋国去给齐、秦赠送财礼，借两国之口向楚国求情，晋国把曹、卫的土地分给宋国来进行补偿。楚国和曹、卫关系好，一定不答应齐、秦的请求。齐、秦两国收了宋国的礼物，楚国又不给他们面子，两国势必对楚国有意见，自然就站在晋国的阵营。晋文公很高兴，依计而行，扣押了曹共公，把曹、卫的田地分给了宋国，让宋人以财货贿赂齐、秦两国。

楚成王进入申城住下，让申叔离开谷地，让子玉离开宋国，并且下令不要追击晋军，认为晋文公回国，是上天的安排，楚国不应与之争锋。但子玉却派伯棼向楚成王请战，说这并非为了获得功劳，而是想通过这一战，来证明自己的能力。楚成王很生气，留给他少量的军队，只有西广、东宫和若敖之六卒，先行返回楚国。

二、子犯的底气

公元前 632 年夏，晋文公、宋成公、齐国的国归父、崔夭、秦国的小子慭驻扎于城濮。楚军依托险要地势扎营，晋文公心有忧虑，毕竟这是南北两大集团第一次正面交锋，谁也输不起。如果楚国在这场战役输掉了，其属国便会背叛；如果晋国在这场战役输掉，不仅原先追随晋国的小国会背叛，更对晋国之后的发展影响巨大，且会波及中原诸侯国的命运。

针对晋文公的忧虑，狐偃不失时机地劝道："战也！战而捷，必得诸侯。若其不捷，表里山河，必无害也。"胜而有利，败而可守，增加了晋文公决战的信心。战前，晋文公心中一直忐忑不安，以至梦到自己与楚王搏斗。梦中的楚王，伏在自己身上吮吸自己的脑浆，这把晋文公吓坏了，心中惶恐不安。狐偃却说这是吉梦，楚王伏在晋文公身上，文公仰面朝天，意味着晋国得天意；楚王身朝下，是伏罪之状，且梦境显示晋国把楚国安抚了。这样的解释，再一次展现了狐偃的机智，也让晋文公对即将到来的战争，增添了一份信心。

表里山河，最终让晋文公下定了争锋的决心。取威定霸，在此一战。若事功不成，则有险可守，居之无虞。晋国始封于临汾盆地，西周时期，也是在此处发展，到了春秋初年，晋国扩张的步伐加大，不仅拥有了临汾、运城盆地，更跨过中条山，有了南阳之地。彼时晋国，北抵霍山，东临太行，黄河自

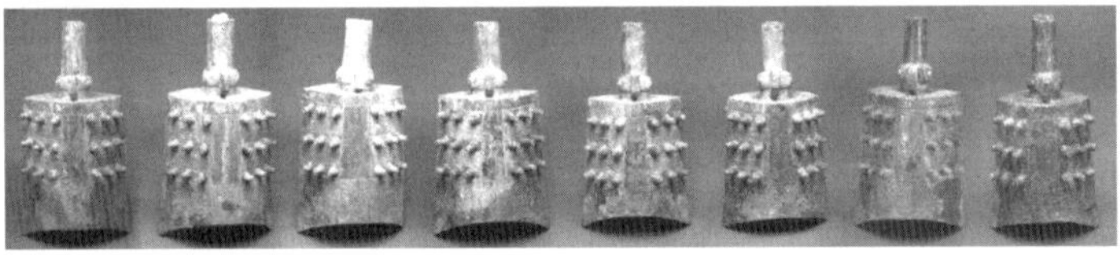

图 6-1　子犯编钟

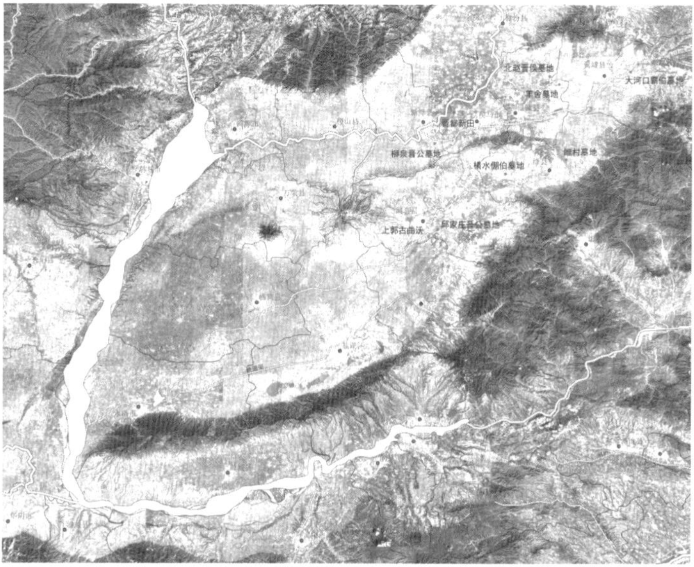

图6-2　晋国“表里山河”示意图

其西，由北而南，自风陵渡转弯，一路逶迤东去。表里山河，是其最真实的描述，山川险要，易守难攻，这是晋国人敢于争锋的底气！

第二节　晋乘七百

楚成王的撤兵，并未点醒刚愎自用的子玉，反而，激发出子玉的涛涛怒意与争斗之心。大战，终将到来。

一、决战城濮

子玉派斗勃向晋国挑战，晋文公派栾枝应战，晋车七百乘，装备齐全。楚国子玉率领中军，扬言“今日必无晋”，子西率领左军，子上率领右军。

晋下军佐胥臣以虎皮蒙马，先攻陈、蔡之师。陈、蔡小国，何曾见过如此阵势，迅速败逃，楚军的右翼部队溃散。上军将狐毛派出上军攻击楚国左军，佯装败退，再在撤退途中埋伏起来。下军将栾枝率下军一部，绕道上军后方，使车曳柴而伪装逃遁。楚军看到晋上军大后方尘土飞扬，以为晋军逃遁，便率军追击。这时中军将原轸、中军佐郤溱率领中军公族拦腰截击。狐毛、狐偃率领埋伏的上军，夹攻子西。楚国的左军受到了来自晋国三军的合力围剿，顿时溃散。楚军左军、右军皆大败，子玉及时下令收兵，中军得以不败。晋军休整三天，吃完楚军留下的粮食，起程归国。

城濮之战中，晋国采用了先在敌人弱侧突破，打击敌人士气的战略。陈、蔡之师，并不是心甘情愿为楚人打仗，只是迫于压力，不得不加入。战马受惊后，陈、蔡之师更为自己的撤退找到了十足的理由。一军败后，再集中力量攻打次弱之旅。子西所率左师，受到了晋国三军力量的攻击，且诱敌之后，分段合力歼击，焉有不败之理。但此役子玉所率中军能全身而退，显示出其良好的军事素养。城濮之战中，楚国并未动用全国之力，而晋国则是举全国之力求霸业，这也说明此时楚国的力量不容小觑。

二、晋国的准备

“表里山河”的地理形势，只是能确保晋国退而可守，败而无忧，但战争的目的是求胜，如果没有一丝胜利希望，没有人愿意发动战争。晋楚首次争锋，晋国面对南方强大的楚国，其实是做了充分的前期准备。

首先，重耳入主晋国后，采取了一系列措施，稳定国内局面。晋献公时期，发生了骊姬之乱，导致太子申生被逼自杀，公子重耳、夷吾流亡国外，之后又经历夷吾父子（晋惠公、晋

图 6-3　晋侯墓地车马坑

怀公）执掌晋国，直到重耳返回即位。晋国在这段时期内，政治生态恶劣，群臣惶恐不安，如何让臣民心安？如何让全国团结？如何让所有人放下思想的包袱？这是晋文公要解决的第一紧要之事。晋文公不计前嫌，接见并任用当年有负于他的竖头须和两次追杀他的寺人披，起任罪人之子郤缺，这让晋国臣民看到文公心胸广阔、不计私仇，因而消除了心中的不安与惶恐，团结了国内力量，为霸业的到来凝聚了民心。

晋文公在安定晋国人心后，大力任用贤能之人，加强统治集团的力量。《国语·晋语四》载文公流亡期间，“好善不厌，父事狐偃，师事赵衰，而长事贾佗”，“居则下之，动则谘焉，成幼而不倦”，[①]凝聚了大批贤良之士。晋文公修晋之政，《国语·晋语四》载，文公“举善援能，官方定物，正名育类。昭旧族，爱亲戚，明贤良，尊贵宠，赏功劳，事耇老，礼宾旅，友故旧。”[②]晋国出现“政平民阜，财用不匮”的局面。

其次，在国外，树立晋国负责任的大国形象。公元前649年，周王室发生了王子带之乱。公元前635年，晋文公出兵勤王，王子带被杀，周襄王进入王城，晋国完成了勤王的使命。晋国勤王有功，周襄王赐给晋文公阳樊、温、原、攒茅等地，晋国“始启南阳”，为晋国南下控制中原，奠定了基础。

南阳之地的接手，并非一帆风顺。《左传·僖公二十五年》载，阳樊人不服周天子的处置，不愿做晋国的子民，晋国

① 徐元诰：《国语集解》，中华书局，2002年，第329页。

② 同上书，第350页。

军队包围了阳樊。阳樊人仓葛言道："德以柔中国，刑以威四夷，宜吾不敢服也。此，谁非王之亲姻，其俘之也？"[①]晋国人便把阳樊百姓放出城来。

原邑百姓也不愿意归附晋国。《左传·僖公二十五年》载，晋文公率军包围原地，命令军队携带三天粮食，并承诺三天拿不下原，晋军就离开，不再围攻。到了第三天，晋军间谍从城里来报，原邑快支持不住，准备投降了，再稍加拖延，原邑定会投降。晋文公认为，"信，国之宝也，民之所庇也，得原失信，何以庇之？所亡滋多"，[②]便下令退兵。原邑百姓看到晋国竟如此守信，便心甘情愿地归附晋国。晋文公任命赵衰为原地长官，狐溱为温地的长官。

晋国在收服南阳之地时，显示出大国的诚信，赢得了诸侯和百姓的拥戴。周天子赐给晋国南阳之地，晋国对于不归附的，本可以武力征服，但在对阳樊、原的处理当中，显示出极高的政治智慧，不仅收服了南阳之地，更是通过守信，向诸侯国展现了大国的信义，得到中原诸侯国的强烈认同，为晋国获得了良好的国际声誉。这成为晋国敢同楚国争锋，进而决战城濮的前提和基础。

正是有了前期充分的准备，晋国又有"表里山河"的天险可退，短暂归国的晋文公才有了争霸的信心。

---

① 杨伯峻：《春秋左传注》，中华书局，1990 年，第 434 页。

② 同上书，第 435 页。

三、践土之盟

城濮之战的胜利，使晋文公霸主之梦成真。晋军到达衡雍后，为天子在践土筑建王宫，为即将到来的诸侯会盟做准备。公元前632年，周襄王移驾践土，晋国将所获楚国战俘献给周天子，郑文公担任相礼者。《左传·僖公二十八年》载，晋文公献楚俘于周天子，“驷介百乘，徒兵千”。周襄王设宴招待晋文公，命令尹氏和王子虎、内史叔兴父任命晋文公为诸侯霸主，赐给晋文公“大辂之服，戎辂之服，彤弓一，彤矢百，玈弓矢千，秬鬯一卣，虎贲三百人”，并命曰“王谓叔父，敬服王命，以绥四国。纠逖王慝。”[①]晋文公接受了来自周天子的赏赐。

过了几日，王子虎和诸侯在天子所居的庭院里盟誓，约定“皆奖王室，无相害也。有渝此盟，明神殛之，俾队其师，无克祚国，及而玄孙，无有老幼。”当时人们认为这次结盟是守信用的，且认为晋国在这次战役中，能够在坚守道义的前提下进攻。践土之会，参加会盟的有晋、鲁、齐、宋、蔡、郑等国，晋被推为盟主，晋国的霸业由此开启。

晋楚城濮之战，是中国古代非常著名的战役，其经典的战法，也成为后世宝贵的军事素材，在中国军事思想史上占有重

---

① 杨伯峻：《春秋左传注》，中华书局，1990年，第463—465页。

要地位。城濮之战，以晋国的胜利告终，遏制住楚国力量的北上，确立了晋文公的霸主地位。这一战，不仅对晋国、楚国意义重大，更对此后天下的格局产生了重大影响。此役之后，楚国北上称霸的梦想基本破灭，终春秋之世，中原霸主基本掌控于晋人之手。

城濮之战胜利后，晋文公进行了相应的善后工作，使中原诸侯深感敬服。在城濮之战中，晋中军在沼泽地遇到大风，丢掉了前军左边的大旗。中军大夫祁瞒犯了军令，司马依律诛杀，并通报诸侯，派茅茷接替其位。晋国军队归国渡黄河时，舟之侨擅自先行回国，士会代理车右。回到晋国后，晋文公在太庙向祖先汇报了俘获、杀敌情况，饮酒犒赏有功之人，杀舟之侨并通报全国。晋国百姓因晋文公的赏罚分明而心服口服。

图 6-4　“晋魂”雕像

晋文公召集诸侯会盟，讨伐对晋国有二心的国家。践土之盟举行的同年冬，晋文公又召集鲁僖公、齐昭公、宋成公、蔡庄公、郑文公、陈子、莒子、邾子、秦同人在温地会盟，商讨出兵攻打不臣服之国家。温之会，晋文公请周襄王前来，并且率领诸侯朝见天子。

城濮之战后的践土之盟，使晋文公的霸主地位得到周天子的确认，晋国对各诸侯国的处理也较为妥当，得到了诸侯国的拥戴。在齐桓公之后，中原诸侯国，又形成了以晋国为首的北方集团。

第三节　莫失诸侯

晋国自文公称霸以来，其后襄公、灵公、成公时期，晋国虽然维持着霸业，且不断提升着国力，但国内外矛盾也与日俱增。

一、内忧外患

国内，公室与卿大夫的矛盾日益加重。“国无公族”政策的施行，使异姓力量发展迅速，并逐步形成几支势力较大的卿族力量，卿权日重，诸卿相争，国内的政治生态并不乐观。同时，卿族力量的扩大，与公室必然发生矛盾。

国外，晋国并非依仁德来统率诸侯国，诸侯国大多是屈从于晋国的武力，离心在所难免。秦、晋两国关系起初较为友好，但秦人东进的目标与晋人称霸中原产生利益冲突，秦晋发生了一系列战争，尤其是殽之战后，晋、秦关系恶化，相互攻伐不断，秦国转而联楚抗晋，晋国的霸业受到牵制和影响。楚国并不能有效利用秦人的力量，但战略上却为晋国的抗楚制造了后顾之忧。楚庄王即位后，在令尹孙叔敖的辅佐下发展生产、整顿政治、改革内政，国力日益增强。晋、楚情况的变化，使庄王问鼎中原之心重又燃起，晋楚间的战争势不可免，最终爆发了南北两大集团的第二次大战——晋楚邲之战，由于晋国军队内部的矛盾，晋国输掉了这场战役。

邲之战的失败造成最直接的后果，是中原诸侯纷纷叛晋，晋国霸业出现严重危机。晋国霸业危机的解决，最终仍以与楚的决战来化解。晋景公时期，为了维持、巩固晋国霸业，做出一系列努力。晋国化解霸业危机的战略方针有：

1. 巩固核心区域的安定，进一步开拓晋国核心区域的空间，即攻灭赤狄。

2. 化解大后方的战略危机。晋国与楚争霸，大后方的战略危机来自东西的齐秦两国。晋国通过鞍之战，使蠢蠢欲动的齐国得以屈服，虽然齐国心有不甘，但也迫于晋国的武力压制，重新回归到晋国同盟。秦晋本为友好邻国，但基于国家利益，最终兵戎相见。殽之战的爆发，最终使两国彻底决裂，秦国转而与楚国形成战略同盟，共同抗晋，对晋国的霸业造成严重威胁。晋国采取与楚讲和、拆散秦楚联盟、率领诸侯联军讨伐秦国的战略。在麻隧之战中，秦国大败，晋国从而解除了西方的威胁。

3. 培植楚国邻近的吴国，给楚国不断制造麻烦，形成战略牵制，消耗楚国战斗力。晋国巩固了自己的大后方，解除了潜在的威胁，又培植了牵制楚国的力量，便可全力与楚国争锋。毕竟，霸业重新得到诸侯国的认可，是建立在战胜楚国的基础之上。因此，晋楚间的战争，不可避免，终将来到！

二、鄢陵之战

公元前 575 年春，郑国背叛晋国，与楚国结盟，晋厉公打算讨伐郑国。中军将栾书认为，他们这一代人不能背负丧失霸主之名，晋国于是发兵，以此来维护、巩固晋国的霸主地位。栾书率领中军，士燮为中军佐；郤锜率领上军，荀偃为上军佐；韩厥率领下军；郤至为新军佐。下军佐荀罃留守晋国。新军将郤犨到卫国、齐国，栾黡到鲁国，分别寻求援兵。

郑国人听闻晋国出兵，速派使者求救于楚国。郑国新附于楚，楚国要团结同盟，树立形象，就要维护同盟国的利益，楚共王决定救援郑国。司马子反为中军将，令尹子重为左军将，右尹子辛为右军将。晋军渡过黄河后，听闻楚军已发兵，且将要到达，中军佐士燮不想同楚国正面对抗，想要归晋，中军将栾书坚决不同意。

六月，晋、楚相遇于鄢陵。士燮仍不愿作战，郤至却说：韩之战，惠公失败归来；箕之役，先轸未能回国复命；邲之战，荀林父失败而归，此皆晋国的耻辱。如果现在晋国逃避，更是耻上加耻。晋国要想继续维护霸业，就得直面楚国，如果逃避，会使晋国霸主形象受损，进一步导致霸业危机加深，甚至导致霸业结束。

晋国以自己的兵力先行，同时寻求同盟国的援助。楚军想在援晋的齐、鲁、宋、卫联军到达之前速战速决，于是在甲午日早晨趁晋军不备，利用晨雾的掩护，突然迫近晋军，安营布阵，这让晋国将士非常忧心。

面对楚军的突然举动，援军未到，晋军又未做好决战准备，如何是好？《左传·成公十六年》载，士燮的儿子士匄提出："塞井夷灶，陈于军中，而疏行首。晋、楚唯天所授，何患焉？"[①] 士匄的建议是利用地形，将不利因素转化为有利条件。士燮闻听士匄之言，拿起戈驱逐儿子，他认为：国家大事，小孩子能知道什么。不让儿子发表意见，更不愿意承担战争责任。

中军将栾书认为，楚军轻佻，晋国应该加固营垒坚守，楚人三天内一定退军，到时晋军乘机追击，定可获胜。栾书内心是想等到援军到来后，再与楚国决战。《左传·成公十六年》载，新军佐郤至言："楚有六间，不可失也。其二卿相恶，王卒以旧，郑陈而不整，蛮军而不陈，陈不违晦，在陈而嚣，合

① 杨伯峻：《春秋左传注》，中华书局，1990 年，第 883 页。

而加器。各顾其后，莫有斗心；旧不必良，以犯天忌，我必克之。”[①]郤至认为楚国有六个空子有机可乘，不应放弃大好机会。晋厉公认为郤至所言有理，于是改变先前固守待援、后发制人的计划，决心趋利避害，立即与楚军决战。同时，采纳士匄的意见，在营垒中填平井灶，扩大列阵的空间，就地列阵，既摆脱不能出营布阵的困境，又隐蔽自己的部署调整。

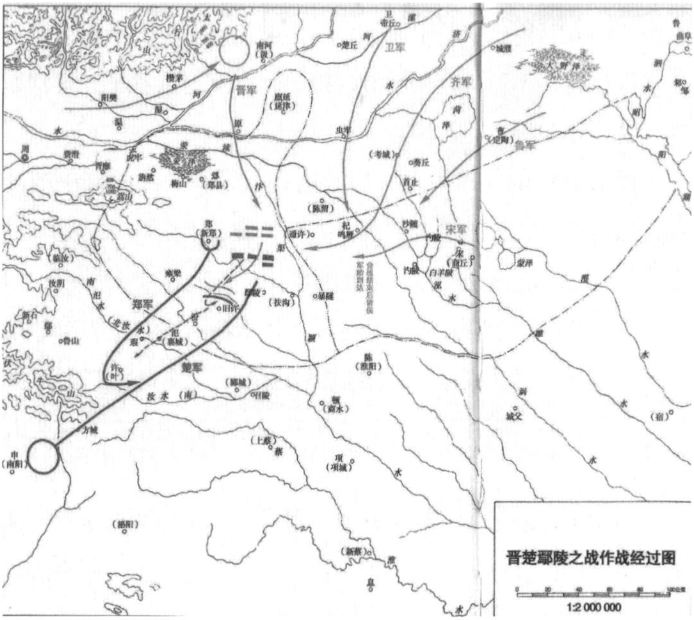

图 6-5　鄢陵之战作战图[②]

① 杨伯峻:《春秋左传注》，中华书局，1990 年，第 883 页。

② 台湾三军大学编:《中国历代战争史（第一册）》，内部发行，1983 年，附图一一二五。

楚共王登巢车以望晋军，子重让大宰伯州犁侍于楚王身后。伯州犁是晋国大夫伯宗之子，伯宗因为多次向晋厉公建议限制郤氏力量，避免宗族势力强大影响国内政治形势。晋厉公没有采纳伯宗的建议，反而将情况告诉了“三郤”（郤锜、郤犨、郤至），伯宗最终被“三郤”迫害致死，其子伯州犁逃往楚国避难。伯州犁对晋国内部的情况非常熟悉，汇报于楚共王。

晋厉公身边有苗贲皇陪侍。苗贲皇是楚国令尹斗椒之子，斗椒叛乱失败后，若敖氏之族遭到楚庄王的诛灭，苗贲皇逃到晋国。他对楚国的情况非常熟悉，并汇报于晋厉公。苗贲皇对晋厉公建议：楚国的精兵布于中军，晋国分别攻击楚国左军、右军，之后再集中三军之力攻打楚中军，楚人必败。晋厉公让太史占筮。《左传·成公十六年》载太史言：“吉。其卦遇《复》，曰：‘南国蹙，射其元王，中厥目。’国蹙、王伤，不败，何待？”[①]晋厉公听从了建议。

晋国军营前面有泥沼，晋军或左或右地避开泥沼而行。步毅为晋厉公御者，栾针为车右。彭名为楚共王御者，潘党为车右。石首为郑成公御车，唐苟为车右。栾、范以其族护卫晋厉公前进，车陷于泥，中军将栾书打算让晋厉公坐自己的车，但他的儿子栾针道：“书退！国有大任，焉得专之？且侵官，冒也；失官，慢也；离局，奸也。有三罪焉，不可犯也。”[②]栾书

① 杨伯峻：《春秋左传注》，中华书局，1990年，第885页。

② 同上书，第886页。

是中军将，他的职责是统率全军，应以大局为重，是以受到其子的呵责。栾针等人推晋厉公车出泥沼，继续前进。

癸巳日，潘尫的儿子潘党和养由基把皮甲重叠起来射击，穿透了七层，拿着让楚共王观看，楚共王认为这不是好征兆。吕锜梦见射中了月亮，自己却掉进了泥塘。占卜说："姬姓，日也；异姓，月也，必楚王也。射而中之，退入于泥，亦必死矣。"[①]战斗打响时，吕锜射中了楚共王的眼睛。楚王召来养由基，给了两支箭，让他射杀吕锜，以报伤目之仇。养由基一箭便射中吕锜的脖子，将其射死，拿着剩下的一支箭复命于楚共王。

韩厥追赶郑成公，御者杜溷罗问韩厥，是否要快速追赶上去，将其擒获？郑成公的御者不停回首而望，没有把注意力放到驾御上，这种情况，只要奋力追就可以赶上。韩厥认为不能羞辱国君，便停止追赶郑成公。

郤至追赶郑成公，他的车右茀翰胡对郤至说，只要另派轻车从小道迎击，就能追上郑成公，将其俘虏。郤至认为伤害国君要受到刑罚，也停止了追赶。郑成公御者石首说，以前卫懿公在荧地战败，是由于他不去掉自己的旗子，所以石首把旗子装入弓袋。郑成公车右唐苟认为，石首更能保护国君，助君逃走，自己选择留下断后，最终战斗而死。

楚王对养由基曾有禁射之令，楚军被逼于险地，叔山冉对

① 杨伯峻：《春秋左传注》，中华书局，1990年，第887页。

养由基言："虽君有命，为国故，子必射！"[①] 叔山冉鼓动养由基射杀晋军。养由基箭无虚发，被射的人，应声而倒，叔山冉举晋人投掷，砸中晋国战车前的横木，晋军被迫停了下来。

战争从早晨打到晚上，还没有结束，楚王眼睛受伤。楚国中军帅子反命令军官视察军情，补充车兵，整理战甲，准备第二天一早再进行战斗。晋国听到楚军再战的消息，有些担心。晋国的苗贲皇也通告全军，检阅战车、补充士卒，秣马厉兵，第二天决一胜负。同时，晋人故意放松对楚国俘虏的看管，让其逃走后把晋国情况透露给楚国。楚共王听到晋国准备再战的心意，便召子反一起商量对策。谷阳竖给子反进献美酒，子反喝醉不能应召。楚共王认为这是上天要楚国失败，天意难违，便连夜逃走。楚军退到瑕地时，子反为令尹子重所逼，畏罪自杀。楚共王派人阻止，但没来得及。鄢陵之战，以晋军的胜利而结束。

三、尘埃落定

鄢陵之战是晋楚争霸战争中继城濮之战、邲之战后的第三次战争，也是最后一次两国主力军队的决战。鄢陵之战，解除了晋国的霸业危机，是晋国霸业重新巩固最根本的原因，同时也意味着，楚国最后一次争霸的希望破灭，此后再没有了争霸

---

① 杨伯峻：《春秋左传注》，中华书局，1990 年，第 888 页。

的资本。鄢陵之战，成为楚国北上争霸的绝响。

邲之战的失败，直接导致了晋国霸业危机的出现，到鄢陵之战发生，这二十多年里，战争极度频繁，晋国先后同齐、秦、楚三个大国进行过战争。晋景公君臣在邲之战后励精图治，挥师扫灭后方赤狄。经鞍之战，制服了齐国，使晋国走出了霸业危机的低谷。厉公君臣通过第一次弭兵之会，暂缓与楚的矛盾。在麻隧之战中击败秦国，在鄢陵之战中大败强楚。晋人除邲之战外，依然能取得多数战争的胜利。晋国在军事、外交上的这种紧张局面，一直到打败楚人的鄢陵之战后才开始扭转，到了晋悼公即位，调整内外政策，形势方为之改观，晋国最终又成为诸侯之伯。

第七章　器以藏礼：晋国精品文物

吉金铸器，器以藏礼，礼行天下，是为华夏。青铜器，不仅是中华早期文明的构成因素之一，更是中国礼仪之邦的物化历史。夏商周三代，为青铜器的巅峰时代，无论是青铜器的类别、数量、造型、工艺等外在呈现，还是秩序、规范、道德、价值等内在赋予，不仅空前，亦为绝后。

第一节　且听凤吟：晋侯鸟尊

晋侯鸟尊，为晋系青铜器的代表之作。晋侯鸟尊出土时破碎，修复陈展后，立即引起学界和社会的广泛关注。晋侯鸟尊为晋国宗庙重器，有着极高的艺术价值，已为学界共识。

一、横空出世

晋侯鸟尊于 2000 年出土于北赵晋侯墓地 M114，“为高冠凤鸟形，造型极为生动。凤鸟作回首站立状，头上高冠，嘴上后部两鼻孔，圆眼，钩形眉。两翼上卷，尾部为一鼻向内卷的象首。身上饰有羽毛及云雷纹，两翅和两足饰卷云纹。背上有盖，盖上一鸟形纽，盖内侧有铭文‘晋侯乍向太室宝尊彝’。因其出土位置接近盗洞，鸟尾和尖喙残。残长 30.5 厘米、宽 17.5 厘米、通高 39 厘米。”[①]M114 曾于 1998 年春季遭到盗掘，而且盗墓者采取炸药爆破的方式，致使墓中器物破碎严重，导致无法在墓室中进行提取，考古工作者将墓室北端两堆“青铜渣”打包到实验室进行整理与修复。考古修复人员发现 100 余片纹饰特殊的残片，怀疑为同一件器物所有，在一年半的时间里，反复拼对、修补、去锈，被誉为“晋国之瑞”的晋侯鸟

图 7-1　鸟尊出土实况（北京大学赛克勒考古与艺术博物馆提供）

① 北京大学考古文博院、山西省考古研究所：《天马—曲村遗址北赵晋侯墓地第六次发掘》，《文物》，2001 年第 8 期。

尊[1]，横空出世，惊艳世人。

在晋侯鸟尊的修复过程中，起初并未找到鸟尾部分，修复专家从鸟尾象首曲线判断，为勾转象鼻的造型。最终，修复后的象鼻呈内卷状，并作为鸟尊平衡的支点之一。学界也曾对象鼻是外卷，还是内卷有过议论。尤其是2009年，山西翼城大河口墓地出土的鸟形盉，器形完整，鸟的象鼻尾呈外卷状，由此想到晋侯鸟尊象鼻尾的情况，是否与此相同？惜无确凿证据，难平服众口，遂成悬而未决之议题。

后来，北京大学考古文博学院在资料整理的过程中，发现疑似鸟尊缺失的象鼻部件。2018年，北京大学120周年校庆特展《寻真——北京大学考古教学与科研成果展》举办，鸟尊应邀赴京，并进行现场比对，基本确认了鸟尊象鼻残片。展览结束后，残件随鸟尊返回山西，后得到批准修复。鸟尊原件象鼻确呈内卷状，与两脚构成稳定的支撑点。至此，鸟尊象鼻内卷外卷之争，尘埃落定，当年的争论，已成为国宝重生的一段传奇佳话。

图7-2 修复中的鸟尊（上海博物馆提供）

① 王曦：《晋侯鸟尊——晋国之瑞》，《光明日报》，2018年6月23日05版。

晋侯鸟尊的设计，并非常见的引颈高歌之状，而是呈现出顾首回眸的姿态，高冠耸立，回首眺望，大有“普天之下，莫与争锋”的视觉艺术表现。鸟尊背部盖上的小鸟，仰望着大鸟，鸟喙上勾，两翼上卷，若嗷嗷待哺之状，伫立的静物呈现出满满的动感，大鸟与小鸟之间的灵犀相通，任谁都能一眼看出！构成尾部的大象，与整器浑然天成，鸟腹化为象腹，鸟腿变为象腿，大象的后半部身躯，在有限的空间创造了无限的想象留给了人们，艺术的浪漫油然而生。象眼垂视下方，象鼻内卷，给人以乖巧、温驯之感。鸟尊双足粗壮，大量肌肉覆盖，铸造得栩栩如生，仿佛能产生出源源不断的力量。大鸟的生机与力量，透过双足，跃然眼前。力量之美，展现得淋漓尽致。

图 7-3　新修复的鸟尊及其尾部（山西博物院提供）

晋侯鸟尊为凤鸟回眸之状，学人多有共识。但也有学者讨论其原型，王林在《晋侯鸟尊原型初探》一文中，通过晋侯鸟尊与绿孔雀的冠、嘴、眼、颈、背、尾、双翅、足的细节的对比，认为“从整体外观上来看，晋侯鸟尊除去尾巴下部的象首、双翅和绿孔雀有所差别外，其余外观特征均与绿孔雀高度相似”，从而得出：“晋侯鸟尊应该是以绿孔雀为原型铸造而成，晋侯鸟尊或应为‘晋侯绿孔雀尊’。”[①]晋侯鸟尊的细节确与绿孔雀有诸多相似之处，这也表明其构成元素确有取自绿孔雀之处，但鸟尊双翼上卷之状，让我们确信，鸟尊之鸟非绿孔雀。晋侯鸟尊双翼上卷，饰云雷纹，顿使大鸟有翱翔之感，显非地上之物，实成天上之鸟。

二、凤鸟崇拜

凤鸟对于周人有着非一般的含义，或者可以说，凤鸟的出现，是周人秉承天命的象征。《国语·周语上》载周惠王十五年，有神降于虢国的莘地，惠王问内史过原因，内史过言：“国之将兴，其君齐明衷正，精洁惠和，其德足以昭其馨香，其惠足以同其民人。神飨而民听，民神无怨，故明神降之，观其政德，而均布福焉……周之兴也，鸑鷟鸣于岐山；其亡也，杜伯射王于鄗。是皆明神之志者也。”国将兴，神会降；

① 王林：《晋侯鸟尊原型初探》，《博物院》2019 年第 2 期。

将亡，神亦会降。这是周人统治阶层长久积淀下来的认识，甚至是三代精英阶层的思想传统。神降，显然是天命在人世间的表现。周人将兴，“鸑鷟鸣于岐山”，韦昭注：“三君曰：‘鸑鷟，凤之别名也’《诗》云：‘凤凰鸣矣，于彼高冈。’其在岐山之脊乎。”[①]《说文解字》曰：“鸑鷟，凤属。神鸟也。”[②]凤鸟的出现，成为周人接受天命的具体表现，至少在周人的观念中，此为不可更易之事实。

周人受天命，只讲文王，且一再强调，传世文献多有记载：

> 《尚书·康诰》：天乃大命文王，殪戎殷，诞受厥命。[③]
>
> 《诗经·大雅·文王有声》：文王受命，有此武功。既伐于崇，作邑于丰。文王烝哉！[④]
>
> 《尚书大传》：文王受命，一年断虞芮之质，二年伐邘，三年伐密须，四年伐犬夷，五年伐耆，六年伐崇，七年而崩。[⑤]

西周早期的青铜器铭文也是一如是说：

---

① 徐元诰：《国语集解》，中华书局，2002年，第28—30页。

② （清）段玉裁：《说文解字注》，国家图书馆出版社，2022年，第606页。

③ （唐）孔颖达：《尚书正义》，北京大学出版社，2000年，第425页。

④ （唐）孔颖达：《毛诗正义》，北京大学出版社，2000年，第1233页。

⑤ （唐）孔颖达：《尚书正义》，北京大学出版社，2000年，第306页。

《何尊铭》：昔才尔考公氏，克逨文王，肆文王受兹大命。

《大盂鼎铭》：丕显文王受天有大命。

受天命，是文王之事，且文献中讲到文王受天命时，言之凿凿，并伴有祥瑞之事发生：

《墨子·非攻》："赤乌衔珪，降周之岐社，曰天命周文王，伐殷有国"。[①]

《竹书纪年》：商文丁十二年（周文王元年），有凤集于岐山。[②]

文献显示，文王即位五十年，在四十二年受天命，是因此年出现了"赤乌衔圭""凤集岐山"等现象，这被先民认为是"上天垂象"，即获得天命的标志。赤乌，就是火红色的大鸟，即凤凰；圭为权力之象征。凤凰衔圭，降于周人宗庙所在之处，这被周人真切地感受到，天命眷顾了周人。

周人一再提及的"赤乌衔圭""凤集岐山"传说，据班大为先生研究，是"五星聚"这一特殊天象的表现。公元前1059年5月28日，位于舆鬼、朱鸟的五星聚会在西方地平线

---

① 吴毓江：《墨子校注》，中华书局，1993年，第221页。

② 王国维：《今本竹书纪年疏证》，国家图书馆出版社，2010年，第534页。

落下的位置。对于岐山东南方的观测者来说，朱鸟星座当如下落或“集”在山上。[①]这很好地解释了“文王受天命”的一系列记载与传说。因此，红色，成为周人的尊崇之色；凤鸟，成为周人心目中的崇拜之鸟，甚至是图腾，也便不难理解了。凤鸟主题，在周人青铜器的器形、纹饰上增多，似乎也成了一种必然。目前发现的青铜器器形及纹饰，也印证了这一变化。

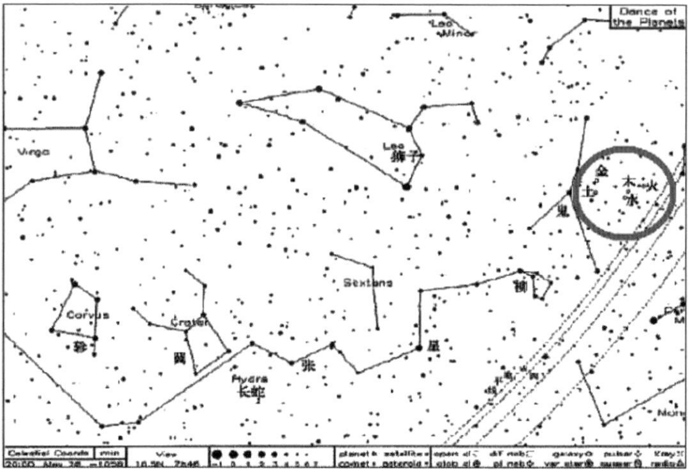

图 7-4　公元前 1059 年 5 月 28 日五星聚
（班大为《从天象上推断商周建立之年》）

如果我们承认“赤乌衔圭”“凤集岐山”是彼时天象的呈

① 〔美〕班大为著、徐凤先译:《从天象上推断商周建立之年》，收入《中国上古史实揭秘：天文考古学研究》，上海古籍出版社，2008 年，第 3—73 页。

图 7–5 南方朱雀图

现，则凤凰就是南方朱雀之形。南方朱雀七宿勾勒而成的凤凰，其双翼正是上卷之状。晋侯鸟尊双翼上卷，饰云雷纹，让我们确信，晋侯鸟尊之鸟，正是《国语》所言“周之兴也，鸑鷟鸣于岐山”的那只“鸑鷟”，也正是《诗经》所云“凤凰鸣矣，于彼高冈”的“凤凰”，为周人心目中的凤鸟无疑。

周初分封，尤其是同姓诸侯的分封，除却“以藩屏周”之目的，更代表着周人势力与文化的拓展。随着同姓诸侯的分封，周人的传统与文化随之而来，自是必然之事。作为周文王嫡孙的叔虞，受封于唐后，对征兆“天命”的凤鸟尊崇有加，继承周人这一伟大传统，自在情理之中。晋侯墓地 M114 的主人，为叔虞之子燮父，此墓出土的鸟尊，应是来自周人的传统。

从山西出土的众多两周文物来看，尊崇凤鸟这一传统被晋人继承并发扬光大。晋侯墓地出土的多件青铜器有凤鸟装饰，如M113中出土的青铜卣，M8出土的晋侯苏钟，M92出土的晋侯壶、晋侯喜父盘，均饰有凤鸟纹。M114与晋侯鸟尊同出的还有一件青铜尊，腹部饰有一只展体凤鸟，与晋侯鸟尊之凤鸟极为相似。M31出土的鸟盖人足盉，M63出土的立鸟人足筒形器，M62出土的立鸟盖壶。太原赵卿墓出土的匏壶、鸟尊，以及传出太原的子乍弄鸟尊等，都说明凤鸣晋地的事实。

除青铜器外，晋国玉器也多见凤鸟之纹样，如晋侯墓地M31出土的龙凤玉圭，M63出土的鸟形玉戈及玉凤；羊舌晋侯墓地出土的凤鸟纹玉饰、玉璜。

晋国周边的诸侯国也多见凤鸟装饰。翼城大河口墓地

图7-6 晋侯墓地M114出土青铜尊

图7-7 晋侯墓地M31出土鸟盖人足盉

图 7-8　晋侯墓地 M63 出土立鸟人足筒形器

图 7-9　赵卿墓出土匏壶

图 7-10　赵卿墓出土鸟尊

图 7-11　晋侯墓地 M63 出土玉凤

图 7-12　翼城大河口墓地 M1017 出土凤鸟纹尊

图 7-13　翼城大河口墓地 M1017 出土凤鸟纹提梁卣

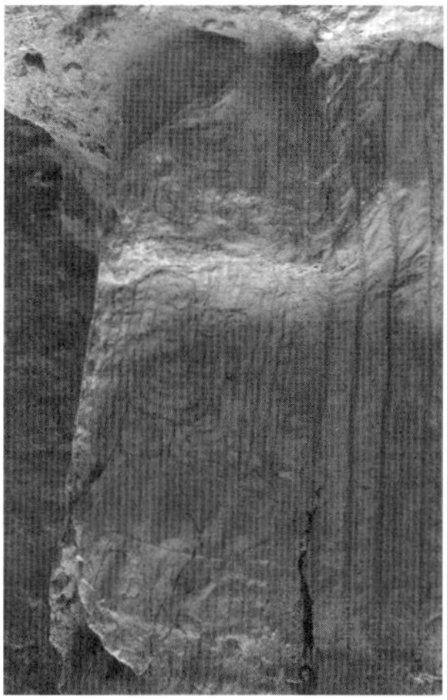

图 7-14　横水墓地出土凤鸟纹荒帷

图 7-15　保利艺术博物馆藏倗季凤鸟尊

M1017 出土的凤鸟纹尊、凤鸟纹提梁卣，M2002 出土的鸟形盉，皆有凤鸟的踪影。横水墓地，学界认为的倗国，出土的荒帷上的凤鸟纹非常引人注目；北京保利艺术博物馆从国外收购的倗季凤鸟尊，与倗国有关。

三、凤鸟与大象

晋侯鸟尊的凤鸟与大象是何关系？仅是为了器形的稳定？抑或是基于艺术装饰的考量？二者是否有更深层次的联系？学界并未探讨。文献中“商人服象”的记载，给我们提供了思考的空间。

《吕氏春秋·古乐篇》："成王立，殷民反，王命周公践伐之。商人服象，为虐于东夷。周公遂以师逐之，至于江南。乃为《三象》，以嘉其德。"①

《孟子·滕文公下》："周公相武王，诛纣、伐奄，三年，讨其君，驱飞廉于海隅而戮之，灭国者五十，驱虎、豹、犀、象而远之，天下大悦。"②

文献传递了两个信息：第一，商人服象；第二，商周之际，象、犀等大型动物南迁。随着殷墟甲骨的发现及殷墟考古的发掘，学界很早就对此问题进行了探讨，如罗振玉、王国维、徐中舒、陈梦家、郭沫若等先生均有讨论。殷墟曾发掘过三个象坑，"1934 年秋到 1935 年秋在西北冈发掘象坑两个，一坑为小象，一坑为大象，象背后埋 1 人，俯身。1978 年春在上述40坑中有一座象猪同埋坑，是一头幼象。"③大象背后所埋之人，学界一般理解为驯象之象奴。1978 年发掘的象坑，"此象体高约 1.6 米，身长约 2 米，门牙还未长出，系一幼象""从象佩带铜铃饰物情况看，该象应是一只已经驯服的幼象。"④

---

① 许维遹：《吕氏春秋集释》，中华书局，2009 年，第 128 页。

② 朱熹：《四书章句集注》，中华书局，1983 年，第 271 页。

③ 中国社会科学院考古研究所：《殷墟的发现与研究》，科学出版社，1994 年，第 117 页。

④ 中国社会科学院考古研究所安阳工作队：《安阳武官村北地商代祭祀坑的发掘》，《考古》，1987 年第 12 期。

《甲骨文合集》21472刻有大象腹中怀子，旁有幼象随行之图，形象逼真。学界多认为其为驯养之象，也正是人们习见驯养之象，才会有如此深入细致的观察与刻画。从上述象坑埋藏及甲骨刻画情况来看，“商人服象”之事实，可确信当无疑。

“商人服象”之“服”是何种程度的“服”？甲骨文中多有“来象”“获象”“象为祀”的记录，显示了对野象的捕获、纳贡以及用于祭祀的情况。象坑的发现，也让人们看到商人驯养象为不争之事实。殷墟墓地出土的精美象牙、象骨制品，反映出商代贵族对其的喜爱。学界争论最大的便是商人是否使用象队作战。如有的学者认为：“据记载‘商人服象，为虐于东夷’，说明在征伐东夷的战争中，商人一度还使用象队。”[①] 吴楚柏举之战，“针尹固与王同舟，王使执燧象以奔吴师。”杜预注：“烧火燧系象尾，使赴吴师，惊却之。”[②] 也有学者以此材料回证“商人服象，为虐于东夷”，即商人出动象队攻击东夷。

商人是否有象队用于作战？这是值得讨论的。陈絜先生曾对商代甲骨文中象的分布地进行了研究，“就现今所能见到的甲骨资料分析，商末田猎活动中捕获野象的地点及进贡大象的国族基本位于殷都以东的泰山周边，这里应该就是当时北方野

① 段玮璋、曹淑琴：《中国远古暨三代科技史》，人民出版社，1994年，第103页。

② 杨伯峻：《春秋左传注》，中华书局，1990年，第1545页。

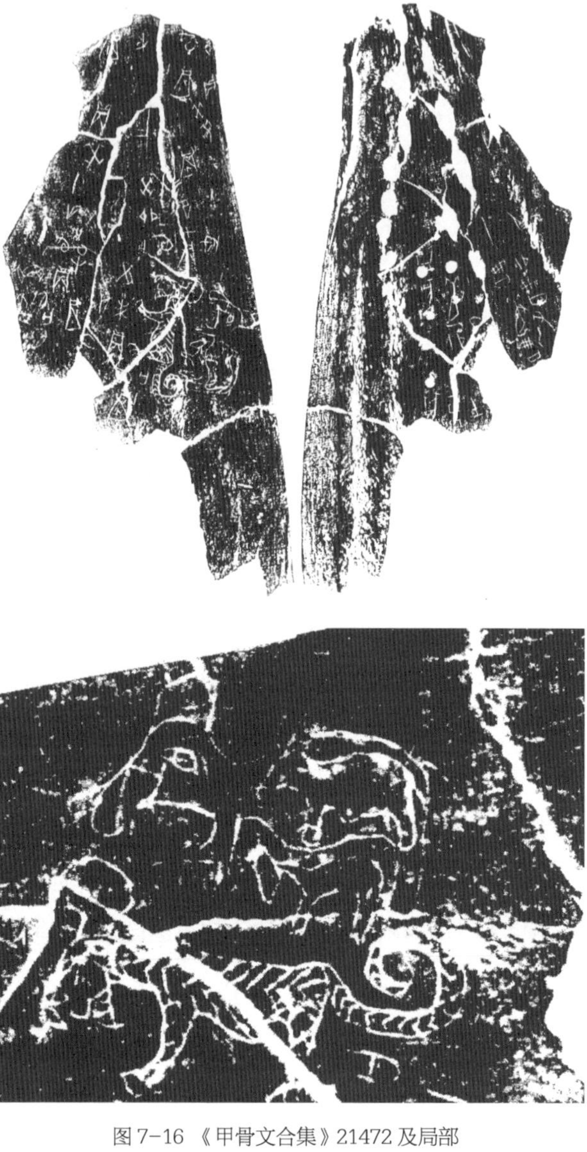

图 7-16 《甲骨文合集》21472 及局部

象种群的主要活动区域。”“目前虽没有彻底推翻中原地区有野生象群活动说的确凿证据，但有一点可以肯定，即殷墟及其周边的商王朝直接管辖区，当地人口于当时而言无疑是最为密集的，并不适合成群的野生象活动。”[①]就甲骨文所见象之记载，这样的结论是可信的。基于商末野生象的活动区域，商人已有成编制的象队，恐非事实。

“商人服象，为虐于东夷”非商人驱使象队征伐东夷，那么此句应如何理解？学界也有不同的声音。翦伯赞先生言：“《吕氏春秋》：‘商人，为虐于东夷’，商人到东南地区捕象曾

图 7-17　湖南博物院藏商代象尊

① 陈絜：《商周东土开发与象之南迁不复》，《历史研究》2016 年第 5 期。

给东夷人带来灾难。”[①]近年来，学人也有相类似的解释，如陈絜先生言：“商末频繁的田猎活动，也引起作为当地土著的东夷各部族的不满，从而引发双方武力冲突。文献所载‘商人服象，为虐于东夷’与‘商纣为黎之蒐，东夷叛之’，似应放在这样的背景下去理解。”[②]黄铭崇先生在《商人服象——事实与想像》一文中说：“从随葬象奴看来‘服象’的是应当异族，非常可能就是出产象的东夷地区，他们也会随着被驯服的象殉葬。商王朝的这类需索，也许对于东夷造成很大的困扰。这也许才是‘商人服象，为虐于东夷’的一个合理的解释。”[③]这样的理解是合适的。《尚书·牧誓》载武王指责商纣之罪状：“乃惟四方之多罪逋逃，是崇是长，是信是使，是以为大夫卿士，俾暴虐于百姓，以奸宄于商邑。”[④]“为虐于东夷”也应如“暴虐于百姓”般理解，即为当地带来灾难。

商朝贵族对象比较青睐，象牙、角骨制品制作得相当精美，应体现了当时最高的工艺水平。象用于重要祖先的祭祀，都可看出象在商人心目中有着不低的地位。商人对象的索取主要来于东夷，因此对东夷造成了巨大的伤害。“商人服象”，表明商人有能力驯养大象，而其索取大象的过程，造成了“为虐于东夷”的事实。

---

① 翦伯赞：《中国史纲要》，人民出版社，1983年，第27页。

② 陈絜：《商周东土开发与象之南迁不复》，《历史研究》2016年第5期。

③ 黄铭崇：《商人服象——事实与想像》，《考古汇》公众号，2017年11月22日。

④ （唐）孔颖达：《尚书正义》，北京大学出版社，2000年，第338页。

图 7-18　美国弗利尔美术馆藏商代象尊

图 7-19　法国吉美亚洲艺术博物馆藏商代晚期象尊

象的体形巨大，是现代体形最大的陆生动物。对如此大型动物的驯服，在商人心目中，恐怕是一件非常自豪的事情，这不仅包含着驯服过程中的种种困难，更是体现出强大武力与驯服后的征服感。象与商人的关系，在其他族群的心目中，进而有了内在的联系，即“象”的符号已然与商人密不可分，看到大象的造型或纹饰，便会让人不自觉地想起商王朝的强大，这也是以象为主题的青铜器造型及纹饰在商代流行的原因。正如有的学者所言：“在寻找象装饰衰落的原因时，我们发现象文化是商民族的一种文化。”①

我们理解了凤鸟于周人，大象于商人的文化意义后，再来看晋侯鸟尊的造型，便颇感构思之高超，艺术之精湛。大象伏于鸟下，象鼻内卷，呈驯服温顺状。凤鸟在上，双足粗壮有力，给人以生机无限之感。上下之位，寓意着周人对商人的征服。象的驯服之状，而非挣扎、奋力之状，也看到商人对周人是彻底臣服的。生机盎然的凤鸟，显示着周人奋力前行、势如破竹、“日辟国百里”的姿态。晋侯鸟尊上大鸟与小鸟，一望便知是母子之状，结合鸟尊铸造时代，不由使人想到，这样的造型，寓意着周王室与晋国的关系。凤鸟回眸，眺望天下，与周人彻底掌控天下大势后的神韵契合合符契。周人掌控天下，王室为诸侯国的强大后盾与依仗，是诸侯国开疆拓土、不断壮大的底气所在。诸侯依靠着王室，屏卫着王室。小鸟仰望大

① 梁彦民：《商人服象与商周青铜器中的象装饰》，《文博》2001 年第 4 期。

鸟，若嗷嗷待哺之状，不正是新受封的晋国与周王室关系的真实写照吗？准此，晋侯鸟尊造型可以如是解读：回眸的凤鸟，代表着周王室；背上仰望的小鸟，代表着晋国。大鸟与小鸟的状态，显示着周王室与晋国之间的关系。长鼻内卷之象，呈驯服温顺状，是臣服了的商人写照。鸟尊整体健硕有力，充满力量感，凤首微昂，尽显王者风范，将周人蒸蒸日上的情势体现得淋漓尽致。

四、晋侯鸟尊与商周祼礼

晋侯鸟尊有铭文“晋侯作向大室宝尊彝”，对于“向”的理解，我们更倾向于李朝远先生的看法，其在《读鸟尊》一文中所言：“‘向大室’就是位在北部的大室。故鸟尊是置于太室中的祭器。”[①] 鸟尊是置放在太室中的祭祀重器。《周礼·春官·司尊彝》云：

> 司尊彝掌六尊、六彝之位、诏其酌，辨其用与其实。春祠、夏禴，祼用鸡彝、鸟彝，皆有舟。其朝践用两献尊，其再献用两象尊，皆有罍。诸臣之所昨也……凡六彝六尊之酌，郁齐献酌，醴齐缩酌，盎齐兑，凡酒修酌。大

① 李朝远：《读鸟尊》，《上海文博论丛》2002 年第 1 期。

丧，存奠彝。大旅，亦如之。[①]

由文献可知，鸟尊为行祼礼时用于盛酒的祭器。商代甲骨文中祼祭多见，西周金文及文献中也多有提及。在三代人的观念中，祭祀祖先时，祖先神会降至祭祀场所，接受子子孙孙的祭飨。正如《论语·八佾》所言，“祭如在，祭神如神在”。[②]祼祭是祭祀祖先时的降神之礼。《礼记·郊特牲》：“周人尚臭。灌用鬯臭，郁合鬯，臭阴达于渊泉。灌以圭璋，用玉气也。既灌，然后迎牲，致阴气也。”[③]先儒认为，祭祀时用郁金香调制的鬯酒，盛于祭器浇灌于地（或浇灌于束茅之上，沥于地下），从而感应于神灵，使祖先神降临。

随着考古的发现，学人结合新出土材料对商周祼祭的仪式、程序、祭器等多有探讨。[④]《左传·僖公四年》：“尔贡包茅不入，王祭不共，无以缩酒，寡人是征。”[⑤]这是当年齐桓公南伐楚的理由。包茅用以缩酒，供祭祀之用，遂成为人们的共识。

降神祼礼的包茅如何缩酒？历来讨论不断。考古发现的

---

① （唐）贾公彦：《周礼注疏》，北京大学出版社，2000 年，第 607—616 页。

② 杨伯峻：《论语译注》，中华书局，1980 年，第 27 页。

③ （唐）孔颖达：《礼记正义》，北京大学出版社，2000 年，第 952 页。

④ 曹建墩：《先秦祼礼考》，收入《先秦古礼探研》，社会科学文献出版社，2018 年，第 34—64 页。

⑤ 杨伯峻：《春秋左传注》，中华书局，1990 年，第 290 页。

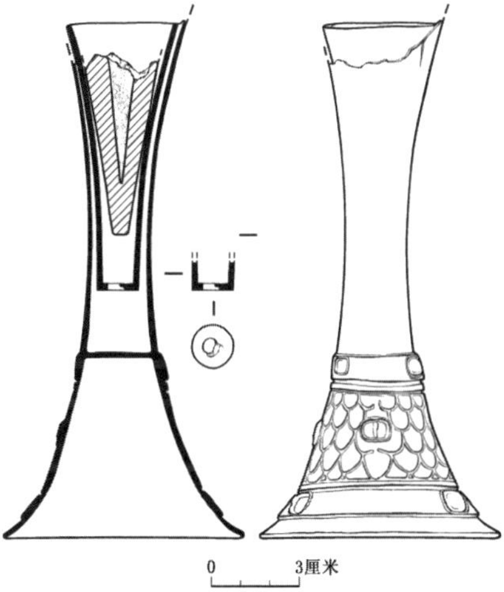

图 7-20　翼城大河口墓地 M1017 出土铜木觚

“同”（宋以来被称为“觚”）及其组件，促使学人进行新思考。张世超、鞠焕文先生根据考古发掘材料，做了一个模拟实验，认为：“酒初倾入同中之时向上漫起，是为‘盈’，随着‘咕咕’声，渐沿漏斗下之管进入同下部（或同内木筒）的腔内，上部之酒渐少，是为‘缩’。”[①] 并认为“缩酒”用来形容裸祭时同中酒之状态是十分恰切的，而“咕咕”的声音，也像神或祖先饮用酒。结合诸家之论，以鸟尊为例，裸祭之法如下：将制作好的郁金香调制的鬯酒盛于鸟尊，用勺从鸟尊中取鬯酒倾入爵中。将包茅插入同（即文献中的“觚”）中，散开填充，

① 张世超、鞠焕文:《“包茅、缩酒”考》,《古文字研究》(第 30 辑)，中华书局，2014 年，第 579 页。

图 7-21　日本私人收藏觚形尊及其铭文

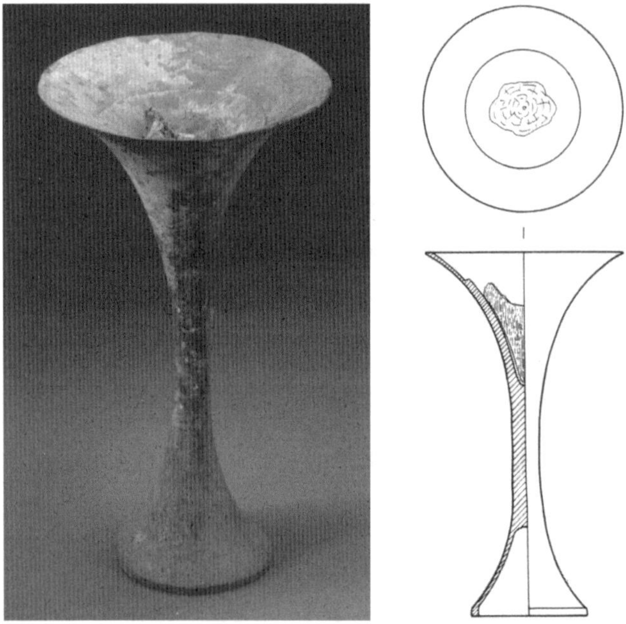

图 7-22　梁带村出土觚

中置瓒。奉爵将鬯酒浇灌于瓒上，酒通过瓒下之孔注入同中。在此过程中，上部之酒不断缩减，伴随着“咕咕”之声，像神或祖先饮酒状。祼礼的目的，是降神以祭；祼礼的流程，是引神而降的步骤；祼礼的功能，遂有了降神的效果。

商代祼礼，多见单独成祭。西周时，祼礼多与其他礼结合，成为祭祀的首个程序。宋代礼学家薛平仲言：“礼莫重于祭，祭莫重于灌。灌之为义，先王所以致精神之交，彻渊泉而贯冥漠也。故灌用郁鬯者，草木之芬香者也。鬯者，酒味之畅达者也。和郁以为灌，言芬香之交畅于上下也。周人先求诸阴，故既灌而后逆牲。夫子曰‘禘自既灌而往者，吾不欲观之矣’，精诚所交，唯灌为至，此郁人、鬯人所以首见于此。”[①]当我们明白祼礼的流程，全都是为了“致精神之交”，从而达到神降的目的，即可知此礼在祭祀祖先礼仪中的重要性，也明晰了不管礼的组合如何变化，祼以降神的目的并未改变，且一直占据着整个祭祀最重要的位置。《礼记·祭统》：“献之属，莫重于祼”[②]，即在宗庙九献礼中，初献之祼最为重要。

正是由于祼礼在祭祀祖先礼仪中的重要性，祼器也就成了商周时期的祭祀重器，其造型及纹饰不仅仅用于装饰，更多地体现着时人的观念与思想。祼器并非永久置放于太室之中，

① （宋）王与之:《周礼订义》卷三十三，《摛藻堂四库全书荟要》，台湾世界书局，1990 年，第 17—18 页。

② （唐）孔颖达:《礼记正义》，北京大学出版社，2000 年，第 1577 页。

《周礼·春官宗伯·郁人》:“大丧之渳，共其肆器。及葬，共其祼器，遂貍之。”[①] 祼器被发现于墓葬，自在情理之中。

五、结语

出土于晋侯燮父墓的鸟尊，为中国青铜艺术中罕见的珍品，是晋系青铜器的杰出代表。凤鸟的出现，是周文王秉承天命的象征，凤鸟遂成为周人崇拜之鸟。凤鸟主题在周人青铜器的器形、纹饰上增多，成为西周青铜器的特点之一。文献所言“商人服象”，征诸甲骨文及考古发掘，当确信无疑。象与商人的关系，进而有了内在的联系，即“象”的符号已然与商人密不可分。晋侯鸟尊，不仅体现了高超的艺术，更蕴含着深刻的思想。晋侯鸟尊构思精妙：回眸的凤鸟，代表着周王室；背上仰望的小鸟，代表着晋国。大鸟与小鸟的状态，显示着周王室与晋国之间的关系。初封建国的晋国，与周王室保持着相当紧密的关系，正如鸟尊中小鸟嗷嗷待哺仰望大鸟一样，周王室是诸侯最为坚实的后盾。长鼻内卷之象，呈驯服温顺状，是臣服了的商人写照。代表着周人的凤鸟，与代表着商人的大象，巧妙地结合在一起，不仅成功解决了器型稳定的问题，更寓意着周人对商人的彻底征服，昭示着一个新的时代的到来。鸟尊整体健硕有力，凤首微昂，尽显王者风范，将周人蒸蒸日上的情

① （唐）贾公彦:《周礼注疏》，北京大学出版社，2000 年，第 600 页。

势体现得淋漓尽致。作为裸器的晋侯鸟尊，常置于太室，用于祭祀祖先至为重要的降神之仪式中，同时，也将周人的思想完美熔铸于宗庙重器之中。

第二节　范铸巅峰：晋公盘

盘，水器，在青铜礼器中常见。周人有重食器、重水器的传统，青铜盘频见于两周青铜器墓中，成为周人不可或缺的随葬礼器。

一、匠心工艺

2014 年 6 月 22 日，吴镇烽先生在复旦大学出土文献与古文字研究中心网站发表了《晋公盘与晋公盞铭文对读》一文，首次介绍了青铜重器晋公盘：

> 该盘通高 11.7 厘米、口径 40 厘米、两耳相距 45 厘米。浅腹平底，窄平沿外折，腹侧有一对附耳，耳内侧有一对横梁与盘沿相连，耳饰重环纹，盘底的边缘设置三个圆雕裸体人形支足。裸人双膝跪地，双臂向后背负着盘体。盘内壁饰四条浮雕鱼纹，外壁饰无目窃曲纹；内底中央饰一对浮雕龙，相互盘绕成圆形；双龙的中心有一只立

体水鸟，双龙之外有四只立体水鸟和四只浮雕乌龟，水鸟与乌龟相间；再向外有四只圆雕跳跃青蛙和四条游鱼，青蛙与游鱼相间；最外圈有四只蹲姿青蛙、三只浮雕游泳青蛙和四只圆雕爬行乌龟，青蛙、乌龟相互相间。这些圆雕动物都能在原处360度转动，鸟嘴可以启闭，栩栩如生，颇富情趣。盘内壁刻铭文七处，每处三行，共184字左右（其中重文1，合文1）。[①]

晋公盘的资料公布后，立即引起学界的高度关注。也有学人曾对其真伪进行探讨，随着晋公盘的回归，其为真品已获得学界共识。晋公盘出土于山西，一度流失海外，山西省公安厅

图7-23　晋公盘

① 吴镇烽:《晋公盘与晋公盉铭文对读》，复旦大学出土文献与古文字研究中心网站 http://www.fdgwz.org.cn/Web/Show/2297，2014年6月22日。

将其从海外追回，于 2019 年 4 月 9 日移交文物部门，现陈展于山西省青铜博物馆，得以走进公众视野。

仔细观摩晋公盘，不由地赞叹古人的青铜工艺和水平，被其精美的铸造工艺和展现的艺术思想再次折服。三足而立的盘，确保了盘放置时的稳定，晋公盘三足，由三个圆雕双膝跪地的裸体人形构成。跪地的状态，或为臣服之人，或为低贱之人，而屈膝扛盘之状，顿有盘之重，不知几千斤之感！盘重，唯其器大。有限的重量，创造出无限的艺术空间的厚重感。

盘内底中央饰一对浮雕龙，双龙盘绕中心的立体水鸟，整体呈圆形，游龙之状栩栩如生。许慎《说文解字》："龙，鳞虫

图 7-24　晋公盘细部

之长；能幽能明，能细能巨，能短能长；春分而登天，秋分而潜渊。”[①]龙与水的不可分离，是中国人的思维，是以人们于龙现处便自然联想到水，或潜龙在渊，遨游于水；或飞龙在天，狂泻其水。是以《荀子·劝学篇》言，“积水成渊，蛟龙生焉”[②]。

内盘以立鸟为中心，双龙盘绕形成中心圆，外部分三圈环绕形成同心圆，由内而外：第一圈，饰以四只立体水鸟，间有四只浮雕游泳状乌龟。第二圈，饰以三只圆雕游鱼，间以三只圆雕跳跃青蛙（从饰物的分布规律，以及青铜盘相对位置痕迹来看，游鱼与跳跃青蛙，皆应为四只。一只游鱼和一只青蛙应脱落遗失，在器表相应位置有明显的焊接痕迹可见）。最外圈，饰四只圆雕爬行乌龟，间以四只圆雕蹲姿青蛙，在青蛙与乌龟之间，饰以浮雕游泳状青蛙，盘底有残损，按其分布规律，应为八只游泳状青蛙。盘内壁饰四条浮雕游鱼。盘内每一圈装饰之物，皆呈“十”字对应分布状态。盘内所铸圆雕动物皆可360度旋转，鸟嘴可以启闭，圆雕乌龟的脖子可任意伸缩，井然有序，却显生动盎然。

关于盘内所饰双龙、四只浮雕游泳状乌龟、四只圆雕乌龟，《管子·水地篇》：“龟生于水，发之于火，于是为万物先，为祸福正。龙生于水，被五色而游，故神。欲小则化如蚕蠋，

---

① （清）段玉裁：《说文解字注》，国家图书馆出版社，2022 年，第 2341 页。

② 楼宇烈：《荀子新注》，中华书局，2018 年，第 7 页。

欲大则藏于天下，欲尚则凌于云气，欲下则入于深泉；变化无日，上下无时，谓之神。”[①]龙、龟生于水，深入古人心。鱼、青蛙皆为水中之物，乌龟、青蛙、鱼、水鸟，目之所及，皆为水境。壁上之鱼，又生满盘皆水之感。这样的艺术创作，可称为“无中生有”的艺术感，拓展了艺术品本身的有限空间。有限的空间带来了无限的遐想，极大地丰富了艺术品的鉴赏性。游弋的双龙、游泳状的浮雕乌龟、青蛙，以及游鱼等物，让静置的盘顿显活跃，于静态中彰显动态，“静中有动”的艺术感，是晋公盘创作中的又一处艺术杰作。这些，也仅仅是观摩静默的晋公盘所感受到的。

当晋公盘在真正使用时，水从匜流而出，洗涤过双手的水流落入盘内，或急或缓、或粗或细的水流打动着盘内圆雕形饰物，这些水中精灵便可自由地旋转起来。水底游动的浮雕乌龟与青蛙若隐若现；圆雕的乌龟伸缩脖颈，仿佛探出水面，寻觅着外部的世界；鱼或游嬉于水底，或跳跃于水面；青蛙或蹲姿，或跳跃；水鸟青羽浮水，鸟嘴偶见启合。水中精灵游弋其间，生机勃勃，整个画面灵动起来。整个盘，仿佛一下子注入了生命，生灵瞬间被“唤醒”。这是在水器创作中，尤其是在创作构思、创作艺术、装饰水平等方面的巅峰之作！

晋公盘铭刻180余字，记录了晋公嫁女楚国之事。吴镇烽先生对晋公盘铭文语译如下：

---

① 黎翔凤:《管子校注》，中华书局，2018年，第914页。

图 7-25　晋公盘细部

在周历的某年正月初吉丁亥这天，晋公说：我的始祖唐公，接受了大命，辅佐他的父亲武王，以威严的戒令管理众多的非华夏部族，开拓疆域，达到大廷之国，众多方国莫不臣事天子。成王命唐公建都于京师，在众多被征服的部族的土地上做主宰，建立自己的国家。……我显赫的父亲宪公……显赫的神灵在天上……，让晋国甚为美好。晋公说：我这个小子，效法先王，秉持其德肃敬如常，安和所有诸侯国，众邦没有谁莫不日日恭顺于晋邦。我收罗才俊之士，友其贤臣，以安治有周王朝，小心谨慎地辅佐天子，国事不管好坏，都以敬畏之心待之。铸造大女儿孟姬的嫁妆。孟姬你这孩子，（嫁到楚国后）整治好你的家室，作楚国国君的嫡妃，昭显万年，藩翰晋国，世代不断地永宝此器。

晋公盘之晋公，吴镇烽先生考释其为晋文公，学界多附其议，认为晋公盘为晋文公所作陪嫁女儿的重器。媵器，即是送女出嫁陪送之器。目前发现媵器铭文，大多二十字左右，铭铸时间、某人为某女作媵器、祝愿辞等。晋公盘的制作无论是从盘的精美程度，还是从铭文字数与内容来看，都受到高度重视，颇费匠心。

媵器的制作受到高度重视，究其因，或为此次婚姻极为重要，或为此女受到父亲无尽的宠爱，或为彰显来自娘家的底气，或者兼而有之。晋公盘的作器时间，学界有认为是在晋文公即位后至城濮之战前，理由是城濮之战后，晋楚交恶，双方不会发生通婚之事。但从铭文内容看，谈到文公时期时，其语气又尽显诸侯之伯的霸气。历史本就如此，小概率的事件，也很难就说不会发生。是以此盘的作器时间，也颇难遽下定论。

晋公盘为晋文公嫁女之器，此女是谁？吴镇烽先生认为不可能为晋文公亲生女儿，应是晋国宗室女子。就目前来看，此女是否为晋文公之女，也难形成定论。晋文公在外流亡十九年，对于其流亡时的年龄，史书记载不同，因此学界对晋文公去世的年龄就有不同的意见。况且，时代久远，简牍文献所记，也只是当时实际的零星半点。如司马迁在《史记》中记载晋献公有八子，在文献能见到的仅有五子，这还是国君之子，尚有无事无名的不见于记载，何况是国君之女。不见载于文献，便言其无，似也不妥。晋文公所嫁之女，到底是谁，已不可知。正如媵器本随女出嫁，女嫁于楚，器便随之去楚，为何又回到晋国，最后随葬于晋国墓葬？是此器作成后，种种原因留滞晋国，改变了去楚的命运？凡此种种，目前的文献所记、考古线索，还不足以给出完美的解释。或许，历史的精彩，就在于这种拨开层层迷雾后，还为后人留下无限的遐想。

晋公盘虽仍有诸多问题，值得人们去探索和思考，但其为晋文公嫁女所作之器当无可疑。此器的制作受到了晋国的高度重视，构思精巧，匠心独具，创造出了“无中生有”“静中有动”的艺术即视感，于无水时处处见水，青铜有了生命，盘有了灵魂，将水器的艺术创作，推向了巅峰。不论作器时，城濮之战是否已发生，都不可改变的是：这是当时人们意识中，普天之下的两个超级大国的婚姻。这样的婚姻，不可能不隆重；这样的婚姻，不可能不受重视；这样的婚姻，其陪嫁之资，不可能不丰厚。这既是对大国之间婚姻的重视，更是展现大国的风度。

或许晋公盘的制作也凝结着父亲对女儿的宠爱，但联系到与此铭文几乎相同的晋公𥂴，铭文所见内容，应是晋文公对即将出嫁之女的叮咛和嘱咐，作媵器时铸刻于铜器之上，是以媵器不同，铭文却几乎相同。这篇铭文显得非常正式，其谋篇构思与大盂鼎铭相类。大盂鼎铭铸了周康王册命重臣盂时的谈话记录，首先讲述了周人伟大的传统及商人失败的原因，其次讲了康王对盂的任命、分封情况，最后讲了盂作宝鼎纪念祖先。周人册命时讲述周人伟大的传统，似为册命文书的格式，如晋文侯勤王有功，周平王赏赐文侯。册命之辞传之于世，便是《尚书·文侯之命》。其开篇也是从文王、武王的伟大传统讲起，再讲到周平王当时情况。晋公盘的铭文，与之相类，首先记录了晋人的伟大传统，谈到晋文公时的情况，其次谈到了作器的原因，最后是对孟姬的叮咛与嘱咐，做好符合自己身份的职事。如此正式的谈话，显示着晋国对此次嫁女的重视，于亲情间的宠爱之处，透露出浓郁的政治意味。

二、子仲姜盘与晋叔家父盘

晋公盘与子仲姜盘，无论从铸造技术，还是艺术构思，皆有着极为相似的风格。子仲姜盘出土于山西，出土后流失海外，后被香港太阳集团董事会主席叶肇夫先生重金购下收藏。1997 年 6 月 11 日，叶肇夫先生将子仲姜盘赠予上海博物馆。

子仲姜盘，形制较大，高 18 厘米，口径 45 厘米，重 12.4 千克。折沿，附耳，浅腹，圈足。圈足底沿下均匀分布三只立体老虎，虎呈走姿，头朝外略扬，以背部承托盘体。与盘附耳

图 7-26　上海博物馆藏子仲姜盘

相对，分铸两条攀附立龙，龙头耸出盘沿，身体微曲，尾作回勾状。

盘内底中心为一圆雕水鸟，以水鸟为中心，向外第一圈分布四只圆雕游鱼，向外第二圈分布四只圆雕水鸟，向外第三圈分布四只跳跃状圆雕青蛙，遗失一只，现存三只。在中心水鸟与第一圈圆雕之间，相间分布两只浮雕游水青蛙与两只浮雕游水乌龟。在第一圈圆雕与第二圈圆雕之间，相间分布四只浮雕游水青蛙与四只浮雕游水乌龟，腹内壁与盘底连接处，分布七条浮雕游鱼。盘内每个圆雕动物皆可 360 度旋转，盘内壁铸

图 7-27　子仲姜盘铭文

铭文六行三十二字："隹六月初吉辛亥，大师作为子仲姜沬盘，孔硕且好，用祈眉寿，子子孙孙，永用为宝。"

马承源先生当年去香港鉴定子仲姜盘，为该盘写了一篇长跋，其中言道：

> 子仲姜盘的装饰，则综合了以往盘饰的各种因素，加以发展。
>
> 在合范浇注铜液时，轴和盘插进只能保留一层极薄的泥料，在铜液高温作用之下如何保持泥料敷填物不脱落变形和较薄的盘心不漏水，实在是高难度的技术问题。这一系列的艺术和技术的进步，都在这盘上反映出来，确实是非常可贵的。一般认为春秋早期是青铜铸造技术停滞或退步的时期，子仲姜盘的铸造技术，体现了这个时代鲜为人知的新的技术高度。
>
> 子仲姜盘的发现，对于春秋早期青铜器的研究，提供了极其重要的实物例证，无疑为青铜器中的特级品。[①]

彼时，晋公盘还未被世人看到，子仲姜盘的出现，对于人们了解春秋早期的青铜铸造技术，提供了很好的案例。子仲姜盘，是晋国大师为其夫人所作之器。无论是盘的形制，还是铸

---

① 马承源：《跋子仲姜盘》，《马承源文博论集》，上海古籍出版社，2007年，第166—167页。

造，都代表了当时最高的铸造工艺，其铭“孔硕且好”，确非虚言。

晋公盘、子仲姜盘的构思设计、铸造工艺，在晋国传承有自。1993 年，在曲村—天马遗址晋侯墓地 M64 出土的西周晚期晋叔家父盘，让我们看到了晋人对水器盘的设计理念和铸造工艺。

晋叔家父盘盘体呈圆形，折沿，带有龙首形流，圈足。盘外壁攀附立龙三条，龙头耸出盘沿，张开的龙口对身盘内，身体微曲，龙尾回勾。与流口龙头相对的立龙，又可作鋬手之用。圈足下分布四个裸体半蹲小人，作奋力扛盘之状。器足内底铸两铃铛。盘内底中心铸一圆雕青蛙，可 360 度旋转。盘底以圆雕青蛙为中心，有三周鱼纹、两圈阴线、一圈浮雕游鱼。

图 7-28　晋叔家父盘

青蛙足下有铭文，可见“晋叔家父”等字。

晋叔家父盘虽没有子仲姜盘、晋公盘那样华丽、繁复，但后两器的构思理念及铸造技术，都能从晋叔家父盘中看得非常清楚。龙与水的关系，前文已言及，自古中国人将龙视为水中之神，龙与水器盘的结合，使无尽的水意顿显。三条攀附的

图 7-29　晋叔家父盘细部

立龙，龙头高耸出盘，龙口大开，似有无尽之水，狂泻于盘内，盘底浮雕鱼相从而游，水中之蛙，随着水流的注入，自由旋转。

晋叔家父盘的龙首作流，以张开的龙口作流口，飞龙吐水的境象顿现。无水时却处处见水，“无中生有”的即视感被创作出来；物体静置，却又显得万般灵动，“静中有动”艺术即视感呈现。

晋叔家父盘的艺术构思和铸造技术，被后来的子仲姜盘、晋公盘继承和发展，且在晋公盘上达到了巅峰。作为水器的盘，其艺术构思自然与水相关，在无水处能处处联想到水，这是艺术创作的最大向往和追求。在中国人的思维中，正如龙生于水一样，龙亦可生水。龙成为水器创作中，艺术构思的最佳的选择。晋叔家父盘附三条立龙，子仲姜盘附两条立龙，晋公盘盘底中心浮雕两条游龙，皆是此思维方式的艺术呈现。

由此观之，晋国发现的此三盘，确是在艺术构思与铸造技术上一脉相承。铸造技术至晋公盘，达到了巅峰。三盘皆采用焊接与合范的技术，将如此精妙的动物铸接于盘内，正如马承源先生在《跋子仲姜盘》一文中所言，体现了这个时代鲜为人知的新的技术高度。盘内铸造动物越多，其技术难度便越高。晋公盘是焊接、合范铸造工艺的巅峰作品，此后更加繁复、精妙的青铜器作品，不见此种工艺，如战国早期的曾侯乙尊盘，在工艺上采用失蜡法铸造，也再次说明，晋公盘是焊接、合范铸造工艺的巅峰之作！

三、青铜盘的组合使用

西周中期沃盥礼形成后，与承水之盘相配套的注水之器，有盉、壶、匜等器。文献多见，盘匜使用的情况：

《仪礼·公食大夫礼》："小臣具盘匜，在东堂下。"①

《仪礼·既夕礼》："盘匜，匜实于盘中，南流。"②

《礼记·内则》："妇事舅姑，如事父母。……进盥，少者奉盘，长者奉水，请沃盥。盥卒，授巾。"③

盘与匜配合使用，有"奉匜沃盥"一词，可清晰了解其使用情况。《左传·僖公二十三年》云："秦伯纳女五人，怀嬴与焉，奉匜沃盥，既而挥之。怒曰：'秦、晋匹也，何以卑我！'公子惧，降服而囚。"④晋公子圉当年为质子客居秦国时，秦穆公将怀嬴嫁于他。后来公子圉逃回晋国，即位为晋怀公，怀嬴留在秦国。公子重耳流亡到秦国后，秦穆公又将怀嬴嫁给他。怀嬴算起来当是重耳的侄媳，虽然当时伦常观念不似后代，但敌人之妻，还是让重耳心生不爽。是以当怀嬴奉匜盛水为公子

---

① （唐）贾公彦：《仪礼注疏》，北京大学出版社，2000 年，第 552 页。

② 同上书，第 854 页。

③ （唐）孔颖达：《礼记正义》，北京大学出版社，2000 年，第 1577 页。

④ 杨伯峻：《春秋左传注》，中华书局，1990 年，第 968—969 页。

浇水，使公子洗手时，重耳在洗过后，以湿手挥之，使水污怀嬴衣，引来怀嬴的动怒。匜为注水器，盘为承水之器，从而形成礼器中的水器组合。

文献所见，与盘相配套的注水之器多为匜，考古发现，除匜之外，还有盉、壶等器。北宋吕大临的《考古图》是最早著录青铜器之作，该书便著录有青铜盘、盉、匜等水器。

盉，吕大临在《考古图》中谓其为调味之器。王国维根据宝鸡出土铜禁所列诸器有盉，遂断定其为酒器："余谓盉者，盖和水于酒之器，所以节酒之厚薄者也。""此盉者，盖即用以

图 7–30　竹园沟 M13 出土青铜盉

和水之器。自其形制言之，其有梁或鋬者，所以持而荡涤之也；其有盖及细长之喙者，所以使荡涤时酒不泛溢也；其有喙者，所以注酒于爵也。然则盉之为用，在受尊中之酒与玄酒而和之，而注之于爵。”①商周时期的青铜盉，从考古发现情况来看，许多应归入酒器，自当无疑。如宝鸡㚖国墓地多座墓葬出土了漆盘，酒器集中放置于漆盘内。竹园沟 M13 出土的长方形漆盘上放置有尊、卣、盉、爵、觯、觚等青铜器，显然此组青铜器皆为酒器，且青铜盉腹底烟炱犹存，其为长期温酒所致无疑。②

考古发现，作为酒器的盉被当作水器使用。北京平谷刘家河商代中期墓葬中，出土有 2 件盘、1 件盉。1 件盘“高 9.5 厘米、口径 25.5 厘米。窄沿外折，内壁凹圆，平底，矮圈足。盘外壁有弦纹二周，盘内壁有鸟首鱼尾纹三组，中心有圆涡纹，界以连珠纹。出土时，盉置于盘上，盘底部尚留有盉三足痕迹。”③从其放置形式来看，盘与盉形成了一套水器组合。但从发现的商周青铜器来看，此时显然还没有固定的水器组合。这样的青铜器组合，为我们了解青铜器功能的转化提供了思考的空间。

水器组合中，除青铜盘盉组合之外，盘壶水器组合也偶有

---

① 王国维:《说盉》,《观堂集林》，中华书局，1959 年。

② 卢连成、胡智生:《宝鸡㚖国墓地》，文物出版社，1988 年。

③ 北京市文物管理处:《北京市平谷县发现商代墓葬》,《文物》1977 年第 11 期。

图 7-31　竹园沟 M4 全景

发现。宝鸡竹园沟 M4 发现的酒器集中放置于二层台上的漆盘上，二层台右下放置饪食器，二层台中部单置盘和壶，且出土时壶置于盘内。① 盘于壶的纹饰风格相同，应为一组水器。壶可作水器，青铜器铭文中也有透露。春秋早期的曩公壶，其铭云："曩公作为子叔姜媵盥壶"，1974 年山东莱阳前河村西周墓发现的己侯壶，其铭云："己侯作铸壶，使小臣以汲，永宝用。" 1963 年山东临朐出土的春秋晚期公子土斧壶，其铭云："公子土斧作子仲姜鐾之般（盘）壶"。"盥壶""盘壶"的发现，让我们看到壶与盘也可组合成水器使用，但相对于盘盉组合，发现得较少，也表明壶被用作水器与盘相配，不如盘盉的

① 卢连成、胡智生：《宝鸡強国墓地》，文物出版社，1988 年。

图 7-32　竹园沟 M4 出土青铜盘、壶

使用范围广。

青铜盘盉、盘壶的组合，最终让位于盘匜组合，这是我们在西周青铜器水器组合所见到的变化规律。盉被匜取代，最终与盘组成非常稳定的水器组合，已成学界共识。朱凤瀚先生言：“西周中期墓中，盘盉较普遍地伴出，所以当时是以盉作为浇水之器，功用同于以后的匜。西周晚期以后匜代替了盉，盘匜方成为一套固定的盥器。”[①]这种变化不仅在墓葬随葬的水器中得到证明，青铜器的铭文也透露出其被代替的痕迹。盉被匜替代后，青铜器铭文中便见到盉匜互称的现象，也有了盘盉连称的铭文。陕西岐山董家村青铜器窖藏发现的裘卫盉，器形为盉，器铭为盘；儹匜器形为匜，器铭为盉。传世函皇父盘铭文：“函皇父作琱妘盘盉尊器鼎簋一具，自豖鼎降十又一，簋

① 朱凤瀚：《中国青铜器综论》，上海古籍出版社，2009 年，第 280 页。

图 7-33 董家村出土儥匜及器盖铭文

八，两罍，两壶”，盘盉与酒器、食器分言，显示用途有别。

商周时期的水器组合，无论从出土数量来看，还是流行时间长短来看，盘匜组合是最多见、搭配最稳定的一套组合。匜的形制最适合流水，宽流易于水流而下，鋬便于手执而注，其生而有水器的特性，注定会广泛流传、应用，也因其功能单一，反而成为水器后不容易被其他器物轻易替代。这也是匜出现后，迅速取代盉、壶等曾经被用作注水的器物，成为注水器的不二之选。

关于匜如何产生，张懋镕先生认为从器形关系而言，匜与觥是更替关系，“所谓更替关系，是指两类铜器之间既无派生关系，也无相生关系，但二者在年代上有明显或不明显的早晚衔接关系，在形态、组合、用途上有相似关系之处。”① 匜的出

① 张懋镕：《试论中国古代青铜器器类之间的关系》，《古文字与青铜器论集》（第二辑），科学出版社，2006 年，第 38 页。

图 7-34　台北故宫博物院藏夷曰匜

现，替代了原来的觥。张懋镕先生之后从夷曰匜器形中，找到了觥与匜的过渡形态，让我们清楚了两器之间的变化关系。匜替代了觥，以全新的姿态面世，但其在创作中，好似又受到了盉的形制的影响。

青铜器的功能并非单一固定，张懋镕先生言："很多青铜器的功能不是单一的，它们既可以是盛食器，也可以是盛酒器，也可以是盥洗器。青铜器功能的多样化为功能的转化埋下了伏笔。在某一时期，某一类铜器以某一种功能为主，而进入另一个时期，它又以另一种功能为主，在某种意义上，这正是功能转化的一种表现。"①从目前发现的青铜器组来看，水器组合中的盉、壶等器，本为酒器。当礼仪中需要注水时，盉、壶等器被一器多用，充当了注水之器。至少从商代中期始，盉便被一器多用，作为酒器的盉，也见于水器组合中，作注水用。

① 张懋镕:《夷曰匜研究——兼论商周青铜器功能的转化问题》,《古文字与青铜器论集》(第三辑)，科学出版社，2010 年，第 161 页。

西周早期，盘盉组合的水器多见于中等贵族墓葬中，至西周中期，盘盉组合的水器频频发现于大型墓葬中，表明水器受到了周人重视。盉、壶并非为注水而设计，是以在作为水器使用时，不能完全得心应手。匜的造型，敞口深腹，无盖便于盛水，宽流易于注水，以手执鋬，奉匜沃盥，功能的单一化，促使组合的稳定化。西周晚期，新兴水器匜大量流行，盉的水器地位受到冲击，盘盉水器组合多被盘匜组合取代。东周时期青铜器墓中，大多会发现水器，且有盘必有匜，甚至发现仅见盘匜的青铜墓，如河南三门峡上村岭 M1601 出土青铜器仅有盘、匜各 1 件，放置于棺椁间东南角。东周盘匜水器组合广泛流行，反映出周人重水器的特点。

主要参考文献

《春秋左传正义》(《十三经注疏》整理本)，北京大学出版社，2000年。

《周礼注疏》(《十三经注疏》整理本)，北京大学出版社，2000年。

《礼记正义》(《十三经注疏》整理本)，北京大学出版社，2000年。

《毛诗正义》(《十三经注疏》整理本)，北京大学出版社，2000年。

《清华大学藏战国竹简》(二)，中西书局，2011年。

《清华大学藏战国竹简》(七)，中西书局，2017年。

〔日〕竹添光鸿:《左氏会笺》，巴蜀书社，2008年。

(汉)司马迁:《史记》，中华书局，2014年。

(清)顾栋高:《春秋大事表》，中华书局，1993年。

北京大学考古学系商周考古组、山西省考古研究所:《天马—曲村(1980—1989)》，科学出版社，2000年。

范祥雍:《古本竹书纪年辑校订补》，上海古籍出版社，2011年。

湖北博物馆:《晋国宝藏：山西出土晋国文物特展》，文物出版社，2012年。

李孟存、李尚师:《晋国史》，山西古籍出版社，1999年。

李守奎主编:《清华简〈系年〉与古史新探研究丛书》，中西书局，2015年。

刘绪:《晋文化》，文物出版社，2007年。

上海博物馆:《晋国奇珍：晋侯墓群出土文物精品》，上海人民美术出版社，2002年。

山西省考古研究所侯马工作站:《晋都新田》，山西人民出版社，

1996 年。
徐元诰:《国语集解》，中华书局，2002 年。
谢耀亭:《九合诸侯：晋国历史与文化》，商务印书馆，2022 年。
杨伯峻:《春秋左传注》，中华书局，1990 年。

后　记

晋国文化奠定了山西文化的特质和精神，遂成为山西文化的根脉。晋国文化的形成，铸造了山西文化的灵魂；晋国文化的特点，影响了后世山西文化的发展与走向。对晋国文化的研究，不仅可以使我们了解晋文化的渊源及其特征，更可以加深我们对后世山西文化的再认识；不仅为了传承晋文化之精华，亦为了实现优秀文化的现代转化。

2020 年 9 月，山西省互联网 + 与旅游产业升级协同创新中心将“文物实证山西”作为选题，进行调查、研究，以期推进山西文物的保护、研究、宣传与旅游。本人承担了“晋国文物调查与研究”（HLWLY2020004）课题，计划通过晋国文物来展现晋国霸业雄风。

读万卷书，行万里路。在典籍中了解历史，感悟生命；在行途中重温经典，加深认识。对历史的系统了解，非史著不可，但对历史的感悟，现场却很有必要。现场，为我们提供了与古人对话的空间，虽不语，却是穿越千年的问答；现场，加深了我们对古人的了解，进而迸发出了解之同情；现场，让过往的历史活了起来，让我们感觉到，历史不仅仅是过往之事，更是与今日之我息息相关之事。本课题的初衷，就是走向田野，走进现场，去触摸历史的质地，探寻文物背后的古人心语。

限于丛书体例的要求及阅读对象的定位，语言以通俗易懂为主。书中插图，除自己拍摄、采自考古发掘报告、博物馆展览图录外，田建文先生代为寻找所需考古文物图片，在此对田先生致以深深谢意！由于写作时间较短，书中错谬疏漏之处在所难免，祈待同好指正！

耀亭谨识于三晋文化研究所

2023 年 12 月 1 日